本书出版得到国家古籍整理出版专项经费资助
全国高校古籍整理研究工作委员会直接资助项目

易学典籍选刊

周易函書

附卜法详考等四种

[清] 胡煦 著　程林 点校

第一册　周易函书约存十八卷

中华书局

图书在版编目(CIP)数据

周易函书:附卜法详考等四种/(清)胡煦著;程林点校. —北京:中华书局,2008.8(2023.8 重印)
(易学典籍选刊)
ISBN 978-7-101-06048-5

Ⅰ.周… Ⅱ.①胡…②程… Ⅲ.周易-研究 Ⅳ.B221.5

中国版本图书馆 CIP 数据核字(2008)第 078376 号

书　　名	周易函书附卜法详考等四种(全四册)
著　　者	〔清〕胡　煦
点 校 者	程　林
丛 书 名	易学典籍选刊
责任编辑	贾元苏
责任印制	管　斌
出版发行	中华书局 (北京市丰台区太平桥西里 38 号　100073) http://www.zhbc.com.cn E-mail:zhbc@zhbc.com.cn
印　　刷	三河市鑫金马印装有限公司
版　　次	2008 年 8 月第 1 版 2023 年 8 月第 7 次印刷
规　　格	开本/880×1230 毫米　1/32 印张 48¼　插页 8　字数 1200 千字
印　　数	8801-9300 册
国际书号	ISBN 978-7-101-06048-5
定　　价	248.00 元

目　录

正编一:周易函书约存

正编二:周易函书约注

正编三:周易函书别集

（以上第三册）

附编一：卜法详考

附编二:葆璞堂诗集

附编三:葆璞堂文集

附编四:召对录

附 录

(以上第四册)

序

中国古代学术思想在明清之际发生了转折，由元明的空疏之学转入经世致用的实学，提倡返求六经，重视经典的原义，反对空谈。这一时期为汉宋兼采之学，代表人物为顾炎武、王夫之。与上述背景相适应，在易学领域，也对宋代易学进行了批评，尤其是对图书派的批评，主要代表人物有黄宗羲、黄宗炎、毛奇龄、胡渭等人，其倾向是向汉易回归。但是也有一批汉宋兼采的学者，对宋学既有所批评，也有所继承，如孙奇逢、汤斌、李光地、胡煦等人。

整个清代的学术思想是围绕着汉学、宋学之争展开的，迭回迁变，后人褒贬不一，至今未有定论。清人皮锡瑞在《经学历史》中说："国朝经学凡三变。国初汉学方萌芽，皆以宋学为根柢，不分门户，各取所长，是为汉宋兼采之学。乾隆以后，许郑之学大明，治宋学者已尟。说经皆主实证，不空谈义理，是为专门汉学。嘉道以后，又由许郑之学导源而上……是为西汉今文之学。学愈进而愈古，义愈推而愈高。屡迁而返其初，一变而至于道。"由此看来，清代学术走上了一条回溯之路。"学愈古"实然，"义愈高"则未然。乾嘉汉学炽盛之时，章学诚对此已有微言，主张通经明道，实事求是，折衷汉宋，以救时弊。庄存与、刘逢禄所领导的"常州学派"借今文经学别开途径，要将学术融入现实社会政治之中，成为晚清改革派的思想先驱，已是借汉学之名而与宋学殊途同归了。至此，我们可以看出清代学术的一条内在理路,汉宋之争更应该看作是清代思想史内部的一种转变、发展和综合,而江藩在《国朝汉学师承记》中所持的那种坚守汉学门户,坚决反对宋代义理之学的态度应该改变了。

《周易函书》是清初康熙、雍正年间著名的易学家胡煦的著作,共五十二卷,体例庞大,思想精深,被收入《四库全书》,是清代一部重要的易学名著。胡煦是清初一位有影响的易学家、理学家,他的思想有很多独到之处,对《周易》尤为精通。他的思想兼综汉宋,折衷程、朱、陆、王,对朱熹有所批评,其独特的易学、理学思想在清代易学史、思想史上有重要的价值。胡煦对历代易学进行了总结,对各种易说提出了自己的评价,着重阐发了《周易》中的哲学思想,他所创立的一套宇宙生成论哲学“极精极谛,古所未有”(牟宗三语)。他对《周易》图书学中的数理思想、象数思想都有非常精到的阐发,往往深造自得。胡煦的易学思想对熊十力、牟宗三也都产生了很大的影响,如胡煦的“用九用六说”对熊十力的乾元用九、生生不息的思想有直接的关系,胡煦对朱熹的批评与牟宗三对朱熹的批评有相同之处。但由于人们对胡煦的易学思想了解不多,往往忽视了这种影响。

胡煦易学思想在生前已颇受人推崇,康熙帝多次召见胡煦,问卦爻中疑义,赞叹胡煦“真苦心读书人也!”胡煦曾为乾隆帝的老师,乾隆帝命收集胡煦遗著,入选《四库全书》。后又特命追谥,称“原任礼部侍郎胡煦苦志读书,究心理学”。其后的易学家如江永、焦循等人均对胡煦的易学思想有所借鉴。近代著名的易学家杭辛斋、尚秉和对胡煦的易学也都有所继承。马一浮在《复性书院讲录》中列胡煦的《周易函书》为易类必读书。熊十力亦多次提到胡煦的著作,称胡煦确有一位哲学家的头脑。牟宗三称胡煦为中国最伟大的哲学家,并称:“此人有哲学头脑,这个人没有旁人注意到,是我首先发现的。”认为胡煦的思想是中国哲学史上最有系统最有见解的思想体系。

清代易学极有成就,但对其研究却相对薄弱。对清代易学家的研究仅仅集中于几家,而又注重在义理方面,这是不能客观反映清代易学的实际的。胡煦是清初一位易学大家,他的易学思想在易学史、哲学史上极有价值,但长期以来未受到应有的重视,其中一个重要原因是他的易学著作未经整理,阅读不便,以至他的易学思想不能为人们所认识,因此对他的易学著作进行整理是一件重要的基础性工作。整理出版胡煦的易学著作《周易函书》,对胡煦思想进行全面系统的研究,已成为学术界一项迫切的任务,有着重要的学术意义。

近年来海内外对胡煦思想的研究逐渐增多。台湾辅仁大学、新加坡国立大学均有学者完成了关于胡煦易学研究的博士论文;在国内,胡煦易学思想研究获批了国家社会科学基金项目,《周易函书》点校整理也获批了教育部全国高校古籍整理重点科研项目。这些都反映了对胡煦研究的不断深入,是一个可喜的现象。相信在不久的将来,将会有更多的人关注这位重要的易学家。

程林同志在北大哲学系读书期间是我的学生,他积数年之力,克服各种困难,完成了这部近百万字古籍的点校整理,非常难能可贵。今著作出版之际,索序于我,我作如上观感,以为序。

李中华

二〇〇七年十二月于北京大学

前　言

胡煦生于清初，一生精研《周易》，兼采汉宋，融贯象数义理，提出了很多深刻独到的思想。张之洞《书目答问》列胡煦为汉宋兼采之经学家，谓其“博综众说，确有心得者”。胡煦笃志圣贤之学，读书求经世致用，平生精力尽萃于《易》，往往深造自得，多先儒所未及，实为清初思深见卓之易学家、理学家。他反对先儒支离旁杂、乖谬附会之说，力求建立一个通贯的解《易》系统，于汉宋易说颇多发明质证，探赜索隐，有独创之处。以下主要从文献的角度，对胡煦的生平著述及影响略作考释，对其主要的学术思想进行初步的论述。

一、胡煦的生平及其影响

胡煦，字沧晓，号紫弦，河南光山人。清顺治十二年（1655）生，乾隆元年（1736）卒。胡煦“少笃志儒先之学，读书求经世实用。八岁见太极图有阴阳纠纽循环回抱之势，思之寝食俱捐。及长，工诗古文辞，淹通经义，尤深于《易》”（乾隆五十一年《光山县志》卷二十七）。“年十八，志益奋，功益专，凡古人说《易》之书，靡不甄综，以求融合四圣之旨，遂以易学终其身”（钱陈群《礼部侍郎胡公神道碑》）。

康熙二十三年（1684），胡煦乡试中举，此后仍居乡里，潜心学问。三十五年，参修《光山县志》。四十二年，授安阳教谕，悉心濂洛之学，品行端恪。五十一年登进士，年已五十八岁矣。选庶吉士，授检讨。胪传时引见澹宁宫,以所著《周易函书》陈奏,曰:“圣人之道尽在《周易》,臣学之四十馀年,于伏羲先天圆图似有体会。”康熙帝叩以河洛理数,胡煦条对甚悉。时大学士李光地易理精详,廷臣未有出其右者,康熙帝令李光地与之讲《易》,胡煦所言无以难也。后复召见乾清宫,画图讲《易》,问答数千言,康熙帝顾侍臣曰:“真苦心读书人也。”(《光山县志》卷二十七)命直南书房,同李光地分纂《周易折中》。五十四年充会试同考官。五十六年与修《卜筮精蕴》,典湖广乡试。先是试官由九卿保举,至胡煦典试,康熙帝问左右,谕曰:“朕止信得此人。”由是廷议引重。五十七年迁司经局洗马,修《卜筮汇义》,后任鸿胪寺少卿。六十一年迁光禄寺少卿,又迁鸿胪寺卿。雍正元年(1723)授内阁学士兼礼部侍郎。二年命祭告少昊等陵,充顺天武乡试副考官。五年迁兵部右侍郎,兼署户部侍郎。六年协理都察院左副都御史,又署刑部右侍郎,教习庶吉士。七年典顺天武乡试。八年上书房行走,教授皇子,充《明史》总裁官,会试知贡举。九年转礼部左侍郎,旋以年老罢归。乾隆元年(1736)胡煦入觐召见,复原衔,荫一子入监读书,是年九月,卒于京师,年八十有二,赐赙祭有加礼。

胡煦正直忠厚,在职有所论奏,不为虚美避就之,言大要主于本教化,慎刑谳,劝农桑,广言路,省冗官,多切于世务。乾隆二十五年(1760),河南巡抚胡宝瑔疏请入祀乡贤祠。三十七年诏征天下遗书,乾隆帝习知胡煦为中州理学醇儒,尤精邃于《易》,特谕:“原任侍郎胡煦平素究心理学,曾有著述,朕所深知。”传谕河南巡抚“悉心寻求,汇单具奏”(清李桓辑《国朝耆献类征初编》卷七十一)。胡煦子胡季堂时官江苏按察使,以其父所著《周易函书约存》十八卷、《约注》十八卷、《别集》十六卷、《卜法详考》四卷校定,由原籍汇奏,入选《四库全书》。五十九年(1794)乾隆帝谕:“原任礼部侍郎胡煦苦志读书,究心理学。”特命追谥,谥号“文良”,“以示眷念耆旧,奖励儒臣至意”。(《胡季堂奏折》)

胡煦家世寒微,平日苦心读书,自少至老,未尝废学。积学嗜古,穷经析理,生平著述不下数百卷。胡煦生前已颇受人推崇,康熙、雍正、乾隆三朝皇帝对这位老臣均优待有加。康熙帝多次召见胡煦,问卦爻中疑义,命画图以讲,对其赞赏有加。胡煦曾为乾隆帝的老师,胡煦去世后,乾隆帝命收集其遗著,入选《四库全书》,后又特命追谥。尚书钱陈群谓:"间尝窃论我朝文治蔚兴,名公卿比肩林立,求其有体有用、本末可观出处,一揆则于中州得数焉。汤文正、张清恪其选也,继之者厥惟宗伯紫弦先生。"(《光山县志》卷二十二)。又在《礼部左侍郎胡公神道碑》中称:"馆选时自称能通《周易》,时大学士李文贞公易理精详,廷臣未有出其右者,圣祖命与先生讲《易》,无以难也。屡蒙召问,三接于澹宁宫。甲午同杨公名时召见乾清宫,画图讲《易》,问答数千言,有'苦心读书人'之褒。"

《四库全书总目提要》称:"煦研思易理,平生精力尽在此书,其持论酌于汉学、宋学之间,与朱子颇有异同。"(卷六)。《光山县志》称:"自昔解《易》,未有若是其详者。故于汉宋诸儒博采其说,而参以心所独得,尚书钱陈群以谓其书博无涯涘,而深造自得、不蹈先儒臼窠者也。"(卷二十七)。彭启丰《葆璞堂文集序》称:"先生论《易》,有《函书》九十九卷,博综象数,辨析异同,一本其所自得,要皆原本于道,平正通达,可以见之行事。其与张孝先、冉永光论《易》书,阐图书之蕴,昭晰无疑,后之学者尤宜究心焉。"(《光山县志》卷二十二)。钱陈群《葆璞堂诗集序》称:"盖其深嗜笃好,有寤寐羲文于千载之上者。故持论不主一家,而出其自得,往往不惜与先儒辨难。尝曰:'吾背传也,而不敢背经。'"(《光山县志》卷二十二)。毕沅《葆璞堂诗集序》称:"荟萃甚博,折衷甚精,言理不失之晦,言数不失之凿。"(《光山县志》卷二十二)。李去侈称:"大抵先生之于《易》也,豁达而不流于旷渺,精深而不泥于训诂,博采而不役于方技,凡皆默符四圣心原,通达旨趣,故能搜奇探赜,致远钩深,而详人所略,凿凿言之有若斯也。"(《周易函书序》)。

著名新儒家大师牟宗三先生二十世纪三十年代初在北京大学哲学系读书期间,一面读怀特海,一面读《易经》,并由此发掘了胡煦的思想。他说:“《易经》所启发的自然哲学,发展到最高峰,是清朝初年的《易经》专家胡煦。此人有哲学头脑,这个人没有旁人注意到,是我首先发现的。”(《牟宗三学术文化随笔》)。他在评论清代学术时说:“清人考据训诂,于学术道术无足称,而惟于易学,则得两人焉:一曰胡煦,一曰焦循。此两人确是不凡,都可以说是易学专家。”(《牟宗三学术文化随笔》)。一九三二年,牟宗三完成了《周易的自然哲学与道德涵义》一书(此书原名为《从周易方面研究中国之元学及道德哲学》,一九八八年再版时改为今名)。该书在第三部分专论“清胡煦的生成哲学之易学”。牟宗三认为胡煦通过《周易》建立了一套很严密、很精深的生成哲学(也称自然哲学、数理哲学、科学哲学、宇宙论),胡煦的生成哲学一贯而系统,能克服汉《易》附会之说的弊病,对《周易》的理解更自然,更妥贴,更通贯,显示出中国思想中客观、条理、科学的一面。牟宗三对胡煦极为推崇,认为“胡煦是中国的最大哲学家,且在中国,除公孙龙外,唯有他始足称哲学这个名目”(《周易的自然哲学与道德涵义》)。

牟宗三认为,《周易》一书确实涵有很深刻的宇宙论思想,胡煦的《周易函书》在这方面确实有独到的发挥、见解,自成一套系统的自然哲学。牟宗三对此作了极致的发掘,不无所据,甚有价值。在西方哲学的背景下,牟宗三对胡煦易学思想的发掘是深刻独到的,具有比较哲学的味道。其《周易的自然哲学与道德涵义》一书,旨在发现中国思想中的科学精神,他在胡煦的思想中看到了这种精神,并对胡煦的思想系统予以阐发。

熊十力先生在自己的著作和书信中,也多次提到胡煦,称赞胡煦的思想精深新颖。他说:“清世《易》家,独胡煦犹存宋学一脉,其《周易函书》颇有新意,足以羽翼前贤,治《易》者不可不究心于此书也。”(《熊十力全集》第3卷)。胡煦对清代思想家以及熊十力、牟宗三等学者的影响,尚待进一步深入研究。

二、胡煦的著述及其版本

胡煦的《周易函书》体例庞大，思想精深，收入《四库全书》，堪称清代不可多得的一部易学名著。胡煦著此书，积学四十馀年，十数易稿，成书三千页，约字一百八九十万。因卷帙浩繁，无力刊刻，辄摘其要义，名《约存》《约注》《别集》刊行于世。

《周易函书》原稿一百十八卷，分《正集》九十九卷和《别集》十九卷。《正集》九十九卷又分为两部分：第一部分有《原图》《原卦》《原爻》《原古》共五十卷；第二部分主要诠释经文，共四十九卷。《别集》分为《函书约》三卷、《易学须知》三卷、《易解辨异》三卷、《篝灯约旨》十卷，共十九卷。这是《周易函书》的最早定型情况，其成书不迟于康熙五十年。李去侈《周易函书序》作于康熙五十年孟秋，称"其书《正集》《别集》一百十八卷"；胡煦所作《自序》在康熙四十九年，足证此书应完成于康熙五十年之前。此时胡煦尚未中进士，《周易函书》止为手稿。

由于《周易函书》卷帙浩繁，艰于剞劂，胡煦于雍正二年才完成《别集》十九卷的刊版。随后取《正集》中第二部分诠释经文者四十九卷，约为十八卷，名曰《约注》，于雍正七年刊版。又将《正集》中第一部分《原图》《原卦》《原爻》《原古》五十卷，约为十六卷，另附《续约旨》二卷，名曰《续集》，共十八卷，于雍正九年刊版。此为《周易函书》的最早刻本，有《别集》十九卷、《约注》十八卷、《续集》十八卷，共五十五卷，它只是原著的一个精简本，为胡煦生前亲手所订，且在雍正九年前均已完成。这个刻本我们称之为**初刻本**。

关于《周易函书》的卷数，有一百十八卷和一百五十八卷两种说法。李去侈《序》称"其书《正集》《别集》一百十八卷"，《四库全书总目提要》称"是书原本一百十八卷"，彭启丰所作《墓志铭》称："公所为《周易函书》，列四大门，曰《原图》，曰《原卦》，曰《原爻》，曰《原古》，凡五十卷，又释经文四十九卷，为《正集》；外有《约图》三卷、《孔朱辨异》（即《易解辨异》）三卷、《易学须知》三卷、《篝灯约旨》十卷、《续约旨》二卷、《卜法详考》四卷，为《别集》；又《约注》十八卷，《续集》十六卷，总一百五十八卷。"这两种说法并不矛盾。一百五十八卷之说是指在一百十八卷的基础上，加上后来的《约注》十八卷，《续集》十八卷，及另外一部著作《卜法详考》四卷，合之成一百五十八卷。彭元瑞在《墓补志》中专门对彭启丰所作墓志中一百五十八卷的说法作了解释："前志公所著《周易函书》一百五十八卷，时初敕征，校刊未卒事。盖公书始以授门人李学裕，失其稿。公贫不能全镌，粗举其约，又岁久漫漶，至是季堂乃就公手定本镌为五十二卷上之，今藏七阁者是也，详见《四库提要》。后之读公书者，毋以志疑之。"因此两种说法虽异，而实相同，且今之存世者仅五十二卷之《周易函书》而已。亦有《周易函书》五十六卷之说法，这是因为将《卜法详考》四卷附于《周易函书》之后，合之五十六卷，而实不类。《四库全书》已将其分列，置《卜法详考》于术数类。就今之所见本来看，当以《周易函书》五十二卷的说法为确。至于《四库全书总目提要》及唐鉴《国朝学案小识》称"《周易函书约存》二十四卷，《约注》十八卷，《别集》八卷"的说法，均是错误的。唐鉴大约依据《四库全书总目提要》，以讹传讹。

胡煦生前，由于家贫力微，《函书正集》九十九卷仅为手稿，未能刊刻。胡煦门人李学裕携其稿去，欲将《函书正集》校刊印行，后学裕病卒，此事未遂，手稿也散佚无存。至乾隆三十七年(1772)，胡煦子胡季堂根据仅存的初刻本，对《别集》十九卷、《约注》十八卷、《续集》十八卷重为校订刊刻。胡季堂对各卷的内容作了调整，并有一些增删和改动。具体情况是：《约注》十八卷未作变动；将《续集》更名为《约存》，且将《续集》中的《续约旨》(即《续篝灯约旨》)二卷的内容拆散附于《别集》的《篝灯约旨》各卷之中，《篝灯约旨》仍为十卷。又将《续集》馀下的十六卷合为十五卷，将《别集》中的《函书约》三卷移入，成《约存》十八卷。《别集》编为《易学须知》三卷、《易解辨异》三卷、《篝灯约旨》十卷，共十六卷。是为乾隆三十七年葆璞堂刻本，我们称之为**葆璞堂本**。

乾隆三十七年,开四库馆,因胡煦与乾隆帝有师生之谊,乾隆帝命河南巡抚何煟收集胡煦遗著,胡季堂即以重新校订刊刻之葆璞堂本《周易函书》呈送。今之所见《四库全书》中的《周易函书》即以葆璞堂本为底本抄写的,我们称之为**四库本**。

由于葆璞堂本刊刻仓促,可能有不少错讹。后来胡季堂又对葆璞堂本进行了一些补改,时断时续,直至乾隆六十年左右。这些修改都是在原版的基础上进行的,并非重新雕版,这个修订本,我们称之为**葆璞堂修补本**。

因此,关于《周易函书》的版本情况,我们认为先后存在着四种版本,即胡煦生前的初刻本,乾隆三十七年的葆璞堂本,四库本,以及乾隆六十年的葆璞堂修补本。今查中国科学院图书馆藏有《周易函书别集》雍正二年刻本,《周易函书约注》雍正七年刻本,经笔者检核皆不是,而应为葆璞堂修补本。又查北京大学图书馆藏有《周易函书》五十二卷,标示为乾隆三十七年葆璞堂刻本,经笔者检核亦不是,亦应为葆璞堂修补本。据笔者检索,《周易函书》的初刻本、葆璞堂本均已不存,所能见者,仅为四库本及葆璞堂修补本,如此,四库本就成了现存的最早的本子了。

以上是关于《周易函书》的版本流传情况,再谈一谈四库本和葆璞堂修补本的差异情况。由于四库本和葆璞堂修补本都来自葆璞堂本,两本大体上还是比较一致的,但仍然存在着一些差异。究其原因,一是四库本抄写错误,一是葆璞堂修补本后来补改。四库本的抄写者在抄写过程中有误字、漏字,也有颠倒及遗漏句、节的情况;抄写者有时也将原本中的错字进行了改正,这些情况通过与葆璞堂修补本对比后可以看出。葆璞堂修补本是在葆璞堂本的基础上进行的一些补改,这些补改主要是对误字、漏字的修正,但有一些是胡季堂对内容方面的有意修改。由于胡煦对朱熹有很激烈的批评,在四库本中有关"朱子""本义"的词,在葆璞堂修补本中大多改成了"先儒""后儒",这些改动是胡季堂为了避免直接批评朱熹而有意为之,这也说明朱熹的权威在清代仍然具有不可动摇的地位。所以，在《周易函书》的整理中，我们以葆璞堂修补本（简称“堂本”）为底本，以四库全书本（简称“库本”）为参校本，在校对中尽量将两本的差异以校记的形式指出来，以供读者参考。

胡煦一生著述颇多，除《周易函书》外，尚涉及数学、音韵、农务、诗文等方面。

胡煦的《卜法详考》四卷作于雍正六年，原附于《周易函书》中，收入《四库全书》时，编者将其与《周易函书》分开，归于术数类中。《四库全书总目提要》称：“盖古占法之传于今，与今占法之不悖于理者，大略已具于此。虽非《周官·太卜》之旧，然较之卜肆鄙俚之本，则具有条理。其驳唐李华、明季本、杨时乔卜用生龟之说，亦极为明析。存此一家，亦可以见古人钻灼之梗概也。旧附所纂《周易函书》中，考其所说，与解《易》之书究为不类，今别著录于术数家焉。”其书考辨古今卜法，极为详备。《卜法详考》的版本现存有乾隆三十七年葆璞堂刻本和四库全书本。但四库馆臣在将《卜法详考》四卷抄入《四库全书》时，不知何故，擅自改为八卷，将原卷一分为卷一、卷二，原卷二改为卷三，原卷三分为卷四、卷五、卷六，原卷四分为卷七、卷八。且《四库全书总目提要》称《卜法详考》四卷，又与所改不相一致。

《葆璞堂诗集》四卷，《葆璞堂文集》四卷，胡煦生前并未刊刻。胡煦一生专精于《易》，诗文无暇汇集刊版，残编剩简，几至散佚。其子胡季堂自服官后，留心搜辑，或从先世故交得见手泽，或于名贤文集获有馀篇，随时录存，汇成草册，编次其目，付以刊刻。此书现存有乾隆三十七年（1772）葆璞堂刻本。

此外，胡煦还有《农田要务稿》不分卷，存有稿本；《勾股算术》二卷，存有抄本；《韵玉函书》五卷，存有抄本；《澹宁三接始末》一卷，存有抄本；《乾清宫召对始末》一卷，存有抄本。其它还有与李光地分纂的《周易折中》和参修的《卜筮精蕴》《卜筮汇义》。其著述存世可考者如此。

三、胡煦主要的学术思想

胡煦是清初一位有独到见解的易学家，他考镜源流，参以心得，深契易理。他根据《周易》建立的一套很精深的生成论哲学，不仅具有解经的意义，更含有哲学的意味。他提出的“体卦主爻说”比较严密地说明了卦爻的生成与变化，对《周易》中“内外往来，上下终始”的解释更为合理，更为贯通，从根本上纠正了“卦变说”与“错综说”之误，在易学史上具有重要价值。

胡煦认为不论是三画卦还是六画卦，皆是代表着阴阳往来流行，它们组成一个有主次等级秩序的体系，有其内在的结构性，是相互关联的，而不是杂乱无章的。在所有卦中，乾、坤为大父母，具有主宰的地位，其它各卦皆从乾、坤而来，莫不具有乾、坤之体，因此皆以乾、坤为体卦。不论是八卦还是六十四卦，除乾、坤、泰、否外，每卦必有主爻，主爻决定着该卦的性质。在三画卦中，主爻为每卦三爻中独异之一爻。此独异之一爻，非阳九用于坤，即阴六用于乾。因六画卦由内外两个三画卦组成，其主爻即是内外两个三画卦的主爻，因此六画卦除乾、坤、泰、否外，均有一个或两个主爻。《彖传》中“往来内外”皆是指主爻而言。乾、坤为体，九、六为用，体用一源，显微无间，絪缊交感，往来变化，遂成六十四卦。这就是胡煦的“体卦主爻说”。

在六画卦中，除乾、坤、泰、否外，其馀六十卦皆有主爻，其主爻亦根据内外两个三画卦的主爻来判断。因此这六十卦每卦均有一个或两个主爻，而该卦的性质即是由主爻决定的。胡煦认为《彖辞》大多是解释主爻的，因此用他的“体卦主爻说”来解释《周易》，以前卦变说解不通的地方，就能得到很好的解释了。他的解释与经传文如合符节，入丝合扣，且更能发挥经传中的义理。牟宗三称赞“胡煦以体卦说注解经文，极为恰当，不见斧凿之痕。其发明体卦说，于自然生成之理，极有悟解。因此对于‘初、上、九、六、二、三、四、五’八字命爻之义，解之极精极谛，古所未有”（《周易的自然哲学与道德涵义》)。吕绍刚也称:“他提出的体卦主爻说,彻底推翻了卦变说,在易学史上是一大发明,一大贡献,他的易学地位应在来知德、焦循之上。”(《周易的哲学精神》)

胡煦的这一学说并非无根之木、无源之水、向壁虚构,乃是他反复钻研《周易》经文,并总结前人的一些思想,博综众说,参以心得,实有发明,而成一家之学说。

胡煦反对用卦变说解《易》,他认为执卦变说者由于不明“往来”二字之含义,以内外卦阴阳两爻互换为往来之意,而对整个经文的理解产生了错误。如果不纠正卦变说的错误,整个《周易》将无真解。胡煦认为卦变说的解释不能贯通全部六十四卦。胡煦根据他的体卦主爻说,对六十四卦一一重新作出解释,他的解释颇能使卦象、卦辞、彖传相互吻合,彼此发明印证,豁然贯通而不悖谬。胡煦之说非常精到,发前人之未发,释从来之疑义,使人感到《周易》之理之文简单之极、透彻之至,真所谓易简易知矣。吕绍刚称赞胡煦:“发前人所未发,用体卦主爻说解释《彖传》中‘上下往来、内外终始’八字,至为正确。胡煦终于推倒了千百年来众人纷纷质疑却一直推不倒的卦变说。”(《周易的哲学精神》)

胡煦也批评了来知德的错综说。他认为来知德所提出的错综说,本来是为了批评卦变说的错误,但来氏由于不明往来之旨,其说反而愈离愈远。错综说以初上、二五、三四两爻互相颠倒而为往来,是未明《彖辞》中“往来”的真正涵义。因为“来”是指主爻交于内卦,“往”则是主爻交于外卦,非两卦颠倒为“往来”。

胡煦认为错综说古已有之,错即古代所谓伏,综即古代所谓覆。古人借此只是观象之法,非成卦之法。依错综说,如两卦相综则有三对爻互为往来,来氏未明体卦主爻之说,其不知往来只是对内外卦主爻而言,误认卦中各爻皆可往来,实误之误也。观《彖辞》可知,《周易》中论往来之语从未有言主爻之外者,此证错综说不符经文。

自从来知德提出错综说之后,来氏自视甚高,后人附和者亦众。

但错综说的缺陷亦是很明显的。首先相综两卦以生成而论,谁先谁后不知,两卦可以互相生成,不合道理。其次相综两卦有三对爻互为往来,无有主次,此实不明往来只是对主爻而言。所以胡煦认为来氏的错综说只可用作观象之法,不可说作生成之理,他批评来氏于本源有所未探。这一批评是允当的,也是深刻的。

胡煦以河图洛书为《易》之大原,他虽以象数解《易》,却意在阐发天人合一之旨。河洛说自宋代出现以来,流行颇广,影响甚大。到了清初,则受到极大的怀疑,黄宗羲、黄宗炎、胡渭等人均对其提出了批评,认为河洛说不是《周易》本旨,而是来自道教的传授系统。胡煦则以河图洛书作为解释《周易》的基础,把它看作是整个《周易》的根本。胡煦认为河图洛书本原于天,为天地自然之易,天以图显示于人,图书所呈现的天地自然之理无不赅备,圣人则而画卦,一以贯之,皆以明天人合一之旨。

胡煦认为全部《周易》之奥妙尽涵河图洛书之中,二者有一合一分,一体一用,一先天一后天之妙。他所说的先天是指无形无象、万理静涵,还未分化的世界,他喻为未发之中,实是指流行不息之天理。天理流行,万物化醇,有形有状,此为后天。胡煦把河图看作先天,洛书看作后天,以表达他的宇宙生成观。他认为从河图中可以看出万物生成之理,先天即万物之先机,属未发之中,未发之时,合而未分。此时万物不可见其形,而可体其理,这是先天之妙。他认为全部《周易》卦爻,俱是先天,因此解《易》要明天道,要探本溯源,而不可仅向人事吉凶上求证。

胡煦解《易》的方法是由数而象而理,把图、卦、卦辞、爻辞、传看作一个整体,不可拆开来讲,也不可互相矛盾抵触。他认为图象为《易》之根本,能包含无遗,义理附于图象,应据象而言理,不可分作两开,仅据人事或仅以言辞而言理是片面的。他反对前人解《易》支离旁杂、乖谬附会之说。他说:"《周易》止卦爻之设,而图象实括始终本末之全,会图征象而至理斯存,未有弃图置象而孤标至理者也。夫图象犹形也,理犹影也,影即形而存,无形而影于何起?图象犹日

月也，理犹光明也，光明即日月而具，无日月而光明何生？”（《周易函书自序》）

胡煦的易学体系极为庞大，对朱熹易学的批评是其中的一个重要组成部分。《四库全书总目提要》称“其持论酌于汉学、宋学之间，与朱子颇有异同”。胡煦也多次说：“兹之所述，虽不免有异前人，然异于儒而不敢违圣，异于传而不敢背经。”（《葆璞堂文集》卷三《与张仪封先生书》）“至以予为不合《传》《义》，为背时宜，予固非藉以为名也。若其博采先儒之书，不徒为一家之书所浸没，当必有以谅予之苦衷矣。”（《葆璞堂文集》卷三《与张仪封先生论周易书》）。他对朱熹的《周易本义》批评尤多，认为：“朱子生平得力，《易》不如《诗》，《诗》不如四子书。”（《周易函书别集》卷十二）

关于《周易》一书的基本性质，两人的观点完全相左，朱熹认为《易》本卜筮之书，胡煦则认为《易》为传道之书。朱熹提出的《易》本卜筮之书的说法，对后来易学思想的发展产生了极大的影响，胡煦反对朱熹把《周易》看作卜筮之书，认为他徒在占卜上着眼，专向卦爻中究心人事，与易理多不相通。胡煦认为《周易》为圣人传道之书，是圣道大本所系。他认为如果用卜筮说解《易》，那就有违圣人传道之旨。胡煦认为卜筮说把人们对《周易》的理解引入歧途，使得人们仅仅通过占卜来关注人事的吉凶祸福，侥幸功名利禄，而不寻求天人性命之源，有违圣人作书立教之旨。胡煦认为《周易》虽然含有占卜的因素，但那只是支流。

胡煦对《周易》一书在经学中的地位与朱熹的看法也有很大不同。朱熹虽留下了不少的易学著作，但他的易学思想则是为他的理学体系服务的，他对《周易》的评价并不高。就四书与六经来说，朱熹更看重四书，认为四书的重要性远在六经之上。他甚至将《易经》与《诗经》比作鸡肋，食之无味，弃之可惜。他说：“《语》《孟》工夫少，得效多。六经功夫多，得效少。”（《朱子语类》卷十九）“《易》非学者之急务也，某平生也费了些精神，理会《易》与《诗》，然其得力，则未若《语》《孟》之多也。《易》与《诗》中所得，似鸡肋焉。”（《朱子

语类》卷一百零四)

胡煦则更推崇六经在经学中的地位,尤重《周易》,甚至认为《周易》为六经之根柢。他把《周易》提高到本原的地位,以《周易》为一切思想知识的源头,不仅六经、四子书,而且子史百家、农工医卜,无不是《周易》之道的分用。他说:“六经为圣人传道之书,而《周易》则圣道之大本所系。”(《葆璞堂文集》卷三)“开六经之始,而六经胥不能违;探六经之原,而六经止分其用。”(《周易函书自序》)

胡煦不肯附合时俗习见,他认为朱熹对《周易》的解释与易理多不相通,对朱熹提出了很多尖锐的批评。他提出学《易》应考证于四圣之经,以经解经,不能徇传而弃经,不能以当时人人尊奉的《周易本义》作为对《周易》的唯一解释。他反对当时学者以制艺取功名为业,盲目信从程颐的《易传》和朱熹的《周易本义》,缺乏开拓精神,遂致易道益晦。

胡煦属于孙奇逢所开创的清初理学中州学派的一员。胡煦的理学思想,不仅兼综汉宋,而且折衷程朱陆王,对程朱理学、陆王心学均有所批评,又有所继承。胡煦对理学中的一些重要概念及问题,有自己独到的见解,他对宋儒虽有所批评,但不是全盘否定。他的理学思想构成清初理学发展的一个独特的方面。

胡煦批评了程朱“天即理”或“性即理”的说法,认为此说法混淆了道与天、性的体用关系。他指出:“观中为大本,则大本是中不是道矣。和为达道,则达在已发后,不是未发者矣。”“孔子之系《易》也,曰穷理尽性以至于命,既将理性分说,则理字非性可知。乃理字之上用一穷字,岂不全在知识上面用功,至于性但说个尽字,故知理字必与性字有别。”(《周易函书别集》卷七)胡煦反对“天即理”或“性即理”的说法,实质是要取消理的本体地位。

胡煦认为孔孟关于于天、性、道的思想是非常精微的,而宋儒的说法则是粗浅的,所以应该根据孔孟之书了解天、性、道的精义,而不能按照宋儒的解释。他说:“孔子言性浑而该,子思言性切而据,孟子言性确而真。”“独天、性、道三字,非天、性既明,不可以言道。

非天、道既明，不可以言性。非性、道既明，不可以言天。此六经、四子书中最精最微者也。”（《周易函书别集》卷七）胡煦主要通过对先秦儒家著作的考辨来解释天、性、道的意义，以此说明宋儒的错误，这些批评既有考证上的依据，也有义理上的分析，体现了汉宋兼采的特色。

胡煦批评了各种非性善说，尤其是宋儒气质之性的说法。他认为性有善无恶，性与气是完全不同的东西，不能混为一团，不能在性中掺入气质之性。“盖思孟皆学于孔子者，岂思孟谓性本善，而孔子言性反谓其中有些子戾气乎？固知合义理、气质以言性，毕竟非孔子之旨”（《周易函书别集》卷十）。“义理之性，气质之性，兼善恶二端而文其词，谓性中有恶矣，仍与荀、扬湍水同见，固不能为先儒讳也”（《周易函书别集》卷七）。

胡煦认为宋儒之所以有义理之性、气质之性的说法，是误解了孔子的“性相近，习相远”之说。“相近”并不是说人性中有善恶之别，而是说人性是一致的、纯善的，如果有善有恶，就不是相近了。“相远”说明人性的善受到了后来的习染，才会产生恶，因此才有了善恶的对立。他说：“其必兼气质而言，不过误看性相近也一语耳，遂有几善恶之说。而后世相因，未能改正。”“自来解此二章，谓为夫子之言性，错会相近二字之旨，故以义理、气质言之。夫性而可以气质言也，则是性中亦有不善者矣，岂不与孟子、子思之言相径庭乎？”（《周易函书别集》卷十）

胡煦认为宋儒的气质之性说实属于善恶混之说，乃不知性之本原为善，与荀子、扬子之说相同，孟子早已辨之，所以应该信思孟而违宋儒。他说：“盖性之有善而无恶，孟子辨之详矣。不察吾性之何以必善，但觉得其中原有些子戾气存焉，因文其辞曰气质之性，此等语病误人不浅，曷不将《中庸》《孟子》合而参之？”（《周易函书别集》卷九）

清儒在人性问题上多主性善论，以批评宋儒的气质之性，至戴震有原善之说。如果比较胡煦与戴震在性善论上的观点，可见其一致性。从这一点上可以说,胡煦启戴震原善说之端绪,其思想史的意义亦是不言而喻的。

综观胡煦的学术思想,可谓博大精深。他在前人思想的基础上,又能独出新意,发先儒之未言,释从来之疑义,是对汉宋易学的一个发展,在清代学术史上占有重要地位。

胡煦淹没久矣,其学晦而不传,甚可叹哉!胡煦,吾乡前贤也。吾敬先生之道德,慕先生之学问,不揣愚鲁,于兹遍访遗文,疏略成篇,以示不忘之意。或能微显阐幽,启迪时贤,有涓埃之助,则吾喜之望外矣。挂一漏万,未云赅备,尚期博雅君子惠而教之。

程　林

二〇〇七年八月

编校说明

一、本书正编收入胡煦《周易函书约存》十八卷、《周易函书约注》十八卷、《周易函书别集》十六卷。以乾隆六十年葆璞堂修补本(简称堂本)为底本,以四库全书本(简称库本)为参校本。两本互有差异,其因一是抄写错误,一是后来改作,情况较为复杂。经对勘,凡相异者择善而从,并作校记。

二、附编收入胡煦《卜法详考》四卷、《葆璞堂诗集》四卷、《葆璞堂文集》四卷、《澹宁三接始末》一卷、《乾清宫召对始末》一卷,胡煦主要著述已集于此书。《卜法详考》以乾隆三十七年葆璞堂刻本为底本,以四库全书本为参校本点校。《葆璞堂诗集》《葆璞堂文集》据乾隆三十七年葆璞堂刻本点校。《澹宁三接始末》《乾清宫召对始末》据道光二十八年周荫甫抄本点校。

三、附录收入与胡煦有关的一些文献及新编《胡煦年谱》等,以资读者参考。

四、原书中所引《周易》经传原文,其句读与通行本有所不同,乃作者之意,今依其旧。

五、原书避讳字、明显错字、不常见异体字均作改正,不出校。

六、原书中较长的段落酌情分之。

七、根据现代标点符号用法,对原书作统一标点,但尽量从简,以避繁琐。如“易学”“易理”“易道”中的“易”,“河图”“洛书”及卦名、图名等,不加书名号;引文以意述之者,不加引号。

八、原书中的小字一律以括号标出。

九、为方便读者,本书采用简体横排形式,只在特殊情况下保留个别繁体字。

周易函书序[1]

《易》函万有者也。伏羲立象以尽《易》，文周系辞以尽象，孔子翼传以尽辞。一元之理，二五之精，三极之道，旁达于天文地理人事，磕着触着，靡不包举。天下无二道，广大悉备，呜呼至矣。圣人五十学《易》，止曰可无大过，况肤切而貌亲，道听而涂说，遽云当乎？至后流为方技，而易道一晦；至后溃为理障，而易道一晦；至后习为帖括，而易道又一晦。

沧晓胡先生博极群籍，覃精易理，所有裨于圣学圣道，寝食以之者，几四十年，积极而生明，积明而生悟。谓《易》中爻义卦义，未成爻义，已成卦义，总会于先天四图，而四图之中尤莫要于圆图。因将圆图八卦从而拆之，又从而联之，更订为循环太极图，俾与河图奇偶之数浑合而无间迹。疑创也，而实唯述矣。

尝谓大明终始，止是震艮两象；先甲后甲，止是巽兑两象；先庚后庚，止是坤兑两象。又云先三后三，止是内外六爻。又谓《彖辞》中刚来柔来，莫非二用之妙，胥出天心。其所谓往，则自内而之外者也。初非上下两爻交易互换，亦非初上、二五、三四之覆而综也。又谓所订之循环图，东视之有坎象，西视之有离象，原具水火细缊既济浑融之妙。又以坎离为乾坤既交之象，艮巽震兑为坎离既交之象。又谓雷风得乾之始，故能肖天之气而为阴阳之始；山泽得坤之终，故能肖地之形而为阴阳之终。又谓坎之时用在乾坤二用前，因取潜龙

---

① “周易函书序”，库本作“周易函书约存序”。

跃渊及履霜坚冰之说，以为乾坤之初皆由水始，所以谓为天一生水。又即上下《序卦》始于水而生于水火者，以为之证。又谓上下经所有卦爻皆从交处得来，乾坤则所交之两象也。屯为序首，便曰刚柔始交，馀卦之交可知矣。交而后用，所以周公有用九用六之文。惟①不解此，遂拟为卦变、卦综矣。

又谓儒者之学致虚守静，欲其中之虚也；存诚主敬，欲其中之实也。虚中之义出于离，实中之义出于坎，朱子虚灵不昧殆兼之矣。又谓天为一元之合，日为一奇之阳，月与地为一偶之阴，因取河洛以为证，曰阳数一阴数二也。又取乾坤两画为证，曰阳画连，连斯一矣；阴画断，断斯二矣。又取坤象②以为证，谓西东南③北与月同体，故言月也。又谓下弦为月轮之卯，上弦为月轮之酉，晦则正午，而望则正子也，故三十日而成月。又以日月与地函于天中，是谓一生二；错行代明，是谓二生三；及夫万物资以生息，是谓三生万物。又谓月轮之中以十五日为昼，十五日为夜，因谓元会运世、岁月日时，皆成于七八九六之数。又有缝卦取诸先天八卦两缝之中，兼前合后，并两而为一，顺之逆之成十六卦。因取易辞中言邻言遇、言用言朕及言婚媾者以证之，谓邵子“乾遇巽，地逢雷”，即出于此。又以遇巽逢雷为止论三画之卦流行之体，非以六画之卦言也。又取天根月窟释为二图，以明邵子之意。又取诚明参赞天人一贯之旨释于天根，以明圣贤之学问所从出。

又谓《易》中自具五行，如太刚太柔少刚少柔，皆始于河洛之数。又谓五行俱由水火而生，所以谓之水一火二，至土五居中，则云火成则刚，而水成则柔矣。又谓水得乾之元，火得乾之亨，金得乾之利，土得乾之贞，木居二四之间、亨利之际，故上可从刚而下可从柔。又以圆图所虚之中为太极，因发天根之说。又以一图分注七义。又谓

---

① “惟”，库本作“如”。

② “象”，堂本作“柔”。

③ “东南”，库本作“南东”。

周子之图合之于《易》,止有太极两仪四象而无八卦。又谓周子之太极止是坎离两象。诸如此种种精义,凡皆读书嗜学,妙契本原,非由剿袭得者。

其书《正集》《别集》共一百一十八卷,言象则取证于虞、荀、侯、郑及来氏诸儒,言数则更附以《左》《国》《史》《子》诸集。至于爻象,别有会心,则详辨于各卦各爻中。言必有据,不执己见,不曲徇,不故违也。观于言乾,则以为字字说入交坤,言坤则以为字字说入交乾。以大明终始、首出庶物为言乾道,非言君道。天下文明为言天治,非言人治。谓大明终始为日象,得朋丧朋为月象,西南东北为震始艮终之象。又谓《易》中原无一字闲文,其大要皆举端而竟委,如言初而不言终,言上而不言下,言二三四五而不言一六之类。又以坤卦先迷后得主为句,因取《彖传》得常,及《文言》得主有常之说为证。即此两卦,发先儒之未言,释从来之疑义,知非无本致然者也。夫人之心稍留隔阂,拟乌能言,言乌能尽哉?

大抵先生之于《易》也,豁达而不流于旷渺,精深而不泥①于训诂,博采而不役于方技,凡皆默符四圣心原,通达旨趣,故能搜奇探赜,致远钩深,而详人所略,凿凿言之有若斯也。始予获览是书,仅以为讲说家言,厌苦而弃去②之。及观原图,一字一论皆具新义,乃复把玩不能暂释。授读三阅月,觉其旨愈永,其义益愈难。竟又时与先生遇,先生又乐为予言,故得微探阃奥,约其大概如是。请以是书公诸海内,当时后世必有能辨之者。

时康熙辛卯孟秋,黍丘李去侈书于安阳之榷啸轩。

---

① “泥”,堂本作“疑”。

② “弃去”,库本作“去弃”。

周易函书自序①

方今诗书大备，圣道昭明，汉唐宋明诸儒蔚起，宜无复有遗文胜义，俟诸后学考稽诠释矣。然日新而不已者，文之运；日出而不穷者，道之理。一狐之腋不以成裘，南山竹箭加之以镞，入且更深也。安见刍荛工瞽千虑之一得，不足供采择益高深乎？譬彼古鉴虽复沾尘，揩磨之以澒锡之矾。譬彼干将虽复埋狱，淬砺之以华阴之土。彼其质于古无加，而光彩锐利焕乎维新矣。古圣人遗六经教后世，固欲学者继起，有以抉其蕴、发其光，使无至如古鉴干将尘埋韬晦已耳。

然六经皆载道之书，而《周易》实具天人性命之理。《周易》止卦爻之设，而图象实括始终本末之全。会图征象而至理斯存，未有弃图置象而孤标至理者也。夫图象犹形也，理犹影也，影即形而存，无形而影于何起？图象犹日月也，理犹光明也，光明即日月而具，无日月而光明何生？乃自王弼扫象，一归诸理，宋儒因之，象失其传由来久矣。来矣鲜生诸儒之后，独能上追虞、荀，广搜博览，益其未备，订其舛讹，务使理由象出，亦可谓好学深思、不为理障者矣。第于本源有所未探，则顾小而遗大、拘末而弃本者，犹不免焉。煦复从而斟之酌之、损之益之，其有未备未当者，又复合诸卦《象》，揆诸《小象》，证以先天诸图，及《系》《说》《杂》《序》诸传，总折衷经文以求至当，断不敢徇传而弃经，溺理而遗象。故于其中谬误渗漏者，又复得十之二三，以此征象，庶云备乎？

独思来氏错综之说，本欲矫卦变之非，而不知其愈离而愈远也。今执所综之两卦，以一覆而为往来，是未知往来之的旨也。夫来则

---

① “自序”，库本作“约存序”。

必出于内，而往则必行于外者也。故卦称内为来，而外为往。谓内为来，是原其所生之有自；谓外为往，是究其发舒之有渐也。如谓上之覆也即为初，二之往也即为五，不唯垂尽之末，不可称为方生之初，即二覆为五，越三四而超然以往，亦未知卦气之升，逐爻渐进之旨矣。即谓阴阳互根皆由穷极而返，亦是阳极生阴，阴极生阳，安有阳之尽也复生阳，阴之尽也复生阴乎？夫剥之与复理应相综，来氏于此，何不云剥之上九为复初九之往，复之初九为剥上九之来乎？明知其中尚隔纯坤一卦故也。若由复而剥，彼其所隔尚有十卦，安在其一复而即至乎？夫彼所谓错，即古所谓伏也。彼所谓综，即古所谓覆也。伏有伏象，覆有覆象，缘有是象，乃为是辞，故欲达辞必先明象。《易》中之象，错互皆有之，伊综独无，安有是理？第以综论象可也，以综论往来则不可也。

夫来往之理莫备于先天四图，故煦更订为循环太极图，又复变化卦象等七图，以发明先天之义，非臆之也。亦即先天四图探玩既久，而有以得其旨趣，知夫太极一图即先天圆图之变化，而先天圆图又即河图之变化。凡夫《周易·彖传》中上下始终、内外往来之妙用，靡不于此凝聚而会归焉。今观此图，乾南坤北，天地之所以定位也，而乾坤之首易者拟之。离东坎西，天地往来之交也，而水火之始终于易者拟之。三男附坤而成形，三女附乾而成象，天气所由下交，地气所由上跻也，而泰否复姤之交不交者拟之。附坤者，首一阳之震上行而为二阳之离兑，又上行而为三阳之乾，而阳始极。附乾者，首一阴之巽下行而为二阴之坎艮，又下行而为三阴之坤，而阴始极。而复临泰姤遁否之由微而盛，由盛而衰者拟之。其阴阳之生也，皆由于内，迨夫盛而极也，始往于外而就消。而先三爻之来于下，而称内卦。后三爻之往于上，而称外卦者拟之。东南为阳，而离之中虚者居焉，则阳中有阴也。西北为阴，而坎之中实者居焉，则阴中有阳也。艮震之阳夹坤而居，则大明终始、得朋丧朋之义也。巽兑之阴夹乾而居，则先甲后甲、终则有始之义也。卦有内外，则先三后三所由分。卦历六爻，则七日来复所自起也。其在乾而言坤，在坤而言乾，所以有卦之伏。其二之辞同于五，三之辞同于四，所以有卦之覆。其非水而言水，非火而言火，所以有卦之互也。推之而为卦象，则由初至上，由上返初，莫非此圆转不息之机，而往来之说定矣。衍之而为岁令，则阴极而阳，阳极而阴，莫非此上下流通之故，而升降之机寓矣。循之而为月窟，而出震之三候见于昏，出巽之三候见于晨，莫非此阴阳更迭之运，而坎离之用行矣。返之而为天根，而先庚之先奚自来，后庚之后何所往？莫非此由中之妙、无极之理，而大化之肆应不穷者出矣。凡皆先天一图之妙也。第以阴阳二气环而抱之，则为太极图，以八卦之象分而布之，则为先天图耳。其实，太极图止是先天图规而圆之、联而属之而成者，先天图止是太极图三分内外、截为八段而成者。而循环太极与先天八卦，又止是河图中奇偶之数联属而成者。是三图之设，非有殊旨也。夫邵子所得先天四图，其横图圆图，总以明小圆一图之妙耳，特鲜有沉潜玩索，识其旨归者。宜乎来氏止认为对待不移，而未知其为流行不息者也。

煦自髫龄，笃嗜《周易》，研精四十馀年。近缘安学清闲，毡寒况冷①，益得肆志于兹。订讹辨误，别异剖纷，宁谓洁净精微之蕴遂尽是乎？然而酱翁篾叟，率尔纵谈，皆能洞达阃奥，固不必专一经以名家。守羲经而世业者，为能发四圣之心于微言未绝后也。夫子云之《太玄》，刘歆訾其覆瓿，而桓谭、侯芭谓其必传。尧夫先天之学见疾于秦玠、郑夬，而司马君实且以兄事之于洛也。六宇之广，容有起而质证是非，指瑕摘谬，号称同嗜者乎？至其诠释，或于《传》《义》不必尽合，亦期据经引传，无悖经旨而已。观于主司命题，百人百致，安必文字之悉相仿？乃矩度而绳纠之，而所以主是文字者，固无勿同也。观于生人之面，万形万貌，安必耳目之悉相肖？乃约求而精察之，而所以运是形貌者，固无弗类也。四圣之《易》或以象告，或以辞显，岂有殊致哉！亦要诸理之一耳。规规焉文字形貌之合，无当也。

时康熙四十九年八月，光山胡煦沧晓氏自序。

---

① "毡寒况冷"，堂本无。

凡　例

一、《易》象失传自王弼始，犹幸李鼎祚《集解》一书，尚存十分之一二，来矣鲜得之，已增十分之二三，煦复于《集解》《来易》两书合证而推广之，其于象义庶未有遗也。如"遇"字、"邻"字、"婚姻"等字之解，及西南东北、先甲后甲、先庚后庚，并月几望之旨，悉皆取先天圆图，非臆为之也。

一、《函书》卦爻有全依古注者，皆存而不论。其全改古注者，如乾、坤、坎、离、剥、复、蛊、巽、损、益、夬、姤、震、艮、既、未济，及《上系》之首章并《下系》之第六章，皆原本先天一图，期与文周孔子之经传绝不相违，乃始从而更定之。亦有前解半合半违，则是者存之，违者正之，期无悖于经传而已。其说具详各卦各爻之下。

一、《周易》之理全在象中，象则高视远寄，包含无尽。据人事而言理，止论得一端耳。故遗象而言理，非《易》之理也。

一、《周易》之卦全是文王开先天大图而得之者，故置图而言卦，非卦之理也。

一、《周易》之卦全是先天，执后天图而解卦，非卦之理也。

一、《周易》之《彖传》全是解文王卦辞，故置卦而别言人事，迁就吉凶利害之说，非《彖》之理也。

一、《周易》之爻全由卦出，置卦而言爻，非爻之理也。

一、《周易》之《小象》全是解释爻辞，置《小象》而言爻，非爻之理也。

一、《周易》之爻有既象以天时，又象以人事者。至于《小象》，或止释天时一边，或止释人事一边。为爻辞中天时人事，原有合一之理，不知此义，竟将天时人事说作两开，非爻辞之旨也。

一、分卷之法，宜如吕氏所定古本，今依程子所定，合《彖》《象》

《文言》于各卦各爻，为时本刋行已久，天下学者习而安焉，倏然改易，难免龃龉①，故从俗便。

一、是书《正集》九十九卷、《外集》十九卷，共一百十八卷。因卷帙浩繁，无能悉付剞劂，先曾择其要义，刻成《函书约》三卷。兹复重加订辑，取《原图》《原卦》《原爻》《原古》首传之五十卷，约为十五卷，而列初刻之三卷于首，合之得十八卷，名曰《约存》；取解释经文之四十九卷，约为十八卷，名曰《约注》；其《外集》[之]《须知》《辨异》《约旨》三书，仍另列于后，益以《原古》内《卜法详考》四卷，合得二十卷，名曰《别集》。统计五十六卷，合之为《函书全集》，分之亦各成一书，以便观览。②

① "倏然改易，难免龃龉"，堂本无。

② 此段堂本无。

正编一

周易函书约存

周易函书约存序[①]

立言垂教之大，在明人伦以正人心而已。图书之秘，古圣人启之，以待后圣，而修道之教不外于此。孟子绝不言《易》，然先儒谓孟子全身是《易》。晋人喜清言，王辅嗣注《易》虽渔猎老庄，亦多深造，论者至比其罪于何晏。吾先子读《易》满万遍，于易家之言采取至数万，罕有论著。成天兄弟侍侧间，有叩恒不答，曰所见何尝不通，以为尽是，便窒易道。惟广大故易容奸，程传朱义惟不奸耳，不奸则能容众说，故足贵也。老苏作《易论》，谓用机权以持天下，直以蛙蠡而量天地之大矣。圣人假年学《易》，岂率人于不可窥之域耶？世儒什袭燕石，大半若此。盖好学深思，勉庸德而谨庸言者，未易有其人也。

光山胡先生博极群书，湛精于《易》，独有神契，约之又约，而成是书。成天不敏，不能熟复其全。窃疏观其大段，足诏于来学，发前人所未发者有二，其他之奥义卮辞不与焉。论河洛皆为作《易》，一全一缺，一合一分，一聚一散，一无隅一有隅，先、后天互发，则向之所疑而今得明证，一也。论八卦至六十四卦[②]，伏羲止是圆图，文王分列之，乃为《周易》，则《归藏》《连山》之各因时取义愈见，因作数图以明之。《系辞》曰："《易》之兴也，其当殷之末世，周之盛德耶？"又曰："开而当名辨物。"始豁然大显，二也。

三十年前读前辈汪尧峰集，内述某氏云周子太极图即古河图之图，古河图并非若今时所传。先兄大不然，成天殊是之，以为一三五七九二四六八十之数已涵其中，作《易》之蕴于此可见。周子收敛著

---

① 堂本无此序。

② "卦"，库本作"爻"。

已，圣人推开成务，体则图而已足，用必参之于洛。先兄首肯焉。先生其亦肇悟于此耶？抑所谓不由师传，默契道体也？顾象心而往，时或牴牾于程朱学者，每不能以无疑。嗟乎！同非自然，异非自然。自然者同而异，岂必墨守古人之言，为善学古人耶？若颜、若曾中行之质，不同若由、若点狂者之质，不同而同育于圣人之门，则如金之在冶，朱陆之不能融也。两不相下也，有圣人必合而一之也。安溪李文贞公《大学》《中庸》异于程朱矣，然其尊程朱也弥甚，盖见程朱所修之道，惟明人伦以正人心，率人以行，非率人以言。且经始者难为功，踵事者易为力也。

夫文王之《易》已非伏羲之《易》，周公之《易》又非文王之《易》，孔子之《易》又非文周之《易》，程朱之《易》又不必尽羲文周孔之《易》，而要不越明人伦以正人心。至宇宙间凡有聪明，《易》中何所不具，又何所不受乎？

先生貌古心夷，气和神皎，年七十有七矣，视听不衰，步履如壮盛，周折必以规矩，暗然之功自致于人所不见，则其资深逢原，岂眇见寡闻者所得望其肩背哉？

雍正辛亥孟春下浣顾成天撰序。

周易函书约存卷首上 原图约

总义

《周易》传道之书也。道理显于文字，文字肇于图书。图也者，数之聚，象之设，而理之寓也。河图洛书，天以图示也。先天八卦，圣人以图教也。无数不行，无象不定，无理不灵。行之定之灵之，是无辞之《周易》，而有言之伏羲也。顾文字浩繁而图象简约，文字显易而图象隐深，藏万于一，纳须弥于芥子，穷幽测奥，实费且难。舍其隐，务其显，守其易，置其难，是逐浩渺于洪流，而未探泉源之不匮矣。宁能彻《周易》之大原，而一以贯之哉？

道原于天，开于圣，创之者伏羲，继之者文周孔子，始之者河图洛书也。盖图书为天地自然之易，则图画卦之理具其中，而天人妙契之精微，历圣相传之心法，遂无不悉具其中矣。圣人之道，尽在《易象》《春秋》。《易象》，其大本也；《春秋》，其大用也。《易象》所阐，乃天人合一之旨；《春秋》所著，乃天人感应之机。故言圣道者，未有不体用流通而无间，天人合一而不分，而可谓一以贯之者也。

自夫以《周易》为占卜之书，学者宗之，各各向卦爻中究心人事，遂使图自图，卦自卦，四圣之《易》不复相通。于是乎先天四图不能比合图书，而则图之义渺然，拆图之说纷然矣。于是乎文王之卦不能比合先天四图，而来往之旨不明，卦变之说纷然矣。于是乎周公之爻不能原本文王之卦与伏羲之图，而初上九六八字命爻之义，往来①上下观象论爻之法，亦复茫然无据矣。不知文王无卦，周公奚所本而有爻？则爻之必本于卦审矣。先天无图，文王奚所凭而有卦？

---

① “往来”，库本作“来往”。

则卦之胥出于图审矣。河无图，洛无书，伏羲奚所凭而画卦？则先天之必则乎图书审矣。夫自图书以及先天，自先天以及卦爻，全是一个道理，则是天之与人非有岐旨，而开天之图书与穷理尽性之《周易》，非有二道矣。故欲明《周易》者，断自图书始。

河洛

孔子曰："河出图，洛出书，圣人则之。"古今画卦，止伏羲一人，则此圣人断指伏羲无疑矣。伏羲既为画卦之圣人，则是河图洛书同出于伏羲时，又无疑矣。河洛二图既同出于伏羲，则神龟非出于大禹，亦非作范之具，又无疑矣。今将河图洛书比而较之，看其中有何道理可以则而画卦。又看伏羲所画之图，如何取则于图书，当不似拆补之说，徒向莫可如何处理会也。

河　　图

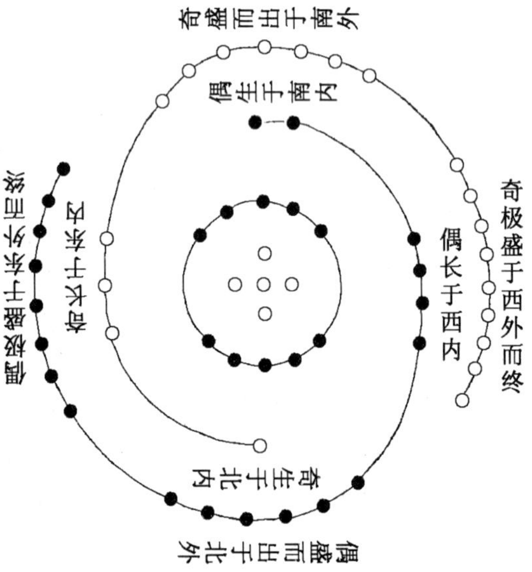

洛　书

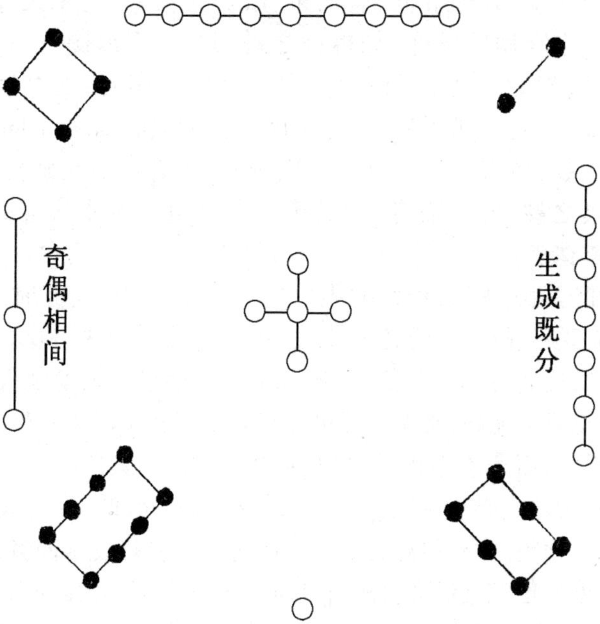

河图之象，不独生成合也，而奇偶悉合。洛书之象，不独生成分也，而奇偶亦分。藉令当日，或止出一洛书，或止出一河图，伏羲即徇齐天纵，恐必无以窥天地之奥，明分合之几①，察体用之微，而用以为画卦之资也。何也？无洛书之分，则无以显河图之合。无河图之合，则无以显洛书之分。伏羲于此二图，看出一合一分之妙，则一体一用，一先天一后天，判如矣。圣人之道，体用一如，显微无间，皆此二图各具之妙，相形而互见者也。故四圣继天开道，

① “几”，库本作“机”。

率本此而莫之外也。

世有疑图书为怪妄者，总因分合之旨未明，对待与流行之说既误，而图书之正义未定故也。

河图既为先天，先天所配，既属未发之中，则看图之法，但当玩其浑沦周匝，万理静涵，合而未分，全无倚着，与未发相似，然后可耳。岂宜动着丝毫，如拆补之说耶？今观河图不过自一至十之数耳，然数一也，而奇偶殊矣。奇偶易察也，而多寡辨矣。多寡易详也，而奇偶所列，各各相因，内外相箍，各各不同矣。又且生成之数，各有合而不分。生成之象，各有居而无缺矣。此则河图自具之妙，即象而存，而其蕴无穷者也。然非从合处留神，乌得而审诸？

既知河图为先天，便须向先天二字留神详察。盖此时之天地，尚且未有朕兆，故以先天名之，比之于人，则未发之中是也。若天地有可指名，便属万物化醇之会，则称为后天而已。未发则喜怒哀乐之理，虽全具而无缺，必无一焉可以指名。故孔子以为寂然不动，周子命为无极，而子思亦止目之为中。中也者，指其所在之地而证之云尔。故十数之必全，四方之象备，亦如未发而即言喜怒哀乐者然也，所以象浑沦之中，包涵无尽也。此时欲于喜怒哀乐四者，择一象而名之，便属已发之后矣。故言其合而全备则可，言其分而各居，如对待拆补之说，则不可也。此生成之相附而各不相离，奇偶之务连而各不相间，无非浑合无间流通活泼之机，岂有定体定象，俾人拆而补之乎？河图而如可拆也，将未发之中亦可拆而为喜怒，拆而为哀乐乎？甚矣，其陋也！

河图既为先天，则看图之法有二道焉。

其一，须知成数各各附于生数。故伏羲之画图也，两仪附于太极，而遂居其外。盖两仪由太极而成，太极则所以生两仪者也，故孔子曰太极生两仪。四象附于两仪，而遂居其外。盖四象由两仪而成，两仪则所以生四象者也，故孔子曰两仪生四象。八卦附于四象，而遂居其外。盖八卦由四象而成，四象则所以生八卦者也，故孔子曰四象生八卦。今观揲蓍所成，虽有六十四卦之异，而命爻之法，无过太阴、太阳、少阴、少阳四种，则是①六十四卦均未有离此四象者也。其单拆交重，则所以拟议四象者耳。盖六十四卦，莫非八卦之所重，故孔子遂无八生十六之说。试看伏羲所画，生者在内，成者在外，是即内为生数，外为成数，而体用殊时，内外异等之象也。两仪不离太极，四象不离两仪，八卦不离四象，是即成数必附于生数②，生数即含成数之象也。故后有联拆先天图，而内之与外，皆可爻爻分别观之。

其一，须知奇偶各各相连。盖一奇生于北内，三奇长于东内，七奇盛而出于南外，九奇尽于西外。二偶生于南内，四偶长于西内，六偶盛而出于北外，八偶尽于东外。凡生而未盛者皆在内，已盛而就终者皆在外，是亦生数在内，成数在外之义也。其中有奇偶相连之妙，有内外微盛之象，有上下定位之秘，有根阴根阳之旨，有循环不息之机。故伏羲所画，悉则其图而为之。而今新订循环太极一图，实兼二图之蕴，而用以显则图之妙者也。不知其为先天，不知其妙在合，安得不认为有体有象，而倡为拆补之说乎？

洛书中阳数居正，而阴数居隅，以万物生于阳而成于阴也。其生成相间而各居，则内外之体别矣。其奇偶亦相间而各居，则阴阳之体又别矣。凡皆于分处示之象也。然非有浑沦相合之河图立乎其先，亦何由而知为既分者乎？

先天四图以小圆为主，而大圆实生于小圆。其小横、大横，则由小圆、大圆而拆之，用以明加一倍之法，显终始之序，别多寡之数，著乾坤包六子之义也。其体用分合，天人一贯之妙，悉归于小圆、大圆，至后文王开而作《易》，乃始有八卦及六十四卦之象。今之《周易》所有图象，则文王开而作《易》之图，非伏羲本图也。伏

① “则是”，库本作“是则”。
② “数”，库本无。

羲之图本为伏羲之《易》，用以开天明道，启圣传心，初不待开而为卦，当即有无穷之秘妙存焉。故太极两仪四象八卦，皆自从一元未亨之前，推至化醇化生以后，所以两仪止于两画，四象止于四画，所以有东阳西阴、南阳北阴之说，孔子所由有彰往察来、微显阐幽之论也。既未开而为卦，则非如今之《周易》所有卦象以连断为文矣。想其时，当止以二色别之而已，若非别以二色，安得有东阳西阴之辨哉？必如后来之卦，以连断为文，则两仪当为三画，安得仍命为两仪哉？故知两仪相连，别以二色者，伏羲初画之本图，所以定太极两仪四象八卦之体。逮于文王开而为卦，欲以一色分别阴阳，则非一连一断，而阴阳两象无由剖判矣。此羲图文卦二《易》分别关头，不可不辨者也。

世有疑伏羲四图为伪作者，因目此为邵子先天之学，此甚非也。孔子《系传》、先后天图各有明训矣，其始当与《周易》并传。止缘后人乐读文字义理之书，而不能窥图象隐深之秘，因致卦之与图不能相通，始以诞妄而分之，旋复置之，旋复失之。汉魏诸儒尽有未见者矣，何待宋明以下，人方疑为伪作哉？然皆不善读经，未能穷理之故耳。今试问文王作《易》之卦，为文王自画者乎？抑亦有所本乎？如属文王自画，则文王时当亦有龟龙之出矣。如不待龟龙之出，便能率意作为卦画，则圣人则之一语，不为赘乎？然而《系传》固曰“庖牺氏之王天下也，于是始作八卦”，则是卦画之设自伏羲始也。如谓庖牺所画，止是零零星星六十四个卦体，则是初画之时，已先无一定之法，已先无甚深之意，而孔子《系传》彰往察来亦何所指哉？其于《彖传》，何忽有往来上下之说哉？其于《说卦》，何忽有往顺来逆之语哉？夫以疑传疑，而不能考正得失，则亦徒矜博雅，而究无心得者耳。不知伏羲所画之图，即伏羲传心之道，即至文王既开其图，逐卦表扬，无非表扬伏羲之图与伏羲之心而已。汉儒解经，至有疑《说卦》一篇为伪作者，存其说足以疑天下，误后世有馀，是则吾道之异端，亟宜摈斥者也。读圣人之经，但当以经文为之主耳。

新补伏羲初画先天小圆图

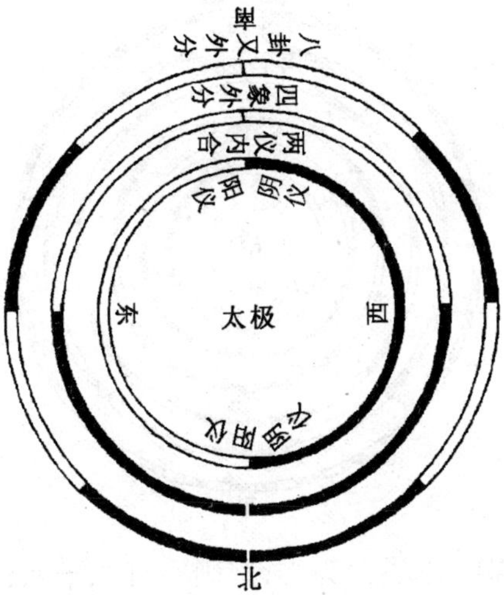

此伏羲初画之本图,以黑白二色分别阳阴,其画十四,久已失传,今新补之。

文王开为八卦图

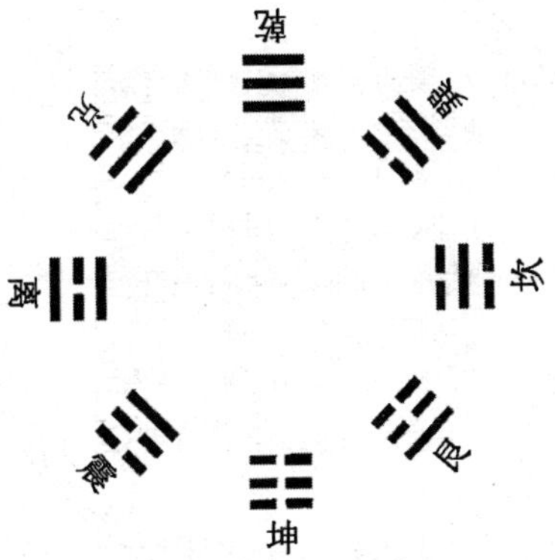

今之《周易》所列,即此图也。以连断为文,其画三十六。

新补伏羲初画先天大圆图

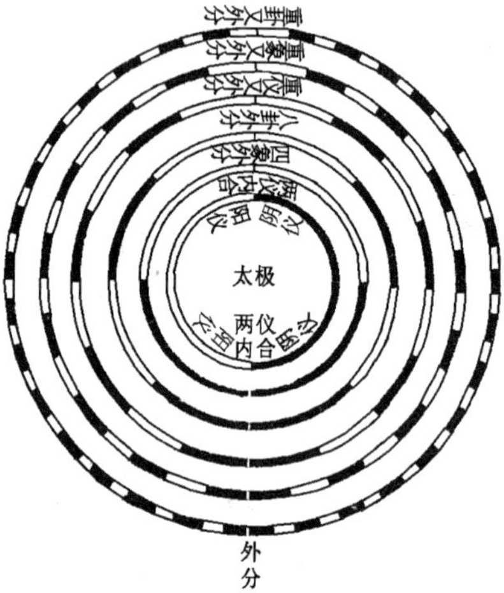

此初画之本图，以黑白为文，其画一百二十六，然久已失传矣，今新补之。

文王开为六十四卦图

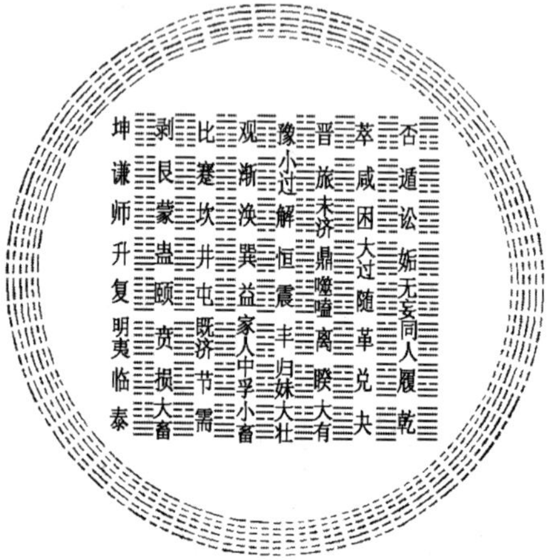

此《周易》所列，称为先天六十四卦圆图者是也。以连断为文，其画五百七十六。

看先天圆图有三道焉,伏羲既则图书,画出先天四图,便当领会图中之旨,不宜设想搀入卦爻道理。便当领会先天之妙,不宜设想搀越后天丝毫。盖乾元之方亨,天之资始者于此,人物之资始者亦于此,是万物之大原,天人合一而不分者也。其在人心,寂然不动,亦各有太极存焉,与天同,与乾元同也。故此四图遂为开天传道之书,而定为伏羲之《易》。其时嗜欲未甚,文字未开,故但寄其义于先天圆图之中,寓其机于内外分合之际,而无穷道理尽归包括中矣。后世圣人开而为卦,极力阐扬,而图中之秘犹然未尽宣泄,故欲明伏羲之《易》,须向未开未拆时体究先天之妙,庶有以识其精蕴也。

一宜向浑沦圆转活泼流通处看之。盖此图既为先天,全在无倚无着之际,但其中有阴阳相依之理,有根阴根阳之妙,有阳极生阴、阴极生阳之旨,有阳微则阴盛、阳盛则阴消之机。故后补立循环太极图,要皆先天八卦与河图中自具之妙,因仿佛其形象而图之,非意为之也。

一宜向内外分合处看之。其在内之东西两画,必不可作六十四断看,以两仪之义具此爻也。张子曰"两不立,则一无可见",是太极之妙,原藉此两画而显。故画虽有两,其妙在合。乾元资始,万物俱由阴阳既合而生,由此加至六爻,始分六十四象。夫六十四,则其象分矣。内合者,河图之妙;外分者,洛书之几。孔子所由谓圣人则之,而必兼言图书者,此也。因此图内则河图之合,外则洛书之分,故后补立联拆先天八卦图。爻爻拆之,以观两仪四象、东西南北之妙。又复爻爻联之,以存伏羲之本图,亦以见卦体虽分,而阴阳之气本自流行圆转于中,活泼泼地,与河图之奇与奇连、偶与偶连者相似,所以谓为则图而画也。若认为对待不移,便属有体有形以后之事,犹得为先天乎?

河图先天,洛书后天,伏羲则而画之。既有先天之图,亦应有后天之图,而今无之者,盖在内有两仪之合,便是则图之合;在外有八象与六十四象之分,便是则书之分。今观洛书,初未离河图之数,而已一奇一偶相间,散布于四方四隅。小圆、大圆亦皆一阴一阳相间,而分布于外,故有先天,便已兼得后天也。

文王有后天小圆，而独鲜后天大圆者，以文王未尝画卦，其用以作《周易》者，皆本先天大圆开而为卦，以表彰圆图中所寓精蕴。孔子《彖》中，所以有内外往来、上下终始之说，无非发明图中之旨，非如后世所云卦变者也。卦爻既出先天，则非如后天之卦，可以形参而体拘矣，故不用更立后天大圆图也。今观揲蓍求卦，分二挂一，揲四归奇，究其所得，止有多寡之数，四等而已。圣人因数有多寡，而分别动静，然后有太阴太阳少阴少阳之目。又本此四象，拟为重交单拆之画，岂有实象卓然植立于此耶？不过欲于太极两仪中，探讨将动欲动之机缄，以观将来之吉凶得失所豫呈之朕兆焉尔。必待事体既成，吉凶得失判然不爽，此时方是后天，此时始有定体，故曰全部《周易》卦爻皆是先天。

由中之太极，而两仪四象八卦，以及重仪重象，而至于六十四卦，无有一爻不涵有太极者，是分之必由于合，达道之必原于大本也。倘由此加至无穷，皆未有离太极者也。然六十四卦各一其体，一定不移，以有六加之上爻在也，故曰其上易知。各成一体，则有定而易见，所以又谓为彰往。至五则有两卦相同者矣，四则有四卦相同者矣，三则有八卦相同者矣，二则有十六卦相同者矣，初则有三十二卦相同者矣。又当太极初生，阴阳肇端之始，故曰其初难知。于难知之处，而求其所由以成者，所以有察来之说。因六加之上爻为成卦之定体，居上而易知，故此卦之性情，遂由此爻而定。《火珠林》所由以八纯之世定于宗庙也。卦各六爻，除上为定体，自五至初，五爻耳。故上之一爻遂与太极相对，是专精而不分者也，亦犹①一之与万对也。凡数之成，莫不与一相对，故凡爻之上，莫不与太极相对。太极在中，上爻在外，太极隐而上爻显，因太极无可名言，两仪既判，所有之爻悉由此生，而初则最居其先，故以为其初难知，其上易知也。自初至五，顺论之，初则两仪之肇分。逆论之，五则两仪之未定者也。顺二则四象之既明，逆四则四象之未定者也。顺三则八卦之

① “犹”，库本作“由”。

既成,逆三则八卦之含蕴者也。所见所隐,其象既均,故圣人所定,遂以三爻命为一卦。然二分为四,四分为八,顺之逆之,皆具此妙,故圣人所定,遂以六爻命为重卦。顺四则重仪之十六,逆二亦如重仪,以有相同之十六卦也。顺五则重象之三十二,逆初亦如重象,以有相同之三十二卦也。由太极初生而顺论一卦,分析既多,其体亦愈清真,故曰其上易知。由上爻之定体,而逆溯一卦所由成,牵连既多,则愈烦剖别,故曰其初难知。夫文王之卦既出先天图,孔子之传全是解说先天图。此先天四图所以独成为伏羲之《易》,以开天明道而义蕴无穷者也。自来解《易》者,但知解卦,而不知解图,皆误也。

何由知文王开而为卦也?《下系》第六章云"其称名也,杂而不越,于稽其类,其衰世之意耶?"既尝稽考义类,知称名为衰世之意,因知卦之有名,皆作《易》时所定。其在伏羲,有图而未开为卦,有象而未命以名,亦断可识矣。下节彰往八字,全是说先天图中道理。彰往言图之在外者,显于有象,则明白而易见,所以谓为其上易知。察来言图之在内者,根始太极,则幽隐而难察,所以谓为其初难知。此四字分内外而言,微显则引外而入内,阐幽则推内而出外。此四字合内外而言,其既分释之,而又合释之者,所以明体用一原,显微无间之妙。故先天四图,遂为伏羲所传之道,而不必逐逐以卦爻论也。下曰"开而当名辨物,正言断辞"八字,方在作《易》时说,因下文方说到作《易》,而中用开字一转,便知是开伏羲之图。因此处作《易》方始开图,方始说到当名,则三易未作以前,伏羲仅①有四图,未开为卦,未命以名,亦断可识矣。圣人之言明白显易如此,不识从前皆未深究何耶?羲图文卦交界处辨别不真,则不知伏羲止有四图,全未开拆,则不知图开于三易,其名称亦各各不同,亦并不知文王所开即伏羲之图,亦并不知全部《周易》悉属先天,亦并不知孔子之内外往来、上下终始全是解说先天,而卦变、卦综由兹起矣。岂知伏羲居四圣之先,实始开天而创为图象,后来三圣作成《周易》,极力

① "仅",库本作"既"。

阐扬，而四图之精蕴犹不易殚，则此四图安得不定为伏羲之《易》，而以为开天明道之鼻祖也？

衰世而命之为意，岂谓作《易》时为衰世乎？盖深惧乎世衰道微，无《易》以维之，将民行无由以济，故以为圣人之意云尔。才有类之可稽，便是说在作《易》之时。方始作《易》，而以为寓意如此，便是直指后世而言，可知衰世非谓文王作《易》时矣。

稽类而以为衰世，谓考其命名之义类，知非伏羲中古人情浑噩时，遂便有如此之名义也。名之所起，非象其形，则指其事。即如黄帝时，蚩尤乱于涿鹿，乃始有师，伏羲时未之有也。安得取后世数千百年，意计不能到，目中不创见之事，豫拟其象而名之于卦乎？以类推之，其馀诸卦尽可稽也。

《连山》《归藏》实始有卦，顾以开图始自文王者，盖三易皆《易》也，名则不必同矣。今《连山》已无考矣，世传《归藏》谓坤为奭，谓坎为荦，谓震为厘，则是《归藏》之名与《周易》异，《连山》之名当亦必与《归藏》异矣。盖伏羲之图，三易皆得而师之。《连山》开之，《归藏》开之，《周易》固亦得而开之矣。但文王命名，或亦有依古而更定者矣。孔子论三代之礼，既以为有所因矣，又以为损之益之，此之类也。

因先天图中，原具内外分合之妙，故立为联拆先天八卦图，使知此图非但著八卦之象也，其中太极两仪四象八卦，每画一层，皆有无穷之精意存焉。

拆先天圆图之虚中而为太极图。

太极

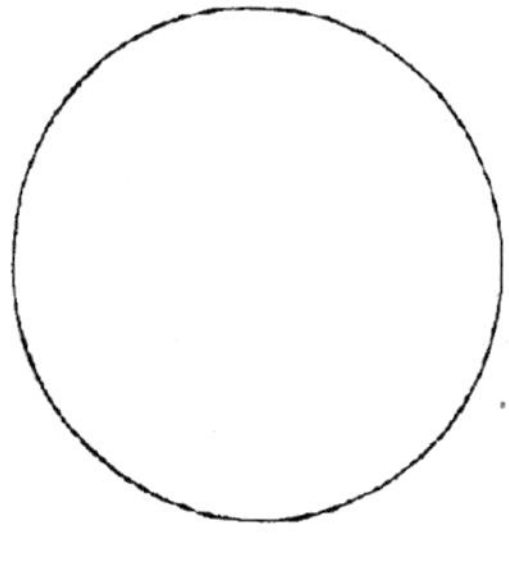

此圆图之虚中,《系辞》称为太极者也。在乾则未亨之元,在复则所见之心,周子命为无极,邵子拟为天根者是也。

拆先天八卦初爻

联先天八卦初爻

先儒所谓东阳西阴,谓此两仪也。不有两,则无一,谓太极因两仪而显也。

拆先天八卦二爻

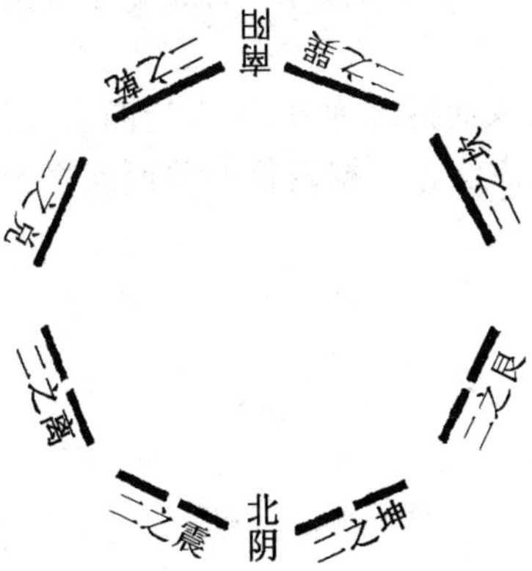

联先天八卦二爻

先儒谓为南阳北阴,合诸初爻而四象始见。

合二爻于初爻

东阳之上加一阳一阴，西阳之上亦加一阳一阴，便成四象，先儒谓为南阳北阴者此也。盖东为阳升之径，西为阴降之路，南北则阴阳之定位也。除两仪东西分列外，自二爻至于六爻，凡所加之阳皆南列，凡所加之阴皆北列，然后能乾坤六子各正其位，而成此小大圆图也。

阳连阴断，《周易》之法也。据八象而拆之为卦，不以连断为文，则无以别阴阳。阳白阴黑，伏羲画图之法也。据两仪四象而连之为图，不以黑白为文，则无以别阴阳。

拆先天八卦三爻

联先天八卦三爻

洛书中奇偶相间,此则一阴一阳相间。

合三爻而成八象图

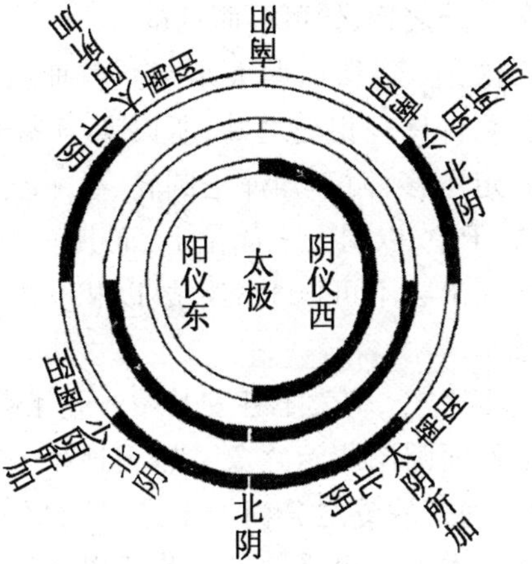

此伏羲初画之本图,其画一十有四。

拆八象而成八卦图

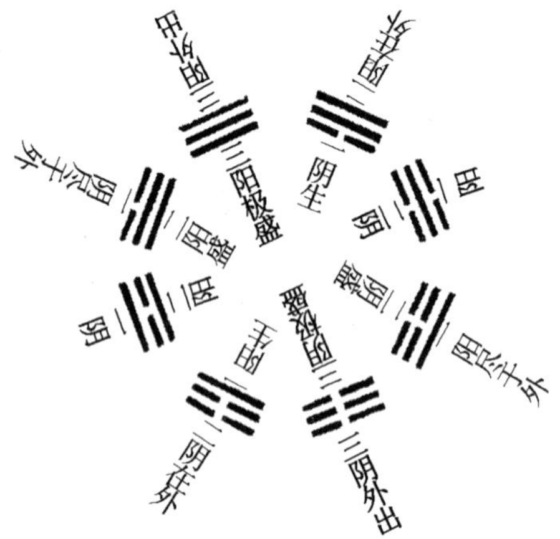

此文王作《易》之图，其画三十有六。

伏羲先天大圆，则一百二十六画者也。文王先天大圆，则五百七十六画者也。二图见前，其联拆之法，皆宜如小圆图，然后内外分合之妙，与则图作《易》之旨，始可得而见也。

入方图于圆图之中者，所以明大小圆图乾坤虽定位于上下，其中全是流行之气，原自具有相交之妙，所以谓为先天。伏羲惧人将上乾下坤，认作一定不移，而不知浑沦圆转、上下交通之故，因作方图，颠倒乾坤，纳之于中，以明天之体位上，而其气未尝不可以下交，地之体位下，而其气未尝不可以上交。故以相交之义寓于方图，而以下乾上坤示之象。

今观天地自开辟迄今，何尝不各安其位？孔子《系传》所由曰天地定位也，此便是外面圆图所示之象。然天地虽安其位，而其化育流行何尝不两相交通？故乾之分而坤至之，坤之分而乾至之，而资始资生变化各正者，悉无能出乎其外。此所以纳诸天地定位图中，而不于外面别立一图者，职是故也。孔子《系传》于天地定位之下，山泽曰通气矣，雷风曰相薄矣，非从流通处看出立图精意，安得有通气相薄之说乎？对待不移，又何能相为流通乎？水火虽曰不相射矣,正是从相通合体之时,言其性情本可相制,而仍自各得其理也。亦如《中庸》“万物并育而不相害”,其不相害之故,正从并育中分疏出来。如使一育于此,一育于彼,若秦之与越不相照会,何至有害不害之可言哉?水之与火,如不相通,其相射不相射,当亦无由辨别矣。由此看来,则是天地交泰,便具于天地定位一语之中。自来认为对待不移者,皆误也。

夫天地之化育,流行圆转阖辟聚散于中,究未能出乎其外。此相交之方图,所由纳于圆图之中,而无能出乎其外者。伏羲早有以窥造化之精,而深识其由然之故也。夫天地既已相交,则万物之体将可成矣,故方之,以明有形之朕兆于此而始。然犹在方交之时,非万物资生之候。故入于圆图之中,而亦命为先天,此伏羲立图本意也。今观方图,乾坤之位虽倒,而六子仍然在中,犹是乾坤包六子之义。第初生之阴阳,以气用者皆在中,最后之阴阳,以形成者皆在外,则又交中之妙,而性命之各正于此而定。然则伏羲之图,讵略观大意所能测识哉?

先天图中,乾坤正位于南北,坎离正位于东西,皆有妙旨。今作二方图以明之,盖①看图之法不如此详细考究,其中精蕴,终不可得而尽也。

乾坤六子图

① “盖”,库本作“然”。

上图可以发明先天四图，盖天地之位既定，六子皆其中包，而阴阳之始终微盛，莫非乾坤之化也。上下经之《序卦》亦出于此，其四正则不覆之卦也，来氏以为错卦。其四隅则一覆而得之，合二为一之卦也，来氏以为综卦。此《上经》之卦所由十八，《下经》之卦所由十八，共合为三十六也。

坎离终始图

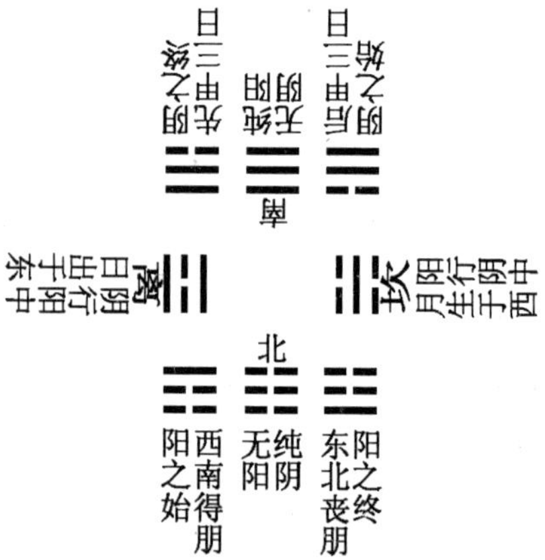

上图可以发明先后二天图。盖坎离之位既定，而日月交光、往来微盛，莫非坎离之化矣。又可识纯乾之体乃阴终阴始之所成，纯坤之体乃阳终阳始之所定也。

先天既有圆图，而此二图复方之者，正所以察圆图之妙也。盖圆图中内外分别观之，则有以知太极两仪四象之秘，并有以识则图则书之旨。若于纠缪圆转处观之，则有以识流行不息之机，而并有以解循环联贯之义。然圆图所蕴，犹未易殚，故又从而方之。乾坤既已正位，则东西各三卦，其阴阳之微盛可辨也。坎离既已正位，则上下各三卦，其阴阳之始终可辨也。则是此图之设，固有以明内外之殊①，别盛衰之等，定乾坤之位，列东西之径，察初末之形，辨终始

① “殊”，库本作“侯”。

之序也。

有初生在内之阴阳,由微而趋盛。有既盛出外之阴阳,由盛而就衰。是盛衰之等,由内外之殊而别,而乾坤之位,遂由盛衰之等而定矣。上下之位既正,又可识居中而运行者,皆六子之化也。卦之初爻言微,二五言中,末上言亢,是即初微中盛末衰之旨。然非置乾坤于上下,则六子之微盛,不可得而辨矣。

有震艮之一始一终,而纯坤之体定。有巽兑之一始一终,而纯乾之体定。是乾坤之位,由终始之序而定。而终始之序,实由东西之径而分。但置坎离于东西,而各以附乾坤之二卦,比而并之,其妙自见。盖日月运行,即天地之大用所自出。乾坤天地,坎离日月也。坎离当阴阳升降之径,正乾坤交接之际,虽未至于化生万物,而絪缊构精之妙,于此二象,亦已昭然。盖万物俱由天地既交而生,坎离实具天地中交之象,此正天地之大用所由始者,坎卦所以独言时用也。文王后天图坎离正位南北,亦是此旨。读《周易》者,但知《周易》所有卦爻皆由天地相交而出,则中交之坎离安得不代乾坤而居其位乎?又知《周易》所有卦爻出于伏羲圆图,皆是先天,则纷纷异议当亦自息矣。

先天六卦图

联先天六卦图

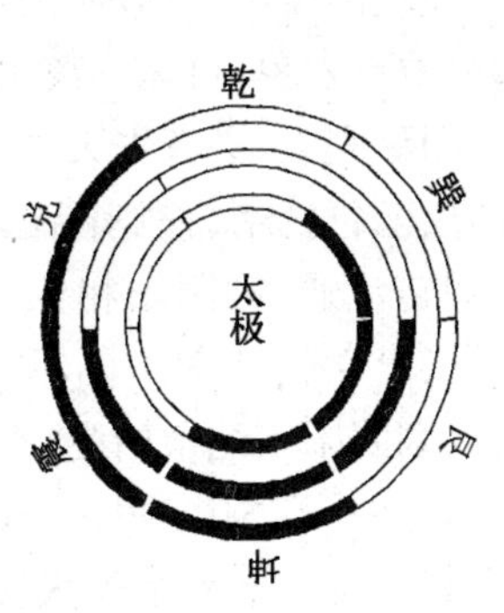

先天止有八卦一图,今复减去坎离而为六卦图者,盖因月窟六候,岁令十二辟卦,其见于《周易》所可按候而稽者,皆止六象故也。

今观日月交光，其朔日之震为一阳，上弦之兑为二阳，望日之乾为三阳，是升阳之候止有震兑乾三象也。其十六之巽为一阴，下弦之艮为二阴，晦日之坤为三阴，是降阴之候止有巽艮坤三象也。又观岁令，其为复为临为泰，升阳之内三候，止有震兑乾也。其为壮为夬为乾，升阳之外三候，止有震兑乾也。其为姤为遁为否，降阴之内三候，止有巽艮坤也。其为观为剥为坤，降阴之外三候，止有巽艮坤也。比诸先天八卦，其先后之次不殊，而均少坎离，以坎离非坎离也，止是天地中交之象而已。

缘圣人画图作《易》，无非发明天地间化育之所自起，与化育流行之妙耳。图非实有是图，皆内外体用之象也。卦非实有是卦，皆万物化生之象也。第乾资始而坤资生，故谓乾坤为大父母，六位时成而别为八卦，皆乾坤之既交，圣人因象而假设者也。震特乾之交于坤初者耳，坎特乾之交于坤中者耳，以类推之，六子之体莫非乾坤之体，即莫非乾坤之大用所由行，特其交多交少，交上交下，有不同耳。天地化生万物，莫不从天地既交而出，则是乾上坤下，纯而不杂者，天地未交之象也。坎本坤象，而有在中之阳，离本乾象，而有在中之阴，是天地中交之象也。其馀六象，或阳下阴上，或阴下阳上，或阳多阴少，或阴多阳少，莫非天地既交之象，即莫非坎离之大用所衍。盖坎离二象，止以明天地之交也云耳，是六象既具，而坎离之义已存，故有六象，可无坎离也。

图称先天，必有先天之妙。今爻爻拆之，以观其内外分合之秘，则两仪四象既明，而则图之义著矣。又复爻爻联之，以观其左右上下，圆转流通，则阴阳相依、根阴根阳之妙既著，而循环不息之机寓矣。又复立乾坤六子图，以别阴阳之上下微盛。又复立坎离终始图，以别阴阳之纯杂始终。又复立有六卦图，减去坎离，以观一阳二阳三阳，一阴二阴三阴，一气流转循环不息之妙。而八卦一图，庶有以发其秘矣。下复本先天图中，浑沦圆转活泼流通之妙，新订为循环太极图，其象与六卦图相似，而要皆先天河图与先天八卦二图，其中自具之妙也。

循环太极图

此图成于庚寅三月夜寐时,注想阴阳回旋相须互根之妙,以两手四指交互之,而得此图之意,爰亟起而图之。①

此与河图及先天八卦相似,然非联为此图,则其中循环不息之机,与名为先天之义,皆不可得而见也。

河图之象,一奇生于北内,三奇长于东内,然后七奇出于南外,九奇尽于西外。二偶生于南内,四偶长于西内,然后六偶出于北外,八偶尽于东外。是河图中原具此循环之义也。

先天八卦图则河图而画之,除坎离当交接之际,为乾坤中交之象,其震之一阳生于坤内,即一奇之生于北内也。兑之二阳盛于东内,即三奇之长于东内也。乾之三阳极盛而外出,即七奇之极盛而外出也。其巽之二阳消于外,艮之一阳尽于外,即九奇之尽于外也。其巽之一阴生于乾内,即二偶之生于南内也。艮之二阴盛于西内,

---

① 此段堂本无。

即四偶之长于西内也。坤之三阴极盛而外出，即六偶之极盛而外出也。其震之二阴消于外，兑之一阴尽于外，即八偶之尽于外也。其上下微盛之定分，内外始终之方位，无一不与河图相肖，所由谓为则图所画者也，是伏羲所画先天亦本河图，而具此循环之义也。后人止见文王作《易》之图，俱各向卦上留心，未见伏羲初画本图，阴阳之画连而不断，本具气机联贯之妙，则其中浑沦圆转，活泼流通，循环不息之旨，渺无可见。今本此二图，作为循环太极图，则八卦之与河图，其中精蕴不断可识乎？

此图阳之初生，必在子中，及返而就消，即在子初。阴之初生，必在午中，及返而就消，即在午初。既分位不移以定其上下之体，又阴阳之生皆必在内，及盛而就消乃始外出，以合诸横图方图震巽居中、兑艮居外，与《易象》自内为来、从外为往之义。又乾虽位上，而始终必交至于坤。坤虽位下，而始终必交至于乾，以定其下交上跻之理。又阴虽极盛，必不离阳，阳虽极盛，必不离阴。以阴终阴始，即在纯阳极盛之时。阳终阳始，即在纯阴极盛之时。以定其两相依附，根阴根阳之理。又阴阳皆旋始而旋终，莫非流行不息之用。又纯乾纯坤分位所得，止于六爻，以合乎周天三百六十，为六十卦所得前三后三之数。又阳进则阴退，阴进则阳退，以别其更迭著代之体。又阳多则阴少，阴多则阳少，以辨其分位各得之宜。又阳有进退，阴无进退，以别其行止动静之节。又虚其中间以为天心，使人知卦爻所起，以象其肆应不穷之妙。总要知河图与伏羲八卦均是先天，全是圆转活泼之机，断不可逐逐卦爻，不向相连处一究心也。

此图内外三分之，则可以配三画之卦。内外六分之，则可以配六画之卦。

以此一图分注七图，莫不各具此图之妙。有比象河图之图，则内外三分之者也。以奇偶之在内外者，与阴阳之在内外者，其微盛始终皆相准也。

有比象先天八卦之图，亦内外三分之，以阴阳之内外消息，微盛始终，纠缪回环，相依互根之妙，全与此图准也。

有比象先天六十四卦之图,则内外六分之,亦如先天八卦,然而两仪四象以及六十四卦,无非内合而外分,而此之循环图,亦止是内合而外分,与之相准也。

有卦象之图,亦内外三分之,谓圣人立卦之法,以三爻为一卦,六爻为重卦,由此图出也。其阴阳之始而终也,固有三候三位。其阴阳之生而盛也,有在内之三候三位。其阴阳之盛而消也,有在外之三候三位。与此图准也。

有岁令之图,即十二辟卦,则内外六分之者也。由复而泰,为在内之三候,故复曰见心。由壮而乾,为在外之三候,故壮曰见情。此为在东升阳之六候。又有姤遁否观剥坤,为在西降阴之六候。皆与此图准也。

有月窟之图,亦内外三分之,除坎离为日月,由震而兑而乾,此升阳之三候也。由巽而艮而坤,此降阴之三候也。与此图准也。如不论时而论位,则上中下三者止耳。乃不达其原者,但记甲乙字样,而目之为纳甲矣。

有天根之图,亦内外六分之,如大圆图者也。其所发明,则皆虚中之妙,太极之蕴含,而圣学之大原在此图矣。

从前无所谓太极者也,孔子《系传》乃始有太极生两仪之说。极之为言,即谓此阳极生阴、阴极生阳之极,动极生静、静极复动之极也。若使太极中原未有阴阳之极,亦何凭而指此为阴极之极、阳极之极、动极之极、静极之极,而生此阴阳两仪哉?因阴阳俱由极处而生,今既已生出阴阳,则方生之始,必先有极至之道理存焉。故因其后之所生,而命先焉者之为极耳。太者,尊辞也。阴之所生必由阳极,逮其既生,不得不奉阳以为尊。尊之,故太之也。阳之所生必由阴极,逮其既生,不得不奉阴以为尊。尊之,故太之也。亦犹太初太古太上太素,指其最初无加者言耳。然执此以为确然有是阴阳两象先立其中,则又不可。盖无形而有理,不可思议,不可意测者也,故谓之为太也。

周子何忽有无极之设也?方阳之极也,本未始有阴,逮于阴之既生,而回视乎生阴之阳极,已夐乎其不可睹也。方阴之极也,本未始有阳，逮于阳之既生，而回视乎生阳之阴极，已敻乎其不可睹也。故既以为太，而又以为无也。此即乾元本为首出，到得既亨以后，已隔过乾元一层，便以为无首是也。

看先天图既有如上诸法，知其浑沦无著，本属先天，原不可以对待论之。又知其圆转流通，本具循环不息之妙。今观邵子《天根月窟》一诗，亦莫非联络无间之旨也。其诗曰“乾遇巽时观月窟，地逢雷处见天根”，说者全以复姤二卦当之，不知此非概论六画之卦也。是于先天八卦图中看出流行不息之妙，知其前进必有所遇，原非截然谓此地为坤，而遂不复与一阳之震相为流通也。此皆八卦圆图气机周流之妙，虽指阴阳始生之两卦为言，其实八卦圆转流通皆是如此。因于两卦缝中，前已欲离于坤，后已将交于震，其中疑前疑后之际，乃合先后二卦而会为一卦，所以有遇巽逢雷之说。煦因推广邵子之意，作为缝卦图。

先天八卦

缝卦顺布图

缝卦逆布图

惟此两卦近而相亲，若比邻然。气之流行本相连属，故或前进而顺，或后退而逆。若得会成一卦，其在《周易》爻中每每言遇。如或隔一隔二，流行之气不相连属，则无言遇者矣。此如人在他乡，虽日遇秦越不相接近之人，究不得言遇，惟与同乡同井之人倏尔相值，然后为遇。何也？以素相亲习故也。总缘先天图中，气之流行有渐而不骤，其初终微盛又各有分位而不可乱也。《周易》开先天图而为卦，其所发明，皆先天图中之奥，于此相遇之缝卦，亦可以识其概矣。

易爻言遇者六卦，噬嗑、丰、睽、夬、同人、小过是也。噬嗑，离遇震也。六三①由震变离，又遇。夬，乾遇兑也。九三由乾变兑，又遇。丰之震离遇也。九四由震变坤，又遇。睽之离兑遇也。九二由兑变震，则震与离遇。九四由离变震，则离与震遇。同人虽非缝卦，九五大师克相遇者，此卦未变，中爻巽，乾与巽遇。既变，中爻兑，离与兑遇。小过虽非缝卦，然六二中爻巽变乾，则巽与乾遇。九四震变坤，则震与坤遇。上六震变离，则震与离遇。复之与姤本未言遇，而邵子补言之。然孔子固亦曰姤遇矣，非缝而不言遇者，本无相遇之理也。是缝而不言遇者，非不可以遇言②也。亦如诸卦俱由交来，俱宜言交。今但于屯之一卦称曰始交，举其端而已。知缝卦言遇，全说图中流行之气，此又看图之一法也。

得如上诸法看先天图，而图中精蕴概可识矣。然文王后天一图，比于先天，各一其象，宜若各一其旨，而要皆发明先天之妙也，今略释之。

文王未尝画卦，何忽有后天一图？不知后天者，先天一交而变易者也。乾坤中正之位，故中交而变为坎离，离左而坎右，离上而坎下，故上下交而变为震兑，此皆一爻相交者也。四隅之卦则各以两爻相交，而亦各易其位。阴之始与阳之终交，故巽以上二爻交于艮之

① “三”，库本作“四”。

② “遇言”，库本作“言遇”。

文王后天图

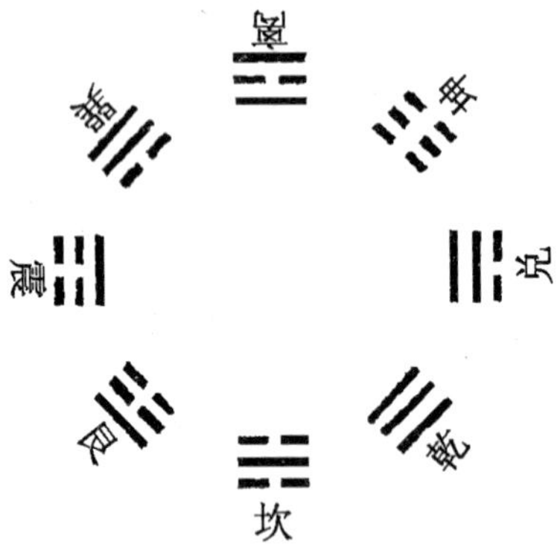

下二爻，而乾坤成矣。阳之始与阴之终交，故震以上一爻交于兑之下一爻，兑以下一爻交于震之上一爻，而巽艮成矣。此皆以两爻相交者也。盖谓阴始阳终、阳始阴终，原自具有交接之义故也。若阴始阴终，则必间以阳。阳始阳终，则必间以阴。岂复能有相交之义乎？后天在人，则已发之和，在天则资生之化育出焉。其以坎离代乾坤者，明坎离为乾坤相交之象。主坎离者，只如言乾坤之交云耳。坎离之外，所有六象皆坎离所统，只如言资生万物。其阴阳微盛不同者，皆由交后出也。由无形生有形，由无象生有象，非此一图，则先天之蕴曷由而宣？因在既交之后，上下左右相感而互易，是以比诸先天，另成一象。此图书分合之故，先后天不同之由也。要其顺交逆交，中交上下交，皆各有妙义存焉。此不可不察也。

纳甲之法，上古圣人仰以观于天文，因设之以明《易》，非术数家所能作也。见于卦辞，曰先甲后甲，是文王之前已有纳甲矣。见于爻辞，曰先庚后庚，是周公之前已有纳甲矣。夫文王周公之时，固未闻有所谓术数也。术数之可考者，始见于《越绝书》与《吴越春秋》，或亦战国术数之士，袭日月交光之说，因吉凶祸福之言，盗其灵机，推广义例，因纪其光交之位，目为纳甲，以惑愚蒙，欺当世耳。然所重在交而不在位，甲乙丙丁皆其象之寄焉者耳。今但目为纳甲，则是袭其皮肤而忘其神理矣。术数之传,惟《火珠林》以钱代蓍,犹与易数相符,试之占卜,每有征验。至于禄马贵人,乖于易理,绝无可验,斯为伪作,不近道理,亦已明甚。即其有取于纳甲,亦绝无纳甲可用之处,亦绝无纳甲可验之时,而考诸日月交光,实与易理绝有关系,其妙皆出于先天八卦图与文王后天图。先天图中,震艮夹坤于北,一为阳始,一为阳终。乾与坤交,遂有大明终始之说,而西南东北拟于坤卦,遂有一得一丧之分。得,其始也。丧,其终也。盖由先天图出也。后天之象,震见西南,艮见东北者也。因先天图阳之始终于坤者,有一得一丧之象,因有震艮两分。而震艮两象见于后天者,实在西南东北之位,则是西南东北又由日月交光出也。然由生明之始以及明之终,其中所见止有六象,此正所谓"大明终始,六位时成"也。可知易卦所阐,全是图中之旨,而纳甲所关非细故也。

又如蛊虽无乾,而阴终阴始,所以言甲。巽虽无震,而取义于伏,所以言庚。又如革之巳日,为离而言,此皆圣人借日月交光,以明《易》者也。阴阳之气升降于天地之间,非可耳闻目睹,而日月错形则有形可见,有方可指,故寓其义于日月交光,以明六位时成之象。后儒不知成象各有其时,各有其位,而又未博以观书,精以求理,但即所见之方命为纳甲,则是纳甲之言是后儒之妄称,非先圣借以明《易》之本意也。《易》冒天下之道,巨细精粗,何所不有?岂以其精也巨也而存之,粗也细也而略焉不讲乎?负涂之豕,载鬼之车,濡尾之狐,斯其鄙亵亦已甚矣,然皆收入《易》中,圣人之不择言固如此乎?乃以理数合一不分之书,而顾内理而外数,则圣人亦何取于庚甲而著为经也?庚甲既所不取,则《火珠林》之所传,虽有不易之理即数而存者,尽在所弃,是得其半而失其半也,宜乎易理之未易言也①。

日月交光,具此六位时成之象,自开天而已然矣。伏羲仰观而得之,因画出八卦圆图,其中阴阳之微盛始终,莫不与日月交光六位时成之象相合。乾彖"大明终始,六位时成",盖言日也。坤卦"西南

---

① "庚甲既所不取,……宜乎易理之未易言也",堂本无。

得朋，东北丧朋”，盖言月也。是日月交光见于《周易》者，已如此也。支干之设，黄帝时，大挠实始造之。伏羲中古未有支干，何得遂有纳甲之名哉？然而后世相传名为纳甲者，当由伏羲初画时，因日月交光之故而画成此图，则羲图之与天行合也。因借日月交光之旨，以发明此图，则天行之与羲图合也。迨于支干既造，后人传授羲图，因见日月交光各有其位而不相乱也，则遂以六象所在之位，十干所配之方，指而证之，以便传习。是则日月交光乃伏羲明图之具，而纳甲之名则后人之借资而便习者也。安得不考其实而辨之？

大挠之造甲子，亦由先天四图始也。草昧初开，何能截然指此为甲为乙为子为丑乎？又何能截然指某岁为甲，某岁为乙，某日为子，某日为丑乎？然以《周易》考之，则阴阳之始终微盛，固可得而辨也。万物莫不由水而始，而水则生木，木则生火，火则生土，土则生金，此验诸物理而不爽者也。一岁之中，由冬而春而夏而秋，何勿相配耶？顾此五行之中，又莫不各有阴阳，各有微盛，则甲乙亥子之必重，又断可识也。此十干十二支之设，固又所以纪阴阳之微盛者也。然以此支干布之于年月日时，而皆一一有其不爽者，何也？曰是由易卦出也。卦分上下两象，而初中末之三候，上中下之三位，固各有不易者也。察支干中阴阳之微盛，拟诸六爻之时位，各分其类而纳之，然后征诸人事，合诸天时，某爻之动变也，而验诸某岁矣，其为阴阳之微盛何如？而支干之相配，固亦可得而定也。于是而又验之于月，于是而又验之于日，其支干之相配，亦莫不皆可得而定也。然后知某岁确乎其为甲子，某岁确乎其为乙丑也。故曰大挠之造甲子由《易象》①始也。匪特此也，即后世流而为术，别为生克制化，分而为数，别为太乙六壬奇门，要皆由《周易》中阴阳太少之机，始终微盛之旨，与当位不当位之妙出也，安得习而忘之，而不察由然之故哉？

纳爻之法，用诸卦爻，每有奇验，而天干独无所征，安得指定某岁为甲，某岁为乙乎？曰此由空亡而定之者也。每十二支必有二支

① “易象”，库本作“周易”。

不可得验,以其虚也。乃出十旬之外,至甲乙之地而验矣。于是乎定为某岁为甲,某岁为乙也。不察岁时日月,甲乙支干之所自始,然则易冒天下之道,孔子讵无稽之语哉?

始造甲子

《易》冒天下之道,精粗巨细,何理不具?故大挠之造甲子,实由《易象》①始也。甲子乙丑,名也,而义具焉。阴阳五行之义蕴于图书,而卦爻遂资以托始。有昼有夜,有刚有柔,有微有盛,有始有终,无出阴阳二者更迭变换而已。然而非五不遍者,河图之生数至五而始备也,故阴阳之义该于二,备于五止矣。该于二者,奇偶之所分。备于五者,生成之所合也。二气之流衍,以次相循,无截然更换之理,故大寒不即交大暑,大夏不即转大冬,莫不有中气存焉。此二太之必循为二少,四象之所以相因而见也,是生生不息之原也。四行之德平列四位,分主四时而不能不反而归中,是化原之所自起也。于是乎四而五矣,若使缺一,则滞而不灵,而不可以行。故圣人察其迁流转动之义,于是乎命为五行,别其性,导其机,本其实也。既周五行而又两其候,于是乎五干六支之数由以起矣。

干数出于生,支数出于成。干,乾阳之健运。支,坤阴之静镇也。故干必五而支必六者,是奇偶之定数,所由以建中立极者也。干五而其用十,支六而其用十二,一阴一阳之谓道,重卦之义也。干动而支静,干阳而支阴,故天干六周而地支始能五遍。干五而行六,支六而行五,体阳用阴,体阴用阳,因以见天行之健逾于地也。二气五行出于河图固已,支何为乎十二也?因圣人仰观于天,见夫四气之运,合而成岁,而日月之交会者必十二周,知非十二支不足以相配矣。乃此十二支不能无阴阳之分,则犹之乎六也。四气之中无以间之,则混而无别,故本五十归中之义,命之为土,附于各行之后,则四而犹之乎五也。播五行于四时,无出阴阳太少,五行除土,四而已

① “易象”,库本作“周易”。

矣。非土则无以善藏其用,故四而五之,河图建中之象也。河图之序,始水火而终金土,先气而后形,生物之理胥如是也。木火土金水者,相生之序,一气之流衍①,循环而不已者也。然有阳不能无阴,故因其中数而重之,而干支之数备矣。最重浊者莫如土,天干之土建中而运,阳动而从天也。地支之土各随一隅而分布焉,阴静而从地也。干支皆五行也,干之土二,支之土四者,河图无隅,洛书有隅故也。洛书非隅,则四方无所定。五行非隅,则四行无所别也。凡皆阳动阴静之义也。

五行者,一气之流行耳。曷为乎首之以水也?万物之生,资水以始,天以一生,地以六成。一,生之始。六,成之始。皆始也。乾,资始者也。初九、九四,又内外卦之始也。圣人之论爻也,潜龙跃渊为何象乎?则乾初之与水②合德,亦明甚矣。于是乎有子支之纳,子其名,水其义也。得始之之义,而五行之原定矣。于是乎衍之以生生之理,于是乎定之以各得之数,而支干之大义举矣。水之所生,继水而起,木之所生,继木而起。序也,爻之成也。由一而二,由二而三,亦序也。与初同德纳于初,与二同德纳于二,与三同德纳于三,理也。然就五行而论,则谓为与爻同德。就卦爻而论,仍是爻中自具之德,非外有物焉,能与诸爻比而同之也。故卦爻中自具之五行,皆卦爻中阴阳微盛之理,所辨别而分析③者也。不知其义,不察其原,则以为纳而已矣。

其甲乙子丑,十干十二支之名,则假立而寄其义焉者也。纳之为言,又支干既名之后,因其义之可寄于爻,而强以予之之说也。知五行之理即爻而具,则浑而一之可耳,安所事纳哉?乾资始,又阳德也。阳德故纳阳支,阳顺故支亦顺也。子寅辰,内三象皆阳而顺。午申戌,外三象皆阳而顺也。火外明而内暗,故不见于内而见于外

---

① "衍",库本作"行"。
② "水",库本作"天"。
③ "析",库本作"计"。

卦之初。以序而论,三不为火而为土,内卦之终也。亦犹水有阴阳而终之以土,木有阴阳而终之以土者然也。是洛书四隅之义,河图五十归中之义也。以生序而论,五宜为土而兹为金,金实资火以生,故五行之长生,独以金生于已,以相克为生,不以相生为生,是图书易位之秘也。上之终也,与三同德,故复为土焉。乾资万物以始,而所纳如此,则为乾所生者,亦视其所得于乾之初中末,而遂并初中末所具之理,而皆能各得之矣。坤与乾配,不与乾爻同德,而与乾对取者,交泰之义也。坤阴故逆,势使然也。三女配夫三男,故三男纳其阳,而三女遂纳其阴,凡皆阴阳五行初末微盛之奥义也。而不知其义,不察其原,则以为纳而已矣。

合诸岁月而历历其不爽者,取验于时位者也。时有三候,位有三等,征之于爻,实有妙义存焉。而圣人设之以支干,别之以五行,证之以阴阳,均所以发爻之义也。天干之序,不首水而首木,建寅之义也。然水无质而木有形,亦体阳用阴,体阴用阳之义耳。干纳于卦,支纳于爻,支可以位定,干不可以位定也。阳之为德过乎阴,阴之为德止乎其位,阳常饶而阴常乏。天能包地,天参地两之义也。圣人仰观,察日月之交会,每一卦象以一干纪之,故干之所纳不于爻分,而独于卦统者,天行也。纳支验而纳干不验者,干阳善动者也,动则非位之所可拘。阴静而止,始终微盛之理一定而不移,故察其初末之形,皆昭然而易辨也。然非考之于《火珠林》,则亦茫然莫得其解矣。

支干之始,与爻同德,故能与爻同建于位,而莫之或移。与爻同征于时,而莫之或差。圣人论爻,以三候征时,以三等征位,即纳支纳干义也。夫然则爻非爻也,皆支干之流衍者也。故子寅辰者,爻之内三候也。午申戌者,爻之外三候也。而要非子寅辰也,爻之内三候而已。而要非午申戌也,爻之外三候而已。

曷由知岁月日时,确乎其为某甲某子也?乾阳卦也,则阳德之所衍,干必阳干,支必阳支也。故于干则纳六阳干,于支则纳六阳支也。乾又大明终始,美利天下者也,故内则纳甲,而外则纳壬。甲壬者，十干之终始也。坤与乾配，阴木阴水，与坤合德，乙癸所由纳于坤也。支行五而支数六，又必重为十二者，何也？卦立三爻，有内不可无外，有阴不可无阳故也。内外重之则六，阴阳重之则十二矣。然阳卦得阳，阴卦得阴，虽十二也而犹之乎六也。以六支而分配于内外卦，仍然是三候三等之义也。即在河图，其生而长，长而盛，亦三候也。其下而中，中而上，亦三位也。夫坤既与乾配，乾纳阳支之子，则坤宜纳阴支之丑，而乃以对丑之未纳之者，因坤必与乾配，始有化育。而又必一内一外，然后始可相配，非同内同外所能相配也。天下之理，不异不可以为同，故乃与类行之言，说入坤卦，盖以乾为类也。若水之与水，火之与火，合体而不分，安能相资而用以为类乎？睽本乖离之卦，而爻爻言合，盖不同不知其为乖，不乖亦不知其为同，其理固如是耳。

因坤必与乾配，故必纳未于内卦之初，而始克与外乾之午火相合。纳丑于外卦之初，而始克与内乾之子水相合。此乾上坤下，坤上乾下，阴阳合德，化育无穷之义也。其子之必与丑合，午之必与未合者，此即左阳右阴，两相配合之义也。然乾之阳支顺，坤之阴支逆，何也？天地之理，一往一来，一顺一逆，然后生生不息之妙出焉。若使一概皆顺，则阴阳皆不能以相配，亦恐其易尽而易穷矣。至于六子，各得乾坤之一体，故遂各纳乾坤之一支。得初者，纳初于初。得中者，纳中于初。得末者，纳末亦于初也。乾坤所纳之支既各有定，然后即其所占所动之爻，合诸岁月日时而考之，其为乾初之动乎，而征验于某岁某日矣，则知其日月之必为子也。其为坤二之动乎，而征验于某岁某日矣，则知其日月之必为巳也。于是乎累积而累验之，而于甲子乙丑之序绝不相紊也。然后即其岁月日时而序次之，此所以有六十甲子之设。是则大挠之造甲子，盖由《易象》始也。然非于《火珠林》中纳干纳支之法，因其占而得验者考之，莫由知其故也。故凡道理之附《易》以传者，皆不可目为粗浅而弃之不讲也。

支干之设，总不越河图中奇偶之与五行而已。阴阳之义出于奇偶，四象之义定于五行，支干之中各有五行，五行之中各有阴阳。其或五或六者,犹之乎或四或五而已。知阳奇而阴偶,则十合之而奇,十二合之而偶矣。奇者天,偶者地,奇者生,偶者成,奇者阳,偶者阴也。纳支之法固出于《易》,固取验于卦爻,纳干之说详于日月交会,然亦特指其所在之方位而证之耳。及纳之于卦,原无可验,何由知此岁月,确乎其为某甲某乙也?曰此亦易辨耳。盖干十而支十二,以干合支,十旬之内必有二支,非干之所能及,而此干所不及之支如在十旬之中,见于爻象,其于爻也,必无所验。以此旬无此爻象故也。迨及前旬已过,后旬复来,而此爻验矣。故此一爻如在十旬之内,古人遂目为旬空,以万事万物莫不由虚中起也。迨及其干已换,而其爻已应,则即其所换之旬,知其初由虚中而出,则遂定为旬首,而目之为甲。然甲阳木也,有阳不可无阴,故遂以乙继之,而定为阴木。如是因木之生火,火之生土,土之生金,金之生水,而丙丁戊己十干之名由此而分,十干之位亦由此而定矣。故能确知乎岁月日时为某甲某乙也,凡皆由《易象》①始也。今人率议《火珠林》,而不察支干初造之始,得为知《周易》者乎?

五行

伏羲之卦图,所以开天而明道者也。其内合者,大本之所由寓。其外分者,大用之所由行也。缘其灵妙,实与大造同运,由其后而逆溯诸资始之元,千变万化,由之以出,故圣人体之,可以作圣,而天地与之合德。凡民用之,可以趋避,而鬼神莫测其机。顾达天之道,非圣不传,而圣神天纵,又间世不一出,故寄其说于吉凶,隐其义于占卜,以俟诸来祀耳。夫伏羲之至文王,盖亦不知几何年矣。《周易》未起,非有占卜藉以传其卦图,则伏羲之图当不至文王而早已绝矣。藉令传之,非于吉凶确有明验,则亦当不至文王而早已绝矣。文王何据而有《周易》之作乎?乃文王《周易》,固已有先甲先庚,帝乙巳日之辞,则是干支之说,文王之前已如是也。夫伏羲之至黄帝,亦不

① “易象”,库本作“周易”。

知几何年矣。顾黄帝时,大挠始作甲子,若使妄意作之,漫无证据,则其纳诸卦爻,当亦必无可验。乃既已纳之,既已验之,藉非其前原有五行生克之理,大挠何据而有干支之设乎?不知干支之设始于生生克克之几,生生克克之几始于五行,五行之辨始于图书,皆自开卦以后,历历验之,有以确证其所由然也。

河图之左旋而顺者,相生之几也。洛书之右旋而逆者,相克之几也。生克既定,而五行具焉,而六亲分焉,而六十四卦之列为八宫,别为升降,循为归游,亦由此定焉。盖六十四卦莫不各有一行之所属,而升之与降,归之与游,胥有以征其至一之性。而彼宫此宫各不相干,是五行之理由图书之五象而定也。然河图之象除中五与十,四而已矣。洛书则四正四隅,而五亦居中,犹之乎四也。故五行之在卦中者,二生二克,亦莫不各有本行存焉。于是乎逐爻察之,有与卦之本行同德者,则命为兄弟。其生生者与卦德同,其克克者亦与卦德同也。有能生此爻者,则命为父母。有为此爻之所生者,则命为子孙。有克此爻而为此爻之所畏惧者,则命为官鬼。有此爻所克而为此爻之所驱使者,则命为妻财①。是六亲之设,固寓乎生生克克之几,而实由五行而定也。夫五行之在八卦,既各有生克之几,而六爻之在八卦,又各有阴阳微盛初末上下之别,于是乎干支之设由以起矣。是则定各卦之本行者,图书之方位也。定生生克克之几者,各卦之本行也。定五行之目者,生生克克之几也。别支干之次者,五行生克之理也。

十干十二支,则河图中奇偶微盛之秘,洛书中四正四隅之妙也。非有吉凶同患之圣人,历历占之,历历验之,五行何自而有其名,支干何自而别其序,《周易》何自而有其经乎?观于精粗不遗,小大必备,则所云其道甚大,百物不废者,亦可见矣。今之学《易》者莫不奉《周易》以为准绳,而特未详于三易之所始,则索诸精深而遗其浅显,又视五行生克为《易》外之事,而尝不之察。至其为学,恒若大本大

① “财”,库本作“才”。

用、至神至变至精所存,可以旦夕卒解,一岁半岁不难遽达者,宜乎易学之难也。

五行非五行也,即刚柔太少之所别也。今之占卜习说五行,便觉实有五行在其爻中矣。夫五行亦何象之可执乎?既不可以象执,则取精绘神,当自别有至理存焉。夫先天八卦,南太阳而北太阴,东少阴而西少阳,先儒解说皆是如此。而洛书所分南火北水,东木西金,非不隐与之合也。金火刚而水木柔。刚者,太阳少阳之所别。柔者,太阴少阴之所分也。今但执爻中之五行,而以为实有五行之象在其爻中,则亦未达刚柔阴阳之旨矣。坎出于坤,故为太柔。离出于乾,故为太刚。兑之乾体多,故为少刚。震之坤体多,故为少柔。水趋下而无质,金刚矣而火犹克之,木柔于金而中含水,故太少殊也。土之性,火成则刚,而水成则柔,故总四象而中处焉。如陶埴之坯成于水,陶埴之砖成于火,则刚柔断矣。

水火木金皆生于土。水火,土之气也。木金,土之形也。唯气为能入形,故木金亦含水火之化也。木之汁,水也。而渐长渐大者,气也,是火之用也。铅汞合而成金,是亦水火之化也。

河图生成之序,水火以气用,故居先。金土以形成,故居后。木之半气半形者,故中处,而其数为三。

水得乾之元,火得乾之亨,金得乾之利,土得乾之贞。水者,天一所生,万物之初莫不资水而始,故以为元。火者,地二所生,可以热水,可以焚木,可以镕金,可以合土,无有一行而不能与具,故以为亨。金者,地四所生,断制之性,无有屈挠,故以为利。土者,天五所生,其体静正,安其所而不动,故以为贞。木乃天三所生,其数居生数之中,其性在刚柔之间,其质在形气之间,其德在亨利之间,故以为少柔。五行之德皆乾德,五行之性皆乾性也,故谓为大明终始也。

五行之中,旬空六合最符易理,万事万物莫不由虚中而起,伏羲圆图中不可画者是也,孔子所由谓为藏诸用也。大本立而达道行,圆图之一加再加是也,孔子所由谓为显诸仁也。顾阳动而善迁,包含遍覆,常见其有馀。阴静而镇定,收敛凝聚,常见其不及。故天干已足十旬,而地支之数常不能充乎其量。故虚之于十旬之中者,藏用之妙。实之于十旬之外者,显仁之机也。其旋虚而旋实,则阴阳流转,虚实相依,初末相循,微显相伏之秘也。由虚而出,必于干首,亦如卦爻之有初者然也。以渐而往,次及于丙丁,次及于戊己,次及于庚辛,次及于壬癸,亦如卦爻相循,自内而外,自初而末,自下而上,莫非阴阳流转虚实相循之妙也。

卦爻之占,最重日月,以卦爻为万物,则日月两建,皆其悬象著明,照临于上焉者也。无有一事一物不照临于日月,则卦爻之迁转,支神之虚实,何有不管摄于天干者哉?故无之而知其虚,有之而知其实也。然前此之伏藏者,及其既出,以渐而进,必及六旬乃克五周天干,而与天干之五行相合,是其不及天干者,殆五倍矣。故以为阳饶而阴乏,阳动而阴静也。伏羲之图,文王之卦,周公之爻,皆此义也。圣人之设立干支,乌有一焉不冒于《易》之道乎?

万物之数无逾于十。十者,数之备也。及之者谓之适足,不及则不足者也。河图数十,适足者也。洛书数九,不足者也。圣人准之而有阳饶阴乏之制,日月之丽乎天也。日则常盈,而月有盈亏,莫非阳饶阴乏之理也。月之亏盈,由日之常盈者相形而见,地支之有虚实,由天干之适足者相形而出也。

天干每旬皆实,地支每旬皆虚,阴阳之义也。虚者,五周而遍历乎天干,阴从阳也。实者,六周而遍历乎地支,阳从阴也。体阴用阳,体阳用阴,阴阳交感之义也。

五实而复归于中者,一行之周流。五虚而各效其能者,五行之迭运也。

一无而四有者,四正四维之大用。四动而一静者,五十归中之大体也。

天之气自上而下,顺也,干之运乎支也。先甲乙,次丙丁,从阳而顺也。地之气自下而上,逆也,支之见于干也。先戌亥,后申酉,从阴而逆也。

上古之五行,蕴其义于图书。中古之五行,寄其义于卦爻。后世之五行,乃别其义于支干。及夫支干之义既著,而壬乙禽遁星命之说纷然各出,然皆推本于日月。故日月者,阴阳之迹象,太极亨动之真机,依之则验,离之则未有能验者也。

天干五合,地支六合,阴阳相配之义也。河图生成之数,一与六配,二与七配,三与八配,四与九配,五与十配,此生成相配者也。天干五行准于河图,故甲与己合,一六之聚也。乙与庚合,二七之聚也。丙与辛合,三八之聚也。丁与壬合,四九之聚也。戊与癸合,五十之聚也。一三五七九,阳也,故甲丙戊庚壬为阳。二四六八十,阴也,故乙丁己辛癸为阴。

后天方位图,甲乙东,丙丁南,戊己中,庚辛西,壬癸北,准于洛书者也。东南之阳,与西北之阴相配者也。故东南之阳干,与西北之阴干,亦相合者也。

先天图,东阳西阴之两仪,原具相资相得之义。地支之六合,准此者也。环列十二支,自丑至午列于东,阳之分也。自未至子列于西,阴之分也。阴必与阳配,东必与西配,故子与丑,午与未,以次而分列者,莫不以次而各有合也。

四时之序,前者引而后者续,此相生而无间者也。故唯相因之三时,前取其生,中取其旺,后取其墓,爰得以三合称焉。与旺冲者,必其克绝者也。若寒之与暑,水之与火是也,于是乎止于三合。

周易函书约存卷首中 原卦约

体卦

乾坤为大父母，诸卦俱由乾坤而生，莫不各具乾坤之体，所以有体卦之设。谓诸卦之刚柔皆止交得一爻，而乾坤本体固未尽没也。即如震卦，本坤体也，乾初之一爻来一交之，遂尔成震，故坤之初爻虽伏，而坤之半体犹存，则震遂以坤为体卦。体内而用外，体静而用动，而震之往来流动在此初阳，其中末之两阴，固静体也。其力又足以相抗，因遂以初阳为主而定之为男。无妄曰"刚自外来而为主于内"是也。自来以外字为指外卦，到此等处所，其说不通矣。乃不得其解者，又将外字鹘突混过，得为知《易》者乎？

乾坤体也，六子用也，体之一交而用斯出矣。乾索于坤，则用其九于坤，而坤之体固在也。坤索于乾，则用其六于乾，而乾之体固在也。因六子之成皆各得乾坤之一体，所以谓为体卦。因其来交者止于一爻，止能变却一爻，而本然之体犹未尽没，所以又谓为伏卦。如巽之伏震而言庚，孔子谓为巽伏是也。重卦具内外两象，然自乾坤而外，凡其往来上下者，非九用于坤，则六用于乾矣。只缘六子皆系乾坤相交而成，而本然之体三爻原自相等，今忽变此一爻，是所存之两爻为体而主静，而所变之一爻为用而主动。周公于乾坤两卦特著用九用六之说，明此往来上下者皆为动用之爻也。又因体卦三爻相等，今所存之两爻亦相等，势均力敌，莫适为主，因择其往来流动所变易之一爻以为之用，故三男三女皆有独异之一爻，即其主爻。其在合体之两卦，除与乾坤相合者，止有独异之一爻，而三男三女交并为卦，亦必有上下卦独异之一爻。孔子《彖辞》所由有往来上下之说，无非示人观象之法，用以审择主爻而已。《系传》中一索再索三索，凡皆指其动用之机而言之。《象》中之往来内外上下,凡皆指其动用之机而言之。彼不用之体卦置而不论者,体立于内而主静,用交于外而称来,体言其形之似,用言其气之通也。故全部《周易》成卦之妙全在用九用六两节,此义不明,自汉以来,《周易》全无真解,职是故也。即如屯为《序卦》之首,便曰刚柔始交。刚柔者,九六也。交之为言,用也。始之为言,该六十四卦之辞也。因当天一生水,一阳初萌于下,故孔子指其用处而言之。今但知以二体释卦名义,夫二体皆男,何刚柔之可分乎?又曰始交谓震,难生谓坎,全不知刚柔始交即九六之初用,以此解《易》,宜其无《周易》也。今立体用二图于后:

乾坤二体图

坤体 母大		此未交未用乾坤本来之二体也		乾体 父大	
末爻	乾自外来而交于坤三,则初中二爻犹然坤体,此坤往成兑、乾来成艮之爻。	艮卦	兑卦	坤自外来而交于乾三,则初中二爻犹然乾体,此乾往成艮、坤来成兑之爻。	末爻
中爻	乾自外来而交于坤二,则初末二爻犹然坤体,此坤往成离、乾来成坎之爻。	坎卦	离卦	坤自外来而交于乾二,则初末二爻犹然乾体,此乾往成坎、坤来成离之爻。	中爻
初爻	乾自外来而交于坤初,则中末二爻犹然坤体,此坤往成巽、乾来成震之爻。	震卦	巽卦	坤自外来而交于乾初,则中末二爻犹然乾体,此乾往成震、坤来成巽之爻。	初爻

凡六子之体皆乾坤二用所成，故莫不各具乾坤之一体。如三男以乾爻为用，其馀二阴则坤体也。因坤静而乾动，乾用自外而来，故以为乾索于坤。如三女以坤爻为用，其馀二阳则乾体也。因乾静而坤动，坤用自外而来，故以为坤索于乾。凡静体必两，两则势均力敌，彼此相抗，莫适为主，且事之吉凶，又皆征于动变，故《易》中之爻象，皆从动用之爻说道理。

乾坤二用图

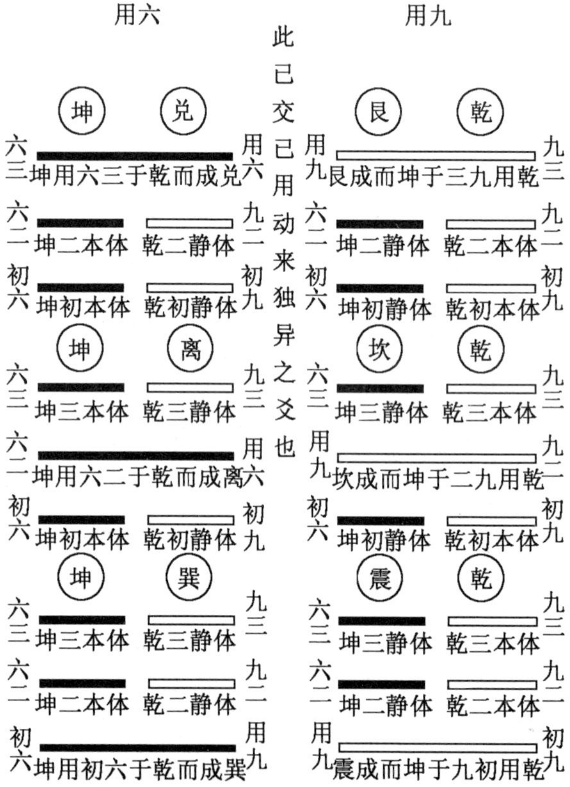

体立于此而不动，用交于外而忽来，则以能动者为用，故三男之

用皆二阴静而一阳动,三女之用皆二阳静而一阴动。易爻称九六,俱从动变处言也。《易彖》指说往来上下进退内外,俱自动用之一爻指其为主于卦中者言也。不知二用之妙,则《彖传》之辞全不得解,而卦变卦综遂致支离之远矣。

其以二色别阴阳者,伏羲之法也。不如此,则无由称为两仪四象。其以连断别阴阳者,《周易》之法也。不如此,则既开之图不可以一色辨也。其以虚实别阴阳者,《函书》之法也,与伏羲之法相似。不如此,则二用之象难明。

其用必由体出,故二用之图皆连体卦以为法。

内外卦①

卦中六爻不能爻爻皆主其事,因人事之吉凶得失,皆从动作有为处分别见之,故卦中之吉凶得失,亦即于往来动用处隐隐微露其机缄。圣人见其由然,所由于卦中方用之九六,而或称为往,或称为来,或称为上,或称为下,吉凶得失亦遂由此而定,此之故也。然称往称上者必在外卦,称来称下者必在内卦,所以又有内外之分。唯刚自外来而为主于内,此内字固指内卦,而此外字则谓坤体本立于内,而此一刚原非坤之所有,故以为自外来也。

九六即刚柔之义也。曰刚柔始交,即九六之用也。然在屯卦,上下二男皆为用九,顾必兼柔而言之。凡刚之所施,非柔之能受,则九之为用不可见也。且柔之为体,止于能受,故坤之用六,其辞不过利永贞。而诸卦之阳莫非乾九之施用,故用九遂有群龙之见。不观此四图,则乾坤二用及坎之时用,皆未易明了。

《彖》中往来上下,不言于相等之爻,而言于独异之爻,明此为九六之用也。然又有交与生之两义②不可不知。今试即震卦观之,如以乾坤两卦相比,则震初一阳实由乾来,自坤体本无者视之,便若得

① “内外卦”,堂本无。

② “义”,库本作“仪”。

之自外，而要皆乾九之大用所成，故以为刚自外来而为主于内。《传》之一索正谓乾之初交于坤，此交之说也。如但论坤卦，则此一阳倏而变却坤初，若自其中生出者然也，故又有生之说。无妄刚自外来而为主于内，盖言交也，体用之说也。复见天地之心，盖言生也，太极动而生阳，静而生阴之说也。

《传》中索字全在动用处说。索者，求也，有求于彼而即获助于彼，故惟索字为能兼有交字生字两义，交为与而生为取，所谓将欲取之必姑与之也。万物之机缄相触，其势自然如此。此即日往月来、寒往暑来之义。阴阳之妙先有交而后有生，亦如索债者，先有与而后有取也。此圣人寓义极精极微处，详见原爻。

之卦

古人动用之爻，名为之卦。之者，往也。是方从此处发脚，非竟到地头之说。若云乾化而坤，刚化而柔，是竟到地头，全然灭却本卦了。岂知用九一节只是将元亨交界处划清，使人知先为一静，后为一动耳。又以明一动之实由一静，故于文言便曰乾元用九也。

名卦

《周易》卦名在文王开图之后，非伏羲时所有，见《下系》第六章。

重卦

重卦非文王也，始于伏羲大圆图。

元亨利贞

乾元一亨，六十四卦悉从此出，而万物之全象具焉，故曰万物资始。乾惟一元，在静正之时，涵而未发，是乾所独有者。万物虽得而资之，资其元之既亨，非资其元之未亨者也，故莫有得乾之元者。然亨由元来，故曰资始，无极之妙正在此中。既亨以后，惟震得乾之最初，在乾元方亨之始，为能克见天心，所以有震亨复亨之说，是为得乾之亨者。坎得于中，则但曰维心亨矣。艮得其末，而在乾元既亨之最后，故不言亨。然遁之阳在三爻，内卦为艮，则亦曰遁亨矣。此外则或得其利，或得其贞者，比比皆是，莫不由乾元一亨而始，故元亨利贞四字为六十四卦从出大原，而亨利贞三字又皆因元而始有，所以孔子谓为资始，又曰统天御天，又曰大明终始，又曰首出庶物，无非明此乾元一亨之妙耳。元，静也。亨，动也。利贞，皆动中之妙用。所以周公特著用九一节，无非明乾元一亨之大用耳。此岂大通而利于正遂足以尽其义乎？今略释之。

元，天也。亨，命也。利，性也。贞，则天命之既成，而各正其位者也。其在人也，则性元也，情亨也，率之而为道则利贞也。元，未发之中也。亨，发也。利，则发而皆中。贞，则喜怒哀乐之节也。元者，一贯之一也，即无穷尽无方体，虚灵不昧肆应不穷者也。未亨以前，乌乎睹也，乌乎闻也？可言者，将亨之元也，故《中庸》以为自诚明。不亨则其元不著，故《周易》自乾坤而外，其可言者，皆亨利贞而已矣。

乾道流行不息，故止考之以时。坤道一定不移，故可正之以位。六爻之位皆坤有也。乾阳以时进退其间，乃始有爻位之可指，故利贞在既亨以后，而遂以为六位时成，各正性命也。六十二卦乾阳所到，虽分位多寡不同，莫非九之用于坤者，故曰大明终始，六位时成。

乾之所有唯元而已，亨利贞非元也。而非元不亨，非元不利，非元不贞，故独以大哉赞乾元也。其在圆图，则中之所虚者，元也。两仪之初来者，亨也。亨而能周乎六爻者，利也。能成六十四卦而各正其位者，贞也。以元配春，以贞配冬，非也。元为无极，在未亨未复之前，冬十月之象也。亨则春，而利则夏也。贞，正也成也，万物秋成之象也。

读《周易》者须知乾不是天，坤不是地，观统天御天而可知矣。有①所统所御者，则必有统之御之者也。又须知乾用用于坤，坤用用

① “有”，库本作“又”。

于乾，观六位时成可知矣。有位可指在既成之后，则非位可定者在未成之先矣。故乾必兼坤之位，而后可以考时。坤必得乾之时，而后可以成位。不然则流行不息者，有何上之可言？一定不移者，有何初之可溯乎？

乾彖

资始者，未尝有始者也。其候则果粒之未布，生生之理全具而无缺也。故元者，乾之静也。静则渺无可睹，因即万物之所共仰者而以取给之义，命之为资。有其始之，则乾之动矣。其候则晨户之方辟，可以出而有为时也，故谓之亨。亨，通而已矣，尚非有所著也。始而通，必有所著。有所著，无所挠，斯健之至矣。是利刃之辟易而莫予云阻也，奚所往而不利？利而有成，斯各正其位矣，所以为贞。若匠氏焉，斧凿刀钻具，而梁柱斗栱方员长短之各一其质也。元静而亨动，元无而亨有，是未交之乾也。元亨乾而利贞坤，元亨神而利贞形也，是已交之乾也。亨言其施，利言其受也。一施一受，斯交矣。利言其始，贞言其成也。元者神始，利者形始也。资始统天者，元也。天尚为其所统，而况于庶物已乎？形之成也，各有定分，而犹以为流也，则方亨之候也。大明终始，六位时成，言元之不穷于亨，以见元之大也。乘龙御天，则乾元之广大精微，虽属方亨，而一元之理已全赋而无所歉也。宁谓圣人然耶？变化而各正性命，利之贞也。首出庶物，言利贞之由于元，以见元之大也。乾元一始，万物皆得而资之，故以为首出庶物。万国者，庶物流形之地，即时成之六位也。咸宁者，利而既贞之象，即各正之性命也。非元不得而有之，故以为首出庶物，万国咸宁也。是合上四德而总结其旨也。

用九见群龙无首吉

周公此义最深最妙，自蔡墨至今误解已久，其原皆由误认为占。《周易》岂尝有一字言占者乎？其言占也，皆欲人因占以穷理耳。周公特设此节，正为乾元一亨，其源头微妙深隐，其大用周遍流通，天行于穆之妙谛，千圣精一之心传，悉由此出。不识主理而言圣学者，何乃尽向占卜①中理会，仅作不用其刚，乾化而坤，刚化而柔说也？何其于用九二字绝不理会？何其于孔子《文言》乾元用九，亦绝不理会也？夫九固乾阳之名也，用则当权得令之说也。既云用九，必须在九之用处着想留神，庶得真解。今曰不用其刚，竟成九之不用了。不识圣人何忽标用九二字于其上耶？夫乾龙也，坤马也，必曰乾化而坤，则是乾龙悉已变去，何得尚有群龙之可见耶。至云乾化而坤，看之卦之《彖辞》，则是止知有占而不知有理也。将使周公特设此节竟成赘文，即并其辞而去之，亦未为缺也。《周易》本言道之书，以理为主，乃卦卦爻爻徒向占卜上打点，则亦数学而已。世犹左程而右邵，以为程理而邵数也，何悖谬之甚耶？岂知主理而言占者，沦于数而不觉，主数而言象者，造乎理而更醇耶？欲明此旨，必须将元亨利贞四者，逐字体察到极精极微，方为得解。

盖元者乾之静也，是不竭之府，浑然在中而未发者也。亨则乾之动也，是乾元之呈露，天心之肇见，而已发者也。九之得用，正由乾元既亨而出，所以《文言》便曰乾元用九也。诚以乾坤为大父母，六十二卦所有阳爻虽上下多寡不同，要皆得诸乾父，故于乾卦特添用九一段，以见乾元一亨为用最大，万物莫不资之，所以谓为群龙。不必六爻俱动龙也，诸爻分得之阳皆龙。如初二五上逐爻皆各言龙是也。不必乾卦六爻龙也，诸卦所得之阳皆龙。如屯之初五，蒙之二上是也。不必独动之爻龙也，即静而为少阳者亦龙。如一百九十二阳爻是也。然皆悉由乾元一亨有此大用，所以谓为用九见群龙也。本卦六位固曰时乘六龙矣，今不谓为六龙而谓为群龙。六者，本卦之定位。群者，不一之泛称。以乾元一亨，六十二卦咸得所资而各成其体，故特设此一象，以明乾之为大父云尔。坤之用六，则以六十二卦所有阴爻皆由坤出故也。乾曰见群龙，坤不曰见群阴者，阳明有可见之道，阴迷无可见之理也。又以坤道无成代终，悉归其

---

① “卜”，库本作“卦”。

功于乾元，此《周易》贵阳之义也。孔子《文言》用九之上特添乾元二字，固已指明九阳大用从出源头，说向将亨之际。必如化坤之说，竟与乾元绝无干涉矣。岂知添出乾元，正要发明大用所从出也。其曰天下治也，便是说群龙之见。其曰乃见天则，便是说能亨之元。安得不向用字打点，而竟可曰不用乎哉？然用九见群龙，而仍谓为无首者，是又将动静分界处截然划清。

盖首者元也，明此为亨之时，非元之时也。是则孔子添出乾元，务合元而言亨，说亨之所由来。周公说出无首，务离元而言亨，说亨之所由定，亦即四者各为一德之故也。谓此用九已属元之既亨，非如静涵可比，然自乾元而论，只是已到发用之时，与元之静涵绝无干涉而已。无首而曰吉者，乾元一亨，万物各得所资，各正性命，安得不吉？因此在乾元既亨以后，故曰无首吉也。是明以元之一德予乾，而以亨之一机为资始之万物幸也。盖利贞在既亨以后，要皆亨中之妙用流行，所以均谓为用九也。第乾德之亨必从元出，此即两仪资始于太①极之义。逮至万物咸得所资，各正性命，回思性命从出源头，已在杳冥惝恍摸索不着之际，安得不谓为无首？此如子在母腹，资气于母，及其既生，各正性命，而已与母各分一体，不复资气于母者然也。凡皆《周易》最精最微最深最妙之理，圣学圣道所从出，而周子之无极所由起也。不究理而究占，谓为乾化而坤，刚化而柔，为得解者乎？

无首二字就本卦之元亨而论，则是亨之不同于元，即元静亨动之说。以太极论之，则无首即无极之说。以两仪既肇，则在可见之地，而太极未形，则无可见之实也。

无首二字最难体贴，譬诸②人受天地之气以生，而耳聪目明最为灵妙，然目之所由明，明之所由生，有立乎其先者不可得而知也。耳

① “太”，库本作“无”。
② “诸”，库本作“之”。

之所由聪，聪之所由起，有立乎其先者不可得而知也。人心知觉[①]倏然而来，其本然之故，有立乎其先者不可得而溯也。由其后起，溯其最初，安得竟谓之有乎？此圣道最紧关处，所以不可不辨。又如蜣螂转丸而生蜣，然蜣生于夏，及秋脱蜕，又化为蝉，宁知最初之转丸者，又何物转之也？此皆无首之义也。周公阐扬道妙，孰有如此节之粹精者乎？

无首者，首之潜也。到得各正性命，遂各有保合之太和焉。人之形体外具，而性命则不可得而窥矣。

象[②]

圣人因卦辞彖辞不足以尽此卦之性情，故更立为《象》。上句即天道以为之象，下句即人事以为之象，无非欲人晓然于此卦之真云尔。孔子惧人拘天道人事，而莫由通于卦德，故于其上特标"象"字。若曰此其象也，非卦之德也。会象中之神，则卦德自在其中。又以圣人作《易》，无非发明天人合一之道，故遂合天道人事而两拟其象，使知上下二语果能见得相通道理，果能通于卦德，果能不执于卦德，则天人合一之旨当即在是。然非将此二语频频回顾卦德，比量而斟酌之，犹不可得而合也。即如乾卦，因真阳之流行布濩，时出不穷，有似于健行之天，故以天之行健为象。则天其象也，非即乾也。所以《彖辞》便曰乾元统天。其在人事，有似于君子之自强不息，故又以君子为之象。则自强之君子其象也，非即乾也。若但以君子句谓为法天，而竟置乾德于不问，犹得为乾之象乎？若使乾之真理既明，然后仰而观天，而天此理也。俯而观人，而人此理也。则天人合一之妙自在其中，故必合天人而为之象。既欲发明卦德，又欲合明天人之故而已。

诸卦皆有卦辞、《彖》《象》，今举乾以为例，而他可推矣。

---

① "觉"，库本作"见"。
② "象"，堂本作"象曰"。

六十四卦无能出元亨利贞四德之外者，则乾卦之有关于《周易》大矣。故略举数则以正之，其各卦各爻之误，并详订于《约注》中。

大衍

大衍之数五十，河图生成之总数也，洛书半隐半见之几也。半隐所以微显，半见所以阐幽也。微显则来者察，阐幽则往者彰矣。

其用四十有九，明有不用者在其外也。除四十八数，以象八卦六爻之总数。此外所馀，一用一不用，则一阴一阳之体，一形一神之妙，一动一静之几也。

返一以象太极也，分而为二象两仪也，挂一以象三也。三也者，一奇一偶之合，阴阳之交也。阳性流动，往则交阴。阴体静正而止，疑不可以交阳，故不挂左而挂右于左，明阴之动而交也。

揲之以四，象四时也。卦爻之义无出阴阳，爻之未成，正四象混合未分之际，故合四以象之也。况阴阳无截然更换之理，故大寒不即交大暑，而必转而为春。大暑不即交大寒，而必转而为秋。则四象之机寓焉矣。蓍之揲也，千变万化，究其所成，止有阴阳太少四种，则万事万物孰得而逾之？先天河图之外具四象，后天洛书之四正四隅皆其义也。缺一不可也，增一不可也，所由揲之以四也。

除挂一者不算，得四者十二耳。十二者，二六也。二六皆阴数也。不用奇而用偶，由其有形，求其形形者也。阴之体静而形著，故有二六之可稽。阳之德流行而不息，故以揲四之善变善迁者象之，则有形而形形之理存矣。况十二之中，以三分之，则三四寓焉，亦参天而混合于两地之妙也。

归奇于扐者，奇，馀也，四象之外犹有馀义存焉，故谓为奇。乃四象之外遂谓为馀，明四象之设，兼卦义爻义而已悉该之也。四时之馀气有似于闰，故以为象闰。闰也者，日月之交馀于四时者也。故《周易》者所以明寒暑之迭更，日月之错代者也，寒暑亦阴阳，日月亦阴阳也。

归四于二，则太少亦阴阳也。四时虽不同气，无出于寒暑之递嬗。甲庚虽不同位,无出于日月之流行,是两地之义也。

每三变而成爻,则参天之义也。

合四而为一奇,则河图之四象而合为先天也,洛书之四正四隅而合为后天也。河图洛书之神,流行于大衍之数,则乘六御天,全体而全用之也。

合四为一者,奇也。四而又四者,偶也。阴阳之义也。

用者不用,而不用者用,由其显推其隐,由其动推其静,由其流行推其主宰乎流行者也,故谓《易》为逆数也。

揲四而至于三变成爻,体阴而用阳也。挂一而揲四,体阳而用阴也。此阴阳相倚之义也。

十八变而成卦①。十八者,三六也。三少阳,六太阴也,亦二九也。二少阴,九太阳也。凡皆阴阳相倚之义也。知阴阳之两不相离,则纯用奇数而作为《太玄》者,为是耶?为非耶?

三变而成爻,则初中末之象具矣。三奇者,老阳而象乾也。三偶者,老阴而象坤也。偶之见于初中末,则巽离兑之所分。奇之见于初中末,则震坎艮之所寓。是一爻而八卦之义具也。

老阳之状十二,老阴之状四,少阳之状二十,少阴之状二十八,合之则六十四,以配六十四卦。此至神至精至变之几,不可多不可少也。

乾兑离震,各得十二状,巽坎艮坤,各得四状。盖减阴仪之四,以益阳仪之四,阳饶阴乏之义也。取六十四而四分之,每分各得十六,乾十二,合坤四为十六,长男震十二,合长女巽四为十六,中男坎四,合中女离十二为十六,少男艮四,合少女兑十二为十六,皆成爻之时自然之妙,与易卦相合者也。邵子每事打为四断,与四分用三之说,皆是义也。添出方圆二象以言参两,则孔子《系》《说》未之言也。以上所言八卦,皆揲四之时,逐爻所得之象也。

首挂之一不入算,而再挂三挂始入算者,亦如五十中不用之一,

① “卦”,库本作“爻”。

虚之[1]以象太极，有其数而无其用者也。周公之用九，既以为见群龙，又以为无首，此之义也。周公命爻在两仪之列者，始以为初，此之义也。此所由初挂不入算也。至二挂三挂，已在两仪四象之列，此所以入于算也。

变占

占[2]法一爻变，则占本卦变爻辞，以本卦之动爻为贞，之卦之变爻为悔。二爻变，则占本卦二变爻，以上爻为主。三爻变，则占本卦及之卦彖辞，而以本卦为贞，之卦为悔。前十卦主贞，所占主本卦彖为重。后十卦主悔，所占主之卦彖为重。是其动又在本卦及之卦全体，而三变爻与三不变爻，皆不动矣。煦按既有三爻动于卦中，何得忽有不动之说？此误也。

四爻变，则以之卦二不变爻占，仍以下爻为主，则动又在之卦二不变爻，而四爻反为静矣。煦按以动为静，以静为动，既未解阴阳摩荡之妙，而使动用之爻与不动者同观，彼四爻之动，要他何用？此误也。皆未解用九用六二节之旨也[3]。

五爻变，则以之卦不变爻占，是其动又在一不变爻，而五爻之变者皆为静矣。煦按五爻变当占本卦不变爻，而此云以之卦不动爻占，则本卦之不动爻置于何地？而本卦之五爻悉皆妄动无益者矣，此误也。

六爻变，则乾坤占二用，然其实乾之用九群龙无首，即坤牝马之贞之意。坤之用六永贞，即乾利贞之意。煦按乾坤占二用之说，是皆未明乾坤二用两节，原非为占而设也，是皆误信《左传》"乾之坤，坤之乾"二语耳。故于乾之用九直训曰不用其刚，是皆与周公本旨相违者也。既曰用九，便属九阳当权得令之时，岂可曰不用其刚耶？

---

① "之"，库本无。

② "占"，库本作"古"。

③ "皆未解用九用六二节之旨也"，堂本无。

于乾之用九而曰不用其刚,于坤之用六亦可曰不用其柔乎?坤而不用其柔,犹得为利永贞者乎?今曰利永贞即乾利贞之意,虽截去了元亨二字,犹之可也。盖利贞虽分见于乾坤,要其旨归,本同一义,至以用九群龙无首,为即牝马之贞,何处见得群龙即牝马之贞也?学者守圣人之易,玩圣人之卦,习圣人之占,但当以文周之经、孔子之传为之主耳。果有如是占法,孔子《系》《说》诸传言变言占者详矣,何未闻一言及此占法耶?不知先天摩荡之妙,原本太极大中而出,必无妄动之爻,故凡爻之动于卦中,无论一爻二爻以及六爻,其于所占之事必历历皆可征验,故变动之爻断宜合所动之爻,而一一占之,不宜轻置本卦。

即如卦变之说,其初止是太极两仪,四象八卦,推极于四千九百六十,以穷极数知来之变。太极无形,无可言说,既亨以后,不越阴阳,而其间之交多交少,交上交下,总属乾坤之二用所亨,乃遂有六十四卦之别。汉儒不解变化之妙,又不解《彖辞》中往来上下字面,创为卦变以释《彖辞》,相沿既久,其流益差,遂不问其中道理,与经文何涉矣?夫孔子不言而汉儒言之,汉儒言之而后儒因之,显与经传相违而绝不之顾,则亦好奇作聪明之过也。若谓孔子《系》《说》诸传所言变化皆指卦变而言,亦愈支离不可救矣。

盖变化云者,皆谓太极一生两仪之后,而千变万化不可纪极者也。即所云筮中之变化,凡皆拟议卦爻之变化,欲其与感通互换之机默相符合,而用以求卦云耳。若卦爻之成,则至变而不可摹拟者也。且一卦既成,则无卦不成,岂有一卦在此卦先,须彼卦之变来而后成耶?若于卦体既成,拘为卦变,以释经文,又谓已成卦象之乾坤,遂无能生诸卦之理,则未知乾坤二卦止是阴阳两象,天下万事万物无一不资阴阳以有其始,则无一不资乾坤二用亦以明矣。今谓乾坤无能生卦,岂圣人画卦之心,岂周公二用之旨哉?缘其讹误之故,止缘看乾坤两卦为实有三连三断之象耳。不知全部《周易》皆是先天,皆是活泼泼地,皆是说伏羲之图,实无一卦一爻可以形体拘也。

汉儒不解《周易》精微,又不察假年学《易》韦编三绝之故,自谓一见便可了然，于是好奇立异，创为新说，或作为《太玄》，或推为卦变，相沿既久，圣人之真渐就泯晦，则解经而适以亡经耳。夫《周易》而无可考证于天时，无可征验于人事，当不至今日而早已绝矣。即如《火珠林》率论五行，亦甚浅显，而①所传占法，流衍既久，无有轻改其术者，非为其取验于天时人事，确有证据耶？今观其②一爻动，则占本卦之动爻，而贞悔之义自在其中。原非谓此爻之变为悔，而必向所变之爻，专求其所以为悔者也。则以周公之辞，贞在其中，悔亦在其中也。一爻静，则占本卦之静爻，此皆揆诸天道，考诸人事，而一一有其不爽者也。正如一阳之卦称男，一阴之卦称女，凡以所少为之主耳。且无爻不动，而此爻独静，则亦必有独静之故，故遂以静爻为之主耳。今曰占之卦之静爻，不惟于所动之五爻绝无干涉，竟与所动之卦绝无干涉矣。夫《易》固天人合一之道也，夫《易》固至神至变至精者也，若果宜占之卦之静爻，则何不即于之卦动此一爻，宁不省事耶？乃于此卦一动再动之不已，且动至五爻六爻，何若是之不惮烦耶？岂至神至精至变者，乃顾无此简术耶？当知一爻以至六爻同动，皆当以本卦为主，但兼众动之爻辞而合以断之。如今之《火珠林》莫不然矣③。周公不别立爻辞，便是此旨。若使其辞不可合断，则周公释爻之日，既已逐爻系之辞矣，宁顾不能如《易林》之详且备耶？宜乎详备而顾犹缺焉？宁非周公不全之书耶？

总缘后人学《易》，以数爻之辞难于合断，遂欲专择一爻以为之主。至于尽弃本卦，全凭之卦，凡皆妄求简约，未达易理者也。试④观《左传》俱动之爻，未尝不可合以占也，本卦与之卦未尝不可合以占也。如屯之比，曰屯固比入，固谓屯，入谓比也。大有之睽，曰大有去，睽而复，去谓大有之既违，复谓大有之如故也。是一爻动，合

---

① “即如火珠林率论五行，亦甚浅显，而”，库本作“今观火珠林”。
② “其”，库本无。
③ “如今之火珠林莫不然矣”，堂本无。
④ “试”，库本作“今”。

本卦之卦断也。贞屯悔豫皆八①，是三爻同动，合本卦之卦断也。艮之八曰艮之随，亦随之艮，既由本卦而合论之卦，又由之卦而合论本卦，是五爻动，合本卦之卦断也。未有轻置本卦，专看之卦之静爻者也。总缘以之卦为变卦，谓其截然变化而去，不知之者往也，只是心有定向，方从此处发足，不是竟到地头之说。若是专看之卦，岂不是竟到地头，与发足之地绝无干涉乎？程沙随《考古占法》辨之详矣。今卦变图固朱子之自订者也，三阴三阳之卦合得二十，亦朱子自订者也。其曰三变爻与三不变爻俱不动，而其动又在本卦及之卦之全体。无论爻之动者，以为不动，其理必有所不可，而顾以两卦之静体当之，则至神至精至变者，何不即现为两静之卦体，宁不省事耶？且其言曰，前十卦主贞，后十卦主悔，则是卦变固自立，而占法亦自立者也。曷由知占法为朱子自立者也？盖前此之卦变图，如虞仲翔所传，王辅嗣所定，犹甚简约，未有三阴三阳变卦二十之说，安得有前十卦后十卦之分？今既分前后各十而定之占，则其占法非前所有，亦明甚矣。卦变非前所有，占法非前所有，参诸人事而绝无可验，固其宜也。夫无所考验于人事，而以为占法确乎如是，又安见占法之必应尔耶？

《火珠林》率论五行亦甚浅显，而人莫之易，为其验也②。圣人之《易》所以相沿至于今者，皆其考诸天时，推诸人事，而实有可验，所由神明奉之而莫敢违也。若其不必考诸天时，验诸人事，但曰今日风明日雨，要知他做甚？犹复谆谆谓《周易》为占卜之书，岂不自相悖戾乎？岂谓《易》冒天下之道，其皆块然不灵者乎？夫占其粗焉者耳，粗者无当于《易》，其精焉者又安可问乎？既以今日风明日雨为不须理会，犹复分别占法，为自信者乎？为教人者乎？至圣莫如孔子，乃于文周之经未尝轻易一字，今自立之变自立之占，欲以教天下传后

① “八”，库本作“人”。

② “《火珠林》率论五行亦甚浅显，而人莫之易，为其验也”，堂本无。

世，为允当者乎[①]？缘其讹误之由，总由分理数而二之，故至此也。

夫《易》冒天下之道，固精粗不遗，本末兼该，巨细必备者也。所由谓其道甚大，百物不废也。有所遗不可以为大，有所择不可以为大也。若谓如上所说方为言理，说入知来，便尔为数，而犹谓《周易》为止是占卜之书，安用此不切道理之书，而谆谆乎究心耶？然而元亨利贞与用九一段，皆至道之所寓，极精之所存，乃其释之也，全以为占，抑又何耶？岂知离理则数无可呈，离数则理无所附，此显仁藏用之真机，而圣人之一贯所自来也。噫，难言之矣。

卦变

古卦变图，虞仲翔所传。其法自一阴一阳，二阴二阳，三阴三阳，四阴四阳而外，以中孚小过为变例，其下复注之曰，凡变皆从乾坤来，惟此一语，方见得圣人传卦之始，未尝有卦变之说也。盖乾坤即阴阳之名，二用之所自出，六十四卦之所由成也。

变卦反对图，邵子得于李挺之，挺之得于希夷。其首题曰乾坤二卦为《易》之门，万物之祖图第一。此处不言变，而下之所列方始言变，便可识用九用六之机，而诸卦所变悉由乾坤出矣。其下所列俱以乾坤二字居首，此大父大母所由归于乾坤，必无杂卦复从杂卦变来之理也。至六十四卦相生之图，则又题曰乾坤一交再交三交。如上二图皆不离乾坤二象，方足明《彖》中往来之旨，然犹取所变之卦而立之图，是溺于习说，未能尽数扫除，未能深探本原者也。

程子专以乾坤言卦变，此程子卓识，极有体认处，与汉儒执泰否以言卦变者相似，均未失孔子观象之法也。然亦止据两体互易而言，未见各卦皆具乾坤之体，是达于用而未达于体也。章氏斗津谓，凡曰往曰来，曰上曰下之类，皆自成卦之后观之，似有此往来升降之象耳。此亦深知卦变之非者。盖六十二卦，无有一卦不从乾坤二用而生，则无一卦不具乾坤二体。正以卦止三爻，其二爻相同者，本来

① “岂谓易冒天下之道，……为允当者乎”，堂本无。

之体;一爻独异者,往来之用也。凡卦爻之辞变占之义,无有不以独异之一爻为之主者。如三女皆乾体,而所交之一阴则坤用其六,自外来交者也。因其用在阴爻,故遂谓之为女。如三男皆坤体,而所交之一阳则乾用其九,自外来交者也。因其用在阳爻,故遂谓之为男。是则三女三男悉皆乾坤二用,则三女三男自应先具乾坤二体。孔子于卦体既成后,教人以观象之法,故以往来上下内外等字分别言之,欲人之审择用爻,定为卦主耳。程子深契此妙,故独以乾坤言之。

今曰两体变者可通,一体变者则不通,则未知诸卦之体皆出乾坤,并未知周公特著用九用六两节,其旨归何所在矣。若知体静而用动,体内而用外,体先而用后,则分上下二体而各言其用,其乾坤之二用可征也。合上下二体而交言其用,如泰否之说,彼此互易亦无不可也。盖泰否二象均未有离乾坤二体者也,然必向未成卦时,活泼泼地,审定乾坤二用,始为得耳。后人未解用九用六两节之义,总为蔡墨"乾之坤,坤之乾"二语所误耳。不知周公设此两节,是理之最精最切,而《周易》之最紧最要者也。蔡墨之说,论占非论理也。

夫文王所有之卦悉出先天一图,孔子《彖辞》往来内外上下终始,皆是解说先天一图,用九用六凡皆说打初成卦时,先天摩荡之妙也。若将一卦兼乾坤二用以说往来上下,必在三阴三阳之卦,以此等之卦上下两体,非乾之似,则坤之似矣。故可以兼说乾坤,既可以兼说乾坤,则以为泰否之互易,奚不可者?若一阴一阳之卦,先除上下纯象者不论,其阳九之用则必于坤体中见之,其阴六之用则必于乾体中见之矣。若二阴二阳分居上下二卦,非上下皆乾体,则上下皆坤体也。若或二阴二阳合居一卦,亦先除纯象者不论,则又以二阳之合居者为乾体,二阴之合居者为坤体也。其乾体所挟之一阴,坤体所挟之一阳,则又乾坤二用所往来上下于内外两体者也。孔子《彖辞》教人观象以审择主爻,从未有于两同之爻指说道理者也。

盖往来即上下之说,而上下有内外之分,如曰某爻下某爻内,则必此下而内之一爻为之主也。如曰某爻上某爻外,则必此上而外之一爻为之主也。因此爻之动用,而特标其能,故遂谓为彖者材也。圣人作《彖》,宁独三阴三阳有往来上下内外之说哉?一阴一阳亦有之,二阴二阳亦有之,如执卦变中一上一下之说,则三阴三阳可以上下两体彼此互易,至一阴二阴,一阳二阳,必且无爻可换矣。如晋之柔进而上行,内之柔未尝动也,此柔从何处上乎?无妄之刚自外来而为主于内,外之刚未尝动也,此刚来于何处?而又执何地而谓为外乎?既执互换之说以为确然,逮于互换之说必不可通,则又别易一法,游移其说,以此注《易》可乎?

夫《周易》中往来字面,率皆据图而言之,本为一义,非此一义而彼又一义,非《彖》中一义而《系》《说》又一义也。乃于数往知来二语,谓往如今日追思昨日,来如今日逆推后日,昧顺逆之旨,倒往来之说,是徒在时上留心,而未能兼位而精求其妙,宜其无解于《彖》也。夫内为来而外为往,此诸卦之通解,未有不确信以为然者。今于无妄一卦,云自讼之九二移下去,不惟二居内卦不可言外,竟将外字抛置一边,全不追寻着落,将使《周易》最简最贵之文,一字而具无穷之妙者,竟有闲文不须解说矣。且闲文之在他书,容或有之,不应外字之在《周易》,而亦可以闲文视也。欲明此旨,非深究用九用六两节之义,分别乾坤二体,未易得其解也。

周易函书约存卷首下　原爻约

四通

天有四时,地有四方,人有四德,卦有四象。一爻之动,变而通之,以发其伏,则两体交而四通备。故见伏动变四者,所以尽爻之才也。见者,当境之忧虞。伏者,后世之通塞也。是隐显同原,中外流通,体用之一如者也。由其所可见,推其不可见,溯源于始,究极于终,则和昭而中立,达道行而大本具矣。动必有对,阴阳之交,循环不息者也。交而动,必有所之。之,往也,动之始也。有所之,则见者伏而伏者见,所以为变。更兼覆与中爻,而一爻之性情,讵不昭然别白哉?

邵子《观物外篇》曰:举年见月,举月见日,举日见时,阳统阴也。是天四变含地四变,日之变含月与星辰之变,是以一卦含四卦也。原爻之设,正为以阳统阴,一卦含四卦而已。乾爻所变而坤爻应焉,非地含于天乎?阴阳之义,往复流通,原无停滞,见阳而伏阴,中交而变动出焉。象者四而通者四,无有逾此者也,故见伏动变可以相易。从乾而论,则乾之通四。从坤而论,则坤之通亦四也。第坤道无成,因乾而得主。司外治者,十六阳卦而已,是邵子含四之变也。乾初动变通于复姤,乾二动变通于师同,可以得其概矣。或取互卦,以为天之所含,而非其含地者也,其亦未闻十六阳卦之说也。

又曰:日一位,月一位,星一位,辰一位。日有四位,月有四位,星有四位,辰有四位,四四一十六位,此一变而日月之数穷矣。天有四变,地有四变,变有长也,有消也,十有六变而天地之数穷矣。阳卦十六而三百八十四爻备焉。天地之数乌有不穷者乎?天有四变,地有四变,变宜三十二,而兹止于十六者,阴统于阳,阳倡而阴和,阳见而阴伏,地之所变为天所含故也。

动而有为者，阳也，故见。静而无为者，阴也，故伏。动而之于伏，则伏随而动。动而有所往，则见者旋伏。见动而伏静，见外而伏内，故见阳而伏阴也。见者十六，则伏者十六，故十六生三十二，夫妇之象也。见伏三十二，则动变亦三十二，故三十二生六十四，夫妇交而生男女之象也。一卦之见伏动变，二十四爻出焉，所以有三百八十四爻之备也。

六十二卦皆由乾元用九所生，故首乾。而三男之正位于外者从之，阳明而阴迷，乾大明也，故以为见。不首震首坎，坎固乾坤之交中，而含章可贞，美在其中者也。震以始之，艮以终之，坤与三女无与焉，阴静而从伏也。自馀阴阳杂而不纯，则又为三男之所统矣。圣人序卦，坎先震，震先艮，即其次也。坎在离前，震艮在巽兑前，阴统于阳，不断可识乎？

十六阳卦图

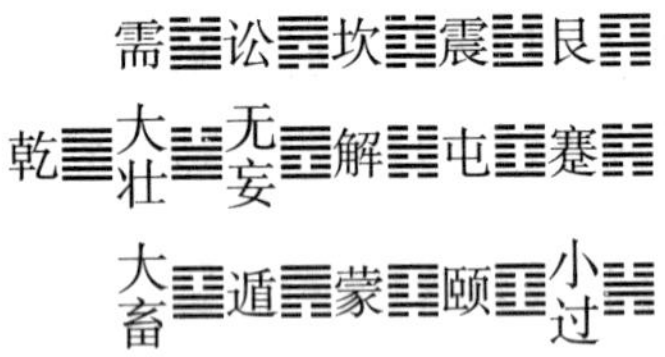

阳卦总爻图

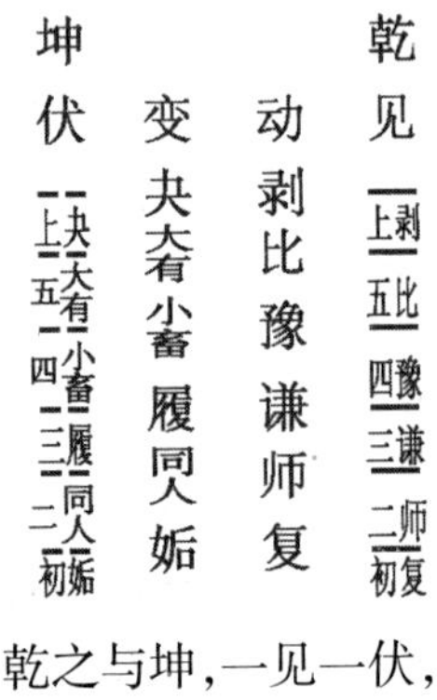

此举乾以为例也。乾之与坤，一见一伏，有阴阳动静之别，故象夫妇。乾初伏坤，动而之复，变而之姤，摩荡之妙，变化无端，故象六子。

以四象论,则乾太阳而坤太阴,复少阳而姤少阴也。类而推之,莫不皆然。十六阳卦各具六爻,爻各有图,今撮其概于此,详见二用图解①。

纯阴纯阳之卦各十六,半阴半阳之卦亦各十六。纯阴纯阳,一见一伏,则半阴半阳皆其所包。

见知见在,伏知将来。覆以穷其相反之情,变动中爻以尽其曲折之妙。兼是六者,而一爻之性情著矣。

一爻之见有四通焉,可见者谓之见,与卦反者则其伏也。动而之于伏曰动通,变而存其位曰变通,一爻而四卦之通,故能该隐显,极常变,贯始终,而周知天下之务。

见伏动变,循环迭易,如坤初为见,则乾初为伏,而姤复包其中矣。如复初为见,则姤初为伏,而乾坤又包其中矣。至其性情之同,则伏与动变,总与所见之爻互相发明。

阴阳动静,流行不息,无往而不还、隐而不见之理。故伏卦者,见卦之所托以动变者也。其来于此,其往于此也。

见为天而伏为地,其杂撰者,则阴阳合而生人物之象也。

阳之见也,大明终始之义,《周易》之所贵也。

动在内卦,则阴下而阳上。动在外卦,则阴上而阳下。是阴阳所生之阴阳,所以有少阴少阳之目。变在内外卦者反是。见伏为交,则动变为之摩荡矣。

一爻而四爻之通,如乾二独动,则坤二伏矣。师二为动,同人之二则为变矣。今合四卦之二爻观之,乾曰利见大人矣,坤固曰“直方大,不习无不利”也,寥寥数字,大同也,利同也,直又乾德之动也。不与乾通,乌能合德哉?习字独称于坎,师固下坎也,乃师之九二曰“王三锡命”,锡命之王,非利见之大人乎?至万邦而有怀,则人之同矣。是师既与乾通,又与坤通,而且与同人通也。同人非一人,师固为统众之卦矣。然有利有吝者,于宗非大人所宜,抑亦阴阳之别,此反其义而相通者也。是此四爻无有不通者也。故占得四卦之二,其

① “二用图解”,库本作“原爻”。

辞均无岐旨①，但当分别见伏动变，以斟酌轻重耳。

乾三独动，则乾三见而坤三伏，谦三动而履三变也。今观四卦之三，乾曰“君子终日乾乾，夕惕若”，坤曰“或从王事，无成有终”，是要终之道，二卦同也。不敢不终其事，而又不敢自有其成，不乾且惕能乎？慎而能终者莫如谦，而有终之君子，何其与乾坤似也？慎而持谦者莫如礼，而虎尾之履非其乾惕之至乎？观有成而不居，然后知朝乾夕惕以进德修业者，固自有深意存也。观劳谦有终之君子，则知从王事而无成者，不独在坤，而善世不伐者，亦不独乾二然也。履礼而慎以持之，四爻之心固一致哉。若不惕而致厉，则虎尾之履矣。求其有成，而克终也难矣。

小畜之六四本与豫通，大得之旨与小畜何殊？小畜名卦，大得名爻，故抉其由也。豫之盍簪，不殊括囊，伏坤故耳。及以括囊而无咎誉，与跃渊而进退无恒者相比，则畜与得之已可自伸，而括与盍之犹然自屈也，盖皆同也。

乾之九五既为飞龙在天，利见之大人，而有犹不大，比犹不显，恐无是理。建极居中，有黄象焉。顺承者众，有裳象焉。圣人作而万物睹，四方无侮，四方无拂，盖皆同也。

乾坤之初通于复姤，凡皆谨始而虑终，宜静不宜动之象也。

乾坤之上通于夬剥，不可久则宜知所止，不可用则宜知所敛，不可长则宜知所畏，凡皆为穷而言之也。

又如蹇之六四，往蹇来连，而咸四之憧憧，固亦往来无已也。

又如需初通于晋井噬嗑，一以为不行矣，一以为时舍矣，一以为未受命矣，何其与不犯难行之意同也？

又如讼之九四见伏动变，而夷之说不殊也，是遵何道耶？

又如坎离为在中之爻，则言孚言心言志，其常也。乃无妄之初而动变与伏，奚为乎？胥可以明志也，类而推之，亦可以得四通之概矣。

---

① “旨”，库本作“首”。

生字、交字、索字之义

欲明见伏动变之旨,须明交字生字之义。交字生字不明,则索字不得其解,而内外往来上下终始,胥不得其说矣。

伏之一字,原自具有见与动变之义。不见不知前者之为伏也,然不动不变亦不知后焉之能伏。因伏之不终于伏,故见之一字亦遂具有来往二义。穷所见之由来,则由伏而见。而伏者居先,不然则有何可见?究所见之动变,则由见而伏。而伏又居后,不然则有何可伏?阴阳流转,迭为胜负,观于四时亦可见矣。

交如夫妇,生如六子。盖天地之气往来其间,止有升降聚散阖辟已耳。圣人以图像卦爻拟议之,无一而非象也。夫天气不能不下降,地气不能不上跻,则所谓交也。地既涵天之气,胞胎密固,以渐发育出来,则所谓生也。今试于《彖传》中举一来字,便具此交字生字两义。即如无妄"刚自外来而为主于内",盖以内象本为坤体,坤之为象原未有阳,而忽来此一阳,是为自外而来。自外来者,以坤阴为主,而乾阳来交,此交字之义也。一交而阳掩其阴,则坤初遂为之伏矣。既交以后,坤中忽现此一阳,有似于坤中生出者然也,故又以所生者为来。如复见天地之心是也。来而谓为见心,是由中而出外,伏象之方露者也。非如由中而生出者乎?由中生出而未离乎中,故以为见心焉耳。交则所见者因掩而伏,如男之有求于女。生则所伏者旋出而见,如女之妊娠而初娩也。惟伏之一字,为能究见之所由来,与见之所由往,则是交字生字尽在此一字中矣。若动则由见而伏,变则由伏而见者也。故每爻悉具此四通之妙也。

其在《系传》,索之一字便兼交生之两义。盖索犹索债之索,索者求也,先有以与人,而求以得之于己也。夫有求于彼,而即以获助于彼,则与取之两义具矣。天地间无过阴阳流转,但到极处,不劳而自复,特未可胶柱而鼓瑟也。

来交者自外而内也,所生者自内而外也。先有交而后有生,兼此两义,始明来字之说。何谓交?如言刚来,则下三爻之体卦必具坤象，而来索之乾则其自外者也。此皆在成卦之初，言卦体之所由成，安得执已成之卦，目为卦变，谓某卦自某卦来乎？循环太极图比诸[1]六十四卦图，纯坤止得六爻，左为乾始，必交坤而始，右为乾终，必交坤而终，是皆坤内乾外，而乾之来交于坤也。其坤之交乾而为柔来亦然。何谓生？如言刚来，则下三爻之体卦亦必先具有坤象，坤中本未有阳，因与乾交，含气于中，渐渐生化出来，则初中末所见之阳，皆由先伏于中，施生而敷化，本无而忽有者也。以其由坤而生，故遂指坤为来处，其坤阴之生于乾体亦然。如以交言，则阳不可无阴，阴不可无阳之义。如以生言，则阳根于阴，阴根于阳之义。阴阳两不相离，则以外而内交者为来，无妄所由有刚自外来为主于内之说。阴阳互为其根，则以内而能生者为来，复卦所由有克见天心之说。

交而谓之为索，是先与后取之义。犹置虚器于此，先且旋旋实之，后始取而资用耳[2]，无实而资诸虚器，安得取携之甚便乎？古人所由有将欲取之，必姑与之之说。凡皆深察阴阳往复，自然之灵妙，藏诸不竭之府，不匮之源者，实难言说，有若此耳。先儒谓与之之意，乃在乎取之，为权谋之术，是全在人事上留心，而未知此为阴阳互根，往复不穷之的解也。则亦未知圣人用一索字，便兼此两字之妙矣。化育之所以不穷，以先有生生者存也。生生之所以不穷，以先有能交者存也。《周易》六十四卦自刚柔始交而下，无有一卦不由交得，无有一卦之往来上下，不从交处发挥。先有交而后有生，交则其与，生则其取也。与有限而取亦有限，与无穷而取亦无穷矣。但自往者施者而论，则为与而取。自来者受者而论，则为交而生也。

《系传》曰“日往则月来，寒往则暑来。往者屈也，来者伸也。尺蠖之屈以求伸也，龙蛇之蛰以存身也。”不有往者，安有来者？不有屈者，安有伸者？是皆与取之义也。是皆循环太极图中相因互根，不穷不竭之妙也。射者之欲致远也，必先张而向内。投壶之矢入之

① “诸”，库本作“之”。
② “耳”，库本作“之”。

过急，而反跃于其外也。釜庾既盈，更实之以非分之物，而反溢而出也。今之冒风寒者，治以火罐，火性上炎，本宜外达，顾或内翕而自敛也。其取之资乎与也，与之资乎取也。一与一取，但操一术而两用偕来，灵妙无比，阴阳之相因本如是耳。橐钥之喻，与一气屈伸之说，其皆取精而绘神者乎？

八字命爻之说

圣人命爻之义，止有十二样笔法。阴阳各六，九六分称是也。然其因卦论爻，因爻论卦，而三百八十四爻之义遂已各各迥别。顾此十二样笔法，要其寓义，止有八字，初上九六二三四五是也。九六之义出于河图生数，先儒亦既言之。如上八字，或上或下，或举其端，或举其委，从来未有注释，今略言之。

何以初命为初，上命为上也？曰圣人立卦止于三爻，不以两画成卦，不以四画成卦，其妙正在于此，何也？以天下之物各有其位，位之所乘各有其时，时与位合，而参差不齐之数出焉。圣人设卦立象，凡以考时之所值，位之所乘而已。然时有三候，位有三等，故立卦止于三爻。何云时有三候？曰此概辞也。今但取一时铢铢寸寸而较之，虽百千万不足尽此一时之数矣。譬自盘古开天以及尧舜，其中历年原不可考，今以三候约之，曰此古之初，此古之中，此古之末，即无不可以意会者。又如一岁十二月，今以三候约之，为岁之初，岁之中，岁之末，即无不可以意会者。下至时日亦然，是流行之机或远或近，或舒或促，皆无有逾此三候者也。何云位有三等？曰此亦概辞也。今但取一物铢铢寸寸而较之，虽百千万不足以尽此一物之位矣。譬若立五尺之竿于此，今以三等约之，上者上，中者中，下者下，尽之矣。又立千尺百尺之竿于此，以三等约之，上者上，中者中，下者下，尽之矣。是形器之属或高或卑，或广或狭，均无有逾此三等者也。所以然者，上古民淳事简，以三候约时，以三等约位，得其大概，即无不可共喻矣。后世知识日开，嗜欲日甚，一岁之候分而为月，又分而为日，又分而为时，又分而为刻，又细分之而至于毫厘丝忽之不可尽。其于位之长短小大，亦复如是，又细分之而至于毫厘丝忽之不可尽①，皆其细已甚者也。至约以三等三候，曾有出圣人之范围者乎？凡有位者必有时，于是乎有上之时，中之时，下之时。凡有时者必有位，于是乎有初之位，中之位，末之位。圣人欲以卦象尽天下之物，则不得不体物象所自具之时位，而命之爻。是则三爻之设，不可增也，不可减也。固三候三等之寓也。然就三爻而立之名，取时也则必遗位，取位也则必遗时。圣人知阴阳无偶，则生化之源绝，而凡物之生又先气而后形，于是乎立为重卦。以时而命内卦之初，明乎气之肇端于此始也。以位而命外卦之上，明乎形之成质于此定也。周公释爻，每兼时位，职是故也。时阳而位阴，时虚而位实，时由乾出，位由坤始也。其但用概辞者，以《周易》之象必总挈大意，然后能冒天下之道，周天下之务，非其细已甚者所可兼也。

时何由昉？流行而不息者，乾道之动用也，故不可定之以位，止可考之以时。位何由昉？镇静而有常者，坤德之静体也，故不可定之以时，止可正之以位。卦爻刚柔悉出乾坤，无一卦一爻无刚柔，则无一卦一爻无动静，无一卦一爻无动静，则无一卦一爻不具此时位者矣。然时出于乾，而阴爻亦得言之。位出于坤，而阳爻亦得言之者，此又乾坤相须之大用，缺一不可者也。

言初而不言中末，言上而不言下中，何也？曰《周易》为上古之书，文字初起，不能不简而该，使人便于传习而深致其思耳。非如后世文字既盛，道理大明，遂添出者也之乎，累牍连篇而不可止矣。即如屯卦，继乾坤而居序卦之首，便曰刚柔始交。刚柔者，乾坤也。交也者，刚柔之互也。始也者，该六十二卦之辞。此后惟泰否归妹三卦，或言交，或言不交，其馀五十九卦无有一卦言交者，该于始之一字故也。圣人知六爻各一其时位，而又不能合此时位该以一字，乃以初字著其时之理于下，而以上字著其位之理于上，各从其所重而定之云耳。乾以始之，故举其端而言初。坤以终之，故竟其委而言

① “又细分之而至于毫厘丝忽之不可尽”，堂本无。

上。又使知卦既有初,则其为中为末,举可类推。卦既有上,则其为中为下,举可意想也。又使知上与初对,则上字原可以该末。初与上对,则初字原可以该下。凡皆简而能该,引端而不待竟委者也。《周易》卦爻不贵文字义理而贵象,以象之所该,原不可量,固如是也。

内卦为来,外卦为往,初则来之始,上则往之极也。用一初字,是欲人溯源于太极。用一上字,是欲人知极则必返也。

有往则必有返,有来则必有初。如人从何处来,必有最初发足之地,非仅向发足时考之也,是要穷到地头,知其来于何处耳。缘爻象从来之处,非可易察,故孔子曰其初难知。若其既有所往,亦无往而不返之理。今以一上字说到极处,而必返之理自在其中,由其上之已无可加,则往到极处,已彰显而易明,故孔子曰其上易知也。

今以上之一字比诸初,则初当曰下。以二三四五之义比诸初,则初当曰一。乃不曰下,不曰一,而特命为初,此圣人寓义之最精者也。《周易》卦爻原本先天图,而先天四图原本图书,凡要推到天地未辟以前,探无极之幽深,标太极之精蕴,用以开天而明道耳。逮于乾元一亨,万物之始,悉资于此。但当未有形质之先,止有气耳。此气初萌,莫不托始于乾元,毓灵于太极,此时既无形象可以指证其位,非考之以时,曷由辨乎?顾时有三候,而初则气机之将萌,方从太极天心流衍而出,故特用一初字,以发明卦爻从出源头。是来字之义,即寓于初字之中,彖于内卦称来,即从初字出也。文周命爻用此初字,正以传伏羲画图之心,以上契图书之秘奥而已。非如来氏卦综,谓从上卦一覆便来者也,又非如卦变之说,执有形之定象,彼此互易而得焉者也。夫卦综卦变皆说向已成卦体之后,岂有两人之体可以剜肉相易者乎?然先天四图传于邵子,《周易》正义倡明于邵子,而究为不切之浮义所混,无有能辨证者,谓之何哉?

凡物既有其初,则此后岂有穷尽,故不言中末,是初之一时重于中末也。凡位既定于上,则下焉皆其所统,故不言下中,是上之一位重于下中也。

《周易》所有卦爻，皆本伏羲大圆图开而成焉者也。其六十四卦之初，在圆图中则两仪也。两仪生于太极，而太极无象可求，故文王以两仪初成之爻命名为初，为其有形可睹者自此一爻而始，故二三四五皆纪之以数，乃初之一爻非数所能始，以有太极在其前也。巽以伏卦而取震象，一阳未生之始，亦曰无初，是正有无分界之始，亦即此初字之义也。缘其分位本属两仪，又不得上侵太极之一，论其成质，实居有形之最先，又不得连太极而序之，以下侵中爻之二，故以初字命爻，使人探本穷原，由其能来之故，而追索于所以有初者耳。此系有无分界关头，非此初字不能标出也。不知初字之妙，不推本于先天圆图，安知全部《周易》悉是先天，而卦之与爻，安得不认为有形有体之物哉？

以初爻之义比诸上，则上当曰末。以二三四五之义比诸上，则上当曰六。今不曰末，不曰六，而特命为上，言乎其爻极于此，止于此也。盖立卦定于三爻，其义出于三等三候，六爻则重焉而已。伏羲画至六爻，已成六十四象，足以备天下万事万物之理。六爻之外，无以复加，圣人即寄无以复加之义，于最后所成之爻而命名为上，言此外已无可上也。若使此外更有上于此者，则此爻不得谓为上矣。故自初观上，而成爻最后，则中末之义即在上字中。自上观初，而其位最卑，则中下之义即在初字内。此皆比例而互见者也。二三四五纪之以数，而上独非数，以数之所衍原无终穷之时，即上之一位，亦非数之所能极也。

何由知爻之止于六也？伏羲画至六画，劈内外各三而分视之，见在内之三爻止有八象，而在外之三爻犹然不越此八象。知八象既具，而事物之理已全备而无缺，故于图内拆出三画之小圆图，职是故也。亦如两仪之上再加两仪，遂成四象，然屡加而至六画，爻爻合而观之，俱不越此四种之象，故圣人之揲蓍以成爻也，亦止以四象命之而已。化育之妙，有阳不可无阴。三，奇也；六，偶也，则参两具矣。内，气也；外，形也，则体用全矣。故卦止六爻而不复增，所以但名为重卦也。

然以九二六二之类比之,而初之九六何独在下?盖因乾元之亨,先气而后形,而气之将至,则无形可执。今观揲蓍求卦之时,分二挂一,揲四归奇,明知此爻之形体必将有成,则是此爻已有其初矣。然气至而形未成,则阴阳之体犹未可定,故不能定之以位,但可考之以时,而称之为初。必待三变既足,察其数之多少,有阴阳老少之可辨,乃始有九六之可称矣。譬若妊娠将娩,当胞胎转动时,业知所生之子已有其初矣。至于分别男女,必待既生,审其形体,然后可辨,是时之可征者在先,而形之可观者在后,故九六在初字下也。

二三四五,别之以数,不与初上同类,何也?曰圣人立卦之法,取象于天地之化育已耳。上爻覆之于上,天也。初爻承之于下,地也。其中所有,则资始资生之化,所称为万物者也。万物成形之后,其类最繁,非纪以数,曷由能辨?圣人立卦设象,正欲求尽万物之类,安得不纪之以数乎?曰初上何独不纪之以数也?曰初在理气相接之始,非数之所能始也。至于上爻极尽而返,贞下又复起元,亦岂有终穷之数乎?故特用上之一字,止欲明其已到极处尔。

初上二爻,九六在下;二三四五,九六在上。何也?曰卦至初爻既成,阴阳两象确有定体,然后审定阴阳所至之分数,如阴阳到得二分,便以为九六之二,阴阳到得三分,便以为九六之三矣。譬若男女既生以后,业有男女之可辨矣。然后能分辨其长短小大,少长肥瘠也。故二三四五在九六下也。

卦至上爻,九六又复在下,何也?曰上为穷极将返之时,其上更无可加,是上之一位即此卦之大终大止,其位得而主之。阴阳至此,皆不能以自主,泰卦之复隍,否卦之倾否,剥卦之剥庐,皆谓其极则必返也。故九六字在下也。

既以初为来处,则来之义止可言于初。既以上为往时,则往之义止可言于上。乃内三爻均言来,外三爻均言往,何也?曰圣人以三画成卦,则此三爻虽阴阳上下不同,莫不同具此一卦之性情,又不可执定实有此等三画之象,确然植立于此而不可易也。只是圣人假此蓍数,以探讨太极阴阳将兆欲兆之气机,不能无太少动静之别,而因画出重单交拆，以仿像摹拟阴阳相交之分数，其内外上下，多寡纯杂，有如是耳。气机无截然可分之候，故三画止宜作一卦看，气机亦非形体之可似，故亦不必以连断之形体拘也。重卦虽分内外，不过体用两端而已。今既同为内卦，则皆可因初而言来；同为外卦，则皆可因上而言往矣。

初爻考之以时，然欲人追寻来处，则又在位上考究。上爻定之以位，然欲人知为穷极将反，则又在时上留心。即此时位两字，有位中之时，有时中之位，其玲珑透彻，微妙无比，圣人寓意精深，浑融包括，岂易测识乎？

自汉迄今，解经者谅不啻数千百家矣。其书或传或不传，大要皆于极奇极僻、极难措手处，各欲逞其聪明，各欲建诸议论，以竞胜而争名耳。又或援不经之证据而示之博，如大禹则《书》作《范》之说是也。又或立新奇之字样而示之通，如朋友宗道分列①河图是也。至于圣人之经，极卑迩而寓意高远，极平淡而寓意精深，乃反略而不顾。如见伏动变之说，交字生字索字之说，时位之说，初上九六二三四五八字之说，人人习为故常，囫囵置②去而不一留神，岂知至精至妙之理即在卑迩平淡之中。而好奇立异，反就支离，迄无一当乎？又如《易》中所有先圣图像，必其道理皆与《周易》卦爻有两相关照、互相发明之处，然后并传，直至于今，不相离异。而好奇立异之流，且有目图书为伪作者矣。且有参考不真，以书为图，以图为书，而先后不分者矣。且有盗窃绪馀，规仿近似，如《太玄》《洞极》《洪范》《元包》，侥幸著作之名，不惟于《易》无所发明，竟似天地有《易》外之《易》，圣人有道外之道矣。岂知释圣人之经，便当以圣人为主，毋徒为古人愚也。必须字字打心上过，务求道理纯一不杂，方是《周易》一定旨归，无徒猎取以示博也。如释河图似不知有洛书，释洛书似不知有河图，释图书似不知有先天诸图，释先天诸图似不知有文

① “列”，库本作“裂”。
② “置”，库本作“看”。

王之卦、周公之爻,安用此繁屑琐细、绝无贯通、绝无关系之图,置诸《周易》之首哉?知《函书》所明,自图书迄于卦爻,止是一个道理,一以贯之,则古人所著,其亦有以别其真伪矣。

后来《易》外之《易》,悉由子云《太玄》作俑而始。今置《太玄》与《周易》比之,《周易》则圣圣相传之道,尽在其中,而《太玄》何有乎?《周易》之占,吉凶得失确有明验,而《太玄》何验乎?《周易》经四圣之传授,无有一圣可能增损一卦一爻,则其精深亦概可想矣。《太玄》为一人之书,求其中之所寓,无道可称,求其施之于占,无一可验,仅以一人之渺知渺见,与四圣相传之《易》彼此抗衡,有是理乎?然其相传而不废者,徒以奇字足以愚天下已耳。然亦有至鄙至陋至浅而不之察者,如以上干二字拟卦之升,以戾拟睽,以差拟小过,以增拟益,以锐拟渐,以交拟泰,此皆止训字义,变其卦名而已,亦复何奇?况更有浮浅不甚切当者哉?读书但当精求道理,勿徒为古人愚可也。

今人发明先圣人之书,便自以为己之著作,此甚非也。羲文周孔之书,自有羲文周孔道脉存焉,自有羲文周孔心事存焉。今即略见得几分心事,略识得几分道理,仍是羲文周孔书中所自有所应有者,犹然是羲文周孔之书也,于我何与哉?①

① 此段堂本无。

周易函书约存卷一 原图一

河洛（李本固《周易全书①汇编》）

邵子曰：圆者星也，历纪之数，其肇于此乎？方者土也，画州井地之法，其放于此乎？盖圆者河图之数，方者洛书之文，故羲文因之而造《易》，禹箕叙之而作《范》也。鲍宁《天原发微》曰：天地开辟之初，太极浑沦，象数未显，此河图洛书所以开圣人也。《语》曰河不出图，《易》曰"河出图，洛出书"，《书》曰天球河图，则知图书乃天地自然之文，古今以为瑞物，非人力之所为也。后世有肆为怪诞者，如顾野王以洛书农用敬用十八字，为神龟之所负。班固以初一至六极六十五字为洛书之本文。唐孔氏曰：天语简要，不应叮咛曲折如是也。惟孔安国之言极稳，故朱子取之。杨止②庵按《资治通鉴》：魏青龙间，张掖柳谷口，水涌宝石负图，苍质而白理，状象灵龟，立于川西，有石马凤凰，麒麟白虎，牺牛璜玦，八卦列宿之象，其字可读而不可晓。又宋政和末，于洛水出石，大如拳，有字两行。盖天地之气化，何所不有？后世怪诞者遂神其说。

谶纬之书，详圣人受河图之始，以为河出天苞，洛出地符，河图龙发，洛书龟威，河图有九篇，洛书有六篇。圣人但言图书出于河洛，何尝言龟威之兆？又何尝言九篇六篇乎？是故有以十为洛书，九为河图，如刘长民、张文饶者。又有以先天图为河图，五行生克数为洛书，戴九履一图为太乙下行九宫图，如蒋得之者。有谓得图书

---

① "周易全书"，库本无。

② "止"，库本作"升"。

于青城山隐者,有谓别传图书于异人,而九十皆河图者。有谓图书皆出于羲世者(当亦惑于洛书出禹之说),遂使圣人明白易简之理,多支离变怪之说矣。乃讹以传讹,如郑司农、马融之流,无不笃信之。至刘牧又自为易置,以九为图,十为书,托言出于希夷。元人赵㧑谦[①]又为自然河图,谓蔡元定得于蜀山隐者,虽朱子亦莫之见,其为诡秘,大率皆一类耳。

按《路史》野王符瑞图云,黄帝轩辕氏东巡,省河过洛,沉握视将加沉璧,集历并臻,皆临诸坛,河龙负图,出赤文象文以授命。《龙鱼河图》云,天授帝号,黄龙负图,鳞甲光耀,从河出,黄帝命侍臣写以示天下。又言黄帝云,予梦两龙授图,乃斋往河洛求之,有大鱼泝流而至,泛白图,帝跪受之。而挺辅佐曰,黄帝持斋七日七夜,天老皆从,以游河洛之墟,至翠妫之泉,大鲈泝流而至,问五圣莫见,独与天老迎之,兰叶朱文,五色毕见,汎[②]白图以授帝。又云黄帝游于河洛之间,至泽鸿之泉,鲈鱼负图以授帝兰叶,命曰录图。《前河图》亦云,黄帝游洛水,有鲤长三丈,身青无鳞,赤文成字。故《世纪》云,黄帝大雾三日,帝游洛水上,见大鱼,三牲醮之,天甚雨,鱼流而得图书。郦道元《水经注》[③],尧帝修坛河洛,择良议沉,率舜等升首山,道河渚,有五老游焉,相谓河图将来告帝以期,知我者重童也。言讫,五老乃翻为流星以入昴。事见《论语比考》云,仲尼曰吾闻帝尧率舜等游首山,观河渚,有五老游河渚,一曰河图将来告帝期,二曰河图将来告帝谋,三曰河图将来告帝书,四曰河图将来告帝图,五曰河图将来告帝符。有顷,赤龙衔玉苞,舒图刻版,题命可可卷,金泥玉检。封盛书威曰,知我者,重童也。五老乃为流星,上入昴,黄姚视之,龙没图在。尧等共发曰,帝当枢百,则禅于虞,尧喟然曰,咨尔舜,天之历数在尔躬,允执其中,四海困穷,天禄永终,乃以禅舜。今

① “谦”,堂本作“兼”。
② “汎”,库本作“沈”。
③ “注”,库本作“云”。

道之营道北五里，有五老人祠。书中候《握河纪》云，尧即政十七年，仲月甲日，至于稷，沉璧于河，青云起，回风摇落，龙马衔甲，赤文绿色，自河而出，临坛而止，吐甲回违，甲似龟，广九尺，有文，言虞夏商周秦汉之事，帝乃写其文，藏之东序。而《世纪》言尧与群臣沉璧于河，乃为握河纪，今中候是也。王元长云，握河沉璧。孙氏《图瑞》云，帝尧即位，坐河渚，神龙赤色，负图而至，备载山泽河海之形，国土之分域，帝舜祇钦相有光，至于稷兴，荣光迭至，黄龙负图，卷舒至水畔，置舜前，舜与三公大司空等三十人，集发图。周公践阼，理政与天合志，万序咸得，休气充塞，藩侯陪位，至于日昃，荣光汩河，青云浮至，青龙仰玄甲，临坛址，济止图滞，周公视王公，视其文，言周世之事，五百之戒，与秦汉之事，故摘洛戒云，青龙衔甲，元龙背书者此也。又中候云，周成王举尧舜之礼，沉璧于河，白云起而青云浮，乃有苍龙负图临河，据考之，亦黄帝之事耳。按洪蒙之世，象数未开，天牖圣衷，假物垂象，固多有之。然岂历代皆沉河洛，云兴皆呈青白，所云河图，乃甲箓山泽之象，与《易》无涉也。

吴幼清曰，周之时，河图与天球宝玉同藏于王室，其贵重可知。秦汉以来，官府既不收贮，学者亦不复见。观《汉志》，刘歆所云本孔安国，盖亦祖述相传之辞耳，未曾亲见图书之象者也。后汉郑玄注《礼记》，则不识河图为何物，及魏何晏集注《论语》，晋人作《尚书》孔传，《顾命》《洪范》两注，虽皆用孔刘之说，而颇失其意。盖孔刘虽不见图说书，而谓伏羲则河图画八卦，禹法洛书陈《洪范》，则图自图，书自书，卦自卦，《范》自《范》，犹不误认为一也。若晋魏则直谓《周易》八卦即是河图，《洪范》九畴即是洛书，盖以河出图为龙负一片之图，洛出书为龟负一卷之书矣。唐孔颖达《易》《书》《礼》疏，宋邢昺《论语》疏亦然。大抵周后汉初，儒流专门之学率是口耳授受，故凡有文辞可记诵者有传，遇无文辞不可记诵者无传，五经皆存，而独《乐》之一经亡，三百五篇诗皆存，而独笙诗之六篇亡，盖以无文辞，非可记诵故也。若先天古《易》止有卦画，河图洛书只有图象，则儒家亦不传，是以汉魏晋唐宋初之儒不见图书，羲《易》图书不传于儒流，而方伎家藉此窃窥造化，乃秘宝之。宋兴异人挺生，希夷先生陈抟图南从方伎家得此，当时有穆修、种放游其门，故穆得其古《易》，种得其图书，穆传李之才，再传而至邵雍。种传李溉、许坚、范谔昌，四传而至刘牧。邵子得图书，盖亦穆所传也。其洞彻蕴奥，蔑以加矣。刘亦发挥图书，有易象钩隐图，然邵以十为河图，九为洛书，而刘则以九为河图十为洛书，盖其初所传，但得二图，不曾分别何者为图，何者为书，是致混淆而不免差互，非刘之罪也。当时有阮逸者，作《关子明易》，阮与穆、种同时人，盖因二家而得见图书之象，故云然。欧阳修亦阮同时，而未及见，盖当时所传未广也。是以欧阳修与临川王氏文人巨擘，而皆不见图书。欧阳直以二卦为河图，不信有洛书，并疑《系辞》非孔子所作。王氏虽不以为无，而其说图书皆以意悬空立言。至乾道淳熙间，朱子始推尊邵子之学，然当时信从者寡，亦未盛行于世也。观鲍、吴诸说及《启蒙》，历引孔安国、刘歆、邵子、《戴礼》之言，则河图十而洛书九，万世有定论矣。

煦按：仍以洛书为作《范》之具，甚非。

古河图

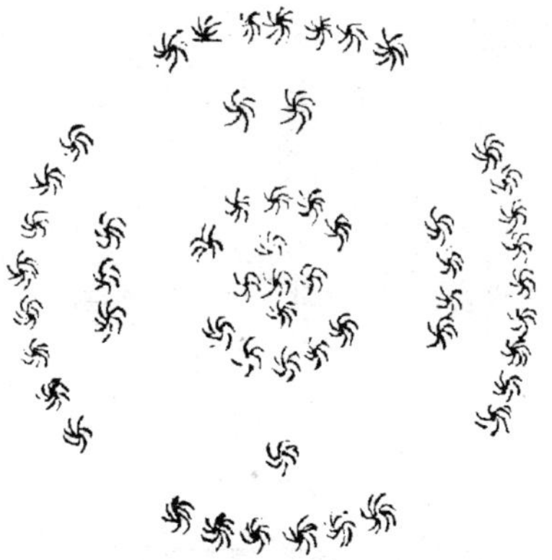

古洛书

旋毛龟折，志古也。此郑氏《通志》所定。

河图洛书出必同时，盖此二图相须而互显其理。无洛书之分，无以显河图之合。无河图之合，亦无以显洛书之分。故二图不可缺一。

若使伏羲止见河图，恐徇齐天纵，亦必无以测河图之蕴，而创为卦图。然而孔子固曰“河出图，洛出书，圣人则之”，是则河图洛书，当伏羲时已并行而不悖矣。特河图体而洛书用，当河图先而洛书后耳。

王氏无异曰：阳自后而生，往前为顺，一三入而为主，六八环于外而从之。阴自前而生，来后为逆，二四入而为主，七九环于外而从之。一三自后而生，往前为顺者，阳中之阳。七九自前而生，来后为逆者，阳中之阴。二四自前而生，来后为逆者，阴中之阴。六八自后而生，往前为顺者，阴中之阳。一奇一偶从先至后，各顺其序，如兄弟然。一生一成从内至外，各有其别，如夫妇然。煦按此亦从合处看出道理，亦知阴阳各有逆顺。第以在左者皆为顺，在右者皆为逆，遂不得不以阳为顺来，阴为逆来，则未知阴阳之生，其来皆为逆，其往皆为顺也。故用以解《易》，合于此则不合于彼矣。必先立身于中，逆溯从前之来处，知为逆来，顺推此后之所往，自知为顺往。凡《系》《说》《彖传》之往来，莫不如是，皆是为图言也。其曰阳中之阳，亦当曰阴中之阳。其曰阴中之阴，亦当曰阳中之阴。必如此然后知天根月窟之义，与根阴根阳之说，直以东南为阳，西北为阴，而不知变通之义，其言未当。

河图阳动阴静图

	一 二	
九八	五 十	四三
	七 六	

按：此数自天位而起，以左旋而定。

	七 二	
三八	五 十	四九
	一 六	

按：此河图之数也。此之阳数皆对换，故曰动。阴则仍其本数，故静也。

河图阳静阴动图

	七 六	
四三	五 十	八九
	三	

按:此数自地位而起,亦以左旋而定。

	七 二	
八三	五 十	四九
	六	

按:此亦河图之数也。此之阴数皆对换,故曰动。阳则仍其本数,故静也。

洛书阳动阴静图

四	一	二
七	五	三
八	九	六

按:此数自天之降下而论,故其下图阳数之出于天者,皆对换也。

四	九	二
三	五	七
八	一	六

按:此洛书之数也。

洛书阳静阴动图

九
六　八
三　五　七
二　四
一

按：此数自地之升上而论，故其下图阴数之出于地者，皆对换也。

九
四　二
三　五　七
八　六
一

按：此图亦洛书之数也，此亦看图之法，比之龙序，胜远矣。

《大传》言河图，曰一二，曰三四，曰五六，曰七八，曰九十，则是以两相从也。《大戴礼》言洛书，曰二九四，曰七五三，曰六一八，则是以三相从也。是故原河图之初，则有一便有二，有三便有四，至五而居中，有六便有七，有八便有九，至十而又居中，顺而布之，以成五位者也。原洛书之初，则有一二三，便有四五六，有四五六，便有七八九，层而列之，以成四方者也。若以阳动阴静而论，则数起于上（煦曰阳德自上而下行者也）。故河图之一二本在上也，三四本在右也，六七本在下也，八九本在左也。洛书之一二三，四五六，七八九，本自上而下也。于是阳数动而交易，阴数静而不迁，则成河图洛书之位矣。如以阳静阴动而论，则数起于下（煦曰阴道自下而上行者也）。故河图之一二本在下也，三四本在左也，六七本在上也，八九本在右也。洛书之一二三，四五六，七八九，本自下而上也。于是阳数静而不迁，阴数动而交易，则又成河图洛书之位矣。盖其以两相从者，如有天则有地也，有君则有臣也，有夫则有妇也。以三相从者，如有天地则有人也，有君臣则有民也，有父母则有子也。阳动而阴静者，如乾君而坤藏也，君命而臣从也，夫行而妇顺也，自上而下，以用而言者也。阳静阴动者，如乾主而坤役也，君逸而臣劳也，父安居而子勤职也，自内而外，以体而言者也。同本相从，以成合一之功，动静相资，以播生成之化，造化人事之妙穷于此矣。先后天图象之精蕴，莫不于此乎出也。

邵子小衍

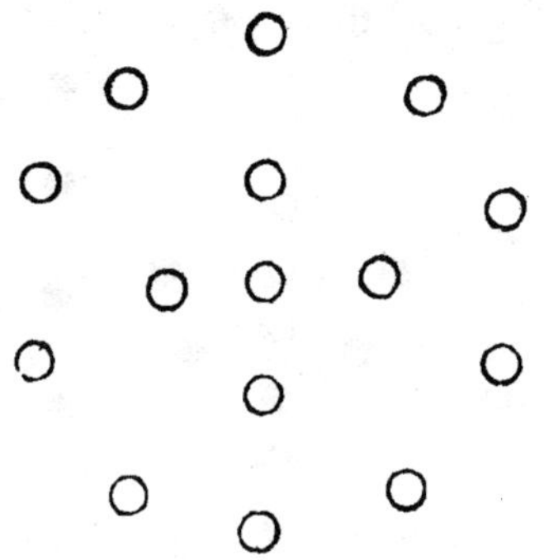

十五是参五也，一切卦象总用四周之四十，道家曰古河图。

天地之数尽于十五，以五乘十，十乘五，皆大衍也。故全图皆太极，而不碍以中之十五为极。又以中五为极，又以中五之一为极，一又有旋毛之中，则圆图皆有太极之正中明矣。煦按此图十五是太阴太阳九六之合，亦少阴少阳七八之合也，是一图而四象全矣。特少静而老动，故《易》有用九用六之说，用则阴阳太少分矣。故用九则不用六，用六则不用九，此图即三五之义，观后图自明。

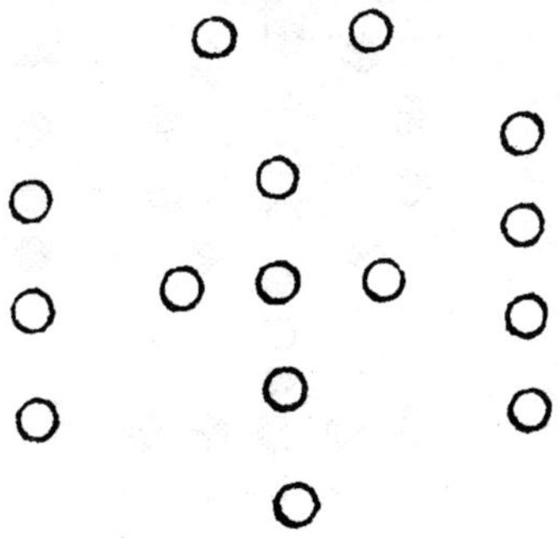

五生数即此十五点。

三五分之,即五行生数。中一五原不动,而四行乃二五所分也,四象显矣。煦按:中之成数十,即四方二五之合也。四方生数之二五,即中十数之分也,是体用一如之妙也。

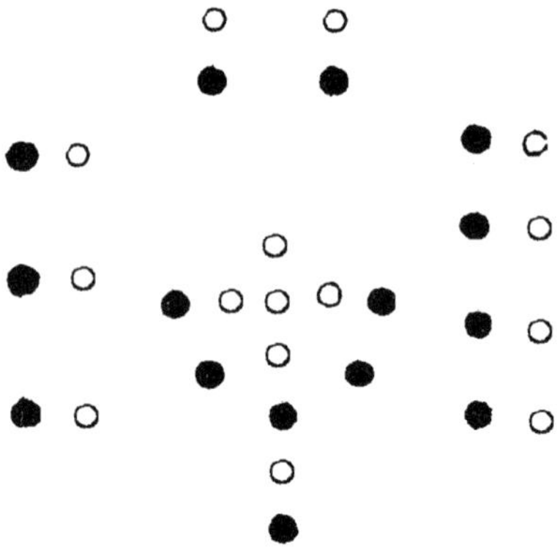

有阳即有阴,微固交汁而显亦各分也。冬春阴在外,阳在内。夏秋阳在外,阴在内。煦按:四时之理原是如此,特不留心看图,便不解图中之妙。

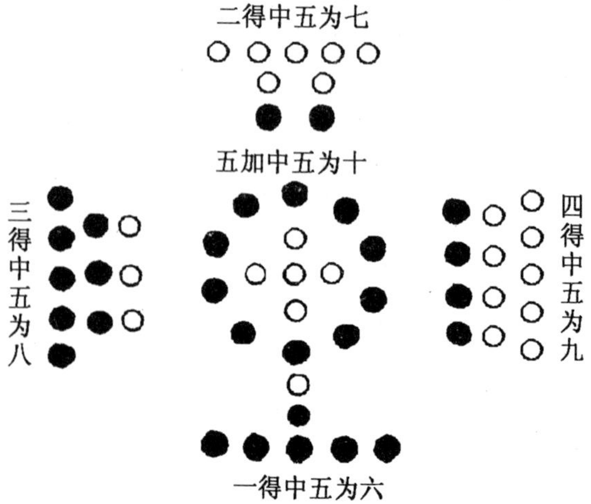

阴阳既配,各以中五加之,即各具五行之成数。煦按:密衍之图最得看图之法,皆须上下连贯看之。盖圣人之图,拆之合之皆有妙义存焉,凡看诸图皆当如此。所加之五在东北则加阴,宜配阴而数之;在西南则加阳,宜配阳而数之。

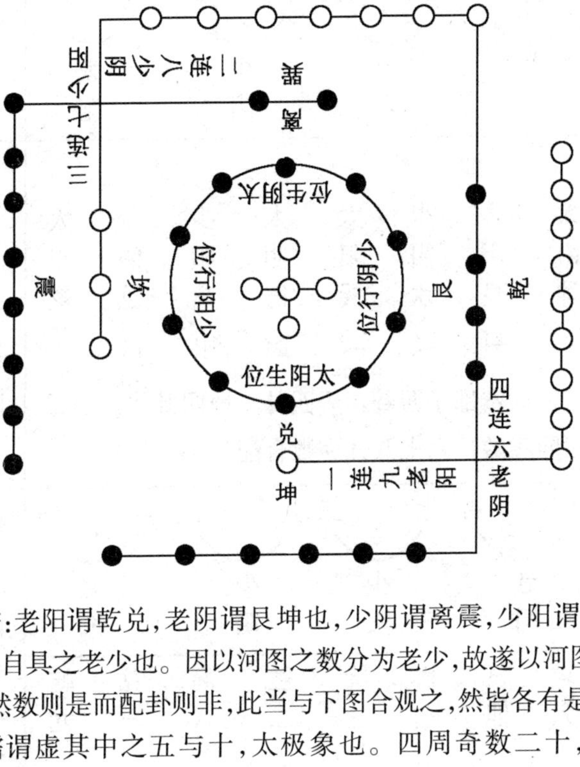

煦按:老阳谓乾兑,老阴谓艮坤也,少阴谓离震,少阳谓坎巽也。此先天图自具之老少也。因以河图之数分为老少,故遂以河图之数分配卦象,然数则是而配卦则非,此当与下图合观之,然皆各有是非。

先儒谓虚其中之五与十,太极象也。四周奇数二十,偶数二十,两仪象也。中五四布,即四象本位也。北为太阳生位,东为少阳行位(煦按此即阳生于北阴,由左上行之义)。南为太阴生位,西为少阴行位(煦按此即阴生于南阳,由右下行之义),正对者也。化用则东南用少,西北用太,细分之则一二三四,四象用位也。六七八九,四象用数也。以用位言,老阳一,少阴二,少阳三,老阴四。以用数言,老阴六,少阳七,少阴八,老阳九(煦按此

李本固说	一 乾极于九	二 兑始于一	三 离始于二	四 震极于八	五 巽极于七	六 坎始于三	七 艮始于四	八 坤极于六
	太阳		少阴		少阳		太阴	
吕中石说	天				地			
	太阳乾一	少阴兑二	少阳离三	太阴震四	太阳巽九	少阴坎八	少阳艮七	太阴坤六
	此本邵子四卦，天四卦，地四卦[①]。一二三四顺数，六七八九逆数合配。							
韩苑洛说	一	六	二	八	三	七	四	九
	老阳		少阴		少阳		老阴	
何元子说	乾九	兑一	离八	震二	巽三	坎七	艮四	坤六

解二层吕中石之说，以伏羲八卦论），在图则一六共宗，而太阳又居北一，连西九矣。二七为朋，而少阴又居南二，连东八矣。三

① “四卦”，堂本无。

八同道，而少阳又居东三，连南七矣。四九为友，而太阴又居西四，连北六矣。所谓二老二少，互藏其宅也（煦按此解韩苑洛之说，以河图论也），用位与本位亦互藏也。冬春合岁限，夏秋合岁中，与东南合气辟，西北合气翕，亦互藏也。卦分如上诸列各有所取。

煦按：宗朋道友，乃汉儒扬子之说，此河图之数用以分阴阳太少，犹之可也。诸说参以八卦则误矣。八卦者，则图画出者也。

又按：河洛二图，一六三八不易，而二七四九独易①者，一二三四五生数也，物之生也，日动而出，阳多阴少，则阳包乎阴，故阴亦从阳以运。物之成也，具体而静，阴多阳少，则阴包乎阳，故阳亦偕阴而住。二四之必易者，生数之阴从阳而易也。七九之必易者，成数之阳从阴而易也。又南为火位，二七之数居之，火能熔物，熔则必合，故熔二七而为九。西为金位，九数居之，金能断物，断则必分，故断九而为二七，此后天不同于先天之故也。

河洛析说（朱升）

朱升曰：一数至十，环列为图，平衡取而八宫，交午相对，则书也。交午②取而五位，内位相合，则图也。圆方赢缩，相与为用，原出于此。煦按：龙图序中，五五六六之图，亦是既有河图之后，用以解释河图而已，与此下诸图所列者同义。乃神其说者，遂以为未合之河图，误矣。龙图序无裨于易，今不录。

凡图中言数不合易理者皆不录。

煦曰：凡数无论多寡，但定其中而环之，其左右对待莫不相同，李文利以三十九与九十对列，而左右对取，莫非一百二十九数，即此义也。今试以此图斜取之，如五六为十一，则四七亦十一，三八亦十一，二九亦十一，而十与一亦为十一。又试以五四

---

① “易”，堂本作“异”。

② “午”，库本作“五”。

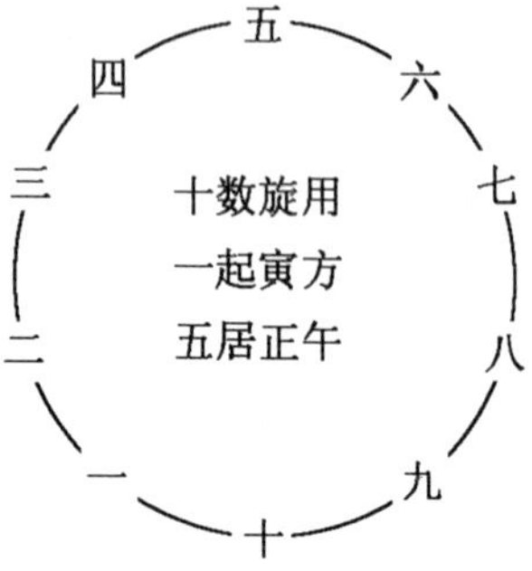

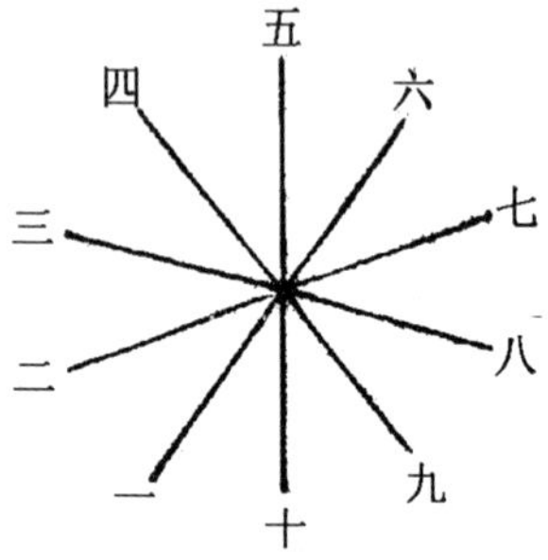

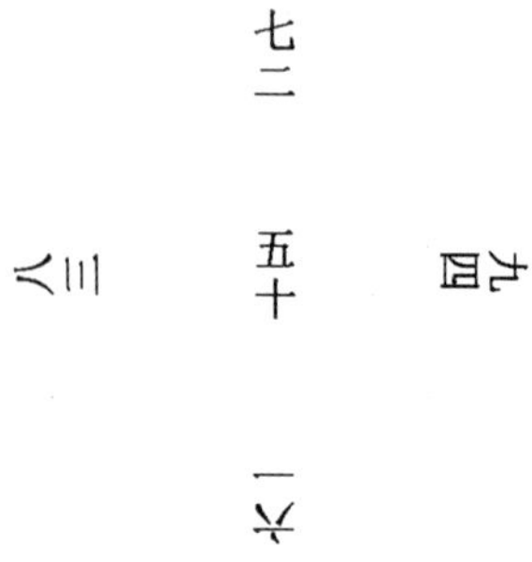

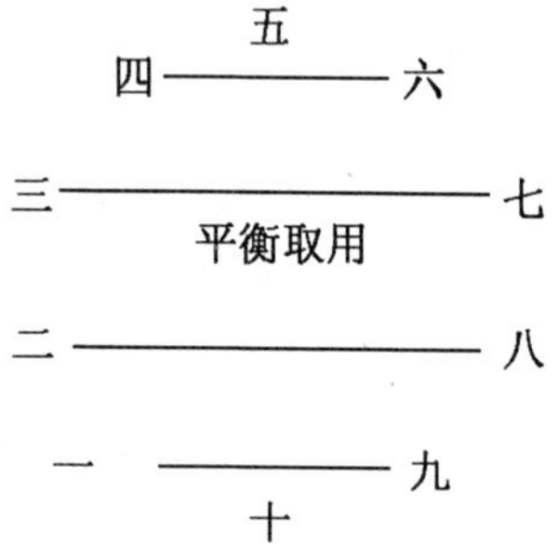

内外合为河图

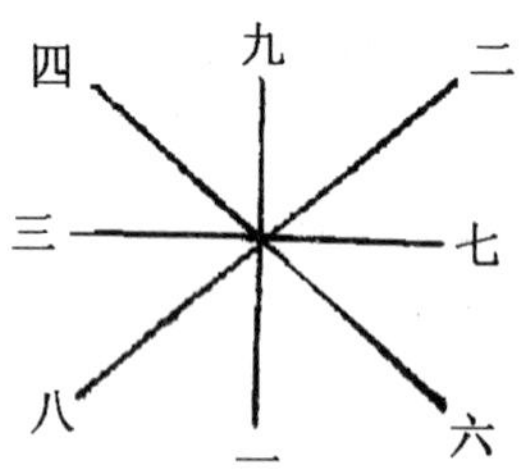

八宫交对为洛书

为九,则三六亦九,二七亦九,一八亦九,十九除十亦九也。如以三四为七,则二五亦七,一六亦七,十七除十亦七,八九除十亦七也。今试二三并列,则左右除十皆五。今试以一二并列,则左右除十皆三。今试以三八中立,则左右除十皆六。今试以一六中立,则左右皆十二。今试以二七中立,则左右皆四。今试以四九中立,则左右皆八。

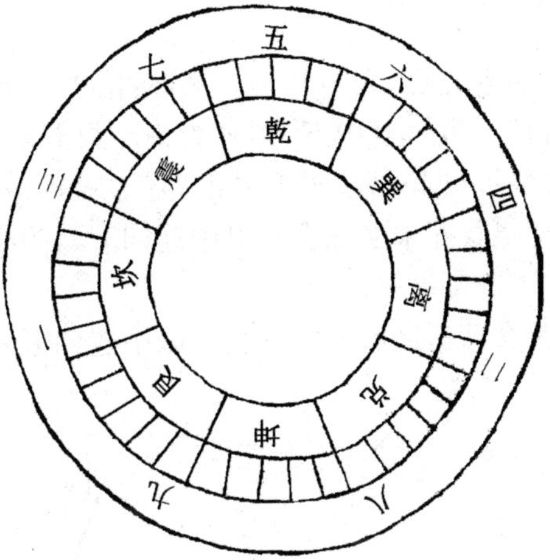

邵子曰:一属艮坎,二属离兑,三属坎震,四属巽离,五属乾,六属巽,七属震乾,八属兑坤,九属艮,十属坤。此以一卦为五分,八卦四十分。当十数,数得四分,乾统三男,占五阳数于左;三女从坤,占五阴数于右。阳数中于五,阴数中于六,故在上。阳数究于九,阴数究于十,故在下。一附九合十于左下,四附六合十于右上,三与七合十而左升,二与八合十而右降,莫非自然。

幼清曰:乾正五,坤正十,则雷风以气附天,山泽以形附地,水火以质居天地间。又父上母下,男女顺序列于左右,法象尤著。

以上七图朱升所定①。

潜老曰:书数飞宫亦循环也。禹步者,秘传八十一变,其本此

---

① "以上七图朱升所定",库本无。

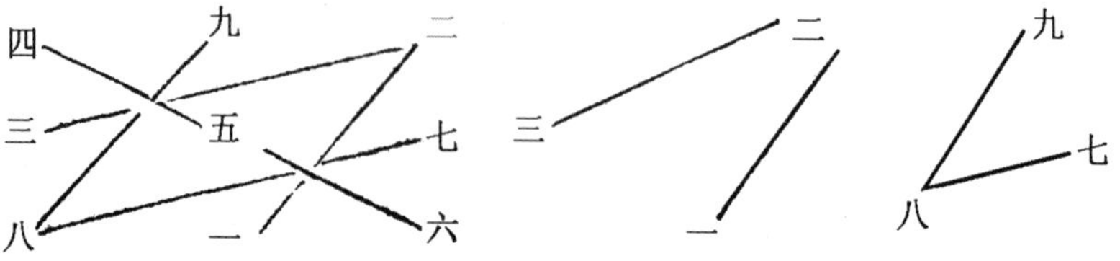

乎？三合相用，亦本此也，人不知耳。又曰：洛书一九相贯，直极相交，数亦居其首尾。数一至中五，则三为中。数五至九，则七居中。故三七为平用之轮。四六者，阴阳之正界；二八者，入用之方体也。申子辰之三合即摄亥卯未之三合。以中连四五六为十五，乘六为通期四分之一。

寅午戌之三合即摄巳酉丑之三合。以中连四五六为十五，乘二十四为通期。

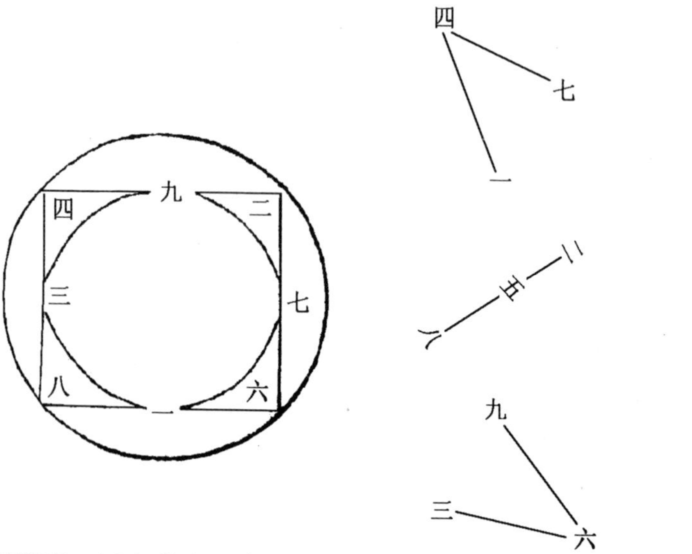

关子明以一四七共十二为天，二五八共十五为地，三六九共十八为人。详见参两。

四四	四九	四二	九四	九九	九二	二四	二九	二二
四三	四五	四七	九三	九五	九七	二三	二五	二七
四八	四一	四六	九八	九一	九六	二八	二一	二六
三四	三九	三二	五四	五九	五二	七四	七九	七二
三三	三五	三七	五三	五五	五七	七三	七五	七七
三八	三一	三六	五八	五一	五六	七八	七一	七六
八四	八九	八二	一四	一九	一二	六四	六九	六二
八三	八五	八七	一三	一五	一七	六三	六五	六七
八八	八一	八六	一八	一一	一六	六八	六一	六六

潜老曰:方分则九,交道十六。此方分八十一,而交道则百也。开方开立,半圭三角,皆本于此。乘除之,幂积之,各有取用。正曰:衷五之文八十一,游五之文七十二,环五为文五百七十六。以五衷之,有正矩反矩,隅夹反夹,正股反股,间勾反勾,圭黍固各类也。《周礼》玉兆如四正十五,或周环十五,方圭圆璧之文。原兆如方田步弓,通五曲直远近,《周髀》之法。瓦兆如一五六,六五一,一六五,五六一之类。以此三兆,密御九畴,不用灼而文灿然。故以五行而辨福极,以庶征而证五事,以五纪而省三德,以稽疑而定八政,亦此意也。

煦按:此图纵横各九行,纵横之行各九十,此即洛书之数,每一段各加一洛书。

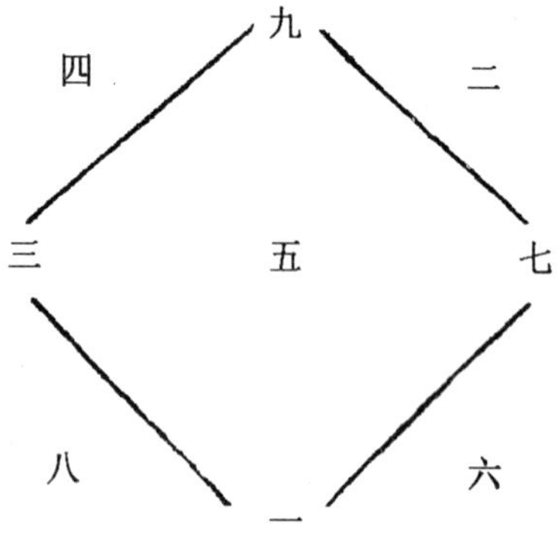

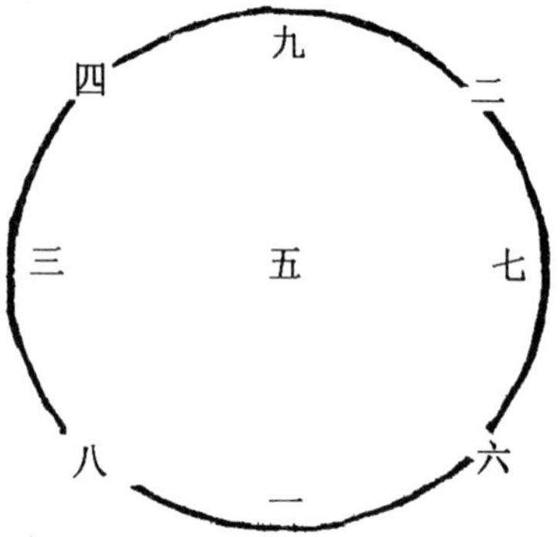

参天,一而三而九,而二十七而八十一,千万无出一三七九者,左旋也。两地,二而四而八,而十六而三十二,而六十四,千万无出二四六八者,右旋也。上图《时论》纂。

河图天地交图

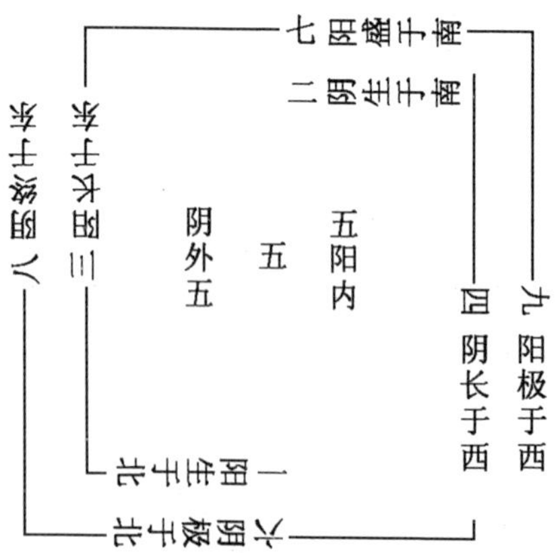

一三七九,阳也,天之象也。二四六八,阴也,地之象也。即奇偶位次,而天地之交见矣。

洛书日月交图

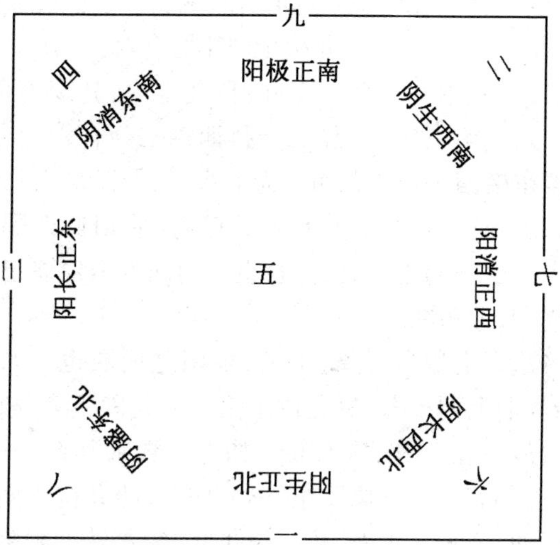

一三七九,阳也,日之象也。二四六八,阴也,月之象也。即奇偶位次,而日月之交见矣。

煦按:前图初生之阳在内,震之一阳在北内,所以为天根。初生之阴在内,巽之一阴在南内,所以为月窟。不从数之散布处著眼,而在气之联贯处著眼,是真通易理者。变天地而言日月,河图则天地定位之象,是先天也。日月则坎离正位之像,是后天也。

洛书右转相克者,其义也。随其右转而相生者,其数也。何也?中数五而四方各十,总之凡四十有五,知五九之变,莫不由中五以为之主也。是以数起于一,而中五合一为六,故次六。一六为七,故次七。五与七合为十二,故次二。七二为九,故次九。五与九合为十四,故次四。九四十三,故次三。五与三合为八,故次八。八与三合为十一,故次一。八与一合,亦归于九也。孰谓其数之次序,无义于其间哉(煦曰凡四隅之数,皆以中五配之而生,则中五①之大用可

① “中五”,堂本作“五中”。

知)。况其数始于一,终于九,一居正北,九居正南,一三五成九,而五则九之中也。合一二三四,生九七八六,是九七八六皆生于九。所以一九生九,二九生八,三九生七,四九生六,六九生四,七九生三,八九生二,九九生一。自一生九,自九生一,其变不可胜穷。潜老曰,合八一六七为二十二,除二十得西南二。合六七二九为二十四,除二十得东南四。合二九四三为十八,除十得东北①八。合四三八一为十六,除十得西北六,又有妙义存焉(煦曰此四隅之偶数,又一生法也)。一二三与七八九,三合也。而四五六穿亥巳,以中三乘两头,象限周期,天巧哉。

煦曰:一法以七数乘其奇,七者,少阳之成数也。如一七如七,故七位于西。七七四十九,故九位于南。七九六十三,故三位于东。三七二十一,故一位于北,皆右转。如以三数乘其奇,三者,少阴之生数也,如一三如三,则三位于东,三三如九,故九位于南,三九二十七,故七位于西,三七二十一,故一位于北,皆左转。阴阳之理,互相为用,因其数为阳,而又用少阳之成数转之,故右转。而循阴之道以济其阳,其数为阳,而又欲其左转而从阳,故用三之一数,而从少阴之生数,以济其阳。如以三数乘其偶,三者少阴之生数也,如二居于西南矣。二三如六,故六居于西北。三六一十八,故八居于东北。三八二十四,故四居于东南,皆左转。如以七数乘其偶,七者少阳之成数也。如一二如二,居于西南。二七一十四,故四居东南。四七二十八,故八居东北。七八五十六,故六居西北。六七四十二,故二居西南,皆右转。其数为阴,而又用少阴之生数转之,故左转。而循阳之道以济其阴,其数为阴,而又欲其右转而从阴。故用七之一数而从少阳之成数,以济其阴,是二转者从少阳之成数者皆顺,从少阴之生数者皆逆也。其必用三七转之者,以一无可乘,九又老阳之极数,五又居中而不用,故用其三与七也。又有以二转者,阴数则逆转也。以八转者,阳数则顺转也。

---

① "北",库本作"南"。

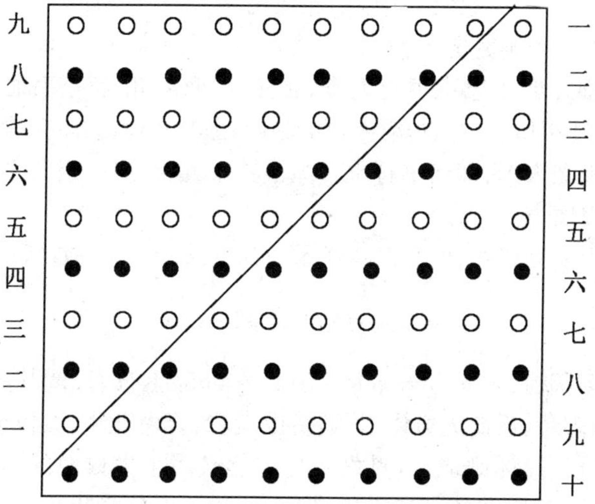

煦曰：右为河图之合数，左为洛书之合数，合之为百数，折半五十，此大衍之数所由兼图书之数也。河洛之数原不可离，故大衍之数合用之。

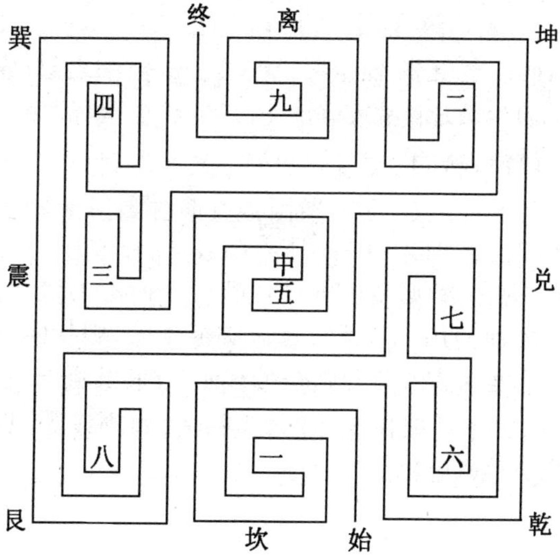

此以一二三四之数为次第，惟九五一三数，每格占二行。

此图传为洞庭老人授，起自北坎一，至西南坤二，东震三，东南巽四，中五，西北乾六，西兑七，东北艮八，南离九，符洛书之义，其始终经营，匪夷所思，亦异矣。

皇极老人图，即洛书符也。纵横皆十九行，应一至九之数序，磏庵取之以图声。

以上所列诸图，皆所以解释图书者也，故附于图书之后。

生成之数

玩河图者，须向合处留神。其以在内为生数者，谓其中包罗含蓄，不可限量，后此无穷作用，随所成就者，皆由此生，故以成数附于其外。外则事体既成，可见之象也。然必附于生数而两不相离，明事物所成，其始必各涵有生机，保合太和正由此义出也。夫成似非先天所有，而河图有之，明能成之理即具生理中，人心已发之和即中而具，是其象也。乃生数各随成数而附之者，谓无一事之成不即此生机而具，即天向一中生造化，万物各具一太极之象。总以见能成之妙即能生之理所由该，能生之机即能成之用所由著，故以为先天。若在既成后，则成之象著，而生之机隐矣。故洛书之象，成数既遍布于四正四隅，而生数亦遂散处焉。由其生成合聚，故命为先天。由其生成散处，故命为后天。

理数

理不缘数而存，数必依理而住。若言数而不本诸理，则河图洛书如是之数，要他何用？若谓言理而必征于数，则伏羲先天四图则仿图书，何尝有数可言？盖理则合微显而无间，数则有及有不及，故文周拟爻之法至于始终两爻，遂命为初上，而不以数纪，是数所不及，而理之最灵最妙处也。

中具太极

生成之总数俱归于中，而五中一点，则太极之象。奇偶两殊，则两仪之象。生成合于四方，则四象之象。分四方而仍各具有生成，则八卦重卦之象。生成既合，而四方与中各为奇数，无偶数者，以阴从阳，《周易》之所以贵阳也。贵阳云者，以数始于一奇，自一至十，凡皆一奇所衍，此即物物各具太极之象。逮至于十而复还为一，所以有大明终始之说，谓阳无尾者，误也。

看数之法

龙马一图，即数而象存，即象而理存。数则一三五七九，二四六八十止耳。象则有奇偶，有连断，有内外，有分合，有微盛，有始终，有上下，有逆顺，有左右，有形气，莫不各有实理存焉，此太极两仪八卦之所由定也，详注于后。

奇偶

奇者，数之自行者也。偶者，数之并行者也。阴阳之别，即分于此。

连断

连者，一三七九之相因，二四六八十之相因也。断者，一九为四六所间，二八为三七所间。其升降上下内外，止有三等，如一北七南，而三则居中，二南六北，而四则居中，又如一始九终，而七之盛者居中，二始八终，而六之盛者居中是也。故画卦止于三，重卦止于六，而不得增也。

内外

内者，一三初生之阳，二四初生之阴，皆内也。外者，七九已盛之阳，六八已盛之阴，皆外也。内外别而初上分，重卦立矣。凡初生之阴阳，未有不由中出自内生者，天地之造化，与人心之寂感，莫不如是。全部《周易》所发明者，亦止是内外浑融之机耳。

分合

分者，一不与六同数，不与二同位是也。又奇与奇连，偶与偶连，绝无混杂，皆分象也。合者，一与六同位，二与七同位是也。知分之义，而内外上下，不必从同，卦爻所由有应与。知合之义，而父母六子不嫌并域而居，所由有先天未断之图也。然生数始于一，至五而复归于中，成数始于六，至十而复归于中，所谓天向一中生造化。河图之谓先天，以始之终之，皆相涵而浑合者也。不以初生之奇偶由中而起，而以垂尽之奇偶建中而居，是循环不息之理，贞下起元之义也。初生之阳涵于盛阴之内，初生之阴藏于盛阳之内，是阴阳之互根，亦莫非循环之奥也。

微盛

微者，一三二四之方始。盛者，七九八六之就终也。故初上相覆，遂分杂卦之性情。

始终

阳始一而终九，故谓阳无尾。阴始二而终十，故谓阴无首。乾始坤终，即是此义。然始而终，终而始，其在图中，生成之数既终，而复归于中。定乎始生之位，是彻始彻终，相连无间之义也。又始一终九，则五为天之中数。始二终十，则六为地之中数。因五六为天地之中数，故五音六律，五子六甲，以及五日为一候，六候为一月，莫非五六之充也。夫五之居中固为中数，六之居北何亦谓为中数也？盖天地之体，北内而南外，北辰正位而不动，中故也。一生于六中，复之一阳生于坤中，其在易曰“七日来复，复见天地之心”，心即中也。

上下

上则奇之外盛,而二偶生于其中。下则偶之外盛,而一奇生于其中。先天图天地定位,而阴阳之初生,均由中出,即其象也。

顺逆

阳以上而下为顺,以下而上为逆。阴以下而上为顺,以上而下为逆。其位使之然也,故曰天地定位,不可误解说卦传。

左右

何谓左右?阳从阳位升,阴从阴位降,造化之理并行而不悖者也。太极初生,而阴阳两象悉已全具,即其象也。左阳位也,故阳生于此。右阴位也,故阴降于此。其在先天图,初画之阳皆左升,若阴而居左,则就消而终矣。初画之阴皆右降,若阳而居右,则就消而终矣。

形气

一二三四五,气之生也。六七八九十,形之成也。生者在内而握机,成者在外而具体。方图之震巽内而艮兑外,雷风气也,山泽形也,雷风为阴阳之始,故以气用。山泽为阴阳之终,故以形成。然形气受能于天地,故天地又包形气之外,此义全具先天之方图。夫万物莫不生于气而成于形,迨形之既成,莫不气中而形外,即一水二火三木四金五土,一水初生于内者也,五土形成于外者也。水火亦以气生,土金亦以形成,木居五者之中,故形气兼之。曲直者形,渐长渐大则气也。

左阳右阴

左阳也,而仍有就消之阴行于其中。右阴也,而仍有就消之阳行于其中。极盛而就消,则不能以自主,故左之阴则为阳所丽,右之阳则为阴所陷,阴阳互根之义即显于此,观坎离二象可知。

左旋

左为阳位,则阳之自左而旋固也。乃阴之旋也,亦随阳而左,而无有逆焉者,此坤德之所以为顺也。有用九无首之吉,而坤德遂代终而无成,皆由此图出也。

三百八十四

以河图之全数各自乘之,惟一无可乘,故除之以象太极。若一一如一是也。自二而二之,以至十而十之,共得三百八十四。圣人重卦止于八八,所以止有三百八十四爻,是生成之全数具足者也。

一连二断参天两地

一,无匹者也,故尊为太极。太极之蕴不逐渐而出,则无化育。继一者二,故以二配之,而阴阳于此肇矣。圣人取一无间断之义,而画一奇之阳,取二有两开之形,而画一偶之阴,此即乾坤两画所由始也。阴阳立而无穷之造化生矣,过此以往,一与二合而为三,此即阴阳既交,而五行之全数皆由此出。故三之为用至广,以在阴阳方交之始,时有三候,位有三等,卦有三爻,爻有三极,皆谓阴阳之交也。一二合则为三,二三合而为五,参天两地之义具焉。三者奇其奇,四者偶其偶,皆包于二三之中,皆参两也,作围径说者非也。故五行之全数,在河图止于奇偶,达其原则阴阳而已矣。

河图奇而洛书偶

河图相合,皆成奇数,洛书相对,皆成偶数。故图为先天,是流行之气。书为后天,是对待之形。谓河图对待,洛书流行者非。

阳包阴

九大六小,六不及九者半,明阳包乎阴,天包乎地也。如三分之,九三奇,六两奇,皆贵阳之义也。

大太极小太极

有体统之太极,有流行之太极。一为太极,数之元也。一加一而成二,二加一而成三,三加一而成四,四加一而成五,莫非此一之流行,此体统一太极之象也。五者五其一,四者四其一,三者三其一,二者二其一,则流行之太极,万物各具一太极之象也。圣人则之,所以有太极之说。

九阳

阳数极于九,故先天卦中对待莫非九数,如乾一坤八,离三坎六之类是也。《易》之阳爻称九,乾卦之用九,皆由此出。

九六皆成数

用九用六,举成数而不及生数,以生数属气,无形而见,成数属形,始可辨别。此如蓍之用数,皆属有形,即于其中,察所蕴之神理是也。然九为一三五之合,六为二四之合,明九六虽为成数,莫非生数之所生矣。

三①五

五生数,皆本于中五,故四生数遂得与中之十五相近,而要皆中十之四分,中五之两分者也。故四与一合为一五,三与二合为一五,而四一与二三又复合为一十,而归于中。四一一五,二三一五,故曰中五之两分。四一与二三合而成十,故曰中十之四分。然自其来而论,则在中之五十,悉出而为四方生成之数。自其返于中而论,则在中之五十,皆四方生成之数返而凝聚者也。要止是三五之合,所以谓为参伍以变。三五者,九六之合。九六者,三五之分。故《周易》之爻遂专以九六言。

---

① “三”,库本作“二”。

河图加一倍法

由中之五,而十数包于其外,以五加十,此加一倍者也。由一二三四之生数,而外加六七八九之成数,以十而加二十,此又加一倍者也。由在中之十五,而外加生数之十,成数之二十,以十五而加三十,此又加一倍者也。五十者,静镇于中而不动,河图之太极也。生也者,几之将动者也。成也者,数之已极者也。由中而生而成,每一加而外出,此圣人画卦用加一倍法,悉由河图出也。由中而生而成,凡有三等,圣人画卦特立三爻,悉由河图出也,非直此也。今观数之所衍,由一而二而三,莫非加一倍而得焉者也。然每加一数而遂各异其数,各异其性,所以圣人画卦,每加一爻而遂各异其象,各异其理也。不知河图本具画卦之理,徒以拆补言之,自误而误人,非知河图者也。

王宏撰曰,欧阳氏不信河图洛书。苏东坡云,著于《易》,见于《论语》,不可诬也。曾南丰云,以非所习见,则果于以为不然,是以天地万物之变,为可尽于耳目之所及,亦可谓过矣,则其不信非也。煦按河图洛书,均为则以画卦之资,此万万不可移易者也。若并以图书为怪妄,则谬矣。汴水赵氏亦以图书为后人所作,而特取其数有妙理,其说与欧阳氏又别。谨按永叔不信者非也,即信而不知其为画卦之资,亦非也。必谓庖牺氏之王天下也一段,天地鸟兽人物皆举之矣,而独不举及河图,遂谓图书为怪妄,然则河出图,洛出书,圣人则之之说,与《论语》河不出图之说,非孔子之言乎?当知则之为义,是尊敬而规仿之,不敢走作丝毫之意,至于仰观俯察,与鸟兽人物,又是画卦之时,惧其与天地人物之理,但有纤毫违忤,便不足以发天地之秘,便不足以传圣人之心,便不足以冒天下之道。是皆推本河图,而又博以考之,以为卦画之印证者也。如使不博以证之,则即此一段中,仰而观象于天,用以画卦,其亦可矣。不则俯而观法于地,用以画卦,其亦可矣。顾必上下俯仰,鸟兽人物,琐琐而不惮烦也。岂极精极微如河图,乃反弃焉如遗,而固不欲取则于兹耶?如但执仰观一段,万一合于天文而不合于地宜,合于地宜而不合于人物,又何能则以画卦乎?且天地鸟兽人物皆可则矣,又何独遗河洛乎?凡皆未明画卦之理即图而具耳。

明明圣人之言见于两处,则图之说特举而标之,俯仰一段详举而证之,乃信其详举者为是,略其特标者为非。然则孔子之言仁,亦尝不一其说矣。执克复之一说,不将以敬恕之说①为非乎?又况河图之数见于《系传》,言之已详,孤执一见以为无是,则是孔子传中之语尚未能一一打透,恐非真能解《易》者也。总缘图书未得真解,不能与《周易》打通,遂使人人向数上留心,便称得解。又其甚者,拆而补之,求合乎先天之卦,是则昧先后之序,失先天之旨,真怪妄不经,无一语切当易理矣。岂知河图本属先天,其妙全在合处,伏羲所画之图,全由河图中揣摹钻研而出。煦前所释,亦庶于河图所蕴,则图之妙,发泄殆尽。南丰以不信为非,其言诚是,东城之见亦佳。至以则图为则旋毛,而画出河图之圆星,则仍是欧阳之见耳。洛书非以作《范》,详见后解。至于河图洛书先天四图,文王一图,邵子最先发之,朱子因而收入《本义》,则朱子之有功于《周易》大矣。

章本清曰,河图阳生于正北,长于正东,盛于正南,极于正西。阴生于正南,长于正西,极于正北,终于正东。纵观则阳生阴中,阴生阳中。横观则一九太阳居西北,二八少阳居东南,以西则九分为二七,以南则二七合为九,此河图之相生,而未始不相克也。

煦按:生长之说最合河图正义,相生相克亦误袭先儒九分二七、二七合九之说,此盖七九易位之理,言于洛书中可也。金以利为性,利则必分,易九而为二七,所以象其分也。火以融物为性,融则必合,易二七而为九,所以象其合也。

九六图说

煦按:②九六者,乾坤之二用,阴阳之合德也。其原皆出于图书,

① “说”,堂本作“言”。
② “煦按”,堂本无。

图书之参其五也。书之纵横十五,皆九六之合也。在图书,则九六全用者也,故其数皆十五,在卦爻,用九则不用六,用六则不用九,皆参于其十五而定之者也。天下万事万物不离阴阳,六十二卦皆乾坤二体交索而成,则九六之大用著矣。

䷋ 三阳三阴之卦为九六明象。

䷀ ䷁ 是两层九六,亦是两其九,三其六。

乾用九,而九乃为离所居,则六可以识大明终始,天德不为首之义焉。坤用六,而六乃为乾所居,则九可以识大终之义焉。

伏羲横图卦位

坤 八	艮 七	坎 六	巽 五	震 四	离 三	兑 二	乾 一
㊅十	五十	四十	三十	二十	一十	十	㊈
四 二十	三 二十	㊁ 二十	一 二十	十二	九十	八十	七十
二 三十	㊀ 三十	十三	九 二十	㊇ 二十	七 二十	六 二十	五 二十
十四	九 三十	八 三十	㊆ 三十	六 三十	五 三十	㊃ 三十	三 三十
八 四十	七 四十	六 四十	五 四十	四 四十	㊂ 四十	二 四十	一 四十

坤	艮	坎	巽	震	离	兑	乾
㊅ 五十	五 五十	四 五十	三 五十	二 五十	一 五十	十五	㊈ 四十
四 六十	三 六十	㊁ 六十	一 六十	十六	九 五十	八 五十	七 五十
二 七十	㊀ 七十	十七	九 六十	㊇ 六十	七 六十	六 六十	五 六十
十八	九 七十	八 七十	㊆ 七十	六 七十	五 七十	㊃ 七十	三 七十
八 八十	七 八十	六 八十	五 八十	四 八十	㊂ 八十	二 八十	一 八十
㊅ 九十	五 九十	四 九十	三 九十	二 九十	一 九十	十九	㊈ 八十

王氏似鹤曰,上图第一层乃八卦顺布之序也,卦之本数在下五层。凡上画奇者,数皆一三五七九,偶者,数皆二四六八十。除十不

用,只用零数,各得其卦之本数而止。无犯重者,如第二层乾下取九字,坤下取六字,第三层坎下取二字,第四层震下取八字,艮下取一字,第五层兑下取四字,巽下取七字,第六层离下取三字,合而观之,则乾九坤六并列于上,而震八巽七,兑四离三,坎二艮一,雁行于下,且乾坤平对,艮兑斜对,坎离斜对,震巽斜对,未或紊焉。当知卦数不外乎位序矣。下图即从上图衍出,因坤之四十八而起乾之四十九,以至坤之九十六而终焉。此图之四维皆乾九坤六,而六子之序与上图无异,则卦数岂可移易哉?且演必六位者,六位成章也。乾起四十九者,大衍之策也。终于坤之九十六者,阳九阴六之会也。此图包涵甚深,不止为卦数取证也。

以图数推卦数,先儒所见互异,此与邵子亦不同。邵子用图之连数,此用合数也。

周易函书约存卷二 原图二

先天后天总义

天赋物以形，而其妙在性。天显道以图，而其妙在理。天别图以数，而其妙在分合连断。圣人则天为图，而其妙在中。此彰往察来、微显阐幽之奥府，当名辨物、正言断①辞之所自来也。

伏羲述天，文王周公述伏羲，孔子表章图书，经理卦爻，述三圣以述天，标至道之大原，明天人之致一也。河图洛书，天地自然之易，昭于象数而已。比而观之，各有妙义存焉。河图静而洛书动，河图合而洛书分，河图先天而洛书后天，河图其蕴含，洛书其布散也。河图配未发之中，洛书配已发之和，伏羲则以画卦，故先天八卦圆图亦内静而外动，内合而外分，内则图外则书也。因此一图兼则河洛，而先天后天之旨备具无遗，故有先天图，不烦更立后天图也。因知先天八卦一图，是动与静同实，内与外同归，分与合同原，而执中一贯之道遂由此出。盖天地之气周流不息，有舒有敛，有聚有散，有隐有彰，皆未始出天地之外，一动一静，一阖一辟尽之矣。此所由引外于内，贯显于微，究不得岐为二道，职是故耳。其藏诸用也，有藏藏者，虽至静之中，渺无可窥，而万理静涵，浑沦无欠，逮及御天之六龙，乘时而奋，旋出旋给，而莫之或穷，孔子所由有察来微显之说。此河图中央所具之妙，伏羲则之，而存为虚中者是也。其显诸仁也②，有显显者，其呈露之象非可名状，而性命各正，保合太和，资始之一元，幽潜无朕，莫载莫破而植之根也。孔子所由有彰往阐幽之

---

① “断”，库本作“决”。

② “也”，库本作“者”。

说。此洛书四方所具之妙,而每加一倍者是也。其内至精,其外至变,浑内外而一之,流通不测,而又且至神,先天一图实兼有之。故此四图必以小圆为主,大圆则小圆之重也,小横大横则东西拆之,明始终之序,别多寡之数,以显加一倍之法者也。阴阳之生悉由中起,方图圆图莫不如是。入方图于圆图中,明圆图中天地定位,原具相交之义,故寓其象于方图,以明万物之生,俱由天地相交而始。然此犹在方交时,非若既交而其体已成,故亦附于先天,而圆图之可拆为卦,已于此肇矣。何也?是已将六十四卦裁为八段,比诸八卦小圆图,固已开为八卦,此不分之分,伏羲之用意远矣。河洛二图已见卷首。

先天河图无拆法

《系辞》曰"河出图,洛出书,圣人则之",则之者,则此二图蕴含之妙,用以画卦作《易》也。当河图初出时,尚未有奇偶之画,安所得八卦而比象其数以拆之?河图既属先天,正在浑沦无朕,合而未分之际,非如后天洛书生成之数,既已相离,遂有定位可指。若河图可拆,便成后天,安得仍称为先天乎?彼洛书之数固拆河图而始有者也,既分图为先天,书为后天,经四圣人考订,从无拆图之说,乃欲别创一说,以拆河图,俾成散布之形,不且成两洛书乎?恐圣人考订时,不应独遗此一法,俟后人之拆而补也。想其初拆时,或因洛书之数,实与文王八卦相符,而六乾一坎八艮之数,施之于占,用之于术,又且各有奇验。谓河图之数不得与先天卦位相配,决无是理。及观羲图,艮居西北,坤居正北,此所以有拆一居西北为艮,拆六居正北为坤之说。又见洛书一仍本位,而拆去其六,故此则六仍本位而拆去其一,使不与洛书犯重,乃又曲为之说以附之。因欲比象洛书,故不惮异其数而拆之。夫河图之数生内而成外者,盖为天下之物,皆所生之理在内,而既成之形始在外也。今将生数拆而移之,猥云达生理者乎?内无生理,彼外焉之所成,资何具乎?不知后天八卦比象洛书,其于洛书本象原未尝移易丝毫。今欲以河图团聚之象比拟洛书,则不能无待于拆,是河图之本象合而未分,今则分而不合,犹得为本来之河图乎?即其指一为艮,必一实具艮卦之理乃可,不然亦必有艮之理验于人事乃可。指六为坤,必六实具坤卦之理[1]乃可,不然亦必有坤之理验于人事乃可。乃皆不其然,安在一为艮而六为坤乎?夫一在羲图固乾数也,六在羲图固坎数也,既已比合羲图而拆之,乃又与羲图之数卦卦相违,可乎不可?且一固数首也,太极之象,万理之聚也。今用以配艮,安在艮卦遂足以总诸数,象太极,该万理乎?至若先天八卦,原系伏羲熟玩河洛二图,知其义理蕴蓄无穷,因奇偶而画出两仪,因四方而画出四象,因四方所合而画出八卦,因生内而成外,而别为先天后天,其左右上下之位,始终微盛之几,无妙不与河洛二图相准。顾乃徒向数中纠缠,不几采糟粕而弃精华乎?乌知天地定位,山泽通气,雷风相薄,水火不相射,其理其象自具河图,原非一数可尽,谓拆之者是乎非乎?玩河图者,须向合处留心,观于成数各附所生之数而不移,是即人心未发之中,后来无穷作用所能成者,早于静涵之地蕴此生机,浑然全具之矣。其生数各附所成之数,是即万物各得所资,而胥保各正之太和也。能成之妙即能生之理所由行,能生之几即能成之用所由著,故合而不分也。又其四成在外,四生在内,与中五相附,仍是全体未发,喜怒哀乐浑然悉备之象。所以邵子指为先天,若先天而可拆也,将未发之中而亦可拆为喜怒哀乐乎?甚矣,其陋也。

王氏无异曰,洪荒之世,楮墨未具,何有黑白之分?以白为阳,黑为阴,昉自朱子,盖因周子太极图黑白成章而然也。陈季立画羲图兼有朱墨,画文图纯用奇偶,谓羲画不联不可为图,文画不断不可为卦。图联其浑款,卦显其对待,故画文图以奇偶便于断,而画羲图必用朱墨便于联也。煦按羲连而文断,其说最当。其黑白之分当即始于伏羲,盖因伏羲初画圆图本未拆而为卦,其最先所画,原以两画象两仪,其阴阳之画未尝断而为三,非别以二色,何由有两仪之辨?至后三易开图为卦,止用铅椠刻于简策,仍未有楮墨也。特欲以一色分别阴阳,则非联断不可。联昉于数之奇,断昉于数之偶也。

---

① “理”,库本作“义”。

今人得见羲图,因有文王《周易》在也。然《周易》之图实文王作《易》之图,非伏羲本图也,是文王开图作《易》而别立一法者也。故予有拆先天图,乃文王作《易》之图,联先天图则伏羲初画之本图,其说详下。

何由知开而为卦为文王之图也?《下系》第六章云"其称名也,杂而不越,于稽其类,其衰世之意耶?"既常稽考义类,知称名为衰世之意,则伏羲时卦未有名,概可识矣。下节彰往八字便是说先天图,彰往者,言图之在外者也。外卦为往,彰之为言,即其上易知之说,易知故以为彰。察来者,言图之在内者也。内卦为来,察之为言,即其初难知之说,难知故有待于察。微显则引外而入内,而欲其来之察也。阐幽则推内而出外,而示其往之彰也。上四字劈分内外,见内外之各不相侔,故中用而字一转。下四字合言内外,见内外之彼此相资,因一言合一言分,故上又用而字一转。总因先天四图便为伏羲之《易》,而其中大圆又具内合外分,中外流通之旨,则是四图之妙总具大圆,故非如此形容,不能极尽此图之妙。下曰开而当名辨物,开谓开羲图而为卦,此方是说文王之《易》。其当名下八字,则《周易》中所有之妙全具而无缺矣,所以谓之为备。当名者,当其阴阳纯杂,上下微盛之体,而命之以名。辨物者,辨其阴阳纯杂,内外多寡之体,而象之以物。正其言,则元亨利贞之辞是也。断①其辞,则利害吉凶之说是也。因彰往八字全说浑沦未动之图,当名八字全说《周易》之妙,故其中用开字一转,便知开之一字正②是开图,因知文王易卦非文王所画,特本伏羲大圆开而为卦,亦断可识矣。因开图之后,方始说到当名,则伏羲之图原未曾开,并未有名,亦断可识矣。既不知上八字为是言图,则《易》中之卦何由知是先天?《易》中卦辞爻辞何由知是解先天者乎?今观《彖辞》往来内外,进退上下,均为图言也,乃不知者直目为卦变。今观《系传》"其上易知,其初难

---

① "断",库本作"决"。

② "正",库本作"止"。

知”，均为图言也，乃不知者直以为论爻。不知伏羲开天明道，小图止一十四画，大图止一百二十八画，约四图共得二百八十四画，而先天所蕴，经后圣极力推求，终难尽阐，可知开图作《易》，乃后圣之事，安得遽谓伏羲所画为既开既名者乎？因开图之后，方始当名，乃即其所称之名，稽其称名之类，安得竟谓伏羲为衰世乎？知称名之必属衰世，则知开而当名必非伏羲。观于《系传》庖牺始作八卦，不云始作六十四卦，则以大圆之未开故也。或曰既云始作八卦，则小圆亦已开矣，而必谓大圆之未开，何也？曰小圆之开即见于横图之八象，比较大圆中方圆之八层是也。乃小圆图虽止八象，而万事万物之理已备。然天地不交，其蕴不可得而阐也。因又上下倒置，列为方图，纳于圆图中，示人以相交之旨。当其始画时，尚无铅椠笔墨之具，又且未有文字，特设四图以阐天人之妙契，传圣人之心法，其精微全在合处。即令小圆为伏羲所开，要其初画时，毕竟两仪止于两画，四象止于四画，八卦止于八画者，为最初所画。所由谓伏羲之图，文王之卦，万万不可混淆者，此也。孔子以称名为衰世之意，自非论世以稽类，乌得而辨之？其补伏羲之大小二圆图及联①拆先天诸图，悉见卷首。

方圆形气

水火始于气，而木金土终于形。雷风始于气，而山泽终于形。凡形之所成，悉由气始。生数居成数之先，水火居五行之先，皆气始而形终。先天方圆纳诸圆图中者，圆图示能交之理，方图示已交之象。圆图浑沦周匝，无所倚著，方图坤上乾下，示交象也。其施化布散，止而不动，明生生之理于此一交托始耳。震巽居中，全以气用，象人心之虚也。坎离半气半形者次之，象血气之周流也。艮兑在外全以形用，以象手足背腹。此与圆图太极居中，两仪附之，四象八卦以次而外出，莫非中虚外实，中气外形之理，故皆命为先天，而纳诸

① “联”，库本作“连”。

先天圆图中之方图

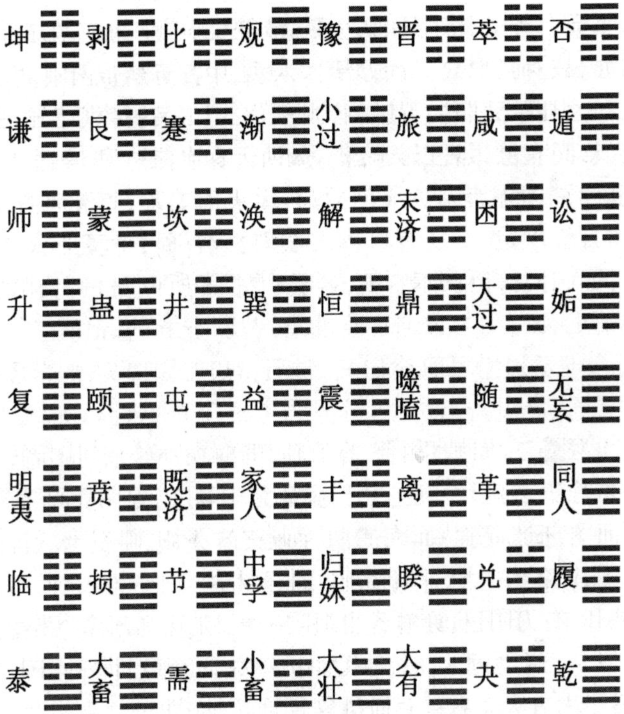

圆图中。先儒或欲取而出之,未知方图之注脚与圆图同义矣。阴阳既已相交,则必形为四象,而有刚柔太少之殊,故方之,而四正四隅则所以象之也。予天根诗云“里面包含天有首,外边营固地无疆”,皆气中形外之旨。今观野狐,常有更灵于人者,皆气固于中,不随形灭之妙。天地间万事万物悉由天地而生,而地实包于天中,今方纳圆中,即其象也。圣人立法即此位置方圆,何非两间至理?然此图犹在方交之始,虽已具有形象,不可竟作有形象看,故必纳诸圆图,明其为先天耳。亦如天地絪缊,既为生阴生阳之太极,而男女构精遂为含生有觉,各禀阴阳之太极也。

十散五不散

河图五十居中，洛书独缺十数，非缺也，明十为成数之总，今已散处四方，故对待取之，合成四十，以见其各有所成耳。曰洛书既为后天，十数既已散矣，五数何为不散？曰五者，生气之静涵者也。万物之成，必有能生者以为之根，如所云保合之太和是也。生机若散，先已无主，何由有成？故生数必无可散之理，亦如河图既为先天，万物胥资以始，安复有可拆之法耶？洛书对待莫非十数，亦犹伏羲先天八卦对待莫非乾坤，莫非十数，皆所以明相交相合，相成相益之旨也。

则图正义

或问河图与《周易》相合，本旨何如？黄葵峰曰，河图者，阴阳运行消息之分限节度也。圣人之画横图，不过以象阴阳消息两端而已。故河图自北而东①而南属阳，而各有一阴一阳相合。自南而西而北属阴，而各有一阴一阳相配。故圣人画卦，左为阳仪，而每各生一阴一阳。右为阴仪，亦每各生一阴一阳，是正则河图以作《易》也。又八卦既成，规而圆之，左起震而历离兑而至乾，即一阳生于北方水，而盛于南方火。右起巽而历坎艮而至坤，即一阴生于南方火，而盛于北方水，盖河图阴阳运行之妙尽于此矣。

煦按：此方明则图作《易》之法，盖河图四面所列者，四象也。四方与中五，则五行也。四方必兼②有阴阳，则八卦之象也。夫南北者，天地之正位，其阴阳之往来升降，莫不经由东西二道，故坎离二卦遂具乾坤合体之象。至于生数之外，附以成数，则以其各具中五之生理也。中五具镇静之性，与土同德，故术家以五土居中，缘四象之成莫不各由生数而起，到得其象既成，莫不各含生理，所谓保合太

---

① “自北而东”，库本作“自东而北”。

② “兼”，库本作“乘”。

和，一物各具一太极是也。所以成象之后，皆能各有所生。以生成二义，原相合而不相离，当生之之时，而成之之数已全赋焉，所由谓为时乘六龙以御天也。然皆不离五土以为用，是即生机静涵之地也。故万物莫不生于土，而死于土，革①卦所由曰巳日乃孚。未有卦象，先有图书，卦象所以明流行之气与对待之位，图书所列之象则所以定阴阳之位，著生成之理，明水火之用，昭静涵之体，隐以寓阴中有阳，阳中有阴，与五行生克之义耳。其实洛书火南水北，即在河图，亦止是火南水北。非以二七即为太阳，一六即为太阴也。北，阴方也，而一数居之。南，阳方也，而二数居之。是即根阴根阳之理。阳生于子，由一左上而得三数，是即阳之生而盛也。阴生于午，由二右下而得四数，是即阴之生而盛也。先天圆图，其阳之生而盛，盛而极，阴之生而盛，盛而极，莫不如是。观置坎离于东西，不在盛衰进退之列，盖以东西为乾坤交际之道，乃以坎离司之，则坎离止为乾坤之交象明矣。葵峰所谓一阳生于北方水，而盛于南方火，一阴生于南方火，而盛于北方水，是确见奇偶相联之义也。至于洛书之序次，一坎始之，九离终之，除中五与卦无属，而中包六象皆坎离之用，与先天横图乾始坤终，以乾坤包六子相似。故文王圆图准之，亦止是天一生水，坎得代坤而言用之旨。

阳极则变

刘云庄曰，图之一三五七九皆奇数，阳也。而七九之位独易者，正以天地之间，阳动主变故也。然阳于北东则不动，于西南则互迁者，盖北东阳始生之方，西南阳极盛之方，阳主进数，又必进于极而后变也。

煦按：阴阳之义进退相循，进因退见，退因进见，如其不退，何由能进？故一进一退即具阴阳之义，所以能穷变通久，进至极处则反而易位，是即《周易》中穷则必变，极则必反之义。若使不退，乌能得

① “革”，堂本、库本俱作“离”。

久？孔子曰“尺蠖之屈，以求伸也。龙蛇之蛰，以存身也。”不有屈者，安有伸者？予先天图诗所云“退象转来还是进，偶爻劈破复成奇”，正谓是也。

阴阳生成

阳主生，阴主成，然生数亦有阴（二四也），成数亦有阳者（九七也），所以象阴阳之交也。生数阳多阴少，而阳包阴于中，象阴之交于阳而为阳所裹，故象天。成数阴多阳少，而阴包阳于中，象阳之交于阴而为阴所含，故象地。凡天下有形有体之物，虽云质之具也，成于地莫不各含保合之太和，以自有其生。若所得之生气既尽，则其物亦归于无有。凡皆阳附于阴，为阴所箝，而始成其体，故于成数象之。卦之论爻但称九六，亦言其爻之成体者而已。若所由以生之始，其形未肇，亦乌得而言之？象天，故生之始终皆阳（一五也），而阴不先阳以生。象地，故成之始终皆阴（六十也），而阳不先阴以成。

图书与《易》相关说

河出图，洛出书，二图若或相背，是天地有二道矣。今谓伏羲先天四图原本则图所画，未有不以为然者。及其注释先天四图，曾无一语通于图书，竟似伏羲之图分外杜撰出来。则是并未闻圣人则之之说，则是并未将此四图关会图书，一一勘合过也。今谓文王作《易》之卦原本伏羲所画，未有不以为然者。及其解释卦辞彖辞，曾无一语回顾羲图，竟似《周易》之卦皆属文王杜撰出来，则是并未知先天诸图之妙，则是并未知文王卦辞、孔子彖辞，莫非阐发羲图者也。今谓周公之爻即出于文王之卦，未有不以为然者。及其注释爻象，即卦而解之者半，离卦而解之者亦复有半。即如坎之六四，解为臣之遇君，因其明而导之，此等道理与坎何涉？夫坎之《彖传》《象传》，固未有君臣之象也。岂知此爻之位实居内坎之外，外坎之初，正属两坎相接，故孔子有刚柔际也之语。总缘水性外阴，其体似柔，而水性内刚,原具流通四达之理,但得丝毫罅隙,便可以渐引渐阔,若蚁穴溃堤者然也,所以有纳约自牖之象,此小象所由曰刚柔际①也。夫酒食礼乐,固交接之具也。情所可通,原不在礼文极盛,故有纳约之象。樽之酒,簋之贰,缶之用,皆纳约象也。然一言之契如水乳交融,而生平缔好由此而定,故又有自牖之象。牖也者,通之至也。约言少,牖言大也。总缘两坎相隔本有界限,业至两坎相接,则所以相通之故,原不在多,故以纳约自牖象之,方显出刚柔相际之妙。孔子深达其旨,故以坎之本义释之,其曰维心亨,以刚中者,正在此爻。今谓君臣之交为刚柔之际,则刚者何属,柔者何指乎?岂反谓导君之臣为刚,而君为柔乎?爻之命辞,真理具在象中,务必参合卦情,始为得解。若但全言人事,竟置卦体不论,则何爻不可以臆说?而必定为某卦之某爻,又何为乎?如此而释爻象,则是并未知周公之爻原未尝离文王之卦也。若知爻本于卦,卦本于图,图本于河图洛书,则自图书以讫卦爻,一以贯之不难矣。此予所由谓全部《周易》皆属先天,职此之故也。

《易象图说》内篇中原卦画一(张理)

天地设位

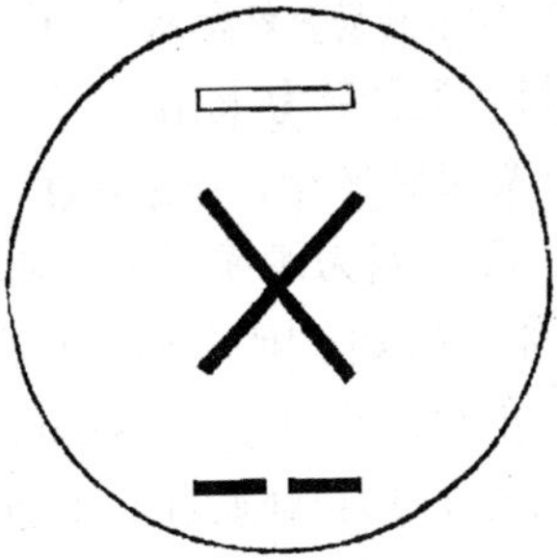

此为太极生两仪之象(易本无乾坤,止有此━ ╍)。

① “际”,堂本作“济”。

张仲纯曰:圣人仰观俯察,受河图则而画卦,则天○以画⚊,则地●●以画⚋,名⚊曰奇为阳,名⚋曰偶为阴。此上奇下偶者,天地之定位。中×者,天地气交。四象八卦,万物化生之本。

卦画二

乾坤成列

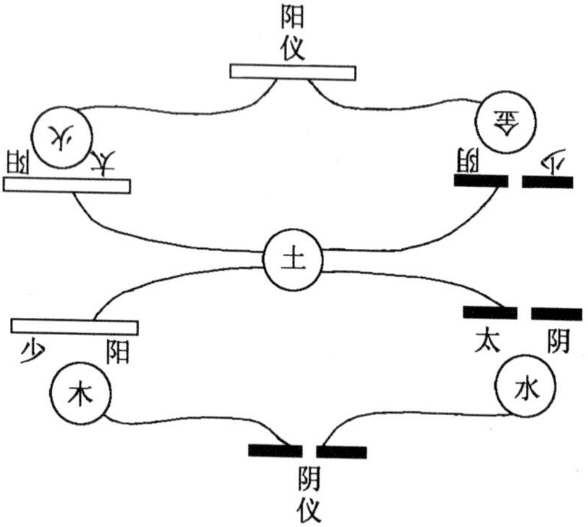

此为两仪生四象之象。《易》本无八卦,止有乾坤。

张仲纯曰:朱子云阳仪生奇为太阳,生偶为少阴。阴仪生奇为少阳,生偶为太阴。旧图四象平布,生生不息,今图阳仪下生一奇一偶为阴阳,阴仪上生一奇一偶为刚柔,四象圜转,循环不穷,刚交于阴,阴交于刚,阳交于柔,柔交于阳。上下左右相交,而万物生焉。周子曰,阳变阴合而生水火木金土,五气顺布,四时行焉。传曰,立天之道曰阴与阳,立地之道曰柔与刚,此之谓也。

煦按:真知易理者,无往不与《易》合。不知易理者,强拆而强补之,亦终扞格而已矣。此图止乾坤两卦,一合便成四象,而八卦之象已具。

卦画三

八卦成列

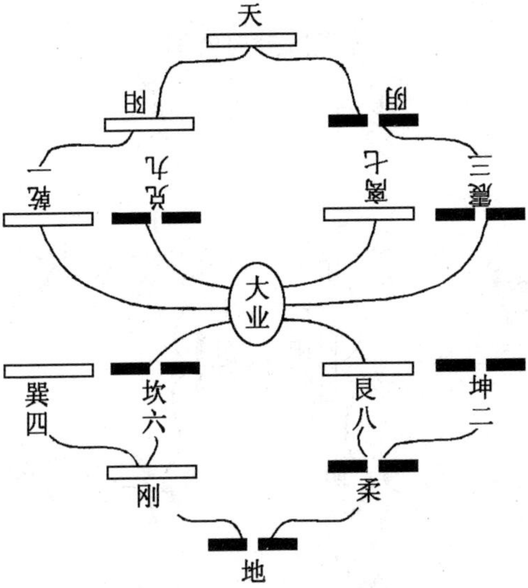

此为四象生八卦之象(《易》本无六十四卦,止有此八卦)。煦曰:上为天四象,下为地四象,上下合之,有天地定位之理,有上下浑合之机。

右四象阳下交于柔,柔上交于阳而成乾坤(天地定位)艮兑(山泽通气),刚上交于阴,阴下交于刚,而成震巽(雷风相薄)坎离(水火不相射)。天秉阳垂日星(离为日,兑为星),在天者仰而反观,故乾兑离震,天之四象,自上而下生。地秉阴窍山川(艮为山,坎为川),在地者俯而顺察,故坤艮坎巽,地之四象,自下而上生。八卦交错,上者交左,下者交右,则乾南坤北,离东坎西,而先天八卦圆图之象著矣。震艮互观,反震为艮,反艮为震,则乾坤艮巽居隅,坎离震兑居中,而后天八卦方图之象著矣。由动静相资,先后互体,圆方变用,而天地造化之义不可胜既矣。邵子曰乾坤为大父母,复姤为小父母。夫《易》根于乾坤而生于复姤,盖刚交柔而为复,柔交刚而为姤,自兹而无穷矣。

又曰:八卦之象,不易者四(乾坤坎离),反易者二(震反为艮,兑反为巽),以六变而成八也。

卦画四

先天八卦对待图

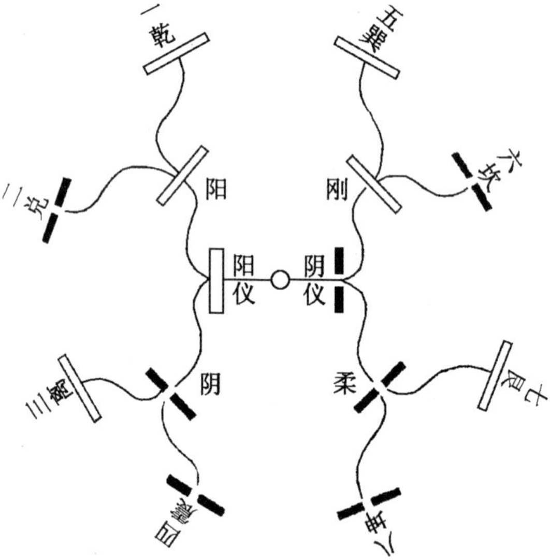

煦曰:○所以象太极也,▯¦所以象两仪也,其左右列之,象日月出入之门也。外左则天四象,外右则地四象也,此亦先天八卦小图,从而拆之,纵横连之,以观其画图之妙耳,古今何尝无解人。

右本四象生八卦图,阳仪上者交于左,阴仪下者交于右,而成此图。康节先生云,坤北乾南,离东坎西,震东北兑东南,巽西南艮西北者,指此而言。其中○者,太极也。▯¦者,二仪也。前象奇偶,定上下之位,由天地四象八卦总之而会于中,所谓敛之不盈一握,万殊而一本也。此图阴阳列左右之门,由动静四时八方,推之而达于外,所谓放之则弥六合,一本而万殊也。煦曰此即予内分外合之说,然止是伏羲先天小图,邵子两仪四象八卦,以次而倍加之说也。

煦曰:邵子云天有四象,地有四象,前图上下合之,以象天地定位,此图左右列之,以象坎离交姤,而中存太极,所以象由中出外之妙也。太极生两仪,不必两其太极也。两仪生四象,不必两其两仪也。四象生八卦,不必两其四象也。此图仿之,故即以太极入两仪之中,而成八卦之初爻。以两仪入四象之中,而成卦之二爻。以四象入八卦之中,而成卦之三爻。又①见其借用之奇,未免惊心眩目,不知止是伏羲小圆图中加一倍法,特将两仪四象缩而小之,遂有如是之妙耳。《周易》之理若果贯通,纵横直竖无往不可,都缘学《易》者以伏羲小圆图仅作八卦看,遂不解此图之妙,宁谓周邵之外无人乎?若或未然,拆之补之,适见纷扰耳。

象数五

九宫之图

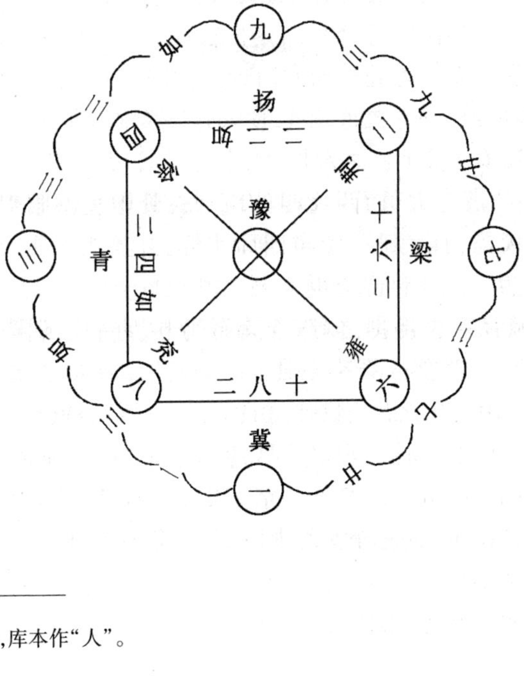

① “又”,库本作“人”。

煦按:阳顺用三,参天也;阴逆用二,两地也。七者,奇数之馀。八者,偶数之馀。故一顺一逆,无不合也。

张仲纯曰,右×+中交九宫之叙,即洛书之数也。一三九七天数也,天数奇,奇之象圆,参于三,其数左旋,始于一,居于正北。一三如三,故三次于正东。三三如九,故九次于正南。三九二十七,故七次于正西。三七二十一,而复于一。二四八六地数也,地数偶,偶之象方,两于二,其数右转,起于西南。二二如四,故四次于东南。二四如八,故八次于东北。二八十六,故六次于西北。二六十二而归于二。此阴阳左右运行自然之妙,而二七四九易位,与河图不同者也。《内经》曰,天数始于一,终于九焉。一者天,二者地,三者人,三而成天,三而成地,三而成人,三而三之,合则为九,九分为九野,正北曰冀州(今大都燕南河间平阳等路),正东曰青州(今益都沂密登莱等州),正南曰扬州(今两淮两浙江东江西瓯闽等处),正西曰梁州(今川蜀云姚等处),正中曰豫州(今河南襄阳等处),东北曰兖州(今济南东平东昌济宁等处),东南曰徐州(今徐邳宿亳等州),西南曰荆州(今荆潭湖广等处),西北曰雍州(今陕西甘肃等处)。是故神禹别之而作贡,箕子衍之而叙畴,他如运气太乙阴阳医家者流,虽纯驳不同,要皆不出此九宫之数也。

右图一三五七九,而两仪四象八卦在其中矣。阳唱而阴和,阳实而阴虚,仪虽两而实三,象虽四而实五,卦虽八而实九,于以见天地间非阳不生,非阴不成,造化自然之本原也。

煦按:此图深契洛书之旨,奇圆而偶方,奇外而偶内,与伏羲大圆图内合外分,内静外动者相同。奇以三乘,参天之义也。偶以二乘,两地之义也。阳之生①数顺而顺生,自一而三是也。阳之成数顺而逆生,自九而七是也。阴之生数逆而顺生,自二而四是也。阴之成数逆而逆生,自八而六是也。洛书之合于天道皆自然而然,不容勉强者也。如以阳数逆而乘之,则三之除也为七,便自七而始,七七

① “升”,库本作“奇”。

四十九,故九居南。七九六十三,故三居东。三七二十一,故一居北。一七如七,故七居西。如以阴数顺而乘之,则二之除也为八,便自八而始,八八六十四,故四居东南。四八三十二,故二居西南。二八一十六,故六居西北。六八四十八,故八居东北。一顺一逆,无数不合,此洛书之所以妙也。岂独对待成十,与纵横十五哉?如以四隅之数,但各配以中之五数而转矣。如以四正之数,接转四隅之数,但以八乘而转矣。

河洛合而观象之法立,图书合而先天之四图成矣。

图书者,天地自然之道也。须全看先天四图,伏羲开天之道也。须内外分看,又须内外合看。元亨利贞,文王之道也。须分四德看,又须连四德看。用九无首,周公之道也。须在既亨以后看,又须在未亨以前看。十翼之传,孔子之道也。须识用之何以藏,仁之何以显,不可只作蓍法看,不可只作占卜看。但知天人合一,显微无间之妙,方知为圣人传道之书。

伏羲既有先天一图,而独少后天一图,缘此四图内合而外分,体立而用行,而洛书之理已具也。观后天所用之卦,仍取资于先天之图,是卦象之在先天,固已兼后天而有之矣。曰若是则后天之图可以不立,而文王何复有后天小图也?因伏羲之图原从合处起,每加一倍,渐推渐远,渐扩渐大,而至于不可胜穷,皆此体立用行,由中达外之妙。故未开之图方为伏羲之真《易》,至于文王开图而为卦象,若不设立后天,则无以显先天图中内外浑融分合互藏之妙。孔子十翼要皆发明此旨而已。故欲存伏羲之真图,断当连而属之,以仍其旧。若执开而作《易》之卦,认为伏羲之图,便非本图,而伏羲之《易》亡矣。至于后天为先天之既交,而后天又全用先天之卦,则文王之设立后天,仍然一先天而已。

张仲纯曰,传曰河出图,洛出书,圣人则之。则者,法其象与数也。数始于一,小衍之而成×,大衍之而成+。×+者,数之结括。而图书者,倚数之大原,卦画之准则也。此卦纵横+有×数,正则河图中宫,天×乘地+之象,其中○者,易也,即图书中×之

河图十五生成之象

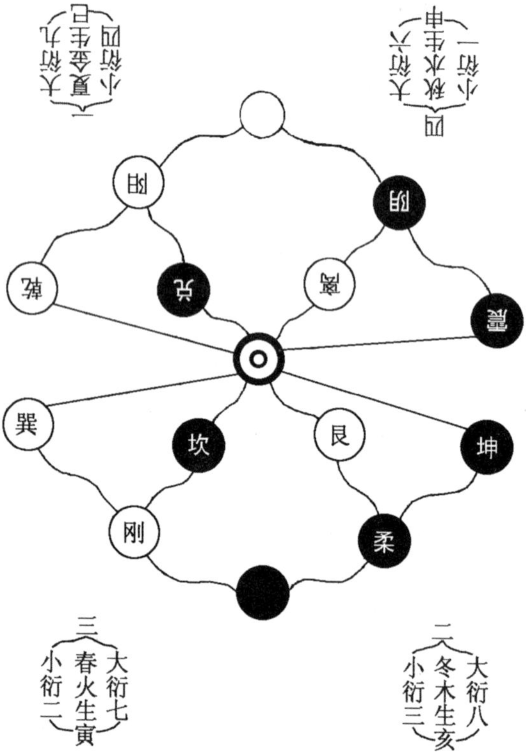

中。动而阳,上同乎天,其象为○。静而阴,下同乎地,其象为●。天○下生○●,为阴阳。地●上生○●,为柔刚。即图书中×之上下左右。

煦按:后以八卦配言河洛,便非则图画卦之义,故不备录①。

---

① “故不备录”,库本作“今去之”。

外篇卦爻

道　图

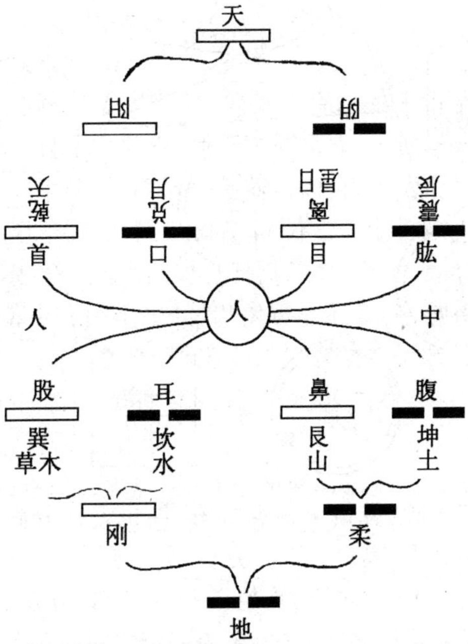

上四象八卦六位之图。

右图,天之阴阳分而为乾兑离震,地之柔刚分而为坤艮坎巽,人当其气交之中,头圆居上得之乾,腹虚有容得之坤,股肱动作得之震巽,离目主视,坎耳善听,兑口能言,艮鼻处默(目口阳也,得天之气,故动。耳鼻阴也,得地之气,故静),所谓得是气而为是形也。

此后有德性情①礼乐等图,皆与此同,今②不录。

① “情”,堂本作“命”。

② “今”,堂本无。

方圆相生图

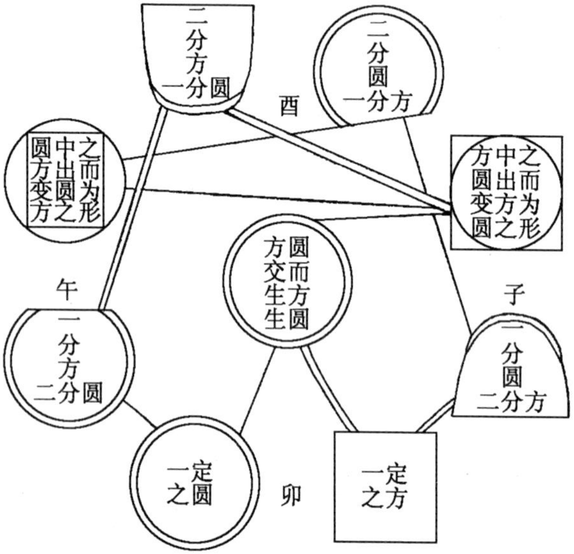

煦曰:一定之圆,乾也。一定之方,坤也。一分尚方,圆及二分者,兑也。圆中之方,离也。二分方,一分变圆者,震也。二分圆,一分变方者,巽也。方中之圆,坎也。一方尚圆,方及二分者,艮也。以方圆为阴阳,依横图之次序之,未免好奇之过。第其二老在下,或别有取也。

	震	巽	
离			坎
兑			艮
	乾	坤	

张仲纯曰,郑氏云古先天图,扬雄《太玄》,关子明《洞极》,魏伯阳《参同契》,邵尧夫《皇极经世》而已。惜乎雄之《太玄》,子明之《洞极》,仿《易》为书,泥于文字,后世忽之,以为屋上架屋,头上安头也。伯阳之《参同契》,意在锻炼而入于术,于圣人之道又为异端也。

尧夫摆去文字,小衍而著书,天下又不顾之,但以为律历之用,难矣哉。四家之学皆出于古先天图,先天图其《易》之原乎?复无文字解注,而世亦以为无用之物也。今予作方圆图注脚,比之四家为最简最①易,而四家之意不出于吾图之中,于易之学为最要。

洛书后天

洛书为河图之交象,乾坤一交,而无穷之化源具焉。由先天生后天,由无形生有形,皆此一图之妙。藉非此图之分,何自而显河图之合?非此图之布散有定而为后天,何自显河图之凝聚浑成而为先天?知后天洛书即出于先天河图,则知天地自然之易,体用一如,相须而不悖矣。

洛书者,河图既分之象。如图中一六合,书中一六分是也。分则各居其位,各司其职,与浑沦圆转者不同。此天地之大体大用,不烦卦画,自然之《周易》也。人心之中和莫不如是,伏羲拟之画出先天图,兼天与人而一以贯之矣。文王拟而作《易》,则人心中河图洛书也。故曰《周易》为天人合一之书。

交象

后天者,先天既交之象。如乾因坤交,虚而为离。坤因乾交,实而成坎。左离之上爻交于坎下为兑,右坎之下爻交于离上为震,震兑之上下两爻阴阳互交,艮巽之两阴交于两阳是也。交则上下左右相感而互易,比于先天八卦,另成一象,此图书分合之故,先后天不同之由也。然震不与巽交,艮不与兑交者,《周易》具阴阳相循之妙,故两始必不能骤交,两终必不能骤交也。若兑之与震,则阴终与阳始得相交。巽之与艮,阴始与阳终得相交矣。《易》为身心性命之书,凡言交者,皆有人力存焉。

---

① “最”,堂本无。

中交

先天乾南坤北,后天离南坎北,是乾坤中交也。后天之离,外象犹乾,而中已易矣,是坤来交乾而阴居中也。后天之坎,外象犹坤,而中已易矣,是乾来交坤而阳居中也。交于初末则偏,交于中则含胎包孕,为化育所自起,所由坤卦有含章括囊,美在其中之说。乾坤二用后,坎卦所由独言用也。

中交图

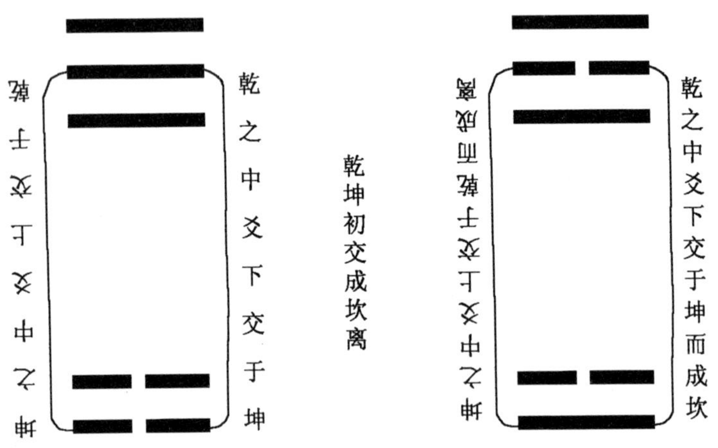

逆交

先天离东坎西,后天震东兑西者,是坎离之逆交也。离性炎上,上者不下,不可以交,今抑其在上者而使下。坎性润下,下者不上,不可以交,今举其在下者而使上,则离变为震,坎变为兑矣。故震有半离,兑有半坎之形,所由谓为坎水而塞其下流也。若使顺其炎上之性,而以离下交于坎上,顺其润下之性,而以坎上交于离下,则为艮巽。艮巽之卦不能有为,故先后天皆居四隅,不得如后天之震兑,司日月往来之门户也。

火雷水泽之变

离火而变为震雷者,爆之发也,先火而后声也。坎水而变为兑泽者,水之流也,遇污下之地,则必潴而为泽也。

逆交图

四隅交

四正之交,止变一爻。四隅之交,则变两爻。如巽艮交而为乾坤,是巽之上二爻变却艮之下二爻而为乾,艮之下二爻变却巽之上二爻而为坤也。震兑交而为艮巽,是震之下一爻变却兑之上一爻,震之上一爻变却兑之下一爻,而使兑变为巽。兑之下一爻变却震之上一爻,兑之上一爻变却震之下一爻,而使震变为艮也。其震巽不交,艮兑不交,震乃与兑交,艮乃与巽交者,以阴阳之两始两终本无相接之理。盖阴终阴始,其中必间以阳,不然不知阴之始终。阳终阳始,其中必间以阴,不然不知阳之始终。此阴阳之始终所以不自交也。至阴终阳始,阳终阴始,本有更迭相续之义,故皆得相交。伏羲所画小图虽止八卦,而无穷之妙义具焉。故相亲有相亲之义,如遇巽逢乾,首①卷所图之缝卦是也。其见于卦爻,不言邻则言遇矣。相间之卦见于卦爻,必无一卦一爻言邻言遇者也。终始有终始之义,内外有内外之义,上下有上

---

① "首",库本作"后"。

下之义，非细心体察，那易辨此？

四隅双交图

阳始阴终左交图

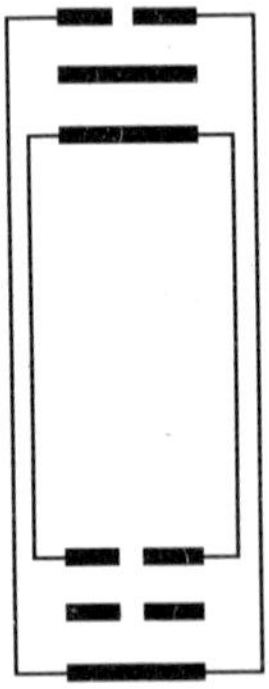

阴始阳终右交图

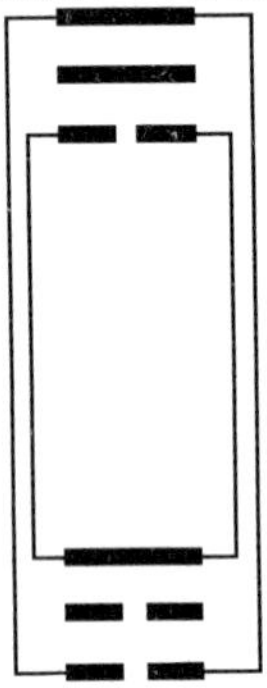

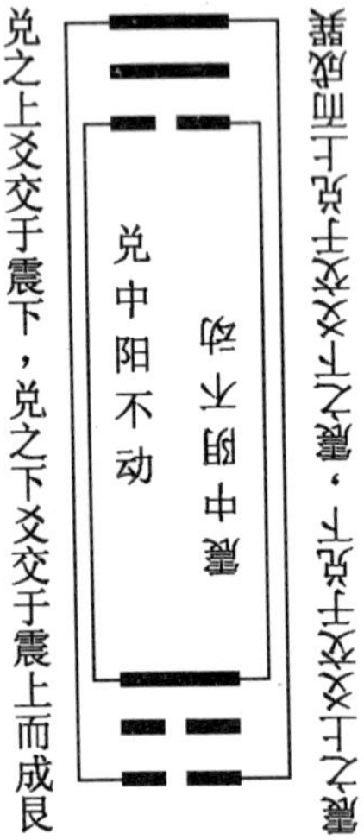

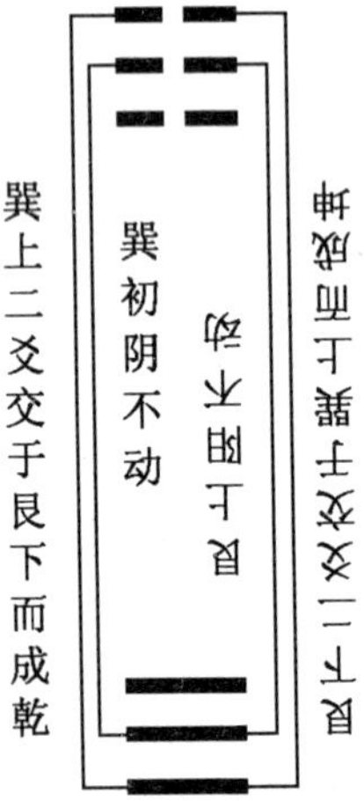

先天未交之河图

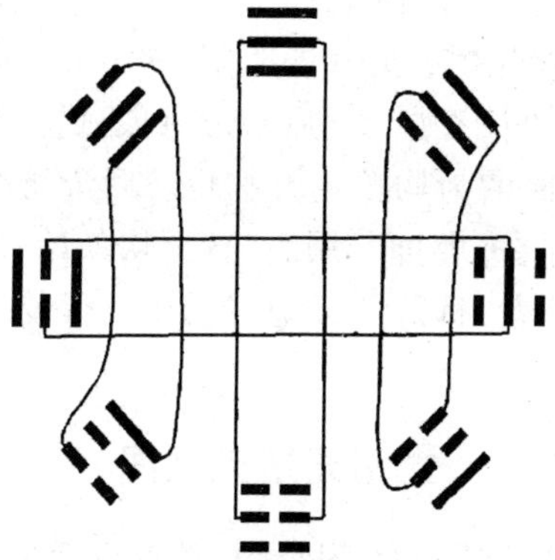

先天已交之洛书

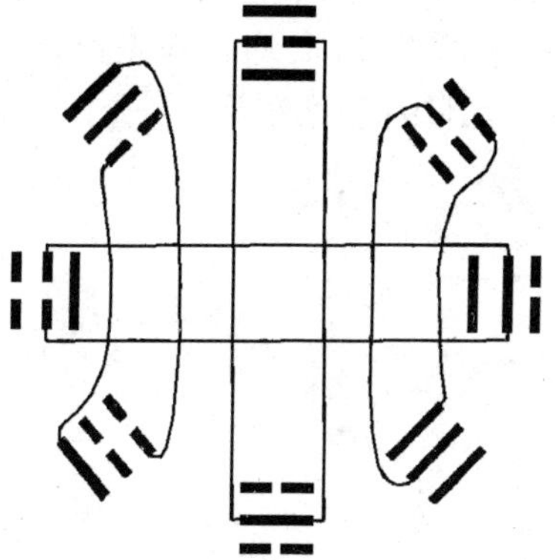

此即已交之后天也

先天之卦如对待看,各有一乾一坤之象;如以交论,亦各具一乾一坤之象,盖已原具有相配之理也。

坎离代乾坤

乾坤一交,即退处西南西北无为之地,所以明天开地辟以后,皆男女构精之作用。其天地细缊之始,已不可得而悬拟之,所以命为先天。而乾之用九,遂以为无首。迨于坎离用事,六象胥由以成矣。其在《易》曰"天地絪缊,万物化醇",便是天地相交之始,便是河图之妙。男女构精,万物化生。男女即阴阳,坎离即阴阳之交,构精正阴阳相交之事,便是洛书之妙。此后有形有象,何一非水火交错而成?故全归功于坎离,而谓为构精生万物也。后天所配洛书,全是化醇以后之事,其在《周易》乾坤二用后,直至坎彖始言时用,岂为无因?当知代天地而宣化者,日月即天地之阴阳。代乾坤而宣化者,坎离即乾坤之男女。

文王无后天大图

伏羲则图画卦,有先天大图小图,顾独少后天一图,以后天之理即具先天,如外分而象洛书是也。文王法洛书,安置后天卦位,然有后天小图无后天大图,可知文王未尝画卦。《周易》所有卦爻皆开羲图而有之,故文周孔子所系之辞,均解释先天者也。其连拆先天诸图,及新立二方图并六卦图,已见卷首①。

① "其连拆先天诸图,……已见卷首",堂本无。

周易函书约存卷三 原图三(循环图说一[1])

循环太极拟卦[2]图

河图之妙,太极两仪四象八卦之蕴,尽归其中。其尤妙者,则奇偶回环内外交互之几也。圣人察奇偶而辨阴阳,又推本阴阳,知其出于太极,其妙无过阴阳一交,而万事万物之理已备。先天八卦图,天地定位,而逆顺往来,则交象也。说卦除天地定位句,其下相薄通气不相射,皆天地之交象也,故有往来之说。此图止具阴阳两象,而回旋纠缪,莫非交象。《易》首乾坤,所交之两象也。屯为序卦之首,便曰刚柔始交。刚乾也,柔坤也。既曰始交,则后此之或交于下,或交于上,或交于中,或交多或交少,或半交半不交,乌有一卦不从交出乎?但知六十四卦三百八十四爻,俱在阴阳方交时,俱是用九用六之机,自应知《周易》全部,总是先天。

太极[3]

经文原无太极之说,孔子《系传》乃曰《易》有太极,此非言图也,是为两仪肇生,不可思议,不可图画,从而赞之云耳。太者,尊而无上。极者,极至无加。如云两仪肇生之始,先有此至尊无上极至无加之理,然后能生此两仪。故先说出有字,正从两仪前原无所有,就中想象,以为确乎有此理耳。正如乾之赞元,称为大哉而已。然太

---

① “循环图说”,库本作“太极”。

② “拟卦”,库本无。

③ “太极”,堂本无。

极虽然非图，而阴阳两象实由此生，从①此四象八卦化生万物者，又莫不由阴阳既交而生，则阴阳两象即万物之大原，故以纠缪相交之象称为太极。孔子所由曰一阴一阳之谓道，又曰形而上者谓之道也。四圣之《易》俱从两仪始，孔子言蓍之用数，亦止从分二起，皆谓两仪未肇，难可称说，特借两仪之大用言之。乾坤两卦实具此旨，故《易》首乾坤，而《彖》《象》《文言》所系，莫非乾坤相交之旨。如以乾刚坤柔论，便属两仪，早已隔过太极一层。而伏羲画图始于两仪，总因太极本无形象，原不可以拟议仿象，故于卦中补说元字，正谓乾坤二卦是诸卦仰资而为太极者也。

从前解者，止就本卦推求道理，绝不知有相交之义。夫乾固言位矣，位岂流行不息者所有乎？坤卦而言顺矣，无相形之物，何从知为顺乎？今观首列乾坤，有自本卦而言其各具之理者，有自交通而言其相资之用者。如乾言元亨利贞，是从源头上活泼泼地说出来。坤添牝马二字，则未免滞于象矣。此形神之别也。乾言见，阳明之象。坤言迷，幽暗之象也。此明昧之别也。美利天下主施，得主得朋主受，此施受之别也。元始亨通，利遂贞正，与潜见飞跃俱自流行说。永贞坚冰，含章括囊，俱自收敛镇静说。此动静之别也，是卦德之不可强同者也。然而乾元一亨，必有所利所贞之地，所以谓为六位时成②。既已为首，又曰无首，则群龙之见，见于何地耶？品物何以流形？性命何以各正？万国何以咸宁？则皆由动而归静，自无形而之有形，皆言乾之交于坤也。周子言阳变者是也。若坤之得主，以何为主？坤之得朋，以何为朋？顺而承之者何物？合而含之者何章？何以谓之类？何以亦称龙？何以谓之战？何为有在中之美？何为有成而犹谓为代也？则皆由静而向动，自有形而合诸无形，皆言坤之交于乾也。周子言阴合者是也。乾坤两相交通，循环不已，此即流行不息之机，此即絪缊化醇之妙，此即阳极生阴，阴极生阳之

① “从”，库本作“后”。

② “成”，库本作“乘”。

理,此即六十四卦三百八十四爻从出之大原,而为《周易》之太极者也。故《周易》原文不著太极,止以乾坤两象居首。古传太极图仅以黑白二象分之,岂非以阴阳纠缪之形仿象太极乎?孔子妙契《周易》,故特提太极二字以赞之。极之云者,即谓此阳极生阴,阴极生阳之极,动极生静,静极生动之极也。若使太极中未有阴阳,亦何凭而指此为动极之极,静极之极,阴极之极,阳极之极,而生出此阴阳两仪哉?极字既无可言,阴阳先已无根,孔子何复有太极之说?若使极字见得真,则太之一字亦当易辨。太者,尊辞也。阴之方生,始于阳极,逮其既生,不得不奉阳以为尊,尊之故太之。阳之方生,始于阴极,逮其既生,不得不奉阴以为尊,尊之故太之。亦犹太初太古太上太素,均指最初无上者言耳。亦如高曾祖父称之为太,皆言其最上最尊耳。若执此太极以为确然有是阴阳两象先在其中,亦又不可。盖无形而有理,不可思议,不可图画,故谓太极二字是赞其理之包含无尽,最尊最上,非谓两仪之上有此图也。其在先天图,则以切近两仪所虚之中以象之,周子无极一图,盖亦有独契焉。

阴阳生于太极,则阴阳必非太极。今仍以阴阳两象盘而屈之称为太极,何也?图虽具阴阳两象,非真有阴阳也。其妙在合而未分,故作交互环抱之形,以象阴阳之浑沦融洽,迭为生息,互相终始耳。盖阴阳两象必有所自生,其称为阳极生阴,阴极生阳,非无据也。太极中既能生阴,则必具有阳极之理,太极中既能生阳,则必具有阴极之理。由其所生,溯其所由以能生,则太极中必全具有阴阳之理。盖阴阳之妙,不到极处不生,故遂以能生阴阳者命名为极。第理可推求,而象非实有,故作为如此之形。周子所由曰无极而太极也。至于无极之下特设两仪,以发根阴根阳之理。又于两仪之下特布五行,以备夫四象刚柔之妙。则河洛二图之秘,胥此焉具矣。何云无极?方阳之极也,本未始有阴,逮于阴生,则不得不指阳之方极时以为无。无之为言,犹云其始未尝有阴耳。方阴之极也,本未始有阳,逮于阳生,则不得不指阴之方极以为无。无之为言,犹云其初未始有阳耳。此即乾元本宜称首,到得既亨以后,便称为无首是也。

夫天地间有生天地之太极，此不可思议，不可窥测者也。至于生人生物，全是流行之太极。《系传》云“天地絪缊，万物化醇，男女构精，万物化生”，即此絪缊便是万物化醇之太极。然而所由以絪缊者，则固天地也。即此构精便是万物化生之太极，然而所由以构精者，则固男女也。不曰太极絪缊，而曰天地絪缊，羲图首两仪，《周易》首乾坤，便是此义。若使孤阴寡阳，何絪缊构精之有？此图必列阴阳两象，虽以显流行交互之理，实与河图羲图《周易》，皆先两仪同一妙义。乾坤便是两象，交而后有六十二卦，是交为太极，而所生之卦即为阴阳。然曰天地絪缊，又曰男女构精，非复语也。一敦化，一川流也。就构精而论，则向上有男女一层。就絪缊而论，则向上有天地一层。张子曰“不有两，则无一”是也。看此图者须观纠缪环抱，合一不分之妙。又当知非实有之形，然后可耳。但知阴阳相交，而方复方姤，流转之太极行矣。以复之初爻，本为坤阴，乃今交以阳，姤之初爻本为乾阳，乃今交以阴，观于来复见天地之心，当亦晓然。于此一阳爻出自太极，从前浑合不分之妙，概可想矣。此复姤所由称小父母也。然化而谓之醇，何也？醇，酒之美者。此天地未辟，陶铸阴阳，苞孕万汇，其时天地尚在浑沌，万物胚胎未形，安得不如醉如痴乎？是此醇字而太极浑涵之妙，描写殆尽，及夫天开地辟，阴阳肇形，而构精之男女，方资以托始，安得不谓乾坤为大父母哉？男女者，阴阳之谓也。到得男女既已成形，然后以形育形，化化生生，无有穷极，所以止谓为化生。是则化醇者，气交也，化生者，形交也。损之六三言两而致一之道，故《系传》于此发兹四语。两而致一，即絪缊构精之道。阴阳之既交，太极之谓也。

循环①少坎离之义

循环中阴阳内外微盛之象，既与先天六卦图同，而坎离所居之位，乃有宜外而不外者，似不与八卦图合。不知伏羲则仿图书，画出

① “循环”，堂本无。

先天八卦,止欲明天地中之阴阳,原有此相依相涵,彼此互根之妙,虽曰两不相离,却又有阴阳各得之位分,一定而不易,今当三加成象之后,见升阳之震兑乾,降阴之巽艮坤,悉与河图奇偶所得之位分相合,而东西两正位当乾坤交接之际,适得此阳分而阴来其中,故其象离。阴分而阳来其中,故其象坎。又与相依互根之理隐隐契合,则画图本意全露于二卦中矣。盖缘伏羲所画,止欲发明阴阳升降之理,阴阳升降流行原不可画,不得已而寄诸卦象,则是卦之有画虽有定象,而画图本意则非象可执。盖图之上半截本为乾位,图之下半截本为坤位,乾之气下降而交于坤,坤之气上行而交于乾,莫不经由坎离之位,故谓为天地之际。因以坎离为乾坤相交之两象,至其阴阳之多寡微盛,则各有分位存焉。其一往一来不相混,亦不相碍也。特寡不敌多①,微不敌盛,故以为行于其中,非谓坎离泥定阳陷阴丽之形也。圣人设卦止有阴阳太少,尚且非形可执,坎离亦何形乎?总缘不知卦象,皆仿象天地间流行往复之气,均非实有,故不知全部《周易》卦爻悉是先天,必无一卦一爻可以形拘。此图坎离两象止是阳之分而阴来,阴之分而阳来耳。如必分别内外,谓与河图八卦不合,然则阴阳之在天地间者,升者自升,降者自降,未闻其相碍也,未闻其相让也,亦并未闻孰为内而孰为外也。而升者自若,降者仍自若也。因伏羲则仿图书,画出先天八卦,止欲明相依互根之理。故煦作循环图,止以乾坤两象纠缪其形,回环其体,与河图之奇偶纠缪回环相肖,遂与则②图所画之先天八卦无弗肖,但不可执象而迷理,庶有得耳。

今先天八卦拟仿河图,及对待求之,莫非洛书之九数。后天八卦拟仿洛书,及对待取之,莫非河图之十数,则体用相须可知矣。

又观河图中,一九六四,皆成十于西北,三七二八,皆成十于东南,明体中之成数原与生数相倚而居,与布散对待者殊也。其不正

① "多",库本作"众"。
② "则",库本作"卦"。

对而斜交者，明与洛书之既用者不同，又以见河图之成数，原即具有相交之义。

循环太极拟河图

一三五七九，奇数为阳，二四六八十，偶数为阴，孔子所由分别天地也。河洛二图乃作《易》之本，其始同出于伏羲，后人以洛书为作范之具，是皆未明二图相倚之妙也。今作循环太极图以释之，何尝非一六居下，二七居上，三八居东，四九居西，五十居中也。何尝非一内而六外，三内而八外，二内而七外，四内而九外也。止缘河图中奇偶二数比于阴阳，原有一气相连之义，后人止观其数而不察相连之故，终于实义无当。观其奇偶环抱，即阴阳纠缪，太极未分之象也。其必与洛书相须而出者，体之与用原不可离也。故体中有用，用中有体，不可不察。生，体也；成，用也。其生数皆附于成数，则即体含用之象也。其成数皆相依生数，则即用含体之象也。初微者，体之立也。极盛而就衰者，用之行也。河图奇偶皆具此象，故曰体中有用，此如太极无体而即含阴阳是也。洛书既为用数，故止于九而缺其十，体全而用偏也。然书中之成数皆布散于四方，明其既用而已矣。

循环太极配洛书

其阳奇之数浑沦于中，以次相连。阴偶之数分布四隅，为阳所间，各不相通。阳连而阴辟，其分义然也。盖健阳之性自乾元一亨而始，回环往复，如循连环，终无断绝，而阴之为性止以形受，阳德一施则开张而纳之，及其生生化化，千千万万，各不同形，故其体分，不相联贯，未能如阳体之浑合无间。此循环图中阴阳各居，原不相混之义也。文王拆大圆作《易》，其阳画必连，阴画必断，即由洛书中阳合阴分之义而起。伏羲则河洛以画先天，其横图方图率以气用者居内，以形用者居外，皆洛书之妙也。风雷以气用，山泽以形用，水火半气半形之用，万物之有体者莫不形外而气内，皆此之故。其循环太极一图据形而论，固与洛书绝不相同，乃今以为原本洛书，何也？阳东阴西，阳南阴北，天地不易之定分也。洛书既为用数，天地之用原无间断，故循环不息之义存焉，观说卦帝出乎震可知矣。阳位居左，自左而迁，则必向右，所以谓为天道左旋。左旋云者，谓自左而旋，非向左而旋也。今洛书中奇阳初起之数，自一北而趋三东，非左旋乎？至于七九易位，此正与河图合德，与循环太极图合旨，不可不察。盖七之为数，在河图中本为极盛之阳数。其在河图，阳数既盛，则趋右而下降。降，阴性也。右，阴位也。阴道尚逆，故盛阳至此将复就衰，亦随阴下趋而从逆。此七九之数既盛而就衰，则不能自主，所由从阴趋下而逆，因各易其位，非复从前之顺矣。卦至上爻，阴阳皆不能自主，即由洛书起也。然阳德既盛，必怀初微之阴，故七九之数亦含初阴之二数于中，仍与河图同旨。此即循环图中，阳德既盛必趋而逆降，与二四之阴居右而逆行者同也。阴本居右，自右而迁，则必向左，所以谓为地道右转。右转云者，谓自右而转，非向右而转也。左旋者既为升，则右转者自为降。左旋者既为顺，则右转者自为逆矣。此阴阳升降顺逆之定例也。天地之气止有升降，特以阴阳分左右耳。今洛书中偶阴初起之数，自二西①而走四南②，非右转乎？至六八易位，此正与河图合德，与循环太极同义，不可不察。盖六之为数，在河图中本为极盛之阴数，其在河图阴数既盛，则趋左而上升。升，阳性也。左，阳位也。阳道尚顺，故盛阴至此，将复就衰，亦随阳上趋而从顺，此六八之数既盛而就衰，则不能自主，所由从阳趋上而顺，因各易其位，非复从前之逆矣。然阴德既盛，必怀初生之微阳，故六八之数亦含③初阳之一数于中，仍与河图同旨。此即循环

① “西”，库本作“南”。
② “南”，库本作“西”。
③ “含”，库本作“合”。

图中阴德既盛，必趋而顺升，与一三之阳居左而顺升者同也。先儒知七九易位之说，哓哓不休，至六八易位之故，则未有言者，非知洛书者也。然必至于极盛，乃始变易其性，而盛阳又复含阴于中，盛阴又复含阳于中者，此正阴阳循环不息生生不已之妙。故予作循环图以拟之。今观生人之道，男子二八而真精通，女子二七而天癸降，至于此时，阴阳始盛，始可婚配，始含生育。未有阴阳不盛，便可相从而含生育者也。河图如是，洛书如是，先天四图亦复如是，故予循环太极一图，殆原本六图者也。

阴阳之义，彼此互根，原不相离，故其为用，亦相须而见。阴不得阳，则蠢而不灵，无以成生化之功，阳不得阴，则其性发越，飘然散逸，无以定万物之命，而立万物之体。故其为用，必阳内而阴外，阳不散逸，始有以正万物之性命，而俾之保合也。洛书者，天地之用数也。其在《系辞》曰"参伍以变，错综其数"，皆言用也。参伍者，十五也。十五者，九六之合也。九老阳，六老阴也。阴阳既合而大用以行，故以九六为天地之用。特九六之合参差不齐，故《系辞》既以为变，而又以为错综。今观洛书纵之横之，何非参伍？何非九六之合？如东三奇内矣，而四八之阴合之于外，非一错综，非一九六乎？然阳内而阴外矣，南九奇内矣，而二四之阴合之于外，非一错综，非一九六乎？然阳内而阴外矣，以至西北①上下错综斜交，莫不皆然。盖天然之用，凡阳皆下交于阴中故也。伏羲本之以画卦，故横图方图皆气内而形外，罔非洛书之义。煦之循环太极图，阴阳纠缪，两不相离，亦罔非洛书之义也。

如以对待之象合诸横图之数，上下左右以及四隅，莫非九数。九者奇而又奇，是老阳动变之数，因此图全属流行之气，活泼之体故也。《易》之阳爻称九，实由此出。天地间气化运行，周流不息，莫非真阳布濩。若阴则但以六虚之位，翕而受之，听盛衰进退于真阳，所以有得朋得主之说。随之一卦亦具有元亨利贞，阴不可以为首，凡

① "西北"，库本作"东西"。

皆此图之蕴含者也。

循环太极拟八卦

先天图，阳之初生始于震，至乾而盛，至艮而终。其始于震者，是大明之始，西南得朋也。其终于艮者，是大明之终，东北丧朋也。及观说卦帝出乎震一段，先儒以为发明后天八卦，其曰出震成艮，仍是震始艮终。可知文王后天与伏羲先天，均在阳气之发舒上留心，均为流行不息，断可知矣。后天一图尚属流行不息，今执先天图为对待不移，可乎？

先天一图，凡阴阳互异者皆可①相对，比其象而较之，皆各有一乾一坤之交，所以谓为先天，全在交结而不可解处立之象也。其绝不相交者，则为乾之三阳处上，坤之三阴处下，故孔子遂特标天地定位一语，明知天地之气升降流行，化生万物，皆属乾坤之交，而位上位下之体仍然确不可易。先儒目为对待，又以为发明先天是矣。顾六子之体生于乾坤之交，今自乾坤而外，凡相对之二象莫非三阴三阳。三阴坤，三阳乾也。特有交初交中交末之异，故遂岐为六象。因此六象俱出乾坤之交，故于节首特标天地定位一语，言其位之定者，所以正其体。别其象之六者，所以喻其交，明其用也。天下之理不有两，则无一。不有对待，安识流行？如水合水，犹然是水。如火合火，犹然是火。非两故也。两则必有合散，两则必有往来其间流通之妙，全要从对待中精察出来，即如定位之说，亦是两两相形处乃始见得耳。今直以为定位云者，正要人从六子相交之处，分别出所由相交之两象，以见先天八卦图止有乾坤之交，更无所谓六象也。其下曰山泽通气，非流行而气能通乎？雷风相薄，非流行而能相薄乎？水火不相射，但使水火各居，如秦之与越，亦安得有相射不相射之可言？是通字相字之妙，皆从流行见得，而所以流行其中者，不越

① “可”，库本作“各”。

乾坤二象，故于节首直云天地定位，诚以六子所有之阴阳，虽出天地，既然在流行中，则遂不复名为天地，而直谓为阴阳云耳。后儒对待之说，不过将此八者认作有形有体之卦，而未尝箝拢八卦，观其循环不已之机，则非伏羲画图之心矣。

由位上之天而下视之，天根之生自下而来上，故为逆来。天阳之施自上而往下，故为顺往。由位下之地而上视之，月窟之生自上而来下，故为逆来。地阴之生自下而往上，故为顺往。皆图中之时位合当如此。从前不知其为说图，但向时候之迁转留心，谓往为已往，如今日追寻昨日，明白而易见，故以为顺。来为将来，如今日逆计将来，幽隐而难知，故以为逆。不惟非来往之义，并非逆顺之义，岂知往来逆顺俱本天地定位说，皆是发挥图中之蕴，至下逆数之说，原因圣人作《易》本旨，全是要人从四象两仪未起之前，追寻到太极里面，而初之难知，来之难察，实非知解测识所能，故谓为逆数也。夫往来逆顺，固论图中之位，非论时也。图中之位既明，时之义自在其中。今试有人于此，其必以返而归者之为来，以前进者为往，以由来之地为来，以所欲至者为往，无疑矣。今谓已走过去者为往，前往而进者为来，是立于此而不动，任彼之向我而来，非《易》旨也。

循环太极拟卦象

此亦循环太极图，而圣人立卦定爻之法不出于此。盖天下万事万物无出时位二者。位者体之一定，时则有迁转不息。位之一定坤也，迁转不息乾也。乾阳坤阴，乾坤交而阴阳会，故纠缪其形以象之。语其定体，其位三等止矣。语其流转，其时三候止矣。时出于健行不息之乾，位定于镇静不移之坤。二用相交，斯有化生，人物得之，性命由以各正，均无能离此三等三候者也。今于此图，就其来于内者三分之，有初中末，有上中下。又就其往于外者三分之，亦有初中末，有上中下。就其始于内终于外者观之，而极盛者必在其中。又就内外两者合而观之，亦必有非内非外之一境。又就前后两者合而观之,亦必有不前不后之一候。由是推之,凡事物可对举者,莫不有在中之一象存焉。是万事万物必未有逾三等三候者也,故圣人立卦亦遂定为三爻。

三之为字,一与二合者也。合则非一亦非二,故以为三,而在中之妙可想矣。三之为义,一阴一阳之合也。合则既取其阴,又取其阳,而在中之妙可想矣。张子曰不有两,则无一。又曰一故神,两故化。两者,一之神。一者,两之化。是皆一阴一阳合而成三之妙。天地絪缊,万物化醇,男女构精,万物化生,是皆一阴一阳合而成三之妙。逮于阴阳既交,而无穷之化育非数所能纪者,胥由此出。故老子直以为三生万物,至四五以下不与焉。循环太极图亦止阴阳两象,而上下左右分别观之,遂莫不具有一卦三爻,重卦六爻之义。六者,三之重也。总缘阴阳不能孤立,故重之以象阴阳之既偶。然六而偶矣,疑若非三,而三极之理寓焉。三其极矣,疑若无两,而又各得一阴一阳,故知天下之物必无能逾此阴阳,必无有不生于阴阳既合之后者。卦立三爻,重而为六,职是故也。

王宏撰曰,用九,用天之生数也。用六,用地之生数也。天之生数三,故乾元参天。地之生数二,故坤元两地。天之生数三,成数二,是天之自为参两也。地之生数二,成数三,是地之自为参两也。天之生数三,成数二,而地之生数二,成数三,是天地之共为参两也。生数属阳,故其数天多于地。成数属阴,故其数地多于天,皆出于自然也。

邱氏曰,三奇为乾,则三其参天之数而为九,是为老阳。三偶为坤,则三其两地之数而为六,是为老阴。二奇一偶为巽离兑,则二参一两而为八,是为少阴。二偶一奇为震坎艮,则二两一参而为七,是为少阳。因七八九六之数以定阴阳老少之画,此立卦生爻之法也。

一说三奇三偶共九画,即是参天。二奇二偶共六画,即是两地。六固分九之参而得其二奇者也,九固得六之两而增其半偶者也,阳饶阴乏之义也。

六位

时为无形之气所经，位为有象之形所定。《彖》曰六位时成，六位者，六虚之位，是坤之有也。自初而中而末，乾道所历，变化无穷，而万事万物随其大小偏全，莫不具此三候。然有内必有外，所由有六十四卦三百八十四爻，特坤不能以自主，必待得主而始成其利，故遂以为六虚。若以位论，止是上中下，若以一索再索而论，止是六子。乃自来解《易》者，直将大明节解作圣人，所以未达此旨。其曰六位，又曰时成者，位非时无以显其位，时非位无以征其时，此即阴阳两不相离之义。周公设立爻辞，莫不兼时位二者以考正之，舍阴阳而论《易》，不知其两，安知其参？

数之始也，肇于图书，而文明由兹以起。然当伏羲时，民风朴茂，其时未有金钱，至于粟帛相易，非有尺度权衡，大约皆以意揣度其多寡耳。今约时而为三候，约位而为三等，其概也。曾闻蒙古入市，不挟星戥，但视其物价所值，酌其金银多寡，用以相易，此亦犹存古之道欤？逮于图书既肇，圣人别其生成，辨其奇偶，较其多寡，从而积之，从而因之，而无穷之事物始由以纪，则数之不可已也明矣。

三画

子云《太玄》起于三数，与《周易》卦立三爻相似，乃施之于用则无当，考之于占则无验，何欤？易卦之三画是一与二之所生，阴与阳之所合，参与两之所会也。其先皆由太极两仪而出，三而重之，则两地之义存焉，是参不独参也。彼所谓三，三数而已，故虽经之以三，纪之以九，行于二十七，衍为八十一，止是纯阳之流衍，动而不止，全无驻足托迹之地，全不解六位时成之妙，是为有阳无阴，何自而有化生？夫《周易》六十四卦必至六加，始成六爻，乃彼之立法自一至八十一，才五加耳。是所加之数又属纯阳，亦并不知六加成卦之妙。《周易》立卦，节节次次不离阴阳，天下无二道，《周易》之外安容复有《周易》？《易》冒天下之道，《周易》之外安容复有道理？夫三为一二之所合,则是三之已具此阴阳也。然三画之卦可以立天下之象,而不可以定天下之占,为有体而无用也。故必重至六画,然后内外分,体用具焉。内三则阳之奇数,重三则阴之偶数也。劈六之偶数而两分之,则两奇藏于其中,劈六之偶数而三分之,而三极亦各有阴阳,是三分之则各得其二,二分之则各得其三,即此重卦之妙。凡皆阴阳两不相离,所以谓为参天两地。若子云之数,总之固奇,分之亦奇,是有内而无外,有体而无用,孤立而无对待者也。既无配合,安有化生?亦大远于《周易》之旨矣。

《连山》《归藏》虽与《周易》异名,要皆不离伏羲大圆图,开为六十四卦。三易所著①虽不尽传,莫非身心性命之旨。观《系传》所云开而当名辨物,又曰因贰以济民行,又曰穷理尽性以至于命,则《连山》《归藏》先《周易》而开图,其当名辨物自应与《周易》同旨。故虽序次微有不同,称名亦或偶异,其于伏羲之图则均不能外也。子云独违伏羲,别立法度,亦异于伏羲矣。夫三画之设,三极之道也。天上地下而人处其中,则人者天地之理气,合以成其形性者也。人既戴天履地,而又合天地以成其形性,则欲明生人之道,安得不兼三极而立之象乎?特天有阴阳,地有阴阳,人亦具此阴阳,有阴有阳,斯二之矣,所由不可以不重。夫三极之中,犹尚不可以孤立,又必重至六画,试以三画之两象论,固有阴阳相偶之义。乃自三极之必兼两而论,亦莫非阴阳相偶之义也。煦之循环图亦止阴阳两象,截为八段,内外三分之,遂成八卦,此皆阴阳相交②之妙。若于左右上下终始内外三分而论,而卦立三爻之义,遂无不全具其中。若子云之《太玄》,安知万物不离阴阳,三生万物之旨哉?

以钱代蓍

后世用钱代蓍,以凡物莫不具有阴阳之义。钱有背面,则阴阳

① “著”,库本作“蓍”。
② “交”,堂本作“合”。

也。背无而面有，则背阳而面阴也。不论面而论背，《周易》贵阳也。其钱用三，参天之义，贵阳也。三之用行，则阴阳分，四象列，与蓍数同也。既与阴阳合德，又与蓍数同机，其能代蓍而成卦宜矣。察阴阳之妙契，审太少之精微，非独钱可代也。凡物而具阴阳太少之机，皆可占矣。邵子闻声而占，见色而占，又或推求物数，又或通诸积时，胥此道也。南蒯之占也曰枚筮，是固不以蓍筮而以子筮矣。后世紫姑卜、结羊肠，以及骨卜、镜听、听谶之类，苟有诚然之心，皆如动乎四体，而各有奇验，总不越阴阳二义而已，得其旨而充其类，亦奚所拘乎？

六卦图除坎离

以六十卦分主一岁，而除坎离震兑，此汉儒之说，除后天之四正也。然而流行之气悉论先天，今考八卦图，唯坎居右方，而离震兑俱居于左。若以乾坤分主冬夏二至前，以复姤分主冬夏二至后，则冬至后减去震离兑，止得二十九卦。夏至后独减去坎，乃得三十一卦。所配不均，不免参差之弊，惟《参同契》云，以乾坤为鼎器，以坎离为药物，药物谓日月也。其馀六十卦分配一月，每日两卦，以为行火合符之用，此说是也。盖乾坤坎离，先天四正也。后天无大图，先天有大图，既取三百六十爻分配三百六十日，故取先天大图，除先天之四正为当。又况乾坤为诸卦之父母，凡阳之行于卦中，皆用九之乾。阴之行于卦中，皆用六之坤。正其位，不主其事，而气化所至，未尝不流行于诸卦，所由不下同六子，与日时分配也。亦如后天图，乾坤退居于西北西南是也。坎离二象在地为水火，在天为日月。《易》曰阴阳之义配日月，故凡往来交错，历四时而成岁功，全凭日月转移，乌可限之以位，谓过此遂无复有坎离之用哉？又坎离者，乾坤之中交也。故坎曰中满，犹云坤而中满也。离曰中虚，犹云乾而中虚也。坤而中满，则仍是含胎之坤，后此无穷妙用，皆由坎中一阳发生而出。故坎离之退处无为，仍是乾坤之退处无为而已。

循环图作内外六分分之,则十二辟卦在其中矣。如以十二卦分配十二月,则当以五日为一候,尽此五日而始及六二,又尽此五日而始及六三,其外三候亦如之。复尽而始及于临,则为大寒十二月中矣。

循环图拟天根

三十六宫

三十六宫,乾一兑二,离三震四,巽五坎六,艮七坤八之总数,合而计之,共成三十六也。若将河图之数除一之不可自乘者,存之以象太极。自二至十各以本数乘之,共得三百八十四,则六十四卦之爻数,亦莫非三十六宫自具之数。又乾坤之画九,三男之画十五,三女之画十二,其数亦三十六。又上经三十卦,反对之卦二十四,合之为十二。不反对之卦六,并之得十八数。下经三十四卦,反对之卦三十二,合之为十六,不反对之卦二,并之亦得十八数。是合上下经亦三十六卦,故谓三十六宫,为举卦爻之全数而言。

一贯

一贯之一,虽曰心思想不及,语言说不到,然既特标其旨,仍须考证孔子之言。其曰假我数年,五十以学《易》,学此一也。朝闻道,道即一也。不逾矩,矩即一也。颜子所好之学,好此一。程子令人寻孔颜乐处,寻此一也。子贡曰性与天道不可得闻者,此一。颜渊喟然章,朱子注云无穷尽无方体,皆此一也。《大学》明明德,注虚灵不昧,以具众理而应万事,莫非此一也。凡物取诸实则有尽,取诸虚则无尽,滞则有方体,灵则无方体,有一理不具,则有穷尽矣。有一事不可应,则滞于方所而不能应万事矣。又当知由虚故灵,由灵故虚,二字原不相离,故以不昧二字,总其义而括之。程子谓曾点漆雕开已见大意,盖开止见得无穷尽,所以有未能信一语,点止见得无方体,故春风浴咏,便与用世者迥别,而出之与处,均非所拘矣。开见其虚，点见其灵，故程子以为大意。此程子实见圣道，而有以会一之原也。《中庸》之中，虚也。《中庸》之和，灵也。诚则贯乎中和之间，是率性之真所由以虚而能灵者也，其言诚明亦谓此也。诚所以虚，明所以灵也，孟子万物皆备于我，亦是会万物之大原而归一，有以见一中之包涵该括者，如是其全备而无缺也。与子贡所云宗庙之美，百官之富相似，皆指一中之蕴蓄言也。故一之为言，兼上下，会古今，联物我，统内外，是无可分别之名，所以谓之为贯。圣人之道尽在《易象》《春秋》，《易象》则大本大用，全具无遗，天人合一之道尽在其中。《春秋》全显大用，天人感应之机尽在其中。读《易》而不达天人浑一之道，读《春秋》而不达天人感应之机，乌识一贯之道哉？彼子静与阳明皆学圣道之人，特不免语病耳。若当孔子时，谁非门墙中人，正道固所当明，学者亦不易得，但当存其至是，去其太甚可耳，谁云此然而彼否耶？

明儒有云，悟得一在二中，又有云阴阳即是太极，然仔细检点得来，正落第二层，止说得流行之太极。伏羲先天四图有画不出者，则两仪未起之先是也。文周之《易》有说不出者，则初之来处，用九之无首是也。夫两仪必有所由起，初必有所由来，用必有所由肇，今但从二说起，则二之来处先已茫然，谓二能自始乎？遂足为不匮之原，不竭之府乎？既有二名，无统之者，无御之者，不相争乎？不相胜乎？吾诚不知孔子一以贯之，为一之事乎？为非一之事乎？张子虽曰“不有两，则无一”，皆是说流行太极中事，是说阴阳方交之时，断不可说敦化之太极。

子贡性与天道不可得闻，子思之《中庸》乃于性天道之故，凿凿言之，且标出中和之旨，且发露诚明之秘，子思其大贤欤。明之见于《周易》者，如大明终始，得朋丧朋，先庚后庚，皆是也。其馀《彖》《象》《系》《说》言明言见，不一而足，皆此明也，是阳德之大用而不掩者也。参①赐之一贯，皆此明之融会而贯通也。顾诚犹可言，而明

① “参”，库本作“回”。

无可喻,所以下章言天道之诚,不一而足①,言天道之明,止有前知一章。如将此章止作圣人看,便不解此书旨了。便止知有圣人,遗却之道二字了。若知必有祯祥,必有妖孽,皆天道自然之明,昭著于两间,则圣人之知便已落后一步。

天性道

《中庸》首章从道之大原说起,是因人看天字太远,故特发天人合一之旨,而并原其始,要其终,著其功,极其效也。天,大道之原也。命,天之动也。性,命之定也。此体统一太极,在天者也。其在人也,性,道之原也。情,性之动也。道,性之充也。此流行之太极,在人者也。岐则为欲,岐而远则妄,岐而背则恶矣,是未能率之于性者。因立图于左。

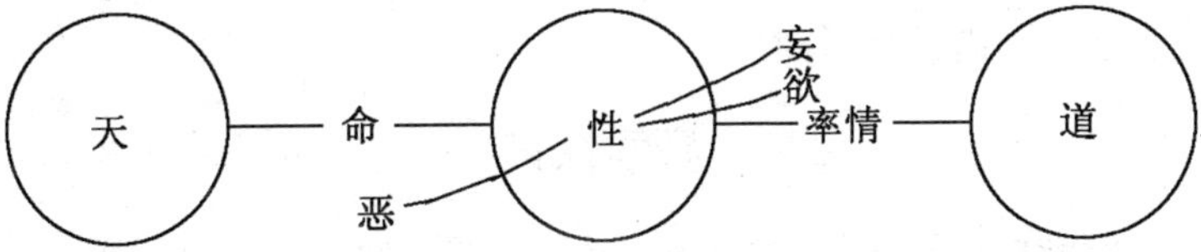

率者顺也,是端端正正由此而出,不旁杂,不支离,不违背也。戒惧慎独,则欲其顺而率之,防其岐出者也。中和则戒慎之德,率性之真也。位育则充性之量而极于天,使得天之理顺而无所歉也。前面从天说起,中间只完得一个性字。后面说位育,又归到天上,方是一以贯之。

或问禘之说,子曰不知也,知其说者之于天下也,其如视诸斯乎?朱子以仁孝释之,非无据也。《礼记》万物本乎天,人本乎祖,仁人之事天如事亲,孝子之事亲如事天。圣人郊禘制义实由此出。《西铭》有见于此,故合仁孝而一之,是诚有见于天人妙契之微,与体用一原之合矣。人之生也,由于父母,父母生于祖宗,由祖宗而

① “天道之诚,不一而足”,库本无。

溯诸无始之始，人何由生乎？夫两仪未判，一元浑沌而已，迨于天开地辟，而清者位上，浊者位下，非绝不相通也。天之气升极而下交，地之气降极而上跻，相须相得，浑合无间，则结而为雷为风，为日为月，为水为火，为山为泽，又其蠢者结为植物，灵者结为动物，其最灵最灵者始结而为人。故人之心神性命，天之化也。官骸脏腑，地之化也。其间阴阳不无内外多寡之异，乃始有男女之形，以形育形，万民之众实由此蕃。故曰人者，天地之理气，合以成其形性者也。以天地所生之理气还而感天地自然之理气，若子之于父母，迫切呼号，宜无不恻然动念者。安有感而不感，格而不格者哉？孔子曰①祭如在，祭神如神在。又曰我战则克，祭则受福，盖得其道矣。《商颂》曰绥我思成，《祭义》曰致爱则存，致悫则著，是皆与天为徒，而默操乎能感之妙者也。然圣人在下，经纶参赞，不能无待者，能一其志，而未能一天下之志也。同民心而成位育，非有德位之圣人，其孰能与于斯？

易学馀言

絪缊化醇，便是浑沦之太极。男女构精，便是初合之阴阳。

坤初六一爻全言习，而人不之察，故孔子《文言》遂说出积顺二字。性则圣愚所同，故曰相近。习则圣愚各别，故曰相远。大约今之庸愚趋入下流而不止者，只是初念动得不好，故孔子遂于坤初发之。譬若可欣可欲之事，今日尝试为之，明日又尝试为之，其初恧然未甚安者，逮于至再至三，则安若故然，何也？日习为之，积累之势既顺且便，故孔子以为积，又以为非一朝一夕之事，而直谓为顺也。诚慎之也，习之溺人也如此。当知《论语》中相近相远之说，及坤初积顺之说，皆是使人慎习的意思。因此爻是从习处说，故于二爻之得中者，则曰不习无不利矣。圣人解爻，一卦岂有异旨？

不知性是何等光景，气是何等形象，质是何等体段，而竟至于混

① “曰”，堂本作“之”。

淆杂乱，则是并未尝向自身体贴过也。不知乾彖之溯始为何意，不知《文言》之标举为何旨，不知继善之承受为何事，不知子思孟子之言说何所本，则是并未尝向《周易》、四子书中留心过也。取先儒之唾馀，置圣贤垂世之经于不论，自疑而并以疑天下后世，疑团何时释耶？

周易函书约存卷四 原图四(循环图说二[1])

循环图拟月窟

凡阴阳之生于内者,即内象三爻之来于下也。极盛而出外,即外象三爻之往于上也。穷则必返,周而复始,如日月回旋而未有止也。月受日光,具此六象,其生明成魄,亦皆自下而始。阳进一爻,则阴退一爻。阴进一爻,则阳退一爻。其实阳有进退,阴无进退,故阴爻以阳之进为退,阳之退为进,阳之极盛为消,阳之终尽为息。悬象著明莫大乎日月,此图之黑质即月轮之阴魄,此图之白质即皎日之阳魂。阴魄一定不易,阳魂随时变迁。一定不易者,月之体。随时变迁者,日之用。故于巽象,初见微阴方露时,指为月窟,言乎所得之阳魂,本非月体所有,特据其往来进退,足验阴阳消息耳。至月之本体,则此时微露之阴魄是也,故曰乾遇巽时观月窟。

盅巽小畜中孚,皆言月,具巽兑两象也。归妹伏巽覆巽,故亦言月。若坤之得朋丧朋,则以黑魄之全体,比象纯坤之顺体,以坤阴之翕受乾阳,与月魄之含受日光,其浅深微盛,大略相同。乃阴阳之气不可窥,明昧之象有可见,故不直言坤而但言月,正所谓仰以观于天文者也。归妹虽曰伏巽覆巽,然后天之巽在东南,而先天之兑亦在东南,皆与盛阳之乾相近,所以亦有月几望之象。

东北丧朋

丧朋者,阳光已尽,黑质孤存时也。顾此黑质先在下弦,上面犹

---

① “循环图说”,库本作“太极”。

有一阳,其象为艮。艮在先天,虽居西北,艮在后天,实居东北。不云西北丧朋,而云东北丧朋者,盖先天止以象其气之流行,而后天则以著其位之一定。故凡言时者皆考于先天,凡言位者皆考于后天也。犹云二阴之艮象,上面一阳既尽,乃始转为三阴之坤,谓阴本以阳为朋类,其阳既丧,遂成全晦之体,是即以东北字代艮字,而以丧朋说阳之终耳。盖由循环不息而论,则必由二阴,然后及于纯阴,故圜之以先天图,以明其候。以盈虚消息而求,则必至东北艮方,而阳光始尽,故列之以后天图,以定其位。所由谓为东北丧朋,凡欲人因时以考其位,因位以征其象耳。亦可知文王后天图,皆所以发明先天一图之蕴也。或曰艮象见丙,而兹以东北为艮,何也?盖巽之见辛,是一阴之初生于西,及二阴而见丙,则已转而南矣。由丙之二阴而东行,全晦之晨与日相及,日东月西,而上面一阳垂尽,必在艮方,故以东北之艮为丧朋。此位之确不可易者也。可知见丙者,是巽之初转为艮,丧朋于东北者,是艮之已转为坤也。

西南得朋

全晦既象纯坤,若使坤体不纯,下面忽露微阳,是为震象。必在三日之昏,此时月之离日几三十度,日入而月见,其体必在西南,西南庚方也,庚方初见震象,故遂以西南字代震字,所以谓为西南得朋。得朋谓一阳之生也。三阴为坤,坤生一阳为震,震为阳始,艮为阳终,兼此两象,始显纯坤之体。故大明终始特言之于乾,明阳之前后际俱交于阴。而丧朋得朋特言之于坤,明阴之前后际俱交于阳也。予所谓乾卦字字说入交坤,坤卦字字说入交乾者,此也。又况后天方位,西南即是坤方,岂后天漫无考证,而遽位坤于西南乎?岂《彖辞》漫无考证,而遽以西南为得朋乎?可知得丧之说虽以著阳之隐见出入,必与阴相附丽,亦以见坤德之含章,有以括阳之始终,顺承而著其妙也。夫月之明生于坤,坤之象全言月,正谓月与坤同体,坤与月同德,纯坤之位而显扬震象,与纯坤之时而流露震象者,其义一也。观此可识纯阴,非得乾施,则幽晦暗昧,终无以自发其用,所以谓为先迷。若坤之亦言用六，皆其得于乾阳者耳。所云利贞仍是乾德之二，则坤之不能自主可知。故又有得主之说。复卦云七日来复，亦即得朋之义。七日云者，正谓坤卦六爻在其前也。所以有朋来无咎之辞，此上二段为坤乙之一候。

震象出庚

三日出庚义，见前得朋条下。乃先庚后庚，不言于坤，不言于震，而独说入巽卦，何也？曰为伏震①，故言震。《周易》贵阳，杂卦所由曰巽伏也。先庚三，内震也。后庚三，外震也。三之先，指纯阴之坤。三之后，指二阳之兑。所以明此一阳之由来，与此一阳之进盛也。其必言于巽者，正以易道言始必要其终，言终必究其始，所以有变动不居，往复相循之义。故其象或取诸伏，或取诸覆，或取诸互。由伏取者，对待者也。由覆取者，往复者也。由互取者，上下卦之合也。如临本系刚长，而八月有凶，即究言阴长，是对待往复之义也。《易》有卦本吉，乃曰征凶，爻本凶，乃曰贞吉，皆据本位而究极将然，非谓见在者一定不可易，贱阴故也。又以见此阴之生，其前必自阳来，其后亦必化阳而往，故遂言其伏而对待者如此。又况先庚三日，已说向纯阴之坤，是巽下初萌之微阴所由极。后庚三日，斯渐入二阳之兑，是巽上就消之二阳所自来。故言巽即言震也。夫坤本无阳，而言得朋，是坤已转而说入震。震已得阳而复曰先庚，是震又转而说向坤，正谓阴阳两不相离，微阳必从阴极生也。震象未见，犹然黑质，故以为初之无。震象既成，渐就二阳，故以为终之有。是初终二字专言震之前后，而有无二字则专从所得之阳光起见。又以震之与坤，正属阴阳相接之限，故以有无分别之，盖阴无而阳有者也。又以见无初为阴之极盛，而有终为阴之渐消，总为巽下微阴起见。若但论本象，初阴，故以为初之无；二三阳，故以为终之有。

夫以无初有终，而包震象于中，亦如得朋丧朋而包坤象，先甲

---

① “伏震”，库本作“贵阳”。

后甲而包乾象云耳。乃卦止六爻，必兼伏卦而推所由来与所由往，以见绝不相类者亦有相通之理，明此卦之实属先天，不可执一论也。卦止六爻，又必兼上下卦而推所由来与所由往，以证此卦之在中，其气未尝不与上下卦相为流通。又以见《周易》所明，皆图中圆转不息之妙，必不可以定体拘也。蛊之终则有始，谓阴终阴始，是就盛阳之体，而观其所由以来往者也。坤之得朋丧朋，是就纯阳之体，而观其所由以来往者也。一阳二阳虽各有卦象，考诸流行之气，均非有截然可指之候，故兼上下卦以明其流通。若阴阳相接之限，则直言有无，直言始终，直言得丧矣。阴迷暗不可见，故考之以时而言始终，阳光明有可见，故别之以象而言有无，言得丧，此上为震庚之一候。

阴阳有无，原有二义，论理则阳以神用，故虚而无。阴以形用，故实而有。论象则阴暗故无，阳明故有。此论月体可见之象，故谓阳为有。

兑象见丁

月至八日，昏见丁方，下面已生二阳，上面犹存一阴，其象为兑，此时阴阳各半，宛若仰弓，名曰上弦，后庚三日正谓此也。夫兑本二阳一阴，乃以象阴阳各半之体比于上弦，疑不相似，只为三画卦中原无阴阳各半之卦，故取象于二阳之兑，为以初中末分之，则二阳之兑正在一阳三阳之中，故以为阴阳各半之象。然必加至六画，始有半阴半阳。若以十二卦与六十卦论，则泰否即半阴半阳之候也。譬之寒暑为阴阳，春秋为寒暑之半，而暑气每侵于秋，寒气每侵于春者，已成者藉馀威而过其分，方来者势未舒而不及其分也。万事莫不有然，初难知，上易知，上有藉，初无藉耳。此上为兑丁之一候。

乾象满甲

月至十五，昏出甲方，三阳全备，其象纯乾。月窟本指八卦图，说三画之卦，今由前三后三推之，则是以六画卦言也。可知先天大圆小圆，原无异旨。试以六画卦论，则五日为一候，十时为一爻，当以十三日之午便为乾初，至十五夜半，而内乾之三爻始备。又从十六之子起，得乾之九四，至十八日之午，而外乾之三爻始备。内乾者前三，外乾者后三也。先甲后甲各有三日是也。甲为纯乾所见之方，故直以甲字代乾字。又先甲者甲之先，后甲者甲之后，是又指在乾卦之外，谓内乾未成之先，尚有微阴，至于先甲三日而阴终。外乾全备之时尚无初阴，至于后甲三日而阴始。故甲之一字虽说纯乾，而先后二字说入①阴之终始，所以《彖传》不曰始则有终者。始则有终止可曰先乾之三，后乾之三而已。必曰终则有始，便是说乾先有终之者，乾后有始之者，故以为阴终阴始也。然必言之于蛊，正以巽为阴生，艮为阴盛，此二象皆自消乾而来。圣人为乾谋，故决其终之始之者也。又以既终而复始，而纯乾之象始可见也。曷由确知阴终阴始为乾象而言？以下有天行之说，是圣人仰以观于天文，见夫阴阳相循，其始而终，终而始，实有如此。故在小圆图中亦如此，在月窟亦如此也。今但以治乱之说摹写近似，谓先甲为辛，后甲为丁，有何道理？不得已以自辛丁宁释之，与天行之义有何干涉？然以五日为一候者，止以象其望前之一阳二阳三阳，望后之一阴二阴三阴耳。若以十二卦分配，则两日半当为一候。分爻之法以其中所得三十时，亦如每月三十日，分为六候，则五时为一爻而后可也。若以六十卦分配一月三百六十时，亦如卦爻分配岁令，则纯乾所得爻数止于六时。今以阴阳之迹考之，十四之夜尚有微阴，十六之晨复露微阴，自十五之昏，乾象始满甲方，至十六平明，巽象已见辛方。其中恰有六时可配六爻，则是先甲三日即指十五之昏前，后甲三日即指十六之晨后。此一夜所得正是六时，以象观之，既与盈亏之理相合。以数考之，亦与先三后三之旨相符。第《易》之为书，无越阴阳两义，日月则其象也，进退往来盛衰终始，言日月即言阴阳也，在人之会通而已。三日之义止是六爻，原不拘定为六日，为六时也。故甲庚虽指

① “人”，堂本作“八”。

月言,而三日则说入岁令,此正合岁令月窟而一之,使知各有六爻云耳。蛊本治乱相际,多事之秋,而乾正十五之夜,阴阳交易,晨昏变化①之始,故以为象。此上为乾甲之一候。

巽象见辛

此上阳生之三候已尽,其象俱见于昏。此下阴生之三候方来,其象俱见于晨。自十六平明,纯阳之体已成,下面一阴生于辛方,其象为巽。上文先甲后甲,虽指纯乾前后而言,正为此微阴初生,必附乾而显故也。至于巽之先三,则应以阴之未生为象。巽之后三,则应以阴之既盛为象。适当其时,则应以阴之方生为象。乃置本象不言,顾以先庚后庚言阳生之候,以伏震故取震,杂卦谓为巽伏是也。因巽之性情本具掩伏之义,故遂取伏象言之。伏之云者,初阴所生之爻与初阳所生之爻,彼此互藏其宅也。《周易》贵阳贱阴,故每缘阴之剥阳,而遂言阳之复也。又况先庚之说,即下面初阴之进而盛也,是予之以可遏之势。后庚之说,即上面二阳之夬而报也,是谕之以必返之理。其详具见震庚,此上为巽辛之一候。

艮象见丙

月至廿三,晨见丙方,二阴在下,一阳在上,其象为艮。此时阴阳各半,宛若覆弓,名曰下弦,如以十二卦及六十卦论,则否正半阴半阳之候,此上为艮丙之一候。

坤象出乙

自下弦之后,二阴益进,一阳就终。至三十日,月出乙方,纯阴无阳,其象坤。是阳光之尽必由艮而及坤,而月之本体亦必趋及艮方而止。艮东北也,所以谓为东北丧朋。消息相循,盈虚迭运,循环太极图正具阴阳终始之妙也。夫乾之极盛而阴终始之,坤之极盛而

① “化”,库本作“换”。

阳终始之，虽曰阳必交至于阴，阴必交至于阳，然阴不终，不知后之为乾。阴不始，亦不知前之为乾也。阳不丧，不知后之为坤。阳不得，亦不知前之为坤也。阴阳两不相离，故乾坤本位，内外各止六爻而不相越也。或曰纯乾之象，故为六时。若使纯坤之象见于晦日，而亦止六时，则初一之昏即当见月矣。不知月之合朔，当前后三时之际，月与日当各离三度，前三度之前即阳光之终，后三度之后即阳光之始。此中所得，正坤之六爻，先三丧朋，后三得朋，考之蛊巽可类推矣。过此六时，当有阳光可复，第微阳初萌，未成一爻，不能与太阳相敌，又以去日太近，日入则随之而入，故人不得而见也。必积至三日之昏，月与日约相去三十度，阳光见于黑魄，得六分之一，已成一爻之数，然后其象可见，故以为三日出庚。

庚甲先后

阴之极盛，其象纯坤，疑于无阳，然而阳之终始，皆在于此。其在复曰七日来复，谓纯坤一卦止得六爻，其内三爻之前，尚有微阳之存，其外三爻之后，已有微阳之生，是阳之终始交关于坤也。所以乾彖大明终始即是含得纯坤在内，纯坤止于六爻，至复则已在六爻之外，所由云七日来复。来复即天根之震象，而今谓为庚。庚者，震象所见之方也。蛊之先甲后甲，甲亦乾阳盛满之方也。圣人惧人不知阴之终始交至于乾，故即月之三阳全备者言之。又惧人不知月之盛满，必在于甲，故于甲方指之。甲为十干之首，乾为诸卦之首，故以为象。三日三日，则内外六爻也。内三爻之既成，是谓先三，而先乎此者，则阴之终也。外三爻之既成，是谓后三，而后乎此者，则阴之始也。所由谓为终则有始，天行也。夫蛊非纯乾，何以言纯乾之甲？以巽为阴生，艮为阴盛，此两象俱自消乾而出。《周易》贵阳贱阴，故借纯阳①而发终始之义，欲其豫防而已。又缘蛊卦下有巽象，中爻有兑，兑为阴终，巽为阴始。图中兑巽夹纯乾于南，故遂言纯乾之甲，

① “阳”，库本作“乾”。

且《易》之有巽兑者多言月,即是之故也。又缘此卦本有泰象,乃下面一阴消乾而出,故借乾而言阴始,又以卦兼艮巽,中爻震兑,是阴阳始终全备无缺者,唯此一卦,故既明指纯阳之先后,而又微示阴象之始终。若巽卦中爻有兑无巽,故言伏象之震庚。所以说《周易》全部,皆是流行不息的。盖《周易》止是发明阴阳之书,阴阳出于太极,贯乎五行,通乎八卦,周乎六十四卦,未有能离者也。不究阴阳,安识图与卦爻之旨?

得丧有无终始

据先甲后甲之义而推,则坤之东北丧朋即先乙三日,西南得朋即后乙三日也。以纯坤无象可见,故不言乙,而止以得丧言前后之分际。据得朋丧朋之义而推,则先甲即阴之丧,后甲即阴之得,以阴虚无得丧可言,故止以始终明先后之义。若阳爻实而可稽,则先庚后庚便言有无,其实得丧有无终始皆一义也。据先庚后庚之义而推,蛊之先甲后甲莫非先辛后辛,何也?蛊巽为阴气初萌之始,以其近于乾也。阳实有可窥,则止据乾之正象为言,而以后甲三日微示其由乾及巽之义。庚为阳气初萌之始,以其近于坤也。阴无而不可见,故竟置纯坤之象于不论,而以先庚三日微示其由坤旋出之义。其所专注,总缘阴生阴盛,非可象睹,非可名言而已。近乾者言乾,近坤者不言坤,阳实而阴虚,阳有而阴无,实而有者易见,虚而无者难知。《周易》贵阳贱阴,非故贱之,非故贵之,其虚实有无之义本如是耳。子云谓卦起中孚,此无据之论也。以理而论,犹不若卦起于复。复也者,有无虚实分界之始,所由谓为小父母也。知用得丧有无终始六字之故,全部《周易》了然矣。

尊经①

蛊之先甲后甲,见于《彖辞》,巽至九五始言先庚后庚,以九五一

① “尊经”,库本无。

变即为蛊也。卦辞同，则道理宜其同矣。《周易》之书原无一字泛设，亦无一爻不可旁通。今解巽之九五，似不知有蛊。解蛊之六五，似不知有巽。岂二卦之义原不相通，圣人姑漫系之辞乎？夫孔子《彖传》，皆所以解文王卦辞者也。故文王所有之辞，孔子止以一二语解之。如乃与类行便是解西南得朋，乃终有庆便是解东北丧朋。孔子蛊彖曰先甲三日，后甲三日，终则有始，天行也，此便是解卦辞中先甲二句。凡皆圣人仰观天文，知阴阳迭更而不已者，为天行之常，故遂以天行释之。又知万物之化生，莫非阳气之流衍，则阳之足贵可知。而蛊卦之体由一阴进于二阴，是阴气进盛之象。顾阴必有由始，所以有后甲之说，乃阴亦必有由终，所以有先甲之说。今以终字说在始字之前，正为其中之阳德危耳，所以惕之使自警也。言先甲则未终以前，所由以至于甲之先者，殆不易也。言后甲则既始以后，所渐以进先①甲之后者，盖难量也。是此二语全在阴微阴盛处著想，因甲之先后，适当阴阳交换之始，谨始慎微，圣人之深情寓焉。故于此卦，特寓其旨。况治极而乱，乱极而治，其初必有由然，安得不于始而加之意乎？至于阴阳相循，皆往复之恒理。有阳又必不可以无阴，安得不以天行释之，以明常然之义？今于蛊卦解为辛丁，于巽卦解为丁癸，比于终始之说，天行之义，与经文左矣。

附论日月

日月与地形，大小约略相等，由日月薄蚀而知之也。不相等何能相掩？以日与月对，则日阳而月阴，故日则长明，而月有晦朔，此一阴一阳之义也。以日月与地对，则日阳而月与地皆阴，此阳一阴二奇偶之说也。《易》中卦画阳连阴断，正是此义。老子曰一生二，二生三，三生万物。阳之一也，以其无偶也，日之代乾而宣化者象之。阴何以谓之二？卦中阴爻奚为乎断也？则以有月与地之两物

① “先”，库本作“于”。

而成偶也。奇斯一，偶斯二矣。夫日之为阳，人所共知，居天之中，最大者无过此三物。悬象著明莫大乎日月，域中四大，地亦与焉。日之大也，既为一阳，则此外之二大，其偶而为一阴，无疑也。此一阳二阴之三物，同处天中，而形质大小相等相配，故曰三也。日月与地变四时而成岁功，所以谓为三生万物。观于坤卦，以月生明成魄之象为坤象，而月魄生明之始，又见坤方，则地与月为一偶之阴体可知。

日月与地大小之义

日蚀之义，月与日同宫同道，而日为月掩，故必在合朔之时。若使月之形或小于日，则当日食时，必有数分不尽失明者矣。月食之义，日月对照，而日光为地形所隔，故必在相望之时。然月之食也，有至十七八分者，则是地之稍大于月，而未至于倍也。以此推之，是地与月所受之明，同出于日矣。然地之形亦非果大于日与月也。一指之小，可以障山，指近而山远耳。人处地上，见地大而见日月小者，地近而日月远也。日去人最远，故月又见其大于日。

见星

或谓月食固为地形所隔，乃月已无光，而附月之星，其明如故，何也？曰与地远也。因此可知日体之大，而月体之近矣。盖月食时，日体本大地数倍，地小于日，而又去日最远，星①则去地尤远矣。譬若一指可以障山者，近也。大火之聚，离二三尺置方寸之物，则墙壁无影，小物不足以障大明也。日光所照无远不及，月去地犹近，星去地最远，地形虽大，愈远则愈小，愈远则极微，故不足以障星之明，而止可以障月之明也。

三物阴阳之旨

月与地同受日光而有其明，但月动而地静，而清浊之体微有不

① “星”，库本作“月”。

同。凡轻清浮上，重浊沉下，而清浊兼者中处焉。日最清故在上，月次清故处中，地最浊故沉下。日健行故一日一周，月次日，故不及十三度有奇，地浊故静而止也。卦有三才，位有三等，时有三候，此三道者缺一不可。又天地间之生物莫不由三，乃始有变化，故曰参伍以变。或曰既以月与地为一偶之阴，又以月为清浊兼者何也？曰此亦如卦之三爻，有上有下，则必有中耳。考诸去地之远近而可见矣。然而三爻之义，何尝非一阴一阳、一奇一偶之合也。二爻之在中，何尝不与上下两爻近也。既居上下之中，则兼上之性固为四象，兼下之性亦四象也。

三生万物

日月与地合为三大，皆阴阳之化气也。天包乎外而摄之，是一元之合也。日月与地，动静升降其间，皆运行于天气者也。是太极之浑沦包括，而阴阳流转不息，悉涵育于太极之象也。三物错杂循转其中，而远近离合之异致，则阴阳之交不交也。其诸星之可名不可名者，皆所以备万物之数也。居天之中，无有大于此三物者。即其升降上下，而有春秋冬夏，斯万物之生息资之，所由谓为三生万物。夫一二三固一气之流衍也，奇一阳也，偶二阴也，万物之数不生于太极阴阳，而生于三。三者，阴阳交纽之数，是一阳二阴之合也。天地絪缊，万物化醇，此之义也。故必日月与地参相得，然后始有化育。

天为一元

以地配天，以月配日，此通论也。今置天不论，顾以月与地配日而为三。盖以乾阳之化，健行不息，而又无体可执，无形可窥。日月与地包乎其中，凡日之所施①，莫非代乾而施，凡月与地之所受，莫非因乾而受，是乾为一元之合，而三物皆居中而宣化者耳。后天之乾置于西北无为之地，非无为也。人之可见者，有形之阴阳运转而已。

① “施”，库本作“受”。

而所由以运转之者，固莫得而见也。亦如傀儡之机巧，人见其动作有为，而线索提挈，则皆其不见者也。因三物之转运不息，始觉天之穆乎无为，故置诸后天之西北以象之。乾彖大明三句言日而不言乾，言日莫非言乾也。夫乾之大明以日代乾，既可不言乾；坤之得朋以月代坤，宜亦可不言坤。今谓地与月为一偶之阴，又配日而为三物，何也？以三物处于天中，均属有形，或代阳而宣化，或得阳而生育①，皆须运转于乾元，始有化育，所由曰一生二，二生三也。其在坤卦利贞中特添出牝马二字，便是论形，便与乾之利贞不同。以易理论，则一为太极，二为阴阳，三则阴阳之合也。以目中可见之阴阳论，一即代天之日体，二即得阳以宣化之月与地也。又一为奇数，原无其匹，故尊天而远之。日既代天而舒光布化，亦其所独有者，是亦无匹者也。若月与地同受阳气，始有化育，故两物相同，所以为偶，偶则同德之义也。所由合月与地而始与日配，三大故也。又况日南至而天下皆寒，万物收藏。日北至而天下皆暑，万物长养。是地上所得之阳，莫非日光所布之阳，与月之受光于日者同实。故以为一偶，而遂以为坤卦之象也。若使天之中无日，则月亦无自以舒其明，而地上之生物或几乎息矣。故地之有资于日者，又必与月等也。

地不与天对

日为纯阳，与天同德，故郊之祭也。主日而配月，是以日代天也。或疑乾既无配，不为孤阳乎？曰非也。天为一元之合，是太极也。太极岂有配乎？朱子之论鬼神也，谓以一气言，则至而伸者为神，反而归者为鬼。夫乾阳之升而发，降而敛，其出入进退于地与月，亦若是而已矣。故《系辞》曰立天之道曰阴与阳，是天气之升降聚散，而阴阳悉具也。《周易》贵阳，贵其有为焉耳。乾居六十四卦之首，所由谓为大明终始，美利天下者也。若地道则无成而代有终矣。今以《周易》考之，凡六十二卦之阳九，莫非乾元之用九，故天道

① “育”，库本作“化”。

之动而施,即乾元之亨而利也。地道之翕而受,即坤元之利而贞。此所由顺承而美在其中也。当知资生代终,仍是乾元之各正性命而已。自亨至贞,莫非乾元之运,而无成之地道但有得丧。孔子所由曰乾元用九,天下治也。坤之有终而仍曰无成,代焉而已。坎之代乾,即坤德之含宏光大,而美在其中者也。震为潜龙之爻,而仍言勿用,未尝含之于中耳。因三物所施所受之阳,皆由乾出,故以天为一元之合,而取象于太极也。

日体为气

日月与地皆有形体,而日特有异。日者,乾阳之气结聚而成者也。譬若火传于薪,其火气之结聚,未尝无体,特自近而视之,见其虚而善动,知为气耳。尝于暮夜见远山之夜烧,仍是凝然不动者耳。吾乌知夫日之为日,自远观之,见其体之凝然,自近视之,不且晃晃漾漾,游然其善动乎?

月体为形

阳无形也,附阴而其形始见,故离之为卦,遂以附丽为义。乾言始终,无形者,考之以时也。坤言得丧,有形者征之于体也。阴本无神,得阳之附丽而始克含灵。乾之六位时成,各正性命。坤之含宏光大,美在其中。此正美利天下,顺承代终者也。故地之生长收藏,莫非乾阳凝聚布散之所为。然阳气升降出入于地,非可形见,故坤著西南东北之旨,举月之生明成魄者象之。夫日之光,能舒于地与月者,丽于实也,阳施之道也。地与月能受日光,而有其明者,盖言得也,阴受之道也。阳光之舒,著地而地为之白,著月而月为之明。观于晴霁之天,匪独地白,远山皆白,则地之受光可知。观于晦朔之间,月之向日者则明,背日者则暗,则月之受光可见。然而阳光之舒,丽实则明,而丽于虚空,则无由自显,是月与地皆实而日光则虚,故坤遂以得乾为得类也。观于日食,虽当正午,而日食之既,则全晦如夜,盖空蒙之中非无阳光,无有实而承受者耳。逮及复圆,满地皆白,则地之实体使然矣。吾乌知夫月轮之体,不亦水土致然,而与地同耶?吾乌知夫月轮之生化,不亦有人物之可指耶?吾乌知夫月轮之视地,不犹夫地上之视月轮,流行而不息,有弦望晦朔,盈虚消长耶?夫地之受光与月同,月之实体与地同,则相资而秉阳之施,赞阳之化,其皆同也。此坤彖取象,正足征其体之皆实,所以同为一偶之阴而与日配也。

婆娑之义

《淮南子》曰,月中婆娑者,山河影也,此最有体贴之语。今人谓地上山河影照入月中,非也。月为阴体,原是有形之物,则月中当自有山河。《易》曰立地之道曰柔与刚,有刚有柔则亦应有高下,有高下则应有山水,有山水则日光所照应有明暗。其有此婆娑影者,当亦月中山河向背,水土隐见之象也。

月中化育

月与地同,地有人物,月亦应有人物,何也?以其同受阳光故也。凡天下含阴有体之物,苟得阳光,咸能化为生物。夫腐草何灵,入夏而化萤,感阳气故也。谷米之小,皆能为虫,然不生于冬而生于夏,阳为之也。即以地论,当混沌初辟时,何尝有人物可言。然天气不能不降,地气不能不升,一升一降往来其间,男女构精,水火相际,然后得其浊者化为植物,得其灵者化为动物,得其秀而①最灵者化而为人,而形斯兆矣。逮于以形育形,渐衍渐众,所以有人物之繁。月与地同,则体之所具,应亦有至阴存焉。其克与天日之阳相结,而水火既济,想其灵妙,当亦如是。《周易》所有之卦,何非水火相交之象,故遂以坎离既未终之。水火者,阴阳是也。今观蠛蠓蜉蝣蚊虻之类,皆于盛暑乘湿气而生。湿则水气,暑则火气,此水火既济之妙,即男女构精之旨也。夫地得阳而变寒暑,月得阳而变晦朔,地得阳光,化育如此。谓月之所得

① “秀而”,堂本作“最灵”。

为无用者乎？如谓地之生育非日之阳德，吾恐无日则万古冥冥浑如长夜，如穷冬动植之类，奚所藉以有其生乎？

阳有微盛

日食而既，昼且见星，浑如中夜，其星之明，则阳光之返而上照者也。可知诸星亦具有实体，其时月虽掩日，而空虚之中，其光自在，特星月之光借资于太阳，皆不能与太阳相敌，故昼日则星无可见。月之出庚必待三日，而一日二日了无可见，亦是微阳不能与盛阳相敌。

月中之候

月轮之中，以十五日为昼，十五日为夜。其初得日光，则地上之下弦，犹日之卯也。历晦朔而日全在上，拟于正午，上弦则日入之候，犹日之酉也。及望而日全在下，拟于夜子，合之则为一昼夜。夫月既以地面之月为一日，则地面所得之日，即当为月轮中之三十时矣。盖易地而观，月固地面之月，而地亦当为月轮中之月，与日错行者也。地面之日食，自月轮视之，即当为月轮中之月食。地面之月食，自月轮视之，即当为月轮中之日食。第其日食在于正午，亦犹地面之日食，必在朔。月食在于正子，亦犹地面之月食，必在望也。盖月轮以朔为午，望为子也。地面无正午之月食，无正子之日食者，背也。而月轮有之，所谓顺也。

月轮昼夜长短

月轮中上下弦遇南北极，则昼夜相停，春秋分之候也。晦遇南极则昼短，晦遇北极则昼长，望遇南极则夜短，望遇北极则夜长。晦朔弦望则自地而言，昼夜短长则月轮中之候也。

月轮寒暑之候

日之行天，一日一周，而不及天一度，故一昼一夜而为一日。月之行天，遍周列宿，过三十六度有奇，而始及于日，故必三十日而始为一月。地面之春秋冬夏,一岁三百六十日而始周。月轮之春秋冬夏即变换于一日,而其候亦不能齐,故月轮有日而无岁,此其所与地异者也。冬至而月行南极,则寒与地同而不甚然,未匝日已易而北矣。夏至而月行北极,则暑与地同而不甚然,未匝日已易而南矣。冬至而月行北极,夏至而月行南极,其气皆与暑同,较地为近故也,然未匝日而易其候矣。盖月在一月之中,一南极一北极故也。

地与月互观

由地视月,则唯日与月错行于天地之间。由月视地,则当以日与地为错行于天地之间者也。或曰地未尝动也,何由知为错行?曰以月之动体形地之静体,而觉地之有行焉耳。譬若舟行岸移,岸非能移也,有移之者也。

地亦有升降

三百六十日而一周者,日之行最迟者也。三十日而一周者,月之行次迟者也。一日而一周者,地之行最速者也。以进度取之,则迟者速。以退度取之,则速者迟也。夫地未尝行也,缘天之日周于地,知地之日周于天,遂以为行耳。其行也,亦必三百六十日而南北极始能一周,故寒暑分焉。或曰地行而人不知者,何也?曰譬若附骥之蝇,日及千里而不自知其远也。又如虮虱在身,人虽疾行而虮虱犹以为静也。曰独无上下倒侧倾覆之患乎?曰海水如是其盛也,犹绕地球而周之,而不外泄也。况人物乎?但解首之所戴即是天,足之所履即是地,则固无上无下,莫非顺适者矣。

地形

地形正圆,周围九万里,因人之行地而知之也。如人南行至二百五十里,而南星高出一度,北星低入一度。如北行二百五十里,则北星高出一度,南星低入一度。夫地之四周皆天也,天星三百六十五度而一周矣。以是知地形之圆止于九万里也。曰地形既圆,则四周之人物独无倒侧者乎？曰万物俱由天地之气而生，则尊天而亲地者，理势所必然，故首所戴则为上，足所履则为下，侧岸斜坡若侧立之，必至倾覆者，未能顺天地之理势也。解此则戴天履地，周地四围，当无不有然矣。是刚气之所摄，而非可以意度者也。朱子亦曰四周之人物，俱以首所戴者为上。

空虚之用

天地间最灵最妙大作用俱由虚空而起，《中庸》所谓中，朱子所谓虚灵，皆是也。是即阴阳肇于太极，而四象八卦六十四卦无不涵蕴于中之象也。盖有器于此，若使其中实有所贮，即其实者而一一取之，取尽则无可取矣。若使出之于虚，任人取之而曷有穷乎？六合之中，太虚之体，止此三物之升降上下，而化化生生无有穷极，唯其运之于虚耳。术家有洴河，当其虚时，其用不著，迨于既实，而其用著矣。此虚实相生之理，亦可以识空虚之妙用，为大难量矣。洴河亦作逕河，即旬空也。

空蒙之中，宁无日光？特虚漠不受，故无迹可寻，承之以物，随其大小远近而明，斯著焉。此至阳之妙用，坤卦所由谓为朋也。可知日光惟虚，故能与虚同体。而日光唯虚，又必与实相依，故乾元用九见群龙无首吉者，虚之用也。所由谓六爻之位皆坤有，以乾阳健行之性游历其中，然后有六位可名，亦如日光附地而昼夜分耳。邵子曰天依乎地，地依乎天，虚实相依之谓也。实者得虚者而不迷，虚者得实者而有象，人心之妙亦然。

虚灵

天地之最灵无如日月，耳目得之，万物之声色无以自匿，非是则终古如长夜矣。然而月光所舒，皆日光所布，是月之灵因日有也。月不自有其灵，坤卦所由曰先迷也。日不能自禁其灵，乾卦所由曰大明终始也。迨于月受日光，又复因时自舒其明，坎卦所由曰时用大也。夫人之心体本极虚灵，而智愚异量，圣凡殊轨何也？是孤存其灵，实未知自用其灵也。未知其灵之即虚而具，而灵之与虚适相倚也。有灵而不知秉灵之施者为何物，发灵之用者为何候，启①灵之妙者为何象，又安知维心亨以刚中往有功者，为能继乾而时用乎？譬如火性最灵，可以销金，可以焚木，可以热水，可以转物，然施诸空虚之中，亦止自焚自灭，其功不著，故空寂之学迄无所成，未知其灵而灵之故也。负至灵之性，卒与草木冥顽同归，亦甚负天地笃生之意。此义自具乾坤，阳必附阴，是资始之用所由行，阴必附阳，是资生之象所由著。四圣之心，昭于易卦，而人自不察，何欤？

合朔

日月之食定于合朔，合朔误则日月食皆讹。盖其行虽迟疾不同，而二十九日有奇，月行过天三十六度有奇，乃始一交，其交也同度同道，是为合朔。即此定为月朔，过此则月与日渐离矣。春秋以来，有食于晦者，有食于晦前者，有食于晦②后者，皆推步之误也。

岁差

邵子元会运世十二万六千九百年而为一元，此特准一岁所得日月时刻之数，而臆为之说耳。若依岁差，当二万五千馀年而天星一周，便为一限。尧时冬至，日在虚。汉太初冬至，日在牵牛初。今之冬至，日在箕二度。夫尧至今四千馀年，太初至今一千八百馀年，而岁差若是，约而计之，是六十馀年。而经星之东行已一度矣。谁谓经星之不行乎？夫起元必于冬至，固谓冬至为日行极南之地也。今之箕宿，适当南极，故为冬至所自起。若过此一万二千馀年，则南极最卑之箕宿，当必转而居参井至高之北陆，而北陆至高之参井，当必转而居箕宿最卑之南极，何由知其然也？以虚与牛斗东进而渐高故也。又过此二万五千馀年，经星东徙已及一周，则箕宿当仍归于南极。

① “启”，堂本作“破”。

② “晦”，库本作“朔”。

自来言岁差而不及经星之行,皆误也。史书中历朝分度,各各不同,此特据史而约其大概耳。或谓日之所行至于极南,而星之高者自高,卑者自卑,是万古不易者也。安得谓卑者易高而高者易卑乎?曰若是则不可谓之南极,而亦不必纪之以宿矣。然日月五星之行,固未有不经二十八宿者也,经其中者勿论,其相离最远者三五度止矣。若使宿度之高卑不易,则传之既久,必有相差至数十度者矣。犹得谓冬至之日在某宿度乎?凡冬至之日必在极南,如不极南,则不可为冬至。列宿之行各有当冬至之岁,则列宿之行当必各有至卑之时。

岁差考

唐虞之际,冬至日躔虚宿,何以知其然?在《尧典》曰,日短星昴,以正仲冬。且冬至日短,日入申末,昴星见酉初时,而在南方午上,太阳却在酉方,虚属天盘子。以天盘子加临地盘酉,子加酉则酉必加午,昴属天盘酉,而冬至见地盘午,故冬至太阳躔虚,夏至躔星,春分在昴,秋分在房。古者唯以夜半中星考其日度,是以容成造历,车区占星是也。汉太初仲冬之月日在丑,躔牵牛初,尧至汉差一宫。晋虞喜谓五十年差一度,何承天谓百年差一度,隋刘焯以七十五年差一度,唐一行八十三年差一度,大衍推日在牛十三度,宋乃以焯七十五年为准,至元十四年丁丑冬至,日躔箕十度,至元三年丁丑,日躔箕八度(此上或落洪武二十几年等字)。则尧时日在子,汉时日在丑,金宋之间日在寅,自尧至洪武三千七百馀年,已差三宫。则尧之后九千馀年,日反躔午,又一万八千馀年,日反躔子,是帝尧之前,亦必如此。故淳风以古法章蔀纪元,分度不齐,始为总法,一行以朔有四大三小,定九服交食之异,徐昴以日食有气刻时之差,姚舜辅知食甚泛馀差数,革象谓上古岁差少,后世岁差多,以唐宋到今验之,果符其说也。古人以三百六十时有馀,均作二气,六候为一月,然每月朔止得三百五十六个时零三刻有奇,而一气则十五日有馀。故月大曰气盈,月小曰亏,名为朔虚,此谓日月五星亦有亏盈,非但指日月晦食为亏盈也。

周易函书约存卷五 原卦

二用图解

☰ **乾用九**。凡三男之卦，皆乾九之用于坤，坤体静，则坤为无用，而阳爻往来动荡，正乾九之大用，故遂主动用之乾爻，而周公于乾遂特标用九之旨。

☷ **坤用六**。凡三女之卦，皆坤六之用于乾，乾体静，则乾为无用，而阴爻往来动荡，正坤六之大用，故遂主动用之坤爻，而周公于坤遂特标用六之旨。

因诸卦阴阳相交，俱以动用之爻为主，故乾坤二用遂称九六，而不称七八。七八者，静阴静阳。九六者，动阴动阳也。

凡一阴一阳之卦，不论上下，俱以此一阴一阳为动用之主爻。

一阳之用于坤者六，皆乾九之用，故此等卦不主坤爻，而孔子《彖辞》悉专论乾阳之一爻为主。因此等卦不主阴爻，故《彖辞》之于阴爻，遂无往来上下之说。

䷗**复**，此卦专主初阳，亨者，乾之用也。凡阴以得阳为美，故以得阳为得朋。朋也者，相资相益之称。来之云者，谓坤本静体，乾用其初，来一交之，因在内卦，故遂称来。自外而归于内，故谓为反。天地之运流行不已，原无止息，阴极阳生皆由内起，今来于内，故以为反。下曰刚长，本此动用之一阳而言，谓此一阳将必复盛，而临泰即在其后也。若必待一阳逐爻变去，如卦变所列，而不知刚长之说，是为二阳三阳以至纯乾而言，则天地之气运皆滞而不灵者矣。

䷆**师**，此卦专主二阳，刚中而应，明坎之中阳是乾九之大用，为此卦之主爻。故择此一爻，独言其刚而得中，应字则兼及六五而言。

然六五柔而得中，仅谓为应，明二刚为卦主耳。

䷎谦，此卦专主三阳，亨者，乾之用也。天道下济，正谓乾用其九来于下卦。地道上行，因三阴相抗，不可择一爻为主，故据上卦全体而称为地道。正以下济之天道为此卦之主爻，地道在上，若避而违去者然也。又缘上居亢位，不能与九三相应，故但以上行而统论上卦之全体耳。

䷏豫，此卦专主四阳，刚应而志行，卦有五阴而独举刚爻，明四为动用之主也。应谓坤初，凡两刚两柔皆不相应，唯阴阳相资方始得益，故遂言应爻，此诸卦之通例也。凡在中之爻多言志，坎离虚中实中之爻也。凡在下之爻多言行，初四为足爻是也。今刚阳居四，而应阴居初，故以为志行。初本震爻而阴爻在焉，故以为应。震主初阳，而今居外卦，又与足爻相应，故以为行。然在四而不得其位，故止建侯之利。

䷇比，此卦专主五阳，曰下顺从，则知以上卦为主矣。曰以刚中，则知主乾九之用于五位矣。

䷖剥，此卦专主上阳，然上虽阳爻，亢而无位，故曰不利有攸往。又曰顺而止之，顺字指下卦之坤，顺者顺于人也，为上卦之主爻言也，故下曰止之。止之者，谓彼顺而我止之也。下卦无可主之爻，故但据坤卦之全体而言顺。上卦之主又处亢极将返之地，故但言止。二五两阴虽皆得正，然非动用之爻，故亦不能为此卦主。六五至尊，犹但曰贯鱼以宫人宠，其专主上阳可知。

此上六卦之《彖》，皆先从乾刚说起，然后及于应爻，则阳爻之为主可知。

一阴之用于乾者六，皆坤六之用，故此等卦不主乾爻，而孔子《彖辞》悉以坤之一柔为主。因此等卦不主阳爻，故《彖辞》之于阳爻，遂无往来上下之说。

䷫姤，此卦专主初阴，《彖》曰柔遇刚也，为柔而言，则主柔可知。凡云遇者皆动后之事，若静则何得有遇乎？《周易》贵阳而贱阴，初六微阴，贱而在下，今遇此五刚，敢与老阳相抗，故曰勿用取女，又曰不可与长,皆为动用之阴爻言也。

䷌**同人**,此卦专主二阴,《彖》曰柔得位得中而应乎乾,明此卦六二为坤六之用。乾之九五尊而得位,但为二柔之应,主柔可知。然止曰应乾而不曰应五,与谦言地道相似,但是举外卦之全体,而不及九五之中爻,非卦主也。下曰文明以健,又曰中正而应,虽皆兼两体而言,然先说文明后说健,先说中正后说应,皆为主爻在下也。

䷉**履**,此卦专主三柔,《彖》曰柔履刚也,履礼也,即礼下于人之礼,谓柔下乎刚也。观孔子《大象》所云辨上下定民志,则柔之履刚,自应是柔之致礼于刚。为此柔居下卦之上,却能上承外卦之乾刚,故以为履刚。是则履刚云者,谓柔居乾下而已。向来作践履之履,谓以乾履兑。乾非动用之爻,不能为主,孔子《彖辞》并无此解。凡《彖辞》主刚则从刚说起,主柔则从柔说起,六十四卦莫不如是。如姤之柔遇刚,同人小畜之柔得位是也。此卦主柔,故先说柔后说刚。

䷈**小畜**,此卦专主四柔,《彖》曰柔得位而上,下应之曰小畜。柔得位而上为句,下应之为句。盖因此卦乃一柔上进而为主,其应爻乃在下卦。若上卦同体之二阳,如何说得应爻?健而巽以下,是据两体说全卦之大象,非言动用之主也。如履之悦而应乾,剥之顺而止,皆论全体之两卦,非论主爻也。

䷍**大有**,此卦专主五柔,《彖》曰柔得尊位,大中而上为句,下应之为句,又曰应乎天而时行,皆主六五之一柔,是坤六之用于乾也。所应之乾虽居九二,非其所主,故止论全象而以为应天耳。应天之说为柔而言,则主柔可知。

䷪**夬**,此卦一柔在上,下临众阳,宜可为主,然诸卦至上爻皆属本卦垂尽之地,此时阳极变阴,阴极变阳,其爻皆不能自主,故因五阳之趋而上进,而《彖辞》遂曰刚决柔也。刚五而柔一,五刚同德,莫适为主,此仍是主柔之说。止缘此爻已在将欲变更之际,故但言决柔,下随曰柔乘五刚,则主柔可知。

此上六卦之《彖》皆先从柔爻说起,然后及于所应之刚,可知其为主柔矣。

凡二阴二阳之卦三十，二阳分居上下，二阴分居上下各九卦，二阳二阴同居上卦者六卦，二阳二阴同居下卦者六卦，共三十卦。

二阳分居之九卦，皆乾九之用，此类卦辞爻辞皆无主阴爻之说。

䷲**震**，此卦主初四两阳，亨者乾之用也。凡爻在内者，《彖辞》必称来。震来云者，谓九阳之来用于初也。外卦之四亦属阳爻，而均以为来者，初亦卦之内也。凡三爻之卦初为内而三为外，故艮阳有辉光之说，外之可见者也。

䷜**坎**，此卦主二五两阳，亨者乾之用也。维心亨以刚中也，心与刚皆明九阳用于坤，而得其中耳。元亨利贞，乾坤皆有之，乃顾以亨为乾用，因资始之乾重在元亨，故用九一节皆止言元之亨。坤以成终，重在利贞，故用六一节但言利永贞而已。乾坤而外，凡属阳爻多言亨，凡属阴爻多言利，亨则阳气之初通，利则阴形之可积者也。

䷳**艮**，此卦主三上两阳，凡爻居亢位，虽属动用之爻，皆不能为主。如剥阳既亢，但据全体称为顺而止耳。顺下卦，止上卦也。此卦两阳，偏主下阳，故曰动静不失其时。静谓艮止，动谓中爻互震也。下曰其道光明，方指居外之两阳而言。谓九之用于坤末耳，初在内者也，末在外者也。

䷂**屯**，此卦下主初阳，上主五阳，初五皆动用之刚，《彖》曰刚柔始交者，因动用之主爻实为乾刚，故先言刚。其必兼柔而曰始交，刚阳之用以柔为体也。乾阳用九必交于坤阴，故因其用而交坤，遂言所交之柔。又因乾坤以下六十二卦，莫非刚柔之交，而屯为序始，故言始交，为此后诸卦之例。动乎险中，兼两体言也。主乾爻者多言亨，然履之言亨为上乾也，小畜大有之言亨为下乾也。

䷚**颐**，此卦主上下两阳，然上居亢位，下又微而未甚，中间四阴彼此相抗，又无一可主，故但合上下两卦取以阳养阴之义，是仍主动用之两阳也。盖阳外而阴内，有畜藏畜聚畜养三义故也。此卦非两阳上下，则不成为颐，故中之四五皆养于上阳，上阳成艮之主也，非此则不成艮矣。中之二三皆养于下阳，下阳成震之主也，非此则不成震矣。

䷧**解**，此卦内主二阳，外主四阳。凡《彖辞》中如论主爻而兼及旁爻，则以主爻在先。如兼论应爻，则必言应爻之全体，而必不专主一爻。如但论两体，则又必以下卦居先。下卦者，先成之卦也。如剥之顺而止，履之悦而应乎乾，皆先言内后言外也。此卦险以动，动而免乎险，虽兼言两体，而内卦居先，此之谓也。然上下两阳皆乾九之用于坤者，故能为主于上下两卦。卦不言亨，为险陷也。然观雷雨作，草木皆甲拆，则亨字之义在其中矣。《本义》利西南之注，谓其卦自升来，三往居四，入于坤体，二居其所而又得中，故利于西南平易之地。细观此卦《彖辞》，并无往来上下之说，何得亦引卦变？此误之误也。

䷃**蒙**，此卦内主二阳，外主上阳，坎得中而艮居亢，故《彖》曰险而止。先言内而后言外，虽云坎卦先成，其动而有用，动而无用，概可知矣。乾用其九而主阳，故言亨。

䷽**小过**，此卦内主三阳，外主四阳。《彖》曰小者过而亨，过谓过乎刚阳，正由阳九之大用相形而见。因主乾之用九，故言亨，是其属意已全在阳爻。其曰利贞，则亨中事也。上曰柔得中，下曰刚失位，谓二五之得中，总以见二刚为主者不得位也。

䷦**蹇**，此卦下主三阳，上主五阳，然上阳陷于坎中，下阳又居亢悔之位，故险在前与见险而止，皆论全卦之两体。然皆先说险字，则是合两阳而计之，又以坎阳得中，非亢悔可比，故下曰往得中也，为坎阳言也。其道穷也，为艮阳言也。然下曰利见大人，与乾卦九五同辞，是仍独重坎阳，与得中之旨相类。至得中而称为往得中者，此往字谓用在上卦，是言打初成卦时，往来摩荡之妙，非卦变也。《本义》曰卦自小过而来，阳进则往居五而得中，退则入于艮而不进，故其占曰利西南而不利东北。谓往为进犹之可也，谓入于艮而不进为退，夫不进则不进而已，是艮之未尝动也，何得谓之入于艮乎？且卦辞彖辞并无退字之说，今添设之，岂《易》之真理乎？得位兼两阳而言，若单指五言，则固已谓为得中矣。《本义》以往而居五，与退于艮，为利西南不利东北之解，似亦当理，而不知东南西北[1]首见于坤，原指月体而言，与乾卦大明终始指日言者紧相对照。盖阴阳之迭运在日月，犹之在天地也，故曰仰以观于天文。自坤而外，惟坎之一卦始象以月，此先后天二图之妙也。此卦上见坎象，月之生明必于西南，故以西南为利。若至于艮，则东北丧朋之地，故以为不利东北。夫人之作事，得则利，丧则不利，自然之势也。此卦下见艮象，故云不利。《周易》之理上契天文，顾以为纳甲而摈之，难与言《易》矣。

此上九卦两体皆用阳，故多先言内卦。

二阴分居之九卦，皆坤六之用，此类卦辞彖辞皆无主阳爻之说。

☴巽，此卦主初四两阴，重巽以申命，言两体也。刚中正字虽指二五，然巽乎中正而志行，则为柔而言。行之为言，初四皆足爻也。志也者，顺阳之志，阴以得阳为美也，下曰柔皆顺乎刚可知矣。又曰是以小亨，利有攸往，利见大人，皆主柔之辞，而顺刚之义在其中矣。盖阴之德顺，阳之德健，阴称小，阳称大也。

☲离，此卦主二五两阴，二五在内外卦，本中正之爻，今曰重明以丽乎正，又曰柔丽乎中正故亨，皆主用六之阴也。阴爻而亦曰亨者，盖离非离也，已用之乾也。乾九既用，其亨在阴，故卦虽无元，而有利贞之亨。

☱兑，此卦主三上两阴，两柔位居亢悔，虽属动用之主，而却无大用，故但以二刚之得中者形之，曰刚中而柔外，正以见二柔之不中不当位而已。

☲鼎，此卦下主初柔，上主五柔，以木巽火，先内卦而后外卦，据二体言也。巽阴初微，五阴得正，故专主五，曰柔进而上行，得中而应乎乾。凡阴皆顺阳，故阴虽为主于卦中，亦必兼及于应，虽阴阳相须之理，亦阴柔之性情然耳。故坤之一卦必以得阳为得主，凡上下两卦皆有动用之主，又必以得中得正者为尤重，其初微上亢者从之而已。若或两爻皆微，则上重于下。若或两爻皆亢，则下重于上。

---

① “东南西北”，库本作“西南东北”。

若或一微一亢,则又酌量其轻重而论之,不可不察。《本义》谓卦自巽来,阴进居五,而下应九二之阳,故其占曰元亨,不过谓《彖辞》中有柔进而上行,得中而应乎刚之说耳。不知此二句止是说打初成卦时摩荡之妙,非先有巽卦于此,然后能自进而上也。况巽已成体,安能复动乎?当知卦所由成,于揲蓍之际,自初爻之在下者而始,至于三爻,而下卦以成,过此则为上卦。今鼎卦之五正是阴爻,故曰柔。又在上卦,故曰柔进而上,谓此为动用之主耳。其上卦初末两刚置而不论,静体而又相抗,非所主也。因五柔得中,而二刚下应,故曰应乎乾。不知此义,指为卦变,遗误后人不少。

䷛大过,此卦内主初阴,外主上阴。大者过也,过者过阴小也。便是属意阴爻,说二阴之不及了。本末弱则专主二阴也。刚过而中,刚过谓中四爻,而中谓二五两爻。方据二体而言,二阴一微一亢,弱而无为,故但论两体,又复指其得中者言之。

䷤家人,此卦内主二阴,外主四阴。卦辞曰利女贞,便是以阴爻为主。《彖辞》曰女正位乎内,见二四之各得其位也。二固在内,四亦外卦之内也,皆坤六之动用于乾阳者也。其曰男正位乎外,因女之正位而相形以见,故先言女后言男。

䷰革,此卦内主二阴,外主上阴,水火相息,兼二体论也。阴为动用之主,故曰二女同居。然上阴亢悔,而下阴得中,故曰巳日乃孚。五行之土,在中者也。地亦在天中,是独重二阴,为上阴居亢耳。

䷼中孚,此卦内主三柔,外主四柔。柔在内而刚得中,虽据两体论,然先曰柔后曰刚,便是以柔为主。以刚形柔,见柔之或微或亢,皆不得中耳。凡刚非主爻,而彖辞及之者,非柔之应爻,则必其居中者也。

䷥睽,此卦内主三阴,外主五阴。卦辞曰小事吉。小者,阴之体,便是主柔之义。《彖辞》曰火动而上,泽动而下,兼两体言也。曰二女同居,则主柔之辞也。泽阴亢悔,火阴中正,故言悦而丽乎明。明为悦之所丽,轻重可知矣。此与上文先言火后言泽,皆主离之辞,而所重在火。其下曰柔进而上行,则专谓六用,往居于五也。若谓自离来,自中孚来,自家人来,则未知用三用五,体静用动,体内用外之说矣。

二阴同居下卦者三,皆乾九之用。

䷘**无妄**,此卦专主初阳,刚自外来而为主于内,静为主而动为客,静为体而动为用。今坤体居内,乾来交之,则必其自外者也。乾来交而用九,故遂变而从男,是动用之客爻反得为主,故曰自外来而为主于内。凡动用之爻莫不自外而来,故特举此为例。如屯言始交,此后何卦之爻不从交后得也?坤言六二之动,此后何卦之爻不从动处占也?大约《周易》之文简而该,凡说道理皆是举端以例其馀。动而健,刚中而应,兼两体论也。然先说动后说健,刚中之爻止以为应,仍是主内之义。若说作自讼而变,九自二来而居于初,二固内卦也,乌得称外?且六十二卦之《彖》,究无以二称外之理。

䷅**讼**,此卦专主二阳,上刚下险,险而健,皆论两体也。然先说险后说健,则主坎可知。又曰刚来而得中,刚谓阳,来谓内卦,得中谓居二,此正说动用为主之妙。利见大人方指乾五,言应也。若说卦变自遁来,为刚来居二,而当下卦之中,有有孚而见窒,能惧而得中之象,吾诚不知遁之一卦比于讼卦,有何道理可以相涉?必欲自彼而来,何也?且离却遁卦,遂使讼之一卦竟无道理可分晰耶?故注释卦义者,必须熟玩彖辞始得。

䷠**遁**,此卦专主三阳,三居亢悔之位,然与九五同德,故遂言九五之有应。当位者,兼三而言也。与时行者,遁卦之本义也。小利贞,浸而长,则为动用之九三。通盘打算,以见当遁之实也,与临卦刚浸而长同义。

二阳同居下卦者三,皆坤六之用。

䷭**升**,此卦本主初阴,乃下阴卑微,又当勿用之爻,幸与上坤同德,故曰柔以时升,若必将进而上者然也。如以上坤为所升之柔,坤固已上矣,尚有何升可言?何时可言也?先说巽后说顺,主巽可知。刚中而应,谓刚中而有应,因巽阴初微,故合刚中之二爻而统谓为巽。见初阴之得力，在同体之二也。用见大人及南征之说，皆谓初阴得助于二，而挟以上也。凡初末两爻，虽为卦主，一微一亢，皆无可称，故多论两体。唯离坎不然，阴阳得中故耳。若谓卦自解来，柔上居四，全不解爻中动用之故矣。且《彖辞》固曰柔以时升矣，且问此爻，毕竟的在何时升于此位？时字原说后来之事，若已成之爻，则无待于时矣。

䷣明夷，此卦专主二阴，明入地中与内文明而外柔顺，皆论两体。不言得中之下阴，大明宜升于天，不宜入地，是大段差别，故曰晦其明。

䷒临，此卦专主三阴，《彖》曰刚浸而长，为兑之上阴虑也，与遁之浸长相似。见此六三本为卦主，乃独近二阳，遭其凌侮，下曰八月有凶，则为此凌阴之阳将亦必有受侮之时，故曰消不久也。凡皆为此动用之三阴通盘打算，不识从前率称阴为小人，何也？天地之气流行天地间，原无止息，周而复始，故虽极遐陬之地，亦必有气运轮到之会。因即临遁两卦，特发气运周流之旨。盖卦爻之气运，与天地之气运相同，亦应周流不止，所以文王之卦孔子之彖俱向动用处说道理。此卦唯据复卦而论，方合易理。若认作卦变，则彼卦变来者既属死卦，而此卦所变之爻，亦竟无变动之时，何不于临遁两卦细心讲求？

二阴同居上卦者三，皆乾九之用。

䷡大壮，此卦专主四阳，大者壮也，谓震四之阳挟刚健之势而上进，以四为动用之爻也。刚以动，兼两体言，则能壮之故，与升卦得力于刚中相似。

䷄需，此卦专主五阳，阴在前，刚健而不陷，据两体言也。然先说阴在前者，动用之主在上卦也。位乎天位，以正中也，则专指用五之乾九而言卦主也。利涉大川，往有功，论两体也。

䷙大畜，此卦专主上阳，刚健笃实辉光，为内体之刚实，而上阳且光辉于一卦之外，是兼内体而论用爻也。凡卦皆内体而外用，内性而外情者也，刚上而尚贤，自下之尊奉上九而言。止健，自上九之视下而言，皆为卦主在上也。然亢悔之爻不能为主，故下又曰利涉大川，应乎天也。据乾卦之全象而但以为应，皆主上爻之义。若谓卦变自需而来，九自五而上，便为得解，即谓自大壮四爻而上，奚不可者？凡皆未明刚上之说，原是发明乾阳之动用，阴阳摩荡之妙也。

二阳同居上卦者三，皆坤六之用。

䷓观，此卦专主四阴，大观在上，虽谓刚大之阳在诸阴之上，然巽之初阴正在二阳之下，则是大观在上，正为动用之四阴在下耳。中正以观天下，虽若专说阳爻，然乾为天，天之下正为巽阴与天相接，而适处其下，仍是专主巽阴，故曰下观而化，近故也。凡阴皆以得阳为美，而比尤愈于应，故屯之六二，解之六三，皆从比阳处说道理。

䷢晋，此卦专主五阴，明出地上，主上卦之辞也。顺而丽乎大明，论两体也。柔进而上行，专指五阴，是坤六之动用于乾中者。若谓变自观来，为六四之柔进而上行以至于五，吾诚不知观卦之四又从何来？此卦之五又将何往？此一爻之善动固如此矣。夫何不并其善变者而注之？

䷬萃，此卦专主上阴，顺而悦，刚中而应，皆论两体也。兑阴亢悔，故不能为主而主上卦，其先言顺而悦者，上阴与下卦同德故也。其曰刚中而应，则主上卦之辞也。

凡三阳三阴分居上下两卦者十八，其上下卦莫不各具乾坤之体，故汉儒注释《周易》，多言泰否两象。当是《周易》初传，止有体用之说，传之既久，遗却体用之义，遂于泰否卦中爻之上下说作卦变，此不可不察也。

三阴三阳分居上下两卦，下用阳而上用阴者九。

䷩益，此卦下主初阳，上主四阴，故孔子《彖辞》全从初、四两爻说来往道理，以其为动用之主也。损上益下，谓上体之乾用去初九，而下体之坤增此初九也。坤为民，阴以得阳为美，今坤体而忽得此阳，故以为民悦自上，谓自上卦来。下下，谓来于下卦之初最卑之地，仍是损上益下之义。第言卦体之有无虚实，则以为损益。自民悦而言,则以为自上下下耳,君本上民本下也。中正有庆,木道乃行,益动而巽,皆言两体也。天施即损上自上之说,地生即益下民悦下下之义。上卦本乾体,乾主施化,乾体而用去其一,故以为天施。下卦本坤体,阳为生机,坤体而忽见此生机,故以为地生。此卦据象而论,有似乎自否卦变来,故汉儒于三阴三阳之卦,悉以为自泰否而变。不知圣人卦爻原与天运吻合,全是描写气运流行之妙。夫天地之生育,有不自天地相交而出者乎?但天运主施,流行而不息。地体正位,一定而有常。今益卦用爻,正当天地初交之爻,而天地之化生又莫不自下而上,故于益卦说打初成卦时,用九用六相与摩荡之妙,发明天地动用之机,由初而起。然止说阳之自上而下,不云阴之自下而上者,阳有为,阴无为,阴以从阳为义,无成代终者也,故不主四而专主初。若损卦之阳既亢,则不主上而主三,此又轻重之权衡也。汉儒不察,误认为卦变云耳。但知卦爻之动用流行与天运相同,则《周易》思过半矣。

䷺涣,此卦下主二阳,上主四阴。刚来而不穷,谓来于下卦,即天之下交于地,明乾用九于二而成坎也。柔得位乎外而上同,以阴居四为得位,上同谓交乾,明坤用六于四而成巽也。皆从动用之爻言彼此相交之妙也。交之为言,原因上下卦各成一体,故于两体之动用,各说往来相交之妙。今谓自渐变来,以九三而下于九二,为九来居二而得中,六往居三,得九之位而上同于四。夫下卦而既为一体,今谓自为变易,全不知阴阳相交,有体静用动之妙矣。总由不知圣人设立重卦,原因天地各正其位,而天地之化育非不交所能生,故于三阴三阳之卦有乾坤二体者,多以往来上下言之。即在本体,亦必分内外动静而言之,总欲使人观其动用之两爻,以著其相交之旨,必无既已成体之卦,犹可以上下互易者也。学《易》者须细玩之。

䷴渐,此卦内主三阳,外主四阴,以此两爻为动用之主爻。其乾体居上,坤体居下,与益涣同也。三阳四阴,动用之两爻既已相接,而坤体之三阴独进而居外卦之四,有女子外出之象,故曰女归吉。进得位即女归之义,虽兼两用而言,却重在阴爻为主。盖阴以从阳为义，今外出而上同于乾，仍居四阴之位，有巽顺之道，故以为吉。益涣两卦皆说阳爻，不及阴爻者，阳得位而得中故也。此卦之爻亦属阴阳来往之交，专论阴而不及阳者，三阳虽云得位，然居亢悔之地，是几几不能自主者也，故止论阴爻，而取女归之吉耳。刚得中指五而言，是因得位之四阴，推言进而得位之故，非主爻也。止而巽，又兼两体言。

䷔**噬嗑**，此卦下主初阳，上主五阴。颐卦上下两阳一微一亢，不能为主，故但以两阳包阴，有以阳畜阴之义，故取养义而命之为颐，仍然主阳之动用也。此卦象颐，中多一阳，而此一阳又非卦主，故曰颐中有物，指三阴言也。其曰刚柔分，动而明，雷电合而章，皆兼二体而言也。柔得中而上行，主离之中阴为坤六之大用也。下阳亦动用之爻，乃不之及者，微也。若谓本自益卦六四之柔，上行至五而得其中，是以上卦本有之爻而谓为上行，并不知自下卦而上者之为上矣，亦并不知两卦相交，乾坤两用之妙矣。

䷿**未济**，此卦下主二阳，上主五阴，刚柔皆中，而独言柔得中者，凡卦内卑而外尊，五爻又为君位，今阴爻得之，故以为柔得中。小狐汔济，未出中也，指坎陷而言，为下卦动用之阳爻陷于阴中，故不能如五之得位，见畜于二阳也。虽不当位，刚柔应也，兼二阳五阴而言也。

䷷**旅**，此卦内主三阳，外主五阴，是乾五之来用于坤三，而坤三之往用于乾五也。小亨谓阴，此亦独主上进之五阴也。以阳爻下交坤三而居亢位，故不能为主，而专主五阴。柔得中乎外，谓坤六之用，进而居五。而顺乎刚，谓与下卦之用爻合而成巽也。据上卦之体而论，刚外而柔内，亦阴爻从阳顺刚之义。止而丽乎明，则兼两体论也。

䷐**随**，此卦内主初阳，外主上阴，下刚而上柔。《彖》曰刚来而下柔，内卦为来，初为最下之位，刚来谓阳来居初，兑为柔卦，为阴在上也。兑柔在上而刚阳居初，故以为下柔。此明指上下动用之两爻而言。动而悦，则言全卦之两体也。若谓自困变来，九二下而居初，是以初阴之进乎二者为下柔,全未知外为柔卦,兑主阴爻之义矣。且卦有两体,然后能相交而成卦,况本卦上体乾而下体坤,又实有天上地下之象。今以刚来下柔专论内卦,置去外卦,非乾坤摩荡二用相交之旨。又曰自噬嗑变来,则九来居五,是以噬嗑上爻之九刚来于五位,而五位之阴爻移而居上,则置去用爻且兼置内卦不论,全非《彖传》之旨。夫世之学《易》者,莫不知震刚而兑柔,今以离兑中之刚爻乃谓为刚,圣人之十翼俱在,有此说乎?否乎?又曰自未济来者,兼此二变,皆刚来随柔之义,此仍执前两变之说合而言之,信若此言,则是两刚同来而下两柔,以此解《易》,紊乱圣经矣。夫卦爻之变,《启蒙》固列为图矣,揆于本卦,全无道理相关。及其解释《彖辞》,有一卦之变不可通者,又别出他卦之变,或二或三以补说其义,岂十翼之旨乎?夫圣人翼传何妙不备,岂其犹有卦变之说藏而不露,待后人补缀乎?今以卦变释《彖》,其误甚矣,《彖传》既误,则全《易》之理何有不误者也?

䷮困,此卦内主二阳,外主上阴。《彖辞》曰刚掩也,专为二阳言也。外柔居亢极之位,不能为主,可为主者,当在二刚。乃据两体论,则外掩于兑柔。据本卦论,则内掩于初三两柔。《本义》曰坎刚为兑柔所掩,九二为二阴所掩,固当矣。四五为上六所掩,此句亦当。盖上柔为动用之爻,因居亢悔之位,不能为主,然于本卦,亦能有用故也。下曰以刚中也,见虽为所掩,却能刚而得中,故有大人之吉。险以悦,则据两体论也。凡卦之爻皆以象告,故孔子之《彖》先言动用之主爻,若动用之爻适居初亢之位,则或弃或取者有之,其次亦必据两体兼动用而言全卦之理,此《彖辞》之通例。若非主爻,必无特举而言者。其有特举而言者,两用皆处微亢之位,而刚爻柔爻适得其中,则又从而幸之。盖二五又一卦之主,故五位谓为君爻,此又《彖辞》之变例也。

䷞咸,此卦内主三刚,外主上柔。柔上谓兑柔动用,居于上卦之上。刚下谓艮刚动用,居于下卦,而又在兑卦下也。因此卦刚柔二用俱在末爻,彼此相应,故曰二气感应以相与。又因下用刚而上用柔,故曰止而悦。男下女，虽兼两体论，又若专主阳爻，何也？以上阴居于亢位，不能自主，其阳刚之来于三者，与天道下济同义。况阳德有为，与阴不同，所以有取女之说，专言刚用耳。若谓咸自旅来，柔上居六，刚下居五，竟置艮刚不论。然则取女之说，竟为旅之上九言乎？

三阴三阳分居上下两卦，下用阴而上用阳者九。

䷟恒，此卦内主初柔，外主四刚。刚上谓震之初刚居于上卦，是乾九之用于坤。柔下谓巽之一阴居下卦之下，是坤六之用于乾。皆兼上下两卦相交动用之爻以说道理，故用而字贯之。若说恒自丰来，刚上居二，柔下居初，是全从下巽之一柔迁就卦变之说。并不察雷风相与，巽而动，刚柔皆应，皆必合上下两卦称说道理矣。且孤阴不生，独阳不长，有妇而无夫，何以能恒？其曰刚柔皆应，用一皆字，虽兼上下六爻而言，然必以初阴四阳为主，动用之刚柔原相应也。圣人设立重卦，便是天上地下男外女内之义。若其不交，必无化育，故三阴三阳似泰似否之卦，孔子《彖辞》多从上下两易，以说用九用六道理，此正可见天地之交也。其馀诸卦则专就三画之卦，而说用九用六道理。盖卦爻各有阴阳，非阳用其九来交阴，则阴用其六来交阳，此亦莫非阴阳之交也。

䷶丰，此卦内主二阴，外主四阳。明以动，兼二体言。乾九之用于四，居震卦初微之地，又不得位，而坤阴之用于二者，居中而又得位，故二阴虽属柔爻，亦弃震阳而专主之。其卦辞象辞皆以日喻，主内卦之义也。日而曰中，亦即二阴得中之义，其爻中率以见斗见沬为之说，以日象在下，而上见雷风与兑象也，言月亦为兑也。

䷵归妹，此卦内主三阴，外主四阳。渐之女归，此之归妹，其动用为主之阴阳二爻，俱在三四相比，内外相接之际。渐以男下女，阳刚在下而主动，故以进为义，若今之娶妇而亲迎者然也。归妹以内阴下外阳，若今之嫁女而外属者然也。阳性上趋，今居外卦，阴性静止，又在亢极退止之位，故曰柔乘刚。无攸利，凡利之为言，谓益我也。女而外嫁何益我之有，阳方始而阴已终。妇人谓嫁曰归，归者，女之终事也。若妇人得此，甚属不利，谓阴终也。此卦象泰，本为天地相交之卦,今曰天地不交者,盖坤以一爻下,乾以一爻上,虽有阴阳相交之象,然因既交之后,而彼此互动,久将必至于否,故云然耳。悦以动,言二体也。位不当,指两用而言,谓阴来于三,阳往于四也。

䷯井,此卦内主下柔,外主五刚。《本义》以刚中指二五两爻,非也。巽乎水而上水,兼言二体。巽乎水,谓巽之初阴入居水下也。内外卦皆有用爻,而巽阴又为内主,原有下入之义,故先言内卦。上水云者,亦主五爻之义,盖坎以中阳之流动者为水,其上下两阴则堤岸也。此卦初阴为坤六之用,五阳为乾九之用,皆能为主。特初阴甚微,五独居尊,得中而得位,故曰乃以刚中,明主乾九之用于五耳。

䷾既济,此卦内主二阴,外主五阳。刚柔正而位当,谓九刚之用于五,六柔之用于二,皆得正而当位也,非兼六爻言也。柔得中虽若专主下卦,特为初吉言耳。终止道穷,刚阳既陷于外,应爻柔而无力,仍主动用之五爻也。

䷻节,此卦内主三柔,外主五刚。刚柔分,谓坤六之柔分居于三,乾九之刚分居于五。三不中而五中,故曰刚得中。悦以行险,言二体也。当位以节,中正以通,则专主动用之五也。六处亢悔无位之地,又是阴爻,故不能为主。九居五位,又中而且正,故独重九五一爻。

䷑蛊,此卦内主初柔,外主上刚。刚上而柔下,刚上谓艮之一刚,乃乾九之用于外末者。柔下谓巽之一柔,乃坤六之用于内初者。谓艮为刚,巽为柔,未尝不是。毕竟艮之刚用在上,而巽之柔用在下,故云然耳。巽而止,言两体也。凡《彖辞》之例,必先言二用之爻,然后合两体而论,此不易者也。下曰先甲后甲,终则有始,可知《周易》卦爻皆所以象天地之气运,阴阳流行而不息,莫非先天图中循环活泼之妙,安有一卦可以体拘,摘某卦之某爻为此卦之变爻乎?审若是,是将诸卦之爻竟看作死的,竟是一定而不可移的,是并不知天行二字之妙矣。予尝谓《周易》六十四卦皆是先天,皆是活泼泼的。今观揲蓍求卦所得诸数,止有阴阳太少之理耳。圣人因阴阳太少而拟为重交单拆之象,此岂可以形体拘乎?兹曰终则有始,终谓上为一卦之终，仍主艮上之用九而言。始谓初为一卦之始，仍主巽下之用六而言。必曰终则有始者，明乾爻之亢不能为主，阳极阴生，将必有变易之候，故以天行二字明之。因以见卦爻迁流，阴阳往复，原非一成之定体可拘，故谓为终则有始，以见艮上之阳虽属动用，而却不能为主者，职是故也。又以见阳极则阴生，此蛊所由为多事之卦也。若谓自贲变来，初上二下，离初非动用之爻，而亦以为动，则不知艮上之刚为外卦主矣。谓自井变来，五上上下，坎阴非动用之爻，而亦以为动，则不知巽下之柔为内卦之主矣。谓自既济变来，兼此二变，以上卦之刚柔自相易，下卦之刚柔自相易，不唯无用之爻强以为用，非《周易》之理，并不知圣人设立重卦，原是因上天下地，中间之气运无日不流行于天地之间，故合两卦以象之，以观其相交之理。其间有两阴为主两阳为主，及阴阳分居于上下而实不相应者，故于每三画之卦，亦必各立用爻，以为此系用九之交于坤者，此系用六之交于乾者，无非发明阴阳往复相交相际之理而已。如不知乾用用于坤，坤用用于乾，莫非阴阳相交之理，未见其为解《易》者也。

䷕贲，此卦内主二柔，外主上刚。柔来而文刚，论下卦也。刚谓内卦为乾体，柔谓二阴原出坤六，今用于乾中而成明照之离也。分刚上而文柔，论外卦也。柔谓外卦为坤体，刚谓上阳原出乾九，今用于坤上而成光辉之艮也。六十四卦之用，从无言及体卦者，今文柔文刚兼两体而言，正以动用之爻必交于体也。亨也者，乾之用也。乾之用来，故为乾之亨。乾之用去，亦莫非乾之亨也，故离卦亦言亨。若谓自损变来，柔自三来而文二，刚自二上而文三，则不知离之一卦本为乾体，其内阴则坤六之用也。既以为刚上文三，则并不知艮刚为动用之爻，而置外卦于不问矣。离却上下相交之理，而专执内卦以言来固非，以兑二不用之爻而视为动用亦谬，以坤阴用六之爻而执为自兑，亦误也。谓自既济来者，柔自上来而文五，刚自五上而文上，则不知艮之一卦本为坤体，其上阳则乾九①之用也。既以为

① “九”，库本作“六”。

柔自上来而文五,则并不知离柔为动用之主爻,而置内卦于不问矣。离却圣人重卦之妙,而专执外卦以言上固非,以坎上不用之爻而视为动用亦谬,以乾阳用九之爻而执为自坎,亦误也。果知六十四卦莫非用九用六所成,则用九用六两节,必不至为抄袭浮窃之异解,而诸卦之《彖辞》,必不至牵扯绝不相关之卦,绝无道理之往来,而解释《彖传》矣。

☶损,此卦内主三阴,外主上阳。损下谓下卦之乾,已用去在上之一九也。益上谓乾用其九于坤体之上,而坤得静受此阳,阴以得阳为美,故称益也。此兑阴艮阳均在亢位,而阴爻又当从阳,故曰其道上行,主阳言耳。卦中动用之爻,本为乾之九三,故在六三爻中曰三人行则损一人,谓本为三乾,而今止剩二乾也。一人行则得其友,谓乾三往居于坤上,而仍有六三之下而应也。坤以乾为朋,故乾以坤为友,况卦中相对之爻,未有不阴阳相得可为相应者也。乾而用去,则其体虚而为离,故予以离为乾之躯壳,而中虚之体化为阴爻,阴静则莫能为用矣。今之损三,犹之乎虚耳,故专主上刚以为用。

三阴在下,三阳在上者一。

䷋否,此未交之乾坤也,其曰乾主五,坤主二者,以阴阳得中而各正其位耳。其为九六,皆未尝用也。今谓自渐卦而来,九往居四,六来居三。然考之卦体,虽有大往小来之名,大往谓乾外,小来谓坤内耳。亦何处见得有渐卦之爻为其往来也?况天地不交曰否,其时并未有用,所云往来止如复位之说,安得竟执为卦变?且天地为二用之本体,谓六十二卦由天地二用来,在乾坤两卦中业已特标其用,今谓否自渐来,则是六子之卦尚能为用,变出乾坤,是子孙亦可以生父母,不大悖乎?

三阳在下,三阴在上者一。

䷊泰,此全用之乾坤也,天体在上,其用必下,其全用也,则必全下。坤体在下,其用必上,其全用也,则必全上。故曰天地交泰。其曰小往大来者,谓小者位卑在下,今往而上,故曰小往。大者位尊在上,今来而下,故曰大来。因两体全用,而上者下,下者上,不可指定一爻以为其用,故止以大小二体言其往来而已。其曰内阳外阴,内健外顺,皆天地相交,二用往来之妙。诸卦之《彖》皆言刚柔,悉据用九用六两爻而言,泰否二卦则言大小,论天地之全体,阳大阴小故也。乾坤者,二用之大原,爻爻皆能有用,故不能指定一爻,止据全体之往来而称为大小耳。且否之一卦,天上地下,各安其位,所以谓为不交。虽有来往字样,亦止云各复其位,安得摘渐卦三四两爻称为用爻耶?泰之一卦,天本在上,而今全来于坤位,地本在下,而今全往于乾位,是全体俱用之卦,故卦辞以为小往大来,而《彖辞》亦称为天地交。既为天地交,则非一爻之交可知。今谓自归妹变来,六往居四,九来居三,是未明乾坤之交体,而止择一爻以为用矣。若使此卦仅三四为用,然则初九九二之乾,其位为本来在下者乎?六五上六之坤,其位为本来在上者乎?《系辞》曰天地定位,夫天地之位不定,而妄论往来之故,当乎否乎?或曰六十四卦除乾坤泰否而外,凡有诸子之卦,固皆乾坤之交,今以天地定位之理论之,如姤同人履及升明夷临之类,又如大壮需大畜及豫比剥之类,不尽皆天体上而地体下也,乃今以定位而言用爻,何也?曰诸卦俱以乾坤为体,非必天体在上始为天体,地体在下始为地体也。但观用爻所到之卦,便为体卦耳。其曰天地定位,正言二用所自出,其下曰摩荡,乃直言二用之所由行也。故汉儒之卦变皆论否泰,卦变之说虽非,而用爻之体则不能离天地两象,故余以为犹未尽失圣人之旨。大约《周易》六十四卦,除乾坤为大父母,为二用所自出,此外则否之一卦,天地各安其位,则全体不用,无爻可择。泰之一卦,坤体上往而交乾,乾体下来而交坤,则全体俱用,亦断不可择一爻以为用。其馀诸卦,有择一爻以为之用者,则必与乾坤相配者也。若使上下卦各有一用,其上下卦各有不用之二爻,则体卦也。因其静而无为,又属两爻同德而相抗,不能为主,故圣人之《彖辞》全指动用之一爻而言。其有本为用爻,乃置而不言,顾必择二五得中之爻以为之说,必此卦之用居于亢极无用之地,如萃之上爻是也。即有兼上下卦而言者,必上下卦体与上下卦德皆有可称,而此卦之两用爻势均力敌,亦皆有可称也。如动而悦,动乎险中,顺而丽乎大明之类是也。必无用爻之外,复择两同之一爻而为用者,则圣人之独重用爻益可知矣。夫两同之静爻,颇有得位得中者矣,乃圣人不以为用,以此卦三爻之本体原极纯净,迨阳而参之以外来之阴,阴而参之以外来之阳,而形体既变,性情亦随而变矣。如烹饪然,杂以椒盐,而甘苦易其滋味矣。如艳画然,杂以彯彩,而青赤易其华色矣。此皆以参入者为主,而本然者不得为主也。故两爻虽同,必主外来动用之一爻,而性情斯定。所由阳来而称男,阴来而称女,其现在之两爻皆不论也。如不知圣人系翼,全向动用处说道理,则诸卦之《彖》不能明了,而全易之理晦矣。故用九用六两节,予既改正于乾坤两卦之中,而又有二用图解以发明诸卦之《彖》,苟知此矣,庶不失真《易》遗意乎①。

此上六十四卦,凡云主初阳四阳者,必震也。凡云主二阳五阳者,必坎也。凡云主三阳上阳者,必艮也。凡云主初阴四阴者,必巽也。凡云主二阴五阴者,必离也。凡云主三阴上阴者,必兑也。可知孔子《彖传》,皆发用九用六之妙也。

观象并二用馀解

往来内外,认为卦变,误也。卦综之说,一覆即至,便以为来,抑又非矣。盖卦爻之生以一为初,渐往而至于六,始定一卦之体。第此六爻所具精妙,实难骤测,不得不以往来内外上下进退八字,示人以观象之法,使人逐爻分别,察其动用之主在于何爻。又复考其时位,别其动静,察其贞悔。又复连初与二,二与三,三与四,以观其比与乘承之妙。又复合初与四,二与五,三与上,以观其感通应援之机。又复合内外两卦,以观其摩荡之妙,如木巽火,木上水是也。又复择其中主爻,以上下五爻比而合之,以察其逆顺向背之情,如比至上而无首,遁至上而肥遁是也。又复颠倒上下,以观其始终及相反之义,即来氏所认为卦综者也。又复推详二五,审察阴阳,以观其中

① “庶不失真易遗意乎”,库本作“其庶有真易存乎”。

正何如，中则以为当位，不中则不当位是也。又复连二三四为一卦，连三四五为一卦，以观其中互何如，如泰五言归妹是也。又复考诸伏卦，以察其隐见之几，如巽之取庚，在离而言坎是也。凡皆观象之法也。

然则圣人序卦，务将屯与蒙，需与讼，悉比其类而合之，非欲示人以观象之法，何待如是之琐琐哉？今必借证于相反之卦，使知本卦各有性情，一较量而得其真矣。如泰与否，损与益，临与观，坎与离，既与未，皆较然者也。煦故曰伏卦，形之相反者也。覆卦，义之相反者也。伏以征时，隐见于后先，更迭相代之义也。覆以征事，别异乎吉凶顺逆，相反之故也。如有阳必有阴，有上必有下，有治必有乱，有显必有隐，有正必有反是也。往来内外上下进退，无非示人观象之法，止欲不迷于动用之主爻耳。《易》中除纯阳纯阴之乾坤为大父母，乃诸卦受生之体，馀卦之阴阳，或多或少，或上或下，别之止有三等。有一阴一阳者，有二阴二阳者，有三阴三阳而无四阴四阳、五阴五阳者，为一阴一阳、二阴二阳有以该之也。凡立卦命名，各有主爻，皆据乾坤为体，而独异之爻即分男女，即此便为用爻，便为此卦之主，此一君二民之义。如师同人之二，比大有之五是也。然卦有内外，便当有内外两主爻，如坎离之二五，既未济之二五是也。至于二阴二阳，观象之法则有二焉。如二阳爻分居上下，而各得其位，则每一阳爻皆能统二阴爻。如屯之初五，蒙之二上是也。如一得位，一不得位，则以得位者为主。如六之居二，九之居五是也。其必以得中为得位者，盖初为勿用之爻，末为过时穷极之爻，而在中之力不同于初末故也。盖两端皆不能举中，惟中为能周于两端，达于四旁。今有百斤之木于此，令于一端举之，虽万斤之力不胜矣。若于其中挟之，则百斤之力可耳。卦爻贵中，其势其力与边旁殊也。况大化由中而出，是即《周易》之大原乎？尧之执中，舜之用中，孔子之时中，均非无见于此也。其二阴分居上下，或一阴一阳分居上下者皆然，此一观法也。如使二阳爻同居或上或下之一卦，则必有三阴爻同居一卦，顾此三阴势均力敌矣。而二阳彼此相抗，亦莫适为主，则又以二阳所挟之一阴,或初或中或末,而为之主,如晋卦柔进而上行是也。其二阴爻同居一卦亦然,如无妄刚自外来而为主于内是也。此又一观法也。至于三阴三阳,除泰与否为交不交之两象,此外则皆以乾坤二象比之,必有上下变动之一爻,亦遂各①为其主于上下两卦中。如损之三上,益之初四是也。因乾坤两卦为大父母,凡其往来上下,非阳来交坤,则阴往交乾,故予遂以乾坤谓为体卦。盖静为体而动为用,必有乾坤之体先立于此,然后有阴阳之爻自外来交而为之用也。故体卦之义不可不知,而交字生字索字之义愈不可不详,观于屯为序卦之首,便曰刚柔始交,则六十二卦何一非乾坤之体往来交索者乎?夫汉儒卦变之说,似泰者谓从泰来,似否者谓从否来,其初亦观象之法,以泰否两象虽分交与不交,而乾坤两体固自判然。迨于乾坤两体稍有变动,一阴下交于乾,则必一阳上交于坤,一阳下交于坤,则必一阴上交于乾,安得不有往来上下之分?汉儒不知为乾坤之交,而认为泰否之变,则已得其似而失其真,然犹未离乾坤之二体。至虞仲翔,不必三阴三阳,亦以为某卦自某卦来矣。传之既久,愈失其真,卦变之作既繁,观象之法乃由之而晦,谁复计乾坤二体之为父母,为二用所自出哉?不知乾坤为大父母,不知用由体出,则《彖辞》所言,或指证其往来,或分别其内外,或调定其上下进退,用以审择主爻,而示人以观象之法者,率皆茫然无据矣。所以特立体用图以明之,图载卷首。

又按谓贲自泰来,未尝不是。盖此是观象之法,说在最初成卦时,言乾用其九往交于上,坤用其六来交于二耳。既有乾之上交,坤之下交,则直谓其先为泰,谁得而非之?不知此之来往,非如两邻彼此来往也。缘泰之一卦本具乾坤二体,而乾坤二体不越阴阳,所以云然。特不可硬排为卦变,若使离了坤体,何由知为阳之往?若使离了乾体,何由知为阴之来?此所由谓乾坤为大父母也。伏羲文王周公孔子本止一《易》,乃固分别观之,几于绝不相关,则未知全部

① “各”,堂本作“名”。

《周易》六十四卦合在一处，止成得伏羲一个先天大圆图。则未知文周孔子俱是解说先天圆图，而此先天一图不过乾坤两象，又实皆流行而必非对待者也。文周孔子累辞而不尽者，无非发明图中生卦之由、含蕴之妙。盖《周易》有画之乾坤，是乾坤之象，而易所发明，则真乾真坤活泼之理也。六子之所形见，皆乾坤相交变动之象，无有一卦不生于乾坤，则必无一卦不具乾坤之体。如但认乾坤为六画之卦，岂知乾坤六画皆非实有乎？试问揲蓍求卦之始，亦有形象，从太极中可取而出之乎？试问蓍数中所拟为太阳太阴少阳少阴者，果有象乎，亦无象乎？岂知《周易》往来上下俱说在气机方动之初，非论形体既成之后乎？顾见出而伏入，其形本不相假，然必合伏而言之，以伏为见之所自来，而伏又为见之所由往也，是皆阴阳之义也。亦如论爻必兼时位，时出于乾之流行不息，位定于坤之一定不移，凡皆阴阳相须之义。《易》之为言，本以变动不居为义，离却阴阳，又何能相循而不已哉？文周孔子所系之辞皆本先天一图而起，离却羲图，又何能解三圣《系辞》之旨？当知孔子《彖辞》止说卦象之初成，而非说卦体之已定也。谓诸卦之成俱生于乾坤，止是天地絪缊万物化醇之说，凡皆《周易》至理，显晦攸关，故不惮反复言之。

周易函书约存卷六 原古一

蓍法(《启蒙》)

古者筮卜并传,今龟卜之法,汉已失传,独有易卦相沿至今,世之占者率用《火珠林》,以钱代蓍,则筮法之不至沦灭,亦已幸矣。乃先儒流传,或有传授,或不尽有传授,如虞仲翔、伊川先生,往往各出己见,不能与圣人立卦画图之法相符,则法存而犹之乎失也。幸赖朱子考订,特详于《启蒙》,揆诸圣人传《易》之心,罔有不合,亟收之以俟于其后,无使至如韶濩夏武,龟卜云和,同致慨于沦亡,亦不幸之幸矣。

大衍之数五十,其用四十有九。

煦按:赵彦肃以四十九未分时象太极,朱子以除一象太极,然自有《周易》以来,率无象太极之法,以太极非形所可象也。伏羲之图象以虚中,夫虚中亦何象可言?太极而果可象也,孔子既有象二象三象四象闰之说,何独于太极而遗之?其必不可象也审矣,详见《系传》。何以止用四十九也?煦按既曰用四十九,则其一不用可知矣。夫一用一不用,固一动一静一阴一阳之象也。《周易》卦爻无阴阳并用之理,故三男皆乾用于坤,三女皆坤用于乾,此即用九则不用六,用六则不用九之象。《周易·彖辞》凡言往来上下,内外进退,莫不如是。今既曰其用四十有九,则一之不用可知,是用与不用,已具阴阳动静之义。然必用四十九者,盖因卦止于八,各得六爻,六爻共得四十八爻。第此八卦之六爻,若非九六二用,必不能自成卦体,故于六八之外,增此一爻,明九六二用原非本卦所有,均系自外用来者。无妄之辞曰刚自外来而为主于内,便是为用九而言。

分而为二以象两，挂一以象三，揲之以四以象四时，归奇于扐以象闰。

《启蒙》曰，挂者，悬于小指之间。揲者，以大指食指间而别之。奇谓馀数，扐者，扐于中三指之两间也。蓍凡四十有九，信手中分，各置一手，以象两仪，而挂右手一策于左手小指之间，以象三才，遂以四揲左手之策，以象四时，而归其馀数于左手第四指间，以象闰。又以四揲右手之策，而再归其馀于左手第三指间，以象再闰五岁之象。挂一，一也。揲左，二也。扐左，三也。揲右，四也。扐右，五也。是谓一变。其卦扐之数不五即九。煦按五岁再闰，止重再闰二字，五岁不必象也。且圣人之言止有分二挂一，揲四归奇四种，因欲探讨阴阳太少四象之秘，故以四种之象象之，与揲四同义，五岁原无可象，故不必象。必谓五岁可象，则分二揲四之说置于何地？而后挂者，谓一变既毕，二变三变皆须挂也。

挂扐（初变①）

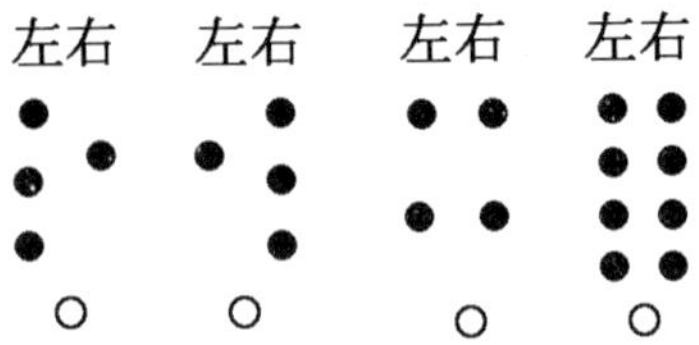

得五者三，所谓奇也。五除挂一即四，以四约之为一，故为奇，即两仪之阳数也。

得九者一，所谓偶也，九除挂一即八，以四约之为二，故为偶，即两仪之阴数也。

《启蒙》②曰，奇者三，偶者一，言初变之奇有三状，偶止一状也。左三则右一，左一则右三，左二则右二，左四则右四，去挂一计之，则五为四而奇，九为八而偶。潜老曰此三统大衍，所谓易三微而成著也。

---

① “初变”，库本无。

② “启蒙”，库本作“朱子”。

又①曰一变之后,除前馀数,复合其见存之策,或四十,或四十四,分挂扐归如前法,是谓再变,其挂扐者,不四即八。

挂扐(再变三变同②)

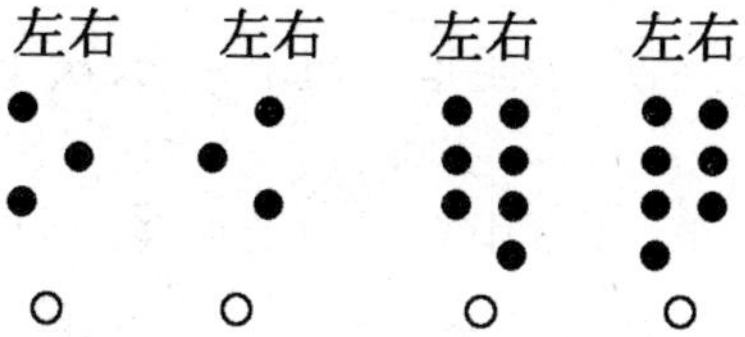

得四者二,所谓奇也,不去挂一,馀同前义。

得八者二,所谓偶也,不去挂一,馀同前义。

再变三变,左二则右一,左一则右二,左三则右四,左四则右三。合挂一计之,则三者为四而成奇,七者为八而成偶,初挂则除,而再三合挂,已寓损益盈虚。

《启蒙》曰再变之后,除前两次馀数,复合其见存之策,或四十,或三十六,或三十二,分挂扐归如前法,是谓三变。其挂扐者,如再变例,三变馀策与二变同,三变既毕,乃合一二变,视挂扐之奇偶,以分所遇阴阳之老少,是为一爻。

玉斋胡氏曰,挂扐四五为奇,九八为偶,三奇为老阳,遇老阳者,其爻为○,所谓重也。二奇一偶为少阴,遇少阴者,其爻为 - -,所谓拆也。二偶一奇为少阳,遇少阳者,其爻为—,所谓单也。三偶为老阴,遇老阴者,其爻为 ×,所谓交也。煦按四五为奇者,四五生数也。八九为偶者,八九成数也。此即生数为阳,成数为阴也。先儒以老阳之□为方形,非也。少阳之画—,少而老矣。则以少阳之—,交其两端而圆之,以象其无始终无间断也,其象宜○。

① “又”,库本作“启蒙”。

② “再变三变同”,库本无。

三变成爻即三著而成卦

☰象乾。三变得三奇，老阳也，十三策。初十一会，次十会，又九会，共三十会。

☱象兑。二奇一偶，少阴也。初十一会，次十会，又八会，共二十九会。

☲象离。十七策，三奇中有。初十一会，次九会，又八会，共二十八会。

☴象巽。此三等方成一爻。初十会，次九会，又八会，共二十七会。

☳象震，二偶一奇，少阳也。初十一会，次九会，又七会，共二十七会。

☵象坎，二十策，三偶中有。初十会，次九会，又七会，共二十六会。

☶象艮，此三等方成一爻。初十会，次八会，又七会，共二十五会。

☷象坤，三变得三偶，老阴也，二十五策。初十会，次八会，又六会，共二十四会。

少而多顺也，多而少逆也。正用与用馀皆可顺逆往来焉。一变之微，已具太极四象八卦森然矣。

煦按：凡曰会者，皆谓揲过之四也，其状与说皆见后。

奇用全偶用半之法

策数以四五为奇，八九为偶，初变有五有九，而五去挂仍四也，九去挂仍八也。奇用其全，故四即以一为体，以三为用。偶用其半，故八仅存四，以二为体，以二为用。郭维曰，一行以三少为奇，三多为偶最明。

煦按：揲蓍之策，皆在用边，故曰其用四十有九。今曰四以一为体，非也。此处安得有体数也？盖止是合四为一，合八为二而论之，是谓此一揲之一数,便含有四象耳。仍是揲四之义,详论于后。

十八变策六十四状图

朱子曰六十四者,挂扐全数也,皆四十九蓍为之也。每三变各合八卦,止庵分合图之详矣。兹概其为六十四状,以符六十四卦云耳。

老阳十二状

右	二		二		一		二		二		二		二		二		三	
左	一	○	一	○	三	○	一	○	一	○	二	○	一	○	一	○	一	○
右	一		二		一		一		二		二		一		二		三	
左	二	○	一	○	三	○	二	○	一	○	二	○	二	○	一	○	一	○
右	二		一		一		二		一		二		二		一		三	
左	一	○	二	○	三	○	一	○	二	○	二	○	一	○	二	○	一	○
右	一		一		一		一		一		二		一		一		三	
左	二	○	二	○	三	○	二	○	二	○	二	○	二	○	二	○	一	○
	三变		二变		一变		三变		二变		一变		三变		二变		一变	

三变皆奇为老阳成乾者,凡十二状。

黄瑞节曰,此图分十二节看,上空三变无策。凡初变连为五者,有挂一之策也。此挂一除以算之,二变三变不除挂一,则○者亦一策矣。

煦按:此上十二象,每一格中各有三象,即三变而成一爻者也。其每格在下之一象,连○皆五数,即初变连挂一之数也。然此五数止论四数,除挂一之数而论也。因四十八数之外,原有一动用之奇数,同行于四十八爻之中,故圣人据爻数而除之,则是此初变之一○,原不在爻数中故也。至二变三变,所挂之一皆在数中,故二变三变之一○,皆算为一数,其初变挂一,必取诸右而挂之,明阴阳相交之义也。至二变三变,宜可不挂,然皆必取右而挂于左者,阴阳不交则万物不生,原无独立之势,亦莫非相交之义也。

《启蒙》曰,右三奇为老阳者,凡十有二。挂扐之数十有三,除初挂之一，为十有二。以四约而三分之，为一者三，一奇象圆而围三，故三一之中各复有三，而积三三之数则为九。过揲之策三十有六，以四约之亦得九焉。○挂扐除一，四分四十有八而得其一也，一其十二而三其四也，九之母也。过揲之策四分四十八而得其三也，三其十二而九其四也，九之子也。皆径一而围三也。于四策中而置一于上以为体，列三于下以为用，三其一，即三其三，为九之母。过揲三十六，四约得九，为九之子。四其九而九其四，故此过揲者，九之子也。以三十六为母，则三百二十四为子，极千万皆子也。

煦按：围三围四，用全用半之说，自朱子发之，后之言筮法者，率皆引以为辞。然围三之说是矣，而用半之说毕竟牵强。八而用四则为半四，四而又用其二，是用半之中而又用其半也。当知圣人立法止是合四为一而已，其必合四为一者，以卦爻之成不出四象，即在一爻原自具有四象之理。今即初爻而论，其卦画未成时，凡阴阳太少，何象不可命乎？今欲于蓍数中探讨四象之形，故遂揲四以求之，而所馀之策亦遂合四而一之，其四合之而得十二之数。其合挂扐过揲，而总得四个十二之数，无非四象混合之机也。其必合四而得十二者，二六也，两地之义也。其取两地而不取参天者，地之位一定而不移，故有二六之可见。天之气流行而不息，则以揲四之善迁善变者象之，乾彖所由曰六位时成也。况十二之中，除三为体数，则所用者九耳。邵子曰四分用三，即径一围三之义也。况十二之数原从三揲得来者也。盖揲蓍之法，凡六之与九，皆离不了四象，故无往而不可以四参也。此皆圣人妙契阴阳之理，而用以仿象之耳。今以围三围四用半用全之说解之，费如许之力，仍非阴阳动静之旨。当知《说卦传》参天两地而倚数，上文说幽赞生蓍，则参两二字便是全说筮法，而两之有位可稽，参之流行变动，则未有得其解者。

又曰，此即四象太阳居一含九之数也。煦按：以四为一者，即径一围三之说，所径之一，所围之三，合而为四，故每四数皆一于中而三围于外，故遂以四为圆之奇。玉斋胡氏曰，以下四图，别老少挂扐之数，而图说又兼及过揲之数也。此图明老阳挂扐之策，一个五，两个四，是为三奇。凡十有二者，言老阳之数，其变凡十二样也。挂扐之数十有三，除初挂之一为十有二，以四约其十二策之数，而以三变分之，每一变计四数也。为一者三，谓一个四策为一，一即四也，即奇也。故不言四而言一，合三变，则为一者凡三，谓为四者凡三也。一奇象圆而围三，本参天之义，于是四策之中，取一策以象圆，而以三策为围三而用其全，此一之中复有三也。如是而象圆围三者凡三焉。合三奇用其全者而言，则三一之中各复有三，积三三为老阳之九，以四约过揲三十六，亦得四个九也。○挂扐除一，四分四十八，而得其一者，以四十九策除挂之一，而四分四十八策，计四个十二，于其中得一个十二，是为四分中之一分，一其十二而三其四也。一个十二亦径一之义，三个四亦围三之义，即上文①三三之数，只是一个九，故为九之母。过揲之策以四十八而四分之，亦计四个十二，于其中得三个十二，是谓四分中之三分，三其十二而九其四也。即上文三十六之数，以四约之，却是四个九，故为九之子，一个十二亦径一之义，九个四亦围三之义，即四象中太阳占第一位而含九之数，特揲蓍逐爻各有老少之数，观其变与不变以为占，而由太极加倍以生者，则老少在第二三爻方见，此又不可不知也。煦曰挂扐之策，所馀之用策也。过揲之策，数而不用之策也。今置用策不论，而论过揲之策，谓老阳三十六策，老阴二十四策，少阴三十二策，少阳二十八策，是明暗互用之机，藏往阐幽微显之妙用也。

少阴二十八状

右二　二　四　一　二　四
左一○一○四○二○一○四○
右二　一　四　一　一　四
左一○二○四○二○二○四○
　三变二变一变三变二变一变

① “文”，库本作“爻”。

右二　四　一　二　四　二　二　四　三

左一〇三〇三〇一〇三〇二〇一〇三〇一〇

右一　四　一　一　四　二　一　四　三

左二〇三〇三〇二〇三〇二〇二〇三〇一〇

右二　三　一　二　三　二　二　三　三

左一〇四〇三〇一〇四〇二〇一〇四〇一〇

右一　三　一　一　三　二　一　三　三

左二〇四〇三〇二〇四〇二〇二〇四〇一〇

三变二变一变三变二变一变三变二变一变

右四　二　一　四　二　二　四　二　三

左三〇一〇三〇三〇一〇二〇三〇一〇一〇

右三　二　一　三　二　二　三　二　三

左四〇一〇三〇四〇一〇二〇四〇一〇一〇

右四　一　一　四　一　二　四　一　三

左三〇二〇三〇三〇二〇二〇三〇二〇一〇

右三　一　一　三　一　二　三　一　三

左四〇二〇三〇四〇二〇二〇四〇二〇一〇

三变二变一变三变二变一变三变二变一变

初偶二奇三奇成巽者四。初奇二偶三奇成离者十二。初奇二奇三偶成兑者十二。两奇一偶合巽离兑为少阴,共二十八状。

《启蒙》曰,右两奇一偶,以偶为主,为少阴者,凡二十有八,挂扐之数十有七,除初挂之一为十有六,以四约而三分之,为一者二,为二者一,一奇象圆而用其全,故二一之中各复有三。二偶象方而用其半,故一二之中复有二焉。而积二三一二之数,则为八,过揲之数三十有二,以四约之,亦得八焉。〇挂扐除一,四其四也。自一其十二者而进四也,八之母也。过揲之数八其四也,自三其十二者而退四也。八之子也。〇即四象少阴居二含八之数也。〇二一各有三,一二复有二,为八之母。一二复有二,谓于八策中去四不用,于四策中置二于上为体，以领二用也。四约过揲之策得八，为八之子。四其八而八其四，为三十二。故此过揲者，八之子也。以三十二为母，则二百五十六为子。

胡玉斋曰，此图明少阴挂扐之策，一个九，两个四，或一个五，一个四，一个八，是为两奇一偶，凡二十有八者。言少阴之数，其变凡二十有八样也。挂扐之数，十有七，除初挂之一，则为十有六，以四约其十六策之数，而以三变分之，两变计四数，一变计八数也。为一者二，谓一个四策为一，即四也，即奇也。故不言四而言一，合二变则为一者凡二，谓为四者凡二也。为二者一，谓两四策为二，二即八也，即偶也。故不言八而言二。只一变则为二者凡一，谓为八者凡一也。一奇象圆而用全，亦本参天之义，是于二变各四策全用，而于其中各取一策以象圆，而各以三策为围三而用其全，故二一之中各复有三。二偶象方而用半，亦本两地之义，于是一变八策中，去其四不用，而于所存四策中，取二策以象方，而以二策为围四，而用其半，故二之中复有二，积二三一二为少阴之八，以四约过揲三十二，亦得四个八也。○挂扐十七，除却挂之一，而以四约之，则四其四为十六，自一其十二而进四，盖自老阳之十二，进四而变为少阴，即上文积二三一二之数，只是一个八，故为八之母。过揲三十二，以四约之，为四八三十二，自三其十二者而退四，亦自老阳之三十六，退四而得三十二，即上文四约三十二之数，却是四个八，故为八之子。即四象中少阴占第二位，而含八之数，馀同前义。

煦按：四数既以径一围三之义而命为奇，则八之一数自为两奇，两奇则二而偶矣。何等直捷？且二固从一生者也，此予所由不取围四用半之说也。

少阳二十状

右四　四　一　四　四　二　四　四　三
左三○三○三○三○三○二○三○三○一○
右三　四　一　三　四　二　三　四　三
左四○三○三○四○三○二○四○三○一○

右四　三　一　四　三　二　四　三　三
左三○四○三○三○四○二○三○四○一○
右三　三　一　三　三　二　三　三　三
左四○四○三○四○四○二○四○四○一○
三变二变一变三变二变一变三变二变一变

右四　二　四　三　一　四
左三○一○四○四○二○四○
右四　一　四　三　一　四
左三○二○四○四○二○四○
三变二变一变三变二变一变

右二　四　四　一　四　四
左一○三○四○二○三○四○
右二　三　四　一　三　四
左一○四○四○二○四○四○
三变二变一变三变二变一变

初奇二偶三偶成震者十二,初偶二奇三偶成坎者四,初偶二偶三奇成艮者四。两偶一奇合震坎艮为少阳,共二十状。

《启蒙》曰,右两偶一奇,以奇为主,为少阳者凡二十,挂扐之数二十有一,除初挂之一为二十,以四约而三分之,为二者二,为一者一,二偶象方而用其半,故二二之中复各有二。一奇象圆而用其全,故一一之中复有三焉。而积二二一三之数则为七,过揲之数二十有八,以四约之,亦得七焉。○挂扐除一,五其四也。自两其十二者而退四也,七之母也。过揲之数,七其四也,自两其十二者而进四也,七之子也。○即四象少阳居三含七之数也。○二二各有二,一一复有三,为七之母。二二者,两个八也。逢八去四,于四策中①置二为体,以领二用,四约过揲之策得七,为七之子。四其七而七其四,为

① “中”,库本作“者”。

二十八。故此过揲者,七之子也。以二十八为母,则百九十六为子。胡玉斋曰,此图明少阳挂扐之数,两个八,一个五,或一个九,一个八,一个四,是为两偶一奇。凡二十者,言少阳之数,其变凡二十样也。挂扐之数二十一,除初挂之一为二十,以四约其二十策之数,而以三变分之,二变计八数,一变计四数也。为二者二,谓二个四策为二,二即八也,即偶也。故不言八而言二,合二变,则为二者凡二,谓为八者凡二也。为一者一,谓一个四为一,即四也,即奇也,故不言四而言一。只一变则为一者凡一,谓为四者凡一也。二偶象方而用其半,亦本两地之义,于是二变各八策中,各去其四不用,而于各存四策中,各取二策以象方,而各以二策为围四而用半,故二二之中各复有二,一奇象圆而用其全,亦本参天之义。是一变四策全用而于其中,取一策以象圆,而以三策为围三而用全,故一一之中复有三,二二一三为少阳之七,以四约过揲之策二十八,亦得四个七也。○挂扐二十一,除初挂之一而以四约之,则四其五而为二十,自两其十二者而退四,盖自老阴之二十四,退四而变为少阳,即上文积二二一三之数,只是一个七,故为七之母。过揲二十八,以四约之为四七二十八,自两其十二者而进四①,亦自老阴之二十四,进四而得二十八,即上文以四约二十八之数,却是四个七,故为七之子,即四象中少阳占第三位而含七之数,馀同前义。

煦按:勾股数中,亦止有围三径一,围四径一之说,从古原未有二偶象方而用半之说,今以用半之理说入蓍数,于蓍数亦无所发明。即如此解,二偶象方而用其半,亦本两地之义。于是各八策中,各去其四不用,而于各存四策中,各取其二策以象方,而各以二策为围四而用半,故二二之中各复有二,既云各去其四不用,又于各存四策中,各取其二以象方,夫象圆之说固当,至于象方,费如许曲折,止说出一个用二来,何如一四为奇,两四为偶,便自具阴阳之妙,不大直捷乎?且各取二策,亦何以竟谓为象方乎?且前圣揲蓍之法,止有

① "四",库本无。

象两仪，象四象，象八卦，及象六十四卦之理。今必欲补说象方象圆，何欤？及至象方之说无可肖似，不得已又以用半之说补之，不大费周折欤？

老阴四状

右四　四　四　三　四　四
左三○三○四○四○三○四○
右四　三　四　三　三　四
左三○四○四○四○四○四○
　三变二变一变三变二变一变

三变皆偶为老阴成坤者凡四状。

乾兑震离，各得其十二状，巽坎艮坤，各得四状，盖减阴仪之四以益阳仪之四，阳饶阴乏之义也。即六十四四分之，每分各得一十六，乾十二合坤四为十六。长男震十二合长女巽四为十六，中男坎四合中女离十二为十六，少男四合少女兑十二为十六，皆造化自然之巧，不可思议。潜老曰阴阳之数，盈缩互用，几在初之用挂而已。用挂者，四十九为之也。初奇则知十二状矣，初偶则知止四状矣。

《启蒙》曰，右三偶为老阴者四，挂扐之数二十有五，除初挂之一为二十有四，以四约而三分之，为二者三，二偶象方而用其半，故三二之中各复有二，而积三二之数则为六，过揲之策亦二十有四，以四约之亦得六焉。○挂扐除一，六之母也。过揲之策，六之子也。四分四十有八，而各得其二也。两其十二而六其四也，皆围四而用半也。○即四象太阴居四含六之数也。○二三①各复有二，为六之母，逢八去半，于用半中以二为体，领二为用，四约过揲之策得六，为六之子。四其六而六其四，故此过揲者，六之子也。以六②十四为母，则百四十四为子。胡玉斋曰此图明老阴挂扐之策，一个九两个八，是为三偶，凡四者言老阴之数，其变凡四样也。挂扐之数二十五，除

① “二三”，库本作“三二”。
② “六”，库本作“二”。

初挂之一为二十四,以四约其二十四数而以三变分之,每一变计八数也。为二者二,谓四个四策为二,二即八也,即偶也。故不言八而言二,合三①变,则为二者凡三。谓为八者凡三也,二偶象方而用半,本两地之义。是于三变八策中,各去四不用,而于各所存四策中,各取二策以象方,而各以二策为围四而用半,此二之中复有二也。如是而象方围四者凡三焉,合三偶用半者而言,则三二之中各复有二,积三二为老阴之六,以四约过揲二十四,亦得四个六也。○挂扐除一,为六之母者,积其三二之数为一个六也,过揲为六之子者,四约过揲之策为四个六也。四分四十八,挂扐得二分,为两个十二,过揲得二分,亦两个十二,六其四也,两其十二,亦围四之义。六其四,亦用半之义,则四象中,太阴占第四位而含六之数,馀同前义。○蓍之变数,老阳十二,老阴四,少阳二十,少阴二十八,合六十有四。三十二为阳,老阳十二,少阳二十。三十二为阴,老阴四,少阴二十八,其十六则老阳老阴也。老阳十二,老阴四,其四十八则少阳少阴也。少阳二十,少阴二十八。老阳老阴,乾坤之象也,二八也。少阴少阳,六子之象也,六八也。

煦按:蓍法四十八,而少阳少阴合以得之,宜若无老阳老阴之数。不知老阴老阳动而变去,已在用边故也。○或问揲蓍之法,虚一分二,挂一揲四归奇,其第一揲不五则九,第二揲不四则八,计其奇数以定阴阳老少,去其初挂之一何也?西山蔡氏答曰,虚一分二挂一揲四归奇,乃天地四时之生万物也。其奇数策数以定阴阳老少,乃万物正性命于天地也。生蓍以分二挂一为体,揲四归奇为用,立卦以奇数为体,策数为用,在天地则虚其一,而用四十九,在万物则去挂其一,而用四十八,此圣人所以知变化之道也。煦按生万物正性命之说,最有道理。盖卦爻本无体也,藉蓍以成,则卦爻之性命非蓍不定。故圣人之于蓍法,分二挂一,揲四归奇,无一不取法于天地阴阳,正与天地之阴阳发生万物相似。故不特《周易》为大道之

① “三”,库本作“二”。

寓,即蓍法亦大道之寓也。解蓍法者多穷数而不穷理,曷有当与?反一挂一皆在用边,即乾①用九而无首之义。煦尝谓大衍之数五十,其四十八则八卦之爻数,即所称八卦六爻之位数也。所馀之二爻则阴阳也,阴静而阳动者也,静则反一于椟以象之,动则随四十八爻而行于八卦之中者也。迨于爻象既成,而挂一之数仍退而虚之,以与静阴配也。故知从前象太极之说,非确论也。盖既曰用,已在有形有数之中,是阴阳之事,非太极之事也。

《启蒙》曰,近世诸儒,乃有前一变独挂,后二变不挂之说,考之于经,乃为六扐而后挂,不应五岁再闰之义。且后两变又止三营,盖已误矣。又曰且用旧法,则三变之中,又以前一变为奇,后二变为偶。奇故其馀五九,偶故其馀四八。馀五九者,五三而九一,亦围三径一之义也。馀四八者,四八皆二,亦围四用半之义也。三变之后,老者阳饶而阴乏,少者阳少而阴多,亦皆有自然之法象焉。若用近世之法,则三变之馀皆为围三径一之义,而无复奇偶之分,三变之后为老阳少阴者皆二十七,为少阳者九,为老阴者一,又皆参差不齐,无复自然之法象。此足以见其说之误矣。

朱子曰,初一变,得五者三,得九者一,故曰馀五九者,五三而九一。后二变得四者二,得八者二,故曰馀四八者,四八皆二。二变之后,为老阳者十有二,老阴四,故曰阳饶而阴乏。少阳二十,少阴二十八,故曰阳少而阴多。

西山蔡氏②曰,按五十之蓍,分二挂一揲四为奇者三,为偶者二,盖凡初揲,左手馀一馀三,皆为奇,馀四者为偶,至再揲三揲,则馀三者亦为偶,故云奇三而偶二也。

又③曰,四十九蓍,去挂一之蓍,则四十八,以四约之为十二,以十二约之为四,四与十二,十二与四,宛转相因,为四十八。四十八

① “乾”,堂本作“乾坤”。
② “西山蔡氏”,库本作“蔡元定”。
③ “又”,库本作“西山蔡氏”。

者，蓍之所以变化，故其数之成，四与十二，自然相为经纬也。老阳奇数十二，以十二约之得一，则⚊之象也。以四约之得三，则☰之象也。老阴奇数二十四，以十二约之得二，则⚋之象也。以四约之得六，则☷之象也。老阳策数三十六，以十二约之得三，则参天之象也。以四约之得九，则用九之象也。老阴策数二十四，以十二约之得二，则两地之象也。以四约之得六，则用六之象也。少阳奇数二十，以十二约之得一馀八，由老阴而息，盖阳之未成者也。以四约之得五，则☳☵☶之象也。少阴奇数十六，以十二约之，得一馀四，由老阳而消，盖阴之未成者也。以四约之得四，则☴☲☱之象也。少阳策数二十八，以十二约之，得二馀四，由老阴而息，盖阳之未成者也。以四约之得七，则不用之七也。少阴策数三十二，以十二约之得二馀八，由老阳而消，盖阴之未成者也。以四约之得八，则不用之八也。老阳之奇数进十二，则老阴之奇数也。策数退十二，则老阴之策数也。老阴之奇数退十二，则老阳之奇数也。策数进十二，则老阳之策数也。少阳之奇数进十二，则少阴之策数也。策数退十二，则少阴之奇数也。少阴之奇数进十二，则少阳之策数也。策数退十二，则少阳之奇数也。老阳之奇数进四，则少阴之奇数也。策数退四，则少阴之策数也，老阴之奇数退四，则少阳之奇数也。策数进四，则少阳之策数也。少阳之奇数退四，则少阴之奇数也。策数进四，则少阴之策数也。少阴之奇数进四，则少阳之奇数也。策数退四，则少阳之策数也。少阳之奇数，以十二约之馀八，策数以十二约之馀四，盖老阴之变，阳未成也。少阴之奇数以十二约之馀四，策数以十二约之馀八，盖老阳之变，阴未成也。此易之所以用九用六，而不用七八也。

沈氏《笔谈》曰，易数九为老阳，七为少阳，八为少阴，六为老阴。其九八七六之数，皆有所从来。凡归馀之数有多有少，多为阴，如爻之偶，少为阳，如爻之奇，三少乾也，故曰老阳。九揲而得之，故其数九，其策三十有六，两多一少，是一少为之主，震坎艮也，故皆谓之少阳。少在初为震，中为坎，末为艮，皆七揲而得之，故其数七。其策二十有八，三多坤也，故曰老阴。六揲而得之，故其数六，其策二十有四，两少一多，则一多为之主，巽离兑也，故皆谓之少阴。多在初谓之巽，中为离，末为兑，皆八揲而得之，故其数八，其策三十有二。

煦按：九揲而得之，谓所揲之数必至九回，乃始得其数也。故过揲之数，四九得三十六，七揲而得之者。谓所揲之数必至七回，乃始得其数也，故过揲之数四七得二十八，阴数仿此。

《启蒙》曰，邵子曰五与四四，去挂一之数，则四三十二也。九与八八，去挂一之数，则四六二十四也。五与八八，九与四八，去挂一之数，则四五二十也。九与四四，五与四八，去挂一之数，则四四十六也。故去其三四五六之数，以成八九七六之策，此之谓也。

按，邵子曰蓍之用数（四十九），挂一以象三，其馀四十八则一卦之策也（六其八）。四其十二，为四十八也（四十八数以四约之为十二）。十二去三而用九，四三十二所去之策也（挂扐三奇之数），四九三十六，所用之策也。十二去四而用八（体数进四策，用数退四策），四四十六所去之策也（挂扐二奇一偶之数），四八三十二，所用之策也（八揲所得）。〇十二去五而用七（体数又进四策，用数又退四策），四五二十，所去之策也（挂扐一奇二偶之数），四七二十八，所用之策也（七揲所得）。〇十二去六而用六（体数又进四策，用数又退四策），四六二十四，所去之策也（挂扐三偶之数），四六二十四，所用之策也。九者阳之极数，六者阴之极数，则反复为卦之变也。又曰归奇合挂之数，有六五与四四，去挂一之策云云，故去其三（十二）四（十六）五（二十）六（二十四）之数，以成九（三十六）八（三十二）七（二十八）六（二十四）之策也。

淳安夏氏曰，揲蓍之法，四营以前，以揲四象四时，以奇扐象闰，四时正也。闰，馀也。四营以后，六七八九之数，用之以为乾坤之策，当期之日，用之以为二篇之策，当万物之数，则用者为正数，不用者为馀数矣。邵子之说甚明，朱子用挂扐之数，不用揲四之数，曰以寡驭众。老阳之数，以挂扐之十二，竞摄四之三十六合矣。老阴挂扐与摄四，皆二十四，亦以寡驭众乎？

邵、朱二说俱有理，枫林朱氏特录邵子二段，并夏氏亦有理，当参看，以俟知者。

煦按：阴阳之义，一动一静，一用一不用，然动与静相资，非动则静无以见，非静则动亦无由见也。用与不用相资，非用则不用者无由见，非不用则用者亦无由见也。筮之为义，由显而推入于微，由微而达之于显，有显仁藏用之说，征微显阐幽之妙。《周易》全部卦爻皆是如此，解此者，方为真知易理。术数家有本宜用除，乃以所馀之数用乘数算之，而即得所除之数者。有本宜用乘，乃以所馀之数用除数算之，而即得所乘①之数者，皆微显互用之机也。此正圣人体用一原，显微无间之妙所由寓也。用者不用，而不用者为用。煦所由谓此为明暗互显之机欤？揲蓍求卦，数焉而已，而其妙如此，非精以察之，未能尽通其解，况精微深邃如《周易》之卦爻，谓可一览而即得乎？

乾之策二百一十有六，坤之策百四十有四，凡三百有六十，当期之日。

《启蒙》曰，乾策二百一十有六者，积六爻之策，各三十有六而得之也。坤策百四十有四者，积六爻之策，各二十有四而得之也。凡三百六十者，合二百一十有六，百四十有四而得之也。当期之日，每月三十日，合十二月为三百六十也。盖以气言之，则有三百六十六日。以朔言之，则止三百五十四日，合举气盈朔虚之中数而言，故曰三百有六十也。然少阳之策二十八，积乾六爻之策则一百六十八，少阴之策三十二，积坤六爻之策则一百九十二，此独以老阴老阳之策为言者，以易用九六不用七八也。然二少之合，亦三百有六十。

煦按：二少本于二老，六子皆以乾坤为体，故虽不言二少，而四象之义已全具矣。此亦动静互根，明暗互显之机也。然造化之大体大用，其数相等，静处藏蓄一半，则用处正用得一半出耳。

二篇之策，万有一千五百二十，当万物之数也。

《启蒙》曰，二篇者，上下经六十四卦也。其阳爻百九十二，各三

① “乘”，库本作“馀”。

十六策，积之得六千九百一十二。阴爻百九十二，每爻二十四策，积之得四千六百八。又合二者，为万有一千五百二十也。若为少阳，则各爻二十八策，凡五千三百七十六。少阴则每爻三十二策，凡六千一百四十四，合之亦万有一千五百二十也。

煦按：此处既兼曰二篇之策，则是二少已在其中，故知上文乾坤二字中，便已该得有二少也。

是故四营而成《易》，十有八变而成卦，八卦而小成，引而伸之，触类而长之，天下之能事毕矣。显道神德行，是故可与酬酢，可与佑神矣。

奇之形三，参天也。　偶之形二，两地也。

《启蒙》曰，一变而得两仪之象，再变而得四象之象，三变而得八卦之象，十有八变而得六十四卦之象。

以参天言老阳挂扐三奇十二，象圆用全，参其三奇为九也，过揲四九三十六，亦参其十二也。以两地言，老阴挂扐三偶二十四，象方用半，两其三偶为六也。过揲四六二十四，则亦两其十二也。此二老阴阳之纯，分参天两地而得之也。以参天两地言，少阳挂扐，两偶一奇为二十，象方用半，两其二偶为四，象圆用全，参其一奇为三，合而为七，过揲四七二十八，则亦两其八参其四也。少阴挂扐，两奇一偶为十六，象圆用全，参其两奇为六，象方用半，两其一偶为二，合而为八也。过揲四八三十二，则亦参其八，两其四也。此二少阴阳之杂，合参天两地而得之也。

煦按：圣人立法，无一不与造化相符，即此四象之中成就六十四卦，约其形象，奇止于三，偶止于两耳，故曰参天两地。今按老阳过揲之数三十有六，是四九也，故老阳用九。老阴过揲之数二十有四，是四六也，故老阴用六。盖用数由体数而出，故不用之数便含能用之理，然必以四约之者，与揲四同义，谓此一数莫不具有四象之妙也。

附诸儒蓍法[①]

《象数论》曰，揲蓍之法，其用四十九者，策数四十九，无所谓虚一反于椟中也。煦曰此便不解阳虚阴实，静无动有之义。

分而为二以象两者，信手中分，由静而之动，动静两端也。挂一以象三者，或左或右，随取一策。孔氏取左，朱子取右。横于案上，不必在左手小指之间，方名为挂。煦曰何以称挂乎？一变中凡三挂，故曰象三，非蒙上象两而为三也。煦按此亦非也，左分为一类，右分为一类，此又为一类，所以谓之三也，非三挂也。

揲之以四，以象四时者，先取左手之策，四四为数，一策一时也。归奇于扐以象闰者，四数之馀不一则二，不三则四，谓之残奇。扐是指间扐物之处，归此残奇于扐。闰者，月之馀日。奇者，揲之馀策。故象之也。五岁再闰，故再扐而后挂者，次取右手之策，四四为数，并于前之正策，其馀策左三则右一，左二则右二，左一则右三，左四则右四，亦归之于扐，是谓再扐，犹再闰也。其言五岁者，四十八策中分为两，除残奇以外，每手正策大约以二十为率。四策一岁，则二十策为五岁也。以明扐之相去如此，非必真如五岁之中，有两闰以齐气朔也。此为第一变，别置馀策，取见存正策，或四十或四十四，信手中分，复挂一为三[②]，揲四归奇如前法，此为再变。并其馀策，取见存正策，或四十，或三十六，或三十二，信手中分，复挂一为三[③]，揲四归奇，如前法，此为三变。并其馀策，取正策以四而一，得九为老阳，得六为老阴，得七为少阳，得八为少阴，老变而少不变，始成一爻，故十八变而成六爻也。初变为奇者三，为偶者一，再变三变，为

---

① 库本此下有“象数论蓍法”一行标题。

② “三”，库本作“二”。

③ “三”，库本作“五”。

奇者二，为偶者二，其法见于虞仲翔之注。孔颖达因之，朱子则有蓍卦考误，以主张是说。然法虽是，而所以释经文者则多不合。虞氏谓奇所挂一策，扐所揲之馀，当是时，揲馀未有安置，奇已在挂，信如虞说，则当言归扐于奇，不应倒置若是，且挂馀截然两事，合之有何道理？故挂与挂合，馀与馀合，不相杂也。

煦按：此言挂与挂合，则是三挂既完而后合也。朱子则每一变时，所挂皆与奇合，当以朱子为正。

孔氏以三多三少，两少一多，两多一少，馀策定阴阳之老少，经文乾之策二百一十六，坤之策百四十四，其所以定阴阳老少者，指正策而言，以明馀策置之不用矣。今弃正策而就馀策，是背经文也。蓍之所以必用四十九者，以去其十三则得三十六，去其十七则得三十二，去其二十一则得二十八，去其二十五则得二十四，只有此九六七八老少四者之象。若三多三少之数，则加乎四十九减乎四十九，无不可得，亦可不顾九六七八策数，而以之定老少耶。唯馀策不用，故初变为四为八，再变三变为三为七，各不相妨，今必准馀策，而以挂一杂于其间，连挂则初变之五九为有馀，除挂则再变三变之三七为不足，无乃违揲四之义乎？又有于馀策多少，分八卦之象者，夫三变方成一爻，一爻之中但有老少之可分，今于一爻而指其孰为乾震坎艮，孰为坤巽离兑，是六变而可以成卦矣。古人何不惮烦，而为十八变乎？朱子发围径之义，以馀策为径，正策为围，奇之象圆，而径一得围三，颇为近似。偶之象方，而径二得围二，其说有所不达矣。此皆执馀策之病也。

煦按：筮法中，朱子所列之卦象，是谓每爻之成即具有八卦之象，而此八卦之象恰有六十四等，适合八卦之全数，总以见筮法为显道神德行者耳。前论直把作卦看，未明筮法也。

郑兼山书伊川揲蓍法云，四十九蓍，两手无意而中分之，如左手取蓍一茎，挂于左手小指之间，此名奇也（与朱不同。须知左右阴阳也，阴阳必交而后始有化育，取右者，象其交也）。以右手之蓍置之案上，取左手之蓍四揲之，四揲之馀数置案之左方，次取右手之蓍四揲之,四揲之馀数并入左馀,为之扐,即取所挂之奇归于扐,一变后复合见存之策,再以左右手分为二,更不重挂奇,四揲之馀并入前扐,为第二变,其第三变如第二变。凡揲蓍第一变必挂一者,谓不挂一则无变,所馀皆得五也。唯挂一则所馀非五则九,故能变,第二第三虽不挂,亦有四八之变,盖不必挂也。朱子作《蓍卦考误》辩之,三变皆挂,可为老阳者十二,可为老阴者四,可为少阴者二十八,可为少阳者二十,若后两变不挂,则老阳少阴皆二十七,少阳九,老阴一而已。深有害于成卦变爻之法,是后两变之不可不挂审矣。某推求其故,后两变不挂,与以挂为奇,盖相因为说者也。蓍之所以必四十九者,每四而当一月,四十有八,十二月之数也。其一者,四分月之一也。四分月之一,积四岁成月而为闰,然闰恒三岁,以馀分前后相移,不截然一岁馀月之一,故五岁再闰也。每合蓍为一岁,后两变未尝不馀一,然而不挂者犹岁岁有馀分,不俟满分,不可以为闰也。十有八变,凡六挂而策道穷,十有八岁,凡六闰而气朔齐,其在一岁论之,乾坤之策三百六十,《尧典》曰期三百有六旬有六日,十二月,月三十日,正三百六十日矣。又除小月六日,是为岁有馀十六日,乾坤十二爻,凡十有二挂,此闰数在当期之外者也。以历法参合蓍法,姑存之以备一说。

自阴阳老少之不均也,后两变不挂,老阴之变一,三变皆挂,老阴之变亦止四而已,故为说者纷纭。

煦按:后两变不挂,便少阴阳相交之妙,乌乎可?

宋庄绰作《揲蓍新谱》,引张辕之法,用蓍四十九茎,总筋把之,以意中分,扐一小指间,四揲之,第一揲,馀一二足满五,馀三四足满九,第二第三揲,馀一二足满四,馀三四足满八,皆揲左不揲右(此说非也)。四五为少,八九为多,三多老阴交分,三少老阳重分,两少一多,少阴拆分,两多一少,少阳单分,张元理因之,以为揲法从程子张子,初变既挂一以象人,置而不用,后二变乃蒙上不复挂者为是也。揲左不揲右,从唐张辕、庄绰二家(绰宋人,理误为唐)。盖天动地静,阳变阴合,地承天而行,于义为当。左馀一而右承之以三,左馀三而右承之以一者，成其为奇之阳也。左馀二而右承之以六(此说非也)，左馀四而右承之以四者，成其为偶之阴也。明季本窃疑《大传》所言，大衍之数五十，其用四十有九(九字当为八字之误)，止用四十八策，虚二以为阴阳之母，分二挂一，揲四归奇，三变皆同。除挂一外，左一则右必二，左二则右必一，左三则右必四，左四则右必三，由诸家之法于阴阳老少，得其均矣。然庄绰之馀三足九，张理之馀二承六，皆不可通。揲四之外，方为残奇，五策六策尚有一揲，岂可迁就以合左乎？季本则明改经文，无所依据，然则阴阳老少终不可均乎？曰无所俟乎均也。成卦之法在阴阳，不在老少，以古法论之，阴阳各三十二，九六常少，七八常多，七八所成之卦，与九六所成之卦无以异也。爻之变不变在老少，六爻之中，占者一爻，则一变而足。七八居其五，九六居其一，乃可谓之均也。若变者与不变者相均，将扰扰何所适从乎？彼轻改古法以均老少者，其亦未达乎此也。

煦按：此上二说皆非，存之以见一斑。

黄氏端节曰，武陵丁氏云，朱子以五乘十之说，于诸家为近，至于四十有九，率不过归之虚一而已。未有得夫五十数与四十九之全者，于是萃五十七家之说为稽衍，而自为原衍翼衍，凡三卷。其说曰有以先天两仪四象八卦，合四十九所虚之一，是为太极者。有谓四十九与五十皆天地之数，各自再陈，而以中数自乘除之者，二说似矣，而未也。盖天地之数各五，合而衍之通得九位，一与二为三，二与三为五，三与四为七，四与五为九，五与六为十一，六与七为十三，七与八为十五，八与九为十七，九与十为十九，九位各有奇(谓零之皆奇也)，而五位各有偶(谓后五位有五个十也)。置其五位之偶，是为五十，大衍之体数也。存其九位之奇，则得四十有九，大衍之用数也。一居其中不用，而左右之位各四，有挂一分二揲四之象焉。丁氏之说又出朱蔡之外。

煦按：虚一象太极之说，非也。凡物未有无体而有用者，凡体立于此，亦必未有随用而用之者也。除一者，体数也。四十九，用以成卦者也。故一动一静殊也。至其用四十有九，煦集诸家之说，唯荀慈明近之,而仍未详也,煦已解在《系辞》中。

大衍数图(丁氏图)

一与二倚为三
二与三倚为五
三与四倚为七
四与五倚为九
五与六倚为十一
六与七倚为十三
七与八倚为十五
八与九倚为十七
九与十倚为十九

一居中者,挂一之体象。左右各三五七九者,分而为二之用象。各四位者,揲之以四之象。除中一,左右分合各二十有四,并左右合中一,共四十有九。此宋末丁易东氏立法,朱子所未及见者。京山曰纯奇之合也,一居中则五退位,以百计之,自然虚一。

智按:河图十一其五,此十一其九也。乘除损益无所非倚,此曰并倚。倚至百,为九千九百九十九,亦虚一也。因将此图引申之,三五五七七九,另倚为一图云,始于八卦,而揲策过揲之数皆具矣。始奇偶并列,中倚纯奇三层,而藏奇于偶,始十次九次八,即虚一卦之象也。此下再倚皆偶矣,故表此三层为端。

丁氏易东曰,河图之数五十有五,中五居无事外。自天一至地十,适得五十,合而大衍之,得九位,共数九十有九,而一居中,左右皆三五七九为奇,内含五十为偶,今除五十还河图本数,盖十阴数也,体阴静而气浊,静则不可以为用,浊则不可以通神,故五十不用,而所用四十九者,皆纯奇之合,阳清而无杂,奇圆而能动,是故生生成变化行鬼神也。今观一居中,则五退位,宗太极也。挂一分二揲四,皆自然妙合,以百计之,自然虚一,非置一策不用,如今筮法也,在四十九中,则又含一,盖十二个四,馀一也。

河图天数五，衍为二十有五。地数五，衍为三十矣。然犹未尽乎衍之极也。故伏羲则河图而大衍之，则又九十有九焉。大衍者一与二为三，二与三为五，三与四为七，四与五为九，合三五七九为二十有四，由是五与六为十一，而一居其中。又六与七为十三，七与八为十五，八与九为十七，九与十为十九，再合三五七九又为二十有四。合十一之十，十三之十，十五之十，十七之十，十九之十，凡为十者五，此大衍中之体数也，故曰大衍之数五十。合前之二十有四与后之二十有四，并居中之一，共四十有九，为大衍中之用数，故曰其用四十有九。虽衍为九十有九，亦不出乎天一至地十之外，此其所以为则河图之衍数，而为大衍之极其数也。夫子说出一衍字，以发河图之意，加一大字，以发明伏羲则河图之意。圣笔如化工，其妙无穷，而简易易知，岂不信哉？揲蓍之法取其变，又取其辞，取其用，又取其体，五十虽为河图之大衍，然犹为变中之静，用中之体，故置之不用。四十九者，变中之变，用中之用，故特用之，以揲蓍求卦也。从一而左右数之，皆一三五七九，而为天数。乾之纯粹精，而无阴柔偶数之驳杂，且前后二十有四，分二之象也。一居于中，挂一之象也。曰三五七九有四者，揲四之象也。又三五七九有四者，再揲之象也。皆出于天机自然之法象也。

周易函书约存卷七 原古二

变占(《启蒙》)

一爻变,则占本卦变爻辞,此亦有贞悔之义。如乾为本卦,得乾之姤①,则初爻之变为悔,而本卦之乾为贞。得乾之同人,则二爻之变为悔,而本卦之乾亦贞也。

煦按:但明之卦之说,之者往也,则自然离不得本卦,何必更添贞悔,致令后学葛藤不了。

二爻变,则占本卦二变爻,以上爻为主。四爻变则占之卦二不变爻,以下爻为主。朱子曰凡变须就其变之极者,所以上爻为主,不变者是其常,只顺其先后,所以下爻为主。

煦按:信如此说,亦宜止占本卦之静爻,何得有之卦为主之说耶?

又曰不变者,下便是不变之本,故以之为主。按此亦当以本卦为贞,所变之卦为悔,此亦谓不宜以之卦为主。

煦按:二爻变,则占本卦二变爻,此说极是。乃于其中择取为主之爻,此说则非。由二爻同动,以至六爻同动,皆欲于其中分别贞悔,择取一爻以为之主,周公命辞之义岂如是乎?周公既逐爻而系之辞,又何难于同动之爻,各各分系以辞乎?既不于同动之爻各系以辞,致令后人生出无穷疑虑,另设无穷看法施之于占,弗能有验,岂圣人吉凶同患之心乎?故知周公同动之辞,断当以同动之爻合而征之,为允当者也。

三爻变,则占本卦及之卦《彖辞》,而以本卦为贞,之卦为悔。前

---

① "姤",库本作"垢"。

十卦主贞，所占主本卦《彖》为重。后十卦主悔，所占主之卦《彖》为重。是其动又在本卦及之卦之全体，而三变爻与三不变爻皆不动矣。玉斋胡氏曰，前十卦主贞，后十卦主悔者，且如乾三爻变，自否至恒为前十卦，自益至泰为后十卦。如坤三爻变，自泰至益为前十卦，自恒至否为后十卦。

煦按：此朱子卦变图中，一爻变之图也，止是一阴一阳之自为升降耳，不可以说三爻同动之卦，以此而言前后未当。既以三爻同动者主彖而占，然则俱静之卦又将何主乎？

若所得变爻在前十卦内，虽占两卦《彖辞》，却以变卦之悔为主，是重在变卦彖辞占也。

煦按：天地之最灵莫显于卦，亦莫明于卦，既应占之卦之彖，而本卦之三变爻皆属无用，则当揲蓍求卦之时，神明之命夫蓍也，即见之卦之静象，岂不省事？乃顾于不用之卦，一动再动三动而不已者，何耶？或曰先儒谆谆言之，此必古有其说，而先儒传之，安得遽非？曰明证有三，特人未之察耳。孔子未有如是之言，此一证也。周公不于同动之爻别立爻辞，则爻之动于卦中者，同动之爻应有同验，此二证也。左氏之言占也，通之于伏，通之于互，通之于覆，从未有舍本卦之动爻置而不论者，此三证也。前曰前十卦主贞，所占主本卦《彖》为重，后曰变爻在前十卦内，以变卦悔为主，是自背其说也。且曰三变爻与三不变爻皆不动，然既已三爻动于卦中，而谓为不动可乎？

总之凡三爻变，而有初爻变者，则占本《彖辞》。

此亦置去三变爻而不论，安有是理？前曰乾三爻变，自否至恒为前十卦，是初爻皆不变者，乃占本《彖》。而此曰初爻变者占本《彖》，非自背乎？

三爻变而初爻不变者，则占之卦《彖辞》。或问二爻变，则占二变爻，而必以上爻为主。三爻变则占本卦及之卦《彖》，而又必前十卦主贞，后十卦主悔，所以必有主者，何也？曰既二爻俱变，则二爻之辞不同，既二《彖》俱占，则二《彖》之占亦不同，于其不同之际，苟无以主之，则不知所决矣。

煦曰：卦有必宜审择主爻者，《彖辞》中来往内外上下进退之说是也。缘来往之爻，非乾之用九，则坤之用六，与静而为体者不同。故三男皆以一阳为主，三女皆以一阴为主，此宜分别主爻者也，是论卦体非论占也。然皆置主爻于不论，而强以为卦变矣。至于二爻三爻以及六爻同动之卦，凡爻不动则已，若既动于卦中，则于人事必有所验，《火珠林》犹传其术，未有舍所动之卦所动之爻，别寻一卦一爻以为主者也。别寻卦爻为主，则所动之爻为妄动矣。岂至神至明如蓍，而犹有妄动者乎？此宜合同动之辞以占，亦明甚矣。今顾舍之，直以之卦为主，岂非颠倒错乱？

黄葵峰曰，一爻变，则占本卦变爻辞者。变者一，不变者五，变不胜常也。

合占变爻可也，单占变爻不可也。岂宜曰变不胜常？

二爻亦然，三爻变，有曰前十卦主贞，后十卦主悔者，盖卦凡三爻变者有二十卦，而三爻变之内，最先初爻即变者有十卦，是为前十卦。其初爻不变，以后方有三爻变者亦十卦，是为后十卦。按朱子曰所以到那三爻变，第三十二卦以后，占变卦《彖辞》何耶？到这里离那本卦分数多了，到四爻五爻则更多矣，此后十卦所以主悔也。转而观之，变在前十卦内，则本卦分数为多，故主贞也。若四爻五爻变，则变卦分数愈多，故以之卦为主，而不复滞于本卦矣。

煦按：自否至恒，自泰至益，止可以说三阴三阳之卦，止可以言一阴一阳之升，不可以说三爻同动之卦。盖此止有二十卦，而尚有四十四卦在其外也。若三爻同动，六十四卦皆有之，应有一千二百八十变矣。

一爻动，占本卦之动爻。二爻动，占本卦所动之上爻。则是同动之下爻已置而不论矣。自三爻同动，皆不占本卦之爻，则是周公设辞系于本卦之下者，已有多半绝无可用矣。且既有多爻动于卦中，而必欲择一爻以为之主，则凡所动之爻将悉为无用者乎？既无用矣，而犹且动焉，前知之神明固如此乎？既已不占本卦，犹有群爻乱动于卦中，亦何为者乎？必谓凡多动之爻，但宜择一爻以为之主，则周公所立三百八十四种爻辞，止可占得三百八十四种之事，而无穷之事皆悉无辞，不为周公阙略之书乎？礼失而求诸野，则《火珠林》占验之说，盖亦有不可重诬者存焉。如不即其有验于人事者考之，而但执占法，任情区别，此所以多动之爻，又有全以上爻为主者也，此皆信传而非信经者也。学者传圣人之学，察圣人之心，但当于圣人经文中玩味，不当于先儒语句中寻求也。

四爻变，则以之卦二不变爻占，仍以下爻为主，则动又在之卦二不变爻，而四变反为静矣。

煦按：此四爻，要他何用？

五爻变，则以之卦不变爻占，是其动又在一不变爻，而五爻之变者皆为静矣。

煦按：此五爻，要他何用？而之卦与此五爻，又有何干涉耶？

六爻变，则乾坤占二用。然其实乾之用九，群龙无首，即坤牝马之贞之意。坤之用六，利永贞，即乾利贞之意，毕竟是之卦也。

煦按：谓乾坤占二用，是皆误信《左传》蔡墨"乾之坤，坤之乾"二语耳。是皆未明用九用六两段，非占辞也。于乾之用九而曰不用其刚，于坤之用六而亦可曰不用其柔乎？坤而不用其柔，而犹能利永贞乎？今曰利永贞即利贞之意，虽截去元亨二字，犹之可也。至以用九群龙无首即为牝马之贞，何处见得即为牝马之贞耶？学者守圣人之《易》，玩圣人之卦，习圣人之占，但当以经文为主。果有如是占法，孔子《系辞》言变言占者详矣，何未闻及此占法耶？故多动之爻断宜合多动之辞以占，不宜轻置本卦。即如卦变之说，其初止是太极两仪，四象八卦，虽极四千九十六卦，以穷极数知来之变。太极无形，不可得而窥也。以后千变万化，无出阴阳二者，而其间之交多交少，交上交下，不越乾坤二用，乃遂有六十四卦之繁。汉儒未解变化之妙，拘疑《彖辞》中往来上下之说，创为卦变，以释《彖辞》，相沿既久，其流益差，遂不问其中道理，与经文何补矣？夫孔子不言而汉儒言之，汉儒言之而后儒因之，显然悖孔而绝不之顾，则亦好奇作聪明之过也。若谓《系传》所言变化皆指卦变而言，亦愈支离不可救药矣。盖变化云者,皆谓太极生两仪之后,而千变万化不可纪极者也。如但以筮中之变化当之,则已与《周易》道理隔去数层矣。盖揲蓍之法,原系圣人仿象太极阴阳之妙,欲其与乾坤之大道无违,因用以探阴阳流转之妙,于气机未兆之始耳。譬若人方有求于人,而事事违忤其心,欲人之我从能乎?故圣人以蓍中之变化,委蛇曲折,仰而合之,一一与之相肖。犹人行路,委蛇曲折,求其必达于所至之地而无误。若倒行而逆施,旁岐而错出,未有无误者也。诚以卦爻中原自具有此等变化,今于卦体既成后,拘为卦变,以释经文。又谓已成卦象之乾坤,遂无能生诸卦之理,则未知乾坤二卦止是阴阳之两象,天下万事万物无一不资阴阳以有其生,则乾坤之能生诸卦,当人人共明者也。万物既资于阴阳,而诸卦不资于乾坤,其于四圣变化之旨,岂有合哉?缘其讹误之故,只因看乾坤二卦,为实有此等三连三断之象,而不知三画原只一画,而不知全部《周易》皆是先天,皆是活泼泼地,实无一卦一爻可以形迹拘也。汉儒好奇创为新说,或援某书以为之证,如洛书作《范》及卦变之类,皆其差讹之甚者也。他如《太玄》《洞极》之类,虽于易中稍有所见,便欲自立一法,以擅作者之场。无论施之于用,必无可验,迨于相沿既久,而圣人之真渐就泯晦,是解经而适以亡经耳。即如《火珠林》所传占法,自来相传,无有轻改其术者,以其有验于人事故也。

今观一爻动则占本卦之动爻,因以观其所变,而贞悔之义自在其中,原未尝谓此爻之变为悔,而必向所变之爻以求其所以为悔者也。则周公所立之辞,贞在其中,悔亦在其中矣。一爻静,则占本卦之静爻,此皆验诸人事,揆诸天道,一一有其不爽者也。此如阳多之卦称女,阴多之卦称男,皆以所少为之主耳。今曰占之卦之静爻,不惟于所动之五爻绝无干涉,而竟与所动之卦绝无干涉矣。夫《易》固天人合一之大道也,夫《易》固至神至变至精者也。若其必占之卦之静爻,则何不即于之卦而动此一爻,宁不省事耶?乃必于此一卦一动再动不已,且动至五爻六爻,何若是之不惮烦耶?岂至神至精至变者,而顾无此简术耶?须知二爻以至六爻同动,皆以本卦为主,但兼动爻之辞而合断之。今之《火珠林》所论生克,莫不兼数爻以为断,特以当用之一爻为主耳。周公不别立爻辞,便是此旨。今之学《易》者,以数爻之辞难于合断,故遂欲择一爻以为主,又欲尽弃本卦,全凭之卦。今观《左传》且兼变爻互爻伏爻同占,而每有奇验,是俱动之爻未尝不可以合占也。如屯之比曰屯固比入,大有之睽曰大有去,睽而复,是一爻动兼之卦断也。贞屯悔豫皆八,是三爻动兼之卦断也。艮之八曰艮之随,是五爻动兼之卦断也。未有专看之卦独静之爻者也。总缘以之卦为变卦,竟谓截然变化而去,故失其占耳。不知之者,往也,只是方从此处发足,不是竟到地头之说。所以凡看动爻,皆不可离了本卦。程沙随《考古占法》辨之详矣。

程沙随考古占例(讳迥)

六爻不变,以卦彖占。内卦为贞,外卦为悔。

《春秋左氏传》,昭七年,孔成子筮立卫元,遇屯曰利建侯。僖十五年,秦伯伐晋,卜徒父筮之,遇蛊曰贞风也,其悔山也是也。

一爻变,以变爻占。

煦曰:既云以变爻占,则非占之卦变爻矣。

闵元年,毕万筮仕,遇屯之比,初九变也。蔡墨论乾曰,其同人九二变也。僖二十五年,晋侯将纳王,遇大有之睽,九三变也。庄二十二年,周史筮陈敬仲,遇观之否,六四变也。昭十二年,南蒯之筮,遇坤之比,六五变也。僖十五年,晋献公筮嫁伯姬,遇归妹之睽,上六变也。他仿此。

二爻三爻四爻变,以本卦为贞,之卦为悔。

《国语》,重耳筮尚得晋国,遇贞屯悔豫皆八,盖初与四五,凡三爻变也。初与五用九变,四用六变,其数不纯,其不变者二三上,在屯为八,在豫亦八,故举其纯者而言,皆八也。

煦按:既云贞屯悔豫,则非专论之卦之《彖》与本卦之《彖》也,则非分动静之爻而别上下也。初爻亦动,属前十卦,又未尝遗之卦而不论也。此则动有多爻,兼正变而合论者也。

五爻变，以不变爻占。

煦按：既云以不变爻占，则非占之卦静爻也。

襄九年，穆姜始往东宫，筮之，遇艮之八，史曰是谓艮之随，盖五爻皆变，惟八二不变也。刘禹锡谓变者五，定者一，宜从少占是也。然谓八非变爻，不曰有所之。史谓艮之随，为苟悦于姜者非也。盖他爻变，故之随，唯之随，然后见八二之不变也。杜征南引《连山》《归藏》，以七八占，其失远矣。

六爻变，以乾坤二用为例。此占法之大略也，若神而明之，则存乎其人。

昭二十九年，蔡墨对魏献子曰，在乾之坤，曰见群龙无首吉，此六爻皆变也。

煦按：此亦误以用九用六二节为占辞，然皆由蔡墨一语所误。读圣人之书而不深维圣人之心，徒信耳而取近似之说，宜学圣之难其人也。然用九用六既非占辞，六爻皆变必何如而可？曰以本卦为贞，之卦为悔而已。盖凡所动之爻，必未有无所验于人事，而妄动于卦中者也。

卦也者，先天之秘妙，阴阳摩荡之灵机也。即令六爻俱静，犹考证于乾坤二用，以分别主爻，其在《火珠林》犹取证于日月照临之气。盖日月者，阴阳自然之转运，天地自然之动机也。其谓月之对照者为破，阴贼故也。其谓日之对照者为动，阳明故也。悬象著明，莫大乎日月，卦爻之阴阳是即天地流行之动机而已。若其已动于卦中，不拘一爻以至六爻，其阴阳摩荡之妙必有所验。若六爻俱动，亦须兼六爻之动而见者，与六爻之动而变者合以占之。其于事也皆有所验，第其中必有一爻两爻为尤重者，所谓用爻是也，其馀则翼之者耳，此不可不知者也。二爻以至五爻，莫不如是，取验于《火珠林》，当自知之。

程沙随占说

重耳筮尚得晋国，遇贞屯悔豫，皆曰利建侯。屯初九无位而得民，重耳在外之象。九五虽非失位，而所承所应者，皆向初九，惠怀无亲之象。至豫则九四为众阴所宗，无有分其应者，震为诸侯，坤为国土，重耳得国之象。利行师，一战而霸之象。九四总众阴以安土，如簪之总发以装首，重耳率诸侯以尊周室之象。

或谓古冠服无簪，按《盐铁论》曰，神禹治水，遗簪不顾，帅弁服之笄是也。

煦按：贞屯悔豫，三爻皆动之卦也。据左则三爻动者，合本卦之卦而断之。既无前后十卦分主之说，亦且各各据爻而论，又无专看《彖辞》之说。

穆姜比于叔孙侨如，欲废成公，侨如败，迁穆姜于东宫。筮之遇艮之八，史曰是谓艮之随，其辞曰艮其腓，不拯其随，其心不快。腓附下体，六二随九三，当艮止之时，上下不相与，不见拯者也。艮之随亦随之艮，其辞曰系小子失丈夫，应九五顺也。宜应而失，乘初九逆也。宜失而系，且诸爻皆动，以明六二之不动，不可出矣。

煦按：观穆姜之事，昵于小而昧于大，便是系小子失丈夫，此独静之至显明者也。据其先引艮腓之辞，则是独静之卦，占静爻也。据其兼引随二之辞，则独静之爻亦兼本卦与之卦也，此解极确。至以失丈夫为宜应九五而不应，系小子为乘初九，此仍旧说，非经旨矣。随谓三也，阴以得阳比阳为美，二虽比初，已进于二，则上升之意多而下退之意少，故凡比与皆以在上者为佳。今下已离阳，为上系者为阴，三柔故称小子，初刚故称丈夫也。三柔弱，故不能拯所随。初刚在下，故以为失也。详见于本注。

闵元年初，毕万筮仕，遇屯之比，辛廖占之曰吉。屯固比入，吉孰大焉。昭七年，孔成子筮立卫絷，遇屯之比，史朝曰嗣吉何建，建非嗣也。孟将不列于宗，其筮同而占异者，事不同故也，非忠信之事。遇黄裳元吉，反以为凶，则占法大概可知已矣。

煦按：据屯固比入之说，则一爻动者，亦合占本卦及之卦也。

孔子筮易遇贲，愀然色不平，贞离文明，柔中而当位，其君位止而不应，此圣道不行于天下之象。

照按:此静而占彖辞者也。

《连山》《归藏》宜与《周易》数同,而其辞异。先儒谓《周易》以变者占,非也。《连山》《归藏》以不变者占,亦非也。古之筮者兼用三易,卫元之筮遇屯,曰利建侯,是《周易》或以不变者占也。季友之筮遇大有之乾,曰同复于父,敬如君所,此固二易辞也。既之乾,则用变矣,是《连山》《归藏》或以变者占也。

或曰九变六,六变九,非也。九当变八,六当变七,何以言之?《国语》董因为晋文公筮,遇泰之八,谓初二三以九变八,而四五上不变为八,故曰泰之八也。唐人张辕作《周易启元》,曰老阳变成少阴,老阴变成少阳,盖与此合。

八衍卦数,七衍蓍数,九六不极其衍,故发挥而为爻。

明夷之谦,初九变也。左氏载卜楚丘之言,以为旦之日,古人以寅配初,其来尚矣。医家难经为百刻图,一岁阴阳升降,会于立春,一日阴阳昏晓,会于艮时,此说与《易》合。

煦按:西徼之国,凡造历皆以岁首始春分,日月交会之径,较然明白故也。

又曰太极大中也,非若日之中而有昃,国之中而有外,位之中而有上下,太极无方无体,其所谓中者,因阴阳倚于一偏而后见也。

又曰两仪者,乾坤之初画,大衍三变而得之者也。自太极生两仪,两仪生四象,四象生八卦,因而重之为六十四,其丽于数者皆递升而倍之,则两仪为乾坤之初画可知矣。刘牧以一二三四为两仪,既两矣,而四之可乎?先儒以天地为两仪,或谓天地为乾坤之象,四象所生八卦之二尔,盖不知两仪为乾坤之初画,八卦为乾坤三画之相变故也。

煦按:此亦谓圆图中之初画为连而不断者也。煦谓乾不是天,坤不是地,惧人执天地为乾坤。此谓乾坤为八卦,惧人执乾坤为两仪也。以上皆沙随之说。

李本固论变占[①]

欧阳子:乾坤之用九用六,何谓也?曰乾爻七九,坤爻八六,九六变而七八无为,易道占其变,故以其所占者名爻,不谓六爻皆九六也。及其筮也,七八常多而九六常少,有无九六者焉,此不可以不释也,六十四卦皆然。特于乾坤见之,则馀可知耳。按《左传》,孔成子筮立卫公子元,遇屯曰利建侯,秦伯伐晋,筮遇蛊曰贞风也,其悔山也,则六爻不变而占彖辞,分贞悔者固有据矣。毕万筮仕,遇屯之比,初九变也,占利建侯。晋文公遇大有之睽,九三变也,占公用亨于天子。陈敬仲遇观之否,六四变也,占观国之光。南蒯遇坤之比,六五变也,占黄裳元吉。晋献公遇归妹之睽,上六变也,占刲羊承筐。则一爻而占所动之爻辞,亦有据矣。唯二爻变,则经传无例,故《启蒙》占二变[②]爻,以上爻为主,而韩苑洛则主下爻。考之齐文宣筮乾之鼎,初五两爻变也。宋景业占乘龙御天,则主本卦之上爻。《焦氏林》曰,弱足刖跟,折亡为患,则主之卦之下爻。《洞林》顾士群筮母病,得归妹之随,二五两爻变也。景纯占兑秋必亡,则主本卦之下爻。《焦氏林》曰,茕孤独宿,没溺我邑,则取泽水灭震木,主之卦之上爻。要之二爻变,当以本卦之上爻为主,以之卦之下爻为辅也。《左传》晋公子筮,遇贞屯悔豫皆八,盖初与四五凡三爻变也。而司空季子占曰,皆利建侯,是占《彖辞》,分贞悔者有据矣。而韩苑洛谓前十卦以本卦一变爻,后十卦以之卦一不变爻,皆主上爻。考之晋成公筮乾之否,下三爻变也。单襄公占曰君三出焉,一既往矣,其次必此,为晋周得国之兆。盖占大往小来,主悔也。乾之否,前十卦也,而主悔,是古亦有所不拘矣。

《焦氏林》云,骖驾六龙,封为燕王。盖占乾乾君子,或跃而飞,则得君位,是主贞上爻也,而六龙亦乾《彖辞》云。吴孙皓筮同人之

① “李本固论变占”,库本作“变占(周易古本全书汇编,清源李本固维宁甫)”。

② “变”,库本作“卦”。

颐,亦三爻变也。《焦氏林》曰,子钼执麟,春秋作阴,元圣将终,尼父悲心。盖指同人三阳为麟,三阴执之,故春秋为昏世,而元圣所悲也。主贞也,是其《彖辞》君出郊野而求口实,俯仰于人,且乾天也,而折于山,离日也,而没于云,亡国之象明矣。是贞悔之彖两体之象,皆当占者。《启蒙》为是,而苑洛可参阅也。

四爻变,经传无例。故《启蒙》以二不变爻占,苑洛以一不变爻占,皆主下爻。考之《洞林》,桓茂林嫂病,筮贲之豫,四爻变也。景纯占,时阴在初,见阳失度,煞阴在中,刑鬼入墓,变震属卯,捄宜殒兔,四变爻皆占也。《焦氏林》曰鹊延却缩,不见头目,日以困急,艮山出为头,离为目,而上下皆变,则不见,占变爻也。沈七之筮王诸,得乾之观,下四爻变也。沈云乾变至四,又不至五,未得见大人,占四变爻也,而二不变爻无与矣。《焦氏林》云,江河淮海,天之奥府,众利所聚,可以饶有,言四阴行地,犹四渎也,占四变爻也。亦惟随时取象,而前例有不尽拘矣。穆姜往东宫,始遇艮之八,史曰是艮之随,盖五爻皆变,惟二得八也。则五爻变以不变爻占。《启蒙》苑洛有攸同焉,是亦有据矣。

蔡墨曰乾之坤,曰见群龙无首吉,故六爻俱变。《启蒙》则乾坤占二用,馀卦乃占《彖辞》,苑洛则皆以不变《彖辞》占焉。又杨止庵引介夫之言,群龙无首,利永贞,乃总结六爻之意,而非为六爻皆变之占辞也。缘蔡墨之言启之,故朱子占二用,然不若直占彖辞为是。不然三爻变既不占,之卦又不占,则乾坤《彖辞》奚以为也?然乾之坤,《林》曰招殃未螫,害我邦国。坤之乾①,曰谷风布气,万物生出,皆占之卦之象,亦不拘于辞也。要之阴变阳者多吉无咎,阳变阴者多凶悔吝,何也?寒变暑主发生,暑变寒主肃杀,天道也。小人消而君子长则治,小人长而君子消则乱,人道也。易道不外是矣。朱子曰卦之一画变者六,二画变者十五,三画变者二十,四画变者十五,五画变者六,六画俱变者一,合之为六十三,并本卦不变者六十四。一卦变而成六十四,六

① "坤之乾",库本作"乾之坤"。

十四卦变而成四千九十六,《焦氏易》正如此也。《县镜》如本卦变爻不合占意,则以之卦变爻参详。如之卦变爻不合占意,则以本卦变爻参详。凡卦辞贞字皆指内卦,爻辞贞字皆指本爻,爻辞悔字皆指变爻,凡揲蓍画卦既成,便看六爻有无变动,依变法占可也。

论曰,《春秋》论爻必曰之,观蔡墨言乾之姤,曰潜龙,之同人,曰见龙,之大有,曰飞龙,则易之有之变也尚矣。六爻变占之例,盖考亭氏酌古准今而为之式,非臆之也。乃韩苑洛移二三爻之例,杨止庵订六爻变之占,各置喙焉,何哉?余考之古,盖有不尽拘者矣。《左传》其原委也,《焦氏林》其支流也,景纯、康节其远派也。于戏,舍是吾奚稽诸?无已,其贞悔乎?无动则贞内而悔外,有动则贞遇而悔之,一爻变则贞静而悔动,五爻变则贞动而悔静,二爻变则遇贞上而之贞下,三爻变则之贞下而遇贞上,六爻俱变则贞之而悔遇。贞者主也,贞悔分而宾主判矣,宾主判而盛衰形矣。而无动占遇之象,全动占之之象,半动之占两象,又尤当参焉者。乃所谓不尽拘者,如同寅得潜龙而占飞跃,飞跃未动而势有必至也。希夷得离之明夷,而两卦之蕴搜括无遗,岂待遇哉?故《左传》之占或详卦名,或推卦象,或及卦变,或及互体,或及肖体,或及变互,或及反对,或参天时,或参星纬,或参人事,则彖之辞不尽拘也。此外如《火珠林》体用生克之类,亦咸有奇中者,是可拘一定之例哉?

朱子占法已见《启蒙》。王氏占法,一爻变,本卦爻为贞,之卦爻为悔,二爻兼用。二爻变,以初变爻为贞,次变爻为悔,作两节消息之。三爻变,以先变为贞,后二变为悔。四爻变,五爻变,六爻变,皆以先变爻为贞,后变爻为悔,作四五六节消息之。六爻皆不变,则占《彖辞》,《彖辞》为七八不变者设也。丰南禺占法,贞悔者以六画言,则内为贞,外为悔。以三画言,则下为贞,上为悔。贞取定守为义,悔取感通为义,故六画则决之外卦,三画则决之于上爻。如初二两爻变,则以二决之。内卦三爻皆变,则以三决之。如内三爻皆静,外卦之二爻变三爻变者,皆依内卦之例。如初之于四,或五或上,二之于四,或五或上,三之于四,或五或上,皆二爻变,概决之于悔。三爻变者,如初四五,如二五上,如三四上。四爻变者,如初三四上,皆以最上一爻决之。三爻变者,如二三四。四爻变者,如初二三四。则以四决之,而参之以二,所谓二与四同功而异位也。如二三五,如三四五,如初三五,皆三爻变者。如初二三五,如初二四五,如二三四五,皆四爻变者。如初二三四五,为五爻变者,则皆以五决之,而参之以三,所谓三与五同功而异位也。如初二三四上,如初三四五上,如初二四五上,皆五爻变者,则皆以上爻决之,而参之以初,盖上下相应,亦若二四三五之例也。六爻皆变,乾坤占二用,馀占之卦之贞悔,六爻皆静,则占本卦之贞悔。

六爻变,占之卦大象。六爻不变,占本卦大象。

若《彖辞》则专以待卜,天子诸侯有大事,则筮人先筮得其卦,书于板以授太卜,太卜以墨画所得之卦于龟腹,春灼后左,夏灼前左,秋灼前右,冬灼后右,其文入于卦墨谓之食,则决之《彖》。盖两家之所以不从《启蒙》者,以周公爻辞本为九六之变者设,非为七八之不变者设。《周易》不用七八,岂有七八而冒用九六之辞哉?则以之卦不变爻占者,失其意矣。《彖》与爻各自为书,《彖》不取足于爻,爻不取足于《彖》,《易》果为卜筮而作,未有爻时,彖不可占,岂文王为未成之书耶?

煦按:必能具此见解,方知文王《彖辞》六爻动静皆可占也,第其言龟卜则未当。

则以占辞平分于爻彖者,非矣。

煦按:不知卦中同动之爻,皆可合其辞而占之,则是二爻以至六爻同动者。周公不别立爻辞,将周公亦为未全之书耶?

然王氏之法所谓四五六节消息者,则亦杂而无纪,丰氏之法所谓二四同功,三五同功,初上本末者,亦强以辞入于占,不可为例。

煦按:于数爻同动于卦中,而独择一二爻以为之说,皆是未明圣人立象之意也。圣人立一象于此,而无所不包者,总其大意云耳。岂数爻之义同见于一卦之中,乃不可以一义举也,若必逐爻细求其所以然,非矣。

后之君子,苟得左氏之意,其无例者,未尝不可见也。故一爻变者,既占本卦变爻,亦占之卦对爻,盖未有贞而无悔者。观左氏晋献公筮嫁伯姬，遇归妹之睽，上爻变，既引归上之刲羊承筐，又引睽上之张弧可知矣。二爻变者以下爻为贞，上爻为悔（仍同王见）。三爻变者以末变一爻为主（仍同丰见）。本卦为贞，之卦为悔（仍同朱见）。观晋筮立成公，遇乾之否，三为变末，曰配而不终，君三出焉，终者，乾三之终日也。否三包羞，故配而不终也。

煦按：以此为否三之解，并未知包羞之义，说详否卦。而《启蒙》以晋重耳之贞屯悔豫，司空季子占利建侯为例，谓当占两卦《彖辞》。不知凡所遇之卦，不论一爻变至六爻变，《彖辞》无不可引用，何独以三爻变专之？观左氏孔成子筮立君，遇屯之比，此一爻变者，而史占屯彖①之元亨。穆姜遇艮之随，此五爻变者，而称随彖之辞亦明矣。如郭璞筮驴鼠，遇遁之蛊，又为晋王筮遇豫之睽，皆三爻变也，皆不称《彖辞》。四爻变五爻变者，皆以变末一爻为主，本卦为贞，之卦为悔，即如穆姜五爻之变，主在上爻，艮上之敦艮，既有止义，而随上之辞拘系之，乃从维之，故穆姜曰必死于此，弗复出矣。六爻变者，皆以上爻为主，两卦为贞悔。六爻不变者，以初为贞，上为悔。观晋伐楚，筮之遇复，六爻不变。史曰南国蹙，射其元，王中厥目，国蹙王伤，不败何待。盖晋贞楚悔，初之元吉，晋实当之。上之行师大败，以其国君凶，楚实当之。其例明显如是，则无三家之病矣。

附古卦变图（虞仲翔）

一阴一阳之卦各六，皆自复姤而变。

䷗复	初之一	䷫姤	初之一
䷆师	初之二	䷌同人	初之二
䷎谦	初之三	䷉履	初之三
䷏豫	初之四	䷈小畜	初之四
䷇比	初之五	䷍大有	初之五
䷖剥	初之上	䷪夬	初之上

① “彖”，库本作“蒙”。

二阴二阳之卦各九,皆自临遁而变。

䷒临		䷠遁	
䷭升	初之三	䷘无妄	初之三
䷧解	初之四	䷤家人	初之四
䷜坎	初之五	䷝离	初之五
䷃蒙	初之上	䷰革	初之上
䷣明夷	二之三	䷅讼	二之三
䷲震	二之四	䷸巽	二之四
䷂屯	二之五	䷱鼎	二之五
䷚颐	二之上	䷛大过	二之上

三阴三阳之卦各十,皆自泰否而变。

䷊泰		䷋否	
䷟恒	初之四	䷩益	初之四
䷯井	初之五	䷔噬嗑	初之五
䷑蛊	初之上	䷐随	初之上
䷶丰	二之四	䷺涣	二之四
䷾既济	二之五	䷿未济	二之五
䷕贲	二之上	䷮困	二之上
䷵归妹	三之四	䷴渐	三之四
䷻节	三之五	䷷旅	三之五
䷨损	三之上	䷞咸	三之上

四阴四阳之卦各九,皆自大壮观而变。

䷡大壮		䷓观	
䷛大过	初之五重	䷚颐	初之五重
䷱鼎	初之上重	䷂屯	初之上重
䷰革	二之五重	䷃蒙	二之五重
䷝离	二之上重	䷜坎	二之上重

䷹兑	三之五	䷳艮	三之五
䷥睽	三之上	䷦蹇	三之上
䷄需	四之五	䷢晋	四之五
䷙大畜	四之上	䷬萃	四之上

变例之卦二。

䷼中孚　　䷽小过

凡变卦皆从乾坤来。

䷀乾　　䷁坤

煦曰：至此乃云，卦变皆从乾坤来一语，可证圣人传卦之始，未尝有卦变之说也。盖卦之成也，皆由乾坤二用一交而始，非乾九之用于坤，则坤六之用于乾，然后有三男三女之分。故六子之体悉具乾坤之体，而或多或少，或上或中或下，则各各不相同。因其多寡不同，而别其动静，明其体用。如三爻之中两阴一阳，则以两阴为静体，而以一阳为动用之爻。盖谓坤本三阴，今复有此一阳自外来而交之，因得变成此体。则自外来交之一爻动而善迁，其用可知矣，因遂得为主于此卦中。故孔子之《彖》每有上下往来，内外进退之说，皆是说打初成卦时，乾坤摩荡之妙，欲人知观象之法，而用以审择主爻者也。不察乾坤二用，不知六子之体全是乾坤之交，流为卦变，纷纷其说，又曷怪焉？然而《周易》之不明，遂自卦变一说始矣。今观先儒之注《彖传》中有往来字面，率以卦变言之，则诸卦之由来，皆宜各有一变卦矣，而先儒不言，岂通论乎？

变卦反对图(李挺之。挺之传自希夷，邵子传自挺之者也)

乾坤二卦为易之门，万物之祖图第一

煦按：此处不言变字言门字，便深明用九用六之机。

乾老阳☰

坤老阴☷

乾坤相索三变，六卦不反对图第二

煦按：此处虽言变字，止言其形之改易而已，然止曰乾索而变，则非有某卦在某卦之前矣。

坤体而乾来交，乾体而坤来交。

颐䷚	小过䷽	坎䷜
大过䷛	中孚䷼	离䷝

乾卦一阴下生，反对变六卦图第三

此处止言生，亦非曰此卦之前，尚从某卦变来也，下生字皆同。

姤䷫	同人䷌	履䷉
夬䷪	大有䷍	小畜䷈

坤卦一阳下生，反对变六卦图第四

复䷗	师䷆	谦䷎
剥䷖	比䷇	豫䷏

乾卦下生二阴各六变，反对变十二卦图第五

遁䷠	讼䷅	无妄䷘
大壮䷡	需䷄	大畜䷙
睽䷥	兑䷹	革䷰
家人䷤	巽䷸	鼎䷱

坤卦下生二阳各六变，反对变十二卦图第六

临䷒	明夷䷣	升䷭
观䷓	晋䷢	萃䷬
蹇䷦	艮䷳	蒙䷃
解䷧	震䷲	屯䷂

乾卦下生三阴各六变，反对变十二卦图第七

否䷋	恒䷟	丰䷶

泰	咸	旅
归妹	节	既济
渐	涣	未济

否泰既未下重。

坤卦下生三阳各六变，反对变十二卦图第八

泰	损	贲
否	益	噬嗑
蛊	井	未济
随	困	既济

泰否未既重。

六十四卦相生图（李挺之）

（二图当以前图为正，盖前图止言乾坤之生，而此图则云自某卦来矣。前图当是孔门之正传，后图当是汉儒所加，至为后世言卦变者籍口，则误矣）

姤 乾一交而为姤。

复 坤一交而为复。

此二卦言交，犹是正传。

凡卦五阴一阳者，皆自复卦而来，复一爻五变而成五卦。

师 谦 豫 比 剥

凡卦五阳一阴者，皆自姤卦而来，姤一爻五变而成五卦。

同人 履 小畜 大有 夬

遁 乾再交而为遁

临 坤再交而为临

凡卦四阴二阳者，皆自临卦而来，临五复五变而成十四卦。

第一四变	明夷䷣	震䷲	屯䷂	颐䷚
第二复四变	升䷭	解䷧	坎䷜	蒙䷃
第三复三变	小过䷽	萃䷬	观䷓	
第四复二变	蹇䷦	晋䷢		
第五复一变	艮䷳			

凡卦四阳二阴者,皆自遁卦而来,遁五复五变而成十四卦。

第一四变	讼䷅	巽䷸ﾠ	鼎䷱	大过䷛
第二复四变	无妄䷘ﾠ	家人䷤	离䷝	革䷰
第三复三变	中孚䷼	大畜䷙	大壮䷡	
第四复二变	睽䷥	需䷄ﾠ		
第五复一变	兑䷹			

挺之所传二图,俱本乾坤二卦来,方能发明象中之旨。然犹取所变之卦而立之图,是溺于习说,未能尽数扫除者也。

否䷋ 乾三交而为否。
泰䷊ 坤三交而为泰。

此二语言交亦当。
凡卦三阴三阳者,皆自泰卦而来,泰三复三变而成九卦。

第一三变	归妹䷵	节䷻	损䷨ﾠ
第二复三变	丰䷶	既济䷾	贲䷕
第三复三变	恒䷟	井䷯ﾠ	蛊䷑

凡卦三阳三阴者,皆自否卦而来,否三复三变而成九卦。

第一三变	渐䷴	旅䷷	咸䷞ﾠ
第二复三变	涣䷺ﾠ	未济䷿	困䷮ﾠ
第三复三变	益䷩	噬嗑䷔	随䷐

煦按:前图多泰、否、既、未四卦,此图止于六十四卦,其中唯复、姤、泰、否言交则是,其馀言自某卦变来则非。须熟观二用图解,则

是非辨矣。

《象数论》曰，损，损下益上，其道上行。益，损上益下，自上下下。由损观之，似以三爻益上爻。由益观之，似以四爻益初爻。小畜密云不雨，反对为履。履下之兑，泽气成云，故曰密云。兑变而巽，风以散之，故曰不雨。朱子所谓十九卦之《彖辞》，皆以反对为义者也。井改邑不改井，兑为刚卤之地，变而为巽，则近利市三倍，是改①邑也。坎不变是不改井也，皆对困言之。

煦按：其馀所言，皆以反对为义，来氏之综卦即本于此。

① "改"，库本作"故"。

周易函书约存卷八 原古三(先儒易说)

易说(朱子)①

朱子曰,盖所谓数者,只是分限节度处,得阳必奇,得阴必偶,凡物皆然,而图书为特巧而著耳。

煦按:分限节度四字,最有体会。此合中之分,不可不辨者也。予谓时有三候,位有三等,非真有三之可指也。只是圣人于极精极微处,看出分限节度如此,故其立卦止于三爻不复加也。然必知象数原不离理,而理实贯乎有象无象、有数无数之中,方知夫子一贯之道,方知《易》冒天下之道。

又按:卦图画自伏羲,卦名非伏羲所定也。伏羲时观图玩书,则以画卦,其时未有文字,其图尚未开拆,但仿奇偶,剖别阴阳,爰是一加再加,先合后分,内合外分,以寓夫中外流通体用一原之道,而伏羲之《易》于是乎尽。因其寓义无穷,经三圣人之表章,究莫能尽,故无俟乎开而为卦,而图中之妙上契天道,下合人事,化化生生之大原,万事万物之极则,尽秘其中,故其灵妙无与为比。后世圣人具吉凶同患之心,将欲因贰以济民行,因见羲图最灵最妙,合之则天地藏于无朕,而两大者资其统御,分之则万形彰为万象,而保合者各载乾元,然后开为六十四卦,而万物万事之理兼备无遗。邵子所由谓备万物之数,又以为三十六宫都是春也。今夫动有动象,植有植象,此目睹而易辨者也。六十四卦不逾阴阳,至其或多或少,或上或下,虽有数可纪,而图尚未开,又何名可命?因象而达理乎?是则伏羲之

① “易说(朱子)”,库本作“朱子易说”。

道原具未开之图，而名所由称必在已开之后审矣。今观《下系》第六章曰，其称名也，杂而不越，于稽其类，其衰世之意耶。既以称名为衰世之意，则伏羲未尝称名可知。又曰开而当名辨物，则伏羲未开未名，亦未[①]辨物可知。又曰因贰以济民行，则伏羲中古嗜欲未甚，文字未起，无待于济，无俟于开，又可知。凡皆稽考义类，而有以深识其由然也。今考黄帝涿鹿之战，始肇兵端，伏羲时安得有师？神农教民树艺，实始饮食，伏羲时安得有鼎？又观《下系》第二章，如耒耜舟车弧矢杵臼，取义于卦象者，均非伏羲中古所有，则类之可稽者，固了然在目也。善乎，孟子之尚友也，曰论其世也，不论其世，则执我以衡人，而其人之时势不真。善乎，孔子之论《易》也，曰稽其类也，不稽其类，执今以论古，而其事之违时者不少。所由贵论世之法也。如不解称名之说，为卦而言，泛泛作卦爻解说，则孔子何必有稽类之说，又何必有衰世之论，又何必有开而当名，因贰济民之说哉？须知看伏羲之图，全在浑沦圆转，未开未拆时著想留神。看文周之《易》，虽要在逐卦逐爻著想留神，然亦不可离却羲图，然亦不可忘了太极。孔子曰《易》有太极，但证其有，而不指太极之所在，盖即在两仪未起之先也。文王之释卦也，未亨之始，命之为元。周公之释爻也，两仪所分，命之为初。其义亦可想矣。既知图自图，卦自卦，爻自爻，三圣之《易》原不相混。又知爻即卦，卦即图，三圣之《易》原不相离。则谓孔子之显诸仁即是说文周之《易》，藏诸用即是说伏羲之《易》可也。

又曰，《易》之有象，其取之有所从，其推之有所用，非苟为寓言也。然秦汉诸儒必欲究其所从，则既泥滞而不通。王弼以来，直欲推其所用，则又疏略而无具。二者皆失之一偏，而不能阙其所疑之故也。故王弼曰，义苟应健，何必乾乃为马？义苟合顺，何必坤乃为牛？而程子亦曰，理无形也，故假像以显义。此乃所以破先儒胶固支离之失，而开后学玩辞玩占之方，则至矣。然观其意，又似直以

① "亦未"，库本作"未尝"。

《易》之取象无复有所自来，但如诗之比兴，孟子之譬喻而已。如是则是《说卦》之作，为无所与于《易》。而近取诸身远取诸物者，亦剩语矣。故疑其说，亦若有所未尽者。因窃论之，以为《易》之取象，固必有所自来，而其为繇辞，已具于太卜之官，故今不可复考，则姑阙之，而直据辞中之象以求象中之意，使足以为训诫而决吉凶，其亦可矣。固不必深求其象之所自来，然亦不可以假设而遽欲忘之也。

煦按：此段论观象之法最详，是学《易》[①]者第一紧要事，故详论之。象者像也，假此物之形似，以象此卦此爻也。因此卦此爻之理深隐难测，故假肖似之物类以象之，非如诗之比兴，孟子之譬喻固已。然执象以求，泥而不通，汉魏之儒类然矣。至以为无复有所自来亦当，夫外假肖似之形而曲象卦爻之义理，岂复有所自来哉？特惧遗象，徒拘执人事占卜之说，则遂无以识此卦此爻之真矣。今试问河洛二图，天非以象示乎？先天四图，伏羲非以象则乎？文王卦辞，周公爻辞，非卦爻之象乎？以象示者，其浑沦涵蓄，不可骤解，于是拟卦辞而以象，拟爻辞而以象，亦适如其浑沦涵蓄止耳。孔子之《彖辞》，特著往来上下之说，无非教人观象之法也。孔子之《系》《说》，仰观俯察，远取近取，以及悬象著明，耒耜舟车之悉有取也，无非示人观象之法也。即以广八卦论，取象之类不一而足，然非因此一卦，以求尽事事物物之类也。是欲因此最多之象，反以求得此卦性情之真耳。总缘《周易》之妙，通于无象之表，难可名言，故假象中之肖似，俾之得象忘言，斯其契合也微矣。夫孔子之一贯，犹不能添一字注脚，而况《周易》为大道从出之原乎？但合众多之象，皆能返以求此卦之精蕴，又合诸卦之象，能返以求先天四图之精蕴，则无象之表将有以妙契其微，而不尽之象亦将有以旁通其旨，何也？其理寓于象，而其妙固不止于象也。

---

① “易”，库本无。

释象(来矣鲜)①

卦中释象，有不拘说卦乾马坤牛乾首坤腹之类者，有自卦情而立象者，如乾卦本马而言龙，以乾道变化，龙乃变化之物，故以龙言之。朱子语录或问卦之象，朱子曰便是理会不得，如乾为马而说龙，如此之类皆不通。

煦按：龙，周公之象。马，孔子之象。皆象也。安得谓马是而龙非？若执定一象以为正，则金玉大赤之类皆非乎？象之所起皆自图书而始，图书为天地自然之易，象焉而已，非有道理显于言说也。伏羲则以画卦，其时未有文字，阴阳奇偶之画，象焉而已，非有道理显于言说也。卦爻既开，文字渐起，六书之义类，不过象形指事，会意谐声，转注假借，则是圣人文字之设，其初亦假象寓意者也。逮于文字流传既久，道理阐发益明，用代结绳而纪事，因遂有辞明义显之文。然而上古之文著于简策，非如后世书籍繁多，故其为文皆极简贵，何况《周易》始于卦爻，其中义理包涵无尽，若非假象，何由自明？则文周《系辞》而拟之以象，仍然伏羲之卦，河洛之图书，其中所具，方圆分合之数耳。第索道理于文字中，恒乐其辞明义显，求道理于象数之内，非高视远寄，取精会神，终不能尽识其指归。于是乎以《周易》最简最贵之文，极精极微之象，群相趋走便宜一路，直欲如文字义理开卷了然，致四圣之心埋没久矣。夫六经皆孔子所定，其于《周易》独加十翼，又曰五十学《易》可无大过，则象之不易窥也，虽圣人犹难言之。汉时去古未远，其所传授皆出孔门，而汉儒解《易》多从象中讲究，必宣圣传授之真，未尽泯也。第溺象而悖理，非《周易》正解耳。其本卦爻而言象，固犹可稽也。止缘后世分象与理而二视之，遂以为康成一派言象，王弼一派言理。夫卦止六爻，咸欲实证于事，遗象而言理，是事也而非理也。夫理固未有遗象孤存者也，遗象

① “释象(来矣鲜)”，库本作“来矣鲜释象”。

而言理,必至顾此失彼,得粗遗精,则固未知象中之包涵浑括,原不可以意计穷也。至于濂溪之与康节,其传悉出希夷,乃一以为理,一以为数,非惟不知二公同出一原,其道理若合符节,亦并不知《周易》中理之与数为何等物事矣。夫象数固依理而显,理固即象数而具者也。穷象而不究理,则非真象。穷理而不协象,则非真理。来矣鲜于理障之后,独能上溯虞荀,深求义例,不为时下理障所窘,其有功于《易》,岂浅鲜哉?

玩辞(李本固)①

辞之文而且奇,有设为不必然之物者,龙何战乎?战何野乎?血元黄乎?此不必然之物也。有不必然之事者,龙无首乎?无首而为龙乎?噬干肉乎?噬而得黄金乎?倘其偶乎?牝牛畜之乎?未占畜乎?占而当畜乎?此不必然之事也。有不必然之地者,西南乎?东北乎?往之而利乎?不利乎?此不必然之地也。有不必然之应者,七日来复乎?八月有凶乎?飞鸟遗音乎?克应乎?此不必然之应也。有卦反对而辞同者,益之二即损之五,姤之三即夬之四,未济之四即既济之三,故所系之辞亦同,然意之所指则异矣。有辞在此卦而通之于彼卦者,帝乙归妹,系之归妹矣,而又系之于泰,三四易则为泰也。跛能履,系之于履矣,而又系之于归妹。彼履乾,此履震也。有辞同而意异者,均一拔茅连茹也,而在泰则为君子进,在否则为小人进。均一濡尾也,而在既济则无咎,在未济则可吝。均一利女贞②也,在家人则利于女,在窥观则不利于丈夫矣。有辞同而意亦同者,小畜以阴在上,而曰密云不雨,自我西郊。小过亦以阴在上,而曰密云不雨,自我西郊。有《彖辞》与爻辞异意者,临为临阴,则四阴为小人,而至临知临敦临,不以小人目之也。遁以阴长而遁,

① “玩辞(李本固)”,库本作“玩辞(李本固全书汇编)”。

② “贞”,库本作“征”。

则能遁为君子，乃初与二亦以君子之遁言之。观之四阴非小人乎？乃言君子之观光，复以一阳来复为言，乃六爻皆取善念之复。《象》固一意，而爻又一意也。观此可知目阳爻为君子，目阴爻为小人者，非也。有以爻为主而我为宾者，六三勿用取女，是以三为女，而我勿取之也。上九观其生君子，是以上为君子，而我观之也。初九舍尔观我，是以初九为灵龟，而我语其舍也。六五射雉，是以五为雉，而我射之也。以我用爻，此一例也。有以爻为主，应爻为宾者，见舆曳，是以三为舆，而上九见之也。童牛之牿是以初为童牛，而四牿之也。豮豕之牙，是以二为豕牙，而五豮之也。王假有家，是以二为有家，而五假之也。求婚媾是以四为婚媾，而初求之也。此以爻用爻，又一意也。有言在此而意在彼者，据其辞则泰之四，小畜之五，若为小人夸诩，而其意则在君子也。晋之康侯，泰之大来，若为君子庆盛世，而意则在衰世也。有鄙之者，有危之者，曰不雨，曰穴，鄙小人之无能为[①]也。曰童观，曰窥观，鄙君子之不能有为也。曰剥床，曰蹢躅，曰女壮，甚小人，所以危君子也。而总之皆扶阳抑阴，无非为君子谋耳。是以象为辞者，何其广大悉备也。翼曰《系辞》焉而明吉凶，又曰《系辞》焉所以断也，是辞以断占，故即占以为辞。曰利贞，曰安贞，曰居贞，曰永贞，曰元永贞，曰可贞，曰君子贞，曰女子贞，曰妇人贞，曰童仆贞，曰小人贞，曰牝马之贞，曰幽人之贞，曰武人之贞，曰内比之贞，曰外比之贞，曰不息之贞，曰师贞，曰旅贞，诏之也。曰艰贞，曰厉贞，曰贞厉，曰贞吝，曰贞凶，曰不可贞，曰不可疾贞，曰勿用永贞，曰不利君子贞，戒之也。曰无悔者，可免于悔，曰悔亡者，有悔而亡之也。曰亏悔，曰无祗悔，勉之也。曰有悔，曰小悔，警之也。是故有亨，有元亨，有吉亨，有小亨，有亨小，有惟心亨，有利贞亨，有元吉，有大吉，有终吉，有吉无不利，有往吉，有吉亨，有吉无咎，有厉吉，有厉终吉，有悔厉吉，有贞吉，有它吉，庆之也。有利见，有利往，有利涉，有利用，有无不利，示之也。有无咎，

① “为”，库本无。

有何咎,有厉无咎,有何其咎,有吝无咎,有无咎吉,有往无咎,可之也。有终吝,有小吝,有它吝,有贞吝,有往吝,有见吝,惜之也。有勿用,有勿用有攸往,有不利有攸往,有不利涉大川,有无攸利,有小利有攸往,禁之也。有凶,有大凶,有厉,有灾眚,有终凶,有贞凶,有征凶,有起凶,有见凶,有以凶,有终有凶,蔑贞凶,有凶无咎,有凶无攸利,矜之也。是以占为辞者,何其变化无穷也?有象以寓理,有占以决疑,而《系辞》之道备矣。而要之以贞悔为本,贞则吉亨所必致,悔则可反凶吝而无咎矣。此《玩辞》之大端,盖采傅文兆之语也。

煦按:《玩辞》所论,或合或否,不尽皆当,独取其得参互考证之法,倘充其类而广之,谅于《周易》之学不难入也。

三易考(李本固)①

按《周礼》太卜掌三易之法,于令升注云,天地定位,山泽通气,雷风相薄,水火不相射,此小成之《易》也。帝出乎震,齐乎巽,相见乎离,致役乎坤,说言乎兑,战乎乾,劳乎坎,成言乎艮,此《连山》之《易》也。初乾初奭,初艮初兑,初荦初离,初厘初巽(一作奭,奭即羿字之讹,奭即巽也),此《归藏》之《易》也。小成者,伏羲之《易》也,而文王因之。《连山》者,烈山氏之书也,而夏人因之。《归藏》者,轩辕氏之书也,而商人因之。夏得人统,故岁首建寅,而卦首艮。商得地统,故岁首建丑,而卦首坤。周得天统,故岁首建子,而卦首乾。伏羲之《易》小成,为先天。神农之《易》中成,为中天。黄帝之《易》大成,为后天。杨用修云,邵康节之《易》先天后天,其源出于此。今之读《易》者,知有先天后天,而不知有中天。读《尚书》者,知有古文今文,而不知有中文,可乎?《连山》藏于兰台,《归藏》藏于太卜,此语见于桓谭《新论》。则后汉时《连山》《归藏》犹存,不可以《艺文

① “三易考(李本固)”,库本作“三易(李本固全书汇编)”。

志》不列其目而疑之，至隋世之《连山》《归藏》，则伪作上官求赏者耳。按罗长源之论三易，颇与此同。而曰《山海经》云，伏羲氏得河图，夏后氏因之曰《连山》。黄帝氏得河图，商人因之曰《归藏》。烈山氏得河图，周人因之曰《周易》。杜子春从之，误矣。按《归藏》之文，有乾为天，为君为父，为大赤为辟，为卿为马，为禾，为血卦之类，则知与今《易》通矣。或曰《归藏》黄帝之书，首坤，启筮乃有尧降二女以舜妃之语。节卦云，殷王其国，常母谷目之类，易为伏羲书，而有帝乙文王等语，又何耶？其卦是也，其文非也。《连山》之文，禹代之作。《归藏》之文，汤代之作。而《易》之文，特文王之作。至于爻辞，则周公。而《彖》《象》，则孔子也。《易》者，易也，变易也，而乾坤以为首。《连山》者，重山也，故重艮以为首。艮，山也。《归藏》者，万物藏焉故也，故重坤以为首。坤者，藏也。从时配位，是三统之政也。

三易之书，其书一，其法异。其为卦皆六位，经卦皆八，而别卦皆六十四，书一也；《易》尚变，《连山》《归藏》尚不变，法异也。变，老也。不变，少也。《易》用九六，尚老也；《连山》用七，《归藏》用八，尚少也。尚变之占三百八十有四，不变之占亦三百八十有四，凡七百六十有八，其所以逆天地阴阳之神数，定天地阴阳人事之休咎者，备矣。注或云，商蓍策三十六，盖商氏之《易》主于坤，坤之策三十有六也。惟《易》则变，故一可六十四，而六十四可以为一，是故以六十四乘六十四，得四千九十六，其与《连山》《归藏》倍一之理殊矣。于是复以五十约之为三千二百，则今之易卦三十二阳三十二阴者也。大衍之数五十，实筌乎此。或曰得意忘象，何首卦之云？是不然，曷亦知夫太易之掌其法，而不掌其书耶？书果一，则《连山》得阳，《归藏》得阴，繇屯而下，卦卦分也。而在三易，则卦不分焉，故曰不异。抑且不知《杂卦》之次，与《序卦》之列不同焉，又何欤？伏羲氏之为小成，神农《易》之为中成。神农之中成，黄帝《易》之为大成。伏羲氏之先天，神农《易》之为中天。神农之中天，黄帝《易》之为后天。岂非易道变通不穷？是故伏羲作之于前，而神农黄帝相与振明于后，惟变通之术不得不异，而其为道则未尝不同欤？世之学者不原乎此，乃更以为易道不一，可以随时而变置者，亦诞惑矣。

按桓谭论《易》，一曰《连山》，二曰《归藏》，三曰《周易》，《连山》八万言，《归藏》四千三百言，则汉之二《易》犹存明矣。而《笔丛》谓《归藏》为杜子夏所①撰，何耶？孔子曰我欲观商道，是故之宋而不足征也，得坤乾焉。坤乾，商《易》也。晋薛贞注，唐长孙无忌论齐世本蓍三卷缺文，昔启筮明夷，鲧治洪水，收②占大明，桀筮荧惑，武王伐纣，牧占耆老，曰不吉是也。按明夷荧惑，大明耆老，《归藏》卦名也。《公羊疏》孔子作《春秋》，九月成，卜之得阳豫之卦。《史记》秦始皇获滈池璧，言明年祖龙死，不乐，卜之得游徙。按阳豫疑即豫卦，游徙疑即旅，皆《连山》卦名也。陆佃云，长安人家有之，其卦皆纵，然北齐刘光伯常撰伪《连山》，鲁史记，以应遗书之诏，后亦败矣。世有《连山》三十卷者，乃梁元帝之所撰。《笔丛》据孔安国语，《连山》《归藏》，周末已亡。《隋·艺文志》有《连山易》十卷。按班氏六经首《周易》，不闻有夏商之《易》。隋时牛宏购求遗书至三十七万卷，不闻有《连山》，而至唐始出，何耶？考之《北史》刘炫传，隋文搜访图籍，炫因伪造《连山》上之，故马端临以为炫作也。而晋经簿始有《归藏易》十三卷，晋太尉参军薛贞唐司马膺各有注。按《七略》无《归藏》，隋志有二卷，称子夏撰，或以为杜子夏，非卜商也。杜子夏名邺，西汉人，必邺所撰，至汉仅存初经齐母本蓍三篇，《隋志》称此书惟载卜筮，不类圣人之旨。唐世固疑其伪，马端临业辨之矣。

《路史》孔安国以羲炎黄帝之书，谓之三坟，少昊颛喾唐虞之书谓之五典，康成从之，而贾逵以三坟为三皇时书，以五典为五帝典常，至马季长始以三坟为阴阳始生天地人之三气，岂其然哉？予家三坟三卷，以山气形为之三坟，山坟言君臣民物，阴阳兵象，谓之《连山》。气坟言生动长育止杀，谓之《归藏》。而形坟则言天地日月，山川云气，谓之坤乾。复有河图姓纪，天皇策辟，地皇政典之类，大率

① “所”，堂本作“之”。

② “收”，库本作“牧”。

似假羲炎黄帝为言，以迁就于孔说云。元丰中毛渐使西京，得诸南阳逆旅，伪书也。夫坟者，防与大之训，而索者究八体之应也，盖礼法之书。故史伯云，平八索以成人，建九纪而立德。张平子以三坟为三礼，而马融以八索为八卦，惟有以也。按观此而《连》《归》之真赝可晳矣。《归藏》即坤乾也，乃分《归藏》坤乾为二坟，其陋尤甚。夏《易》首艮也，而夫子赞《连山》，乃终之以艮（谓成言乎艮在后也）。商《易》首坤也，而夫子赞《归藏》，乃后坤（谓坤以藏之在后也）。盖归重于艮坤，以见卦首艮首坤之繇也。傅文兆乃泥夫子之言，谓夏商《易》皆首震，反谓首艮坤者为误，然则先天以乾兑离震巽坎艮坤为序，而夫子赞先天，乃先地山后水火，亦将因以易其序乎？文王之《易》以乾坎艮震巽离坤兑为序，而夫子赞之，乃先其震，亦谓首震可乎？观艮之成终而成始，及于宋得坤乾之语，则《连山》当以艮震巽离坤兑乾坎为序，《归藏》当以坤乾兑艮离坎巽震为序矣。其先震雷，图从中起耳。令升乃谓初乾初舆，何故哉？《路史》初舆初乾，初离初荦，初兑初艮，初奭初厘是也。文王后天之方位，法洛书之方位，即《连山》之方位也，特首艮首乾之异耳。然《连山》之画自神农始，神农画卦于五帝之前，何以位符洛书于五帝之后，所谓先天而天弗违非耶？禹之修用《连山》，盖以其数符龟书，文王后天何以循用《连山》，所谓后天而奉天时者耶？人但知伏羲之先天为则河图，而孰知文王之后天则洛书乎？人但知禹则洛书以叙畴，又孰知禹则洛书修《连山》乎？先圣后圣同一揆，天心圣心无二轨，奇哉。合而观之，惟伏羲之卦始称先天，即神农之中天已落后天，则世人之不知有中天也，无足怪也。

夫三易虽变，而经卦八，别六十四，终不变。三统虽变，而春卯秋酉及历元，终不变。服色之黑白赤可变，而上绘下饰不可变也。政之尚忠质文可变，而簠簋升降之礼不可变也。子曰商因于夏礼，其损益可知也。周因于商礼，其损益可知也。岂非文者可革，而本者不可革乎？此羲《易》夏时，所以至今不可革欤？用修引希夷曰，易学意、言、象、数，四者不可阙一，其理具见于圣人之经，不及文字，引说止有一图，谓先天方圆图也。以寓阴阳消长之说，与卦之生变图,亦非创意以作,孔子《系辞》述之明矣。又作《易龙图序》曰,龙图者,天散而示之,伏羲合而用之,仲尼默而形之。希夷以授穆伯长,伯长以授李挺之,挺之谓邵雍曰,物理外有性命之学。雍悉传之,作后天图,见于伯温之序。朱子因其出于希夷而讳之,后作《启蒙》,指天地定位节曰,此先天之学也。帝出乎震节,曰此后天之学也。似说《易》无有此图矣。盖康节因孔子《易传》难明,因希夷之图,又作后天图,如周子因《易》有太极一句而作太极图,今便谓先有太极图,而后有《易传》可乎?按《翼传》所以明古《易》,六图所以明《翼传》,故今之四《易》皆先《翼传》、后图说焉,《易筌》亦是此意。

煦按:其说谓《易》似无此图,是未知全部《周易》之卦皆出于先天图,而文周之卦辞爻辞皆所以发先天之秘蕴者也。试问河出图,洛出书,非孔子之言乎?则之者,必何如而则之乎?又则之,将欲何为乎?将必有以得其解矣。今谓六图所以明《翼传》,则未知《翼传》皆所以明六图也。《易》之始止有先天四图,并文王后天一图,止得五图,今云六图,或兼大圆图中之方图论也。

伏羲先天小成圆图

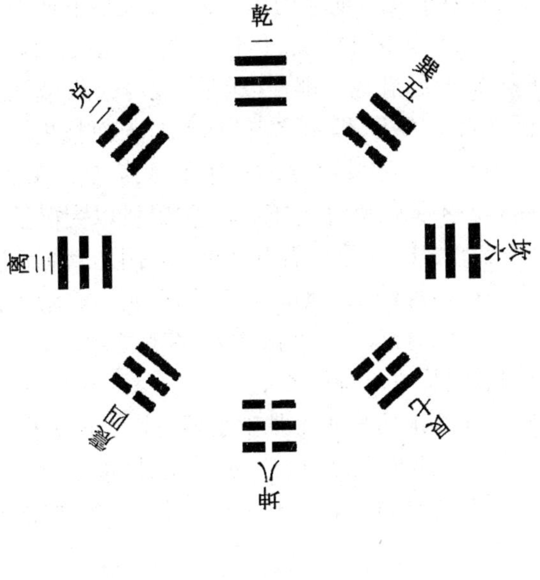

天地定位，山泽通气，雷风相薄，水火不相射，八卦相错，数往者顺，知来者逆，是故易逆数也。

按此《说卦》，明先天《易》也。希夷图之，邵子曰乾南坤北，离东坎西，震居东北，兑居东南，巽居西南，艮居西北。定位者，乾南上，坤北下，定尊卑之位。通气者，艮山根著于地，而泉脉从此出，兑泽连接于天，而石润从此生，震雷从地起，由内而动于外，巽风自天行，由外而入于内，互相冲激也。水火本相害，今一左一右，在于天地之间，各处而相济，不相侵克也。

煦曰：如此而言不相射，宜乎其未知《易》也，是乃对待定位之说耳。今欲明之，但将下面三句，以天地定位一句，逐卦比量，当自得其解矣。

自震至乾为顺，自巽至坤为逆。

亦非逆顺之理，既知此节为图言，则便当图上留神，何得执言卦者言图乎？论图则一阳逆生而上，一阴逆生而下耳。阳而降下始为顺，阴而升上始为顺也。

又曰乾坤纵而六子横，《易》之本也。玉斋胡氏曰，圆图南北为纵，东南西北、西南东北为横。杨用修云，易画自下而上，图自左而右，故曰逆数。凡上下下曰顺，下上上曰逆。左徂右曰顺，右徂左曰逆。史称伏羲太昊氏，春也。邵子以《易》配春，《大戴礼》言伏羲氏以木德王，画卦自下而上，即木之自根而干，干而枝也。其画三，木之生数也。其卦八，木之成数也。重卦亦两其三，八其八耳。木行春也，春贯四时。木德仁也，仁包四端。伏羲所以为群圣首，而《易》为五经之原乎？《路史》本乎阳者升而上，本乎阴者降而下，乾纯阳，天也，故正位乎南。坤纯阴，地也，故正位乎北。乾附正性于离，故中虚，有日之象。坤附正性于坎，故中实，有月之象。

此亦未知逆顺及用九用六之义。

日生乎东，故离正位乎东。月生乎西，故坎正位乎西。今之上经首乾坤而尾坎离，取四正之卦也。乾下交坤，故三男之卦附于坤。坤上交乾，故三女之卦附于乾。乾一变为巽，居乾之左，再变为艮，故居坎之左，三变而之坤。坤一变为震，居坤之左，再变为兑，故居离之左，三变而之乾。艮为山，兑为泽，地势高于西北，故艮位之。四渎凑于东南，故兑处之。雷出乎地，故附坤之东北。风薄乎天，故附乾之西南。今之下经以震艮巽兑为用，取四维之卦也。乾坤坎离纯一不变，故莅乎四正。震艮迭成①，巽兑互变，故莅乎四维，此伏羲之所理也。《翼学编》伏羲之作《易》也，天火阳之正，其卦为乾为离。地水阴之正，其卦为坤为坎。风为天之变，雷为火之变，其卦为巽为震。山为地之变，泽为水之变，其卦为艮为兑。然而间兑于乾离，首巽于坎艮，盖阳降而下，阴上而升，泽上于天，风行乎地，斯以明相交之用与。《县镜》乾坤坎离，以四正卦居四正之位，震巽艮兑，以四反卦居四隅之位。其位则乾一坤八，兑二艮七，离三坎六，震四巽五，亦各相对而成九数。九，老阳之数，乾之象，而无所不包也，隐然寓尊乾用九之意。

煦按：此段言图皆合易理，予所谓当看图，不当看卦也。

震一阳，离兑二阳，而乾三阳也。巽一阴，坎艮二阴，而坤三阴也。是为运行之序也。乾统三男，坤统三女，本其所由生也。傅文兆曰坎一阳而刚得中，兑巽二阳而刚得中，乾三阳而刚得中，离一阴而柔得中，震艮二阴而柔得中，坤三阴而柔得中，《易》所谓刚中正，柔得中，其本之此乎？震艮坎皆二阴而应一阳，巽离兑皆二阳而应一阴，《易》所谓上下应，刚柔皆应，其本之此乎？震一阳也，兑二阳而乾三阳，非阳长乎？巽一阴也，艮二阴而坤三阴，非阴长乎？《易》所称浸长道消，其本之此乎？

煦作循环太极图，即是发挥阴阳消长之义，第所言应爻则非。

---

① “成”，库本作“用”。

神农连山中成圆图

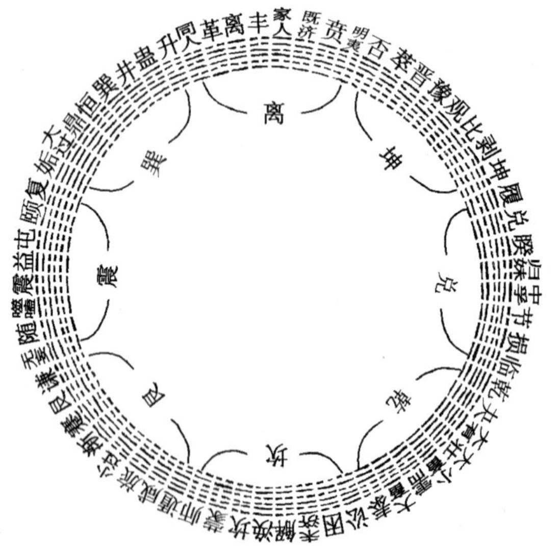

煦按：薛正曰，《连山》乾始于子，坤始于午，此与先天小图阳生阴生之旨暗合者。又以艮震巽离坤兑乾坎为序，仍是后天卦序，特首艮耳。内层以后天为序，外层自乾左旋，仍是先天之序耳。

帝出乎震，齐乎巽，相见乎离，致役乎坤，说言乎兑，战乎乾，劳乎坎，成言乎艮。

按：此说卦，明《连山易》也。希夷图之，曰正位称方，震东离南，兑西坎北，四维言位。艮东北，巽东南，乾西北，坤西南，坤独称地者，八方皆统于地。兑言正秋，不言方位，四卦主时为四正，其类可见，离称相见，万物皆见于此。兑称说言，以正秋非万物所说之时，唯以兑体为泽，物之所说，不取其时。艮称成言，艮体终止万物，今①以生成成言者，艮连于寅，故特言成。邵子曰震兑横而六卦纵，《易》之用也。《路史》此神农之《易》，以人事为重，乾坤相交，万物化生，

① “今”，库本作“令”。

然后成功，则男女以用事，父母以退处，此天地之常理也。阳以顺动，故乾顺进四位而处于西北。阴以逆行，故坤逆退四位而处于西南。离火生东而王于南，坎水生西而王乎北，火炎上水润下，故离自东而南，坎①自西而北也。雷以春分出帝，故自东北归于卯。泽以秋分始伏，故自东南反于酉。长养万物于春夏之交者风也，故巽自西南而居于巳。作止万物于春冬之际者，山也，故艮自西北而处乎寅。此则应地之方，而见于用者也。傅文兆曰离其大明之候乎？乾其寒水之候乎？《易》所称文明坚冰，其本诸此乎？离南方之卦也，《易》②所称南征南狩，其本之此乎？坤西北艮东北也，《易》所称西南得朋，不利东北，其本诸此乎？震木之始生也，齐巽而木始高矣，有木而后生火，故离次之，有火而后能生土，故坤次之。坤者土也，土中能生金，而金生在泽也。兑为泽也，乾则为金矣，故乾次之。乾天也，天一生水，故坎次之。坎者水也，水能生木，而木多生于山也，故次艮而复震也。《易》所以称渐木、乘木、金矢、金铉，其取诸此乎？

古《连山》文

姤初六，龙化于虵，或潜于洼，兹孽之牙。象，不可与长也。

复初七，龙潜于神，复以存神，渊兮无畛，操兮无垠。象，可与致用也。

剥上七，数穷致剥而终。象，致剥而终，亦不知变也。

阳文，启筮享神于大陵之上。

其卦有阳豫游徙之类。

赝《连山》文

有太始，有太极，有太易，有太初，有太素云云，皆剿合凿度之文。

伏羲称天皇，神农称人皇，轩辕称地皇。

岐伯天师云，先时者杀，不及时者杀云云，剿胤征文。

---

① “坎”，库本作“水”。

② “易”，堂本作“是”。

天皇氏策辞云，咨予上相共工，我惟老极无为，子惟扶我正道，咨告于民，俾知甲历日月岁时，子勿怠。共工曰，工居君臣之位，无有劳，君其念哉。皇曰下相皇桓，抚爱下民同力，咨告于民。桓曰君其念哉云云，全剿舜典。

又有民兵器，阴兵妖，阳兵遣，兵阳阵策辞，又有主我屋;主我两斧诸语。

黄帝归藏大成圆图

否	遁	讼	姤	无妄	同人	履	乾一
萃	咸	困	大过	随	革	兑二	夬
晋	旅	未济	鼎	噬嗑	离三	睽	大有
豫	小过	解	恒	震四	丰	归妹	大壮
观	渐	涣	巽五	益	家人	中孚	小畜
比	蹇	坎六	井	屯	既济	节	需
剥	艮七	蒙	蛊	颐	贲	损	大畜
坤八	谦	师	升	复	明夷	临	泰

煦按：此仍是伏羲方图，与《归藏》名卦用舆荦厘奭等字者不同，则所引雷动风散之文，当为《归藏》言也。

雷以动之，风以散之，雨以润之，日以晅之，艮以止之，兑以说之，乾以君之，坤以藏之。

按：此《说卦》，明《归藏易》也。《语录》朱子欲取出圆图中方图在外，此即取出方图，以明《归藏易》者也。胡玉斋曰震离兑阳，得乾而有所居，巽坎艮阴，得坤而有所归宿。希夷图之，邵子曰乾七子，兑六子，离五子，震四子，巽三子，坎二子，艮一子，坤全阴，故无子。

乾七子，坤六子，兑五子，艮四子，离三子，坎二子，震一子，巽刚故无子。乾坤七变，是以昼夜之极不过七分也。兑艮六变，是以月止于六，共为十二也。离坎五变，是以日止五，共为十也。震巽四变，是以体止四，共为八也。《击壤集》曰，天地定位，否泰反类，山泽通气，咸损见意，雷风相薄，恒益起义，水火相射，既济未济，四象相交，成十六事，八卦相荡，为六十四。邵子曰，图皆从中起，内四卦四震四巽，相配而近，有雷风相薄之象。震巽之外十二卦，纵横有离坎，有水火不相射之象。坎离之外二十卦，纵横有艮兑，有山泽通气之象。艮兑之外二十八卦，纵横有乾坤，有天地定位之象。四而十二，十二而二十，二十而二十八，皆有隔①八相生之妙。以四隅自外而内，则乾坤否泰，第一层之四隅，兑艮咸损，第二层之四隅，坎离既未济，第三层之四隅，震巽益恒，第四层之四隅。《县镜》其中为震巽者各四，自是而为坎离者各八，而坎离之上下四隅，四巽复存焉，自坎离之外，而为艮兑者各十二。而艮兑之上下为震巽坎离者各四，又自艮兑之外，为乾坤者各十六。而乾坤之上下为震巽坎离艮兑者各四焉。按此翼之所谓，故水火相违，雷风不相悖，山泽通气，然后能变化，既成万物者也。《路史》盖伏羲之《易》本于天，《归藏》之易本乎地，学者不知究尔，乾兑②离震在天为阳，在地为刚，故在天则居东南，在地则居西北。巽坎艮坤在天则为阴，在地则为柔，故在天则居西北，在地则居东南。立天立地，自然之理如此。舆即坤字，荦即坎字，厘即震字，奭即巽字，此《归藏》本文，即黄帝《易》。杨用修云，《易》曰阴阳合德，而刚柔有体。曰阴阳之义配日月，曰一阴一阳之谓道，曰阴阳不测之谓神，不曰阳阴而曰阴阳者，何也？曰生生之谓易，阳主生，阴主死，若曰阳阴，则死而不复生矣。先阴后阳，盖有生生不穷之义焉，匪特此也。《易》曰是故知死生之说，是故知鬼神之情状，又曰阖户谓之坤，辟户谓之乾，不曰生死而曰死生，不曰神鬼

① “隔”，库本作“融”。

② “兑”，库本作“坎”。

而曰鬼神,不曰辟阖而曰阖辟,亦犹晦先于朔,不曰朔晦而曰晦朔。然则商《易》之首坤,盖亦有见于此。朱氏曰《周易》所配五行,按方图可见,从中起,震巽在中,木生于春而长于夏,是故震巽之为木者,凡十六卦。木生则火,离在东南火之盛,是故离之为火者,凡八卦。火生则金,乾兑则西南金之盛,是故乾兑之为金者,凡十六卦。金生则水,坎在西南之中,水之盛也,是故坎之为水者,凡八卦。傅文兆曰震坎艮以一奇为主,虽多阴而为刚卦,巽离兑以一偶为主,虽多阳而为柔卦。《易》所称刚上柔下,其本诸此乎?以一阳而统二阴,是一君而二民也。以二阳而统一阴,是二君而一民也。《易》所称君子大君,得民远民,其本诸此乎?震初画,坎中画,艮上画,刚易柔也。巽初画,离中画,兑上画,柔易刚也。《易》所称刚柔相易,其本诸此乎?初阳位也,震居之则当,巽居之则不当。二阴位也,离居之则当,坎居之则不当。三阳位也,艮居之则当,兑居之则不当。《易》所称当位不当位,其本诸此乎?

古《归藏》文

初经云,初舆(即坤),初乾,初离,初荦(即坎),初兑,初艮,初奭(即巽),初厘(即震)。

煦按:此与朱震本少异。朱震先二老,后少中长,而却以乾南在先,非首《归藏》之义也。朱震以坤为奭,以奭为舆。此以坤为舆,以巽为奭。

坤,尧降二女以舜妃。

节,殷王其国,常毋谷目。

大明不吉,有初亡后。

荧惑,不利出征,惟利安处。彼为狸,我为鼠,勿用作事,恐伤其父。

穆王子筮卦于禺强。

鲧封于崇,鲧死三岁不腐,副之以吴刀。

昔黄神与炎帝战于钜鹿,将战筮之。

启筮云,空桑之苍苍,八极之既张,乃有羲和,是主日月出入以为晦明。

启筮,徙九鼎,启果徙之。

蚩尤出自羊水,八肱八趾疏首,登九淖以伐空桑,黄帝杀之于青丘。

乾为天,为君,为父,为大赤,为辟,为卿,为马,为禾,为血卦。

其卦有明夷,荧惑,耆老,大明之类。

赝《归藏》文

归动乘舟。归动乘轩。藏止重门。杀动干戈。杀长战杀止乱。生动勋阳。止杀宽宥。归杀降生杀害。长归从师。长藏从夫。动止戒,生杀相克。皆经典剩语。

赝《坤乾》文地皇坤乾象

云天成阴。云地高林,山地险径,气地下湿。山日沉西,天日昭明,川日流光。日月代明,川月东浮。日山危峰,月山曲池。山云叠峰,山气笼烟。川气浮光,云气流霞。

月天夜明。川山舄,雷山岫,气山岩。日川湖,云川溪,气川泉,月川湖,山川涧。

皆词人语,或剿诸经典,或取诸闾阎,不类三代以上者。

夹漈郑氏曰,《连山》用三十六策,《归藏》四十五策,《周易》四十九策。

周易函书约存卷九 原古四(先儒易派一)

乾凿度(黄宗羲《象数论》①)

乾②凿度一

自纬学禁绝之后,其全书之见于今者,《乾凿度》而已。而脱文误字,芜不可理。间尝为之反复推求,其术有五。

一求所直部岁,置积算(按此即后甲子年,甲子月,甲子日,甲子时也)。以元岁除之,馀不满部首岁,即为天元。满部首岁,除之为地元。再满部首岁,除之为人元。不尽,以纪岁约之(按纪岁者,七十六年也)。即所入部之年也,以部上之干支,次其不满纪岁之年,则得岁次矣(按此处不言积算,不满纪岁,谓不至七十六年也)。

二求主岁之卦,置部首以来岁数,以三十二除之,馀不足者,从乾坤始,二卦而当一岁,末算即主岁之卦。

三求世轨(世轨有二,有唐尧世轨,有文王世轨,其用法则同)。置积算以大周三万一千九百二十除之,馀以七百六十而一,为一轨。不满轨者,即入轨之年也。一轨消息一卦,大周逢奇起复,逢偶起姤,四十二轨消息卦三周有半,八十四轨消息卦七周,所谓八十四戒也。

四求厄数轨意,置大周以来年数(周文王世轨,大周三万二百四十)。别用消息卦除之,每一除为一厄(此属过去)。周而复始,除至

---

① “黄宗羲象数论”,库本作“象数论黄宗羲”。

② “乾”,库本作“乾坤”。

当下而止,视其所置之年,甲乙为饥,丙丁为旱,戊己为中兴,庚辛为兵,壬癸为水。

五求五德终始,置积算,以一千五百二十岁除之,馀以三百四岁约之。木金火水土相次,为转移之岁,五德日数,置部以来积日,以一百八十除之,馀以三十六约之,甲庚丙壬戊,五子相次,是其日也。其积算,天元至文王受命之岁,二百七十五万九千二百八十(脱一五字)。岁入戊午部,二十九年,伐崇侯,作灵台,改正朔,戊午部之岁为庚子,二十九年则戊辰也。以武王伐纣十三祀推之,时岁在己卯,则文王受命为丁卯。伐崇改朔,乃是受命后一年之事,郑康成谓受命后五年为此,非也。康成云,三部首而一元,一元而太岁复于甲寅,以甲寅为天元之岁,伐崇是戊午年(此年字当是部字),而非戊午部也(此部字当是年字)。戊午年,文王尚在羑里,岂能伐崇哉?召诰周公摄政七年,孔颖达疏,此年入戊午部,五十六岁,岁①在乙未,上距伐纣十七年,伐崇二十八年,其为戊午部而非戊午年明矣。不得以甲寅为天元岁首也。今定天元至壬子(作《象数论》之岁),二百七十六万二千一百四十九岁,入人元庚子部五年(此上为今壬子之积算)。

乾②凿度二

主岁之卦,以《周易》为序,而爻之起贞,则以六日七分之法为序。内卦为贞,外卦为悔,故从初爻起为贞,其卦于六日七分,在某月即以某月起初爻。阳卦左行,阴卦右行,两卦以当一岁。前为阳后为阴,左行者其次顺数,右行者其次逆数,皆间一辰。乾于卦序在四月巳,坤于卦序在十月亥。今乾初不起四月,坤初不起十月者,以十一月阳生,五月阴生,乾坤不与众卦偶,故乾贞于十一月子。坤又不起于五月者,五月与十一月皆阳辰,间辰而

① “岁”,库本无。

② “乾”,库本作“乾坤”。

次，则相重矣，故贞于六月未。舍午而用未，是退一辰也。屯序在十二月，蒙序在正月，各以其月为贞。师序在四月，比序亦在四月，阴卦与阳卦同位，阴卦退一辰①而贞五月（此以文王之卦序为序），阳卦在阳辰，阴卦亦在阳辰（子寅辰午申戌皆阳辰），阳卦在阴辰，阴卦亦在阴辰（丑卯巳未酉亥皆阴辰），皆退一辰以为贞，不得同位然也。泰在正月，贞其阳辰，否在七月，亦阳辰也，自宜避之。以两卦独得乾坤之体，故各贞其辰而皆左行。中孚贞于十一月子，小过正月之卦也。宜贞于二月卯，而贞于六月，非其次矣，故云法乾坤。盖诸卦皆一例，唯乾坤泰否中孚小过六卦不同。此是作者故为更张，自乱其义，而注言泰卦当贞于戌，否卦当贞于亥，抑又不知所据矣。

乾②凿度三

轨运测验之法，可以考见者，以所值之轨，分受命之君之善恶，从世爻得正失正而言，复之初阳得正，故圣人。临之二阳失正，故庸人。泰之三阳得正，故君子。大壮之四阳失正，故庸人。夬之五阳得正，故圣人。乾之上阳失正，故庸人。姤之初阴失正，故小人。遁之二阴得正，故君子。否之三阴失正，故小人。观之四阴得正，故君子。剥之五阴失正，故小人。坤之上阴得正，故君子。以一卦得正之爻，为享国之世祚。复二四上，三阴得正，三六十八故十八世。初阳得正而不数者，阳少故也。临四上得正，二六也，故十二世。泰初三得正，为二九，四上得正为二六，并之三十世。大壮初三得正为二九，上得正为一六，并之二十四世。夬初三五得正，为三九，上得正为一五（盛极而消），并之三十二世。姤遁主阴，虽三五得正而皆阳也，故止一世。否二五得正，一九一六，得十五世而非盛时，故即以二五为世数。观二四五得正，而二五止数其位，四则数位兼数，并之

① “辰”，堂本作“位”。

② “乾”，库本作“乾坤”。

二十世。剥二四得正,为二六,故十二世。乾三九二十七,而三十二世者,于五兼数其位也。坤三六十八,而三十六世者,偶其数也。其受命即位之年,在入轨之初,与天运相符,则有贤子孙继之,以毕其轨。亦如六爻次序自初至上,不当轨年之初(入轨已十年百年),既与天运不符,身幸不失,子孙自不能继。受命之君,其德宜与卦运相符。苟失其德,阴则起大而强,阳则柔易而弱,则不永其位。水旱兵饥,考知其年,预为之备,则可以救灾度厄。此五者,其大略也。然其言自相违背,不审于理,一轨七百六十年,所谓圣人庸人君子小人者,一君当之乎?统一轨之君以当之乎?乾为庸人而三十二世,遁为君子而一世,则是有天下者,可一委之运数,而人事不修也。即位之年,必欲当轨之初,岂尽如所云乎?帝王之治天下,允执其中,宁因消息所直,而过刚过柔,以迎卦气乎?水旱兵饥,十年内外,不能不遇,而以六百年七百年为期,是乱日少而治日多也。小道可观,致远恐泥,其斯之谓与?

煦按:此秦汉之纬书,其说不经,非圣人之制也。黄宗羲以为故为更张,自乱其义。又云自相违背,不审于理,知言哉。独取其积算,始于甲子年甲子月甲子日甲子时,与岁法上元冬至相合,姑存之。

乾凿度岁法

元纪

部首。一为天元。

甲子一甲子部(每部七十六年) 庚辰二癸卯部

丙申三壬午部 壬子四辛酉部

戊辰五庚子部 甲申六己卯部

庚子七戊午部 丙辰八丁酉部

壬申九丙子部 戊子十乙卯部

甲辰十一甲午部 庚申十二癸酉部

丙子十三壬子部 壬辰十四辛卯部

戊申十五庚午部 甲子十六己酉部

庚辰十七戊子部 丙申十八丁卯部

壬子十九丙午部 戊辰二十乙酉部

部首。二为地元。

甲申一甲子部 庚子二癸卯部

丙辰三壬午部 壬申四辛酉部

戊子五庚子部 甲辰六己卯部

庚申七戊午部 丙子八丁酉部

壬辰九丙子部 戊申十乙卯部

甲子十一甲午部 庚辰十二癸酉部

丙申十三壬子部 壬子十四辛卯部

戊辰十五庚午部 甲申十六己酉部

庚子十七戊子部 丙辰十八丁卯部

壬申十九丙午部 戊子二十乙酉部

部首。三为人元。

甲辰一甲子部 庚申二癸卯部

丙子三壬午部 壬辰四辛酉部

戊申五庚子部(此八元庚子部也) 甲子六己卯部

庚辰七戊午部 丙申八丁酉部

壬子九丙子部 戊辰十乙卯部

甲申十一甲午部 庚子十二癸酉部

丙辰十三壬子部 壬申十四辛卯部

戊子十五庚午部 甲辰十六己酉部

庚申十七戊子部 丙子十八丁卯部

壬辰十九丙午部 戊申二十乙酉部

煦按:此后七十六年,至癸亥又复起甲子,甲子至己卯七十六,庚辰至乙未七十六,丙申至辛亥七十六,故下接壬子,其甲子部至壬寅三十九,故下接癸卯,每以四十九年加之,其癸卯壬午等,乃至朔同日之干支也。

日法,八十一分。

月之日，二十九日馀八十一分日之四十三。

岁之月，十二馀十九分月之七。

纪岁七十六。

纪月九百四十。

煦按：七十六年，其月止该九百一十二，添闰月二十八，故有九百四十之数。

纪日二万七千七百五十（按此七十六年之日也）。

部岁一千五百二十。

部月一万八千八百（此一部之月，即一千五百二十年之月也）。

部日五十五万五千一百八十（此一部之日也，即一千五百二十年之日也）。

元岁四千五百六十（此一元之岁也）。

元月五万六千四百（此一元之月也）。

元日一百六十六万五千五百四十（此一元之日也）。

分部之法，十九年为一章，章首甲子日子时（此甲子部首之甲子章也）。

朔旦冬至，谓之至朔同日。第二章首，复得至朔同日，然非甲子日，乃癸卯日酉时。第三章首，至朔同日，乃是癸未日午时。第四章首，至朔同日，乃是癸亥日卯时，历四章毕，得七十六年。其明年至朔同日，乃癸卯日子时。

煦按：此癸卯，即第二纪之癸卯也。其下壬午纪，则当为壬午日之子时。

因其至朔同日，与第一章首同，遂以七十六年断为一纪，而以其日干支名其部。每章差三十九日九时，每纪差一百五十九日，除两甲子，则每纪止差三十九日，二十纪通差七百八十日，甲子十三周无馀，复以甲子别起部首。

煦按：此即古来章部纪元之法，一曰宋仁宗康定元年庚辰，徐复对宋仁宗曰，岁值小过，刚失位而不中，其强君德乎？附此以备考证。

乾凿度主岁卦

乾	坤	屯	蒙	需	讼	师	比	小畜	履	泰	否	同人	大有	谦	豫	随
九月	八月	十月	三月	十二月	五月	二月	七月	二月	九月	六月	十二月	五月	八月	十月	五月	十二月
七月	十月	八月	五月	十月	七月	十二月	九月	十二月	十一月	五月	十一月	三月	十月	八月	七月	十月
五月	十二月	六月	七月	八月	九月	十月	十一月	十月	正月	四月	十月	正月	十二月	六月	九月	八月
三月	二月	四月	九月	六月	十一月	八月	正月	八月	三月	三月	九月	十一月	二月	四月	十一月	六月
正月	四月	二月	十一月	四月	正月	六月	三月	六月	五月	二月	八月	九月	四月	二月	正月	四月
十一月	六月	十二月	正月	二月	三月	四月	五月	四月	七月	正月	七月	七月	六月	十二月	三月	二月

蛊	临	观	噬嗑	贲	剥	复	无妄	大畜	颐	大过	坎	离	咸	恒	遁	大壮
五月	十月	十一月	八月	十一月	七月	二月	七月	十月	九月	十二月	九月	八月	三月	十月	四月	五月
七月	八月	正月	六月	正月	五月	四月	五月	十二月	七月	二月	七月	十月	正月	十二月	二月	七月
九月	六月	三月	四月	三月	三月	六月	三月	二月	五月	四月	五月	十二月	十一月	二月	十二月	九月
十一月	四月	五月	二月	五月	正月	八月	正月	四月	三月	六月	三月	二月	九月	四月	十月	十一月
正月	二月	七月	十二月	七月	十一月	十月	十一月	六月	正月	八月	正月	四月	七月	六月	八月	正月
三月	十二月	九月	十月	九月	九月	十二月	九月	八月	十一月	十月	十一月	六月	五月	八月	六月	三月

晋	明夷	家人	睽	蹇	解	损	益	夬	姤	萃	升	困	井	革	鼎	震
十二月	十一月	三月	二月	九月	四月	五月	四月	正月	八月	六月	三月	七月	八月	正月	八月	十二月
十月	正月	正月	四月	七月	六月	三月	六月	十一月	十月	四月	五月	五月	十月	十一月	十月	十月
八月	三月	十一月	六月	五月	八月	正月	八月	九月	十二月	二月	七月	三月	十二月	九月	十二月	八月
六月	五月	九月	八月	三月	十月	十一月	十月	七月	二月	十二月	九月	正月	二月	七月	二月	六月
四月	七月	七月	十月	正月	十二月	九月	十二月	五月	四月	十月	十一月	十一月	四月	五月	四月	四月
二月	九月	五月	十二月	十一月	二月	七月	二月	三月	六月	八月	正月	九月	六月	三月	六月	二月

艮	渐	归妹	丰	旅	巽	兑	涣	节	中孚	小过	既济	未济
正月	十一月	十二月	四月	七月	十一月	六月	四月	九月	九月	八月	八月	正月
三月	九月	二月	二月	九月	正月	四月	二月	十一月	七月	十月	六月	三月
五月	七月	四月	十二月	十一月	三月	二月	十二月	正月	五月	十二月	四月	五月
七月	五月	六月	十月	正月	五月	十二月	十月	三月	三月	二月	二月	七月
九月	三月	八月	八月	三月	七月	十月	八月	五月	正月	四月	十二月	九月
十一月	正月	十月	六月	五月	九月	八月	六月	七月	十一月	六月	十月	十一月

乾凿度世轨

一轨䷗七百六十年,圣人,十八世消。

二轨䷒一千五百二十年,庸人,十二世消。

三轨䷊二千二百八十年,君子,三十世消。

四轨䷡三千四十年,庸人,二十四世消。

五轨䷪三千八百年,圣人,三十二世消。

六轨䷀四千五百六十年,庸人,三十二世消。

七轨䷫五千三百二十年,小人,一世消。

八轨䷠六千八十年,君子,一世消。

九轨䷋六千八百四十年,小人,十世消。

十轨䷓七千六百年,君子,二十世消。

十一轨䷖八千三百六十年,小人,十二世消。

十二轨䷁九千一百二十年,君子,三十六世消。

十三轨䷗九千八百八十年,圣人,十八世消。

十四轨䷒一万六百四十年,庸人,十二世消。

十五轨䷊一万一千四百年,君子,三十世消。

十六轨䷡一万二千一百六十年,庸人,二十四世消。

十七轨䷪一万二千九百二十年,圣人,三十二世消。

十八轨䷀一万三千六百八十年,庸人,三十二世消。

十九轨䷫一万四千四百四十年,小人,一世消。

二十轨䷠一万五千二百年,君子,一世消。

二十一轨䷋一万五千九百六十年,小人,十世消。

二十二轨䷓一万六千七百二十年,君子,二十世消。

二十三轨䷖一万七千四百八十年,小人,十二世消。

二十四轨䷁一万八千二百四十年,君子,三十六世消。

二十五轨䷗一万九千年,圣人,十八世消。

二十六轨䷒一万九千七百六十年,庸人,十二世消。

二十七轨䷊二万五百二十年,君子,三十世消。

二十八轨䷪二万一千二百八十年,庸人,二十四世消。

二十九轨䷍二万二千四十年,圣人,三十二世消。

三十轨䷀二万二千八百年,庸人,三十二世消。

三十一轨䷫二万三千五百六十年,小人,一世消。

三十二轨䷠二万四千三百二十年,君子,一世消。

三十三轨䷋二万五千八十年,小人,十世消。

三十四轨䷓二万五千八百四十年,君子,二十世消。

三十五轨䷖二万六千六百年,小人,十二世消。

三十六轨䷁二万七千三百六十年,君子,三十六世消。

三十七轨䷗二万八千一百二十年,圣人,十八世消。

三十八轨䷒二万八千八百八十年,庸人,十二世消。

三十九轨䷊二万九千六百四十年,君子,三十世消。

四十轨䷡三万四百年,庸人,二十四世消。

四十一轨䷪三万一千一百六十年,圣人,三十二世消。

四十二轨䷀三万一千九百二十年,庸人,三十二世消。

文王世轨

一轨七百二十年。二轨一千四百四十年。三轨二千一百六十年。四轨二千八百八十年。五轨三千六百年。六轨四千三百二十年。七轨五千四十年。八轨五千七百六十年。九轨六千四百八十年。十轨七千二百年。十一轨七千九百二十一年。十二轨八千六百四十年。十三轨九千三百六十年。十四轨一万八十年。十五轨一万八百年。十六轨一万一千五百二十年。十七轨一万二千二百四十年。十八轨一万二千九百六十年。十九轨一万三千六百八十年。二十轨一万四千四百年。二一轨一万五千一百二十年。二二轨一万五千八百四十年。二三轨六万六千五百六十年。二四轨一万七千二百八十年。二五轨一万八千年。二六轨一万八千七百二十年。二七轨一万九千四百四十年。二八轨二万一百六十年。二九轨二万八百八十年。三十轨二万一千六百年。三一轨二万二千三百二十年。三二轨二万三千四十年。三三轨二万三千七百六十年。三四轨二万四千四百八十年。三五轨二万五千二百年。三六轨二万九千九百二十年。三七轨二万六千六百四十年。三八轨二万七千三百六十年。三九轨二万八千八十年。四十轨二万八千八百年。四一轨二万九千五百二十年。四二轨三万二百四十年。

水旱轨

复䷗,阳爻六十四,阴爻五十六。复一阳五阴,再周得六百八十八。

临䷒,二阳四阴,再周得七百四。

泰䷊,三阳三阴,再周得七百二十。

大壮䷡,四阳二阴,再周得七百三十六。

夬䷪,五阳一阴,再周得七百五十二。

乾䷀,六阳,再周得七百六十八。

姤䷫,一阴五阳,再周得七百五十二。

遁䷠,二阴四阳,再周得七百三十六。

否䷋,三阴三阳,再周得七百二十。

观䷓,四阴二阳,再周得七百四。

剥䷖,五阴一阳,再周得六百八十八。

坤䷁,六阴,再周得六百七十二。

乾凿度[①]五德转移

木德,三百四岁(按此以下皆三百四岁加之)。

金德,六百八岁。

火德,九百一十二岁。

水德,一千二百一十六岁。

土德,一千五百二十岁。

① “乾凿度”,堂本无。

五德日数(从部首起冬至甲子朔)

木德,甲子三十六日。

金德,庚子三十六日。

火德,丙子三十六日。

水德,壬子三十六日。

土德,戊子三十六日。

煦按:自《乾凿度》、焦赣、京房而下,如《太玄》《洞极》《潜虚》《元包》《洪范》《经世书》,大约皆本《凿度》、京房而推广之,以合诸岁法①耳。虽曰附《易》以行,而《易》之正义不与焉,故但以为《易》之派也。《易》冒天下之道,各家所说自应包括其中。若论本义,自应以尽性至命,天人合一为极则焉。今于各家所著,节其大略于后,然于尽性至命之道无与也。即用以占卜,亦无可占之验。大约皆后之学者不克穷理,妄自附于作者之林,以欺世盗名耳。然犹有存之学之传之者,非尽留心圣道者也,大都艳前人之名,故不论是非,不求实验,止资以为博雅之助尔。

易林

焦赣,字延寿,传经学于孟喜。当西汉元成之间,以易道上干梁王,遂为郡察举,诏补小黄令,著《焦氏易林》,每卦各有六十四变,变各有词,亦西汉之杰作也。

煦按:《周易》三百八十四爻,而每卦六爻,每爻各系以辞,非止占独动之爻也。若止独动之爻可占,则二爻同动以及三四五六爻同动者,周公未尝别立爻辞,则《周易》所系之占辞,岂不大有缺略乎?不知一卦之爻各有时位,既已二爻三爻四爻五爻同动于一卦,自不应外此一卦别求道理。又不应外此所动之众爻,所系之众辞,别求

① “法”,库本作“数”。

道理①。即如乾卦二三爻同动,以位而论,则有在下可见之象。以理而论,则有居下谨畏之象。以时而论,则有居下渐进之象。是此二爻,其理未始不一,其事未尝不可合占。如或初三四,合三爻而动,则有由静而动,由潜而方跃之象。潜而始跃,安得不畏寅中存?凡人占事,必有始终,潜始而跃终,莫不凛以兢惧之心,则三爻之象固一理也。周公逐爻而设之辞,却不别立二爻,以至五六爻同动之辞,职是故耳。即用九一节,是为六十四卦所有阳爻同出于乾,故特著乾元之用。孔子《文言》已明告之,非为六爻同动者言也。以卦之六爻或独动或合动,周公逐爻各有辞矣。今于六十四卦,不论独动合动,每于所动之卦皆别立一辞,比诸周公爻辞绝不相类。如前所云九二九三两爻同动,周公之辞何等切实,其在《易林》则为乾之无妄,辞曰传言相误,非于径路,鸣鼓逐狐,不知迹处。如前说初九九三九四三爻同动,周公之爻辞俱在也。其在《易林》为乾之涣,辞曰跛踦相随,日暮牛疲,陵迟后旅,失利亡雌。绝无一字与周公②爻辞相似。夫《周易》经四圣厘定,吉凶悔吝,自古及今,莫之或爽者,道存故也。若使道理尚有渗漏,尚俟后人寡知渺见缀而补之,岂四圣之聪明领会不子若乎?抑亦不揣之甚矣?学者有志圣道,宁弃术数而尊圣经可耳。若妄意推求,自鸣著作,圣人既远,乌得而禁诸?然而圣人之经随人所用,皆可得益。随人所占,皆可得验。彼妄意推求者,卒亦莫之有益,莫之有验也。斯其浅深离合,亦概可想矣。大抵卦中各动之爻,皆宜合所动之辞而占。左氏所定同动之爻,既无遗漏,又恒合诸互卦变卦以为之说,当亦有由然也。其说见沙随程迥《古占法》,已见前卷。

---

① "又不应外此所动之众爻,……别求道理",库本无。

② "公",堂本作"易"。

京房易传

商瞿子木受《易》孔子，五传至汉田何子庄，又三传为孟喜，而焦赣云从孟氏问《易》，顿丘京房君明师之，房授殷嘉姚平乘宏，遂为京氏学。京房，元帝时人。

孔子曰一世二世为地易，三世四世为人易，五世六世为天易，游魂归魂为鬼易。鬼为系爻（今作克我为鬼），财为制爻（我克），天地为义爻（即生我为父母），福德为宝爻（子孙），同气为专爻（兄弟）。龙德十一月子，在坎左行（即月建），虎行五月午，在离右行，五行生死（即今生旺墓例），阳入阴，阴入阳，交互相荡，积算随卦起宫，天地之内无不通也（乾起巳，坤起亥，震起寅，巽起午，坎起子，离起丑，艮起未，兑起申）。初爻三日，二爻三日，三爻三日，各九日。馀一曰闰馀，三旬成月，积月成年，成万一千五百二十策。

此言每爻三十策，大衍岁法[1]用之。

分三十为中，三十为上，三十为下，总一百二十（倍六十卦）。新新不停，生生相续，故淡泊不失其所，《易》所以断理定伦也。晁京[2]迁曰，京传文字舛讹，余三十四年，乃能以象数辨正之。盖辨三易，谨气候，以观盈虚也。进退以几而为卦主者，世也。据一起二而为主之相者，应也。世所位而阴阳转者，飞也。肇乎所配，不脱乎本，以飞何宫之卦，乃伏何宫之位者，伏也。起世而周内外，参本数以纪月者，建也。终始无穷以纪日者，积也。会于中以四为用，备四卦者，互也。乾建甲子于下，坤建甲午于上，八卦之上乃生一世之初，初一一世之五位，乃分而为五世之位，其五世之上乃为游魂之世，五世之初乃为归魂之世，而归魂之初，乃生后卦之初，其建刚日则节气，柔日则中气，虚则二十八，盈则三十六，至于世应飞伏，死于位生

① “岁法”，库本作“数”。

② “京”，库本作“景”。

于时,生于时死于位,则意遗乎言者也。焦小黄变四千九十六,管辂定乾之轨七百六卦,入坤之轨六百七十二卦,知之者,将以语康节三易矣。

煦按:此即今传《火珠林》占法也。其系制义宝即生克制化也。其纳支干于中,而每有奇验,即容成造甲子之法也。说见前卷①原图内。其以八纯之世,定于宗庙,乃自一世至五世,以及游归之世,皆各各不爽者。取卦中升降之气,与阴阳之升降合也。其每更一世,则必另为一卦,而仍不离乎本宫之性情。则圣人历历验之,而确有以见其然也。其卦气之升,至于五矣,乃复以降气取之,而六位不复变者,正所以存本宫之性情也。亦圣人历历验之,而确有以知此爻之不变也。夫《易》始于伏羲,冒天下之道者也。文王周公孔子相传曰《周易》,黄帝老子相传曰金丹,此《周易》之一分也。《周易》之传于孔子者,以道为主。其别传为京氏之学,究数而言占,此《周易》之又一分也。想当古皇授受时,必合精粗巨细而归于一致,其后相沿既久,聪明不逮古人,遂分金丹术数而为三矣。然而京房所传,虽全在占上留心,其五行卦气之说,犹不失阴阳四象之旨。精而求之,皆各有至理存焉。正未可以粗鄙而略之也。如所云归魂之初,乃生后卦之初,岂非有见于卦气之循环,周流不息乎?如所云生于时死于位,岂不谓时为流行不息,位为一定不移,与圣人论爻之说同乎?乃学《周易》而未尝取验于占,虽道理百出,言之可听,要皆旁出岐趋,必非正旨②。故吾于京氏犹有取也,至于溺数而遗理,则又在所略矣。

潜老曰,七变藏九,不变主变。

煦按:七变者,一世至归魂也。不变者,上爻也。

游魂归魂,原始反终,谁知之乎?今之术《火珠林》者,未有能读京传者也,余亦十年而后通其解。乾统气故虚,五而起积,每卦五

① “前卷”,库本作“别集”。

② “乃学《周易》而未尝取验于占,……必非正旨”,堂本无。

变,合上为六。而游魂之变亦虚五而行,四阳卦当二十四,则所馀二十六候也(煦按二字当是三字)。震坎艮首虚一位,而自乾己巳至艮庚子(艮字当是震字),则馀二十八也。四阴卦亦然,刚干起月首,故六月得二十六候。柔干中气,则六月止得二十八候。

宿则两周而定,南方七宿加参焉。五行以生为序,故订而谱之。

立春立秋,坎初戊寅。雨水处暑,巽初辛丑。惊蛰白露,震初庚子。春分秋分,兑四丁亥。清明寒露,艮四丙戌。谷雨霜降,离四己酉。立夏立冬,坎四戊申。小满小雪,巽四辛未。芒种大雪,乾四壬午。夏至冬至,兑初丁巳。小暑小寒,艮初丙辰。大暑大寒,离初己卯。

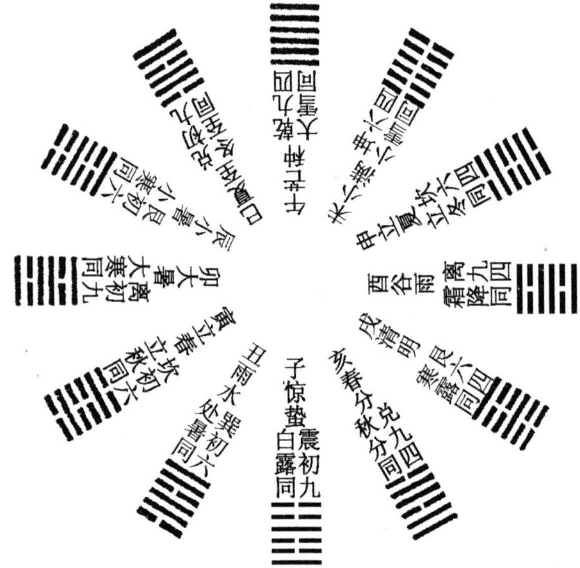

煦按:此图自立春戊寅始,逆周十二节至立秋,又复至寅逆周十二。

乾:建始甲子至己巳,兼己巳至甲戌,积算起己巳至戊辰。五星从位起填星,与坤飞伏,参位起壬戌。统七十二候。

姤:起坤宫庚午芒种,至乙亥小雪,积乙亥至甲戌。太白,飞巽,井入辛丑分气候三十六。

遁:辛未大暑至丙子大雪,丙子至乙亥。太阴辰星,飞艮,鬼降丙午。

否:壬申立秋至丁丑大寒,丁丑至丙子,岁星,飞坤,柳降乙卯。

观:癸酉秋分至戊寅立春,戊寅至丁丑。荧惑,飞巽,星宿降辛未,二十八。

剥:甲戌寒露至己卯春分,己卯至戊寅。填星,飞艮,张降丙子,三十六。

晋:己卯春分至甲申立秋,甲申至癸未。太白,飞离伏艮,伏五世之上卦,翼降己酉,二十八。

大有:戊寅立春至癸未大暑,癸未至壬午。太阴辰星,与坤飞伏,轸降甲辰,三十六。

震:建丙子大雪至辛巳小满积算,辛巳至庚辰。岁星,与巽飞伏,角降庚戌,三十六。

豫:丁丑大寒至壬午芒种,壬午至辛巳。荧惑,飞坤,亢,乙未,二十八。

解:戊寅立春至癸未大暑,癸未至壬午。填星,飞坎,氐,戊辰,三十六。

恒:己卯春分至甲申立秋,甲申至癸未。太白,飞巽,房,辛酉,二十八。

升:庚辰清明至乙酉秋分,乙酉至甲申。太阴水星,飞坤,心,癸丑,三十六。

井:辛巳小满至丙戌寒露,丙戌至乙酉。岁,飞坎,尾,戊戌,二十八。

大过:丙戌寒露至辛卯春分,辛卯至庚寅。荧,飞兑伏坎,伏五世之上卦,箕,丁亥,三十六。

随:乙酉秋分至庚寅立春,庚寅至己丑。填,计都此南斗也,庚辰,二十八。

坎:建癸未大暑至戊子大雪,积戊子至丁亥。太白,与离飞伏,牛降戊子,二十八。

节:甲申立秋至己丑大寒,己丑至戊子。太阴辰星,飞兑,女,丁巳。

屯:乙酉秋分至庚寅立春,庚寅至己丑。岁,飞震,虚,庚寅。

既济:丙戌寒露至辛卯春分,辛卯至庚寅。荧,飞离,危,己亥。

革:丁亥小雪至壬辰清明,壬辰至辛卯。填,飞兑,室,丁亥。

丰:戊子大雪至癸巳小满,癸巳至壬辰。太白,飞震,壁,庚辰。

明夷:癸巳小满至戊戌寒露,戊戌至丁酉。辰星,飞坤伏震,伏五世之上卦,奎,癸酉。

师:壬辰清明至丁酉秋分,丁酉至丙申。岁,娄,戊午。

艮:建庚寅立春至乙未大暑,积乙未至甲午。荧,与兑飞伏,胃,丙寅,三十六。

贲:辛卯春分至丙申立秋,丙申至乙未。填,飞离,昴,己卯,二十八。

大畜:壬辰清明至丁酉秋分,丁酉至丙申。太白,飞乾,毕,甲寅,三十六。

损:癸巳小满至戊戌寒露,戊戌至丁酉。辰,飞兑,觜,丁丑,二十八。

睽:甲午芒种至己亥小雪,己亥至戊戌。岁,飞离,参,己酉,三十六。

履:乙未大暑至庚子大雪,庚子至己亥。荧,飞乾,井,壬申,二十八。

中孚:庚子大雪至乙巳小满,乙巳至甲辰。填,飞巽伏乾,伏五世之上卦。鬼,辛未,三十六。

渐:己亥小雪至甲辰清明,甲辰至癸卯。太白,柳,丙申,二十八。

坤:建甲午芒种至己亥至戊戌,周而复始。与乾飞伏,五星从位起太阴水星,星宿从位降癸酉。

复:乙未起坤大暑至庚子大雪,积庚子至己亥。岁星,飞震,分气候,张宿降庚子,二十八。

临:丙申立秋至辛丑大寒,积辛丑至庚子。荧惑,飞兑,翼在丁卯,三十六。

泰:丁酉秋分至壬寅立春,壬寅至辛丑。填星,飞乾,轸降甲辰,二十八。

大壮:戊戌寒露至癸卯春分,癸卯至壬寅。太白,飞震,角降庚午,三十六。

夬:己亥小雪至甲辰清明,甲辰至癸卯。辰星,飞兑,亢降丁酉,二十八。

需:甲辰清明至己酉秋分,己酉至戊申。岁星,飞坎伏兑,伏五世之上卦,氐降戊申,三十六。

比:癸卯春分至戊申立秋,戊申至丁未。荧惑,与乾飞伏,房降乙卯,二十八。

巽:辛丑大寒至丙午芒种,丙午至乙巳。填,与震飞伏,心,辛卯。

小畜:壬寅立春至丁未大暑,丁未至丙午。太白,飞乾,尾降甲子。

家人:癸卯春分至戊申立秋,戊申至丁未。辰,飞离,箕,己丑。

益:甲辰清明至己酉秋分,己酉至戊申。岁,飞震,计都降庚辰北斗也。

无妄:乙巳小满至庚戌寒露,庚戌至己酉。荧,飞乾,牛,壬午。

噬嗑:丙午芒种至辛亥小雪,辛亥至庚戌。填,飞离,女,己未。

颐:辛亥小雪至丙辰清明,丙辰至乙卯。太白,飞艮伏震(震字误当离),五世之上卦,虚,丙戌。

蛊:庚戌寒露至乙卯春分,乙卯至甲寅。辰,与震飞伏,危,辛丑。

离:戊申立秋至癸丑大寒,癸丑至壬子。岁,与坎飞伏,室,己巳,三十六。

旅:己酉秋分至甲寅立春,甲寅至癸丑。荧,飞艮,壁,甲辰。

鼎:庚戌寒露至乙卯春分,乙卯至甲寅。填,飞巽,奎,辛亥。

未济:辛亥小雪至丙辰清明,丙辰至乙卯。太白,飞坎,娄,戊午。

蒙:壬子大雪至丁巳小满,丁巳至丙辰。辰,飞艮,胃,丙戌。

涣:癸丑大寒至戊午芒种,戊午至丁巳。岁,飞巽,昴,丁巳。

讼:戊午芒种至癸亥小雪,癸亥至壬戌。荧,飞乾伏巽,伏五世之上卦,毕,壬午。

同人:丁巳小满至壬戌寒露,壬戌至辛酉。填,觜,己亥。

兑:乙卯春分至庚申立秋,庚申至己未。太白,与艮飞伏,参,丁未。

困:丙辰清明至辛酉秋分,辛酉至庚申。辰,飞坎,井,戊寅。

萃:丁巳小满至壬戌寒露,壬戌至辛酉。岁,飞坤,鬼,乙巳。

咸:戊午芒种至癸亥小雪,癸亥至壬戌。荧,飞艮,柳,丙申。

蹇:己未大暑至甲子大雪,甲子至癸亥。填,飞坎,星,戊申。

谦:庚申立秋至乙丑大寒,乙丑至甲子。太白,飞坤,张,癸亥。

小过:乙丑大寒至庚午芒种,庚午至己巳。辰,飞震伏坤,伏五世之上卦,翼,庚午。

归妹:甲子大雪至己巳小满,己巳至戊辰。岁,轸,丁丑。

煦按:此卦序以乾统震坎艮三男在前,坤统巽离兑三女在后,其二十八宿自参纳乾而始,一卦一宿,顺行至泰而止。又由震起角,顺行至归妹,唯离①卦纳计都,下注曰南斗,益卦纳计都,下注曰北斗,然皆注世爻于下。盖纳于世爻也,或由世爻而更衍其宿,亦未可定。凡冬至立春之类,其上所用之支,则月建也。其云建始甲子,则配六爻者也。乾多己巳至甲戌六干支,为其建统七十二候也。其云三十六,老阳之策也。二十八,少阳之策也。乾言七十二候,建始之所统也。其云起己巳至戊辰,周六甲也。

---

① “离”,库本作“随”。

卦气直日图(此载《纬占》)

坎中后十五爻,初气,冬至。坎六艮九,二气,小寒。艮十五,三气,大寒。艮十五,四气,立春。艮九震六,五气,雨水。震十五,六气,惊蛰。震十五,七气,春分。震六巽九,八气,清明。巽十五,九气,谷雨。巽十五,十气,立夏。巽九离六,十一气,小满。离十五,十二气,芒种。离十五,十三气,夏至。离六坤九,十四气,小暑。坤十五,十五气,大暑。坤十五,十六气,立秋。坤九兑六,十七气,处暑。兑十五,十八气,白露。兑十五,十九气,秋分。兑六乾九,二十气,寒露。乾十五,廿一气,霜降。乾十五,廿二气,立冬。乾九坎六,廿三气,小雪。坎十五,廿四气,大雪。

外层,京以辟统公侯卿大夫卦。

次层,后天八卦顺加,除坎离震兑。

煦按:次层所列皆后天卦位,而又以后天卦顺加之者也。俱以各宫之卦居首,其家人当为蒙。

内层,邵子除乾坤坎离。

煦按:其卦皆先天之卦,而又加以先天之卦也。在左者左下,在右者右下。

四层每爻一气。

辟卦每爻一候。

《凿度》《类是谋》《稽览图》俱言卦气,《唐志》曰月卦出孟喜章句,以为《易》本于气,而后以人事明之。

孟康曰,分至之首,皆得八十分日之七十三,颐晋井大畜,皆五日十四分,馀皆六日七分。

邵子曰,三百八十四爻,真天文也。止用三百六十,以乾坤坎离之不用也,不用所以用也,故万物变而四者不变也。盖自京氏亦除四卦,以三百六十五度四分度之一。爻直一日而五度奇,则每度八十分五日四分度之一,当得四百二十分,六十卦分之,卦各七分,是所谓六日七分也。止奄谓此最尽天体,智按此京减三统日法之一耳。依邵子法,五度四一,当为一千八百九十分,则六①十卦,卦得三十一分六秒,每两卦相对,寓六十四藏一之象焉。纬占曰每六气后,馀一日三时五十八分有奇,二十四气共五日三时,归于气终。此四分历,以九百四十分为日法也。后天坎离震兑四正卦,其用十二,乾坤艮巽四隅卦,其用四十八,数尽则交,六九,七八,合之皆十五。四正用六,四隅用九。

煦按:此阴阳互用之机,在洛书则四正奇数,四隅偶数也。以后天配先天,除坎离震兑,亦即除乾坤坎离之义。但取其爻数,与三百六十相合耳。若以图论,断以除先天乾坤坎离为是,不然则与六十四卦圆图不合。

以七八居中,六九前后相交焉。此京氏本法,至今卦影用之,其以辟统公侯卿大夫,则《太玄》取之环配者也。四维之用,所以维四正,故皆主九,贵其用也。大抵先天立体,后天主用,全以具爻纳虚相应,原自妙叶,谨衍于后。

---

① “六”,库本无。

煦按:次层后天之卦,除坎离震兑,皆左旋。三层先天之卦,除乾坤坎离者,皆自上而下。

具爻应二十四气纳虚图

邵子曰:干,幹也。支,枝也。干十而支十二,则阳数中有阴,阴数中有阳也。此言二五则阳而阴,三四则阴而阳也。潜老曰具爻配通期,多二十四爻,今以一气虚一爻,则二十四气虚二十四爻。虚者,合二为一则十二也。故当气盈朔虚之象焉,四而为一,则二十四而六也。智曰凡四肢之节,以虚能转,故纳虚之法纳于气节之间。今按每气皆十五日二时五刻,原有馀赢,故赢爻应之。举一章七闰,闰年四大月,三小月,为三百八十四日。权法十六两一斤,斤亦三百八十四铢,列其恒法,而盈虚在中矣。甲壬阳孤,乙癸阴虚,五子五丑之类,纳一于孤虚之间,则七十二也。纳虚爻二十四,而以二为一,亦七十二也。六十律,六十甲子,与除四之卦,则其体矣。然岁有四千三百二十时,即贞悔七十二卦之十周爻也。今以通期爻具爻贞悔爻三等，而与甲子轮之，听其不齐而五千七百六十自齐矣。此半其具策，十五闰年而十六其通期，八卦各两其三百六十，而九十六周甲子也。别详全谱，年也月也日也时也分秒也。爻与甲子环轮相续，而积闰气分，盈缩其间，自何硋焉，易真神明之牖。九年前二月十五日辰，即今年正月初一日辰，为月九十七，为日二千八百八十，而四十八周甲子也。此推步家约法也。今五千七百六十，则两其九年，四十八周甲子耳。凡四十九年，合易之具策。

今世揲蓍者少，而《火珠林》之术盛行，大概本于京氏。卦弃其象数，爻取于干支，一世卦为一世应，于动静无与也。一事为一门类，与爻辞无与也。然某观《京房易传》，又与今世所行间有出入，则亦失其传也。

曰世应分为八宫，乾震坎艮坤巽离兑各主一宫，所属七卦自下而上，以次受变，变至五爻，则上爻不可复变。上爻为本宫之主，故第六卦从五爻返至四爻，变而复主卦之画，谓之游魂。第七卦则内卦皆复主卦之画，谓之归魂。主卦以上爻为世，其次五卦以变爻为世，游魂以四爻为世，归魂以三爻为世（亦内卦之上爻也），世之对为应，初与四，二与五，三与上是也。

曰飞伏，世爻所在，见者为飞，不见者为伏。见者即世爻之纳甲，不见者，八主卦取相反之纳甲（乾与坤反，震与巽反，坎与离反，艮与兑反），五变卦取主卦之纳甲（变在一世，取主卦一爻，变在二世。取主卦二爻，馀准此）。游归二卦，取从变之纳甲，如乾宫游魂，从剥而变，则取剥四纳甲为伏，归魂从晋而变，则取晋三纳甲为伏，馀准此。

煦按：此又一伏法，当不可宗。

曰建以爻直月，从世起建，布于六位（惟乾坎从初爻起）。乾起甲子，坤起甲午，一卦凡六月也。

曰积算以爻直日，从建所止起日，如姤上九乙亥，即以乙亥上起九为一日，终而复始，一卦凡百有八十日也。术家以月为直符，日为传符，指六爻所见之支当之，非矣。

曰鬼为系爻，财为制爻，天地为义爻（天地即父母），福德为宝爻（福德即子孙），同气为专爻（兄弟爻也），即术家所定六亲是也。其定身爻，视世爻之辰，子午身居初，丑未身居二，寅申身居三，卯酉身居四，辰戌身居五，巳亥身居上，而京氏无定身爻之例。乾卦云，水配初位为福德（初爻甲子，水乾之子孙），木入金乡居宝贝（二爻甲寅，木乾之财），土临内象为父母（三爻甲辰，土乾之父母），火来四上嫌相敌（四爻壬午，火乾之官鬼），金入金乡木渐微（五爻壬申，金乾之兄弟），宗庙上建戌亥，乾本位（谓上爻壬戌土）。

煦曰：末句上字亥字当羡。

若依术家，则乾五为身爻，乾上复为父母。京氏皆不言者，以世即身也。世外复有身，不已赘乎？

煦按：据此则卦身之说，后人杜撰耳。

曰龙德虎刑，龙德在十一月坎卦子左行，虎刑五月在离卦午右行，故依建之所立，龙德起子，至四月在巳，虎刑继之，虎刑起午，至十二月在亥。

煦按：末句当去二字。

乾德继之，术家见子即为龙德，见午即为虎刑，失之远矣。术家又有青龙、朱雀、勾陈、螣蛇、白虎、玄武六神，以所占之日，甲乙起青龙，丙丁起朱雀，戊起勾陈，己起螣蛇，庚辛起白虎，壬癸起玄武，在龙虎为重出，馀四神为增加也。

曰卦位，初元士，二大夫，三三公，四诸侯，五天子，上宗庙。

曰五星，曰二十八宿，皆从世爻入卦。

曰盈虚，盈则三十有六，虚则二十有八，内外卦各分其半，以其五行所属起世爻，巡于六位，视与爻之纳甲相生克，定其吉凶，此皆术家之所无也。

游魂八卦伏　晋，艮四丙戌。大过，坎四戊申。明夷，震四庚午。中孚，乾四壬午。需，兑四丁亥。颐，离四己酉。讼，巽四辛未。小过，坤四癸丑。

归魂八卦伏　大有，坤三乙卯。随，巽三辛酉。师，离三己亥。

渐，兑三丁丑。比，乾三甲辰。蛊，艮三庚辰。同人，坎三戊午。归妹，艮三丙申。

鬼易十六卦不取本宫为伏，故别为图。

煦按：二十四节，节有三候，一候五日而配以一卦，该七十二卦。今于四立分至中，各虚一卦以象之，其十六气每气各计三卦，然以予意论之，毕竟除去乾坤坎离，而以其馀六十卦分配三十日，则一卦六爻各配六日，方与三百六十日合也。然必以六日七分者，以三百六十之外，尚有五日四分度之一也。

冬至日在坎，春分日在震，夏至日在离，秋分日在兑。四正之卦，卦有六爻，爻主一气。馀六十卦，卦主六日七分八十分日之七，岁十二月三百六十五日四分日之一，六十而一周。离坎震兑各主一方，其馀六十卦，卦有六爻，别主一日，凡主三百六十日，馀有五日四分日之一，每日分为八十分。五①日分为四百分，日之一又分为二十分，是四百二十分，六十卦分之，六七四十二，每卦各得七分，每卦得六日七分也。自复至乾为息卦，曰太阳。自姤至坤为消卦，曰太阴。息卦所属曰少阳，消卦所属曰少阴，京房精于其学，东汉郎顗明之。

《象数论》曰，以十二辟卦言之，剥之至复所隔惟坤六爻，其一爻当一候，一候得五日五分，六分分之，五六爻得三十日，三十五分，非七日也。以六十卦言之，一卦六日七分，剥之至复，中隔艮、既济、噬嗑、大过、坤、未济、蹇、颐、中孚九卦，计五十四日六十三分，非一卦也。孔颖达牵合两者，故其说不能合。《易》之七日来复，反剥为复，所历七爻以一日为一爻，故曰反复其道，反复即反覆也，与卦气何与？即使孔氏之疏能合卦气，则《易》之辞毋乃为卦气图说乎？为卦气之法者，宓戏耶？文王耶？

煦按：黄氏止认得来氏之综卦，故确认七日来复为覆卦，此说非也。如但以覆为义，则但曰反覆可矣，不必曰复。复者，往往来来不一之称也。如但以覆为义，则一覆而即至矣，更不必曰七日也。七

① “五”，库本作“百”。

日云者,谓中为纯坤六爻所间耳。今曰反复为反覆矣,然则七日来复亦可曰七日来覆乎?盖《周易》全是先天,全是流通活泼的,全是仿像天地间阴阳往复循环不已之运,安有一卦可认为一定不移之象乎?汉儒去古未远,易道虽晦,而尚未尽没其真,所以犹有卦气之说,特汉儒援入岁法,必欲卦爻皆与日配,所以纷纷其说,不能尽合。前隔九卦之说,是《太玄》卦图,如以先天太极图而论,则坤之左右即剥复也,安得有九卦之隔?

六日七分之说相传既久,其馀卦气皆自后起,有自乾至未济,并依《易》书本序,以一卦直一日,乾直甲子,坤直乙丑,至未济直癸亥,乃尽六十日,六周而三百六十日。四正卦则直二分二至,坎冬至,离夏至,震春分,兑秋分,不在六十卦轮直之列者,焦氏之法也。

此除后天四正者也。

有以乾坤坎离四卦为橐钥,馀六十卦,依序卦一爻直一时,一月有三百六十时,足其数者,又以十二辟卦,每卦管领一时,魏伯阳之法也。

煦按:此除先天四正者也。伯阳所用序卦,乃火候之次第,至于合诸岁法,则必用先天大图中卦序,除去四正乃可也。盖离坎震兑乃后天小图之卦,后天无大圆图,则无六十卦可以分爻配日,且除后天之四正,而合诸先天之大图,则冬至后除去震离兑三卦,而夏至后止除坎之一卦,故不能合,要必除先天四正,而用大圆图者为是。

乾起甲子,坤起甲午,每卦直六月者,京房之法也。史绳祖曰,革居序卦之四十九,当大衍之数,节居序卦之六十,当周天之度。六十卦三百六十爻,一爻主一日。上经乾起甲子,泰甲午(午当是戌),噬嗑甲申,至离三十卦,一百八十日而三甲尽。下经咸起甲午,损甲辰,震甲寅,至节癸亥而终,亦三十卦,一百八十日,而一年周,故天地节而四时成,亦曰天地革而四时成,中孚小过既未济者,以应分至。

中孚巽上兑下,小过震上艮下,既未济皆坎离,此又一除法。

每爻直十五日以应二十四气,先儒言卦起中孚,非也。以六十卦言，甲子起于乾，以分至四卦言，甲子亦起于中孚，亦古法也。至宋而后，有所谓先天图者，于是邵子以六日七分之法施于其图，黜卦起中孚之说，以复起冬至，姤起夏至，其以坎离震兑四正卦主二十四气者，改为乾坤坎离，此圆图之卦气也。张理以方图覆背置之，泰处于东北，乾处于东南，否处于西南，坤处于西北。

此即乾南坤北，乾东坤西，目为后天方图者也。

亦以冬至起复，至泰而正月，至乾而四月，至否而七月，至坤而十月，此方图之卦气也。

此又一除法。

张氏又以一阴一阳，至六阴六阳，类而并列。六阳处南，六阴处北，阳自下而升，阴自上而降，广辟卦之法也。邵子又以方图乾兑离震，各重之为六十四卦，共二百五十六卦(即既济卦图，见后①《经世书》)。以之算大运，亦以算小运，二十四气每气六十四爻，积一千五百二十六爻，合乾兑离震挂一之数，谓之挂一图，所谓《皇极》之学也。

《图说述》曰，二十四气七十二候，见于周公时训，吕不韦取以为月令，其书则见于夏小正。夏小正者，夏后氏之书。孔子得之于杞者也。夏建寅，故其书始于正月。周建子，而授民时，巡狩祭享，皆用夏正，故其书始于立春。夏小正具十二月而无中气，有候应而无日数，至于时训，乃五日为候，三候为气，六十日为节，仲尼赞《易》时已有时训，观《七月》一篇，则有取于时训可知，岂时训因小正而加详欤?

煦谓《七月》自是周公诗，今云此者，见得周公时尚且有取于时训，则孔子赞易时，有时训明矣。

说卦言坎北方之卦也，离南方之卦也，兑正秋也，于三卦言方，则知坎离震兑各主一方矣。于兑言正秋者，秋分也。兑言秋分，则震春分，坎冬至，离夏至，为四正矣。复《大象》曰，先王以至日闭关，

① “后”，库本作“前”。

所谓至日者,冬至也。于复言冬至,则姤为夏至,而十二月消息之卦可知矣。复象曰七日来复,则六十卦分主一岁,卦为六爻,爻主一日可知矣。《系辞》曰,三百八十四爻,当期之日。盖六十卦当三百六十日,四卦主十二节,十二中气,所馀五日则积分成闰也。

京房卦气主六日七分,用《太玄》之序,焦赣一卦直一日,用《周易》之序,而费直引孟康之法,则一爻主一日也。

京房在元帝时,子云在孝平时,当是子云用京房卦气。

卦气正月为泰,天气下降,当为雨水,二月大壮,雷在天上,当为惊蛰,先雨水而后惊蛰宜也。惊蛰者,万物生乎震,震为雷也。清明者,万物齐乎巽,巽为风也。巽洁齐而曰清明,清明乃洁齐之义。谷雨三月中,自雨水后,土膏脉动,至此又雨,则土脉生物,所以滋五谷之种也。小满四月中,先儒云小雪后,阳一日生一分,积三十日生三十分而成一昼,为冬至。小满后,阴生亦然,夬四月乾之中,谓之满者。姤初六羸豕孚蹢躅,坤初六履霜坚冰至,羸豕喻其小,蹢躅喻其满,履霜喻其小,坚冰喻其满。《易》言于一阴既生之后,岁言于一阴方萌之初。虑之深,防之豫也。

小雪后有大雪,此乃有小满无大满,意可知矣。至若三月中谷雨,五月中芒种,此二气独指谷麦言,谷必言其生之始。谷种于春,得木之气,残于秋,金克木也。麦必要其成之终,麦种于秋,得金之气,成于夏,火克金也。六月小暑,六月中大暑,夏至后暑已盛,不当又谓之小,殊不知《易》曰寒往则暑来,暑往则寒来,寒暑相推而岁成焉。通上半年之半,皆可谓暑,通下半年之半,皆可谓寒。正月暑之始,十二月寒之终,而曰大暑小暑者也,不过上半年之辞耳。六月中暑之极,故谓大,然则未至于大,则犹为小也。七月中处暑,七月暑之终,寒之始,大火西流,暑气于是乎处矣。处者隐也,藏伏之义也。白露八月节,寒露九月节,秋本属金,金色白,金气寒,白者,露之色。寒者,露之气。先白而后寒,固有渐也。九月中霜降,寒露始结为霜也。立冬后曰小雪大雪,寒气始于露,中于霜,终于雪。霜之前为露,露由白而始寒,霜之后为雪,雪由小而至大,皆有渐也。至小寒大寒,《豳风》云一之日觱发,二之日栗烈,觱发风寒,故十一月之馀为小寒。栗烈气寒,故十二月之终为大寒也。

大抵合而言之,上半年主长生,曰雨曰雷曰风,皆生之气,下半年主生成,曰露曰霜曰雪,皆成之气。下半年言天时,不言农时,农时莫急于春夏也。先儒有云,日月运行而四时成,以其有常也。故圣人立法以步之,阴阳相错而万物生,以其无穷也。故圣人指物以候之,贯六气终始早晏,五运大小盈虚,原之以至理,考之以至数,而垂示万古,无有差忒也。

《经》曰五日谓之候,三候谓之气,六气谓之时,四时谓之岁。又曰日为阳,月为阴,行有分纪,周有道理,日行一度,月行十三度而有奇焉,故大小月三百六十五日而成岁,积气馀而盈闰矣。经云日常于昼夜行天之一度,则一日也。共三百六十五日四分之一,而周天度,乃成一岁。常五日一候应之,故三候成一气,即十五日也。三气成一节,节谓立春春分,立夏夏至,立秋秋分,立冬冬至,此八节三八二十四气,而分主四时,一岁成矣。春秋言分者,以六气言之则二月半,初气终而交二之气,八月半四气尽,而交五之气。若以四时之分言之,则阴阳寒暄之气,到此可分之时也。昼夜分五刻,亦阴阳之中分也。故经曰分则气异,此之谓也。冬夏言至者,以六气言之,则五月半,司天之气至其所在。十一月半,在泉之气至其所在。以四时之令言之,则阴阳至此,极至之时也。夏至日长不过六十刻,阳至此而极。冬至日短不过四十刻,阴至此而极,皆天候之未变。故经曰至则气同,此之谓也。

天自西而东转,其日月五星,循天从东而西转。故《白虎通》曰,天左旋,日月五星右行,日月五星在天为阴,故右行,犹臣对君也。日则昼夜行天之一度,月则昼夜行天之十三度有奇者,谓复行一度之中作十九分分之,得七,大率月行疾速,终以二十七日月行一周天,是将十三度及十九分之七数,总之则二十九日,计行天三百八十七度有奇,计月行疾之数,比日行迟之数,则二十九日,日方行天二十九度,月已先行一周天,三百六十五度外又行天之二十二度,反少七度而不及日也。阴阳家说,谓日月之行,自有前后迟速不等,固无常准,则有大小月尽之异也。本三百六十五日四分度之一,即二十五刻(所谓三时者是也),当为一岁。自除岁外之馀,则有三百六十日,又除小月所少之六日,止有三百五十四日,而成一岁。通少十一日二十五刻,乃盈闰为十二月之制,则有立首之气,气乃三候之至,月半示斗建之方,乃十二辰之方也。闰月之纪,则无立气,建方皆化气,但依岁以八节见之,推其所馀,乃成闰,天度毕矣。故《经》曰立端于始,表正于中,推馀于终,此之谓也。观天之杳冥,岂复有度乎?乃日月行一日之处,指二十八宿为证,而记之曰度,故《经》曰,星辰者,所以制日月之行也。制谓度也。

天亦无候,以风雨霜露草木之类,应期可证,而测之曰候。言候之日亦五运之气,相生而直之,即五日也。如环之无端,周而复始,《书》曰期三百六旬有六日,以闰月定四时成岁,即其义也。夫日一昼一夜十二时,当均分于一日,故上智设铜壶滴水,漏下壶箭,箭分百刻以度之,虽日月晦明终不能逃,是一日之中有百刻之候也。夫六气通主一岁,则一气主六十日八十七刻半,乃知交气之时,有早晏也。冬夏日有长短之异,则昼夜互相推移,而日出入时刻不同,然终天百刻矣。其气交之刻,则不能移也。甲子之岁,初之气,始于漏水下一刻,终于八十七刻半,子正之中也。二之气,复始于八十七刻六分,终于七十五刻,戌正四刻也。三之气,复始于七十六刻,终于六十二刻半,酉正之中也。四之气,复始于六十二刻六分,终于五十一刻,未正四刻也。五之气,复始于五十一刻,终于三十七刻半,午正之中也。六之气,复始于三十七刻六分,终于二十五刻,辰正四刻也。此之谓周天之岁度,馀刻交于乙丑岁之初气矣,如此而转致戊辰年。初之气,复始于漏水下一刻,则四岁而一小周也。故申子辰,气会同者此也。巳酉丑,初之气俱起于二十六刻。寅午戌,初之气俱起于五十一刻。亥卯未,初之气俱起于七十六刻。气皆起于同刻,故谓之三合,义由此也。以十五小周为一大周,则六十年也。三车一览,以申为水之生,子为水之旺,辰为水之库,故申子辰三合,而不知气起于同刻,乃天道自然之妙耳。

五运

甲己化土。乙庚化金。丙辛化水。丁壬化木。戊癸化火。

六气

子午少阴君火。丑未太阴湿土。寅申少阳相火。卯酉阳明燥金。辰戌太阳寒水。巳亥厥阴风木。

司天者,本年所见之阴阳。在泉者,与之相对者也。

如子午年则辰戌,大阳寒水司天,为初之气。子午君火为三之气,而丑未太阴湿土,则为在泉者也。

周易函书约存卷十 原古五(先儒易派二)

太玄

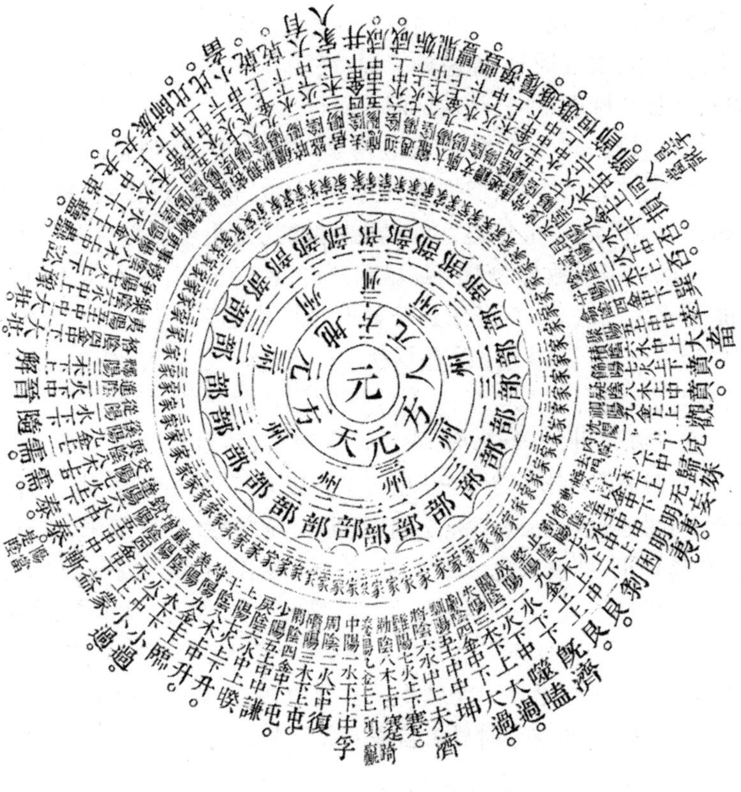

煦按:图宜重二十一卦,乃今所重止二十卦,必有应重而不重,

不应出而出者。夫乾既重矣，而坤不之重，何耶？既除坎离震兑之四正，而兑卦犹存，必误也。或故出兑以足八十一数，亦未可知，然已与立图之本意不合。

扬雄字子云，焦弱侯曰，雄孝平时卒，胡正甫、简绍芳、张平子、韩退之、司马君实、曾子固皆重之。

一玄生三方，用三乘一。三方生九州，用三乘三。九州生二十七部，用三乘九。二十七部生八十一家，用三乘二十七。八十一家生二百四十三表，用三乘八十一。二百四十三表生七百二十九赞，用三乘二百四十三。七百二十九赞生二万六千二百四十四策，用三十六乘七百二十九。凡一元为一岁，七十二策为一日，起十一月，始于中之中孚，次及周复，而左旋一周，终于养颐，复颐卦名也，周养首名也，一如大圆图，坤复颐左旋而一周也。

煦按：雄固问奇字者也，汉之博学以雄为最，然观首之拟卦，如上干拟升，羡差拟小过，增拟益，达交拟泰，从拟随，进拟晋，释拟解，乐拟豫，争拟讼，事务拟蛊，更拟革，如此之类，止可谓易卦中一字注耳。至以八十一数与六十四卦相配，所多者二十一，因不得不重，然止是子云之历法耳，不当作卦爻看也。若其逐首准《易》而拟辞，则其失为不少矣。《潜虚》以春夏秋冬生长收藏之义类，衍为五十有五，亦与此相似。

玄三方九州，二十七部，八十一家曰首，犹卦也。圆之应天，中首冬至，日在牵牛初，乃汉纪①也。王荐以卦气著论曰，求其故，千岁日至，可坐定也。一动一静之间，复见天地之心，数往知来，数起于此，是易理也，即岁法也。雄立踦赢，原非牵凑，世无知者乃多议之。邵子曰，雄知历理。伯温曰，子云知《易》之本，外有《太玄》准《易》卦气圆图，其中首始于子北之冬至，入牛一度起，分列宿之度而周其天，至养而终于斗之二十二度焉。其度数多寡，与今法不同，而冬至之日又在牛初，亦与今时异。盖岁差亦已久矣，故不录。

---

① “纪”，库本作“历”。

李氏曰,玄固京法也(京在玄前)。止庵曰,雄以六日七分为法则是,房以之为七日来复则非。潜老曰,《类是谋》《稽览图》言之,纬非圣传,然阴阳家言原有所自,三统历①以八十一为日法,京房藏一,岂无谓耶?子云盖知《易》合参两,而两显参幽,卦蓍皆立恒法,其密率则在盈虚损益追差之事,故玄特以三法衍之,明图之用书也。每首九赞,直四日半,九十赞为四十五日。入其洛书,为通期(三百六十),益一首为四日半,益踦之半日为五日(踦准半日也)。又益盈为半日之半(盈准三时也),则四分度一也。方围四则齐,圆围三则踦赢矣。世非任数失理者,即谈虚冒之理而遗数者,谁研极而通变乎?子瞻喜浅爽,以玄艰深而迁怒耳。朱子以为拙可也,若病其三,彼不服也。以除四之六十卦,而重二十一卦配之,中具虚一之旨,即具四用三之旨。方虚谷谓何故子中至辰中为天,辰中至申中为地,申中至子中为人(煦曰此三语不与图合,又曰《乾凿度》之部首亦申子辰也)。夫岂知三四为十二,何异四三为十二乎?知其故而仍藏参于两,寓其盈虚者,邵子也。石齐更欲密率推之,可谓攻苦研极,后人因前人之攻苦研极,而引触会通,何为不善?

煦按:《周易》参两之书也,所由谓一阴一阳之谓道,阳参而阴两,如缺其一,安有化育?即如《周易》三爻为卦,是参也。乃重而为六,则两矣。六固两也,而其中含有三极,则又参矣。三极参也,而其中又各有阴阳刚柔,则又两矣。又凡考阴数者必于阳,考阳数者必于阴,如升阳之三候必验于昏,降阴之三候必验于晨,如阴之始终必交至于阳,阳之始终必交至于阴是也。又九之用必用于六,六之用必用于九,盖非阳则阴不可见,非阴则阳不可见也。此皆参两二者两不相离之妙,所由谓一阴一阳之谓道。夫阳之为用,健行不息,若不得阴则无驻足托迹之地,止是善动而不已者耳。今子云之数全从奇起,有参而无两,是善动而不止者也。动而不止,则无定形,安得有定卦之可指?故谓子云之书,以其踦赢推衍岁序可也,谓为知

① "历",库本作"法"。

《易》则未也。夫古今之尊玄重玄,因得至今存而不废者,大抵皆为艰深奥晦之辞所愚,未尝即其书而深考之耳。今观每首管四日半,八十首共管三百六十,所馀之一首又复管四日半,是五日四分度之一,而今止得四日四分度之二矣。又其所立之图,既与六十卦相配,自不得不重二十一卦,乃今所重止二十卦,何也?既以六十卦相配,则自应除去四卦,乃除后天之四正,而仍存兑之一卦,何也?既已多此一卦,则其所重不得不为二十卦,既取八十一数立之踦赢,以与岁序①相配,则不必更与易卦相配可也。乃每首所系之辞,又拟周公之象而为之,则已成《易》外之《易》矣。读书穷理,其尚知所辨正乎?况阳生子半,阴生午半,此万古不易者也。乃子云以为卦气起中孚,夫《周易》之理不离阴阳,故曰一阴一阳之谓道。今中孚二阴在内,四阳在外,有何道理而以为卦气所起?若无道理,便可以为卦气所起,则任起一卦而为首,奚不可者?甚矣。昧来复之义而不之察,背圣人之经而未之考,皆圣经之蠹也。

晁说之谓羡不当准临,夷不当准大壮。

煦按:狩准临,羡准小过者也。

黄宗羲曰,扬子云《太玄》以两赞当一日,七百二十九赞以当一岁三百六十四日半,于岁法三百六十有五日四分日之一,尚不及四分日之三也。立踦赢二赞以补之,例以两赞一日,则过四分日之一矣。故苏明允谓四分而加一,是四岁而加一日,千载之后,恐大冬之为大夏也。欲以一百八分为日率,四分之,每分二十七,三之为八十一,每首加一,尽八十一首而四分日之三者,无过不及之患矣。然余以为玄之所以准日者,赞也。加一分于首,赞之不及如故,是失所以立赞之意,既以踦赢名赞,仍与他赞为伍,则亦不援两赞一日之例,即以四分之三当之,无不可矣。第踦以虚而言,赢以盈而言,犹之所谓气盈朔虚也。合气盈朔虚十日有奇,则踦赢当得二十馀赞。今以二赞仅寄其名,馀皆浑于七百二十九赞之中,此则不可谓之合于日

① “序”,库本作“差”。

也。明允言圣人以六日七分言《易》,而卦爻未尝及之,雄以三百六十五日四之一言玄,而首赞拟之,失其所以为书之意。余以为《易》未尝有六日七分之说,加之起于后世。子云准此以作玄,苟不相似,则又何以为书?是故子云之短不在局岁法以失玄,而在牵玄以入岁法也。推步以一定之法,御其至变,然后可以传之久远。苟不得其至变,即不可谓之定法也。玄之中首起牛一度,今未二千年,冬至在箕四度,星之属金①者,已属水②矣。其从违亦异,此玄失之较然者也。明允加一分,以合四分之一,不知四分之一者,亦有消长,则不如踦赢之以不齐齐之也。

煦按:子云《太玄》之作,其卦气起中孚,六日七分之说取诸京房,其分爻配卦之法取诸《周易》,其踦赢之法取之于气盈朔虚,盖合三家之长而自为一书,用以推步者也。至于逐首拟《易》爻辞,则赘而赘矣。据黄宗羲所说,子云于推步犹疏,而况于《易》乎?予非有恶于子云,恶其不知而作,导之于前,后来拟《易》而妄作者,不一而足耳。

《太玄》蓍法

玄蓍三十六策,虚三,挂一在小指,中分馀以三数之,并馀于艻,数其馀,七为一,八为二,九为三,六算也。(按此六除而数之也。范叔明曰,十取除一,名以为艻,盖虚者三,挂者三,实用三十策也。解玄者,宋衷、陆绩、范望、王涯、宋惟幹、徐庸、张詧、陈渐、张揆、郭元亨、吴秘、司马温公,合为集注,许瀚作玄历,晁说之作一元星纪图。)

煦按:三十六数,每十取去一而虚之,则所用止三十三策矣。虚之云者,若大衍之反一于椟也。又按变圣人之蓍法,亦自玄始。盖蓍法之传,惟《启蒙》独得正传,故节节次次悉与《易》合,莫不有至精之妙。他人取大衍之数而稍变易其挂扐,犹不克占而有验,况尽易其数与法乎?甚矣,子云之好奇也。而后此之《洞极》《元包》《潜

① “金”,库本作“水”。
② “水”,库本作“木”。

虚》《洪范》，变乱《周易》，遂由此始矣。说卦曰“圣人之作《易》也，幽赞于神明而生蓍”，《易》之有蓍法，经伏羲创之，三圣人守之，而卒不敢易。《太玄》《元包》《潜虚》《洪范》，未闻有幽赞之说，率凭臆见，妄自立法，其亦不自谅矣。

命曰假太玄，假太玄，孚贞，爰质所疑，于神于灵，休则逢阳，星时数辞从，咎则逢阴，星时数辞违（以上命筮之辞）。

凡筮有道，不精不筮，不疑不筮，不轨不筮，革不以其占，不若不筮，神灵之，神灵之，曜会越卓（去此四者而筮，则神听之矣。此言为筮之道，双湖胡氏连上文，非也）。

三十有六而策视焉（蓍之数三十有六）。

天以三分，终于六成，故十有八策（以下明蓍三十六之故。三分者，参天之数。六成者，一二三之积数。十有八者，三六之乘数）。

天不施，地不成，因而倍之（天施地成，故地数亦十有八，合之为三十六）。

地则虚三，以扮天十八也（阳饶阴乏，地则虚三，故揲用三十三）。

别一以挂于左手之小指（三十三策之中，取一以挂，挂而后分也）。

中分其馀，以三搜之，并馀于艻（苏氏作扐，分为二刻，三搜左刻，置其馀。或一或二或三，次三搜右刻，置其馀如前数，其馀数不二即五，挂策在外）。

右　●●●　●●　●
左　●●　●●●　●

左二则右必三，左三则右必二，左一则右必一。

以上初揲，在易为再扐，在玄为一艻之半。

次除前馀数，复合其见存之策，或三十，或二十七，不挂，分搜如前法，其馀数不三即六。

右　●●　●　●●●
左　●　●●　●●●

左一则右必二，左二则右必一，左三则右亦三。

以上为再揲，再揲之馀并之于艻，是为一艻，艻即所挂之一也。《王制》祭用数之仂，郑注十一挂，先别于正数，故名艻。盖再揲未竟，馀数未并，再揲竟，则馀数并入挂内，此所谓馀，乃不用之数，与上下分数之馀异。

一扐之后而数其馀，七为一，八为二，九为三。再揲止一挂，故曰一艻。七其三为一，画**—**。八其三为二，画**--**。九其三为三，画**---**，以成一方之位。如是每再揲而成位，自家而方曰①位，通计八揲，然后首名定也。老泉苏氏曰，一挂一扐之多，不过乎六，既六而其馀二十七者，可以为九，而不可以为七八，况夫不至于六哉？于是改为再扐，而三数其馀，八扐而四位成。羲按《易》再扐后挂之义，揲左手竟而扐之，揲右手竟而又扐，谓之再扐。苏氏以初揲为一扐，故加一扐于玄，不知玄之以挂为艻也。若准《易》之例，四位凡十六扐焉。煦按七八九皆除两三而算其数，故七为一，八为二，九为三。

六算而策道穷也。一艻止于再揲，可以为七八九，而不可以为六。范注曰谓馀得七则下一算，得八则下二算，得九则下三算。一二三，凡六揲。三十三止得六算，故言穷也。穷则揲以成四位，不出七八九也。

七为一●●●●●●●挂一不用，馀数十一。

八为二●●●●●●●●挂一不用，馀数八。

九为三●●●●●●●●●挂一不用，馀数五。

玄图曰泰积之要，始于十有八策，终于五②十有四（天地人各十八，并之五十四）。并始于③策数，半之为泰中（并五十四于十八，为七十二）。

泰中之数，三十有六策，以律七百二十九赞，凡二万六千二百二

① “曰”，库本作“四”。

② “五”，库本作“二”。

③ “于”，堂本作“终”。

十四策,为太积(犹易二篇之策也。每赞三十有六,乘之得太积策数)。

七十二策为一日,凡三百六十四日有半,踦满焉以合岁之日,而律历行(一岁三百六十五日四分日之一,七十二策,二赞昼夜之数也。太积策数于岁日不及四分日之三,应增五十四策,此踦嬴所由作也)。

王涯揲蓍法

三十六策,虚三挂一,中分左右,以三数左,置馀,以三数右,置馀。合左右正策数之,为三者九,而后一一数之,及八以为二,及九以为三,不及八不及九,从三三之数,而以三七为一。老泉苏氏曰是苟以牵合乎一扐之言,而不知夫八者,须挂一扐三而后成,而扐终不可以三也。羲按左右一揲之馀,其挂扐之数不三即六,三者得三十策,三七之馀为九,六者得二十七策,二①七之馀为六,更无得二十九策,可以为八也。然王氏虽谬,不以馀策而论,犹为未失其传也。

煦按:三十六数,虚三挂一,则所揲者三十二数耳。方州部家凡四层,每二揲而得一,所馀之数非七则八,非八则九也。凡七八九,皆除去两个三,故七为一,八为二,九为三也。如首得一,次得二,三得三,四得一。初得一,则在天元。次得二,则在天元之二州。三得三,则在二州之三部。四复得一,则在二州三部之一家。所列交阳,七火上下者,泰是也。

胡双湖揲蓍法

三揲有馀一馀二馀三,而无馀七馀八馀九之理,解者甚多,皆不通。意者子云之法,以馀一准七,馀二准八,馀三准九,只馀一二三,则七八九自定矣。故曰馀七为一,八为二,九为三,只倒用一字,故难解。若作馀一为七,二为八,三为九,人无不晓矣。羲按胡氏舍正策而论馀数,失之远矣。南宋以后,揲蓍者皆尚简便而置正策,不独《太玄》也。然《易》之馀数与正策相合,故论之不为失。《太玄》馀数直置之不用者,无可推之理。使如胡氏所言,一刻有馀一馀二馀三,连挂则不得有

---

① "二",库本作"三"。

馀一,而有馀四,二刻连挂则有馀三馀六,而不得有馀一馀二。然则三固准九,六亦准九,玄之四位皆三而已,岂可通哉?煦按此未知揲法者也,既分二以揲之,当必有两数存焉,安得有馀一之事?

季彭山揲蓍法

《太玄》揲法,注家多不能通其说,老泉以为传之失者,得其意矣。盖玄之虚三,地之所以配天也。而挂一于左手之策,则天之所以运行乎地也。其曰挂一,非谓所用三十三策之中挂其一也。所用三十三策之中而挂其一,则归馀者与七九之数不合矣。故挂一者,十策之中而挂其一也。是三十三策之中,分之为三,而各挂一策,所用实止三十策也。范叔明曰,十取出一,名以为艻。谓之艻者,盖以识三十蓍之数也,如此则当其中分左右也。正揲左策,以其所馀者或一或二或三,以合于所虚之三,所挂之三,则得一者为七,得二者为八,得三者为九,而右策亦不必揲矣,故不再扐也。意其传之者,失此法耳。所幸范注略发此意,尚得以寻其绪焉。羲按季氏牵合馀数,故转展愈误也。扬子之虚三,老泉尚议之,又从而挂其三乎?据所引者范注,而范云艻犹成也,合之为十,取一以识之为艻,中分其馀于左手之二,以三搜之,其所馀者并之于左手两指间,以识揲蓍之数也。凡一挂再艻,以成一方之位,然则范之所谓艻者,馀数也。为从馀数可以识正策之数,季氏用之证挂,不亦疏乎?玄数曰,别一以挂于左手之小指,中分其馀,以三搜之,并馀于艻。季氏曰,挂三,止搜左策,不亦尽背之乎?此上皆未知揲法。

洞极

《洞极》,唐赵蕤注。李邯郸曰,《洞极经》,关朗家藏,亲受说于李崆峒者。晁氏曰,魏太和中,王虬言于魏孝文,召之,著成筮论。

一四七天生☰,后分涣(育乘其一)、实(育乘二)、兴(育乘三)、燠(资乘其一)、茂(育乘二)、达(育乘三)、序(育一资二)、和(育二资一)。

二五八地育，后分萌（生乘其一）、华（生乘二）、安（生乘三）、怪（资乘其一）、止（资乘二）、静（资乘三）、息（生一资二）、紊（生一资二）。

三六九人资，后分抑（生乘其一）、用（生乘二）、作（生乘三）、冥（育乘其一）、塞（育乘二）、平（育乘三）、通（生一育二）、几（生二育一）

煦按：茂当为资乘二，达当为资乘三，紊下当为生二资一，传写之误也。

关子明《易》，所传有两种，一为《易传》，一为《洞极真经》。陈师道言关子明《易传》，阮逸所著，而不及《洞经》，岂当时合为一书耶？即不然，《洞极》远出《易传》之下，其为伪书者，更不及逸矣。《洞极》以洛书之文，九前一后，三左七右，四前左二前右，八后左六后右，故立生三以象天，育以象地，资以象人。一为生之弌，四为生之弍；七为生之弎；二为育之弌，五为育之弍，八为育之弎；三为资之弌，六为资之弍，九为资之弎。三象变而各九，以成二十七象以准象，弌弍弎以准三爻，翼以准彖传，则以准大象，传以准小象，首生次萌息华茂止安燠实，继之以资次用达兴紊悖静平序，继之以育次和塞作涣几抑冥通（煦曰息与止同，必有一误）。

十一论以发明大意，则准《易》之《系辞》焉。其言生也，曰形而上者谓之天，日月星辰皆天也。其言育也，曰形而下者谓之地，山水草木皆地也。其言资也，曰命于中者谓之人，戎狄禽鱼①皆人也。割裂昌黎《原人》以为已有，与《易传》不出一手亦明矣。独怪宋儒既知其伪，而又引以证图十书九，何也？

关子明《易传》曰，兆于一，生于二，成于三，此天地人所以立也。衍于五，成于六，偶于十，此五行六爻十日（支统于干）所以错综也。天一，数之兆也，虽平其兆，未可用也。地二，数之生也，有生则滋，

① “戎狄禽鱼”，库本作“凡有血气”。

乃可推也。天三,数之极也,极乎中则反乎始,兼两之义,三极之道也。独阳不生,独阴不成,故生必待成,五行皆然。其体虽五,而成必六。六者,天地生成之谓也。五者,参天两地之谓也。地二天三,合而为五,其一不用者,六来则一去也。既成则无生也,有生于无,终必有始。

五者生数之终,六者成数之始。

既有则无去矣。

煦按:去来之说,与既成则无生,既有则无去之说,是即《周易》乾称无首,蛊卦无初有终之义也。《火珠林》有飞有伏,亦是此旨。《中庸》之言费隐,皆此义也。煦于用九节言用九则不用六,于用六节言用六则不用九。又于四通之爻发明见伏之义,皆《周易》之至理也。子明具如是之见,乃不以之注易,而顾支离于《洞极》之数也,惜哉。

故大衍五十,用四十九者,入有去无之谓也。

智按:天地未分之无,即在天地已分之有中。阴阳相转,实不可离,即二是一者也。煦曰是即隐显同揆,中外一致之妙也。揲蓍之数以四为用也,而四象之成乃在不数之馀数,是用者不用,而不用者为用,皆此之义也。西洋三角形算法,所裁之角不算,而算未裁之角,即得所裁之角。又因乘之法不用因乘,但以所馀之数改用除法,而即得所乘之数。此皆不用而用,用而不用之妙,隐显同原之奥旨也。

天生于阳成于阴,阴成则阳去。地生于阴成于阳,阳成则阴去。六爻初上无位者,阴阳相去者也。天数以三兼二,地数以二兼三,奇偶虽分,错综各等。五位皆十,衍之极也。问一将不用乎?曰物有两大,必曰盈虚。日往夜来,昼极则夜进,盈于此则虚于彼,盈于小必虚于大,此用所以不穷也,蓍以五行运于中焉。大偶而言,则五十也。小奇而言,则五也。凡天地之数五十有五,奇偶小大具言之耳。若举大而去小,盈奇而虚偶,则小奇之五,大偶之一,皆盈而不用也。

共去其一，故每岁减六日也。

《问策》曰，参天两地，举生成而六之也，三六而又二之。

二者，倍也，即六六也。

故三十六策为乾，二六而又二之，故二十四策为坤。三其二十四，与二其三十六，皆得七十二焉。三其七十二，乾策也。二其七十二，坤策也。

阳三阴二，相参成五。煦曰阴阳未有不交，而能发用者也。阴数之用也成于阳，阳数之用也成于阴。凡三皆奇，凡二皆偶，阴阳之义也。

每一五而变七十二候，二五而变三十六旬，三五而变二十四气，凡三百六十五。周而复始，日月轨度，积于馀分（谓分度之一也）。六十出六，以六五行，所以成闰，三百六十六者，岁功之用也。

出六者气盈，奇六者朔虚。

虚一之义也，夫生于一成于六，一六相虚，三五为用，自然之道也。圣人立策数必举其三，两于六，行于五，合于一，推万而变，无出于此。爻所以著象，策所以推数，象以数五，参天两地，先三十而六之，得一百八十，又二而六之，得一十有二，合百九十二阳。每爻三十六策，六爻二百十六，先三十其六，凡百八十爻，得六千四百八十。又二其六，凡十二爻，得四百三十二，共六千九百一十二。阴每爻二十四策，六爻百四十四，先三之（一本作三十三）。凡一百八十爻，犹四千三百二十。又二之，凡十二爻，得二百八十八，共四千六百八，合万一千五百二十，盖举盈数而溢之也。万溢千，千溢百，百溢十，十溢一，溢过算也，谓过盈①也。凡过盈为溢，不及为虚，问何为盈虚？曰当期之数，过者谓之气盈，不及者谓之朔虚。故七十二为经，五之为期，五行六气推而运②也。七百二十为起法，七千二百为统法，七十二万为通法，气朔之下，收分必全尽为率，七千二百万（此万

① “盈”，库本作“虚”。

② “运”，库本作“连”。

字一本无)。为大率,谓之元纪。岁月日时皆甲子,日月五行在子位之宿,当盈缩先后之中焉。

煦按:诸家易派,唯此论最通[①]易理。

三十与十二互用

○○○○○○

○○○○○○

○○○○○○

○○○○○○

○○○○○○

三十者五其六

○○○○○○

○○○○○○

十二者二其六

○○○○○○

四十八馀六

智按:子明曰,象以数五,参天两地,先三十而六之,得一百八十。又二而六之,得一十有二,合百九十二。盖三十者,五其六也,十二者,二其六也,共四十二。用七其六于四十八策中,馀六焉。百九十二者,三十二其六也。全爻六十四其六也,九则四十二其九,则仍馀六也。益知六为参两之会,《元》《洞》《虚》《畴》,不若此之适矣。观此七六与八六之盈虚,三十益一六为老阳,二六益二六为老阴,半六为三,倍半为九。

煦按:六与九,皆从卦立三爻而起。

何适而不臧乎?邵子取诸年月日时,以为元会运世,何谓不同符耶?隐老曰蓍法六,居五后七前,为升降进退之交也。

① “通”,库本作“达”。

煦按:此上二段即成筮论。

河图之文,七前六后,八左九右,圣人以画八卦,全七之三以为离,奇以为巽。

兼三才而两之,故以三为易之用,言三犹言一也。奇,馀也。

全八之三以为震,奇以为艮,全六之三以为坎,奇以为乾,全九之三以为兑,奇以为坤,正者全其位,偶者尽其画。

此犹未见先天图也。

稽洛书为三象。一,生之一也。四,生之二也。七,生之三也。二,育之一也。五,育之二也。八,育之三也。三,资之一也。六,资之二也。九,资之三也。天地人三极,各九变为二十七。

有本有变有序,此其变也。

极数篇曰,天一地二人三,天四地五人六,天七地八人九。三极之数四十五。天有十二,地有十五,人有十八。

即洛书数也。天一地二人三,天四地五人六,天七地八人九,故合一四七为天十二,合二五八为地十五,合三六九为人十八。

审其数而画之,三十有九则一。

除天地人六数外,有三十九归之于天,盖为三者十三也。

四十有二则二。

除人三数外,有四十二,归之于地,盖为三者十四也。

四十有五则三。

洛书全数,归之于人,盖为三者十五。

生之策百一十七。

凡三画,三其三十九也。

育之策百二十六。

三其四十二也。

资之策百三十五。

三其四十五也,按百之为一日之息。

遗其馀,则三百有六十,当期之日。

遗其七六五也,共十八。而三除为六,正应气朔,犹三百八十四爻,以廿四爻纳虚,折半以应气朔。邵子四分用三,通期用二百七十,而阴阳相侵,或六或十八,亦此故也。此书不必关子明,而理自得《易》中一端之精处。惜不知先天八卦,以二四八六立体,则亦何以明洛之维正耶?子明《易传》曰,一不可用,二生可推,三极中而兼两,六来则一去,以三十与十二明蓍开百原之端,故知《洞极》非子明手。季氏以其八卦九宫,遂实宋咸之言,以为壬遁。夫壬遁何尝不在《易》中?特衍者以占验取资,而不知其故耳。

显冥之道尽矣,此蓍法也。胡廷芳云三策之数本甚不合,遗其馀七六五,然后合三百六十之数,未敢以为然。杨止庵云意其揲当用四十九策,而虚三如扬雄之法,而挂一不用,以九揲左手之策,视其所得之策而定画焉。右则不揲,自三十有九至三百有六十,当期之日,其说多牵强不可通。某按后人不得其解,而《洞极》之蓍法亡矣。间尝推之而复得,用四十五策,分为三刻,不挂,每刻以三揲之,不满三为馀,若三刻各馀二者,为三十九,则弌,画━。若三刻各馀一者,若一刻馀一,一刻馀二,一刻无馀者,为四十二,则式,画 - - 。若三刻各无馀者,为四十五,则弎,画 - - - 。是为初画。复合全策,如前法者二,是为二画,三画而极成矣。三极之数四十五者,即策数也。天有十二(一四七),地有十五(二五八),人有十八(三六九)者,合天地人得四十五,以明策数之故。三十有九则弌①者,三刻各馀二,四十五除六,为三十有九,于画得生也。四十有二则式者,或三刻各馀一,或三刻馀一馀二无馀,四十五除三,为四十有二,于画得育也。四十有五则弎者,三刻各无馀,四十五不除,于画得资也。生之策百一十七者,三合策而成极,三其三十九,为百一十七。育之策百二十六者,三其四十二。资之策百三十五者,三其四十五。遗其馀则三百六十者,去七六五以当期之数,犹二篇之策万有一千五百二十,无碍于当万物之数也。盖诸家蓍法,大略分二,此独分三,大略揲四则馀四,揲三则馀三,此独揲三而不馀三,推寻者概以常

① "弌",库本作"一"。

法，故辗转而不能得也。

煦按：此上蓍法最明。

元包

《元包》，《崇文目》：唐卫元嵩撰，盖后周人。武功苏源明传，赵郡李江注。《包》以坤为首，因八纯之宫以生变，极于六十四，自系其辞，言外卦体不列爻位，以为《易》首乾尚文，《包》首坤尚质。夏《连山》、商《归藏》、《周易》、唐《包》，其实一也。张行成曰，苏李未达数也。理生数，而论理遗数，譬作乐而弃音律也。张氏曰，卫元嵩作《元包》，义取于《归藏》。《元包》祖京氏以为书，八纯卦为八宫，一世二世为地易，三世四世为人易，五世六世为天易，游魂归魂为鬼易。但更其次序，先阴而后阳，则《归藏》之旨也。首坤宫八卦为太阴，次乾宫八卦为太阳，兑宫八卦为少阴，艮宫八卦为少阳，离宫八卦为仲阴，坎宫八卦为仲阳，巽宫八卦为孟阴，震宫八卦为孟阳。蓍用三十六策，太阴之数也。两手分之，先取左手之策，以三数之，满四三（共十二策）则置之左。右馀一馀二馀三，皆为归奇数。馀四馀五馀六，其三为爻数（是亦除三也）。一与二与三为归奇数，馀七馀八馀九，其两三为爻数（除两三也）。一与二与三为归奇数，馀十馀十一，其三三为爻数（除三三也）。一与二为归奇数，次取右手①之策，以三数之。满四三则置之右，左馀一则右馀十一，左馀二则右馀十。其三三为爻数，其二其一为归奇数，左馀三则右馀九，左馀四则右馀八，左馀五则右馀七，其两三为爻数，其三其二其一为归奇数。左馀六则右馀六，左馀七则右馀五，左馀八则右馀四。其一三为爻数，其三其二其一为归奇数，左馀九则右馀三，左馀十则右馀二，左馀十一则右馀一，皆为归奇数。于是合两手之馀策，爻数不九即六，归奇数不六即三。爻数得九者，阳画也，归奇数则三矣。爻数得六

① “右手”，库本作“左右”。

者，阴画也，归奇数则六矣。两手各存十二策者，体数也。爻数归奇数相消长，亦十二策者，用数也。凡六合十二揲，而卦体定矣。其书因卦两体，诂以僻字，义识庸浅，何所用蓍？而好事者为之张皇也。宋杨楫谓卫元嵩，益州成都人，明阴阳历算，献策周武帝，赐爵持节蜀郡公，武帝不敢臣之，有传在《北史》。今按《北史·周易》，皆无元嵩之传，惟《唐书·艺文志》列《元包》十卷，不知楫何所据也。

坤八八，复八四，临八二，泰八一，大壮四一，夬二一，需六一，比六八。

兑二二，困二六，萃二八，咸二七，蹇六七，谦八七，小过四七，归妹四二。各七十六。

乾一一，姤一五，遁一七，否一八，观五八，剥七八，晋三八，大有三一。

艮七七，贲七三，大畜七一，损七二，睽三二，履一二，中孚五二，渐五七。各六十八。

离三三，旅三七，鼎三五，未济三六，蒙七六，涣五六，讼一六，同人一三。

巽五五，小畜五一，家人五三，益五四，无妄一四，噬嗑三四，颐七四，蛊七五。各六十八。

坎六六，节六二，屯六四，既济六三，革二三，丰四三，明夷八三，师八六。

震四四，豫四八，解四六，恒四五，升八五，井六五，大过二五，随二四。各七十六。

共五百七十六。

本以坤乾少仲孟为序，此双列也。八卦上为不变之世，七变而归魂，十四变而复本卦。百二十八者，八之十六也。甲子百二十者，八之十五也。十五为运行之数，十六为生物之数。六爻皆变者，气之用也。上爻不变者，形之用也。是为《归藏》。《包》卦六十四，《包》蓍三十六，共百，坤数也。

煦按：中所列，如八八八四之类，先天八卦之数也。下所列数，如六十八、七十六之类,各卦之合数也。

三十六蓍

六用成一卦,合乾策六十四卦,计万三千八百二十四蓍,得先天生物数十之一。智按此先天数以具策乘十二,即三统法五星会终数。

存本数

一揲成一爻,每揲先存二十四蓍。一卦计百四十四蓍,通六十四卦,计九千二百十六蓍。每卦于乾策中存坤策数,盖三分用一也。先天存四卦,九千二百十六,而开物数九万二千一百六十者,六十四卦皆为用也。包存数,亦九千二百十六,而用策二千八[1]百八十者,止用乾坤二卦也。智按四千六百八之半为二千三百有四,以六十卦乘之,为十二乘具策之数,是除四卦也。开物九万二千一百六十者,即十三万八千二百四十,除四万六千八十也。

归奇数

三画卦老阳九,三女十二,三男十五,老阴十八。六画卦以此交而重之六十四卦,总一千七百二十八,为六者二百八十八,用策十之,为二千八百八十,通四千六百有八,拆而十之,得四万六千八十,则《易轨》所用,四会万物之数也。泰积之要,始于十八,策终五十四,包归奇起十八,而用数终五十四。

卦策数

三画老阴十八,三男二十一,三女二十四,老阳二十七,六卦以此重之,六十四卦总二千八百八十,则坤策偶之,而又十拆之者也。智按阴阳爻各百九十二,以九乘为一千七百二十八,以六乘为千一百五十二,亦合二千八百八十。倍之则五千七百六十,为通期具爻甲子之会数也。四万六千八十者,四其具策也。

煦按:《通志》云,《连山》用三十六策,《归藏》四十五策,《周易》四十九策,今之揲蓍与《周易》并传,四十九策者也。《连山》《归藏》

① "八",库本作"二"。

其书不传，故其蓍法亦已无考。圣人立法各有精义存焉，务期上合天道，下验人事，妙契无违，然后其法始可以久。大衍数用五十，业经四圣厘定，是合河洛总数而折半取用者也。至其立法，尤必拟议乎太极阴阳，四象闰馀之妙，故能使一爻既成，而阴阳太少之理即流行于三变之中，而其体以定，此所以能与天地之气机合德，用以知来藏往，裕如也。后儒不求理而求数，只一初爻用一初字，便是离有形有体之数，追寻入无声无臭之理窟中矣。乃自汉迄今，竟无一人能言其所以然者，大约皆究数者多，而究理者少也。夫理原不待数而存，而数则必依理而住，则其轻重广狭，亦断可识矣。文周所系之辞，亦复何卦何爻为谆谆言数者哉？孔子所翼之传，亦复何《彖》何《象》为谆谆言数者哉？《元包》之与《太玄》，皆因前此有三十六蓍之臆说，便欲索隐搜奇，自成一代著作之手。无论三十六策原具通灵之妙，而其法无传，已难臆度，正恐与道相违，用以知来，当亦必无可验。盖彼所意为之老阴老阳，未必即与老阴老阳合德。意为之少阴少阳，未必即与少阴少阳合德也。将欲以此上掩《周易》，而圣圣传心最灵最妙处必不可掩，则徒以惑庸众而博名高已耳。夫《周易》本传道之书，乃必附占卜于中，并行而不悖者，诚惧后人之颠倒悖乱，欲其取验于人事，而因以存《周易》之真谛。故《火珠林》之术亦遂得附《易》流传不废。今徒向数中留心，不问所用之验否，将多于三十六，少于三十六，苟与图书之数偶然相合，因而自立一说，奚不可之有哉？故吾于《火珠林》犹有取也。

周易函书约存卷十一　原古六(先儒易派三)

潜虚

《潜虚》,宋司马光撰①。张敦实《释虚》曰,温公三十年,集注《太玄》,又为《潜虚》,其心学也。朱子曰温公未竟而卒,今以范仲彪家藏本补成之。

《潜虚》拟元图

气　　图

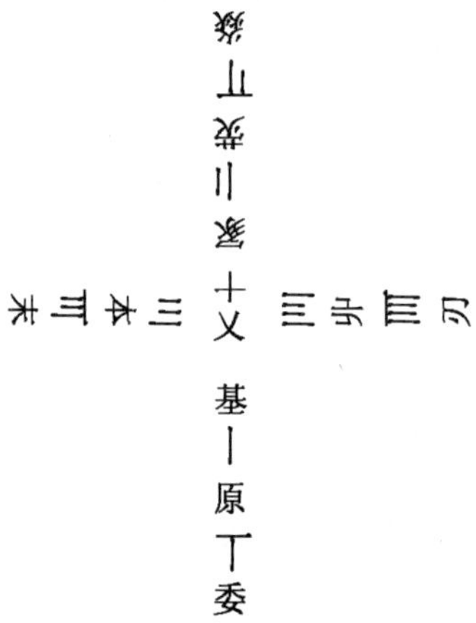

在北者一原六委,水象也。在南者二荧七焱,火象也。在东者三本八末,木象也。在西者,四丱九刃,金象也。在中者五基十冢,土象也。煦按此即图书之数。丱音矿,金伏于石,未治炼者。

---

① “宋司马光撰”,库本作“司马君实作”。

体　　图

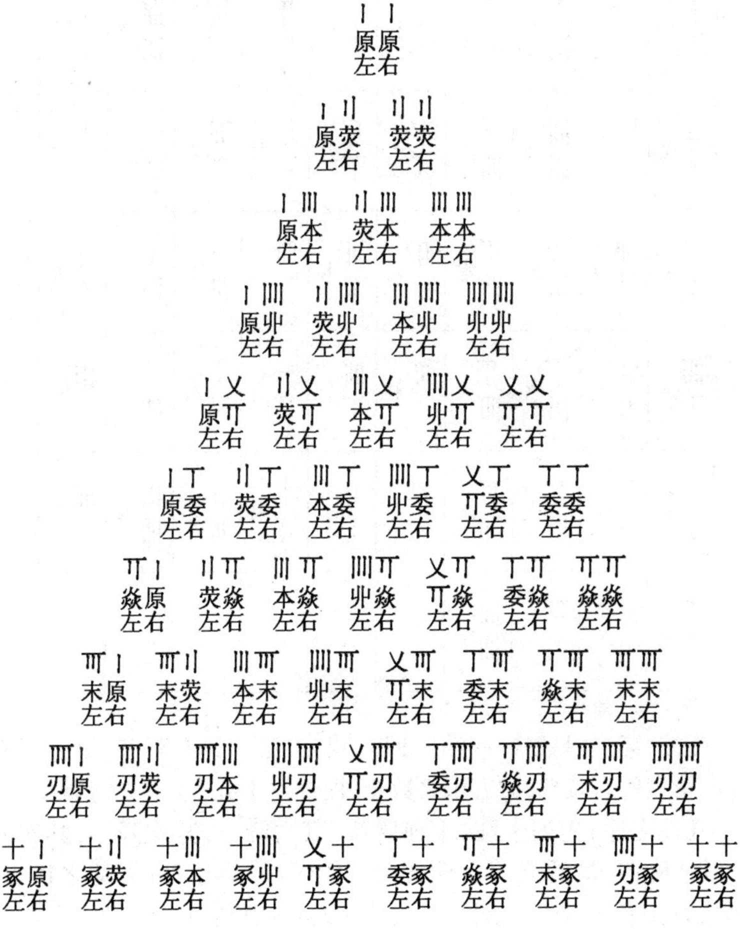

一等象王，二等象公，三等象岳，四等象牧，五等象率，六等象侯，七等象卿，八等象大夫，九等象士，十等象庶人（五丌之丌当为基）。

性 图

〡〡 水	〢〢 火	〣〣 木	〤〤 金	〥〥 土	〦〦 水	〧〧 火	〨〨 木	〩〩 金	十十 土
〢〡 火	〣〢 木	〤〣 金	〥〤 土	〦〥 水	〧〦 火	〨〧 木	〩〨 金	十〩 土	〡十 水
〣〡 木	〤〢 金	〥〣 土	〦〤 水	〧〥 火	〨〦 木	〩〧 金	十〨 土	〡〩 水	〢十 火
〤〡 金	〥〢 土	〦〣 水	〧〤 火	〨〥 木	〩〦 金	十〧 土	〡〨 水	〢〩 火	〣十 木
〥〡 土	〦〢 水	〧〣 火	〨〤 木	〩〥 金	十〦 土	〡〧 水	〢〨 火	〣〩 木	〤十 金
〦〡 水	〧〢 火	〨〣 木	〩〤 金	十〥 土					

煦按:第二回右减一,第三回右减二,第四回右减三,第五回右减四,第六回右减五,故五十之数全,而遂终于五十。

凡性之序,先列十纯,十纯既浃,其次降一,其次降二,其次降三,其次降四,最后五配而性备矣。始于纯,终于配,天地之道也。(谓之性图者,人性在此性图中况之,以齐无其位也。)

始十纯不改,其次降一降二降三降四,最后五行生成各自为配,五行各五为二十五,存十纯为四十五,两之九十,合纯为百,生成相乘各六百,天地自乘各七百五十,生成积数三千二十五。

名 图

眗曰:其数五十四,存一以象太极,即所谓齐也。

泯造隆散馀元袁柔刚雍昧(十一)在北(水),容言虑聆觌繇懠得罹耽犇(十一)在东(木),蠢讱宜忱喆戛特偶暱续考(十一)在南(火),徒丑隶林禋准资宾戒教乂(十一)在西(金)。昭一土,处报德之维。王丑,却庯妥三土,处当阳之维。王辰,范一土,处背阳之维。王未,绩育声兴痛五土,处号通之维。王戌,齐处其中焉。

按:虚有五十五名,齐有名而无位,冬至起元,转而周天,以馀终之。除齐元馀无变,所用自袁至散五十二名,每名七变,犹七爻也,共三百六十四变。以元馀当一变四分度之一,蓍则虚五。潜老曰温公以艮坤丑未,土之本位也,故各分其一辰为角起,以三予巽,合西南与东南,即四也。戌以步岁,人用起寅终戌,交于天门,故以五奉乾,合东北与西北,即六也。七变法律,正以明蓍之用七也。五十二,两之为百四。七七两之为九十八,盈四缩二寓之矣。温公常云,圆径七而围三加一,故以馀象之。

五五二十五，又五之为百二十五，每变百分，是适一度与四分度之一也。京房之百，抑一度四分度之二也。通期之外，以四为大馀，以一与四分之一为小馀，不亦当乎？先儒多有执自有反无为虚悬者，犹未知六十四卦即大潜大虚也。苟明寂历同时，万法源委则杂而不越，旁行不流，作述又何分乎？如实未明万法源委，而但倡言知本无知，依然执一，是不知而作也。

黄宗羲曰，万物皆祖于虚，生于气。气以成体，体以受①性，性以辨名，名以立行，行以俟命。此数言者，《潜虚》之大纲也。以五行生成图为气图，而变一为〡，二为〢，三为〣，四为〤，五为〥，六为〦，七为〧，八为〨，九为〩，十为十，结之以原荧本丱基委焱末刃冢，将谓虚能生气，坠老氏有生于无之说。体分十等，王公岳牧率侯卿大夫士庶，此十等者，位也，而非体也。二五之精，妙合而凝，乾道成男，坤道成女，乃所谓体。性专生克，先列十纯，其次降一，水与火配，其次降二，水与木配，其次降三，水与金配，其次降四，水与土配，其下皆降次以配，以生成自配终焉。《汤诰》曰惟皇上帝，降衷于下民。若有恒性，以生克言性则杂矣，不可谓之恒也。温公从来不知性，曰性者，人之所受于天以生者也。善与恶兼有之，虽圣人不能无恶，虽愚人不能无善，其所受多少之间则殊耳。其论性如此，犹之杂生克而为言也。其名五十有五，万物始于元，著于裒，存于齐，消于散，讫于馀。五者，形之运也。柔刚雍昧昭，性之分也。容言虑聆觌，动之官也。繇懠得罹耽，情之试（恤）也。歬郤庸妥蠢，事之变也。讱宜忱喆戛，德之涂也。特偶暱续考，家之纲也。范徒丑隶林，国之纪也。禋准资宾戒，政之务也。教乂绩②育声，功之具也。兴痡泯造隆，业之著也。有性而后有情，有情而后有视听言动。有德而后有事，以动先于情，以事先于德，失其次矣。元、馀、齐，三名无变，五十二名之变，三百六十四谓之行，以其有辞之可见也。吉臧平否

① “受”，库本作“变”。

② “乂绩”，库本作“理积”。

凶五者,谓之命,以其为时之所遇也。观辞之善者命必吉,次善者命必臧,辞之恶者命必凶,次恶者命必否,辞之善恶半者命必平,所谓尽人以合天也。而阴用其幽,则是善者必凶,恶者必吉,次善次凶,次恶次吉,天道与人事相反,其于劝惩之道又何居焉?既云初上者,事之终始不占,则得名之后,揲当五以求变,其揲以七,使得初上将焉用之?是故《玄》以准《易》,《虚》以准《玄》,亦犹文章递相模仿,无关大道,论者至谓由《虚》以晓《玄》,由《玄》以究《易》,斯无躐等之患。使有人言曰,由三都以晓两京,由剧秦以究封禅,当无信者。不知何以异于是?朱子云,《潜虚》后截是张行成续,不押韵,见得今后截未尝不押韵,似亦不可辨也。

煦按:诸家易派,除邵子全明先天四图,温公全明图书之数,此外则皆《易》外之易。而《洪范》之谬误尤甚,以其附《范》而不附《易》也。岂知河图者,《周易》之大原所从出,天人合一之旨,圣圣传心之道,所由肇乎?诸家所著,或兢兢焉向卦爻中分别,或沾沾焉向蓍数上留心,而图书分合之秘不能逐节打通,则肤窃之语貌其形似,转就支离。今《潜虚》立法,全用河图之数,始于纯者,本数与本数相配,是虽配而非配者也。如水与水,火与火,安云配乎?由此而降一降二降三降四,是杂配者也。如水与火与木是也。至五转之后,而生成之本数适会,又当河图四正之位数,故以为终于配。其法全用河图,以降等之法循之而左转,五周而河图之象以定,其中全是流行之气,全仿《周易》重卦之法,曾无一语粘著卦爻,而卦爻摩荡之妙即此而在,曾无一语摹仿蓍数,而蓍数显藏之神即此而在。向疑龟卜更灵于蓍,观其燋墨不越五行,夫此五行亦奚足尽天下之变哉?然由五行而杂互以配之,亦如重卦之摩荡,乃适有五十五象之可稽。夫六十四卦而万事之理悉备,岂五十五象尚不足以周天下万事万物之变乎?且支干之设,要不越此阴阳五行,而《火珠林》所传亦皆率论五行,然而时日支干每有奇验,则此五行固阴阳之寓,卦爻之所自起,而河图四象所显然昭示者也。拟易而但拟其卦爻之象,蓍策之数，则又不如全论五行者，为尚不悖乎图书之奥也。汉儒分图书而二之，谓禹则书而作范，乃九峰先生遂有《洪范皇极》之作。然按之于书，其相合者九数而已，至五行五事各得九数之一，比于图书中四象匀布者，绝不相类。是五行之不一其性者，竟欲其性之一；五事之不同其旨者，竟欲其旨之同矣。温公深有会于图书，因见天下之事物，无能逾此五性，故性名形体。政事功德，悉与《洪范》之五行五事相准。如易貌言视听思，而为容言虑聆觌，易肃乂哲谋圣，而为讱宜忱喆戛，则谓《潜虚》为温公之解图书可也，不必谆谆言《易》。其所推求，皆《周易》从出之原。视范之暗窃龟书，而自为《易》外之易，不径庭哉？龟卜之法，汉已失传，得《潜虚》而五行之理明，即谓龟卜犹存，亦无不可。予于龟卜考证于古今，因有《卜法详考》四册，已另付剞劂①，诚惧圣人之道久而尽失其传也。夫温公与邵子同时，又尝师事之，讨论切磋二三十年，固宜妙契图书有若是耳。独惜未见全书，后世递相传写，于所立名图之数，讹误甚多，未能一一改定耳。

图书拟卦之法，当以五行配之，则木金土皆有重象，便可束六十四卦，而归于五十有五，以合乎河图之数矣。今以意拟而配之，如乾乾为重金，坎坎为重水是也。然四柔而九刚，则四兑而九乾，三刚而八柔，则三震而八巽，五刚而十柔，则五艮而十坤也。坎之一六，离之二七，二行皆专两数，若以数之阳者配阴卦，数之阴者配阳卦，其亦可矣。

吉凶臧否平，因所得之变观乎命图，阳则吉凶不易，阴则图之言吉者反凶，言凶者反吉。

欲知始中终者，以所筮之时占之。先体为始，后体为中，所得之变者为终。变已主其大矣，又有吉凶臧否平者，于变之中复细别也。

先体左也，后体右也。筮虚凡三揲，以为始中终之时。

不信不筮，不疑不筮，不正不筮，不顺不筮，不蠲不筮，不诚不

① “另付剞劂”，库本作“见《别集》中”。

筮，必蠲必诚，神灵是听。

张敦实曰，七十五策，以占五十五名。衍而积之，凡三千八百五十策，以成变化之用。

《潜虚》蓍法

五行相乘得二十五，又以三才乘之，得七十五以为策。

蓍之数七十有五。

虚五，用七十，分为二，取左一挂于右，揲左以十，观其馀扐之。

中分七十策，取左一策挂于右，十数左策，观其馀而画〡〢〣𝍣〤〦〧〨〩十之数于左方。煦曰是右不揲也。

复合为一，再分之，挂揲右，如左法。

揲左毕，置右不揲，复合七十策分为二，取右一策挂于左。揲右，观其馀，画数于右方，置左不揲，曷为不左右皆揲，乃需复合哉。虚之左右，各备五行之性，若一挂而毕，嫌乎所以授性者不全也。故必需七十而成左，七十而成右，虽曰左右，实分先后也。

左主右客，先主后客者阳，先客后主者阴。

左主位，右客位。行图之中，左右原有定位。先后所得与其左右相符，是为先主后客者阳。先后所得左者乃图之右，右者乃图之左，是为先客后主者阴。虚合二数为名，非如《易》之上下互换，则为他卦。

其左右之分止辨阴阳，名固不易也。煦按主客之解未当，譬如四五五四，三六六三，固左右皆具两象也，亦孰阳而孰阴哉？

观其所合，以名命之。

左右合而虚名定。

既得其名，又合蓍分之，阳则置右而揲左，阴则置左而揲右，生纯置右，成纯置左。

左右同者为纯，在生数者，元〢蠢〢〢容〣〣徒𝍣𝍣齐〤〤为阳。在成数者，造〦〦考〧〧寿〨〨义〩〩绩十十为阴。故揲与之准。

揲以七，所揲之馀为所得之变。

虚之变七，故不复以十揲之。

观吉凶臧否平而决之，阳用其显，阴用其幽。幽者，吉凶臧否与显戾也。

皇极经世书

黄宗羲曰，《皇极》之数，一元十二会为三百六十运，一会三十运为三百六十世，一运十二世为三百六十年，一世三十年为三百六十月，一年十二月为三百六十日，一月三十日为三百六十时，一日十二时为三百六十分，一时三十分为三百六十秒（十二分一秒）。盖自大以至于小，总不出十二与三十，反复相乘而已。以挂一图之二百五十六卦分配，凡一运一世，一年一月，一日一时，各得四爻，其为三百六十者（两卦管三日也），尽二百四十卦，馀十六卦分于二十四气，亦每气得四爻，以寓闰法于其间。不论运世年月日时，皆有闰也。然推求其说，多有可疑。夫自一年成数言之，为三百六十日。自十二月言之，为三百五十四日。自二十四气言之，为三百六十五日三时。自闰岁言之，为三百八十四日。今以康节之术按之推步，辰法三百六十（其数皆以秒言），日法四千三百二十，月法十二万九千六百，岁法一百五十五万五千二百，世法四千六百六十五万六千，运法五亿五千九百八十七万二千，会法一百六十七亿九千九百十六万①，元法二千一十五亿五千三百九十二万，皆成数也。在一月为三十日，于朔策强二千一百六十，于气策弱一千八百九十。在一年为三百六十日，于岁实弱二万二千六百八十，于十二朔实强二万二千九百二十（总谓少气盈朔虚之数）。既不可以强通矣，乃于二气相接之际，各增一日以为闰，以准一年三百八十四日之数，可谓巧矣。然三百八十四日，有闰之岁也。闰虽每岁有之，亦必积之三岁两岁，而后满于朔实，故有三百八十四日之岁。若一岁之闰策只四万八千六百，今

① “万”，库本无。

概之三百八十四日，是岁岁有闰月也，岂可通乎？且所谓闰者，见之于年月日时者也。就如其说，增此四爻，亦当增之于三百六十之中，徒增之于卦，其为三百六十者如故，是有闰之名而无闰之实矣。是故运世岁无闰，而日月时有闰，六者不可一例。一年之日三百五十四，以运准之，则少六日。一月之时三百五十四，以世准之，则少六时。康节必欲以十二与三十整齐之，其奇零岂可抹杀乎？如以康节之数而立法，岁实一百五十五（原本是七字）万七千八百八十（煦按比原法增二千六百八十）。朔策一十二万七千四百四十（煦按比月法减二千一百六十）。气策六万五千七百四十五，闰法四万八千六百，由此推而上之，为元会运世，庶乎可通耳。此上皆宗羲变法者也。康节之为此书，其意总括古今推步法，尽归于《易》。奈二者之数本不相通，硬相牵合，所以其说愈烦，其法愈巧，终成一部鹘突之书而不可用也。

起运

乾兑离震（此即方图西北阳之四卦）为天之四卦，四卦自交成十六卦，十六而十六之，得二百五十六卦（煦按此四个六十四也），谓之挂一图。以之分配元会运世，年月日时，然在一元，会止十二，止以辟卦配之。一元之中有三百六十运，一会之中有三百六十世，一运之中有三百六十年，一世之中有三百六十月，一年之中有三百六十日，一月之中有三百六十时，凡此六者，则以挂一图配之，皆用四爻直一，三百六十尽二百四十卦，馀十六卦，每气之首各用四爻，二十四气恰尽馀卦。顾六者起卦各有不同。

煦按：此上言挂一图之用。

一曰运卦，张文饶得牛无邪之传，以为尧当贲之六五，尧即位在日甲月己，星癸辰未之甲辰年，已历一百八十运，若起元之元之元之元泰卦，至此在会之世之世之世，其卦为同人，与无邪之传异矣。惟起于世之元之元之元升卦，则至此是元之世之世之世，始合无邪之贲，直三四五上爻，一爻直三世，其世在己未，则是五爻以来，四十一年也。故文饶据此，遂起升卦，番阳祝氏谓起泰者，未然之卦，运世用之。起升者，已然之卦，岁月日时用之。直以尧当同人，然无邪有所受授，祝氏以意逆之，固不当舍无而从祝氏也（此引牛无邪尧时当贲六五之说）。

二曰世卦，起于会首所当之卦，子会起升，丑会起否，寅会起损，卯会起泰，辰会起涣，巳会起屯，午会起损（与寅会同卦，必有一误），未会起坎，申会起比，酉会起大畜，戌会起随，亥会起剥。夏禹八年入午会，祝氏起卦用泰，午会之首在大畜，故以大畜六五至节九二，为世之始，其卦虽异损，其起于午会同也。但以尧之巳未世直贲，历明夷同人，以与午会之大畜相接续，不知逆推而上，则巳会甲子世，一千八百一，亦起于大畜矣。以巳会而用午会之起卦，何所取义？盖祝氏闻尧运在贲之说，用元之元以推运卦，既不能合，而午会世起大畜，其上适与贲接，遂谓无邪所言为尧之世卦，非运卦也，亦未尝逆推知其乖戾耳。文饶言世卦随大运消长，遇奇卦则取后卦，遇偶卦则取前卦，并二卦以当十二世，据此是世卦不烦别起，只在运卦左右，如己未世之运卦是贲，为偶卦，则取前卦之无妄合之，分配癸亥运内之十二世可也（煦按此亦宗牛无邪之说）。

三曰年卦，所谓小运也。以世当月，以年当日，视其世所当之辰而起。子起冬至（以世当月而论），丑起大寒，寅起雨水，卯起春分，辰起谷雨，巳起小满，午起夏至，未起大暑，申起处暑，酉起秋分，戌起霜降，亥起小雪（所谓中朔同起）。三十日分二气，一气分三候，一月六候，甲巳孟季仲，各直五日，子午卯酉为仲，辰戌丑未为季，寅申巳亥为孟。仲孟逆行，先候五日，季顺行，后候五日。即如唐尧以己未世为月，甲辰年为日，甲辰是大暑，以甲巳季日，当后五日起卦，直师之三四五上，至十一年甲寅，得蛊之初六，为立秋节，己未世之季气，即庚申世之初气也。若汉高小运，以己未世为月，甲午为日，亦是大暑。以甲巳仲日，当先五日起卦，直归妹初九。祝氏用元之元卦图，其起卦皆气后月十五日，非也。

四曰月卦，以甲子甲午年之正月起升蒙，三十年而一周。文饶又言,月卦随小运进退,如世卦之法,如尧时师为甲辰年偶卦,则取前卦艮合之,一爻配一月也。

五曰日卦,从气不从月,以立春起升蒙,一年而周。

六曰时卦,以朔日之子起升蒙,一月而周。康节当时有数钤,私相受授,后之为学者多失其传,余为考定如此。即如十二会之辟卦,朱子曰经世书以十二辟卦管十二会,绷定时节,却就中推吉凶消长,尧时正是乾卦九五。按一会得一卦,会有三十运,是五运得一爻也。巳会当星之巳,一百七十六,巳入乾上九,唐尧在星之癸,一百八十,是上爻将终,安得云九五哉?于其易明者且然,况科条烦碎,孰肯究心于此乎(此上黄宗羲论)?

卦气序(牛无邪传)

卦气图,二百五十六位之序,虽曰乾兑离震四卦,自交而成,然按之方图,又错杂时有出入,则别立取卦之法,于通数中除极数,以谓即见圣人画卦之旨。通数二万八千九百八十一万六千五百七十六。

阳刚太少,其数十,凡四位为四十。以四因之,得一百六十。阴柔太少,其数十二,凡四位为四十八。以四因之,得一百九十二。以二数相倡和,各得三万七百二十,谓之动植体数。于一百六十阳数之中,除去阴数四十八,得一百十二。于一百九十二阴数之中,除去阳数四十,得一百五十二。以一百五十二与一百十二相倡和,各得一万七千二十四,谓之动植用数,以用数自乘得通数。

极数元之元一,元之会十二,元之运三百六十,元之世四千三百二十。会之元十二,会之会一百四十四,会之运四千三百二十,会之世五万一千八百四十。运之元三百六十,运之会四千三百二十,运之运一十二万九千六百,运之世一百五十五万五千二百。世之元四千三百二十,世之会五万一千八百四十,世之运一百五十五万五千二百,世之世一千八百六十六万二千四百,假令元之元通数。

从左起二万至右六，凡九位。

以其中位之一万，分列于右四位，为九千九百九十七。

其通数万下之六千五百七十六，除去不用，以此列之。

除卦身八算。在千位除之。

又除元之元极数一，馀二万八千九百八十万一千九百九十九（此九字当是十字）以中位。万为中位。

左见八，八属坤，右见一，一属乾，左为外卦，右为内卦，成地天泰。其第二卦，即以第一卦馀算，除卦身，除极数，满六十四卦。方去馀算，再置通数，如在会之元，即以十二除起。凡除卦身，动中万，除右卦身，进动百万，除左卦身。然取卦往往不能相合，则别有五法。一法退阴于右卦，减一算或二算。二法进阳于左卦，增一算或二算，进退不过三。三法虚张，奇画虚张五，则为乾六画。四法分布，偶画分布十，则为坤十二画。五法消息，移右算补左，谓之消阴息阳。移左算补右，谓之消阳息阴。数不过八，牛无邪所传如此。又谓退阴而不合，则又进阳，进阳而又不合，则又虚张。以至于消息而止，皆必先右而后左，以某推之则不然，有不合者方用五法，若右合而左不合，当竟用其法于左，安得先阴而后阳乎（左为阳右为阴）？有不合者，进退可合，则用进退。虚张分布可合，则用虚张分布。消息可合，则用消息。不须从进退以至于消息也。此无邪之说。胡廷芳所以谓之繁晦欤？然用此五法以增减，则无卦不可附会，故必知卦而后可算卦。若欲从算以定卦，则五法俱不可用，而通极二数有时而穷也。图之为序，当必有说，张祝二家皆影响矣（黄宗羲）。

蓍法

七十二蓍，合一曰太极，分为二以象两，置左不用，揲右以四，视其馀数，一为元，二为会，三为运，四为世。既得象矣（元会运世为四象），复合而分之，取左之四并于右（既分之后，从左手取四策入于右手），置左不用，揲右以八，视其馀数，为上卦之体，复合而分之,取右之四并于左(取右手四策入于左手),置右不用,揲左以八,视其馀数为下卦之体(先成上体,后成下体,已违易旨,恐非邵子所立),二体相附既得卦矣,复合而分之,置右不用,揲左以六,视其馀数,自一为初,讫六为上,以定直事之爻。假令初揲馀一,于象为元,再揲馀五,上体为巽,三揲馀七,下体为艮(先天数也),巽艮合为渐,在卦气图得元之渐卦,终摄馀六,则上九为直事之爻。渐当元之会之会之运,以律吕图求之,元之会为日月声卦,当履。会之运为火土音卦,当蒙(与后图合)。合之为物数,则卦当遁困,以观物之象准之,为皇之帝之帝之王(皇帝王霸),飞之走之走之木(飞走草木),士之农之农之工(士农工商),一之二之七之六之类是也。

上九爻变阴则为蹇。

爻自下而上,奇位为阳,偶位为阴,当位则不变,不当位则变,以九处上,为不当位,故变。此指渐卦言也。

上体巽变震,则为小过。

乾兑离震居上,坤艮坎巽居下,为当位,反是为不当位。当位则不变,不当位则变,以巽居上体故变。卦爻皆以当位为吉,不当位为凶。

渐者,艮归魂之卦,以九三为世爻,上九为应爻,今上九为当世直事之爻,则应复为世,与本爻相敌,此占之大略也。康节本无蓍法,张文饶立,以配《易》《元包》《虚》,《易》《元包》《虚》有辞,而《经世》无辞。有辞者以辞占,无辞者占其阴阳之进退,卦爻之当否,时日之早暮,五行之盛衰。爻者,时用也。卦者,定体也。爻之变不变,以观其随时。卦之变不变,以观其大定。变不变者,数也。利不利者,命也。辨其邪正则有理,制其从违则有义。若爱恶之私,不忘于胸中,则吉凶以情迁矣,虽专心致志,不可谓之诚也(黄宗羲)。

煦按:邵子之书,最合易理。以先后天别体用之宜,以四象定天下之象,至以元会运世拟岁月日时而推数,以开发收闭拟宫商角征而为音,此皆妙契易理者也。即其所论大衍,皆本孔子《系传》以立言，岂尝别有蓍法，至与孔子之大衍异哉？所立蓍法，以为张文饶所定，想当然耳。

致用之法，以一定之卦推治乱，以声音数取卦占事物。凡占一卦，视其卦之当位与否，当位则不变，不当位则变。卦既变矣，视其所直之爻当位与否，当位则不变，不当位则变。以终变之卦为准，终变之卦即不当位亦不变，本卦为贞，变卦为悔，当位则吉，不当位则凶。视其卦为奇为偶，于方图中，奇卦在右为阳中阳，在左为阴中阳，偶卦在左为阴中阴，在右为阳中阴，阳为顺，阴为逆，视其卦在某会某运某世，大运以会当月，以运当日，以世当辰，如尧之巳会，癸亥运，己未世，即一岁之五月三十日未时也（按五月当为四月，不然则巳会之巳当为午矣）。小运以世当月，以年当日，以月当时，如尧之己未世。甲辰年即一岁之六月十一日也。视其卦之纳甲，与所当之年月日时，有无生克，视其卦之世应与所直之爻，有无伦夺。又以律吕图求之，运在四大象中某所，得天门唱卦居左，世在四大象中某所，得地户和卦居右，合两卦并观，在既济图第几位，合挂一图问卦，然后以其卦变化之，而推其时运之吉凶。若用年配世，则以世求天门唱卦居左，以年求地户和卦居右，与上一例。取卦之时，视算位中馀数，以六位配六爻。元自一起，世至九终，无问十百千万，皆以当一。一为甲，二为辛，三为丙，四为癸，五为戊，六为乙，七为庚，八为丁，九为壬，十为己。甲乙为木，为饥馑，为曲直之物。庚辛为金，为兵戈，为刃物。丙丁为火，为大旱，为锐物。壬癸为水，为淫潦，为流湿之物。戊己为土，为中兴，为重滞之物。此致用之大凡也。皇极包罗甚富，百家之学无不可资以为用，而其要领在推数之无穷。宋景濂作溟涬生赞记，蜀道士杜可大之言曰，宇宙太虚一尘尔，人生其间，为尘几何？是茫茫者尚了然心目间，此一言已尽《皇极》之秘，能者自有冥契，则余言亦说铃也（黄宗羲）。

挂一图①(黄宗羲)

元 之 元				元 之 会				元 之 运		
元元 之之 元元 之 **泰** 冬 至	会元 之之 元元 之 **需**	运元 之之 元元 之 **大 壮**	世元 之之 元元 之 **夬**	元元 之之 元会 之 **咸**	会元 之之 元会 之 **小 过**	运元 之之 元会 之 **蹇**	世元 之之 元会 之 **临**	元元 之之 元运 之 **晋** 立 春	会元 之之 元运 之 **巽**	运元 之之 元运 之 **井**
元元 之之 会元 之 **损**	会元 之之 会元 之 **孚**	运元 之之 会元 之 **睽**	世元 之之 会元 之 **履**	元元 之之 会会 之 **未**	会元 之之 会会 之 **涣** 大 寒	运元 之之 会会 之 **蒙**	世元 之之 会会 之 **谦**	元元 之之 会运 之 **观**	会元 之之 会运 之 **升**	运元 之之 会运 之 **丰**
元元 之之 运元 之 **大 畜**	会元 之之 运元 之 **小 畜**	运元 之之 运元 之 **大 有** 小 寒	世元 之之 运元 之 **乾**	元元 之之 运会 之 **旅**	会元 之之 运会 之 **渐**	运元 之之 运会 之 **艮**	世元 之之 运会 之 **坤**	元元 之之 运运 之 **比**	会元 之之 运运 之 **否**	运元 之之 运运 之 **屯** 雨 水
元元 之之 世元 之 **节**	会元 之之 世元 之 **归 妹**	运元 之之 世元 之 **兑**	世元 之之 世元 之 **困**	元元 之之 世会 之 **解**	会元 之之 世会 之 **坎**	运元 之之 世会 之 **师**	世元 之之 世会 之 **遁**	元元 之之 世运 之 **剥**	会元 之之 世运 之 **豫**	运元 之之 世运 之 **革**

① 此图据《黄宗羲全集》第九册《象数论》,浙江古籍出版社,1986 年。

	元之世				会之元			会之会			
世元	元元	元会	运元	世元	元会	会会	运会	世会	元会	会会	运会
之之	之之	之之	之之	之之	之之	之之	之之	之之	之之	之之	之之
元运	元世	元世	元世	元世	元元	元元	元元	元元	元会	元会	元会
之	之	之	之	之	之	之	之	之	之	之	之
恒	**离**	**家人**	**既济**	**复**	**损**	**中孚**	**大有**	**乾**	**旅**	**渐**	**艮**
					春分						

世元	元元	会元	运元	世元	元会	会会	运会	世会	元会	会会	运会
之之	之之	之之	之之	之之	之之	之之	之之	之之	之之	之之	之之
会运	会世	会世	会世	会世	会元	会元	会元	会元	会会	会会	会会
之	之	之	之	之	之	之	之	之	之	之	之
蛊	**大过**	**震**	**颐**	**同人**	**大畜**	**小畜**	**兑**	**困**	**解**	**坎**	**师**
		惊蛰								谷雨	

世元	元元	会元	运元	世元	元会	会会	运会	世会	元会	会会	运会
之之	之之	之之	之之	之之	之之	之之	之之	之之	之之	之之	之之
运运	运世	运世	运世	运世	运元	运元	运元	运元	运会	运会	运会
之	之	之	之	之	之	之	之	之	之	之	之
讼	**姤**	**鼎**	**萃**	**无妄**	**节**	**大壮**	**夬**	**咸**	**归妹**	**蹇**	**泰**
							清明				

世元	元元	运元	运元	世元	元会	会会	运会	世会	元会	会会	运会
之之	之之	之之	之之	之之	之之	之之	之之	之之	之之	之之	之之
世运	世世	世世	世世	世世	世元	世元	世元	世元	世会	世会	世会
之	之	之	之	之	之	之	之	之	之	之	之
益	**随**	**噬嗑**	**明夷**	**贲**	**需**	**睽**	**履**	**未济**	**涣**	**蒙**	**临**

	会之运				会之世				运之元		
世会	元会	会会	运会	世会	元会	会会	运会	世会	元运	会运	运运
之之	之之	之之	之之	之之	之之	之之	之之	之之	之之	之之	之之
元会	元运	元运	元运	元运	元世	元世	元世	元世	元元	元元	元元
之	之	之	之	之	之	之	之	之	之	之	之
谦	**蛊**	**姤**	**豫**	**坤**	**晋**	**革**	**丰**	**既济**	**大畜**	**小畜**	**兑**
	立夏								夏至		

世会	元会	会会	运会	世会	元会	会会	运会	世会	元运	会运	运运
之之	之之	之之	之之	之之	之之	之之	之之	之之	之之	之之	之之
会会	会运	会运	会运	会运	会世	会世	会世	会世	会元	会元	会元
之	之	之	之	之	之	之	之	之	之	之	之
小过	**井**	**讼**	**鼎**	**升**	**噬嗑**	**颐**	**震**	**贲**	**节**	**归妹**	**夬**
						芒种					

世会	元会	会会	运会	世会	元会	会会	运会	世会	元运	会运	运运
之之	之之	之之	之之	之之	之之	之之	之之	之之	之之	之之	之之
运会	运运	运运	运运	运运	运世	运世	运世	运世	运元	运元	运元
之	之	之	之	之	之	之	之	之	之	之	之
观	**屯**	**无妄**	**比**	**萃**	**否**	**复**	**家人**	**明夷**	**需**	**睽**	**履** 小暑

世会	元会	会会	运会	世会	元会	会会	运会	世会	元运	会运	运运
之之	之之	之之	之之	之之	之之	之之	之之	之之	之之	之之	之之
世会	世运	世运	世运	世运	世世	世世	世世	世世	世元	世元	世元
之	之	之	之	之	之	之	之	之	之	之	之
剥	**遁**	**大过**	**巽**	**随**	**离**	**恒**	**益**	**同人**	**中孚**	**大有**	**乾**
			小满								

	运之会				运之运				运之世		
世运	元运	会运	运运	世运	元运	会运	运运	世运	元运	会运	运运
之之	之之	之之	之之	之之	之之	之之	之之	之之	之之	之之	之之
元元	元会	元会	元会	元会	元运	元运	元运	元运	元世	元世	元世
之	之	之	之	之	之	之	之	之	之	之	之
困	**恒**	**姤**	**小过**	**益**	**渐**	**蹇**	**师**	**无妄**	**蛊**	**比**	**蒙**
					立秋						

世运	元运	会运	运运	世运	元运	会运	运运	世运	元运	会运	运运
之之	之之	之之	之之	之之	之之	之之	之之	之之	之之	之之	之之
会元	会会	会会	会会	会会	会运	会运	会运	会运	会世	会世	会世
之	之	之	之	之	之	之	之	之	之	之	之
未济	**鼎**	**随**	**震**	**井**	**晋**	**豫**	**艮**	**离**	**革**	**升**	**谦**
		大暑								白露	

世运	元运	会运	运运	世运	元运	会运	运运	世运	元运	会运	运运
之之	之之	之之	之之	之之	之之	之之	之之	之之	之之	之之	之之
运元	运会	运会	运会	运会	运运	运运	运运	运运	运世	运世	运世
之	之	之	之	之	之	之	之	之	之	之	之
解	**大过**	**旅**	**涣**	**屯**	**萃**	**遁**	**剥**	**丰**	**家人**	**颐**	**坤**

世运	元运	会运	运运	世运	元运	会运	运运	世运	元运	会运	运运
之之	之之	之之	之之	之之	之之	之之	之之	之之	之之	之之	之之
世元	世会	世会	世会	世会	世运	世运	世运	世运	世世	世世	世世
之	之	之	之	之	之	之	之	之	之	之	之
大壮	**讼**	**噬嗑**	**巽**	**坎**	**泰**	**咸**	**观**	**复**	**否**	**贲**	**同人**

		世之运				世之会				世之元	
世之运之运之元	世之运之会之元	世之运之元之元	世之会之世之元	世之会之运之元	世之会之会之元	世之会之元之元	世之元之世之元	世之元之运之元	世之元之会之元	世之元之元之元	运之世之世之元
既济	小过	益	履	咸	夬	兑	大过	恒	坎	升	明夷
		立冬								秋分	

世之运之运之会	世之运之会之会	世之运之元之会	世之会之世之会	世之会之运之会	世之会之会之会	世之会之元之会	世之元之世之会	世之元之运之会	世之元之会之会	世之元之元之会	运之世之世之会
晋	临	丰	泰	革	否	乾	姤	未济	巽	蒙	临
					霜降						

世之运之运之运	世之运之会之运	世之运之元之运	世之会之世之运	世之会之运之运	世之会之会之运	世之会之元之运	世之元之世之运	世之元之运之运	世之元之会之运	世之元之元之运	运之世之世之运
损	贲	归妹	剥	遁	无妄	萃	讼	鼎	涣	蛊	损
小雪								寒露			

世之运之运之世	世之运之会之世	世之运之元之世	世之会之世之世	世之会之运之世	世之会之会之世	世之会之元之世	世之元之世之世	世之元之运之世	世之元之会之世	世之元之元之世	运之世之世之世
节	中孚	大壮	颐	大有	睽	噬嗑	随	困	解	井	既济

世之世

世世	元世	会世	运世	世世
之之	之之	之之	之之	之之
元运	元世	元世	元世	元世
之	之	之	之	之
家人	**坤**	**离**	**师**	**观**

世三十
世之世九百
运之世一万八百
会之世三十二万四千
元之世三百八十八万八千

世世	元世	会世	运世	世世
之之	之之	之之	之之	之之
会运	会世	会世	会世	会世
之	之	之	之	之
需	**谦**	**比** 大雪	**同人**	**震**

运三百六十
世之运一万八百
运之运十二万九千六百
会之运三百八十八万八千
元之运四千六百六十五万六千

世世	元世	会世	运世	世世
之之	之之	之之	之之	之之
运运	运世	运世	运世	运世
之	之	之	之	之
大畜	**渐**	**蹇**	**旅**	**复**

会一万八百
世之会三十二万四千
运之会三百八十八万八千
会之会一亿一千六百六十四万
元之会十三亿九千九百六十八万

世世	元世	会世	运世	世世
之之	之之	之之	之之	之之
世世	世世	世世	世世	世运
之	之	之	之	之
小畜	**艮**	**豫**	**屯**	**明夷**

元十二万九千六百
世之元三百八十八万八千
运之元四千六百六十五万六千
会之元十三亿九千九百六十八万
元之元二百六十七亿九千六百十六万

既济阳图	元之元	否	否	泰	会之元	遁	否	震	运之元	讼	否	大畜	世之元	姤	否	夬
	水水音	八	八	坤	火水音	七	八	剥	土水音	六	八	比	石水音	五	八	观
	日日声	一	一	乾	日日声	一	一	乾	日日声	一	一	乾	日日声	一	一	乾
元之元	元之会	否	遁	损	会之会	遁	遁	孚	运之会	讼	遁	睽	世之会	姤	遁	履
	水火音	八	七	谦	火火音	七	七	艮	土火音	六	七	蹇	石火音	五	七	渐
	日日声	一	一	乾	日日声	一	一	乾	日日声	一	一	乾	日日声	一	一	乾
	元之运	否	讼	大畜	会之运	遁	讼	小畜	运之运	讼	讼	有	世之运	姤	讼	乾
	水土音	八	六	师	火土音	七	六	蒙	土土音	六	六	坎	石土音	五	六	涣
	日日声	一	一	乾	日日声	一	一	乾	日日声	一	一	乾	日日声	一	一	乾
	元之世	否	姤	节	会之世	遁	姤	妹	运之世	讼	姤	兑	世之世	姤	姤	困
	水石音	八	五	升	火石音	七	五	蛊	土石音	六	五	井	石石音	五	五	巽
	日日声	一	一	乾	日日声	一	一	乾	日日声	一	一	乾	日日声	一	一	乾
元之会	元之元	否	萃	咸	会之元	遁	萃	小过	运之元	讼	萃	蹇	世之元	姤	萃	临
	水水音	八	八	坤	火水音	七	八	剥	土水音	六	八	比	石水音	五	八	观
	日月声	一	二	履	日月声	一	二	履	日月声	一	二	履	日月声	一	二	履
	元之会	否	咸	未	会之会	遁	咸	涣	运之会	讼	咸	蒙	世之会	姤	咸	谦
	水火音	八	七	谦	火火音	七	七	艮	土火音	六	七	蹇	石火音	五	七	渐
	日月声	一	二	履	日月声	一	二	履	日月声	一	二	履	日月声	一	二	履
	元之运	否	困	旅	会之运	遁	困	渐	运之运	讼	困	艮	世之运	姤	困	坤
	水土音	八	六	师	火土音	七	六	蒙	土土音	六	六	坎	石土音	五	六	涣
	日月声	一	二	履	日月声	一	二	履	日月声	一	二	履	日月声	一	二	履
	元之世	否	大过	解	会之世	遁	大过	坎	运之世	讼	大过	师	世之世	姤	大过	遁
	水石音	八	五	升	火石音	七	五	蛊	土石音	六	五	井	石石音	五	五	巽
	日月声	一	二	履	日月声	一	二	履	日月声	一	二	履	日月声	一	二	履
元之运	元之元	否	晋	晋	会之元	遁	晋	巽	运之元	讼	晋	井	世之元	姤	晋	恒
	水水音	八	八	坤	火水音	七	八	剥	土水音	六	八	比	石水音	五	八	观
	日星声	一	三	同人	日星声	一	三	同人	日星声	一	三	同人	日星声	一	三	同人
	元之会	否	旅	观	会之会	遁	旅	升	运之会	讼	旅	丰	世之会	姤	旅	蛊
	水火音	八	七	谦	火火音	七	七	艮	土火音	六	七	蹇	石火音	五	七	渐
	日星声	一	三	同人	日星声	一	三	同人	日星声	一	三	同人	日星声	一	三	同人
	元之运	否	未	比	会之运	遁	未	否	运之运	讼	未	屯	世之连	姤	未	讼
	水土音	八	六	师	火土音	七	六	蒙	土土音	六	六	坎	石土音	五	六	涣
	日星声	一	三	同人	日星声	一	三	同人	日星声	一	三	同人	日星声	一	三	同人

	元之世	否	鼎	剥	会之世	遁	鼎	豫	运之世	讼	鼎	革	世之世	姤	鼎	益
	水石音	八	五	升	火石音	七	五	蛊	土石音	六	五	井	石石音	五	五	巽
	日星声	一	三	同人	日星声	一	三	同人	日星声	一	三	同人	日星声	一	三	同人
元之世	元之元	否	豫	离	会之元	遁	豫	家	运之元	讼	豫	既	世之元	姤	豫	复
	水水音	八	八	坤	火水音	七	八	剥	土水音	六	八	比	石水音	五	八	观
	日辰声	一	四	妄	日辰声	一	四	妄	日辰声	一	四	妄	日辰声	一	四	妄
	元之会	否	小过	大过	会之会	遁	小过	震	运之会	讼	小过	颐	世之会	姤	小过	同人
	水火音	八	七	谦	火火音	七	七	艮	土火音	六	七	蹇	石火音	五	七	渐
	日辰声	一	四	妄	日辰声	一	四	妄	日辰声	一	四	妄	日辰声	一	四	妄
	元之运	否	解	姤	会之运	遁	解	鼎	运之运	讼	解	萃	世之运	姤	解	无妄
	水土音	八	六	师	火土音	七	六	蒙	土土音	六	六	坎	石土音	五	六	涣
	日辰声	一	四	妄	日辰声	一	四	妄	日辰声	一	四	妄	日辰声	一	四	妄
	元之世	否	恒	随	会之世	遁	恒	噬	运之世	讼	恒	夷	世之世	姤	恒	贲
	水石音	八	五	升	火石音	七	五	蛊	土石音	六	五	井	石石音	五	五	巽
	日辰声	一	四	妄	日辰声	一	四	妄	日辰声	一	四	妄	日辰声	一	四	妄
会之元	元之元	萃	否	损	会之元	咸	否	孚	运之元	困	否	有	世之元	大过	否	乾
	水水音	八	八	坤	火水音	七	八	剥	土水音	六	八	比	石水音	五	八	观
	月日声	二	一	夬	月日声	二	一	夬	月日声	二	一	夬	月日声	二	一	夬
	元之会	萃	遁	大畜	会之会	咸	遁	小畜	运之会	困	遁	兑	世之会	大过	遁	困
	水火音	八	七	谦	火火音	七	七	艮	土火音	六	七	蹇	石火音	五	七	渐
	月日声	二	一	夬	月日声	二	一	夬	月日声	二	一	夬	月日声	二	一	夬
	元之运	萃	萃	节	会之运	咸	讼	大壮	运之运	困	讼	夬	世之运	大过	讼	咸
	水土音	八	六	师	火土音	七	六	蒙	土土音	六	六	坎	石土音	五	六	涣
	月日声	二	一	夬	月日声	二	一	夬	月日声	二	一	夬	月日声	二	一	夬
	元之世	萃	萃	需	会之世	咸	姤	睽	运之世	困	姤	履	世之世	大过	姤	未
	水石音	八	五	升	火石音	七	五	蛊	土石音	六	五	井	石石音	五	五	巽
	月日声	二	一	夬	月日声	二	一	夬	月日声	二	一	夬	月日声	二	一	夬
会之会	元之元	萃	萃	旅	会之元	咸	萃	渐	运之元	困	萃	艮	世之元	大过	萃	谦
	水水音	八	八	坤	火水音	七	八	剥	土水音	六	八	比	石水音	五	八	观
	月月声	二	二	兑	月月声	二	二	兑	月月声	二	二	兑	月月声	二	二	兑
	元之会	萃	咸	解	会之会	咸	咸	坎	运之会	困	咸	师	世之会	大过	咸	小过
	水火音	八	七	谦	火火音	七	七	艮	土水音	六	七	蹇	石火音	五	七	渐
	月月声	二	二	兑	月月声	二	二	兑	月月声	二	二	兑	月月声	二	二	兑

	元之运	萃	困	妹	会之运	咸	困	蹇	运之运	困	困	泰	世之运	大过	困	观
	水土音	八	六	师	火土音	七	六	蒙	土土音	六	六	坎	石土音	五	六	涣
	月月声	二	二	兑	月月声	二	二	兑	月月声	二	二	兑	月月声	二	二	兑
	元之世	萃	大过	涣	会之世	咸	大过	蒙	运之世	困	大过	临	世之世	大过	大过	剥
	水石音	八	五	升	火石音	七	五	蛊	土石音	六	五	井	石石音	五	五	巽
	月月声	二	二	兑	月月声	二	二	兑	月月声	二	二	兑	月月声	二	二	兑
会之运	元之元	萃	晋	蛊	会之元	咸	晋	姤	运之元	困	晋	豫	世之元	大过	晋	坤
	水水音	八	八	坤	火水音	七	八	剥	土水音	六	八	比	石水音	五	八	观
	月星声	二	三	革	月星声	二	三	革	月星声	二	三	革	月星声	二	三	革
	元之元	萃	旅	井	会之会	咸	旅	讼	运之会	困	旅	鼎	世之会	大过	旅	升
	水火音	八	七	谦	火火音	七	七	艮	土火音	六	七	蹇	石火音	五	七	渐
	月星声	二	三	革	月星声	二	三	革	月星声	二	三	革	月星声	二	三	革
	元之运	萃	未	屯	会之运	咸	未	妄	运之运	困	未	比	世之运	大过	未	萃
	水土音	八	六	师	火土音	七	六	蒙	土土音	六	六	坎	石土音	五	六	涣
	月星声	二	三	革	月星声	二	三	革	月星声	二	三	革	月星声	二	三	革
	元之世	萃	鼎	遁	会之世	咸	鼎	大过	运之世	困	鼎	巽	世之世	大过	鼎	随
	水石音	八	五	升	水石音	七	五	蛊	土石音	六	五	井	石石音	五	五	巽
	月星声	二	三	革	月星声	二	三	革	月星声	二	三	革	月星声	二	三	革
会之世	元之元	萃	豫	晋	会之元	咸	豫	革	运之元	困	豫	丰	世之元	大过	豫	既
	水水音	八	八	坤	火水音	七	八	剥	土水音	六	八	比	石水音	五	八	观
	月辰声	二	四	随	月辰声	二	四	随	月辰声	二	四	随	月辰声	二	四	随
	元之会	萃	小过	噬	会之会	咸	小过	颐	运之会	困	小过	震	世之会	大过	小过	贲
	水火音	八	七	谦	火火音	七	七	艮	土火音	六	七	蹇	石火音	五	七	渐
	月辰声	二	四	随	月辰声	二	四	随	月辰声	二	四	随	月辰声	二	四	随
	元之运	萃	解	否	会之运	咸	解	复	运之运	困	解	家	世之运	大过	解	夷
	水土音	八	六	师	火土音	七	六	蒙	土土音	六	六	坎	石土音	五	六	涣
	月辰声	二	四	随	月辰声	二	四	随	月辰声	二	四	随	月辰声	二	四	随
	元之世	萃	恒	离	会之世	咸	恒	恒	运之世	困	恒	益	世之世	大过	恒	同
	水石音	八	五	升	火石音	七	五	蛊	土石音	六	五	井	石石音	五	五	巽
	月辰声	二	四	随	月辰声	二	四	随	月辰声	二	四	随	月辰声	二	四	随
	元之元	晋	否	大畜	会之元	旅	否	小畜	运之元	未	否	兑	世之元	鼎	否	困
	水水音	八	八	坤	火水音	七	八	剥	土水音	六	八	比	石水音	五	八	观
	星日声	三	一	有	星日声	三	一	有	星日声	三	一	有	星日声	三	一	有

运之元	元之会	晋	遁	节	会之会	旅	遁	妹	运之会	未	遁	夬	世之会	鼎	遁	未
	水火音	八	七	谦	火火音	七	七	艮	土火音	六	七	蹇	石火音	五	七	渐
	星日声	三	一	有	星日声	三	一	有	星日声	三	一	有	星日声	三	一	有
	元之运	晋	讼	需	会之运	旅	讼	睽	运之运	未	讼	履	世之运	鼎	讼	解
	水土音	八	六	师	火土音	七	六	蒙	土土音	六	六	坎	石土音	五	六	涣
	星日声	三	一	有	星日声	三	一	有	星日声	三	一	有	星日声	三	一	有
	元之世	晋	姤	孚	会之世	旅	姤	有	运之世	未	姤	乾	世之世	鼎	姤	壮
	水石音	八	五	升	火石音	七	五	蛊	土石音	六	五	井	石石音	五	五	巽
	星日声	三	一	有	星日声	三	一	有	星日声	三	一	有	星日声	三	一	有
	元之元	晋	萃	恒	会之元	旅	萃	姤	运之元	未	萃	小过	世之元	鼎	萃	益
	水水音	八	八	坤	火水音	七	八	剥	土水音	六	八	比	石水音	五	八	观
	星月声	三	二	睽	星月声	三	二	睽	星月声	三	二	睽	星月声	三	二	睽
运之会	元之会	晋	咸	鼎	会之会	旅	咸	随	运之会	未	咸	震	世之会	鼎	咸	井
	水火音	八	七	谦	火火音	七	七	艮	土水音	六	七	蹇	石火音	五	七	渐
	星月声	三	二	睽	星月声	三	二	睽	星月声	三	二	睽	星月声	三	二	睽
	元之运	晋	困	大过	会之运	旅	困	旅	运之运	未	困	涣	世之运	鼎	困	屯
	水土音	八	六	师	火土音	七	六	蒙	土土音	六	六	坎	石土音	五	六	涣
	星月声	三	二	睽	星月声	三	二	睽	星月声	三	二	睽	星月声	三	二	睽
	元之世	晋	大过	讼	会之世	旅	大过	噬	运之世	未	大过	巽	世之世	鼎	大过	坎
	水石音	八	五	升	火石音	七	五	蛊	土石音	六	五	井	石石音	五	五	巽
	星月声	三	二	睽	星月声	三	二	睽	星月声	三	二	睽	星月声	三	二	睽
运之运	元之元	晋	晋	渐	会之元	旅	晋	蹇	运之元	未	晋	师	世之元	鼎	晋	妄
	水水音	八	八	坤	火水音	七	八	剥	土水音	六	八	比	石水音	五	八	观
	星星声	三	三	离	星星声	三	三	离	星星声	三	三	离	星星声	三	三	离
	元之会	晋	旅	晋	会之会	旅	旅	豫	运之会	未	旅	艮	世之会	鼎	旅	离
	水火音	八	七	谦	火火音	七	七	艮	土火音	六	七	蹇	石火音	五	七	渐
	星星声	三	三	离	星星声	三	三	离	星星声	三	三	离	星星声	三	三	离
	元之运	晋	未	萃	会之运	旅	未	遁	运之运	未	未	剥	世之运	鼎	未	丰
	水土音	八	六	师	火土音	七	六	蒙	土土音	六	六	坎	石土音	五	六	涣
	星星声	三	三	离	星星声	三	三	离	星星声	三	三	离	星星声	三	三	离
	元之世	晋	鼎	泰	会之世	旅	鼎	咸	运之世	未	鼎	观	世之世	鼎	鼎	复
	水石音	八	五	升	火石音	七	五	蛊	土石音	六	五	井	石石音	五	五	巽
	星星声	三	三	离	星星声	三	三	离	星星声	三	三	离	星星声	三	三	离

运之世	元之元	晋	豫	蛊	会之元	旅	豫	比	运之元	未	豫	蒙	世之元	鼎	豫	夷
	水水音	八	八	坤	火水音	七	八	剥	土水音	六	八	比	石水音	五	八	观
	星辰声	三	四	噬	星辰声	三	四	噬	星辰声	三	四	噬	星辰声	三	四	噬
	元之会	晋	小过	革	会之会	旅	小过	升	运之会	未	小过	谦	世之会	鼎	小过	临
	水火音	八	七	谦	火火音	七	七	艮	土火音	六	七	蹇	石火音	五	七	渐
	星辰声	三	四	噬	星辰声	三	四	噬	星辰声	三	四	噬	星辰声	三	四	噬
	元之运	晋	解	家	会之运	旅	解	颐	运之运	未	解	坤	世之运	鼎	解	损
	水土音	八	六	师	火土音	七	六	蒙	土土音	六	六	坎	石土音	五	六	涣
	星辰声	三	四	噬	星辰声	三	四	噬	星辰声	三	四	噬	星辰声	三	四	噬
	元之世	晋	恒	否	会之世	旅	恒	贲	运之世	未	恒	同	世之世	鼎	恒	既
	水石音	八	五	升	火石音	七	五	蛊	土石音	六	五	井	石石音	五	五	巽
	星辰声	三	四	噬	星辰声	三	四	噬	星辰声	三	四	噬	星辰声	三	四	噬
世之元	元之元	豫	否	升	会之元	小过	否	坎	运之元	解	否	恒	世之元	恒	否	大过
	水水音	八	八	坤	火水音	七	八	剥	土水音	六	八	比	石水音	五	八	观
	辰日声	四	一	壮	辰日声	四	一	壮	辰日声	四	一	壮	辰日声	四	一	壮
	元之会	豫	遁	蒙	会之会	小过	遁	巽	运之会	解	遁	未	世之会	恒	遁	姤
	水火音	八	七	谦	火火音	七	七	艮	土火音	六	七	蹇	石火音	五	七	渐
	辰日声	四	一	壮	辰日声	四	一	壮	辰日声	四	一	壮	辰日声	四	一	壮
	元之运	豫	讼	蛊	会之运	小过	讼	涣	运之运	解	讼	鼎	世之运	恒	讼	讼
	水土音	八	六	师	火土音	七	六	蒙	土土音	六	六	坎	石土音	五	六	涣
	辰日声	四	一	壮	辰日声	四	一	壮	辰日声	四	一	壮	辰日声	四	一	壮
	元之世	豫	姤	井	会之世	小过	姤	解	运之世	解	姤	困	世之世	恒	姤	随
	水石音	八	五	升	火石音	七	五	蛊	土石音	六	五	井	石石音	五	五	巽
	辰日声	四	一	壮	辰日声	四	一	壮	辰日声	四	一	壮	辰日声	四	一	壮
世之会	元之元	豫	萃	兑	会之元	小过	萃	夬	运之元	解	萃	咸	世之元	恒	萃	履
	水水音	八	八	坤	火水音	七	八	剥	土水音	六	八	比	石水音	五	六	观
	辰月声	四	二	妹	辰月声	四	二	妹	辰月声	四	二	妹	辰月声	四	二	妹
	元之会	豫	咸	乾	会之会	小过	咸	否	运之会	解	咸	革	世之会	恒	咸	泰
	水火音	八	七	谦	火火音	七	七	艮	土火音	六	七	蹇	石火音	五	七	渐
	辰月声	四	二	妹	辰月声	四	二	妹	辰月声	四	二	妹	辰月声	四	二	妹
	元之运	豫	困	萃	会之运	小过	困	妄	运之运	解	困	遁	世之运	恒	困	剥
	水土音	八	六	师	火土音	七	六	蒙	土土音	六	六	坎	石土音	五	六	涣
	辰月声	四	二	妹	辰月声	四	二	妹	辰月声	四	二	妹	辰月声	四	二	妹

	元之世	豫	大过	噬	会之世	小过	大过	睽	运之世	解	大过	有	世之世	恒	大过	颐
	水石音	八	五	升	火石音	七	五	蛊	土石音	六	五	井	石石音	五	五	巽
	辰月声	四	二	妹	辰月声	四	二	妹	辰月声	四	二	妹	辰月声	四	二	妹
世之运	元之元	豫	晋	益	会之元	小过	晋	小过	运之元	解	晋	既	世之元	恒	晋	家
	水水音	八	八	坤	火水音	七	八	剥	土水音	六	八	比	石水音	五	八	观
	辰星声	四	三	丰	辰星声	四	三	丰	辰星声	四	三	丰	辰星声	四	三	丰
	元之会	豫	旅	丰	会之会	小过	旅	临	运之会	解	旅	晋	世之会	恒	旅	需
	水火音	八	七	谦	火火音	七	七	艮	土火音	六	七	蹇	石火音	五	七	渐
	辰星声	四	三	丰	辰星声	四	三	丰	辰星声	四	三	丰	辰星声	四	三	丰
	元之运	豫	未	妹	会之运	小过	未	贲	运之运	解	未	损	世之运	恒	未	大畜
	水土音	八	六	师	火土音	七	六	蒙	土土音	六	六	坎	石土音	五	六	涣
	辰星声	四	三	丰	辰星声	四	三	丰	辰星声	四	三	丰	辰星声	四	三	丰
	元之世	豫	鼎	壮	会之世	小过	鼎	孚	运之世	解	鼎	节	世之世	恒	鼎	小畜
	水石音	八	五	升	火石音	七	五	蛊	土石音	六	五	井	石石音	五	五	巽
	辰星声	四	三	丰	辰星声	四	三	丰	辰星声	四	三	丰	辰星声	四	三	丰
世之世	元之元	豫	豫	坤	会之元	小过	豫	离	运之元	解	豫	师	世之元	恒	豫	观
	水水音	八	八	坤	火水音	七	八	剥	土水音	六	八	比	石水音	五	八	观
	辰辰声	四	四	震	辰辰声	四	四	震	辰辰声	四	四	震	辰辰声	四	四	震
	元之会	豫	小过	谦	会之会	小过	小过	比	运之会	解	小过	同	世之会	恒	小过	震
	水火音	八	七	谦	火火音	七	七	艮	土火音	六	七	蹇	石火音	五	七	渐
	辰辰声	四	四	震	辰辰声	四	四	震	辰辰声	四	四	震	辰辰声	四	四	震
	元之运	豫	解	渐	会之运	小过	解	蹇	运之运	解	解	旅	世之运	恒	解	复
	水土音	八	六	师	火土音	七	六	蒙	土土音	六	六	坎	石土音	五	六	涣
	辰辰声	四	四	震	辰辰声	四	四	震	辰辰声	四	四	震	辰辰声	四	四	震
	元之世	豫	恒	艮	会之世	小过	恒	豫	运之世	解	恒	屯	世之世	恒	恒	夷
	水石音	八	五	升	火石音	七	五	蛊	土石音	六	五	井	石石音	五	五	巽
	辰辰声	四	四	震	辰辰声	四	四	震	辰辰声	四	四	震	辰辰声	四	四	震
阴图 岁之岁	水水音	一	一	坤	水水音	一	一	坤	水水音	一	一	坤	水水音	一	一	坤
	日日声	八	八	乾	月日声	七	八	夬	星日声	六	八	有	辰日声	五	八	壮
	岁之岁	泰	泰		月之岁	临	泰		日之岁	夷	泰		时之岁	复	泰	
	水水音	一	一	坤	水水音	一	一	坤	水水音	一	一	坤	水水音	一	一	坤
	日月声	八	七	履	月月声	七	七	兑	星月声	六	七	睽	辰月声	五	七	妹
	岁之月	泰	临		月之月	临	临		日之月	夷	临		时之月	复	临	

	水水音 一 一 坤 日星声 八 六 同 岁之日 泰 夷	水水音 一 一 坤 月星声 七 六 革 月之日 临 夷	水水音 一 一 坤 星星声 六 六 离 日之日 夷 夷	水水音 一 一 坤 辰星声 五 六 丰 时之日 复 夷
	水水音 一 一 坤 日辰声 八 五 无 岁之时 泰 复	水水音 一 一 坤 月辰声 七 五 随 月之时 临 复	水水音 一 一 坤 星辰声 六 五 噬 日之时 夷 复	水水音 一 一 坤 辰辰声 五 五 震 时之时 复 复
岁之月	水火音 一 二 谦 日日声 八 八 乾 岁之岁 泰 大畜	水火音 一 二 谦 月日声 七 八 夬 月之岁 临 大畜	水火音 一 二 谦 星日声 六 八 有 月之岁 夷 大畜	水火音 一 二 谦 辰日声 五 八 壮 时之岁 复 大畜
	水火音 一 二 谦 日月声 八 七 履 岁之月 泰 损	水火音 一 二 谦 月月声 七 七 兑 月之月 临 损	水火音 一 二 谦 星月声 六 七 睽 日之月 夷 损	水火音 一 二 谦 辰月声 五 七 妹 时之月 复 损
	水火音 一 二 谦 日星声 八 六 同 岁之日 泰 贲	水火音 一 二 谦 月星声 七 六 革 月之日 临 贲	水火音 一 二 谦 星星声 六 六 离 日之日 夷 贲	水火音 一 二 谦 辰星声 五 六 丰 时之日 复 贲
	水火音 一 二 谦 日辰声 八 五 无 岁之时 泰 颐	水火音 一 二 谦 月辰声 七 五 随 月之时 临 颐	水火音 一 二 谦 星辰声 六 五 噬 日之时 夷 颐	水火音 一 二 谦 辰辰声 五 五 震 时之时 复 颐
岁之日	水土音 一 三 师 日日声 八 八 乾 岁之岁 泰 需	水土音 一 三 师 月日声 七 八 夬 月之岁 临 需	水土音 一 三 师 星日声 六 八 有 日之岁 夷 需	水土音 一 三 师 辰日声 五 八 壮 时之岁 复 需
	水土音 一 三 师 日月声 八 七 履 岁之月 泰 既	水土音 一 三 师 月月声 七 七 兑 月之月 临 既	水土音 一 三 师 星月声 六 七 睽 日之月 夷 既	水土音 一 三 师 辰月声 五 七 妹 时之月 复 既
	水土音 一 三 师 日星声 八 六 同 岁之日 泰 既	水土音 一 三 师 月星声 七 六 革 月之日 临 既	水土音 一 三 师 星星声 六 六 离 日之日 夷 既	水土音 一 三 师 辰星声 五 六 丰 时之日 复 既
	水土音 一 三 师 日辰声 八 五 无 岁之时 泰 屯	水土音 一 三 师 月辰声 七 五 随 月之时 临 屯	水土音 一 三 师 星辰声 六 五 噬 日之时 夷 屯	水土音 一 三 师 辰辰声 五 五 震 时之时 复 屯
	水石音 一 四 升 日日声 八 八 乾 岁之岁 泰 小畜	水石音 一 四 升 月日声 七 八 夬 月之岁 临 小畜	水石音 一 四 升 星日声 六 八 有 日之岁 夷 小畜	水石音 一 四 升 辰日声 五 八 壮 时之岁 复 大畜

岁之时	水石音 一 四 升 日月声 八 七 履 岁之月 泰 孚	水石音 一 四 升 月月声 七 七 兑 月之月 临 孚	水石音 一 四 升 星月声 六 七 睽 日之月 夷 孚	水石音 一 四 升 辰月声 五 七 妹 时之月 复 孚
	水石音 一 四 升 日星声 八 六 同 岁之日 泰 家	水石音 一 四 升 月星声 七 六 革 月之日 临 家	水石音 一 四 升 星星声 六 六 离 日之日 夷 家	水石音 一 四 升 辰星声 五 六 丰 时之日 复 家
	水石音 一 四 升 日辰声 八 五 无 岁之时 泰 益	水石音 一 四 升 月辰声 七 五 随 月之时 临 益	水石音 一 四 升 星辰声 六 五 噬 日之时 夷 益	水石音 一 四 升 辰辰声 五 五 震 时之时 复 益
月之岁	水水音 二 一 剥 日日声 八 八 乾 岁之岁 大畜 泰	水水音 二 一 剥 月日声 七 八 夬 月之岁 损 泰	水水音 二 一 剥 星日声 六 八 有 日之岁 贲 泰	水水音 二 一 剥 辰日声 五 八 壮 时之岁 颐 泰
	火水音 二 一 剥 日月声 八 七 履 岁之月 大畜 临	火水音 二 一 剥 月月声 七 七 兑 月之月 损 临	火水音 二 一 剥 星月声 六 七 睽 日之月 贲 临	火水音 二 一 剥 辰月声 五 七 妹 时之月 颐 临
	火水音 二 一 剥 日星声 八 六 同 岁之日 大畜 夷	火水音 二 一 剥 月星声 七 六 革 月之日 损 夷	火水音 二 一 剥 星星声 六 六 离 日之日 贲 夷	火水音 二 一 剥 辰星声 五 六 丰 时之日 颐 夷
	火水音 二 一 剥 日辰声 八 五 无 岁之时 大畜 复	火水音 二 一 剥 月辰声 七 五 随 月之时 损 复	火水音 二 一 剥 星辰声 六 五 噬 日之时 贲 复	火水音 二 一 剥 辰辰声 五 五 震 时之时 颐 复
月之月	火火音 二 二 艮 日月声 八 八 乾 岁之岁 大畜 大畜	火火音 二 二 艮 月日声 七 八 夬 月之岁 损 大畜	火火音 二 二 艮 星日声 六 八 有 日之岁 贲 大畜	火火音 二 二 艮 辰日声 五 八 壮 时之岁 颐 大畜
	火火音 二 二 艮 日月声 八 七 履 岁之月 大畜 损	火火音 二 二 艮 月月声 七 七 兑 月之月 损 损	火火音 二 二 艮 星月声 六 七 睽 日之月 贲 损	火火音 二 二 艮 辰月声 五 七 妹 时之月 颐 损
	火火音 二 二 艮 日星声 八 六 同 岁之日 大畜 贲	火火音 二 二 艮 月星声 七 六 革 月之日 损 贲	火火音 二 二 艮 星星声 六 六 离 日之日 贲 贲	火火音 二 二 艮 辰星声 五 六 丰 时之日 颐 贲
	火火音 二 二 艮 日辰声 八 五 无 岁之时 大畜 颐	火火音 二 二 艮 月辰声 七 五 随 月之时 损 颐	火火音 二 二 艮 星辰声 六 五 噬 日之时 贲 颐	火火音 二 二 艮 辰辰声 五 五 震 时之时 颐 颐

月之日	火土音 二 三 蒙 日日声 八 八 乾 岁之岁 大畜 需	火土音 二 三 蒙 月日声 七 八 夬 月之岁 损 需	火土音 二 三 蒙 星日声 六 八 有 日之岁 贲 需	火土音 二 三 蒙 辰日声 五 八 壮 时之岁 颐 需
	火土音 二 三 蒙 日月声 八 七 履 岁之月 大畜 节	火土音 二 三 蒙 月月声 七 七 兑 月之月 损 节	火土音 二 三 蒙 星月声 六 七 睽 日之月 贲 节	火土音 二 三 蒙 辰月声 五 七 妹 时之月 颐 节
	火土音 二 三 蒙 日星声 八 六 同 岁之日 大畜 既	火土音 二 三 蒙 月星声 七 六 革 月之日 损 既	火土音 二 三 蒙 星星声 六 六 离 日之日 贲 既	火土音 二 三 蒙 辰星声 五 六 丰 时之日 颐 既
	火土音 二 三 蒙 日辰声 八 五 无 岁之时 大畜 屯	火土音 二 三 蒙 月辰声 七 五 随 月之时 损 屯	火土音 二 三 蒙 星辰声 六 五 噬 日之时 贲 屯	火土音 二 三 蒙 辰辰声 五 五 震 时之时 颐 屯
月之时	火石音 二 四 蛊 日日声 八 八 乾 岁之岁 大畜 小畜	火石音 二 四 蛊 月日声 七 八 夬 月之岁 损 小畜	火石音 二 四 蛊 星日声 六 八 有 日之岁 贲 小畜	火石音 二 四 蛊 辰日声 五 八 壮 时之岁 颐 小畜
	火石音 二 四 蛊 日月声 八 七 履 岁之月 大畜 孚	火石音 二 四 蛊 月月声 七 七 兑 月之月 损 孚	火石音 二 四 蛊 星月声 六 七 睽 月之日 贲 孚	火石音 二 四 蛊 辰月声 五 七 妹 时之月 颐 孚
	火石音 二 四 蛊 日星声 八 六 同 岁之日 大畜 家	火石音 二 四 蛊 月星声 七 六 革 月之日 损 家	火石音 二 四 蛊 星星声 六 六 离 日之日 贲 家	火石音 二 四 蛊 辰星声 五 六 丰 时之日 颐 家
	火石音 二 四 蛊 日辰声 八 五 无 岁之时 大畜 益	火石音 二 四 蛊 月辰声 七 五 随 月之时 损 益	火石音 二 四 蛊 星辰声 六 五 噬 日之时 贲 益	火石音 二 四 蛊 辰辰声 五 五 震 时之时 颐 益
日之岁	土水音 三 一 比 日日声 八 八 乾 岁之岁 需 泰	土水音 三 一 比 月日声 七 八 夬 月之岁 节 泰	土水音 三 一 比 星日声 六 八 有 日之岁 既 泰	土水音 三 一 比 辰日声 五 八 壮 时之岁 屯 泰
	土水音 三 一 比 日月声 八 七 履 岁之月 需 临	土水音 三 一 比 月月声 七 七 兑 月之月 节 临	土水音 三 一 比 星月声 六 七 睽 日之月 既 临	土水音 三 一 比 辰月声 五 七 妹 时之月 屯 临
	土水音 三 一 比 日星声 八 六 同 岁之日 需 夷	土水音 三 一 比 月星声 七 六 革 月之日 节 夷	土水音 三 一 比 星星声 六 六 离 日之日 既 夷	土水音 三 一 比 辰星声 五 六 丰 时之日 屯 夷

	土水音 三 一 比 日辰声 八 五 无 岁之时 需 复	土水音 三 一 比 日辰声 七 五 随 月之时 节 复	土水音 三 一 比 星辰声 六 五 噬 日之时 既 复	土水音 三 一 比 辰辰声 五 五 震 时之时 屯 复
日之月	土火音 三 二 蹇 日日声 八 八 乾 岁之岁 需 大畜	土火音 三 二 蹇 月日声 七 八 夬 月之岁 节 大畜	土火音 三 二 蹇 星日声 六 八 有 日之岁 既 大畜	土火音 三 二 蹇 辰日声 五 八 壮 时之岁 屯 大畜
	土火音 三 二 蹇 日月声 八 七 履 岁之月 需 损	土火音 三 二 蹇 月月声 七 七 兑 月之月 节 损	土火音 三 二 蹇 星月声 六 七 睽 日之月 既 损	土火音 三 二 蹇 辰月声 五 七 妹 时之月 屯 损
	土火音 三 二 蹇 日星声 八 六 同 岁之日 需 贲	土火音 三 二 蹇 月星声 七 六 革 月之日 节 贲	土火音 三 二 蹇 星星声 六 六 离 日之日 既 贲	土火音 三 二 蹇 辰星声 五 六 丰 时之日 屯 贲
	土火音 三 二 蹇 日辰声 八 五 无 岁之时 需 夷	土火音 三 二 蹇 月辰声 七 五 随 月之时 节 夷	土火音 三 二 蹇 星辰声 六 五 噬 日之时 既 夷	土火音 三 二 蹇 辰辰声 五 五 震 时之时 屯 夷
日之日	土土音 三 三 坎 日日声 八 八 乾 岁之岁 需 需	土土音 三 三 坎 月日声 七 八 夬 月之岁 节 需	土土音 三 三 坎 星日声 六 八 有 日之岁 既 需	土土音 三 三 坎 辰日声 五 八 壮 时之岁 屯 需
	土土音 三 三 坎 日月声 八 七 履 岁之月 需 节	土土音 三 三 坎 月月声 七 七 兑 月之月 节 节	土土音 三 三 坎 星月声 六 七 睽 日之月 既 节	土土音 三 三 坎 辰月声 五 七 妹 时之月 屯 节
	土土音 三 三 坎 日星声 八 六 同 岁之日 需 既	土土音 三 三 坎 月星声 七 六 革 月之日 节 既	土土音 三 三 坎 星星声 六 六 离 日之日 既 既	土土音 三 三 坎 辰星声 五 六 丰 时之日 屯 既
	土土音 三 三 坎 日辰声 八 五 无 岁之时 需 屯	土土音 三 三 坎 月辰声 七 五 随 月之时 节 屯	土土音 三 三 坎 星辰声 六 五 噬 日之时 既 屯	土土音 三 三 坎 辰辰声 五 五 震 时之时 屯 屯
日之时	土石音 三 四 井 日日声 八 八 乾 岁之岁 需 小畜	土石音 三 四 井 月日声 七 八 夬 月之岁 节 小畜	土石音 三 四 井 星日声 六 八 有 日之岁 既 小畜	土石音 三 四 井 辰日声 五 八 壮 时之岁 屯 小畜
	土石音 三 四 井 日月声 八 七 履 岁之月 需 孚	土石音 三 四 井 月月声 七 七 兑 月之月 节 孚	土石音 三 四 井 星月声 六 七 睽 日之月 既 孚	土石音 三 四 井 辰月声 五 七 妹 时之月 屯 孚

	土石音 三 四 井 日星声 八 六 同 岁之日 需 家	土石音 三 四 井 月星声 七 六 革 月之日 节 家	土石音 三 四 井 星星声 六 六 离 日之日 既 家	土石音 三 四 井 辰星声 五 六 丰 时之日 屯 家
	土石音 三 四 井 日辰声 八 五 无 岁之时 需 益	土石音 三 四 井 月辰声 七 五 随 月之时 节 益	土石音 三 四 井 星辰声 六 五 噬 日之时 既 益	土石音 三 四 井 辰辰声 五 五 震 时之时 屯 益
时之岁	石水音 四 一 观 日日声 八 八 乾 岁之岁 畜小泰	石水音 四 一 观 月日声 七 八 夬 月之岁 孚 泰	石水音 四 一 观 星日声 六 八 有 日之岁 家 泰	石水音 四 一 观 辰日声 五 八 壮 时之岁 益 泰
	石水音 四 一 观 日月声 八 七 履 岁之月 畜小临	石水音 四 一 观 月月声 七 七 兑 月之月 孚 临	石水音 四 一 观 星月声 六 七 睽 日之月 家 临	石水音 四 一 观 辰月声 五 七 妹 时之月 益 临
	石水音 四 一 观 日星声 八 六 同 岁之日 畜小夷	石水音 四 一 观 月星声 七 六 革 月之日 孚 夷	石水音 四 一 观 星星声 六 六 离 日之日 家 夷	石水音 四 一 观 辰星声 五 六 丰 时之日 益 夷
	石水音 四 一 观 日辰声 八 五 无 岁之时 畜小复	石水音 四 一 观 月辰声 七 五 随 月之时 孚 复	石水音 四 一 观 星辰声 六 五 噬 月之时 家 复	石水音 四 一 观 辰辰声 五 五 震 时之时 益 复
时之月	石火音 四 二 渐 日日声 八 八 乾 岁之岁 畜小畜大	石火音 四 二 渐 月日声 七 八 夬 月之岁 孚 畜大	石火音 四 二 渐 星日声 六 八 有 日之岁 家 畜大	石火音 四 二 渐 辰日声 五 八 壮 时之岁 益 畜大
	石火音 四 二 渐 日月声 八 七 履 岁之月 畜小损	石火音 四 二 渐 月月声 七 七 兑 月之月 孚 损	石火音 四 二 渐 星月声 六 七 睽 日之月 家 损	石火音 四 二 渐 辰月声 五 七 妹 时之月 益 损
	石火音 四 二 渐 日星声 八 六 同 岁之日 畜小贲	石火音 四 二 渐 月星声 七 六 革 月之日 孚 贲	石火音 四 二 渐 星星声 六 六 离 日之日 家 贲	石火音 四 二 渐 辰星声 五 六 丰 时之日 益 贲
	石火音 四 二 渐 日辰声 八 五 无 岁之时 畜小颐	石火音 四 二 渐 月辰声 七 五 随 月之时 孚 颐	石火音 四 二 渐 星辰声 六 五 噬 日之时 家 颐	石火音 四 二 渐 辰辰声 五 五 震 时之时 益 颐
	石土音 四 三 涣 日日声 八 八 乾 岁之岁 畜小需	石土音 四 三 涣 月日声 七 八 夬 月之岁 孚 需	石土音 四 三 涣 星日声 六 八 有 日之岁 家 需	石土音 四 三 涣 辰日声 五 八 壮 时之岁 益 需

时之日	石土音 四 三 涣 日月声 八 七 履 岁之月 小畜 节	石土音 四 三 涣 月月声 七 七 兑 月之月 孚 节	石土音 四 三 涣 星月声 六 七 睽 日之月 家 节	石土音 四 三 涣 辰月声 五 七 妹 时之月 益 节
	石土音 四 三 涣 日星声 八 六 同 岁之日 小畜 既	石土音 四 三 涣 月星声 七 六 革 月之日 孚 既	石土音 四 三 涣 星星声 六 六 离 日之日 家 既	石土音 四 三 涣 辰星声 五 六 丰 时之日 益 既
	石土音 四 三 涣 日辰声 八 五 无 岁之时 小畜 屯	石土音 四 三 涣 月辰声 七 五 随 月之时 孚 屯	石土音 四 三 涣 星辰声 六 五 噬 日之时 家 屯	石土音 四 三 涣 辰辰声 五 五 震 时之时 益 屯
时之时	石石音 四 四 巽 日日声 八 八 乾 岁之岁 小畜 小畜	石石音 四 四 巽 月日声 七 八 夬 月之岁 孚 小畜	石石音 四 四 巽 星日声 六 八 有 日之岁 家 小畜	石石音 四 四 巽 辰日声 五 八 壮 时之岁 益 小畜
	石石音 四 四 巽 日月声 八 七 履 岁之月 小畜 孚	石石音 四 四 巽 月月声 七 七 兑 月之月 孚 孚	石石音 四 四 巽 星月声 六 七 睽 日之月 家 孚	石石音 四 四 巽 辰月声 五 七 妹 时之月 益 孚
	石石音 四 四 巽 日星声 八 六 同 岁之日 小畜 家	石石音 四 四 巽 月星声 七 六 革 月之日 孚 家	石石音 四 四 巽 星星声 六 六 离 日之日 家 家	石石音 四 四 巽 辰星声 五 六 丰 时之日 益 家
	石石音 四 四 巽 日辰声 八 五 无 岁之时 小畜 益	石石音 四 四 巽 月辰声 七 五 随 月之时 孚 益	石石音 四 四 巽 星辰声 六 五 噬 日之时 家 益	石石音 四 四 巽 辰辰声 五 五 震 时之时 益 益

以方图裂为四片，每片十六卦。西北十六卦为天门，乾主之。东南十六卦为地户，坤主之。东北十六卦为鬼方，泰主之。西南十六卦为人路，否主之。阳图以天门十六卦为律，每一位各唱地户吕卦十六位，谓之动数。律左吕右，从右横观，上体与上体互，下体与下体互，又成两卦，每一位变西南之卦三十二，共成一千二十四卦。阴图以地户十六卦为吕，每一位各唱天门律卦十六位，谓之植数。吕右律左，从左横观，又成两卦，每一位变东南之卦三十二，共成一千二十四卦。

煦按：图之最精莫妙于此，盖出于伏羲方图也。

方图之数

(坤)八八	剥七八	比六八	观五八	豫四八	晋三八	萃二八	否一八
谦八七	(艮)七七	蹇六七	渐五七	小过四七	旅三七	咸二七	遁一七
师八六	蒙七六	(坎)六六	涣五六	解四六	未济三六	困二六	讼一六
升八五	蛊七五	井六五	(巽)五五	恒四五	鼎三五	大过二五	姤一五
复八四	颐七四	屯六四	益五四	(震)四四	噬嗑三四	随二四	无妄一四
明夷八三	贲七三	既济六三	家人五三	丰四三	(离)三三	革二三	同人一三
临八二	损七二	节六二	中孚五二	归妹四二	睽三二	(兑)二二	履一二
泰八一	大畜七一	需六一	小畜五一	大壮四一	大有三一	夬二一	(乾)一一

《皇极经世》声音图[①]

元会运世

日申月子星三十辰三百六十䷒

一声(多可个舌禾火化八开宰爱○回每退○)

一音(古甲九癸□□近揆坤巧□愫□□乾虬)

月丑星六十辰七百二十䷊

二声(良两向○光广况○丁井□○兄永莹)

二音(黑花香血黄华雄贤五瓦仰□吾芽月尧)

月寅星九十辰一千四百四十䷡(开星之巳物七十六)

三声(千典旦○元犬半○臣引艮○君允巽○)

三音(安亚乙一□爻王寅母马美米目貌眉民)

月卯星一百二十辰二千八百八十䷪

四声(刀早孝岳毛宝报霍牛斗奏六○○○玉)

四音(夫法□非父凡□吠武晚□尾文万□未)

① 此图库本与堂本差异较大,此据堂本。

月辰星一百五十辰五千七百六十䷪

五声(妻子四日衰○帅骨○○○德龟水贵北)

五音(卜百丙必步白莆鼻普朴品匹旁排平瓶)

月巳星一百八十辰(一万一千五百二十)䷀(唐虞始辛之癸一百八十辰二千一百五十七)

六声(宫孔众○龙甬用○鱼鼠去○乌虎兎○)

六音(东丹帝■兑大弟■土贪天■同覃田■)

月午星二百一十辰(二万三千四十)䷫(夏殷周秦二汉三国二晋十六国南北朝隋唐五代宋)

七声(心审禁○○○○十男坎欠○○○○妾)

七音(乃妳女■内南年■老冷吕■鹿荦离■)

月未星二百四十辰(四万六千八十)䷠

八声(●●●●●●●●●●●●●●●●)

八音(走哉足■自在匠■草采七■曹才全■)

月申星二百七十辰(九万二千一百六十)䷋

九声(●●●●●●●●●●●●●●●●)

九音(思三星■寺□象■□□□■□□□■)

月酉星三百辰(十八万四千三百六十)䷓

十声(●●●●●●●●●●●●●●●●)

十音(■山手■■士石■■□耳■■□二■)

月戌星三百三十辰(三十六万八千七百二十)䷖(闭星之戌物三百一十五)

十一音(■庄震■■乍□■■叉赤■■崇辰■)

月亥星三百六十辰(七十三万七千四百四十)䷁

十二音(■卓中■■宅直■■折丑■■茶呈■)

洪范

蔡九峰《洪范》数,大略仿《潜虚》而作,《虚》有丨 ‖ ||| |||| 乂 丅 丌

𝍦𝍧十之数,《范》俱因之,但去十而易𝍧。《虚》变卦之上下为左右,《范》亦因之。《虚》名丨为原,《范》亦名丨为原。《虚》分占为五,吉臧平否凶;《范》分占为九,吉咎祥吝平悔灾休凶。蓍法《虚》简而《范》烦。曷不用七十策,初揲左以九,再揲右以九,大数得矣。求小数复如大数之法,则四揲而毕,此恐雷同于《虚》而故避之者也。《虚》有爻而《范》无爻,然《虚》不占其辞,而占其所值之吉凶,则《范》之小数即其爻也。《范》得一阳二阳三阳,一阴二阴三阴,当年甲子应之者,大吉。以阳应阳,以阴应阴,而非正对,亦为次吉。求其事类,皆于吉图。《范》得一阳二阳三阳,一阴二阴三阴,当年甲子违之者,大凶。以阴违阳,以阳违阴,而非正对,亦为次凶。求其事类,皆于凶图。《虚》之为阴阳者二,《范》之为阴阳者六。《范》之五行,一六为水,二七为金,三八为木,四九为火,中五为土,金火易位(此用洛书之五行也)。《虚》之五行,一六为水,二七为火,三八为木,四九为金,五十为土(此用河图之五行也)。一本九宫(世名洛书),一本生成(世名河图),虽异而实同也。故以数而论,《虚》之与《范》,无所优劣。以辞而论,《虚》有《易林》《太玄》之遗,《范》无闻焉。乃后世进《范》而退《虚》,岂知言者哉?胡廷芳谓变数之法不传,莫能适诸用也。某既疏明其变数,诚依法用之,其犹贤乎《火珠林》之类也夫?

煦按:《范》以丨刂为名,虽取于《虚》,而所用之八十一数,则取资于《太玄》。不独九宫之依仿于洛书也。《范》之二七为金,九四为火,为仿洛书,故用洛书之五行,此即七九易位之说。然而《洪范》之与《周易》,同是天人合一之理,顾必分而二之,总由图书出处考证不真,因违孔子之言,而信汉儒之臆说耳。《太玄》之辞拟《易》者也,《易林》自是汉文一种,《虚》所说辞,皆有韵脚,是又拟《易林》者也。《虚》之远胜诸儒,其说已见《潜虚》,至谓《虚》为贤于《火珠林》,不过谓金钱之卜,庸夫俗子皆得而为之,遂从而鄙弃之耳。不知《火珠林》之占法,其初当与《周易》并传,特《周易》所阐乃精微之道,而《火珠林》所阐止占卜之术耳。然使占之而不验,则无取乎窃《周易》

之名，至久而不失也。既已占之而验，要其所纳，止有支干二者，则是干之与支，亦必有与阴阳五行相契之妙义存焉。今但以为粗浅鄙而弃之，于是乎学《周易》习《周易》者，遂不问其验与不验，其胸中之臆说皆得而肆言之矣。意中所欲言之支理，意中所欲明之异数，皆得擅著作之场，名一家之论，而作为《易》外之《易》矣。故吾谓学《周易》自《太玄》以下，惟邵子妙契易理，此外则《潜虚》所著，犹能发河图五行之蕴，虽不自以为《易》，而道理实与《周易》相关。过此以往，大要皆近名者耳。《周易》冒天下之道，岂以其精也深也而取之，粗也浅也而弃之乎？君子之道，孰先传焉？孰后倦焉？设粗也浅也，而实有极深极精之妙义存焉。彼鄙而弃之者，不且为得半自画之学乎？泰山不让土壤，沧海不择细流，先甲先庚，文周引于《周易》，孔子释为天行，然后知圣人之大也。

《洪范》蓍法

蓍五十，虚一，分二，挂一。

煦按五十虚一，则其用四十九也。下云连挂左二则右二，其数必不相合，况左三右一，左一右三，莫非四乎？

取右刻一策，挂于左手小指间。

以三揲之，观左右手，归馀于扐。

取左刻之策，以三数之，馀或一或二或三，归扐于左手无名指间。次揲右刻之策，馀几，归扐于左手中指间，连挂左二则右必二，左三则右必一，左四则右必三。

煦按：既云虚一，则其用必四十九也。如以四十九两分之，左得二十五，右得二十四，挂右一策于左，则右①止二十三矣。左三数馀一，右三数必馀二，连挂则为四数。如左得二十四，三数馀三，右除挂一，三数亦馀三，连挂得七数。如左得二十六，三数馀二，右必二十三，除挂必馀一，连挂亦得四数。如左得二十三，三数馀二，右得

① “右”，库本作“左”。

二十六，除挂一，三数馀一，连挂亦为四数。纯是四数六数，全无变化，安有此理？且既云以三数之，又安得有左四之理？若不连挂一而数之，则必无左四之数。若连挂一而数之，则又必无左二右二，左三右一之数。是皆臆说也。

是为一揲为纲。

视左右之馀策，两奇为一，左三右一是也。两偶为二，左二右二是也。奇偶为三，左四右三是也。《范》分左右，犹卦分上下，此虽有一二三之数，然未成一旁，需之再揲，纲必待于目也。

复合见存之策。

除去挂扐之策，初揲得四三，则见存四十二，初揲得三一，或二二，则见存四十五，此可知用四十九策。煦按既云三数，而所存有四，何也？

分挂揲归如前法，是为再揲为目。

挂扐之数，左四则右必二，左三则右必三，左二则右必一，亦以两奇为一，左三右三是也。两偶为二，左四右二是也。奇偶为三，左二右一是也。煦按凡言奇偶者，皆分左右而论，即双数单数也。

初揲纲也，再揲目也。纲一函三，以虚待目。目一为一，以实从纲。

纲一数具三数，故一可以为一，亦可以为二，亦可以为三。待目而分，二之为四五六，三之为七八九亦然。如初揲一，再揲一，则实其函之一，于左方立𝍠。再揲二，则实其函之二，于左方立𝍡。再揲三，则实其函之三，于左方立𝍢。如初揲二，再揲一，则实其函之四，于左方立𝍣。再揲二，则实其函之五，于左方立𝍤。再揲三，则实其函之六，于左方立𝍥。如初揲三，再揲一，则实其函之七，于左方立𝍦。再揲二，则实其函之八，于左方立𝍧。再揲三，则实其函之九，于左方立𝍨。此正九数也。

纲一函三，《别注》云（一当三，二当六）以虚待目，目一为一。以实从纲（纲二目三，则虚纳一不用，而用纲之一为三数，又合目三为六数，如纲一则纲不用）。

其下云揲为一会，八揲四会，以当年月日时（前二会为大纲目，视其壮字为何时，后二会为小纲目，观其壮字下之第几局）。

两揲而九数具，四揲而数名立。

两揲具范之左方，复合四十九策，如前两揲，以具右方，此之九数也。如正九是一数，之九是二数，为一之二潜。如正九是五数，之九是六数，为五之六伏。

八揲，而六千五百六十一之数备。

数名既定，复两揲以具左方，是变九之正九也。复两揲以具右方，是变九之之九也。凡四揲而得大数下之小数，如变正九是三，变之九是八，即为三之八。如大数得一之一为原，当于原下寻小数，大数下之横即小数之左，纵即小数之右，横三纵八相合之处，便是变九也。一大数之下，有八十一小数，以八十一乘之，得六千五百六十一数，吉凶休咎睹矣。

大事用年，其次用月，其次用日，其次用时。

此占法也。大数为年，反大数为月，小数为日，反小数为时。反之者，如大数左一右二为潜，月则左二右一为成也。如小数左（疑落一字）右三，在潜下之第三局，时则左三右一，在下之第十九局也。如大数小数左右同者，则月时与年日同占，此犹《易》之卦变。

辨其阴阳五行，物无遁情。

左方以辨阴阳，一三为一阳，五为二阳，七九为三阳，二为一阴，四六为二阴，八为三阴。右方以分五行，一六为水，二七为金，三八为木，四九为火，中五为土。如筮得一之一谓之一阳属水，五之二谓之二阳属金，七之三谓之三阳属木，二之四谓之一阴属火，四之五谓之二阴属土，八之六谓之三阴属水，馀仿此。

《洪范》名数

原（一一冬至），冲（二二立春），从（三三春分），公（四四立夏），中（五五夏至），用（六六立秋），分（七七秋分），戎（八八立冬），终（九九冬至）。

原𝍠𝍠,一之一。潜𝍠𝍡,一之二。守𝍠𝍢,一之三。信𝍠𝍣,一之四。直𝍠𝍤,一之五。蒙𝍠𝍥,一之六。闭𝍠𝍦,一之七。须𝍠𝍧,一之八。厉𝍠𝍨,一之九。

成𝍡𝍠,二之一。冲𝍡𝍡,二之二。振𝍡𝍢,二之三。祈𝍡𝍣,二之四。常𝍡𝍤,二之五。柔𝍡𝍥,二之六。易𝍡𝍦,二之七。亲𝍡𝍧,二之八。华𝍡𝍨,二之九。

见𝍢𝍠,三之一。复𝍢𝍡,三之二。从𝍢𝍢,三之三。交𝍢𝍣,三之四。育𝍢𝍤,三之五。壮𝍢𝍥,三之六。兴𝍢𝍦,三之七。欣𝍢𝍧,三之八。舒𝍢𝍨,三之九。

比𝍣𝍠,四之一。开𝍣𝍡,四之二。晋𝍣𝍢,四之三。公𝍣𝍣,四之四。益𝍣𝍤,四之五。章𝍣𝍥,四之六。盈𝍣𝍦,四之七。锡𝍣𝍧,四之八。靡𝍣𝍨,四之九。

庶𝍤𝍠,五之一。决𝍤𝍡,五之二。豫𝍤𝍢,五之三。升𝍤𝍣,五之四。中𝍤𝍤,五之五。伏𝍤𝍥,五之六。过𝍤𝍦,五之七。疑𝍤𝍧,五之八。寡𝍤𝍨,五之九。

饬𝍥𝍠,六之一。戾𝍥𝍡,六之二。虚𝍥𝍢,六之三。昧𝍥𝍣,六之四。损𝍥𝍤,六之五。用𝍥𝍥,六之六。郤𝍥𝍦,六之七。翕𝍥𝍧,六之八。远𝍥𝍨,六之九。

迅𝍦𝍠,七之一。惧𝍦𝍡,七之二。除𝍦𝍢,七之三。弱𝍦𝍣,七之四。疾𝍦𝍤,七之五。竞𝍦𝍥,七之六。分𝍦𝍦,七之七。讼𝍦𝍧,七之八。收𝍦𝍨,七之九。

实𝍧𝍠,八之一。宾𝍧𝍡,八之二。危𝍧𝍢,八之三。坚𝍧𝍣,八之四。革𝍧𝍤,八之五。报𝍧𝍥,八之六。止𝍧𝍦,八之七。戎𝍧𝍧,八之八。结𝍧𝍨,八之九。

养𝍨𝍠,九之一。遇𝍨𝍡,九之二。胜𝍨𝍢,九之三。囚𝍨𝍣,九之四。壬𝍨𝍤,九之五。固𝍨𝍥,九之六。移𝍨𝍦,九之七。堕𝍨𝍧,九之八。终𝍨𝍨,九之九。

方为地,圆应天,一也。每时当直四日半有奇,亦《太玄》之卦气,而不以馀分为奇赢。潜老曰每畴之九则候帝虚,故九其八为七十二候，是以适符。尝以为一一与一二之间，则九而适八，犹六爻而适五爻也。重数叶八际，而九九一一，合为冬至，犹之任督之五十一也。用则藏其一，而八十卦之四分用三，依然六十耳。

小数图

	横一	横二	横三	横四	横五	横六	横七	横八	横九
纵一	𝍠𝍠 吉吉	𝍠𝍡 吉咎	𝍠𝍢 吉祥	𝍠𝍣 吉吝	𝍠𝍤 吉平	𝍠𝍥 吉悔	𝍠𝍦 吉灾	𝍠𝍧 吉休	𝍠𝍨 吉凶
纵二	𝍡𝍠 咎吉	𝍡𝍡 咎咎	𝍡𝍢 咎祥	𝍡𝍣 咎吝	𝍡𝍤 咎平	𝍡𝍥 咎悔	𝍡𝍦 咎灾	𝍡𝍧 咎休	𝍡𝍨 咎凶
纵三	𝍢𝍠 祥吉	𝍢𝍡 祥咎	𝍢𝍢 祥祥	𝍢𝍣 祥吝	𝍢𝍤 祥平	𝍢𝍥 祥悔	𝍢𝍦 祥灾	𝍢𝍧 祥休	𝍢𝍨 祥凶
纵四	𝍣𝍠 吝吉	𝍣𝍡 吝咎	𝍣𝍢 吝祥	𝍣𝍣 吝吝	𝍣𝍤 吝平	𝍣𝍥 吝悔	𝍣𝍦 吝灾	𝍣𝍧 吝休	𝍣𝍨 吝凶
纵五	𝍤𝍠 平吉	𝍤𝍡 平咎	𝍤𝍢 平祥	𝍤𝍣 平吝	𝍤𝍤 平平	𝍤𝍥 平悔	𝍤𝍦 平灾	𝍤𝍧 平休	𝍤𝍨 平凶
纵六	𝍥𝍠 悔吉	𝍥𝍡 悔咎	𝍥𝍢 悔祥	𝍥𝍣 悔吝	𝍥𝍤 悔平	𝍥𝍥 悔悔	𝍥𝍦 悔灾	𝍥𝍧 悔休	𝍥𝍨 悔凶
纵七	𝍦𝍠 灾吉	𝍦𝍡 灾咎	𝍦𝍢 灾祥	𝍦𝍣 灾吝	𝍦𝍤 灾平	𝍦𝍥 灾悔	𝍦𝍦 灾灾	𝍦𝍧 灾休	𝍦𝍨 灾凶
纵八	𝍧𝍠 休吉	𝍧𝍡 休咎	𝍧𝍢 休祥	𝍧𝍣 休吝	𝍧𝍤 休平	𝍧𝍥 休悔	𝍧𝍦 休灾	𝍧𝍧 休休	𝍧𝍨 休凶
纵九	𝍨𝍠 凶吉	𝍨𝍡 凶咎	𝍨𝍢 凶祥	𝍨𝍣 凶吝	𝍨𝍤 凶平	𝍨𝍥 凶悔	𝍨𝍦 凶灾	𝍨𝍧 凶休	𝍨𝍨 凶凶

大数下之小数，起一一以至九九，八十一数皆同。其吉凶则互换。左以横序，右以纵序。如左是一数，则吉起横一，凶终横九。左是二数，则吝起横一，悔终横九。如右是一数，则吉起纵一，凶终纵九。右是二数，则吝起纵一，凶终纵九。皆视周流图以原（右一左

一)下一图为例。

《象正》曰一一一为乾,一一二为兑,自领九类。一二一为离,一二二为震,自领九类。依此序之,末归乾统。

一畴三畴七畴九畴,以阳仪主之。二畴四畴六畴八畴,以阴仪主之。五畴兼用七百二十九卦,五五为中。

一一一一一一一一一,一二三四五六七八九。第一,乾乾乾乾乾乾乾乾乾,乾兑离震中巽坎艮坤。

二二二二二二二二二,一二三四五六七八九。第二,兑兑兑兑兑兑兑兑兑,乾兑离震中巽坎艮坤。

三三三三三三三三三,一二三四五六七八九。第三,离离离离离离离离离,乾兑离震中巽坎艮坤。

四四四四四四四四四,一二三四五六七八九。第四,震震震震震震震震震,乾兑离震中巽坎艮坤。

五五五五五五五五五,一二三四五六七八九。第五,中中中中中中中中中,乾兑离震中巽坎艮坤。

六六六六六六六六六,一二三四五六七八九。第六,巽巽巽巽巽巽巽巽巽,乾兑离震中巽坎艮坤。

七七七七七七七七七,一二三四五六七八九。第七,坎坎坎坎坎坎坎坎坎,乾兑离震中巽坎艮坤。

八八八八八八八八八,一二三四五六七八九。第八,艮艮艮艮艮艮艮艮艮,乾兑离震中巽坎艮坤。

九九九九九九九九九,一二三四五六七八九。第九,坤坤坤坤坤坤坤坤坤,乾兑离震中巽坎艮坤。

此九九八十一方也,第一畴各加一,二畴各加二,三四五六七八九畴各以其数加之。

煦曰:此即先天横图之数,而以畴数配之者。纵横皆除五中,故巽五坎六艮七坤八,遂各降一等,而其数亦不能尽合也。

第五畴之五,五五则中也,共七百二十九。石斋黄氏衍为九图,此其约概。潜夫衍此,配卦三式。

北一，乾乾乾乾乾乾乾乾乾，乾离巽艮中坤坎震兑。

南二，离离离离离离离离离，乾离巽艮中坤坎震兑。

东三，巽巽巽巽巽巽巽巽巽，乾离巽艮中坤坎震兑。

西四，艮艮艮艮艮艮艮艮艮，乾离巽艮中坤坎震兑。

五中，中中中中中中中中中，乾离巽艮中坤坎震兑。

北六，坤坤坤坤坤坤坤坤坤，乾离巽艮中坤坎震兑。

南七，坎坎坎坎坎坎坎坎坎，乾离巽艮中坤坎震兑。

东八，震震震震震震震震震，乾离巽艮中坤坎震兑。

西九，兑兑兑兑兑兑兑兑兑，乾离巽艮中坤坎震兑。

右河图四象也，九畴依序统之。煦曰：此即拆河图配卦之数，然河图实无可拆之理，亦必无卦爻可能强配之理。

北一，坎坎坎坎坎坎坎坎坎，坎坤震巽中乾兑艮离。

西南二，坤坤坤坤坤坤坤坤坤，坎坤震巽中乾兑艮离。

东三，震震震震震震震震震，坎坤震巽中乾兑艮离。

东南四，巽巽巽巽巽巽巽巽巽，坎坤震巽中乾兑艮离。

五中，中中中中中中中中中，坎坤震巽中乾兑艮离。

西北六，乾乾乾乾乾乾乾乾乾，坎坤震巽中乾兑艮离。

西七，兑兑兑兑兑兑兑兑兑，坎坤震巽中乾兑艮离。

东北八，艮艮艮艮艮艮艮艮艮，坎坤震巽中乾兑艮离。

南九，离离离离离离离离离，坎坤震巽中乾兑艮离。

右洛书后天数位也，九畴依序统之。煦曰：此即文王后天卦位之数，以坎始离终者也。

煦按：右除三《易》、《凿度》而外，《易林》以下，自为一《易》，其书可见者八家。惟邵子《经世书》深契易理，温公《潜虚》犹能发明河图之数，焦京虽沦于术，犹能发明河图中五行之奥，然支干之所由设与纳甲纳支，皆上古圣人藉之以表彰天行，阐扬易理者也。文周作《易》时，犹然未分，乃后世分为占卜之学。亦如图书本附《周易》以行，而后人专求义理于文字中，遂并图书而分之，而旋失之。不有孔子之传，乌能确证二图之必与《周易》合哉？五行支干之说，学者不传,而京氏传之,其于《周易》未为无补。七八九六,阴阳老少之数也。六六,卦爻策数也。七七,蓍数也。八八,卦象数也。九为乾阳之大用,流行于六十四卦中。子云、元嵩、九峰以为不应独缺老阳自乘之数,故于九九有取焉,是藉《易》而立异者也。子明占决而外,绝无他奇,当亦矜张其辞,以自神其《易》耳,然此犹附经以起义者也。《洪范》违经而自附于《范》,尤异之异矣。孔子圣人也,十翼之传止于释经,此外尚无著作,况其才智不逮者乎?学者有志于《易》,其尚深窥四圣之文,精求四圣之心可耳,无务自外于《易》,而致支离之远也。

正易心法(正文不录)

煦按:《心法》谓上经为数,下经为气,非也。论数与气,则上下经皆有之。谓上经为对待不移,非也。上下经皆流行不息者也。盖六十四卦原备于伏羲先天一图,则上下经皆先天也。因目上经为对待不移,故遂以为数。因目下经为流行不息,故遂以为气。不知万物皆始于气而终于形,上经之天地言气,孔子所由谓天地絪缊。下经之男女言形,孔子所由谓男女构精也。《周易》卦爻俱是先天,俱是气机未兆,自乾坤至既未,无非气机之摩荡,所以卦卦爻爻皆是活的。虽曰下经言形,然形亦气机摩荡所成,安得有不移之说?乾坤即阴阳也,水火亦乾坤也。水火全以气用,故在河图遂居生数之始。水先而火后,水始而火终,即生于下而进于上之理也。卦爻自下而生,此之义也。洛书之象,离上而坎下,后天之数。坎始而离终,皆此义也。乾坤之初皆水也,屯蒙等六卦,水之用也,泰否即水火之交不交也,颐大过则水火之象已成,故继之以坎离终也。咸恒,《大象》水也。损益配上经之泰否,是阴阳之既交而《大象》则火也。所损所益皆言阳爻,是即坎外之浊阴无可用,而坎中之阳具刚中时用之妙也。中孚小过,则水火之交已定,故继之以既济终也。要皆乾坤之妙,所流衍于六十四卦者也。洛书坎离之位,居先天乾坤之位,即是乾坤二用所由行。始乾坤终坎离,始咸恒终既未,胥此旨也。然象离之大畜中孚在前,而象坎之颐小过在后,是仍火上水下,未交之义。必至坎离,然后可以见乾坤之变。必至既未,然后乾坤之二用始可见也。观上经屯蒙六卦之后,小畜履,《大象》火也。泰否之后,同人大有,《大象》火也,以水火皆乾坤之摩荡也。咸恒之后,遁象巽艮,大壮象震兑。损益之后,夬之《大象》象震兑,姤之《大象》象巽艮,以山泽雷风皆水火之摩荡也。《上经》则乾元用九,初感于阴,《下经》咸恒损益,则阴阳之既盛矣。此初气终形,初微终盛之妙,凡皆自阳爻之游历进盛言也,奚为乎始于水火而终于水火也。金土之性虽下,而水之性有隙而必入,是水更下于金土也。木生而上,木之性也。而火性炎上,更上于木。其初在下,其末在上,故上下经皆始水而终火。当知坎离二者,止是乾坤相交之两象。《易》发坎离之用,即以发乾坤相交之用也。若知六十四卦皆开于大圆图,则遇巽逢乾,莫非流行不息之妙矣,安得曰对待不移也?

周易函书约存卷十二 原古七(冒道分派一)

九章皆勾股

《周礼·保氏》,“九数”注曰方田,御田畴界域;曰粟布,御交质变易;曰差分,御贵贱廪税;曰少广,御积幕方圆;曰商功,御工程积实;曰均输,御远近劳费;曰盈朒,御隐杂互见;曰方程,御错糅正负;曰勾股,御高深广远。《周髀》,周之算经也。陈子曰髀者,股也。正晷者,勾也。以勾为首,以髀为股。又曰髀者,表也。然《周髀》独明勾股,不及《九章》,何哉?偃矩以望高,覆矩以测深,卧矩以知远,勾股之自为用也。环矩以为圆,合矩以为方,方数为典,以方出圆,勾股之所生也。数有可见者,有隐而不得见者,有互见者,有旁见者,其变无穷,藏于圆方。少广,圆方所出也。方田商功,皆少广所出。一方一圆,其间不齐。始出差分,而均输对差分之数。盈朒者,借差求均,又差分均输所出,而以方程济其穷。度也,量也,衡也,原于黄钟粟布出焉。黄钟出于方圆者也,三分益一,圆周变为方周,四分用三,圆积变自方积,故勾股之容圆方不同,方田少广生焉。折半以平粟布,均输生焉。盈朒方程生于诸和,商功差分生于诸较,勾股岂非九数之原乎?设为九章者,便用耳。田畴界域,或见于勾股,少广方田统之矣。交质变易,或见于差分,均输粟布统之矣。故《九章》以用而分,不以数而分也。泰西立十八法,盈朒曰叠借互征,方程曰杂和较乘,分少广为九,而开方诸法有其七。其二曰递加倍加,勾股有其略,差分仍为差分。粟布商功见于三率,均输见于重准测,名异理同,究无同异也。加减乘除出于洛，亦成于勾股。和者，勾股弦之相并也。较者，勾股弦之相较也。并以成加，较以成减，勾股自之而为弦积，则乘成。弦积开方而为弦，则除成。有河即有洛，有勾股即有加减乘除，何往非图书引触哉？

参　天

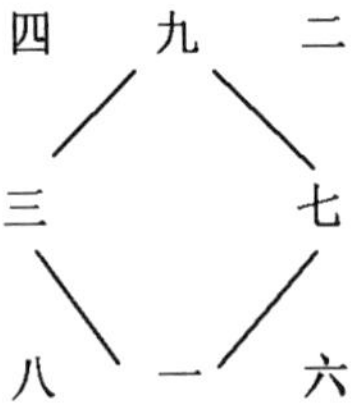

煦按：天道左旋，三，奇数也，奇为阳，故以三乘而左旋之，是谓参天。如一三如三，三三如九，三九二十七，三七二十一之类是也。然洛书之数，左右上下，其对待者莫不皆十。盖十也者，数之大盈也，故百千万亿至于无穷，未有出此十数者。此阴阳逆顺之机，而加减乘除之妙所由寓也。三与七合为一十，三之乘也顺，则七之乘也必逆，如一七如七，七七四十九，七九六十三，三七二十一之类是也。然乘也者，进数也，加数也，止此一十之数。今以所乘为用数矣，而所乘之外，非乘之所及者，则皆除也。亦如以所除为用，而所除之外，非除之所能及者，则皆乘也。乘者少则除者必多，乘者顺则除者必逆，顺者乘则逆者必除，皆自然之理也。如三乘者既顺矣，今复以三为除，则必逆施以合之。如三三除如九，馀一。一三除如三，馀七。三七除二十一，馀九。三九除二十七，馀三之类是也。如以七乘者既逆矣，今复以七为除，则必左旋以合之。如一七除如七，馀三。三七除二十一，馀九。七九除六十三，馀七。七七除四十九，馀一之类是也。盖天道以左旋为顺，右旋为逆。顺进者日有所加，逆退者日有所减。加则乘之所由生，减则除之所由起。循环太极图中，阳进一分则阴必减却一分，阴进一分则阳必减却一分，此即乘除加减之妙，凡皆由洛书出也。

两 地

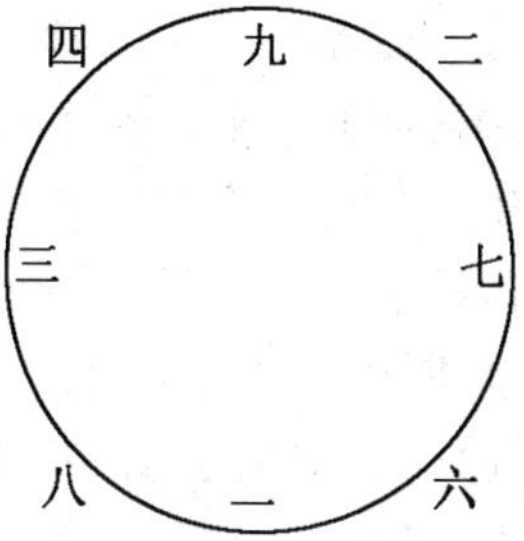

煦按:地道右转,二,偶数也。偶属阴,故以二乘而右旋之,是谓两地。如二二如四,二四如八,二八一十六,二六一十二是也。如以合十之八而乘之,则二之乘也顺,而八之乘也必逆。如二八一十六,六八四十八,八八六十四,四八三十二是也。盖十为数之大盈,而二与八相为进退,则此二数必具逆顺之机。如以二乘之矣,今复以八数乘之,则二右旋而八必左旋矣。然既能以乘而进者加之,又必能以除而退者减之。如以二数逆旋,加之而为乘,则必能以二数顺转,加之而为除。如二二除如四,馀六。二六除一十二,馀八。二八除一十六,馀四。二四除如八,馀二是也。以八数顺转加之而为乘,则必能以八数逆旋加之而为除。如八八除六十四,馀六。六八除四十八,馀二。二八除一十六,馀四。四八除三十二,馀八是也。如以合十之数,而皆以乘求之也,则必一顺一逆,然后可以相合。如以合十之数而皆以除求之也,则必一顺一逆,然后可以相合。如以合十之数而一乘一除也,则顺必同顺,逆必同逆。如以一数而即兼乘除以求之,则乘者顺而除者必逆,除者顺而乘者必逆。夫合十之数,而可以迭为乘除者何也?万物之理有进则必有退,有逆则必有顺,有乘则必有除,有见则必有隐,阴阳之理本如是也。孔子曰万有一千五百二十,以备万物之数,则无有一物不可纪之以数者,即无有一物不在数中,即无有一物不在数外者。此洛书之对待,止此十数任意中分之，而逆顺进退加减乘除，无往不合者也。

阳统阴，阴奉阳者也。阴所至之分，阳皆有以至之者，大明终始之义也。阳所至之分，阴不必皆有以至之者，地道无成而代有终也。世有温泉而无寒火，则阳之可以统阴，阴之不能逾阳明矣。故二八之偶数，不能与一三七九之奇数相为乘除者，阴固不可以干阳，所以谓为常乏也。三七之奇数，能与二四六八之偶数相为乘除者，阳之所以统阴，天之所以包地，所以谓为常饶也。今就洛书之偶数，亦以三之奇数乘之，而求其进数，是阴从乎阳，故必左转，而始有以相合，如二三如六，三六一十八，三八二十四，三四一十二是也。如以三之奇数除之，而求其退数，则必逆转，始有以奉阳。如二三除如六，馀四。三四除一十二，馀八。三八除二十四，馀六。三六除一十八，馀二是也。如更以七之奇数乘之，则生数顺而乘数必逆。如二七一十四，四七二十八，七八五十六，六七四十二是也。如更以七之奇数除之，则乘逆而除者必顺。如二七除一十四，馀六。六七除四十二，馀八。七八除五十六，馀四。四七除二十八，馀二是也。奇偶互为乘除，进退互为消长，逆顺相为盈缩，每一乘除兼有四法，四四该一十六法。而兹止于十二者，邵子所以有四分用三之说，是半隐半见之机，凡皆阴阳自然之妙也。

如必以二八之偶数，乘除一三七九之奇数，则止能生四隅之偶数，而不能生四正之奇数。如一八如八，而生东北之八。三八二十四，而生东南之四。八九七十二，而生西南之二。七八五十六，而生西北之六是也。又如二三如六而馀四，二九一十八而馀二，二七一十四而馀六，一二如二而馀八是也。则是偶数之所乘除，亦止能乘除偶数，而不能乘除奇数也，此地道无成之故也。

煦按：阴阳之理互相为用，故阳用用于阴，阴用用于阳，原未有相离者也。其数为阳，而又用少阳之成数㊆转之，故必右转，而循阴之道以济其阳。右而逆者，以从地也。其数为阳，今又左转而从阳，则必用少阴之生数㊂以济其阳。除与乘，进退加减，既异其数，故逆顺亦异其理也。其数为阴，而又用少阴之成数㊇转之，故必左转,而循阳之道以济其阴。左而顺者,以从天也。其数为阴,今复右转以从阴,则必用少阳之生数㊃以济其阴。除与乘,进与退异,则逆与顺亦异也。至以偶数,而用三七之奇数乘除之,其逆与顺亦莫不然耳。

又按:其乘除之数皆不离于十数之中,而此之乘则彼之除者,何也?今试看二与八合为一十,如以二乘八除,或八乘二除,则其数无不相合。如二二除如四,则二八乘得一十六矣。是二十之中,四为除,而十六则为乘矣。如四四除一十六,则二二如四,又为乘矣。然必在二十之中者,以二为乘除故也。如以三七乘除之,三乘则必七除,三除则必七乘矣。如三七除二十一,则必三三乘之而得九。如三三除九,则必三七乘之而得二十一。然必①在三十之中者,以三为乘除故也。如以四六乘除之,则必在四十之内矣。如四六除得二十四,则必四四乘得十六。如四四除得十六,则必四六乘得二十四。凡皆不离一十之中。少者乘而②多者必除,生者乘则成③者必除,此皆阴阳微盛进退之妙也。

河图有十而洛书无十,以其散处于四方,故对待取之,莫非十也。乘除同此十数,而半见半隐,用不用分耳。河图静而洛书动,河图体而洛书用,乘除进退之妙都在动用时见出。故洛书无十者,是半见半隐之妙,以乘之外有除,除之外有乘也。无穷之数极于千百万亿,皆无能出此十数之外者。今以十数任意分之,除两五居中者不论,其馀所得必有一生一成。如以成数乘而得之,则以生数除之而得其数矣。如以生数乘而得之,则以成数除之而得其数矣。故八与二同为一十,三与七同为一十,四与六同为一十,一与九同为一十,唯一无乘,则亦无除,适得其本数而止。如前参天两地二图,引而伸之,亦可以得其概矣。凡皆阴阳相须,奇偶相依,进退同原,生

① “必”,堂本作“七”。
② “而”,库本作“则”。
③ “则成”,堂本作“而乘”。

成合德，顺逆相循之妙旨也。

以除代乘之法

此法不用因乘，而以除法代之，数亦天然符合，其术须变法数。如一位法者作单数，于十内减去所乘之数，而以所馀之单数除之，亦得所乘之数也。盖所除之单数与同乘之单数，同为一十故也。今以所乘之数为用数，则所馀之数自应除去。如以十数论，所乘既用三数，则七数自应除去矣，此所由因除数而得成数也。二位法者，作几十几数于百内减去所乘之数，而以所馀之几十几数除之，而即得所乘之数也。三位法者，作几百几十几数，于千内减去所乘之数，而以所馀之几百几十几数除之，即得所乘之数也。法实既变，乃将变法与实呼除之，呼实则自右向左，呼法则自左向右，逐位呼除，除毕馀实，即为所求之乘数也。

如有一百二十人，每人二两一钱，问共若干？曰二百五十二两。术：此二位法也。将法二两一钱作二十一，于百内减之，馀七十九，即七十九为二十一之变法。先以甲法七，呼丑实二，曰二七除一十四。乙法九，呼丑实二，曰二九除一十八。皆于丑实二内除之。此如以丑二作二百，先除一百四十，后除一十八，止存四十二也。故丑位空，寅存四，卯存二，再以甲法七，呼子实一，曰一七除七。乙法九，呼子实一，曰一九除九。此如以子一作一百，先除七十后除九也。曰七退十还三，子位空，丑上三，曰九退十还一。丑存二，上一于寅之四上为五，卯仍存二，逐位除毕，即丑馀之二，寅馀之五，卯馀之二，为所求二百五十二两也。盖所除之数，皆乘数中不用之数，今既以所馀之数悉除之，故遂因除数而得乘数也。总缘十数之中，有所用之正数，即有所不用之馀数，正数用则馀数除矣。由其不用，征其所用，此即《周易》体阳用阴，体阴用阳之妙。此即八卦小图纯阳之体由阴终阴始而见，纯阴之体由阳终阳始而成之妙也。蓍之揲也，本以分揲挂扐为所用之策，而或以所馀不用之数，即以分老少阴阳，凡皆隐显互征,体用一原之妙耳。故前参天两地之图,如以十中之成数生数分别用之,无不相合,特逆顺不同耳。

九九图

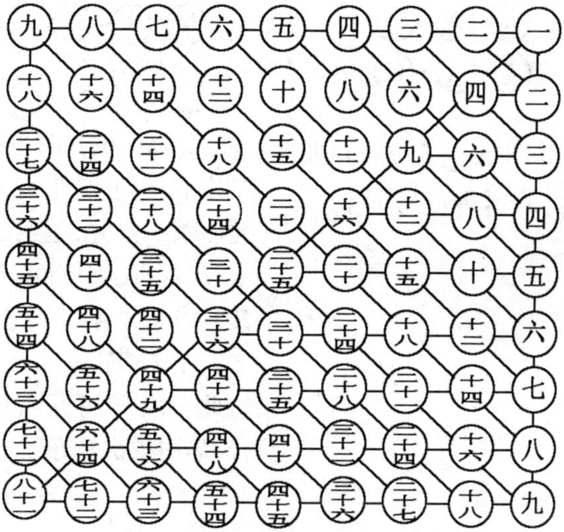

此九九全图,即相乘相除图也。相乘者一一得一,一二得二之类。相除者九除八十一得九,八除六十四得八之类。

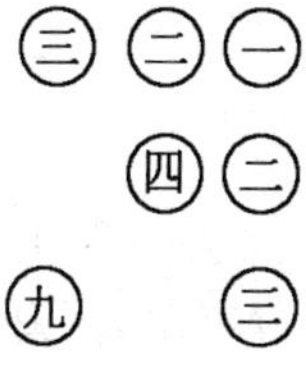

此自乘图也。一一得一,二二得四,三三得九之类。

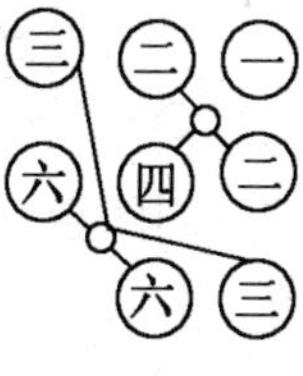

此相并图也。二与二并四,三与三并六之类。

煦曰下皆详释九九图中加减乘除之法,并法即加法也。

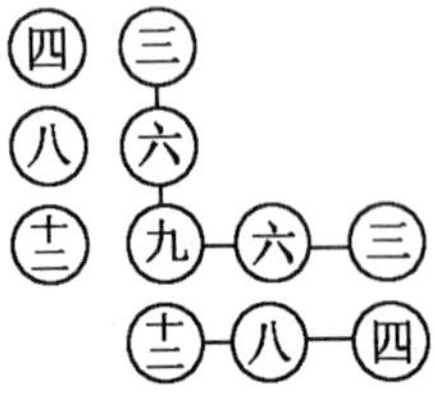

此各并图也。三与六并九,四与八并十二之类。

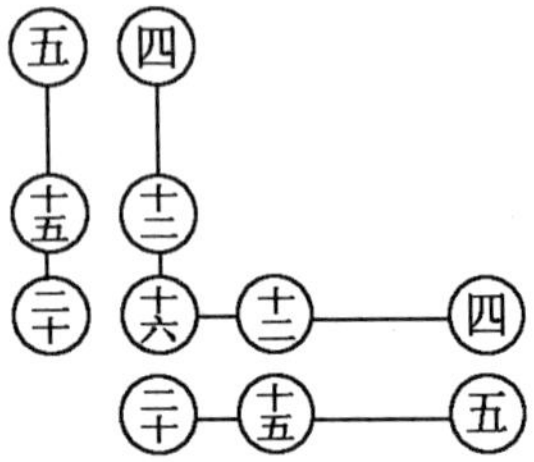

此隔一位并图也。四与十二并十六,五与十五并二十之类。隔二位并,五与二十并二十五,六与二十四并三十之类。其隔中又并者,五之左二十,十之右十五,亦并二十五也。馀仿此。隔三四五六位并无不合,隔中挨次并亦无不合。

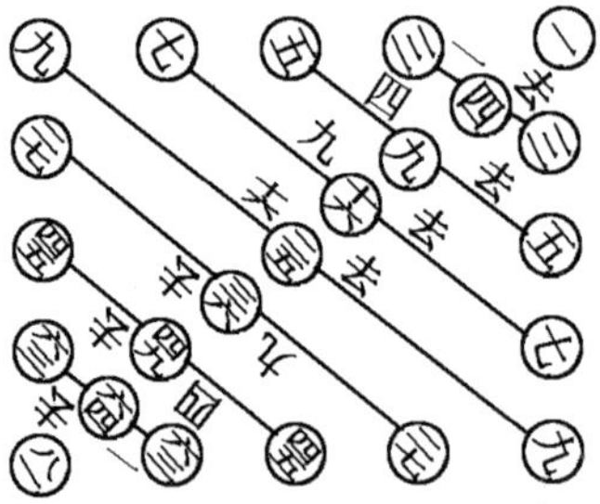

此相减生阳图也。四去一而生三,六十四去一而生六十三,九去四而生五,四十九去四而生四十五之类。右而左者,自少而多,即据现数减之。左而右者,自多而少,当除十而减其馀也。除皆阴数,始除八十,次除六十,次除四十,次除二十。

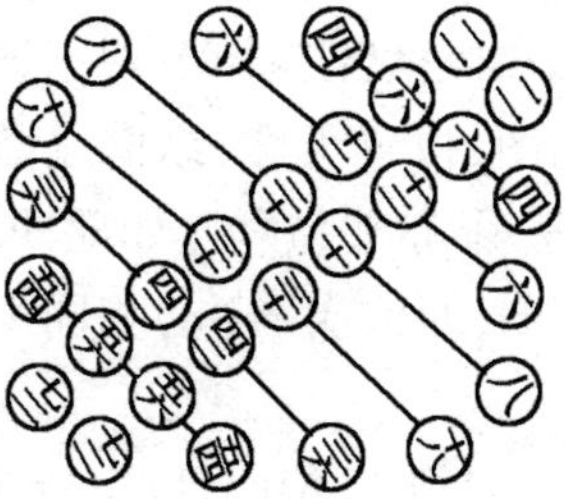

此相减生阴图也。六去二而生四,五十六去二而生五十四,十二去六而生六,四十二去六而生三十六之类。自左而右者,亦除十。除皆阳数,始除七十,次除五十,次除三十。

三 三

四	九	二
三	五	七
八	一	六

并首尾之一九为十,以九乘之,得九十,折半得四十五为实。以三为法除之,得十五。故纵横皆十五(纵横皆三,故以三为法)。此用少广章顺加求积法得实。

此洛书之数也。

此图原系一二三四,自北而东南,六七八九,自西北而南耳。乃以二八对换,遂成此图。如以二八不动,其馀皆对换之,则一二三四自南而下于西北,六七八九自东南而下于正北也。

四 四

四	九	五	十六
十四	七	十一	二
十五	六	十	三
一	十二	八	十三

并一与十六为十七，以十六乘之，得二百七十二，折半得一百三十六为实，以四为法除之，得纵横皆三十四（纵横皆四，故以四为法）。

煦曰：向见此下七图，位置天然，纵横之数无不皆合，遂不敢动著丝毫。乃今始知其法①，亦甚易耳。如此四四一图，左右上下，彼此互易，遂可改为十六图，而位次②不必相同③。今略改七七八八二图于下，亦可见矣。

此图原系一数，自右上第一位起，以下皆挨次而顺布之，然后以一与十六对换，四与十三对换，十与七对换，十一与六对换，遂成此图。今试照前数而对换之，依然挨次顺数之图也。

五　五

五	三	十	二十二	二十五
十五	十四	七	十八	十一
二十四	十七	十三	九	二
二十	八	十九	十二	六
一	二十三	十六	四	二十一

并一与二十五为二十六，以二十五乘之，得六百五十，折半得三百二十五为实。以五为法除之，得纵横皆六十五。既以二十六为两头之数，凡两数之合为二十六者，自必相对而列之。

六　六

二十七	二十九	二	四	十三	三十六
九	十一	二十	二十二	三十一	十八
三十二	二十五	七	三	二十一	二十三
十四	十六	三十四	三十	十二	五
二十八	六	十五	十七	二十六	十九
一	二十四	三十三	三十五	八	十

并一与三十六为三十七，以三十六乘之，得一千三百三十二，折半得六百六十六为实。以六为法除之，得纵横皆一百一十一。④

① “法”，库本作“妙”。
② “位次”，库本作“其数”。
③ “同”，库本作“合”。
④ “一”，库本作“二”。

七　　七

四六	八	十六	二十	二九	七	四九
三	四十	三五	三六	十八	四一	二
四四	十二	三三	二三	十九	三八	六
二八	二六	十一	二五	三九	二四	二二
五	三七	三一	二七	十七	十三	四五
四八	九	十五	十四	三二	十	四七
一	四三	三四	三十	二一	四二	四

并一与四十九为五十,以四十九乘之,得二千四百五十,折半得一千二百二十五为实。以七为法除之,得纵横皆一百七十五。

改七七图

三一	四五	十七	三七	十三	二七	五
三三	六	十九	十二	三八	二三	四四
三五	二	十八	四十	四一	三六	三
十五	四七	三二	九	十	十四	四八
十一	二二	三九	二六	二四	二五	二八
三四	四	二一	四三	四二	三十	一
十六	四九	二九	八	七	二十	四六

再改七七图

四七	十四	九	三二	十五	四八	十
二二	二五	二六	三九	十一	二八	二四
四九	二十	八	二九	十六	四六	七
六	二三	十二	十九	三三	四四	三八
四	三十	四三	二一	三四	一	四二
二	三六	四十	十八	三五	三	四一
四五	二七	三七	十七	三一	五	十三

三改七七图

三八	十二	十九	三三	六	四四	二三
四二	四三	二一	三四	四	一	三十
四一	四十	十八	三五	二	三	三六
十三	三七	十七	三一	四五	五	二七
七	八	二九	十六	四九	四六	二十
二四	二六	三九	十一	二二	二八	二五
十	九	三二	十五	四七	四八	十四

四改七七图

二五	二六	二二	二八	二四	十一	三九
二七	三七	四五	五	十三	三一	十七
二十	八	四九	四六	七	十六	二九
三十	四三	四	一	四二	三四	二一
十四	九	四七	四八	十	十五	三二
二三	十二	六	四四	三八	三三	十九
三六	四十	二	三	四一	三五	十八

八 八

六一	四	三	六二	二	六三	六四	一
五二	十三	十四	五一	十五	五十	四九	十六
四五	二十	十九	四六	十八	四七	四八	十七
三六	二九	三十	三五	三一	三四	三三	三二
五	六十	五九	六	五八	七	八	五七
十二	五三	五四	十一	五五	十	九	五六
二一	四四	四三	二二	四二	二三	二四	四一
二八	三七	三八	二七	三九	二六	二五	四十

并一与六十四为六十五,以六十四乘之,得四千一百六十,折半得二千零八十为实。以八为法除之,得纵横皆二百六十。

改八八图

五三	十	五五	五六	九	十二	十一	五四
二十	四七	十八	十七	四八	四五	四六	十九
六十	七	五八	五七	八	五	六	五九
四四	二三	四二	四一	二四	二一	二二	四三
十三	五十	十五	十六	四九	五二	五一	十四
三七	二六	三九	四十	二五	二八	二七	三八
四	六三	二	一	六四	六一	六二	三
二九	三四	三一	三二	三三	三六	三五	三十

尚可改为数十图,各不相同。

九　九

三一	七六	十三	三六	八一	十八	二九	七四	十一
二二	四十	五八	二七	四五	六三	二十	三八	五六
六七	四	四九	七二	九	五四	六五	二	四七
三十	七五	十二	三二	七七	十四	三四	七九	十六
二一	三九	五七	二三	四一	五九	二五	四三	六一
六六	三	四八	六八	五	五十	七十	七	五二
三五	八十	十七	二八	七三	十	三三	七八	十五
二六	四四	六二	十九	三七	五五	二四	四二	六十
七一	八	五三	六四	一	四六	六九	六	五一

并一与八十一为八十二,以八十一乘之,得六千六百四十二,折半得三千三百二十一为实。以九为法除之,得纵横皆三百六十九。

			十			十			
一	二十	二一	四十	四一	六十	六一	八十	八一	一百
九九	八二	七九	六二	五九	四二	三九	二二	十九	二
三	十八	二三	三八	四三	五八	六三	七八	八三	九八
九七	八四	七七	六四	五七	四四	三七	二四	十七	四
五	十六	二五	三六	四五	五六	六五	七六	八五	九六
九五	八六	七五	六六	五五	四六	三五	二六	十五	六
十四	七	三四	二七	五四	四七	七四	六七	九四	八七
八八	九三	六八	七三	四八	五三	二八	三三	八	十三
十二	九	三二	二九	五二	四九	七二	六九	九二	八九
九一	九十	七一	七十	五一	五十	三一	三十	十一	十

并一与一百为一百零一,以一百乘之,得一万零一百,折半得五千零五十为实。以十为法除之,得纵横皆五百零五。

聚　五

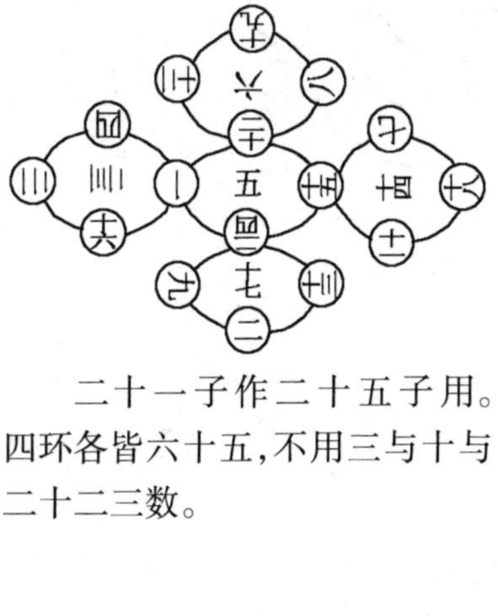

二十一子作二十五子用。四环各皆六十五,不用三与十与二十二三数。

聚　八

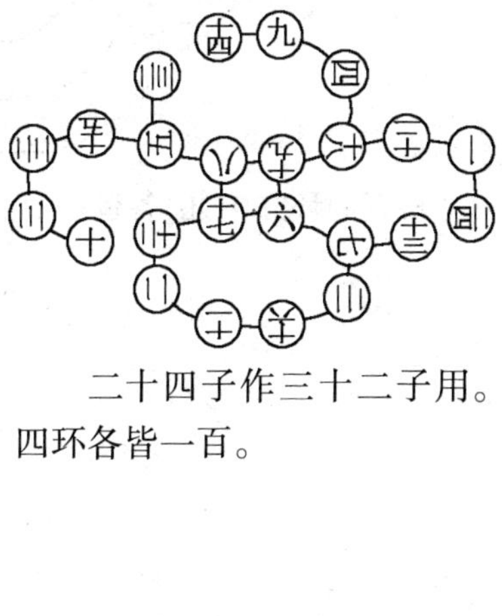

二十四子作三十二子用。四环各皆一百。

聚六

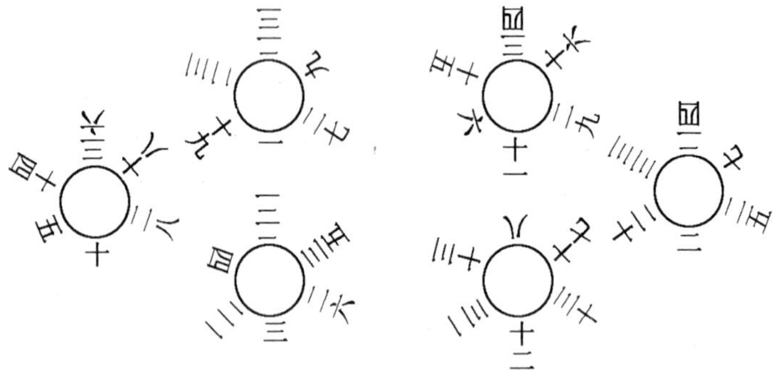

攒九

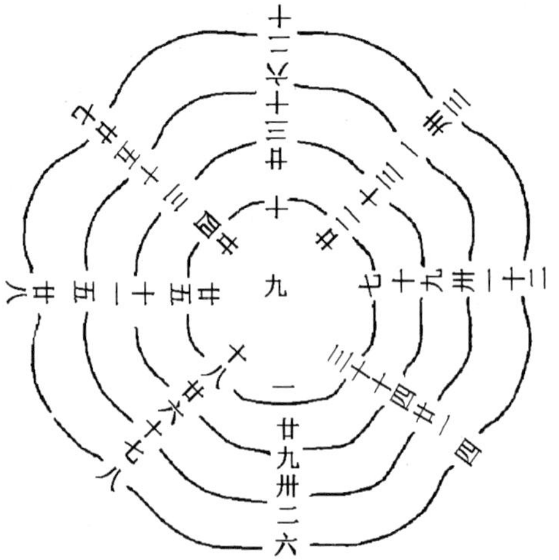

斜直周环并中九，各皆一百四十七。

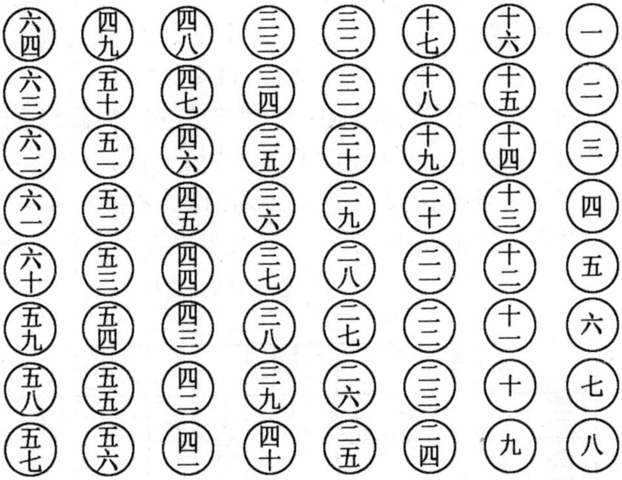
一 二 三 四 五 六 七 八
十六 十五 十四 十三 十二 十一 十 九
十七 十八 十九 二十 二一 二二 二三 二四
三二 三一 三十 二九 二八 二七 二六 二五
三三 三四 三五 三六 三七 三八 三九 四十
四八 四七 四六 四五 四四 四三 四二 四一
四九 五十 五一 五二 五三 五四 五五 五六
六四 六三 六二 六一 六十 五九 五八 五七

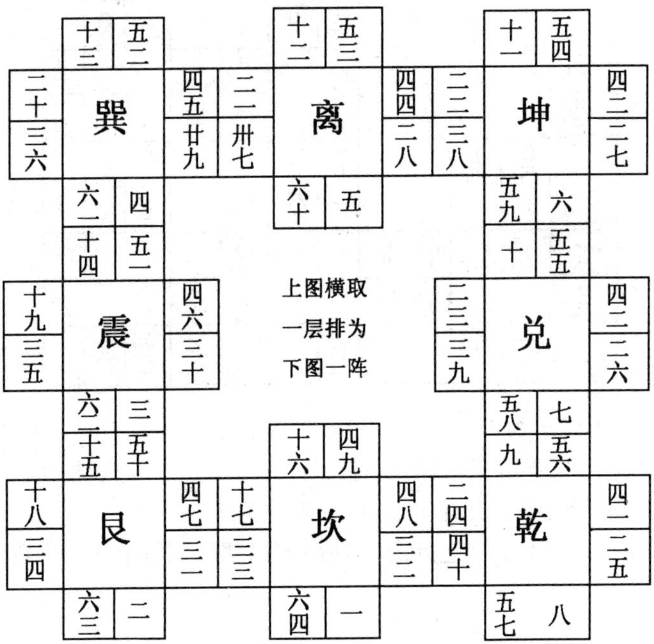
巽
离
坤
震
兑
艮
坎
乾
上图横取
一层排为
下图一阵

六十四子，顺逆安置，用横行八位为一阵。首行数居北之中，八行数居北之右，七行数居西，三行数居东，五行数居南，四行数居南之左，六行数居南之右，其求积法如前八八图，每阵得二百六十。每阵各取半面四子，积一百三十，合而俱成一阵，数无不同。如截坎东四子，艮西四子，共得二百六十。截乾南四子，兑北四子，亦得二百六十。

煦曰：盖必如此顺逆列之，然后左右对取，各得六十五，知一对得六十五，则两对必得一百三十，四对必得二百六十矣。前四四等图，左右上下，其数无不相合，皆用此图对取之法也。

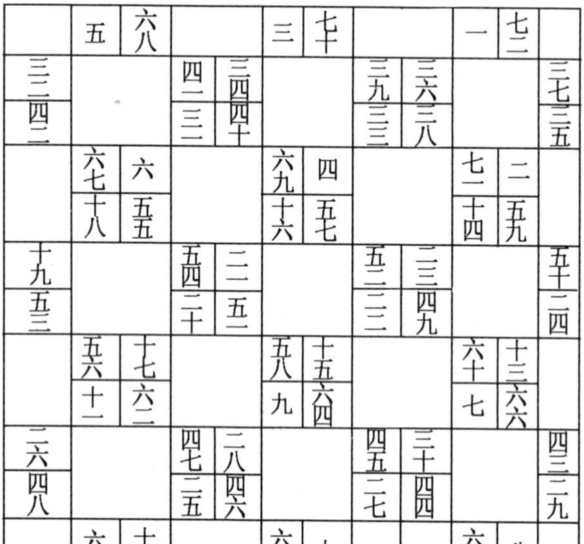

用七十二子为图，并一与七十二得七十三，以七十二乘之得五千二百五十六，折半得二千六百二十八为实。以九为法除之，得每环八子为一阵，各二百九十二，以九阵化为十三阵也。

煦按：此亦上下顺逆列之，然后左右对取，各得七十三①数者也。

① “三”，库本作“二”。

左右对取,即以多配少,如一便配七十二是也。

自洛书以三三积数,为数之原,而自四以下,皆以为法焉,何则?三者天数也,故其象圆,如前图。居四方与居四隅者,或动或静(居中者一定不易),而各成纵横皆十五之数矣。四者地数也,故其象方,如后图。居中居四隅与居四方者,或动或静,亦各成纵横皆二①十四之数矣。自五五以下,皆以三三图为根。自六六以下,皆以四四图为根。而四四图又实以三三图为根,故洛书为数之原,不易之论也。今附四四图于左,以相证明,其馀具数学中,不悉载。

一	二	三	四
五	六	七	八
九	十	十一	十二
十三	十四	十五	十六

一	十五	十四	四
十二	六	七	九
八	十	十一	五
十三	三	二	十六

十六	二	三	十三
五	十一	十	八
九	七	六	十二
四	十四	十五	一

① “二”,库本作“三”。

此以十六数自左而右,自上而下列之(第一图)。其居中与居四隅者不易,而居四方者交易,则成纵横皆三十四之数(第二图)。若居四方者不易,而居中与居四隅者交易,亦成纵横皆三十四之数(第三图)。

十六	十五	十四	十三
十二	十一	十	九
八	七	六	五
四	三	二	一

十六	二	三	十三
五	十一	十	八
九	七	六	十二
四	十四	十五	一

一	十五	十四	四
十二	六	七	九
八	十	十一	五
十三	三	二	十六

此以十六数自右而左,自下而上列之(第一图)。用前法变为两图(第二图、第三图),并得纵横皆三十四之数。但其不易者,即前之交易者。而其交易者,即前之不易者(此第二图同前第三图,此第三图同前第二图),盖亦阴阳互为动静之理云。

河图加减之原

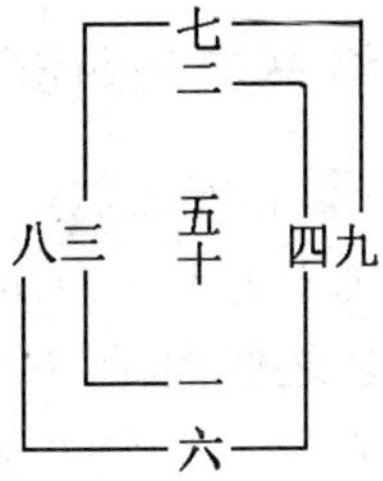

一三七九二四六八,用中两率三七相加为十,以一减之得九,以九减之得一。若用一九相加亦为十,以三减之得七,以七减之得三。用中两率四六相加为十,以二减之得八以八,减之得二。若用二八相加亦为十,以四减之得六,以六减之得四。

洛书乘除之原

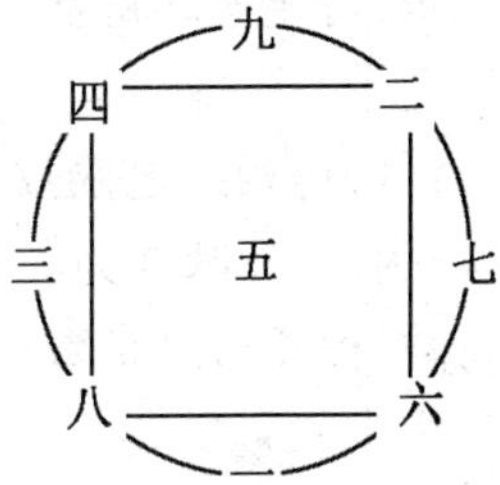

一三九七二四八六,用中两率三九相乘为二十七,以一除之得二十七,以二十七除之得一。若用一与二十七相乘,以三除之得九,以九除之得三。用中两率四八相乘为三十二,以二除之得十六,以十六除之得二。若用二与十六相乘,以四除之得八,以八除之得四。

《大传》曰,天一地二,天三地四,天五地六,天七地八,天九地十。天地之数皆自少而多,多而复还于少,此加减之原也。又曰参天两地而倚数。天数以三行,地数以二行,此乘除之原也。是故河图以一二为数之体之始,洛书以三二为数之用之始。然洛书之用始于参两者,以参两为根也。实则诸数循环,互为其根,莫不寓乘除之法焉。而又皆以加减之法为之本,今推得洛书加减之法四,乘除之法十四,积方之法五,勾股之法四,各为图表以明之于左。

洛书加减四法

一、用奇数,左旋相加,得相连之偶数(此生四隅之数也。一加三为四,三加九为十二,九加七为十六,七加一为八)。

若用奇数,减左旋相连之偶数,得右旋相连之奇数(三减四为一,九减十二为三,七减十六为九,一减八为七)。

一、用偶数,左旋相加,得相连之偶数(此亦生四隅之数也。二加六为八,六加八为十四,八加四为十二,四加二为六)。

若用偶数,减左旋相连之偶数,得右旋相连之偶数(此亦生四隅之数也①。六减八为二,八减十四为六,四减十二为八,二减六为四)。

一、用奇数,右旋加偶数,得相连之奇数(一加六为七,九加四为十三,七加二为九,三加八为十一②)。

若用奇数,减相连之奇数,得相连之偶数(此两奇生在中之偶数也。一减七为六,九减十三为四,七减九为二,三减十一为八③)。

一、用偶数,右旋加奇数,得相对之奇数(二加九为十一,四加三为七,八加一为九,六加七为十三)。

若用奇数,减相对之奇数,得相连之偶数(九减十一为二,三减七为四,一减九为八,七减十三为六)。

洛书乘除十四法

一、用三,左旋乘奇数,得相连之奇数。三三如九,三九二十七,三七二十一,一三如三。

一、用八,左旋乘偶数,得相连之偶数。八八六十四,四八三十

① “此亦生四隅之数也”,库本无。
② “七加二为九,三加八为十一”,库本无。
③ “七减九为二,三减十一为八”,库本无。

二，八二一十六，八六四十八。

一、用三，左旋乘偶数，得相连之偶数。三四一十二，三二如六，三六一十八，三八二十四。

一、用八，左旋乘奇数，得相连之偶数。八三二十四，八九七十二，八七五十六，八一如八。

一、用二，右旋乘偶数，得相连之偶数。二二如四，二四如八，二八一十六，二六一十二。

一、用七，右旋乘奇数，得相连之奇数。七七四十九，七九六十三，七三二十一，七一如一。

一、用二，右旋乘奇数，得隔二位之偶数。二九一十八，二三如六，二一如二，二七一十四。

一、用七，右旋乘偶数，得相连之偶数。七二一十四，七四二十八，七八五十六，七六四十二。

一、用六，乘偶数，得本位之偶数。六六三十六，六八四十八，六四二十四，六二一十二。

一、用六，乘奇数，得相连之偶数。此由四正而生四隅也。六七四十二，六九五十四，六三一十八，六一如六。

一、用四，乘偶数，得相对之偶数。四四一十六，四六二十四，四二如八，四八三十二。

一、用九，乘奇数，得相对之奇数。九九八十一，九一如九，九三二十七，九七六十三。

一、用四，乘奇数，得隔二位之偶数。四九三十六，四七二十八，四一如四，四三一十二。

一、用九，乘偶数，得相对之偶数。九二一十八，九八七十二，九四三十六，九六五十四。

凡除法，除其所得之数，得其所乘之数。

洛书乘除十四法，可约为八法，何则？五者，河洛之中数。自此以上，由五以生。五加一为六，六减五为一，是六与一同根也。五加二为七，七减五为二，是七与二同根也。三八四九，其理如之。

今用三与八，左旋乘奇偶，而皆得相连之奇偶，可以知八即三矣。用二与七右旋乘奇偶，而皆得相连之奇偶，可以知七即二矣。内惟二乘奇数，得隔二位之偶数者，其所得即相连奇位同根之数，犹之乎相连也（如二九一十八，八与三同根，得八犹之乎得相连之三也，馀仿此）。用一与六乘，而皆得本位之奇偶，可以知六即一矣。内惟六乘奇数，得相连之偶数者，其所得即本位同根之数，犹之乎本位也（如六七四十二，七与二同根，得二犹之得本位之七也，馀仿此）。用四与九乘，而皆得对位之奇偶，可以知九即四矣。内惟四乘奇数，得隔二位之偶数者，其所得即对位同根之数，犹之乎对位也（如四九三十六，六与一同根，得六犹之得对位之一也，馀仿此）。其但得同根之数者何？凡奇乘偶，偶乘偶，所得皆偶数而同（如三四一十二，八四亦三十二）。奇乘奇，其得数为奇，若偶乘奇，不能得奇数而同，故但得其同根之偶数也（如三三为九，八三二十四，九与四同根，得四犹之得九也）。所以一六二七三八四九，在河图则四方之相配，在洛书则正隅之相连，以其数之生于中五而同根也。

数有合数，有对数。合数生于五，对数成于十。一六二七三八四九，此合数也，皆相减而为五者也。一九二八三七四六，此对数也，皆相并而为十者也。在河图，则合数同方而对数相连。在洛书，则合数相连而对数相对。相合之相从者，六从一也，七从二也，八从三也，九从四也（如前乘除十四法）。相对之相从者，九从一也，八从二也，七从三也，六从四也（如后积方五法）。凡以合数共乘一数，所得之数必同（乘偶既同数，乘奇则同根）。若各自乘焉，则又必合矣（如三三得九，八八六十四）。以对数共乘一数，所得之数必对（如三三得九，七三二十一）。若各自乘焉，则又必同矣（如一一得一，九九亦八十一，二二得四，八八亦六十四）。是以自乘之数，相合之相从者，此得自数，则彼亦得自数也（如一得一，六得六）。此得对数，则彼亦得对数也（如四得六，九得一）。此得连数，则彼亦得连数也（如三得九，七亦得九，二得四，八亦得四）。要皆会于一六四九而齐焉，故开平方之自乘数,止于一六四九。而洛书之位,一六四九居上下以为经,二七三八居左右以为纬者,此也。

洛书勾股图

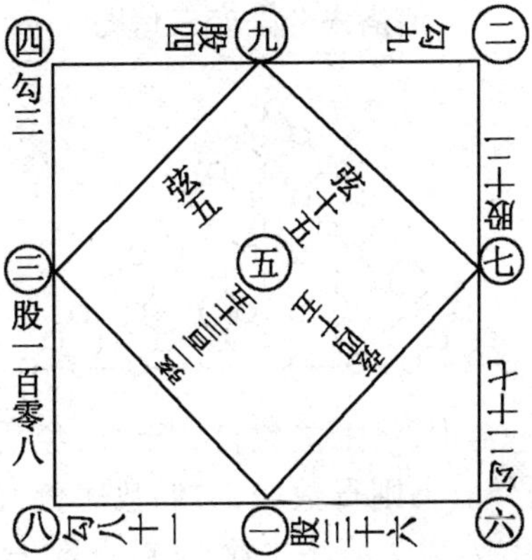

此洛书四隅合中央,而寓四勾股之法者,推之至于无穷,法皆视此。

勾三,股四,弦五。

勾九,股十二,弦十五。

勾二十七,股三十六,弦四十五。

勾八十一,股一百零八,弦一百三十五。

河洛未分未变方图

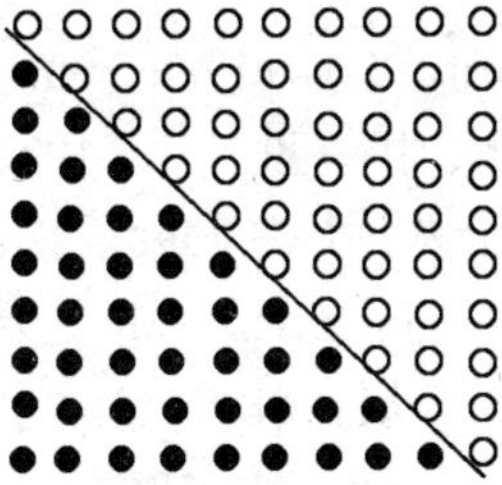

河图之数五十有五,洛书之数四十有五,合为一百,此天地之全数也。以一百之全数为斜界而中分之,则自一至十者,积数五十有

五。自一至九者,积数四十有五。二者相交而成河洛数之两三角形矣。凡积数自少而多,必以三角,而破百数之全方以为三角,其形不离乎此二者,下诸图之根实出于此。

河洛未分未变三角图

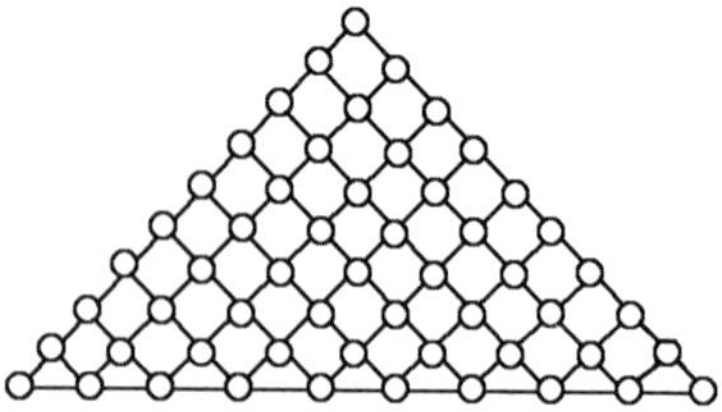

河图之数自一至十,洛书之数自一至九,象之已分者也。图则生数居内,成数居外。书则奇数居正,偶数居偏,位之已变者也,如前图。破全方之百数,以为河洛二数,又就点数十位中,含幂形之九层,以为河洛合一之数,则虽其象未分,其位未变,而阴阳相包之理,三极互根之道,已粲然默寓于其中矣。故为分析以明之,如后论。

点数应河图十位

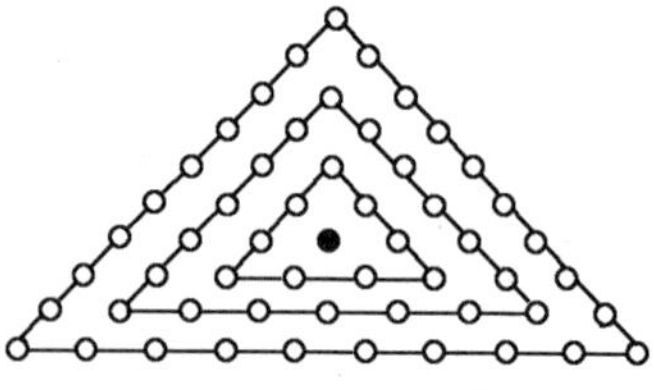

周围三角分三重,中一重九,次内一重二九一十八,外一重三九二十七,除中心,凡五十四。若自上而下作三层,亦如之。

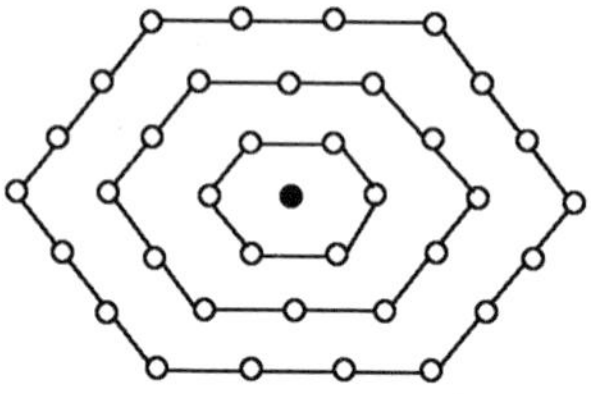

中含六角亦分三重,中一重六,次内一重二六一十二,外一重三六一十八,除中心,凡三十六。若自上而下作三层,亦如之。

幂形应洛书九位

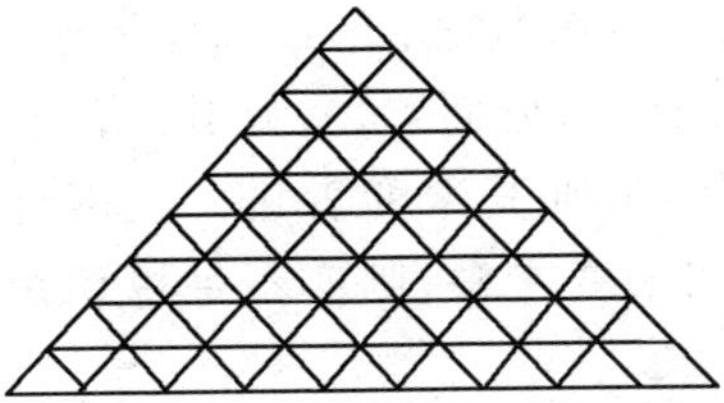

周围三角分三重,中一重九,次内一重三九二十七,外一重五九四十五,凡八十一。若自上而下作三层,亦如之。

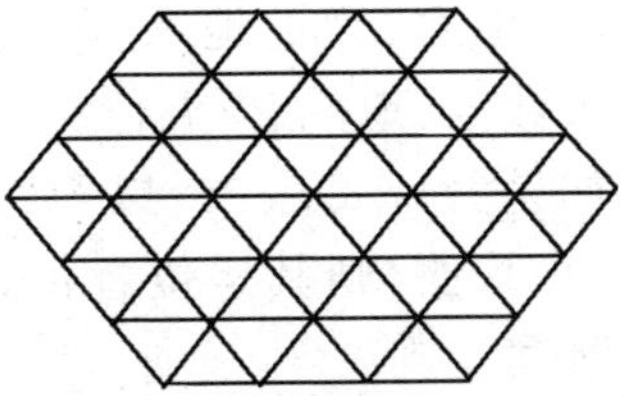

中含六角,亦分三重,中一重六,次内一重三六一十八,外一重五六三十,凡五十五。若自上而下作三层,亦如之。

以上诸图本同一根,虽积数若异,而其为九六之变,则一也。九六可分为内外中之三重,亦可分为上中下之三层,就每重每层论之,则九为天而包地,六为地而涵于天,心为人而主乎天地。统三重而论之,则外为天内为地,而中为人也。统三层而论之,则上为天,下为地,而中为人也。又合而论之,则九六者在天为阴阳,在地为刚柔,在人为阴阳刚柔之会,而其心则天地人之极也。以上下分者,其心有三,所谓三极之道,三才各具一太极也。以内外分者,其心惟一,所谓人者天地之心,三才统体一太极也。此图之中,浑具理象数之妙者如此,故分而为图,则应乎阴阳刚柔之义,根于极而迭运不穷,圣人则之。《易》有太极,是生两仪,阳九阴六,命爻衍策者此也。分而为书,则应乎三才之义,主于人而成位其中,圣人则之。皇极既建,彝伦攸叙,参天两地,垂范作畴者此也。或曰河图洛书出于两时,分为两象,今以一图括之可乎?曰十中涵九,故数终于十而位止于九,此天地自然之纪,而图书所以相经纬而未尝相离也。非有十者以为之经,则九之体无以立。非有九者以为之纬,则十之用无以行。不知图书之本为一者,则亦不知其所以二矣。或曰河图洛书有定位矣,今以为有未变者何欤？曰《易大传》之言河图也，曰天一地二，天三地四，天五地六，天七地八，天九地十，顺而数之，此其未变者也。又曰天数五，地数五，五位相得而各有合，分而置之，此其定位者也。如易卦一每生二，以至六十有四，则其未变者也。乾南坤北，离东坎西，则其定位者也。不知未变之根，则亦不足以识定位之妙矣。

煦按：此论图书不分，确有至理，其论九六亦佳。予于参互错综注中，已详言之。

幂形为算法之原

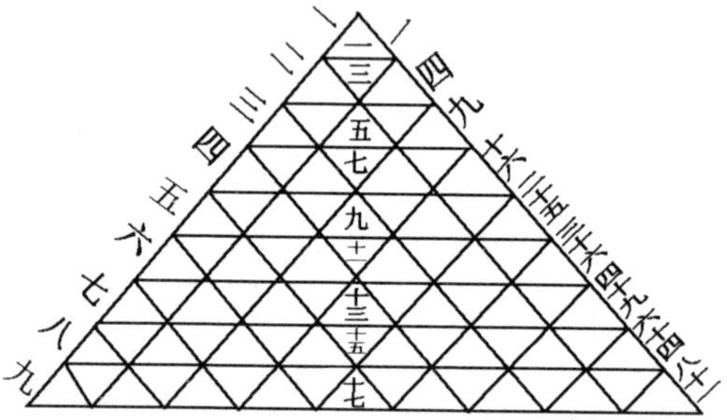

此图左方注者，本数也。自一至九而用数全矣。中列注者，加数也。一加二为三，二加三为五，至于八加九而为十七，皆以本数递加，而每层之幂积如之。右方注者，乘数也。一自乘一，其幂积一。二自乘四，其幂积合一三两层而为四。至于九自乘八十一，则其幂积亦合自一至十七。九层之数而为八十一，皆以本数自乘，而每形之幂积如之，得加乘之法，则减除在其中矣。自此而衍之，至于无穷，其数无不合焉。推之九章之术，其理无不贯焉。今考洛书，纵横逆顺，无往不得加减乘除之法，开方勾股之算，乃自其未变之先，而诸法浑具，至洛书而始尽其参伍错综之致云尔。

大衍圆方之原

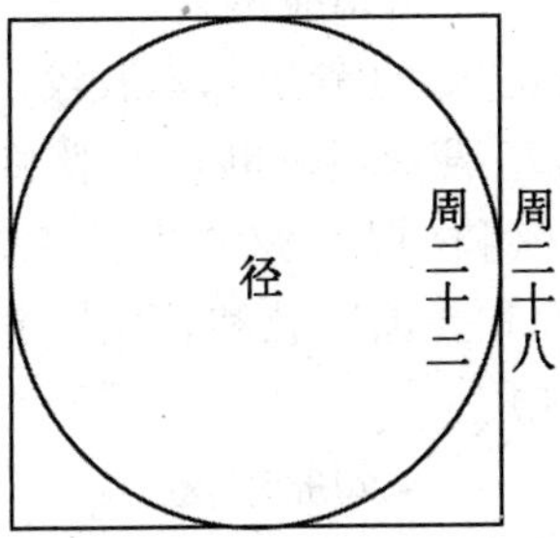

凡方圆可为比例,惟径七者方周二十八,圆周二十二,即两积相比例之率也(用其半,故若十四与十一),合二十八与二十二共五十。是大衍之数,函方圆同径两周数。

大衍勾股之原

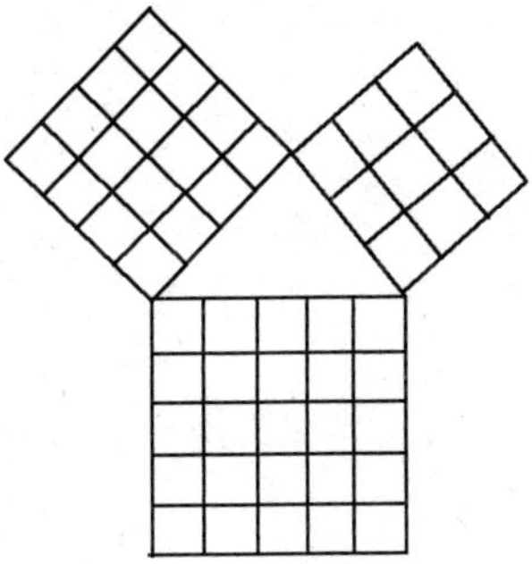

勾三其积九,股四其积十六,弦五其积二十五,合之五十。是大衍之数,函勾股弦三面之积。

蓍策之数,必以七为用者,盖方圆之形唯以径七为率,则能得周围之整数。勾股之形亦惟以三四为率,则能得斜弦之整数。径七固七也,勾三股四之合亦七也。是故论方圆周围之合数则五十,论勾股弦之合积亦五十,此大衍之体也。因而开方,则不尽一数,而止于四十九,此大衍之用也。开方而不尽一数,则蓍策之虚一者是已。方面之中函八勾股,而又不尽一数,则蓍策之挂一者是已。唯老阳老阴之数与此密合，故作图以明之。

勾股名义

勾(横也)，股(直也)，弦(斜也)，勾股较(勾股相减也)，勾弦较(勾弦相减也)，股弦较(股弦相减也)，勾股和(勾与股并也)，勾弦和(勾与弦并也)，股弦和(股与弦并也)，弦较和(弦与勾股较并也)，弦和和(弦与勾股和并也)，弦和较(弦与勾股和相减也)，弦较较(弦与勾股较相减也)。

勾股求弦

勾自乘，股自乘，并之为弦实，用开平方法除之得弦。

勾弦求股

用勾自乘，弦自乘，相减所得之数，平方开之得股。

股弦求勾

用股自乘，弦自乘，相减所得之数，平方开之得勾。

周易函书约存卷十三 原古八(冒道分派二)

异乘同除法(泰西谓之三率)

以先有之数,知今有之数,两两相得,是生此例,莫善于异乘同除,乃古九章之枢要也。先有者二,今有者一,是已知者三,而未知者一,用三求一,故泰西谓之三率。

异者何也?言异名也。同者何也?言同名也。假如以粟易布,则粟与粟同名,布与粟为异名矣。

何以为异乘同除也?主乎今有之物以为言也。假如先有粟若干,易布若干,今复有粟若干,将以易布,则当以先所易之数例之,是先易之布与今有之粟异名也。则用以乘,是谓异乘。若先有之粟与今有之粟同名也,则用以除,是谓同除。皆用以乘除今粟,故曰主乎今有以为言也。(置今有粟,以异名之布乘之,为实。再以同名之粟为法除之,是皆以今粟为主,而以先有之二件乘除之也。)

原价与今物异名以乘,原物与今物同名以除,泰西以原物为一率,原价为二率,今有物为三率,以二率乘三率,而以一率除之,即得四率。

问何以不先除后乘?曰以原总物除原物总价,则得每物之价,以乘今有总物,亦可得今有之总价。然除有不尽,则不可以乘,故变为先乘后除,其理一也。

三率法。以先有之二件为一率二率,今有之二件为三率四率,则前两率之比例与后两率之比例等,故其数可以互求。(今有之二率,先只有其一,合前有之二率,共为三率以求之,而得今有之馀一率,是以三求一,故曰三率法,实四率也。)

假如一率是三,二率是四,三率是九,则四率必为十二,何也?

三与四之比例若九与十二也，故以四（二率）九（三率）相乘（卅六）为实，以三（一率）为法除之，必得十二（四率）。

若互用之，以四率为一率，三为二率，则十二为三率，九为四率，盖十二与九之比例若四与三也（解曰以三比四，以九比十二，并三分加一之比例。以十二比九，以四比三，并四分减一之比例。凡言比例等者，皆如是）。

若倒用之，十二为一率，九为二率，则四为三率，三为四率。

若以九为一率，十二为二率，则三为四率，四为三率（四九相乘三十六，而十二与三相乘亦三十六，故以三除三十六得十二，以十二除三十六亦复得三。此前两图互求之理。若更一四为二三，其实同为三十六，故以四除之得九，以九除之亦复得四）。

若错综之，三为一率，九为二率，四为三率，则十二为四率。

若以九为一率，三为二率，十二为三率，则四为四率。

若以十二为一率，四为二率，九为三率，则三为四率。

若以四为一率，十二为二率，三为三率，则九为四率。

此又以前图之二与三更之，则前两率之第二，变为后两率之第一，而比例亦等（在前图为三与四，若九与十二者。此图则三与九，亦若四与十二也）。

若以一率除二率，得数以乘三率，亦得四率（如以一率三除二率九，得三。以乘三率四，亦必得四率十二。以一率四除二率十二，得三。以乘三率三，亦得四率九。但先除后乘，多有不尽之分，故异乘同除为算家大法，乃中西两术所同也）。

笔算并法

并法即加法也。千与千并，百与百并，俱从小数始，自下而上。

笔算减法

亦千与千并，百与百并，亦从小数始，自下而上，本位不足减，借上位一数以减之。

试加差法（凡加皆自下小数起）

有九减七减二法。凡九减，不论单十百千之位，亦不计〇位，只据现有之数而合计之，以九除之，馀者存之列于右。次减总数，以九除之，馀者存之列于左。两馀相比，同则无差。

七减有二法，俱论位，俱由大数以至小数。一法以所加之数分积之，凡首数皆作几十，以七减之，存其馀，合下数便作几十几。如下有〇位，则此所馀之数便作几十，以七减之，存其馀方合。三位之数作几十几，以七减之，若其末有〇位，不可以其馀便为馀数，亦须作几十之数。七减之，其馀方为所馀之数，记于右。又从首减二行之加数，以其馀亦记于右。又从首减三行之加数，以其馀亦记于右。若所加之数止于三行，则以三行所得之数合而七减之，存其馀列于右。然后减总数，亦自大数以至小数，其〇位亦如前法。两馀相比，同则无差。

一法以所加之数合积之，万与万积为一处，以七减之，以其馀并千位之数，减毕，以其馀合百位之数，凡所馀之数俱作十，减至末位，止以其馀列于右，中有〇位，皆不论矣。然后如前，减其所得总数，相合则无差矣。

试减差法（凡减皆自下小数起）

一法以减数，并减馀数，仍得原数。

一法以减馀之数于原数中减之，即得所减之数。

亦有九减七减二法，九减法以减数并减馀之数，合而九减之，以其所馀者列于右。次并原数亦合而九减之，以其馀列于左，两馀相比，同则无误（盖必用减数减馀二者，然后能与原数配也）。

七减法先以减数从大数始，如前七减之法，有〇位则所馀之数亦作十数，视其所馀者列于右，然后以减馀之数，亦如前七减之法。由大数而始，递降而七减之，亦列于右。然后并二者之馀数合为一处，如过七数，仍以七减之，不及则并其馀列于右。次以原数，亦如前七减之法，由大数而始，以七减之，存其馀列于左。两馀相比，同则无误（如得数原数下有三〇，则亦三馀而止，不可及于四馀）。

试乘差法（凡乘之实数由尾而起，乘之法数由大者而起）

亦有九减七减二法。九减法先以实数积而九减之，而纪其馀于右。次以法数如法九减之，而纪其馀于左。再以左右两减之馀相乘得数，仍九减之，而纪其馀于上。末以所得之数亦九减之，而纪其馀于下。两馀相比，同则无误。若左右二方内有〇，即上方亦〇，又或左为一数，即上数亦同右数，皆不用乘，七减亦然（凡曰十者在本位，馀者便在第二位）。

试除差法

亦用九减七减二法。九减得数记馀于左，法数记馀于右，得数与法数相乘，记馀于上，然后以原数九减之，记于下而合之。

七减法先以除数（即法数）如法减之，列于左。次以得数如法减之，列于右。次以除数得数之馀相乘而减之，列于上。然后以原数如法减之，列于下。两数相同，知其无误。若使得数除之不尽，尚有馀数未除，则于两数相乘之时，合并所馀之数而减之。

试加差法

九减式。试第一式，先减散数，去〇与九不入减（〇本不入数，九在减内故不入），并四七（此处除九），五八八，六七八，八六一五，共为七十三，九减馀一（减去八九七十二），列×左。次并总数，三二七七，共为一十九，九减馀一（减去二九一十八），列×右。左右相比，数同无差，通曰此以见数为主，不论

散数				
一	〇	六	五	四
	八	九	〇	七
五	六	七	八	九
		八	八	〇
总数				
七	七	二	三	〇

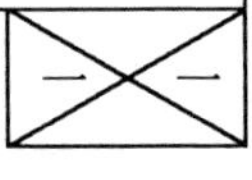

千百位也。

七减式。试第一式,散数首行之左,一〇作一十,七减馀三,次作三十六,七减馀一(减五七三十五),次作一十五,七减馀一(减二七一十四),次作一十四,七减无馀,右下纪〇。次行左八九,作八十九,七减馀五,次作五十,七减馀一,次作一十七,七减馀三,右下纪三。三四①行依法减馀五(三行馀五,四行馀五),俱右下纪五。再以各行纪馀〇三五五,并为十三(此合数也),七减馀六,乃以总数依法减之,馀六,左右列比无差。

散数					
首行					
一	〇	六	五	四	
	三	一	一	〇	
					〇
次行					
	八	九	〇	七	
	一	五	一	三	
					三
三行					
五	六	七	八	九	
	〇	〇	一	五	
					五
四行					
		八	八	〇	
		一	四	五	
					五
总数					
七	七	二	三	〇	
〇	〇		二	六	
			六	六	

试减差法

九减式。试第一式,先并减数四二,及减馀二三一三,共为一十五。九减馀六,次并原数二七一五,为一十五,九减馀六,左右列比无差。

减数			
	四	〇	二
减馀			
二	三	一	三
原数			
二	七	一	五
		六	六

通曰九减用实积数亦可,盖九数无往不合故也(此二七一五减四二者)。

七减式。试第一式,先以减数之左四〇作四十,七减馀五,次作五十二,七减馀三,又以减馀之左二三,作二十三,七减馀二,次作二十一,七减无馀,次三不足减,仍馀三(不足在末不必作

① “四”,库本无。

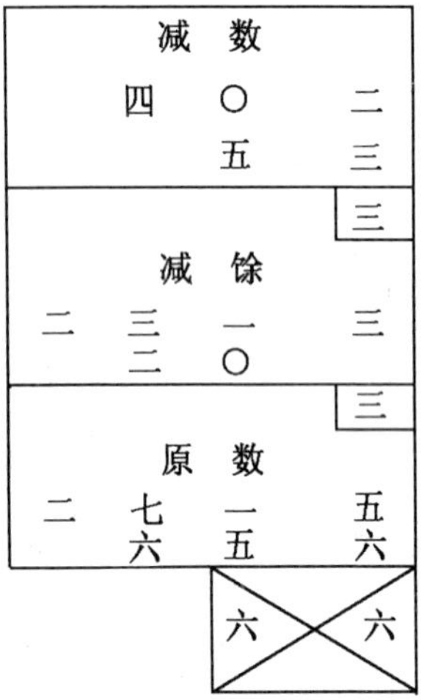

十）。俱右下纪三。乃以各数纪馀之三三并为六，不足减仍作六，再以原数之左二七作二十七，七减馀六，次作六十一，七减馀五，次作五十五，七减馀六，左右列比，无差（此二七一五减四二者）。

补乘法

术曰乘即因也，用九因法，上列原数（即实数），下列乘数（即法数），齐于右尾，算即始右，将下一位遍乘上诸位，向左逐位纪所乘数于下，尽下数乃止。诸所纪为散数，用加法，得所求总数，若定总首为何数，从乘数左首推至总数左首，即知。

通曰凡以下乘上，一数有二位，左十右零，右即本位也。遇十有数而零亦有数者曰平（三四一十二，四四一十六之类）。本位纪零数，左位纪十数。遇十有数而零无数者曰足（五四得二十，五八得四十之类），本位纪〇而其数纪左位也。遇十无数而零有数者曰如（一三如三，二三如六之类），左位纪〇而其数纪本位也。旧法纪数每并为一，令人难晓。凡原尾有〇而乘尾无〇者，虽〇亦乘之以存其位。乘尾有〇而原尾无〇者，即自乘数之有数位乘起。若上下尾与中或俱有〇者，亦须乘之以存位，下数乘上〇，下〇乘上数，皆曰某〇如某，下〇乘上〇，曰〇〇如〇，则本位左位俱纪〇也。

十因

九 八	一 二
七	二

式：乘上下数不等，少数尚未满十乘数，而少数不及于乘上下数，如以八乘九，何以得七十二？术：九在十内少一，纪一于九右，八在十内少二，纪二于八右，是九八为乘上下数，一二为少数也。上九下八，上下数不等也。一不及九，二不及八，少数不及也。以少数一二相乘得

(此即七十二之二也,呼一二如二)纪下,二未满十,故曰未满十乘数也。又以右一斜减左八,右二斜减左九,俱馀七数(此即七十二之七),同下纪七,故得七十二。

又式:乘上下数等,少数未满十乘数,而少数不及于乘上下数,如以八乘八,何以得六十四?术:上下俱八,故曰上下数等。八在十内少二,右俱纪二,相乘得四,下纪四,左右上下斜减,俱馀六,下纪六,故得六十四。

八	二
八	二
六	四

又式:乘上下数等,少数已满十乘数,而少数反过于乘上下数,如以三乘三,何以得九?术:上下俱三,三在十内少七,右俱纪七,相乘得四十九,已有四十,故曰已满十乘数也,下纪九,纪四于左,左上下三各加所寄四,俱变为七,然后左右斜减,俱无馀(七与七减也),下纪〇,故得九。

	七	七
	七	七
〇	四	九

又式:乘上下数不等,少数满十乘数,而少数不及于乘上下数,如以六乘七,何以得四十二?术:七在十内少三,六在十内少四,俱纪右,相乘得一十二,下纪二,寄一于左,左上七加一变为八,下六加一变为七,然后左右上下斜减,俱馀四,下纪四,故得四十二。又术:三乘四得一十二,将一悬于左,待左右上下斜减,俱馀三,乃并所悬之一为四,亦合。

八	三
七	四
四	二

通曰一二之乘得八九之乘,是以小乘而得大乘也。七七之乘得三三之乘,是以大乘而得小乘也。九因本乎十因,即洛书之无十而藏十也。

试乘差法

九减式:试第二式,四千六百零八人,每人三百二十五两,共得一百四十九万七千六百两也。除〇九外,并原数四六八为一十八,九减无馀列〇于×左,并乘数三二五为一十,九减馀一列×右,以左右一与〇乘,曰一〇如〇。无数列〇于×上,并总数一四七六为一十八,九减无馀,列〇于×下,上下相比,无差。

七减式:试第四式,四十五人,每人六十两,共得二千七百两。

原数如法减之(减六七四十二),馀三列×左,乘数如法减之(减七八五十六),馀四列×右,以左右三四乘得一十二,七减馀五,列上,总数如法减之,馀五列下,上下相比,无差。

通曰:九减用见数,可去○九不用,七减用实积数,必存○九之位与数,以便逐位减至右末而止也。

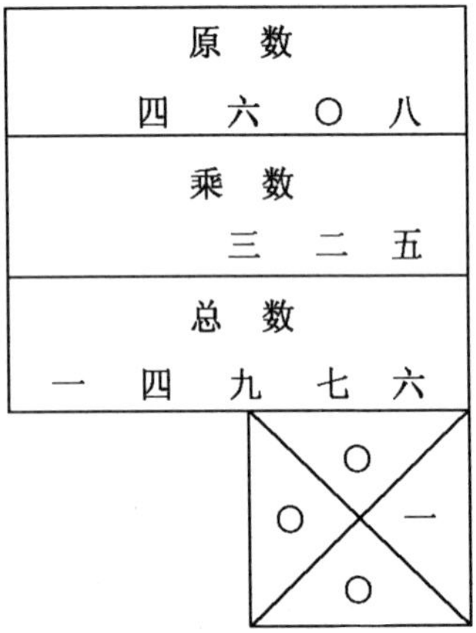

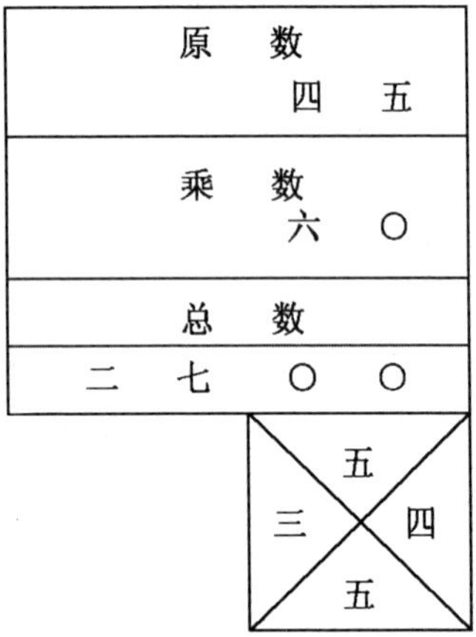

试除差法

除无馀九减式:试第一式,三百四十二两,九人分之,各得三十八两。除数九,九减无馀,左列○,并用数三八为一十一,九减馀二,右列二,乘无数,列○于×上,并原数三四二为九,九减无馀,列○于×下,上下相比,无差(下有馀实一五未分)。

除有馀九减式:试第五式,六百五十三两,五十八人分之,各得一十一两。并除数五八为一十三,九减馀四,左列四,并用数一一为二,不足九减,右即列二,乘得八(二四如八也),又并馀实一五为一十四,九减馀五,列上,并原数六五三为一十四,九减馀五,列下上下相比,无差。

除无馀七减式:试第一式,三百四十二两,九人分之,各得三十八两。除数九作九,七减馀二,列左。用数三八作三十八,七减馀

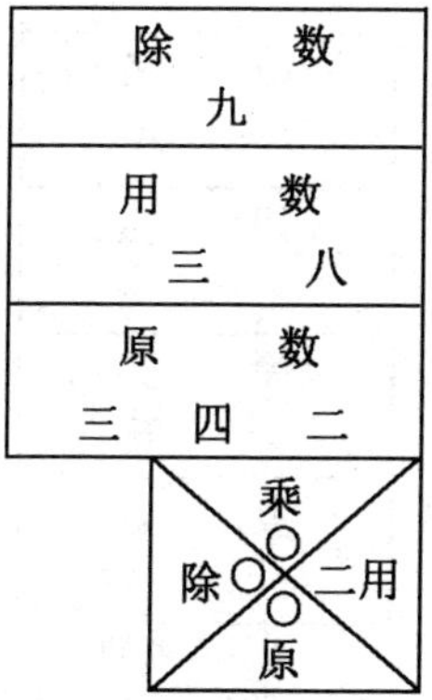

三,列右。乘得六(二三如六),不足七减,即列六于上。原数三四作三十四,七减馀六,次作六十二,七减馀六,列下。上下相比,无差。

除有馀七减式:试第五式,六百五十三两,五十八人分之,各得一十一两。除数五八作五十八,七减馀二,列左。用数一一作一十一,七减馀四,列右。乘得八(二四如八),又以馀实一五作一十五,七减馀一,以此馀一并左右所乘八为九,七减馀二,列上。原数六五作六十五,七减馀二,次作二十三,七减馀二,列下。上下相比,无差。

半除试差式:除数六五,用数一三,原数八六六三,馀实二一三,○用九减,并除数六五为一十一,九减馀二,列左。又并用数一三为四,不足九减,右即列四,乘得八,乃并法尾止处,以前之馀实二一为三,不足九减,即以此三并左右所乘八为一十一,九减馀二,列上。并原数抹去三位之八六六,为二十,九减馀二,列下。上下相比,无差。○用七减,除数六五作六十五,七减馀二,列左。用数一三作一十三,七减馀六,列右。乘得一十二,乃以法尾止处,以前之馀实二一作二十一,七减无馀,与左右所乘数相并,仍是一十二,七减馀五,列上。原数抹去之八六,作八十六,七减馀二,次作二十六,七减馀五,列下。上下相比无差。

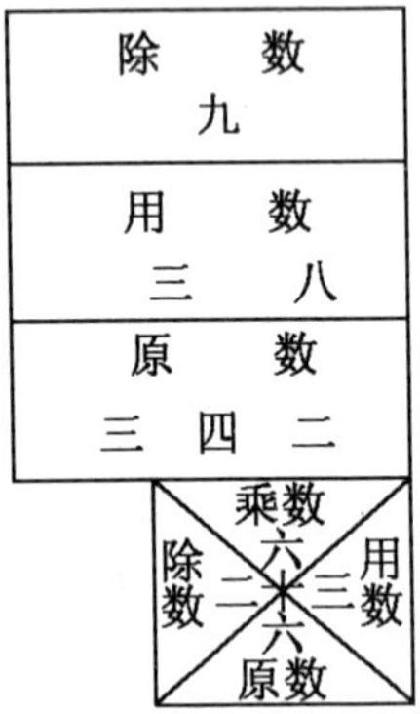

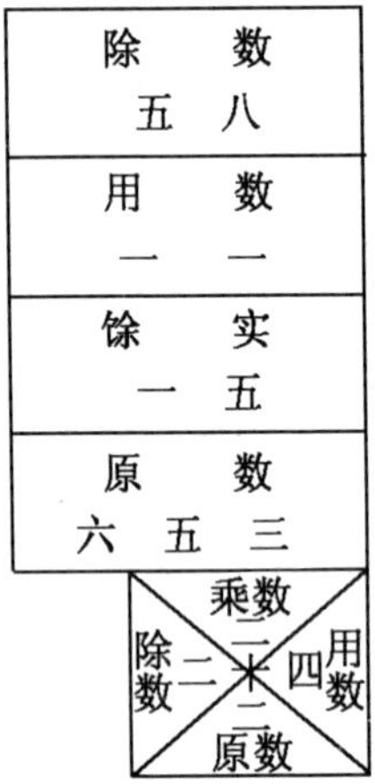

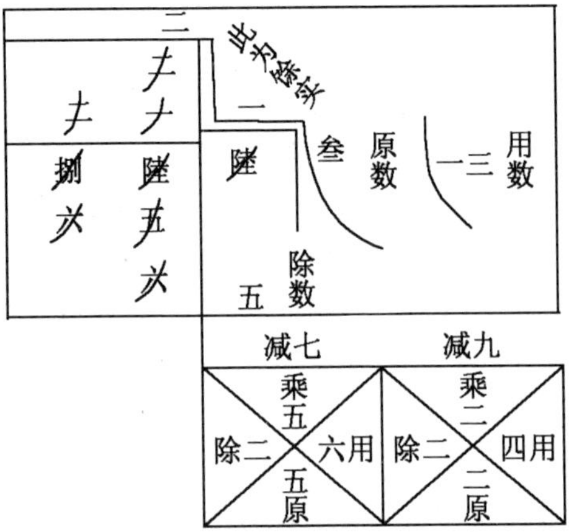

通曰，试策之法，独用九七何也？盖十者数之穷也，数穷则变，十复为一，故数始于一，终于九，九阳数也，下九之阳数为七，故七与九同用。自七九而外，或有合者，于率不通，不可立法，所以加减试差用实积，则无不可。用见数，则七与五不可也。乘除试差用实积，则亦无不可。用见数，则自九而外，皆不可也。若夫论除之馀，六与三之馀同九，是用九而六三可无用矣。四与二之馀用八，是用八而四二之馀可无用矣。且八或可以试加减，而或不可以试乘除，亦不可用。然则试差之法，舍七与九，又何所取用哉？

命分法

术曰：命分者，一大几何，已分几何，命馀者为几何，分之几何也。又曰所馀之小几何，再分几何，命此得者为几何，分之几何也。

通曰，第一术，即几何原本之命比例法也。第二术恰尽则可，否则终不能尽也。

式：法数为母，馀数为子，如实数八万七千二百四十八，法数三百七十四，法尾已齐实尾，用数已得二三三，尚有馀实一〇六，当命为三百七十四分之一百零六也。

又式：得数为子，得数前位为母，得数一位为十，二位为百，三位为千也。如右式，馀实一〇六，先于六右加一〇，依法再除之，得二。又加一〇再除之，得八。又加一〇再除之，得三。凡三位乃千也，当命为千分之二百八十三也。

尺算

法尺之式，上连下分，下则可开可合，上则相对不移，如此乃可为法。作一法尺，二实尺，两尺分寸须等，不可稍异。

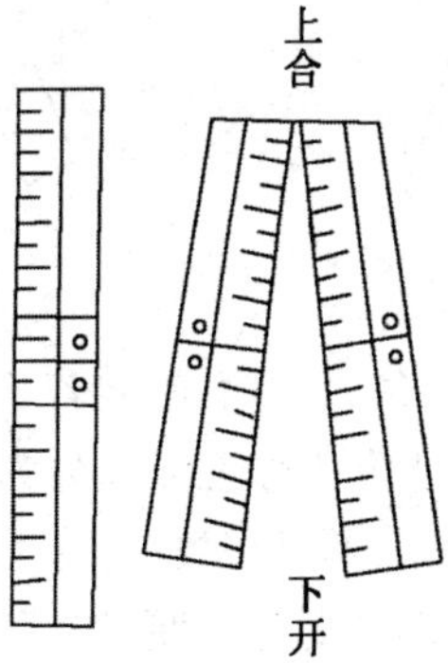

两端变为三角，因参知两，勾股矩度，直景倒景，盖同一源。加实尺于法尺之上，谓之三角可也，谓之勾股可也。天地间无非参两之妙，虽百千万亿至于无穷，胥莫能逃矣。

乘法

先定实数法数，与他算不同。既定，乃以法数作法尺何数，实数作实尺何数，或寸或分，又须预定，然后将实尺比照实数，横安于法尺之一分或一寸上，令法尺开而就之，随量法尺之法数空处，得何数即为所求数也。

通变升降，其用始广，如实尺数大，不便安放者，须降实数，寸降为分，分降为厘，或将实数折半，法实俱大，必须俱折，先降后升，先半后倍，得数原无异也，或用升法以代降实。

式：有五人，每人四两，问共若干？曰二十两。以四两为四分作实数，以五人为五寸作法数，将实尺比定四分，横安于法尺一寸空处，乃量法尺五寸空处，得何数，今得二寸，因以分为两，则寸即为十，知所得二寸为二十两。

安　尺

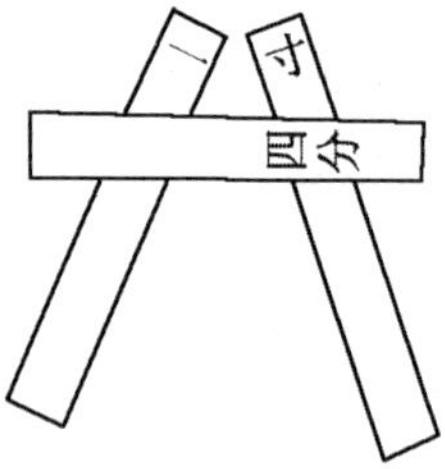

其开止四分也

量　数

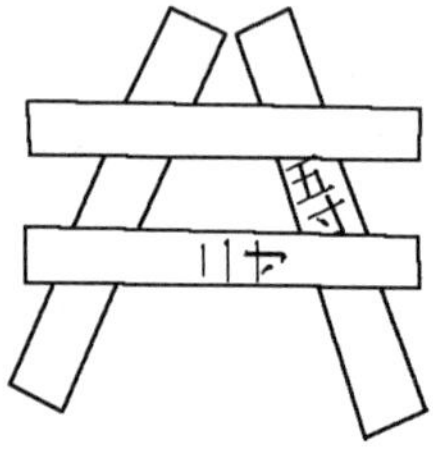

其开止二寸也

降数式：有五十九人，每人八两，问共若干？曰四百七十二两。以八两为八分作实数，以五十九人作五寸九分为法数，用实尺比定八分，安于法尺一分上，八大一小，不可安放，乃降十倍，安于法尽一寸空处，量法尺五寸九分空处，得四寸七分二厘，先降后升，应升为四尺七寸二分,原以分为两,故知所得四百七十二两。此系升法,以代降实。

安尺

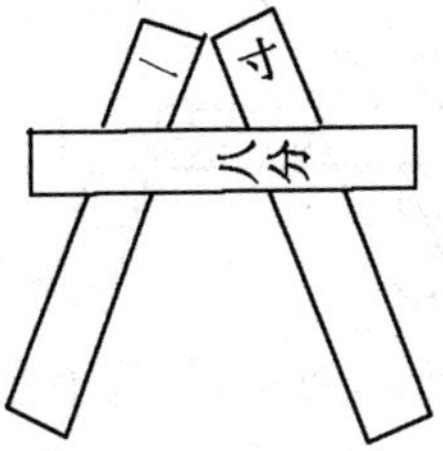

量数

实数折半式:有八人,每人一十二两,问共若干?曰九十六两。以八人作八寸为法,以一十二两折半,得六两作六分为实,用实尺比定六分,安于法尺一寸空处,量法尺八寸空处,得四寸八分。原以分为两,是为四十八两,先半后倍,倍得九十六两也。

安尺

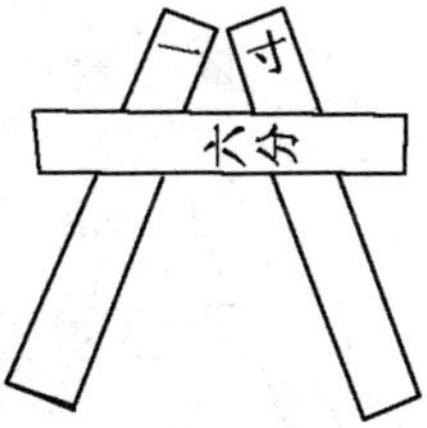

量数

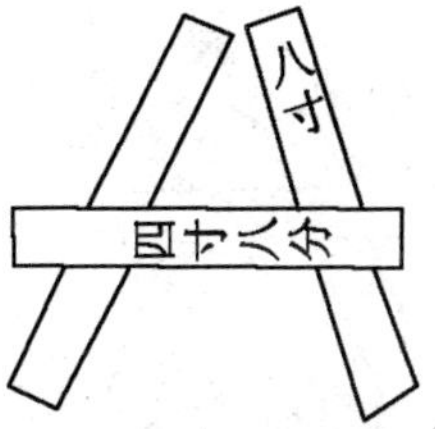

法实俱折半式:有一十六人,每人一十二两,问共若干?曰一百九十二两。以一十六人折半得八人,作八寸为法,以一十二两折半得六两,作六分为实,用实尺比定六分,安于法尺一寸空处,量法尺八寸空处,得四寸八分,以分为两,是为四十八两,倍之得九十六两,再倍之得一百九十二两,因法实俱折半,故再倍之也。

实数再折式:八人,每人二十四两,问共若干?曰一百九十二两。以八人作八寸为法,以二十四两折半得一十二两,又折半为六两,作六分为实,用实尺比定六分,安于法尺一寸空处,量法尺八寸空处,得四寸八分,以分为两,是为四十八两,倍之得九十六,再倍之得一百九十二,再折故再倍。或将实三分之,得数三乘之亦可。

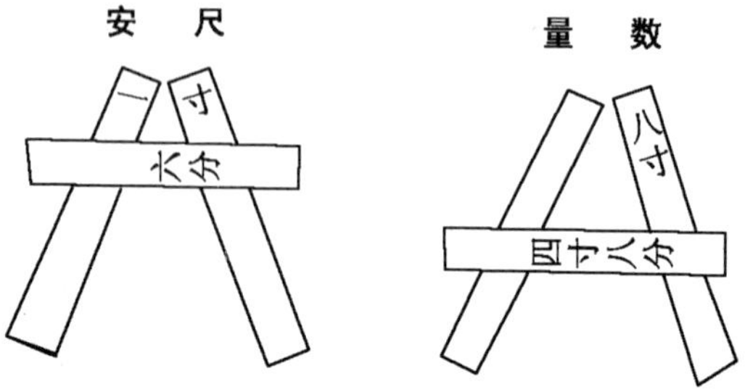

法实俱再折式：三十二人，每人二十四两，问共若干？曰七百六十八两。以三十二人折半得一十六人，又折半得八人，作八寸为法。以二十四两折半得一十二两，又折半得六两，作六分为实。用实尺比定六分，安于法尺一寸空处，量法尺八寸空处，得四寸八分，以分为两，是为四十八两，倍之得九十六两，再倍之得一百九十二两，再倍之得三百八十四两，再倍之得七百六十八两，四其折半，故四其加倍。如以四自乘得十六，又乘四十八亦合。

整零截量式：二十四人，每人五钱三分，问共若干？曰一十二①两七钱二分。以二十四人作法尺二寸四分，以五钱三分作实尺五分三厘，先截整数二十人求之，将实尺比定五分三厘，安于法尺一分空处，实大不便安顿，降之安于法尺一寸空处，将五分三厘升作五寸三分，此为十人所得数。倍之得十寸六分，便是二十人所得数也。后截零数四人求之，量法尺四分空处，得二分一厘二毫，亦升作二寸一分二厘，便是四人所得数。并两得数，得十二寸七分二厘，为二十四人所得总数。

① “二”，库本作“三”。

因以尺之厘为银之分,故知为十二两七钱二分。

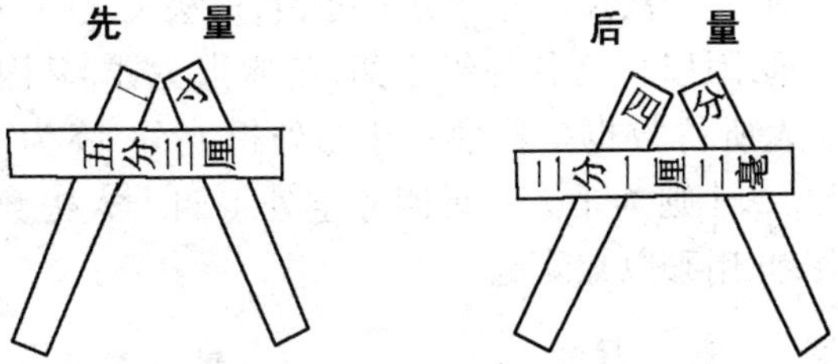

又术:以二十四人作法尺二尺四寸,以五钱三分作实尺五分三厘,将实尺比定五分三厘,安于法尺一寸空处,得五寸三分,倍之得一尺〇六分,为二十人所得数。又于法尺四寸空处,量得二寸一分二厘,并得一尺二寸七分二厘亦合。所截为二十人,故加倍,若三十人则用三乘,四十人则用四乘之。

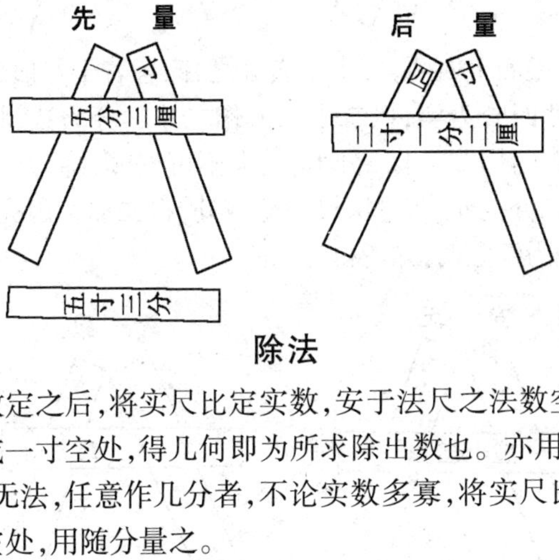

除法

法实数定之后,将实尺比定实数,安于法尺之法数空处,乃量法尺之一分或一寸空处,得几何即为所求除出数也。亦用降数折数二法,或有实无法,任意作几分者,不论实数多寡,将实尺比数,安于法尺之百分空处,用随分量之。

式:银二十二两,四十四①人分之,问各得银②若干?曰五钱③。

① “四”,库本无。

② “得银”,堂本无。

③ “五钱”,库本作“五钱五分”。

以二十二两作二寸二分为实,以四十四人作四寸四分为法,将实尺比定二寸二分,安于法尺四寸四分空处,乃量法尺之一分空处,得几何。今得五厘,因以尺之分为银之两,则厘当为钱,又因以分为人,则五钱为一人所得数也。若量一寸空处得五分,降为五厘,亦合。一分为一人,一寸则为十人。量四寸空处得四十人银数,四分空处得四人银数,此用乘以知除也。

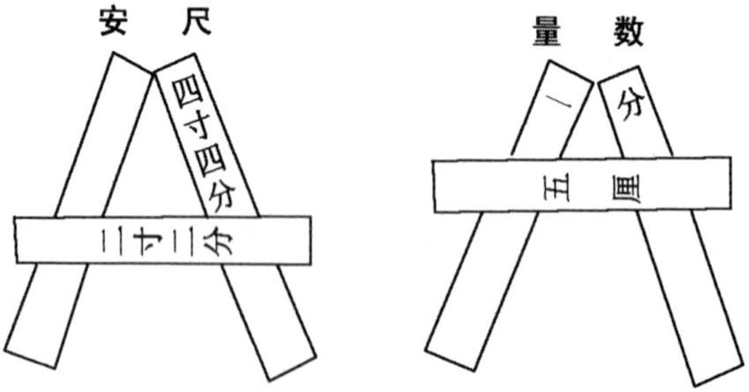

降数式:银四十四两,二十二人分之,问各若干?曰二两。以四十四两作四寸四分为实,以二十二人作二寸二分为法,将实尺比定四寸四分,安于法尺二寸二分上,实大不可安顿,降为四分四厘,安于法尺二寸二分空处,乃量法尺一分空处,得二厘。因先降数,此当升为二分,分为银之两,知所得为二两。

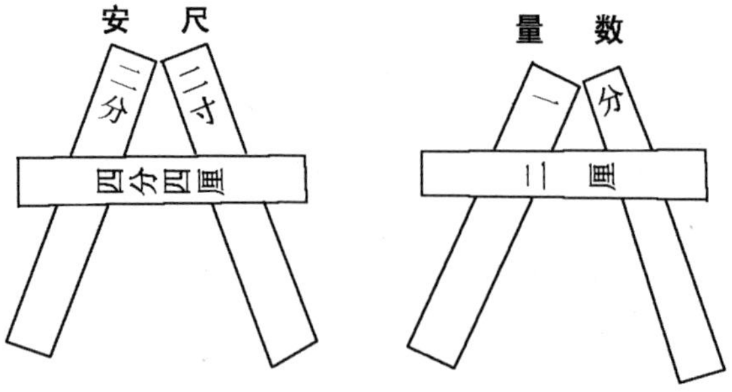

折实式:一十八两,六人分之,问各①若干?曰三两。以一十八

① "各",库本作"共"。

两折半得九两,作九寸为实,以六人作六寸为法,将实尺比定九寸,安于法尺六寸上,实大降作九分,安于法尺六寸空处,乃量法尺一寸空处,得一分五厘。因降实,此当升为一寸五分。又因折实,此当倍为三寸。以寸为两,故知所得为三两。

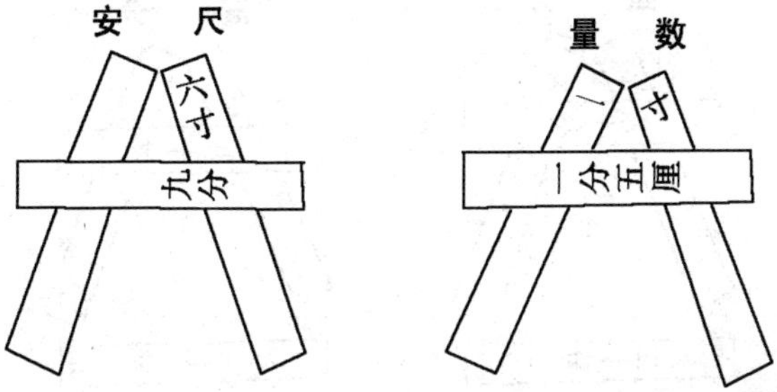

法实俱折式:一十八两,一十二人分之,问各若干?曰一两五钱。以一十八两折半得九两,作九寸为实,以一十二人折半得六人,作六寸为法,将实尺比定九寸,安于法尺六寸上,实大降作九分,安于法尺六寸空处,乃量法尺一寸空处,得一分五厘。因降实,当升为一寸五分,寸为两,知所得为一两五钱。法实俱折者,除与乘不同,乘折则所得止半数,故须倍之。除折则所得即所求数,故不必又倍。

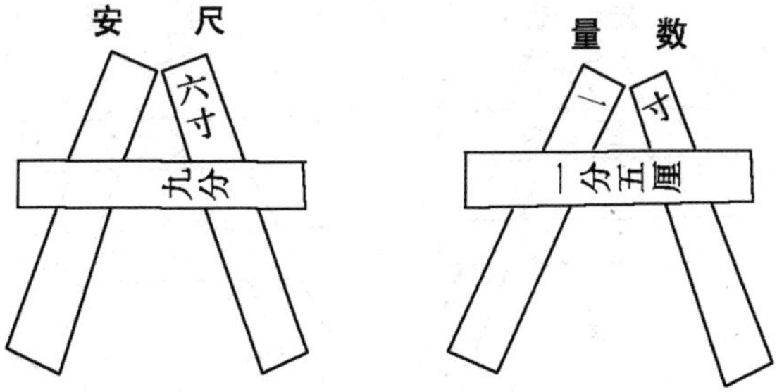

随分式:银八十两,或四平分,或五平分,问各若干?曰四分之一得二十两,五分之一得一十六两。以八十两作八十分为实,将实

尺比定八十分，安于法尺百分空处。如欲作四平分者，则量法尺二寸五分空处，得二十分，每人即得二十两也。如欲作五平分者，则量法尺二寸空处，得一十六分，每人即得一十六两也。二寸五分者，四分百之一也。二寸者，五分百之一也。

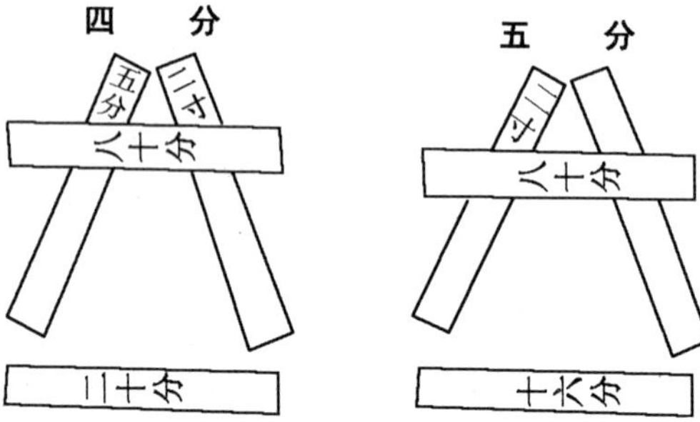

整零截量式：三十二两，五人分之，问各若干？曰六两四钱。以三十二两作三尺二寸为实，以五人作五寸为法，先截实末二寸求之，将实尺比定二寸，安于法尺五寸空处，量法尺一寸空处，得四分，后截实首三尺求之，将实尺比定三尺降作三寸，安于法尺五寸空处，量法尺一寸空处，得六分，应升为六寸，并前四分，得六寸四分，以两为寸，知每人得六两四钱。后量法尺之十寸空处，得六寸亦合，此不升数而升度也。

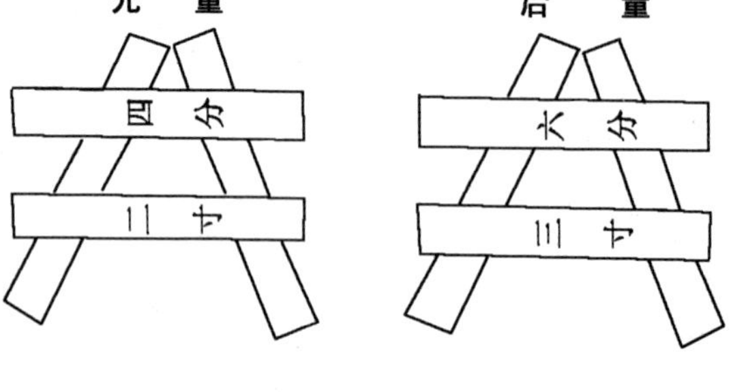

比例法

有实数于此，以某法数分之，得某数。今又有实于此，照前分例求法几何,将实尺比前尺数,安法尺之前法数上,又将实尺比后实数于法尺空处,上下推移,求至吻合处,视法尺之分寸几何,即所求数也。比类无穷,不可胜举,引而伸之,存乎其人。

式:银四百四十两,二百二十人分之,人得二两。今有银八百八十两,照前二两分数,该人几何?曰四百四十人。以二百二十人作二寸二分为法,将四百四十两作四寸四分为实,以实尺比定四寸四分,安于法尺二寸二分上,实大降作四分四厘,安于法尺二寸二分空处,又将八百八十两作八寸八分,亦降作八分八厘,以实尺比定八分八厘于法尺空处,上下推移,至四寸四分空处实①合。以寸为百数,即知为四百四十人。前后俱降实,故不升。且前以人为法,银为实,后亦以银为实,求出法数人,降实则不升法也。

安尺

推量

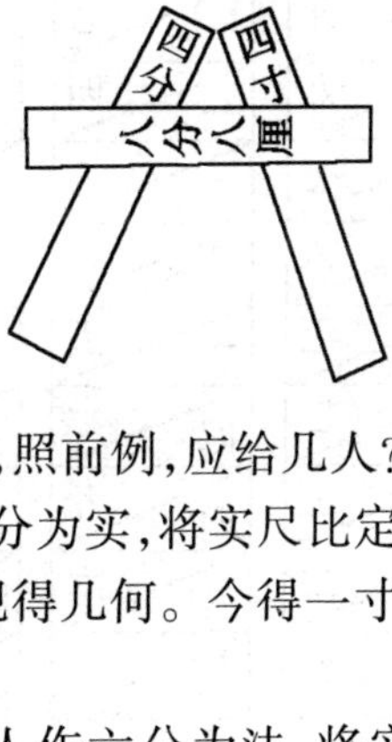

式:银三两,给六人,今有银七两,照前例,应给几人?曰一十四人。以三两作三寸为法,以六人作六分为实,将实尺比定六分,安于法尺三寸空处,乃量法尺七寸空处,视得几何。今得一寸四分,以分为人,即知所得为一十四人也。

又术:以三两作三分为实,以六人作六分为法,将实尺比定三分,安于法尺六分空处。又将实尺比定七分在于法尺空处,上下推移,至法尺一寸四分空处,适得吻合一寸四分,即一十四人也。法实可互更,乘除可互用,此尺算之异于他算也。凡求得数,皆以例比,

① "实",库本作"始"。

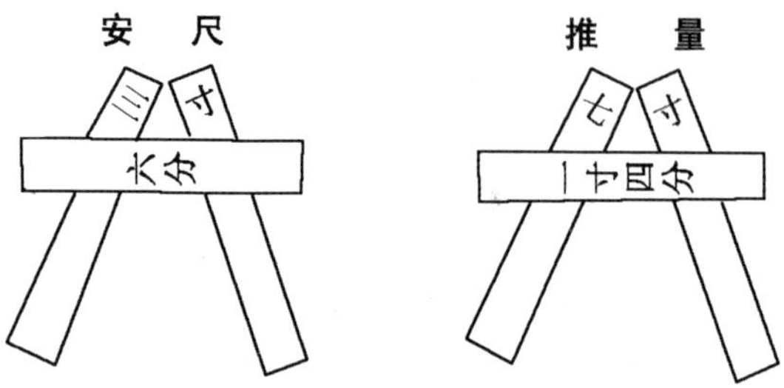

即乘除亦无非比例，故比例以尺为便。

筹算

筹 式

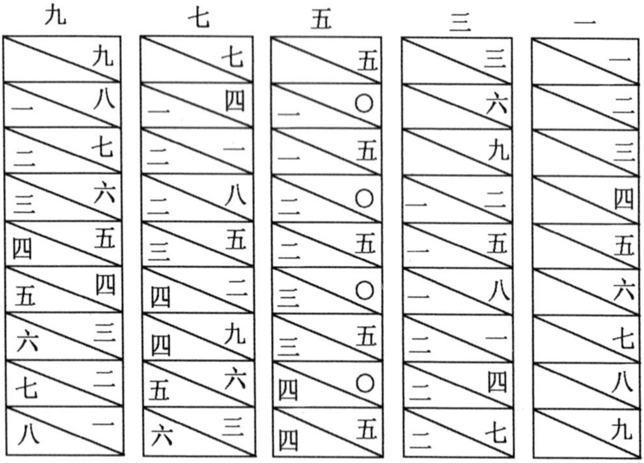

珠算笔算皆有数而后乘，筹算无数而先乘也。故乘以筹为捷。数尽九九，除亦因乘，故随时施用。所遇数更，而先乘之数亦变。多寡前后，相合自成，至若零筹无数，又无用之用也（零筹多置几根）。

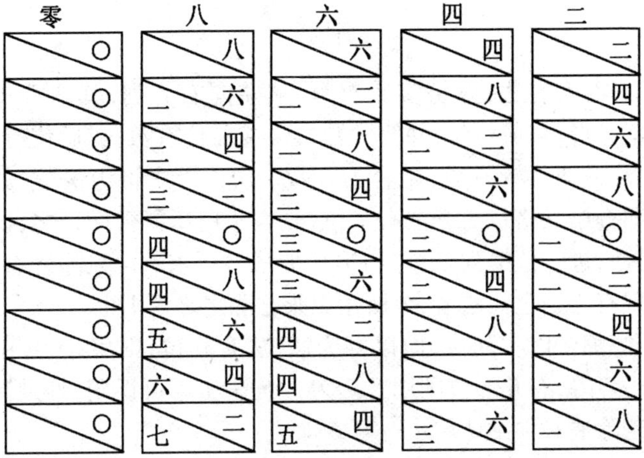

开方筹

筹有二,曰平方,自乘之还原也,故用自乘之数。曰立方,自乘再乘之还原也,故用自乘再乘之数。

立方　　开方

右为本数,左即自乘之数;右为自乘之数,左与中即再乘之数。

乘法

术曰有实有法，先将实数查筹，从左向右齐列，其两筹每格平行，线斜方形，合成一位，并为一数矣。或前位有数，或后位有数，皆一位也。或两位皆有数，则合为一数。次以筹之格为法数，如法数是五，即查第五格也。若法有二位，先查法尾所得数横列之，次查法首所得数，进一位横列之，再用笔算加法得所求数。乘除皆有法实，实者，现有之物也。法者，今所用以乘之除之之规则也。

凡筹算皆以实列位，而以筹为法，法有几位，则用几筹，中有零位，则用○筹，有几○位则用几○筹。凡法实不可误用，唯乘法或可通融，若除法必须细认。

凡乘法皆于实末位小数起，视原实某数，即于筹某行取数列之。

一位法式：五十九人，每人八两，问共若干？曰四百七十二两。以五十九人为实，八两为法，先依实数查第五筹，第九筹，五左九右并列，次依法八，查第八格内横数，曰二曰七○，曰四，去○不用，自左向右横视之，得四百七十二两也。得数尾与法尾数同，故知为两。

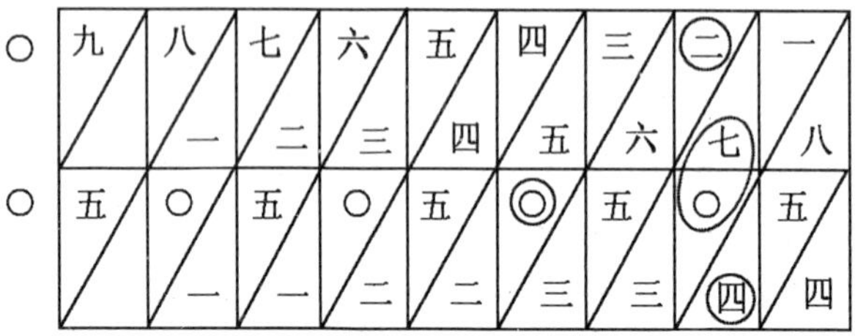

二位法式：五十四人，每人六十四两，问共若干？曰三千四百五十六两。以五十四人为实，六十四两为法，依实查五四两筹齐列，先依法尾四查第四格，曰六曰一○曰二，自右向左横列之。次依法首六查第六格，曰四，曰二○，曰三，进一位横列之。用笔算加法，得三千四百五十六两也。多位法者视此，每查格一回，进一位列数，此横列之法。故从右起，梅定九竖列之，则应自下而上矣。九格内，凡遇右尾有○，必须列之以存位，其○在数中者，说详后式。

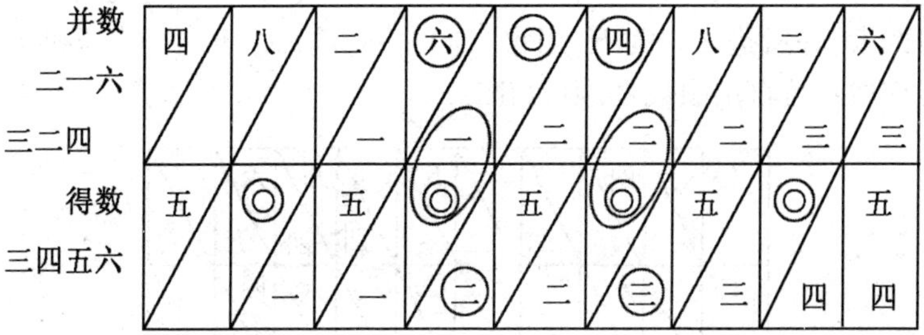

如一年三百六十日,每日一十二时,问共几何?答曰四千三百二十时。

法:列一筹二筹,看六三两位,六位为七二,三位为三六,合并得四三二。定位法从末位起,知末位是十,上一位便是百,又上一位便是千也。若末位是单,上一位便是十。

三筹为法式:如每岁三百六十五日,每日九十六刻,该刻几何?曰三万五千〇四十刻。法:列三六五三筹,看九六两位,六位二一九,九位三二八五,因六位二一九下有一〇,则存之以存刻位。

筹内斜方有〇无数式:五十四人,每人二十八两,问共若干?曰一千五百一十二两。以五十四人为实,查筹并列,二十八两为法,先查八格,曰二,曰三〇,曰四,横列之。次查二格,曰八,曰〇,曰一,进一位列之,加得合问。若斜方之中有数有〇,则去不用。若无数有〇,则须存之以定位,如八格去〇列三,二格列〇存位是也。

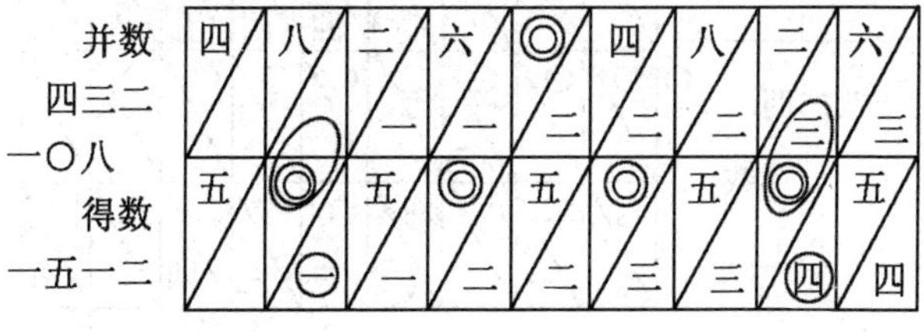

筹内斜方并数进十式:有八十七人,每人六两,问共若干?曰五百二十二两。以八十七人为实,查筹并列,六两为法,查六格,曰二,

曰四八，曰四，其曰四八者，并为十二，本位存二，以十进位作一，其曰四者，并所进之一为五，当自右向左列，曰二二五矣。自下列①上者亦然。若自上顺数之，则为五二二。

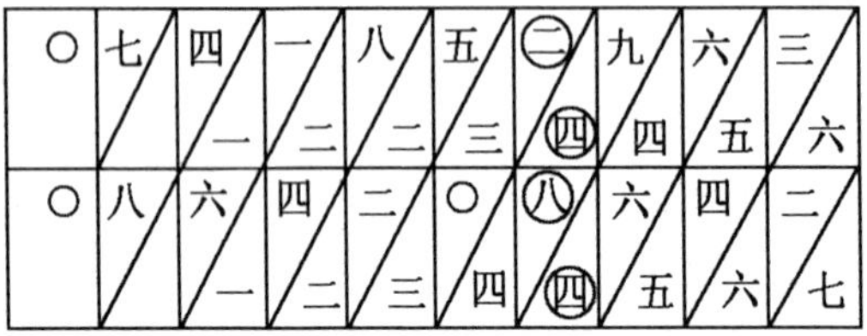

法尾有空式：如每年三百六十日，今三千八百三十年，问日该几何？曰一百三十七万八千八百〇日。此因所问，止及十数，未及单位之日，故法尾存单位为日。法列三六两筹，而后加一〇筹，先看三位为一〇八，次看八位，进一位为二八八，又次看三位，又进一位为一〇八，并之得一三七八，八下有〇，〇方至单位，但知尾位一圈是单日，则各位皆定。

实尾位有空式：如一十二万日，每日九十六刻，该则几何？曰一千一百五十二万刻。法置九六两筹，看一二两位，二位为一九二，一位为〇九六，因一位上有一圈，故必存〇位于上，然所问为每日，则日为单位，而所问实止于万，则千百十单必须存四空位，方能及于单日。

用零筹式：六百零八人，每人三十四两，问共若干？曰二万零六

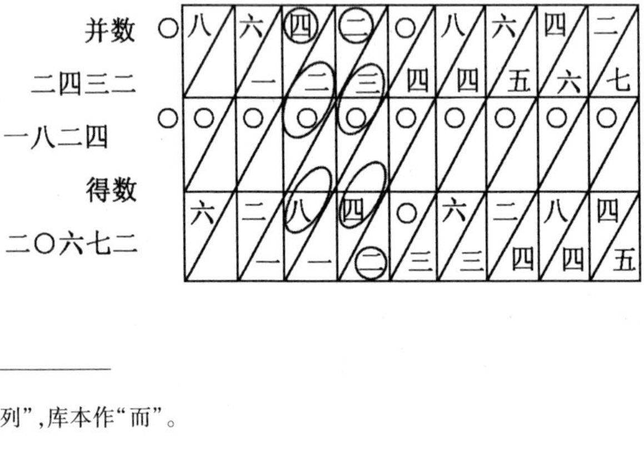

---

① “列”，库本作“而”。

百七十二两。以六百零八人为实,查六筹零筹八筹并列,三十四两为法,先查四格,曰二,曰三〇,曰四,曰二,横列之。次查三格,曰四,曰二〇,曰八,曰一,进一位列之。加得合问。

实数整几十者,列一零筹于右,整几百者,列二零筹于右,以定位也。

除法(即商法)

术曰,有实有法有商,别列实数,以法数依号查筹,从左向右齐列于诸筹九格内,查横行数之等于实数,或略少于实数者,在第几格即是初商数。如在第一格即一为初商也。次以查得之数减其实数,已尽则止一商,如未尽则有再商,即再查横行内,数之等于存实,或略少于存实者,在第几格即是再商数。又以查得之数减其存实如前,又未尽,则更有三商,倘再商已除,实虽未尽,而次位无实,则商有〇位,即作〇以当次商。再以存实于格内查之,若至馀实数少于法数,是为不尽,法当命分之。

凡除以所分之物为实,今欲作几分分之为法,法与实须审定,不可倒置。如有粮若干,给若干人,则当以粮为实,以人之数为法除之。盖粮数是所分之物,人数是用以分之之法也。

凡书商数,皆与减数第一行相对,若所减第一位是〇,则补作〇,于原实首位上而对之,此定位之根也。

定位法:除毕以商得数,与原实对位求之,皆如法首位之上一位,命为单数(归于法前得零,古法实如法而一是也)。然此有二法,有法少实多者,从原实内,寻法首位认定,逆转上一位,命为单数(如米则为单石,钱则为单文),既得单数,则上而十百千万,下而分秒忽微,皆定矣。此为正法。有法反多而实反少者,乃变法也。法从原实首位逆遡而上,至法首位止。又上一位命为单数(此是虚位,借之以求实数),既得单数,乃顺下求之,命所得为分秒之数。

一位商式:三百二十五两,六十五人分之,问各若干?曰五两。别列三百二十五两为实,以六十五人为法,查六五两筹,左右齐列,何格数与实相等。一格至四格皆少，五格内自左向右，曰三二五适等，即五为商数也。

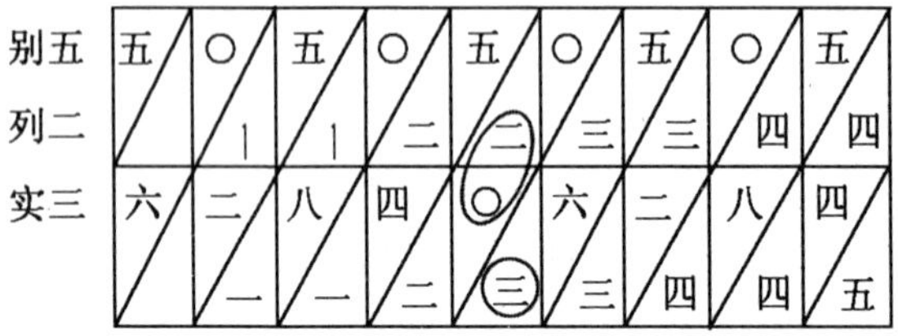

如太阳每岁行天三百六十度，分为七十二候，每候几何度？曰每候五度。此欲分七十二分，当以七二为法，用两算。

先列三百六十度为实，次检七二两筹为法，视何格内有三六〇与相同，今在五格则商作五。又查所减第一位是三，将商数五对三字书之，此法少于实也。宜于原实内，寻十度位，即法首位也。法首再上一位为单度，定所得为五度。

假令实是三千六百，则所得为五十度。此亦法少于实，法亦于原实内寻法首十位，再上一位为单位，单位空，补作圈，再上一位是十度，定所得为五十度。用筹同而得数迥异，定位之法所以当明。

二位商式：三千三百二十五两，九十五人分之，问各若干？曰三十

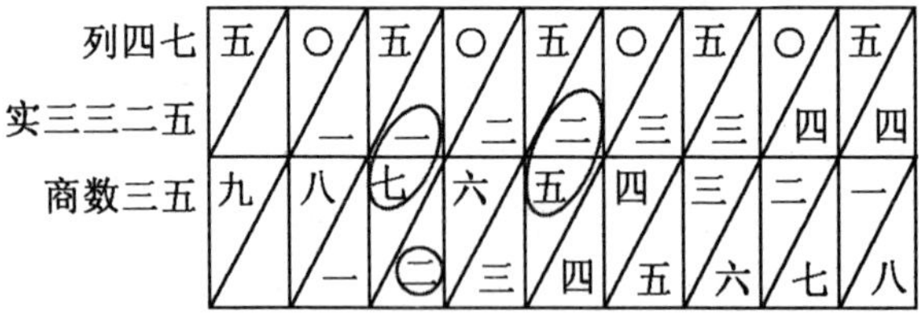

五两。列三千三百二十五两为实，九十五人为法，列筹，二筹横数止三位，须截实上三位，曰三三二，作三百三十二，于格内查之，至三格自左向右，曰二八五（中位一七并八），作二百八十五，略少于实数，四格则多矣。用三为初商，相减馀四十七，再以馀实四七，及截外之五，作四百七十五，查至五格四七五（二五并七），适等，用五为次商。

如《皇极经世》一元共十二万九千六百年，分为十二会，共几何？

曰每会一万○八百年。如图列实,检一二两筹,第一行是○一二,商作一数,除实一二,尚馀九六至第八行,得○九六。商作八恰尽,又因所减数是○一二,故于实首位补作圈,而以商得一,对此商位书之,此定位之根。次所减亦是○九六,故以商得八,进位书之,以暗对其○,因法以十为首,则十字之上,方是单位,数至一恰当万也。

三商式:如有水轮,每日共转二千二百四十四周,一日十二时,每时几何转?曰每时一百八十七。此亦欲分为十二也,故用一二两筹,检筹第一行是○一二,商一,减实一千二百,馀一千四十四,次检筹,第八行是○九六,商八,减实九百六十,馀八十四,末检筹第七行是○八四,商七,法以十为首,则十上一位为单数,初商数,对所减筹第一位,因初商是○一二,故遂以一字对书之。

商当有○式:三十二万三千八百七十六两,五百三十八人分之,问

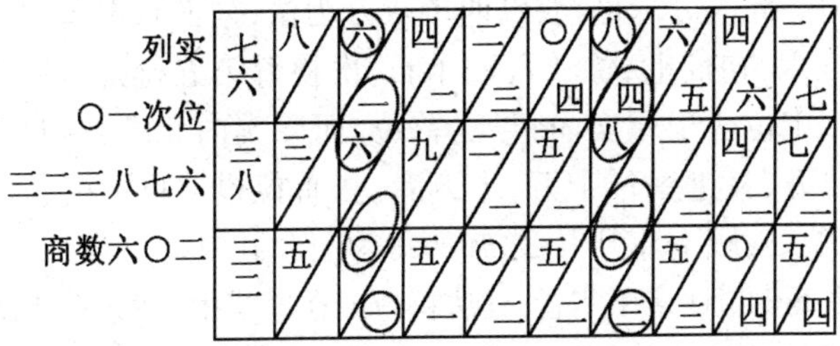

各若干?曰六百零二两。列实查筹,三筹横数止四位,截实左四位,曰三二二八,作三千二百三①十八,查至六格,自左向右曰三二二八,作三千二百二十八,略少于实数,七格则多矣。用六为初商,相减馀一十,以馀实一○,及截七六,作一千零七十六,此乃次位无实也。次商当作○,竟不除实,馀实仍是一千零七十六。查至二格一零七六适等,用二为三商,若次位三位俱无实者,即一连两商,皆当作○。

法有○位式:如布二万一千七百六十八丈,给与九百○七人,各几何?曰每人二十四丈。此欲分为九百○七分也,故以九筹○筹七筹为

① “三”,库本作“二”。

法,检筹第二行一八一四,商作二,盖一格本少,自二格以下皆多,唯第二格略少于实数,故商二。减实一万八千一百四十,尚馀三千六百二十八丈,减至第四三六二八,恰尽,故又商四,因法首是百,故百上为单位,知为二十四丈。以上皆法少于实,故法首在原实中,乃本位也。

法多实少式(即除分秒法):假如银五百一十二两,给六百四十人,各若干?曰每人八钱。解曰凡不能成一单数者,皆分秒也,故斤下有两,两下有钱,钱下有分,分下有厘,厘下有毫,零以两为主,以两为主则两为单位,而钱为两十之一,八钱即十分两之八,此欲分为六百四十分也。故以六四两筹为法,检筹第八行恰尽,故商八,又所减首位不空,故商数对之。定位法曰此法多于实也,寻法首位百,逆上一位是两,二位空则知是钱。

又式:如饥民四十八万口,赈米三千六百石,各得若干?曰每口七合五勺。此人分米也,故以四十八万为法,列四八两筹,检筹第七行是三三六,初商七,馀二百四十石,次检筹第五行是二四〇,次商五恰尽。定位法于原实内,寻法首位,而原实内无十万,只有千,虚进一位寻万,又进一位十万,十万者,法首位也。再上一位得零,是单石,石位〇,顺下斗升俱〇,知所得为七合五勺。

以上两例皆法多于实者,其法首位或在原实中,必原实首位也。或不在原实中,则于其原实上几位也。要之皆不能满法,其所得必为分秒。

法多实者,实乃零数,法乃整数。假如有银四百五十六两,而千百十人分是也。

实多法者,法乃零数,实乃整数。假如有银四百五十六两,而有二三十人分也。

法首位者,法首位之数也。若法首是十,即于实之十位上为法首位。若法首是百,即是实之百位上为法首位。法首位上一位是单者,如实之十数是法首位,而十上之百数位即为单位也。实之百数是法首位,而百上之千即为单位。

实不尽式:三千三百三十六两,九十五人分之,问各若干?曰三十五两,馀实一十一两。列实查筹,二筹横数止三位,截实左三位曰

三三三,查至三格,自左向右曰二八五,略少于实数。用三为初商,

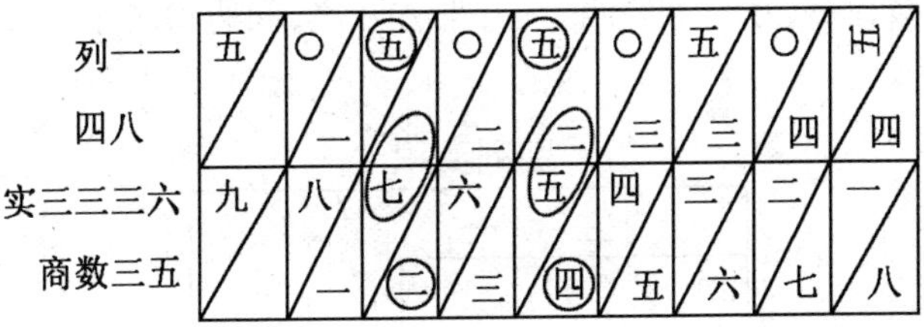

相减馀四八,以馀实四八,及截外六,作四八六。查至五格四七五,略少于馀实。用五为次商,相减尚馀一十一,为不尽数也。

开平方法

术曰,有积数(即实数),有商数,商有方法,有廉法(倍初商)隅法(次商),置积数,从末位下作点向左,隔一位作一点,有一点知有一商也。视平方筹内自乘之数,与实相等或略少者,取以除实,但自左一点为始(此谓横列者,若上下列,则从上始),点前无位,则自乘止于零数。点前有位,则自乘应有十数,而此乘数在筹内第几格,即用其格数为初商也。有二点者,以初商倍之,乃以倍数查筹,列于平方筹之左。再视诸筹横行内,数与存实相等者,用以除实。而此实在几格即用为次商,法不尽者以法命之,或实右加○,再开之。

开方有实无法,故用方廉隅以代之。初商积与次商隅积,皆自乘数也。次商廉积之数,处初商与隅积之间也。

第一点求初商之根为方法,乙为方积也。不尽,求二点之商,倍初商根为廉法,甲丙两长边也。隅法,丁方一角也。此甲乙丙丁为

平方二商之形，如三商则加戊已廉，及庚隅也。

式：如积三万二千〇四十一，平方开之，问边得若干？曰一百七十九。

别列实积

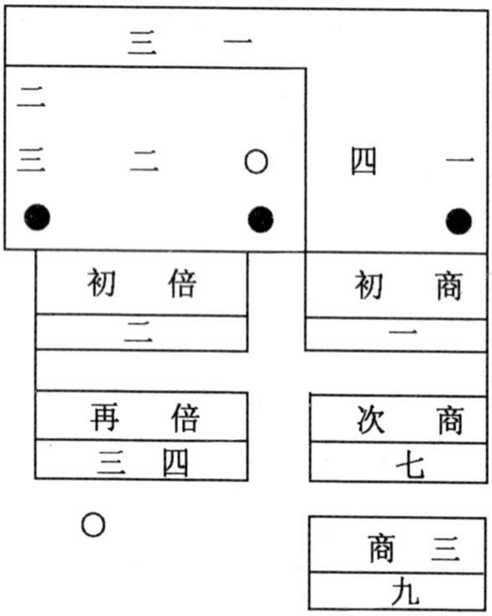

术：别列积为实，从末位一下作点，向左隔一位，〇下作点，三下作点，共得三点，知商有三位也。点左无实(横言左，竖言上)，三作零数，视方筹内自乘无三，近少为一，平行取一为方法，为初商，乃于实三内减去一格自乘之一，存二以共次点实，曰二二〇，为馀实。次倍初商根，得二为廉法(倍一为二)，取二号筹，列方筹之左，于两筹横行内求二二〇，无则用近少者，一八九在第七格，即七为次商，为隅法，乃以一八九减馀实二二〇，馀三一，以共三点之实，曰三一四一，为次商馀实。再倍初次两商之一七，得三四(初商一作一十，次商七共为十七，倍为三十四)，为次廉法。乃去次商所列之第二筹，又取三号四号两筹，自左向右，俱列方筹之左于横行内，求三一四一，在第九格，即九为三商，为次隅法，减实无馀，即三次所商，为平方边一百七十九也。

三筹	四筹	平方筹		二筹	平方筹		平方	
三	四	一	一	二	一	一	一	一
六	八	四	二	四	四	二	四	二
九	一二	九	三	六	九	三	九	三
一二	一六	一六	四	八	一六	四	一六	四
一五	二〇	二五	五	一〇	二五	五	二五	五
一八	二四	三六	六	一二	三六	六	三六	六
二一	二八	四九	七	一四	四九	七	四九	七
二四	三二	六四	八	一六	六四	八	六四	八
二七	三六	八一	九	一八	八一	九	八一	九

开立方法

术曰,有积数,有商数,商有方法,有平廉法,长廉法,隅法,置积为实,从末位作点,向左隔二位作点,每一点有一商,视立方筹内再乘之数,有与实相等或近少者,用以除实也。但自左一点为始,点前无位,则再乘止于零数,点前有一位,则再乘应有十数,点前有二位,则再乘应有百数,而此乘数在第几格,即用作初商也。有二点者,以初商自乘而三倍之,为平廉法,以初商三倍之,为长廉法,却以平廉法数查筹,列立方筹左,以长廉法数查筹,列立方筹右,乃视左筹与方筹之横行内数,查其或等或少于馀实者,取格数为约数,即以此为次商,以次商自乘之数与长廉法数相乘,进一位书于约数之下,以此二数并之除其馀实,即得立方边也。不尽者,依法命之。

其一作六面方体,诸面线角皆相等,此名方法体,成甲乙丙丁形。此初商形也,凡边皆初商之数。

其二作六面扁方体，其上下面各与方法等，旁四面之高少于方法之高，而四棱线皆等，此各平廉法体，成戊己庚辛形。

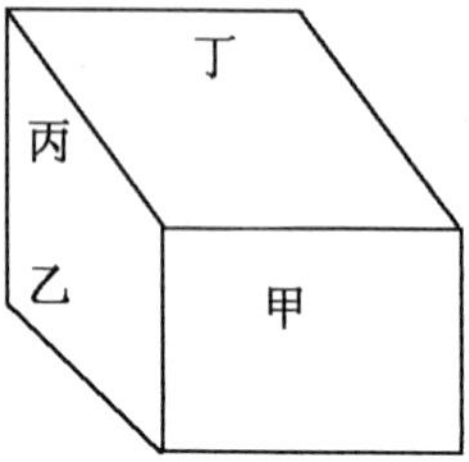

此形一

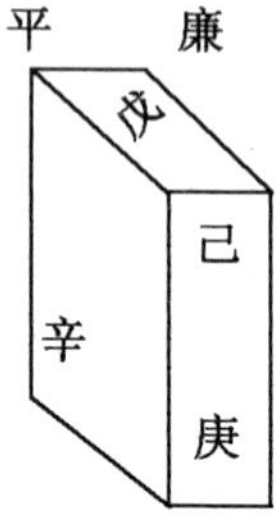

此形二

其三作六面长方体，其上下左右四面与平廉之旁面等，两端之四界线皆与平廉之高等，此名长廉法体，成壬癸形。

其四作六面小立方体，六面之广袤，皆与长廉之两端等，此名隅法体，成子丑形。

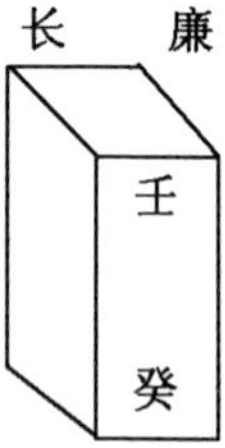

此形三

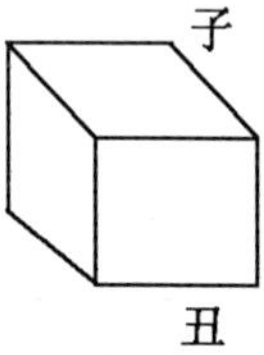

此形四

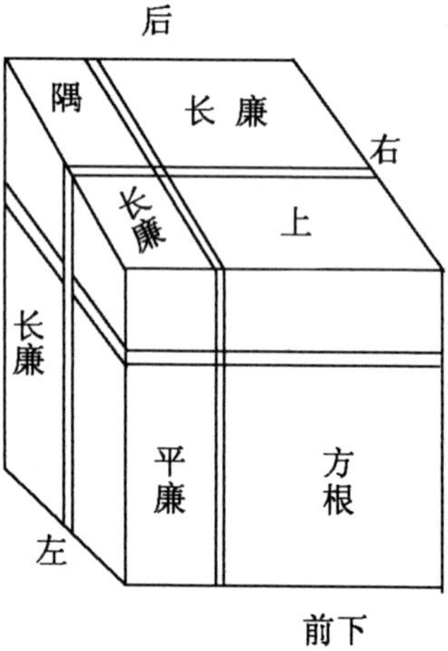

通曰，右三形，皆次商形也。三四商者，亦如此三形增之。

后边长廉之下，尚有一平廉。

通曰，初商方根，次商上加一平廉，左加一平廉，后加一平廉，故三倍初商之自乘，为平廉法也。上与后之边齐，右加一长廉，上与左之边齐,前加一长廉,左与后之边齐,下加一长廉,故三倍初商,为长法也。上与左与后三角加隅法,而立方形成矣。

式:如积九百一十二万九千三百二十九,立方开之,问边得若干?曰二百零九。术:别列积数为实,从末位九下作点,向左隔二位作点,凡三点,知商有三位也。点前无实,则实前九为零数,视立方筹内再乘之数无九,三格二七过实,用二格八,实之近少数也。即取二为方法,为初商。九内减八存一,以共次点之实,曰一一二九为馀实,将初商二自乘得四,又三倍得十二,为平廉法。取一号二号两筹,列方筹左,又将初商二三倍得六,为长法。取六号筹列方筹右,乃于立方与平廉,共三筹内之横行数,取其少于馀实者为约数,视筹内无近少数,即第一格之一二〇一亦多于馀实之一一二九,遇此则知商有〇位矣。竟于初商下作〇,以当次商,而实数不动,复开第三点之实一一二九三二九,将初次两商之二〇(此作二十)自乘之,得四〇〇(此作四百)。又三倍得一二〇〇(此作一千二百),为次平廉法。乃取一号二号〇〇〇号之四筹,列方筹左,而去次商所列之平廉两筹,又将初次两商之二〇(此作二十),三倍之得六〇(此作六十),为次长廉法。取六号〇号两筹列方筹右,而去次商所列之长廉

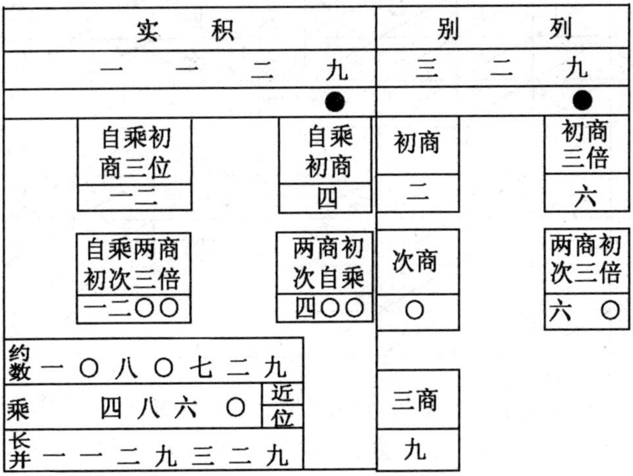

平廉					长廉	立方筹		
一筹	二筹				六筹			
一	二	○	一			○	一	一
二	四	○	八	一	六	○	八	四
三	八	二	七	四	一／二	二	七	九
四	六	六	四	九	一／八	六	四	一六
五	○	一／二	五	一六	二／四	一／二	五	二五
六	二	二／一	六	二五	三／○	二／一	六	三六
七	四	三	三	三六	三／六	三／四	三	四九
八	八	五／一	二	四九	四／二	五／一	二	六四
九	六	七／二	九	六四	四／八	七／二	九	八一

次平廉				立方筹			次长廉	
一筹	二筹	○筹	○筹				六筹	○筹
一	二	○	○	○	一	一	六	○
二	四	○	○	○	八	四	一／二	○
三	六	○	○	二	七	九	一／八	○
四	八	○	○	六	四	一六	二／四	○
五	一／○	○	○	一／二	五	二五	三／○	○
六	一／二	○	○	二／一	六	三六	三	○
七	一／四	○	○	三／四	三	四九	四／二	○
八	一／六	○	○	五／一	二	六四	四／八	○
九	一／八	○	○	七／二	九	八一	五／四	○

筹，乃于立方与次平廉，共五筹内之横行数，取其少于馀实者为约数，至第九格曰一○八○七二九，另立之。向立方筹右，平行取九格

内平方之自乘数八十一，以乘次长廉六〇（此作六十）得四八六〇（此八十一同六十也），进一位列约数一〇八〇七二九之下，相并得一一二九三二九，以此数除馀实之一一二九三二九恰尽，乃以约数之格数九为三商也。三次所商，曰二曰〇曰九，是谓立方根二百零九也。

通曰，长廉筹，止用其号数，格内诸数皆无用，即不列筹而止列数，亦可开方，宜入少广章，因有此二筹，故亦附于此。

周易函书约存卷十四　原古九(冒道分派三)

乐律

律应卦气相生图

律吕声音几表。吕览含少三寸九分,以阳九阴六辟卦对推自符。律娶妻吕生子,以辟卦证之始明,详后。

宫与商,商与角,徵与羽,相去各一。角与徵,羽与宫,相去各二,则音节不和,故角徵间,收一律近徵,比徵少下曰变徵。羽宫间,收一律少高于宫,曰变宫。自宫九寸,三分损一为徵六寸,徵三分益一为商八寸,而不可分,故止三统。乃析七十二分,生羽四十八,至角六十四,则三分馀一,故止五音。乃析一为九厘,为五百七十六,三分损一,得三百八十四,生变宫。三分益一,得五百十二,生变徵。三分馀二,此变声所以止二也。曰和曰缪,故不为调。约以寸法,则黄林太得全寸。约以分法,则南姑得全分。约以厘法,则应蕤得全厘。约以毫法,则大夷得全毫。约以丝法,则夹无得全丝。至中吕之实,十三万一千七十二分,三馀二律之终也。变则旋起,凡数始于一成于三,此后则两而一变。

煦按:初九初六之类,即所纳之爻也。其图本复南而姤北,取其合阴吕所居,取冲之妙也。予谓宜倒之,取其于乾坤纳甲之义合也。《易》冒天下之道,万事万物无出阴阳,则乾坤二者其既包之矣。《易》曰雷出地奋,豫,先王以作乐崇德。夫奋之云者,一阳之动用也。雷之云者,一阳初奋之声也。阳与阴遇,搏击而声出,故《易》于雷霆谓之为鼓。凡两物相击,皆能出声,势使然也。巽之初阴遇阳,亦振而为声。兑之末阴居上,亦象口而出言。《易》谓雷风相薄,皆阴阳之初遇耳。丝,静也,手抚之而成韵;竹,静也,气嘘之而成音;金石之无知,搏拊之而应节,皆两物之击也。声有永短,始之终之,则其中有渐矣。损之益之,所以应律也。圣人之德何遽不昭于韶夏乎?

通曰,六律居子寅辰,午申戌,不动。六吕皆取冲位,未居丑为十二月,酉居卯为二月之类是也。凡阳生阴,谓之下生,用三分损一求之。凡阴生阳,谓之上生,用三分益一求之。盖相生则以子午分阴阳,不以律吕分阴阳也。详后。

煦按:五音六律,度量权衡,皆以黄钟为之根本。则求其故者,必先定黄钟之积固已。然积黍以求之,而黍有大小,历代之所考,其数各各不同,是黍之不可以为准也。葭灰候气之说出于司马,历代因之,然皆信耳之过。夫地之厚,不知其几万里矣。阳生地中,一日之运量,亦不知其几千里矣。今以数寸之管,或长或短,候于地面,七八九寸之间,欲其气应无违,是冬至初复之气,仅在此地面数寸之间,至极深极远之下,必无有初复之气矣。且又欲于大寒雨水逐节之气,各当其管而胥为之应,是天地间之阳气,终岁之间仅在此地面数寸中,其何以处夫数寸以上,而至于无上?数寸以下而至于无下者,其亦不思之甚也。夫候之于管,而遂能动荡其灰,亦谓气之能力然耳。若然则阳气初至,虽曰甚微,既能动荡其灰,则必有隐隐欲动,吹之如风者存也。始阳初复,彼其风力既能如此,逮于极盛,彼其风力当亦从之而极盛矣。乃后乎冬至,何未闻风气之运邪?岂初至之风力可征,而极盛之风力反微而不可征邪?岂极盛之阳,非此初复之阳渐进而趋盛者邪?

夫阴阳之气行于天地间者,寒暖止耳,非谓气行皆必有风力存也。譬若花之有香,人皆谓为香气,岂非风力推送使然?况在冬至初复之阳,尤极微极微者邪?尝闻古人以炭与灰各适其均,而平悬之,逮及冬至后,则炭重于灰,夏至后则灰重于炭,何也?阳暖则熯能使灰轻,阴凝则湿能使灰重,至炭之坚实则阴阳皆不易入,故仍其重耳。此冬至后所由炭重,夏至后所由灰重也。知灰之或轻或重由于阳之熯阴之湿,则但于春秋二分,以物包灰,约其分两之轻重空悬室中,逮于冬夏二至,察其重轻,当必有较然可辨者,此气之能力使然,非气之风力使然也。不征其气之能力,而但以为气之风力,至于候之不验,则从而咎灰。于是乎求其最轻最妙者,而至于葭,逮于葭灰候之,而又不验也,则又归其咎于壮风之摇撼,而以为其室不密,于是乎又以缇素密帷候于室中木架之上。凡此皆意以为然,从无实据,而未知阴阳之妙各有真机,非气也,亦必非风力之所能显也。

以风力而论阳气,此溺于气之一偏,而未察夫天地间真阴真阳升降之至理也。夫风力者,使之然而然也。能力者,物之才具然也。火之自然而热,水之自然而寒,日月自然而照,自然而温,皆能力也。今将认能力为风力,然则日光之照灼冲和,其亦将有风力推运而使之邪?不知微阳复于地中之说,非真谓地之中此阳从何处始也,特以阴阳之理原自相须,非阴则阳无以显,非阳则阴无以显,故阴阳二者皆以一分为微,六分为极,卦之必定以六爻此也。当纯阴极盛时,忽觉此极阴之稍减一分,而不极其盛也,此便是微阳之复,天纯阳而地纯阴,故遂谓微阳复于地中耳。其在先天图中,微阴之或始或终皆附于乾,微阳之或始或终皆附于坤,此之义也。又以阳之生也必根于阴,阴之生也必根于阳,故以为阳自地中复,其实阳气才复得一分。尽天地间所有之气,无上无下,无高无卑,无往不具此一分之阳,固不独地面三寸二寸间然也。盖阳气之微盛,止有浅深厚薄而已,浅谓阳气之尚薄,深谓阳气之已厚也。冬至阳气初萌,薄而未舒,其在乾卦正潜龙勿用之爻,岂遂独出能力,鼓而为风,而独于此刻此时验于兹管邪?况既为冬至之时令,则半月之中何非冬至,倘再入灰于此管,当亦无不有然者矣,而又奚拘于此时邪?且其阳生之厚薄,既统上下高卑,而莫不胥然,固宜无拘乎此管之长短大小,而此气之均当无不然者矣。岂能于数寸管中分别长短,有应有不应邪?

夫后儒讲求圣学,但当以孔子为正,闻韶而忘肉味,此其契乐亦已精矣。孔子未之言,必有难以言传者矣,从而置之可也。夫积黍不可,候气不可,然则黄钟为万事根本,将遂无术以取衷乎?曰乐律虽曰失传,其先要必以中声为本,以其吹之于管,长一寸者其声便清一分,短一寸者其声便浊一分,清浊不能以不分,则管不能无长短。管不能无长短,则分寸不能以不定。所由有损之益之之说,凡皆因音而损益之,以求中声,非因数而损益之,以至于不可纪也。中声者,黄钟也。凡乐皆自有之,凡曲调皆自有之,故韶有韶之中声,武有武之中声,高有高之中声,下有下之中声,中声既定,然后从而察之,高于中声者为高,卑于中声者为卑,由其本具之中声而渐杀渐申以损益之,虽五音七调十二律,以及六十律八十四调三百六十,无不缘此中声之清浊高下,而五音六律胥由以叶矣。

夫人之声音或大或细,要各有中声存焉。鸟雀之声微,牛马之声高,要亦各有中声存焉。激之则亢过其分,缓之则抑过其分,别其亢抑,审其性情,辨其喜怒,鸟兽之音犹将可识,况于度量权衡乎哉?夫尽善之韶,尽美之武,遡其中声,当是韶之优柔平中,而武则不免于发扬蹈厉耳。自来言律者详于数而略于音,与言易者详于数而略于理同弊,是皆未精求乎音,而得夫中声之说也。

《补笔谈》曰,琴瑟弦皆有应声,宫弦则应少宫,商弦则应少商,其馀皆隔四相应。今曲中有声者,须依此用之。欲知其应者,先于诸弦令声和,乃剪纸人加弦上,鼓其应弦,则纸人跃,他弦则不动。声律高下苟同,虽在他琴鼓之,应弦亦震,此之谓正声。

等韵

煦曰:了羲之三十六母,以腭舌唇齿喉分定部位,此即宫商角徵羽五音之所自起也。音出于喉,与宫音相配,今不首喉,而以配角之腭音居首,此即一阳之生始于冬至子半,而春令所始则岁建首寅是也。徵夏而商秋,至冬而为闭藏之令,然声阳类也,声之动也,莫不托始于静,以始之者终之,即以终之者始之也。至其一阴一阳上下相配,以成翻切,虽亦具有阴阳荡摩之妙,如见之一母,倡于东通韵则为古红之公,倡于支齐韵则为居宜之基,倡于鱼模韵则为古胡之姑,是见之一音,三十六母皆可以遍倡也。如红之一音,和于鱼模之古而为公,和于鱼模之苦而为空,和于登丁之德而为东,和于歌罗之他而为通,是红之一音未尝不可以遍和也。然其所重止在一上一下,一夫一妇,以叶一字之音耳。顾其三十六母既足以摄天下之音而无所遗,而二音所叶,又足以定一字之音而无所误,此所以相沿而未之有易也。至于邵子以翕辟清浊,开发收闭,括尽天下之万声万音,而有声无声,有字无字,无不该括①其中。要其上下交错之妙,亦止是八卦之荡摩而已。故其开发收闭比于腭舌唇齿,未之易也。其翕辟清浊依然三十六母中,刚上而柔下,清上而浊下之义,至其所以能然之故,则仍不离夫卦爻阴阳刚柔太少之旨耳。煦因立图于后。

凡此十二字所切皆为少刚之音。腭:见,溪,群,疑(音夷,凡此字所切,皆少柔之音,此为刚中之柔)。舌:端,透,定,泥。唇:帮,滂,并,明。少刚之音响而清,如敲木,如抚掌,是开而舒者也。

凡此五字所切皆为太刚之音。齿:精,清,从,心,邪。太刚之音

---

① "括",库本作"错"。

响而至清,如撞钟,如击石,是发而激烈者也。音促而短,而近于收矣。

凡此六字所切皆为太柔之音。喉:晓,匣,影,喻,来(凡此字所切皆为少刚之音,此为柔中之刚),日。太柔之音微有声,如风之拂拂,如火之烘烘,微觉其有,而散而闭矣。

此舌音之轻而浊者也:知,彻,澄,娘。此四字切少柔,列少刚端、透、定、泥之下,与端、透、定、泥同一舌音之部位也。少柔之音,如抚弦,如裂帛,如行锯,如吟咏,如微风,虽若有音,而实无筋骨。

此唇音之轻而浊者也:非,夫,奉,微。此四字亦切太柔,列少刚帮、滂、并、明之下,与帮、滂、并、明同一唇音之部位也。

此齿音之轻而浊者也:照,穿,床,审,禅。此五字皆当切少柔。穿,当称焉切。床,当乘王切。此与齿音之精、清、从、心、邪同一部位,特彼少刚而此少柔耳。

以类分之则五,以轻重清浊分之则八,以刚桑太少分之则四,如专论刚柔,则阴阳阖辟而已矣。煦所著《韵函》一书,以阴阳分之为第一层,阴先而阳后者。凡音皆由静起也,其次皆别以刚柔太少,刚前而柔后者,阳倡而阴和之义也。先少刚而后太刚,先少柔而后太柔,亦律吕先黄钟诸律,以中声为主之义也。其少刚之类则由见端帮始,太刚之类则由精清始,少柔之类则由知照始,太柔之类则由晓匣始,疑之少柔,宜付娘禅之后,而夹于群端之中,少刚中之少柔也。来之少刚,宜付并明之后,而夹于喻日之中,少柔中之少刚也。此阴中有阳,阳中有阴之义也,亦其本来部位自然如此,不可紊也。盖论位则疑在群后,来在日前。论音则疑为少柔,来为少刚也。四象之下别以三十六母,故见仍居前,而日仍居后。下列各标所领之韵,于首一字即以翻切定之,故可以知为某标之韵,又可知列于刚柔太少为某声,又可以知列于阴阳者为某音,于此而别以翕辟,辨以开发收闭,亦在人之自领而已矣。

煦按:古立切韵之法,以两字合而得音,此即天地交泰之义也。位一定而不移,坤德之定分也。音变迁而各异,乾道之变化也。今以上一字定位，天道之下交也。下一字得音，地德之上承也。位之一定，腭舌齿唇喉是也。音之变易，宫商角徵羽是也。如德红切东，德为舌位之端标，其所切之东亦舌位之端标也。红为宫音，东亦宫音也。然德为少刚，故所切之东亦少刚。

运气

先天近取诸身

咸艮取人身，颐噬取口，观取目，鼎取耳目，亦随处取义也，邵取不同。

后天六气

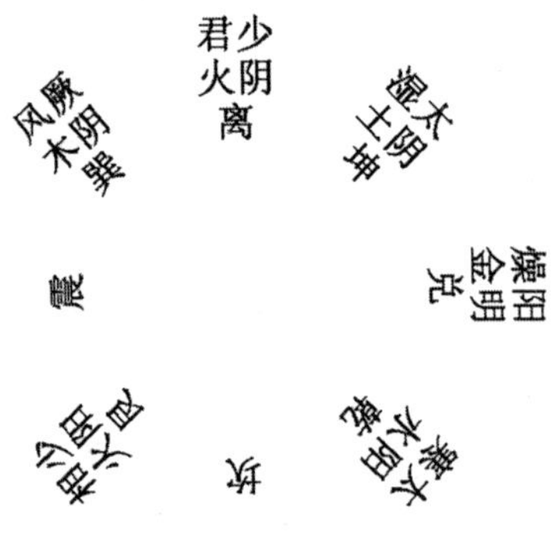

天干五运

河图十数配干,旋而相对,先从甲己化土起,而顺生以化,即所云五种交亘于两间,汉交坤艮,是一征也,谓三月建辰,以龙主化者泥。岐伯曰:太过者其数成,不及者其数生,上常以生也。此本河图,以一、二、三、四、五为生数,六、七、八、九、十为成数。王砅曰:土旺四季,不得正方。天有九宫,不可至十。故土止言五,今历年运气所纪是也。其曰灾一宫,灾三宫,灾七宫,灾五宫者,本洛书也。

煦按:此即六合化生之图,东畔应河图之生数,故为气。西畔应成数,故为所生之五行。

五藏(肝心脾肺肾)阴也,六府(胆胃三焦膀胱大小肠)阳也。首阳身阴,而水阳下,火阴上。负阴抱阳,而背阴腹阳(阳中阳,心也。阳中阴,肺也。阴中阴,肾也。阴中阳,肝也。阴中至阴,脾也),形藏四(一头二耳目三口齿四胸),神藏五(心藏神,肺藏魄,肝藏魂,脾藏意,肾藏智。又曰脾藏意与智,肾藏精与志,谓七神),是曰九藏(手阳足阴,腰以上阳,以下阴)。

手阳。少阳寅,相火,三焦。阳明卯,燥金,大肠。太阳辰,寒水,小肠。厥阴巳,风木,心包。少阴午,君火,心。太阴未,湿土,肺。三焦、心包表里。小肠、心表里。大肠、肺表里。

足阴。少阳申,相火,胆。阳明酉,燥金,胃。太阳戌,寒水,膀胱。厥阴亥,风木,肝。少阴子,君火,肾。太阴丑,湿土,脾。胆、肝表里,膀胱、肾表里,脾、胃表里。

手三阴从藏走手,手三阳从手走头,足三阳从头走足,足三阴从足走腹,太阳太阴为开,阳明厥阴为合,少阳少阴为枢。

木火土金水,仁礼信义智,魂神意魄精,臭色形味声,肝心脾肺肾。筋脉(合肉)皮骨,爪色(荣唇)毛发,泪汗(液涎)涕唾,目舌(窍口)鼻耳,呼言(声歌)哭呻,臊焦(臭香)腥腐,酸苦(味甘)辛咸,怒喜(志思)忧恐。

五运

鬼臾区曰土主甲己,金主乙庚,水主丙辛,木主丁壬,火主戊癸。

岐伯曰臣览太始天元册文,丹天之气经于牛女戊分(牛女在子癸,火气自子癸至戊分,故火主戊癸),黄天之气经于心尾己分(心尾在甲,土气自甲至己分,故土主甲己),苍天之气经于危室柳鬼(危室在壬,柳鬼在丁,故木主丁壬),素天之气经于亢氐昴毕(亢氐在乙,昴毕在庚,故金主乙庚),玄天之气经于张翼娄胃(张翼在丙,娄胃在辛,故水主丙辛),是曰五运(主运甲为干首,故先土运,其运行自首丁壬木,每年木火土水金,各七十二日零五刻,运位相次,万年不易也。客运如甲己年土运,土为初运,金为二运,水为三运,木为四运,火为五运,以相生序。乙庚年金,则金初,水二,木三,火四,土五,各七十二日零五刻,周流每年一迁者也。〇五阳干之年,太过也。五阴干之年,不及也。太过以大寒前十三日交,曰先天。不及于大寒后十三日交,曰后天。平年之气正大寒日交,曰齐天。〇天以六为节,地以五为制,周天气者,六期为一备。终地纪者,五岁为一周。君火以名,相火以位,五六相合,而七百二十气为一纪。凡三十岁千四百四十气,凡六十岁而为一周。不及太过,斯皆见矣。煦按甲己土运,则土为司天之运,其气居三,今谓为初运,非也①。天之节节于地,故六。地之制制于天,故五。盖五者,天之阳。六者,地之阴。此天地交泰之妙也)。

六气

(子午)岁少阴君火司天三(左太阴四,右厥阴二),阳明燥金在泉六(左太阳初,右少阳五)。(丑未)岁太阴湿土司天(左少阳,右少阴),太阳寒水在泉(左厥阴,右阳明)。(寅申)岁少阳相火司天(左阳明,右太阴),厥阴风木在泉(左少阴,右太阳)。(卯酉)岁阳明燥金司天(左太阳,右少阳),少阴君火在泉(左太阴,右厥阴)。(辰戌)岁太阳寒水司天(左厥阴,右阳明),太阴湿土在泉(左少阳,右少阴)。(巳亥)岁厥阴风木司天(左少阴,右太阳),少阳相火在

① “甲己土运,则土为司天之运,其气居三,今谓为初运,非也”,堂本无。

泉(左阳明,右太阴)。

主岁者纪岁,在天三年一降,五年迁正司泉,泉而天亦然。间气者纪步,以六十日八十七刻半有奇为一步也。如子年君火天金地,则地左间太阳水为初气,天右间厥阴木为二气,司天君火为三气,天左间太阴土为四气,地右间少阴相火为五气,司泉金为六气,左升而上,右行下施,而复于中。六气风初热二,暑三湿四,燥五寒六,此每年六十度有奇者,万年不易之主气也。年支定司,而左右纪步者,每年一迁之客气也。

岐伯曰,寒暑燥湿风火,天之阴阳也,地三阴三阳上奉之。木火土金水火,地之阴阳也,天生长化收藏下应之。地为下乎?曰地人之下,太虚之中也。冯乎?曰大气举之也。风寒在下,燥暑在上,湿气在中,火游行其间,寒暑交焉。故虚而生化,先天者太过,则制己所胜,而侮所不胜,命曰气淫。后天者不及,己所不胜,则侮而乘之,己所胜,则轻而侮之,侮反受邪,命曰气廹。

平气木曰敷和,火曰升明,土曰備化,金曰审平,水曰静顺。

太过,发生,赫曦,敦阜,坚成,流衍,不及,委和,伏明,卑滥,从革,涸流,厥阴,风化,酸化,苍化,动化,岁直(大运临卯之类与岁会)。少阴,热化,苦化,君不主运,灼化,天符(上运上见太阴之会与天会)。太阴,湿化,甘化,黅化,柔化,太乙天符之会(戊午乙酉己巳),少阳(司天),火化(在泉),苦化(司气),丹化(间气),明化(未巳丑二八会、岁会、运会三合为治)。阳明,燥化,辛化,素化,清化。太阳,寒化,咸化,元化,藏化。

天符为执法,岁直为行令,太乙天符为贵人。○气生运曰顺化。○气克运曰天刑。○运生气曰小逆,曰相得则微。○运克气曰不和,曰不相得则甚,运同四孟月,曰支得符。○太过运加司地之气,曰同天符。○不及运加司地之气,曰岁会。○各以气运加临为胜负之差。○亢则害,承则制(五运相克为承),地气制己胜,天气制胜己,天制色,地制形,天气不足,地气随之,地气不足,天气从之。运居其中而常先,恶所不胜,归所同和,随运归从,而生其病,六气之胜,乘其至也。感于邪而病,乘年之虚,则邪甚。失时之和亦邪甚,遇月之空亦邪甚。重感于邪,则病危。○时有常位而气无必也,初气终三气,天气主之,胜之常也。四气尽终气,地气主之,复之常也。有胜则复,无则否,复已而胜。胜至则复无常数,衰乃主耳。○复至则不以天地异名,皆以复气为法。

医方

医之为道,以元气为太极,以血气为阴阳,立方制药,皆本元气,以折衷其有馀不足之故,有馀者阳之饶,不足者阴之乏也。其有馀者剥之削之,不足者补之益之,而元气之中涵,则未有能动者也,此太极静涵之象也。脉以胃气为主,亦谓元气之中存也。若无胃气,则非药之所能及矣。人禀天地之阴阳,以有其血气,故气阳而血阴,气无形故阳,血有形故阴也。阴阳以相竭,故能相循而不息。如使血气或有饶乏,则饶者用其有馀,必为怯弱者之梗阻。乏者从之不及,亦必有难齐之势,此病之所由生也。于是乎汗之吐之下之,发之解之泄之,以损其有馀。温之补之滋之寒之,以益其不足,而医方之制于是乎起。然亦有寒症似热,热症似寒者,此阳极生阴,阴极生阳之理,乾上之悔,坤六之龙,即此义也。然亦有寒因热用,热因寒用者,此相敌之情难于骤合,资其向导容易得达之义也。先天图中相亲之卦复得会为一卦,乃始言遇,此之义也。医而不知阴阳,有馀者补之,是益之以贼也。不足者泻之,必将亏损元气,暗促人寿。医可易言乎哉?

今之言补药者,拘守《本草》,遂以为某药补气,某药补血,其神奇灵妙实难言述矣。极其好诞之心,且有以长生不难立致者,是未知气血之在人,为何等物事,药之治病,为何等道理矣。夫人之血气本于一元受气之初,其强弱原自不同,今以草木朽枯之质,谓于人之真气能增益之,有是理乎?若使益而可益,设从而减之,不且可并呼吸而去之乎?朽木之质煎而为水,谓能变而为血乎?抑存之于肠胃中乎?抑循肠胃而过之,而为大小解乎?其理之易明,不待辨矣。第外感之疾每有奇验者,邪感于外,犹未入于甚深之地,发之解之吐之下之,驱其外邪,其病即已。而补气补血,亦或间有所验,则水火阴阳之妙用,非即谓此为气之补,血之补也。盖因人之身中原自有火,于是乎因其有而发之火盛,则气必上达,遂以此为气之补耳。因人之身中原自有水,于是乎因其有而寒之,寒之为气与水同体,遂以此为血之补耳。若使人身之水火一或无根,必无再能扶助之理。李东垣曰寒之不寒,是无水也。热之不热,是无火也。无他药之假,不能融物之真也。知言哉。

燕人极喜而癫,百疗罔效,医忽悟曰我能医之,乃语之曰若趣办具,复何医为?其人乃更忧怖,及月而愈。

越医治久痢者而术穷,入室见水滴焉,窒其中孔而水不下滴,遂针其百会而愈。

人之一身,唯此阴阳相资叠运,乃始有其生。然阴质非阳则无由以运,故人之生唯阳为贵,此气周于一身,达于肢体,目视耳听,手握足行,其温和而暖者,是其征也。真阳一尽,则无生理。阳之见于脉也,为浮大动滑。阴之见于脉也,为沉伏弦细。阳病必见阳脉,阴病必见阴脉,反是者必危。然阴病见阳脉者必生,此《周易》贵阳之义也。

凡病必有本证,有标证,本证必有脏腑经络之分,而标证则每形见于肢体。庸医但治其标,不治其本,又且不审脏腑经络之所在,此所以外症虽云暂去,而本病之根仍未亡也。

药之为用,无过气味两端。气属阳而味属阴,然气有清浊,则清者上而浊者下也。味有甘苦辛涩之分,所以各行脏腑,不能相兼也。

地理

地之体方而静,而天气出入其中,故亦有理气可言。然而刚柔之中原具阴阳之妙，杨廖之说虽不同，其旨一也。谓山为阳而水为阴者，是谓上者阳而下者阴也，据位而别之者也。谓水为阳而山为阴者，是谓动者阳而静者阴也，据气而别之者也。今观山水之势，如山自左转而来，则水之出于元辰者，必右转以合之。如山自右转而来，则水之出于元辰者，必左转以合之。与煦所画循环太极图相似。至于水之行也，亦必依山而行。水之住也，亦必依山而住。是皆阴阳两不相离，相依互根之理也。

地以镇静为德，故喜支聚包裹，而不喜支离散漫。然寻龙之法必察其动，然后能审其来。点穴之法必察其动，然后能审其住。此又静中之动也。

水之为德流而不止，而有情之水匪特弯回环抱也，必将渊沉停蓄，此又动中之静也。

穴之窝钳者，来龙过峡处必隆起。穴之乳突者，来龙过峡处必洼凹。此阴阳相配之理也。

纳音

六十甲子纳音，亦从纳甲而生，一律纳五音，十二律纳六十音也。纳音虽同而立法有三。其本之《内经》者，五音始于金，传火传木，传水传土，其序也（乾纳甲，坤纳癸，为之始终，故纳始于乾金，终于坤土）。同位娶妻，隔八生子，甲子金之仲（三元，首仲，次孟，次季），娶乙丑，下生壬申金之孟（申在子下，故曰下生）。娶癸酉，上生庚辰金之季（辰在申上，故曰上生）。娶辛巳，下生戊子火，自戊子己丑转丙申丁酉转甲辰乙巳，火之仲孟季毕焉。自壬子癸丑转庚申辛酉，转戊辰己巳，木之仲孟季毕焉。自丙子丁丑转甲申乙酉，转壬辰癸巳，水之仲孟季毕焉。自庚子辛丑转戊申己酉，转丙辰丁巳，土之仲孟季毕焉。以上为阳律，起甲午乙未，转壬寅癸卯，转庚戌辛亥，皆金也。戊午己未转丙寅丁卯，转甲戌乙亥，皆火也。壬午癸未转庚寅辛卯，转戊戌己亥，皆木也。丙午丁未转甲寅乙卯，转壬戌癸亥,皆水也。庚午辛未转戊寅己卯,转丙戌丁亥,皆土也。以上为阳吕,此一法也(此法出于律吕)。

葛稚川曰,子午属庚(纳音震初爻庚子庚午),丑未属辛(巽初爻纳辛丑辛未),寅申属戊(坎初爻纳戊寅戊申),卯酉属己(离初爻纳己卯己酉),辰戌属丙(艮初爻纳丙辰丙戌),巳亥属丁(兑初爻纳丁巳丁亥)。一言得之者(先看支,后看干),宫与土(所属者,即是一言而得)。三言得之者,徵与火(如戊子戊午,戊之去庚,数之有三也,馀仿此)。五言得之者,羽与水(如丙子丙午,丙之去庚,为数五也)。七言得之者,商与金(如甲子甲午,甲之去庚,为数七)。九言得之者,角与木(如壬子壬午,壬之去庚,为数九)。此一法也(此法出于支干)。子午之数九(九者,黄钟之数。子为十一月,其律黄钟,午为子冲,故其数同),丑未八(丑十二月,故杀于九),寅申七,卯酉六,辰戌五,巳亥四。甲己之数九(甲为子干,子为甲妃,其数同),乙庚八,丙辛七,丁壬六,戊癸五。

扬子云《太玄》之数,其推纳音,以火土木金水为序(煦曰葛①稚川纳音②之法,用土火水金木,与此火土木金水,盖一顺一逆者也)。甲子乙丑金者,甲九子九,乙八丑八,积三十四,以五除之馀四,故为金。丙寅丁卯火者,丙七寅七,丁六卯六,积二十六,以五除之馀一,故为火。馀准此,此一法也(一说所积之数,以五加五,至不满四十九者而止,视其数之所到,以河图之数加之,视四十九之五行为何行。其所生者,即是也。如数至四十四,则四十九为土。土生金,故甲子乙丑属金。如数至四十六,则四十九之五行为木,所生必火也)。

按:律书同位娶妻,如黄钟大吕同位为妻,隔八生子,黄钟三分损一,隔八生林钟为子。今甲子黄钟与乙丑大吕同位,谓之娶妻是矣。而甲子之隔八为辛未林钟,何以甲子不能生之也?蔡邕曰阳生阴为下生,阴生阳为上生。今阳不能生,是但有上生而无下生也。

---

① "葛",库本作"前"。

② "音",库本作"甲"。

以甲子为上,癸亥为下,则又皆下生,而上生无十之一二也。《内经》之法与律书不能尽合矣。稚川言中央总黄天之气一,南方丹天之气三①,北方玄天之气五,西方素天之气七,东方苍天之气九,皆奇数而无偶数。而一之属土,三之属火,五之属水,七之属金,九之属木,亦不知其何义也。扬子云谓子之数九从黄钟之管,则丑当从林钟而六,寅当从太蔟而八。十二月各有其律,何以有从有不从邪?是故必欲定纳音之法,当以京房六十律与甲子分配,以之上生下生,始无弊耳。

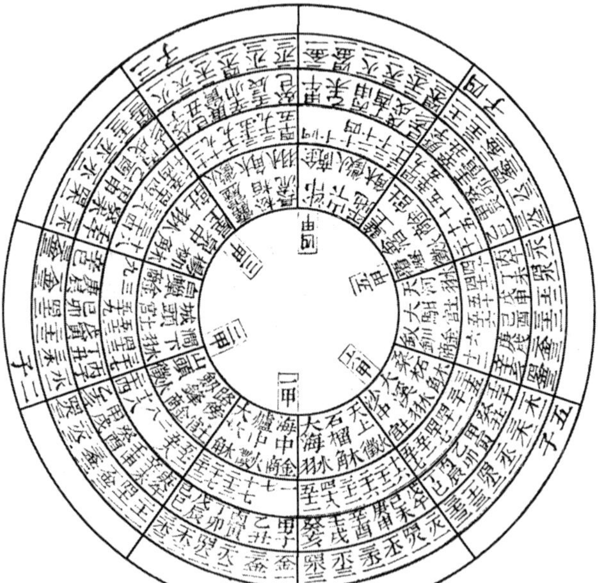

潜老曰,五行本位,西方属金,五行有声,而最清者金,故纳音首金,所以甲子乙丑海中金也。五声角徵羽既轮之后,回轮以应天地之生数,则起于西方,羽与宫相接而乾居于前为金,故纳音之理起于

① "三",库本作"二"。

西，而支干始甲子，则仍起于北，乾统之也。凡气始于东方而右行，木传火，火传土，土传金，金传水也。音起于西方而左行，金传火，火传木，木传水，水传土也。沈存中谓纳音纳甲皆乾始而坤终也。音始西方，起金西左旋，故金三无终。左行传南方火，火三无终，左行传东方木也。自子至巳为阳，故自黄钟至中吕皆下生。自午至亥为阴，故自林钟至应钟皆上生。以六十支干应六十律，犹之旋相为宫法也。

按：支位隔八相生，分三合三，原依序排列。观天气倚乎地，则十干顺布。用地支六气，尊六甲以为头，逐地而右转，察地位负乎天，则十二支逆排。用天干五运列五子以为首，随天而左旋。凡三十名，名当二律，当十日与七十二卦同旋直日。卦影用之，非仅堪舆家所用遁演也。盖气从右行，而声从左应。时以运转，而律以音中，皆以征自然相应之理也。王逵曰同位娶妻，隔八生子，此律吕相生法也。五行先仲而后孟季，此遁甲三元纪也。甲子金之仲为黄钟商，甲子同位娶乙丑为大吕商，隔八下生壬申金之孟为夷则商，壬申同位娶癸酉为南吕商，隔八位生庚辰金之季为姑洗商，此金之三元终也。庚辰同位娶辛巳为仲吕商，隔八下生戊子火之仲为黄钟徵。戊子娶己丑为大吕徵，生丙申火之孟为夷则徵，丙申娶丁酉为南吕徵，生甲辰火之季为姑洗徵，甲辰娶乙巳为仲吕徵，生壬子木之仲为黄钟角。如是左行，至丁巳仲吕之宫，五音一终，复自甲午金之仲，娶乙未，隔八生壬寅，一如甲子元法，终于癸亥，谓蕤宾娶林钟，上生太蔟之类。

内经纳音图

阳律阴吕

甲子乙丑金，丙寅丁卯火。戊辰己巳木，庚午辛未土。壬申癸酉金，甲戌乙亥火。丙子丁丑水，戊寅己卯土。庚辰辛巳金，壬午癸未木。甲申乙酉水，丙戌丁亥土。戊子己丑火，庚寅辛卯木。壬辰癸巳水，甲午乙未金。丙申丁酉火，戊戌己亥木。庚子辛丑土，壬寅癸卯金。甲辰乙巳火，丙午丁未水。戊申己酉土，庚戌辛亥金。壬子癸丑木，甲寅乙卯水。丙辰丁巳土，戊午己未火。庚申辛酉木，壬戌癸亥水。

葛稚川纳音图

一言宫属土。庚子庚午，辛丑辛未，戊寅戊申，己卯己酉，丙辰丙戌，丁巳丁亥。

三言徵属火。戊子戊午，己丑己未，丙寅丙申，丁卯丁酉，甲辰甲戌，乙巳乙亥。

五言羽属水。丙子丙午，丁丑丁未，甲寅甲申，乙卯乙酉，壬辰壬戌，癸巳癸亥。

七言商属金。甲子甲午，乙丑乙未，壬寅壬申，癸卯癸酉，庚辰庚戌，辛巳辛亥。

九言角属木。壬子壬午，癸丑癸未，庚寅庚申，辛卯辛酉，戊辰戊戌，己巳己亥。

扬子云积数纳音图

甲子乙丑三十四。甲申乙酉三十。甲辰乙巳二十六。丙寅丁卯二十六。丙戌丁亥二十二。丙午丁未三十。戊辰己巳二十三。戊子己丑三十一。戊申己酉二十七。庚午辛未三十二。庚寅辛卯二十八。庚戌辛亥二十四。壬申癸酉二十四。壬辰癸巳二十。壬子癸丑二十八。甲戌乙亥二十六。甲午乙未三十四。甲寅乙卯三十一。丙子丁丑三十。丙申丁酉二十六。丙辰丁巳二十二。戊寅己卯二十七。戊戌己亥二十三。戊午己未三十一。庚辰辛巳二十四。庚子辛丑三十二。庚申辛酉二十八。壬午癸未二十八。壬寅癸卯二十四。壬戌癸亥二十。

周易函书约存卷十五 原古十(支流异派)

卫平占法(《龟策传》)

宋元王召博士卫平而问之曰,今寡人梦见一丈夫延颈而长头,衣玄绣之衣而乘辎车来见,梦于寡人曰我为江使于河,而幕网当吾路,泉阳豫且得我,我不能去,身在患中,莫可告语,王有德义,故来告诉,是何物也?卫平乃援式而起,仰天而视月之光,观斗所指,定日处乡,规矩为辅,副以权衡,四维已定,八卦相望,视其吉凶,介虫先见,乃对元王曰,今昔壬子,宿在牵牛,河水大会,鬼神相谋,汉正南北,江河固期,南风新至,江使先来,白云拥汉,万物尽留,斗柄指日,使者当囚,玄服而乘辎车,其名为龟,王其使人问而求之。

煦按:古人占法,原不必一途之拘也。前知而先觉者,推为圣人之明,乃圣人之所由以前知先觉,实乾元各正后,分天地至灵之寓也。顾至明之在天地,莫若三光,倘天地无日月,则万古冥冥如长夜矣。此法依三光以为明,而实取最初之所见,以征吉凶,故知者人也。而所以借明者,实为三光,故能无幽不烛,无微不著。向在都城,见有挟术以干人者,先令人立于日下,面己而立,却以两目直视日光,令己目昏眩,然后举首观人头上之气,以五色分吉凶,而祸福征验毫无差忒,当亦卫平之遗法也。其五色以红黄白者为吉,青黑为凶,今之镜听与听谶者,皆本最初之一语取为证验,无不协合,此即所谓几者动之微也。诚之至也,见乎蓍龟,动乎四体,故昭昭其不爽也。道士符箓亦取最初之气,木匠作材亦于最初观之,唯其诚而已矣。

六壬

沈存中云,《六壬》十二辰,亥登明为正月将,戌天魁为二月将,古人谓之合神,又谓之太阳过宫。今日度随黄道岁差,太阳至雨水,方躔娵訾(亥宫),春分后躔降娄(戌宫),若用合神,则须自立春便用亥将,惊蛰便用戌将,若用太阳,则须照过宫时分。不知所谓合神者,历元冬至之时,天与日会于子中,为十一月。自后天顺日逆,左右分行,天行丑,日躔子为十二月。天行寅,日躔亥为正月。天与日各历十二辰,辰异而月同,谓之合神①。则合神者,亥与戌也。登明天魁,是解正月二月之义,于合神无与也。唐虞之时,冬至天与日会于丑。宋元以来,天与日会于寅。古之所谓合神者,已不相合矣。今之六合非古之六合,使立春而用亥,惊蛰而用戌,亦非合神也。然唯与日会于子中,适在十一月,故能建与躔合。其后冬至,自丑而寅而卯,则天行亦不与次舍相应,其所谓合神者,日躔与天行乎?天行与次舍乎?是则两者合为三矣。周云渊遂欲尽更诸将,谓子月一阳生是谓大吉,午②月一阴生是谓小吉。然不名于子午而名其丑未者,以子月冬至,太阳在丑,故以丑为大吉。午月夏至,太阳在未,故以未为小吉。今太阳冬至在寅,夏至在申,更当以寅为大吉,申为小吉,此亦误以大吉小吉为合神也。大吉以十一月为义,不因于丑。小吉以五月为义,不因于未。是故以黄道岁差当更合神,不当更月将。盖十一月子,十二月丑,正月寅,万古不易之次舍也。太阳躔子躔丑躔寅者,岁差之次舍也。两者不相蒙,云渊浑而一之,故有此失。存中又欲厘正历法,如东方苍龙七宿当起于亢,终于斗。南方朱雀七宿起于井(井字当为鬼字),终于角。西方白虎七宿起于娄,终于舆鬼。北方真武七宿起于东井(井字当为牛字),终于奎。经星改动,亦是出此舍以入彼舍,非东之寅卯辰移而至南,南之巳午未移

① “合神”,库本作“神合”。
② “午”,库本作“五”。

而至西,西之申酉戌移而至北,北之亥子丑移而至东,次舍不拘于经星,犹月将不拘于合神也。煦按合神之所自来,东西阴阳之所合也。十二支神则因其阴阳初末之分位而分之者也。古者天与日会于子,则以丑为合矣。今之天与日会于寅,则寅即子也。其东西阴阳之合,犹夫古也。岂拘其子丑之名,而不察夫东西之实乎?

方伎家多托于上古,无所征信,惟《六壬》见之《吴越春秋》,子胥少伯皆精其术,然与今世所传,亦复不同。伶州鸠之对七律也,即六壬之术。其曰王以二月癸亥夜,陈未毕而雨,以夷则之上宫毕之,当辰。辰在戌上,故长夷则之上宫,名之曰羽,所以藩屏民则也。周二月丑为月建,以其为日月所合之辰,故名丑曰辰。辰在戌上者,以天盘之丑加于地盘之戌,盖武王毕陈之时在戌也。丑既加戌,则癸亥日辰乃在申上。申为夷则,亥以变宫加于其上,故为夷则之上宫。戌为无射,羽也,故名之曰羽。

又曰,王以黄钟之下宫,布戎于牧之野,故谓之励,所以励六师也。按牧誓时甲子昧爽,王朝至于商郊牧野,是时在寅也。以天盘之丑加于地盘之寅,则甲子日辰乃在丑上。子为黄钟而丑以宫处其下,故为黄钟之下宫。丑为大吕,子以宫加其上,不曰大吕之上宫者,以阴吕不可为唱也。

又曰,以太蔟之下宫,布令于商,昭显文德,底纣之多罪,故谓之宣,所以宣三王之德也。日为丙寅,时为子,以天盘之丑加地盘之子,则丙寅日辰上临于丑,寅为太蔟,而丑以宫处其下,故为太蔟之下宫(此上但以月建加时,非月合也,注者之误也)。

又曰,反及嬴内,以无射之上宫布宪施金于百姓,故谓之嬴乱,所以优柔容民也。按汲冢周书,时四月既旁生魄,越六日庚戌,武王朝至燎于周,则王之反及嬴内,在四月也。周四月建卯(建卯则当用戌),以天盘之卯加地盘之丑,则子以宫临日辰之戌上,戌为无射,故曰无射之上宫(其术以五音论之,或别有一术,非壬也)。其所考见如此,则并无四课三传之说也。而今之《六壬》亦绝不及五音十二律也,岂久而失其传与?抑州鸠举其大而不及其细与?就以今术论之，卜筮诸术皆以生为主，以生为用，壬则于十二时独取大辰，以斗柄罡星，岁常指辰，故谓辰为天罡。辰建于三月而为八月之将，金旺杀物之候，以天地之杀为用故也。其四课上克下曰元首，下克上曰重审，上下交相克曰知一涉害，日辰遥相克曰蒿矢弹射。伏吟反吟，皆因冲克以为之名目。此明与诸术相反，故不取夫生而取夫杀，不取夫德与合，而取夫克与冲，不取夫禄与旺，而取夫刑与害，则凡一书之中所以论吉凶者，皆当取此，而何所论非所主，所主非所论。所主者刑杀冲克，所论者生旺德合，所主者与诸术相出，所论者与诸术相入，岂失传中之又失传与？宋咸定、京房、关朗辈假《易》以行壬遁之学，其时当不如是也。

起例

地盘

布十二支为地盘，以十干寄之，甲寄于寅，乙寄于辰，丙戊寄于巳，丁己寄于未，庚寄于申，辛寄于戌，壬寄于亥，癸寄于丑。

五行家干之寄支，各以类从，戊己为中央之土，故随丙丁而寄巳午。其辰戌丑未则空无所寄，六壬避四位之正，故不得不移乙于辰，移丁己于未，移辛于戌，移癸于丑。

煦按此即术家之干禄，特避四正，而下寄于库耳。

天盘

布十二辰于天盘,正月亥登明,二月戌天魁,三月酉从魁,四月申传送,五月未小吉,六月午胜光,七月巳太一,八月辰天罡,九月卯太冲,十月寅功曹,十一月丑大吉,十二月子神后。

沈存中以登明至神后为十二辰之名,术家以为月将,非也。登明者,正月三阳始兆,天下文明。天魁者,斗魁第一星也,其星抵戌。从魁者,斗魁第二星也,其星抵酉。传送者,四月阳极阴生,传阴而送阳也。小吉者,小为阴,阴长为小者吉也。胜光者,王者向明而治,光被四表也。太乙①者,紫微垣所在。天罡者,斗刚所建。太冲者,日月五星之门户,天之冲也。功曹者,十二岁功成而会计也。大吉者,大为阳,阳长故大者吉也。神后者,其位居末,在诸神之后也。

贵人

视占时日干,于天盘上求之。

卯辰巳午未申六时,用阳贵。甲未,乙申,丙酉,丁亥,戊丑,己子,庚丑,辛寅,壬卯,癸巳。

酉戌亥子丑寅六时,用阴贵。甲丑,乙子,丙亥,丁酉,戊未,己

① “乙”,库本作“一”。

申，庚未，辛午，壬巳，癸卯。

贵人者，十干之合气也。其法以十干布十二支，而不居辰戌。虚其对冲（对冲谓午也），以辰戌为贵人之狱，对为天空也。阳贵顺布，甲与己合。甲加子，己加未，故甲用未为贵人，己用子为贵人。乙与庚合，乙加丑，庚加申，故乙用申为贵人，庚用丑为贵人。丙与辛合，丙加寅，辛加酉，故丙用酉为贵人，辛用寅为贵人。丁与壬合，丁加卯，壬加亥，故丁用亥为贵人，壬用卯为贵人。戊与癸合，戊加巳，癸加丑，故戊用丑为贵人，癸用巳为贵人。阴贵逆布，甲加申，己加丑，故甲用丑，己用申为贵人。乙加未，庚加子，故乙用子，庚用未为贵人。丙加午，辛加亥，故丙用亥，辛用午为贵人。丁加巳，壬加酉，故丁用酉，壬用巳为贵人。戊加卯，癸加未，故戊用未，癸用卯为贵人。甲之起于子申者，贵人属土，正位丑未，乃坤二五黄中之合气，先天卦之坤在正北子位，河图之坤在西南申方，故昼夜分之以起甲也（煦按水土长生居申，便是此义）。

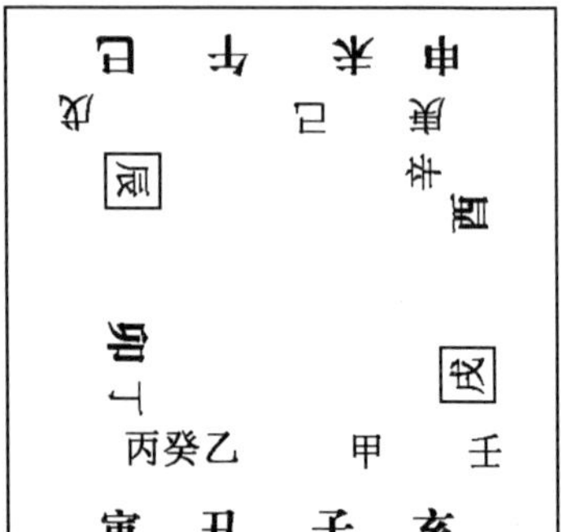

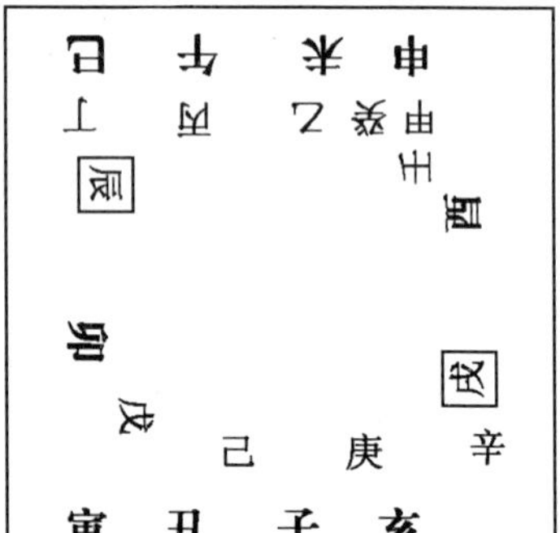

十二神将

以天盘月辰加地盘时辰，视贵人之在天盘者临地盘何位，地盘以巳亥为界，贵人临辰亥一边，则顺行。天乙（即贵人）、螣蛇、朱雀、六合、勾陈、青龙、天空、白虎、太常、真武、太阴、天后，临巳戌一边，则逆行。天乙、天后、太阴、真武、太常、白虎、天空、青龙、勾陈、六合、朱雀、螣蛇，皆加于天盘之上。

沈存中曰，六壬十二神将，以义求之，止合十一。贵人为之主，其前有五将，谓螣蛇、朱雀、六合、勾陈、青龙也，此木火之神，在方左者（方左谓寅卯辰巳午）。其后有五将，谓天后、太阴、真武、太常、白虎也，此金水之神，在方右者（方右谓未申酉亥子）。唯贵人相对，谓之天空。如日之在天，月对则亏，五星对则逆行避之，空无所有，非神将也。又曰十一将，前二火二木一土间之，后当二金二水一土间之，真武合在后二，太阴合在后三。

四课

以天盘月辰加地盘时辰，视地盘日干，连上为第一课。即以干上所得之支移入地盘，名干阴，又连上为第二课。又视地盘日支，连上为第三课。即支上所得之支移入地盘，名支阴，又连上为第四课。

三传起法别为九课

一克贼

先以下克上为用，若无下克上，方取上克下。

二比用

或有二三四课上下相克，阳日用阳比，去阴不用。阴日用阴比，去阳不用。

三涉害

若有二三四课为上克下克，而俱与日比，或俱不比，宜视地盘孟仲季，孟深仲浅，季尤浅，取深者为用。若俱深，则刚日用日干上神，柔日用日支上神。孟即寅申巳亥之例。

四遥克

若无上下克贼，取四课上神，克日者为用，名蒿矢。若无上神克日，则取日所克之上神为用，名弹射。若两神克日，或日克两神，则仍取比日者为用。

五昴星

若四课无克，又与日干无相克，阳日则从地盘酉，仰视所得之神为用。阴日则从天盘酉,俯视所得之神移入天盘,连下为用。阳日以地盘日支连上为中传,日干(用地盘日干所寄之支)连上为末传。阴日以地盘日干连上为中传,日支连上为末传。

六伏吟

伏吟者,子加子是也。无克者,刚以日干上神(甲丙戊庚壬),柔以日支上神(丁己辛)为传首,皆以所刑为中传,以中传所刑为末传。若传首遇自刑,刚日初传日(日干所寄之支),次传支,支所刑为末传。柔日初传支,次传日,日所刑为末传。次传若更遇自刑,以次传所冲为末传。

六癸有克,以克处为传首。首所刑为中传,中所刑为末传。

六乙亦有克,而传首遇自刑,故初传日,次传支,末传支所刑。

寅巳巳申申刑寅,丑戌戌未未丑并,子刑卯上卯刑子,辰午酉亥自相刑。卯顺至子,子逆至卯,极十数而为无礼之刑。寅逆至巳,巳逆至申,极十数而为无恩之刑。丑顺至戌,戌顺至未,极十数而为恃势之刑。《皇极》中以十为杀数故也。

七返吟

对冲相加是也。返吟多相克,以比用涉害为例,其不同者取初传之冲为次,取次传之冲为末而已。惟六日无克,丁丑己丑辛丑,则以登明为初传。丁未己未辛未,则以太乙为初传,支(未丑丑未)为中传,干为末传(丑未辰戌)。

八别责

四课不全,谓相重也。又无克无遥,则用别责。刚日以干合之神(视地盘)为传首,柔日以日支三合之神(视天盘日支顺行隔三位者是)为传首,中末皆以日寄之支为传。别责有九课,刚日三课,戊辰戊午丙辰,柔日六课,辛未辛丑各二,辛酉丁酉各一。

九八专

四课干支共位(别责三课八专二课),名八专。如两课有克,仍以比用涉害为例。若无克,刚日从日之阳神,顺数三①辰为用。柔日从第二课阴神,逆数三辰为用。中末俱重在日上②。

独脚课 亦柔日八专也。巳未日登明加酉,酉巳亥酉酉未亥酉,从亥酉逆数三辰,得酉未,而酉未乃日上也,三传同在一课。

断例

《精蕴》:甲子岁四月庚子日,有富人年五十九岁,占一阳命行人,年二十九岁,课得子时,以申将加子时,得青龙乘子,加辰为用,中传蛇乘申临子,末传元乘辰加申,占曰子逃万里,音信不通,今赀财大获,出门逃归。其人曰某有一子,年二十九岁,自丁巳年正月间,因言语不足,将赀财货物往陕西兴贩,一去七年不闻音信,欲问存亡,尚能见否?占者曰当以乙巳日侵晨,出北门候之,后有行李笼仗十数担,有二人骑马,一妇人紫衣赤马,男子白衣青马,君当讯而迎之,其人曰谨如命。至期果往北门外三里,见笼具十馀人远远而来,先见一人著白衣乘青马,一见其人,便下马泣拜,乃是其子,自川陕称意而归。断曰课属斩关,发用子水,是庚日子孙加辰为空亡。以下贼上为用,将得青龙飞腾万里。又传入元武空亡,空亡主失信期,故曰子逃万里,音信不通。行人年上得寅木,乃日之财加在旺方,故曰赀财大获。日传发用起,占时课值日辰相加,可见速而近。又庚德加子上,庚本七数,当夏囚死,法当折半求之。其人行年五十九岁,本年在亥临卯,卯为门户,将得勾陈,乃戊③辰土为门户之路。发用水神,水旺北方,故曰北门外三里迎之。行人年上见寅作驿马,属木青色,将得白虎,属金白色,故主白衣乘青马。天上行年,午加戌作天后,是火墓。天后属水,乘午火,水黑火赤而成紫,午乃天马之源,故曰妇人紫衣乘赤马。课变涧下水,水象见巳而绝,是其归

① "三",库本作"二"。
② "日上",库本作"上日"。
③ "戊",库本作"戌"。

期。又行人年加戌，以午为主，午上见寅，寅中有甲，当与巳合。四月见己巳，又庚与乙合，故取四月乙巳日归。

四　课

		元	阴	后	贵
庚子日	元辰庚	辰申	巳酉	午戌	未亥
申将子	青子辰	常卯未			申子蛇
时	蛇申子	白寅午			酉丑朱
传子申辰	元辰申	丑巳	子辰	亥卯	戌寅
		空	青	勾	六

《古鉴》：占人壬申年十一月初四日申时生，三十七岁，戊申年二月初十日甲子亥将午时，占岁课，课得比用，传得子己戌，穿害日墓，占曰岁内主眷属入宅大挠，遂成大狱，未为日墓加甲，为日入墓，子坐未，六害相穿，己居宅上，系破碎，作太常入宅，主有丧服人归来分挠，是在今年添人进口，又见分衅也。其人有弟五人，最小者与姐为嗣，父存时已分作四分，及当年姐夫死，其子因家败还，母又先亡，续生两子，图归本宗，至六月归家。兄弟不容，遂兴讼，有司量断财物，令还姐家，此子不服，争至台部，遂下大理，按律有归宗条例，自戊申六月争讼，至壬子年十一月方止，果作五分分之，此未加甲为墓神，未为眷属。上得天空，乃平地起堆之兆。初传子水为父母，未为眷属。六害螣蛇绕之，传归宅上。又见己为破碎，巳为厨灶，破碎主分也。巳为太常，是有服人入宅，欲动分衅也。甲木用巳火为子息，巳为小口，末传巳上戌。又刑起未中丁火，戌上六合即乙卯，卯与戌合，故主添小口，所谓不刑不动，不冲不发，因弟分争，携两子同归也。谓在当年兴讼，盖本人壬申即日课寅，六月见者，日上之未是也。至壬子十一月间始宁者，子未穿害，螣蛇绕之，传归宅上，破碎在己临宅，不分破不已也。

		贵	后	阴	元
甲子日	空未甲	丑申	寅酉	卯戌	辰亥
亥将午	入子未	螣子未			巳子常
时	常巳子	朱亥午			午丑白
子巳戌	大戌巳	戌巳	酉辰	申卯	未寅
		六	勾	青	空

六壬透易

置年月日时,先以月将加时,得四课三传。其三传之在天盘者为一类,在地盘者为一类。以年干起五虎遁,数天盘三传,得其所属甲子,视八卦纳甲相同,合之为上卦。以日干起五鼠遁,数地盘三传,得其所属甲子,视纳甲相同,合之为下卦。上下相重为六画之卦,以大象为基,世爻为命,应爻为身,大限。阳年从世爻而上,阴年从世爻而降。十年一爻,小限。阳年从应爻而降,阴年从应爻而升。一年一爻,周而复始。阳年用阳贵,阴年用阴贵。

五虎遁

甲己起丙寅,乙庚起戊寅,丙辛起庚寅,丁壬起壬寅,戊癸起甲寅。

五鼠遁

甲己起甲子,乙庚起丙子,丙辛起戊子,丁壬起庚子,戊癸起壬子。

假如辛酉年,辛丑月,丁亥日,丙午时,大吉加午(此直用月将不用月合也)。四课:寅丁,酉寅,午亥,丑午。三传:午亥,丑午,申丑。年干辛,丙辛遁起庚寅,自下至辛丑,其甲子皆为庚寅所属。午得甲午,乾四纳甲,丑得辛丑。巽初纳甲,申得丙申。艮三纳甲,合之得离而为上卦。日干丁，丁壬遁起庚子，自下至辛亥，其甲子皆为庚子所属。亥得辛亥，巽二纳甲。午得丙午，艮二纳甲。丑得辛丑，巽初纳甲。合之得震为下卦。离震相重为噬嗑，世在五爻为命，应在二爻为身。以阴年，大限自五而四，小限自二而三。

遁甲

《遁甲》《太乙》《六壬》三书，世谓之三式，皆主九宫，以参详人事，而甲尤注意于兵。其术之自以为精者，在超神接气置闰之间。超神者，节气未到，而甲子己卯之符头先到，则借用未到节气之上局，故谓之超。接气者，甲子己卯之符头未至，而节气先至，则仍用已过节气之下局，故谓之接。盖缘一月节气，必三十日零五时二刻，积之而符头节气，遂相参差，至于顺将变逆，逆将变顺，在芒种大雪之后，有超至九日十日者，则谓之置闰。芒种后则叠芒种上中下三局，大雪后则叠大雪上中下三局，以归每节气所馀五时①二刻，然后二至之顺逆始分。于是节先局后，不得不以接气继之矣。是欲与岁法相符，某则以为自乱其术者此也。节气三十日所零者，五时二刻耳。积之一百八十日之久，则为时三十，为刻二十，盖不及三日也。符头五日一换，所差不过半局，略为消息便可符合。今以超神而太过者，九日十日以置闰，而不及者五日六日，气序不清，局法重出，甲之所重者在二至，置闰归馀，于其前半年之中，必有超神，超神之后必且置闰，置闰之局必侵二至，是二至必不能正其始也。顺者反逆，逆者反顺，使其吉凶星煞无验则可，不然则避其所当趋，趋其所当避矣，某故以为自乱其术也。

煦按：超神接气必在闰月之年，此即气盈朔虚之故也。盖三岁而置闰，虽有一月三十日之多，然此三年之间，月之小者必有十五日，所以谓之朔虚。若据甲子之实数而按之，亦止多得十五日，所以

① “时”，库本作“十”。

谓之气盈。遁甲以十五日为三局,则每节不及一时有馀,积至三年,其气盈过其分,必有九日十日之差。故每逢闰月之年而奇亦一闰,职是故也,非谓每年必有超神也。其神既超,必闰之以接其气,非谓既超神又有接气也。前说犹未明超神接气之故。

先观二至以分顺逆

冬至后为阳遁,顺布六仪,逆布三奇。夏至为阴遁,逆布六仪,顺布三奇。

六仪:(甲子)戊,(甲戌)己,(甲申)庚,(甲午)辛,(甲辰)壬,(甲寅)癸。

三奇:乙,丙,丁。

顺布者,自一宫而至九宫;逆布者,自九宫而至一宫也。三奇顺逆,即布于六甲之后。

煦按:九宫用洛书之数,八方用后天之卦,以九宫而布为八宫,则以中五寄于二坤宫。

次观节气以定三元

三元者,上中下三局也。以甲己二将为符头(此日也),符头所临之支,直子午卯酉为上元,直寅申巳亥为中元,直辰戌丑未为下元。五日(六十时)一换符头,半月一气而三局周。如冬至一七四,甲子为符头,至戊辰五日,皆从坎一宫起为上元。己巳为符头,至癸酉五日,皆从兑七宫起为中元。甲戌为符头,至戊寅五日,皆从巽四宫起为下元。馀仿此。

阳遁顺局。冬至、惊蛰一七四,小寒二八五,大寒、春分三九六,立春八五二,雨水九六三,清明、立夏四七一,谷雨、小满五二八,芒种三六九。

阴遁逆局。夏至、白露九三六,小暑八二五,大暑、秋分七一四,立秋二五八,处暑一七四,寒露、立冬六九三,霜降、小雪五八二,大雪四七一。

次观旬首以取符使

旬首者,用事时辰,其首之六甲也。旬首所泊之宫星,即为直符,门即为直使。如在坎宫,则天蓬为直符,休门为直使。

直符随时干

视所用时干,泊在地盘何宫,即以天盘直符移在此宫。

直使随时宫

视所用时辰,泊在地盘何宫,即以天盘直使移在此宫。

小直符加大直符

以八诈门之直符,加于九星直符,所临之宫阳顺阴逆。

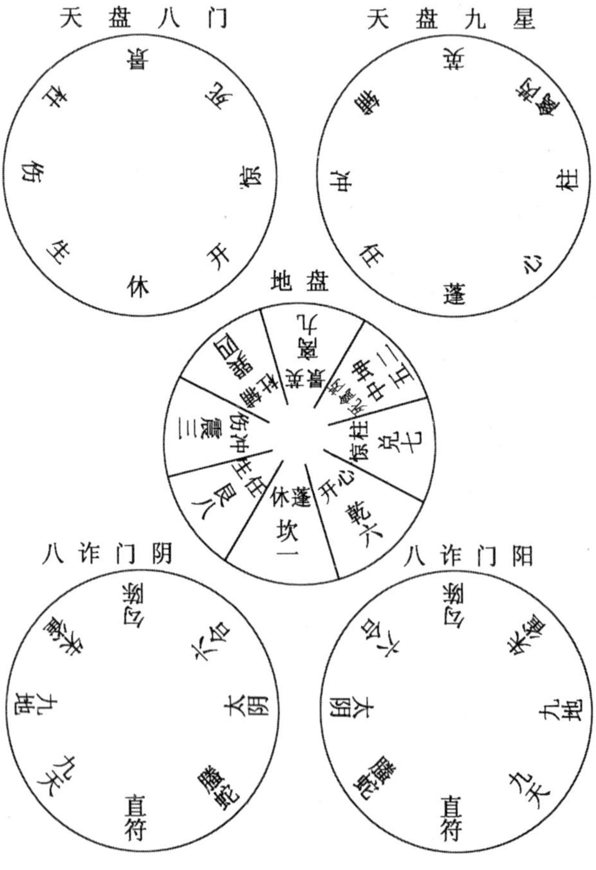

易派之后,复序三式者,盖自支干出于《周易》,内具河图五行之妙,以次传授,皆有明验[①],然后本易之卦爻而歧焉者,遂有焦京以下八家。本卦之五行而歧焉者,遂有太乙六壬奇门三式。如衡运之有取于卦爻也,如冲合之义出两仪也,禄之有取于支干合德也。九宫八卦之出于后天洛书,二遁之有符于阳顺阴逆也。凡皆易中自有之妙也,故并附录于后。

太乙(黄宗羲《象数论》)

黄宗羲云[②],《太乙》,纬书也,盖仿易数而作,其以一为太极,因之作二目,二目生四辅,犹《易》之太极生两仪,两仪生四象也。又有计神与太乙合之为八将,犹《易》之八卦也。其以岁月日时为纲,而以八将为纬,三基五福十精之类为经,亦犹之岁法[③]也。法以八将,推其掩迫囚击关格之类,占内外灾福。又推四神所临分野,占水旱兵丧,饥馑疾疫。又推三基五福大小游二限,易卦大运,如遇凶神阳九百六交限之际,卦运灾变之限。大数凶者,其凶发于八将掩迫囚击关格之年,如遇吉星所会之分,卦象和平之运,非阳九百六交限之际。大数吉者,八将虽有掩迫之类,其灾不发。故占家以为圣书,私相传习。然其间经纬浑淆,行度无稽,或分一为二,或并二为一,茫然何所适从也。太乙者,天帝之神。王希明曰太乙在璇玑玉衡以齐七政,随天经行,以斗抑扬,故能驭四方。此以中宫太极系于经星者,为太一也。又曰太乙者,木神也。东方木之监将,岁星之精,受木德之正旺在春三月,此以五纬木星为太乙也。斗魁戴匡六星曰文昌宫,经星也,填则土星也。以主目文昌,为填星土德之精,是兼经纬而一之矣。其所谓四神太一者,欲拟太微宫

① "验",堂本作"德"。
② "黄宗羲云",库本无。
③ "岁法",库本作"乎历"。

之五帝而首天一，不知天一乃紫微宫之星也。十精天皇太乙①，谓是紫微垣。勾陈中星即天帝也。既有小游太一当之矣，此之天皇无乃重出乎？帝符为天节之吏，天时为昴星之使，飞鸟为朱雀之体，八风为毕星之神，三风五风为箕星之精，二十八宿有所去取其间，何也？岁星一岁行一宫，十二年一周天。太一既为木精，而一年理天，一年理地，一年理人，每宫乃至三年。所行宫次，一为十二辰，一为八卦，位亦不相当也。填星二十八岁一周天，天目既为土德，而每宫一年，乾坤二年，十八年而一周，所行宫次一为十二辰，一为十六辰，亦不相当也。地目为火星荧惑之精，火星二年一周，二月而行一宫，此则二宫一年，或三宫一年，主大将属金，客大将属水，水金俱一年一周天。此则一年行三宫，或一年行五宫，经星之在天者皆一年一周天者也，今姑置三基五福大游，其所指之恍惚者，如四神之三十六，天皇地符之二十，昴星之十二年一周，朱雀箕毕之九年一周，皆的然违天者也，此皆以岁计言也。降而为月日时，其不相应更不必论。或曰假星名以寓术，不必核其果否也，若是则某不知之矣。

煦按：五行之理出于《周易》，故大挠本之以作甲子。《周易》之轮衍为《火珠林》，专论五行，已属《周易》之支流。况五行之轮衍而为太乙，为六壬，为奇门，不大支离乎？然太乙有衡运之卦，六壬有透易之卦，奇门之九宫出于洛书，八卦出于后天图，虽不足以发明《周易》，或其遗义有可采摘，故姑录其大概，以备识者之鉴别云耳。然观太乙所取，当是稍知五行者，作此以愚天下耳。

衡运论（胡仲子翰著）

皇降而帝，帝降而王，王降而霸，犹春之有夏，秋之有冬也。由皇等而上，始乎有物之始。由霸等而下，终乎闭物之终。消长得

① “乙”，库本作“一”。

失,生乎天下之动,极乎天下之变,纪之以十二运,统之以六十四卦。乾天道也,健而运乎上。坤地道也,顺而成乎下。天地既判,其气未交为否,既交为泰。始乎乾讫乎泰,四卦统七百二十年(阳爻三十六,阴爻二十四,每卦所积之数,后仿此),是为天地否泰之运。

乾一索得男而为震,坤一索得女而为巽。震长男也,巽长女也,夫妇之道也。始成为恒,继交为益。乾再索得男而为坎,坎中男也。坤再索得女而为离,离中女也。中男中女,夫妇之道成为既济,既交为未济。乾三索得男而为艮,艮少男也。坤三索得女而为兑,兑少女也。少男少女,夫妇之道成为损,既交为咸。十二卦统二千一百六十年,是为男女交亲之运。

男治政于先,女理事以承其后。男之治也,从父之道。大壮也,无妄也,长男从父者也。需也讼也,中男从父者也。大畜也遁也,少男从父者也。六卦统一千一百五十有二年,是为阳晶守政之运。

女之治也,从母之道。观也升也,长女从母者也。晋也明夷也,中女从母者也。萃也临也,少女从母者也。六卦统一千有八年,是为阴毳权衡之运。

坤阴也,得阳育而生男。乾阳也,得阴化而生女。男归于母,女应于父。豫也复也,长男归母者也。比也师也,中男归母者也。剥也谦也,少男归母者也。六卦统九百三十有六年,是为资育还本之运。

小畜也姤也,长女应父者也。同人也大有也,中女应父者也。夬也履也,少女应父者也。六卦统一千二百二十有四年,是为造化符天之运。

乾坤,父母之道也。必有代者焉,代父者长男也。从长男者,中男少男也。解也屯也,中男从长者也。小过也颐也,少男从长者也。四卦统六百七十有二年,内外以刚阳治政,是为刚中健至之运。

阳刚之极,阴必行之。代母者长女也,从长女者中女少女也。

家人也鼎也，中女从长者也。中孚也大过也，少女从长者也。四卦统七百六十有八年，内外以阴柔为治，是为群愚位贤之运。

阴随于阳为顺，丰也噬嗑也，中女从长男者也。归妹也随也，少女从长男者也。节也困也，少女从中男者也。六卦统一千八十年，是为德义顺命之运。

阳随于阴为不顺，涣也井也，中男从长女者也。渐也蛊也，少男从长女者也。旅也贲也，少男从中女者也。六卦统一千八十年，是为惑姤留天之运。

长男既息为男之穷也，长女既息为女之穷也。于是中男与少男相搏焉，蹇也蒙也。二卦统三百三十有六年，是为寡阳相搏之运。

阳之搏也，阴必随之，于是中女与少女会焉，睽也革也。二卦统三百八十有四年，是为物极无终之运。

十二运上下万有一千五百二十载，阳来阴往，太乙临之，不浸则不极，不极则不复，复而与天下更始，非圣人不能也，圣人非天不生也。天生仲尼，当王伯①之衰，而不能为太和之春者，何也？时未臻乎革也。仲尼没，继周者为秦为汉，为晋为隋，为唐为宋，垂二千年犹未臻乎革也。泯泯棼棼，天下之生欲望其为王为帝为皇之世，固君子之所深患也。余闻之广陵秦晓山，乃推明天人之际，皇帝王霸之别，定次于篇。

卦运表（阳爻管三十六年，阴爻管二十四年）

一、天地否泰之运　七百二十年

乾	甲子	戊子	壬子	丙子	庚子	甲子	二百十六
坤	庚子	丙子	壬子	戊子	甲子	庚子	一百四十四
否	戊子	壬子	丙子	壬子	戊子	甲子	一百八十
泰	庚子	丙子	壬子	丙子	庚子	甲子	一百八十

① “伯”，库本作“霸”。

二、男女交亲之运　二千一百六十年

震	戊子	甲子	戊子	甲子	庚子	甲子	一百六十八
巽	戊子	壬子	戊子	壬子	丙子	壬子	一百九十二
恒	庚子	丙子	庚子	甲子	戊子	甲子	一百八十
益	戊子	壬子	戊子	甲子	庚子	甲子	一百八十
坎	戊子	壬子	戊子	甲子	戊子	甲子	一百六十八
离	戊子	甲子	戊子	壬子	戊子	壬子	一百九十二
既济	庚子	甲子	庚子	甲子	庚子	甲子	一百八十
未济	戊子	甲子	戊子	甲子	戊子	甲子	一百八十
艮	丙子	壬子	戊子	壬子	戊子	甲子	一百六十八
兑	庚子	甲子	戊子	甲子	戊子	壬子	一百九十二
损	戊子	甲子	庚子	丙子	庚子	甲子	一百八十
咸	庚子	甲子	戊子	壬子	戊子	甲子	一百八十

三、阳晶守政之运　一千一百五十二年

大壮	壬子	戊子	壬子	丙子	庚子	甲子	一百九十二
无妄	壬子	丙子	庚子	丙子	壬子	丙子	一百九十二
需	丙子	庚子	丙子	庚子	甲子	戊子	一百九十二
讼	丙子	庚子	甲子	庚子	甲子	庚子	一百九十二
大畜	丙子	甲子	庚子	甲子	戊子	壬子	一百九十二
遁	庚子	甲子	戊子	壬子	戊子	甲子	一百九十二

四、阴鼍权衡之运　一千八年

观	戊子	壬子	戊子	甲子	庚子	丙子	一百六十八
升	戊子	甲子	庚子	甲子	戊子	甲子	一百六十八
晋	甲子	丙子	甲子	庚子	丙子	壬子	一百六十八
明夷	甲子	庚子	丙子	庚子	丙子	庚子	一百六十八
萃	壬子	丙子	庚子	丙子	壬子	戊子	一百六十八
临	庚子	丙子	壬子	戊子	壬子	丙子	一百六十八

五、资育还本之运　九百三十六年

豫	丙子	壬子	丙子	壬子	戊子	甲子	一百五十六
复	壬子	戊子	甲子	庚子	丙子	庚子	一百五十六
比	戊子	壬子	戊子	甲子	庚子	丙子	一百五十六
师	甲子	庚子	丙子	壬子	丙子	壬子	一百五十六
剥	戊子	甲子	庚子	丙子	壬子	戊子	一百五十六
谦	丙子	壬子	戊子	壬子	戊子	甲子	一百五十六

六、造化符天之运　一千二百二十四年

小畜	戊子	壬子	戊子	壬子	丙子	庚子	二百四
姤	壬子	丙子	庚子	甲子	戊子	甲子	二百四
同人	丙子	庚子	甲子	戊子	甲子	戊子	二百四
大有	庚子	丙子	庚子	甲子	戊子	壬子	二百四
夬	丙子	庚子	甲子	戊子	丙子	庚子	二百四
履	戊子	壬子	丙子	壬子	丙子	庚子	二百四

七、刚中健至之运　六百七十二年

解	戊子	甲子	戊子	甲子	戊子	甲子	一百六十八
屯	丙子	庚子	丙子	壬子	戊子	壬子	一百六十八
小过	甲子	庚子	甲子	戊子	甲子	庚子	一百六十八
颐	庚子	丙子	壬子	戊子	甲子	戊子	一百六十八

八、群愚位贤之运　七百六十八年

家人	壬子	丙子	壬子	丙子	壬子	丙子	一百九十二
鼎	甲子	庚子	甲子	戊子	壬子	戊子	一百九十二
中孚	丙子	庚子	丙子	壬子	丙子	庚子	一百九十二
大过	庚子	甲子	戊子	壬子	丙子	壬子	一百九十二

九、德义顺命之运　一千八十年

丰	庚子	丙子	庚子	甲子	庚子	甲子	一百八十
噬嗑	戊子	甲子	戊子	甲子	庚子	甲子	一百八十
归妹	庚子	丙子	庚子	丙子	庚子	甲子	一百八十
随	庚子	甲子	戊子	甲子	庚子	甲子	一百八十
节	庚子	甲子	庚子	丙子	庚子	甲子	一百八十
困	庚子	甲子	戊子	甲子	戊子	甲子	一百八十

十、惑姤留天之运　一千八十年

涣	戊子	壬子	戊子	甲子	戊子	甲子	一百八十
井	庚子	甲子	庚子	甲子	戊子	甲子	一百八十
渐	戊子	壬子	戊子	壬子	戊子	甲子	一百八十
蛊	戊子	甲子	庚子	甲子	戊子	甲子	一百八十
旅	戊子	甲子	戊子	壬子	戊子	甲子	一百八十
贲	戊子	甲子	庚子	甲子	庚子	甲子	一百八十

十一、寡阳相搏之运　三百三十六年

蹇	戊子	壬子	戊子	壬子	戊子	甲子	一百六十八
蒙	甲子	庚子	丙子	壬子	丙子	壬子	一百六十八

十二、物极无终之运　三百八十四年

睽	丙子	壬子	丙子	壬子	丙子	庚子	一百九十二
革	庚子	甲子	戊子	壬子	戊子	壬子	一百九十二

推法

周策一万一千五百二十。卦盈差三百。置积年加卦盈差满周策去之，馀起乾坤否泰之运，累之即得所入之卦，以入卦年数，阳爻三十六，阴爻二十四，即得所入之爻。

流年置卦法

置积年，满卦周六十四去之，馀依《周易》次序，即得所直之卦。视所求之年，阳辰不取阴爻，以卦内阳爻起子。自下而上，循环数至

岁支,以为动爻。阴辰不取阳爻,以卦内阴爻起子。自下而上,循至岁支,以为动爻,起动爻为正月,依次布于六爻。以动爻为变卦,起变爻为七月,亦依次布于六爻。

煦按:胡仲子列十二运,推明皇帝王霸之升降,其法在太乙书。较之扬子云之卦序,差为整齐,非唐宋以后人所能作也。以初爻为建功立德之限,三爻为内极灾变之限,四爻为乱后待治之限,上爻为外极灾变之限,二五爻为中道安平之限。行内极之限,灾变尚轻。行外极之限,灾变始重。月卦者,小运也。以太一之掩迫察其虚实,以小运定其期,故举其大概,此天人之际也。前四运皇帝王霸当之,仲子言犹春之有夏,秋之有冬。康节以为春夏秋冬配皇帝王霸。春夏既为秋冬,秋冬必复春夏,天运自然,则前四运之为皇帝王霸,后运继之,亦复当然。今四运之后,两运过中,将秋冬之后,更有别运。天人之际,一往不反者,何也?仲子曰时未臻乎革,仲尼不能有为。仲尼没,今二千年,犹未臻乎革也。革在十二运之终,十二运告终,始复其常。前为四运,后为八运,参差多寡,无乃悬绝。以仲子之言为是耶,孟子所谓一治一乱者,不正相反耶?

易学典籍选刊

周易函書

附卜法详考等四种

［清］胡煦 著　程林 点校

第三册　周易函书别集十六卷

中华书局

正编三

周易函书别集

周易函书别集弁语①

经教昭如日月，而后人汩之几若障云瞢雾，不可卒解。其始原于注释家好新立异，各执己见，而不克深维圣人遗教之本心。其继由于后学者胶柱刻舟，固执成说，而不复折衷于圣人翼经之本旨。是犹阖户求明而欲观之达，屦校求行而欲远之致也云耳。

夫圣人之“六经”，即圣人所传之道，而《周易》尤为深邃。然孔子之“十翼”固在也，精求其蕴，静会其旨，固自有确切著明，首尾联贯，始终一义者，昭于“十传”。故学《周易》而不克与圣人之翼殚精毕虑，极量推求，皆旁行歧出之径途，将愈远而愈离其故矣。

煦学《易》四十馀年，凡于《易》中卦爻图象，莫不原本“十翼”，冀其不与经义相违。如曰“《易》有太极”，非谓太极为图也，而后儒以为图矣；但云“《易》有太极”，非谓太极之外又有无极也，而后儒复加无极矣；如云“分而为二以象两”也，非谓所除之一亦有象也，而后儒以为象太极矣；如《说卦》中明有穷理尽性至命之说，而后儒但以为占卜之书矣；如《彖辞》之往来上下，但据摩荡时言之，非有卦变之说，而后儒以为卦变矣。

此类甚多，不能悉举，故所发明，尽有宗经而不宗传者，业成《释经》四十九卷（后约为十八卷）②，《原图》《原卦》《原爻》《原古》五十卷（后约为十六卷），为《函书正集》。兹取《函书约》（今载《约存》）《易学须知》《易解辨异》各三卷，《篝灯约旨》十卷，共十九卷（今编

---

① 此序据清乾隆六十年葆璞堂修补本《周易函书》、徐世昌《清儒学案》卷四十七点校。库本无此序。“弁语”，《清儒学案》本作“自序”。

② “后约为十八卷”及以下按语“后约为十六卷”“今载《约存》”“今编为十六卷”，《清儒学案》本均无。

为十六卷),合成一帙,名为《别集》。用质同好,倘有是正其谬误,指摘其瑕疵,而抉剔其所由然,则煦之获益多矣,实于同志有厚望焉。

雍正二年七月初九日弁语[1]。

---

① "雍正二年七月初九日弁语",徐本无。

篝灯约旨序①

古今言性书莫精于《大易》，其次《中庸》，其次《孟子》。究之，《大易》不离正字，《中庸》不离中字，《孟子》不离善字。夫正也，中也，善也，其理一也。正则自无不中，中则自无不善，而莫不原本于天。故在《易》曰："乾道变化，各正性命。"《中庸》曰："天命之谓性。"孟子引《诗》曰："天生烝民，有物有则。民之秉彝，好是懿德。"又曰："尽其心者，知其性也。知其性，则知天矣。"业已同出于天，则岂有不正之性、不中之性、不善之性？何至后儒乃有三品之说、善恶混之说？方谓为吾徒者，必将执《易经》《庸》《孟》以争之，乃无端而称说气质之性，岂天命之外别有一性，天命自天命，气质自气质乎？

窃意性得诸先天，气质役于后天。气质与性虽可并居，其实性精而气质粗，性灵而气质蠢。必若所云，又何异于佛家所谓"作用是性"，告子所谓"生之谓性"，"食色性也"之说乎？"夫欲为后人明性学，而反为异端辟蹊径"，此宋儒之言所由未足为定论也。虽然，彼非无为而言也。其所以有为而言者，不过从《论语》"性相近，习相远"二语起见耳。夫以无不正、无不中、无不善之性，而谓之相近，则是微有不正、不中、不善者存，故不得已为之委曲迁就于其间，其用意亦劳矣。要之，相近之性无乎不正，无乎不中，无乎不善，殆如周子所分为刚善柔善者与，其实亦非也。孔子性、习并言，则所言相近，当是指初发时未能皆中者言之。然当此之时，不中不远，亦如孟子言"乃若其情，未必皆善"云耳。然当此之时，未尝不可以为善，故谓之相近。不然，《大易》不言气质，《庸》《孟》不言气质，此气质之性从何处得来乎？若乃既发以后，无非是习，惟智者率其性之自然，

① 库本有此序，在卷七《篝灯约旨》前，今移此。堂本无此序。

故不为习所迁,愚者愈习愈差,更不返而求诸性,此所以不移而卒至于相远也。

《函书别集》辨论先儒同异,发明六经旨趣,有功先圣,嘉惠后人处最多。比至讲明性学,则尤勤勤款款,不禁言之又言,印诸《易经》《庸》《孟》,无不吻合,更为程朱以来未传之奥旨。此衍锶所以三复而不忍释手,敢取素所窃闻者,还以质诸先生也。曩承仪封张公之命,重辑《性理全书》,卒卒无须臾之间,故未能究其妙。兹得惠赐梓本,丙夜披读,欣然以解,不揣奉教,敬附数言,而未知其有合否也。

雍正甲辰初秋闽漳蔡衍锶题。

周易函书别集卷一 易学须知一

须知《周易》一书，即伏羲大圆图中所有六十四象，文王开而为卦，各予以名，各系以辞，遂名《周易》。其三百八十四爻，又即文王之六十四卦，而周公拆之，加以爻辞者也。

须知伏羲大圆图，又即先天八卦圆图，更加一倍者也。

须知伏羲先天四图，非伏羲之创为也，全仿象于河图洛书，故阴阳两象仿于奇偶，而内外之分，上下之位，终始之序，莫不隐与肖也。

须知图书既为画卦之资，则画卦之理必先具于图书之中。

须知伏羲画卦既则图书，则所画之卦亦必具有图书之妙。

须知伏羲四图全仿图书，文王卦爻全宗伏羲，则爻必宗卦，卦必宗先天，先天必宗图书，一以贯之，方为真《易》。煦所由有循环太极一图。

须知文周卦爻既出先天图，则全部《周易》俱是先天，俱是活泼泼地，俱是圆转流通底，安得执为后天，而认作有形有体、不可移易之物？至令后儒指为卦变。

须知后儒之解《周易》，说出千万种道理来，因有一卦之爻不能相通，因有本卦所有之爻全与卦背者矣。当知《周易》浑浑沦沦，止是一个道理，是圣圣相传之真谛，故煦之《函书》意欲①将从前所有之误尽为剖正。

须知河图之妙全在合处，洛书之妙全在分处。

须知河图洛书皆作《易》源头，若云洛书所以作范，孔子说入《易》中，岂非孔子之误？

须知河图洛书同出伏羲时，盖无洛书之分，无以显河图之合。

---

① “意欲”，堂本无。

无河图之合,亦无以显洛书之分。故必兼此二图,始得画卦之妙。谓为大禹时神龟出洛,此后儒之误,孔子经文无此言也。

须知则书作范亦后儒之误,孔子既无明训,《洪范》具在,要亦未有明文。

须知伏羲有先天无后天者,以圆图之内合则于河图,圆图之外分则于洛书,故不必更仿洛书,画为后天也。

须知河图之数十,至全者也,先天之浑沦也。洛书之数九,不全者也,后天之既分也。盖太极中涵,原极浑全,无所不有,至生而为物,则各得其偏,故时乘六龙以御天之妙,必归诸乾元。至群龙之可见,则止分六龙之一二而已。

须知内合外分,即河图中内生外成之旨。故圣人传心之妙,尽发泄于先天四图。

须知河图四象必全,生成浑合,便具万理静涵之妙。

须知河图奇与奇连,偶与偶连,便具循环不息之机。

须知河图奇偶之生皆在内,奇偶之盛皆在外,便具大本达道之理。

须知初生之阴阳皆在内,垂尽之阴阳皆在外,便具始终微盛之妙。

须知河图奇生于北内,偶生于南内,便具阴阳互根之秘。

须知初生之奇不离盛阴,极盛之奇便含微阴。初生之偶不离盛阳,极盛之偶便含微阳。便具阴阳相须之妙。

须知《易》有太极,是孔子于两仪四象既生之后,逆溯两仪四象之所由以生,原有一种不可言说道理,而因称为太极。太者,尊上之辞。极者,无以复加之谓。是言两仪肇生,先有尊上而无以复加者存,故以为易之有也。亦如乾彖赞元,不能明言其中所有,但以为万物资始者然耳,非可以图画者也。果有图,则孔子当即言之,孔子当即传之矣。

须知后儒所传太极一图,是后儒所撰之图,非孔子之所传也。但明太极之理,自知太极非图可画。

须知太极既不可以图画,则后儒无极一图加于太极之上,益愈支离。

须知后儒以无极二字与太极并称,则竟以太极为有矣。夫太极云者,孔子特悬揣而尊重之,以为有此极至无加之理耳。其或有或无,皆其所包。其非有非无,皆其所包。乃忽挑出无之一字在太极之外,是谓不知太极之理。

须知太极既谓之极矣,无极而复谓之极,是两极矣。太极之上犹有至极之理存焉,太极而犹得谓为极乎?

须知《函书》所画循环一图,亦称为循环太极图者,非谓太极竟可画也。止是阴阳两象纠缪回环,相须互根,用以明内外往来,上下终始之妙耳。

须知《通书》"动而生阳,静而生阴"之说,亦止是流行中道理,非生天生地之太极便是如此。盖太极初生,便具两仪,从无先生天后生地,先生男后生女之说。《系传》曰:"天地絪缊,万物化醇。男女构精,万物化生。"是天地男女之交也。如曰阳之极然后生阴,则阴为阳子,而阳之权已谢矣。阴之极然后生阳,则阳为阴子,而阴之权已谢矣。诚不解何时为阴阳得交之时也。夫万物之生,固皆阴阳交后之事,因知此语不能无弊。

须知无极之极与太极之极不同,亦止说流行一边事。盖此极字即动极而静,静极复动之极,非太极之极也。因有阳极生阴,阴极生阳之说,故遂以生阴生阳者为极。又因阳之未极原未有阴,故以阳极之前为阴之无。阴之未极原未有阳,故以阴极之前为阳之无。此是《通书》说流行之理耳。若太极之极,则阴阳同时俱生者也。故孔子曰:"《易》有太极,是生两仪。"不然何得有阴阳相交,万物化生之事?

须知生天生地之太极,是可想而不可说,可以意会而不可以图传者也。

须知太极者静镇于中,其出不穷,不可思议,不可言说者也。所生之万物,则有形有质,不可互易者也。其斡旋运转之能,全是太极所生阴阳之力,故曰一阴一阳之谓道,又曰形而上者谓之道。谓阴

阳为形器,则阴阳沦于万物,是谓不知阴阳。谓道为形器之所以然,则达道又占却了大本地位,是谓不知道。请看六经、四子书,凡所言之道,有不在作用一边者乎?

须知先天圆图全本河图洛书画出,其中虚者,便是太极。此后两仪四象八卦以渐而分,愈分而愈不可穷,实皆由在内者生出。此即河图生数在内,便含成数之象,然既虚其中矣,岂竟可把作图看?

须知太极生两仪,两仪生四象,有能生者,即有能生之所成者。生者内而成者外,是即河图内生外成之义。

须知所生之两仪不离太极,所生之四象不离两仪,此即河图成数各附于生数之义。

须知微阳初生于坤中,微阴初生于乾中,即一奇之生于北内,二偶之生于南内。

须知盛阴盛阳然后外出,此即七奇之成然后出外,六偶之成然后出外也。

须知盛阳终于西外,盛阴终于东外,此即九奇终于西外,八偶终于东外也。

须知一阳二阳三阳相连,一阴二阴三阴相连,然后以渐而终于外,此即一三与七连,二四与六连,然后九奇八偶以渐而外,终之义也。

须知先天图中,既具循环不息之义,而又可爻爻拆之,以观其内合外分,两仪四象八卦之不同也。至其拆而为卦,每爻各具一义,到得上爻,又以为穷极将反,则是逐爻而论,亦莫非循环不息之义也。

须知河图既为先天,则未发之中,岂能动著丝毫,故河图有连法无拆法。

须知后儒拆河图之数各配以卦,以为立法即在于此,是未知先天二字之义也。河图而可拆也,将未发之中亦可拆为喜怒哀乐乎?后儒必拆河图配以卦爻,总为洛书之数各有卦爻相配而已,然后天可以卦爻相配,而先天则断不可也。

须知十者河图,九者洛书,此先天后天之分也。谓十为书而九

为图,非读书穷理者也。至谓图书与先天四图为伪作者,亦愈支离甚矣。夫孔子《系传》固已逐图详释矣。

须知先天小圆图有内外三爻之拆法,以其由内出外,渐加而后生,故太极两仪四象之妙悉具其中。

须知先天小圆图有上下左右之连法,以循环不息相依互根之妙,悉具其中。

须知小圆图有始微中盛末衰之三候,所以文周立卦,亦时有三候。有内外上下之三等,所以文周立卦,亦位有三等。

须知洛书便是拆河图而成者,如拆一六为乾坎,拆三八为艮震之类。故知既有洛书,则河图断无拆法,盖后天不容有两也。

须知七九易位者,金以从所畏而易其位,针之指南是也。火以太烈侵过其分而易其位,盖火无实形,丽于虚而易散,唯入于金中,分之合之,唯其所便,故金能留火之性,此所由易其位也。无寒火而有温泉,阳能侵阴,阴不能侵阳也。又须知其数虽易,而金火之性仍自各得其分,非有易也。

须知金以断制为性,断则必分,故分九而为二七。火以融物为性,融则必合,故合二七而为九。

须知一者,体统之太极也。其后每加一数,而奇偶以变,其所加之一,则流行之太极也。

须知阴阳五行俱是先气而后形,水火以气用,故居先。土金以形用,故居后。木兼形气,故中处焉。其坚而实者,形也。而渐长渐大,则气也。

须知万物之生,始于气而终于形,故生数皆气,而成数皆形也。

须知伏羲八卦,雷风始之,始于气也。山泽终之,终于形也。皆河图中先气后形,内生外成之义。

须知雷风气而山泽形,而坎离适居其中,当交接之际,故水火二者,遂各具半气半形之用。

须知万物将成形时,皆由水始,便是图书中天一生水之义。乾坤初爻皆象之以水,序卦之初,屯蒙六卦皆水,悉此义也。

须知乾坤初爻，一象流动之水，一象凝定之水，便是阴阳不同之义。

须知方图横图，除乾坤覆载于上下者不论，其在中者皆雷风之气，在外者皆山泽之形，以万事万物俱由中起，莫非气始形终，生中成外之义。

须知方图止以寓相交之义，然犹在方交之始，故亦以为先天，而入于大圆之中。

须知后天八卦由坎而始，皆天一生水之义。男女构精，说在天地絪缊之后。絪缊者，气之始。构精者，形之始也。精即水也。

须知后天八卦，即先天八卦一交而成者也。四正交一爻者也，四隅交两爻者也。乾坤中交也，坎离上下交也。艮巽则下之两爻与上之两爻交也，震兑则下之一爻既与上交，而上之一爻又与下交也。

须知阴始不能与阳始交，阴终不能与阳终交者，不克相续故也。阴之始与阳之终交，阳之始与阴之终交，其气相续故耳，此所以四隅之卦自相交也。

须知伏羲八卦圆图及六十四卦圆图，以卦象列者，皆文王作《易》之图，随《周易》而并传者也，非伏羲之本图也。

须知伏羲之本图，止欲发明两仪四象八卦自太极生出之旨，故其东阳西阴原止两画，非有八段及六十四段之别也。

须知伏羲初画时，阳东阴西连为一圈，当止别以二色，其四象八卦之皆连者，亦如是也。后世圣人开而为卦，欲以一色分别阴阳，则不得不以连断为文。

须知三十六画之小圆图，文王之图也。十四画之小圆图，则伏羲之本图也。五百七十六画之大圆图，文王之图也。一百二十六画之大圆图，则伏羲之本图也。伏羲之图久已失传，今悉补之，不然则是伏羲居四圣之最先，为《周易》所自始，乃反不得有伏羲之《易》矣。

须知伏羲四图以小圆图为主，大圆图则小圆图之重也，至文王开而为卦，则遂以大圆图为主。

须知大横图即拆大圆图而成之者也，小横图即拆小圆图而成之

者也,皆所以显加一倍之法,及乾始坤终包罗六子之义,与乾一兑二,推衍八卦之数者也。

须知伏羲止于四图,而无穷之妙自具其中,虽经历圣阐扬,莫之能殚。今观太极之蕴含,有能极尽而阐扬者乎?两仪四象八卦之变化,有能极尽而阐扬者乎?今观命爻之法,于两仪分得之爻用一初字,非指其发源于太极,藉以解图中之蕴乎?象之往来上下、内外终始,非指其发源于中,渐往于外,用以解图中阴阳不息之机乎?

须知伏羲止有四图,而万事万物之理已备,是体用一如,天人一致者也。故不待开而为卦,遂成伏羲之《易》。

须知伏羲之图既未开而为卦,则亦并未有八卦及六十四卦之名,《下系》第六章确有明证,而从前未得其解,遂令学《易》者无处摸索。

须知《下系》第六章说文王作《易》,既有原本,却与伏羲之图不相混淆。至后段因贰以济民行,则所以明作《易》之故也。

须知第六章以称名为衰世之意,便知卦之有名非称于伏羲。盖伏羲时当中古,不可谓为衰世,况嗜欲未开,无吉凶可趋避也。

须知卦名之称各有义类,黄帝蚩尤始造兵端,伏羲之时安得遂有师乎?至于井、鼎、噬嗑之始,皆在伏羲之后。如不稽类,安得而知?

须知彰往八字皆是说伏羲之图,彰往谓图之在外者,察来谓图之在内者,是分内外而言也。微显者引外而入内,阐幽者引内而出外,是合内外而言也。下面当名八字方说文王作《易》,当名之上加一开字,便谓开图为卦,用以作《易》也。此处方曰开图,则伏羲之时图之未开,亦已明矣。开图方曰当名,则伏羲之时既未有卦,并未有名,亦已明矣。

须知察来之来,指太极之涵蕴而言,便是圣人作《易》本意,用以传心之的旨。文王于乾卦说出元字,周公于卦爻说出初字,孔子于《系传》说出太极,皆是此旨。以此处非可言说,但要人留神注意于此耳。

须知衰世而谓之为意,是言作《易》之心如此,非竟以作《易》之时为衰世也。

须知《易》中所有之卦既出先天图，则所系之卦辞即莫非表章图蕴者矣，故能于事物未起之先，即具有前知之妙。

须知文王之卦得于先天，则全部《周易》无有一卦一爻不是先天，则必无有一卦一爻为形器之可拘者矣。

须知揲筮求卦，全是从太极阴阳将动欲动之时，以探讨阴阳太少之气机。阴阳太少有何形质？有何体段？故知《周易》所有卦爻全是先天。

须知东阳西阴，南阳北阴之说，皆所以释先天图也。东阳西阴者，两仪也。南阳北阴者，谓东之南，西之南，东之北，西之北也。自四象八卦以后，莫不如是。此伏羲连而不断之图也。文王之图虽亦具有此象，然非以伏羲之图证之，不可得而辨矣。若以文王卦图认作两仪，则两仪当为九十六画矣。故知伏羲大图，两仪止得两画，后之观图者一卦止作一卦看，乌得而辨之？

须知先天一图立卦象之法，即出于其中，以其有初末微盛，上下消息之旨也，以其时止三候，位止三等也。

须知先天一图岁令月窟之旨，悉出其中，以晦朔弦望及十二辟卦，其生阴生阳之时位，无弗同也。

须知先天一图天根之义，亦出其中，以天道圣学之大原，天人合一之妙旨，皆蕴于图，其中之不可画者是也。

须知天根月窟之说，非指复姤而言，只是邵子指明先天图中流行之气，与相须互根之义耳，是解三画之小图也，若复姤则六画之卦矣。

须知天根即天心之说，但心以肆应不穷者言，根以生生不息者言，各有其旨，而其义则同也。

须知天有何根？只因上面象天之纯乾，由此震之一阳初生而始，故谓为天之根。

须知月有何窟？只因月之本象全是阴体，向为阳光所掩，故不可见。今幸阳光让得一分，然后阴体的然呈露，故以为月之窟。

须知遇巽逢乾，全是向上下流转处说循环之气。类而推之，则

震之遇离,离之遇兑,兑之遇乾,巽之遇坎,坎之遇艮,艮之遇坤,其顺其逆,莫不如是。

须知既有顺遇,必有逆遇,皆此相亲之两卦,而往来之机寓焉矣。故煦亦另设先天顺遇、先天逆遇之图。

须知顺遇逆遇皆在两卦缝中,合前后两卦而成之者,故遂名为缝卦图。此非意为之也。因见周公爻辞每有邻遇二字,用意推求,既久而得之,始知邻遇二字,皆指始初相比之二卦既已分居,而变动之爻复得相比,故云然也。

须知《周易》中言遇必在缝中之卦,非此缝卦则无有言遇者矣。譬诸逆旅,虽无日不与人遇,而终不可以言遇,必与同乡同井最相亲厚者相值,然后始可以云遇也。《周易》立辞之精,其妙如此,岂略观大意所能辨哉?详具《函书》①各卦之中。

须知《易》中言邻与言遇相似,亦谓先天图中本相亲比之卦,详具《函书》②各卦中。

须知先天图中全是流行之气,则称为对待不移者,非也。观天根月窟之妙,及一阳二阳三阳相连而不断,一阴二阴三阴相连而不断,可知矣。

须知先天大圆小圆既具流行之气,则必无截然可分之界,故虽文王开而为卦,亦宜向连贯处留神体察。所以周公爻辞有先天相连之二卦,忽而相比,遂以邻遇言之,而发明先天连贯之旨。若后天则形质已成,故四正四隅皆各安其位而不迁,今以后天为流行不息,是与论先天者均失其旨矣。其以后天为流行不息者,不过因孔子《说卦》有帝出乎震一段耳,然此一段,是说天地生物之大道由中出外,由外归中之妙,特借有形有质之后,显而可见者,以指明之。观震始艮终之说可知,非谓后天图竟是流行者也。然其位既定,而流行之理自在其中。

---

① “函书”,堂本无。

② “函书”,堂本无。

须知圣人立卦，皆是发明变动之妙，与天运之不息，太极之日出而不穷相似，故多注意于流行一边。如万物本天，则先天图后天图皆由乾而始。万物之生将欲成形，莫不资水以始，故后天之数遂以坎为一数，而辟卦之先于子半，亦是此义。至于由水生木，而其形已肇，故孔子之于《说卦》，发明震以始之，艮以终之，而三统之有取于建寅，亦是此义。凡皆流行之故也。今谓后天为对待不移者，为是各居其方耳。然方虽各居，而气实相通，但不可以对待不移之一说拘也。若先天在浑沦未发之中，活泼泼地，断不可谓为对待不移，何也？果其不移，而如许之万物从何自生也？

须知加一倍之说，看来虽甚容易，而四圣所阐，莫非加一倍中变化之妙。所以邵子曰："天向一中生造化，人从心上起经纶。"人之作事先从心中发出一念，逮至做成事业，则千态万状，不可名言，此即先天图中内合外分之象。

须知文王比象洛书，作为后天小圆①，却无后天大图者，以文王所用之卦，皆开先天大图而得之者也。既本伏羲大图之卦作为《周易》，则所阐明，皆伏羲图中之蕴，又安用后天之大图为哉？

须知大挠之造支干，亦由先天四图始也。五行出于四象，四象出于两仪，然五行之中莫不各有阴阳，而阴阳之中莫不各有微盛。今观先天四图，原具阴阳微盛之理，支干既各有五行，又于其中分别阴阳微盛，其妙不已具于是乎？

须知支干纳于爻中，原具阴阳微盛之旨，则其验于时日，亦止是阴阳微盛之旨耳。其甲子乙丑之类，皆假立之名目也。

须知大挠之造支干，皆因卦爻动变，实能取验于时日者，故作为支干二十二字，用以明卦中之爻。如某岁为甲子，某岁为乙丑，某日为甲子，某日为乙丑，皆非妄设者也。迨②至后世，支干之沿流于时

① "圆"，库本作"图"。

② "迨"，库本作"逮"。

日者,既皆确有可验,而壬乙禽遁①之设,遂不顾其验与不验,而纷然起矣。要彼小术虽或偶有所验,率皆依傍时日,庶几得之,总不如《周易》,虽极远极幽之事,莫不于吉凶之分际亲切著明,断然而无误也。特其理幽深,非粗浅之可学,其德妙契天道,非亵越者之可易言也。

须知纳甲之设,皆圣人借日月交光之旨,用以明《易》,所谓仰观天文者是也。然止称为纳甲者,是因其所在之方,用以纪六位时成之象耳。其妙既与先天卦象相同,其时亦与先天卦候相准。至若甲乙丙丁,亦有何奇?后之术数家但记其所纳之甲,而不记其六成之象,虚存此纳甲之名,亦卒归无用焉耳。

须知圣人仰观俯察,作为《周易》,则日月交光,正仰观之事。

须知日月交光,皆天地自然之易,而伏羲之图正所以仿象其精蕴者也。今以纳甲为术数者流,则先甲先庚,西南东北,大明终始,帝乙归妹,巳日乃孚之义,文周之前实已有之,亦可曰文周为术数乎?且出震息兑,盈乾虚坤,皆天地自然之阴阳,相循无端,终古不易,无日不在眼前,而学者②视之,尚莫能解,岂术数家所能窥其奥而妄拟者乎?

须知天为一元之合,地之必与天对者,以人处地上,资地以有其生故也。然日月与地三物,适为两仪,何也?奇一而偶两,阳画连而阴画断,连斯一,断斯两,阴阳之义也。日阳故奇,月与地皆阴,故偶也。坤之卦辞不言地而言月,借其同类者而证之云耳。又缘人处地上,不能全见地面,而能全见月面故也。若据理而论,天之空悬寥廓,不知大于地几万万倍矣,岂地之所能配乎?故《易》曰地道无成。

须知《火珠林》中,干之所纳绝无可取,而支之所纳每有奇验,其中皆有精义存焉。要亦圣人深知阴阳始终微盛之情,而比合于卦爻,拟议于人事,考验之于岁时日月,而觉某爻之动也,与某支之义

① "遯",库本作"遁"。
② "学者",库本作"常人"。

相符,然后定某爻为某支。又以此爻征诸岁时,其验于某岁某时,历历不爽也,然后定其支于某岁某时。其于干也亦然,然后知某岁确为某干,某岁确为某支也。其于日月也亦然,所由谓支干之作与纳甲之设,皆由《易》象①始也。后世以《火珠林》为术数,置焉不讲,亦未知数所由起,原有至精之妙义存焉。逮于占卜之家互相传授,确有明验,而术数者流推出生克制化之用,是即《易》中当位不当位之说耳。要其所以能然之故,又岂术数家所能妄作者哉?

须知《周易》精粗不遗,小大悉备,所以能冒天下之道。故干支之设,悉从卦爻而起,而文周之《易》,亦遂有庚甲巳乙之说。

须知术家所传六合六冲,亦出于《周易》。八纯之卦,占散事则宜,为六冲也。初世之卦,除巽之在内者变去变来,皆不成合者不论,其馀六卦并乾坤之三世,皆为六合,占成事则宜。

须知术家因卦中之冲合,亦遂有日月之冲合。如日冲则动,月冲则破,是其冲也。如日月生合,则其事大利,是其合也。

须知旬空之说,因在旬中,则所动之爻不验,此亦由《周易》始也。

须知生旺墓绝之理,亦由《周易》始也。如用爻衰弱,喜遇生扶。用爻休囚,喜当旺相。用爻重叠则喜墓,忌爻摇动则喜绝是也。

须知纳支验而纳干不验者,支曰地支,静而有常,故纳于爻中之位,遂与爻同德,随之而定。干曰天干,流行不息,纳于爻中之位而不定,故一卦止纳一干。

须知《易》冒天下之道,本末内外,大小精粗,俱无所遗,故卜筮者得藉之以自神。其实圣人寄天地之道于图象,文周发图象之秘于卦爻,既非浮窃者所能。又惧其漫无可入,或厌苦而弃去之。又虞大道非此莫传,又以百姓日用而不知,则吉凶无所趋避,终无以济民之行。因寓意于占卜,而纳支干于中,使乐前知习术数者,传其文以俟其人。或知后世将有秦火一关,故藉卜筮以永,亦未可知,当知圣

① "易象",库本作"《周易》"。

人固前知者也。

须知揲蓍之法,是圣人仿象于易数,以求合乎太极阴阳四象之妙者。其妙在易而不在蓍,但以为蓍中之妙,与易理何干?

须知卜筮之说,是圣人导人学《易》之路,至其精蕴,则性命之原本,天人之一致也。第性与天道不可得闻,敏求好学人又间不一出,即出矣,又或淹于文史,莫探其本。圣人惧易道深微,或至中绝,故寄其道于卜筮,使永其传也。若云《周易》止是占卜之书,孔子何复有穷理尽性至命之说哉?

须知揲筮之法,分二挂一,揲四归奇,而要其所得,遂有阴阳太少之四象,而综其全数,自具六十四种之形体,非其拟议妙合天道,那易有此也,然后知圣人立法之精也。

周易函书别集卷二　易学须知二

须知周公命爻，用一初字，其原皆出于先天圆图。凡九皆东阳，凡六皆西阴，因在方加之始，故以为初。是初之一字既明其发原于太极，又以见三十二卦咸得而资之，故曰其初难知。至于上爻，各成其体，各具一象，故曰其上易知。

须知初之一字最有关系，盖卦之方成，尚未有象，不能定诸位，止可考诸时。故前面有太极，唯此一初字始能标之。后面有二三四五上，唯此一初字始能统之。

须知时则以前统后者也，位则以上临下者也。

须知八卦圆图初加之一画，皆从太极天心流衍而出，原具生生不息之妙。故周公命之为初，而孔子《彖辞》因遂有来往内外之说。其上下则谓阴阳之位，终始则谓阴阳之时也。此八字见于《彖》中，后儒每多错会，故误认为卦变。然此八字又由一来字而始，故孔子欲人察来，即周公用初字之义也。

须知初加之两仪，已在太极之外，然非此两仪，则太极无由以显。故张子曰“不有两，则无一”。然非此两仪，则后此之四象八卦皆无由以生。故孔子谓一阴一阳之谓道，而周公遂以初字标之，言初则后此之无穷不可量矣。

须知凡言来者皆指内卦，而初则来之始也。凡言往者皆指外卦，而上则往之终也。

须知卦在初爻尚有三十二卦可通，二爻有十六卦可通，三爻有八卦可通，四爻有四卦可通，五爻有两卦可通，到得六爻，始定此一卦之体。故曰初难知而上易知。

须知初爻出自太极，原属两仪，由是而二三四五至于上爻，又是从八卦四象两仪反而约之，以定此一卦之太极也。所由曰成之者性

也。何云定此一卦之太极?如上之一爻无卦可分,是独得者也,专一不分,故象太极。五则两爻共之,与两仪同。四则四爻共之,与四象同。三则八爻共之,与八卦同。二则十六爻共之,与重仪同。初则三十二爻共之,与重象同矣。

须知凡来皆自太极而来,凡往皆谓其外出,故执卦变卦综者误也。盖此来往字皆《说卦》体方成,阴阳摩荡之妙,非说此卦成体之后也。若其体既成,则确不可易,安能割彼卦之爻安于此卦,如后儒卦变之说乎?至于文王《序卦》,颠倒两卦而连为一处者,正谓有阴则必有阳,有朝则必有昏,有此则必有彼,是欲人颠倒其妙,以穷尽观玩之法,非谓卦变非而卦综是也。果有是综,则孔子当言之矣。大约来氏之为此,止欲证卦变之误耳,然亦不可误解错综二字。至以错综论卦,其误仍与卦变相同。

须知错综二字原是指数而言,本上参伍字来。参伍者,九六之合,乾坤相须之妙也。乾之用九而不用六,坤之用六而不用九,皆参伍中之义也。天地之气,在天地之间原相合而不可分,特自其用时,乃始分别阴阳耳。故当阴重阳亢之时,皆各有偏用之气。若重阴而得阳九之用,阳亢而得阴六之用,皆参伍之既和。故不言九六而言参伍。参伍者数也,故曰"参伍以变,错综其数"。天地以合而有功,故遂以参伍言之。参与伍皆阳九之生数,合之则成少阴之八,所以明阳有为阴无为之义也。然参伍者,又十五也。参其伍,寓一奇二偶天生地成之义。伍其参,寓九六分居参天两地之义。唯参伍而始有错综,唯错综而九六始有分合,错综之义大矣哉。

须知初上九六二三四五八字之解,而三百八十四爻之义俱已全备其中。

须知初不言下不言一,上不言六不言末,而九六字或上或下,莫不各有精义。详见原爻。

须知二三四五之数,仅详于中四爻,而初上则异,以初非数之所能始,以上非数之所能终也。

须知中四爻别为二三四五者,皆因每爻各兼有时位二义,必不

可分。故以初之一字引端于下，则知必有中末者存也。以上之一字引端于上，则知必有中下者存也。

须知中四爻独纪之以数者，以上爻象天，下爻象地，其中所生之万物非数莫之纪也。又因爻中之时位，皆莫不有数存也。

须知《易》中凡言往来，皆是教人观象认取主爻之法，又以明成卦之由，在此一爻也。

须知每爻皆可通为四爻，故有见有伏有动有变。若但止于一爻，不能相通，何得谓之为易，何得有阴极变阳，阳极变阴之事？

须知有十六阳卦之说，以一卦兼统四卦，一爻兼统四爻，而六十四卦已备于此。

须知六十四卦之中，有阳卦十六，阴卦十六，阳卦而杂阴卦者十六，阴卦而杂阳卦者十六，第阴不得阳则全然无用，故以十六阳卦为主，而见伏动变皆因之，地道无成而代有终也。

须知《系传》用一索字，皆兼交与生之两义，其中有一往一来之两象，一与一取之两法，故可旁通四爻，不知者遂疑为卦变。

须知内外之说即在往来二字之中，但解诸卦之成，皆各先有体卦，自当知往来之义皆指用爻言也。往来既明，则内外之体自定。内外之体既定，则上下之义益明。然而终始微显之义，亦即在其中矣。

须知有看爻之法，如卦有微显，初则必其微焉者也。卦有上下，初则必其下焉者也。卦有始终，初则必其始焉者也。卦有尊卑，初则必其卑焉者也。卦有深浅，初在下则必其深焉者也。六爻之时位由此而推，莫不类然。又须知始终之在卦爻，有因震巽而言始，有因艮兑而言终者，不可不察也。

须知上爻为穷极将反之爻，谓其无有上于此者，然后谓为上也。若更有上于此者，则此爻乌得为上？若对初而言之，则此爻即其终矣，故卦止六爻。

须知卦至五爻而下四爻皆其所统，故以为君位。卦至六爻而一卦之精神全聚于此，以卦气自下而升，至上则其归结处也。上之为

言,谓自五爻以下皆下焉者耳。不以上为君位,以其处于天位,非人之所能至也。五则上卦之人位,故以为君。凡在上者皆可统下,故姤之二爻便有包初之说,而萃至九四亦有不当位之讥,其馀诸爻可类推矣。

须知六之统下五爻者,天之无不覆也。九五之为君者,上奉天而下统人也。四之统下,宰臣之分理也。三之统下,百司之分职也。二之包初,于蒙姤见之矣。

须知八字看爻之法,又须知因卦论爻之法,即如初之一字,不过谓成爻之始耳。然而在乾则以潜为隐,在恒则以浚为深矣。在比则以为自始至终之无异,在讼则以为后之不永所事矣。皆是因卦异象,原不执一,故三十二阳爻亦遂有三十二种象,亦遂有三十二种道理,阴爻亦然。

须知执卦变以论往来,是全未解初上二字之义。但知彰往察来是说先天图,则《彖》中之往来宁非图乎?又须知阴阳之在图中,亦复各有往来,所以《说卦》发明顺逆之故。

须知《易》中原无卦变之说,孔子韦编三绝作为十翼,《周易》中何妙不具,岂独遗此卦变,须后人之补缀耶?汉儒之有卦变图也,只因《彖辞》中每说往来上下内外终始,不解其故,误认为卦变。且不知往来上下八字是说打①初成卦时,阴阳二用摩荡之妙,因九用于六,九遂为主于卦中,而称之为男。六用于九,六遂为主于卦中,而称之为女。圣人教人观象以审择主爻,故择其所用之一爻,观其往来上下于卦中,遂有往来上下内外终始之说。不能静会及此,而误为卦变,宜乎《周易》之晦也。此与太极二字止是极赞两仪之先,原有此等妙理,而后人误以为图。筮策之数本由分二象两说起,而后人遂添除一以象太极,言之似若可听,推之亦似有理,要皆非孔子之所有。岂圣人之遗漏尚有不到者乎?故解释经文者,但当据孔子之经以解经,孔子未之言,断未敢尊传而灭经也。

---

① “打”,库本作“于”。

须知体卦之说，谓乾坤为大父母，而六子之成皆各具乾坤之一体，其与体卦不同之爻，方为动用之爻。故《彖》中之往来内外，无非指此动用而言。但明体用，自解卦变、卦综之误。

须知往来内外，原是教人观象之法，用以审择主爻者也。苟非动用之爻，何必分别往来内外，但解体静而用动，便自明了。

须知诸卦既出于乾坤，则诸卦俱以乾坤为体。故三男皆坤体，非坤体则无以显乾之用。三女皆乾体，非乾体则无以显坤之用。

须知阴阳之气行于卦中，以成一卦之体，其原固出于太极，而在卦象，则即以乾坤为太极。《周易》以乾坤居首，此之谓也。盖六十二卦莫非乾坤既交所成，故凡言阴阳往来，非九之用于坤，则六之用于乾。其两爻相同者，则静而为体者也。其独异之爻，则来交而为动用者也。体静而用动，体内而用外，不相假也。汉儒之说卦变，专言否泰，虽说在三阴三阳卦中，然非三阴三阳，亦莫不各具乾坤之体。或亦去圣人之世未远，而洙泗遗教犹有存焉者乎？

须知周公之命爻，孔子之观象，皆必考诸时位者，无非乾坤动静之义。

须知时之为义，出于天运之流行不息，是乾道也。位之为义，出于地势之高下不齐，是坤道也。何非阴阳之义也？

须知天道流行不息，原不可定诸其位，止可考诸其时。地道静镇有常，故不待征诸其时，已可证诸其位。

须知乾以神气为用，流行不息，乌得而窥？故止可考之以时。地以形器呈能，高下不齐，人所共见，故均可正之以位。

须知爻之位定于卦中，而时则流行于六爻者也。

须知时之气行于爻中，而位则因时而成定者也。

须知初命为初，便以时之义定于将欲成卦之始。上命为上，便以位之理定于六爻既成之时。

须知有位中之时，又有时中之位，故言时可兼位，言位可兼时也。卦之中四爻不言中末，不言中下，便具时位兼有之义。

须知二三四五兼有时位，故但纪之以数，盖数固既可征时，亦可

征位者也。

须知时位皆无截然可分之界,特约其大概以为三候三等耳。亦如先天图中之卦,原无截然可分之界,故邵子有遇巽逢雷之说,而予亦有缝卦之图也。夫时之相续不断,原不可分固已,位何以不可分也?当知《周易》所言止是一个物事,即如六爻所成,亦止是一个卦体耳。

须知乾阳不息,所以谓为大明终始,若不得阴,则涣散奋发而无能自固,必与阴遇,始有位之可言。故位也者,坤之所以承阳而有功者也,所由谓为六位时成。

须知乾之《彖辞》全说天命之谓性,乾之《文言》全说率性之谓道,自坤以下则专言道也。盖乾彖自元字说起,至于利贞,便说各正性命,保合太和。利贞由元而亨出,则是太和亦由元而始矣。保合二字虽据人物言之,确是言赋界之时,亨于乾元者如此。故上文提明乾道变化四字,至于《文言》元者善之长也一节,此元亨利贞四字仍是乾之四德,不可指人言。其善长嘉会等,则言人所赋之性有此四等,以发明乾德耳。至于下节,先提君子二字,然后言仁礼义等之德,方是说人之受性,命赋于天,故亦克与乾道同此四德。然止说性之所具,非真有仁礼义之可见也,故曰足以。足以云耳,与《中庸》至圣章言足以相似,故下文又曰君子行此四德。此处方提行字,则上文不是说行可知矣。上提君子,明首节之释乾德。此提君子,又是明上文止于言性,而此方说情之发也。然将言人所禀受之性,而便曰善之长者,此与前之①释元说万物资始相似。盖长之为言,即最先之称,又次少无穷,皆在其后之谓也。资始之始正是此义。既是说性,则性中之虚明本无所著,何为开口便说出善字来?盖缘赋界之始全是太和,乌有太和而不善者乎?且善字原指后面之四德,特因仁义礼智于此发源。故于禀受之始,指其最先之源头而言之,因遂以此为长之者也,所由曰善之长也。又因嘉会义和事干皆由此而

① “前之”,库本作“孔子”。

生,故遂长之也。因受性之始全是太和,全然是善,故子思克承家教,作出《中庸》,便曰:“天命之谓性,率性之谓道。”下文又曰发而中节,夫发而中节,则其善可知,而所以能发而中节者,则率性之谓也。率性者,顺其太和长善而出之者也。若非率诸其性,安得有节之皆中乎?孟子私淑诸人,深得率性之旨①,故断断乎谓性为善,此圣贤一脉相传,不差累黍者也。若后儒之言性,则不免失之驳杂。

须知体仁节言仁言礼言义,至事干宜可言智,而不言智者,盖智愚之人皆因事而见,此节方说性中之德,故但曰足以干事云尔。譬如三月之婴,非不具有至性,然于婴时,欲指之为智人愚人,则万不可得,必待学习之后,做出事来,方始知为智人愚人。然其所由得称为智人者,实由于所性而具之一点灵明。故说性中之德,遂说出足以干事来。夫性中既具有智之一德,而终不免为愚人者,不学不习之故也。故圣贤教人,首重学习,职是之故也。

须知《周易》首乾坤,不与《连山》《归藏》相同,明谓乾坤即《周易》之太极,其下六十二象,莫非乾坤二体所成。

须知《周易》起头打从乾道说起,便是理性命之大原。

须知《周易》首乾,说出元之亨,而用九一节专说元亨,又说群龙,后面《小象》又说乾元用九,至于坤卦止说利永贞,便见《周易》贵阳之义。

须知乾不是天,坤不是地。盖天地者,乾坤之象也。

须知乾卦《彖》《象》《文言》,字字皆说交坤,盖乾阳之体本自流行不息,原无位之可言,得有形者附丽之,乃始有初末微盛内外上下位置之可考,所由谓大明终始,六位时成也。坤之说入交乾亦然,故卦辞遂标得丧二义。

须知乾之一元便是太极,孔子之《彖》因元字无可称说,故止以大哉赞之,大则无所不有,而特不可以名言罄耳。

须知乾之一元,止以大哉赞之,则乾元之不可称说也明矣。其

① “旨”,库本作“道”。

下曰万物资始,亦止借所生之万物仰而溯之,谓其始于此耳,非能言元中之妙也。子思未发之中用一中字,亦是指其位而证之,其说出喜怒哀乐,仍如孔子之说万物耳。然未发而已发之理悉已全具,则其无所不包,亦可想矣。故元也,中也,太极也,皆是物也。太者,尊上之称。极者,无以复加之谓。止如乾元之赞大云耳。后世目之为图,误之误矣。然河洛二图先天四图俱在也,其有能画太极者谁也?

须知《周易》是个浑沦完全的,只元亨利贞四字尽之。盖乾坤而外,所有六十二卦,皆乾坤之利而贞焉者也。乾坤之利贞,皆乾坤之元而亨出者也。坤之元亨,又附乾之元亨而见。故坤亦亨乾之亨,元乾之元也。《周易》以乾坤居首,阴阳之义也。然阴不得阳,则蠢而不灵。故《周易》既首乾坤,而乾又在坤前,《周易》贵阳之义如此。后儒之释经也,每逢一卦之利贞,另说出一种道理,是未知《周易》之卦,无非乾道之元亨利贞所布濩而酝酿者也。

须知乾之一卦专重元亨,故用九一节专释元之亨。至于《彖辞》,既以元亨二字各释之矣,而又于大明节补说大明终始,释亨之由于元,以见元之大也。乾道节既释利贞矣,而又于首出节补说首出庶物,释利贞之由于元,以见元之大也。盖乾以始之故也。

须知元是乾之蕴含者也,亨是乾之发动者也。

须知利是通利之利,与利刃之利相似,非利益之利也。通利是用之无阻,自我之及物言。利益是从而增加,自彼之益我言也。若说利于正是谓正则利,不正则不利矣,非《易》旨也。自乾以下诸卦之利字皆是此旨,如利有攸往,利涉大川之类是也。

须知贞者成也,是乾德之究竟也。生成万物,实出坤体,本属坤德,而兹以为乾德者,盖非乾以始之,则坤无由以成其终,故贞亦遂为乾德,而坤则以为无成代终也。

须知坤之一卦专重利贞,故用六一节止说利永贞之事,以释利贞而已。其动作有为皆乾阳之妙,坤特承之而已。盖坤以终之,地道无成而代有终也。

须知《周易》所重唯此元亨利贞四字，而六十二卦之理已完。则此四字中，每有一字便具无穷妙理，故每字皆各自为句，不可以二字相连。如说大通而利于正，则止成两义，且不可以发明乾德，非《易》旨也。

须知元之在乾，是静正而其出不穷者也。亨则静中之动，是其发越者也。利则发越之无阻，行健之健正出于此。贞则乾已合坤，坤德翕受，含生而布化者也。浅而喻之，元则未发之中，亨则其发也，利则发而无阻，贞则所中之节也。

须知乾坤之外六十二卦，得乾之利贞者多，得乾之亨者则少矣，得乾之元者则绝无之。然所有之利贞虽皆乾元之利贞，特既各为一卦，则但就本卦之量以为量，而不得如乾元之利贞大而溥矣。其得亨字者，唯三男为真，是乾之三索者也。故震有震亨之说，坎有维心亨之说，艮卦亦宜说亨，然已为阳之止矣，故不言亨。而于遁卦补言之曰遁亨，盖遁卦艮山在内，是方成之阳德也。仍有三阳在外，是不止者也，故亦言亨。此外诸卦所有之亨，则又各因本卦以为量，而并不得与震坎同矣。至于屯蛊随诸卦，虽皆说元亨利贞，然皆一事之元亨利贞也。其元字有见于爻中者，善其爻而已矣，非乾之元也。乾元则太极之谓也。

须知元亨利贞四字是乾之四德，不可掺入一毫人事。

须知乾之《彖辞》全是赞乾之四德，不可说作圣人。盖大明终始与首出庶物两节，皆指乾德而言。因后人不得其解，故误以为圣人之元亨利贞也。

须知用九之说，正是用其刚，不可说不用其刚。盖九之方用，正是九阳当权得令之时，若说乾化而坤，便已灭却乾象，何得有群龙之可见？

须知六龙之说，就乾之本卦而言。群龙之说就乾之交坤，成就六十四卦一百九十二阳爻而言也。盖阴不得阳，则蠢而不灵，故六十四卦莫非乾阳之所成。《周易》首乾，先儒以为贵阳，此之故也。

须知孔子《文言》曰乾元用九,便是说九之得用,方从乾元出也。此①是一元方亨之际,尚未有利贞之可言,安得曰乾化而坤,刚化而柔?

须知周公说此用九一段,是因六十二卦皆由乾阳游历而成,正万物资始之妙,原不为六爻俱动者补一占辞也。故下文说出无首吉,便是说万物已得所资了。

须知用九用六之说,是明六子皆出于乾坤,即大父母之谓也。

须知天下治也,正是说群龙之见,天下之万物,殊体异形,莫不由乾阳变化而生,故以群龙言之。然必推本乾元,又是说所由以能亨者耳,与孔子两仪之上补说太极相似。

须知乃见天则,便是说亨由于元,才从中出,最相切近。盖乾元者,万物之大始,即《周易》之太极也。

须知周公曰见群龙,孔子曰天下治,盖六十四卦即乾元之天下,而群龙之见即乾之资天下以始,而使之治焉者也。

须知群龙之见,便是利贞之事,便是各正性命。

须知乃见天则,只是乾之方亨,尚未离元之说。

须知天是乾元初亨、首出庶物之物,乾以不息为用,天则之而为健行,今正在方亨之时,故曰乾元用九,乃见天则。

须知无首之说,是离了乾元之义,只划清亨字界限,以发明阳九之大用耳。

须知周公发明圣圣相传之道,只此无首二字最精,周子之无极正从此出。然以无极说在太极之上,与以无首说在亨字之中,亦微有不同,然后知圣言之妙也。

须知乾之无首而吉者,谓乾元一亨,万物各得所资而已。其在卦象,六十二卦皆资元以成始,所以谓为天下治。天下者,统资元之万物而言之。治也者,即谓其各正性命资元以成也。若屯蒙以下,皆资乾元者也。比而无首,不得所资,安得不凶?盖自乾元之一施

① “此”,库本作“只”。

而论，必无首而后见其能施。自诸卦之所受而论，若无首而即不得所资矣，故吉凶异也。

须知乾之六爻皆得称龙，不必俱动者也。故一爻动龙也，六爻动龙也，一百九十二阳爻龙也。若只作本卦六爻俱动说，则孔子在《彖辞》中固称为六龙矣，何得谓为群龙乎？

须知用九而见群龙，只是乾元流衍，无所不遍。《参同契》曰"二用无爻位，周流行六虚"是也。

须知用九是说亨，见群龙是说利，无首吉是说贞。譬如子在母腹中，与母相连，有资于母，若其既生，则无资于母，故无首吉是言贞也。

须知乾用用于坤，坤用用于乾。

须知天之一字，止是乾之象，非谓天即乾也。今观乾元之《彖》曰统天矣，下文又曰乘六龙以御天矣，既曰统天又曰御天，则必有统之御之者在天之外也。其在《大象》曰天行健，非谓天即乾也，是即天道以为之象也。下文君子句亦非谓效法乾德也，是即人事以为之象也。故曰字之上安一象字，而人不之察何也？

须知大哉乾元，大哉二字是圣人将欲发明元中之妙，而却无一义可言。只因既亨以后，生出如许之万物，莫不仰资乾元，故特以大之一字赞之。下文虽说万物，只说万物所仰赖者在于此耳，而元字本义究不曾粘著丝毫。

须知云行雨施，止是说元德初亨，此时尚未有万物，故止言品物，如云一般般排列出来。流形云者，俨有动荡之形可令人瞻视者然也。此形字即形上之形，与形则著之形相似，不可以体质言也。

须知大明终始节，因上文既已释元，又且释亨，惧人将元亨看作两截，故此一节补说亨之实由于元，以见元德之大耳，非指圣人而言也。此节何尝有圣人两字，观他开口便提出大明来，大者阳之体，明者阳之色，便是说乾。终始云者，谓自资始以至于利贞，皆乾阳之布濩也。六位时成，谓乾阳之所历无弗遍也。位本坤之六位，因阳德无形，必丽于有形者，然后其数可征。乾既交坤，所生之六子莫非乾

德,故云然也。时乘六龙以御天,谓乾元之赋畀当一亨时,虽至小至细之物,莫不以全理畀之也。此理最精,详具《约注》①。

须知乾道节本言利贞之事,而复提乾道于其上,总见利贞之事亦莫非乾元之亨也。然保合太和止说赋畀一边,以发亨中之妙,尚未到人物上,故利贞二字亦止是乾德。

须知四德既已释完,而又补说首出一节,总因开口一句赞元之大,故释下三字遂处处回顾元字。大明节,见亨之由于元也,此因上文既释利贞,故此一节又说利贞之由于元,以见元之大也,非为圣人言也。首出庶物,谓在庶物之前,即资始之义。万国者,尽乎地面所有之土,即指坤之全体而言。因阳九之大用至于利贞,必藉坤而见,故遂以坤象言之,而称说万国,何尝有圣人乎?凡孔子之《彖》皆所以解释卦辞者也。卦辞有人事,则圣人解释人事,此乾之卦辞止是乾之四德,无故而添出圣人,诸《彖》俱无此体。

须知三男皆乾之用于坤,三女皆坤之用于乾,皆是言乾坤之交。故乾卦皆言亨入坤中之事。不知此妙,则乾卦皆不得解,坤卦亦然。

须知乾始能以美利利天下,即是彻始彻终之事,所由曰大明终始。

须知地道无成而代终,以始之者大明,终之者大明也。惟其无成代终,所以止言得丧。

须知乾之三画止是一画,如小畜之初九曰复自道,九二即曰牵复。泰初曰以其汇,九二即以初为朋。又如需之三人来,讼之三褫,说在一爻,皆因乾道健行不息,原无可分,仅可考其初中末之三候而已。故乾之画一以象阳实,坤之画二以象阴虚,职是之故也。

须知《周易》以乾居首,全是贵阳之义,故其立卦之法,亦莫不依乾而成。如乾固三连矣,坤而曰六断者,谓乾而六断之也。兑曰上缺,谓乾而缺其上也。巽曰下断,谓乾而断其下也。离曰中虚,谓乾而虚其中也。坎曰中满,谓乾而实于坤中也。震起也,乾之始也。

① “约注”,库本作“函书”。

艮止也,乾之终也。非乾则诸卦无由以成,所由谓为贵阳也。先天图震始艮终,而诸象已全,孔子释后天图亦曰出震成艮,皆此乾阳之终始也。

须知《周易》立象之法止有两种,非借天道以为之象,则借人事以为之象。即如坤卦之辞,除元亨利牝马之贞为正言坤德,其下六句则分两段,君子三句则象以人事,而发坤之所以利也,故得主之下,利字独为一句。西南三句则借天道,而发坤之所以贞也,故下曰安贞吉。安即贞之定也,吉即无首吉之吉,正言贞也。

须知先迷后得主为句,非以主利为句,观文言中后得主而有常,得主连读可知矣。后儒添利字,未达其旨也。

须知乾坤一交而成坎离,坎即含胎之坤,离即已虚之乾,故坎之一卦独言时用。以后天诸卦由怀胎之坤而始,莫非乾阳之大用流行,故后天一图遂以坎离终始之,而正位于南北,明其可代乾坤而已。

须知坎之六四亦是樽酒句,簋贰句,用缶句,非樽酒簋句,贰用缶句也。盖此六字止言人情相接时,其所用礼乐不必过厚之象。所用者少,而所通者大,故曰纳约自牖。此即蚁穴可以溃堤之义,故《小象》曰刚柔际也。因此为两坎相接之爻,又在刚柔相接之际故也。不知解者何故遗了坎象,专言人事,如作三字一句,乃忽截下句之簋字附于上句,成何道理,成何文法?

须知凡爻之《象》莫不本卦德而言之,如鼎之言鼎,井之言井,坎之言水,离之言火是也。

须知《周易》未经秦火,皆不宜妄改一字,如坤卦之顺字,萃卦之顺字,皆不宜改为慎字。

须知六十二卦无有一卦无阳爻者,凡皆群龙之所见,而九阳之大用也。先天后天二图皆具此义。

须知《周易》与《连山》《归藏》不同者,以乾之大用流行无所不遍,若坤不过借位而已,故曰六位时成,而又曰地道无成也。

须知贵阳者,阴不自主而从阳者也。今观人之生子,从父姓而

不从母姓,堪舆理气之说,荫及子孙而不能荫及女甥,此即贵阳之真义也。

须知阳动而阴静,易之阴阳爻既从动中生出,则阳之为用也神矣,所以《周易》贵阳。

须知《彖辞》中往来上下,全是教人观象之法。即如命爻,首尾分别初上,其中始叙以数命爻设象,亦大可思矣。若概置勿论,则不得其解矣。

须知明明说道理者,止说得一事之道理透彻。若是拟象,则可以无所不包。即如图书象也,先天图象也,卦爻象也,其中精蕴经四圣表章,而犹未易殚。下及文之卦辞,周之爻辞,孔子之《彖》《象》《文言》,亦莫非象也。如但执定一事之道理解会,岂能周天下之道乎?

须知观象之法切不可拘,但当领略大意,会其神焉可耳。

须知读拟象之书,与文字义理之书绝不相同。盖文字义理之书,可以虚实字眼,相间为文,且能低昂其声韵,故读之易解。若拟象之书,必须知一字一义,逐字领会,乃可耳。如潜龙二字便是二义,见豕负途便是四义,要皆由乾初与睽上而定,非精求意义而会其神理者,那易辨此?

须知乐读易读之书,而不察难穷之义理,大抵皆易厌易倦而自画者也。纵能读人人可解之书,究其所得,亦人人能到之域耳,恐圣贤遗教之心不是如此。

须知《周易》为上古之书,其时文字未甚,非拟之于象,则无穷之旨不可以达,其何以遗教?

须知卦爻拟象,是文、周不得已之苦心。一见得图书为天地自然之《易》,而象中之包涵无尽。一见得先天四图为伏羲开天之《易》,而象中之包涵无尽。若卦爻之情但说得一事透,何能应变无穷?于是乎括之以象。故象中之义蕴,累求而莫之殚也。

须知乾坤而外,凡所取象,皆各有象中之理。如雷风为天地之气,在人要他何用?然而象中之理,即人而存,不可不察。

须知《周易》中一爻一象,便可该天地间万事万物。其或直言人

事，即此人事莫非是象，亦当与金车玉铉同观。盖所明者止是卦爻之理，而此等人事原不足尽卦爻之所该，故圣人教人有观象玩占之法。

须知圣人因八卦之体而推为广八卦，非欲因此一卦以求尽事物之变也。夫事物之变曷可胜穷？止欲人每看一卦之象，皆各各回看卦德，用以求此一卦之真性真情而已。若此卦之性情既得其真，即卦中未备之象，皆可因此卦德一一推求而出。

须知设立广八卦，便是教人观象之法。故此一卦虽有不一之象，皆当回顾本卦，止作一件事理会，能将所有诸象融成一个道理，则此一卦之性情方出。

须知六十四卦止得六十四象，乃一卦之象既定，及至逐爻逐位，又各有逐爻逐位之象，象其可以拘执论乎？

须知一爻之中，有以一象论一爻者，有兼数象始论一爻者，睽之上九亦可见矣。不会众象之神而统于一，何能达此爻之旨？故广八卦中诸卦之象，不一而足，皆当如睽上之象同观，然后各卦之性情始定。

须知八卦有八卦之性情，六十四卦有六十四卦之性情，爻有爻之性情，位有位之性情，时有时之性情，物有物之性情，而总备之于一象。不会其神，不得其真，难与言《易》。

须知卦画之设便都是象，如乾之三连以象健，坤之中虚以象顺，坎之一阳在中而象陷，离之一阴在中而象丽，皆是也。文周设卦爻之辞，亦止如伏羲设卦画之图耳，皆不当于文字义理中求也。故圣人不事占筮，而即无弗前知者。既已观象而得其通矣，彼事物之至我前者，安所往而非象也？

须知六书原有象形之说，然文字始于卦图，则是文字初开，便由象始。如牛马鱼羊象物，鼎井象形是也。后世溺于义理，而遂忘之耳。

须知汉儒执象，全言天道，忘了人事。宋儒执理，全言人事，忘了天道。然执象者未离浑沦包括之旨，尚可俟人之推求。执理者偏而不举，不能推此以达彼矣。故必贯天人两象而一之，然后可与论《易》。

《周易函书别集》卷三 易学须知三

须知《周易》一书，天地之大道存焉，故最灵最妙无过于此。观其极细极微之物，莫不分天地之至灵以有其生，非谓灵者灵而蠢者蠢也。龟之朽骨，蓍之腐草，皆具有前知之道，而他可知矣。祖父之骨得其地，且可以福及云来，安得谓神灵而形蠢乎？

须知《周易》之道随人用之，无往而不灵，圣人之前知不假蓍龟，而神明便堪坐照，皆保合之太和，各正于一元者也。故用之以修身，而物格知致意诚心正者，此之为也。用之以治人，而家齐国治天下平者，此之为也。用之于参赞，而位天地育万物者，此之为也。用之于万物，而裁成其道辅相其宜者，此之为也。故以为天地之大道也。

须知《周易》所阐，全是天人合一之旨，故《大象》率兼天人而言之。《彖辞》爻辞每合天道人事而解之，不可误看《大象》。

须知凡卦之《大象》，上句是即天道以明此卦德，下句是即人事以明此卦德，非直言此等天道此等人事也。故曰字上特标一象字，不可不察。

须知读《易》者读完一卦，便当深察此卦之性情，到会通时，自然有得。切不可执定一桩人事在其意中。

须知读《易》与五经不同，五经在《周易》之后，当文字义理大明时，故其文义皆有虚实承接转换之法，而《周易》卦图开文字之始，止有象耳。故尝一字一象，亦遂一象一义。

须知《周易》无闲文，并无虚字，如或字本无甚深义，而三四爻多用之，初上二五则鲜，以三四为人位也。又以三居下而却在内卦之上，四居上而却在外卦之下，故或之。或之者，不定之辞也，其字本无甚深义。观五曰观我生，上曰观其生，以九五为君位，既自有其生矣，上爻则曰其生，明上之无位也，是即包无鱼之义。《周易》之外，

如《老》《庄》《参同》《龙虎上经》《悟真篇》，皆以象告，皆不当于文字义理中求也。

须知《周易》之文简而该，如言初而不言中末，言上而不言下中，皆是欲人因类而推广之耳。又如六十四卦，莫非刚柔之交，乃独于屯卦言始交。诸卦之爻率言动变之事，乃独于坤之六二言动，皆引端而不竟委者也。

须知《周易》一书，若止一占卜可尽，则孔子不必有穷理尽性至命之说。彼"成性存存，道义之门"，"继之者善，成之者性"，"仁者见之谓之仁，智者见之谓之智"，不惮谆复言之，何为者也？

须知天地之理即在天地之气化中，不可以阴阳刚柔为粗浅而略之。《周易》之理即在图象卦爻中，不可以象为粗浅而略之。盖形者神之寓，象者理之寓也。

须知《周易》止是圣人一部格物之书，是彻始彻终之事，非但学者入门之始事，故《周易》之象既格，则无物不格。《系传》说仰观俯察，远取近取，邵子以观物名篇，皆格物之旨也。

须知物之可格，总不越阴阳二义，阴阳之理显之于象，《周易》之象如不能格，安可谓为格物？

须知天人之秘在《易》中，诚明之旨在《易》中，一贯之妙在《易》中，仁孝之道在《易》中，体用一如，显微无间之妙尽在《易》中。

须知不学《周易》，性与天道不可得而闻也。

须知《易》有参赞位育之道，有裁成辅相之道，有范围曲成之道，总离不了礼乐刑政，故《大象》每质言之。至其施之于用，无过抗者抑之，卑者举之，枉者直之，屈者伸之，塞者通之，结者解之，涣者聚之，促者舒之，怠者振之，昧者明之，乱者理之，颠者扶之而已。此道自具泰、否、损、益、睽、解、涣、萃、谦、颐、渐、节诸卦中。至于《太玄》《洪范》《洞极》诸书，拟其皮毛，犹弗似也。岂知《易》冒天下之道，如天如海，随人酌而取之，无小无大，皆有实用，其中灵妙，实难言说。故圣人体之，可以参天地赞化育；学者守之，可以修身齐家；愚贱尊之，亦可以察往知来避凶趋吉。大哉《易》乎，而学人每置之高阁，何耶？

须知《周易》之用尽在体中,亦如河图之成数尽涵于生数中,故伏羲止立先天图,以后天之妙涵于先天故也。今试看大生广生,皆知为天地之用,然上而天,下而地,地包天中,所可见者皆其体耳。是则天地所生在天地中,未尝离天地之体,出天地之外也。若诚解此,然后知文、周之《易》确乎其为先天,其先天诸图确乎其为流行不息,而必非对待者也。

须知卦画不可以形气①论,所以谓为先天。今试于揲蓍观之,其所成卦爻不过蓍数之多寡而已,谓为有形体得乎?

须知圣人之道尽在《易象》《春秋》,《易象》其大本也,《春秋》其大用也,舍此则学圣者无本领,亦无作用。

须知《周易》言天人合一之旨,故为圣人之大本。《春秋》具天人感应之机,故为圣人之大用。试观其中,或天变而人从之,或人感而天应之,不是无因,特标此天时天象也。不向天人交关处著眼,则止是鲁国之史耳,何云圣经?

须知《周易》微显察来,便是追溯天人之所以然处,而《春秋》谨始慎微,便是求端于事功之所由起时。

须知既显矣而复微之者,正要从已有爻象之后,推原到未有爻象之先,正是欲人察其来处也。圣人相传之心法正在于此。

须知《春秋》未列人事,先列天时,盖为天制运而生人,人奉天而作事。奉之则顺,违之则逆。可征元气之潜符,感通之妙理,此即一以贯之之道,故唯《春秋》全是《易》中道理。

须知诗书礼乐皆圣道之散见者也,其发挥天人之精蕴,彻底透露者,无如《周易》。

须知六经之譬喻,《诗》之比兴,皆仿于《周易》立象之法。

须知六经、四子书皆是《周易》道理,必须各各会通,然后可以通《易》。须知子史百家皆《周易》之支流,其中皆有《周易》之理,必各各知其不同,然后可以通《易》。又须知天时地理岁时人事农工医

---

① “气”,库本作“器”。

卜，无往而非《周易》之道理所散见，必须各各会通，然后可以通《易》。须知支干纳甲虽若最粗，而支干所由作，纳甲所由寓，皆由《周易》而起，则皆至精之府也。须知后世之五行术数，皆分《周易》之灵妙，而袭取其说，然皆各有《周易》之一义，则皆《周易》至精之寓也，故曰《易》冒天下之道。

须知《易》有太极，是生两仪，此太极二字是说两仪未兆之前，原有此种道理不可言说，不可思议，故用太极二字赞之。太者，至尊至贵之称；极者，无以复加之谓。汉儒不得其解，因两仪四象八卦皆有伏羲之图，遂谓太极亦有图焉，误之误矣。太极既不得解，宜后儒之传授皆未得其理也。

须知分二象两一句本上用字来，亦如伏羲画图但从两仪起，文王立卦但从乾坤起，周公定爻但从九六起相似。而两仪之所自起，则画不成。乾坤之所由来，则说不出。九六之所由肇，则不可知也。后儒不知其妙，添除一以象太极一语，骤而观之，一似有理，而不知其误也。故读圣人之经，但当以经文为正耳。盖上文止说大衍之数五十，其用四十有九，此指蓍而言也。既有蓍则有象，又有五十与四十九，则有数。有象有数皆阴阳既形以后之事，又况上文明明说出用字来，又皆阴阳既形一边之事，安得有太极之可言乎？言筮则止言分揲挂扐而已，又何待重提太极乎？分揲挂扐之后，实有刚柔太少之妙，实具六十四等之象，用以知来藏往，此皆阴阳之事，非太极之事也，故但从分二说起耳。

须知古今注《易》者不止一家，其中亦各有妙处，原不可求全责备，专执一家之说。

须知《周易》而外，有离太极两仪，但以数之巧合列为卦象者，皆《易》之蠹也。是尚未知《周易》为圣人之道也。天地无二道，安容有二《易》哉？故有分得《周易》之一义者，皆当比合诸《周易》之理而收之。有显背《周易》而另为一《易》者，皆当取正于《周易》之义而摈之。

须知子云之拟《易》，拟其辞之似耳，全无一毫实用。后之著作家艳其可以得名也，而《易》外之《易》纷纷矣。不尽去伪《易》，则真

《易》终古不明。甚矣,子云之作俑也。

须知自来儒者,汉唯董子见得天人之理精,《繁露》俱①在,可考而知也。宋唯邵子见得天人之理合,故其所传先天四图,无妙而②不与《周易》相通。若释经而悖于先天四图,岂得为知《周易》者乎?

须知《易》始于数,所贵在数中之理,河图洛书如止作数看,亦复要他何用?伏羲画出卦图,原未尝执数而比之也。今但向数里纠缠,伏羲何能离却此数,画成六十四卦?

须知易字在《系辞》中,有解为天地之易者,有解为圣人之易者,有解为易书者,有解为易理者,皆不必也。天地无二易,在天与在人一而已,知此然后可以明天人合一之旨,然后知《易》为天人合一之道。

须知《系辞》所云变化,皆说乾元之既亨,皆是太极阴阳四象之妙,不可专在揲蓍上理会,亦不可误认为卦变。

须知《系辞》除天一地二一章外,凡言变化皆谓卦爻。如乾兑在先天图中,本为太阳,及其既分为乾兑,便遂有天渊之别,此所谓变化也。然《易》道精微,难可仿象,故藉蓍策拟议其神妙以求之。其妙在卦爻而不在蓍,蓍特用以求之者耳。安得以蓍策之变化,竟比象于卦爻之变化?安得执蓍策之变化,而竟忘卦爻之变化哉?

须知古者四圣之《易》各自为卷,要皆根本图书,一以贯之者也。如谓《易》中卦爻与图书无涉,则自有《周易》以来,图书当不至今日而废矣,何云则图作《易》?不知孔子何为有往来终始内外上下之说耶?后儒不察,有欲并先天诸图而去之者,是作《易》之道已不复存,四圣之《易》先缺其一,吾不知文王凭何卦象而作《周易》耶?故伏羲四图断然为伏羲之《易》,当如古法别为一卷。

须知河图既为先天,伏羲则而画之,又名为先天图,则文王开而成卦,作为《周易》,自无有一卦不是先天,所由谓《周易》团拢得来,止成得一个先天大图耳。

---

① “俱”,库本作“具”。
② “而”,堂本无。

须知文王既开图为卦，亦必准图系辞，如阴阳之在初爻，止名九六，岂非圆图中初画之两仪乎？又观西南东北，先甲后甲，岂不全出于圆图乎？又观孔子之往来内外，上下终始，岂不全说圆图乎？又观小畜大畜，小过大过，及复姤夬剥诸卦，孰非因卦命名，因名作《彖》乎？夫卦开于文王而各系其辞，则六十四卦遂为文王之《易》，亦当如古法，别为一卷。

须知周公因文王之卦拆为三百八十四爻，而各系以辞，亦必参合于图书，推本于先天，别初上之宜，严内外之辩，而拟议爻中之时位，以仿象之。今观巽之九五变而为蛊，乃先庚后庚，何其与先甲后甲之旨同也？无初有终，何其与终则有始之旨合也？岂非原本伏羲而为之说耶？爻辞既为周公之《易》，亦当如古法别为一卷。

须知孔子十翼，亦必原本图书及伏羲文周，而会通其合一之妙，以立之传也。今观《彖辞》每以往来内外上下终始为言，岂非有见于文周之辞，皆其先天之秘奥乎？今观系说两传，或明河图，或明洛书，或明先天八卦，或明后天八卦，岂其于《易》渺无干涉，而孔子亦误缀其说乎？又观乾坤二象与蛊恒之终则有始，复见天地之心，壮见天地之情，何其与先后天图不谋而合乎？此岂不明于天人合一之故，遽合天人而立之象乎？遽有穷理尽性至①命之说乎？此岂不明于三圣合一之旨，遽取先后天图与辞变象占统以赞之乎？然观所系之《小象》，每自相承，则孔子十翼亦当别为一卷。

须知孔子之翼既不分别三圣，而统为之赞，则是周公之爻即文王之卦，文王之卦即伏羲之图，伏羲之图又即河图洛书，安得不会成一个太极，而总命为先天也？

须知《序卦》者，象之反也；《杂卦》者，义之反也。

须知错综之说非来往之正义，然既有《杂卦》一传，则颠倒其爻而较量其性情，固亦观象之法也。故《杂卦》者，所以重明《序卦》而已。然使紊而不叙，安复知有颠倒之义？

---

① “至”，堂本作“致”。

须知参伍以变,错综其数,即用九用六之旨也。参伍则十五矣,天地不交则化育无自而起,故十五者,九六之合也。然九六之合,又有动有静,有用有体。如乾用其九于坤,则坤为静体而不用;坤用其六于乾,则乾为静体而不用。故用九则不用六,用六则不用九,皆由参伍起也。参伍而用,则变由以起,参伍而有用有不用,故曰参伍以变,错综其数也。参伍者,参天两地之数也。

须知《周易》道理广大,圣人韦编三绝,犹尚假年学之,自汉以下,诸儒极力发挥,尚不能殚究底蕴。若使数语便能解说,一览便易明了,恐无是事。况自来注释不能尽合,谬误悖乱尤难辨别乎?此书所解不惮引据详明,至有一象而两说三说俱存者,诚以象不可执,其中蕴括本如是其广且大也。夫《易》犹海也,饮一斗者听其腹饱而去,饮一石者听其腹饱而去,即酌无量匏樽者亦听其腹饱而去,究于海非有增损也。然而《周易》自在也,苟有渺知渺见,皆《周易》之所不弃,如谓道理尽是焉,则煦也谢不敏矣。

须知《周易》原不易学,其初略举大概,或于其中摘取支条,未必不人人能解,而究不可以为通。必须精极于穷理尽性至命,以达于天人合一之旨,又能推极于日用常行夫妇居室至粗至浅之事,一以贯之,都无异理,然后可以为通。必须从未有卦画之图书,已有卦画之先天诸图,又推极于文王之卦,周公之爻,孔子之传,节节打通,全是一个道理,都无窒碍,然后可以为通,又必须离文周之卦爻,使耳有所闻,目有所见,无非卦爻,然后可以为通。

须知《周易》亦甚易学,其近而举之,则人人之所已明,人人之所能明者也。故《易》不告人以理,而告人以象。

须知《易》有性命之说,有阴阳之说,有各卦性情之说,有人事进退之说,有吉凶趋避之说,总不越一象之所包。须各因其象以求其理,断不可忘象而致有所遗,亦不可执象而致有所蔽。

须知一言之合,亦可以发明《周易》,盖《易》之广大,固无所不该也。

须知全体而微有所欠,亦不可谓之通《周易》,盖《周易》固一以

贯之,天人合一,至矣尽矣之道也。

须知诸爻之义皆各因卦名而起,如睽字从目,则爻多言见。蹇字从足,则爻言往来。又如咸言感,噬言噬,损言损,益言益,鼎言鼎,井言井,从未有外卦而拟爻者也。

须知读《周易》者,必先融会卦辞彖辞爻辞大象小象,攒拢一处,以求一卦之真性情。又须离象中之天道人道,以求一卦之真性情。此卦之性情既真,然后合诸时位及乘承应比,以观各爻之性情,始为得之。

须知舍《周易》而言圣学,此外别无圣学。舍《周易》而求圣道,此外别无圣道。若看《周易》,但如散钱未能成串,纵有微长不至大悖,恐于圣学圣道均未为当也。

须知后儒之解《周易》,将各卦各爻皆另说出一种人事,是将一个浑沦《周易》被他说散了。若知《周易》自太极两仪以化生万物,止是一个道理,则圣圣相传之道俱在中矣。

须知解经不得其旨,只是往来之义不明,不知其出于先天耳。往来不明,则不知乾坤二用之说。不知乾坤二用之说,则不知立爻用初字之义。不知初字之义,便不知内外上下之分。不知内外上下之分,便不知来于何所。来之不明,又安问往乎?

须知欲明《周易》中往来内外上下终始之说,当熟玩日月交光之旨,仰而观,俯而察,在天犹在人也。安得以支干纳甲而忽之?

须知欲明往来之说,但当先知此是某等体卦,而来得某等爻象,往得某等爻象,乃可耳。又当知来皆在下,往皆在上,如贲之柔来文刚,岂不是说下卦?刚上文柔,岂不是说上卦?上即谓往也,如晋之柔进而上行,进而上是言往也,既云上行,则必在上卦矣。既云柔进,则必以刚爻为体卦矣。凡阴阳之爻见于卦象,率以所少为主,此诸卦之通例也。只缘晋之下卦三阴相同,莫适为主,其上卦又有二阳相竞,亦莫适为主,下卦既未有主,而五之一柔独往于上,故曰柔进而上行。进而上者,往之谓也,是即以五爻为之主也。岂谓从下而上,如卦变之说乎?卦变虽凿凿可据,至此则茫乎不可通矣。不

得已另设一法而曲为之说,岂一定不移之论乎?因此等爻象,合诸卦变图有所不通,遂将三阴三阳之卦,亦不本诸卦变,而另为一说。至有一卦从三卦变来者,安用此卦变图乎?为阐明天地中阴阳升降之气乎?为发明卦爻中阴阳变化之旨乎?如蛊之自贲井既济而来,贲之自损既济而来,睽之自离中孚家人而来,渐自涣旅而来,皆与图中卦变不合,则是卦变虽设为图,仍为无用之具也。且必欲如此而变,比诸本卦,有何道理足相阐发耶?

须知往不是谓已过之往日,来非谓自他处来于此处也。譬如有人立于中路,则从前发足之地方为来处,此后所往之地方为往处。即据时而言往来,其方来也必为时之初,其往而至也必为时之终矣。是往来二字便具有时位二义。今谓往为往日,来为方来,止可言时而不可言位,非《易》旨也。

须知内外之说必先认取体卦,识得乾坤为大父母方可。盖内外之说有二,其以下为内卦,上为外卦,此通例也。其以体卦为内,来交于体卦者为外,则未有知其故者。故先儒之卦变,必内外两象上下皆可互易,其说始通。至于专论内卦而或亦言外,其说不能相通,则遂竟摘内卦之爻而指为外矣,凡皆未明于体卦故也。如以坤为体卦,而乾爻之或初或中或末,来一交之,是体卦先立于此,故谓为内,动用之爻自外来交,斯为外矣。体卦在内而主静,来交者自外而主动,《周易》以动变为用者也。故凡一阳自外来交于坤,则此一阳为主,而体卦反不得而为主,动静之别固如此也。如震坎艮皆以坤阴为体,而却主自外来交之阳爻,称为三男,以从乾父,是此义也。所以无妄有刚自外来而为主于内之说。圣人教人观象以审择主爻,安得不于往来内外分疏别白哉?如执卦变之说,以外为外卦,则无妄外三刚固未尝动也,又以何为外耶?如以来者谓由内卦,则又安用此外来字面耶?且六十四卦之《彖辞》,从无有执内卦之爻称为外者,岂非后儒之误耶?汉儒去古未远,多系师承指授,每遇三阴三阳而言往来,则以泰否二变解之,犹不失圣人观象之遗意。以此二卦先具乾坤两体故也。后儒以泰否二象止可通于三阴三阳,此外皆不

可通,则遂各变其法。至于其法既变,仍有可通不可通者,则又置法而曲为之说。自信不真,欲以遗教,岂经旨乎?此所以愈远而愈失其真也。若知乾坤为体,而或往或来,或内或外,止以动用之一爻为主,则合上下体而论之,谓为泰否之变可也,分上下体而论之,谓为阴之自内自外而往来上下于乾,阳之自内自外而往来上下于坤,亦可也。不知乾坤为大父母,则不知诸卦俱以乾坤为体,岂《易》旨哉?

须知其来俱由太极天心而来,所以方来之爻俱名曰初。无一卦无初爻,则无一卦无太极。伏羲圆图初皆向内,正所以指明来处也。文王所命为初者,即伏羲初画之两仪,故知文王所有之卦,皆开伏羲之图而得之也。伏羲初加东阳西阴之两仪,悉向于内,文王命之为初,孔子谓之为来,皆是熟玩圆图,示人以观象之法耳。若由此而渐加,斯为往矣。逮至上爻,又寓穷则必反之义,则是自内而外,自初而末,亦皆此循环不息之机。固不独遇巽逢乾,相循而不已也。可知《周易》所有之卦俱是活的,俱是先天。

须知卦有终始之说,其乾始坤终者出于横图,即河图始一终十之义,所谓乾坤为大父母,中包六子者是也。其震始艮终者,阳之始终,坤之所由成也。巽始兑终者,阴之始终,乾之所由成也。恒之言始谓震巽也,因有两始,知中之所包必有两终,故兼言终而说在艮兑上去,所以伏卦必不可略。卦本两始,而忽又言终,以《周易》所有之卦原具流行不息之体,原是活泼泼地,以其皆由太极天心出也。今既由阳始而至阴始,则其间必有阳终可知。今既由阴始而至阳始,则其间必有阴终可知。又如蛊之终则有始,则谓巽兑为阴终阴始也。巽之无初有终,为其伏震,其初尚为纯坤,以后渐长而为兑也。不明其出于先天圆图,乌得而知之?

须知卦有上下之说,上谓上卦,下谓下卦,此以位论者也。柔进而上行,此上字又是活字,亦如外为外卦,内为内卦,原只论位,至刚自外来而为主于内,此外字又是活字,皆宜专看动用之爻,皆是教人观象之法。来氏卦综兼三画而论,则未知审择主爻与观象之法矣。

须知初之在内,其义易明,而以外为上,则必将以内为下,且圆

图之在外者,亦容有居下之时,何也?尝闻天周地外,又闻人首戴天,凡地之外莫非天,则凡地之外悉为上矣。其或不免左右倒侧之疑,尝闻西域算士之语,云彼国之天南极出地三十六度,而顺天所见,则北极出地四十度。夫二极既为地轴,非此之上则彼之上矣。两地之人必不尽顺,而有倒侧者矣。又云凡人北行二百五十里,则北星高出一度,南星低入一度。人南行二百五十里,则南星高出一度,北星低入一度。以此证知地形正圆,周围九万里,地心之径三万里。夫中华之与彼地,人各戴天,则是所戴者皆得为上,而所履者皆得为下,无疑矣。乃或疑倒侧者何以不至倾坠也,曰此摄之于气也。夫地之大也,天犹摄之于中,况附地而生者乎?知地处天中,而人以所戴为上,则圆图之中者下而外者上,岂圣人之无征者哉?

须知卦虽由下而起,只是由中而出外耳,非实有上下之位。只缘文王之卦出于伏羲之图,图止有由内出外之象,非竟谓乾为上而坤为下也。故初之在内者,必不可以言下,而上之出外者,亦只极外而将返之地,不可竟作上下之上。

须知《易》有九关,与《易》大有关系,若能箍合得拢,方是一个活《周易》。合其一二,虽未俱达,犹可渐次相通。若九关俱违,则无一字为真《易》矣。不知先天出于图书,则不知图书全具《周易》之妙。不知文王之卦出于先天图,则不知往来内外八字命爻之旨。不知《彖辞》独赞乾元,则不知《周易》贵阳之义。不知爻辞特标初字,则不知原本太极之机。不知天道人事皆是卦象,则滞而不灵而不解天人合一之理。不知乾坤两卦为大父母,则零星无统而不解体静用动之常。不知用九用六两节止据乾坤而言,则不知三百八十四爻,其往来上下者发源于何地。不知两仪未肇之前无可言说,则不知四圣之《易》俱始于两仪之故,而太极之图说纷然起矣。不知孔子大哉二字止赞乾元,孔子分二象两止说揲蓍之用,孔子太极二字止是极赞两仪肇起之源头,则不知不可图画者而强为之图,不可言说者而强为之说矣。此《周易》九关也。

周易函书别集卷四 易解辨异一

圣人以经学传心,六经皆孔子所定,此外皆支离旁杂,鲜能探本穷源,理归一致矣。故舍六经而求道,则已无道。舍孔子而释经,则已无经。况《周易》者,固圣道①之大本所存。孔子假年学之,韦编犹尚三绝,此岂粗浮剽窃,略观大意,所能悬揣而臆解者乎?乃注释孔子之书,而不折衷孔子之论。至采洛书作《范》之说于向、歆,而不察《系传》则图之语。取卦变之说于虞、荀,而不察《彖传》往来之几。袭分爻占验之说于汉魏,而不察穷理尽性之秘旨。宗乾化而坤刚化而柔之论于蔡墨,而不察乾元用九之深机。以圣人传心传学天人合一之精微,仅目为究卜究占,进退趋避之作用。网百家不经之绪论而示之博,违先圣一贯之妙义而莫之非。将谓言外不传之秘由此而明,窃恐言中无尽之藏隐而不宣者,亦已多矣。安能尽合纂修本意哉?夫圣人以六经垂教,固非谓经中尚有遗义,经外尚待旁搜也,则经中之义理,衷诸经而可矣。学者传授圣经,岂谓后人之聪明上同乎圣,别出之义理远逾于经乎?则圣人之明论,衷诸圣而可矣。然则今日解经之失,不在经外不能推求剩义,而在经内不能殚究精深。不在终身一书不能搜剔详明,而在拘守一家不能旁搜博采。今执《本义》比之诸儒易传,特一人之书耳。我圣祖仁皇帝修明经学,所定《周易折中》,《本义》而外,搜罗纂集不下数十百家,悉由睿虑斟酌裁定,增损而去取之。用能上发先圣不传之秘,下垂后世无疆之教,安在一人之见,一家之言,遂足泄经文未宣之蕴,表列圣不传之心乎?煦幸得见《周易折中》之书,又获恭聆圣训,其于易理,斯能略识大意,诚不愿徒守一家言,自隘自画,至负我圣祖仁皇帝教育人才,

① “道”,库本作“人”。

佑启百代之深衷也。馆课之暇,爰取旧解之不合于经者,标而出之,作《易解辨异》一书①,以究《周易》之义。倘天下之不欲从同兢兢自守者,因之溯流穷源,以不背于经,则孔子传经翼易之深心昭然可见,而朱子释经继圣之雅意,当必有陶然其大快者矣。用依经传之序,详辨于后。

河洛先天图象

孔子曰"河出图,洛出书,圣人则之",既说在《易经》中,便是说则而画卦。孔子又曰"庖牺氏之王天下也,于是始作八卦",则是画卦之圣人断为伏羲明矣,则是伏羲之画卦兼则图书明矣。可知洛书皆画卦之资也。自向、歆父子及孔安国有大禹则书作《范》之说,后儒因有取于《洪范》《皇极》,遂以洛书为作《范》之具。不取正于经文,而取正于先儒无稽之论,与孔子异矣。

画卦圣人既指伏羲,伏羲又尝兼则图书,则图书二者必同出于伏羲时,而伏羲必兼见此洛书,又无疑矣。乃后儒守向、歆之说,以为大禹时神龟出洛。今考《尚书·洪范》篇,实无此语,此其异于孔子者也。或曰孔子十翼并未有龟书出于伏羲之说,乃顾确以为然,何也?曰孔子亦未有龙马出于伏羲之说,然既以为庖牺画卦,又以河图洛书说入《周易》,岂伏羲时神龟犹未之出乎?岂伏羲犹未见洛书之图乎?岂孔子犹未考洛书之自而漫入诸《周易》乎?岂文王本洛书而为后天图,武王独未闻家教乎?孔子曰"天地定位,山泽通气,雷风相薄,水火不相射",此释先天图也。细玩相字通字,俱在流行圆转处说,独天地定位一语似言对待耳,然而上天下地,其间化育流行,实无一息不克相通。即在先天图中,虽若分天上地下之象,然阳之始终必交于坤,阴之始终必交于乾,是位虽定而气则通,原在流行处立之象矣。又其一阳二阳三阳,一阴二阴三阴,何非圆转不息

① "一书",堂本无。

流行活泼之机耶？观下文“数往者顺，知来者逆”，忽用此往来字面，岂其不相流通而有此往来之顺逆耶？今以为先天对待不移，夫先天则未发之中，活泼泼地，有何对待之可拘乎？此其异于孔子者也。

孔子于先天图，止有“天地定位”数语，未尝取其图而改易之也。河图洛书是天地自然之易，一为先天，一为后天，确不可乱者也。文王后天之卦仿象洛书，是方位之一定，所配则发皆中节之和。伏羲先天之卦仿象河图，是内合而外分，所配则未发之中。洛书在有象之后，故有定向，故可纪以卦位。河图在无声无臭之内，有何卦之可执？况此时河图虽出，伏羲尚未画卦，有何卦之可配？又况河图所寓，止有画卦道理，亦必非卦所能配。又况伏羲画出先天，止有图象，以内合外分之机，象生成比附之妙，此时尚未开而为卦，亦复有何卦之可配？乃后儒解说河图，顾以文王所开之卦拆而补之，强与先天之数相配。先天而可拆也，犹得为先天乎？卦而可配先天也，不成两后天乎？失先天之旨，昧后天之序，与孔子异矣。

帝出乎震一节，言后天图也。其必始震终艮而贯帝字于上，所以明乾阳之布濩，即大明终始之义也。《周易》贵阳，于此可见。然不能移离于震前，移兑于乾后，是则时位之一定而不可易者，即寓此图中。今反以为流行不息，与孔子异矣。

孔子于先天图，则但言其相通相薄，初未尝分卦而言之，明未发之无可分也。于后天图，则各就其卦中所置之位，与位中所得之卦，一一分别言之，明已发之无可合也。而今顾反其说，谓先天一定而不移，后天流行而不息，与孔子异矣。

阴阳太少之说，是伏羲熟玩图书，因取其中所蕴道理，则以画卦。知二图之数不逾奇偶，而天下万事之理不越阴阳，因画两仪以象之。又玩内生外成之理，爰复各加两仪，遂成四象。自此至于六爻，无非两仪之加，而千变万化由此殊矣。因四象各具两仪，于是乎有太少之别，是则阴阳太少，乃画卦时初加再加所定之名目也。乃后儒不以四象为画卦所定，执阴阳老少之说以解河图生成之数，岂知河图所具止有此理，可为取则之资，而实未有此名可配生成之数

也。今乃欲取而配之,与孔子异矣。

凡有一图,必有一图之妙,故不宜移动丝毫。孔子曰"太极生两仪,两仪生四象,四象生八卦",为先天小圆图言也。既有生者,必有成者,是即则图本旨,是即与河图相配之故。今执拆补之说而不究内生外成之妙,与孔子异矣。

先天配未发之中,后天配已发之和。孔子曰"易无思也,无为也",先天之静体也,乾之元也。"感而遂通天下之故",后天之动用也,乾之亨也。先天在无思无为之地,有何可拆?必如拆补之说,是未发之中而亦可拆为喜怒哀乐也,与孔子异矣。

"大衍之数五十,其用四十有九",此处孔子不言太极,非无故也。盖太极无形,非可言说。今既有蓍,则有形矣。既云五十,则有数矣。有形有数,故不云太极,直从两仪说起,而曰分而为二以象两也。且伏羲之图由两仪而起,未有太极也。文王之卦由乾坤而起,亦是两仪边事,未有太极也。周公之爻由初之九六而起,亦是两仪边事,未有太极也。皆为太极无可言说,故从可言者起也。今必添说除一以象太极,太极何形,而亦可象乎?与孔子异矣。

孔子曰形而上者谓之道,又曰一阴一阳之谓道,则阴阳为形上之道可知。今曰"卦之阴阳皆形而下者,其理则道也",是直以阴阳为形器之具,而未知阴阳在太极初亨之会,有理而无质,故孔子谓为太极生两仪。至两之生四,乃始云象。象谓有象之可指耳。即乾彖之释亨,指出流形之义,非形器也。即至后来生出八卦,亦不过刚柔太少之再重耳,亦非形器也。圣人作为连断之形,画出重交①单拆之象,亦不过仿象阴阳变动之理,究非有形器也。夫由两仪之生,而至于八卦六十四卦,尚非形器,安得执两仪而遂谓形器乎?形器可见者也,阴阳之在天地间,可形见乎?今谓阴阳为形器,与孔子异矣。详见《篝灯约旨》。

孔子韦编三绝,假年学《易》,若止因占卜之事,便费如许苦心,

① "交",堂本作"爻"。

则占卦固如是之难乎？且以[1]孔子终身学之，止成得一卜筮人，犹得为孔子之学乎？今曰《周易》止是占卜之书，异矣。

《周易》传道之书也。孔子曰《易》冒天下之道，又曰道义之门，又曰其道甚大，又曰和顺于道德，又曰三极之道，又曰《易》有圣人之道，又曰弥纶天地之道，又曰形而上者谓之道，又曰为道也屡迁，又曰"立天道，立地道，立人道"，是《周易》为传道之书，何等精深，何等奥妙，皆由伏羲圆图之虚中，与文王之乾元，周公以初命爻及乾元无首之旨而出。今谓《周易》止是占卜之书，竟使学者视之与术数无别，亦异于孔子矣。夫占卜亦《周易》所有，特《周易》之支流，而非传心之正旨也。

《周易》言性之书也。河图未发之中，洛书已发之和也。圆图之内合则其中也，外分则其和也。文王之元亨利贞，由未发之前而推及于已发之后者也。周公之爻已在既亨以[2]后，而始成之一爻，命名为初。九之既用，又以为无首，是皆欲人由已发之后而追寻乎未发之初耳。故于系说诸传，既以为尽性达天，又以为察来也。其乾之《彖传》由资始之元说到保合太和，却止是天命之谓性也。其《文言传》由长善之元说到贞固干事，却止是率性之谓道也。凡皆已发未发之真诠也。后面于始亨之利贞说出性情两字，于得朋之坤说出美在其中，何非性善之的旨？子思孟子盖有所本矣。今曰《周易》止是占卜之书，异矣。

《周易》穷理格物之书也。今观其中所引，天地日月，风雨雷电，山川水火，草木禽鱼，马牛羊豕之类，无所不备。至其分见于各卦各爻，其象亦各各不同，即有偶同者，亦不必皆同一义。《彖》《象》《文言》，格其物，穷其理，莫非有益于身心性命之事。今但以为占卜之书，异矣。

《周易》博文约礼之书也。经之与传约二万馀字，乃上而仰观天

---

① "以"，库本无。

② "以"，堂本作"已"。

文,下而俯察地理,近取诸身而人事之悉备,远取诸物而巨细之不遗,其文亦已博矣。而要其旨归,莫不有大本存焉。析①至精至变之象而归诸爻,合至变至精之爻而归诸卦,合至纷不齐之卦而归诸四象两仪,合四象两仪而归诸虚中之太极,则达道在是,大本在是矣。孔子曰显诸仁,是彰往而极博者也。又曰藏诸用,是察来而反约者也。然博易而约难,故曰"其上易知,其初难知"也。今但以为占卜之书,异矣。

《周易》天人合一之书也。孔子曰"《易》与天地准,故能弥纶天地之道",又曰"范围天地而不过,曲成万物而不遗",又曰"裁成天地之道,辅相天地之宜",是参赞位育之妙在《易》中矣。又曰与天地合其德,又曰成位乎其中,是天人合一之旨在《易》中矣。即在卦爻取象,非据天道,则援人事,谓天人合一而已。今但以为占卜之书,徒向趋避进退周旋交接上留神,曾未察天人合一,至精至微之道即在其中,与孔子异矣。

圣人寄占卜于《周易》,非徒欲天下后世有前知之道也。亦谓占卜之妙析于几,本于太极,通于神明,非达性天而明于几者不能。此便是教人最深最妙之旨,今但以为占卜之书,异矣。

《大传》曰形而上者谓之道,又曰一阴一阳之谓道,则是孔子明谓阴阳为形上之道矣。盖太极为大道之本体,其中含蕴非图可画,非言可说,而流行之中隐隐有此二端,往来进退盘旋干济于中,其所生之物有形无形莫不具是,实不可以形迹拘也。圣人目之为道,盖以其方出于太极,有理而无质,故察其流行活泼之妙用,而命为阴阳云耳。所由既谓为形而上者,而又谓为道也。既谓为形上,则非形器之重浊者可比。既谓为道,则又散见于万物。《本义》曰"卦之阴阳皆形而下者,其理则道也",是以理为形上之道,而以阴阳为形下之器矣,与孔子异矣。无论太极之体,至灵至虚,其出不穷,原非理之可言。即此阴阳方从太极而出,唯其至灵至虚,运化

① "析",库本作"晰"。

太极之大用，然后能流行变化，充塞两间，生成万物而不有其能，变化万汇而仍无其质。今谓阴阳为形下之器，夫器则有形可观，而阴阳何形之可观？器则有体可据，而阴阳何体之可据？陆子辨之，至连用四十字，如寒暑上下、昼夜晦明之类，皆无形之阴阳，尚未能察识。其不详察人言中之意，亦已甚矣。至陆子谓朱子昧于道器之分，朱子答曰："若以阴阳为形而上者，则形而下者复是何物？"据此看来，则并未知物之所以为物矣。《中庸·鬼神章》固孔子之言也，其曰体物而不可遗物，即形下之器也。其体之者，则阴阳也。朱子尝注为集注，亦以所体之鬼神为阴阳，不闻以所体之物为阴阳也。其下又云"来书所谓始终晦明奇偶之属皆阴阳，所以谓之器"，夫始终何形乎？晦明何形乎？而谓为器乎？此皆异于孔子阴阳为道之说也。

《周易》之首乾坤，以六十二卦皆由乾坤生出，故谓乾坤为大父母。周公所由于乾坤两卦特设用九用六两节，此之义也。今曰"已成卦象之乾坤，遂无能生诸卦之理"，然则《周易》之乾坤皆不能生卦，何《易》有六十四卦乎？且乾道变化，各正性命，与见群龙之说，特标于乾坤，何谓乎？异矣。

孔子"天地定位"一节本言小圆图，下面"数往者顺，知来者逆"，是言图中圆转活泼之机，往字不重，只要人追寻来处，推求到太极里面，知圣道之大原所由起耳。此与立爻之法用一初字相似。圣学极精极微，莫妙于此，故下面遂不复言顺往，而但承之曰"易逆数也"，便见得难察在来处矣。若其既有所往，明明有形有器显露出来，有何难知？故以为顺。后儒不知反而溯诸始者之为逆，但以未来者为方来。夫方来则有形有器，顺去而前趋者也。何得谓为逆乎？孔子言图，而后儒言时。孔子逆推，而后儒顺求。孔子溯厥最初，在未有形质之先，而后儒征诸流衍，在已有形器之后。与孔子异矣。来往之义未详，此卦变卦综所由纷纷无已也。

孔子之说圆图，有察来之说，又有阐幽之说，是来之一字便说向最初之地了。然最初之地虽属已过，必不可作已往说，为是言图，非

言时也。今以来为方来,是说向将然之后,是言时而非言图矣。如以时而论往,谓如今日追溯往日之事,明白而易见,则是以顺字止作易字解了。以时而论来,谓如今日逆计未来之事,幽隐而难知,则是以逆字止作难字解了,非顺逆之旨也。是徒知逆而迎者之为逆,而不知退而反者之为逆也。夫人之行路也,未有不以前进为顺,退归为逆者也。未有不以前进为往,发足之地为来处者也。因前进之地而顺趋以为往,因由来之处而逆反以征来,此孔子传道之妙旨也,而后儒异矣。

来之为义,阴阳二者皆有之。盖阳位本上,今由在下之天根而来,自位乎上者视之,则逆矣。阴位本下,今由在上之月窟而来,自位乎下者视之,则逆矣。后儒但言阳来而不言阴来,异矣。

兼来往而言者,是说图中圆转之机。专言逆数者,是反而追寻到太极初生之始。今但认作占卜,说入极数知来,作前知看了,竟使后人止目为占卜书,全不知有圣人之道,与孔子异矣。

刚来柔来之来,察来之来,知来之来,皆是一义,皆指明从出源头,说向太极里面。后儒或以为由彼卦而来,或以为未来之来,或但作往来之来,将来字分作几等,与孔子异矣。

先天兼则图书,故内合而外分。合者,河图之秘。分者,洛书之奥也。故先天大小圆图不惟仿像河图,而洛书之妙已全具于此,所以不待更立后天图也。伏羲圆图本具无穷妙理,故能开天而明道,即至文王开而为卦,无非表章圆图而已。孔子因文王之卦原本先天,先天原本图书,故于《系传》有彰往察来微显阐幽之说,皆所以阐图中之妙也。又于《彖传》每有往来内外上下终始之说,亦皆所以阐图中之妙也。今不知诸卦俱托始于先天圆图,顾乃作为卦变,且立之图,与孔子异矣。

孔子未尝有卦变,为此说者始于汉儒,然虞仲翔古卦变图于诸变既毕之后,补立一条,云诸变俱自乾坤而来。自是以下,或谓自泰来,或谓自否来者有之。至宋李挺之传希夷之学,所立卦变图,每变俱标乾坤二字于首,已非圣人本旨,犹幸未离乾坤两象,则是用九用

六之机，六位时成之妙，六子各得乾坤之一体，其义犹未尽没也。虞荀而后，渐就支离矣。迨卦变之流传既盛，创而为图，且谓变得极自然，逮于释经，又复与图相左，亦异于孔子矣。既未知卦体之成悉出先天，原本太极阴阳，初非形体可拘，何有一卦之可名？又不知《易》中所有诸卦不离乾父坤母，二体交索而成。又未知卦体将成，原是活泼泼地，所以有往来内外之说。又未知诸卦既成，莫不各为一体，必不可以相易。今谓此卦实托始于彼卦，其异于孔子宜矣。

圣人所立卦爻，如但直言一事，则止能曲畅此一事之颠末，而此外皆无可旁通。唯示之以象，则其义蕴包罗无尽。孔子见文周卦爻之辞莫非是象，故于《彖》标曰《大象》，于爻标曰《小象》，皆述而不作之事也。后儒注《易》，确然指定一桩人事，绝不顾文周孔子所言，止是此卦此爻自具之蕴，然后会神取精，设象以尽意，藉有非此人非此事，而占得此卦此爻，其说必不能以相通，亦异于孔子立《象》之旨矣。《象》也者，旁引而曲肖之谓也。孔子解文周卦爻而标之为《象》，可知文周卦爻原无实义。

孔子《大象》上句言天，下句言人，所以释卦者也。一卦之义，何所不通？故上句象之以天道，下句象之以人事，象此卦也。若非天道，则以物理代之。其必以天人物理象之者，举其最远最近最幽最显者而该之，所以明卦德之包含无尽，亦以见天人之合也。后儒释象每以下句原本上句，偏说入人事一边，谓为法天之学，至于上句尝不照管，且不知天人二者悉皆是象，与孔子异矣。

《系传》言索止于一爻，盖欲明所索之一爻为卦主而已。《彖辞》中或谓刚来下柔，或谓柔来文刚，或谓刚自外来而为主于内，或谓柔进而上行，皆指为主之一爻，示人以观象之法也。今不详乾坤一索再索用九用六之义，妄执往来为卦变，以讹传讹，遗误后人，与孔子异矣。

《周易》六十四卦既出自先天一图，则三百八十四爻，安有一爻非先天者乎？又况揲蓍求卦，无非探讨太极中间将兆未兆之气机，所以止有老阴老阳少阴少阳之目。夫阴阳老少有形体乎？亦可画

乎?而谓卦爻之成,有形体之可拘乎?即其所设重交单拆,亦是圣人虚拟其妙,不得已而设之象。象也者,非其实之谓也,所以但谓为四象。文周所立卦爻之辞,而孔子目之为象者,亦如羲皇之有图象。揲蓍之有四象,为其机缄原在不睹不闻中,非言可说。故四圣所设,莫非是象。今曰某卦自某卦来,则已在卦体既成之后,认卦为真有形体者矣,与孔子异矣。

《周易》既出自先天,正属乾元将亨之际,故凡变动之爻,悉具流通不拘旁行四达之妙。周公命爻称为九六,即指老阴老阳之变动而言。然皆谓现在之爻将有所往者也,故先儒命为之卦。之者往也,指发迹之初,非竟到地头之说。孔子《文言》曰"乾元用九",提出元字说在亨前,便是说发迹之初。今曰"乾化而坤",便是说在既亨以后,全解作利贞之事。又曰"看之卦之《彖辞》",竟说得与乾卦绝不相干,而用九以下之辞俱归无用。竟忘此节在乾卦之中,止是发挥乾德,竟忘用九以下之辞,皆是说方用九之事,与孔子异矣。

凡卦之来,悉由太极,故周公于两仪始定之爻,不名一不名下,而命名为初,欲人于初之所由以成爻者,著意精察,即孔子察来之意。此圣学绝大关系,羲文相授,极精极微之旨也。故孔子曰"其初难知",岂非见得来之难察,而幽之难阐乎?不审来字本义,但云自某卦变来,夫此卦之来既由彼卦,而彼卦又何自来乎?如使天地有自然生成之卦体,则其体既定,彼此乌可相通?如使天地无自然生成之卦体,则彼卦之成,亦必先有变来之卦体,而后可也。即令彼卦亦有变来之卦体,而一爻之变既尽,亦必不能通于二爻,二爻之变既尽,亦必不能通于三爻,其最初所变之一卦必有穷时。且专向有形之卦体推求,则太极两仪几于无用,而用九用六,六位时成及一索再索,乾坤为大父母之说,俱可废矣,亦异于孔子矣。

伏羲则图画卦,文王开图作《易》,周公拆卦命爻,是述而不作,相因而一贯者也。伏羲述天者也,文王述伏羲者也,周公述文王者也,孔子述三圣以述天者也。故以《彖象》释文王,以《小象》释周公,以《彖》中之往来内外释伏羲之图,明文周之卦爻非文周之自画,皆

出自先天者也。故《系说》两传或释图书，或释先天，或释后天，凡皆上述往古，相因为一贯而已。后儒释先天图，似不知有图书，则圣人则之之说非矣。释文王之卦，似不知有先天诸图，则开而当名之说非矣。释周公之爻，似不知有文王之卦，则因而重之，爻在其中之说非矣。与孔子异矣。

周易函书别集卷五 易解辨异二

上经

元亨利贞，乾之四德，与人绝不相干。乃大通而利于正说作人事，与孔子《彖传》止赞乾德者异矣。

元亨利贞本为乾德，故《彖传》赞之。大通而利于正说作戒辞，与赞辞异矣。

元亨利贞一字一义，故孔子曰“君子行此四德”者。大通而利于正止说作两项，与孔子异矣。

元，蕴含者也；亨，将发者也；利，则发而无阻；贞，则发而有成者也。利如利刃之利，非利益之利，行健二字正从此出。贞，成也，正也，各正性命，地道无成，正说此义。自资始至有成，皆乾德之所能，故说入乾卦。今但认利为利益之利，贞为正而固，埋没成字之义，与孔子异矣。

元亨利贞本为乾德，其诸六十四卦，凡能成就六爻自命为卦者，莫非乾元既亨，阳九之大用，故孔子以元为万物资始，又以为乾始美利利天下。后儒解释诸卦，其于诸卦所有之亨利贞，皆未知资始于乾，竟不知元亨亨于何所，用九用于何地，与孔子异矣。

用九见群龙，此乾元之方亨，正九阳当权得令动作有为之日，故周公特标用九二字于首，而孔子《文言》又特加乾元二字于用九之上。今因无首二字不得其解，便谓乾化而坤，竟成九之不用，何得尚云用九乎？与孔子连乾元说者异矣。

见群龙无首吉，是元之既亨，因万物各得所资，故谓为无首，而又以为吉也。首即元也，元静而亨动，由已亨之后而回视之，已大远于静

涵之候，故以为无。无首云者，只如云离了乾元，不是静涵之时云耳。既亨则万物生机资此以始，故又以为吉也。今谓乾化而坤，刚而能柔，竟不知用之一字全是说亨，与乾元用九，天下治也之义异矣。

乾坤二卦独说用九用六两节，以乾坤即《周易》之两仪，《易》中所有卦爻莫不由此二用交索而出，所以谓为大父母，而孔子亦曰一阴一阳之谓道也。然而坤体静镇无为，其诸卦体所成悉皆乾阳之布濩，故用九遂有群龙之见，而孔子亦曰“乾元用九，天下治也”。天下即群龙，治即见而吉也。至于无成代终之坤，虽亦有六之可用，然其辞止于利永贞而已。且坤德先迷，岂尝有群阴之可见乎？群龙者，概辞也。一爻动龙也，六爻动龙也，一百九十二阳爻莫非龙也。无一卦无阳爻，则无一卦非乾阳之用。无有一卦非乾阳之用，则无一卦无可见之龙。故以一群字概之。乃兹仅以六爻俱动者当之，似乎周公特设用九一节，仅为六爻俱动而言，而上文所设六爻之辞，反觉爻爻皆非为动变而设。且使一爻独动者有用九一节之占，而二爻同动至五爻同动，参差不齐，一卦之中约有五十馀种，皆悉无占，岂非周公之缺略乎？异矣。

《左传》之占法或取于正卦，或取于互卦，或取于伏卦。至于数爻同动者，初不云已动之爻原有无用者，可存而不论。后儒既立卦变，又且自立占法，宜乎其无所验于人事矣。曷由知后儒占法为自立者也？盖至《启蒙》，而卦变之图实始详备无缺，乃三爻所变之卦约至二十，于是有前十卦为贞，以本卦《彖辞》为主，后十卦为悔，以之卦《彖辞》为主之说。夫《启蒙》之前，如李侗、邵子所传，未有三爻同动二十卦之图也。则前十卦后十卦之占法，固《启蒙》自立者也。无论二爻同动，至五爻同动，所动之爻其辞皆宜合占，今既分占两《彖》，则所动之辞皆弃而不论矣。左氏出孔子之门，《左传》翼孔子之经，而顾与之异也，亦异于孔子矣。

《周易》传道之书也。所列卦爻皆是言理，不是言占，而用九一节正卦爻所自出，故孔子特添乾元二字，说出理之大原。又曰乃见天则，便与见天地之心相似，便是说大用之所自出。此岂为占而言

乎?乃后儒知有占不知有理,与孔子异矣。

《易》之卦辞皆先说卦德,而后说占。《易》之爻辞皆先说象,而后说占。孔子《彖》《象》《系说》诸传全言理不言占。如"所居而安者,《易》之序也","居则观其象而玩其辞",此岂为占而言乎?如"继善成性","穷理尽性以至于命","仁者见之谓之仁",此岂为占而言乎?则《周易》之所重,亦概可识矣。盖占卜之说,圣人与民同患,而寄诸易中者也,是《易》中所冒之道,而非其大道也。后儒之说卦爻,一概说占,埋没圣人传道之心,亦异于孔子矣。

乾之九与坤之六相对,乾之用与坤之用相对,此伸彼屈,此进彼退,此显彼隐,物之理也。乾元一亨则坤阴皆伏,是用九而不用六也。今曰用九而不用七,与孔子异矣。

元者,大亨之原本,故元亦流动而不滞。贞者,百利之究归,故贞亦凝定而不迁。乾主流动,故用九一节专说元亨边事。坤主镇静,故用六一节专说利贞边事。孔子于乾曰"乾元用九,乃见天则",于坤曰地道无成而代有终,此皆用九用六动静殊轨之妙也。今于乾用曰不用其刚,则于坤用何不曰不用其柔乎?亦异于孔子乾坤异词之妙矣。

圣人以阴阳之爻称为九六,为变动之爻而言也。六者,成数之始,二四之合也。九者,成数之终,一三五之合也。文周孔子皆无七八之说,乃一爻独静之卦,又能为五爻之主。汉儒传授,乃始以七八二字代静阴静阳①,羲文周孔未之有也。今曰不用七不用八,夫不用则何待言乎?异矣。

乾之用九专言元亨,为乾始美利故也。坤之用六专言利贞,为地道成终故也。所以然者,为元亨利贞四德在乾坤非有二也。特自其始而言之,则以为出于健运之能。要其终而言之,则以为成于顺承之德而已。故乾之用九专说元亨一边,为与坤之用六对也。不知二用之辞相对,与孔子异矣。

《彖》曰统天,又曰御天,有统之者,有御之者,则乾非即天,亦已

① "静阴静阳",堂本作"净阴净阳"。

明甚。今于《大象》直以行健之天为乾，与孔子异矣。

孔子《彖传》独以大哉赞乾元，不以大赞亨利贞，为亨利贞皆由一元而出，故元大也。大明节复提大明终始，大明即乾元也，见亨之由于元也。于首出节复提首出庶物，首出庶物即乾元也，见利贞之由于元也。皆所以见元之大也。无元则亨利贞俱无由以见，故独以大赞乾元。此二节并无一语粘著人事，乃后儒释此二节，一以为圣人之元亨，一以为圣人之利贞，与孔子异矣。

大明终始，始者元也，终者贞也，见亨利贞皆一元之所摄，所以明元之大也。此即用九见群龙之义，故下曰六位时成。若但曰大明乾道之终始，是将极有道理之经，极有关系之语，说得全无意义。《周易》全部皆以象示，实无一卦一爻著定一桩人事。而为之说者，即有一卦一爻指定一桩人事，即此人事莫非是象，亦须高视远寄，游神于此事之中、此事之外，而此卦此爻之精蕴，始可以旁通四达。即如此节，前面既已说亨，后面又说利贞，中间著此数语，而特加大明二字于上。大者，乾也。明者，乾之德也。终始者，乾元之发舒不能自禁者也。此皆说施与一边之义，明亨之必由于元，元德之必能自亨，以见元之大耳。若以大明节与坤彖对看，则西南东北所以言月象，明能受之义，而大明二字则专言日象，明能施之义也。所谓悬象著明，莫大乎日月，仰以观于天文者是也。上古文字最简，义理包罗无尽，简则必该，故不能指定一事包罗无尽，则必能旁通四达，故不可胶柱而鼓瑟。今但以大明作人之知见解了，与孔子异矣。

大明终始，大者阳之体也，明者阳之象也。终始云者，明万物之成始成终，皆此阳德之为也。其在先天图中，则震艮两象也。阳终阳始，而坤体以现，则交坤之义在其中矣。今不释交坤之义，但曰大明乾道之终始，异矣。

乾坤二卦是六十二卦从出之大原，故特著用九用六二节。然孔子之《彖》《象》《文言》，每于各不相同之中，而即寓不能相离之义。如见龙之见，利见之见，大明之明，皆乾之用也，而坤则曰先迷。乾言时成，而坤则曰无成。乾曰见群龙，而坤曰利永贞。此性情之不

同者也。然终之始之,俱归大明,而坤于是乎有得丧矣,是施受之相须也。乘龙御天,六位时成,而坤于是乎以大终矣,是往来之相须也。今释乾坤二卦,各就本卦释之,绝不知有相通之义,与孔子异矣。

健行不息者,何位可言?不知位出于坤,因有形而始定,与孔子异矣。

六位时成,即乾阳索成六子之义。不以三女谓为坤成,而总归功于乾者,正所谓大明终始,地道无成而代终也。解作人事,与六位何涉?与孔子异矣。

时乘六龙以御天,正谓一元既亨,而元中之全理悉已全而赋之。灵蠢动植,巨细精粗,皆无所择,仍于元非有损也。若将此节说作圣人,则下文之保合太和皆属无根,当知此语比天命之谓性一语更精。盖天命之说犹是顺著说下去,而此则谓乾元一亨,随万物之所资,莫非全理赋畀出来者也。合天下之物而予以全理,分天下之物而莫不各予以全理,皆此乘六龙而御之者也。御者用也,乘六龙谓所蕴之全,御六龙谓所用之全也。天也者,六龙之全体也。元中之蕴含,当其一亨,其妙如此。譬如桃杏之仁,其含蕴于中者,原自无多,此则所谓元也。当其芽蘖萌动,初展发得一分半分,此便所谓亨也。然而后此之枝梗花实,悉已全具于此,则是一元之蕴,当萌芽未动时,便已全畀而无歉,而后此无穷生意,早于一亨时呈露出来,所由谓为乘六龙以御天。圣人言理极深极微,莫妙于此,今但作人事解了,与孔子异矣。

六龙者,本卦之六爻也。此专释乾卦,故曰六龙。乾卦六爻变动,用于诸卦,止此六位,故曰六。然所用之九悉由乾出,故六位皆得称龙。群龙者,六十四卦之阳爻也。因其方用于乾卦,故曰六龙。若其遍给于诸卦,便曰群龙矣。不识六龙群龙之辨,亦异于孔子矣。

六龙即六子也。乾坤相索至于六,而变态尽矣。故卦止于六爻,日月交光止于六象而已。先天后天二图,除乾坤坎离,止于六象而已。周公释乾用,则曰群龙。孔子释本卦,则曰六龙。今释作圣人,则六龙何所指乎?异矣。

《周易》言性天道之书也。子思《中庸》说天命之谓性，是从天说起。孔子乾彖从统天者说起，比《中庸》更深一层。故《中庸》犹可解，而《周易》最为难解。元训善和之义，不训大。大哉者，赞元者也。曷由知元之为善和？观其说元，从资始统天说起，到得利贞便说出保合太和，非资之者原出太和，曷由有太和之保合乎？由资始而至保合，赋畀之事始完，故予曰孔子乾彖是言天命之谓性也。到得文言说向人事，开口便曰善曰嘉曰和，便是由保合太和而来，便是由一元之善而来，非和而曷由善乎？非善而曷由和乎？戾气不可以为善，恶德不可以为和，是善和之相资也。故子思确信为中节之和，而孟子确以为性善也。逮后说出事干，又说出行此四德，故予曰孔子《文言》是说率性之谓道也。子思亲承圣人之教，其言必有所据。今解《周易》不与《中庸》相合，亦异于孔子矣。

各正性命，而即曰保合太和，仍打转乾元上去，故下文便说首出庶物，言利贞之由于元，以见元之大也。上文明曰乾元资始，天下安有首出庶物如乾元者乎？今但解为君道，与孔子异矣。

孔子《大象》特标象字于首，要见得下文所言之天与君子，皆乾象也，非即乾也。今以为直言君子，竟略象字而不顾，谓象为卦之上下两象，据此而言，亦可云《小象》之象为卦之上下两象乎？与孔子象者像也之义异矣。河洛所出之图书，象也。伏羲所画之先天，象也。文王拟卦而设之辞，周公拟爻而设之辞，无往而非象也。孔子释文周之卦爻，作为《彖》《象》《文言》，无往而非设象者也。夫卦之与爻，有何实事之可言，而不谓为象能乎？读拟象之书，凿凿然指定人事以言之，得为知象者乎？

释乾之元则曰统天，释乾之亨则曰御天，有统之者，有御之者，则乾非即天也，明矣。乃于天之健行，直指为乾，与孔子异矣。

《象辞》明曰进无咎也，既已曰进，则非退可知。《本义》因文言中进退无恒一语，添出退字。不察用退字之义，是谓居外卦之初，犹在外卦之下，有欲然自退意。只是进而能慎，非不进也。乃于此处注曰可以进而不必于进，全说作退象，与孔子异矣。

《文言》曰元者善之长也四句,是解乾之四德,特借人事中嘉善义事字样以发明之。所重在长会和干,以阐明元亨利贞四字,只据理而言耳。故下面体仁长人之上,始加君子二字以分别之,今以此节便言人事,异矣。

《彖辞》之释元亨利贞,是说赋畀之事,故说到各正性命,保合太和而止。《文言》之释元亨利贞,是说禀受之事,故以善之长说中之所蕴,而又说出足以云云。皆谓未发之大本,不可限量者也。逮后说出行字,则参赞位育皆在其中。故下遂继之曰乾元亨利贞,既已说出君子,却又标出乾字,所以明天人之合,谓此正天德天才天工天用之妙也。不知此为孔子言性最真最切之旨,亦异于孔子矣。然而此种道理不能明了,何由曰圣人之道尽在《易象》《春秋》乎?

阴阳往复之理非可形见,天人合一之机岂易发明?孔子之言人事,是因人事而回顾卦义爻义,达其旨趣,则人事皆在所略。故但谓之为象,即如广八卦所言乾象,约有十四种,是欲人各因其象,而还以求乾德之真,又要兼此众象,而合以求乾德之真,然后乾之性情始无差误。非欲人因此一乾以求尽其象,而用以为占卜之资也。如止因乾而求尽其象,非但九家所补不足以尽之,即千百亿万之象,恐不足尽此一乾之象矣。今于卦中所言人事,绝不回顾卦义爻义,与孔子异矣。至其释广八卦也,复引荀氏九家易,以推广诸象之类,但向占卜留心,与孔子异矣。

阳气潜藏七节,以阳气二字冠于其首,言天道也。第二节天下文明,即当春万物发生,焕然一新之意。今曰虽不在上位,然天下已被其化,是将此节说作人事,岂知此下六节俱本阳气二字说来,与人事何涉?亦异于孔子矣。

下也七节言人事也,阳气七节言天道也。既言人复言天,皆象也,非乾也。《周易》所引之象,不越天道人事二端,所以见天人之合也。《大象》兼言天人,正复相似,而《本义》①概指为人事,异矣。

---

① “本义”,堂本作“后儒”。

元者善之长也二节，全是说性，本彖中各正性命保合太和来。子思率性之谓道，孟子之性善，一脉相承，俱由此传而始。不知此义，浑天人而鹘突解之，亦异于孔子矣。

体仁长人节中添足以二字，便是说性中之包括，无所不有，性量之全能，无往不可。不知此处用一体字，犹止说在静边，即子思之所谓大本也。下面行字方始说在用边，方是子思之达道，亦异于孔子矣。

乾始美利，美之云者，与前善之嘉之同义。坤卦美在其中，即此美字，皆因元中之善而赞之。不知乾坤之辞本有可通，亦异于孔子矣。

刚健中正，纯粹精也，全言乾德，全是美之之意，而后儒言人，异矣。

大哉乾乎三句，只是赞元。六爻发挥二句，只是赞亨。时乘六龙二句，又是兼利贞而赞之，而赞元亨一边者较多。以乾之所重在资始之美利，而利之与贞止是亨中事耳。天下平，本利贞之事。云行雨施，却是言亨。可知乾元一亨，而利贞之事已毕。此处不分贴元亨利贞，以求的解，但以鹘突了之，异于孔子矣。

时乘六龙以御天也，说在云行雨施之上。云行雨施在《彖辞》中，既是全明天道，可知大明一节全说元之能亨，非说圣人矣。盖时乘二句是元之将亨，故能道理相承。《本义》因《彖》中作圣人解了，故于此处亦夹入圣人，而不知云行雨施，在《彖辞》中已注明是乾德之亨，非言圣人。时乘六龙，在《彖辞》中已注明是圣人之事，非专言亨。至此则上面已说时乘六龙，而下面忽打转云行雨施，文理何能承接？只得将此四句全说圣人，而云行雨施亦遂以为圣人之事。不知自阳气潜藏七段至此，又是全言天道，故能使时乘六龙与云行雨施合为一类而解之，并可知大明一节不是说圣人之事。当知《彖辞》《文言》，皆止说乾元能亨之理。天下平也，只是利贞之事。全全该入亨中，则孔子《彖辞》是全言乾德，非言圣人矣，而《本义》①异矣。

① “而本义”，堂本无。

与天地合德一段,言天人合一之妙,正是圣人作《易》本旨。孔子特于此爻标之,以六十二卦皆乾之用九所成,而一元之大用必由天位之正中而出。九五一爻正天位之正中,是一元之美利所由普,终始之大明所自出也。《本义》曰有是德而当其位,乃可以当之,止在爻位上看,异矣。岂知先天弗违,后天奉时,全是天人合一之旨乎?凡爻之在上者,皆可以统下,故以九五命为君爻。四统下三爻,三统下二爻,二包下一爻,其分定然耳。乾之大化自上而下,故重在上卦。造化之妙胥由中出,故重在五爻。若上之一爻本可统下五爻,然处亢极将返之地,故存之以象人君所奉之天,其实上爻亦有象君者,明夷之上六是也。

知进而不知退三句,《本义》曰所以动而有悔也。夫悔之为言,必其知之者也。今既不知,何悔之有?此与孔子之言不知者异矣。如曰其不知在未事之先,逮于不知而动,动而有误,然后知悔,是此悔字本动字来。信如此言,则并未知亢字之义矣。亢之为言,便是动到极处矣,何待再动,然后始知悔乎?故动之一字,亦与孔子之言亢异也,其详具见《约注》乾卦①。

坤之元亨利贞本为四德,与乾同也。此于贞上特添牝马二字,牝马有形之物也,明坤之资生而成终耳。今以利字连牝马之贞为句,是坤止有三德矣。试看孔子《彖辞》释牝马处,亦曾牵合利字与贞字否耶?与孔子异矣。

元亨利贞,乾与坤同者也。匪独乾与坤同,即六十四卦所有之元亨利贞,亦无弗同。特得亨利贞者居多,而得元者少耳。元也者,乾坤之有也,即亨利贞亦皆各得其一,而未能兼得其二三也。由此四字,诸卦皆同此义,故文王命卦之辞不能另为一义,职是故也。孔子释于各卦,虽因卦而各一其义,而元亨利贞之真理,则未尝异也。如其各说一义,则与孔子异矣。

乾以一元资始,乾之所重在元,故孔子独以大哉赞乾之元。至

① “约注乾卦”,库本作“乾卦约注”。

于用九言亨，而必溯原于无首。可见亨由于元，以明元之重也。坤以资生成终，坤之所重在贞，故文王独以牝马加于坤之贞。至于用六言利贞，而必添一永字，以见坤之所重在利贞，即地道成终之义也。故元亨利为三句，而牝马之贞为一句。今曰利牝马之贞，仍是乾卦之利于正，以二字作一句解矣，异矣。

先迷后得主句，利句，盖元亨利贞四字本为四德，自应各为四句。自乾而外，或得其一，或得其二，无非得于乾者，故每一字皆可成句。《象》曰先迷失道，后顺得常，得常即得主也。故于《文言》复疏之曰后得主而有常，是得主二字连读明矣。今谓先迷后得句，主利句，以得字对迷字，其文法似乎顺矣。不惟不解迷字之义，并不解得字之义。盖此得字即得朋之得，只要见得坤之本无所有，与先迷一例看耳。其能生成万物者，皆其得自外来，资于乾阳而有益者也，故称之曰得。今曰乾主义，坤主利，竟将坤德全看坏了。所以后面经文虽有极美之阴爻，亦尽以小人目之。且曰先迷后得而主于利，如此释经，成何道理？岂知乾坤两卦居首，正六十二卦从出之大原，而得之一字正乾坤相须之妙旨乎？岂知乾不得坤，则乾亦无所依附，而终为无用者乎？岂知坤不得乾，则迷者常迷，而迄无所成乎？岂知孔子之坤象，语语皆赞辞乎？异矣。

坤之四德本与乾同，而下复添六句以为之象，是因贞字之上添出牝马二字，文王惧人不知，添此二字是象坤之成物，必待有得而始生。故于其下，复设二象，皆言得字之妙也。君子三句是即人事以象坤之利，有待于得。西南三句是即天道以象坤之贞，有待于得。故君子三句之下，以利字为句承之。西南三句之下，以安贞吉三字承之。安者，贞之体。吉者，贞之用也。句段不清，则真义不明，异矣。

安贞吉本丧朋来，是坤德自然如此，是即无成代终之义。朱子谓能安于正则吉，若不安于正则将不吉矣。噫，异矣。赞坤德者固如是乎？况辞中本有吉之称乎？大抵卦辞爻辞本有吉处，皆是卦爻之德自合如此，皆不必反说向凶字一边去。盖由圣人拟卦拟爻，有

以确见其所由然也。若使吉象可反说向凶边,然则凶爻亦可反说向吉边乎？持两可之见者,皆从穆姜有是四德,随而无咎之一说来。然《易》为君子谋,不为小人谋,故小人之占反是,而无足怪也。君子之占则断然而不可易矣。且《易》为天人合一之书,无契天之诚,无达天之识,欲吉凶之不爽,难矣。文王周公拟卦拟爻,凡称吉凶,从无持两可之见者,非无谓也。今于诸卦中所有利贞二字,率解曰利于正,此皆持两可之见耳。岂知利为卦德,贞亦卦德,原为两义,今如此作解,与孔子异矣。西南东北指日月而言,非泛引者也。孔子曰仰以观于天文,又曰悬象著明莫大乎日月,又曰日月之道,贞明者也。日月者,天地之阴阳,显而可见者也。今但指人而言,谓往西南则得朋,往东北则丧朋,得朋犹可,丧朋之说何据乎？解得全无意义,全无道理,异矣。

西南东北,震艮两象也。乾阳之交交于坤,故三男之一阳者,皆附坤而见。日月交光,震象必见于西南,艮象必见于东北。先天图中震艮夹纯坤于北,一为阳始,一为阳终,因为坤体所隔,故能相形而见,此于坤卦象之,正得丧之所由分也。因阳气之始终全由用处见得,故借日月交光,迁转变动,生明之西南,成魄之东北,而指出始之终之之象。要其所发明者,即大明终始之义,皆先天图中乾交于坤之妙也。因文王六十四卦胥出先天一图,故此后《彖辞》遂多以往来内外言之,职是故耳。今谓往西南则得朋,往东北则丧朋,岂知朋即相资有助之谓乎？岂知得即得阳,丧即丧阳乎？未得之前为坤,所以复卦有天心之见。既丧之后亦为坤,所以剥卦有剥庐之象也。而《本义》异矣。丧朋而谓为有庆,此正坤德之安贞,无成代终而成吉者也。今曰反之西南,则终有庆,岂不与得朋之句犯重乎？且所释者谓东北丧朋,乃终有庆耳,岂尝有西南字样在乃终有庆之上乎？岂又知得朋之类为何类乎？此等道理,岂遂足以发明坤德,而谓为赞坤德者乎？与孔子异矣。

元亨利贞本为四德,贞字之上特添牝马二字,以坤德资生而成终故也。原不连利字为句,孔子《彖辞》专说牝马,亦不连利字为句,

今连利字为句，与孔子异矣。①

《彖辞》既曰应地无疆，有应之者，则两物矣。可知地为坤象，而非即坤也。亦犹统天御天之说，则可知天非即乾也。盖坤止有顺义，原是生天生地之物，本不可以形求，今于《大象》仍以高下相因释之，异矣。

地势坤，坤顺也，此因地亦具有坤顺之德，故借地象以象坤，而直以顺义予地也。亦犹天本具有乾健之德，故即天象以言乾，而直以健义予天耳。君子句亦是借君子以为象，必兼地与君子而为之象者，以《周易》为天人合一之书也。故孔子特置象字于上，今直以坤为地，君子为君子，竟忘此为坤卦之象，得不与孔子异乎？

用六则不用九，是六之所从来。用六则必用之于九，是六之所由往。盖天地间止有阴阳往复而已。九六者，阴阳之名也。六十四卦无非九六之迭用，即无非阴阳之往来。六而不用于九，则九无托足之地，而六亦终无效灵之日矣。九而不用于六，则六亦终无所得，而九亦终无效灵之地矣。今曰用六而不用八，全指阴言，岂知八为静阴，本在无用之地，且与用六永贞以大终也之义异矣。夫大明固乾阳之象也，若非用之于九，何得有大终之说耶？

《系传》曰参伍以变，错综其数。参伍者，十五也。十五者，九六之合，老阴老阳之交也。参伍则三其五矣，而又分之为九六，则已非三五之旧，所由谓为错综其数也。今言九但知为九，言六但知为六，而不察九六参伍之妙，岂知三百八十四爻，曾有一爻非九六之用乎？特九用则六退，六用则九退而已，乃顾添说七八，异于孔子矣。

乾之无首及大明终始，便是说交坤。坤之得朋，便是说交乾。盖乾之六爻皆由坤而见，不然则健行不息者，安可定之以位？坤之六爻皆因乾而有，不然则先迷无成者，安有含章括囊美在其中之象？所以谓阴阳两象皆是循环的，所以谓乾坤两体索成六十二卦，而为大父母也。今释乾似不知有坤，释坤似不知有乾，异矣。不知乾坤

① 堂本无此节。

有相须之义,必相待而始见。不知六子之成,皆分乾坤以为体,则后面往来上下内外之说,安得不误为卦变乎?

今谓后得主而有常,主下当有利字,以迁就坤阴主利之曲说,竟不详求经旨,似欲改正孔子经文。夫经文未经秦火,安有错误?异之异矣。

顺本坤德,言积之之势甚顺,则当慎之意自在其中。比诸恶人初为恶事,此心不泯,当亦知有畏惧。迨积之既久,习以为常,故谓积为顺也。今改为慎字,则埋没顺字之义,兼未省积字之义矣。然则顺当作慎之说,非欲改正孔子经文乎?异矣。

黄裳元吉,四字四义。黄者,中之德也。裳者,中之位也。元者,善之长也。此三字美坤之德有此三妙,故占者吉也。故《左传》止分三义释之。裳非下也,据衣裳而论,则衣覆于外而裳在其中矣。今但解为下饰,则与孔子黄中居体之旨异矣。

坤之一卦全为臣道,五虽尊位,其在坤卦,孔子止以黄中释之。今以为尊位,则与黄中之旨异矣。

元者善也,即保合太和,长善体仁,美利天下之美也。孔子之言性与天道不可得闻者,正在此处。因坤与乾交,含弘光大,故能有此在中之美。今但连吉字释为大吉,则非圣人之心矣,与孔子之释元者异矣。

刚柔始交而难生,《杂卦》曰乾刚坤柔,屯卦二阳出于乾,四阴出于坤,此正用九用六之妙。而又当《序卦》之首,又当天一生水打初萌动之机,故以为始交。今曰以二体释卦名义,夫二体皆男,何刚柔之可分乎?异矣。此皆由不明用九用六之说故也。

震坎二卦各有刚柔,则皆属乾坤之交。第上下两体皆二阴而一阳,是上下皆坤体,而乾阳用九,初来于坤体者也。因二阳为动用之爻,故以二阳为主。今曰始交谓震,难生谓坎,但说震坎两卦之合,非刚柔之交矣,与孔子异矣。

既曰刚柔始交,于《序卦》之首用一始字,便知六十二卦皆交矣。六十二卦皆交,则六十二卦皆九六之用矣。《周易》之文简而该,每

举端而不竟其委，故特用一始字以该全部《周易》。今但知有本卦，夫震坎两卦有何始之可言乎？与孔子异矣。

需之九五曰以中正也，迨于上六，则曰虽不当位，未大失也。豫之六二曰以中正也，六三亦曰位不当也。古之《周易》，四圣各分为卷，只因孔子《小象》需之九五与上六相连，豫之六二与六三相连，二五既为得中之爻，三上所由不当位也。今但认以阴居阴，以阳居阳为当位，固执一说，以解《周易》，与孔子异矣。

《彖》曰履柔履刚也，柔谓三之一阴，刚谓①下二阳也。乾与三男为刚，卦主阳爻故也。坤与三女为柔，卦主阴爻故也。此柔履刚即谓兑柔在乾刚下也，履即礼下于人之礼，作敬字看。屯卦刚柔始交，《杂卦》乾刚坤柔，阴阳刚柔之辨原止论爻，亦已明甚。人之所履必在其下，爻中分论流行之气，故以践履为义。《彖》《象》统论一卦之体，故以礼下为义，上天下泽即礼下之义也。今于六三注中，则曰以此履乾，不知礼下之履，而以践履为履。今兑在乾下，是足反向上而为履矣。夫履卦以乾为人，而以在下之一阴为足，与豫卦以坤为人，而以在上之一阳为簪同也。屯之乘马，解之负且乘，凡言乘者亦皆在下者也，岂人之足而顾有上履者乎？履帝位而不疚，方兼践履而说道理，非谓下卦履上卦也。亦如复卦不远之复，本指初爻，而爻爻皆得言复，故履卦爻爻各具践履之义，而必不可作以兑履乾，以上下之位不可倒置，天泽分定故也。况卦辞与爻辞不同者，爻辞观其气之流行，在行动处说，故取践履之义。卦辞统论一卦之体，在镇定处说，故言上下之分。宁体也而亦可倒置乎哉？今于《彖》但曰以二体释卦名义，于爻辞则曰以此履乾，与孔子异矣。

履卦本有二义，有礼下之履，上天下泽是也。有践履之履，履虎尾，履帝位是也。柔履刚，统论卦体，是以下承上，即礼下之说，正是上天下泽之义。故下即曰悦而应乎乾，言应而不言履，即礼下之义也。此非谓在下之柔而承顺于刚乎？卦中之爻，在上者则乘下，在

① “谓”，库本作“为”。

下者则承上,一定不移之例,原是如此,今但解作践履之履,与上天下泽之旨异矣。

上天下泽而谓之为履,专重下之上承①一边,故下单曰定民志,而不及上天之义。如但认柔履刚为践履之义,则此履字又何说乎?异于孔子定民志之说矣。

武人为于大君,添一于字,非真②谓为君也。只见得经文之事,非纬武所能,《象辞》以不足解之,正见得无此才具,不宜妄作耳。观志刚二字,可知其不自谅矣。今引秦政项籍之事,解作为君,岂为字下用于字之旨乎?与孔子异矣。且《易辞》原极简易,岂故添此烦文乎?

凡包皆外包乎内也,蒙之包蒙,二包初也。三四五,又包二者也。姤之包鱼,二包初也。三之包无鱼,以先有包初之二,与初最亲故也。泰之包荒,谓坤土有荒秽之象,言包之以荒秽也。否之包承,谓乾阳为下坤之所承奉,言包之于所承奉者也。因为荒秽之所包,若广博无际者然也,故有得尚于中行之说。因为我承奉者之所包,若小人媚悦取容者然也,故有大人否亨之说。此皆自外而包乎内也。今于泰但曰包容,荒秽二字竟无所指。于否曰包容承顺乎君子之象,是包字承字俱指在下者说,与孔子异矣。

泰九二得尚于中行,尚上古通用。坎卦行有尚,皆是如此。今但曰则合乎中行之道,而置尚字于不论,竟使《周易》最简洁文字,每以一字寓无穷妙义者,而亦竟有闲文矣,与孔子异矣。岂知此句惟一尚字最为紧要,见得包我者在上,便有接引之义,所以有得尚中行之说。尚字不得其解,则全句之义皆非,全句之义既非,则全爻之义皆非。

凡卦爻之辞皆必有一爻之主象,以下所有之辞则或以人事,或以物理,皆所以释此主象者也。如坤卦元亨利牝马之贞,此主象也。君子有攸往十一字,则以人事释此主象者也。西南得朋十一字,则

① “上承”,库本作“承上”。

② “真”,库本作“直”。

以天道释此主象者也。此爻则包荒为主象,以下之辞皆释包荒者也,故孔子《小象》止取包荒及得尚于中行一语。今将一爻之辞说作几种道理,亦异于孔子矣。

卦之称名由卦而定,如复之六爻皆言复,姤之六爻皆言遇,师之六爻皆言师,井鼎六爻皆言井鼎是也。泰之六爻自应皆具泰义,乃九三居泰卦之中,今曰泰过乎中,泰将极而否欲来之时。夫适当泰卦之中,而便可以为泰极乎?适当泰卦之中,而便可以为否来乎?若然犹尚得为泰卦乎?泰卦既兼有否卦之义,则否之一卦不可废乎?泰之九三如此,否之六三不亦可曰否将极而泰欲来乎?否本与泰相反,何未闻以泰卦之义说入否中乎?总由以乾为义,以坤为利之见,横塞于中,遂将纯坤一卦概作不美者看去。岂知此爻在泰卦之中,正天地相接之际,正所以发能交之理,孔子所由谓为天地际也。今以为泰极否来,亦异于孔子天地际也之义矣。

"艰贞无咎,勿恤其孚,于食有福",皆因此爻在上下相接之间,皆是发无往不复之义,以明阴阳之流转,原具有相资相得之义。泰交之义正由此爻而出,孔子所由谓为天地际也。今将勿恤二句看作反说之辞,与孔子异矣。

包羞云者,谓乾阳为坤阴之所承奉,而此爻紧与乾接,乾又在外而包之,是因坤之承奉而受彼之包容,岂不可羞?今曰以阴居阳而不中正,小人志于伤害而未能,此小人者谓三乎?亦谓四乎?如以小人指三,彼既怀伤害之心矣,抑岂知此心之可羞乎?如以小人而指四,四又实系阳爻,正《本义》所目为君子者也。而又何处见其有伤害之志乎?与孔子异矣。

"不富以其邻,不戒以孚",皆是发乾坤相接之妙。今曰泰已过中,又曰凡言不富者皆阴爻,亦异于孔子失实之旨矣。岂知阳神而阴形,阳虚而阴实乎?凡《易》中言财言食言畜言实言有形体者,皆在阴爻,详见《约注》小畜之九五及谦之六五两爻。《周易》六十四卦皆拆先天图而有之,皆是说先天图中道理。如此邻字,谓在先天图中,原属邻近之卦,今又得会为一卦,或变动而复会比邻之卦,然后得言邻言遇。此

爻之邻正谓坤艮之复会,巽乾之复会也。其详俱见《函书》①。

帝乙归妹,帝字由中爻之震象而出,乙字由坤象而出,与甲庚同旨。今以帝乙指为纣父,亦何处见得以祉元吉之妙乎?岂纣父亦具此美而有可征之事乎?与孔子中以行愿之旨异矣。

豫之卦辞曰利建侯行师,非有豫乐字样也。孔子《彖辞》但曰顺以动,非有豫乐字样也。未说动先说顺,而中用以字拖下,便有豫先之义存焉。下文顺以动,上重加一豫字,便是说豫其顺也。观不过不忒,俱说在时上,则豫先之义可知。今但说豫乐,亦异于孔子时义之旨矣。

由豫,豫之所由以得名者也,非象也。大有得,始为此爻之主象。朋盍簪,又大有得之象。簪喻阳之健,谓大也。所合者,发之多,谓大有得也。谓豫卦之所由名,以大之有所得也。大谓四之一阳,有得谓上下五阴胥附之耳。豫与小畜相反,此三字亦即小畜之义,犹之以一阴而畜五阳也。小畜之卦既因此象定为卦名,豫之得名却只说出大得之效,故于此爻补说大有得三字之象,而即以为所由成豫者在此爻也。因以见此卦与小畜相似,而不克与小畜同名,此之故也。今但曰其占为大有得,竟作占卜说,亦异于孔子矣。

大有得,由豫之实理也。勿疑朋盍簪,又大有得之象也。皆卦体自具之象也。但以坤卦括囊之说比之,其理自见。今且离了大有得,另说一种道理,岂知周公一爻之辞皆是一个道理乎?亦异于孔子志大行之说矣。

随之一卦,《彖辞》明曰随时。《周易》未经秦火,原无讹字。自王肃以时字改为之字,而后儒宗之,或以为人随己,或以为己随人,而随时之义渺然矣。不知元有元时,亨有亨时,圣人随之,则立身致行,应事接物,皆在其中。岂但相随之说哉?孔子时中正由此出。今改曰天下随之,说作人之随己,与孔子异矣。夫孔子固曰随时之义大矣,非曰随人之义大也,君子贵自立,岂以随人为美乎?如其无

① "其详俱见函书",堂本无。

可随之人，又将何随乎？

随六二系小子失丈夫，《象》曰弗兼与也，此犹未见弗兼与为舍下。六三系丈夫失小子，《象》曰志舍下也，则舍二矣。盖随之为言，以紧紧相随为义，因此卦象，兑为阴终，震为阳始，阴之既终而阳随以始，阴阳流转，中间实无断绝，故名为随。爻之逐渐相承，流行不息，亦若是耳。未有隔爻而可为相随者也。亦如比卦以两相亲比为比，而逐爻相比亦复如是，未有隔爻而可为亲比者也。亦如先天图中相亲之卦，或言邻，或言遇，如隔一卦即不得言邻言遇也。然前有所随，则后必有所舍，故二则随三而舍初，三阴故曰小子，初阳故曰丈夫。三则随四而舍二，四阳故曰丈夫，二阴故曰小子也。若初之虽有所随，而前无所舍，故直以为出门交，便可识初随之义。上之后无所随，而仅安其位，故但以为拘系之，又从维之也。系之为义，若悬挂之说，亦必在上，始得称之，未有在下可称为系者。今随至上已无上矣，故不言随而言系言维。且阳大阴小，《周易》之通例，从未有倒易其说者。小畜之小，大得之大，亦可观矣。今于六二之丈夫指初矣，于六三之小子亦谓指初，岂孔子于初之一爻，忽丈夫，忽小子乎？与孔子异矣。

孔子观象之法，有乘承，有应与，有比与，有主爻，而总不能离时位二字。时者，流行而不息，盖出于乾以神用而动也。位者，一定而不移，盖出于坤以形成而静也。既有位中之时，又有时中之位，以天地间无非阴阳二者，相感相循而已。至其论爻，又必因卦而为之说，如随比之专论乘承比与，乾坤两卦专论相交是也。今但执一法以衡之，如论当位，则止曰以阴居阴，以阳居阳，而不别初中上下。论内外两体，则止曰应不应，而不及乘承比与。不择主爻，且不分别各爻之时位，与孔子异矣。

蛊刚上而柔下，刚谓艮之一阳，柔谓巽之一阴，此皆以乾坤为体卦，因而择取动用之主爻，以为观象之法也。今特设卦变，谓自贲来者初上二下，则全说在内卦，而上之一位乃反不得为上矣。自井来者五上上下，则全说在上卦，而初之一爻乃反不得为下矣。自既济

来者兼之,此又说四爻之上下,而刚柔二字原只指定两爻,亦无四爻来往之例。及考卦变图,其变之来也,率皆一卦而止。及至释经,执图中所变之法不可相通,又复别取三卦以征之。夫孔子之时,未闻有所谓卦变也。即其所取贲井既济比之于蛊,绝无道理可相干涉,安用此无用之变,而推求此卦之来处耶?今如有人绝不知有此三卦,不知有此来处,亦并不必有此卦变,其于蛊卦道理仍自无损。若使古人先有卦变,而孔子失之,孔子之经何以训后?今读孔子之经,解孔子之义,而不深究往来上下字面,因作绝无道理之卦变,以仿象形似,用以释极精极微之《周易》,与孔子异矣。

先甲后甲,文王引之入经。先庚后庚,周公引之论爻。则是纳甲之说,文周之前固已有之,道理极深,与天运相契,所以孔子释为天行,此岂术数家所能辨乎?皆由太古圣人仰观俯察,远取物,近取身,知悬象著明莫大乎日月,因取日月交光之妙,画成先天一图。夫图之画也,既由仰观俯察而出,则日月交光必与图中之旨两不相背矣。文周卦爻既开先天而有之,则发明先天图,因有取于日月交光显然可见之迹,所由有庚甲之说也。夫庚甲者,日月交光,或多或少,或上或下,所见之位也。其妙在象之迁移,与卦象之阴阳多寡微盛相等,而不在位之一定。特因迁转者未易明言,姑指其一定者而纪之,正欲人详求迁转之妙,遂以为庚甲云耳。庚者庚方,甲者甲方也。总缘《周易》道理广大精微,无巨无细,悉已包括其中。迨于济民之行,用之有验,然后渐渐推求出时日支干道理。迨于《易》中卦爻合诸时日支干,无往而不验,然后推求出生克制化,此六壬太乙旺相孤虚之所由起也。其见于《越绝书》与《吴越春秋》,皆战国术士所为。文周以前,未之有也。然其道理浅陋,虽存纳甲之名,绝不知天行为何义,日月交光为何象矣。今观孔子曰终则有始,天行也,天行之说非即日月交光迁转变动而言,何以谓为天之行乎?此与损益盈虚有时相似。据甲而论,则谓阴终阴始,阴终甲之前,阴始甲之后也。据两体而论,则谓阳终阴始,阳终艮,阴始巽也。如据日月交光而论,则又谓阳终阳始,盖阴终则必为阳始,阴始则必为阳终也。以

阴阳之迭运，其始其终悉属天行故也。夫日月即阴阳也，若非发明日月交光阴阳始终之义，何得有天行之说？不本天行二字以释庚甲，为得旨者哉？今以自新①丁宁之义释之，既不详极精深之纳甲，而仍取无意义之天干作字义解说，与始终二字及天行之说有何干涉？岂知伏羲仰观天象，画出先天一图，止有画图之道理，其时并无一字可以义寓也。岂知庚甲原无深意，止是日月交光所经历之位，欲人观象，见天运流行，便与先天图中乾坤六子相似，故以为天行也。岂知三日之说非指丁辛，止是前三后三之爻数耳。此其异于孔子者也。

"观我生，观其生"，谓阴为阳之所生，故五上二爻其辞略，谓当观民以自考也。今曰仰而观之，又曰为下所观，失《象辞》观民之旨，与孔子异矣。果为民之所观，则孔子《象辞》便当曰民观矣。

凡阳皆动而阴皆静，阳无形而阴有形，文王之卦象，周公之爻象，未有不如此者。今曰物有间者，啮而合之也。为卦上下两阳而中虚，则是以阳为其中所间隔之物，而竟置三阴于不论矣。夫上下两阳皆阳，而独谓中阳作梗，何也？如此看来，将谓两颐为啮物之具乎？不知阳德善动，今在颐中，故象啮。阴形有质，故象物。阳又以神用而无间不入者也，今阴爻分居上下两卦，而善动之阳入而浑合其中，故以为噬而嗑。今以阴为虚，以阳为间，吾不知所间又何物之间也，与孔子异矣。至谓柔得中而上行，是定上卦动用之主爻耳，今谓自益来，已详辨于前。

硕果不食即上九之义也。果，在上者也。硕，大也，即谓阳也。不食者，谓艮上之一阳犹存，即剥而未尽之义也。今以剥而复生言之，则是在下而非在上者矣。夫孔子《小象》固未有复生之说也，异矣。

君子得舆，谓坤体在下，据上阳之视阴而言。小人剥庐，据坤之视艮，从上九既变而言。孔子《小象》原自明晰，今曰小人居之，则剥极于上，自失所覆，而不复硕果得舆之象矣。是亦以上九之阳作小

① "新"，堂本作"辛"。

人看也,安有是理?且硕果不食,爻之主象也。得舆剥庐,又硕果句中之象。今以之释剥庐一句,则未知爻象之与主象虽同为一义,而却不可混矣,异矣。

复卦朋来无咎,即坤卦得朋之旨,全言卦义,非言人事。《彖辞》动而以顺行,本刚反来。下曰是以出入无疾,朋来无咎,则是此二句全说复亨刚反之理。今曰其占为己之出入,既得无疾,朋类之来,亦得无咎,全是言占,全无卦义,亦异于孔子矣。

反复其道,七日来复,《彖辞》明曰天行,非有人事之可言也。今曰其占又为反复其道,至于七日当得来复,但止说在占上,全与天行无涉,亦异于孔子矣。

无妄刚自外来而为主于内,圣人立卦之法,下三爻为内,上三爻为外,此万不可动移者也,从未有以下三爻为外者。《本义》曰自讼而变,九自二来而居于初,是以二为外,与孔子异矣。岂知六子皆具乾坤之体,故乾坤为大父母。以乾为体而坤来交之,则坤为外矣。以坤为体而乾来交之,则乾为外矣。不明体卦,则不解乾坤二用,因不解内外往来,何以释经?宜乎卦变之误,纷纷而不已也。

大过之三四皆栋,而桡隆分焉。因栋为在上之物,必下之藉者有力,始可以固。故四有白茅之藉为应,则以为隆。而《小象》亦曰不桡乎下,若三之应者在上,与栋何益?故曰不可有辅。今于九三曰以刚居刚,不胜其重,与辅字何涉?于九四曰下应初六,以柔济之,则过乎柔矣,是直与不桡乎下相反矣,异矣。且白茅之藉,岂不为四阳在上而云然乎?况九四为正应乎?

习坎有孚,维心亨,行有尚,此皆言习坎之德,非指人言也。《彖》曰水流而不盈,行险而不失其信,是有孚之实义,据水而言之,非言人也。以刚中也,是心亨之实义,据坎之中阳而言之,非言人也。今曰中实为有孚心亨之象,以是而行必有功矣,全说人事,与孔子异矣。

六四樽酒簋贰用缶,本二字为句。观《小象》樽酒簋贰为句,包用缶二字于中,此《小象》之通例也。今谓樽酒簋句贰用缶句,是将

下句之贰字截附上句之末,孔子经文从无如是文法。且樽酒六字皆约象也,故下遂承之曰纳约。今以副贰为义,业已有所益矣,犹得谓之约乎?与孔子异矣。

樽酒簋贰用缶,皆约象也。所纳虽约,而自有为牖之势,是蚁穴溃堤之象也。见得水之为性,但有丝路可通,而渐扩渐大,卒成巨穴不难。因此爻在两坎之间,故所言皆坎中至理,况又当甫离下坎,方至上坎之爻,以三四论,是两坎之际也。以四五论,是刚柔之际也。际也者,遇而合也。两坎而至于相际,其中必有相通之故。水德中刚,实具有能通之才。以能通之才居两坎之际,而卒至相通。其所以能然者,原不必始初遽能通也,亦不必能通之借资大也,但得些子罅隙而亦可矣。所以周公有纳约之象,所以孔子即曰刚柔际也。刚柔而至于相际,则能通者矣。水而至于刚柔相际,则亦不烦馀力,而知其两水之必合矣。樽酒簋贰用缶,皆两人相际相合之具,约而能通之象也。以人情之相通,原不待礼乐之极盛,象两水之相际,原不必穴之本巨也。今曰但用薄礼,益以诚心,与刚柔二字何涉?且亦未明乎际字之义矣,与孔子异矣。

周易函书别集卷六　易解辨异三

下经

“损有孚，元吉，无咎，可贞，利有攸往”，是辞之全吉者也。又曰“曷之用，二簋可用享”，言虽薄亦无害也。可见损非伤损之损，乃简损之损矣。今曰“剥民奉上，则劳民伤财矣”。何得尚有薄亦无害之象哉？与经文异矣。《彖》曰“损刚益柔有时，损益盈虚，与时偕行”，则此当在万不得已之时，为此变通权宜之术，而姑薄取之耳，详见《约注》。

益卦初九“利用为大作，元吉无咎”，是全吉之辞也。《易》之爻辞，凶则凶，吉则吉，若持两可之见，何云因贰以济民行？今于爻中利贞，每曰“必利于正，若其不正，将不利矣”。今于元吉无咎之辞，亦曰“必元吉，然后得无咎”。夫元吉为何景象乎？元吉矣，犹虑其有咎乎？其作如此解说，不过因“下不厚事”一语耳。然却未详益卦得名从何处来。其曰“下本不当厚事，故不如是不足以塞咎”，是将下字指震初看，而未知下字原指坤初，是说未成益卦之先也。应震之初阳本自上乾来益于初，故以下字说坤初之阴，见其先之无能为，方显得震初阳刚有为，所以有下不厚事之说。今将元吉说作戒辞，又以下不厚事说在震上，与孔子异矣。凡《易》中除乾坤二卦之外，有以元字言之者，皆在阳爻。屯之初五，随之初阳，皆是也。如阴爻主事之卦，断不称元，可知圣人定辞之妙。

损卦之六五，亦指上九成卦之主说。益之六二亦曰“或益之”，谓既有正应，而忽得诸意外也。盖益之得名，实由初阳自乾而来，而此爻比而承之，因此与五本为正应。又忽得所比之益，故以为或益之。王谓五，指正应也。用之为言，谓守正顺承而有应也。帝也者，

震之初阳为卦主者也。今既顺以应五，而又得初阳之益，若王用之以通于帝者然也。此一句，又“或益之”三句之象也。今谓“以其居下而受上之益”，则未知孔子帝出乎震之说矣。且此爻言占，亦止称得一吉字，何尝有卜郊之说，与孔子异矣。

益四“中行告公从，利用为依迁国”，盖因震初为益之主爻，而震之一阳实由此爻迁之而下。震阳所以迁而下者，又由坤阴迁居此爻而始，则是震阳之能迁，俨若坤阴告之，而震阳遂尔不违者然也。是坤初之得行于中，以其告公而从也。震为帝出之阳爻，故遂以公称之，若阴爻则常称后矣。坤为国邑，坤在初为坤，迁而中行仍然为坤，若由国迁国者然也。故曰为依迁国。阴以得阳为幸，所迁之阴实近九五之阳，故曰依。此皆因卦中主象一上一下而系之辞，与损卦之三人行一人行之说相类。孔子《小象》曰“以益志也”，见得此阴虽为上卦，而动作有为归于阳爻，故周公爻辞全以震初为主。益志之说，若其心出于阴爻者然也。《本义》①以中行为戒辞，以公字指九五，以迁国为迁国之吉占，说得全无爻义，非孔子益志之旨矣，异矣。

夬卦九三“壮于頄有凶”，言应阴之象也。“君子夬夬”，言阳刚之德本无私曲也。此上为爻之主象。独行六字，又所以象壮頄应阴之凶也。有愠则惕厉之义，无咎亦乾三之本德，又所以象君子夬夬者也。故孔子不释壮頄及独行六字，而但曰“君子夬夬，终无咎者”，以乾阳正大，必不终为阴应，故止从乾三之本德释之。又因②无咎即本有愠而来，有愠则必夬而不应可知，故但蒙夬夬之文而遂以为无咎也。今以有愠为君子所愠，则未达《小象》之意矣，与孔子异矣。愠者，胸中自含之怒意也，故下遂以无咎承之。凡人之行而有失者为过，自人责之为尤，自心觉之为咎，故欲解文周之辞，则孔子之《彖》《象》，皆不可不察也。

大壮触藩之羊，兑在上，故既象羊又象触。五在羊上，则曰丧

① “本义”，库本作“若但”。
② “因”，库本作“明”。

矣。上在其后,则曰退遂,是触而太过者也。夬四之羊亦在前,而四与之合体,故亦曰牵,与触字同义。盖相粘著,不相离异之象也。今曰"不与众阳竞进,而安处其后",夫下卦乾也,非兑也,何得象以羊乎?且卦以夬阴为义,爻爻皆与上阴有相通道理,乃顾以牵乾为牵羊,异矣。

萃彖用大牲,利攸往,与天命何涉?而乃说出顺天命者,盖萃卦全在性情凝聚流通,说此心同此理同之道,而事神感人莫不如是。夫至诚感格,必在无欲无妄之初,故既说天命,而又以为顺也,此即《中庸》率性之说。上由天命出来者也,故下文遂说出情字。情者,性之发也。天地万物至散而难萃,而赋性之始皆出于保合太和之利贞。性情在人,虽若甚狭而帅以为性,塞以为体,莫不与天地万物相同,故于萃卦中,遂说出大同而至公之理。盖《周易》本言性之书故也。如将天命解作时命,则下面情字岂非无根?且用大牲本承假庙来,利攸往承见大人来,今曰"大牲必聚而后有,则可以有所往",是将二句合为一句,识者细心观之,成何道理?亦异于孔子顺天命及见情之说矣。

萃四大吉无咎,非戒辞也。与众顺者相比,悦以受之,不劳心力,故大吉。悦体而众顺,则此心自然无咎,而人必无有咎之者矣。然既已大吉,而犹必曰无咎者,以此为多惧之地,而九阳居之,本宜有咎,故既释以大吉,而犹必以无咎言之,因位之不当故也。今但认作戒辞,异矣。

凡爻中之辞所言吉凶,皆本爻之德一定而不易者也。先儒于贞吉等类,多云不贞则不吉,非《易》旨矣。如此等爻可云不贞则不吉,然随之九四说贞凶,亦可云不贞则不凶乎?如萃之九四曰大吉无咎,并无他象,此止言本爻之德,既是大吉又无咎也。今曰必大吉,然后无咎,是以大吉看作有工夫字面,吾不知大吉又为何等工夫也?凡人占得易爻,幸而大吉,已无馀事矣。岂可以吉字作善字解乎?夫吉者善之征也,善则所以致吉者也。既据本爻而称为大吉,自应确不可易,只因其下有无咎二字,故《小象》以不当位明之,岂以大吉

为不当位乎？今但作大善之说，异矣。

升四王用亨于岐山，亨通也。《周易》未经秦火，非有讹误，圣人之经乌可轻改？此爻言用言亨而独不言升，以凡能升者皆在下者也。下则有可升之地，业已上矣而又何升乎？上卦三爻皆受升者也，在下故言升，受升故不言升。此居顺初与下巽相接，而上承六①五，若人臣上奉君而下求贤者然也。奉君以求，则非己之自用，而王用之矣。岐山者，与下巽互兑，而伏艮山。又因上阴两开，有两岐之象，此在顺初而受伏山之贤，故曰亨。如但作登祭于山，与升卦之义有何干涉？异矣。

困之卦辞，亨贞二字皆一字一义，自乾之四德而外，凡见于诸卦中者，莫不皆然。今以亨字连困字释之，谓身虽困而道则亨。夫困有塞义，亨有通义，此相反而必不可合一者也。身既困矣，道安得亨乎？既亨矣，安得谓为困乎？古今圣贤止奉此一道耳。道亨矣，而犹谓为困乎？圣贤之身与道为体，道之既亨，而犹谓身为困，是名利之徒耳，不私且隘乎？且其下又以贞字连亨字释之，谓占者处困能亨，则得其正，则又全以人事言之。夫卦之有辞，皆所以明卦德者也。不知困之言亨是言困而求亨之事，是从阴阳反对循环变易中说道理，犹睽本乖离之卦，而《彖辞》言同言通者然也，皆指后来者说。今观孔子《彖辞》既以亨字绝句，而亨字之上先说不失其所四字，不失其所便指刚中说。盖谓如此，然后得亨，不如此则不得亨也。其下曰惟君子乎，便可知困而求亨之难矣。下又曰贞大人吉，贞字一句，下文之中是也。大人吉一句，下文之刚是也。故总承之曰以刚中也。今将困亨贞合而释之，与孔子异矣。

凡卦辞皆言卦德者也。井之卦辞改邑不改井，无丧无得，言卦德也。往来井井，言其利养不穷，正无丧无得之妙也。汔至以下，则以有丧者归诸人功，亦以见井之无丧无得也。而今曰其占为事仍旧，无得丧，而又当敬勉，不可几成而败，说得与井德无干，与孔子

① “六”，库本作“九”。

《象辞》异矣。

井象据古本,巽乎水而上水,井改邑不改井,乃以刚中也。无丧无得,往来井井,井养而不穷也。郭京《易举正》改邑不改井,下有无丧无得,往来井井八字,而《本义》则曰无丧无得,往来井井两句,义与不改井同,故不复出。或亦古者相传之本原有不同,第以孔子六十四卦《象传》按之,凡《象》之解释卦辞,未有一卦轻置卦辞而不释者也。且井卦之德全在此无丧无得,往来井井二句,岂有《象辞》可以轻去者乎?亦异于孔子《象传》之例矣,今按古本而考证之。

得朋丧朋之说始于坤,而井言之者,井固坎巽合卦也。后天之坎居先天之坤位,后天之坤又居先天之巽位,穿地可以得井,此之故也。因先后天之坎巽,俱转换于坤,故坤言得丧,而坎巽合井亦言得丧也。今但以为占,与孔子异矣。

井四无咎,《小象》明曰修井,则是蓄泉以待用也。《本义》①以虽无及物之功,而能自治为无咎,与孔子异矣。

渐之九三《象辞》:"妇孕不育,失其道也。"此与坤之失道本是一义,皆自失阳起见。故孔子之坤象,反失道而言,则以为得常,得常即得道之义。今渐之九三本为阳,以中爻论则为二阴所得而成坎,坎男也,今坎男变而为坤,失此阳爻,故有离丑不得之说。以上卦合巽成离而论,巽离女也,阴以得阳为得道,今阴爻化去,不成大腹之离,是阴不得阳,失其常道,故以为失道。今但曰"其占为夫征则不复,妇孕则不育",而离丑失道,并不详察,与孔子异矣。

帝乙归妹,坤纳乙,指坤言也。帝谓五也,妹为坤初,下配而为兑也。泰之帝乙归妹,明坤五下交于乾二也,此则明坤三之来于兑。而称妹云者,变兑少女,本由坤而分出,又在五下,故称妹也。坤主中爻,而今居五位,故以为帝乙归之。袂,手衣,礼容之外布而下垂者也。人身处中而四肢外布,手又下垂,据坤而论则中具而外缺,兑主在外而四布,若炫之者然。故为君袂不如娣袂也。变兑少女,故

① "本义",库本作"今乃"。

称妹。乾为衣，又为美。上卦得一乾于下，下卦得二乾于下，故既象下垂之袖，而少者遂不美于多者矣。今但以为居尊下应，尚德不贵饰，为帝女下嫁而服不盛之象，竟作如此人事说，非爻象矣。至月几望句，始言与二相应，又止曰女德之盛，与孔子以贵行之义异矣。岂知归妹之与袂，是坤四之行，非坤五之行也，至其交二，始为坤五之事，故曰以贵行也，详具《约注》本爻。

旅小亨，小字指五阴，非谓小事也，故孔子曰旅之时义大也。今以小为小事，与孔子异矣。

旅《大象》明慎用刑而不留狱，明离也，慎止也，不留则明止相合之妙也。今但曰慎刑如山，不留为止，遗却明字之象，与孔子异矣。

六二得童仆贞，九三丧童仆贞厉，凡元亨利贞四字见于卦中，皆自为一句。二之贞者，中也，以阴居阴也，故《小象》曰终无尤也。三之贞以阳居阳也，厉则乾三之位然也。丧，失也，即坤卦得朋丧朋之义也。得三之阳附于二之阴，丧谓阳之化而阴也。今以贞字连童仆读，埋却贞字实义①，与孔子之释元亨利贞为四德者异矣。

旅九四，《本义》②谓以阳居阴，处下之上③，用柔能下，故其象占如此。又谓上无阳刚之与，下唯阴柔之应，故其心有所不快。然则有阳刚之与者皆吉，阴柔之应皆不美者乎？不知得字本于坤卦，与坤卦得丧之旨异矣。

巽之初四两阴为主，故卦辞曰小亨。下文利往利见，皆小之亨也。《彖辞》中刚巽乎中正，言刚之不逆于阴，柔皆顺乎刚，言初四之志得行，正亨字之义。所谓刚者，即卦辞之大人也。柔皆顺之，即利见也。故下全举卦辞，即用是以二字贯之。今将刚巽二字说作两义，竟是巽之一卦主刚而不主柔，不唯与小亨之说相悖，与孔子全举卦辞之旨异矣。与诸卦《彖辞》多说往来上下，必先审定主爻之旨异矣。

---

① “贞字连童仆读，埋却贞字实义”，库本作“三之贞字连下句为义，而反以二之贞字连上句，为得其童仆之贞信”。

② “本义”，库本作“后儒”。

③ “下之上”，库本作“上之下”。

巽无初有终,初终即始终,先天图阴阳相循,而相伏相胜皆涵于始终二字之中。阳有而阴无,阳明而阴晦,《周易》之通例也。此卦先阴后阳,所以著无初有终之象。又因九五原是阳爻,因言初阴伏下之阳原是无的,所以谓为无初,故孔子《杂卦》便以为巽伏也。谓一阳之震伏于坤下,由坤而来,故以为初之无。然由震而兑而乾,一阳二阳三阳,故以为终之有。盖此卦之有无,与蛊卦有字不同,蛊卦止是有无之有,此有无则当明晦二字看。盖阴①之暗昧,非目可睹,故不可以言有。若阳之升也,焕然而明,故可言有。阳之反也,阒然而寂,故可言无。是则初之无谓阴盛掩阳,乃庚象未见以前之事。终之有,谓阴尽阳全,乃庚象既见以后之事,所以有先庚后庚之说。其以三日言之者,时有三候,位有三等之旨也。盖《周易》贱阴而贵阳,故于阴阳之始终,每每慎重言之。今乃曰有悔是无初,悔亡是有终。学者细思,成何道理②。且爻中但曰贞吉悔亡,并无有悔之说,乃忽添出有悔二字,与孔子异矣。

《周易》所言道理,非天地生人生物之理,即圣人参赞位育之理,虽有极鄙极亵之象,而极精极深之义存焉。时不越乎三候,位不越乎三等,故卦立三爻。今曰三日即三爻三位③三等之义也,顾乃以先庚三日为丁,后庚三日为癸,又止以丁宁揆度之说解卦中所无之义,岂知甲庚巳乙,文周取之,皆有深旨。若丁癸与辛,则爻之所无,何待解说,况不切当乎?且周公爻辞明曰贞吉,孔子《小象》明曰位中正也,岂有贞吉而中正者,犹待于丁宁,犹待于揆度乎?与孔子中正之说异矣。

《上系》首章从天地乾坤说起,是易卦之本原,初未说到立卦成爻之事。所云八卦相荡,与刚柔相摩同类,是天地自然之八卦,即指下文雷霆风雨言也。盖此节全说天地絪缊、万物化醇时事,故其下

① “阴”,库本作“之”。

② “学者细思,成何道理”,库本作“以下句作上句注脚”。

③ “位”,库本作“候”。

文方说到成男成女。今竟指为易卦之变化,因谓两摩而四,四摩而八,八荡而为六十四之说,全不念雷霆风雨,日月寒暑,成男成女,皆是说䌷缊时相摩相荡之妙,皆天地自然之摩荡,与孔子异矣。及至第二章设卦观象,说出刚柔相推,此方是卦中之摩荡也。

乾知大始,坤作成物,此知字即阳之明也,即知识之知。下曰易知简能,正是知能各效之事。今但①作主字解说,与孔子异矣。

有亲有功二有字,与《中庸》有临有容有敬相似,是说性中所具乾坤之德,其知能足以如此而已,非真有亲近之可见,有功之可言也。观下文成位其中,犹说易简理得,则上文全说性中之能可知矣。今曰与之同心者多,故有亲,与之协力者多,故有功,全说向感应事为一边,与孔子全说性量者异矣。且以有功说出协力者多,尤属未妥②。无论不睹不闻,非人所能协力,然则圣人参赞位育,犹有待于协力者而后能乎?异矣。

二章观象系辞,此象字谓三画卦中之象,即纯奇纯偶、中满上缺之类也。观下文所说刚柔相推可知。今曰象似之象,与孔子设卦观象之说异矣。盖此犹是设卦时事,非《系辞》之后,即其相似者发挥道理也。

天地间所生之物,皆阴阳摩荡而生,而阴之与阳,则太极之发舒者也。三极之道,全属动用边,说在阴阳既形之后,故可分而为三。若论源头,均出敦化之太极,原未有两太极也。今曰三极各一太极,是太极竟有三个,而天地与人竟不得同源而论矣。与孔子《易》有太极,是生两仪之说异矣。缘其错误之故,皆由认道字在源头一边。子思不云乎?和也者,天下之达道也,夫和则既发以后之事也。下文说到化育正在作③用一边,正是道中之事,故此处既分三极,便说出道字,可知三极便是刚柔摩荡以后之事。而犹谓之为极者,是极

① “但”,库本作“指”。
② “未妥”,库本作“肤壳”。
③ “作”,库本作“功”。

至之理，非太极之极也。即以极为太极之极，亦是三者同出一太极，岂可曰三者各有一太极乎？

五章《易》有大本，有大用，太极本也，阴阳以后皆用也。太极元也，阴阳以后皆亨而利贞者也。阴阳者，太极之动，元之亨也。其在乾彖，则云行雨施，品物流形者，乃其象也。而阴阳之运更微乎其微，非视可睹，非耳可听，故能入天下之有形无形而生育之，而变化之，而卒不可得而执也。故可见可闻之处，有可见可闻之阴阳，而不可见不可闻之中，亦遂有不可见不可闻之阴阳。如昏明昼夜、高下尊卑之类，总未有能外者也。紫阳与陆子所辨，直以阴阳为形器矣。夫阴阳而为形器，苟无形器，将遂无阴阳乎？其在《本义》①，又以阴阳为气，夫寒暑昼夜可以气言矣，彼高下尊卑小大隐显非气所摄，将遂无阴阳乎？孔子曰一阴一阳之谓道，又曰形而上者谓之道，便是以阴阳为形上之事。缘此阴阳方由太极初亨而出，尚未到化生人物之时，安得有形器之可言？又其功用至于涵天下之大，凡属有形无形，皆此阴阳变化所成。是其体原立于无声无臭之中，而其用悉周于有象有形之后，故曰一阴一阳之谓道。今曰阴阳为形器，与孔子形上之说异矣。气字之说虽属近理，然阴阳之妙有理存焉，实非一气之所可尽也。

道也者，充周之大用也。然四书、六经所言之道，未有不说在大用一边者。今观《中庸》发而皆中节谓之和，和也者，天下之达道，是既发之后方始为道也。又曰造端夫妇，察乎天地，夫造之察之，皆大用之流行也。又曰君子之道费，夫费则其用也。又曰行远自迩，登高自卑，夫行登则其用也。又曰发育峻极，非用乎？《大学》曰明德新民，明与新非用乎？《论语》曰吾道一以贯之，贯非用乎？忠之与恕非用乎？圣贤之经从未有将道之一字，说作阴阳之所以然者。今曰阴阳之迭运者，气也，其理则所谓道，是明说理为气本，将道字看

① “在本义”，库本作“注易也”。

作阴阳之所以然，宜其见屈于陆子也①。岂知太极之中原不可以言说，原非理之可求，逮于阴阳既形，乃始有道，若无阴阳，则化原既绝，道于何有乎？亦异于孔子矣。

五章道具于阴而行乎阳，继言其发也。夫文周之《易》，孔子之传，及先儒之训，从未有以道为阴者。夫阴阳二字，当形上之时，太极初亨之际，本相须并用，而分析不开者也，故曰一阴一阳之谓道。若使阴阳可以分开，则无变化，无生育，安有人物哉？其以道为具于阴者，是周子以太极为静之见也。岂知太极虽立体于无，而其出不穷，绵绵不息，必不可以独静言也。故羲文周孔四大圣人，总不能于太极之内更置一辞者，职是故也。且既有阴阳之可名，已在太极既亨之后，犹②既有动静之可分，已非太极浑沦活泼之本体。故周子虽欲言之，亦未能于太极增一辞也。今曰道具乎阴而行乎阳，是一道也，而又自为本末矣。又曰继言其发也，岂知继之为言，正在各正之时，是天赋人受，相续不绝之微旨。其上有乾元之亨，乾道之变化在焉，不可谓人之所受，由道之具于其先，然后发出来也。况又以善为阳之事，是仍阳善阴恶之说。夫《周易》之阳爻，其不当位而不善者，盖亦多矣，与孔子异矣。

继之者善，即天命之谓。成之者性，即率性之谓。俱本上道字说来，是乾元既亨之大用也。今以善为阳之事，以性为阴之事，分阴阳而言之，则是性中竟无善矣。不知元善之长又何以称也？知非孔子合阴与阳以明道之旨矣，异矣。

上文以道为具于阴，下又以性为阴之事，不过是阳动阴静之说，以成而定静者为阴，以动用有作者为阳耳。不知阴阳自太极既亨以后，无论在人之与在物，必不可分。所以孔子指为一阴一阳之谓道，是合一不分之语，言其相资不悖者也。若使偏阴偏阳，则变化生育之理杳然以息，安复有所谓道哉？故指性道为阴，指善为阳，是皆未

① “宜其见屈于陆子也”，库本作“置一阴一阳于不问”。

② “犹”，库本无。

明孔子一阴一阳合言之义也,异矣。此章首云一阴一阳之谓道,便是说阴阳迭运,相资合德,而道之大用行焉。继之者,道之继也。成之者,道之成也。仁智此道也,显藏此道也,德业亦此道也,皆阴阳合一不分之大用也。今又曰仁阳知阴,亦异于孔子矣。夫仁知皆性之德也,前既以阳为善矣,岂曰仁善而知不善乎?

凡传中所云易字,皆指易理而言,非谓《易》书之易与易理之易有二也。即间有指文周所作之《易》书而为言者,亦是分论书中之理。书而无理,安用此书乎?今曰理之与书皆然,则分理与书为二矣。书而无理,不为悖理之书乎?亦异于孔子矣。

生生之谓易,亦非谓阴生阳,阳生阴也。只是生生相继,若祖孙父子相衍而不穷者然也。如使阴阳各居,必无化育,尚无生之可言,安有所谓生生者乎?盖天地之理必能变易,乃始不穷,如人之有少有壮有老,此人之变易也。人之有祖有父有子有孙,此代之变易也。即如阴阳,非有二也。乃从而加之,则为四象矣。又从而加之,则为八卦矣。又从而加之,则为六十四卦矣。夫四象,两仪之所生也。四象八卦六十四卦,则两仪之生生者也。然每次所加,不过此一阴一阳,乃易而为四象,易而为八卦,易而为重仪重象重卦,绝无有与两仪未加之先浑而相同者。此所由以变易之理,归诸一阴一阳之生,而前曰一阴一阳之谓道,后又曰生生之谓易也。今曰阴生阳,阳生阴,阴阳不交,安能有易?亦异于孔子矣。

仁智,性中之四德也。仁元而智贞,仁敦于内,而智周于事者也。故仁智可以分言,而阴阳则必不可以分贴。夫仁智皆道也,今谓仁阳而智阴,已非道字之义。又以显仁之仁指为造化之功,德之发也,是竟将仁字说向事为一边去了,与孔子元为善长,体仁长人之说异矣。岂知显仁藏用,止是说内外流通,显与用说在外一边,仁与藏说在内一边。显诸仁者,谓外面之著见,皆大本之发舒也。藏诸用者,谓里面之蕴蓄,即大化之潜匿也。不执确不可易之理以解经,恐非孔子之经旨矣,异矣。

天地设位而易行其中,是推本知礼之原,以发天人合一之妙。

今曰天地设位而变化行，犹知礼存性而道义出，添出一犹字，便将天地与人说作两样，遗了效法二字，与孔子易简理得，继善成性之旨异矣。

大衍之数五十，其用四十有九，先儒以为返一不用以象太极。夫有形有象之事可以象求，太极有何形象而可以象求乎？孔子本文业有象二象四之说，何独于象太极而遗之？不知此节全说揲蓍之用，既已有蓍则有象，既云五十则有数，既云其用则非浑然在中之时，安得尚有太极之说？故此节全从用处说道理，如象二象四象闰，皆用边之事也。其从象二说起者，太极无形可窥，其既亨之大用，率由两仪始也。伏羲之图从东西两仪画起，两仪之所由始，不可画也。文王之卦从乾坤二用起，乾坤之所由来不可言也。周公之爻从九六之初起，初爻之所从出不可言也。孔子之释元也，但指为万物所资以始者于此，而元之为元，不可言也。太极何形，而可以象求乎？异矣。

十章首曰有圣人之道四，末又结曰有圣人之道四，则至精至变至神三节，不是专说蓍卦可知。故每节结云非至精至变至神，莫与于此。此字指本节之上文，至精至变至神即指圣人，犹云非圣人莫与于此也。今但专指蓍卦，与孔子有圣人之道异矣。

上章知变化之道二句，本显道神德行来，全指蓍策而言，谓四营十有八变，其中变化实有不测之妙，非人臆计可穷。故曰知变化之道，必知神之所为，见变化之难知也。此章前曰有圣人之道，后曰有圣人之道，故虽言易，便不宜忘了圣人。今于尚辞尚变四句之下，仍曰四者皆变化之道，皆神之所为，则是全言蓍策了。则是以知变化之道二句，为此章章首之语，错简于前章之下，竟忘此章一起一结，皆云圣人之道矣，与孔子所①分之章句异矣。

十一章神以知来，知以藏往，神本圆神之神来，知本方知之知来。向来先儒之说皆谓往为已往，来为方来，尽将知来作前知说。

① “孔子所”，库本作“古易旧”。

不知来之为言，指所从来之地，即卦爻之所由以成。知为大明之著见，乾见天则，复见天心，即此知也。此句是方揲蓍时事，尚无定著，故上文以为圆神。往谓卦爻已定，由此而往。藏谓后此之吉凶得失，悔吝忧虞，尚未形见者，悉藏其中。此句在卦体已成时说，因后此之行止动静，悉不能违，故此以为藏，而上文以为方知，是即以所藏者而知之也。孔子之《彖》多言往来，凡来皆说方成未成之时，凡往皆说已成之后。顾违①先圣之旨，将往来颠倒说去，又且说作卦变，与孔子异矣。

太极之说，是孔子于两仪四象之前推求来历，知其不可名言，不可思议，故以太极二字赞之。太者，尊上之称。极者，无以复加之谓。尊上而无以复加，固非图之所可画者，亦非孔子说此二字，便作此图也。孔子而有此图，则先儒之传授当亦有递相授受者矣。不知太极二字，止如孔子之释乾，无可称说，特以大哉二字赞之。下文曰万物资始，不过元之真妙处不可名言，爰以亨而利贞之后，所生之万物仰而上溯之，以为资其始于此耳。此后惟子思之说中，其文法类此。盖中之虚涵，难可名言，不得已从已发之后，既有喜怒之可名矣，因而上溯之，以为此其未发者耳。太极而可图也，将中亦可图乎？周子立为无极图，其上一圈则太极之位也，其下阴阳分列，则两仪之位也，其下五行分布则四象之位，其下两圈乾道成男，坤道成女，及化生万物，乃三男三女，雷风山泽之定分，则八卦也。至《通书》说无极而太极，竟说出两个极来。无极而谓极，太极而犹得谓之极乎？先儒主张《太极图说》，以为确不可易，恐翼易之孔子不应秘而不言，亦异于孔子称太称极，有赞无图之旨矣。

古传太极图为阴阳两形，自煦而论，业有阴阳两象，则两仪之事矣。止以纠缪回旋，象太极中细缊浑沦之妙，此亦因太极不可图画，故以太极所生之阴阳两象从而图之。亦如乾元，便说所生之万物。子思之未发，便说已发之喜怒哀乐耳。故其道理犹可意会，然已不若河洛

① “顾违”，库本作“不达”。

二图及先天四图之妙也。煦以河洛二图及先天四图合而为一,共成一图,名曰循环太极图,虚其中以存太极之真,仍以阴阳两象布之于外,其阴阳之生而盛而终也,各有其位。其阴阳之初微中盛而末衰也,又各得其理。其由阴阳而四象而八卦而六十四卦,又各得其分。故可从而三分论之,又可从而六分论之,庶于孔子之说有可相符者矣。乃后儒执太极以为图,亦异于孔子有赞无图之旨矣。

太极在万物未生之先,性命未正之始,乾元未亨之际,安有①理之可言?故周子以无极解之。孔子之在《易》中,亦有言理者矣,穷理尽性以至于命是也。穷理者,下学之事,尽性至命则上达矣。夫性命之上,有何理之可言?今曰太极者,理也,与孔子异矣。

河出图,洛出书,圣人则之,在十一章注云,此圣人作《易》之所由,此说甚当。盖孔子既以洛书句说在《周易》中,下又云圣人则②之,则河图洛书均为作《易》之具可知。下又云河图洛书详见《启蒙》,及观《启蒙》,又引向、歆、孔安国之说,以为大禹时神龟负书出于洛,大禹叙之而作《范》。夫洛书果出于禹时,孔子顾兼图书二者说入《周易》,非孔子之误乎?且先儒以为作《范》之具,而孔子以为作《易》之具,不尤误乎?夫孔子既在诸儒之前,又处诗书大备之日,其必有所考据明矣。顾今以为作《范》之具,则是孔子错简入《周易》者也,与孔子异矣。

形而上,形而下,或问朱子曰上下何以形言?曰此言最当,若以有形无形言之,则物与理相间断矣。器亦道,道亦器,有分别而不相离也。如有天地,便有太极之理在里面。如人有此身体,就有五性之理在此身体之中。所以孔子分形上形下,不离形字也。卦爻阴阳皆形而下者,其理则道也。此段解说只是形下之器,便有形上之道寓于其中,所以形上之道亦说形字,谓有所附丽而见耳,是道器两不相离之说。其言未尝不是,然细检点将来,止说得形而下者一句耳,

① "安有",库本作"有何"。
② "则",堂本作"作"。

其于形上之道仍未之有解也。孔子明将两句并列,曰此则谓为道,彼则谓为器也。今谓器中有道可也,谓道即为器则万不可也。盖形而上者谓之道,即一阴一阳为道之说。阴阳生于太极,有形有器之物又生于阴阳。太极立于形器之先,其不可以形求,不可以象睹,断然矣。万物生于化醇构精之后,其必各成一形,各成一象,又断然矣。第太极之生物,非自生也。物之受生于太极,非直由太极生也。其间自无而有,自隐而显,斡旋太极之能,发挥太极之用,实有将形而尚未有形之一候,而太极之大用,遂能兼综有形无形而无乎不至,此阴阳之为也。故曰一阴一阳之谓道,因其在将欲有形之际,故曰形而上者谓之道也。若使其体已定,其象已定,则形而下者谓之器矣。《周易》为圣人传道之书,凡有形有象之器与有形有象之卦,俱要推求到无形无象之时,所以能然之故。此圣人传心之秘①旨也。今曰器亦道,道亦器,纵能使形下之器说得固有著落,然亦止合说道器,而形上之道则未知落处矣,与孔子分说道器之旨异矣。其曰卦爻阴阳皆形而下者,其理则道也,此其谬误,则尤甚矣②。今将卦爻阴阳说作形下之器,试问揲蓍求卦当分二挂一,揲四归奇之后③,所得止单四重四之数耳,此时阴阳老少毕竟有何形象可指,而谓之为器乎?阴阳之体段不明,宜其不知④形上之道也。

贞成也,谓一元之理由亨而利而贞,而物斯成矣。其物既成,则遂端端正正定位于此,而他物不得而胜之,故又有正字定字之义。程子于乾卦之贞已有成字之训,是谓其从一元来也,岂一常字可以了之?此节之贞以成字为义,而正定自在其中者也。今但谓之为常,非其旨矣,异矣。

《周易》六十四卦莫非象也,其中包涵实理非言可尽。故文王之卦辞,周公之爻辞,非举物理以象之,则举人事以象之,亦谓举其形

① “秘”,库本作“妙”。

② “此其谬误,则尤甚矣”,库本作“则其说自相抵牾矣”。

③ “后”,库本作“候”。

④ “宜其不知”,库本作“自难晓然”。

似者而已耳。盖因实理难可明言，又因据其实而言之，止能发明此一事一物之理，终不能高视远寄，旁引而曲达也。故举其形似者而言之，使人知此为形之似，则此外必当有理之真矣。如象以此等物理，便云此卦此爻实有此等物理，如象以此等人事，便云此卦此爻实有此等人事，但据所似者而即以为真，不知真者之必非似也，则亦与易者象也，象也者像也之义异矣。

几者动之微，吉之先见者也，此处果应有凶字，则孔子已先言之矣。盖几字止言元之将亨而未显，故曰动之微，亦非谓此为两岐之名也。自周子有几善恶之说，后儒宗之，竟不深察孟子性善之说，竟不深察《中庸》发皆中节之旨，竟不深察《周易》中乾道变化，保合太和，元善长人之义，失圣人传心之真谛，遗误后学不少。当知《周易》全是明性之书，四圣相传之道尽在其中，故曰继之者善也，成之者性也。又曰仁者见之谓之仁，智者见之谓之智。又曰《易》冒天下之道。又曰成性存存，道义之门。又曰穷理尽性以至于命。盖人物之性资于乾元，当赋畀之初，全是太和之各正，故其率之而动，一太和之自动，全是天理，全是吉征。若使此处但有些微不和，便为戾气所阻塞，安有生育？子思之所谓率，率之于天命者也，即文言中元为善长之义也。本无一物可杂，乌有凶之可言？今取《汉书》，谓吉下有凶字，与孔子专言吉者异矣。吉凶之说始于《汉书》，再倡于周子①几善恶之说，后儒不察，遂谓《易》为卜筮之书，专明吉凶已耳。夫《易》固明性之书也，性量之大，何所不包？况其大原本出于天，虽吉凶祸福无不尽在其中，而要其发源之初，全是太和，全是善机，全是生气。子思以为发而中节，为其率于天之命也。孟子以为性善，以其保合之太和，蕴而为善之长也。然此最初之太和极灵极妙，实能开辟天地，创立人物，逮于人物既繁，并行并育，乃始有吉凶祸福之可言。即孔子之言图也，亦曰《易》有太极，是生两仪，两仪生四象，四象生八卦，八卦定吉凶，吉凶生大业，是吉凶在生八卦之后，亦非

① “子”，库本作“书”。

谓太极生两仪时便生吉凶也。且卜筮之说原非圣人作《易》本意,圣人惧性道之真难可名言,故借卜筮之理而表之。又惧性道之精微未易解会,恐传之不永,或至厌苦而弃去之,故寓前知之理于卜筮之中。其道浅而易求,又为趋吉避凶者所必不可废,故可永其传,以俟其人也。至于生人所性之灵妙,得于天命,敛之而涵万有于寂,扩之而弥纶天地,可以自无而造有,可以自有而造无,可以使灵蠢易质,可以使虚实易用,其灵无比,其妙无涯,故参赞位育,直任之而不辞。其以吉凶之可见,昭于卦爻而示之者,谓非斯人所共晓,难于共喻耳。缘是遂寄卜之理于龟,寄筮之理于蓍,亦非谓天下之有形有质者,止此二物灵也。谓朽骨犹灵,则灵于朽骨者可知。腐草犹灵,则灵于腐草者可知。凡欲使人知天地之间皆此天命,皆此一元之太和,故无有一物不具此天命,则必无有一物不具此太和者。岂天命之一元为至灵,乃分而给之,顾有不灵者乎?特浅者得浅,则但以为卜筮之书。深者得深,则自达于性命之真矣。甚矣,吉之先见一语,非静会而达原者,未易言也。

《下系》第六章,乾坤其《易》之门耶一节,是谓伏羲所画先天之图,便足以传圣人之道,非泛论卦爻所自始也,观后节以开卦称名为衰世可知矣。但谓泛论卦爻,与孔子异矣。

《下系》第六章其称名也,杂而不越,不越谓与伏羲所画先天图中至微极精之理,与之相合而无违也。盖伏羲所画先天大图有六十四种之象,则即有六十四种之义存焉。名虽后圣所立,然既将伏羲之图开而为卦,则其命名既不违乎六十四种之象,自不违乎六十四种之义,故云不越,谓不违乎图中之义也。观下文彰往八字,何等深奥,何等秘密,便知图中之蕴。今谓万物虽多,无不出于阴阳之变,止于泛论卦爻。不知此节止是辨卦名之所自始,见羲图之义蕴无穷,以完上节体撰通德之义,与孔子异矣。

于稽其类,其衰世之意,便可识卦之有名,皆后圣之所命,非伏羲之本有也。下又曰开而当名,谓开图也,便可识卦之称名,在既开之后。又可知伏羲传道止于四图,便具无穷之义。故下以彰往八

字,发挥伏羲图中内外流通浑沦包括之妙。又况伏羲时嗜欲未开,文字未启,尚未开而为卦,将何据以称名乎?迨至三《易》开图为卦,若非命之以名,则其卦不可得而别也,而卦中之义亦不可得而宣。故图者,伏羲之所画。卦者,文王之所开,名则既开而命之者也。今止于泛论卦爻,不复稽类以论世,不别图与卦之所分。然则伏羲之时嗜欲未开,人情浑穆,外户而不闭,岂遂有师旅之兴,争讼之事乎?与孔子稽类之说异矣。

衰世之意,《本义》以为文王与纣之时,岂竟以文王为衰世乎?《连山》《归藏》实始开图,岂《连山》《归藏》之世为衰世乎?然观孔子用一意字,是圣人无穷之心为后世久远之虑,深惧乎世道衰微,故开其卦而命之名,因其名而寄其义,是与民同患,期以济民之行耳。非谓适当衰世,始开卦而命之名也。若适当衰世,始开卦命名以济之,亦已晚矣。故以为圣人用意,计深虑远云耳,是悬揣其心事如是,今直以为衰世,异矣。

称名之名专指卦,不指爻。夫爻不过初二三四五上而已,不得遂以此为爻之名也。若卦则师有师义,比有比义,六十四卦各一其名,则亦各一其义。况一卦之六爻,莫不各得此卦名之义,特有阴阳上下浅深内外之分耳。故因名而稽类,是稽卦名之类也。今兼爻而言之,异矣。

彰往八字言先天图也。彰往谓图之在外由此而往者,明而易见,故曰彰。察来谓图之在内所以能来者,隐而难窥,故须察。微显是引外而入内,使往之既彰者有以察之于微,而探其本穷其源也。阐幽是推内而出外,使来之难察者有以彰之于往,而显明呈露也。彰往四字分内外而言,而所重在本源之地,故其中用一而字。微显四字合内外而言,虽不离来往之中,而却别为一义,故其上用一而字。总见伏羲所画之图,天地之秘,微危①之旨,内外流通,浑沦周匝,无妙不具,乃不言图而言卦爻,与孔子异矣。

① “微危”,库本作“危微”。

开而当名辨物，即谓开伏羲之图拆而为卦，以作《周易》，其必待作《易》时，然后开图而为卦者，以伏羲之《易》即在未开之图，浑沦周匝，内外流通，所云体撰通德者是也。况伏羲之时，原未有繁然杂起之事，固不须开也。至于后世，人情多伪，事故繁兴，故后世圣人开而作《易》，以寓维持世道之意，而图于是乎开矣。当名八字，皆作《易》之事也。当名者，当其体而予之以名。辨物者，辨其类而象之以物。正言如元亨利贞之类，断[①]辞如吉之与凶，利与不利之类。但知作《易》之时，乃始开图，则伏羲之图未开可知。既云开图而始当名，则伏羲之图原未有名可知。此所由谓称名为衰世之意也。如不知彰往八字止于说图，因不知开之一字为是开图，乃曰开而之而疑有误，是将以此而字与往来显幽等字作一例看矣。若使圣人之经连用十八字，皆一虚一实，中间并无分别，成何道理，成何文法乎？异矣。当名虽止八字，而作《易》之旨全备而无缺，故曰备也。此与彰往八字，一言伏羲之图，一言文王之《易》，止在一开字分别界限。然伏羲之图而即以易字冠之者，是文王之《易》本开图而为之，故遂谓图为《易》也。又以文王之《易》既成，而仍以伏羲之图冠之于首，以为《周易》之所从来故也。亦如《连山》《归藏》本不名《易》，而后人同称为三《易》云耳。此节之义本分上下两段，乃因开之一字以阙文疑之，夫《周易》未经秦火，安有阙文？此与坤卦文言中之顺字，及后得主而有常，不必添利字，皆当以经文为正。若于道理不易测处，不能阙疑以俟后儒，止疑为秦火以后之书，异矣。

德行恒易以知险，德行恒简以知阻，孔子于此用两以字，则是知险即在恒易中，知阻即在恒简中。今曰虽易而能知险，则不困于险，既简而又知阻，则不困于阻，竟将易以知险，简以知阻说作两截，竟置二以字于不问，与孔子异矣。且上文本乾坤健顺而言之，是说乾坤之德行有以知之，非说人也。况下文说心研虑，定吉凶，成亹亹，本上一能字，犹是说乾坤健顺之能，而兹说作人，且说作戒辞，与孔

① “断”，库本作“决”。

子两以字之旨异矣。

参天两地而倚数,孔子说卦但论蓍耳。其圆神之圆是说道理之无滞,方智之方是说道理之有定,非天圆之圆,地方之方也。今于易外补出方圆以释参两,则是数由天地而起,非参天两地而倚数矣。与孔子参两倚数之旨异矣。岂知参两之妙出于河图之生数,故孔子谓为倚数。又岂知筮中之妙,四而一之,始为一奇,重四而合之,始为一偶乎?

《传》中之易字皆是言阴阳变化之理,圣圣相传,天人合一之道也。乃或解为天地之易,或解为圣人之易,天与人有二易乎?又或解为《易》书,又或解为易理,书与理为两事乎?与孔子异矣。

数往者顺,知来者逆,此本天地定位四句来,据图而言之,论位亦论时也。因天地山泽八象在先天图中,各有一定之位,而八卦之所始,又莫不各有来处,故由后而逆溯之,以究所由来,是欲人探讨太极秘密之精,究化源之所自起,使人知圣圣相传之道即在其中。若由此而往,则在有象之后,显然可观,孔子所由谓为彰往,又曰其上易知也。唯从来之地,大化大用,俱蕴其中,而却藏于无朕,孔子所由谓为察来,又曰其初难知也。观下文又补之曰易逆数也,可知圣人教人著意留神,不在顺而易知之地,而在逆而难察之中矣。如不知来往顺逆之说,即在天地定位四句之中,但谓往为已往,来为将来,是但知已过者之为往,逆我而来者之为来矣。是我立于此而不动者也,非流行变易之义也。譬若有人行于途中,未有不以发迹之地为来处者也,未有不以前途之进为往者也,未有不以从来之地返而归之为逆,前往之途昭著于目前为至顺者也。何况有形有象之物俱由太极而来,原无形象之可指,安得不逆而难乎?故下特提之曰易逆数也,见羲文周孔所作以教人者,原不徒在显明著见顺而易知之地也。如不知此语是原本上文,说图中之事,致令往来二字颠倒看过,与孔子异矣。

数往者节本天地定位节来,指先天小图而言也。夫先天八卦,固一生俱生者也。安得曰此为已生之卦,此尚为未生之卦乎?如其

尚有未生之卦,则是先天圆图必有缺而不全之事,与天地定位之节异矣。且谓起震而历离兑以至于乾,数已生之卦也。自巽而历坎艮以至于坤,推未生之卦也。如使巽坎艮坤犹属未生,是先天一图止有东半边,少西半边矣。不知来往之说,是自太极两仪四象由中出外而言往来,非自震至乾自巽至坤旋转而言往来也。邵子以天根月窟旋转而言往来,亦是先定乾坤之位,然后观其上交下际之妙,故亦各有顺逆也。又曰易之生也,则以乾兑离震巽坎艮坤为次,故皆逆数也。夫乾一兑二之数,至顺也。安见其为逆也?如以乾之生由震而起,是由四而一,故为逆,则巽五至坤八亦不得为逆矣。来往之旨不明,顺逆之说莫辨,与孔子异矣。

索之一字本兼交与生之两义,是有求于彼,而即获助于彼之称也。譬诸索债,必先有以与之,然后取之,使归于已也。即其取而往,亦期其得而来也。故不谓为交,不谓为生,而直谓为索也。无与而取,彼必不应。无交而欲其生,必不然矣,如夫妇然。阳德先施谓之交,阴形翕受始为生也。及其既生,仍从男姓,若先与而后取者然,故但以为索也。今立坤阴之体于此,乾往而交之于初,逮于坤纳乾初而生震之长男,是长男虽由坤生,因乾之索而遂从乾以为男,坤直借体耳。是乾先以男往,而震仍以男来,故谓为索也。今但作求字解,与孔子异矣。

孔子推广八卦之象,非徒欲人推类以尽其馀也。欲人由此等之象,反求此卦性情之真而已。因卦中实理难以意测,故指其象而证之,天地雷风是也。又惧一象不足以尽其蕴也,于是远取物近取身,又取诸人伦,犹虑此卦之性情不能尽契其真也。又即八卦之象而推广之,欲人每读一象,须将本卦回顾一番。又合此众象,将此卦频频回顾,但知无有一象不具此卦之性情。又合此众象,亦止完得此卦之性情,则此卦之性情其真自定,而广象之外未有之象,皆可因类而求矣。如不知因象而返求于内,思得此卦之真,但谓因象而博求于外,期尽卜筮之类,与孔子广象之旨异矣。

大畜时也,此在杂卦传中,皆以两者反对为义。大畜谓畜聚之

大者,不当以止健为说。无妄谓无所冀望,然动而有伤,则灾也可知。盖健而能止,则必有所畜,畜而大,必非一日之积,故曰时。动而遇健,必有所伤,伤则偶然之眚,故曰灾。大畜则有所蕴于己,无妄则无所冀于人。畜历时而加积,灾偶然之遭逢。此皆在时上分久暂而言之,犹屯蒙皆属著见一边,分一杂一不失耳。凡卦皆先内而后外,在先而遇在后者则有之矣,未有在后而遇乎在先者也。孔子之象必先言内卦,然后乃言外卦,此之义也。如屯之动乎险中,先说动后说险。需之刚健而不陷,先言健后言陷。讼之险而健,先言险后言健。师之行险而顺,先言险后言顺。凡《彖》无不皆①然,而或则倒解之,皆未达经旨者也。故此卦在《彖辞》中,虽有止健之说,然先曰刚上而尚贤,刚谓与内卦同体,是仍先说内卦也。且其《象》曰多识前言往行,以畜其德,则是健而能止,斯能畜聚矣。今谓止健为适然之事,夫健止而畜,岂适然之事乎?非反对之义矣。与孔子异矣。若灾则适然之事也。

此外有孔子之经传,其理甚明,乃顾别出一解,不能尽录者,各各详辨于《函书》经传之下。

① “皆”,堂本作“有”。

周易函书别集卷七　篝灯约旨一

天

天也者，太极之运体，健用之初形，性命之根蒂，人物之大原，静正而各足，日出而不穷者也。

太极静而天体动，太极之妙，运之斯出，资始而不匮，变化而各正者也。

太极之运也，形而上者谓天，形而下者斯为器矣。

气聚而形斯成，灵通而性始定。

太和资始于乾元，则乾中之蕴蓄可想。一元遍给而各正，则万物之保合可想。

乾元静而其出不测，立体之大本也。天阳地阴而往来不穷，致用之达道也。故乾坤遂言二用。

乾，统天者也。天，统地者也。故乾先坤后。

畏天者，触于机而有不敢之心。敬天者，凛于微而有奉若之志。乐天者，赞于幽而涵位育之量。

统天者，虚中之包括也。御天者，灵机之妙有也。

灵者，虚之运也。虚者，灵之地也。

灵体触响而动，天之听也。虚机倏觉而明，天之视也。

匪虚不灵，流行者乌乎运也？匪灵不虚，成能者乌乎塞也？

日月者，虚中之灵机。风雷寒暑者，灵中之虚体也。

无思无为之地，无所归能，则归其能于形上之天。

雷风者，气之始也，水火则半气半形者也，至山泽而形斯终焉。天以其神神我，地以其形形我。

人之形，耳目肖日月，背腹肖山泽，声气肖风雷，故返视可以见天。天之形，虚肖吾心之位置，灵肖吾心之运用，故举目可以见性。

有形无形，皆天灵也。谓无形非灵，风雷之气，电雨之形，何为其然也？谓有形非灵，腐草而用以筮，朽龟而立之卜，何为其然也？万物各一形，而形皆天赋。人心各一我，而我即天灵。

由乾坤而推诸继善之后，则民胞物与，皆吾之左提右挈者也。自伤其手足，是谓不仁。由祖宗而溯诸资始之初，则乾健坤顺，皆吾之形生神发者也。不返诸最初，乌能合德？

居吾于愚拙而安之，则未知吾性之赋畀，即天心之生生不已者也，观保合太和而可知矣。视天为疏阔而远之，则未知天心之曲成，即吾心之欣欣自爱者也，观性具四德而可知矣。

天以生气命诸吾心而有性，则吾性即含天地之良能。人以生气充诸天地而有位育，则位育即吾心之生气。

人之一身，上下左右，起居视听，无非天也。形者天，形形者即天。色者天，色色者即天。

呼，天之辟。吸，天之翕也。动而有为者天能，静而涵蕴者天灵也。谓苍苍者天，谓于穆流行者天，非天也。《周易》卦爻言天而又言人也，言天而已矣。

耳目手足，天之形也。视听握履，天之能也。聪明智虑，天之灵也。逆天而天为之逆，非天逆也，人之自逆而已。顺天而天为之顺，非天顺也，人之自顺而已。

动而不息者天，寂穆者非天也，故统御亨乾元之用。善变而不居者天，有定者非天也，故体天有日新之机。

天塞吾塞也，天充吾充也，何非性也？何非体也？莫之有内，莫之有外，而乌能自小也？孰知其始，孰知其终，而乌能自促也？

飞潜动植，何弗灵也？何弗虚也？形而虚者犹天，形而实者何非天也？

以人心证知天心，知非浑穆者矣，故感应之机，在天止如其在人。以天心证知人心，知非邪慝者矣，故作圣之功，在人适如其在天。

天有体乎?心有何体?求其中而无与为所矣。天有外乎?心有何外?察其周而无与为际矣。天而有所,则中坚而化育无地。心而有所,则中实而运用不灵。天而有际,则外泄而絪缊不固。心而有际,则外止而位育无能。

健,天德也。终日乾乾,天才也,天才具而天德通。

天才,良能也。阳明言良知而不言良能,未尽孟子之旨也。

体天德者合天心,达天行者契天道。

形性,天之赋也。才干,天之能也。出天之能,致天之功,全天之赋,一以贯之。道合性,性合天矣,所以谓之为率。率也者,顺之谓也。天以道覆,地以道载,生物既繁,乃始相害,此物于物者也。故圣人德同天地,万物并育而不相害。

天人感格,最亲最切,最易最灵,六经皆言之。如"作善降之百祥","积善之家,必有馀庆","永言配命,自求多福",皆言其亲切易灵者也。或人问禘,子曰不知,则大本之合也。又曰治国视诸掌,则参赞位育,大用之行也。区区福报,皆自求耳。贸贸而行,是未具眼者也。

身涵天德,亵身是亵天也。心为身主,弃心是弃身也。

富贵福泽,愚人之具也,故愈厚则愈愚。艰难困苦,达人之媒也,故愈久则愈达。

天赋人以才,则耳目手足皆奉天之具也。天制人以时,则贫贱忧戚皆玉成之机也。

时时向无声无臭处回头打点,方知人之所以为人。时时向有作有为中留心奉持,方知天之所以为天。

子之聪明知觉生于父,而父固如是。人之聪明知觉命于天,而谓天为浑穆者乎?万物本乎天,人本乎祖,扩而充之,则天下国家参赞位育之事。静而验之,皆身心性命格致诚正之事也。

仁义礼智,吾身参赞位育之能也。礼乐刑政,圣人存养省察之具也。茫昧者推而远之,若天漠之悬虚。明达者引而近之,止性命之功名耳。

天虚顺和四字，要须认得极真。一元资始之理，近在吾身，故贵达天。邪妄一萌，天理渺无所容，故①贵虚。种子差别，必致差别到底，故贵顺。戾气不除，终是种子差别，故贵和。继善之性本于保合之太和，顺以率之，虚以体之，达天之德在是矣。

天者，性命之真精，百为之大体也。虚者，天之体也。乾健也，坤顺也，继天之学由坤始也。故六二之动，即以为不习无不利也。和则一元之所正，性命之保合者也。

天如不识宁知我，人到能为便是天。

得为而不得为者，天也。不得为而得为者，天也。由此推之，得为而得为者，天也，不得为而即不得为者，亦天也。

必谓天定可以胜人，则自修之功废。必谓人定可以胜天，则妄作之心起。自修而不妄作，其达于天人之故乎？

《周易》标天人合一之旨，《春秋》验天人感应之机，故曰圣人之道尽在《易象》《春秋》。

读《周易》而不知天人之合，则圣道之本原晦。读《春秋》而不识应感之神，则圣道之作用晦。

能转移天地之气，斯能感格天地之神，能感格天地之神，斯能斡旋天地之化，能斡旋天地之化，斯能妙契天地之真，故达天为难。

我生之初命在天，我生之后命在我。

圣学王道合一而不分，道在忠恕，端在教养，事在礼乐刑政，矩在絜好恶以平其情。抗者抑之，卑者举之，枉者直之，屈者伸之，乱者理之，结者解之，塞者通之，涣者聚之，促者舒之，昧者明之，颠者扶之，怠者振之。人心舍此，莫与正也。气化舍此，莫与调也。故兹数道立，而参赞位育之事可为。

汉世宰臣，尚言燮理，去圣人未远也。董子《繁露》，全向天人交关处留神打点，此外则天文五行志，率据人事以为佐证，固其遗教然哉。六朝以下，浮文既盛，天人之故，罕有能言者矣。

① “故”，堂本作“致”。

感应报复，所以屈天下之凶顽，而生其不敢之心。富贵福泽，所以歆天下之庸愚，而鼓其乐往之志。至于贤人君子，则固无所为而为也。不求为无所为而为之人，顾乃欣于可欲，动于不敢，其自待也卑矣。

每夜焚香告天，未知天即吾也。饮食起居，无往而不与天俱。君子戒慎恐惧，不杂吾本然之体，而天在是已。

天终日言而人莫之闻也。作善降之祥，作不善降之殃，未有谆谆告诫，明且辨若此者也。和气致祥，乖气致异，从气听之，而天言可知也。温和之令至而万物生长，肃杀之令至而万物敛藏，从形听之，而天言可知也。人言晰，天言浑。人言狭，天言广。人言小，天言大。人言声，天言形。人言气，天言文。人言虚，天言实。人言变易改革，天言坚确不移。人言过而不留，天言终古长在。何人之不天能而人能？

言以信为归，天何言哉？春生夏长，秋敛冬藏，信莫信于此矣。此至诚而无妄者也，故曰可一言而尽。

性之在人，与天合一而不分，性即天也。故《中庸》以为天命之谓性。《中庸》言天最切，莫妙于鬼神章所云体物而不遗，诚之不可掩者是也。其在《论语》问禘章注，则所谓仁孝诚敬之实理是也。盖人身所具之灵，莫非天地之至灵，鬼神则天地之至灵而已。小人逆命，命恒得而制之。常人顺命，命终得而限之。圣贤造命，则转易变化之权，范围曲成之妙皆在我。

天不待言而始闻，天不待行而始见。心者，天之形体也。心动则天与之俱动，故逆之则祸，而顺之则福。

顺天而天为之顺，逆天而天为之逆，非天之逆我顺我殊也，仍我之逆天顺天而已，故祸福之几在我。哲人问心不问天，圣人不假蓍龟而前知如神，心知妙契，与天合德故也。

贫贱富贵定于行止动静，行止动静生于心。一入卦爻，则皆前知无遗。夫最近莫如目前数年数十年后，人之行止动静宁无迁改，乃于占卜时，最初之一念，备具无缺，且无违焉。则是人之行止动

静，非能自主也。必有鬼神凭附①其间，使与祸福之机宛转凑合，不差累黍者也。人知吉凶祸福由于天命，行止动静由于吾心，宜若两不相属。夫果不相属，安在不前卜而后违？乃卒无差别，则是吾心虽为身主，又先有主吾心者也。故子思曰“天命之谓性”，《易》曰“先天而天弗违，后天而奉天时”，天之契乎圣人，与圣人之契乎天，一而已矣。惟圣人体天而合撰，惟贤智不敢违天，故能趋吉避凶，转祸为福，此经纶参赞范围曲成，所由独归其能于圣贤，而不必胥定于天。

煦言天，与《西铭》之仁孝无异，第《西铭》之仁孝是自下说向上，煦之言天是自上说向下，《西铭》自作用说入源头，煦自源头说出作用，顺逆不同，其旨一也。

性

性也者，始亨之乾元，保合之太和，未发之达道，含仁蓄用之大本也。

性也者，定命之天也。

资始之乾元不可知，由各正之太和而知，赋性之天不可见，由所性而见。

言性而不本于天，乌知有中节之中？言道而不率于性，乌知有能中之节？

人物何性？各正之太和即其性。性何善？保合之太和即其善。故乾之《文言》称善称嘉称和，皆善之继也，太和之充也。继善云者，继此保合之太和也。坤之《文言》称美在其中，即太和之各正也，所谓“成性存存，道义之门”者是也。

孔子言性浑而该，子思言性切而据，孟子言性确而真。孔子言元，子思言亨，孟子言利贞②也。言元者，长善之仁，各正之太和也。

① “附”，堂本作“依”。

② “贞”，库本作“正”。

言亨者,发而中节之和也。言利贞①者,著见之四端也。

非有各正之太和裕之于中,则发而不中节矣。非有发而必中之具引而出外,则无由征四端矣。桃仁不能生杏,杏仁不能生桃,其各正之性命殊也。孔子就其原本而证之,譬若含仁之桃核。子思据其源流而证之,譬若桃花之生桃实,桃实之生桃树者也。孟子据其发端而证之,譬若桃核之生桃树结桃实,必不生杏树结杏实也。

性恶之说,愤激之词也,欲人之励学,以践形复性耳。善恶混之说,未察其原本者也。故荀、扬虽并称,而荀之超于扬也远矣。义理之性,气质之性,兼善恶二端而文其词,谓性中有恶矣,仍与荀、扬湍水同见,固不能为先儒讳也。

义理气质之说,据一人而论,则与②性可以为善,可以为不善同旨。若据两人而论,则与③有性善,有性不善同旨。噫,之二说者,孟子固已确辨之矣。

孟子性善之说,证之于四端,由其大原本无差别故也。《中庸》分疏知仁勇,皆性中所自具,与四端之说无殊,其原皆各正之太和始之,故孟子以为私淑诸人。

孟子证之于孺子入井,证之于孩提知爱,皆四德之端倪,太和之洋溢流通,著见发越者也。今有秦越不相接见之人,骤而相值,必未有骂詈不绝于口,捶唾忽加于身者。可知和气中存,善端之本裕矣。

人之一生,喜乐之事随时而著,无日无之。无端而怒气之发,则数日数月不一见矣。可哀之事,又或一岁两岁不一见矣。夫喜乐,和气之征也。哀怒,暴气之征也。由此言之,固可知和气之中存,太和之各正,长善之理不绝于人心,性善之说不待辨而自明也。

常人之情,闻哀矜慈惠之语,则油然动其心。其动也,与本然之善两相触也。闻刻薄残忍之言,则怫然变乎色。其怫也,与本然之

① “贞”,库本作“正”。
② “与”,库本作“与孟子”。
③ “与”,库本作“与孟子”。

善两相忤也。此不但中人以上者然也，盗贼佥壬，倏而相感，莫不如是。至其转念，或有不然，则习也，而非性也。故曰性相近也，习相远也。

和气者，生气也。乾元之所由资生，人心之所由中节，皆是故也。《周易》，言性之书也。《论语》，与门弟子问对交接之语也。浅学之士未可语深，故曰夫子之言性与天道，不可得而闻也。欲其深造道妙，则《周易》一书固已详言之矣。子贡闻之，而莫能言之。曾子闻之，而著为《大学》。子思闻之，而作为《中庸》。非原本《周易》，乌能达此？

圣人不以心思知虑言性，是性之发也，天之动也。此乾元之日出而不穷，健行而不已者也。充其量，则耳之所闻，目之所见，莫非性矣。

聪明知虑，天之才也。参赞位育，性之充也。索其原，皆天能性能，而非圣人之能，故圣人无功。

天也者，万物共有之性。性也者，人物各具之天。

乾言性也，坤以下皆言道也。《周易》言性也，四子、六经皆言道也。子贡曰夫子之言性与天道，则是子贡精契一贯之道，深达性命之旨，不待曰不可得闻，始见其妙悟之深也。天所以原性之始，道所以究性之终，是殆知夫子教人，最深最密止此一性。一以贯之，则性中之作用也。《春秋》发天人感应之机，则性中之参赞位育也。《周易》发天人合一之旨，乾彖则天命之性，《文言》则率性之道也。天者，性之大原。道者，性之大用。故其下添一与字，均所以明性而已。故子思以未发者为大本，大本者，性中之天也。已发者为达道，达道者，性中参赞之作用，即天下归仁之义也。颜渊问仁，子曰克已复礼，所复何礼？皆性中之事。故于其下即曰天下归仁，谓大用之涵蕴，其大无外者，皆在此中耳。叔孙武叔章所谓美富，《西铭》之仁孝，皆此义也。如不识①天下归仁，止说性中所涵之大用，但以心同

① “识”，库本作“说”。

理同之说解之,岂知子思《中庸》全是言性之书?到了后半说出无穷大作用,难道皆性外之事乎?不知孔子、子思、孟子立言确不可易,徒令后来学者人人知有气质之性,而不察其谬。又不将一贯之道全身提掇,恐于圣贤立言本意未能发明。

自天以下,无物不具此天性,则无物不具此灵。卜用死龟,筮用腐草,此其证也。有形之器,无形之虚空,无往而非天性之充,则无实无虚,无往而非天灵之塞。龟显于兆,筮验于卦,此其证也。人之性,天之命也。唯虚故灵,唯虚灵,故与天地同量。分海水之一滴与海水同,分千灯之一照与千灯同,分日月之一光与日月同。

海之水增一分无益迹,减一分无损形,藏天下万派而不见其盈,日出以滋养万汇而不见其乏。人之性,纳千万卷书,记无穷事,藏之于密,而杳乎其无迹。感而遂通,应天下之万变,而浩乎其不穷,故唯海为①可以喻性。

感于视听则妄,动于天则无妄,故无妄者,天之动也,所由曰率性之谓道。

性如原泉,其作用则江海也。性如桃仁,其作用则枝干也。江海之泛滥,视原泉则藐乎小矣。枝干之茂盛,视桃仁则渺乎小矣。然舍是则无由以发,故夫子曰一以贯之,子思曰率性之谓道也。

与万物共此性命,故夫子之道在忠恕。为万物培兹生气,故居心之戒在刻深。

言天理不若言天德。德者,实有于己之谓。理者,文彩外著之谓。理德不必同,行事之有得,始可言德。保合之太和,得于天矣。理文而德质,理虚而德实,理用而德本也。随处体认,便是说用边之事。理曰天理,非溯原于天乎?

仁心之存主,太和之各正者是也。如许大之天地,莫非太和所酝酿,故有化醇之说。人能存之,故久大,与天地同量。孔子之教颜子也,曰天下归仁,便是此旨。天下归,言仁中所蕴之大也。

---

① “为”,堂本无。

牛马驹犊初生，便知饮乳之所在，此真良知也。

凡人之生，理必随气而住。初未始无气质，特理虚而气实，切不可认气为虚明之性耳。今观农工商贾，终不免轻率卤莽之气，士子泽以诗书，便觉有雍容尔雅之气。凡皆见于形体，征于气质者也。至于变易气质，则虚明之性所能，非气质之能也。如以气质为虚明之性，则非。

后儒言性，必欲兼言①气字。即有言得至当恰好处，亦终不免拖泥带水。故言性而不取证于《周易》，未有不支离者也。子思孟子一丝不走作，只是一贯之道传得真，《周易》之理见得明。

圣人教人，必欲使人知为性善者，为识得受生之先，原不杂以偏邪伪妄，则适于圣贤之路，先已坦然，顺而且便。识得此中原自具有圣贤阶基，则不自奋发者，便成自暴自弃。既欲使人知为性善，则惰慢自画者，必将无可自委。解此，则天人合一，当必有凛然畏，惶然惧，悚然修省，而汗流浃背者矣。吾诚不解自宋儒以来，必欲兼言气字，误尽天下后世，是何心也？

孟子之好辩，为杨墨言也。杨墨各主一道，其不仁不义，皆在行边。行故足以乱道，故孟子辩之。今之言性学者，乃在吾儒，既不克以外道目之，其著书立说又皆以言，言则足以贻误后世，而不止目前。乃其所言，又属性分中事，又是行道之主宰，此处不辨②正明白，致令天下后世怠废自弃者，托于气质以自诿谢，岂圣人教人本意？故予之哓哓不休，盖亦有不得已者存焉。

几者，动之微，是乾元之亨字，《中庸》之发字，此时乌有善恶可言？如有善恶可分，则是所性中先已含有恶了，不然何得几之方动，便呈露出来？须知几之方动，只当得孟子一个才字，是能为善恶者也。《中庸》之发字，亦止③是孟子之才字，只是性中发出之情耳。

① “言”，库本无。
② “辨”，库本作“辩”。
③ “止”，库本作“只”。

其情有七,喜怒哀乐爱恶欲是也。然此七字,只欲之一字无对,其下六字皆相对相反而相因者也。因作七情图。

欲 ╱ 动而为爱生喜生乐
欲 ╲ 动而为恶生怒生哀

欲者,念之动也。动而适意者三,自爱而起,适获所爱则喜,常获所爱则乐。动而拂意者三,自恶而起,适触所恶则怒,久淹于所恶则哀。然是爱喜乐,和气之发。恶怒哀,戾气之发也。爱喜乐皆发于本心,顺乎本心者也。恶怒哀皆触于外感,拂乎本心者也。故遂谓为性善。

气质为性之说,与孟子性善之说不相似。性即理也之说,与孔子穷理尽性至命之说不相似。天下归仁之说,与孔子先难后获之说不相似。性与天道不可得闻,以天道为天理自然之本体,与子思天命之谓性,率性之谓道不相似。以道为阴阳之所以然,与子思达道之言,说在发后者不相似。阴阳是太极之用,因前有太极,故将阴阳说在道边。道者,太极之用也,即在人之达道也。今以阴阳为形器,与孔子形而上者谓之道,形而下者谓之器不相似。姑择而出之,俟知者考止焉。

先儒言学,有存诚主敬,守静致一之说,皆各从意念之最偏处①而箴之,非此是而彼非也。故意念繁杂而纷扰,则主一之说为当。意念外驰而逐物,则守静之说为当。意念懈怠而外驰,则主敬之说为当。意念触境而多妄,则存诚之说为当。

自伊川以下,龟山李延平皆有主静之说,乃朱子曰静字较偏,不如主敬,谓敬可兼动静言也。朱子此言是从《中庸》戒慎不睹,恐惧不闻看出,不知子思此言是欲人立天下之大本耳。然子思不曰喜怒之未发谓之中,敬则发后见之者也。既已敬矣,便是心有所用,未发之中何在也?故断不可以主静之说为非。

静字妙于敬字,敬有操舍,静无来去。

① "处",堂本无。

经学近成帖括，不惟诸儒之书不能一一遍观，深究其是非。其有略言道理者，旁人誉之曰，此程朱之流，则亦俨然自负，为道在是矣。吾诚不知达而可行者，果何在也？

善恶有两端，人心有两用，思恶则霾昏雾障，而皎日沉光，思善则日白天青，而纤云尽敛。

道

道也者，性中之大用，天命之充周，广大精微，内外一如①，显微无间，形形而不役于形，色色而不役于色者也。

道之原本在性天，则其大用可知。道之充周在参赞，则其本原②又可推矣。谓道为形器之所以然，则子思性天之说置于何地？谓道为形器之所以然，则子思参赞之说又是何物？观中为大本，则大本是中不是道矣。和为达道，则达在已发后，不是未发者矣。

《易》曰成性存存，道义之门。存存，静而涵之者也。以道由存存者而出，故以存存者为门，非以存存者为道也。存存者，性也，非道也。其曰形而上者谓之道，形而上则动而发越之时，非存存之时也。其曰一阴一阳之谓道，一阴一阳则太极之已动，在两仪一边，非太极静正之时也。惟道在发越之后，故大而经纶参赞，小而一技一艺之微，均遂③得以道称之。

子曰谁能出不由户，何莫由斯道也。由则行边之事也。夫子之道，忠恕而已矣。忠恕则人己交接之事也。吾道一以贯之，贯者道用之充周，故谓为吾道。一非道也，其指出一字，乃发明不可思议之源头耳，故门人不能解会也。子思曰君子之道费，是专说用边事。下面方说而隐，是因道之大用，而推道之所以然，仍在大用中见出，

---

① “一如”，库本作“如一”。

② “本原”，库本作“原本”。

③ “遂”，堂本无。

与孔子因贯而说一相似，非以道为大用之所以然也。又如夫妇天地，子臣弟友，行远登高，发育峻极，暗然日章诸说，为言大本乎？为言大用乎？若为言大用，则道之未达，必另有所以然者在也。若于《中庸》解为犹路，便将道字看死了。若以为形器之所以然，又将道字看在大本里面去了。均非道字之的旨。

圣人之言，本不欲文，不欲深，务使人人易晓。闻其语者，愚夫赤子皆可洞然解释。独天性道三字，非天性既明，不可以言道。非天道既明，不可以言性。非性道既明，不可以言天。此六经、四子书中最精最微者也。所由谓圣人所传之道，非但言语章句便可通晓，故曾子唯而门人疑，而子贡亦以为不可得闻也。

道为充塞天地物事，其所以然则隐而不可知。充塞天地，故其用最广。乃不可知，故其体最微。孔子一以贯之，正体用一如之说。子思曰君子之道费，则充塞天地者也，隐则不可知者也。语大莫载，语小莫破，正充塞之大用，而其所以然者，则隐而不可知也。子贡之不可得闻，盖言隐也。孟子浩然之气，配义与道，正与子思费字同旨，正谓道之充塞难量，而吾身之气克与之配也。若谓阴阳为形器，以道为形器之所以然，则将道字占却大本地位，与隐字相似，无以见道用①之充塞而费矣。如谓道为充塞之物，为形器之所以然，而道之隐处又另有所以然，则是床上安床，屋上架屋矣。亦不得专以费处为用，隐处为体。程子曰内外一如，显微无间，是本末流通之妙，一贯之旨也。《中庸》之言费而隐，皆此旨也。若论其实际，则断在大用充塞一边。

太极者，道之大本。两仪四象八卦由此而渐分者，道之大用。伏羲画图但从两仪而起，太极之中一无所有，而其出不穷，不可名言，不可图画者也。其由两仪四象八卦，然后始达于用者，明大用之实出于大本，而大本之实发为大用，此正察来彰往，微显阐幽之妙。所云本末流通，隐在费中者，此也。文王开为六十四卦，孔子之《彖

① “用”，库本无。

传》,每卦之往来,胥说图中之妙,每卦之内外,胥说先天之旨,故曰《周易》为传道之书。

道也者,参赞之妙,位育之能,裁成辅相,曲成范围,皆其妙用也。其事则礼乐刑政而已。后之学者开口言道,便趋向不可知不可说处,非道之真指也。参赞位育,裁成辅相,圣人之道也。下至于农圃医卜,射御术数,极鄙极亵,极微极细之事,莫不各有一道存焉。故曰道之用广,遗一道非道也,见一道非道也。大道不器,故曰形而上者谓之道,子思亦曰体物不遗也。

子曰朝闻道,夕死可矣,所闻者形上之道也。若但执器而言道,安见其可以死乎?

尧舜禹汤文武相传之道,皆见诸行事者也。文武以后,道不行于天下,孔子起而修明之,何非修齐治平之道,可见于行事者也?观于三月而鲁国大治,圣学之美富可知。汉唐以后,孔孟之道衰而弗振者凡二千年,至宋儒起而振之。然观周程之政事,司马之《通鉴》,邵子之内圣外王,张子之《西铭》,莫不各有达而可行之道。圣门学者,如愚鲁辟喭之伦,大都惟处则修行,出则致用之为兢兢,故颜子亦有为邦之问。而勇艺明达,莫不各就其所长,若无真实作用,将位天地育万物,与天下归仁,万物皆备之道,恐不解干办此事①。

命

星命之说,悖理之极,而人酷信之,大约皆好谀者耳。果有可验?则当初生龆稚时,曾有日者为之说曰,某也富,某也贵,某也寿,某也夭,逮及壮耄,一一不爽,则有命也信矣。乃世无其人,命书亦竟无如是之说,何耶?今之术家,观其与贵人言,必曰此命合某贵格,与富人言,必曰此命合某富格,及富贵人闻之,亦遂欣然喜曰,吾命之果与贵格富格同也,遂群然目日者为神奇。要其所验,又皆从

① “此事”,堂本无。

前已过众人共晓者,特浼日者出诸其口,得不为好谀者乎?至其称说将来,大都揆情度势,亦或偶有所中,至其不验,常十之八九。夫彼取验不于后而于前,则命之不足信也明甚。

又观所论,无过支干八字相克相生之故。要实未究支干缘起之由,与生克制化必然之故也。今试问之曰,人之命主,不取支而取干,不取年取月取时而独取于日,其亦有故乎?则茫然无以应矣。忆大挠作支干,皆天地阴阳自然之运,其原本实始于卦爻,征验于日月,与天地流行之气机默合而不爽,然后以某干定于某卦,某支定于某爻,予已详细辨正于首传①。后人因卦爻取验,有生旺墓绝之殊,有生克制化之异,有日月动荡之机,有虚实变通之旨,乃取生人之年月日时造为干支八字,而星命之说由兹以起。夫此八字据太岁而论,则主年可也。据生人之最亲切者而论,则主时可也。乃不主年不主月不主时而独主日干,伊何所见而云然?夫一日之间,人物之生不知凡几,飞走之属与人同生不知凡几,皆可以富贵论乎?尽有年月日时相同,而富贵夭寿②绝不相类,又何以称焉?夫星命而果验也,试即在朝之品官言之,则由此而上,前六十年之命,当必有与今时同者,即六十年以后之命,当必有与今时同者,至历历考之,虽千百年来,究不闻有一同者,此何以故也?支之设也,自子而亥,其数十二,与十二月而成一岁者同也。此六阳六阴征诸卦爻,历历不爽者也。今截寅至丑以为一岁,此夏令所建,欲便民事而已,非直以为算命之资也。今之日者亦截子丑二字于前岁,其亦有说以处此乎?亦将以一日之辰,亦截子丑二字于昨日能乎?冬至既为子半,则一日之子亦应有日子夜子之分,而星命家从无③有以夜子言者,为是乎非乎?万一为夜子所生,乃顾用今日之支干,验乎?何况都城以外,悉无刻漏,虽朗朗白昼,所测之时果至当不易乎?逮于所言之命,一

① “首传”,库本作“函书”。

② “夭寿”,库本作“寿夭”。

③ “无”,库本作“未”。

或偶疏，又将借时刻差讹为之解说，闻者卒不之非，其故何欤？夏正固与今同，倘值商周而言命，取寅乎？取子丑乎？夫三建固时王之制也，地支之序固自子至亥，亘古不易者也。恪奉建寅为岁首，而绝不之察，其故何欤？何况三代以前，并无言命之书乎？笃于言命者，始见于唐人文集中①，秦汉六朝尚未之有也。大抵皆六朝以后，寇乱相仍，流移转徙，中有黠者略晓五行，创为此说②，谋衣食已耳。古帝王举动，如兵祭大事，罔不兼用筮龟，小事则筮而不龟，是筮固无时不用也。五行莫验于易卦，学者不探微索隐，至沿为壬乙禽遁，子平五星诸术，当亦好新喜异者之过也。

① “中”，库本无。
② “说”，库本无。

周易函书别集卷八　篝灯约旨二

性习

得于天为性，成于人为习。性者，天理之凝定。习者，人欲之因循。因谓缘感，循谓渐至也。

性镇于其中而为主，习迁于其外而易流。《易》曰彰往而察来，其来处即性也。由此而往，愈差愈别者，皆习也。其习而为圣贤君子，则本天率性，而本末一如者也。其习而为凡庸愚贱，则徇①情纵欲，而未知守正者也。故曰性相近也，习相远也。

欲非性也，匿于闻见，蓄之于心，渐次发生者耳。不知戒慎恐惧，禁之于将然未然之先，逮于沿而为习，将不知何所底止，故曰习相远也。

习也者，性之发也，道之行也。其人有圣有愚，其事有正有不正，故曰相远，若性则各正者也。不可因相近二字，便说有些子差别。相近对远②而言，犹云不远云尔。

性如良木，习如斫削③，大用之可为梁栋，精用之可成器物，亵用之则为柴而已矣。非良木之性然也，斫削之蠹也。告子杞柳之喻，谓仁义非性中所有，故孟子据性而是正之。今以栋梁斫削为喻，则谓其本为栋梁之具也，又系据习而论之耳。性如宝璞，习如斫工，贵用之则可为瑚琏，贱用之则簪珥器用之具耳。璞非不贵重也，斫削

---

① “徇”，库本作“循”。

② “远”，库本作“相远”。

③ “斫削”，库本作“削斫”。

之蠹也，故君子慎习。

不知大木可为栋梁，宝璞可为瑚琏，乃因追琢之故，而归其咎于木与璞也。则木与璞不任受，故孔子曰习相远。

一艺之微，习之而渐非其故，愈习则愈远于故矣。原非生性便能如此，穷其未习之先，与不曾学艺者相去无几，故曰相近①。

性习不分，则以习为性者，遂谓有气质之性，而灭没天命之实，将裁成辅相，范围曲成之功可无庸。以性为习者，遂谓圣贤悉皆天赋，而渐废学修之实，将升堂入室希圣希天之事可无庸，均不可也。

问惩忿窒欲，曰快心极美之事，当其过后则索然无味。忆予少时遇可欲之事，此心安得不动？但存过后之想，然亦颇有得力处。惟忿之一念动于偶然，须平日涵养始得。故颜子亦有不迁怒之事，既曰不迁，则亦当有怒时。

上知与下愚不移，既分知愚，知愚中又分上下。性本虚静之体，安得有此种分别？观孔子乾卦之《文言》，元说体仁，亨说合礼，利说和义，到了贞字，宜乎说智而独不言智，何也？人心之明德，虽人人各具，其为智为愚，则必因事而始见。体仁节全说心中所蕴，至②此节方始说到行上，故此止曰事干，犹云作事之具耳。性中既不可以知愚分，则说到知愚，便是说习。上知下愚不移，是谓上知习于上而不移于上，若君子上达之说。下愚习于下而不移于下，若天下之恶皆归焉之义。知此节只是言习，则上节性习之说是专为习而言可知。子贡曰夫子之言性与天道，不可得闻，岂《论语》一书独此专露一性字，而不详言所性之真，只取相近二字，便谓孔子谆谆为性言乎？

致知笃行主敬之说，先儒谆谆言之，独习之一说隐于四子书中，先儒未尝摘出，今特标而出之。盖天下无一日骤得之学，今夕学之，明旦置之，一年之后消归乌有，此习之不可自已也。一父之子，一为圣贤，一为盗跖，童而习之，老而不能自返，此习之不可不严也。今

① “相近”，库本作“性相近也”。

② “至”，堂本作“行”。

试按诗书中圣贤教人之语,何一非切切言习者乎?

《记》曰良弓之子,必善为箕,良冶之子,必善为裘,习也。蛾子时术之藏焉修焉,息焉游焉者,习也。如见大宾,如承大祭,不欲勿施,及居处恭,执事敬,与人忠,曾子之三省,均非一日之检点,一事之持循,亦习也。屡空者,心有所习,而于此忘焉者也。屡中者,征于所习,而发不及觉者也。三月不违,习之既纯者也。日月至焉,习之生疏者也。孔子自志学至不逾矩,习之入化而神乎其神者也。故《论语》首章便曰学而时习之,但言学而不言习,宜乎其未竟厥美也。

问生人之道,曰学而已矣。乌乎学?曰端其趋,慎其习而已矣。不学则无事不惫,趋不端则入圣无阶,习不慎则下流而不止矣。程朱学孔孟者也,予亦学孔孟者也,读孔孟之书求其至是者而可矣。程朱之所是,予固不敢违,程朱之所是,非孔孟之所是,则当是孔孟而非程朱。圣贤何等事业,而可以情面论乎?颜渊曰舜何人也,予何人也。孟子曰尧舜与人同耳。

横渠曰,由太虚有天之名,由气化有道之名,合虚与气有性之名,合性与知觉有心之名。按知觉便是性之虚而灵处,如何说得与性合?凡言合者,皆两不相同之称也。便是气亦由虚而生,说不得合虚与气,此是张子语病,学者辨之。

又曰天理人欲,同体而异用,同行而异情,进修君子宜深别焉。天理人欲,安有同体同行之理?皆程子气质之性误之。而气质之性一说,又周子几善恶之一说误之也。夫《论语》虽未尝言性,而《周易》全部则全言性学者也。其推性之本原,则命于天而有保合之说。其穷性之所蕴,则有体仁长人四德全具之说。其究性之大用,则有裁成辅相,范围曲成,弥纶易简之说。其八卦中阴阳之摩荡,爻位之得失,无非畅发此太和充裕之机。皆缘此性禀于天命之初,具于身心之内,深隐精微,难以名状,故本于天命之初,而标继善成性之秘。其卦爻中阴阳之摩荡,何非时乘六龙以御之,而乃成此六子乎?向来不得其解,乃曰止是卜筮之书,其误天下后世不浅矣。今观《系传》,易简备而天下之理得,天下之理得而成位乎中矣,为卜筮言乎?

抑非为卜筮言乎？先儒谓性无善恶，心无死生，天理人欲同体异用，此等说话，皆与孔孟大悖。

《中庸》深得其旨，所由曰天命之谓性，率性之谓道。孟子深得其旨，所由有性善之说。此皆孔子一脉相传，丝毫不走作者。学性学而不先学《易》，则未知《周易》为言性之书矣。《通书》《正蒙》《经世书》虽皆发明《周易》，然于文周卦辞爻辞皆未尝注释一字，此所以韦编三绝之旨，后人达之者鲜也。

薛敬轩曰圣人言性与天道，惟于赞《易》极言之耳，平日与门人言者极少。煦按此方是真知《周易》者。

学习

人之性命于天，则道心实居人心之先。尽人可以达天，则人心即为道心之伏。求道心于人心之中，则几之察也贵严。返人心于道心之始，则极之建也不二。君子分以察几，合以建极，分则穷其相反之情，而得其相通之故。合则究其不一之理，而要其至一之归。在中之保合，每淆于在外之闻见，故察几而分。人为之当然，皆天命之自然，故建极而合。学必奉圣贤以为之师，非其师，则非其学。学必奉圣贤之道以为之的，非其道，则非其学。习也者，学之不已者也，此圣学圣功之所由起也。

屯坎困，不一其形。屯坎困，各亨其道。其中惟心亨者，为能行有尚，习焉故也。水流无止时，故坎独言习，然而不习不亨安于愚蠢者，比比皆是矣。

习之移人甚矣哉。譬诸长途，初则三里五里犹难，乃日习而日非其故，久则必将万里而遥。譬诸匠作，初则操斧运斤犹难，乃渐多而渐臻于熟，久则必将通神而化，故凡畏难而不习者，皆未尝身习者也。

读六经、四子书，学制艺取功名，将以为学问尽是，岂知其上有经史子集，淹通博雅，富材而鸿词者乎？岂知其上有专精一艺，极妙

穷神，实茂而名彰者乎？岂知其上更有嘉言懿行，准今酌古，取诸其怀，而善世宜民者乎？岂知其上更有穷理尽性至命，一以贯之，达天而入化，承先而启后者乎？未获升堂，妄测室中之美富，徒信耳以论古人，甚矣其陋也。

常在圣学中磨练，自应克成圣学。常在圣道中钻研，自应终达圣道。故无一日可以浅涉之学，无一蹴可以骤至之道，特不一托足，终焉茅塞耳。

无日不向存诚主敬致知守静中打点，是无日不行乎其途者也，非至道者也。若至道者，但取径于此耳。

格物穷理，存诚主敬，致虚守静，学也而非道也。修齐治平，位育参赞，道也而非学也。学所以适乎道之路，道所以要乎学之归也。掘之浅而冀其深，行之渐而欲其远，入之易而求其难，万无是理。

后儒详言学而略言道，亦如《论语》详言学而略言性，是达道之径路也。学则日用常行皆有之，道则性天之精蕴寓矣。如但认学为道，则圣门之能学者，岂伊无人？乃一贯之传何为独曾子一人哉？然圣人不轻语人以一贯，亦俟诸积学者之自得耳。

达得一贯之旨，方传得圣人之道。故曾子之后，便有子思孟子。濂洛关闽之学，学圣者也。后儒之学，学儒而已，其去圣也远矣。谚云取法乎上，仅得乎中，行半至之途，乌能造域？故立志不厌其高，用功不厌其猛。

读书而不能变化气质，非好学者也。读书而不能条列深浅，鉴别真赝，无实得者也。

少成若天性，植基早则累积也易。琢磨待师友，扶翼众则熏习也深。

信而好，毋自欺，唯此六字是进学实功。

和璞本圭璋之具，乃或混于顽石之目，未之鉴也。匹夫具圣贤之才，乃或终为庸众之归，未之学也。

一艺之微，有终身习焉不竟旨趣者矣，况圣学乎？一艺之微，有穷神造妙不可言说者矣，况圣道乎？

犬马于人,犹能自效其力。羊豕之属,知有食焉止耳。饱食暖衣,无所用心,是羊豕自为也。故君子贵自强。

智慧以用而开,学问以勤而积。上智下愚不移者绝少,中人之资比比皆是,故孔子曰唯上智与下愚不移。两人共学,一入理深则理日以益,其一不能入理,独于百工技艺奇巧之事,见无不知,知无不能也。非此两人智慧殊也,其用心之径路殊耳。譬两人同入一山,一人循此路熟,一人循彼路熟,则各造其域耳。使两人而互易其径,则沿途皆荆棘矣。然入理既深,到融会通贯后,百工技艺不难通晓。而匿于技艺者,终为技艺人耳。智慧之用业殊于初,成就之广狭自殊于后。一父之子,其智慧同也,其教诫同也,乃一勤一惰,则所得亦殊。故颜子好学,孔子独有取焉。

后儒详言性而略言习,学者苦无入手处,不如且专言学习,留尽性以为上达之事可耳。孔子固曰,穷理尽性以至于命。

好奕者梦奕,好猎者梦猎,笃于习也。心所不暂释者,行乎道途而张为手势,形于语言,征于梦寐者有之。君子之学,不使耳闻目见无非是物,得为笃于习乎?

男子职外,置诸室中,禁锢三日,几若囹圄。女子职内,行诸户外,出门三里,或至迷道。七日之婴,授之乳母,一岁而或疏其生母。三尺之童,育诸他省,十年而尽易其乡音。习之移人若此。君子之于学也,不到转移性情变化气质,其于习也,亦已疏矣。

人之于学,知易而行难,文易而实难。孔子居周末,已有文盛之感,惧人之乐趋于易而忘所返也。

汉时取士,如贤良方正孝廉之科,皆为近古,故其得士,视后来为最盛。风俗之敝始于六朝,文之厚则行之薄矣,伪之至则诚之衰矣,名之重则实之轻矣。不崇圣人之学,屈文而尊行,乌得而返诸?

胸无确见,徒抄袭陈言,割裂补缀,取悦时好,以博名高,皆无本之学也。有本之学融通贯彻,触著磕著,总归一致而已。故曰一以贯之。然非由博文而致之,恐未见未习之书,一触于目,尽成荆棘。

学必师承,皆好名者附骥之见耳。孔子无常师,三人行必有我

师,择其善者而从之可耳。

好名之心过甚,则必狂诞,唯反诸实学,可以已之。修文之心过甚,则必虚浮,唯敦诸实行,可以已之。

气运之迁流,成于人心之所重,孔子曰习相远,孟子曰我亦欲正人心,浅言之则转移之妙术,深言之则位育之极功也。

士知修文之可以得名,而不知实行之久益光昌。官知自荣之方为得体,而不知居尊之为民父母,则实德之教未修也。

好名而不务实学,不修实行,便做诚字不出。博学而不约之以礼,不贯之于一,便做明字不出。

书不足以传道,则圣贤之著述皆虚诞者也。读书不足以明道,则学人之诵习皆惘然者也。

博我以文,约我以礼,六经皆文之博也,而礼则莫要于《周易》。浅而观之为五行,精而求之为四象,又约之为终始,为内外,为上下,为往来,为动静,皆阴阳之义也。摄之以阴阳,而条理井然无妙不贯,故曰一阴一阳之谓道。虽圣人之道原在未有两仪之先,可心喻而不可言说,到得约礼时,已几几乎近之,故颜子欲罢不能。

古人之书全系抄誊,故得之甚难。今人之书版刻盛行,故得之甚易。然细经手录者,字字打心上过,又不肯轻易置去,故入之必深。藏诸高阁者,日日在眼中看,又不能从头遍阅,故得之反浅。此古今读书人难易浅深之大较也。

学贵端始,后此之积累,多因其已知者而增益之。始学之不正,欲其返而归正,难之难矣。故《周易》著蒙以养正之辞,孔子有入孝出弟之训,而朱子亦遂有《小学》之作也。

《说苑》宁越苦耕稼之劳,谓其友曰,何为而可以免此苦也?其友曰,莫如学,学三十岁则可以达矣。宁越曰,请以十岁,人将休,吾将不敢休,人将卧,吾将不敢卧,十五岁而周威公师之。矢之速也,而不过二里止也。步之迟也,而百舍不止矣。

圣贤之学,内而天命性道格致诚正,外而修齐治平经纶参赞,此非可以浅尝得也。故为品之最上,其次则为实行,仁义礼智孝弟忠

信是也。其次则为曲艺，苟擅一长，皆得称焉。如纪昌、飞卫、王良、造父、师旷、奕秋、钟王、阎本立之流，下及农圃医卜，莫不各有穷神通化之妙。又其次则为远稽近考淹通博雅之学，而其派亦异。有援古证今，修身慎行，理社稷经人民者，上也。其徒饰博雅，润色词章者，次也。

词章之学，唯据事直书者为当。若词之厚，则理之薄矣。诗赋之学，专以性情沉质，音律调谐者为上。《三百篇》与《离骚》，皆发乎情止乎礼义者也。性情非言可尽，则托诸比兴以尽之。唐宋以后，景话多而情语少矣，比兴之体尤为极少，故不古人若也。至其有取于音律，唯以平仄论之，而字之刚柔太少不加详辨，故其音律未尽和平。此亦推敲家不可不知者也。然平仄易知，而音律难谐，唯多读古人诗赋，取精绘神者，别有领会而已。

一贯

一贯者，内外一如，显微无间，体用之流通也。无体非用，则不沦于虚寂①，无用非体，则不至于偏而不举。

圣学原有悟境，亦莫难于悟境。如以为无难，则一贯之传何仅两人，而喟然叹兴者，胡不多觏哉？

宋儒唯程子体用一原，显微无间，是实从妙悟得也。从前节节次次俱有障碍，到此忽然打通，全不费力，所以为难。

一贯之说，曾子唯而门人疑，是悟者少而疑者多也。今时粗浅训诂，便人人信为得解，至穷其所得之解，不过曰一理而贯通万事，岂谓今人率皆超越门人，上同曾子乎？何悟者之多也？岂谓当时门人尽皆不能作如此解说乎？何悟者之少也？岂谓曾子尚不能作如此解说，以晓谕门人乎？何易辞以相质也？若犹未也，正恐后人之能信，不逮门人之能疑远甚。盖能疑者犹向此中打点，不肯轻易置

① “寂”，库本无。

去,而能信者遂人人自认为得解,绝不知有妙悟一境矣。

后儒详于言学,拨去悟境,间有及之者,指为释家之顿教。至穷其所学,不过格物穷理道问学尽之矣。果尔,则夫子之告子贡,女以予为多学而识,其语非矣。甚矣,是行乎半至之途,而自谓到岸者也。

孔颜之乐,只是道理融通,浑而为一,无逆于心耳。颜子之好,好此者也。若但执博闻强记为学,终堕子贡多识一边,但走颜子博文一路,恐时习而说之境界尚未易到,何云孔颜之乐?盖孔颜之乐即一贯之妙也。

一以贯之,只是道理融通浑而为一,外无所隔,内无所窒而已。今曰一理而贯通万事,既有理事之分,又有一万之别,乌能贯而为一?况用而字一转,是又将内外前后,分作两截,贯而不一,乌云贯乎?

学圣人者,未易知孔子之一贯,且先识孔颜之乐。未易知孔颜之乐,且先学颜子之好。未易知颜子之好,且先学孔子之时习。但能造到悦的时候,便臻于好与乐也不难。然后人之学,求知而已,逮于略观大意,便谓已解。甚矣,好与乐之难也。

子思曰率性之谓道,孟子曰万物皆备于我,又曰仁者人也,合而言之,道也。又曰形色天性也,此皆内外一贯之妙也。

子思由中和说到位育,孟子好辨章,将欲挽回天时人事,而但曰正人心,此亦天人一贯之妙也,要非孟子不能辨此。

子贡曰性与天道,不可得闻,然则《论语》亦有言性者乎?曰有。一以贯之,天下归仁是也。性不可言,故止言性中之大用,而曰吾道礼乐刑政,圣人之参赞位育,道也。谨言慎行,戒慎恐惧,一身之参赞位育,道也。要必有大本存焉,故曰一以贯也,至一而不可言矣。宫墙之美富,一之敦其化原者,不可言也。天下归仁,一中能贯之妙也。功力可加,在将发已发之际,未发之中,非功之所可至也。故夫子之教回也,教以勿视勿听,去其外干者以养其中存者而已。孔子释乾元,但云万物资始,其为所资者,不可得而言也。时乘六龙,则

能贯之妙。各正性命,保合太和,则已贯之妙也。因性命各正之后,所保者止此太和,故曰一以贯也。今将执一理而贯通万事之说推之,如但向口头念过,一与不一,贯与不贯,何得问哉?如克向自己心上体贴一番,先执此一理,以周于事事,则拘理以观事,而实则一事各有一理,已非此一理之所能贯。执一事各有一理之说,则又逐事以分理,不可谓贯之出于一。是此一言先有语病,其病在理字耳。不知此正夫子之道也,夫子不能添说一语,谓非实由妙悟,不易得解。后来解此者,唯程子体用一原,显微无间二语耳。天下无二道,率性之谓道,即此道也。推中之所由发,则和为达道。究和之所由起,则中为大本,是费而能隐,造端夫妇,察乎天地者也。一乎二乎?贯与不贯,盖可知矣。曾子以忠恕解之,如但将忠认作忠,恕认作恕,何由能贯?乃穷忠字之究竟,原不以人而隔也。穷恕字之原头,又不以我而塞也。是忠恕亦借来字,而其妙则人己流通于无间而已。第道字所该甚广,今但就人己最关切处指明之,故遂以为浅言之也。然非博学于文,约之以礼,到底不能得一,又乌得而谓为贯乎?况既添出万字,万矣而谓为一乎?自非达道,未易辨此。

莫问如何能贯,只此一字可该六经之旨,可括《周易》之蕴,可显图书之秘,可达性命之原,但止逐字分疏,便属差别,不知此一,何由能贯?不知此一,亦并不是贯,此岂一理字所能明了?理之为言,在逐事逐物条理分疏处见得者也。观穷理尽性至命之说,则理之一字止是初地下手工夫耳。

见得无穷尽,故子悦漆雕开。见得无方体,故夫子与曾点。合此六字,方成一贯,方是夫子之道。回兼有之,颜氏之子其庶乎?故不待语以一也。

无穷尽,无方体,浑而一之,方是夫子之道,而开与点各见其一半,故程子谓二子已见大意。

无穷尽者,虚也。无方体者,灵也。若将虚灵二字打合一片,则杳不可得其解矣。圣人之一,乌可言说乎?

有散钱而无索子,是博而未能约也。有索子而无散钱,是约而

未能博也。夫博约二端，是初学者一边事，以此为一贯则误矣。若使一屋散钱，用数百丈索子，只这一条索子便教他担持不起，何也？博约之见未忘，何由能一？子思说出未发，随便说出发字，若非中之所有，便是外面袭取来的，何由能发？何由能发而中节？若将中和分作二者，便不解大本达道流通之故，便不解发而中节之妙，便不知子思于中和之上，止用一致字之旨，何由知孔子之一？

颜子去圣人一间，是据三十时说也。然颜子卒时，年止三十二岁。若云三十时便与圣人之神化相去一间，设颜子而至七十，比诸从心不逾之夫子，不大超越乎？须知夫子三十而立，颜子三十而如有所立，此其相去一间者也。

孟子之性善，即子思率性之谓道。其善也，则发皆中节之旨也。盖人喜怒哀乐之性，原根于无思无为之天，本皆大中至正，无少偏倚，感以外缘，投之物欲，而汩其本矣。如见美食而悦之，见粗粝而恶之，见章采而悦之，见敝缊而恶之，其初止感于见闻，动于可悦可恶已耳。愈积愈多，愈积愈久，盘根固蒂，触处发生，罔非恶缘，胥成邪妄，与根心无异。缘其所由，皆外感闻见留其根蒂者也。故曰非礼勿视，非礼勿听。视听不可绝，绝其所由视听者，故曰克己。不见之色，不闻之声，绝不入其梦想，未常视听故也。遗腹之子不梦父，彼于视听未有所缘耳。见闻之伏而隐，隐而见，其几危矣，故克己者慎之。

人之生也直，朱子曰生理本直，理本直三字只是一个生字耳。盖静专动直者，乾元之亨而利也。乾之直在动处见，人之直正在生处见。以人之资始资生，皆资乾元之动直而始，所以曰率性之谓道。到得在人，虽穷凶极恶，莫不有平旦之气存焉。《中庸》所由曰诚者，自成也，若罔之生也幸而免，则所谓不诚无物者也。

夫子之言性与天道，不可得闻，又曰朝闻道，夕死可矣。闻也者，不可得闻而闻之者也。圣人之言性言天言道，见于四子、六经，盖亦多矣。今人得其言而解之，便以为闻道者乎？便皆如圣人之所谓可乎？若犹未也，则闻之为说，必有不可解说，不可得闻之妙在其

中矣。既曰朝闻，又曰夕死，则必有倏然转移之一境也。不云数十年之积累，而但取必于一朝，是悟非悟，当自了然。后来学者不一提掇道字，终日言学，皆未闻道者耳。甚至举起朝闻夕死之说，便指为佛氏放下屠刀。噫，宫墙外望之人，其不可与言圣人之美富，亦已久矣。

圣人之道实有悟境，此境一触则万理皆融，全不费力。今试观人同此心，人同此知，智者之知，愚者之知，皆无异心也。譬之愚者一事未达，逢智者解说之，而不觉其豁然，则此一事之明了，即一事之悟境也。夫未明之先与既明之后，其境在倏然之内，忽而改观，人之悟境亦复如是。然止可为知者道耳。又如学者读书，因一二字未解其义，遂使全章皆不得其旨，若得明者解之，不觉其豁然通透矣。此一字之明了，即通章之妙悟也。圣人之道，天地之大，万物之广，身心性命之精微，天下国家之远大，罄天地所有之书解说所不能尽。兹欲于一心之中穷其原而竟其委，非由妙悟，曷克几此？如但执为放下屠刀之说，而不知圣学实有悟境，则是四书、六经以外之学，非四书、六经以内之学也。

《论语》为圣人传道之书，精及于一贯之微，粗及于饮食衣服语言起居之细，何非道之散见？然非有《论语》显易明白，可以探本穷源，则《周易》之旨终不可得而达也。

朝闻道者，是由博返约，贯万于一之大几也。即颜子之高坚前后，如有所立，参赐一以贯之之候也，故下曰夕死可矣。

阳明谓一如树之根本，贯如树之枝叶。未种根本，有何枝叶可发？此言亦未当。一，本也。万，枝叶也。贯，则其中之精脉，彻上彻下而不少欠缺者也。故此一句唯贯字最妙，指出一字，直提掇源头耳。其文原未及万，故不可以万字对此一字。万字小，对一字不过。圣人但曰贯之，不曰贯万，如云只是这个充塞于天地间耳。

孔孟之道，实非一蹴可至。深积力久，由博反约，实有颖悟存焉。只为此等境界，非粗浅者所能遽达，故一贯之旨唯曾子子贡始得而闻。后之儒者止据一人之眇见，存为论说，拘而守之，不肯阔开

一步。其于陆王,则指为顿悟,指为放下屠刀。夫圣门而无悟境,则一贯之理,亦何人不可解说?当不独参赐两人,而朝闻夕死之说,亦圣人之赘语矣。且但如后儒所解,则人谁不知?然而人皆可以夕死乎?若犹未也,则室中之美富,恐非宫墙外望者所能测也。

夫子之语曾子曰,吾道一以贯之,曾子曰唯,解之者悉知其为曾子之悟,不知后儒何忽谓悟为顿教?然则曾子之在圣门,亦止可为顿教乎?据后儒之意,不过谓人之于道,当以积学为要耳,所以有深积力久之说。然则陆子之与阳明,竟是不曾读书,字即不识,义即可解者乎?且但以积学为主,吾不知学而不思,又当为何如人也?况自周秦迄今,其间博物洽闻者,盖亦不乏,果尽为知道者乎?果尔,则圣人之门身通六艺者,盖亦有人,何未闻孔子之以一贯告也?且孔子之语子贡也,曰汝以予为多学而识之者与,则多学而识,其不足以尽圣道也,亦已审矣。孔子而后,幸有子静阳明,其超悟逾量,其事功卓绝逾量,曾未有纤毫与圣教相违,顾乃不满于后儒之心。即其不满此两人者,究其读书之精,超悟之妙,行事之当,又未能尽逾此两人,亦见其妄矣。当知学悟两途,皆圣人所属望于人者,特学易而悟难耳。学且不悟者比比皆然,学而悟则绝少矣。子思之言曰尊德性而道问学,致广大而尽精微。尊德性而不致于广大,道学问而不尽其精微,恐皆为半至之学也。行半至之途,幸毋轻诋升堂入室者也。

《周易》者,博文约礼之书也。其天地人物,精粗巨细,罔不具载,则文之博也。故君子之格物当由《周易》而始,《周易》之物不格,何物之能格乎?合四圣之《易》而论之,爻归于卦,卦归于图,则礼之约也。伏羲由外之六十四象而归于两仪,由两仪而归于太极,是显微阐幽之妙也,则礼之约也。文王之元亨利贞,七日来复,维心亨,则礼之约也。周公于始成之爻命之为初,而乾坤两卦特添用九用六两节,则礼之约也。至于孔子乾坤《彖传》《文言》,以及穷理尽性至命,继善成性,显仁藏用诸传,皆礼之约也。不博固无以为约,徒博亦必不能约,故必兼是二者,然后可几圣人之一贯。博文非一家之

文，徒资腐陈之糟粕，而人人咂其旨甘，究复何味？约礼非拘固之理，未悉众妙之本原，而空空存此静寂，亦复何贯？

子思孟子皆孔子一脉相传，深于一贯者也。故克与颜曾二子并称大贤，列为四配。子思曰天命之谓性，率性之谓道，此是一贯话头，只一性字便该之矣。天则性中最初之命赋，道则性中推行之作用也。子贡之言性也，亦兼言天道。天所以原其始，道所以究其终也。此子思之一贯也。梁襄王问曰，天下乌乎定？孟子曰定于一。孰能一之？曰不嗜杀人者能一之。只此不嗜杀三字，各正之太和原是如此，长善之仁便是如此，仁民爱物推恩之广全是如此。此所由断断乎谓性为善也。又曰仁也者人也，合而言之道也。又曰形色天性也，唯圣人然后可以践形。又曰万物皆备于我矣。此孟子之一贯也。

悟也者，倏然之事，非积累之事也。夫积累云者，穷理格物之学，求适乎悟之一途者也。此但搜剔字义，求明章句而已。然非渐而积之，则事物之理不能毕达。逮于穷理而理明，格物而物格，有以探本归原，则倏然之境矣。譬如今人作文，一题入手，若有些子不能透辟，则或终岁终月不能置笔，苟得旁人一发明之，或因自心之触悟，而心地倏然澄彻，此非暂时骤通之事乎？圣人之学，穷理格物者在平日，则积累之事也。偶然感触者在当机，则倏然之事也。夫子以一贯语曾子，而曾子曰唯，非其积累既深，转为倏然之机乎？若颜子之不违，则无所容其悟矣，所由高于曾子一等也。如仅执穷理格物为是，顿悟为非，则行乎其途而未达地头者耳。然而一贯之妙，非其人不易领会，所由非顿而是渐欤？

一而不一，则不沦于拘墟。贯而有所以贯，则不病于纷扰。

圣与儒何分？孔子之于《周易》也，如乾元用九，乃见天则，复见天地之心，易简而天下之理得，穷理尽性以至于命，《易》冒天下之道，成性存存，道义之门，至精至变至神，皆说向精深沉细一边。后儒教人，但教以穷理格物，道问学，第说向粗浅显易一边，是为学者言之。可知精深沉细一边，后儒尚未言及。

一以贯之与天下归仁,止是一义。仁即所贯之一,天下归则能贯之妙也。不待既贯,乃始知之也。

圣人之学无过知行二端,其知难而①行易者,必事事察识详明,然后能委曲周详而无误也。不然则疑畏而不能前矣。其②知易而行难者,必事事身亲历过,然后能穷理而至命也。不然则虚悬而无所得矣。故人之有德者,谓之德行,谓有行而后能得之于己。圣人之道贯于参赞位育一边,乃始谓之为道,是即德行之充也。

一贯之说,参赐虽同而实异。曾子由力行而入,故一点便知。子贡由多识而入,其行尚在后面,故有不欲无加之说,夫子曰非尔所及。

元亨利贞,乾之一贯也。精义入神以致用也,利用安身以崇德也,人之一贯也。天地絪缊,万物化醇,男女构精,万物化生,天之一贯也。

学人终身驰骛于名利场中,闻人所闻,充口便言性学,此执樵夫之斧柯,而妄拟海舟之篷桨也。静中之妙不曾体贴一月半月,执古人之③片言支字,而胸无确见,皆隔膜者耳。

一之云者,无可分别之名也。贯之云者,是有可分别而仍无可分别之名也。至曾子之告门人,是专说人己相接之事。宜乎确有分别,而却专为恕字留神。何也?谓人知忠为尽己之事,恕为及人之事,判然各别,而不知恕之及于人也,皆忠内事也,故曰忠恕而已矣。如云恕亦莫非忠耳,观孔子之告樊迟,以忠为与人之事,则恕可知矣。如此则朱子尽己推己二解,亦有半是半非,其曰尽者亦己,推者亦己是也。其于忠则曰尽,于恕则曰推,非也。当知所推之己,仍然是自尽之己也。

曾子告门人,举出忠恕,原因门人皆知忠恕本是两事,却要使他知其中一脉相通之故。如云人知忠为自己一身之事,第及人而不如其为己,则不可以为忠。人知恕为及人之事,为人而不能实尽其在

① “而”,堂本作“其”。

② “其”,堂本作“有”。

③ “之”,库本无。

已者,则不可以为恕。故及人之事皆自尽之事,此方是一贯之旨。天下归仁是颜子之一贯。中也者,天下之大本,是子思之一贯,夫子之言性与天道,是子贡之一贯。仁也者人也,合而言之道也,是孟子之一贯。

曹月川曰一是仁之体,贯是仁之用。

薛敬轩曰夫子所谓一,即统体之太极也。所谓贯,即各具之太极也。煦按此解便与以仁分体用者迥别,天下何尝无解人,可知敬轩造道之深。

附一贯八喻及咏易图诸诗

一贯八喻

分疏理事太支离,贯了方为得一时。试看梅花春信到,一齐分付上南枝。

本非第二可安排,不是融通贯不来。大似室中端正坐,千门万户一时开。

千蹊百径渺难任,贯后宁烦著意寻。譬若火镕铜铁锡,总来销作一提金。

天根秘密少将迎,用处何妨有异名。肯把真金镕在釜,方模圆板逐时成。

太一①分明贯里居,打成两截欲何如。若言尚待推移力,天籁凭谁撮合欤。

果然贯了方成一,函盖浑如天地般。造化虽然殊万类,陶镕都在此中间。

内外凭谁区别之,也无前后待思维。百川总向归墟合,消息盈虚水不知。

① “一”,堂本作“乙”。

三十年来被热瞒,止将太极作图看。蓦从领得羲皇旨,凡百咀来作一丸。

改正循环太极图

混沌前边一画无,此时万象总含糊。征文细补先天易,按候匀铺太极图。日往月来通窍妙,坤终乾始定规模。只须近向身中取,造化于人有异乎。

先天八卦图

易卦开天天不违,元之亨处露希夷。乾坤终始刚三画,日月回旋当一期。退象转来还是进,偶爻劈破复成奇。得知妙自天心出,莫漫殷勤问伏羲。

先天六十四卦图

画前有易妙无如,画后泥爻只自疏。龙马负来原是数,天根见了不关书。追寻虚白通无极,轮转贞元起太初。若只但从图象会,北溟何自识鲲鱼。

卦象图

阴阳何处立胞胎,太极中间两曜来。四象更须加一倍,六爻从此定三才。鬼神到易输情状,天地归图自往回。都只厌渠滋味淡,不曾亲见地中雷。

岁令图

四序循环逐渐移,打从何处露端倪。闭关欲识真冬至,复命先寻活子时。向后推迁成岁令,从前窍妙出坤维。此时正是开天日,七曜同宫也大奇。

月窟图

皎月当天万古清，不知何自起贞明。打从东北趋坤乙，旋向西南走兑丁。乾甲已周三画备，巽辛初感一爻生。无边造化资毫末，莫待雷轰第二声。

天根图

生长何能不敛藏，几人从此作商量。螟蛉未化封泥库，蚕蛹将飞秘茧房。里面包含天有首，外边营固地无疆。只缘未识归根妙，常到坚冰怪履霜。

总脉七图

真人原自息深深，莫向成爻以后寻。月窟搜罗新月魄，天根培养旧天心。恰临坤位含终始，一到阳生彻古今。不信但看雷起处，许多爻象立森森。

又咏先天大圆图

一百二十单六画，后先天已备于斯。内中打合师龙马，外面分疏仿洛龟。攒拢百川归巨海，栽培独干长繁枝。伏羲图与文王卦，体用同原知未知。

咏文王开图作易

劈破羲图八八全，易中何卦不先天。情知卦画图中出，便合图心卦里传。合处藏分为妙谛，用时含体是真诠。但从内外观来往，圣道根源已卓然。

赋得三十六宫都是春

羲皇三画最分明，收拾刚柔造化精。月窟转来棱角露，天心起处卦爻生。始终数具阴阳足，上下经分序杂成。品物得资乾用九，

太和元气各充盈。

冬至(御试)①

子半贞元会,天心肇见时。葭灰初验气,宫绣始添丝。管籥黄钟律,郊坛赤羽旗。音希滋味淡,阳德是亨期。

周易

易自乾坤二用来,天人妙义此中该。不知谁把乾坤用,九六方能逞异才。

四圣传心

图里精微讵易论,图中秘密更难言。解从未画前头看,卜度无能是道源。

天视

暗室从来不问天,宁知天眼最幽悬。偶然觉得回头看,便是天光朗照然。

安分

春是春来秋是秋,难将绤葛易貂裘。人生合有苍天在,肯以闲心分外求。

浩然吟(存四首)②

造物陶镕信有真,行吟坐笑见全身。尧夫卷里分明说,不蹑天根不识人。

宇宙中间有大音,等闲收拾入清琴。从教霁月光风内,领略乾

① “御试”,库本无。
② “存四首”,库本无。

坤万古心。

大璞生居造化圈，混沌抱养不知年。鉴开文彩光芒甚，照彻乾坤日月天。

造物于人隔阂乎，太和元气本来俱。天心见后安闲甚，何处春风不是吾。

纪梦[①]

闲披书卷夜灯煌，梦到尼山入讲堂。明月朗然天似水，虚庭依约起宫商。

联拆先天八卦图

一爻初画两仪生，从此三加卦体成。尽解断连看卦象，谁将分合辨爻情。拟爻须向连时会，逐卦方于断处明。但识图成十四画，先天无恙是羲经。

河图

龙马初生迥不群，开天妙道具旋纹。生成数衍团圞体，奇偶形连活泼文。位置乾坤藏浩漠，包含造化在氤[②]氲。若还未解河图秘，请与龟书较合分。

洛书

试把龙图辨异同，独将九数演宗风。尽疑体段多藏伏，谁解方隅识会通。合处既无分处有，存时虽少用时穷。若言书数终于九，请看周围对待中。

---

① 堂本无此诗。

② “氤”，库本作“氛”。

周易函书别集卷九　篝灯约旨三

大学

曾子之学尽在忠恕，观《大学》一书而可知矣。格致诚正，忠之事也。然于诚意一章，便言好恶，由此而进焉。心正于好恶，身修于好恶，家齐于好恶，国治于好恶，即天下之平亦莫非挈此好恶，则忠而恕之事也。

明德之德与孟子固有之有同义，指其实有于中者言也。德也者，天良之固而不少亏也。明也者，灵妙之体而无弗烛也。孟子良知良能正是此旨，故朱子以得于天者释之。

不专曰德而曰明德，乾卦乃见天则，复卦克见天心，此两见字便是此明字。非其本明，曷由能见？譬若昏夜入于奥室，虽众美备具，孰从而别之？帝王以道相传，帝典康诰咸言明德，子思亦言诚明，无异辞无异旨也。后之学者若能领会及此，方可亲承一贯之旨，此惟《中庸》自诚明之明与此明字相同。姚江自号阳明，至其立教，又奉良知二字以为之主，彼非无见者也，然亦止可为知者道耳。大贤以下，凡克著书垂训，要皆各有确实见地存焉。如必推勘至尽，求其语病而指摘之，虽孟子犹不免矣，况下此者乎？故择理不厌其过精，而论人则无取乎太刻。

孟子之良知良能，指赤子之心而言。阳明之良知，指妙悟而言。不可混看。然而妙悟之心终非有加于赤子之心，唯妙悟者知之。

先儒有梦觉关，人鬼关，夫梦觉之境，即迷悟之一大机也。后之儒者不察其故，才说圣道有悟境，便指为顿教，便指为放下屠刀。夫梦而方觉，亦暂时之事也，然称为梦觉则是之，称为顿悟则非之，何

为是彼而非此也？夫学人之致力有渐，迨于既能解会，皆是倏然之境，原不待时者也。是惟至者知之，不至者不知也。夫明明有倏然之境，但文其辞曰梦觉，则群以为然，谓之为悟，则群以为不然，是悦其文而不悦其理也。此与易性恶之说而指为气质，亦大略相似。盖性之有善而无恶，孟子辨之详矣。不察吾性之何以必善，但觉得其中原有些子戾气存焉，因文其辞曰气质之性，此等语病误人不浅，曷不将《中庸》《孟子》合而参之？

中庸

《中庸》首章从天说人性，从性说出中和，从中和说到位育，皆大本之所发，达道之事也。溯其源头，可见愚夫之渺见，胥天德胥天才矣。能率者不违性之初，故理曰天理。不能率者悉属情之伪，故欲曰人欲。本然者赋于天，勉然者染于人也。只此一章，便提出千古学圣的纲领，学者不可不细心体察。

为高必因丘陵，为下必因川泽。用间谍者，因敌人而用之，则情通而势顺。行福广者，藉土人而导之，则路熟而行安。圣人方将范围曲成，干当天①事，安得不先戒惧慎独，涵养天德哉？

四子书泄露太尽者，无若《中庸》首章。天人交关处，打合不拢，既未知理气之禀赋厥有由来，则位育大作用何能做出？看他从天说入性，便已探本穷原，到得率性不离，发而中节，便见性情流通，彻上彻下融成一片，而忠恕二字不足言矣，所以能中和致而位育成也。后人看位育二字太悬绝，似非常人所能，只为看天字太远耳。因吾性所禀之天德，出吾性自具之天才，以经理天秩天叙，仍然是天工天用而已。

性字心旁加生，有二义，一谓心所由生，一谓心中之生气资始于天。继之者善，成之者性，故曰心所由生。一元之善，普利美于不

① “天”，库本作“大”。

言,而各正性命,保合太和,故曰心中之生气。

性情二字分疏不明,到底不解一贯之妙。譬之于水,其流也,其不盈也,其行险也,皆从源头奋发出来,何尝非水之动用?本宜以情言之,而今曰水性如是,未有不以为然者。如必离性于情,另作一解,岂知率性之率与大本达道相为流通,皆一以贯之之妙乎?但解情也者,性之动也,道也者,性之周也,便是位天地育万物,皆不能出此性之外,便见分晓。孔子之保合太和,便是性中涵情,孟子之四端,便是情中涵性。

自天以下,水之泉源未有不清者,以泉配性,则清其善也。其有不清,则后面搀和行潦耳。搀和者自外而至,率性[①]者自内而出,所由曰率性之谓道。率也者,顺其本然之谓也。朱子曰性所以立乎水之静,情所以行乎水之动,欲则水之流而至于滥也。以滥为欲,恐未必然。滥特水之泛溢者耳,水之下流固无不汪洋浩瀚者,是水所应有者也。欲虽在动处见得,然而非其性矣。今曰率性之谓道,谓率则为道,不率则非道也。率也者,从源而出者也。欲也者,外面之搀和,不率于源者也,即水之泥沙污浊,搅扰清源者也。人性本善,原非气质可言,子思孟子一脉相传,胥如此矣。圣人最精最密之训,无若以克复告颜渊,必如先儒之说,便宜以克去者为气质之性矣。气质既已属性,则吾心之内具者矣,又何待以视听之说告之?然而克己之目,则首曰非礼勿视,非礼勿听,岂不是从外面把截住,惧泥沙之搀和乎?

先儒以性为体,以情为用,以知觉运动者为心,所以有性犹太极,心犹阴阳之说。然太极阴阳只动静体用之分耳。如上以心字向运动处说,岂不与情字犯重?张子曰心统性情,此心字只如子思之中字,指其所在之位而言。如人指凡物之中便谓为心者然也,非另有个心字在性情之外别烦讲究。盖人所具中和之德,无过一体一用,一静一动而已。善动者,阳之类也。明而可见者,阳之类也。若

① “性”,库本作“情”。

阴则静而先迷者耳。阴阳既各有定性,人禀阴阳之气得阴而成形,得阳而成性。阳固善动而光明者也。知觉,明之类也。知觉之发,动之类也。然必有至静而立体者存之于先,是心性情随人所别,而一体一用、一动一静,已无馀义也。何得另有心字,烦作三样解说?

先儒论性必要说个理字,则子思之中字为不当矣。必要说入气质,则孟子之性善为不当矣。恐于克复实际,于率性实际,于孺子入井实际,未能见透也。此便是圣贤与儒者两下分途处。然则性字宜作何解?但当云人所禀受,在中各正之太和云耳。阳明曰有未发之中,即有发而皆中节之和,今人未能有发而皆中节之和,须知是他未发之中亦未能全得。此等语非深知性善,非深知率性之谓道,未易言也。然工夫到此,实无可全之法,止有戒惧于静存之时,省察于将动未动之际耳。故颜子之四勿,便是兼静存动察而密其功也。

性之一字,只天命之谓四字已尽。《中庸》后面说于穆不已,天之所以为天,穆字说在静边,不已说在动边,便是体用流通。天如是,性亦如是而已。今必说个理字,是有知有觉之后,方始见得者也。岂性之体耶?岂子思用中字之妙耶?孔子之系《易》也,曰穷理尽性以至于命,既将理性分说,则理字非性可知。乃理字之上用一穷字,岂不全在知识上面用功,至于性但说个尽字,故知理字必与性字有别。

率者顺也,不作行字解。顺则自内循循而出,行则外面之动象也。道字解曰犹路,是将率字认作行字了。彼其方出于性,原在念头将动未动之时,岂遂有行之可言?行也者,道之遍著于事务者也。看率字既差,则认道字亦不切矣。子思说此一句,以性字推道字之源头,以道字究性字之归宿,下文所云大本达道是也。观其属意原在两头,而中用一率字,以发其前后流通隐显不二之妙,故曰率者顺也。譬若从京都而至某省,非从他省而至某省也。又如云从京都而至某省,非但从京都而至某府某州也。是确不可移者,正在两端之性道二字,所以谓之为顺。今曰犹路,但取中间可行之一段,而前无发足之地,后无归宿之所矣。试观后面君子之道费而隐,此岂路字

所能解乎?又观语大莫载,语小莫破,此岂路字所能解乎?又观造端夫妇,察乎天地,此岂路字所能解乎?四子之书谅无二道,亦可云朝闻路,夕死可乎?所由谓先儒言学者多,言道者少,职是故耳。然则道字宜作何解?观上面溯原于天,推本于性,下面说到中和位育,则道也者,广大精微,性情流通,显微无间,天人合一之名目也。唯孟子认得源头确,看得率字当,所以能说出性善二字,所以能引出孺子入井一条,至于孩提知爱,莫非性天流行,何有矫揉?何有造作?岂得不谓为顺乎?

广大精微之谓道,观费隐诸章可知。

性情流通之谓道,观大本达道之说可知。

显微无间之谓道,观不睹不闻,莫见莫显之说可知。

天人合一之谓道,观天命之谓性,率性之谓道,及中和致而位育成能可知。言道者不推本孔子子思孟子之言,彼所谓道,亦道其所道而已。然道毕竟属大用一边,何也?盖天命之性原在未发一边,到得发而为和,始称达道故也。

或曰子思明言修道矣,道而可修,岂专谓顺乎?曰道而可修,便是用边之事。如礼乐刑政之属,安得不修?故下遂补出教字。予所谓道是率性之道,是从本源上说起,乌可不顺?曰道有二乎?曰道非有二,而本末则不能无辨。修道之道,达道之道也。率性之道,据大本之发动而言也,亦如天命之谓性,与率性之性便有分别。天命之性是各正性命,太和之保合也,说在赋畀一边。下性字则喜怒哀乐浑然在中者也,即元为善长之说,说在禀受一边。上性字在天则流行之太极,在人则敦化之太极。下性字则在人之太极,逮于已发,则流行之大用。故以为和,而又以为达道也。

气质之说必不可以言性,今试思气为何物?质为何物?谓性如是乎?此亦不辨自明者也。

乾健也,继乾者坤。坤顺也,率性之谓道,以人承天,坤德焉耳。所以谓为继之者善也。

何云率字为顺义?性天之本具于人心,是一元之所亨,太和之

保合，于穆之流衍，一诚之分著者也。若其不顺，则岐而为妄，离而为伪，背而为恶矣。三者非性也，是泥沙之搀①和清泉，感于外缘而旁出者也。所以必率于性，乃始为道。所以孔子教颜子亦曰，非礼勿视，非礼勿听，而子思亦曰戒慎恐惧，莫见莫显，而慎独也。

性非理可言也，是定命之灵源，含生之主宰也。道非路可言也，是体用同原之密旨，天人合一之奥府也。

延平李氏曰：方其未发，性也；及其发而中节，情也。孟子曰性善，又曰情可以为善，其说盖出于子思。

必待既睹而始勿视，不已视乎？其勿也，不已晚乎？故孔子曰非礼勿视，而子思曰戒慎乎其所不睹。必待既闻而始勿听，不已听乎？其勿也，不已晚乎？故孔子曰非礼勿听，而子思曰恐惧乎其所不闻。此克复之实功，存养之至密者也。

道在事物公共上见，理在逐事逐物，条理分明，细微曲节上见。故喜怒哀乐虽出于一人之心，而喜怒哀乐之所及，则不可以时地限矣。如仅在一人身上理会，便将道字看狭了，何能做出位育底事功？亦并不知天下归仁之秘旨矣。当知吾得大公之理以有其性，则天之所生，凡有性者，亦莫不各得此大公之理，是吾性原涵此公共之天，而公共之天遂无往而非吾性。所由位之而位，育之而育，故以为达道也。达也者，由大本而达，即由性而达之者也。发者，达之初几②。达者，发之究竟也。

子贡曰性与天道不可得闻，除却《中庸》，别无可闻之法。盖此章原具天人合一之妙，本与易道相为发明，今略言之。天，性之原也。命，天之动也。性，天之定也。天，元也。命，亨也。性，则其利而贞焉者也。其在人也，性，人之天也。情，性之动也。道，性之充也。性，元也。情，亨也。道，则其利而贞焉者也。

朱氏公迁曰，《易》曰一阴一阳之谓道，继之者善也，成之者性

① “搀”，库本作“参”。

② “几”，库本作“机”。

也,子思之论盖本于此。但《易》先言道而后言性,此道字是统体一太极。子思先言性而后言道,此道字是各具一太极也。煦按此二道字原各不同,一为天之大用,一为人之大用。天之大用是各正性命之时,是赋畀一边事,此时人性方成,故在天则可以道言,而在人则止以继善成性言也。若在人之道,则率性之后,已发之和也。此二道字原不相混,盖统体之太极乃乾之元也,统天御天者是也。至于既亨而阴阳呈露,乃始有云行雨施,保合太和之事,故曰一阴一阳之谓道,谓统体之大用已行也。乃自天赋而论,则为保合之太和。自人之禀受而论,乃始为性。此性字即各具之太极,故以继善成性说在阴阳之后。继善之善即元为善长之善也。盖乾之《文言》皆言率性之事,至于发而中节,仍不离和,故子思谓和也者,天下之达道也。此又各具之太极,既行之大用也。不知子思天命一句本《乾彖》来,率性一句本《文言》来,凡将道字说在所以然处,皆非圣贤之本旨也。

天命之谓性是体统之太极,溯继善所由来。率性之谓道是流行之太极,推位育所由起。

西山真氏曰生之谓性,以气言者也。天命之谓性,则以理言者也。以气言之,则人物所禀之不同。以理言之,则天之所命一而已矣。然则虎狼之搏噬,马牛之踶触,非道耶?曰子思之所谓率性云者,循其天命之性也。若有搏噬踶触,则气禀之所为,而非天命之本然矣。岂独物为然?凡人之为善者,皆循天命之性也。其为不善,则发乎气禀之性矣。煦按循字最妙,乃率字正解,即煦所云顺性而出之者也。至兼气而言性,仍与性相近也之注同一见解,大约宋儒皆如此说。不知天之赋于人物者,皆是各正之太和,故人心之灵悉是太和。若形体之成,则气之为也。人之心未有不灵者,则未有不具此太和者也。此太和之赋畀,人与物莫不如是,特在人则灵为气主,在物则气多而灵少耳。故其知识皆偏,不能如人心之妙。孟子谓性为善,子思发皆中节,皆乾彖之旨也。当知气自气,质自质,与虚灵之体何涉?至告子生之谓性,是诚以气言者矣。此告子之误也。故孟子以犬羊律之,论其形而已矣。岂儒者上法孔孟,固可与

告子同一见哉?

不睹不闻者元也,莫见莫显者亨也,戒惧慎独则谨于亨,慎于利以求合乎道而为贞者也。

未发元也,发亨也,发而皆中则利,所中之节则贞也。

大本元也,达道贞也,本之能达则亨,达无不达则利,达而不离乎本则贞而为道者也。即大本而为达道,所以谓之率于性。率之云者,不矫揉,不纵逸,不违背,故以为顺也。是推性合情,反情归性,内外一如,性情流通之妙也,故以为道也。

中之一字也大奇,只缘其中不能实证其无,而又不能一一指称其有,姑即其所在之位而证之,因谓为中耳。若既有条理可言,已在有知有觉之后,则充塞洋溢之极功,是道也,非性也。故惟中之一字,亘古亘今,颠扑不破,比周子之无极图相去则天渊矣。故后之学者,还当以六经、四子书为的,不当以先儒之说自画。

喜春象,乐夏象,怒秋象,哀冬象。

喜少阳,乐太阳,怒少阴,哀太阴。

喜近仁,乐近礼,怒近义,哀近智。

中,无为而静正者也。戒慎恐惧是从门户道路上把持,欲使之率性而为道耳。颜子四勿正于此地做工夫,故不睹不闻,即勿视勿听之义。

既知率性为道,由大本以达,则见道皆见性之地矣。既知性为天命,又以位育还诸天地,则率性皆达天之能矣。如但谓元亨为大通,则已埋没了元字实际。如谓利贞为利在正①固,则又埋没了利字精神。不惟赞辞与戒辞渺如天壤,且将四德说成两件,皆与率性之旨不合。

位育之道著力在一致字。致之者,是中到极处,无一物不中,和到极处,无一物不和者也。全是圣人地位,搀不得纤毫工夫在内。虽离不了礼乐刑政,却非德位兼具者不能。盖范围曲成,必非甫能

① “正”,堂本作“贞”。

戒惧慎独人所能办也。

中和二字上仅用一个致字，不曰致中又致和，便是合一不分底妙处。盖以一人之中，达而为和，则工夫在致字上。以一人之中和，达而为万物之中和，则工夫亦在致字上。始知中和二字分疏到底者，皆未知止用一致字之妙也。

位育之具总在礼乐刑政。若曰吾之气顺，天地之气亦顺，恐无是理。夫《春秋》之有孔子，岂可谓气不顺乎？而乱贼如故，何未闻天地之气顺也？至云天地之心亦正，便是见得天地亦尝有不正之心矣？学者仔细思量，果其然乎？天地而有不正之心，不独乖戾之可虞也，窃恐化育亦无自而有。然自开辟至今，生生者日出而不穷，曾有何时见得天地有不正之心？此等语病，当细心察识。

天地何尝有不正之心？有不正者，气之干也。天地何尝有不顺之气？有不顺者，人之扰也。故中和致而位育可能也。孟子曰我亦欲正人心，便是位育大作用。

圣人位天地育万物，别无范围之法，止有调停气机之法。圣人亦别无调停气机之法，止有匡正人心之法。故位育之能必归诸致中和者，是无有一人一物不中不和，故谓为中和之极功，而命之为致也。孟子历观古今①升降之运，而欲以独力肩之，但曰我亦欲正人心，便是深达子思之旨，故自谓为私淑。

人之作为，能干天地之和，而何害乎天地之中？能使天地之气不顺，而不能使天地之心不正。然而育万物必在位天地之后者，是一串话头，所由谓和为已发之中，达道由大本②出也。

既云人之作为能干天地之和，乱天地之气，而并使人致疑于天地之心。又云匡正人心，即所以调停气机，调停气机即所以范围天地，岂不将育字说在位字前面去了？今试看人情所发，一不得正，并将性字都带累坏了。盖性之与情止是一事，已发未发混合而为一

① “今”，库本作“人”。

② “达道由大本”，库本作“大本由达道”。

耳。又看中和二字既本率性句来，原是说性情流通，内外一如之妙，则此二字原不可分，盖能位即所以能育，能育即所以能位也。因有作有为之事业，原止做得有作有为一边，其无声无臭之中，常默默自有以相应，故位字即在育字之中，所以子思于中和之上仅用一个致字。若说致中又须致和，便是重重分别，已不解二字流通之妙。且将致字作①工夫字面看过，便不知此语说在达道之后，全是浑全极至底身分。若将致字看作工夫，便是打初入手之事，下面位育如何做得出来？恐子思立言之旨不是如此。

位育二者说在致中和之后，已全是达道一边事。故中和宜合看，而位育二语亦并宜合看也。

中和性也，位之育之则道矣。或曰子思明曰率性之谓道，又曰发而皆中节谓之和，则是中为性而和为情矣。今曰中和性也，何也？曰子思本未说情，但曰率性之为道耳。苟知此矣，便是位育亦皆性中之事，何也？率于性故也。

致中和便是达道一边事，位育则达道之效也。

既曰致中，则非特吾②心未发之中，而后可以为致。既曰致和，则非特吾身发皆中节之和，而后可以为致。如但以吾之心正为中，吾之气顺为和，则止一人之中和已耳。既不知绝大作用皆一致字所包含，不惟中和是悬虚的，恐位育之能终为虚语。今试观博厚高明悠久，洋洋优优，毕竟是何等气象，岂能离礼乐刑政而指为一身之事耶？又观三重以后，建天地，俟百世，川流敦化，经纶大经，立本知化，此岂一身之事耶？又观衣锦章，为《中庸》总结，静存动察而后，继以奏假无言，即曰时靡有争。继以不显惟德，即曰百辟其刑。此岂一身之事耶？不知绝大作用全在致字，但谓一人之心，一身之气，足以干当此事，恐与执空谈道者无别。

孟子好辨章，言天地有一番气运，即言圣人有一番裁成辅相，及

① “作”，堂本作“做”。

② “吾”，堂本作“一”。

至自叙则曰,我亦欲正人心,便可知后世之治乱,皆人心之邪正使然,故舍正心而言位育,皆无据者耳。

参赞位育皆充塞一边事,皆圣人之大用,故谓四子书为圣人言道之书。道也者,达之天下者也。至其所以然,皆天性一边事,至精至神至变,非《周易》莫之明矣。

致中和的致字,是从无思无为推到有作有为之极。若作由戒惧而约之,由慎独而精之,便是从有作有为之时返到无思无为里面去,岂非倒说了?况戒惧慎独原是说存养省察工夫,致中和是说达道。盖性是无思无为之地,是有作有为之本。达道是有作有为之事,本无思无为而来,即孔子所谓寂然不动感而遂通之妙也。戒惧两节是在将动未动时,扶而正之,使不至岐趋耳。到得致之而位矣,致之而育矣,便是极大作用,安可返说向里边去?

子思分疏大本达道,不是要将大本达道分而为二,止是要将大本达道合而为一。故说大本不是说凝住不可达之本,便是要说未达之本,所以竟将未发二字说在中边,将天下字说在中边,将喜怒哀乐亦遂说在未发边。说个未发便有能发者在也。说达道不是说空空之达,便要说大本之达,所以竟将和字说在发边,于发处反不言喜怒哀乐,直领未发之中字来。发由中发,则有所持以往,是和亦中之所本具者也。故中和两字俱属大本一边,和亦中之所涵而已。果使中和克到极至处,则道斯达矣。且圣人之道一以贯之,到得融通地位,内之与外原无可分。《中庸》为子思传道之书,这便是子思亲承的旨,便是一贯之道。所以前面从天性说入道,中间只用一个率字,率者顺也,道必有所自来,和必有所自出,不知此义,何由知圣人之一贯?故致中和三字断不可分,盖和之一字即中之所蕴,即天性之至精,故以为率也。

愚夫愚妇,孰则无情,终不可以言和,非其率于大本者也。和字来历不知落处,则不知孟子性善之说,则不达圣人之道。

孔子释乾卦,其元亨利贞四字,固皆止说赋予一边,尚未属在人上。然其解说利贞,既以为各正性命,便以为保合太和。夫各正性

命,非人物受生之始乎？然已有太和之保合存焉,则和之即中而具也审矣。《文言》谓元为善长,及其言亨便以为嘉,非善而曷以嘉乎？及其言利便以为义之和,非由长善之一元,保合之太和,而奚由和乎？只因天命赋予之初全是善几,全是太和,所由曰继善成性。子思深达此旨,故其说性但从天字说起,下面止用一率字,便遂说出道来。总由元善保合之太和顺流而出,不旁杂不岐趋者也。孟子深达此旨,故遂说出性善。

孟子之性善原于子思之《中庸》,子思天命一章原于孔子之《易》。盖在天之元亨利贞,全是赋畀之事,继善成性皆后起事也。在人之元亨利贞,全是率性之事,发皆中节皆后起事也。自资始统天至保合太和,始露出性命二字,言赋畀也,子思所云天命之谓性是也。自善之长至贞①固足以干事,中间标出四端,言秉受也,是未发之事,观足以二字可知矣,子思所云率性之谓道,孟子所云四端是也。元为太极,在蕴而未宣之地,其曰万物资始,只说万物之所仰赖在此中耳,元字本位到底不曾说著。在人但说善之长,只如云大美之聚,诸善发源,此为始初处耳。因其本无可言,而实为大美之聚,故孔子善之。善之者,美之也,嘉亦善也,和则其善而可嘉者也。逮于利贞各正性命,遂以为保合太和,非此之是善是嘉,而孰善之？孰嘉之乎？后面说乾始能以美利利天下,善故美也。刚健中正,纯粹精也,正所以美之也。孔子但善之嘉之美之,以大哉赞之而已,并未有理之可言也。可知后人搀入理字,其不可以言性也明矣。至于气质之说,原本于几善恶三字,竟与性恶无异,恐未深悉孔子之旨。

子思发皆中节之和,孟子之性善,皆本孔子太和二字来。一元之蕴既为太和,故以为善之长。子思率性之谓道,率此太和者也。试观后面发而中节便谓之和,此和由外袭乎？若使袭之于外,则不得谓为发矣。发也者,本其内之所蕴而言也。如爆竹中含火气,然后发而爆烈。泉源中含水气,然后发而为江湖也。因其所发之和,

① “贞”,库本作“正”。

而推本于所蕴之和,则孔子保合太和之说明矣。孟子之言四端,曰非由外铄我也,岂其未达于孔子子思之旨乎?

尼山授受,一脉相传,不差累黍。由太和之说而有率性之道,由发皆中节而有性善,何尝走作丝毫?故言性学者,六经、四子书尽之矣,此外则未之取也。

《中庸》全部皆言道用,其体则①未发之中四字,究非可以言传。费隐章说费又说隐,隐矣而何可言乎?后惟至诚尽性章一提性字,说到未发之中,而所以能尽其性者,卒莫之能言也,故《中庸》言道之书也。

孟子私淑诸人,其好辩章与性善养气诸章,全从《中庸》得力,故参赞位育大事功,惟孟子做得出。

君子中庸,小人反中庸,反即相背之说,言与君子不同尔。小人之中庸也,不必添一反字,天命之性,秉彝之德,是人人同具的,虽小人原不以中庸禁之。盖人性本善,原不因小人而有恶,故人至牿亡之后,平旦之气要亦有时呈露。君子而时中,小人而无忌惮,此君子小人虽因上文而重列其人,却只在时中无忌惮五字中看出。若说既为君子,既为小人,则是君子小人在天地间,竟成自然之品行了。须知此二句是倒装文法,随时处中,正是中庸,正是成其为君子处。无所忌惮,正是反中庸,正是成其为小人处。此处亦不必添又字,若必添一又字,请问随时处中,无所忌惮之外,更有何事,可成君子小人?

费隐者,道也,费而隐则贯中之一也。《中庸》言道皆在用边,故先从费字说起,其隐则费之不可知者而已。曾子之唯,不能向门人直措一词,为其隐而已矣。

语大莫载,语小莫破,若将大小看作两件,便不是了。但将大小合而为一,方是圣人之道。后面小德川流,大德敦化,亦须合拢作一处,方是正旨。

以禘尝配郊社,以事先配事天,此便是本天本祖之意。探生人

① "则",库本作"只"。

生物之大原，而合以致其奉若之诚，此治国之所以不难，而孝之所以达也。然非匹夫匹妇所能解说，故或人问禘，孔子但曰不知。

鬼神二字不必分疏，鬼者归义也，神即鬼之灵处。诗人之称先祖也，谓之曰神，言其灵而已矣。神罔时怨，神罔时恫是也。盖天地间万事万物皆离不得阴阳，神阳而鬼阴者也。阳德善动而善迁，非阴以凝之则不聚，故鬼神者，鬼之神也。

鬼神合而言之，只是天地之至灵而已。鬼阴而神阳，鬼而灵矣，正以幽杳虚暗之中，皆不可测也。

《中庸》言诚字最亲切处，无若夫微之显，诚之不可掩。及诚者自成，不诚无物数语，当与天命章参看。

诚明原不相离，曾子之明德正此明字。无明则诚为无用之物，无诚则明为搜索之具耳。孔子尝合言知仁，便是如此。如以虚灵二字相配，则诚即虚也，明即灵也。

惟诚始能尽性，惟尽性始能参赞，此便是位育之旨，总离不了知明处当。若节节次次不能分晰明了，如何做得出？故智者不惑，是学圣者第一紧关事。

知仁勇三者，虽是性之德，然费隐数章却是实拍拍地言性，不然则天命源头何以打得通？后边位育事功何能做得出？

成己之仁，成物之知，俱以为一性之所涵。故一成己，便能兼之。张子之《西铭》及孔子问禘章与《中庸》郊社之礼节，皆是此旨。知此则可知性量之广大，不可限量，而孔子天下归仁，及子思位育之极功，非虚语也。

见乎蓍龟，动乎四体，天地自然之明，即诚而具，所以谓几者，动之微也。

水之将至，其气必寒。火之将至，其气必热。冬之将至，必先有秋。夏之将至，必先有春。此皆几之动于微，而显然可据者也。圣人立卦揲蓍之法皆不逾四象，以万物之理摄于阴阳，少阴少阳即太阴太阳之几也。

一岁之气止有寒暑二者而已，是阴阳之别也。然暑不遽暑，必

先有春。寒不遽寒,必先有秋。此皆气之先见者也。所由有太少之别,而邵子遂于每件打成四截矣。

末章说不显,推极于无声无臭,以发明天载,此处岂容得一理字?故知性字之解,只天命之谓便是,若另添注脚便非。

《中庸》以天命章为主,其下皆此章注脚也。知仁勇则性中之德,所用以戒惧慎独者也,是第二节第三节注脚。费隐数章则大本达道,性情流通之故,是第四节注脚。自诚明以下,以人道形天道,便是表章圣人中和极至的身分,便是致中和注脚。自祖述以下说入天德,便是位育注脚。然必本诸三重及敦化之大德,川流之小德者,正修道之教不离夫礼乐刑政者也。

中者,虚而肆应之谓。庸者,凡民可能之谓。

《中庸》一书除首末两章外,所言皆修道之教,莫非言性中之道也。首从天性说起,是探原之说,便是子思绝大本领,知化原所自起。末章归本于天,便是内外同原,显微一致之妙,与《易系》之首章大略相同。非子思亲传圣道,那易辨此?《集注》详言修道之教而略于天性,陆子详言天性而略于修道之教。煦以为必兼本末,身体而详味之,庶于子思之意旨相符。予于《周易》探索五十馀年,觉得乾坤两卦皆言天性,悉属未发之中。其坎离震兑四卦,是性天之方动,正一元之将亨,已是将发之候,然犹未离乎本。故予《函书》所释,皆发性天之旨,与他卦迥别。其①馀乾坤六子错杂之卦,则皆言修道之教也。学者读书须将六经打通,知是一个道理,方称合拍。

朱子曰:子思作《中庸》,首三句乃天地万物之大本大根,万化皆从此出。煦按此是将道字看作所以然之意,岂知这是一串话头,至于道则全在用边,是本末俱备,非专言本也。所以后文便说出达道,便全说在既发之后,位育两言非达道之用乎?

云峰胡氏曰:《易》曰一阴一阳之谓道,继之者善也,成之者性也。子思之论盖本于此。但《易》先言道而后言性,此道字是统体一

① "其",库本作"自"。

太极。子思先言性而后言道,此道字是各具一太极也。煦按《易》之所谓道者,是生天之大用,故说在阴阳一边,此天命之大作用也。率性之道,则人身之大用,渺然绝不相同。若但认作一个道,误人不浅。邵子曰:心者,道之形体。方是天命之性的性字,方是此道字。邵子之外,恐未易言也。何得云各具之太极,与朱子作所以然看相同?多因天人之界未能划清。如要划清,当知天命之性。此性字便是赋畀之事,便是天之作用,便是天之道。何也?此正天之大用,所以普遍者也。率性之谓道,此道字便是继善以后之事,便是性中之作用,与天命之性的性字相似。何也?此正人心之大用,由性而出,与天命之性由命而出者同也,

又曰静致其中,动致其和,极其功,至于位天地,育万物。煦按末节只说达道耳。子思但用一致字,与一贯之旨相同,原不是以中和分贴。

番阳李氏曰:《中庸》一书,性道教三言为一篇之纲领,而道之一字为三言之纲领。煦按亦是看道字在本上,不知末节止是言道。道也者节,只是言修道之方,由率性而始耳。以性字原无明证,不可实说,故止多说大用一边。至第四节亦止标出一个中字,而《中庸》全部所言,则无非道也。

周易函书别集卷十　篝灯约旨四

论语

《论语》如太和元气，该贯浑沦，诸贤则各露圭角矣。但以忠恕两言熟看《大学》，便知《论语》之包涵迥异，此圣与贤分别处。

曾子、子思、孟子，大贤也。然其立论，要皆见得明，说得定，而实能垂教，有功百世者也。夫格致诚正，修齐治平，后世有能出其范围者乎？天性道之旨，子贡以为不可得闻，而子思闻之，又有中和之训，位育之能，费隐之几，诚明之旨，精及于无声无臭而莫测其端，察及于鸢飞鱼跃而莫知其故，大及于上律下袭而莫穷其际，妙及于川流敦化而莫窥其神，后世有能出其范围者乎？孟子集义以养浩，前此有言之者乎？验诸情而征性善，前此有言之者乎？正人心以回气运，前此有言之者乎？此孟子之所发明，后世有能出其范围者乎？《大学》《中庸》《孟子》之书固在也，凡皆深造道妙，各有真见，故其立论不必尽同。揆于圣人精一之传，总无违忤。若先儒所阐，如存诚主敬，守静致虚，格物穷理诸说，凡皆四子书中所已明，比诸先贤特辟蚕丛，独抒己见，实能与圣道足相发明者，不少概见，此又先儒与圣贤分别处。

敬轩薛氏曰：夫子所谓一，即统体之太极也，所谓贯，即各具之太极也。又曰天以一理而贯万物，圣人以一性而贯万事。煦按贯字止是充周之义，只当得发而中节之发，和为达道之达字耳。一贯之说已见前卷。

朱氏文炳曰：一贯忠恕，体用而已矣。曾子于此著明之，而于

《大学》尤[1]推广之。修身以上,所以体此忠也,一之所以为体也。齐家以下,所以行此恕也,贯之所以为用也。此一贯忠恕,为圣贤相传之心法也。

敬斋胡氏曰:一贯即体也,盖人之一心,万理咸备,体也。随事而应,无不周遍,用也。曾子平日战兢临履,忠信笃实,则其心之本体已立。随事精察,无不详尽,则其心之大用已周。所谓一贯者,固在其中矣。故夫子一唤即悟,不然则应之必不如此之速。其后子思发明中和,以为中也者,天下之大本也,和也者,天下之达道[2]也。程子序《易》曰体用一源,显微无间,皆此道也。

述而不作,信而好古,窃比于我老彭,孔子之圣岂其不能作乎?今观六经,如《诗》如《书》如《礼》,删定纂修之而已矣。《春秋》固鲁史也,孔子之《春秋》,笔削之而非作也。《易》之有翼也,固所以发三圣之精蕴,非《易》外创为不稽之论。如后世之《太玄》《轨策》、京焦辈,自为一家言也。自《太玄》作俑为《易》外之《易》,后世好名之士不顾其验与不验,可用不可用,遂竞以著作名家。今不尽去后世之伪书,不尽焚后人之伪作,则《周易》之旨不可得而明也。圣人之道止有六经,六经之外犹且不作,六经之中犹且非圣人之自作,则后世所有之书,其为不经也明矣。大约作者之弊,始于后人之好奇而喜新,不知舍六经而言道理,皆非正理,故议论必以近古者为正。夫今人之聪明不逮古人,即一二事可以观矣。古之乐舞穷神而入化矣,而今之《韶》《夏》《大武》犹有存乎?古之瑟动天地感鬼神矣,今之瑟已失传,有能复为古瑟者乎?今之琴音能一一如古琴乎?今之龟卜失传,有能创为龟卜而一一可验者乎?古之针灸,古人已作之艺,既已失之,犹不可以复得,况能作乎?况有精深于此,非伎艺之比者,而顾作之乎?噫,何陋也,何愚也,而犹复自用,抑又何也?即如龟卜之法,史迁所著以为死龟。汉去古未远,史迁必有所授。而宋

---

① “尤”,库本作“又”。

② “达道”,库本作“大用”。

元以下,乃有执为活龟者。此皆好为奇论,以欺天下者也。不尽去天下之伪书,《周易》之理不可得而明也。何也?天地之间不容有二道故也。后世之书有最不可信者,如兔本胎生,顾以为吐而生。燕之来去随气而化,乃以为伏于水。此其说之可听而实误者也。至风云月露之词,全无道理,人人藉此以博名高,称词翰矣。不揆于理而肆于文,是理之蠹也。孔子于周末已有文盛之感,若见后世之作,宜何如伤悼乎?

子曰:盖有不知而作之者,我无是也。盖知由闻见而入,图书既泄以后,其资人闻见不少矣。已知而益求其知,圣人之所以为生知。不知而无以为知,愚人之所以终无知也。无知而不自知其无知,此所以妄作而不自谅也。后来儒者自子云作俑始,而《洪范》之牵引洛书,致乱圣人之经,较子云尤甚。今试平心静虑而观之,《洪范》本文固未有洛书之说也。武王请益于箕子,而《洪范》因恃以不废,以其所明皆天人合一之事,与《周易》同旨故耳。至于洛书,文王固准之以为后天图矣。武王亲承家训,岂其不解洛书乎?岂其不解洛书为《周易》中后天之用乎?乃顾以《洪范》为本于洛书,而请益于箕子,则是文王之家教不具,而武王之承受不的。夫朝夕亲承犹不能尽探厥旨,彼偶尔之词说便悉解乎?不察其原,顾以洛书为作范之具,则是有闻而不之择,有见而未之识也。如是而作,为有知者乎?亦异于孔子矣。

天下归仁,言斯仁之蕴包含难量耳。犹云天下之大皆在一仁含蕴之中,是即元为善长之理,元而既亨,后此之善皆由元出也。朱子谓天下皆与其仁,岂有才去克己,天下便以仁许之乎?且人而与我,便可为仁,人而不与,便不可为仁乎?若但以为心同理同,即不作如此说话,于克已者亦复何损?且孔子之教颜子,只言己身之事,何与他人事而言不切己之效乎?其教樊迟,尚曰先难后获,岂其教颜子也,而顾以其效歆动之乎?此等道理不可不明。

天下归仁与子贡之美富,孟子之万物皆备,子思之致中和,天地位焉,万物育焉同义,即《乾彖》万国咸宁,《文言》美利天下之旨也。

张子《西铭》皆由此出。今谓天下许我以仁,则非教以为仁之旨矣。夫颜子所问固自治之仁,非治人之仁也。孔子之教惟仁字最精最微,是性命之大原也。如但以理同心同之说为训,与一日克复有何关涉?况必说到天下许我以仁,然后讨探出心同理同之旨,亦大费曲折,非立言之旨矣。

孔子上承先圣,下开来学,止一仁字是天之赋而具于人,敦万化之源而为含生之主宰者也,故曰天下归仁也。

仁也者,一元之长善,保合之太和,成性之大本,众美之会聚也。就天而言之为元,即方赋而言之为太和,即所禀而言之为性,统天人而言之为道,合①性道而一之为仁。长善之理既裕,然后万②善由此而生。大美之聚既精,然后众美由此而盛。孔颜之乐,乐此者也。孟子之集,集此者也。

仁之本源,授于天命而生机不息。仁之周遍,达于事物而无往不存。仁之流通,贯于今古而无时不然。其粗则验于居处行立之中,其精则通于性命天人之合。是则仁也者,即圣圣相传之道,而孔子之及门所谆谆考证者也。浅者浅言之,樊迟司马牛是也。深者深言之,仲弓是也。然犹在门户上把持,非入室之事也。克复之训,则入室之事矣。然犹在将违时著力,所谓不远之复是也。而仁之本体,究未有能启其机。俾得尽力阐扬,显然呈露者,其庶求于天下归仁之一语乎?解此则一贯之一,生理之直,太和之保合,与体仁长善之理,皆在是也。

克己复礼,如不解性量之大,但以为自己一身之事,与释氏坐禅,杨氏为我何异?岂知一贯之道,即在天下归仁一句中,此方是圣道不同于异端处。仁即一也,天下归即贯之具也。唯天下归仁,然后可发而为达道。子贡曰夫子之言性,不可得闻,宗庙百官之美富,不可得见,皆此仁之含蕴也。子思之参赞位育,语大莫载,语小莫

① "合",堂本作"各"。
② "万",库本作"为"。

破,造夫妇,察天地,发育峻极,持载覆帱,皆此仁之措施也。孟子之塞天地,万物皆备,皆此仁充周之量不尽之藏也。今但曰天下许我以仁,与克复之义有何干涉?即令人不许我,与克复之我又有何损?当知归仁一语,圣人之参赞位育尽在其中。

子贡曰:性与天道,不可得闻。朱子谓性者,人所受之天理。天道者,天理自然之本体。夫既以为天理矣,又谓天理复有本体,然则天理为存主者乎?为达用者乎?如以天理为存主之事,则是存主之中又复有存主者矣。如以天理为用边之事,然而圣贤之言性,从未有说在用边者也。观此则性学之不明也宜矣。须知此语止是说性而已。天所以原性之始,究性之大本也。道所以极性之量,究性之大用也。故于天道之上添一与字,皆本性字之说而言之也。

曹月川曰:克己复礼为仁,是孔颜所传之心法。吾道一以贯之,是孔曾所传之心法。夫圣人之心法一也,何所传之旨不一欤?盖一是仁之体,贯是仁之用。煦按此等解说绝佳,盖贯之一字,即天下归仁之妙也。

圣贤无浮泛不切事理之言,《周易》非旷邈不可稽考之语,皆须从自身上体贴。晋人清谈,毕竟济得甚事?据有识者看来,直谓为无人可耳。学者但能为一时所尊贵之人,一时所尊贵之事,而不能为古今所尊贵之人,古今所尊贵之事,非具眼者也。

性相近也二章,是言习也,非言性也。因见世间穷凶极恶之人,其初亦未必如此,故曰性相近。因所习殊途,后遂流极而不知返,故曰习相远。习而相远,谓非生来便如此也。如此说方与子思率性为道,孟子性善之旨相合。盖思孟皆学于孔子者,岂思孟谓性本善,而孔子言性反谓其中有些子戾气乎?固知合义理气质以言性,毕竟非孔子之旨。即下章上智下愚,亦是指习后而言,非性之定也。天下岂有生而圣贤,生而佥壬者哉?其习于上而为智也,至此则不可移矣。苟非上知,一转移之,未必不可以为恶。其习于下而为愚也,至此则不可移矣。苟非下愚,一转移之,未必不可以为善。此夫子教人慎习之旨也。然天下穷凶极恶之人,亦必皆极聪明极伶俐之人,

而今谓为下愚者,谓其心志陷溺邪僻而不知反也。自来解此二①章,谓为夫子之言性,错会相近二字之旨,故以义理气质言之。夫性而可以气质言也,则是性中亦有不善者矣,岂不与孟子子思之言相径庭乎?夫思孟固有所授而然也。今试看《论语》二十篇并无一语言及性字,故子贡曰夫子之言性与天道,不可得而闻也。子贡身在圣门,日聆圣训,犹以为不可得闻,今谓此二章是夫子为性而言,则误之误也。

相近之说原自习学之后,推本于命赋同原之意。今以义理气质分而言性,谓义理之近于气质乎?谓气质之近于义理乎?是二之也,非近也。求其说者,须于乾之《彖传》《文言》中,精察继善成性体仁长人之故,方始得解。

性相近,习相远,非谓相近之中犹有些子差错也。因见后此之习染大相悬绝,故追溯其初,而以为相近。相近云者,如云非远云耳。然其止言相近,不曰一致者,此理自具乾卦。盖乾之元亨利贞四字全是说赋畀之事,便是天命之谓性。体仁四句全是成性之事,全是发皆中节之事,便是率性之谓道。然由元之一亨直至于贞,始曰各正性命,则是万物之有性命是元亨之既定,万物已得所资,各正其体,保合于中,乃始立之名耳。夫乾元固万物之太极,至一而不分者也。到得各正性命,已在万物上见得其中有人物之分,灵蠢之异,已非乾元浑合一致不分之时。夫物而万矣,各正其性,则性命之不一审矣。不谓为相近而谓为一致能乎?圣人之语极有分晓,特人不察耳。《系辞》固曰继之者善也,成之者性也。善则一元之长,是至一者也。性则万物之各正,是不一者也。今于不一中而追溯至一,故但以相近言之。况人为万物之灵,与物不同,以人较人,安得不谓之相近?是打合俦众,比量较论之辞,不知此旨,则相近之中便说有些子差错矣,非孔子之旨也。

羊舌氏狼子野心之说,是左氏之妄言,非圣人之正论也。夫学

① “二”,库本作“一”。

者立论不取正于六经、四子书,依圣贤大中至正之论,而独取左氏不经之谈,以为人生本有气质之性,致贻误天下,贻误后世,则误之误矣。夫左氏之书所纪皆春秋中事,大约皆鲁《春秋》之副本耳。鲁之《春秋》,固圣人依为褒贬而不取其正文者也。故知其文久为圣人所弃,乃后儒犹悖理而取之,何也?夫豺声之说,固妇人之言也,岂男子之智反不妇人若也?即以今时之谈论证之,所说不经,而谈言微中,亦或有之,岂遂以为常乎?况遂据之以论性乎?

惟上知节是举习之极深而不可摇动者,以见其相远之实也。性体正静而虚灵,何有知愚之可分?其得以智愚分见者,习也,而非性也。其习于率性之本而不移于近也,故以为智。其习于污染之极而不移于远也,故以为愚。智也者,扩其虚灵之体而牖之者也。愚也者,蔽其虚灵之体而溺之者也。一习也而智愚之分,遂若天渊,是愚之自远于知也,故以为远也。夫习而既移其性矣,故习宜慎也。孔子此两章及子思天命之谓性章,与孟子性善之说不大为改正,则性道二者终古不明于天下。

学日益增而其智日开,则从前之愚可知。愚而自用,习之所以日远而莫移也。孔子曰我非生而知之者,盖言其实也。今人以圣人为天纵,因致自画,抑亦不思之甚矣。

孔子称颜氏为不远之复,相近而习于近也,不移者习而远也,见非下愚皆可反而习于近矣。

子生三月,非无知识,谓为智愚,皆不可也。向后渐长,知识乃日开耳。故智愚者,习后之悬殊也。譬诸盗贼,壮年以后,无所不为,岂其初生一岁半岁,遂知有盗贼之事乎?

譬诸孩提初生,养于深山之中,日与樵夫牧竖为俦,则彼所知唯樵夫牧竖耳。终其身不见美色,终其身不闻雅音,彼亦乌知有红裙之悦目,宫商之娱耳哉?若使偶一见之,偶一闻之,此等种子一入于心,眷恋而不舍,至于独眠静坐时,胡思乱想,必将虚灵之地广大如天者,全然占却,使本来之善无地以自容矣。由此加之以习,予诚不知何所究竟也。又如孩提之生,未必遂知为盗,偶见他人窃人之物

而取之，而亦竟取之矣。初遂尝试为之而人不之责也，从而习之，渐可以偷矣。由偷而习之，渐可以劫矣。由劫而习之，便可以白昼截人于道。此岂其生性使然哉？亦习而日远至于不移故耳。

何以见智愚之为习也？孔子于乾之《文言》历指性中之德，谓元为仁，亨为礼，利为义，至于贞而独不言智，何也？智也者，性之发而后见者也，故但以事干二字发明智之根原而已。盖此四语皆是言性中之德，故但云足以。足以云耳，非竟有仁礼义之可指也。孟子四端字说在恻隐之上，便是《文言》证据。此节既分智愚，又分上下，则是其中便有个相远字。既说相远，便可知其是说习不是说性。

习也者，圣学转移之一大机也。性习之解不分，昧于性则圣学之大本无稽，昧于习则圣功之转移无术。

既言智又言愚，既言上又言下，谓言近乎？谓言远乎？如以为言近，则不应有智愚之悬绝。又于智愚之中，复有上下之悬绝。如以为言远，则是此节断断乎言习，非言性矣。

孟子以时称孔子，以智字说在圣前，以为贯始终之事，此即孔子言智仁勇必先说智字之义。盖必见彻始终，然后依次而行，方克无误。知在行先，亦是此旨。见得明，然后守得定，亦是此旨。《文言》之贞①止说事干，非由见得极明，何以为事之干乎？盖智与四德虽同具一性之中，非征于事为，必无可见。故独居四德之后，直以为事干而不言智。然天下有作有为之事，非见之极明，则行之不去。故独居事先，而以为事干，然但为事干，则仍非有作有为之时矣。故于此不提智字，正以智愚之分必从事上见出，性中纵涵此理，当其未发，原无可分。故曾子援引圣经，但及明德，据本体之虚灵而言智之本也。孔子以为事干，此之义也。阳明有见于此，故极力阐发良知。

性者心之主，此不动者也。凡知之既萌，皆动后事也。故人但有智愚可分，便不是言性。

凡人生之圣狂异路，善恶殊轨者，非其至性然也。性相近也，习

① “贞”，库本作“亨”。

乃相远耳。凡习染之未甚深者,皆可转移,唯上智与下愚不移耳。

离卦外阳,火之光也。内阴,火之质也。虚火不能自立,故必附质而有明,所以为丽。邵子火用以薪传,正为此也。日之光亦附地而明,若丽于虚则无由以自见矣。故昼日之明因地而有,丽于实也。夜则地面无日,而空虚之中未尝无日,明丽于虚,必无自见之义。故离上于地,则为明之晋。离下于地,则为明之伤。离与他卦相配,则无明可言,正此义也。今人之知涵于心体,亦至虚耳。然作之于事,而智愚始可以自见。故孔子之《文言》,于元言仁,于亨言礼,于利言义,于贞宜可以言智,而但曰贞固足以干事,言智之本体而已。《论语》中上智下愚不移,是从事上见得①,故有智愚之可分。智愚既说在事上,则是言习之远,而非言性矣。若性则元善之长,以虚为体,有何智愚可言乎?因性学不明于天下,故性相近也两章,皆不知为言习而发。

问不迁不贰如何?吕泾野曰:不迁怒,发而中节之和。不贰过,几于喜怒哀乐未发之中。颜子逐日在这性情上用功,怎么不谓之好学?又问何以见得性情?曰七情之中唯怒为甚,怒而不迁,则凡七情皆得其正矣。人性至善,本无过失,过而不贰,则驯致于至善矣。煦按圣人之学止有治情之一法,存养省察,戒慎恐惧,皆其事也。其最易弛者无若怒,故颜子不迁,而夫子称之。最易忽者无若好恶,故《大学》一书自诚意章,便以好恶言之,推之则心正于好恶,身修于好恶,而家齐国治天下平亦莫不厘正于好恶。好恶既正,而犹有过者,未之闻也。

曾子曰:仁以为己任,不亦重乎?死而后已,不亦远乎?此便见得仁之为量,统四德兼万善,天下之大,尽归仁中,非其既闻一贯,未易解也。

水之为性,增一分无益迹,亏一分无减迹,盈无盈迹,消无消迹,分一为万而分之迹不可寻,合万为一而合之迹不可辨。达人观之,

---

① “见得”,库本作“得见”。

可以悟性，子在川上当别有难言之妙旨也。逝者如斯，谓道体周通而无滞，灵之妙也，即所谓无方体也。不舍昼夜，谓道用日出而无穷，虚之妙也，即所谓无穷尽也。

坦然行之而无疑，位置曲当而无误，非至明者不能。故智者不惑，在仁勇之先。若或稍留疑义，则惘然无辨，疑畏不前，何能做出仁勇？

智天觉，仁天德，勇天才，皆性也。谓诚之几为善恶，然则此三者，非一性之发而分见者乎？而亦有恶之可称乎？

孔子曰五十而知天命，又曰假我数年，五十以学易，《周易》固尽性达天之学也。《论语》中引《诗》《书》者多，引《周易》者少，所由谓夫子之言性与天道，不可得而闻欤？

子贡曰不见宗庙之美，百官之富，孔子之富美如不在《论语》中，则子贡之言无据矣。若其富美即在《论语》中，则曷不于《论语》求之？子贡曰夫子之言性与天道不可得闻，不可得闻即不见富美之说也。一以贯之，犹之乎不可见也。夫子之语颜渊曰一日克己复礼，天下归仁焉，此富美之实也。若解为天下许我以仁，将富美之实尽行埋却。不知天下归仁是说天下之大，尽归吾仁度量之中。此正富美之实，一贯之的旨也。今方从自己身上做工夫，而便曰天下许之，学者平心自思，有是事否？

志于道一章原重道字，道也者，大用之所存也。志也者，通前后本末而矢诸心也。体诸身，通诸性命，所以究道之本也。达诸才，征诸事业，所以充道之用也。今人轻看游艺，非也。夫子以博文教颜子，人性无穷事业，非材不足以达之。尽有修身慎行，立心醇茂，究其作用，无一可称者矣。圣人之多能，所以储参赞位育之具也。

颜子仰瞻钻忽四语，本言道体。朱子以无穷尽无方体释之，深得其妙矣。程子谓曾点漆雕开已见大意，大意果何存乎？观斯未能信之言，则开之确见无穷尽也。观三子之志在出，曾点之志在处，则不独用时有道存矣，是点之确见无方体也。因二子所见各得一偏，故以为大意也。程子之解如是，故愚谓宋儒之解一贯者，独程子耳。

无穷尽者,灵而虚。无方体者,虚而灵也。若灵之何以虚,虚之何以灵?则圣人亦不能自言其故矣。故伏羲之画图也,必不能画太极。文王之卦但从乾坤而起,不能说乾坤以前。周公之爻但说二用,不能说九六以前。孔子之释元也,但云资始,而元字之实义到底不能分疏。其释筮数也,但云分而为二,而未分以前,到底不可取象。所由一贯之一,圣人心会之,曾子意解之,到底不能多置一言。忠恕一语,亦《周易》取象之遗意耳。

子贡曰:夫子之言性与天道,不可得而闻也。非其既闻,终不知有此事,何由知为不得闻也?又曰:不得其门而入,不见宗庙之美,百官之富。非其既得入门亲见其所以然,何由知其中有此等美富也?此与孔子天下归仁一语相似,一贯之传,曾子而外,断当以子贡为首。

新安陈氏曰:颜子博文精也,约礼一也。

《论语》中诸子皆止问仁,唯子贡与颜子独问为仁。然所问亦有不同,子贡全问在作用一边,故夫子以利器为喻,旋以切磋砥砺之法告之。颜子所问则极精极密,而全体大用俱在者也,故以克己复礼说入极精极微本然之地,旋复以天下归仁告之。见此极精极微之地,而经纶参赞无穷之大用,即此而在。人知求为于作为之地,而不知大用实原于大本,故天下归仁一语,特为为仁言耳。曾子子贡,夫子尝以一贯语之,颜子聪明远过诸贤,此即夫子以一贯教颜子也。误解作效,则不达此旨。

孔子之教仲弓也,曰己所不欲,勿施于人。子贡曰我不欲人之加诸我也,吾亦欲无加诸人。乃孔子固曰非尔所及,何也?盖其教仲弓是因事省察,故教之以勿,而子贡之言无,便是极阔大、极浑成的,故孔子云然。

篇章词赋之学,务博求于名人之风雅,描写花样,期于肖似,故日弛于外。性命道理之学,务深求于圣贤之心志,返观内照,求慊自心,故日专于内。弛于外者,常惧他人之不我美,故常侈炫赫之光,久则必将好名,而夤缘粉饰之术由之以起。专于内者,常觉我心之

绝与人殊,故时具暗然之意,久则常不自足,而隐微深幽之地,亦愈难安。

《集注》言不屈于欲,此四字最妙。凡人莫不具贵高之性,谁甘受屈于人?不知妄念一动,隐伏中甘为所屈而不辞,仔细思之,能不悪然自畏。

向有①与永光先生书云:煦童稚时,闻先生研锐道要,湛精理窟,心窃向往久矣。后抵燕都得晤芝宇,心既自慰,且自疑也。尝欲有所考证,徒以言之不详,不能尽叩底蕴而止。退而自思,圣人之道止在《易象》《春秋》及四子书,《易》具阴阳阖辟,明大体段,《春秋》防微杜渐,明大作用,姑且不必深论。第以四子书论之,谓圣人之道不在乎是,则其为说当不至今日,早有议之者矣。谓圣人之道的在乎是,乃童而习之,白首而不能究极底蕴,抑又何耶?尝怪世之学者,自发蒙于师,初授字义,略明句读,未尝不自以为书卷之理了然无惑。至问颜子所好何学,则已茫然。至问孔颜所乐何事,则又茫然。至问夫子不逾矩,何如矩,开点所见之大意,与夫一贯之旨,未由之地,卒未有不茫然致疑者。然而三家村教书先生初知训蒙,便自谓凿凿言之,了然无惑,即如一贯之说,谓以一理贯通万事。天下之大,生人之众,未有不习言而习闻之者。果如若解,吾诚不知曾子当日,何为至是而始有一唯也?吾诚不知子贡当日,何为尚疑信之相参,犹不能直捷了当应也?吾诚不知七十子中,如冉闵游夏辈,亦皆身列四科,心通六艺,夫子何为俱未显言,而门人且有何谓一问也?曾子以忠恕告之,果足以尽一贯否耶?乃今之学者,动谓圣人之意,如是而止,吾已了了矣,则是今人智而诸贤愚也。若犹未也,吾恐圣人一贯之道必有研穷不及者存也。煦用是留心于诸贤诸儒之书,务期有当于圣人之道,请得以所会于一贯者,祈先生②是证焉。

非礼勿视,非礼勿听,诚意以正心也。非礼勿言,非礼勿动,正

① "向有",库本无。

② "祈先生",堂本无。

心以修身也。

敬轩薛氏曰:圣门答仁处,亦只以求仁之方,为仁之资告诸子,至于仁之理,则未尝及也。煦按何尝未及,只克己复礼便是。朱子曰颜子之乐平淡,如曾点之乐便劳攘了。煦按颜子之乐在心,曾点之乐在境。颜子之乐无时不然,曾点之乐则有待。颜子之乐只是胸中洞洞阔阔,无纤毫系累,今人试自己寻思,我心中有系累否?然后知颜子不易学也。

真西山曰:孔子告曾子以一贯,曾子降一等,告门人以忠恕,要知忠恕尽处即是诚。煦按忠恕便是人己相接之一贯,特人未之察耳。一贯阔大,浑沦包举,忠恕切近,明白易晓。

孟子

《孟子》曰性善,先儒兼气质而言。许函谷尝语崔后渠曰,性譬良玉,善则其温也。此语最有领会,无有玉而不温,自无有性而不善者。今兼气质而言,则子思发皆中节之说,与孟子性善之言,为不当矣。学者平心自思,必有分晓。安得屈思孟而崇后儒耶?其必兼气质而言,不过误看性相近也一语耳,遂有几善恶之说,而后世相因,未能改正。岂知相近之说止对相远而言,由其后之大相悬殊而追索其初,谓为相近。相近云者,只如云不远云耳。后边说上智下愚,不说贤不肖,原在天资明昧上说。盖贤不肖,皆有为立事之后,所分别之品行,而智愚则据性之所发而言也。既是说性之发用,便是说习。如人初生便解饮乳,便解视听,此良知也。然壮年知识便与孩提较进矣,老年知识便与壮年较进矣。同焉此人,一读书一不读书,其知识明昧又大相悬绝矣。同焉受业,一用心一不用心,其知识多寡又大相悬绝矣。则明之与昧,因习而殊,亦较然矣。圣人言此,原要指明学者达天径路,端在学习有以变化之耳。又以见习染之污溺而不知返者,非其本性然也。其正意全在言外,两两对勘,便可知由习反性的妙理,岂谓初生之始,便有些子不同乎?孟子尝言之曰,气,体

之充也，岂有充体者而认为虚灵不昧者哉？

孟子工夫最密者，无如集义。见地最高者，无如万物皆备。功之最大者，无如性善。效之最切者，无如浩然。事业之光显，无如正人心。非身亲做出，何能说出？

孟子具参赞经济，只正人心一语耳。观其以羊易牛，宛转相引，皆正心之妙也。若其好色好货之说，虽未甚确，皆是从君心上宛转引掖者也。

子思之言性，以命之于天者证之，故不待言善，而先有以观其继矣。孟子之言性，以验之于情者证之，故必言善而后有以原其始也。然由大本而率为达道，则情之不爽不待言矣。说仁义而以为根心，则从出之源头亦可识矣。

性善之说，匪特与告子辨论极其精详，如孺子入井，孩提知爱，皆极亲切。亲亲仁也，固不待言。敬长义也，便成人亦是如此。阋墙之兄弟而外御其侮，不仍是不忍之心油然生乎？所由谓仁统四端兼万善也。孔子以大哉独赞乾元，而文言以为善长，便是此旨。

常人之情，闻哀矜慈惠之语，则油然动其心。闻刻薄残忍之言，则怫然变乎色。所性本善，盖可知矣。此不但中人以上者然也，盗贼佥壬莫不如是。特转念不然耳，是习也而非性也，故曰习相远也。

羊舌氏狼子野心出左氏传，与孟子有性善有性不善之说相似。然孟子固已确辨其非矣，后儒不察，犹引以证性，何也？

乐善者闻言而喜，彼在中之善为之招也。如是久久，惟见其慊，投之以非所乐，则不觉其相忤，故尝有愸然不安之情。即大不善之人，其初岂便若此，只是集之既久，其势既盛，不觉反客为主耳，所以谓为性善也。孟子以好善许乐正子，善而果好，则集义之势于是乎存，慊心之机于是乎在，故许之。顾善之在人集之难，不善之在人集之易，坤之文言所由曰盖言顺也。

直养塞天地，此即中和位育之妙也。天下归仁正在于此，子贡之美富亦是如此。如但以空虚之气便尔能塞，彼世间匹夫之勇，刚愎自用，其气亦能塞否耶？故下文又曰配义与道，无是馁也。须知

礼乐刑政,能塞之具也。裁成辅相,能塞之用也。下文义道,则能塞之本也。然观一配字,岂不说在行上?观下文集义行义之说,岂不说在行上?然而性善之妙,即在于此。

功名念重,利禄横塞胸中,非此不快,然而彼之慊,则此之馁矣。皆所谓反客为主,习而安焉者也。其实止知字一关未能打透,天之一字未见分明,集之一字未能履到实地,遂不免为庸众之归耳。岂必穷凶极恶,然后谓非圣贤乎?然而些小之善不到慊然地位,究不克为圣贤,甚矣,集之难也。

孟子集义即颜子克己复礼之功。己,外也,故曰克。礼,内也,故曰复。犹不安其室而复归者然也。孟子曰非义袭而取之也,又曰仁义礼智,非由外铄我也,彼①告子谓②内仁而外义也,孟子曰义非外也,故孟子之义即颜子之礼也。是已离室家,旋旋招集之说也。但颜子之复,七日之复也。孟子之集,是敦复无悔者也。

集之亦易易也。长善之德具于性初,触之而动,则贵其有行。行而得,斯谓之德。逮于触之而时时动于善矣,非此不快矣。斯慊矣,为恶而无忌惮,必有慊心之时。乐善而不倦,亦必有慊心之时。此与时习而悦相似。

善之集也最难,恶之集也最易。集善难,故孟子著慊心二字。集恶易,故孔子于坤之《文言》便曰盖言顺也,言其势之甚便而已。何也?人之为恶,不要有心去做,但只消因循苟且,曰不大伤害,无穷之恶集之何难?恶之积也既易,则善之积也亦愈难矣,故孟子郑重言之。

一事之勉致,恒觉其苦,苦非顺也。一时之偶尔,旋即于忘,忘非慊也。慊也者,坦然畅然之致也。集也者,不一时不一事也。便是孔子自志学以至不踰矩,皆慊也,皆其集焉者也。颜子非此,莫之好矣。

---

① “彼”,库本作“其”。
② “谓”,库本作“之”。

长善者，吾心之德。慊者，吾心之自乐也。故曰非外也。

恶人之集不善也，非其性然也。其初亦尝试之而偶为之耳。试之而无他也，有甚于此者而亦尝试之矣。又试之而无他也，有更甚于此者而亦尝试之矣。逮于穷凶极恶而不可返，斯为恶人，斯亦集而后有者也。故孔子于坤之初爻，特著顺字之说，谨始慎微之妙也。夫天下穷凶极恶人，岂皆习而安焉者乎？或有欲而不窒，或有忿而不惩，尝试为之，其心必有不安者存。殆久而忘焉，再蹈前辙，其心仍必有不安者存。至于罪大恶极牢不可破，虽平旦之气亦必仍有不安者存。斯其不快亦已甚矣，故能慊之心，必归诸集义之人。

人皆可以为尧舜，孟子此言岂不太高？今人上看朱子①，便不敢轻易议论一字，况圣人乎？窃谓今人之自待薄矣。颜子曰舜何人也？予何人也？有为者亦若是。孟子曰尧舜与人同耳。后人不明性善二字，遂觉圣人是天地生成的一般。苟具此心，将不流于匪僻金壬而不止矣。宜其不敢于先儒轻置一语也。然德之不修，不克学有为之颜子，徒恣其狂诞，妄拟古人，则又先儒之罪人也。

孟子之私淑，毕竟有可以自信之处。今人自思，果何者为可以自信者乎？子思曰率性之谓道，又曰发而皆中节，孟子曰非由外铄，则率性之谓也。孟子曰性善，则发皆中节之谓也。此其所由自信者欤？故以为私淑也。

仁义礼智非由外铄我也，我固有之也。又曰天下之言性也，则故而已矣。与孔子《文言》元亨利贞之旨同义。凡铄之者，皆在外者也。火之铄金，非金之本有也。铄之久，而金之全体皆火也。声色货利之诱，诐邪伪妄之参，非性也，习也。阳明以为良知，允哉。知而不良，外之铄，习之远矣，故孔子曰习相远也②。

程子谓康节讲《易》，尽说得好听，朱子曰此便是程子不及孔子处，然朱子于子静之卒，哭已，曰可惜死了个告子。朱子此言恐与好

① “朱子”，堂本作“先儒”。

② “故孔子曰习相远也”，堂本无。

听之说相似。门人未察其实,于是谓孟子辟告子矣。

告子,孟子之弟子也。后来荀扬如性恶礼伪,善恶混之说,皆各执一见,终身不易。而告子则往复辨论,不惮烦琐,又且由浅入深,屡易其辞,安知最后无复有言,不既晓然于性善之旨乎?今人谓《告子》诸章,皆告子之言,其言固屡易其说矣。安有自谓知性,曾无定论,犹向他人屡易其说者也?屡易其说,则请益之词也。今观其立言之序,其始杞柳之喻,疑性善为矫揉,此即性伪之说也。得戕贼之喻,知非矫揉矣,则性中有善可知矣。然又疑性中兼有善恶,而为湍水之喻,此即善恶混之说也。得搏激之说,知性本无恶矣。则又疑生之谓性,此则佛氏之见也。得犬牛之喻,知性本善矣,则又内仁而外义。及得耆炙之喻,然后知性中之善如是其确而切,美且备也。此皆一节节打通,一步步入奥者也。若非节节打通,步步入奥,乌得始终各异其辞,浅深各异其见乎?今知读书穷理,以文章取功名止耳。求寝食不忘,谆谆性学,如告子者几人?甚矣,告子之未可量也,顾乃以孟子为辟告子,何耶?

《论语》称子者绝少,子贡,子张其字也。有子,曾子门人之称也。箕子、微子,袭古之称也。颜子亚圣,犹称其名。万章、陈臻、充虞、彭更、公孙丑皆称其名,而告子、乐正子、公都子,独以子称,其非异端明矣。观其谆谆向性学打点,则其称子也固宜。或者不察,谓为辟告子,误矣。岂其既知性中有善无恶,又知仁义皆不待外求,反不若后儒义理之性,气质之性,变善恶而文雅其词者,为得解乎?后儒之论,有不可尽遵者,此例是也。今人读孟子书,若但章章分看,则以为辟也宜矣。如必合前后而较量之,则其前后浅深,当必有辨。盖人之论人,有论世之法,而人之诵诗读书,亦须有诵诗读书之法也。

形色天性,是以性释形,即孔子藏诸用之旨也。仁者人也,是以形释性,即孔子显诸仁之旨也。何形非性?何性非形?孟子私淑诸人,其深契一贯之妙,深达发皆中节之旨欤?子思之大本达道,敛位育于中和,皆是之故也。思孟以后,则形性分矣,一贯之所以难也。

夫形色天性也，此语惟孟子道得出。后儒则道器之分，谆谆不休矣。夫龟之朽骨，蓍之腐草，圣人用为前知之具，此何义乎？不知血肉草木无情之物，皆天地之灵化所生，故至浊亦含至清，至蠢亦含至灵，至无用皆含有用，故远祖之骨亦可以福至远之子孙，则天下之块然不灵者，莫非天灵之运化，盖可想矣。

天下之本在国，国之本在家，家之本在身，而独不言身之本。广土众民章言之矣，仁义礼智根于心，本干也，根则本之所由以生，枝叶之所由以茂也。睟面盎背，则一身之事。而干与枝叶自不待言，若不培其根，则不慊而馁矣。乌能睟面盎背，达于家国天下，而称浩然乎？

孟子继往开来，得称亚圣，惟在性善二字。于杨墨则辟之，以其充塞仁义也。于告子则辨之，明其似是之非也，非辟也。后世读书穷理，用为博名之具，乃至夤缘奔竞，无所不至，则仁义之充塞甚矣。性命之学绝不挂口，其亦见弃于告子矣。若使告子而司性学之衡，正恐入选者益寡。

程朱以后言性学者，或广取诸家之说而示之博，或猎取先儒之论而莫之断。窃惧好名之过甚，而穷理之未精也。夫群言淆乱则衷诸圣，要当以孔孟为之主耳。

告子之不动心虽由强制，特屈于孟子一人。如第纵吾心之所欲，而不求所以不动，若告子强制，亦胡可多得哉？

尽其心者，知其性也，知其性则知天矣。此与孔子穷理尽性以至于命，子思天命之谓性无异，皆是一脉相承，原原本本，确有根据。今于尽心知性中间添必由二字，竟是知性在未能尽心以前，试问古今来有不穷理而能尽心者乎？试思知其性也，与下文知其性三字有异乎？无异乎？若说作两样道理，谓知其性方能尽心，知其性方能知天，则是不必尽心而亦有知天者矣，必非孟子相承说下之旨。若将两个知其性说作一样道理，则尽心精而知天细，又必不能强合，岂孟子相承说下之旨？须知此说即穷理尽性至命之说，盖穷理是初学时逐事逐物求明工夫，尽心亦是如此。尽字与穷字相似，都在用功

一边说。特穷也者,不极不止之谓,尽亦求到极处之说。天下何理不具于心,故尽心便是穷理之至。性也者,此理从出之大原也,故尽心到极处,便能知性。天也者,又心性之大原也,故知其性,则性中所涵之天不待言矣。用一则字说得极便易,盖天即在性中,未有不知天而可谓知性者也。既知天在性中,而曰尽其心者,必由于知其性,则是知性知天皆在尽心之前,既已知性知天矣,尚欲尽心,亦何所异乎?

程子曰:孟子有大功于世,以其言性善也。孟子性善养气之论,皆前圣所未发。煦按善推其所为之说,亦前圣所未发。

龟山杨氏曰:《孟子》一书只是要正心。煦按孟子正心之说从《周易·文言》来,故确乎谓性为善,而孟子绝大本领,可以参赞位育者,只正人心三字耳。

朱子曰:《易》言继善,是指未生之前。孟子言性善,是指已生之后。朱子曰:未发时,怵惕恻隐与孩提爱亲之心,皆在里面了。少间发出来,即是未发底物事。静也只是这物事,动也只是这物事。如孟子所说,正要人于发动处见得是这物事,即是静时所养底物事。静时若存守得这物事,则日用流行即是这物事。而今学者且要得动静只是一个物事。朱子此论,方与孟子之性善,孔子之一贯相合。解斯义也,立则见其参于前也,在舆则见其倚于衡也,岂有异道乎?然而静中之含蕴实不可量,如当爱当敬者发出来,本是两样物事,而爱则仁也,敬则礼也,二者原不同德,二用亦不必同时。然当发而为爱时,而敬之理仍在中也。当发而为敬时,而爱之理仍在中也。有形之物实而取之,则其器虚矣。而性独不然,故曰天下归仁。

云峰胡氏曰:孔子亦尝说性善,曰继之者善,成之者性,但善字从造化发育处说,不从人性禀受处说。子思曰天命之谓性,率性之谓道,正是从源头说性之本善,但不露出一善字。性善之论自孟子始发之,盖生不是性,生之理是性。天地间岂有不好底道理?故曰浑然至善,未尝有恶,古今只是一个道理。故曰人与尧舜初无少异。孟子道性善,言其理也。称尧舜以实之,言其事也。天下无理外之

事，能为尧舜所为之事，便是不失吾所得以生之理，然而人不能皆尧舜者，气质之拘，物欲之蔽也。煦按继善之善从造化说，不从禀受说，此语最佳，深合《乾彖》与《文言》之旨。盖乾之元即乾之善，故当其亨时，所由谓为溥美利于不言也。文言说人性之元，亦即以善长称之，本乾元之善而立言也。唯乾元为大善之聚，故其于各正也，亦遂以太和言之。保合者，自其命赋而言也。继此善以成其性，即保合之太和而已。故其在人，亦遂以元为善长，即所继以成性者也。子思有见于此，故说出率性之谓道。孟子私淑诸人，故断断乎谓性为善，皆其原于孔子者也。继善之善，性善之善，止此一善，原无分别，安得曰性善之说自孟子始乎？

敬轩薛氏曰：孟子言性善，实自继之者善来，因继之者善，故性有善而无恶。

朱子曰：孔子尊周，孟子不尊周，如冬裘夏葛，饥食渴饮，时措之宜异尔，孔孟易地则皆然。煦按春秋时五霸迭兴，臣强君弱，渐有驱制同侪，决裂臣道，渺视周君之意，是君权将替而臣道已亢，故孔子作《春秋》，寓意于尊周，所以维持臣道也。孟子时，七国雄据其地，强悍自用，君道亦已不振，而草菅民命，各图恢扩，故孟子游齐梁，说以王道，所以维持君道而已，与孔子非有异也。孟子曰乃若其情，则可以为善矣，乃所谓善也。若夫为不善，非才之罪也。前曰情而后曰才，何也？情也者，性之动而灵明者也。事无巨细险易，皆一情之动用为之。人知为动用之能，而不知其实原于性，故孟子遂以性之动用处命之为才。此如太极为本，一亨而为阴阳，后面两仪四象以及六十四卦，备万物之数者，莫非阴阳动用之能也。故孟子遂谓情为才，予所由谓仁义礼智为天德，其行此四德者即天才也。

日出而不匮，充塞而溥被，太和之能也。充于形骸，达于四体，人始有动用之能。孟子曰形色天性，盖有由然矣。又曰不能尽其才，离性而别有才欤？至于瞽者善听，聋者善视，跛足者善倚，皆其形使然，非性之然也。解此，方知气质不可以言性。

龟山杨氏曰：孟子处世衰道微之时，使杨墨之辨息，而奸言诐行

不得逞其志,无父无君之教不行于天下,而民免于禽兽,则其为功非小矣。古人谓孟子之功不在禹下,亦足为知言也。煦按世之止知功名,而挟诈营私不知上下之义,与杨氏之无君何异?释氏之无伦,则较杨氏而更甚矣。顾世之禅学,犹有人焉嗔之诋之,而显然冒于杨氏者,乃在学士大夫,可不慎哉①。

问孟子露其才,岂孟子亦有战国之习否?朱子曰亦是战国之习,如三代人物自是一般气象,《左传》所载春秋人物又是一般气象,战国人物又是一般气象。煦按宋儒又是一般气象,试看孔子之门人便知。盖孔子之门人各各欲成就真实本领,绝无一个知有声名的,绝无一个向言语中自行标白的。

五峰胡氏曰:孟子是义精理明,天下之物不足以动其心,告子之不动心是硬把定,是粗法强制而能不动。煦按告子亦是战国时亟欲留心性学之人,止被朱子说作孟子辟告子,便把告子说坏了。倘其时人人皆如告子,纵未到圣贤地位,安复有纵横坚白之人扰乱天下?今试将《告子》几章接连看,便当知告子矣。观《孟子》养气章,尽举告子之不足处而是正之,何尝直薄其为人?况时至战国,孟子而外,有几告子乎?

庆源辅氏曰:人说孟子论性不论气,若以生之谓性章观之,亦未尝不论气也。煦按生之谓性章,便是说告子言气之非。

云峰胡氏曰:孔子亦尝说性善,曰继之者善,成之者性,但善字从造化发育处说。子思曰天命之谓性,率性之谓道,正是从源头说性之本善,但不露出一善字。性善之论自孟子始发之。煦按何尝发自孟子,乾彖已详言之,子思已明述之。今止援《系辞》继善之说,而不援乾彖太和之说,是仍未知太和保合是所性之大源也。又曰人不能皆尧舜者,气质之拘,物欲之蔽也。煦按说物欲之蔽则可,说气质之拘是仍说有气质之性,万不可也。②

① "顾世之禅学,……可不慎哉",堂本无。

② 堂本无此节。

敬轩薛氏曰:孟子知言,亦本于孔子“不知言,无以知人”之说。孟子言知言,即孔子所谓知者不惑,其言养气即孔子所谓勇者不惧。又曰《易》言继之者善也,此善字实指理言也。孟子言性善,此善字虚,言性有善而无恶也。然孟子言性善实自继之者善来,因继之者善,故性有善而无恶。煦按实自乾彖来,孔子子思一脉之传也。今人不先攻透《周易》,而遽尔言学,皆无本之学也。若知性善出于太和,则以气兼言亦可,然亦止是善气,并无恶气,观其特提出和字可知。

敬斋胡氏曰:孟子发夜气之说,于学者最有功。盖心也,理也,气也,一也。心存则气清,气清则理明,理明则气益清,气清则心愈存。其要在操存省察于旦昼之间,不为物欲所汩。煦按必将气与习辨得明白,方知真性。今之所谓性,皆外面之物染耳。

又曰孟子所以有功于天下后世,是提出一个性字,其所以阐明这性,是点出一个善字。煦按子贡曰夫子之言性,不可得闻,是就其教门弟子言也。至《周易》一书则全言性矣。孔子学之,韦编三绝,可知文周圣圣相传,皆是如此。从而上之,精一执中,亦是如此。今人不打透《周易》,安知孟子有自来乎?

周易函书别集卷十一 篝灯约旨五

周易

圣人之道，大本大用，尽发泄于《周易》，其馀诸经皆道之散见者耳，故唯《周易》最难理会。不知从前解《易》者率略而不详，何也？煦于乾之一卦，盖几一百二十页，约近五万字乃始解完。其两经十翼，约至四五十万字乃始解完。然止于约举大意，发明卦爻之象耳。而象中所蕴，尚且不能尽情发泄，今节其些须遗漏者，略附于此。

《周易》之卦，文王开伏羲先天图，而阐发其义蕴者也，故无有一卦一爻不是先天，其说详具《下系》第六章。

各卦之爻悉兼时位，故诸卦皆有初有上。初，时之方至者也。上，位之无加者也。至其中之二三四五，则时位中浅深高卑之象耳。唯方至，则前此之发源者可思，后此之绵历者难量，故但著初而不著其后。唯无加，则中下之爻可以数纪，而无加之上非数可征，故但称上而不称数。

就本末之所值而论，则各有其位。合众爻之相形而论，则各有其时。时之与位均可纪之以数，故中四爻但有二三四五之称。三百八十四爻据卦而考之，无过分别时位中道理耳。

凡卦爻取象，无逾天道物理人事三者而已。物理亦天道也，其必兼天道人事而为之象者，《周易》为天人合一之书故也。

解《易》者须知《易》之在人，日用常行，事事切实，不可暂离而又确有明验，方为实理。不问其理之切不切，不计其用之验不验，但只信口铺扬，虽道理百出，皆似是之非也。

《易》以象告者也，老庄之文出于《易》，则皆象也。《大易》为上

古之文,故其立象也简。老庄为中古之文,故其立象也繁。

文字之理即文而具,故骤通也易。象数之理缘象而伏,故遽达也难。求象数者,必须会其神,故其达也,可通于文字。拘文字者,究竟泥其理,故其达也,罔通于象数。

文字之义理,有定者也,故其理确不可易。图像之义理包含无尽,任人拟议而得之,故常有似是之非。试看文字之始,原止有伏羲四图,乃后世之六经皆出其中,其广大可知矣。

《易》象无所不包,先儒悉准诸人事。或亦文章可闻,性天道不可得闻之意欤?然而《易》之精理少减矣。

理不缘数而有,数必依理而具。言数而不本诸理,则河图洛书所有之数,要他何用?言理而必附于数,则伏羲先天四图效法图书,宁尚有数之可言乎?盖理则合显微而无间,而数则有及有不及,故文周拟爻之法,唯中四爻纪之以数。至于初命为初,以初非数之所能始也。上命为上,以上非数之所能终也。凡皆理之最灵最妙处也。道与器,理与气,形与神,莫不如是。

观图说书,仅向数中摸索,则道理百千万种,不可殚究矣。夫道理而至百千万种,则理之支流而非其原本也。若原本既明,则至一而无所不贯。

《周易》立象,如立于九天之上,笼罩万物,虽不急急于细微曲折,而细微曲折皆所不遗,与日月照临相似。故愈推愈远,愈益难量,此所以大而无外,确而该也。如因立象之小而小视之,又或拘泥象中人事而不知旁通,非立象之旨也。如公用亨于岐山,谓为祭祀之吉占,则拘象者也,此非独祭祀也。睽之上九一爻也,而豕也,鬼也,狐也,绝不相类矣。得其意者,止一爻之旨耳。

《周易》之占,随人所得卦爻而委曲周详,如告语焉。即日月不到之区,皆有体物不遗之妙,则《周易》之至灵亦可想矣。故曰与天地合其德,与日月合其明,与四时合其序,与鬼神合其吉凶。大哉《易》乎,非至精至变至神,孰能与于此乎?

今之禅宗者,常不正言,得其意者,遂以为妙悟。《周易》立象,

其道理蕴藉本可推测无穷,然儒而僻者常乐于禅宗,而不能精求于《周易》,则未知立象之妙矣。

《周易》言性之书也。保合太和,赋性之定也。继之者善,继此太和而已。元为善长,继之而定于性中者也。子思所由谓率性之谓道,而孟子遂确以为性善也。

时乘六龙以御天,大体而大用斯存。乾始美利利天下,大用而大体斯在。时乘六龙以御天,何用之非体?美利利天下,何体之非用?程子曰内外一如,显微无间,深有会于此也。

《周易》之旨,拟象而绘神,实有函盖万物的气象,故不切之理皆得自附于《易》。若高视远寄,则虽一爻之细,一象之微,要亦莫之罄也。四子、五经,但能训释字义,体贴语气,便可得解,故注《易》之难,尝百倍于四子、五经。一卦而比量于六十四卦,观其异又观其同,一爻而比量于三百八十四爻,观其相得又观其不相得。缘其义理不属文辞,故注释《周易》,但有比例参互之一法耳。

圣人寄占卜于《周易》,非徒欲天下后世藉是以为前知之具。诚谓占卜之妙悉之于几,本于①太极,通于神明,达其微者即可缘是以为尽性达天之具。如但谓《周易》为性天之书,乃俦人之中固有不必尽性达天,不必尽解《周易》,而事功炳若,何代无之?则《周易》当不至今日而绝矣。故前知之说,即圣凡不遗,精粗俱到之妙也。然《周易》常存而不废者,当即在是。

《四书》而曰《集注》,是大美之聚也。《周易》而名《本义》,恐止为一人之书耳。以初中末尽天下之时,以上中下尽天下之位,此大概之说也。吉凶悔吝,得失忧虞,撮其大概而已。而至切至当即在于此。譬若君天下,临万国,但只总持大纲,虽兵刑钱谷不事躬亲,而细微曲折要皆在总揽中矣。若专在细微曲折处,务欲推勘至尽,是庶尹百司之事也。一爻之细,用以占百千万事,恐百千万言亦不足以尽一爻之情矣。特在气机方动之初,便克将大意呈露,因人因

① “于”,库本作“同”。

事,因地因时,详而味之,故能前知。今人凿凿细求其所以然,谓邵子之数实能如此,匪唯不知邵子,亦并不知《周易》。

一故神,两故化,此乾坤生六子之妙也。两者,乾坤也。一者,交也。乾坤即所化之两,六子即既神之一。故分六子而论,莫不各具有乾坤,而未尝不一。即乾坤而论,原可共成此一,而其初固两。张子曰不有两,则无一,知言哉。

天地者,两之象也。阴阳者,两之名也。刚柔者,两之质也。动静者,两之用也。一阴一阳之谓道,则神而化矣。不别象质体用,直以乾坤为天地,以动静为阴阳,皆非也。

一奇而二偶,一阳而二阴,三则奇偶之交、阴阳之合也。老子曰一生二,二生三,三生万物,即此旨也。太极一而二仪两,几肇于诚,而几即含诚,此神化之所由寓也。一者两之神,喻若夫妇之生子。两者一之化,喻若一子也。既肖父又肖母,又如一母而育数子。

三等三①候,所以定一卦之体。阴阳太少,所以致六爻之用。故《周易》体三而用四,始终上下莫备于三,阴阳太少则分位各居矣,故《周易》三全而四备。一二者,阴阳也。三,阴阳之合。四,阴阳之杂也。故三以立卦,四以行爻。

筮法三纵而四横,三经而四纬,故无弗备也。四营十八变,虽止成一卦,而六十四象亦已呈露。故谓四营十八变,即为先天之大圆可也。圣圣相因,而莫之有易,神哉神哉。

起知于易,元之亨也。效能于简,利之贞也。

元而善长,起知于易也。贞固干事,效能于简也。

乾卦言性,元之亨也。坤卦言道,畅于四肢,发于事业,利之贞也。乾坤二用之后,唯坎卦始言时用。坎也者,怀胎之坤也。用也者,畅而发焉者也。

元太极也,亨阴阳也,利四象也,贞②八卦也。其图则虚其中者,

① "三",库本作"二"。

② "贞",库本作"正"。

元也。初加之两画,亨也。再加之四画,利也。三加之八画,贞也。

太阳者,代天而行化者也。故近人则极热,远人则极寒,渐近则万物以生,近之极而万物以长,至于渐远而又为敛藏之候矣。故《易》曰大明终始。若使天地无日月,则终古如长夜,安有生化乎?此《周易》之所以贵阳也。

日者,阳光之能施者也。月者,阴形之能受者也。故乾彖言日而坤彖言月,乾之大明终始言日也,坤之西南得朋言月也。

雷风电雨,《正蒙》《经世书》解之确矣。然是四者,皆气之为耳。云者,气之动而郁蒸者也。雨者,气之动而凝聚者也。电者,气之动而光明者也。雷者,气之动而搏击者也。风者,气之动而奋迅者也。雷电,阳气之舒。风云雨,阴气之聚散者也。

日月星辰,云霞雨露,生于天而含地之气,故各有其形。山川水火,草木禽鱼,生于地而含天之气,故各有其灵。

气之凝而成形者,云霞烟雾之类是也,是积之极厚者也。气之凝而成质者,阴阳之气结为雨露霜霰是也。釜甑之气凝而为水,灶突之烟凝而为煤,皆是也。然二者之质皆凝于水火,故先天一图风雷始之,有气而无形。水火则阴阳之气方始成质者也,故后天一图遂以坎离二者,代先天乾坤之用。盖天地间有形有质之阴阳,皆水火之用也。然积之不厚,亦不可以成质,故孔子于坤初,遂发积之之义。

后人读先儒之书,明白显易,便以为圣道止是。原其流弊,恒愿读容易解说之书,究其隐衷,多是厌倦心生,不肯深致其思耳。乌知圣道尽在《周易》,其中难可明言,不得已显于图像。正如圣人之一贯难可明言,不得已举出忠恕耳。忠恕二字只在人己最亲切处,言其流通无间之故。若论一贯,则细入至精,大周无外,修齐治平,参赞位育,尽在其中,岂一忠恕便能该括哉?一贯之说,学者扪心自问,犹不敢极力承当。《易》为天人合一之道,便容易领会乎?况《周易》之图象,原自有画不出、说不到者乎?

道合于器,则器亦为道。道违于器,则道亦为虚。

宋儒详言学而略言道,总为性即理也一语误之耳。周子知之,所以有无极之说。若于性中添出气质,已非孟子性善之旨,已未识《中庸》率性之妙,亦并不解《周易》长善之说。

《周易》圣人传道之书也。道率于性,原于天,孔子从乾之元亨利贞说起,便是说天①命,便是赋畀之事。子思天命之谓性,孟子之性善,便从此节出来。《文言》说出仁义礼智,添出君子,说在人上,便是性中之德,便是秉受之事。然提出长善二字,子思率性之谓道,孟子性中之四端,便从此出。其必由乾元说到君子,见天人之一致也。然此两节止说赋性之由来,与性中之蕴蓄耳,尚未到已发地位,故下节又提君子,便说出行字,行字之下紧以四德系之,以其出于一元之善故也。《中庸》之率字便是此行字,子思谓已发为和,孟子于情字说出四端,皆本孔子乾卦说来。由此言之,则孔子之《文言》固性学之宗主也。后之言性学者,未达《易》旨,而性学日以伪矣。宋儒上宗孔孟,然亦有到有不到处,如理字之不可以言性也,是从知觉后见出者也。孔子虽说出善字,观后乾始美利一语,则善之一字特美之云耳。非能言其中之所有也,止如以大赞乾元而已。及观各正性命之下,说出保合太和,则所善者太和而已。又不欲直以太和说入元善中,以其绝无可据,故宁善之,而止谓为善耳。此后唯周子诚几德,说得天人合一,而四德未甚分疏,则未若孟子四端之验也。程子内外一如,显微无间,是将大本达道说成一贯,却又遗天命一边,则未若子思之本天为有据矣。朱子虚灵不昧,亦止说得秉受之性,天命一边仍未说明。张子由太虚有天之名一段,分疏道理,可云尽致,然以圣贤之语较之,亦尽有不到处。如以太虚称天,则不如孔子以善称元之妙也。盖善之者,善其中之所有而已。此时万物未生,全无朕兆,而孔子便善其所有,此岂可谓虚乎?孔子明知其中所蕴大难测识,却又不能直言其所有,惧人之执有而言性耳。既不欲执虚以言性,又不欲执有以言性,故宁善之。今以太虚为天,固未悉孔

① "天",库本作"性"。

子善之之旨。宋儒讥佛氏,薄为空宗,此一虚字与周子之无字,几何而不为空宗乎?即以朱子虚灵不昧之语较之,然已少却灵字矣。以气化言天道固佳,以虚与气合而为性,则不能无弊。盖虚而不灵非性也,即令虚字中含有灵字,而气字亦必不可言性。或得与闻气质之性之说故也。然而仲舒《繁露》言之极详,人之神性命于天,乾元之动用也。人之形体命于地,坤贞之凝定也。以神气分观之,则神,性也;气,体也。故孟子曰气,体之充也。岂充体者而可当虚灵之性乎?至云合性与知觉有心之名。性,体也;知觉,用也;性,静也;知觉,动也。是一在存处,一在发处,若浑大本达道而贯之可也,合此二者以言心则不可也。圣贤止言性情,原未添出心字,即孟子曰仁人心也,此亦直解性字耳,非另有心字尚烦注释。夫气之不可以言性者,因孔子止于乾卦言性,不于坤卦言性,则性之源头断可识矣。故言性者,必当以孔颜思孟为主。

方寸之地与天同大,唯其虚耳,但萌些子邪妄,便将与天同大之方寸全然占却,不唯正理无并立之势,欲求丝路可容,了不可得。故圣人之学莫妙于虚,太极本体固如是也。要唯一无所有,然后能无所不有耳。

即实器而取之,器之所有既尽,则无复有可取者矣。唯取给于虚,而后能为不竭之府,两仪四象八卦及六十四卦,俱生于太极,则不竭之府可知。

至虚莫如天地,其资始资生,舒敛隐见于天地间者,亦曷有极耶?

天地之化育,无能出天地之外,故河图生成之数会于一图,而先天大圆①虽具六十四象之繁,要皆太极中之造化所含,故止以为先天。

乾见其亨,不见其所以亨,而藏其妙于元。日见其西,不见其东,而藏其妙于夜。月见其生,不见其所以生,而藏其妙于晦。故复

① “圆”,库本作“图”。

者,天地之一大转机也。

五行之有旬空,万事万物莫不由虚中起也。虚而实,实而虚,循环不息之理也。日则常盈者,阳之饶也。月有盈亏者,阴之乏也。天干每旬皆实,地支每旬皆虚,阴阳之义也。

虚者五周而遍历乎天干,实者六周而遍历乎地支。五,天之中数。六,地之中数也。体阴用阳,体阳用阴之义也。

五实而复归于中者,一行之周流。五虚而各效其能者,五行之迭运也。

一无而四有者,四正四维之大用。四动而一静者,五十归中之大体也。天之气自上而下,顺也,干之运乎支也。先甲乙次丙丁,从阳而顺也,地之气自下而上,逆也,支之运于干也。先戌亥后申酉,从阴而逆也。上古之五行寓义于图书,中古之五行寄义于卦爻,后世之五行乃显义于干支①。及夫支干既起,而壬乙、禽遁、星命之说纷然各出矣。然皆推本于日月,故日月者,阴阳之迹,太极流动之妙机也。圣人之慎动,圣人之明,尽人合天之道也。

十二生肖皆出于《周易》。《周易》十二支,《火珠林》传之,如丑肖牛,未肖羊之类,皆自卦爻经验者也。

阴阳俱②从无极中转换,阳根阴,阴根阳,根于无也。妙于神而无者,阳也。滞于形而有者,阴也。今有穷凶极恶之人,忽转一念曰莫,莫者无之谓也,从前无穷恶趣尽向莫字中扫除,后面无穷善机俱向莫字中根生,故《大易》善悔而恶吝。

阴阳之体各不相干,阳之分无阴,阴之分无阳,此之充则彼之尽矣。善之分无凶咎,恶之分无福征,亦如芝兰之室无臭,鲍魏之室无馨也。孙叔敖之埋蛇,和气之充,戾气之尽也。若但以应感之理推之,而归为福报,则未明于阴阳之分,天人之故矣。

今日必非昨日,故改过迁善须日日有新机。

---

① “干支”,库本作“支干”。

② “俱”,库本作“但”。

《书》曰作善降之百祥,作不善降之百殃,此圣人打通天人之故,凿凿见其所以然,故决断其词,而莫之易也。然亦有不尽然者,必偶然微细之事,而非其久远盛大者也。故孔子于《易》便曰积善积不善,然亦有善恶之形既已盛大,仍不能尽如圣人所言,盖此非特一身一时之事也。故曰积善积不善之家,而又曰馀庆馀殃也。

无首者,首之潜也。此流行之太极,即含生之伦而各正性命者也,所以有保合之太和。如追溯太和之始,安得竟目为有乎?人之形体外具,而性命则不可得而窥矣。首而无也,安可窥乎?

统天者,乾德之静,见广大莫测之天皆其所蕴涵者也,故说入元字。御天者,乾德之动,见化育不息之天皆其所运量者也,故说入亨字。

坎惟心亨,则其流也,不盈也,行险也,皆是之故也。然而行之有尚,亦惟心亨之故。今观山顶之泉,下流而为川溪,万物固被其泽,然亦有限者耳。惟郁蒸之气上行而为雨膏,斯万物罔不被其润,所以谓行尚者,为往有功也。

坎由坤来,坤以形成,故有两坎之可见,而谓为习坎,以下坎之不殊于上坎也。离由乾来,乾以气化,气与气浑合而无间,两火相合岂有异光?两灯同室岂有异照?故重离不谓为习离。

人之心无时不动,其动也,则其发也。天地之化无时不行,其行也,皆其动也。坎之阳动于坎中,故曰心亨。知动处为天地之灵,故复之。初阳方动,便曰见天地之心。

《周易》本圣人传道之书,然未经孔子纂修以前,卜筮者传而习之,《周易》一书几沦于术,将不知有圣人之道矣。孔子曰《易》有圣人之道,然后得反而归之于经。

读《周易》者,本无字义可训,本无文义可求,但有比量卦爻参互考究之法,旁通其义例之同异,而一卦一爻之情始定,故解《易》最难。孔子圣人犹且假年学之,况庸愚乎?若到得一以贯之,自然通晓无滞。

语道则《周易》为传道之书,充满洋溢,有大用矣。语性则《周

易》为言性之书，两仪以前，有切指矣。语物则《周易》为格物之书，龙马金玉，日月风雷，不一而足矣。语理则《周易》为穷理之书，刚健实大，柔顺虚小，随人解会矣。语一气之浑同，则《周易》为天人合一之书，元亨利贞，盖同源也。语圣人之经济，则《周易》为参赞位育之书，范围曲成，裁成辅相，有妙旨矣。大哉易乎，非韦编三绝者，乌得而知之？

文字义理悉出易卦，故《周易》为圣人所传之道，而六经皆由此出。读书不达《周易》，则不解圣道为何旨矣。

学圣人之学而不达《周易》，皆剽切而不达圣道者也。《周易》圣人传心之正学也，故假年以学之，至于韦编三绝。今人才得翻阅一遍，或窃得先儒几句话头，便谓已明，学者自思，果克如此，不且远胜于孔子①乎？

乾彖共十四句，言物者三，乃一曰万物，一曰品物，一曰庶物，何也？于元则曰万物资始，盖元在静时浑沦涵蕴，本无一物，而无物不资始于此，故总其全数而命之为万。万之为言，是无遗漏之说也。于亨则曰品物流形，盖此时虽尚无一物之生，乃生物之机已沛然流动，晃晃漾漾，而形上之理显然昭著，如可形见，正如庭实陈列，一班班排列出来相似。故总其灿然如可呈露者，而称为品物流形，据所见而言也。至于利贞，宜可言万物矣，然天地间之生物，岂数之可纪乎？就令此日此时可以数纪，乃②顾盼之间，而所生之物又不知凡几，因其不可以数限，故称之为庶，言其众而已矣。圣人用心之细，言理之密如此，岂浅尝之士才摸得一年半年，便可妄拟耶？

上曰君子行此四德，下即曰乾元亨利贞，何也？《周易》全说天人合一之理，生人之德具于性，生人之性命于天，到得率性而行，恐人疑与天德远了，故上曰君子而下即曰乾，所以明尽人合天之道。谓德虽为君子之德，而实则成性以来，秉受元亨利贞之德也。行则

① “孔子”，库本作“韦编三绝者”。

② “乃”，库本作“殆”。

君子之行,而实则乾之元而亨,亨而利,利而贞者也。所由谓君子行此四德者,故曰此乾之元亨利贞者也。

熟看剥夬二卦,则阴阳升降之故,及阳贵阴贱,阳外阴内,阳上阴下,阳刚阴柔,阳动阴静,阳健阴顺,阳行阴止,阳见阴伏,阳君阴民,各适其分,当益了然,解此则卦爻中阴阳之性情,罔不判然各得其理,而圣人取象之妙亦在其中。《周易》卦爻活泼流行,与天地同运,其阴之与阳虽则有位,然亦因时变迁,均非一定不移者也,故文周遂取随时变易之理而命名为《易》。盖自初至上,卦止六位,而六位之中莫不各有时焉,以考其升降参错之等。即如剥卦本由乾来,其初之变也为姤,由此而遯而否而观,以至于五,乃始云剥,此阴气之上升而渐变者也。夬卦本由坤来,其初之变也为复,由此而临而泰而壮,以至于五,乃始云夬,此阳气之上升而渐变者也。向谓夬为夬上,剥为剥上,乃夬五比上,夬三应上,皆重言夬夬,而他爻全不言夬矣。剥三与上九相应,言剥宜矣。剥五比上,乃有以宫人宠而不剥之象,至初二与四,不应不比,而爻爻言剥,奚为乎全不与夬同也?盖剥之为卦,剥阳者也。圣人恶阴之盛而剥阳也,故逐爻皆予之以剥,疑若罪阴者然。谓阳应在外,乃今去而使伏也。至五则与上为比,阴阳相得,若承而奉之者然。故独不言剥,知此则可知初二三四之剥,止是初剥初阳,二剥二阳,三剥三阳,四剥四阳而已,非剥上也。夬之为卦,夬阴者也。圣人喜阳之复位而夬阴也,故予以决而深入之词,疑若不复使之妄逞,而但俾之安分者然。故初二与四皆不言夬,谓其宜然而已。至三则重言夬夬,其一夬则夬坐下之三阴,其一夬则与妄诞之上阴相应,又所宜夬者也。故重言夬也。至五则又重言夬夬,其一夬则夬坐下之五阴,其一夬则与妄诞之上阴相比,又所宜夬者也,故重言夬也。圣人用字之妙,其慎重切当可知矣。观此则初夬初阴,二夬二阴,与剥卦相同,断可知矣。而阳升阴降,阳贵阴贱,阳外阴内,亦愈可知矣。阴升阳伏之卦,何以名剥?阳升阴伏之卦,何以名夬?盖阳之德本宜居外而显明者也,今居升阴卦中,使下位五阳皆伏,是宜外者反不得外,故取杀牲解体之名,以为

有似于剥去在外之皮肤者然，故名剥也。阴之德本宜居内而隐伏者也，今居升阳卦中，使下位五阴皆伏，是宜内者。今复返而纳之于内，故取决下而深入，仍使之自安其常分者然，故名夬也。《火珠林》之有取于伏卦，皆本《杂卦》中巽伏之义，及巽卦中先庚后庚，均取伏义而来，观此则阴阳内外见伏之辨可知矣。升阳之卦至于五，虽与上比，却系夬夬之词，以明有夬阴之义固矣。三远而与上应，亦系夬夬之词，而欲其夬阴，故上六之《象》遂有无号之词。若然则剥之三五，亦宜乎其剥上矣。乃剥三虽有剥之之系，亦止与以足以辨以肤者相同。止剥本爻在下之伏阳，其与上九阴阳相资如故也。故上九亦有硕果不食之象，剥至于五，偏有贯鱼①以宫人宠之象，若卑牧而承奉者然。何阴阳之上升同也，而剥之不剥，夬之重夬，若是其悬殊也？此无他故，阳性善动，其德上升，健行而不止，况有妄诞之阴本不宜上，乃今恣静于其上，故夬之上六必将不能以久存。阴性静柔，其德下顺，得中位而据之已安，况有上阳可顺之以图安，故剥之上九得久存不食之硕果，此则动静健顺，行止不同之故也。至于剥五夬上，皆属阴爻，乃一系为后宫，一系为王庭，其故何也？曰此又阳外阴内，阳君阴民之故也。盖五爻之为君位也，诸卦类然。而上爻之亦称君位，为五爻皆在其下，更无有尊于此爻者。故明夷之上六遂取象于纣。今夬之一卦，群阳在下，一阴独居其上，本非君德，妄处尊位，故不以为君，而止以为王之庭。若剥之五爻本为君位，而阴实居之，五又在中之爻，阴爻居君位而在中，故直取象于后。在外则象庭，在中则象宫，此又阳君阴民，五爻居中而上爻居外之象。《周易》之妙，非韦编三绝者，那克推勘细密若此？观此则圣人之取象，皆必有其道矣。后人之聪明万万不及宣圣，又不克如韦编三绝之勤劬，宜乎学《易》者之难其人也。

太极犹心也，阴阳好恶也，其所生之万物，行著之事体也。太极性也，阴阳喜怒哀乐也，其所生之万物，则五音六律也。

---

① “贯鱼”，库本作“鱼贯”。

不知保合太和是言天命之谓性,则不知元者善之长也止是继善。若知继善只是保合之太和,则发而中节之和有由来矣。不言万物而言万国,盖此正①是方生之始,又乾必交坤,故但指万国而言其地耳。

据太极论阴阳,则阴阳为动用方形之始,故曰形而上形而下。据万物论阴阳,则阴阳为化育之所自来,故曰立天之道曰阴与阳。动静二者已在阴阳一边,是太极之所生,谓太极为静体非也,太极不可言静也。太极者,至精至微,深妙莫测,其蓄难量,其出不穷②也。

天心之说是从震动之初说向未动以前,此时可以明烛而不可以动言,故复初有天心之见。天根之说是从震动之后说出不息之动,此时全在动边而明无所用,故曰三十六宫都是春。先天图圆形也,所以象阴阳未肇,浑沦周匝,圆转不息之旨。后人配其方而论之,则未达先天之旨。后天图方形也,虽由先天圆图而出,可配圆图,分说道理,然却在既用以后,其体已定,故有四正四隅之象。

统天见元之大,御天见元之亨。

太和即御天之六龙,六龙即乾元之亨,所由曰天命之谓性也。不解此,则性善无根。

无极之说,如何不足以言道?盖缘太极中原不是无,若果无矣,如许大之天地,如许多之万物,何由能生?观孔子赞乾元与子思言性可知矣。孔子知文王之元便是太极,原不可以言说,故但就一元既亨所生之万物,仰而证之,以为此乃万物始生之基,故曰资始。是虽未说元字,而资之一言已明指说由来之地。子思之中本是说性,此便是在人之元,然究不得实证其中之所有,即其中之已发者回而证之,谓为喜怒哀乐未发时,原在此中而已。亦是即已发之可名者,回证夫未发之所由然。乃既能发出喜怒哀乐,则其中之所蕴已大难量,岂可以无字言乎?圣人之卦爻取验于岁时日月,是即天运之流

① “正”,库本作“止”。

② “穷”,库本作“穷者”。

衍，呈露于卦爻中，原无定位，原无停机，故曰与天地合其德，与日月合其明。至人事之吉凶祸福，悔吝忧虞，取正于卦爻而罔有不验，则是生人之动静行止，皆天道之默运而斡旋者也。故曰见乎蓍龟，动乎四体，要唯慎动者，可以趋吉避凶，如徒以粗浅技艺目之，何由解达天之妙？

伏羲之图，象也。拆而为卦，亦象也。文王之卦辞，周公之爻辞，皆据象而拟之者也。乃象之所包，千变万化，虽有定理，实无一成确乎不可易之定论，原非意计推测。故愚人之渺见，苟与卦象无违，皆易理之所必取。即有似是者，亦不能确指其非而摈弃之。唯圣人传《易》传道之心，实能见到源头，然后明无不烛，而真赝始有定形，是非始有定论。故牛之一毛未始非牛，海之一勺未始非海，果得大智，见其源头，有以灼然于形神光彩之外，而前此之各持一说，均谓之为非亦可。

今人动言理学，顾圣人之理著于六经，穷理莫先于穷经，经旨不明而动言理学，予诚不知所穷者何理？六经之理莫深于《周易》，莫精于《周易》，此岂穷得几分，便可自谓足乎？

凡看卦爻，须知主象。如乾以天为象，坤以地为象，坎以水为象，离以火为象，又如潜龙为乾初之主象，飞龙为乾五之主象，好遁为遁四之主象是也。其下接言天道，或接言人事，皆本主象以立言。如不接言天道，接言人事，则人事之义即在主象中。又有一卦一爻而三象两象者，如睽之上九止一吉字属人事是也。又有卦辞与人事虽若不同，而道理则一，孔子卦辞必连举之，如损彖是也。

圣人之设立互卦，欲使人知流行之气上下贯通，不可截然分看。故卦之三爻多连四爻以为言，卦之四爻多连三爻以为言。今人著述多割裂古人，补缀成帙，成一家言。其有古散而我聚，前后一义，功当不在古人下也。又有分类命意，首尾贯通，犹能不失本义。不则涣矣散矣，袭而已矣。取重于他人而自以为名，陋矣。总不若心解神会，实有心得，既不失之抄袭，又不失之支离，为真得也。然有于古人书偶焉旁触，自作意见，以矜奇炫世，自云心得，如不察其似是

之非,遗误后人实甚。《周易》中有明明皆知其误,乃不能实证其非者,讵不为《周易》之蠹乎?煦之学《易》特鉴此弊,凡古人所已言已明者概不袭取,其有实知其误而心解神会者,亦必取证于经传,援之以定一是。非经非传之旨,必不敢以取证。即有经传未之言者,亦必因经传而推出者也。张子《正蒙》止是用九一节说得真,用九无他,止是元之亨,元之亨无他,止是太极之动。

其阳白阴黑,则阳明阴暗之义。其阳虚阴实,则神清形浊之义。乾以虚为体,以实为用,既用于坤,则实矣,故以为动直。坤以实为体,以虚为用,既用于乾,则虚矣,故以为动辟。

细读乾坤两卦,则知乾施坤受,乾直坤辟,乾健坤顺,乾始坤终,乾神坤形之理。细读复姤两卦,则知阳善阴恶,阳大阴小,阳君子阴小人之理。细读剥夬两卦,则知阳外阴内,阳刚阴柔,阳行阴止,阳君阴民,阳上阴下,当其位则安,不当其位则危之理。细读蛊巽两卦,则知阳有阴无,阳始阴终,卦中之气流行不已之旨。细读随临复比四卦,则知卦气自下而升,逐爻渐进之旨。细读晋夷二卦,则知阳明阴暗之理。细读小过一卦,而知过遇不同之故,则知九六二用必有卦主,而阴阳相应相比,及卦气自下而上升之理。细读言遇言邻之爻,而并察其动爻变爻互爻,必会先天图中比肩之卦。又细读言婚媾之爻,而察其动爻变爻互爻,必会先天图中对待之卦,则知《周易》之六十四卦莫非先天之八卦矣。解此则阴阳之大本,阴阳之作用,并其体段形色,皆能实指其所由然,则阴阳爻之在卦中,与时之宜不宜,与位之当不当,当自明晰,其于《周易》思过半矣。

春秋

《春秋》上列天时,下详人事,明天人之致一,标感应之微机也。著[1]防微杜渐之旨,谨始也。谨始者,当天人交关之际,明转移变化

① “著”,堂本作“皆”。

之权，是参赞位育之所自起，圣学之极精极微者也。

圣人之作《春秋》，天与人间书之，观春王正月四字可知矣，故以为天人合一之书。

《春秋》上列天时，下详人事。原均赋之田，则人与天同本。明钦若之分，则人与天同德。决感应之灵机，明人与天非殊绝也。如但以为考时征事之具，则仍然鲁国史耳，何为圣人之经？

诗经[①]

四诗首风，明习也。次小雅，明治也。次大雅，明教也。终之以颂，见治化之成也。旧染之化，因人转移，故风首文王之化。而继以小雅，明风俗转移由政治之得失。小雅列朝会之诗，政事之所从出也。君子德风，小人德草，移风易俗，端本在是矣。庙也者，敦本睦亲之所自始。风行天下，曰观盥而不荐，有孚颙若，化可知矣。故谓为神道设教，裁成辅相，范围曲成，圣化之成也，故功归于颂。

《周易》为文字义理所从出，《诗》之比兴即象外之旨也。《离骚》学《诗》之比兴者也，汉魏之诗又拟骚者也，唐宋之拟古拟汉而已。然能此者，李杜之外，亦无多人。唯意在言外者，可以万世不敝。

书经

《虞书》第一篇，诸务未详，首列天时，下详人事，敬天勤民之义，明天人之致一也。

典谟训诰，虽止于纪事纪言，而厥有恒性，与作善降祥之语，皆圣人垂教之深意也。

《洪范》一篇，是言道理不是言数，其中天人合一之秘，原与

① “诗经”，库本作“四诗”。

《周易》同义,故圣人重之。乃不知者,徒于数上究心,非其旨矣。观其本文,曾未沾著洛书丝毫,如止因自一至九之数与洛书相同,遂以为则仿洛书,然则《洪范》所重止此九数而已,而九数之下所列五行皇极诸论,皆圣人之赘辞矣。甚哉,征数而不征理,此后儒之大弊也。

礼记

礼者,国之四维。《三礼》,圣人经国之大本也。《春秋》之序次,先天而后人,先王人而后列国,先大国而后小国,先卿贰而后大夫,皆礼意也。《国语》持论多准礼以为衡,执玉高卑,不独观其敬肆,且可验其存亡矣。礼之于人大矣哉。

《仪礼》详于器数,大小戴分释其义,而万物本天,人本乎祖,皆天人相关之的旨,谁云五经各一其义?

六经总义

六经、四子之书,皆圣道之散见,而《周易》其大本也。六经、四子书由整处说到散处,是一本而万殊者也。故必详细分疏,然后可以牖庸愚之知见。《周易》由散处说归整处,是万殊而一本者也。故必合万有不齐归于至一,然后可以极盛德之高深。

六经之文虽不同体,以理为主耳。理不足,斯以其文胜之。诸子得专家,莫不如是。然文之茂,理之塞矣。

辨误

《左传》晋纳周王,筮得大有之睽,其文曰大有去,睽而复,杜氏作一句读,非也。此三字句也。大有去,兼变卦而言正卦也。睽而复,兼正卦而言变卦也。大有去言周王之始弃天下而外出,睽而复

言周王即今，既睽而复入也。其始弃四海之有而去之，去斯睽矣。其终既睽而复于其位，复斯合，合仍大有矣。睽本乖离之卦，而卦辞爻辞多兼言合，盖此义也。此大有与睽相交互见之旨也。若作一句读，便不达卦爻之理。

《左传》南蒯之叛也，枚筮之，枚筮者不以蓍筮，而以子筮也。凡物之有数可稽者，皆可用以筮。凡物之克具四象者，皆可用以卜。故筮法创于圣人，以二分之，以四揲之，以三备之，费如许经营，始成一卦。铜钱始于汉末，其背面两分，是阴阳之象也。重交单拆，亦四象也。重三而六爻斯备，与筮法相合，故今用以卜，无不验也。苟知此矣，则善筮者，宁必拘蓍草乎哉？

《三百篇》唯比兴为妙，比兴始于《易象》，《离骚》学《诗》之比兴者也。诗家推尊工部《秋兴》八首，则杜子之《离骚》也。其中或喻世乱，或喻君不得所，或喻用非其人，或喻己之不复见用，或喻为时之既暮，皆诗之比兴体也。而从来注释家但目为秋兴，则未达其旨矣。

工部集中最深最曲最妙最精者，无若“香稻啄馀鹦鹉粒”二句，自来但作境话会，是以均未得解，亦并未有专注。须知读古人之书，皆当论世。孔子之《春秋》，定哀多微词，盖必有难于显言者矣。《下系》第六章，非由论世，固莫可得而解也。工部世值乱离，而居位食禄者率皆无益于国家。己虽有拨乱之志，乃因家属避乱，迁居于蜀，幸获生还，遂毅然致仕而归。其后困抑无聊，又见时事日非，朝无拨乱之人，已无复用之日，抚时自思，觉为时之将暮，是以有《秋兴》八首。香稻句喻食禄之非其人也，碧梧句喻固位之非其人也。盖香稻非泛然养物者也，今香稻已啄馀矣，亦知其为鹦鹉之粒乎？观啄馀之下用鹦鹉粒一摆。然后知啄馀香稻者非鹦鹉，是本不应啄而今竟啄而馀也。今碧梧已栖老矣，亦知其为凤凰之枝乎？观栖老之下用凤凰枝一摆，然后知栖老碧梧者非凤凰，是本不应栖而今竟栖而老也。啄馀喻食禄之丰，栖老喻固位之久，在朝所用既非其人，乃己之贫而无位，实能有为，皆在言外。此等字法句法，精深曲折，又极显

亮,工部集中当为第一等妙文,那得轻易放过。

杜子美:“花萼夹城通御气,芙蓉小苑入边愁。”谨按宋赵彦卫御塞行程,后附长安建都城,以地高不便,隔在郭外,为芙蓉园,引水灌之,号曲江。明皇增筑兴庆宫夹城,直至芙蓉园,则杜诗二语皆指长安也。

“每依北斗望京华”,后人改为南斗,误矣。盖身处川蜀,而日望长安,必不能确知其所在,故必依星辰而定之。则或左或右,犹可以意会也。若改作南斗,不过谓身之所在而已。然南斗在上而身实处下,岂身之所能依乎?况北斗原有定处,而南斗则东西隐现,四时不同,既为秋兴,则南斗当在极西,亦必非身之所能依也。此等讹误,皆宜正之。

周易函书别集卷十二　篝灯约旨六

诸贤

吴氏曰：闵子之在圣门，孝拟于曾，德行亚于渊。即处从母一节，真诚恺挚，至性流行，辞费宰，讽长府，言和意果，仿佛圣人气象。世儒往往高谈性命，薄前贤不足道，而迹其居恒措履，反不如庸众人之为者多矣，是以君子贵实行也。

朱子曰：圣人之道，大段用敏悟，晓得的多，方担荷得去，圣门自颜曾而下，便用著子贡。

又曰：夫子之于子贡，屡有以发之，而他人不预焉，则颜曾以下，诸子所学之浅深，又可见矣。

诸子

古人之不可及者，皆必各成一德。孔子门人莫不有然。又如宋之诸子，皆亦各有不可及者。周子开宋儒之先，岂所能及？程[①]子之笃行力学，岂所能及？张子之颖慧，岂所能及？邵子之好学笃信，安贫乐道，岂所能及？朱子峙于其后，独集诸儒之学而传之，俾后世知孔孟之可学，此则朱子所独擅者也。

儒与贤，较然各别，而人不之察也。今试看先贤之在圣门，得圣人而师之，莫不静专渊穆，循序渐进，各有所成。至于诸儒，其闽洛

---

① “程”，库本作“张”。

各成一是,固不相假矣。后之学程朱者,唯许鲁斋①、薛文清、王阳明三公,犹较然不同,然必以穷经为主,各有心得乃佳,徒言曷贵乎?

周子

孔子系《易》曰“易有太极,是生两仪,两仪生四象,四象生八卦”,始有太极之名。极也者,极至而无以加也。太也者,尊上之也。因两仪既形,推出所由以生之之故。其中包含蕴藉,有无混合,可想而不可知,乃始以太极二字赞之。亦如《乾彖》之释乾元,止以大哉二字赞之。即欲实指其中之妙,不过曰万物资始而已,而其中之妙不可言也。子思于未发之中说出喜怒哀乐,即是此等之法。后人不知太极二字止是赞辞,而或有或无,各竞一解矣。然欲直谓为无也,而两仪四象实由此生。欲直谓为有也,乃当两仪未生之时,又实不知其所由以生。故凡学《周易》穷道理,不若止存太极二字,不必别置一解,犹不失孔子系《易》之实理也。

太极之说自孔子发之,秦汉以后杳不得其解矣。周子得于希夷,而后之儒者始知有太极之说,周子之功伟矣。然其理之不可思议,不可言说者,止太极二字尽之,此固不待有图之可传,乃始足发孔子之蕴矣。然周子之图则佳,而其说则未尽善也。夫图之上一圈,在周子以无极当之,而其实则太极之妙,有无混合,不可言说者也。其下阴阳劈分左右,则两仪之象也。其阴中有阳,阳中有阴,则阴阳两不相离互根之义也。其下所列五行,则四象也。四象之下宜列八卦,然八卦之成不过男女之异体耳。今以成男成女二象当之,故可以当八卦之成也。至加无极二字于太极之上,则未为全美矣。夫太极固非有无之可得言也,朱陆二子竞竞辨之,而人终莫知其是非之谁属。是太极之传虽有其人,而太极之实恐未有定论也。不如止存孔子之说,不必索之于图,犹可存太极之真也。

---

① “鲁斋”,库本作“衡”。

周子立图之妙，全在无极二字，然此二字亦只说得流行中之太极，指循环一边说则可矣。若敦化之太极，为生天生地之大源头，岂可言无？若源头果无，则如许大之天地，如许多之万物，何能生成出来？便在循环之中，即此无字亦未尽确切。今试扪心自问，有乎无乎？今有才搜求到源头一边说着无字者，便指为空宗，便目为禅教矣。孔子《乾彖》曰万物资始，所资者何事？有乎无乎？《中庸》之言中也，曰喜怒哀乐之未发，在中者何事？有乎无乎？甚矣，后人之自蔽也。

无极之说，宋儒论之极详，要惟陆子之言为当，详具朱陆异同辨后。

孟子之性善，只是乾元二字认得确。周子之诚几德，只是性善二字说得精。总是率性之谓道一句见得明耳。独于几中分言善恶，窃惧其未尽然也。《乾彖》言天命之谓性，便曰保合太和，曾有些子戾气可言乎？其《文言》说率性之谓道，曰善曰嘉，曰义曰和，曾有些子恶趣可言乎①？总由认几字为两岐之名，遂至贻误后人，说成气质之性，此不可不亟正者也。

几非两岐之名也。《易》曰几者，动之微，吉之先见者也。此微字即《中庸》莫显乎微之微，然止单说吉字一边，则人性之本善亦可见矣。汉儒添出凶字，则未达圣人之旨矣。

周子之诚几德，即周子图中之旨也。诚，极也。几，两仪也。德，五行也。比诸《周易》，即太极生两仪，两仪生四象之说。自汉以来，淹没已久，而周子揭之，俾后之学者得以窥太极之精微，探《周易》之大本，周子担当斯道，其力伟矣。独惜于八卦及六十四卦，未能尽情标发出来，犹不能无缺略不全之憾。

阳变阴合，变合字最精。变言其阳之动，合者合焉而已，明阴之无为而顺受也。变者神用，合者形用也。

动静者，阴阳之义，两仪之事也。两仪者，太极之所生也。太极一动便分两仪，故曰太极生两仪，非先生阳而后生阴也。必待阳之

① “其文言说率性之谓道，……曾有些子恶趣可言乎”，库本无。

动极,乃始生阴,则阴为阳之所生,非太极之所生矣。即以动极之极认为太极,则是太极便具动静两体,不得为太极矣。故周子所云止是流行之太极,非敦化之太极也。

周子太极之上忽添无极,何也?曰此中原不是无,只是安放不下一个有字。《中庸》曰喜怒哀乐之未发谓之中,既曰未发,便是未尝有,而仍添喜怒哀乐四字于上,则是此中之涵蕴无所不有,所以曰无极而太极,然止目之为中,则是但指其所在之位而证之,至其中所蕴,仍不可得而言,所以谓为无极也。

天命之谓性,此性字便是无极。率性之谓道,此性字便是太极。天是一元敦化之太极,性是流行在人之太极。

诚通诚复,即子思率性之谓道也。

诚精故明,此明字即曾子明德之明,即子思诚明之明。然先儒讲学者多,解此明字者绝少。孟子之良知,《周易》见天地之心,皆此明也。姚江标良知之说,而又取阳明以为之号,岂无见者乎?今试思愚夫愚妇虽甚暗昧,苟一解说,皆可洞晓,非此心自然之明原有中存者在,乌乎能然?天下最难明之事,非心上见得极确,能行之无误乎?夫此见得极确,非此心之明乎?未窥其际者,犹啧啧焉排驳阳明良知之说,甚矣。可与共学者多,可与适道者难也。

周子最有见地,唯诚神几三字,其无极图便从此三字出来。然细玩之,仍与无极之说相似。孔子乾元之利贞说太和矣,于人心之一元说善长矣,孟子于性中说善矣,子思于性中说天说发而中节矣。此之所谓诚者,即周子之言性也。乃固谓诚为无为,彼能亨之妙,伊谁氏之为乎?两仪非太极之生乎?抑别有为之者出于其间乎?当知孔孟之所谓善,子思之所谓天,皆是说性中之蕴大难量耳。其蕴之大难量者,皆因后此之作用大难量也。今曰无为,岂有终古寂静,不发不率之时乎?不且为释氏之顽空寂灭乎?故知无为二字,与善字天字之旨未合。

周子曰几善恶,孔子曰几者动之微,吉之先见者也,夫既曰动,便是说亨边之事,岂有从太和继善而来,从长人之元善亨嘉而出,顾

犹有恶之可言乎？有恶犹得为嘉之会乎？犹得有义之和乎？此与善恶浑之说，孰得而孰失乎？故知周子几字之说亦未甚当。孔子之言几也，只言其方动耳，乃于动字之下，便继之曰吉之先见，言吉而不言凶，是即性善之旨。子思孟子皆于此处得力，所以为孔子一脉之传。汉儒不知此旨，吉字下添出凶字，以致后儒并将善恶二字解说几字。游其门者据诚无为几善恶之说，又分说义理之性气质之性，传授不确，贻误后世不少，恐圣人之本文不可一字增损也，学者细心味之，当自了然。太极动而生阳，既曰太极动，则是以太极为静体也。既曰动而生阳，则是以太极为阴质矣。观下文静极复动之说可知矣。夫动静皆两仪之事，动静几也，阴阳几也，阴阳与太极原有所分，太极敦化者也，几者太极所生，方亨之作用也，故曰动之微。今止曰动而生阳，静而生阴，不曰动而生阳，动而生阴，则未知几之所以为几也。夫几者动之微也，动然后有生，静则乌能有生乎？今目静阴为太极，宜乎以无为称也。夫太极者，浑浑沦沦，活泼泼地，其出不穷，其生不已者也。而要其为体，则夐不可知，不可思议，不可言说，故孔子于乾之一元，但曰万物资始而已。其所生者，则两仪也。所以谓之为几，非止动阳之一仪也。今必待动而既静，然后生阴，则已在流行一边，非敦化一边之太极也。夫乾元者，《周易》之太极也。孔子释之，一曰资始，一曰善长矣，何尝有静阴之目乎？静矣，而万物复何资乎？

周子于几中兼说善恶，是明知几为两岐之名也，及其说太极之动，却又单说一个阳字。夫动非几乎？何前谓为两，而此谓为一乎？

一动一静，互为其根。阴阳者，二仪之体也。动静者，二仪之用也。阴阳实而动静虚，动静因阴阳而有者也。其在《周易》，凡卦爻之阴阳皆有动静。谓阴阳互根可矣，谓动静互根能乎？比之《中庸》，静则未发之候，动则已发之候也。谓未发为已发之根犹可，谓已发为未发之根，则已发之为言已在辟而散之之列矣。藉令既已发矣，犹可以返而为未发也，则既亨以后，仍可返而归元矣，安得有各正之性命，贞固之事干哉？

前以阴阳动静俱生于太极,而此又以静为未发,动为已发,岂不与静极复动、动极复静之说同乎?不知周子之言动静,配阴阳而言,是说太极以下事。此言动静,只人身之动静耳。阴阳二者皆有之,既以畀赋于人,便在流行之太极一边,故动静不必同时。若方从太极而出,有阳便有阴,有动便有静。阴也者,由阳而形出者也。静也者,由动而形出者也。

前曰几善恶,后曰刚善刚恶,柔善柔恶,何自相戾也?既以无为为性,则几乃性之所发。据孟子性善之说而较之,必有一差。周子本意亦知几中本不可以言恶,故特于后文举出刚柔以代几字,然后于刚柔说出善恶,以实前文几善恶之义。不知刚柔已在气质一边,是阴阳成形之事,非太极初亨形上之道也。程子气质之性,便从此刚柔二字看出者也。无为者,太极也。几也者,太极之动也。此时安得有质而可以刚柔言乎?刚柔既不可言,安有善恶?如谓刚柔见而始有善恶,则已成四象,而不得谓之几。如谓几中便有善恶,则又不得谓为刚柔皆有善恶,且与孟子子思大悖。如谓刚柔便是善恶,则又不得谓刚善刚恶、柔善柔恶。后之学者还当以孔孟为正,其在《周易》曰几者动之微,吉之先见者也,言吉而不言凶,则恶之不可以言几,明矣。

今曰几非两岐之名,然则孔子所谓太极生阴阳者非乎?如以阴阳必生于太极,为一时同生者乎?为异时各生者乎?曰一气而自具阴阳之理耳,张子曰一物两体是也。今即一物观之,未有不阴阳之两具者也。植物如草木,其可见者形也。而渐长渐大者,气也。是形气之合一,未有能分者也。动物如人,其四肢百骸形也。而情性之具于中者,神也。是形神之合一,未有能分者也。又如一物有上则必有下,有内则必有外,皆阴阳也。盖此一气出于太极,全是太和,则至柔者也。而其充塞天地,曾无一毫阻滞,则至刚矣。文王之释乾坤,以此为利。孔子之《文言》,便以为利者,义之和。和便是至柔之义。和出于利,利如利刃,便是至刚之义。利而和,和而利,此刚柔之合一而不分者也。龙战于野,便是柔而刚。亢龙有悔,便是

刚而柔。未有能分者也。周子谓静极而动，动极而静，此皆说在流行之际，非敦化之时也。若敦化之太极，则一理而动静具矣。噫，难言矣①。

动而无动，静而无静，此则其见解最密处。

周子之诚言性也，其善恶言几也。谓性中有恶，恐与告子湍水、扬子善恶混之说同见。若谓性中止有刚柔，刚柔始分善恶，则刚柔善恶便是阴阳之上复加阴阳，便成四象，又不得谓之为几。总缘将几字认作两岐之名，故误耳。不知几字虽具有两仪，不可直以几字便认作两仪。孔子之言曰几者动之微，此正乾之亨，坤之亨处，尚未属在事上，尚未有形质可言，安得有善恶可分哉？其在人则发而中节之发字是也。其下曰吉之先见者也，不曰吉凶之先见者也，此便是性善的确实妙义。子思亲承孔子之教，所以曰发而中节谓之和。夫人情之发不能中节，亦已多矣。乃不曰发而不中节者，以其率之于性，由太和长善之理而出故也。率之于性而即谓为中节者，性善故也。此便是孔子于几之初动，言吉不言凶之的旨。孟子私淑诸人，所以直谓为性善，其原皆由孔子《乾彖》及《文言》而出。《乾彖》言性之赋于天者，即天命之谓性也。至于利贞，其性已赋，则曰各正性命，保合太和。夫既谓为太和，曾有些子戾气乎？曾有恶之可得言乎？如有些子戾气，则必有阻塞不通者，安得有各正之性命乎？其《文言》言性之命于人者，即率性之谓道也。开口便曰元者，善之长也，曾有恶之可得言乎？盖人所秉之性，全由保合之太和而出，全是一片蕴藉之生机，故下曰嘉之会。嘉，美也，亦即善也。下又曰利者，义之和，和即太和之和。子思中节之和，即由此两和字而出。以其胸中全是太和，虽未到成事之时，而立事之干全在于此，故曰继之者善也，成之者性也。子思直谓为中节，直谓为和，而孟子亦遂直谓为性善也。今以子思之语证以常人之日用。喜乐，和气也；哀怒，戾气也。然哀痛之事或数岁不一见矣，如作哀矜之哀，则又恻怛之心，

① “噫，难言矣”，堂本无。

仁慈之本,太和之发也。怒为戾气,虽极暴厉人,未必日日有之,而喜乐二者则因景因事,随时可见,由此言之,则和气之中存而性之无有不善,概可知矣。孟子之乍见孺子,赤子知爱,皆不必圣贤,自然而然者也。今观人与人甫一相接,皆各有蔼然相合之情,未有甫与人接,便诟詈不已者也,是皆和气之充也。和也者,善之继,性之成也。后人未达《彖》与《文言》之旨,又欲牵扯《周易》以释天性,故将几字兼说善恶,竟与告子荀扬同为异见。乃程朱宗之,亦遂兼说气质之性。夫性何事也,而可以气质言乎?不知几字只是性之方动,率之则有善而无恶,不率则必为袭取,尽成恶趣矣。是外感也,非性也。此解自具于颜渊问仁章,及孟子乃若其情章。今欲明性字实义,不尽去从前之异解,不恪遵孔子子思孟子之言,则性命之学难言矣。

周子无极图实本于先天八卦,盖周子之无极即八卦图之虚中。其左似坎,右似离,即先天之左阳右阴。特阳中有阴,阴中有阳,以寓根阴根阳之义。此周子之心得,知阴阳两不相离,又有相须互用之妙。观他下变合二字,便是乾重元亨,坤重利贞之理。然四象已在其中,故下遂列以五行。要当知周子所授,断有种穆之传。至无极图,则周子之另作者。何也?伏羲之先天非取则于河洛者乎?无河洛有先天乎?谁谓周子无所仿乎?

朱子曰:周子所谓无极而太极,只是说无形而有理,太极是五行阴阳之理皆有,不是空底物事。煦按既云太极是阴阳五行之理皆有,至与陆子论辨,如何又偏主无极?当知周子全是说流行之太极,必如《易》中,方是说敦化之太极。然太极必竟非图可画,所以周子特添出无极一图来,及细玩周子之无极便在太极图中,正是伏羲先天八卦耳。止就其图说,又与所画之八卦图绝不相合,为其所说阴阳动静是相连而生,与《周易》太极生两仪之说总不相合,何也?阴阳同生于太极,是一生俱生者也。

问孟子乃若其情,则可以为善,而周子有五性感动而善恶分,以善恶于动处并言,不同如何?朱子曰:情未必皆善,然本则可以为善,而不可以为恶,惟反其情,故为恶。孟子言其正,周子则兼其正与

反者而言也。煦按此论总与孟子性善之说不合,故与《周易》相违,孟子则深知《周易》者也。言性者当分别内外,须知那件是本来的,那件非本来有的,然后知孟子立言之意,然后能合《周易》之旨。盖《周易》一书全言性情,不实能洞明《周易》,其违孟而信周者,宜也。

问心本是个动物,不审未发之前,全是寂然静,还是静中有动意?朱子曰:不是静中有动意,周子谓静无而动有,不是无,以其未形而谓之无,非因动而后有,以其可见而谓之有耳。方其静时,动之理只在。伊川谓当中时,耳无闻目无见,但见闻之理在始得,及至动时,又是这静底耳。煦按此段极粹。

又曰:周子论几字,如复之初九,几善也,姤之初六,几恶也。煦按复姤皆象人身中事,非天地也。姤破乾体而成巽,是由浑然至善中而生此恶几,诚恶乎其后之长也。复破坤体而成震,是由端然静正中而动此善机,正喜其元善之动而来。若太极初生之阴阳,仍当于乾坤二卦求之,断不可曰阳善而阴恶。

又曰:几字自周子发明,尤亲切耳。煦按周子之几善恶,只是误信汉儒吉之先见一语,添出凶字,总由未知性善二字耳,予已辨正于《系辞》注中。

罗整庵曰:《通书》四十章,义精辞确,至于五殊二实,一实万分数语,反复推明造化之妙,本末兼尽,然语意浑然,即气即理,绝无罅缝,深有合乎《易传》乾道变化,各正性命之旨矣。煦按既知一实,则不可止言二实。然以二说实,固亦无不可者,乃既以为一实矣,而又加无极于太极之上,非自言而自背乎?

又曰:周子诚上章,诚即太极也。大哉乾元,万物资始,诚之源也,即阳动也。乾道变化,各正性命,诚斯立焉,即阴静也。纯粹至善者,即太极之理有善而无恶也,故曰一阴一阳之谓道。阴阳即动静也,道即太极也,继之者善即诚之源也,成之者性即诚斯立焉。元亨,诚之通。利贞,诚之复,即太极静而阴也。大哉《易》也,其性命之源乎?《易》即阴阳互根,动静循环,而性命之源即阴阳动静之理,太极是也。图与书相表里如此。煦按道即太极也,是看道作所以然

之说,既知为诚之源,便在大本一边,如何说得阳之动,各正性命?上本乾道变化来,如何说得阴之静?又曰阴阳即动静也,便已是太极之发用,如何又曰道即太极也?反说回大本里面去了。观一阴一阳之谓,止说阴阳即是道耳。如何将阴阳说在用边,道字又说在体边?至于几善恶,则未明吉之先见一语,圣人止言吉而不言凶,必有故也。盖水之清浊,必有本源,未有源头既清,逮其流出,尚杂些须泥滓者也。可惜后学止向宋儒口头一句半句搜求道理,绝不向孔子《周易》破费死工夫,恐终不免趋易避难之弊。

邵子

邵子于天地间所有悉分为四,是即阴阳太少之推也。伏羲以之画卦,揲蓍以之命爻,举不能外,而况其它乎?要其大旨,亦只阴阳二者之交耳。故言《易》者,不可不知交字之妙。

宋儒于《周易》极精极深,无若邵子。至其来往之义,恐未尽当,故令后人指为卦变,亦偶疏者也。夫来则太极生两仪之事,往则内外卦分界之旨也。来谓源头,往谓由此而前进也。《周易·彖传》确有明证,邵子谓往谓往日,来谓将来,较诸先天图,止可以言阳而不可以言阴,是得半之说也。详见原卦来往条内及卦变下。

其释方图,本于孔子之《说卦》,然亦未尽方图及孔子之妙。夫方圆者,天地既交,将已有质,故方之以明其静也。又纳之于圆图之中,其妙则以气用者在中,以形用者在外,是即形之既成,虚灵居中,而肢体外卫之象也。论形则天外而地内,论理则形外而神内,此即天地既交之象也。以爻而论,得初爻者在中,得中爻者在外,得末爻者又在其外,而乾之与坤,乃浑沦包之于外,明天地间成形成性者,即天地所生之万物也。

天根月窟创见于邵子,释先天八卦一图,深达阴阳始终之妙,详见首卷原图。

道为天地之本,天地为万物之本,此即乾象统天之说,而子思语

大莫载，语小莫破，亦是此旨。

邵子择语："孔子赞《易》自羲轩而下，序《书》自尧舜而下，删《诗》自文武而下，修《春秋》自桓文而下。"

"乾坤纵而六子横，《易》之本也，是言先天图。震兑横而六卦纵，《易》之用也，是言后天图，然后天即先天之既交也。"煦有二方图，皆为先天而设。

"得天气者动，得地气者静。""木之枝干，土石之所成，所以不易。花叶，水火之所成，故变而易也。""图虽无文，吾终日言而未尝离乎是。气者，神之宅也。体者，气之宅也。"煦按神象太极，气象阴阳，体象形器①也。"水者火之地，火者水之气，黑者白之地，寒者暑之地。""草伏之兽，毛如草之茎。林栖之鸟，羽如林之叶。"煦曰水游之物，鳞如波涛之纹。"天地之气运，北而南则治，南而北则乱。""在水者不瞑，在风者瞑。"走之类上睫接下，飞之类下睫接上。""飞之走，鸡凫之类。走之飞，龙马之属。""鹰鹯之类食生物，阳也。而鸡凫之类不专食生，阳中之阴也。又虎豹食生物，刚也。而猫犬之类食生又食谷，刚中之柔也。"

"凡人之善恶形于言，发于行，人始得而知之。但萌诸心，发于虑，鬼神已得而知之。"煦曰灵机触响而动，天之听也。虚机倏觉而明，天之视也。

"人之神则天地之神，人之自欺，所以欺天地。""《易》有实数，三而已。参天者，三三而九。两地者，倍三而六。""学不至于乐，不可谓之学。""海潮，地之喘息也。所以应月者，从其类也。"煦曰月与地同德，见附论日月中。"植物体纵，动物体横。"煦曰人宜横而纵，是动植之兼体也。故最灵于万物。"动物自首生，植物自根生，自首生者命在首，自根生者命在根。""起震终艮一节，明文王八卦也。""天地定位一节，明伏羲八卦也。""有温泉而无寒火，阴能从阳，阳不能从阴也。"煦曰阳能入阴，阴不能入阳也。"天下之事始过于重，犹

① "器"，库本作"气"。

卒于轻。始过于厚,犹卒于薄。况始以轻,始以薄乎?""天何依?曰依乎地。地何附?曰附乎天。天地何依何附?曰自相依附。""天依形,地附气。"

朱子曰周子从理处看,邵子从数处看,都只是这理。煦按数而无理,安得有数?唯非理而误认为理,乃真无理者也。若孔子之《易》,正是因卦因爻而论,斯理在其中,数亦在其中矣。偏于数者,犹且不能遗理。恐偏于理者,将必有《易》外之理,故邵子必不可忽。邵康节先生知虑过人,遇事能前知。程叔子尝曰其心虚明自能知,先生于凡物声气之所感触,辄以其动而推其变焉。于是摭世事之已然者,皆以先生之言先之。煦按此方可与言数学者。近时亦有数学,善藏其用者,使人敬之,予尝叩其实得,却无他奇。

程子

大程子①云,圣人用意深处,全在《系辞》,《诗》《书》乃皆格言。观《易》须识时,然后见逐爻之间,尝包涵数义,圣人尝取其重者为之辞。先生此言,真知《易》者。

河南刘氏曰,大程夫子达于从政,以仁爱为本,某尝问先生以临民,曰使民各得输其情,问御吏,曰正己以格物。

河南朱氏曰,先生之学以诚为本,盖诚者天德也。先生得圣人之诚者也。才周万物而不自以为高,学际三代而不自以为足,行贯神明而不自以为异,识照古今而不自以为得。

蓝田吕氏曰,先生其自任之重也,宁学圣人而不至,不欲以一善成名。宁以一物不被泽为己病,不欲以一时之利为功。其自信之笃也,吾志可行,不苟洁其去就,吾义所安,虽小官有所不屑。

问《定性书》云,大率患在于自私而用智,自私则不能以有为为应迹,用智则不能以明觉为自然。朱子曰君子之学,莫若扩然而大

---

① "子",库本作"夫子"。

公,物来而顺应,自后许多说话都只是此二句意。艮其背,不获其身,行其庭,不见其人,此是说扩然而大公。孟子曰所恶于智者,为其凿也,此是说物来而顺应。第能于怒时,遽忘其怒,是应扩然而大公,而观物之是非,是应物来而顺应。煦按明道答横渠《定性书》,是二十二、三时所作,大公即《西铭》所言也,顺应即《中庸》率性之率字。

又曰,横渠有意于绝外物而定其内,明道以为须是内外合一,动亦定,静亦定,而应物之际,自然不累于物,苟只静时能定,则动时恐被物诱去矣。

问明道云内外两忘,是内不自私,外应不凿否?朱子曰是大抵不可以在内者为是,而在外者为非,只得随理顺应。煦按不可以在内者为是,此语有大病,与告子杞柳之喻相似。缘只认得因物付物为顺,不知程子止是论性,须体认子思发而中节一句,方有着落。何也?发而中节者,本乎中也,即率性之谓也。率性而中节者,性善故也。不率于性,必至千差百错。

问明道云学者识得仁体,实有诸己,只要义理栽培一段。朱子曰这道理只熟看,久之自见。煦按必如程子此语,方为知性者也。何尝与孟子集义之说有差别?

程子体用一原,显微无间二语,非深达一贯之旨者不能。

程子曰:曾点、漆雕开已见大意,非实有玉尺在手,乌能较二子之短长?

程子说仁,便实去做仁,说诚便实去做诚,宋儒脚踏实地者止此一人。论其造诣,与深积力久者相似,盖曾子之亚也。

明道所谓扩然而大公者,虚之体也。物来而顺应者,灵之运也。

张子

张子《西铭》是言理一,不是言分殊,但解分殊中之理一,方能一以贯之。

张子《西铭》从《论语》问禘章,与《中庸》郊社之礼节,及《礼记》

万物本天人本乎祖,并哀公问理会出来,观其气概,横塞天地,与孟子浩然同矣。其《正蒙》诸篇,则全从孔子《系辞》与《说卦》理会出来,然细观宋儒之书,要唯张子一人之论,全是理会《易辞》而出。

分之必殊,原不待言。即如一人也,耳目口鼻,颧额辅颐,无不同也,然终古无两人相肖者矣。圣人之裁成辅相,皆是于理一上做工夫。子思之位育说归率性之道,孟子之万物皆备说出诚身之乐,皆是惧人徒知分殊,而不知理一也。

帅,吾其性①。帅字去声,非入声也。即孟子气帅之帅,言为主也。

朱子曰:天理人欲之分,只争些子,故周子只管说几字,然辨之又不可不早,故横渠说豫字。

张子天资最高,看他将化之与神,气之与虚,两仪之与太极,打合一片,是何等见识?今将《正蒙》最精者标而出之。

张子择语:"散入无形,适得吾体。聚为有象,不失吾常。""聚亦吾体,散亦吾体。""有无混一之常。""若谓万象为太虚中所见之物,则物与虚不相资,形自形,性自性,形性天人不相待而有。"煦按此谓形器资虚而立,实吾儒之的传。若谓形器为虚,则同释氏之论矣。要亦形上之道形下之器二语,见得精耳。"气聚则离明得施而有形,气不聚则离明不得施而无形。"煦曰:日光附月与地而始见,丽于虚则无由自见,是丽于实也。"文理之察,非离不相睹也。方其形也,有以知幽之因。方其不形也,有以知明之故。"煦曰:此与周子动静互根同义。"气之聚散于太虚,犹冰凝释于水。"煦曰:张子妙于言气,本形上形下二语来,非气则曷由形乎?"由太虚有天之名,由气化有道之名,合虚与气有性之名,合性与知觉有心之名。""神者,太虚妙应之目。"煦之言灵亦犹是也。"两不立则一无可见。""造化所成,无一物相肖者。""一物两体,气也。一故神,两故化。""阴阳之精,互藏其宅。受者随材各得,施者所应无穷。""木金

① "帅,吾其性",库本无。

者,土之华实也。其性有水火之杂。”“天体物不遗,犹仁体事无不在。”煦曰此则参赞位育不难。“天之知物,不以耳目心思,然知之理过于耳目心思。”“圣人尽性不以见闻牿其心,其视天下,无一物非我。”“有不知则有知,无不知则无知。”“必物之同者,己则异矣。必物之是者,己则非矣。”“久者一之纯,大者兼之富。”“易一物而三才。”“凡可状者皆有也,凡有皆象也,凡象皆气也。”“至虚之实,实而不固。至静之动,动而不穷。”

阴阳之义,张子所云一物而两体者是也。

《西铭》不止言体,全是言用,其必从大原说出,是要人不可遽作分别耳。各正性命以后,天下之分殊原不待言,张子本意只是由其分之殊,推明理之一,使知生身之原,胥原于生物之大原而已。

煦按知化则善述其事,穷神则善继其志。志在事先,述在继后。何谓继?便是继之者善。何谓述?便是体仁长人四句,其下承之以君子行此四德句,而曰乾元亨利贞,则述可知矣。张子本领只是得力于《周易》,遂令人骇其入理之深。

整庵罗氏曰:张子《正蒙》由太极有天之名数语,亦是将理气看作二物,其求之不为不深,但语涉牵合,殆非性命自然之理。尝观程伯子之言,有云上天之载,无声无臭,其体则谓之易,其理则谓之道,其用则谓之神,其命于人则谓之性,只将数字剔拨出来,何等明白。学者若于此处无所领悟,吾恐其终身乱于多说,未有归一之期也。煦按此四句,首二句原不可易,即《中庸》天命之谓性,盖气化便是天之大用,各正之太和是也。其合虚与气便是言生人所受之性,长人之善正在此中。只因宋儒有气质之性一说,便将这个气字也看坏了。岂知性是虚灵的,气只是形体,性必附气而具,特不可认气为性耳。至第四句则不能无弊,盖性中未始不含知觉,性中却说不得知觉,必如孔子贞固足以干事,方是说性中之含蕴。《系辞》又云天地絪缊,万物化醇,方是此时之事,便是其体谓之易。易之一字便合天地间之大体大用,而兼有之。自太极生出,至于有形有质之万物,如男女居室以及圣人参赞位育之妙用,非人之有也,皆《易》之用也。乌得专

言体乎?道也者,大用之所在也,亦不得说在理①边,看作所以然。

敬轩薛氏曰:张子曰一故神,即神无方。曰两故化,即易无体。煦按两者一之体,一者两之神,故曰两不立,则一无可见。

朱子

朱子有希圣希贤之心,有博文约礼之学,后人但护惜其名,而不是正其道理,恐非朱子之所乐。

朱子之解,惟虚灵不昧四字极妙,惟无穷尽无方体六字极确,其它性道之说,不能不间有出入。

问心本是个动物,不审未发之前全是寂然静,还是静中有动意?朱子曰不是静中有动意,周子谓静无而动有,不是无,以其未形而谓之无。非因动而后有,以其可见而谓之有耳。方其静时,动之理只在,伊川谓当中时,耳无闻目无见,但见闻之理在始得,及动时又只是这静底耳,此解最粹。

敢于背孔而不敢背朱,皆见其宫墙而未见其富美者也。

紫阳,孔子之功臣也,学紫阳而忘孔孟,是习其流而未竟其源,乐其外华而未察其内美者也。

朱子之学以学为学,后儒之学以讲为学,子曰君子欲纳于言而敏于行。

朱子生平得力,《易》不如《诗》,《诗》不如四子书。

朱子集于群儒既倡之日,周子开于一儒未起之先,则周子之时势较朱子为难。

有借朱子而指摘阳明者,圣人之门贵行不贵言,使朱子而居阳明之时,不识能逮阳明之事功否?

朱子之学亦极博矣,而其粹精尽在《四书》,盖生平之功力独萃于此故也。第于《中庸》以道字解为路字,率字看作行字,中和位育必欲

---

① “理”,库本作“里”。

分别到底，不识于一贯之旨有合否耶？自来论先儒者，皆乐道其长而不欲斥其短。第吾儒传授圣学，但当以圣人为师，衷诸圣言而止，背圣而宗儒，岂学者之自命乎？且但取其长而不察其短，不唯非择欲其精之旨，但恐流为道谀之亚耳，正恐先圣先贤未必乐有谀我者也。以取功名，宗一家言可也。以明圣学，则是非断不可以无辨。

汉唐以来，担当圣学，无如朱子。后儒不唯无学朱子者，并识朱子者亦鲜。

阳明诋朱子为杨墨，甚矣。夫朱子固兢兢乎学孔孟思曾之正学，欲以传圣人之道，以垂教万世者也。第于《四子书》中所释，有与四子之旨微有不合者，煦于《四子书》中已详辨之矣。

程朱

学孔孟者，浅深异候，要亦各有短长，乃于程朱，则录其长而弃其短，或更目所短而亦以为长。于陆王则摘其短而弃其长，或更目所长而亦以为短。不尽读古人之书，不深察各家之奥，徒信耳以论古人，岂持平之论乎？大都自汉以下，凡克留心圣学圣道，皆孔孟之徒也，只宜以子夏笃信圣人之评评程朱①，以子张好高务外之评评陆王，庶有似焉。要亦不尽然也，陆王固狂之流，而参赐之亚也。夫人之溺于利禄也，甚矣。学圣之徒数百年不一见，如尽刻以绳之，正恐后人之裹足而不前矣。

袭程朱之绪馀而哓哓不休，匪惟②尚口之可虑，抑亦近名之足羞矣。

程、朱、游、夏之徒，十哲之配，先贤之亚也。虽未尽入圣域，亚颜曾一等矣。子贡晚年得闻圣道，固宜在四配之列③。

---

① “程朱”，库本作“朱程”。

② “惟”，库本无。

③ “子贡晚年得闻圣道，固宜在四配之列”，堂本无。

周易函书别集卷十三 篝灯约旨七

诸儒

孔子之一字何等尊贵，曾子之明字何等确切，子思之中字何等浑沦，孟子之浩字何等扩大。

孔子犹天，颜曾思孟日月也，诸儒星也。试以《学》《庸》两书，较后世诸儒之所得，其浅深高下，当自豁然。

颜子之乐不易到，且学孟子集义之慊。孟子之义不易集，且学孔子时习之悦。学圣人之学，固当以孔颜思孟为准的，然孔之美富，犹天之不可阶而升矣。曾之切实，犹觉太简。思之深邃，犹觉高华。可以身体力行者，惟孟之集义养气①，四端充扩之语，近而易求。孟子曰人皆可以为尧舜，期许不嫌太高，致功必先有据，吾窃有以私淑之矣。后儒之论说，有能如孟子之亲切著明，愚虽不敏，亦当以瓣香奉之。

邵子之《易》，盖亦极精极微矣，然皆图象中领悟得来者也，故于经文未有注释，或亦有不足者存乎。至其发明往来二字，亦有讹误，后儒②引之，以为注释。学者泥而不达，亦能使《周易》之实理不大显露，至其有取于扬子则非。

张子天分极高，但取资于六经，而有无隐显交关处，实能见到活泼泼地，此岂中人以下所可能乎？至其诠释经书，或亦有未当者存，然而长处不可掩也。

---

① “气”，库本作“浩”。

② “儒”，库本作“人”。

荀子性恶之说,愤词也,欲其勤学以修礼立政,归诸圣人之参赞耳,去扬子伪学远矣。恐以气质言性者,反不免有纯驳之辨。

陆子天分极高,见地极超。后人信耳,尠朱而贬陆,皆未尝即二子之论,而考其实也。

后人读书,知有功名已耳。及语以圣人之学,则又高谈阔论,褒贬古人。逮征诸实见,不过然人所然,否人所否,胸中绝无确实把柄,要亦信耳者也。夫学圣学者,尝数百年不一见,即如陆王亦可为聪明卓绝者矣。乃今之学者薄之,其薄陆王者,又皆急功名趋势利,但学时文者也。岂陆王之不子若乎?何不揣之甚也。须知朱程陆王悉皆孔孟之徒,特其姿性有高明沉潜之别耳。设此数人同生春秋时,要皆宫墙中人,未易轩轾者也。夫高明沉潜,两不相能,亦易辨矣。必务争之曰某者胜,某者负,某者是,某者非,即此必争之心,便非孔圣及门所有。但当辨别精粗,各存其是而可耳。

汉儒至董子而圣学始倡,即道之大原出于天一语,其原本出于《中庸》,而宋儒遵之,悉莫能外。今观《天人三策》及《繁露》一书,尽有极精极微,非后儒所能及者。窃忆独创之难,不似后儒共和之易也。今之议董子者,大约据《天人三策》而论之。至于《繁露》,未有轻置一语者。岂其未尝寓目也,恐未能尽悉董子之意也。然而周子固开宋儒之始,而董子于群言惑乱之时,独倡为天人合一之说,董子之功伟矣哉。

董子曰道者,所由以适于治之路也,仁义礼乐皆其具也。又曰设诚于内而致行之。又曰正其谊不谋其利,明其道不计其功。此皆扶持正学,极有见地者也。然其本领,尽在《繁露》一书。

董子择语:“天积众精以自刚,圣人积众贤以自强,天序日月星辰以自光,圣人序爵禄以自明。”“阴道尚形而贵精,阳道无端而贵神。”“欲致精者,必虚静其形。欲致贤者,必卑谦其身。”“我不自正,虽能正人,弗予为义。人不被其泽,虽厚自爱,不予为仁。”“孝子之行,忠臣之义,皆法于地。”“刑反德而顺于德。”“天显经隐权,前德而后刑。”“匿病者不得良医,羞问者圣人去之。”“民无所好,君无以权

也。民无所恶,君无以畏也。”

扬子好奇而妄作者耳,徒以奇字奇解惑乱天下,所以有《太玄》之作。究其实际,全无用处。岂知《周易》小用之而趋避之道在,精用之而性命之道在,大用之而位育之道在乎?《太玄》亦言吉凶,毕竟是不可试验之吉凶。即其卦起中孚,毕竟非天根月窟之正理,自其依傍《周易》,另作一种法套出来,遂使后来好名之士,不顾道理之合不合,皆人人擅作者之场矣。岂知天下无二道,《周易》之外不容更有《周易》,非以《周易》大中至正之道衡之,不可得而辨也。杨墨充塞仁义,孟子曰能言距杨墨者,圣人之徒也。《太玄》乱《易》甚于杨墨,学孔孟之学者宜何如摈斥也。

《太①玄》之拟《易》,《中说》之拟《论语》,拟其辞之似耳。衡以大道,则索然无味。然《论语》之中有克复之仁,有一贯之道,而彼何有乎?徒见其不知量耳。学者欲明至道,详味六经,熟参四子书而已足矣。

马融、王通、郑康成、虞仲翔、荀慈明,皆传经者也。王肃之兼义,虽未能尽合,而略例一书,则《周易》之大意已在其中,盖见其概而未见其精也。

圣学至唐亦已微矣,韩子之原性原道虽未尽醇,然而矫矫铮铮,固亦未可诬也。

涑水司马氏②

仁宗国嗣未立,人莫敢言,谏官范镇首发其议,司马先生继之。疏三上,帝感悟,曰送中书。先生见韩公等曰,诸公不及今议定,异日禁中夜半出寸纸,以某人为嗣,则天下莫敢违。皆拱手曰,敢不尽力,于是遂立英宗为皇子。煦按此皆预养于宫中者也。其非预养

① “太”,库本无。

② “涑水司马氏”,库本作“司马公”。

者,当又不同,后人援以为兴献王之例,未当。

豫章罗氏①

罗先生教学者静坐中,看喜怒哀乐之未发谓之中,未发②作何气象。朱子曰罗先生说终恐做病,如明道亦说静坐可以为学,谢上蔡亦言多着静不妨,此说终是小偏,才偏便做病,道理自有动时,自有静时。煦按辟静字非也。人到纷扰时,何能体到精微?其敬字则动与静之工夫也,但只说敬,则已在心之发处了。

延平李氏③

延平李先生曰若说静处有而动处无,则非矣。

又曰唯求静于未始有动之先,而性之静可见矣。求真于未始有伪之先,而性之真可见矣。求善于未始有恶之先,而性之善可见矣。

所谓未发以前气象,亦止要见得本体湛然,如明镜止水而已。明镜无尘,止水不波,心体之静似之。

西山蔡氏④

朱子曰康节之书固自是好,而季通推得来,又甚缜密。若见于用,不知果如何?恐当绝胜诸家也。煦按康节之书有用,而季通之书果何所用也?

整庵欲为《书传》,未及为,遂以属先生,《洪范》数学久失其传,季通独心得之。然未及论著,曰成吾书,沉也。煦按在易而言数学,

---

① “豫章罗氏”,库本作“罗从彦”。

② “谓之中,未发”,库本无。

③ “延平李氏”,库本作“李延平”。

④ “西山蔡氏”,库本作“蔡季通”。

已非《周易》本旨,至于《洪范》亦得为数乎①?《洪范》而为数学,抑谁氏之言乎?

九峰蔡氏②

九峰先生序《书》曰:二帝三王之治本于道,二帝三王之道本于心,得其心则治与道可得而言矣。何者?精一执中,尧舜禹相授之心法也。建中建极,商汤文武相传之心法也。煦按《书序》皆不可易之至论。

序《洪范》曰体天地之撰者,《易》之象。纪天地之撰者,《范》之数。然则《易》无数乎?何其悖也!

又曰有理斯有气,有气斯有形,形生气化,而生生之理无穷焉。天地絪缊,万物化醇,男女构精,万物化生。煦按此皆易理也,皆由阴阳既合而生,非《范》数孤阳独行之理也。

又曰顺数则知物之所始,逆数则知物之所终。煦按顺逆说倒了,仍是邵子之说。

敬轩薛氏③

薛敬轩曰静虚者,正也,义也,太极之体以立。动直者,中也,仁也,太极之用以行。煦按亦不宜分说动静,乾之《文言》君子体仁四句,动乎静乎?又按周子主静,朱子主敬,窃意敬字说在静时,亦不能无弊。何也?朱子之注明德也,固曰天之所赋于我者,虚灵不昧。既曰虚灵,可知匪灵不虚,匪虚不灵矣。今要将一个敬字就中填实,必无以存虚灵之体,是已着在用边,成动而不静者矣。夫孔子之言

---

① “洪范亦得为数乎”,库本无。

② “九峰蔡氏”,库本无。

③ “敬轩薛氏”,库本作“薛敬轩”。

敬,固皆说在有事一边者也。其樊迟问仁,则曰居处恭执事敬矣。夫居处之恭,是专欲此身之无偏邪倚顿[1]也,身也而非心也。彼清虚之在中者,固自若也。至于执事乃始言敬,非在作用边乎?其于仲弓固曰出门如见大宾,使民如承大祭。夫出门使民,非作用边乎?即在《中庸》说出戒慎不睹,恐惧不闻,亦是惧睹闻之搀和,不能如未发之中虚灵不昧耳。今将一敬字凭空填实,彼虚灵不昧者曷在乎?大本之不存,奚为而有达道?固知主敬之说,不若主静立人极之说,为足亘千百世而无弊也。

又曰孔子言太极是指理言,周子言无极是指此理无形而言。煦按此竟视孔子所言之太极为有形者矣,若说无极二字只是发明太极中无声无臭之妙,如此则用作太极之注脚可也,亦不宜加于太极之上。

敬斋胡氏[2]

胡敬斋曰工夫宁下而勿高,宁沉而勿浮,贵博而不贵杂,贵精而不贵悬。

又曰敬该动静,兼内外。又曰程子曰欲息思虑,便是不息思虑。有意于坐忘,即是坐弛。敬则自无此患。

月川曹氏[3]

曹月川曰周子所谓无极而太极者,盖谓无形象无方所,极谓至极,理之别名也。太者,太无以加之谓。煦谓如此以言太极,方是真太极,切不可竟作图看。又曰以通行而言则曰道,以至极而言则曰

① "顿",库本作"倾"。
② "敬斋胡氏",库本作"胡敬斋"。
③ "月川曹氏",库本作"曹月川"。

极,以不杂而言则曰一。煦按此方是道字正解。

阳明王氏[①]

阳明曰无善无恶者心之体,有善有恶者意之动,知善知恶是良知,为善去恶是格物。一时学者心仪口诵而艳称之,不知此四言大有语病。夫以无善无恶而言心体,仍是周子无极之说,恐与顽空何异?孔子释乾之四德,皆属天道一边事。其于元之既亨而利贞也,便曰各正性命,保合太和。既有保合之太和,有乎无乎?不待辨而明矣。《文言》首两节全言性之未发,故次节曰足以足以云云,足以而仍未发,则其所蕴可知矣。其言元曰长善,亨曰嘉会。嘉,美也,亦美其善也。利曰和义,和即太和之充也。贞曰事干,犹云作事之主脑,皆未发之义也。有乎无乎?不待辨而明矣。或以太和指气而言,夫气固未有离理者也。只缘为学之初,外袭之念,不能不杂,故无善无恶者,欲其心之虚耳。以此为心之体,则大非也。故以为无恶犹可,兼无善而言,失性善之旨,则断断乎不可。

其曰有善有恶者意之动,亦大非也。夫意之动而有恶也,是有知有识之后,由耳闻目见而入,藏匿于中,而渐次发生者也。今观一月二月之婴孩,便知亲母,彼其意中,亦有何念?可以恶言乎?其必兼善恶而言意,始于周子几善恶一语。此缘周子未明几字之妙,又误信汉儒于吉之先见一语添出凶字,遂至贻误后人。此皆未明几字之妙也。夫几者,动之微也,非两岐之名也。周子本太极而言其所发,则不得不以两岐之说,求合乎阴阳之义。然周子已知此处善恶二字原有语病,故于后面补说刚柔二义,谓刚有善恶,柔有善恶也。然既别为刚柔,又于刚柔之中而别为善恶,则已在四象之列,而不可以言几。不知几者,止是动之微耳。太和之发由长善而出,有何恶之可言?故孔子止言吉之先见,而不复杂以凶字,非无故也。盖本

---

① "阳明王氏",库本作"王阳明"。

天而动，则全是太和，赤子之良知可征也。孔子曰体仁足以长人，体此天也。子思曰发而皆中，动于天也。孟子之恻隐羞恶辞让是非，皆于端倪呈露处言意之方动，遂确乎以为性善云耳。此际又安得有恶之可言而以为有也？夫动而有恶，皆耳闻目见，缘感而入者，故孔子之教颜渊也，曰非礼勿视，非礼勿听，防之于将睹将闻之际。子思之作《中庸》也，亦曰戒慎不睹，恐惧不闻，防之于未睹未闻之先，惧泥沙之搀和清源，朱绿之污染素质也。孟子曰非由外铄，盖诚知外铄不必尽善也。安得谓意之动，而便有恶乎？子思曰发而中节，发即意之动也。发而有恶矣，犹可以中节言乎？颜子不远之复，复谓本然之天，远谓后来之杂也。若说意动便有恶，则颜子之复亦可云复于恶乎？若说本然之天无善，则亦可云复于无善乎？

至以良知说在格物之先，似与《大学》先格物后致知①不相类矣。不知《大学》之知乃极致之知，是由格物而得之者也。阳明之良知是赤子之知，审别物类，分辨好丑，虽至愚极陋，莫不皆有者也。此阳明之卓识也。

阳明之语属员也，曰缘此数病，良知之所本无，只因良知昏昧蔽塞而后有，若良知一提醒时，即如白日一出，魍魉自消，此语便是性善确证。试问昏昧蔽塞者，外之袭乎？抑中本有者乎？如知非中本有，则不辨自明，而意之动而有恶，可知非确论矣。

阳明之传，唯王时槐最得圣道之精。时槐，刘文敏之弟子也，罢官后反身实证，始悟造化生生之几，不随念虑起灭。其论性曰孟子性善之说决不可易，使性中本无仁义恻隐羞恶，何从而生？且人应事接物，如是则安，不如是则不安，非善而何？煦按此则知时槐之见地确矣，故凡不知性善之说者，煦皆不敢以为知道。

许孚远亦阳明之传也，其言曰以性无不善，故知无不良。

孔子之门，亲得圣人以为之师，而得闻一贯者，仅曾子一人。阳明生数千年之后，而得闻一贯者也，宜乎知阳明者之鲜也。

---

① “格物后致知”，库本作“致知后格物”。

周子发《周易》之精,开宋儒之始,较朱子之集成者难矣。而无极一图实有以发太极之秘,传圣道之精,自是以后,不达《周易》而漫言性理者,皆学也,而非道也,然亦不能无误。

陈白沙矜慎自持,与朱子相似,大约闽广学者多是如此。至其作用,恐不逮阳明远甚。夫圣人之学,明体达用,经纶参赞,皆分内事,不徒作自了汉也。孔子之栖栖,孟子之皇皇,皆是如此。若白沙者,自治则有馀者矣。

元之学者,人多美静修而薄鲁斋,是未察孔子之于《春秋》,为何如时也。不遇盘根错节,不足以别利器。人果以圣贤之学自命负,焉所往而不可?

不尽阅各家之书,尽得各家之意旨,辄闻人之所闻,恣为褒贬,是犹隔纸窗而睹人形,自谓已确,不知止属影响耳。佛老固有差别,陆王固有短长,然必尽观其书,知其差别在甚处,短长在甚处,然后持论,始可以服人之心。孔子之于老子,犹适周问礼焉,不闻有薄之辟之之一语。周子之太极,邵子之理数,传授之者始于希夷,希夷固老氏之亚也,不闻并太极理数之说而俱非也。顾乃不满于后儒之心,窃虞其量狭而多忌矣。亦胡不思之甚耶?天覆于上,地载于下,六合之内,何所不容?岂以其精也粹也而收之,粗也恶也而屏之乎?择术而进,随人之材分,然广博之物,非广博之器则承受难矣。

朱陆阴阳形器之辨

乾坤者,阴阳之物也。卦爻不离阴阳,故卦爻不离时位。乾以神用,流行而不息,故圣人法之以征时。坤以形用,有定而不移,故圣人体之以征位。阴阳者,太极亨动之灵机。凡气之流行不息,体之一定不移,非是莫为之宰。是固方出于太极,全具太极之神,能物物而不物于物者也。周子之诚,太极也。几,两仪也。于诚几之中添一神字,便为其能不物于物也。张子曰神者,太虚妙应之目,便是说在灵动一边,非太极浑沦之时矣。朱子执为形器,则是有形有体

之物，乃得具此两仪，而流行之气征于天运。运于无形者，皆不得而有之矣。陆子辨之，取始终晦明奇偶上下尊卑之属，皆无形之阴阳，而时之与位，形之与神，乾之与坤，兼有之矣。今取朱陆往来之书，以辨证于左。

朱子曰："《大传》曰形而上者谓之道，又曰一阴一阳之谓道。"象山曰："一阴一阳已是形而上者。"朱子答曰："《大传》既云形而上者谓之道，又曰一阴一阳之谓道，此岂真以阴阳为形而上者哉？正所以见一阴一阳虽属形器，然其所以一阴而一阳者，则道体之所为也。"

煦按太极阴阳非有二也，阴阳即太极之既动，能亨太极之大用者也。太极者，主宰之阴阳。阴阳者，运行之太极也。特因太极无形，主宰于中，不可言说，故第从太极之动处说起。孔子之言道也，既说出一字便是太极，而又必说到贯，便是此一之流行处。道也者，天命之大用，充塞昭著于天地间者也，故子思遂称为达道。大本则性也，而非道也。《周易》本言性道之书，因太极之精切，天命之蕴含，非可言说，故多说在大用一边。如先天图之两仪，文王之乾坤，周公之九六，孔子之分而为二以象两，皆是从阴阳说起，而阴阳之所从来，俱从而置之，非图可画，非言可说也。既曰一阴一阳之谓道，又曰形而上者谓之道，道字说在用边，形字说在迹象一边，皆太极之动，一元之亨，著见流行之会，特未至成形成器耳。若形器已成，则形器也，而非道也。器则有质，在重浊一边，故曰形而下者谓之器。《中庸》之言性也，虽从大本说到天命，毕竟未发之时无可言说，故但指其位而证之，谓为中焉而止耳。以所性之中，非阴阳之所可言也。今既有阴阳可指，故止说在道字一边，而又以为形上之事也。今曰所以一阴一阳则道体之所为，是将道字为本，阴阳为用，阴阳与道打成两截，不唯非夫子一阴一阳为道之本义，并非一以贯之之旨矣。岂知阴阳方由太极而来，原在两仪之地，此后所成之四象八卦犹不可以形器论，况阴阳乎？盖阴阳方出于太极，流行于形器之中，无体而有用，故直以为道也。道也者，非形器可得而拘，故又曰形而下者

斯谓之器也。

象山复之曰:"始终晦明奇偶之属,何适而非阴阳,是以立天之道曰阴与阳。"

煦按[1]陆子引天道二语最确。盖天道但有阴阳可言,非有形器者也。今顾以一阴一阳为非道,而直谓为形器,为昧于道器之分,则孔子一阴一阳之谓道,此语非乎?朱之显背于孔莫此为甚,第证以孔子之言可矣。总由认阴阳为形器,而不知阴阳全是太极方出之大用,全以神行,故能兼无形之气,有形之器,胥能合体。而初非有两,观陆子所用四十字,如先后始终,动静晦明,上下进退,往来阖辟,盈虚消长,尊卑贵贱,表里隐显,向背顺逆,存亡得丧,出入行藏,皆无形无器之阴阳,则阴阳之分位,断可识矣。

朱子答曰:"若以阴阳为形而上者,则形而下者复是何物?"

煦按凡有形器者皆物也,非阴阳也,阴阳特具于其中耳。

"凡有形有象者皆器也,其所以为是器之理者,皆道也。"

煦按此曰有形有象者皆器,是误看形上之形为形器之形矣。乌知此形字,即乾彖中流形之形[2],即《中庸》形著明动之形,不可以迹拘者也。若形下之形,乃始谓之为器。此形字亦在动用显著一边,亦不可以形器言[3]也。盖形上形下二形字,虽皆阴阳之所形,而形则不同。形上之形是形之至轻清者,无形之形也。形下之形是形之至[4]重浊者,有形之形也。有形之形可以体求,无形之形不可以迹拘,故孔子遂有道器之分。若以形上之形便谓为器,则下句为赘言矣。当知阴阳之妙,资气以动,故可以形而上,又可以形而下也。上文犹说道体,至此则直谓之道,不独将道器打成两截,并将道字分际亦错看了。盖道止在大用一边,原与大本一边无涉,故子思曰率性之谓道。性,大本也。道,大用也。故子思遂以达道说在已发之后。

---

① "煦按",堂本无,下同。

② "形之形",库本作"行之行"。

③ "言",库本无。

④ "至",库本作"最"。

今既以阴阳为形下之器，又曰有形有象者皆器，则是认阴阳为有形有象之器矣。请问始终晦明，朝夕尊卑上下等，是阴阳乎？非阴阳乎？为有器者乎？为有象者乎？此不待辨而自明者也。

“来书所谓始终晦明奇偶之属皆阴阳，所以谓之器。”

煦按始终晦明，何器可言？此中惟奇偶二字由大衍之数而成，见蓍之有形，遂谓为器耳。然蓍之所揲，虽有奇偶之数，而蓍中所蕴，则太阴太阳少阴少阳，其义固有四种，非直画一奇偶，而遂可以使卦体之成也。即卦之既成，画出重交单拆，乃始有象，其卦究何象乎？不过象阴阳之太少耳。然奇偶止有二象，将谓奇偶为少阴少阳，而已缺却太阴太阳。将谓奇偶为太阴太阳，而已缺却少阴少阳，乌能成卦？夫太阴太阳少阴少阳见于蓍中者，有何形器可象？即圣人拟为重交单拆，亦但分别动静，想象其道理合当如此。即后世圣人拟为连断之形，亦非有形器之可拘也。予尝谓《易》中卦爻皆是先天，正谓蓍中之阴阳老少，原不当以形迹求也。

“独其所以为是器之理，如目之明，耳之聪，父之慈，子之孝，乃为道耳。”

煦按既以聪明慈孝为道，聪明由既用而见，慈孝由有作而见者也。谓为道也诚当，然聪明慈孝，必有所由以聪明慈孝者。予诚不知又将何者为所由以聪明慈孝者也。今既以道为形器之所以然，又以聪明慈孝为道，然则聪明慈孝即形器之所以然乎？且止论阴阳，而牵入聪明慈孝，与阴阳何涉？言耳目而不言心性，宜乎其执阴阳为形器也。太极之与阴阳，一理而分体用者耳。性与道，一心而分未发已发者耳。太极者，天地之性。性也者，人身之太极也。人知发而为达道，不可以形器相求，乃顾以太极之动谓为有形有象，何欤？子思不曰性之谓道，而曰率性之谓道，盖性之与道，一事而分体用者也。性不可以明言，子思但谓之为中，至于发而中节，然后谓为达道，则是道之为言，全在大用一边明矣。朱子谓形象皆器，道为器之理，将谓阴阳以道为本乎？如谓阴阳以道为本，则子思亦当以达道为本，而未发之中又置之何地乎？不知阴阳即太极之动，道则吾

性之发,阴阳之鼓荡而充斥者也。竟将道字占却性字地位,则未知性为本而道为用矣。然而孔子固曰一阴一阳之谓道矣,谓天地间有形无形之充周,皆此阴阳之流溢,故谓阴阳为道而不谓为形器,此断不可误解者也。子思曰君子之道费而隐,是从大用之中见出不可思维的道理,正如说阴阳之中便含有太极相似。然阴阳不可以形求,即流行之太极,发育之大道故也。若以太极比之,道与阴阳皆在发用一边。阴阳之不同于太极者,太极静而阴阳动,太极为主而阴阳为使。静而为主者,隐而不可知。动而为用者,显而易见。因阴阳能发太极之用,故尊而重之,谓之为道,所以说一阴一阳之谓道。盖凡言道者,皆充周弥纶参赞位育中事也。

煦按太极体也,即大本之性也。形器用也,即达道之道也。其中斡旋妙用,全属阴阳,形上形下之形指用而言也。太极之譬若匠,形器之譬若房室庐舍也,其斡旋妙用则斧凿之力也。指阴阳为形器,亦可指斧凿为房室庐舍乎?太极之譬若豆,形器之譬若腐,其发散凝聚则膏浆之力也。指阴阳为形器,亦可遂指膏浆为腐乎?夫果粒之布于土也,而生机勃然,此一粒便是太极,其后开花结实便是形器,而其间之生长滋息所以能如此者,则阴阳之为也。阴阳而果形器也,则所以能如此者,何不取出一观?

太极浑浑沦沦,全无形质,万物则纯乎气质,乃万物则实由太极而生,中间斡旋妙用,全是阴阳。此处地位分别不清,则全部《周易》所言皆懵懂。

或问朱子错在甚处?曰夫子形而上者谓之道,与一阴一阳之谓道,此二语皆是言道,而所以为道者,只在形上形下两形字发明阴阳之神用耳。其道与器莫非阴阳之用,特器为顽质,而道体虚灵,故遂以上下分之。竟以道与有形之器相对,今将道字与阴阳对看,便遗了形上二字,且以阴阳作形器,又侵了形下之器一语,此朱子之所以见屈于陆子也。

阴阳者出于无形之中,运于有形之内,《中庸》之言鬼神是也。

谓鬼神不灵，则又体物而不可遗①。谓鬼神有形，则又即物以为体。然而盈天地间皆鬼神，实则盈天地间皆阴阳而已。

阴阳是太极之动，即是充塞天地物事，何尝止在有形有器一边？故断不可认为有形有器滞而不灵者也。《周易》中卦爻图蓍四种，俱从阴阳而始。孔子之《系》从天尊地卑说起，此处从阴阳说起，皆是两仪中事。曾无一处说着太极，以阴阳从出之地不可得而言也。然又不可认阴阳为形器者，阴阳止太极之动而善运者也，故能充塞天地而不可以迹求也。

阴阳者，本于太极之动，而旋用于四象八卦者也。能发太极之大用，最灵最妙者，无逾于阴阳，故曰一阴一阳之谓道。

太极不可以形求，阴阳即太极之动，配之于乾，则元之亨也。圣人之释亨也，曰品物流形，是端倪呈露之始，即形则著之形也。非有体质，何有形器？形而上者谓之道，此形字便是端倪呈露意思。道也者，阴阳之大用，充塞乎宇宙者也。器则滞而不通，乌能充塞乎？伏羲先天图皆阴阳之妙，阴阳始于震巽，配则风雷，全以气用者也。终于艮兑，配则山泽，始以形成矣。坎离居中，有形而无质，是半气半形者也。是八卦之中，始于无形之形，终于有形之形，莫非阴阳之为也。

问："无极之真与未发之中同否？"朱子曰："无极之真是包动静而言，未发之中只以静言。"煦按动静本在阴阳一边，是乾元之既亨，太极之既生时也。今以未发之中为静，然则人之为主于身中者，竟无有太极。诚不知子思之所谓中，又何所指也。如以中为太极，包动静者为无极，则又分无极太极而二之矣。如以包动静者为太极，则动静循环，止说得流行一边之事。而所谓无极之无，又无处安着，故以动静互根而言太极，本《通书》之误，而此言则尤谬者也。何也？既言包动静，则太极之内不可以言无矣。

问："伊川言静中须有物始得，毕竟此物云何？"朱子曰："只太极

① "遗"，库本作"离"。

也。”煦按既以静时为太极,诚不知包动静者又是何物?若知动静只在流行一边,则静字必说不得中字。中也者,动静之未形者也。

道为充塞天地物事,而其所以然者,则隐而不可知也。充塞天地,则用之广也。其不可知者,则体之微也。孔子一以贯之,正体用一如之说。子思曰君子之道费,则充塞天地者也,隐则不可知者也。下曰语大莫载,语小莫破,正充塞之大用。而其所以然者,则隐而不可知也。子贡曰夫子之言性与天道,不可得闻,盖言隐也。孟子浩然之气,配义与道,正与子思费字同旨,正谓道之充塞难量,而吾身之气克与之配也。今谓阴阳为形器,以道为形器之所以然,则是道字占却隐字地位,无以见道用之充塞而费矣。如谓道为充塞之物,为形器之所以然,而道之隐处又另有所以然,则是床上安床,屋上架屋矣。亦不得专以费处为用,隐处为体。夫圣人一贯之道,尽在四书、六经。离四书、六经而言圣道,皆非圣道也。

太极者,道之大本也。两仪四象八卦,由此而渐分者,道之大用也。其中妙用全属两仪,而两仪紧靠太极,又在四象八卦之先,又能充于四象八卦之内,故直以为形上之事。其但从两仪起者,太极之中一无所有,而其出不穷,不可名言,不可图书者也。其必由两仪四象八卦,而后始达于用者,明大用之实出于大本,而大本之实发为大用也。文王开为六十四卦,无有一卦之往来不是说图中之妙,无有一卦之内外不是说先天之旨,故曰《周易》为传道之书也。今说一阴一阳止是两仪边事,如何可作形器论?

两仪者,太极之神,非形所可拘也。唯神也,故能兼有形无形而入之。今有形之器固有阴阳,而昼夜昏明尊卑上下始终动静,何非阴阳?抑何形之可器乎?

太极浑沦静涵,不可得而言也。故伏羲文王周公之《易》,俱从两仪而始。伏羲之图,自两仪画起者也,两仪之前不可画也。文王之《易》,自乾坤说起者也,乾坤之前不可知也。周公之爻,自九六说起者也,初爻所自来不可得而言也。孔子之大衍,自分而为二说起者也,分二之前不可得而知也。故后此无穷之大用,总归阴阳,故曰

一阴一阳之谓道。若不可知者,安可象乎?

或疑除一,独无所象,故谓除一为象太极。夫天下有象之物乃始可象,无象之太极亦何可象乎?既曰分而为二矣,一动一静,独非分乎?一虚一实,独非分乎?如必欲于大衍之中求所以象太极者,不若以五十未分之策取而象之,犹庶几也。大衍之数五十,其用四十有九,其下不言太极,便曰分而为二以象两也。以太极为阴阳形器之主宰,非形所可象,非数所可纪也。凡物之有形可象,有数可纪,皆两仪之事,非太极之事也。夫既有蓍之可见,则有形矣。有五十之可言,则有数矣。故孔子之言道器,遂皆说在形边,曰形而上形而下。自来不谙形器体用之分,故于大衍之用数补出除一以象太极之语,此似是而实非者也。不知孔子开口便从象两说起,初无取象太极之说,以其既有蓍数,全然属在形边故也。

或曰既称为两,焉得非数?曰两非数也,是匹对之称也。独阴独阳不可以资生,故坤必得乾,然后谓为得朋。故两也者,相资有助之称。如天地山泽,雷风水火,对举而互征,皆两之义也。盖天地有敦化之太极,有流行之太极,而流行之太极非两不成,故孔子曰天地细缊,万物化醇,细缊则男女之太极也。男女构精,万物化生,构精则万物之太极也。天地男女皆两也,化醇构精浑两而为一,皆太极也。天地以前,原不可以意识解说。如但以流行而论,细缊者固在两前,构精者固在两后也。此等境界辨别不精,皆不达《周易》正理。如上所论,则两仪为形下之器矣,而又非也。两仪者,太极亨动之灵机,变化时物之主宰也。故时有四,两无四,物有万,两无万,因时而见,因时而变,不离物而存,不执物而有,是形形而①不可以形拘,始数而不可以数衍者也。孔子释乾之亨,谓为品物流形,是诚则形之形,非形体之形也,形言其才露端倪而已。故即其亨动之机而谓之为流,象其形之动也。比之于人,则天命之命,即保合太和之事,故不可以形拘也。独立之物,不以数衍,故周公之命爻也,于两仪初得

① “而”,库本无。

之爻但名为初,而不名为一,是不可以数纪者也。

朱陆此论,原因辨无极而起,朱子主张无极为最妙。煦按后之学者,原不能轻置六经,自为一学。孔子系《易》固曰《易》有太极矣,太极之中果有无极,孔子何惮而不为之开谕来学乎?伏羲画卦从太极始,文王释乾从元始,孔子系《易》从太极始,学者当以六经为主,六经以外,煦固不之从也。即如朱子所论,以无极为足发太极之妙,则是太极中原自具有此理,又何必詹詹形诸论辨乎?二先生于此,亦少竞矣。

朱子曰:“周子言无极而太极,方见有无浑合之妙。又曰无极者,无形体,无声臭。”周子之语既以无极之下赘以“而太极”三字,则是朱子之意,竟以孔子之谓太极者为有而言之乎?大误大误,故予曰不如存孔子之旨也。

朱子曰:“太极非是别为一物,即阴阳而在,阴阳即五行而在,五行即万物而在,万物只是一个理而已,因其极至故名曰太极。”此语却是无弊,此即大本发为达道,不可谓达道中便无本也。然物之一字①亦不可于太极言之,盖物物而不物于物也。

朱子又曰:“太极便是性,动静阴阳是心,金木水火土是仁义礼智信,化生万物是万事。”此以动静阴阳为心,只言其性之动耳。是谓心为妙于运动之物,只配得《中庸》发字。然不若止言发,与孟子止言性情为当。

《周易》之卦以乾坤居首,便在两仪之中,便属有形有象之后。所以《系传》直谓为阳物阴物,而孔子于乾坤两卦亦遂著有《象传》。然虽有形有象,却又不可直谓为形器。盖乾坤生物之物也,器则有体而物于物矣。今观揲蓍求卦之际,拟为重交单拆之形,则有象矣。然谓太阴太阳,少阴少阳,实为②有形体则又不可,此朱子所以见屈于陆子也。

① “字”,库本作“事”。

② “实为”,库本作“为实”。

太极之真,虚灵之妙,原不可以有无言也。如以为有,而两仪未形之先,必不能确指其所由以形之故。如以为无,而两仪四象实由此生,故孔子但以为太极。太也者,尊上之称。极也者,指其无以复加之妙而言也。此孔子会三圣之妙,言两仪未生以前,其理之尊上无加,实有如此。止如解释乾元,无可称说,但用大哉二字赞之而已。后人把做图看,已非其旨,乃周子特加无极二字于前,又复立而为图,或因当时流传,竟指太极实有此阴阳之蕴,故周子病之,加出无极二字于上,其下紧连而太极三字,总以象太极中虚而能灵之妙耳。然无之一字不可轻用者,为其言无,则必与有为对也。况其上既言无极,其下忽摆出而太极三字,则已俨然与无极相对,是指太极为有而命之矣。况无下用一极字,太下又用一极字,是二极矣。极至之①理,岂有二乎?朱子主张无极二字之妙,不惮繁言,与陆子辨之者,谓无极之说,足以发太极中无形质无声臭无方体之妙,其下合而太极三字共为一句,因谓此语得有无混合之妙。不知太极之体必不可以有无言也,如使可以言有言无,则孔子当已言之,何俟后人之哓哓哉?意谓无极而太极五字,周子合为一句,正以无之一字发明太极之体为至虚者耳。果如此,则谓周子之图是有无混合为不当矣。如谓前说无极,其后方说出太极,则不应太极之前又有无极一层,是打成两截矣。如谓太极之体为有而虚,故以无极二字发明至虚之妙,则又目太极为有,是以②合无极太极而论之,分无极太极而论之,皆不可也。况有两极之分,宜陆子不肯屈服也。大约圣人之论,止宜存圣人之旨,不必添说意见可也。

太极之说虽出于孔子,然不自孔子始也。伏羲之先天一图,已圆而虚其中矣。文王之于乾卦,已称其元矣。周公之九六已称其初矣。是皆欲人从阴阳既形之后,因而上溯之,以默识其意而已矣。故太极之上必不能有丝毫增加,太极之中必不能容丝毫言说。如其

① “至之”,库本作“之至”。

② “以”,库本作“则”。

可以言说,自伏羲至孔子,经四圣之阐扬,宜可以无微不悉,岂犹有未尽之义可言而不之言,俟诸后儒之增设耶?此如一以贯之,只此一字圣人不之解说,曾子亦不之解说,可以观矣。又如两仪四象,伏羲原本河洛二图尽情画出,而太极则不可图画者也。又云分而为二以象两也,后人添除一以象太极六字,便非孔子之旨,何也?太极之真,伏羲尚不可画,孔子由何而象之乎?况太极之真①何等尊贵,心思想不到,语言说不出,而顾可以有形有数之物,从而象之乎?若其既已有蓍,则有形矣。既曰五十,则有数矣。有形有数之物,又乌可以象太极乎?孔子止以分二象两言之,亦如伏羲画图,止自两仪始,文王立卦,止自乾坤始,周公立爻,止以九六为初,而两仪之所由生,乾坤之所由立,九六之所以有初,皆不能实证其所以然,俟诸一以贯之者之自领焉耳。此圣人传心之最精最密者也,言有无,岂四圣人之旨哉?

学者读孔孟之书,学孔孟之学,先须识得大纲,正其主脑,到得集学既成,全是一团冲粹和平之气,故能响育万物,经纶天地,成绝代之品。《语》《孟》俱在,可以观矣。《论语》一书,莫详于言仁,是冲粹和平之本也。孟子虽具泰山岩岩气象,要亦集义不动心之后,持身之正自然如此。观其酬对学者,应接同侪,祇敬君长,曾有一焉不冲粹和平而资②人指摘者乎?盖人皆可以为尧舜,为其性善而已。性命于天,乾元初亨,便属太和之保合,继善成性,便为长人之善。孔子谆谆言仁,正从性功上指出端倪,故与颜子论仁,止谓之复礼而已。复也者,指其固有者而言之也。学者取法孔孟,必先变化气质,使暴戾全消,冲粹可睹,斯为得力。今观朱陆往来之书,陆称朱为尊兄,朱称陆为老兄,则已不能有相下之情矣。一以为理有未明,一以为昧于道器之分,其为争竞不已甚乎?陆子二书之后不复有言,知其亢高,不肯相下,虽百千万言无益也。夫学者之所急,无若格物致

① “伏羲尚不可画,……况太极之真”,库本无。
② “资”,库本作“訾”。

知，宜格之物，无若子臣弟友，宜致之知，无若孝弟忠信，此最切近而易求者也。无极太极与①一贯相似，纵极力分疏，难为未尝入室者道矣。今顾哓哓不休者，诚不知羲文周孔，何以绝无一言指明无极，而孔子《系传》亦止标太极之说，而曾无一辞赘于其后，以为深造自得，俟诸其人，果得能唯之曾子，自当有妙契也。

今观无极之说，即诚如朱子所言无形迹，无声臭，无方体，而太字之下用一极字，无字之下又添一极字，为两极乎？为一极乎？谓无极二字本止解说太极之妙，则以无之一字作太极之注解，系于太极之后，犹之可也。今顾加于太极之上，太极而谓为极矣，无下所用之极不蛇足乎？若谓此极字不须着意理会，则又安用此极乎？且于此处直谓为无，吾不知后此之生生不息者，又资何地以立其始也。况其中用而字一转，已将无极太极打成两截，不若止存太极之说，实足以混有无，该动静，浑沦蕴藉，犹有不可思议，不可言说者存也。今单指出无字，不已偏乎？即其指阴阳为形器，而阴阳则实非形器。指道为阴阳之所以然，而道实非阴阳之所以然。此亦不足深辨，但当以孔子之言证之。子曰形而上者谓之道，夫既形而始为道，岂其未形而遂谓为道乎？子曰一阴一阳之谓道，谓道为阴阳之用也，岂其未有阴阳而先有道乎？学人不精察其论说，不深究其得失，徒道听而涂说，匪唯两人之是非不明，恐圣人之学亦终无阐明之候矣。煦于髫稚时，便乐玩太极图及先儒言道理之书，今四五十年矣，似于此理，微有一见，统俟高明正之。

① “与”，堂本作“本”。

周易函书别集卷十四　篝灯约旨八

泛论易派

朱子曰后世之解经者有三，一儒者之经，一文人之经，一禅者之经。煦按今之解经者，止可云举业经耳，并不可为文人之经，而况儒乎？

天地无二易，圣人无二道，《经世书》全明易理，非明易数。其以《周易》为占卜之书，则沦于数而不之觉耳。《元包》犹不离乎《易》，至于《太玄》《洪范》《洞极》《潜虚》，皆《易》外之《易》也。正恐圣人不能有《易》外之道。

《太玄》唯《易辞》之似耳，所蕴之理非《易》蕴也。《文中子》唯《论语》之似耳，然其雕语凿句，刻划形似，其圭角亦显然呈露矣。若圣人之言，则温如而蔼吉矣。

《太玄》准洛书之数，拟易而别立筮法。《洞极》亦准洛书之数，亦学《太玄》而别立筮法。《洪范》亦准洛书之数，兼仿《太玄》《洞极》，而又别立筮法。此皆全与《易》背者也。然九九之数，可仿而变易其制，独八八之卦无有仿而变易其制者，以圣圣相传之道即象而存，卦爻寓义之精不易窥测故也。甚矣，《易》道之精深也。

《潜虚》拟河图之数而为之者也，然止名数而不名《易》，当与俨然自命为《易》者殊矣。《洪范》但取洛书九数耳，他何取也？《元包》因圣人之卦，特其自立筮法，不合圣人之道耳。

《皇极经世书》全论易理，故与伪作者迥别。至以声音起卦，则邵子独契之妙也。然三十六母从喉中出，以次而达于唇，至并明而止，此亦由中达外之义也。盖声音之清浊高下，既有阴阳，而阴阳之

中又有刚柔太少，如见溪等为少刚，知彻等为少柔，清精等为太刚，晓匣等为太柔之类。邵子分别声音，终不能离此四等，后世有因鼓声而知人语者，要亦本声音之母，而藉数以识之也。

《易》之理无所不包，故凡物苟具阴阳之义，则皆可以起卦。三《易》之传用蓍，蓍具四象者也。南蒯之叛季氏，枚卜之矣。枚与蓍无异也。及《火珠林》用钱矣，钱亦具有四象者也。苟存其义，则镜卜、骨卜、紫姑卜、结羊肠，莫不克与前知之妙，总不离阴阳四象而已。

焦京者，《易》外之别传，有数而无理，是全乎究占者也。然而纳干纳支之妙，皆有至理存焉。解其义者，即识干支之所自起。盖羲轩传授，虽无干支之名，当必有干支之义寓于卦中。故大挠师其遗意，遂定为干支二十二字。文王《周易》尚存甲庚乙巳之词，或亦开创圣人虑执精者忘粗，故寄细微曲折之理于至粗至浅之中，俾得藉占而永其传乎？要之精粗本末，在圣人原自不分，观于易而可以见矣。

刘牧以下，如李觏、张行成、朱震，悉以为河图之数九，洛书之数十，是皆未能深知图书之奥也。图书之说当以邵子之言为正，以其揆诸易理，无往不合故耳。

易卦之支干行于六爻，而旺相休囚全凭日月。后世术家衍而为壬乙禽遁，其五行生克之理，皆由易卦出也，然而支离甚矣。惟六壬全凭日月而推，精其义者犹可以知目前之事。

后之儒者唯从《周易》得入，始能参到圣人秘密处，颠扑不破，宋唯康节先生近之。汉之董江都从《中庸》得入者也，宋之伊川先生得力于《论语》者也。煦得孟子性善之说，参之六经、四子书，无往不合，然后知圣人无二道。

改过

学如颜子，夫子以不贰过称之，则颜子之有过可知。过何损于人乎？过而不改，是为过矣。

凡人学力未到，邪妄伪欲，无日无之。要在换了种子，培植嘉

禾,斯为得耳。桃仁不能生杏,杏仁不能生桃,皆自其中之含蕴者定之。逮及发生,遂不可易矣。人生绝大事业,俱从人心而起,而善恶不能均一,皆由其含蕴者殊也。且心体至灵,耳闻目见,最易染着,故人生不能无过。若朝培暮养,不知铲除,不知换了种子,流为桀跖,亦复何难?故人迁善改过,必追寻到无极中,戒惧慎独,换过种子,方始得益。若使铲除不尽,见闻触动,终须有萌蘖发生之时,故程子有见猎心喜之说。

今人惮于改过,谓从前之积累已多,圣贤未必许我,此甚非也。善恶无两立之势,譬如行路人差了路途,一向直去,便至差错到底,忽然觉得,才回转一步,便绝非从前差错之路。

善分大小,无两善也。恶分大小,无两恶也。故善恶二端,必无并立之势。

换过种子之法,必如颜子非礼勿视之[①]语,方是履实工夫。

既知换了种子,又须知有涵养之说,则孟子之集义是也。

物之善变者,皆在形质未成之先,打从无极中走过一遍,如已死复生,然后旧习方尽,始能变化新机。如螟蛉之土窠,蚕蛹之作茧,神龙之潜渊,道人之炼己。盖此皆浑沌时也,故孔子于习说不移。若既习矣,将欲移之,必且拖泥带水,故有见猎心喜之事,根本未尽铲除故耳。未言习远,先言性近,蒙以养正,作圣之功正在此时,故人之改过迁善,必追寻到无极中,换了种子,与蒙童之浑沌相似,所由谓道为率之于性也。夫无极中何能转换?必如孟子集义之说,逐渐集去,集之既久,满腔中全是太和充溢,不知不觉发出来,绝非旧种,全是新机,庶几可耳。

《论语》曰过则勿惮改,又曰过而不改,是为过矣。又曰君子之过也,如日月之食焉,小人之过也必文。若不为君子之见而为小人之文,耻于师人而不耻不若人,究为小人之归也,悲乎。

人之有过,或幼失教诲而误于不知,或随俗委靡而失于不察,或

① “之”,库本作“四”。

交不择人而渍而渐深，或心未熟思而率尔任意，逮其既觉，则必将善悔。悔而改斯善，悔而不改是吝也。故《周易》善悔而恶吝，悔则改过之先资，吝则遂恶之胎媒也。

过有不知其为过者，曾子之受杖是也。过有不得不自任者，孔子之于昭公是也。过有知为过而即改者，颜子之不贰是也。过有知为过而不即改者，此以待来年然后已之说也。然知而能改者为过，知而不改则为恶矣。

泛论学者

圣人之学，诚明合德，体用兼该者也。体之不立，则无以探天人合一之原，而用非其用。用之不具，则无以广经纶参赞之能，而体非其体。故有孔子之圣，乃始有孔子之作用，有孔子之作用，乃实以成孔子之圣。后儒终日学圣，一当可为之时，但以偏长小节自见，恐于体用两字未能全具也。

颜子未尝用世，而尝问为邦。孟子亦曰禹稷颜子，易地则皆然。圣道之贵作用亦可知矣，圣人岂有无用之学哉？

道贵于艺，偏全之不同等也。行重于文，虚实之不同伦也。君子贵其所贵，不贵其所不贵，重其所重，不重其所不重。

文字何益于实学，功名急则文字重矣。浮伪最足损真修，虚名胜则浮伪起矣。

举业盛而经学浅，至于专家充塞宇宙，则日下之势难返。浮伪盛而实行衰，至于矫情浪得声誉，则热中之情难消。

何以去浮伪？曰敦实行而已。何以抑奔竞，曰无使有幸致之功名而已。

席富厚之实，而责人以贫贱自甘，非平恕之论也。况聚衣鹑食粝之锱铢，用益朝欢暮宴之泥沙乎？故君子贵自平其情。

治家之道，耕付奴，织付婢而已。总揽家政，细至饮食缝纫，皆务亲焉，惧力弗给也，且非所以遗教。

暴长之木不祥,踰分而骤超,恐非所以善后。

竞进者未必得,谦退者未必失也。与人争胜,人亦得而胜之。不与人争胜,人亦卒莫之胜矣。

风俗之敝始于六朝,今观晋人惟尚清谭,大约皆巧捷轻浮,无当情事者也。曾有一语有益于身心性命乎?曾有一语有益于家国天下乎?君子宜知所自择矣。

宁过宽,无过刻,宁过厚,无过薄,皆所以养此心之生气也。在一身则期颐昌炽之征,在天下则太和盈溢之量矣。

匠氏之程材也,宁大无小,大而小用之,去其有馀而已。既斫而小之,欲增益丝毫不得矣。其斗榫而开之隙也,宁小无大,小而开扩之,去其有馀而已。既凿而大矣,欲敛束丝毫不能矣。庖人之于味也,亦莫不然,故君子贵留其有馀。

人用竭而困敝斯不免矣,马力竭而踣覆斯不免矣,故宁过俭无过奢。

事不可满,弓满则力不能支,欹器满则倾矣,故满者速败之道也。

小人之于财利,虽盈千累万,常见其歉。持此以励学,则何学不进?

谦卦六爻皆吉,损亦六爻皆吉,谦以接人,损以自修,圣人之情可见矣。

谦之一卦,夫子以为尊而光,是忠恕之能事,人己之两利者也。今试两人遇于狭途,如使彼此皆不相让,匪惟不便于人,即我亦停滞逼仄,而莫由自舒。如或彼此稍让,则彼此俱达,岂惟人之便乎?即我亦宽然有馀,而莫有迟误之悔。

学问之道,多取焉而人不之怨,藏之于虚,而劫夺之无术也。财利之事,多取焉而人以为贪,显之于实,而美利之可艳也。故君子多文以为富,人莫与之争也。德充以为贵,人莫与之分也。

无一日骤得之富,集斯美矣。无一日骤成之德,集斯聚矣。富之得也得诸外,德之得也得诸己,孟子谓为集义。集也者,得之渐

也。富则可去可来之事，学则一得而终身不复失矣。

伺人之短，摘人之瑕，有伤于圣人之恕。孟子曰强恕而行，求仁莫近焉。恕也者，适于仁之路也。恕伤则求仁无路，而生机以残，故残刻寡恩，多不利于其后。

大不如意之事，一触于前，必有甚难解释之时。然天下无难了之事，但作过去想，则何不释然？子思曰君子以心导耳目，小人以耳目导心。

致知

问阳明致知格物之学，然乎？曰此阳明天资高迈，独得之妙，学者不必尽然。曰致知之学，何如？曰极力读书，细心穷理，久久自有会通，此驯致之事，非偶然之事也。若其聪明有限，虽以游夏亲炙孔子，亦断无可以直指之知，亦断无可以捷得之知。

知不可以假借，知之至则旁通四达，无往不可，倘未克[①]能然，且须向理上穷究。

穷理是入手工夫，穷者尽也，穷无弗穷，然后能探本穷源，引伸触类。故说卦篇曰穷理尽性以至于命。理之不穷，则知之不致，故致知穷理之说，断当守朱子之道问学为正。如阳明之高超，此颜子不违之时，曾子既唯以后之事，非可妄冀者也。

问阳明良知之说何如？曰此说极妙，穷其究竟，则致知之极功，溯其源头，则曾子之唯在是矣。盖凡人之知，通古今极天壤，而融会贯通无所不解，初非有外于赤子之知也。如初生之婴孩，一日二日便知饮乳，便知视听，孰教之而使然哉？后此博之于诗书，益之以闻见，以广其识，仍非加于饮乳闻见之知也。譬之火种，初止星星一点耳，从而发之，可以烹饪，可以焚木，可以燎原，可以烧山，亦肆而烈矣。乃溯其源头，从星星之火种而起，使无星星之火种，安得有燎原焚山之事哉？

---

① “克”，库本作“遽”。

故圣贤之知不加于童子之知,特圣贤牖而启之,愚夫窒而塞之,故阳明以为良知,而《大学》亦遂以致知格物为进学之始功也。

人之心共此良知,圣人之知非有加于赤子之知也,而广狭不同者,格致之功也。譬诸人生不见不闻之事,不可以知知,非其知之所本有也。及见之闻之,而知一进矣。圣人者,不待见之闻之,而无不通晓者。道理之融会,皆良知为主,此固无所资于外也,故仍无加于赤子之知也。譬诸日光无微不烛,此圣人之知也。阖其户,则罅隙之中未始无日光相及,开其户,则满室皆日光所及矣。夫阖户之不如开户也,开户之不若太虚也,此广狭之异也。然要非格致不为功,故曰我非生而知之者。

力行

力行之说,《四子书》言之详矣。孔子之言最平易,如谨言慎行,忠信笃敬,仁智与勇,乡党一章,皆其事也。曾子之言最切实,如格致诚正,修齐治平,皆其事也。子思之言最高明,如戒惧慎独,修道致中和,子臣弟友,行远登高,学问思辨笃行,皆其事也。孟子之言最紧要,如集义养气,推恩扩充,皆其事也。终身为学,得圣贤之一二语,极力行之,毕生尚不能尽。徒奉为虚语,亦何益乎?资性纯笃,好学而企前修,如宋之周程张朱邵陆诸儒,明之阳明敬轩整庵,固自迥别,其有因循懈惰,偶而感触,则当人一己百,人十己千,又如孟子之集义扩充,庶有冀乎其后也。前学习一说,当亦足以表力行之义。

凡事必见得极明,行得极断,然后方能有成。故智者谓之不惑,勇者谓之不惧。然见得明,行得决,如止是趋势利,便私曲,此小人之尤,逾分冒险,必枉费心机。故必仁者,然后能不忧。圣人参赞位育,绝大经济,皆从仁字中做出。此三语彻上彻下的人品,皆是如此。故孔子以为君子之道,而朱子则以为学者之事也。然三者虽若相资,学者苟不至于圣人,不能不各有所重,故遂分出三等人品,如颜子之仁,子贡之智,子路之勇,可以观矣。

读书

凡读一种书，读过一遍，便须回头着想此篇之前面如何，后面如何，前后如何贯串，中间如何承接，如何转折，如何照应，应有者如何节略①，不应有者如何生枝，如此回顾数番，自然道理融贯，此书自然可久。

凡读史鉴一段，必先将古人相似者比之。若令某古人适当此时，其经济何如。又将古人不相似者比之，若令某某当此，其经济亦复何如。然后将自身放在事中，若我适当其时，其经济措施克如古人否？然后古人之浅深，皆可断自己心，即我他时遇事，亦可措置无难。

古人之学，由虚心而入，故其德日进。今人不肯虚心，只是不能虚心耳。虚心犹且不能，望进德难矣。煦无日不翻阅诗书，皆务求立言本旨，从不偏执己见，故于《周易》卦爻，凡具坎离之象者，悉发虚中实中二义，当知此个实中便是虚中。

读书不从能疑而入，所得必不深。

读书不知参互考正之法，纵然有得，必有趑趄，不能贯串。

初读书不必求博，守定一经，追求甚深甚奥之理，到得有入手处，然后参阅他经，当无有不合者矣。

登仕

既为亲民之官，则当视民如子。凡风土之所宜，人情之所重，闾里闺阃，愚妇赤子，饥渴寒暖，极鄙极亵至纤至细之事，皆所当知。故曰知县知州知府，必先知之，然后能周详而调剂之。如但知势分崇高，尊荣安富而止，何云父母？

① “节略”，库本无。

凡有一官,必有一官之利弊,知其弊矣,而彼此相沿,未之决去者,因循二字误之也。又或以官为传舍,全仗因任为自全之计,而上无察考,为之奈何?

亲民之官无若府州县,然皆称曰知,非偶然也。凡所管辖,其中天时地理,人情风俗,一应利弊兴革,迁转变动之故,有一不知,可谓知府知州知县乎?如但以知字作主字解过,然则今之据崇高势分以为官者,其皆无忝于知府知州知县乎?他若显图厚实,又不足论矣。

不知而犹谓为官也,是为溺职。不知而使人旁窃之,是之谓愚。知之而无以调剂之,是之谓旷。知之而故缓之,是之谓慢。溺职而愚而旷而慢也,与不知何异?

天时如北地多风,江湖间春夏水长而秋冬涸,云南风,贵州雨,广东多湿,近海多飓风之类。地理如东西南北之方,远近多少之数之类。风土如北地多车,南地多舟之类。人情有此之所重,彼之所轻,此之所贵,彼之所贱者,尤当因地因时,随宜觉察,皆不可不知也。《礼》曰礼从宜,使从俗。又曰修其教,不易其俗,齐其政,不易其宜。

凡事预则立,将欲登仕,便须打点所做何官,宜何如设施,然亦不可太执。《曲礼》云礼从宜,使从俗。因利乘便,其效最易观也。尝有生长于此土,目睹此土之弊,以为如此方可革除,逮于易地而施,乃多龃龉,甚矣①,胶柱鼓瑟,固难可与权也。

凡初莅任,必想到离任后,此地之人相待,作何光景,然后能为好官。凡离任之官,必更荣于初任之官,然后始不愧为好官。

凡作一官,非徒以此一方之民听我驱使,是将以我一人之身,听此一方之民指挥者也。

今人惮于求言,吝于改过,岂知集众思广众益,有无穷妙处。如阳明之求通民情,愿闻己过,非圣贤中人不能。若据一己②渺小之

① “甚矣”,库本无。

② “若据一己”,库本作“乃今人耻于效人”。

见，人情风土，贸然罔辨，是耻于师人，而不耻不若人者也。

有不可不循之例，有不可不更之弊，必事事循例，则才干可知。必事事更张，则妄诞可知。

文公曰今人言事，欲论一事一人，皆先探上意如何，方进文字。煦按刑名如此，则必屈人，万一上司贪污，则贻害不浅。①

钱谷刑名之外，必须有一点至性流通，雨旸寒燠之时，必须用一番至诚体察。

终岁纺织，才成得一匹布，终岁舂碾，才养得一口猪，将以备惟正之供也。一经官差呼唤，举而奉之差役，尤恨其少。

常入衙门作证见，此奸民也。言辞可听，则是非淆乱矣。故《周礼》特详五听。常赴公堂言是非，此猾士也。奔竞太甚，则正业荒芜矣。故子游独取澹台。

治，去其太甚者而已。孟子曰仲尼不为已甚者，于傩之一节可以观矣。《杂记》中，一张一弛，亦是此义。

孔孟之栖栖皇皇，有所以栖栖皇皇者也。今之栖栖皇皇者，未得则卑躬屈节，既得则倨傲自矜，唯安富尊荣之图，唯势利显赫之贵。居可以有为之地，曾无些子建白，诚不知向之栖栖皇皇，果何为也？

人生天地间，食天地生物以养其生，于人无所济，于物无所利，虽生于天地犹虚也，韩子之论，佩膺久矣。

苏琼之对曹芝也，曰设官求人，非人求官。夫有官而不得其人，衡才者之过也。不安其分而奔竞以求之，未必能得。即得矣，始进不正，能以正终乎？

已荒而谋赈之，莫若请之于朝，动正项钱粮，委才干之员，行至丰收之地酌买之。以车船运至荒地，即以所买之价为所卖之价，是荒地之粮与熟地之粮其价同矣。所卖之价仍可还帑，要其所耗不过车船之价，及往来盘费耳。夫普天之下，固未有千里二千里之外胥

① 堂本无此节。

荒者也。

欲知临荒转移调剂之法,则各省之雨旸皆宜按日月呈报,然后知某省苦雨,某省苦旱,可以为未雨之绸缪。秋成之后,米谷之贵贱,亦宜按省及时呈报,则某省荒歉,某省收成,亦可以施转移之妙术。预备之法,莫若各省州县义社常平等仓,在在积谷充盈。偶遇偏灾,大吏一面奏闻,即可动丰收各属仓谷,拨运协济。在歉收处所,粮谷源源不匮,价值不至腾长,贫民无虞购食,似亦转移补救之一策也①。该州该县各各设立农官,俾得专司仓粮及省耕省敛之法,在州县则以佐贰兼之,在府则以佐贰总之,在省则以道员统领之。或每岁遣御史一员,分省而查,或三年遣御史一员,通省而查之,庶乎可也②。

凡词讼在州县,每以③多差干员,为可了当此事。不知倾家荡产者实多,而官犹懵懵也。且有雀鼠之争④,每迟至数月而不能归结者矣。且有无故牵连多人,而不能开释者矣。至縻累无辜之众,虚耗有用之民财,为官长者独无意乎?抑疏而不及察乎?

政

孔子摄行相事,三月而鲁国大治,治效也,而治法可想矣。然此其略也,若使之期月三年,其治效当复何如?约其大端,不越教养二途,详其节目,不越礼乐刑政,要皆帝王之大法,恐社仓之行于一乡者,渺乎小也。

颜子论东野毕之善御,曰善则善矣,其马将佚,谓求马不已,定公善之。曰可少进乎?颜子曰臣闻鸟穷则啄,兽穷则攫,人穷则诈,马穷则佚,自古迄今,未有能穷其下而能无危者也。煦按此与为邦

① “预备之法,……似亦转移补救之一策也”,库本无。

② “该州该县各各设立农官,……庶乎可也”,堂本无。

③ “每以”,库本作“或谓”。

④ “雀鼠之争”,库本作“雀角鼠牙”。

之问，则颜子之政可知。

鲁有父子讼者，孔子同狴执之，三月不别，其父请止，孔子赦之。煦按后人亦有学此法，而用于兄弟者。

张南轩先生知江陵府，安抚本路，捕斩奸民之舍贼者，令其党得相捕告以除罪，群盗皆遁去。煦按除盗止有此法为良。

程明道先生初政，辨藏钱，废放光之石佛，均田税，塞塘堤，处舟卒之病者，脯茅山之龙，禁竿黏飞鸟。其在晋邑设立五保之政，度乡村远近为五保，使之力役相助，患难相恤，而奸伪无所容。凡孤茕残废者，责之亲戚乡党，使无失所。行旅出入其途者，疾病皆有所养。诸乡皆有校，暇时亲至，召父老而与之语。儿童所读书，亲为正句读。教者不善，则为易置。俗始甚野，不知学，先生择子弟之秀者聚而教之。在位三年，去邑才十年，而服儒服者盖数百人矣。时河东财赋窘迫，官所料买，岁为民患，虽至贱之物，至官取之，则其价翔涌。先生常度所需，使富家预储，定其价而出之，富室不失倍息，而贫民亦免苦累。邑税常移近边，载往则道远，就粜则价高。先生择富民之可任者，预使购粟边郡，而民费大省。农隙讲武，晋城之民遂为精兵。晋俗尚焚尸，教谕禁止，民皆信之。欲辩事者，不待持牒，竟至庭下，陈其所以。河清卒，本不当役，役而乱，先生开城门纳之，以其事上闻，得不复遣。至于河决曹村，先以小绳徐引大绳，然后济众以塞之，又广济蔡河出县境。濒河不逞之民，不复治生业，专以胁取舟人物为事，岁必焚舟十数以立威。先生始至，捕得一人，使引其类，得数十人，不复根治旧恶，分地而处之，使以挽舟为业，且察为恶者，自是邑无焚舟之患。畿邑田赋重，常蠲除以为惠，然畏法先输者皆良善，逋负获除者皆顽民，先生为约，前科获免者，今必如期而足，如是惠泽始均。邻邑有冤诉府，愿得先生决之者，前后五六。有犯小盗者，先生谓曰汝能改行，吾薄汝罪，盗叩首愿自新。后数月，复穿窬，捕吏及门，盗告其妻曰我与大丞约不复为盗，今何面目见之耶？遂自经。煦按此等政事，几与孔子摄相事时无异，真宋儒中仅见者。然止是修其教，不易其俗，齐其政，不易其宜，故人便之耳。

周易函书别集卷十五 篝灯约旨九

观物

万物之生，皆在阴阳既交之后，而阳性上升，阴性下沉。故必阳为阴裹，则上升者有所秘，而其升不遽。下沉者有所附，而其沉不疾。然后阴阳相资，其中之造化出焉。云行雨施，则方亨之妙也。天地絪缊，万物各得所资，故曰泰。水火相资，彼此各适其①用，故曰济。天地交而水火济，然后万物之形体以成。

雨也者，阴阳之既和也。云也者，阴气得阳而外舒者也。雷也者，阳秘阴中，骤而发泄者也。电也者，阳出阴外，徐而乍舒者也。盖阳为阴裹，太固则奋而为雷，不甚固则乍舒而为电，既和则融而为雨。阳所不固之阴，从而下泄则为风，从而上越则为雹。凡两物相交，有固于外者，斯其中之变化出焉。

虹也者，雨之气而照于日光者也。阴气之升必有所止，故虹之形屈。闪电出于云气之外，当亦阴气发泄而照于日光者欤。

小过不雨者，阴胜阳也。小畜不雨者，阳胜阴也。

小过阴胜阳，阳性腾越，不能久为阴屈，故上奋而为雷。大过阳胜阴，阴性静正，不能随阳以升，故下泄而为风。

凡不雨者，非阳气之结聚，而阴不得所附，则阴气之沉郁，而阳不得所入。阴不能附阳，则阳独为用，故亢极而无雨。阳不能入阴，则阴独为用，故沉霾阴晦而无雨。解而雨者，阳不独亢，使阴得而附之，阴不坚秘，俾阳得而入之，故雨也。

---

① "其"，库本作"于"。

将雨则燥，将晴则寒。燥也者，阳之乍困于阴，有馀于外而郁蒸者也。寒也者，阳之既离于阴，不足于外，而阴自散越者也。

夜不寒而将旦寒，阳气将通，阴气之反而聚也。

冬阳蕴于地中，故井泉温。夏阴蕴于地中，故井泉寒。黔蜀山中多洞穴，其冬温夏寒亦然。

雪花六出，水之成数也。

一大为天，二小为示。一二，阴阳之数；大小，阴阳之形，故天称皇而地称后。

阳为奇，阴为偶。昼属阳得奇，夜属阴得偶。奇单，故日得一。偶拆，故夜得二。是以上半夜为今日，下半夜为明日，是夜分二也。

震阳象雷，震男也，故世俗呼为雷公。离阴象电，离女也，故世俗呼为电母。

山高而属阳，以静镇为性。水卑而属阴，以流动为性。此阴阳之互为体用也。堪舆家或以高卑分阴阳，或以动静分阴阳，其义一也。

向谓天动而地静，然天亦有静处，南北二极是也。向谓天圆而地方，然地亦圆体也。观人南行二百五十里，则南星高出一度，北星低入一度。人北行二百五十里，则北星高出一度，南星低入一度。若使人行九万里，天星既已一周，则行者当复于故处。是地亦圆体也。西洋人见南极出地三十六度，河南江南之界，见北极出地三十六度，而身无倾侧者，缘地之四围皆天，故首戴者皆上，足履者皆下也。然亦非必足相对也。南北二极不动，故凡正注侧注，莫不北其北而南其南，譬若瓜之有瓣，无有一瓣之脉不两其蒂也。

月中亦有山水土石，其明处则水也，因日光之照而见为明耳。其暗则山之背也，日光之隐蔽者也。昔人谓月中婆娑者，山河影也。云是地上之山河照入月中，非也。

水与地同体，地与月同德，故潮汐应月而为消长。

阳奇而阴偶者，日阳也，故奇。月与地同为一阴，故偶也。月与地皆秉日而施化，施者阳，则受者阴矣。天地间惟此三物最大，故老

子曰三生万物。时有三候,位有三等,卦有三才三极,皆三而已矣。

天包于外,一元之浑合也。其中三物,一奇而二偶,则阴阳之运转也。

日为纯阳,与天同德,故郊之祭也。主日而配月,是以日代天之义。天地间惟阳为①能有为,故万物胥秉日光。夫日行南陆而万物死,光之微,阳之退也。日行北陆而万物生,光之盛,阳之进也。故《周易》贵阳,贵其有为者耳。

日月与地皆有形体,而日则阳气之结聚,月与地皆阴质之凝定,故日之为光,常有晃晃漾漾不定之色。

月与地同德,月中既有水土,则亦当有生物,固不必人之肖人,物之肖物也。地上之灵蠢动植,原已不一其伦矣。况异形而居月中乎?然非日光施照,其物亦不能生。今观地上含阴之体,一得阳光,皆能化育。腐草入夏而为萤,米谷感阳而为蛊,若蠛蠓蜉蝣蚊虻之属,皆于盛暑乘湿气而生。湿则水之阴气也,暑则火之阳气也。此水火既济之妙,即男女构精之义。若使日光不照,阳气不施,则万古冥冥,浑如长夜,如穷冬动植之类,奚所藉以有其生乎?

日食而既,昼且见星,浑如中夜,其星之明,则阳光之返而上照者也。可知月虽掩日,而空虚之中,日光自在。特月之光借资于太阳,原不能与太阳相敌,故星之微明,昼日则必无可见。

日之食也,日与地上下对照,而中为月轮所掩也,故日光施不及地。月之食也,月与日东西对照,而中为地球所掩也,故日光施不及月。地与月皆借明于日光,故地与月为阴而日为阳。

月轮之中,以十五日为昼,十五日为夜。其初得日光,则地上之下弦,犹日之卯也。历晦朔而日全在上,拟于正午,上弦则日入之候,犹日之酉也。及望而日全在下,拟于夜子,合之则为一昼夜。夫月轮中既以地面之月为一日,则地面所得之日,即当为月轮中之三十时矣。由此而积之,则地上之岁必当为月中之月,是十二日也。

---

① “为”,库本作“最”。

至于月中之岁，又当以三十成之。观邵子《皇极经世》，以十二、三十相间而推，可以见矣，然惟巧历者知之。

易地而观，月为地面之月，地亦当为月轮中之月。盖皆与日错行，同受日光者也。地上之人其视月也，有晦朔弦望如此。则月轮中人其视地也，不亦有晦朔弦望与月相同者乎？地面之日食，自月轮视之，即当为日轮中之月食。地面之月食，自月轮视之，即当为月轮中之日食。第其日食在于正午，亦犹地面之日食必在朔。月食在于正子，亦犹地面之月食必在望也。盖月轮中以朔为午，望为子也。地面无正午之月食，无正子之日食者，背也。而月轮有之，所谓顺也。

月轮中上下弦遇南北极，则昼夜相停，春秋分之候也。晦遇南极则昼短，晦遇北极则昼长，望遇南极则夜短，望遇北极则夜长，晦朔弦望则自地而言，昼夜短长则月轮中之候也。

日之行天，一日一周而不及天一度，故一昼一夜而为一日。月之行天，遍周列宿，过三十六度有奇，而始及于日，故必三十日而始为一月。地面之春秋冬夏，一岁三百六十日而始周。月轮之春秋冬夏，即变换于一日，而其候亦不能齐。故月轮有日而无岁，此其所与地异者也。冬至而月行北极，则寒与地同而不甚，然未匝日已易而南矣。夏至而月行南极，则寒与地同而不甚，然未匝日又易而北矣。冬至而月行南极，夏至而月行北极，其气皆为极暑，较地为近故也。然未匝日而易其候矣，盖月于一月之中，一南极一北极故也。

或曰地未尝动也，何由知地与日月皆为错行？曰以日月之动体，形地之静体，而觉地之有行焉耳。譬若舟行岸移，岸非能移也，有移之者也。

三百六十日而一周者，日之行最迟者也。三十日而一周者，月之行次迟者也。一日而一周者，地之行最速者也。

或曰地行而人不知，何也？曰譬若附骥之蝇，日及千里而不自知其远也。又如虮虱在身，人虽疾行，而虮虱犹以为静也。曰独无上下倒侧，倾覆辗转之患乎？曰海水如是其盛也，犹绕地球而周之，

曾不外泄也,况人物乎?须知地外皆刚气所摄,而人物附地,故无此患。《抱朴子》尝极论之矣。但知首之所戴为天。足之所履为地,则固无上无下,莫非顺适者矣。

《新法历书》曰太白亦有弦望晦朔,岁星填①星皆有从行之星,非千里镜不可辨也。又曰恒星岁东行六十馀分,所以积久而成岁差。又曰觜星东行较恒星为速,唐宋以前,在参后一度或半度,今在参前矣。

《抱朴子》曰鸟飞极上,直舒两翼而曾无倾侧者,乘之以刚风故也。煦按地包天中,四面皆虚而曾无倾侧者,刚气之摄也。其气绕地而运,故地恒藉其力而不堕。今有置水于桶,以机运之而上出若花,花中值木丸,随水而转,了无倾倒者,不过使之常运而已。或曰既有刚气绕地一周,则人之生于地上者,亦当有刚气之乘,而曾不之见,何也?曰刚气若天之运也,地既运于天中,亦当有地气之舒,与天之刚气相接,然后泰交之妙出焉。阴阳之理,一有一无,一动一静,一舒一敛,一和一肃,人附地太近,止资养于地气而不资养于天气,故渐远于地,乃始有刚气之见,愈远则愈烈矣。释氏谓鸟之化也,上行而极于刚风,乃始化为游丝,而渐返于无,所由②谓鸟为禀天之灵,乘阳而气化者也。物盛于器中,有隙乃漏,盈天地之间者,莫非气也。气之充塞,本无罅隙,故地为气所抟而无隙可坠。

《素问》云升降出入,无器不有。注云壁窗户牖,两面俟之,皆承来气冲击于人,是则出入气也。以叶投井,及叶下翩翩不疾,皆升气所凝也。虚管搦上悬之,水固不泄,为无升气而不能降也。空瓶小口,倾溉不入,为气不出而不能入也。

《席上腐谈》云有道人烧片纸纳空瓶,急覆于银盆水中,水皆涌入瓶,而银盆铿然有声,盖火气使之然也。又依法放于壮夫腹上,挈之不坠。即如铜水滴,捏其窍则水不滴,放之则滴。修养家存神于

① “填”,库本作“镇”。

② “由”,库本作“以”。

泥九，则丹田之气上升。盖神之所至，气亦随之而住也。煦按烧纸纳空瓶，今南人用以治病，谓之气罐，又谓之火罐。盖阴阳往来，原无停滞，通则俱通，塞则俱塞，此龙战于野之义也。人身七窍，上通则下亦通，上闭则下亦闭。修养家真人之息以踵，皆善闭者也。故能全其真而固其神。《参同契》曰上闭则称有，下闭则称无是也。产妇既生而胎衣不下，医用产妇之发纳诸喉中，俾其恶逆，则胎衣自下，此亦上通则下通之义也。

书滴上下两孔，故可以泄水，此即坎卦上下两阴而中阳流动之义。若使塞其一孔，则一孔不泄。故朱子谓坎塞其下流，则潴而为泽，泽固停蓄不泄之水也。两火之合无异形，两灯之光无异照，与坎之论形者不同，故坎习而离不习。

天地之气交，何由而辨？但于室中炊烟，观其蓬勃若何而可知矣。若使阴阳不交，天气不降，地气不升，则天必晴明，更若无风所炊之烟，直上而疾，全无阻抑。若使天气既降，地气既升，则幽室之中皆气之充也，所炊之烟必难骤舒而蓬蓬勃勃矣。

葭灰候气，此臆说也。若谓埋管于地，考诸三寸五寸之间，则地气之升，一日之间当不知几千里几万里矣，岂独凝滞于三寸五寸之土肤，俟其人之考而验乎？若谓室中缦以青幔，置管于桌上而候之，则其谬误抑又甚矣。惟汉书曰先冬至夏至，悬铁炭于衡各一端，令相停。冬至阳气至，炭仰而铁低。夏至阴气至，铁仰而炭低。惟此说颇达阴阳之理。

室中鸣一音，而他器从而应之，感其类也，是谓同声相应。生子下地而不出声，或撼门扇，或击盆盂，乃声随以应。气类之感通，同声相应之妙也。阳燧取火于日，方诸取水于月，磁石吸铁，琥珀拾芥，同气相求也。鸡鸭既已伏卵，乃始剔除水道，则其生子，谷道不利。鹅之伏也必向月，鹊之巢也避太岁，皆同气相求也。谓空虚非气，磁石何以引针？橐籥之鼓，且可盈胞矣。

城郭庐舍，有形之物，而广野之气如蜃，不独海市矣。

万物之生皆由水始。动物之成胎也，水也。桃杏之方成核，其

膜中所包,水也。石之产于山也,其初皆水也。掘山而至极深之所,则石软如绵,出而见风,乃始坚硬。今之煤炭胥然,故谓为天一生水。

阳始于亥生于子,故十月称阳月。凡草木发萌之始谓之荄,人始生谓之孩,此之义也。

《抱朴子》曰水性纯冷,而有温谷之阳泉。火体宜炙,而有萧邱之寒焰。重类应沉,而南海有浮石之山。轻物当浮,而牂牱有沉羽之流。沧洲有流汞渠,沉羽而浮铁。

康节云石入水则沉,而南海有浮石之山。木入水则浮,而南海有沉水之木。煦曾见一石砚,其轻如木,今之海沫子,石也,而质则轻矣。

水缓则流直,水急则流曲,故江水直河水曲。

油性入水则浮,置之于蒸酒中则沉。

温泉。火井。盐井。油井。峨嵋之圣灯。

分水之犀。餐火之鸡。漱金之鸟。吐绶之鸡。松化之石。

木能钻火,所生者也。击石又能出火,然以钢击之,有花出焉,结成小星,宛如铁煤,则火从金出也。金固资火以成,或其中之宿舍者欤?然两石相击,亦复有火光出焉。

火性无所不融,而南方有火浣之布,真定有不灰之木。

鼓铸之炉,其花初生,必从乾方而始,乾为老阳之金,戌亦火墓也。铁冶既融,若有火蛆鼓舞其中,其炉必大兴旺。

辽东有煤炭,一炉可十日不灭。五台之北有煤如木炭,烧之置于灰池,人可以炙。又有铁炭,水和炭皆煤也,而其用稍异。又有一种甚臭,止用以烧取黑矾。

油衣照日而能出火,与阳燧同义,光之至也。太仓之米亦或积而为火,至海中时有火光,则龙雷之阴火也。

烹饪以釜鼎,西蜀徼外之小猪,非石锅不熟。

猛火油出高丽之东,日力烘石极热则出液,亦曰树津也,能腐人肌肉,燃置水中,光焰愈炽,虽鱼鳖遇之,无不焦灼,惟真琉璃器可贮。

威喜辟兵，舍利拒火。

玉石至坚也，而有软玉砂，有金刚钻。冰雪至寒也，而有雪蛆，有冰鱼。

南方有猫儿眼，石也。其体映太阳而为光，闪于石侧如猫眼然。初不为阴云所隔，东西南北随日所在而现，故谓之猫儿眼。

朱砂可以粉银，中含汞气也。

天将雨而石燕飞，础润知雨，月晕知风。

铁非所以养生，有食铁之兽，便铁之貊，齿铁之兽。火能化物，而有餐火之鸡，火浣之布，不灰之木，又有火玉辟寒犀，置之室中，则不复挟纩。又有龙须布，冰蚕丝，张之室中，则满座凉生。又有龙皮扇，风生则人皆寒慄，以水浸之亦然，又有鲛绡龙纱，入水不濡。

锡入五金而无形，铜能入铁，又汞入五金，可使五金返粉。今之焊药用之。汞与锡合，可以磨镜而发其光。

翡翠屑金，人气粉犀，置犀于怀中，待其既暖，以槌擂之，可以成粉。

铁砧捶皂荚，则砧裂。《抱朴子》曰铜青涂足，入水不腐。

铁砧捶舍利子，则入于其中而隐，置鸡子于上，以铁槌之，乃始复出。

金一也，以五月丙午日中，铸为阳燧，以十一月壬子夜半，铸为阴燧，感阴阳之气异也。

仲冬斩阳木，仲夏斩阴木，在山南者为阳，在山北者为阴，木之面南者，在水则面向上。

《海语》云辟珠大者如指头，次如菩提子，次如黍粟，质理坚重如贝。辟铜铁者，铜铁不能损，辟竹木者，竹木不能损。犯以他物即损矣。尝附胎于椰子槟榔果壳之实之内，通谓之圣铁。

《抱朴子》云木芝者，松脂沦入地，千岁化为茯苓，万岁其上生小木，状似莲花，名曰木威喜芝，夜视有光，持之甚滑，烧之不燃，带之辟兵。

《抱朴子》云千岁之柏，其下根如生人，刻之有血，以其血涂足，

行水不没,涂鼻入水,水为之开,涂身则隐形,欲见则拭之。

藕生应月,至闰月益一节,黄杨生应月,至闰月减一节。

蓂荚上半月日生一叶,下半月日减一叶。老松化石。

荸荠煮铜则软,甘草煮铜则硬。

菱花开必背日,芡花开必向日,故菱寒而芡暖。

橄榄欲采其实,剥其皮以姜汁涂之,则尽落。不独纷纷青子落红盐也。橄榄木为楫,鱼触之则毙。

暴长之木不祥,戾气之秘而骤泄也。方生之芽难量,生气之润而渐舒也。

酒因米曲相反而成,稻花昼开,麦花夜开,子午相反之义,故酒能醉人。

木匠为人作寿木,视初砍下地之木屑而占吉凶,俯则男人所用,仰则阴人所用。下地近,则所应之日时近。下地远,则所应之日时远。其木初上作马,大头向内,则为本家人用。大头向外,则为外方人用。此皆阴阳之义,验之于最初者也。

水虫水化,衣水而食水,无水则僵。土虫土化,衣土而食土,无土则僵。人形气之化,衣虚而食气,无气则僵。飞鸟纯于气化,故但见其生,莫见其化而去也。

《参同契》曰男生而覆,女偃其躯,非徒生时,著而见之,及其死也,亦复效之。本在交姤,定制始先。煦按男女或没于水,其俯仰莫不有然,皆阴阳之义,故云定制始先。

《脉望》云唇之上何以曰人中?若以为人身之中,则当在脐腹间。盖自此而上,耳目鼻皆双窍,自此而下口及二便皆单窍。上三画阴,下三画阳,合成泰卦,是天地既交之体也。人得阴阳之气以生,窍则气之出入者也,故其象见于窍。

肝属木,当浮而反沉。肺属金,当沉而反浮。阴上而阳下,阴阳之生气然也。故天地交曰泰,不交曰否,水火交曰既济。不交曰未济。

须下生,眉横生,发上生。须,肾属也,肾为水,水润下,故须下

生。眉,肝属也,肝为木,木旁敷,故眉横生。发,心属也,心为火,火炎上,故发上生。

天气通于目,上动下静。地气通于口,下动上静。

盲人无梦,遗腹之子不梦父。

欲知时辰阴阳,常别以鼻中之气,阳时在左,阴时在右,亥子之交,两鼻俱通。

父少母老,产女必羸。母壮父衰,生男必弱。

古有僵尸,贰负之臣也,见《山海经》。一云庚申日死者,其尸僵。今汴城之南,有刘道人者,尸僵而不坏,土人装金而事之。

美女无肩,故鲜生育。男子下丰者多子。左传曰谷也丰下,必有后于鲁。

倩女离魂,贞心化石。

《抱朴子》曰牛哀成虎,楚妪为鼋,枝离为柳,秦女为石。

纪昌学飞卫之射,视小如巨,视微如著,不易于物,而物为我转。造父学泰豆氏之御,不以目视,不以策驱,得之于手而应之于心。

羿之教人射也,教以悬虱于窗,视之三年,大如车轮,此飞卫之术。两目分光而用之,视以神,不视以目者也。今试竖指于鼻间,相去一二寸,以目视之,如闭左开右,则其指偏左,闭右开左,则其指偏右。夫指一也,而左右易位者,因所视之目异也。若复旋开旋闭,暂且大开,则二指之影左右皆见,如此则目光可以分用,亦可以细察微芒。煦少亦善弹,颇得此法,注有弹经一篇。

古人有善识鸟音者,非识其音也,识其性情而已。即乐记审音知乐之法,所谓其乐心感者,其声单以缓,其喜心感者,其声发以散是也。如第即音而求之,彼闽广吴越之语,不离乎人,犹尚不可以骤通,况物类乎?然物虽①异类,要亦各有喜怒哀乐存焉。由其音之所发,考其情之所征。母子相呼,必其音依以切。同类相求,必其音婉以曲。有所畏者,必其音惊怪。有所惧者,必其音怯懦。若有所喜,

① “虽”,堂本作“之”。

而其音和适矣。若有所怒,而其音燥激矣。兽语亦然,要皆本诸其情而发舒者也,故可识也。

人有化为虎为牛为犬豕者,必其心先有虎牛犬豕之欲,凝固而不解,故形随心变。头垢足以使金铁浮水。

人有既死,犹能见形而为人,或操持器物,使之更易其处,皆其心之坚定,原有不能释然者存,故结聚而不散也。天下之大忠大孝,有一生再生,求了心愿者矣。天下之大奸大仇,有一生再生,期为报复者矣。皆其结聚而不散者,有以使之也。

《脉望》云动物本诸天,所以头顺天,而呼吸以气。植物本诸地,所以根顺地,而升降以津。故动物取气于天而承载以地,植物取津于地而生养以天。

植物有草木竹三品,动物有鸟兽鱼三品,皆分上中下,亦卦立三爻,时有三候,位有三等之义也。

《素问》云植物去皮则死,气在外也,动物伤内则死,神在内也。

《繁露》云酝去烟,鸱羽去昧,磁石取铁,真金取火,蚕珥丝于室而弦绝于堂,禾实于野而粟缺于仓,芜荑生于燕,橘枳死于荆。

《脉望》云鬼神有性无命,草木有命无性,禽兽性少命多。煦按天地间至无情之物,皆含天地之至灵,故蓍可以筮,败龟之板亦可以卜。

《笔谈》云巴豆利人,惟其壳能止之。甜瓜蒂能吐人,惟其肉能解之。坐拏能懵人,食其心则醒。楝根皮泻人,枝皮则吐人。邕州所贡蓝叶即蓝蛇之首,能杀人,蓝蛇之尾能解药。鸟兽之肉能补血,其毛角鳞鬣皆破血。鹰鹯食鸟兽之肉,虽筋骨皆化,而独不能化毛,犬之食骨亦化。

草木知春秋,燕雁亦知春秋,猫眼知时。

邵子曰草伏之兽,毛如草之茎,林栖之鸟,羽如林之叶。煦按水游之物,鳞如波涛之文。

岭南深山中有大竹,中有水甚清澈,溪涧中水皆有毒,惟此水无毒。土人陆行多饮之,至深冬则凝结如玉,乃天竺黄也,遇野火烧

林,木为灰烬而竹黄不灰,如火烧兽骨而轻。

松脂入地,千年而为琥珀。

鸲鹆不逾淮,橘过淮北为枳。

《脉望》云鹤知夜半,燕知戊己,蛇于己日不出道,莺于春时自出谷。

十二生肖,子寅辰午申戌俱阳,故取相属之奇数以为名。鼠五指,虎五指,龙五指,马单蹄,猴五指,狗五指。丑卯巳未酉亥俱阴,故取相属之偶数以为名,牛四爪,兔两爪,蛇两舌,羊四爪,鸡四爪,猪四爪。

鹤知子午,鹊巢知风,蚁垤知雨。

龟能养气,鹤能养神,鹿能固精。

蝉自翼鸣,草虫亦以翼鸣,龙从角听,以龙耳为聋,谓无耳也。

《脉望》云牛虽有耳而听以鼻,龟虽有鼻而息以耳,水虫不瞑,土虫不息。

庄子云乌鹊孺,鱼传沫,细腰者化。有弟而兄啼,乌鹊以气交,两味相含,气中有水也。传沫则吐气于水,彼此吞咽,水中有气也。细腰,螟蛉之类,有弟而兄啼,妇人再妊必缺乳也。

广肩无雄,细腰无雌,龟鳖皆能伏卵,蜂育螟蛉以为子也。

蚌向月而怀珠,固矣。谓兔望月而孕,口吐而生,兔固自有牝牡也。《脉望》云蛙亦吐生。

犀因玩月纹生角,象被雷惊花入牙。骇鸡之犀。

山气多蝇,水气多蚊。

鼋肉寸寸割之,寸寸皆生肉,其阳物如手掌,有五指焉。

虎知冲破,今人画地,观其奇偶,谓之虎卜。燕避戊己,蝠忌庚申。

《华彝续考》,山东无虎,浙江无狼,广东无兔,蜀无鸽。

龟之相顾,神交也。鹤之相唳,气交也。

马火属,有肝而无胆,木脏不足,故食其肝者死。

马走逆风,牛走顺风,牛顺物,乘风而行,故坤知顺。马健物,逆

风而行，故乾知健。

《周礼》内饔，辨腥臊膻香之不可食者，牛夜鸣则庮，羊泠毛而毳膻，犬赤股而躁臊，鸟皫色而沙鸣，狸豕盲视而交睫腥，马黑脊而般臂蝼。

马饮清而便浊，牛饮浊而便清，阴阳之义也。

牛食草如浇，羊食草如烧。

竹牛角，可以假犀。

马驴骡阳类，起先前足，卧先后足，治用阳药。羊牛驼阴类，起先后足，卧先前足，治用阴药。

马牛驹犊，产在望前则行在母前，产在望后则行在母后。

狗有展草之恩，马有垂缰之德。

狗直戌而艮在寅，火墓戌而生寅也。

戌为火墓，故狗畏水，饮则以舌舐之，犬斗以水灌之则解。

羔羊跪乳，慈乌反哺。

鸡知旦，鹤知秋。

风应时而变，鸡应时而鸣，与风相应。

鸡鸣丑半，重阳之一时也。

《搜神记》曰龙易骨，麋易骼，蛇类解皮，蟹类易壳，又折其螯足，堕后更生。

《悦生随抄》云龙颈骨中髓皆白石，虎目光落地亦成白石，又有松化石，蛇蟹蚕皆成石。

《抱朴子》云狸头之治鼠漏，啄木之护龋齿，蟹之化漆，麻之坏酒。龙鳞九九八十一，老阳之乘数也。鲤鳞六六三十六，老阴之乘数也。

《玉壶清话》陆禋续《水经》，言蛇雉遗卵于地，千年而化为蛟。

《玉策记》曰千岁之龟五色具焉，能游于莲叶之上。千岁之鹤能登于木，色纯白而脑尽成丹。

《琐碎录》云鱼逆水而上，鸟顺风而立，取其鳞羽之顺也。有微风不知所从，但观鸟之所向。

食生物者皆长喙，食五谷者皆短喙，善搏斗者则利嘴，善啼鸣者则颈长。

食木者多力而愚，食肉者勇敢而悍，食谷者多智而夭，食气者神明而寿。

陆生之鸟，咮多锐而善啄。水生之鸟，咮多圆而善唼。短脚者多伏，长脚者多立。

飞鸟之属由气而生，由气而化，生有而化无，生生者不已，而未尝盈也，气之化也。燕之春来秋去①，其明征矣。

鸟由气化，本天亲上之义也。鸡鹅家凫，羽而不飞，地类也。故与地德相感。若当伏卵后，涤除水道，则其生子，谷道不利，本地亲下之征也。

蜣螂为转丸所成，始初之蜣螂，伊谁之转也？盖土中浊阳之气所蒸而成，故其生也鸣而不飞。若鸟则清阳之气所化而成，故其生也且飞且鸣。

仲春鹰化为鸠，季春田鼠化为鴽，仲秋鸠复化为鹰，季秋雀入大水为蛤，孟冬雉入大水为蜃。

《抱朴子》曰雉之为蜃，雀之为蛤，壤虫假翼，川蛙翻飞，水蛎为蛤，荇菜为蛆，田鼠为鴽，腐草为萤，鼍之为虎，蛇之为龙。

《淮南子》曰鳖化为鹑，鹑化为鹯，鹯化为布谷，布谷化为鹞，顺节令以变形也。

《埤雅》云鹤以怨望，鸱以贪顾，鸡以嗔视，鸭以怒睨，雀以猜惧，燕以狂眝，莺以喜啭，乌以悲啼，鸢以饥唱，鹤以洁唳，枭以凶叫，鸱以愁啸，鹅飞则蜮沉，䴔鸣则蚓结，鹊俯鸣则阴，仰鸣则晴。

《变化论》，鹭目感②而交胎，鹤影接而怀卵，鸳鸯交颈，野鹊传枝。

《尔雅疏》，鹤以声交，鹊以意交，鵁鶄以睛交而孕。

---

① “春来秋去”，库本作“春去秋来”。

② “感”，库本作“成”。

《崇有论》,鱼瞰鸡睨,鸟无肺胃,蜃无脏。

牛无上腭,鸿雁无脉,獐无胆。

鸡之毒在心,燕之毒在尾,羊之毒在驳。

鹅伏向月,取其气助卵也。煦按鹅为地类,月与地同德,故伏卵向之。

鹤有大小二种,其胎生卵生亦不同,又有元白二种。

《禽经》,鹤以声交而孕,雄鸣上风,雌鸣下风则孕。又云鹤一百六十年,雌雄相感而孕。

《禽经》,露翥则露,露禽鹤也。鹤驯养于家庭,饮露则飞去。

鹊巢避太岁,识岁多风,则去高木,巢旁枝。

《元中记》,千岁之燕,户北向。《抱朴子》曰其色多白。

《禽经》,鹊以相感而孕,鹊干鹊,上下飞鸣则孕。

白鹢相眂而孕,雌雄相视也。六鹢退飞,风也。

鵁鶄睛交而孕,状类凫而足高,相视而睛不眩转,乃孕而生雏。子规,一名怨鸟,夜啼达旦,血渍草木,凡鸣必北向,啼苦则倒悬于树。

鹧鸪飞必南翥,一名怀南,畏霜露,夜栖以叶覆其背。

鸠鸟,雄呼晴,雌呼雨。

题鴂鸣而草衰。

泽雉啼而麦齐。

风翔则风,风禽,鸢类也。

雨舞则雨,《字统》曰商羊一名雨,一足鸟也。

霜飞则霜,鹔鹴鸟名,羽可为裘,鹔鹴飞则霜陨。

灵鹊兆喜。

怪鹏塞耳,鸺鹠也。闻之多祸。一曰鸺鹠夜视明,昼视暗,蝙蝠亦夜视明,昼视暗。夜察蚊虻,昼伏而不出,暗也。其粪为夜明砂,蚊虻之目也

鹦鹉摩背而瘖。

鸲鹆剔舌而语。。

鹈鹑雄，鹊牝庳，鹈鹪鹈，二鸟皆雄足高，雌足庳。

鸠鹨雌前雄后，鹨大如鸽，生关西，为鸟憨急，二鸟皆雄随雌。

彀将生，子呼母应，彀鸟卵也。

雏既生，母呼子应。

鸠哺子，朝从上下，暮从下上。

枭在巢，母哺之，羽翼既成，啄母目而翔去。

舒雁飞成行列，雌前呼，雄后应，夜栖泽中，必有一雁不瞑，以警众也。

鹳水鸟，伏卵时，数入水，冷则不孵，取礜石周卵以助暖气。

林鸟朝嘲，水鸟夜液。

燕之哺雏，自右而左，周而复始，虽雄雌迭更，而究无差误。

鸟翼左掩右为雄，右掩左为雌，又烧毛纳水中，沉者雄，浮者雌，又云拔毛置水中，沉为雄，浮为雌。

鹑之斗，竦其翼，鸟之斗，竦其尾。

雀粪名白丁香，左旋为雄，右旋为雌。

鼯鼠飞而生子。

枭避星名，《周礼》哲蔟氏，覆妖鸟之巢，以方书十日之号，十有二辰之号，十有二月之号，十有二岁之号，二十有八星之号，悬其巢上，则去之。

《海语》云象胆依四季在四足，春在前左，夏在前右，秋在后左，冬在后右。

走兽皆属阴，故夜动而昼伏，然独猿猴不分昼夜者，缘食果实，而居林栖树，兼乎阳也。牛马猪羊亦不分昼夜者，家畜故也。野者则否。盖气盛为动，气衰为伏，动则健，伏则怠。

象畏孤豚，闻其声则怖。

海马骨水火不能毁，惟沃以糟腐即烂。

海驴皮制为卧裀，善人御之，竟夕安寝。不善人枕藉，魂乃数惊。

《虎荟》云，元和初有役者，将化为虎，群众呼以水沃之，乃不得

也。或问苕溪子,是何谓也?曰阳极而阴,晦极而明,为雷为电,为雪为霜,形之老之死之,八窍者卵,九窍者胎,推迁之变化也。燕雀为蛤,野鸡为蜃,虾蟆为鹑,蚕蛹为蛾,蚯蚓为白合,腐草为萤火,乌足之根为蛴螬,六竹生青蜓,田鼠为驾,毛羭为猿,陶蒸之变化也。仁而为暴,圣而为狂,雌鸡为雄,男子为女,人为蛇为虎,耗乱之变化也。

虎将至则鹊噪。

虎交而月晕。

虎食值耳而止,以触其讳也。淮楚之间,谓虎为李耳。

虎食,上半月食上半截,下半月食下半截。

虎食狗则醉,故不能尽。山人呼犬为虎酒。

鹿卧以鼻抵谷道,故鹿最寿。

龙唯能潜,然后能有跃有飞。此伏命归根,阴阳相伏之理也。螟蛉水虫蚕蛾之类,皆形固于外,神专于内,乃能脱然化去,绝非故形。尺蠖屈以求伸,龙蛇蛰以存身,道人有羽化之说,胥是道也。皮狐之与狐狸,尚有灵于人者,非善藏其用,何由得此?

守宫,龙子也。古者天子巡狩,则嫡子守其国,宫中之事皆其所知。蜥蜴乃龙生九子之一,故以嫡子之事名之。今谓捣以硃砂涂妇人体,与人交则落,此甚非也。

龙生九子。龙卵方。

鱼乃阴物,而得阳气多,故腹内生脬,是以能浮跃。鱼目昼夜不瞑,因知其为阴物,而得阳多者也。

《海语》云海鲨化虎,其纹直而疏且长。

海鳇群至而化鸟,若噪而惊之,则化者十五。

南阳丹水有丹鱼,浮于水侧,赤光上照,割其血涂足下,可步行水上。

《博物志》云海南有鱼如鼍,截其头干之,掾去齿而更复生。动物之命在首,乃世有刑天之民,飞头之民何也?

广州鳄鱼能陆追牛马杀之,水中覆舟杀人,值网则不敢触,其一

孕生卵数百于陆地，及其成形，则有蛇有龟，有鳖有鱼，有鼍有蛟者，凡数十类。及其被人捕取宰杀之，其灵能为雷电风雨。

海滨又有含沙射影之域。

蛟能横飞而不能上腾。

鲎血碧，其形如药葫芦，虾蛤无血，蛤属唯蚌有血。

虾夜浮于水，则见火光，海中之火有夜见者，或巨虾也。

鲸鲵出穴，则水溢为潮，鲸出入有节，故潮有期。

海龟大者，方径丈馀，遇人捕之，则垂泪嘘气而乞怜。

龟之板，仰而视之，其中有直文，曰千里路，平分左右，则阴阳之义也。横列五文，五行之象也，五文而左右分之，则十干之象也。五文之左右各有广平者六处，左右合之则十二支之象也。一物而阴阳五行干支之数俱备，故可以卜也。

蟹能化漆为水，鳖视而卵生，虾蟆置地上，东行者为雄。

《感应经》曰积谷生虫，腐草为萤。今山谷中朽木及树根，往往夜光如火。盖阳气之凝注然也。而萤火特含生气。

蝶交则粉退，蜂交则黄退。朽稻为蛬，朽麦为蛺蝶。凡生物必有食，而蝉则饮露。

《海语》云海蜘蛛结网于深山大谷，虎豹麋鹿触之，皆不可脱。

江南文庙无蜘蛛。萧县不开北门，开则蝎子毒人不可解。

江南无蝎，江北鲜蜈蚣。蝎喜燥，蜈蚣不畏湿也。

峨嵋雪蛆大治内热。

《腐谈》云虱物其足六，北方坎水之数，行必北首。

犬喜雪，马喜风，豕喜雨。

犬不见雪，龙不见雨，人不见尘。煦按蝙蝠当不见日月。

阴阳之生物，精气神三者之运化也。神凝精而聚气，则至灵之动物也，非人莫克当此。凝精聚气以生神，神役于精气无由自奋，则至蠢之动物，飞走鳞介虫虻是也。至凝精以聚气，而神不存焉，则植物而已。盖神气浑合，而至精不测，非神圣莫克与此。或问太古未有人时，人何由生？予曰此易辨也。地中阴气一当暑月，阳气郁蒸，

变化出蚊虻蠛蠓,皆从前未有者也。腐草为萤,非有种也。新掘之池,不久而生鱼虾水蛭,皆感于阴阳之气耳。

蜉蝣蚁飞风,春飞雨。鹳鹊仰鸣则晴,俯鸣则雨。鸨无壬,兔无脾,壬,阳水也。天将雨,蝼蚁徙,蚯蚓出,琴瑟缓,痼疾发。

狸头愈鼠,鸡头已瘘,虻散积血,斫木愈龋(淮南子①)。

一指之小,可以障山。夫山非小也,远也;指非大也,近也。月食之时,谓地轮大于月,当亦如是。

《礼含文嘉》伏羲德洽上下,天应以鸟兽文章,地应以河图洛书,乃则象而作《易》。

神农修德作耒耜,地应之以醴泉。神农就田作耨,天应之以嘉禾。

《世本》曰庖羲作瑟,勾芒作网罗,庖羲臣也。女娲作笙簧,随作竽,女娲臣也。神农作瑟,炎帝伯陵作钟,无勾作磬,黄帝作旃作冕,挥于作弓,夷牟作矢,雍父作舂,仓颉作字,俱黄帝臣也。尧作围棋,繇服牛,相士乘马,腊作驾,俱尧臣也。禹作宫室,倕作铫。

《古史考》曰伏羲作网,神农作市作耒耜,黄帝作弩作釜甑,舜作瓦棺塈土,夏少康作箕帚,昆吾作瓦。

《山海经》曰少昊生股,是始为弓矢。帝俊八子作歌舞,稷之孙叔均作牛耕,凿齿作楯。

《吕览》曰阴康氏作舞,帝喾令抃卜作鼓鞞,倕作鼓及鞞,伶伦作权量,胡曹作衣裳,蚩尤作戈戟。

《中华古今注》曰轩辕臣胡曹作衣,伯馀作裳,荀始为冠,于则作扉履,容成作历,大挠作甲子,车区占星气,伶伦作律吕,隶首作算,夷羿作弓,祝融作市,仪狄作酒,高元作室,虞姁作舟,伯益作井,赤冀作杵臼,乘稚作驾,寒哀作御,玉冰作服牛,巫彭作医,巫咸作筮。

《物原》曰有巢始衣皮,轩辕妃嫘祖始育蚕,伏羲作裘。燧人始

---

① "淮南子",库本无。

束发为髻,伏羲始作皮冠。轩辕加以冕,周公作纵,轩辕始作带,颛顼制绦,尧为玉佩,汤作笏及鞶囊,此可以得正名百物之大概矣(以上皆见《礼含文嘉》①)。

《诗推度灾》按,《淮南子》鹊巢知风之所起,獭穴知水之高下,晖目知宴,阴谐知雨。

又《续博物志》鸂鶒能敕水,故宿水而物不害。鸩能巫步禁蛇,故啖蝮。啄木遇蠹,以嘴画字成符,而蠹自出。鹊有隐巢,鸷鸟不能见。燕衔泥避戊己日,则巢不倾。鹳有长水石,故能于巢养鱼而水不涸。燕恶艾,雀欲夺之,则衔艾其中,此鸟之智也。

《孝经援神契》,石润苞玉,丹精生金,椒姜御温,菖蒲益聪,巨胜延年,威喜辟兵。

《雷公炮炙论序》云,若夫世人使药,岂知自有君臣。既辨君臣,宁分相制,祗如栨毛沾溺,立消班肿之毒。象胆挥黏,乃知药有情异。鲑鱼插树,立便干枯,用枸涂之,即当荣盛。无名止楚截脂而似去甲毛,圣石开盲明目,而如云离日。当归止血破血,头尾效各不同。甤子熟生,足睡不眠立据。弊箄淡卤,如酒沾交。铁遇神破,如泥似粉。石经鹤粪,化作尘飞。栨见橘花,似髓断弦折剑。遇鸾血而如初。海竭江枯,投仿波而立泛。令铅拒火,须伏修天。如要形坚,岂忘紫背。留砒住鼎,全赖宗心。雌得芹花,立使成庚。硇遇赤须,水留金鼎。水中生火,非猬髓而莫能。长齿生牙,赖雄鼠之骨末。发眉堕落,涂半夏而立生。目辟眼睢,有五花而自正。脚生肉栨,裩系菪根,囊皱旋多,夜煎竹木,体寒腹大,全赖颅鹚。血泛经过,饮调瓜子。咳逆数数,酒服熟雄。遍体疹风,冷调生侧。肠虚泄痢,须假草苓。久渴心烦,宜投竹沥。除症去块,合仗硝硇。益食加觞,须煎芦朴。强筋健骨,酒是从鳝。驻色延年,精蒸神锦。知疮所在,口点阴胶。产后肌浮,甘皮酒服。口疮舌坼,立愈黄苏。脑痛欲亡,鼻投硝末。心痛欲死,速觅延胡。

① “以上皆见礼含文嘉”,库本无。

如斯百种,是药之功。

象鼻必卷,鸟喙必钩,彘水伏,故去脉。猬多刺,故不起。超逾杨柳,蝉无力故不食。蝙蝠伏匿,故夜食。螾无食故不劳,无蛰故无心。蟹二螯,两端傍行(犹螯共也。小虫而欲两端自卫,使备行也)。

按《子列子》,马血之为转磷也,人血之为野火也。鹞之为鹯,鹯之为布谷,布谷久复为鹞也。燕之为蛤也,田鼠之为鹑也,朽瓜之为鱼也,老韭之为苋也,老羭之为猿也,鱼卵之为虫。亶爰之兽自孕而生白类,河泽之鸟视而生,日鶂纯雌,其名大腰。纯雄,其名稚蜂,思士不妻而感,思女不夫而孕。后稷生乎巨迹,伊尹生乎空桑,厥昭生乎湿,醯鸡生乎酒,羊奚比乎不笋,久竹生青宁,青宁生程,程生马,马生人,人久入于机,万物出于机,皆入于机。

《龙鱼河图》,妇人无以夫衣合集浣之,使不利。无以卖马钱娶妇,以卖马钱娶妇,令多恶病,夫妻离别。白马玄头,食之杀人。下病食马肉,亦杀人。羊有一角,食之杀人。玄鸡白头,食之病人。鸡有四距,杀人,六指亦杀人,有五色亦杀人。大狗鱼鸟不熟,食之生瘕。瓜有两鼻者杀人。

按《太清外术》,生人发挂果树,鸟不敢食其实。瓜两鼻两蒂,食之杀人。檐下滴菜有毒,堇黄花及赤芥,杀人。妇人有娠,食干姜,令胎内消。十月食霜菜,令人面无光。三月不可食陈菹。沙衣结,治蠼螋疮。井口边草,主小儿夜啼,着母卧荐下,勿令知之。氐苔疗天行。寡妇藁荐草节,去小儿霍乱。自缢死绳,主颠狂。孝子衿灰傅面皯,东家门鸡栖木作灰,治失音。砧垢能蚀人履底。古榇板作琴底,合阴阳通神。鱼有睫及目合,腹中有连珠。二目不同,连鳞白鬐,腹下丹字,并杀人。鳖目白,腹下五字十字不可食。蟹腹下有毛,杀人。蛇以桑柴烧之,则见足出。兽岐尾,鹿斑如豹,羊心有窍,悉害人。马夜眼,五月以后,食之杀人。犬悬蹄,肉有毒。白马鞍下肉,伤人五脏。鸟自死,目不闭,鸭目白,鸟四距,卵有八字,并杀人。凡飞鸟投人家井中,必有物,当拔而放之。水脉不可断,井中沸不可

饮。酒酱无影者不可饮。蝮与青蛙，虵中最毒，蛇怒时毒在头尾。凡冢井间气，秋夏中之杀人，先以鸡毛投之，毛直下无毒，回旋而下不可犯，当以醋数斗浇之，方可入矣。颇梨，千岁冰所化也。琉璃玛瑙，先以自然灰煮之令软，可以雕刻。自然灰生南海，玛瑙，鬼血所化也。

周易函书别集卷十六 篝灯约旨十

体仁

圣人之学，性，体也；道，用也。具于一心之中，含太和之天，达子谅之用，则仁也。故莫精微如性，莫广大如道，莫切近该括如仁。故《论语》详于言仁，子思之发皆中节，孟子之性善，皆仁也。仁也者，太和之充也。朱子曰心之德，爱之理是也。然此二语，止如曾子之忠恕，而仍未竟其量也。《礼运》不云乎？仁者，义之本也，顺之体也。圣人之经纶参赞，充塞于天地之间，天人合一而不分者，无逾此太和。太和者，天地之生气也。

前此未有以仁教者也，仁之教始于孔子，是义理之最精，日用之最切，明体达用之妙，尽在于此。其理则合天人，统圣凡，兼精粗，该动静，而无所不贯。故浅言之而仁在，深言之而仁在。观孔子之教门人，皆因其浅深而语之，概可知矣。其在天也，则为一元之生气。赋之于物，则为保合之太和。具之于性，则为长人之善。发之于情，则为慈祥，为不忍。达之于事物，充之于天壤，则为成周之太和。传之于圣门，则为一贯之道。其理最精，其义最密，大哉仁乎，孰穷其原，孰致其功，孰扩其用乎？

乾以一元统天而资万物之始，人以仁心立本而达天下之道，合天人，贯内外，均此生气耳。故《论语》全部，唯仁字最精而极深也。

生气者，天之所以为天，人之所由以生，圣人所恃以参赞位育者也。其蕴之于人，则为人心。孟子曰仁人心也，指此生气言也。性即仁也，性字心旁加生，谓心之所由以生也。又心中之生气也，得天地之生气而有其心，以吾心之生气而发诸用，参赞位育皆由此起。

故孟子以为人心，邵子曰人从心上起经纶，此之义也。生气在天为元，其亨而为利为贞，皆此气之分合聚散，升降阖辟而已。无馀亦无欠，无益亦无损，其生长则此气之舒，其收藏则此气之敛也。其在人也，得天地之生气以有其性，未发则含之于中，活泼泼地，是生气之蕴也。所以谓为保合太和，发而为和，则充塞天地而遏之不可，枉之不可，皆此生气之达也。孔子以为仁，又以为人之生也直。子思以为天命之谓性，又以为发而中节，孟子以为浩然之气，又以为性善，皆是物也。

孟子曰仁也者人也，谓此生气也。合而言之谓之道，是探本穷原，内外一如，显微无间，天人合一之妙也。此即孟子之一贯，后儒千百言而不能了者。求如孟子之精凿能乎？圣人之学浅而言之，是为忠恕。精而求之，是为仁。主之于中，是为诚。达诸天下，是为道。至合天人而一之，穷其本原，究其作用，总不越此生气而已。

仁人心也，若说心中具有此仁，则将仁与心分作两事①。孔子《文言》固曰君子体仁，体仁者，仁为之主也。所由谓仁为长善，然非深明性善之旨，未易解此。

世之以刻薄居心，以苛刻成行者，多不利于其后，是自戕其生气者也。

夫子之教在仁，夫子之道在忠恕。合天人体用而一之，止一生气而已。刻薄成行者，内残其仁，外残其物，生气先自灭绝，则后此之生机斩矣。凡人之刻薄居心者，非急于趋名以揽权要，则急于趋利以图厚实。苟无名利之心，则物与我相与于太和之域，奚所取而为是？

诸儒着工夫，节节次次都向仁字留神，如不打自己心上体贴一遍，便不知仁字着落。

孟子言集义言扩充，皆是教人有行。天下尽有天资纯粹，生平并无恶行可指，而卒不得以纤毫之善命之者，未之有行也。故《聘

---

① “事”，库本作“字”。

义》曰有行之谓有义,有义之谓勇敢,而周子亦曰志伊尹之所志,学颜子之所学。

阳明曰仁者,造化生生不息之理。又曰譬之木,其始抽芽,便是木之生意发端。抽芽然后发干,发干然后生枝,然后生生不息。若无芽何以有干有枝叶?能抽芽必是里面有根在,此即予生气之说。《论语》一书专说一个仁字,便是圣人独辟见解,阳明体会若此,而后人犹薄之,皆恣其口说,不曾打自己心上体会一过者也。

恕非仁也,谓恕为仁,谓人己之交通而无间耳。要其中有勃勃欲发,不能自禁者存,非其具有生气,曷由能尔?特其量所及有限,不似仁字包含遍覆,故但称恕而不称仁。

私也邪也妄也,非性之有也。始于闻见,成于意必固我,故以为私。不由率性而出,俾岐途异路者,得而干之,故以为邪。昧所性之真,失本天之故,故以为妄。凡皆外面之搀和,由耳目闻见而入,因心思意想而成,非保合之太和也。故孟子谓性为善,而孔子之教颜子,则曰勿视勿听,子思亦曰戒惧慎独也。

忠恕止人己之推行,性真之流通耳。然而裁成辅相,绝大经济,悉可由此而推,是勉强之仁也,故曾子以喻夫子之道。

《易》曰保合太和,是天心之既发者也。子思曰发而皆中节谓之和,是即赋性之始,太和之所保合因以发出者也。和气在天为生气,造化舍是则无以育物,和气在人为仁心,圣人舍是则无以为道。

生气在人如海水,然任人之取携,随地随时而用之,而卒不欠缺,故以为生气。

生气之发可以推而及人,可以推而及物,可使充塞天地而参赞位育,酿为太和,故以为生气也。生气者,勃勃欲发,日易月新,而不可阻遏者也。使其中稍有滞碍,稍有停息,则其气塞而不可谓之生。

乾元裕此生气,故不禁于资,且不穷于资。人心具此生气,故不禁于发,且不穷于发。植物之芽而蘖,干而枝,花而实,实而复芽蘖也,此生气也。动物之以形育形,以灵育灵,而前后相因,流衍而不穷者,此生气也。在天为元,在人物则为太和,涵之于性中则为仁。

唯人心具此生气，故发之遂为成周之太和。唯万物悉具此生气，故位育皆太和之充溢。

人心无生气，则发且不能，而况于中节。天地无生气，则太和无具，而况于化育不穷。

仁之一字，唯谢上蔡桃仁杏仁之喻最精，为他说得体用动静两边俱到。盖人心之所涵，原是天地发生之气，故亦各具发生之灵。不然何由能发生出许多道理，许多作用来？譬诸桃杏之核入土，有仁者便会发生，且从此生生不已，若无仁者，便与土同归矣。

发而皆中节，发之为言，谓内之有也。必内中含蓄，先有种子，然后能发。譬诸柴炭，先无火种蕴蓄于中，终为寒寂者耳，何能有发扬之力？

谓性中亦含生气者，以其本乾元之一亨而来，因有保合之太和寓之于心，而随时随地，触物而动，莫非生机。若使无此生气，便块然而不灵矣，何由能发？故知发而不穷者，皆生气之自舒者也。

凡有水之物，盛夏曝诸日中，俄顷而干矣。桃杏之仁中亦含水，盛夏曝之而水气常存者，中涵生气故也。

善与不善相值也，若冰炭之不相入。善与善相集也，正如水乳之交融。故言令人喜者，和气之所发，吉祥人也。言令人愠者，戾气之所发，不祥人也。将兴之家，入其门，安易平静，和气之征也。将亡之家，入其门，躁暴争斗，戾气之征也。人之于身也亦然。张子曰贤才出，国将昌，子孙材，族将大，几之先见者也。

泾水无浊，河水无清，芝兰之室无臭，鲍鱁之室无馨，果有美玉，不待炫而自珍矣。同声相应，同气相求，细流穿石，积垒成山，人何惮而不集义①？

凡闻人之善行及哀矜和悦之语，则辗然喜，在中之和与之相触也。闻人之恶行及暴戾残刻之语，则怫然怒，在中之和与之相忤也。故性善也。

---

① “义”，堂本无。

善与不善,合天人而论之,无过一个生气,一个戾气而已。如乾之元便是生气,天下万事万物无不资之以始。逮于各正性命而保合之,则遂为太和之气。若使人袭外来之邪妄,干犯天和,化为戾气,则夭扎沴疠,无所不有,此世之所以有治乱也。人之仁心内涵,德行完固,未有不善,气迎人者也。孔子言仁,明此生气也。孟子集义,集此生气也。性此生气,善亦此生气也。子思之达道,生气之周流发越也。孟子浩然充塞天地,生气自还其本也。《中庸》原性于天,便是推生气之所由始。合位育于达道,便是究生气之所充。故子思《中庸》全是说性。知仁勇,性中之德也。费隐,性中之全体大用也。诚明则性中所具虚灵不昧之真。三重以下,皆性中之事业,位育之实功也,无非发明首章一个性字。约其大旨,无非生气之蕴含,与生气之发舒而已。特生气之蕴含原不可见,故但以为中。中也者,指其位而证之也。到得已发,而适见为和,故又有和气之说。太和者,和气之聚也。和气者,生气之发也。逮于中和既致,而位育成能,岂非以天地之生气辅相天地之生气,裁成天地之生气乎?藏之于无朕,取之而不竭,非其生生不息,曷由能然?发之而弥纶,极之而充周,非生气之发越,曷由能然?若使邪僻妄干于外,则为戾气,戾则非性也,是感于闻见,既伏而不知扫除,留其根蒂,渐生渐长,渐久而渐逼其真者也。颜子问仁,子曰克己复礼,请问其目,则首曰非礼勿视,非礼勿听,是皆把持门户,遏绝道路,使外诱之不入,以涵养此生气耳。子思曰率性之谓道,孟子曰孩提之童无不知爱亲敬长,又曰见孺子入井,皆有怵惕恻隐之心。《乐记》曰人生而静,天之性也;感物而动,性之欲也。感物而始为欲,非性之有矣。三月两月之婴,乌能指称其恶而证之?天下岂有生而不善者哉?即此戾气缘感而伏,初亦甚微,不过歆于可欲,一念苟且,以为不大伤害而已。殆其既久,有稍甚于此者,亦以为不大伤害矣。又其既久,即大有甚于此者,亦以为不大伤害矣。逮于积之又积,习而安焉,而计较之心遂已渺乎乌有,及至戾气充塞胸中,将本来自具之生气,何地可以自容?坤之《文言》曰积善之家,必有馀庆,积不善之家,必有馀殃,是积之

可畏也如此。又曰辨之不早辨，是因履霜坚冰之辞而知其积之甚易，故末结之曰盖言顺也。此顺字不作慎字解，犹云积之甚易，不可不辨之于早，而防其积累于后云耳。《春秋》谨始慎微，正与《周易》同旨。所以夫子教颜渊为仁，直以勿视勿听者言之，防其易入者于外，养其至微者于中，检其易荡者于初，慎其易积者于后也。生生之理既培，则生生之机自达，故后此参赞位育绝大作用，胥由此生，而莫之能御，所由谓为生气也。夫人之生也，本无不善之性，今试向自身打点，为生气乎？为戾气乎？如其戾也，则种子既差，逮于发生，安所得和气哉？鸡无伏鸾凤之能，兔无乳骐骥之理，根本差别，遂至差别到底。今欲从而转易之，将欲生龙，必先以龙为种，将欲生凤，必先以凤为种。非于念头方动未动时戒慎恐惧，极力扫除，如颜子之四勿留心培养，如孟子之集义未见为当也。此如种嘉谷者，当稊稗初萌时，便遂和根拔去，而所存之嘉谷，犹复时时灌溉相似。只待无极太极中尽情变易过了，使不知不觉自然发出来，无非生气，恁时方是换了种子。此浩然之气所以常伸，而率性之真所由达而为道，而位育参赞之不难也。夫天地之所以不息，唯此生气相循于无尽耳。人之生气秉受于天，则立人道以立天地之道，安得不参为三才，位为三极哉？顾人之永年，有期颐耄耋而不衰者，非生气之既厚，而栽培之力多，奚由臻此？向有索求嗣方者，予尝以生气之说语之。果能内培生气之根，外畅生机之化，天地鬼神可格，范围曲成不难，而况在一身一家之事乎？

易学典籍选刊

周易函書

附卜法详考等四种

［清］胡煦 著
程林 点校

第二册 周易函书约注十八卷

中华书局

正编二

周易函书约注

周易函书约注[①]序

《周易》非占卜之书也。浅之，则格物穷理之资；深之，则博文约礼之具；精之，则天人合一之旨；体之，则参赞位育之能。是全体大用之要归，圣圣相传不言而同然之秘也。开六经之始，而六经胥不能违；探六经之原，而六经止分其用。其出也，取之而不穷；其返也，藏之而无朕。羲文周孔极力阐扬，后之学者观其象，玩其辞，习其占，仍如昏衢，如暗室焉，可不谓难乎？

夫《学》《庸》《论》《孟》，皆圣贤问答语言，无过高低抑扬，承接转换，便可直抒胸中勃勃欲泄之理。学者解释字义，体贴语气，亦遂可因言达意，而《周易》则图之呈而象之设也。道寓于图，而图中蕴含非言可说；义寓于象，而象中包括无实可稽。一卦之微，兼六十四卦而衡之，而一卦之性情始定；一爻之细，合三百八十四爻以较之，而一爻之性情始真。苟无旁通比量之法，以斟酌其同中之异，异中之同，则所云微显阐幽同归殊途者，固未易骤测其深机，遽通其妙蕴也。即如乾卦称龙，而潜见飞跃之各殊，非比量于时位，讵易得其解乎？初四之潜渊，二五之飞见，非比量于天一所生，讵易得其解乎？初潜言不见之水，四渊言可见之水，非比量于内外异性，讵易得其解乎？乾初既言潜渊，坤初亦言霜冰，非比量于二、初同实，讵易得其解乎？潜渊言流动之水，霜冰言凝定之水，非比量于阴阳各得之分，讵易得其解乎？

固知《周易》呈图设象，非但语言文字高低抑扬承接转换之故也。圣人假年学之，尚至韦编三绝，非其微妙隐深、浑沦该贯，奚为一难至此？今但执文字义理，训释字句，体贴语气，谓可一言半句便

① “注”，库本作“存”。库本此序在《约存》前。

克显明经旨,一岁半岁便克了当经义,煦窃以为不然。

故不惮繁言,逐卦逐爻逐句逐字而解之。即乾之一卦约得一百五十馀页,近六万字,乃始解完。然第约其端绪而止,非能尽一乾之蕴也。诚惧太繁,则观阅为难,故节其最紧关者,从而约之,名曰《约注》,后之观者或亦有以谅予之苦心也。①

雍正七年八月朔旦胡煦序②。

① 此段库本无。

② "雍正七年八月朔旦胡煦序",库本作"康熙五十六年丁酉五月朔旦光山胡煦序"。

周易函书约注卷一　周易上经一

卦画原始①

周，代名。易，书名。卦，则伏羲图中所具。文王，开而作《易》者也。卦辞，则文王所系。爻辞，则周公所系。经文旧为二卷。《上彖》《下彖》《上象》《下象》《文言》《上系》《下系》《说卦》《序卦》《杂卦》十传，则孔子之传，古称"十翼"。

卦画之由，缘伏羲时大道将启，天地不能自秘其灵，故有龙马出河示先天之本，龟书出洛显后天之用。伏羲得之，详玩所负之文，不过自一至十、自一至九之数，乃河图全而洛书缺，河图合而洛书分，河图团聚而洛书布散，河图无隅而洛书有隅。彼此互形，两相参阅，知夫位数虽异而道理则同。所不同者，是体用之妙所由分，动静之机所由寓也。盖合而聚者其象静，所以立体以象不竭之原，是天地未判，人心未发，故奇偶相含，而浑沦圆转互藏其根有若此也。分而散者其象动，所以致用以象夫流行不息，是人物既生，人心已发，故奇正而偶隅，五存而十隐，正位各居，而迁流动荡有若此也。

因此一合一分，一静一动，其体用遂而②悬殊，故一以为先天，一以为后天。夫道之大原出于天，则天之所生，自应与天同此性命。然蚩蚩之氓，未能尽喻精深，是则体天立极，继天宣化，将圣人是赖矣。至其间生生不息之机，天人合一之秘，藏于至深至隐之地，寓于未开未辟之先，此大道之真源，非可意识测度。于是原本图书，仰观俯察，溯始于天地未判，知夫阴阳肇见，厥有由然，而资始资生，遂极

① "卦画原始"，堂本无。
② "而"，库本作"尔"。

蕃变无穷之象。又复推本于人物所由生，止此阴阳流衍，相交变易，而渐分渐广，遂寓生生化化之机。虽其显仁藏用，不越一分一合中，乃即象以观，止此奇偶二端而已。

盖天地间刚柔异德，健顺异性，动静异体，男女异形，施受异用，约其大旨，无过阴阳流转，及推本图书，则奇偶二象，其该之矣。故数始于一之奇，太极之象。由一生一而为偶，两仪之象也。然所生之一，配能生之一而始为偶，则能生者一而已矣。自二以后，凡渐加而无已者，莫非此一。可知此一之推行，原无穷极，故始生之一，为诸数所从来，则体统太极之象。后此逐渐所加无穷之一，则流行太极之象。顾数虽无穷，率皆奇偶相间，则阴阳相交之义存矣。奇偶相间，又复各各不同，则阴阳变易之义存矣。溯其本原，莫不自一而始，缘一而行，则一之不可以言语形容审矣。邵子云"天向一中生造化"，太极之谓也。伏羲则以画图，变奇偶而为阴阳，独念此一，不可以形容肖似，故其所画，但由两仪而始。顾此两仪，又必有所自出，今既欲画而不能，则以两仪首尾环抱，虚其中以象之。乃就其中所虚，而至一之妙于是乎存，太极之妙于是乎起。故太极者一奇之蕴，两仪者一偶之精也。因两仪所由来，必不可画，故周公命爻，遂以两仪最初一画，命名为初，职是故也。顾此两仪，如不相交，则违奇偶相间之义，亦必无生生变易之理。于是乎规而圆之，俾初末始终相际，而交之义寓矣，是即取则于河图之内合者也。第其初画，既云两仪，必当止为两画，以两画而别为两仪，又必当别以二色，此自然之势也。今谓伏羲初画，便为阳连阴断之形，非也。缘其所画，止有四图，初未开为卦画。开图为卦，乃后世圣人作《易》时事，《下系》第六章已详载①言之。后人第见文王作《易》之图，阴阳悉分连断，遂谓伏羲初画，便是如此，不知其初，止有二色之分。故予于原图卷中，特补伏羲初画之图。若使伏羲初画，便分连断，则大圆东面所列之一阳，当为三十二画，西面所列之一阴，当为六十四画。既费九十六

① "载"，堂本、库本俱作"哉"。

画,始成初之一爻,又何得命为两仪乎?然其仪止命为两者,因尚未画到四象八卦故也。四象八卦既未画到,安能逆臆后来所加止于六画而成六十四卦,遂以初加之两画分为九十六画之两仪乎?想当初画时,谅亦每加一画,各玩一画所加之妙,然后知两画之为两仪,四画之为四象,八画之为八卦,因而重之,遂具六十四象耳。故连断之形,断为文王作《易》之卦图,必不可以伏羲之图便作连断分也。或曰初画时,仿奇而画阳,仿偶而画阴,则阴之必断非由偶义出乎?曰伏羲画图,变奇偶而为阴阳,正以阴阳之妙虽出自奇偶,又必非奇偶之数可得而尽,故遂变奇偶而名阴阳。阳一仪,阴亦一仪也。奇偶寓理于数,阴阳寓数于理,信如连断之说,是三也,而不得谓之为两。总未解两仪初画,别以二色故耳。其初画之本图,详具卷首原图条下。

夫阴阳之义,既肇于奇偶,然使阴阳二者两两各居,又或相际而无以各效其能,则交易之既无矣,将变易亦曷由见乎?又况河图之奇偶,相附相合而不离。洛书之奇偶,相间相倚而不杂。是即阴之与阳自得其类,而交易变易之所从出也。且夫奇偶相因,旋加而旋异其数,于是乎两仪之上又复从而加之,阳之上而有所加之阴,则其阳不纯,而少阳名矣。阴之上而有所加之阳,则其阴不纯,而少阴名矣。其必据所加之阴阳而命之者,阴阳之理内不可测而外易见也。阳而加阳,阳之盛也,故不名为阳而名为太阳。阴而加阴,阴之盛也,故不名为阴而名为太阴。玩其所加,初不越此阴阳,然已变易乎两仪之旧,而成四象矣。又复于阴阳太少之上各加两仪,仍不逾此阴阳,然已变易乎四象之旧,而成八卦矣,其妙止是阴阳相交而已。即后开而为卦,各有六爻,何非阴阳二端相交变易者哉?然止于三画,遂定为先天小图,非徒谓此三画,遂足该天下之象,尽天下之理也。

以天地间可穷之理数,与不可穷之理数,归于初中末之三候,上中下之三位,胥莫能违,而时出于乾之动,位定于坤之静。乾阳物也,坤阴物也,无一物逾此阴阳,自无一物逾此乾坤,自无一物逾此时位也。乾之一元不可知,而健行之时,何物不具?坤之先迷不可

知，而成形之体，何物不具？伏羲因时止三候，位止三等，故卦立三爻以法乾坤，所由三加而止于八也。且一以象阳，二以象阴，至三则一二之交，阴阳之合矣。合则交易变易出乎其间，是人物之大原所从生，故止于三画而遂成小图之八卦。若于三画分别观之，何非一奇一偶之合也。然此八卦小图，虽具阴阳既交之妙，仍无阴阳各半之形，是有内而无外，有以立体而无以致用，有以传圣人之道，而未能济民之行。是但有河图先天之妙，尚无洛书后天之蕴，故又因而重之，加至于八，而为六十四卦大圆图，合诸大小二横，而伏羲开天传道之《易》，尽于此矣。然河图先天，洛书后天，伏羲则图画卦，既有先天大圆，亦应必有后天大圆，乃今无之者，盖缘所画大小二圆，始焉之内合取法河图，向后之外分取法洛书，是先天后天之蕴，尽为先天一图所摄，亦即洛书之数不能自外于河图之理。所以既有先天，可无后天也。

夫天下之事物，有内则必有外，有此则必有彼，有往则必有来，有进则必有退，有主则必有客，有顺则必有逆，有尊则必有卑，有上则必有下，有始则必有终，有盛则必有衰，以及虚实往来，寒暑燥湿，莫不有然。若缺一焉，则无以相形，而远近亲疏，和违生克之故，不可得而征也，故特立重卦以象之。顾此所重之六画，宜与初加之三画，绝不相似，及分内外观之，而一贞八悔，仍是三画所成之八卦，此卦所以必止于八，而爻所以必及于六者，但以为卦之重耳。重之云者，是有中而后有外，有体而后有用之旨也。贞则谓立体于中，悔则谓致用于外也。然必至于六而仍止于六者，以中外之各有三等三候，而彼此之形，应感之机，体用之秘，胥于此存。及撮其大要，总不逾阴阳两仪相交相得而已。如卦立三爻而奇矣，三阳数也，又复重为六爻而成偶，六阴数也，是一阴一阳相倚之义，形上之道也。六爻固成偶矣，及由六爻而分观之，有三极之道焉，则奇之象寓矣。又由三极而分观之，又复各有阴阳刚柔仁义之道，则偶之象寓矣。

凡皆阴阳相倚相得、两不相离之义，此伏羲四图，所由为开天传道之《易》也。总缘其时，嗜欲未甚，天真未漓，故但以先天四图，寓

天人合一之旨。圣贤[1]传心之妙，初不俟开为卦爻，而中外隐显，巨细精粗，悉已包括无遗，故能冒天下之道。降及后世，嗜欲既甚，诈伪渐起，吉凶同患之圣人，思有以济之。因见伏羲四图，小大不遗，精粗咸备，其用最灵最妙，与天合德，乃将伏羲大圆开而为卦，然后逐象逐爻发其义蕴。其于两仪初得之爻，命名为初，初则时之所起，而未初以前，必有由来可想矣。故孔子于内卦命之为来，而又以为察来，察则欲其追究于前也。于末后所成之爻，命之为上，上则位之所止，而所止已极，必将复返又可想矣。《周易》之卦流行不息，与天同运，原属先天，故无止而不迁之理，而极则必返，所以有变易之说。故孔子于外卦命之为往，而又曰彰往，彰则谓其昭然于位，欲人知往而极者之必将返也。及观其见伏相循，隐显互秘，凡皆天地细缊以前浑沦活泼之机，穷理尽性至命之妙，此列圣相传之道，至精至微，而不可言说、不可图画者也。至于爻必有位，参于时而考之，而或暂或久，莫不有数存焉。爻必有时，参于位而定之，而或浅或深，莫不有数存焉。故二三四五，遂定于在中之四爻，以时有前后，位有上下，均堪数纪也。要其相得不相得，相应不相应，人之时位与爻相值，而吉凶利害情伪，遂由此生。此因贰济民之心，至显至粗，不掩于卦爻，不迷于来往者也。

《周易》本传道之书，四圣人极力发挥，皆所以言其不可得言者耳。体其精者微者，而显者粗者胥莫能外。此间出之圣人，聪明天纵，不能数见者也，乃又以精者微者，寄之于粗者显者之中，以为吉凶悔吝，得失忧虞，胥此焉在，而昭然可见。故当其体而命之以名，因其形性而象之以物，又正其言以发其性情德行之真，又断其辞以决其进退趋避之用，占卜之理由是而起。凡皆为《易》冒天下之道，精粗微显，皆所不遗故耳。岂谓《周易》止占卜之书哉？即以占论，非有极精极微，至灵至妙，与天合德者存乎其间，安得感而遂通，其应如响，有若此哉？不究理而究占，是不探原而逐流者耳。故予于

① “贤”，库本作“圣”。

《周易》,言占者少而言理者多也。然在先天图中,阴阳各皆一画,故名两仪,今既开而为卦,则阴阳之画不能无别,于是本奇之一而为阳之连,本偶之二而为阴之断,是连断之义,原从奇偶而出。又况连有合象,合则绝无间断,仍是河图之理。断有分象,分则布散开张,仍是洛书之理。盖伏羲以一画分阴阳,故不得不别以二色,文王以一色分阴阳,故不得不别以连断耳。交易以对待言,对待则无违而易合,变易以流行言,流行则迁转而非故。不易之说,止可言坤而不可言乾,非《易》旨也。文周之《易》,本与《连山》首艮,《归藏》首坤者,并行于世,故特加周字以别之。

《易》无变易之理,羑里之囚安有出时乎?《周易》全部悉是先天,今人看《周易》卦爻便以为实有,此等形象一定不移,非也。夫文王未尝画卦,《周易》之卦皆系开先天大圆而得之。先天所配,则未发之中也,岂有未发之中而可执为有象者乎?今观揲蓍求卦,分二挂一,揲四归奇之后,所得止策数几茎或多或寡而已,圣人因策数多寡,推究阴阳老少之理,而画为单重交拆之形。夫阴阳老少岂有实形可据乎?乃今目此卦象,皆若形体一定而不移者,则未知易卦为先天故也。先天者,气机将萌未荫之际也。凡吉凶之有定,必在事体既成之后,而占时求卦特欲探未萌之朕兆,故称为前知云耳。详具卷首之一。凡书皆有文字义理可求,而《周易》则纯以象告,故凡书解识字义便易明了,而《周易》则否。谓寥寥数语,遂可竟乎?故煦之《函书》不惮繁言,逐卦逐爻、逐名逐字而释之。即乾之一卦,约得一百五十馀页,近六万馀字,乃始解完。然第约其端绪而止,非能尽一乾之蕴也。诚惧太繁,则观阅为难,故节其最紧关者,从而约之,名曰《函书约注》。后之观者,或亦有以谅予之苦心也。①

三十六宫即八卦也,《上经》三十卦覆为十八,《下经》三十四卦其覆亦止十八。十八者,二九也。上经二九,乾坤交而发水火之用也。下经二九,坎离交而发既未之用也。上二九,下二九,此四九之

① 此段堂本无。

深几也。九,阳之称也,而二之,而四之,又阴阳互用之微几也。九之为数一与八合,归八于一则九而一矣。黄白者秘之,故五百七十六数,即含有六十四卦三百八十四爻之旨也。其阴阳连断,共三十六画,是又一四九也。其乾一至坤八,共三十六数,是又一四九也。故曰三十六宫都是春也。①

《易》中冒道

有圣圣传心之道,有天人合一之道,有参赞位育之道,有迁流不息之道,有大中至正之道,有致知格物之道,有尽性至命之道,有行藏进退之道,有闲邪存诚之道,有省身寡过之道,有趋吉避凶之道,有三纲五常之道,有上下交际之道,有礼陶乐淑之道,有移风易俗之道,有确然不拔之道,有旁通肆应之道,有穷变通久之道。

但于逐卦逐爻详细体认,则知《周易》非诸经之比矣。《周易》,圣道之大本。《春秋》,圣道之大用;馀经,圣道之散见者也。

向来释卦承讹沿误,不深求其义者甚多。今将乾卦二十七处指而出之,以为诸卦之例。

《周易》卦爻尽出先天,今观揲蓍求卦,分二挂一,揲四归奇,所得止蓍数几茎。圣人观多少之象,定为太阳太阴少阳少阴之四象。又以四象原不可画,乃设为重交单拆之象,以拟议之。今执卦爻为有形有体,不可移易,则未知迁转变易之妙即卦而存,此一误也。

不知《周易》卦爻皆是开伏羲先天大圆而有之,皆是发明先天图中之蕴,此二误也。

不知乾坤特首《周易》,此后诸卦皆乾坤二用所成,故皆各具乾坤二体。所以乾坤二卦特添用九用六两节,明六十四卦之所由成也。今但执用九以下之词,认为六爻俱动,说作占卜,此三误也。

元亨利贞本是疏明乾之四德,故特标乾字于上。今执为言人事矣,就令天人合一之旨原具卦爻,乾德统天自应包有人事,亦是疏明

---

① 此段堂本无。

未发之中，已发之和，非仅言出入进退，利与不利，徒备占卜之用也，此四误也。

乾德流行不息，有何位可指？所历之位，皆坤有也，所由曰六位时成。不知乾元既亨以后，俱向交坤上理会，此五误也。

诸卦之体，皆由乾元既亨而成。不知诸卦中所有之四德，或得其一，或得其二，或得其三，悉由乾之四德得来，此六误也。

不知《周易》既首乾坤，而乾尤在坤前，故坤之用六，止于利永贞，便是地道无成之义，乾之用九，则有群龙之见，是大明终结，乾始美利天下之义也，此七误也。

不知八字立爻之说，不知初之言时出于乾，上之言位出于坤，不知九六上下之机，不知上不言末，初不言下，与中列四数而不及上下之义，则不知周公设立名目，各有深意存焉，此八误也。

不知用九之说，正说乾之大用，正是乾元之亨，乃以不用其刚解之，致令圣人言理最精最密处，徒向占卜中看过，此九误也。

不知无首之说，正是说乾元已到亨处，非如元德静涵之时，此正阳九之大用流行，所以系于用九之下，今乃说向乾爻化坤之后，作不用其刚说，俾用九二字竟成赘文，且与周公大悖，此十误也。

不知乾用用于坤，故《彖》有六位时成之说，位也者，坤之有也，此十一误也。

不知《彖辞》止赞乾之四德，而四德之本却从元起，盖元者乾之静也，亨者乾之动也，利贞皆亨中之作用，俱在交坤处说，故独以大哉赞乾之元，盖元固乾之独有者也，此十二误也。

不知乾坤为生天生地之物，天地乃乾坤之象，非即乾坤之真也。所以谓为资始，而又有统天御天之说。有统之者，有御之者，乾岂即天之形哉？此十三误也。

不知大明终始段，因上两节分解元亨，此则合释亨之必由于元，以见元德之大，以明乾九之用所自出，故上特以大明二字提之。大者，阳之体，明者，阳之色。何尝粘着圣人一字，此十四误也。

大明终始，大明谓乾阳也，悬象著明莫大于日月是也。代终本

为坤德,乃终之者,大明始之者,大明此正乾始美利天下,阳有为而阴无为,地道无成代终之义,不知此为直赞乾德,此十五误也。

不知六位时成,即乾元既用而生成六子,此十六误也。

不知时乘六龙是专发元中之蕴含,是专赞元德之大为,其些些赋畀,而全理悉存也,此十七误也。

不知乾道节本说利贞,乃复提乾道于上,总以明乾元之大用,而归美于乾,故谓自亨以下,皆交坤之事,此十八误也。

不知首出节是因上文分释元亨利贞,故于此合释之,明利贞之实由于元,以见元之大也。首出庶物即元字也,万国即全坤之象,就人所易见者而言,与天下文明同义,正谓乾之利贞必由交坤后见得者也,此十九误也。

不知天行健是以天人两象发明乾德,因不知曰字上特标象字之旨,所以竟将象字只作上下两象解了。因不知统天御天,本有乾元在未始有天之前,故天遂为乾元所统御,此二十误也。

不知天下文明是本阳气说来,见地上之生物如此,顾以为治化说在人上,此二十一误也。

不知《文言》中乾元用九,特标乾元二字于用九之上,便可识亨之必由元出,不可离了乾德说向化坤之后,此二十二误也。

不知天下治也,非说治道,天下二字,即所见之群龙,资始之万物也,治字即吉字,此二十三误也。

不知天则二字,谓天是乾元所生,天之健行不息,即是法乾之不息,故谓乾之元为天所则,此二十四误也。

不知乾卦止言乾德,并无一语粘着圣人,故将云行雨施,天下平也,说在时乘六龙以御天之下,是谓乾彖中第三节御天之说,即第二节云行雨施之所自起也,盖御天乃乾元之初亨,流形则乾元之既亨也,如不解此,将并以云行雨施为圣人矣,此二十五误也。

不知天地合德节,正是文王作《易》本义,正是天人合一不分道理,此二十六误也。

不知用六节,特标利贞二字,正为用九节专说元亨也,盖资始者

重在元之亨，成能者重在利之贞也，此二十七误也。

乾卦为《周易》诸卦生生之大原，此卦不得其解，此后诸卦安可问乎？此误不知改定，安得复有《周易》乎？此后卦诸爻之误，皆详辨于各卦各爻之中。①

乾

☰乾下乾上

此伏羲之《易》，**一**之象出于奇，而数衍为一，故**一**之。乾健也，阳之性也。六**一**者，卦之重，健之至也。时有初中末之三候，位有上中下之三等，故卦画②止于三爻。时出于乾之流行不息，位出于坤之一定不移，凡皆阴阳相倚相得之妙也。卦爻生于乾坤，故时位二义，爻爻有之。其初以征时，言初而不及中末。上以定位，言上而不言下中。上古之文简而该，故举端以例其馀也。至二三四五，时与位兼有之矣，故以数纪之。

乾，元、亨、利、贞。

此文王之《易》。乾，三画卦名，六画卦仍其名耳。元亨利贞，乾之四德，原③不可连释，天下④万事万物，悉由此四德而赋，全体大用总在其中。元者，乾之静也，蕴也，体也。亨者，元之动也，用也。元静亨动，对举者也。利贞，皆亨中事也。利如利刃，自我之及物而言，非如利益，自人之加我言也。盖乾亨既交于坤，九用而无阻者也，其健义即由此出。贞，成也，定也，正也。即一元既亨，赋畀已定，各正其性而各成其体也。《洛诰》曰“我二人共贞”，便是成定之义。然利贞二字，虽说在乾中，犹是资始，不是资生，故止说赋性一边。若下经之咸，在发用一边，便说见情矣。此四德者，唯元字乾所独有，自亨以下，皆由交坤而见。因乾道健行不息，非

① 自“易中冒道”至此段，堂本无。
② “卦画”，库本作“画卦”。
③ “原”，堂本无。
④ 天下”，堂本无。

得坤静正之位,则必无驻足托迹之地,遂无由昭赋畀之能,而利贞之用,亦莫由以见。故乾之四德,由亨后说出利贞,便是全向交坤时说出道理。孔子《彖辞》以大赞乾元,不以大赞亨利贞,谓自亨以下,皆元德所蕴含,胥由交坤而见故也。乾首物,故重元亨;坤成物,故重利贞。至坤之元亨,亦是因乾而得;坤之利贞,亦是因乾之元亨而成能,故卦辞中特添牝马二字。今以《中庸》比例释之:元,天也;亨,命也;利,则命之周遍而无阻;贞,则性之成而天之定也。其在人则性元也,情亨也,利则情之旁通而四达,贞则情之正、性之定而道之归也。元,未发之中也;亨,其发也;利,则发而皆中;贞,则所中之节,喜怒哀乐是也。元者,一贯之一,即无穷尽,无方体,虚灵不昧,肆应不穷者也。未亨以前,乌乎睹?乌乎闻也?可言者,将亨之元也。故《彖传》以为万物所资,而《中庸》以为自诚明也。不亨则其元不出,故《周易》自乾坤而外,诸卦可言者,亨利贞而已。六爻之位皆坤有也,乾阳进退其中,乃始有爻位可指。故既亨以后,乃始有六位时成之说。然非元不亨,非元不利,非元不贞,故坤德无成代终,亦谓其资始于元耳。以元配春,以贞配冬,非也。元为太极,在未复以前,冬十月之象也。亨则春,而利则夏也。贞为成定,则万物皐成之象也,是坤德之成能,而乾元之体统呈露者也。乾为卦始,元又首乾,故曰大明终始。又曰首出庶物,归其利贞于乾元云耳。乾之四德,须对针彖辞解之,既非粘着人事,亦非直言占卜,但当以四字平分作句,不可说作戒辞。又须知乾不是天,坤不是地,然后始得正义。

初九,潜龙,勿用。

此下至用九七节,周公之《易》也。初,爻之始也。九,阳之称也。六,阴之称也。伏羲画卦,取则图书,九阳六阴,皆始于河图之生数。其奇者一三五之三数,合而成九,故阳称九。二四之两数合而成六,故阴称六。三奇故曰参天,两偶故曰两地。阳德变化莫测,龙阳物能变化,故象九。龙鳞九九八十一,其乘数也。初爻在下,潜必在于地下,初象也。勿用者,阳德初萌,如生机之方动未盛,而未

可遽用也。潜龙是本物象而发乾初之德，勿用是就人事而发乾初之德，其必兼天人两象者，《周易》为天人合一之书也。然二者皆象，而乾初本德仍在其外。乾坤，阴阳也，天下万事万物无出乾坤二用。故凡爻皆兼时位，而①拟爻之法，止有八字，初上九六二三四五是已，其文法约十二样，而三百八十四爻胥同此称，特因卦而异其理耳。然就此上下六爻观之，亦各有参差不齐之义，却总不离时位二者。初言时，上言位也。如一之言初，六之言上，为卦爻初生，将有成爻之义，尚无爻之可见，此际时重于位，故于将成之爻，命名为初，谓其时已至，将可成爻也。若爻之既成，则当先言九，而不当先言初矣。上之一爻，独论位者，以爻至六位无复可加，故以上之一字截之，若此一爻尚有在其上者，则此爻不得谓为上矣。欲定一卦之终，故位重于时，遂称为上。其以九六字在上字下者，阴阳之运，周流不息，原无停机，卦爻合德于天，亦是如此。故九六到了极处，阴阳皆不能自主，必将复反也。言初则宜言中末，言上则宜言下中，而今不言，此上古之简文，欲人之引端而竟其委也。然初虽言时而位在其中，故《象》曰阳在下。上虽言位而时在其中，故象曰盈不可久。其中四爻不言时位，言二三四五者，以天地间万事万物莫不各有时位，而时位二者，莫不各有数存焉。故上爻象天，初爻象地，而中四爻纪之以数，则时之与位均在其中。又欲使人知时位二者，原无终穷，故前不以数始，后不以数终也。其中四爻，九六字乃复在上，不与初上相同，明天地所生可以数纪者，莫非阴阳之运，是阴阳之流衍为重，故九六字必在上。且事物之形见，必先有阴阳可征，乃始有可纪之数，若无阴阳之形见，曷凭而纪以数乎？此圣人定爻之法也。河图天一生水，故《周易》卦爻皆由水中发用而始，今初九一爻，正乾元之方亨，故象以潜龙，潜字从水。龙，水中之动物也。外卦之初，渊亦水也。坤初之霜冰，水气之凝定也。屯蒙居杂卦之首，六卦皆不离水，而坎离既未，居上下二经之终，凡皆明坎用之大也。坎者，含胎之

① “而”，库本无。

坤,乾阳之用于坤中者也。

九二,见龙在田,利见大人。

九二谓阳居二也。二为中正之爻,故六十四卦唯此爻吉多凶少。而尧舜执中,孔子时中,皆出于此。爻有三极,初、二为地。初在地下,故潜。二在地上,故见。田,地上可见者也。若三居人位,便称君子矣。见龙而在田,是阳气初出地面,发生万物之候。故《文言》遂说天下文明,此即物理为之象也。大人,大德之人也。阳大阴小,乾阳物,故称大。三画之卦,二为人位,故称大人。乾健故称利,是无阻之利,非利益之利。见,谓阳明而阴暗,又因此爻变离也。利见大人,即谓九二之大人,昭明著见于天下而无所阻也。非作占说,亦非见九五之大人,而有所利益也。盖在本爻,只言爻德。孔子《文言》曰龙德而正中矣,又曰德博而化,又曰君德,此皆大人之利见者也。此即人事为之象也。在田,位也。见龙,时也。卦德尚在其外,况于占乎?

九三,君子终日乾乾,夕惕若,厉,无咎(《说文》"厉"作"夤"。《淮南》、班固、张衡皆引作"厉")。

潜在地下,田出地而未离乎地,人则履地而离乎地矣。三四为人位,乾德而居人位,故称君子。变离日象,居下卦之末。末,终也。终,日象。三与上乾相接,故言乾乾。坎之坎坎,亦三与上坎接也。夕,夜也。日之终矣,所以言夕。乾德健行不息,亦大明终始之义。惕,忧也。离伏坎,忧象。厉,危也。三居多凶之地,过刚不中,故危。然亦是自家刻厉,砥行砺德之意,观《文言》进德修业可知。此时位中自具之德,非外有危之者也。所以曰无咎。无咎,亦有自求免过之义。日夕皆言时,惕与厉,因位而有也。

九四,或跃在渊("渊",古文作"囦")**,无咎。**

或者,乾变为巽,进退不果之象。四,人位,又多惧,人之可惊疑者,故或之。三言君子,人位也。四位人上,无所缘而已远乎地,在人上故象跃,然犹未离乎人,故象在渊,总在两乾相接,于初变易时看出象耳。前此之潜见,本未与人相离,今易而为跃,已倏然改观。

此即不家食而超然远去之日，故孔子《小象》添出进字，以释跃字，言易三而为四也。又于文言说上下无常，进退无恒，上字进字，便是跃字。然虽跃而仍居外卦之下，故又说出下字退字，既进而仍有退义。故谓之非离群，便见得位居上卦之下，仍与下三接也。三，人之在下者也。据理而论，即得时得位，而霖雨之施，犹能下沛之象。既进而非离群，所以谓为无咎。渊字与潜字相同，潜象不可见之水，渊象可见之水。潜在水中，跃在水外，内外卦之分也。乾德健行，潜渊皆流动之水，坤德镇静，冰霜皆凝定之水，刚柔动静之别也。其道济之意，在非为邪三字中。其若近若远，在非离群三字中。臣比曰：三，下卦之天，故言日。四，上卦之地，故曰渊。

九五，飞龙在天（“飞”，《史记》作“蜚”）**，利见大人。**

五，天位。离人位，即天位，故曰飞。虞翻以变离为飞鸟，小过《大象》坎亦曰飞鸟遗音，坎固离之伏也。六画之卦五为天，三画之卦五为人，所以曰天，又曰人。利见大人，亦谓利见之大人，非利于见大人也。大人而居天位，有何隐蔽，安得不利见乎？九五之外，谅无有人大于九五，若说见九五之大人，尽有占得此爻，不必见九五之大人者矣。若云见九二之大人，亦非。九二之利见，亦是出于地面，当天下文明之爻也。乾之六爻，凡言在者皆位，潜见飞跃皆时也。

上九，亢龙，有悔（《说文》作“忼”，本户唐切，颈也，今去声）。

上者，极高之称。为此上无复可加，故遂以此爻定之为上，所以明卦止六爻也。先天卦图与造化同运，故能合德于天。六位迁转，至上而无可复加，则将返可知。亢即无可复加之象，将返之几也。健行之德，原无停机，极于此而复于彼者，势也。非上莫明此卦之终，非上莫明将返之义。龙之为物，变化莫测，故能因时易位，由潜而见而跃而飞，至秋分又蛰而潜渊，与乾相似，故取为健行不息之象。亢者，极高而非其可安者也。悔者，知其极至而不安，故为转机。常人过多而功少，故为吉征。若圣人而有悔，则有过可知。故以一亢字寓过高之义，要亦时位之适然。故以一悔字，明非其本心也。如管蔡之诛，岂遂终身为忍人乎哉？若常人愚蒙遂过，安有悔

之可言?此与三之乾惕相似。三之进德修业在其后,此之迁转变易亦在其后矣。其悔也,即三之乾乾惕若也。悔与乾惕虽皆心中之事,在内卦则说在事前,进德修业皆有冀乎其后也,在外卦则全说在事后矣。悔字即在亢中,非以亢为象,悔为占也。

用九,见群龙无首,吉。

九之用即亨也,此节全发亨字之妙。盖亨字上由元来,下及利贞,皆其用也。元而不用,何由有六十四卦三百八十四爻?向说作乾化而坤,不用其刚,竟是九之不用。不知此节特标阳九之大用,为此后诸卦所由各成其体者,皆由元之一亨而来。乾坤为诸卦之大父母,乾坤不交,何能肇生六子?故周公于乾坤两卦中,特出用九用六两节。九何用?用于坤。六何用?用于乾。此即乾坤相依,阴阳两不相离之义。故乾之四德,自亨以下,全由交坤而见。而乾之卦辞爻辞,无有一字不是说与坤相交之旨。盖乾坤二者,互为体用。以坤为体,而乾用其九,来一交之,乃生三男。以乾为体,而坤用其六,来一交之,乃生三女,故有乾坤二用。乃乾德健运而坤体静镇无为,故用九有群龙之见,而用六条下无之,此又动静阴阳之别也。可知三百八十四爻,虽为主于卦中者阴阳不同,莫非九阳之大用为之布濩,故此节遂有见群龙之说。匪特六爻之全动者龙也,即一爻之各动亦龙也。匪特乾卦之六爻龙也,六十四卦之阳爻亦龙也。匪特六十四卦之阳爻龙也,即三百八十四爻中之阴爻,非得此九阳之大用,皆无能自成其体。所以用九之下,特著群龙之见,全归其功于乾元之亨耳。既曰见群龙,而又以为无首者。首,始也,始即元也。元亨利贞四字,原是四义,彼此绝不相干,元静而亨动,动虽由静而出,亨虽由元而出,既到动时,便非静时,既到亨时,便非元时。所以谓为无首,只是说元之已亨,非复在元之时,此正是群龙所由见,而阳九之大用所由行,故此五字遂说在用九之下,皆用边事,亨边事也。无首而乃曰吉者,元德遍布,各正性命,正万物各得所资之始,故吉。万物由亨而得所资,安复知有元乎?总言乾九既用,非静乾比也,故曰无首吉也。此节既说大用,又曰见群龙,似不必照顾元字,而仍说

无首者，因大用之亨必由元出，所以《文言》直曰乾元用九。乾道主施，坤德主受，乾道美利天下，坤德无成代终，故用九一节全说元之亨，用六一节止说利永贞而已。然利贞之所能，乾元一亨悉已备具，为资生之所生，皆资始之所始。若使无始，安得有终？至于四德之在乾坤，原无二理。自其资始统天而论，则以为出于健运之能。自其资生成终而论，则以为出于顺承之德而已。元亨资始者，气之始也。利贞资生者，形之成也。此节单只说得亨字，而亨所由来，并未道着，仅以无首两字略回顾而已，然圣道之极精极微，圣学之所从出，概可想矣。

《彖》曰：大哉乾元，万物资始，乃统天。

此下《彖》《象传》，皆孔子之《易》。此《传》乃孔子分疏乾之四德，以发乾卦之能，故谓为《彖》。彖者，材也。大哉，赞词也。乾元者，乾之元也。独以大赞乾元，不以大赞亨利贞者，元，乾之蕴也，是乾所独有者也。至亨利贞，则皆由交坤而见，故止赞元以大，乃元曰乾元，不曰乾亨乾利乾贞，则乾之独有此元也审矣。元在蕴含之地，其出无穷，而天地间万事万物罔不资其陶铸，讵不大乎？孔子释乾德，知一元之蕴不可思议，不可言说，又缘注释《周易》，必将确指其真际以示人，而卒莫可如何，不得已乃将亨而利贞之后所生之万物，回想其能生之所由来，以为取资于此地，缘以托始者耳。资，赖也。此虽不必言元，而元之真际已跃跃欲出。下又曰统天者，天亦物也，统包括也。人知万物俱生于天，而不知天亦乾元所生，特居万物之先耳。故又说出统天，统天而天所生之万物，何勿统乎？知天为乾元所统，则谓乾即天者非也。资始句是仰而溯之于前，以见其大也。统天句是俯而察之于后，以见其大也。此说统天，下说御天，统字本万物资始来，是说体中之广大，御字本时乘六龙来，是说用时之广大。

云行雨施，品物流形。

此节释元之亨，全说交坤之事，盖云雨必阴阳和会而始有也。元静而亨动，静则乾所独有，动则必与坤交。比之于图，元为太极，亨属两仪，利贞则六子既具，而六十四卦之既成矣。阴阳既肇，相依互用，

原无孤立之势,故言云雨。云雨者,阴阳之气交也。云雨虽出于天地,其鼓舞动荡,皆健运之能,故以为元之亨,而说出施行两字。天一生水,万物未生,先有云雨,是万物之所资,已先呈露时也,故下遂以品物流形说物之始。物始而未有质,故以为形。是形则著之形,非形体之形。形而未能坚定,止有动机,故以为流。此节本上天字来,云雨即一元之亨,施行言可资之故。流形言始也,品物即万物。元之资始犹虚,此正资始时事。万物说在元中,犹是未尝有形,统举之而溯其蕴。品物说在亨中,便是已呈其象,分举之而别其类,只如一种种排列出来云耳。流者水之动体,本施行来,既有云雨,水气已通故也。形即流之可见,流即形之大通者也。当知此是亨时,不可竟言品物,特言始此品物者耳,谓有以动荡其机缄,而微露其端倪也。

大明终始,六位时成,时乘六龙以御天(杨止①庵疑乾象错简,将此节移入乃利贞之后。此皆误信大明首出二节为言圣人故也。若知止是乾德,则误者皆非矣)。

元静而亨动,乾之大用流行,止有一亨,利贞皆亨中之事。故既释元亨二德,特加此节明亨之实出于元,以见元之大也,自来误作圣人之元亨。谨案卦辞全疏乾德,忽夹入圣人已属不伦,况节内并无一字粘着圣人,不过因末节有首出万国等字,以为非圣人莫克有之,故将此节并说作圣人耳。观此节独提大明,大者阳之象,明者阳之色,此一元之用,由亨而形见者。天体尚为所统,故大。阳德至于流形,故明。解此,则大明即指乾也。大明何始?乾德之资于一元初也。大明何终?乾德之周于利贞后也。终而始,始而终,健行不息之旨也。美利本为乾始,代终实为坤德。今总归于大明,可知无成代终之体,本属六虚,必待乾阳既至,始克有成,故下遂曰六位时成。若非交坤健行不息,何位可言?然自坤体而论,固为六位,自乾坤之交论,则为六子。位即上中下,时即初中末。此与上节对看,则云雨为坎,而大明为离。如与坤卦对看,则大明为日,而东南西北则为

① “止”,库本作“升”。

月，六位则震兑乾巽艮坤之六象也。下又曰时乘六龙以御天者，因外面之动用，必本于内焉之蕴含。其遍及六位者，既如此广大，知其中必先含有至广极大之理，乘而用之，始无所歉，是又将既亨之用逆推向元中，以见元德之大耳。龙，阳物。天，纯阳之体，广大之象。乘者据而有之，御者斡旋转运之能也。乾德健行，谓乘此六种变化之理，以行其阳德也。不曰行阳德而曰御天者，天能生物，实乾阳之鼓荡使然也。御不是行，车转动方是行。御则操之使行者，御与统不同，统言静体之包含，御言动用之畅遂。观后《文言》移时乘句于云行雨施之前，便知此节非言圣人。又以天下平说入云行雨施中，可知时乘句是由亨溯元之事，总见元之大耳。释圣人之经，必前后照护，不至此是彼非，始为得解。

乾道变化，各正性命，保合太和，乃利贞。

此释乾之利贞，复从乾道说起，恐人以利贞之能，归于坤德之资生，而不知皆托始于乾，故特标为乾之道，以见一元之用不可限量，而因以明大元之故。六经言道，皆在用边，利贞故用边事也。变言前后之异，化言有无之异，此乾之利也。各正而保合者，乾之贞也。一物一命，则一物一性。利之者，分而给之而不见其劳。承之者，仰而资之而无所与歉。正也者，其体既成，其性既定，遂端然正位于此也。自其分给而论，则为各正之性命。自其命赋而论，实出于元善之蕴含，故以为太和，太和即性命也，即善也。所以《文言》释元字，便以为善长，即谓保合之太和耳。子思发皆中节，孟子之性善，皆本于此。若使非和，必有阻塞，何能遍给万物？然此是说命赋，不是说秉受。煦故曰乾彖言天命之谓性，《文言》言率性之谓道也。太和者，乾元之生气，性命之根蒂，自乾而赋，无可分别，故浑而言之为太和。至秉受于人，则有四德之可验矣。保言其固，谓范之而无过。合言其聚，谓凝之而不散，如不知乾彖专言赋畀之事，则不解《周易》为圣人传道之书。

首出庶物，万国咸宁。

此释利贞之由于元，以见元之大，乃上文之总结也。复提首出，与复提大明、复提乾道相似，止是复提乾元耳。以利贞由亨而出，而

亨出于元，道理相因，原无分限节度故也。元资万物以始，则元居万物之最初，故以为首出，不言万物品物而言庶者，既生之时见其众而已矣。万国即万物，不言万物，而言万国，谓庶物露形，尽乎地面所有之境，是兼地之一物而言。天能生物，乾已统御之，则天不大于乾元。地实资生，乾以首出者临之，则地不大于乾元。缘资生之所生，皆资始之所始故也。万国即六位时成之遍，咸宁即各性命太和之保合也。资始者，未尝有始者也。其候则果粒未布，生生之理全具而无歉也，是乾之蕴也，故以为元。元无可形见，无可言说者也。由其显溯其隐，由其后溯其先。托万物仰赖之名，以为所资在于此耳。资而有其始矣，则乾之动矣。其候则晨户方辟，可以出而有为时也，故以为亨，亨通而已矣。始而能通，必有所著，有所著无所挠，斯健之至矣，是利刃之辟易而莫予云阻也，焉所往而不利？利而有所成，斯各正其位矣，所以为贞。若匠氏焉，斧凿刀钻具，而梁柱料栱方圆长短之各一其质也。元静而亨动，元无而亨有，是未交之乾也。元亨乾而利贞坤，元亨神而利贞形也，是已交之乾也。亨言其施，利言其受也，一施一受斯交矣。利言其健，贞言其成也。元者神始，贞者形始也。资始统天者，元也。天尚为其所统，况庶物万国已乎？施行者，将亨之动机。云雨者，既亨之形象也。得云雨之资，而扬诩呈露，不一其类，故以为品物流形，大明终始，言元之不穷于亨也。六位时成，言亨之遍给而利也。时乘六龙以御天，言乾元广大精微，虽在初亨，虽极微细，而乾元之精，已全备无歉也。变化而各正保合，利之贞也。首出庶物，言亨而利贞者，胥由元出，以见元之大也。乾元资庶物以始，自应居庶物之先，安得不谓为首出？万国者，庶物流形之地。咸宁者，太和保合之定也。非元不利，非元不贞，故以为首出庶物，万国咸宁也。首出者，元之始也。咸宁者，贞之成也。言贞而直溯于元，则元中之亨而利者，皆可想矣。大生之天既统于元，广生之地又①首于元，则后此之为亨为利为贞，何非一元之大用流衍，

① “又”，库本作“不”。

故直溯元于乾，而独以大哉赞之也。

《象》曰：天行健，君子以自强不息。

上面特标象字，便知所言皆是乾象，非乾德也。若以君子句说作法天，与乾德何干？须知上句即天道以为象，下句即人事以为象，而乾德总在象外，其必合天人为象者，为《周易》为天人合一之道也。此后诸卦《大象》或言物理，或言人事，莫不皆然，物理即天道之散见者也。天居万物之最初，而为乾所统御，人得一元之长善，而性命为乾所各正，是天人皆具乾健之德，而乾德之真仍在其外，所以为象。天行者，天包地外，一日一周，昼夜转运，无有间断，今上乾下乾相连亦无间断，故象天行。行在动荡转运处见，健在无屈挠上见。行象其亨，健象其利。若与坤象对看，健字便是乾字，盖乾原取健义也。坤字对乾看，只是顺字，象坤德之顺，故直名坤。自强者，不自委靡之意。不息者，无时不然之理，即谓鼓舞振作。此无时不然之机，欲与于穆之不已同其健运耳。然止是法乾，不是法天。自强与行字对，不息与健字对。行而健者，在天自然之乾。自强不息者，在人勉然之乾。若说作自强之不息，毕竟自强二字虚，而所须吾之自强者何事也？

潜龙勿用，阳在下也。

此下释周公爻辞，与诸卦《小象》同。不著《象》曰字，蒙上文也。阳谓九，下谓初，阳而在下，即初九之义。阳言德，在下言位，初本言时，而下字忽及其位，以时位二者爻爻有之，亦如上本言位，而不可久，则补言时也。乾初说阳，坤初说阴，须留意。

见龙在田，德施普也。

德字本上阳德来。阳在下，如一阳之复。德施普，如二阳临、三阳泰也，是品物流形，天下文明之候，故为施普。德施普，则何地不见？何物不见？故不必更释利见。又可知周公爻辞，不是九二见他人矣。本上阳德来，又可知不是说人。不择地，故曰普。此后《小象》，有爻辞止释其半者，以未释之义即在所释之中。

终日乾乾，反复道也（陆德明“复”亦作“覆”）。

反复即往来，谓相循不绝也。此从上下卦相接处说，乾乾即

日夕相循之旨。反言其转机,复言其归于故也,与来复同义。三与上同居亢位,亢穷则必返,此爻又与上接,故言反复。此皆直言阳德,故不提君子。道字不轻,阴阳之道,来往互根者也,不可说作进修。

或跃在渊,进无咎也。

旧说谓可以进而不必于进,全是喜他谨慎的意思,全说作退字了。不知《文言》虽说进退无恒,进字是说离下卦而进于上卦,退字是说虽进于上卦,而仍居上卦之下,是进得极有道理,不卤莽的,所以谓为无咎。是《文言》退字全在进字中,盖跃则可飞,是进也,却仍在渊,则是退也。

飞龙在天,大人造也(刘向、歆作"聚也")。

造言作而在上,大人释龙,造释飞,虽未释利见,造字中便含有利见之义,是以利见句释飞龙句。又是以下象释上象,以人事易见,天道难知也。因以见爻辞取象,虽有上下两义,无非天人合一之理,利见大人尚且是象,况飞龙乎?此处大人即本爻言,可知非利见九二之大人。

亢龙有悔,盈不可久也。

上本言位,久暂则言时,是又于位中补说时字,见爻爻兼具时位也。位则本爻之所定,时则合上下之爻相比而见也。盈者,阳之充畅而极盛,据上位言即亢字之义。健行不息,安有穷时?不可久谓将返也,不可久便是致悔之由。

用九,天德不可为首也。

天德即乾道也。不可为首,是乾元已亨,万物已得所资,各正性命,皆能自有其始,与最初之元夐不相属故耳。前言无首是说群龙既见,亨之大用已行,与静元绝不相属。此虽有天与物不得不分之说,然乾元既亨,到了利贞则元事已终,而最尊最贵之元已夐乎莫接,故曰不可为首。无首言物之已殊于元,不可为首,见元之绝殊于物。凡利贞皆亨字之能,而元字已杳不可知,此即亨与元不能复通之故也,此理极细。

《文言》曰：元者，善之长也。亨者，嘉之会也。利者，义之和也。贞者，事之干也(《左传》穆姜称“元者，体之长也”)。**君子体仁足以长人**(京、荀、董遇俱作“体信”)，**嘉会足以合礼，利物足以和义**(京、荀、陆绩俱作“利之”)，**贞固足以干事。君子行此四德者，故曰“乾，元、亨、利、贞”。**

《文言》者，推卦辞爻辞《彖传》未尽之义，故复文其言也。若与彖字对看，则彖字当有质实之义，又有隐深之义。此下分六段，忽言天德，忽言人道，皆所以明天人合一之旨，启性道之原，而因以传圣道之真也。欲学《周易》，先明段落，此三节为一段，本乾彖来。《彖》发乾德之在天者，言赋畀之事，是天命之谓性，故由一元之亨说到各正性命而止。此发乾德之在人者，言继善成性秉受之事，是率性之谓道。故由长善之理说出四端，言性中之包括，至行此四德而止。首节犹是专明乾德，特借各正性命、保合太和之在人者以明之。二节方说人性，故加君子以别之。三节说到行字，方是情之已发，因要由人身上说出乾之元亨利贞，故上加君子而下又说乾，以见天人之合也。元亨利贞本为乾德，而善长体仁却说到在人上，是要明乾德之究竟。善长体仁本在人之事，却从元亨利贞说起，而要归于乾，是要明成性之由来。何云元为善长？是所性未发，大美蕴含，万善从出之地也。盖人之性命于天，本太和所保合，不二不杂，纯粹以精，所以曰善。善，美辞也，如云好物事耳。因属一元静涵，未有征验，故特善之，与大哉之大同。长即震，为长男之长，与资始之始同，是最初之义。言此善得诸最初，向后无穷之美善，皆从元始，故以此为美善所聚。最先之地缘在秉赋之始，正太和所保合，若非太和，安有此善？子思率性之和，孟子之性善，皆由此出。说善又说长，便兼四端在内，孟子之四端便由此出。一圣二贤，一脉相传，何等亲切。言性者不从此处参求，夹入理字与兼言气质，皆非《文言》之旨。何云嘉会？是所性已发，一元之善时出而不穷者也。亨，通也。会，聚也。为由不匮之元而出，亨而不匮，其亨必多，故必有所聚。元为善长，则所亨而聚者，莫非此善，故曰嘉之会。嘉即善也，赞辞也。《诗》曰嘉乐君子，天下之可嘉者，

莫若善,故遂谓善为嘉。后面之美利与坤中之美字,皆此嘉之善之者也。会字原兼聚会交会二义,元为乾体,亨为乾用,乾德既通,必交于坤,因未全交,故但以为会。人性既发,于事亦必有所会也。因乾元初亨,时乘六龙以御之,则全理悉赋矣。故人所具之善,亦无所不全。上文长善便是会聚之原,又因元统万善,四德悉为所包,故曰长。亨后之利贞由亨而出,是亨该三德,故曰聚,亦即前无首之义。何云义和?《礼记》曰"义者,仁之节,艺之分也",朱子"心之制,事之宜",即本此语来。义字说在利边,是心之方与事接,调停尽善时也。以其本善嘉之理,原无违忤,无搀越,无屈挠,故曰和。须知此释利字,不可说在事上,谓事已和了。何云事干?贞成也,正也,定也。干者植立于此,有定主之谓。凡事之成,必须心中先有定主。此只发明乾之四德,不可说作事体有成之时。盖此是人性中资始之事,止是发乾元赋畀之能,下文君子方说到人上。

上节释乾之四德,即人之具于性中者以明之。因要说生人之性本于乾德,故上节言人心之未发,有此四候。体仁节本上节来,言未发之所含,有此四德。然皆自一元既亨而来,虽属悬揣,发后始有可征,然观足以二字,与《中庸》容执敬别相似,孟子四端即本于此。下文补说行字,方是发之见于事者。仁即元中之善,不曰善而曰仁,可知孟子之性善,与孔子之仁同旨。体对用说,体仁者与仁为体,即是与乾元合德,不在事上说。《周易》所传之道止有一元,孔孟所传之道止有一仁,若能体之,则尊爵在我,而足以长人矣。上曰善长,此曰长,人人固具此善长者也。唯能体此善长,故凡克具此善长者,皆为所长耳。合礼者,长善之仁。体于身者,随时发露,不疾不徐,有尊卑,有条理也。礼字必须回顾亨字。盖圣人言性中之德,止是乾德,观其品物流形,灿然陈列,岂不是亨中之礼?和义者,但知利字是无搀越,无违忤,无屈挠,则和字自在其中。义只是条理得宜,无侮无拂耳。礼是心中之条理,有序而不紊。义是心中之裁制,能使各就条理,各得分愿者也。贞固句添一固字,见得植立于此,坚固而不可动摇,所由谓贞有定义也。此处虽有事字,然止说足以干耳。

体仁三句唯仁字在静涵时，即性而存，即体而具。其言长也，与大哉同义，故先说仁字，以长人说仁中之效，礼义皆仁中所发，皆在亨时，故先以嘉会利物说在用边，然后说归礼义，归入性中也。贞固句独不言智，以人之智愚必在作事时方始见得，此说性中，故止说足以干事也。人之作事安有见得不明，竟可漫然妄作？

三节方说行字，可知上文全是未发之体，故但言足以云耳。上节提君子，为言人性，所以别于乾德也。此节复提君子，因上节是说性之蕴而难知，此节是性发为情，有行之可见，故又特提君子，因见凝道之待其人也。又因欲发天人合一之理，下又欲提乾字，故上提君子，以见各正之在人，故行此四德下又补说乾元亨利贞。见人德，即天德也。又以见非健行不息者不能也，行便是已发时，而进修之事，位育之能，皆在其中。故下曰乾元亨利贞，方见尽人合天之学。既说体，又说行，是要人知赋畀之始全属天工，而尽性之能总归人事。一贯之道，性学之真，皆在于此。而《论语》不言子贡所由有性与天道，不可得闻之说。

《文言》共分六段，皆本《彖》《象》两传而申释之。善长三节为一段，是因《彖传》止说天德，故又本乾彖来推说人之所由以成性，以解卦辞，为第一段。龙德而隐六节，是就人性中之作用，以解爻辞，为第二段。因诸卦之德，俱兼天德人道，前之《彖》《象》既皆以天德言之，故此又就人道以明之，见天人之致一也。用九乾德也，故下释用九，皆补乾元于上。此两段直言人事，故独不释用九。成德为言段，不及用九，亦是此旨。下也七节，是即人道以释爻辞，而却兼天德以释人道，见人之赋畀本于天，而又能以人合天也，为第三段。阳气潜藏七节，是专就天德以释爻辞，为第四段。始而亨至天下平，又是专就天德以发明文王卦辞，又是重申《彖传》，亦言赋畀之事，为第五段。成德为行六节，又是专就人道以发明爻辞，为第六段。又因首段以人道申彖，故五段申彖则全言天德。因次段释象，未足尽人事之蕴，故六段释小象，又复重明人道。释天德则专言天德，释人道或即天德以释之。人之性赋于天，又欲其合天也。首段释彖，是分

释四德，以言其各具之能。五节释象是合释四德，以言其相因之妙。

初九曰：潜龙勿用。何谓也？子曰：龙德而隐者也。不易乎世，不成乎名（《释文》无“乎”字）。**遁世无闷，不见是而无闷。乐则行之，忧则违之。确乎其不可拔，潜龙也。**

此下六节为第二段，是即人道以解爻辞，所解皆爻之下截勿用利见之义，此节则专解勿用者也。德而言龙，谓神明不测。龙德而言隐，谓潜而在下。不易乎世，不为世所移而变其守。不成乎名，不欲炫耀于世而求成其名。遁世无闷，终身不见用而居之安。不见是而无闷，人共非之而仍置诸度外。乐则行之，向作学诲之不厌倦，不作用世说，然孔颜亦有用行之说，原非已用之言，潜亦未用时，说作逆计之言，固皆隐居之事也。忧则违之，艰险可忧者，违背而去之也。确乎不拔，承上六句，守之定而不摇也。不易二句，自立中有坚定之德也。遁世二句，与人交有坚定之德也。乐行二句，致行时有坚定之德也。龙德在确乎句中见出。潜龙也，见人道与天德同也。盖乾以刚健为德，今坚确如此，故以为潜之龙。

九二曰：见龙在田，利见大人。何谓也？子曰：龙德而正中者也。庸言之信，庸行之谨，闲邪（郑有“此”字）**存其诚，善世而不伐，德博而化。《易》曰：见龙在田，利见大人，君德也**（吴氏《纂言》以末十三字重出去之，非也）。

此释利见大人。初说潜，犹是不见之事。此曰龙德，又曰正中，非见而曷由知乎？龙德正中，离潜而未跃，位在上下之中，时在初末之际，论德则不偏僻，不奇邪也。庸言四句，本中正之龙德来，皆自旁人见得，以明利见之义。庸言庸行，则与索隐行怪异矣，言行可见者也。信则见其在中之诚笃，谨则见其在中之敬畏。邪由外入，诚自中存，闲之存之即谨信之本，俱从言行见得。据所见而论，则见其诚之存，而知其邪之闲。据用功而论，则必邪之闲，始见诚之存。闲者防之于外，存者守之于中也。既为利见之大人，又属龙德正中，必非临时用功可知，故自旁人见出推求为当。善世即信谨之被于天下，自言行之周流处说。不伐则中德之自然，所以居此信谨也。德

博而化,即信谨之治于人心,风移俗易,自天下之被德者说。末言君德,见大人之为九二,非君位也。

九三曰:君子终日乾乾,夕惕若,厉,无咎。何谓也?子曰:君子进德修业,忠信所以进德也。修辞立其诚,所以居业也。知至至之,可与几也。知终终之,可与存义也。是故居上位而不骄,在下位而不忧。故乾乾因其时而惕,虽危无咎矣。

此节专释无咎,即在乾乾惕厉之中。三四人位也,故一言君子,一言跃,而皆不言龙。德裕于中,是行之得于心者。业见于外,是行之见于事者。在中者日新不已,故曰进。在外者裁制尽善,故曰修。进言益,修言损也。进修,三与四同,三在内重进德,四在外重修业。忠信有人己之分,在中之实德。辞诚有文行之分,在外之实行。信又以忠为本,辞又以诚为本。修辞而亦言立诚者,业本于德也。几者,心之初动,是德之托始而方萌也。义者,事之条理,是业之成终而有体也。知其始至,因其至而我至之,此谓至之。至者,德之实于内,而能至之者,德之所以进也。然却从将萌未萌时分辨出来,故曰可与几。知其有终,而即以成终之道终之,此谓终之。终者,业之成于外,而能成终者,业之所以居也。然皆已成后,各得其条理,故曰可与存义。言终始,又言几,此爻居下卦之末,又与上乾接也。几是义之开端,义是几之究竟。由几说出义,为从长善之一元出也。几无形而但可意会,存则有定位可据矣。要其妙在未始未终时,全重两知字。变兑有口象,故言辞。艮爻有止象,故言居。变互巽入,故言进。变互离明,故言知。大明终始万物,又知大始,故始终皆言知。三画卦三在上,故曰居上位。六画卦三在下卦,故曰居下位。与九四之进退同义。不骄不忧,则因进修而言无咎之义也。忠信二句,进修之事。知至四句,是进修功夫。不骄不忧,非说效验,皆有功夫在,即所以无咎者也。

九四曰:或跃在渊,无咎。何谓也?子曰:上下无常,非为邪也。进退无恒,非离群也。君子进德修业,欲及时也(郑本无"欲""也"二字)**,故无咎。**

四离下卦而之上卦,故曰上。犹居上卦之下,故曰下。离下卦进于上卦,故曰进。仍处上卦之下,故曰退。退字即在进中,是不急遽卤莽之意。《小象》所由谓进无咎也。安得以不轻进说作退象乎?无常无恒虽由位中见出,而常恒皆时也。《周易》之道止是乾之一元,周流于上下六虚而生变化,有变化斯有进退,有进退斯有悔吝,有悔吝斯有吉凶。若止论本爻,安有上下进退可言?今一爻而兼有上下进退,所以曰无常无恒。业已上矣而适处于下,又离阳位而居阴位,是无常者。或疑其邪僻,然乾德光明,居一卦之中,实非为邪也。三四人位,离三而之四,离内而处外,疑于离群也。居人上而未离人位,则于人必有以相及,是修业即在非离群三字中矣。三重进德字,内也,非施用时也。此重修业字,外也,以非离群故也。必兼修德言者,德为业本也。其位既异,而德业之舒敛不同,故以及时言也。上进释跃字,下退释渊字,无常无恒释或字,非为邪,非离群,释无咎字。

九五曰:飞龙在天,利见大人。何谓也?子曰:同声相应,同气相求,水流湿,火就燥,云从龙,风从虎,圣人作而万物睹。本乎天者亲上,本乎地者亲下,则各从其类也。

此释利见大人,止重圣作句。同声六句,象外之象也。本天三句,见圣人之时位不同,以明利见之故。圣人即大人,兼德位说。万物即万民,物睹即利见也。大人即龙,利见即在天之飞。九五本天位,作而在此,所谓本天亲上。以万物而上睹圣人,所谓本地亲下。圣人与万物不同,利见与见大人亦不同,然却同是人位,故以亲上二句,划清上下之界,以见作睹之不同。同声同气,引起亲字之义,以见作睹之必合。而水火龙虎,又相应相求,亲上亲下之象,故为象外之象。此辞九句止说得利见大人一句,六子皆乾元用九所成,此后诸象便从此始。五变离,火象。交坤伏坎,水象,火象。乾本天象龙象,伏坤地象。五变中爻兑,虎象。覆巽,风象。虞翻谓同声句指雷风相搏,流湿二句谓水火不相射。朱汉上本之,谓同声相应,震巽也,同气相求,艮兑也,水火,坎离也。同声相应,如鹤鸣子和,雄鸣

雌应。乐器聚室中，而他乐不击而应是也。同气相求，如磁石吸铁，琥珀拾芥，方诸取水，阳燧取火是也。流湿者，阴盛而其形下趋。就燥者，阳盛而其气外明。龙阳物，兴则云生。虎阴物，啸则风烈。将雨则阳气奋于地中，升而为云。龙阳物，与阳同体，故从云而兴。巽为阴初萌，一覆而为兑，故风从虎。卵生之羽，二翼而上飞，本天亲上也。胎生之兽，四足而地行，本地亲下也。日星明丽于天，山川流峙于地，鸢飞鱼跃皆是也。详具《函书》。本天亲上，本地亲下，乃圣人居九五之人位，非上非下，而万物作睹之者，以中四爻皆人位，而圣人则人之在上者，其馀皆人之在下者。此以人亲人之说也。

上九曰：亢龙有悔。何谓也？子曰：贵而无位，高而无民，贤人在下位而无辅，是以动而有悔也。

此释有悔二字。贵高，上象也。最尊莫并故贵，极上无加故高。不中而上极，故无位。二五内外卦之人位，三四全卦之人位，而上不与焉，故无民。一曰坤为民，谓无坤也。无位无民，亢象。中四爻皆人位，乾德刚健纯粹，而又得中，故为贤人。皆居上九之下，故曰在下位。阴阳相应，乃为有辅。无辅谓无应。龙阳善动，至于极则不宜动。故曰动而有悔。无位无民无辅，皆从悔时见得。不释用九者，此段独言人事也。

潜龙勿用，下也。见龙在田，时舍也。终日乾乾，行事也。或跃在渊，自试也。飞龙在天，上治也。亢龙有悔，穷之灾也。乾元用九，天下治也。

此上七节为第三段，兼释天人两象，却重人道一边，是以天德释人道也。观后添用九一段，便可知有天德在内。下谓下位，潜义，勿用义，皆在矣。时谓可以得为，舍谓未尝得位，言可以有用而未为时用，不跃不飞而居地上也。勿用者，人已皆不用，故但曰下。舍则己可用而人不之用，故曰舍，又曰时。若潜之勿用，何时可言？行事在朝夕乾惕上见，若非行事，安得如是之忧勤？试即试可乃已之试，非试其德，试其时也。自试即上下无常，进退无恒，是不妄动意。上治者，居高理物，即大人造也。穷言亢，灾言悔也。用九添乾元二字，

便可知乾九之大用悉由元出。而群龙可见，皆元德之既亨，非截然化坤也。天下者，自天以下是万事万物所聚之境，非说①人君之天下。据乾而论，则所见之群龙，即乾元之天下，而乾元之用，则所以治此天下也。上治之治，治理也。此治字，治效也。上治字即用九字，此治字即见群龙无首吉之吉字。举万事万物之全体大用，无不受裁，总是极疏乾德。乾之资始，一亨而至保合太和，人之长善，一亨而至贞固干事，皆同也。

潜龙勿用，阳气潜藏。见龙在田，天下文明。终日乾乾，与时偕行。或跃在渊，乾道乃革。飞龙在天，乃位乎天德。亢龙有悔，与时偕极。乾元用九，乃见天则。

此上七节为第四段。又以天德发明爻辞，所释皆上截潜见跃飞之义。十一月时，阳气虽动，犹在地中，故曰潜。建寅之月，阳气出地面，故曰见。天下谓在田，田在地之上，天之下也。文明谓见龙之变化，万物尽昭苏也。与时偕行，三月之时，阳气鼓舞，万物盛长不已，与天运同为不息。过此则离下乾而之上乾，离地分而复于天分，阳将改变，故曰革，此五月阴生候也。位乎天德，万物盛长，天功大成，位之所值，天德称之，此七月候也。位者据而有之，据有天德，言上治所自出也。上治言治，此言所以治也。与时偕极，阳将极尽，此九月候也。极，至也，尽也。物极必返，往则必复，所以有悔。天则者，天之则，即天德，即天心也。方其在元，藏于无迹，杳不可测，及乎其用既亨。由初至上称为群龙，莫非天德所布，此正天则显然呈露处，故曰乃见天则，而必溯始于元也。此见即群龙之见。天则有二义，乾元以不竭为体，以不息为用，天为乾元最初所生，而健行不息实法乾元，故元不可见。而但见天之所则，知其用悉出乾元也。盖人唯见天，而天之所则亦因天而见。故不云天德而云天则，仍是元之不可见耳。如以理论，天则即天心也。乾元一亨，未有万物，先已有天，是天距乾元最近，故能克见天则。亦如不远之复，见天心者

① “非说”，库本作“犹言”。

然，见天心即见天则也。此于方亨时直指乾元说，是说敦化之太极，前解是说流行之太极。前天下治也，是见群龙之义。此见天则，是无首之义，须细心体察。

乾元者，始而亨者也。利贞者，性情也（郑作"情性也"）。**乾始能以美利利天下，不言所利，大矣哉。**

大哉乾乎，刚健中正，纯粹精也。六爻发挥，旁通情也。时乘六龙，以御天也。云行雨施，天下平也。

此上二节为第五段。又复重申《彖传》，是以天道发明卦辞也。但第一段分释四德，此段合释四德，而著其义之联贯耳。《彖》中元字联乾字，明万物所资悉由元出，以见乾元之大。此将亨字联始字，明亨之所始由元而出，以见亨之所资者大。是欲人从既亨后，探索一元主宰源头，知其不穷不竭，原无止息。其曰用九，曰见群龙，曰无首，曰见天则，皆此始而能通之妙。若至利贞，各正性命，则无首矣。元非始也，是资以托始者也。元譬泉中之水，亨譬腾涌发达之机。因元字蕴含不可言说，特从亨之最初说起，故以为始而亨。元始无不亨之时，故联合元亨，而以为始而亨。亦如卦体之成原于太极，非可言说，特于始成之爻命名为初耳。《周易》全在最精最妙，思议不能到，语言不能说处时一提醒，欲人追维于无始之始，深致其思，所由谓为传道之书。利遂贞正，已在赋予万物各正性命时，故言性情。盖形体有质，成于坤德，性情虚灵，命于乾元，故遂以乾之利贞为性情，而有保合太和之说。要只在乾始方亨，说赋畀之初，才见得乾之利。若说向物边，认作禀受之性情，虽与各正性命有合，然止是物之贞，而非乾之利而贞也。但识利贞中添一而字，便可识相因之义。性，元也；情，元之发也，即亨而利贞者也。万物之性情，由以各正，故遂以元为乾之性，利贞为乾之情，亨不离元，情不离性，故遂兼性情而言之。自来言性，搀入理与气质者皆非。始而亨，已将元亨说作一贯。性情也，又将利贞说作一贯。自天以下，皆乾始之所利，故曰乾始能以美利利天下。美者，嘉善之辞，一元之善，故以为美。下刚健中正，乾德也，正所美之实。纯粹精，赞辞也，正所以美

之也。因一元之善,孔子便嘉之美之,子思所由有率性之谓道,孟子所由说性善也。此一句便全说四德。能始者,元之亨。利天下,则利之贞也,利天下即六位时成之说。不言所利,谓乾之用神而体虚,非有形声可相示也。大矣哉与乾彖相同,《彖》自分处赞之,故独赞其元,此自合处赞之,故兼赞四德。然归其能于始,仍与《彖辞》同义。大哉乾乎,乾包四德,则大字亦兼赞四德。刚言体,元之静也。健言用,亨之动也。中者,无过不及,即利也。正,不偏不倚,即贞也。然止独赞一元,以亨利贞皆元之用也。纯粹精三字即美利之美,美此四德者也。纯自四德混合,见其相连无间之美。粹,美也,即善长之美。精者,微妙极至,言其蕴也。六爻发挥,即大明终始,六位时成①,兼内外始终言也。内外始终,无有弗达,故曰旁通情也。亨通也,旁通者由中而外,由近而远,曲而尽也,指诸卦爻言也。情即上性情之情,元者性,则亨者情。此上二句赞乾之亨也。六爻言位,六龙则理之寓于气中,而周遍普被于六虚者也。乘六御天,此二句赞利者也。六龙则所操以利之具也。乘者,凭以行也。御,使之行也。时谓爻有上下初末之殊,御天则元之周而利之遍也。不曰御乾而曰御天,天体纯阳,是乾元最初所生,此后万物资始于乾者,有似资始于天,故谓天为乾所御也。自六爻发挥至云行雨施,皆说乾之亨而利,亨则未有不利者也。若元则断在亨前,贞则断在利后矣。天下平方是赞贞,即各正性命之义。行施本言天德,非言圣人,而天下平又似言圣人,不知此句与万国咸宁,天下治也,天下文明一例,凡皆象也。言天亦象,言人亦象,言云雨亦象,言万国天下亦象,与人事何涉?而执为圣人乎?此之天下平止是说贞字,止是各正性命,保合太和而已。观下文另提君子,则知此段全说天道。先儒以云行雨施为说亨,时乘六龙为说圣人,今云行雨施反说在时乘六龙下,将以云行雨施为圣人之事乎?何不于《彖》中亦直云圣人之事,犹可与此段之义相符。不知时乘六龙是说元中能亨之理,云行雨施

① “成”,堂本作“乘”。

是方亨之事，所以其义可相连而及。必谓此节是言圣人，则大哉乾乎置于何地？云行雨施必不伦矣。

君子以成德为行，日可见之行也。潜之为言也，隐而未见，行而未成，是以君子弗用也。

此下六节为第六段。又重申《象传》，以人道发明爻辞下截。第二段说人道多在位上，此段说人道多在时上。既以成德为行，则不日之间宜可见诸行事。今曰勿用，为其在潜，身隐而未为世用，事功无由而著，其行何由能成？是以君子敛其德而弗用。爻言勿，莫也，禁之也。此言弗，不也，自家不用也。俱从潜处说弗用，故皆说在时上。

君子学以聚之，问以辨之，宽以居之，仁以行之。《易》曰：见龙在田，利见大人，君德也。

学问宽仁皆言中德，聚辨居行皆在中工夫。学资于古，所以增益吾在中之理。问资于人，所以讲明此在中之理，此是致知工夫。宽者中之量，仁者中之德，此是力行工夫。聚则不厌其多，辨则必欲其明，宽仁又本学问来。居者，居此学问，据守而不迁，对行字看。行者，行此学问，对居字看。聚辨居皆所以存于中，行则中之发也。初九提日字，九三说因时，九四单释或字，九五说与时合序，上九说亢之非时，此节聚辨居行①均非一时偶然可致。故知此六节全向时上说。

九三重刚而不中，上不在天，下不在田，故乾乾因其时而惕，虽危无咎矣。

三居下卦上，四居上卦下，两刚相接，故九四虽居阴位，亦曰重刚。位非二五，故曰不中，即上不在天，下不在田之说。不在田则德业宜有可见，不在天则又不能以自主，德业可见而不能自主，宜乎危惧而有咎。然九三因时兢惕不已，则德进业修，所以心虽危惧而无咎。重刚即乾乾字。九三有过时之惧，故全在时上说道理。九四有

① “行”，库本作“宽”。

逼上之嫌,故全在位上说时中道理。

九四重刚而不中,上不在天,下不在田,中不在人,故或之。或之者,疑之也,故无咎。

上中字,二五之中也。下中字,本天地说,六爻中间之中也。在人指三,即离群之义。以四居近君之位,非如三为群众之人也。重刚不中,不在天,不在田,不在人,是进而近君,欲有所为者。宜其有咎,然虽进而仍处外卦之下,是不敢骤进而疑惧中存者也。或,即疑惑之惑,谓四心自存疑惧,非从旁人见得,四当心腹之爻故也。易辞本有一字之义,故不连跃渊为解,视为闲文则误矣。疑惧则必审慎,故无咎。

夫大人者,与天地合其德,与日月合其明,与四时合其序,与鬼神合其吉凶。先天而天弗违,后天而奉天时。天且弗违,而况于人乎?况于鬼神乎?

前数节或言天德,或言人道,至此始发天人合一之理,明圣人作《易》之由。《周易》卦爻悉乾元用九所成,而一元资始,必由天位正中而出,乃五适居之,是资始不竭之源所寓,故特发天人合一之秘也。大人即利见之大人,是德位兼隆者。与天合德谓居五,与地合德谓应二。日月合明,变离伏坎,四时合序。变离伏坎,互兑覆巽,四时象备。又因时之转运出于乾也,一元笃生圣人与乾合德,故《周易》之蕴尽归此爻。天地者,阴阳而已。日月,阴阳之体。四时,阴阳之序。鬼神,阴阳之灵。覆载无私之谓德,照临无私之谓明,进退无私之谓序,祸福无私之谓吉凶。合序如因革合宜,寒暖顺节是也。合吉凶如黜陟因乎功过,赏罚应乎生肃是也。先天弗违言其体之合,是溯其原而明受性所由来,因见乾元大用,天人原自不殊。后天奉若言其用之合,是究其流而明参赞所自起,因见大明终始,人工即天工也。弗违见天之合德于圣人,奉天时见圣人之合德于天。但言合德于天者,见日月四时鬼神皆统于天也,而况于人,见征之必信从也。况于鬼神,见质之而无疑也。此等道理,独言于乾五。盖论两体,则上卦为天,而此爻正天德所从出。论一卦则此为人位,而居天

地之间,故遂言天人之合。

亢之为言也,知进而不知退,知存而不知亡,知得而不知丧。其唯圣人乎(王肃本作“其唯愚人乎”,唐陆德明著于《释文》,洪迈述焉)? **知进退存亡而不失其正者,其唯圣人乎?**

亢而有悔,必非不知者所能。知进三句专说亢字,并无悔义。若果有悔,何至不知退与丧亡?圣人句下方是不至有悔之事。进退者身,存亡者位,得丧者物,兼知与不知,正见所知之狭而固也。又见常人执着,必有不知者存也。亢之一位,在卦虽不可少,亢之一候,在人则可预弭,故下言圣人先知之事。消长之理知之既明,不失其正,处之又当,再言圣人者始酌量侍众而归诸圣人,末见非他人所能也。初二称君子,五称大人,上称圣人,因其位也。又见此非①全言人道,与前释天德者不同也。

---

① “非”,库本作“段”。

周易函书约注卷二　周易上经二

坤

☷☷坤下坤上

⚋之象出于偶，偶者⚊之两也。故两其⚊而⚋之。伏羲四图东西分列者，止于两画，圣人开图为卦，始以一连一断分别阴阳，六画皆断，象其虚而能受，柔而至顺，故坤者顺也。

坤（古作"巛"，《归藏易》作"奭"）**，元，亨，利，牝马之贞。君子有攸往，先迷后得主，利。西南得朋，东北丧朋，安贞吉**（虞仲翔、王介甫、吴幼清、俞玉吾、郝楚望、王虚舟①皆以"后得主"为句）。

元亨利贞，一字一义，仍与乾同，特贞字上添牝马二字，明坤以翕受顺成为德，重在成终故也。由天地未辟，至万物肇生，止有元亨利贞四字而已。元，乾之始。贞，坤之成也。亨利者，亨元之理，而使至于贞也。由其动而舒散，资始于不竭之原，则以为健运之能。由其静而凝定，成终于各正之贞，则以为顺受之能。其乾坤两字，皆假立名目，故乾之用九专疏元亨，坤之用六止言利贞。马健行，乾象，乾本象龙，因与坤交，不飞于天而行于地，故易龙而称马。《象》言行地，地坤象，有行地者，则非坤矣。若先迷静镇之体，乌能有行？因贞字在亨利之后，便属既与乾交资生肇见时，故以马而牝者，象阳之已附于阴，为阴所含。又以牝马之行，象阳之不终为阴困，渐次发越，化化生生，充斥地面之象。《象》以牝马为地类，则马非地可知，且释为行地，静体而上见动机，则资生之义即寓牝马字中。《象》释坤元，已曰资生，岂至贞成，犹未资生乎？盖牝下著马字，便可知由

① "王虚舟"，堂本无。

乾得来。马上添牝字,便可知交坤之乾与健行之乾有分,交乾之坤与静镇之坤有别。且牝非得牡,安能自生?故下文两《象》皆言得。《彖》释牝马,原不曾牵合利贞,牵合利字为句者非。此上七字,坤德已尽,是为主象。其牝马字全说交乾,原兼动静两义。观下文迷得与得丧,皆两象可知。君子至利字为一段,是借人事以象坤之利,故下以利字足之。得朋至贞吉为一段,是借天道以象坤之贞,故下遂以贞字足之。特添安吉二字者,见坤已得乾而至于贞,则无复有他虞,故安吉也。安体也,吉用也,无成代终之象也。人当方去作事,其中事势必难逆料,故先迷。逮于其事既成,各就条理,故为得主。坤无明暗,比于阳明则暗,故曰先迷。是先迷二字,因交乾始见,交乾斯得主矣。得主者,心中有定主也。目非纲不理,纲,目之主也。三纲者,五常之义,故《彖辞》以为得常。人之形成于地,性命于天,形以性为主,臣以君为主,子以父为主,妇以夫为主,是其义也。利象以人事,贞象以天道者。利字顶得主来,说在动用边,安贞顶丧朋来,说在静边,交互以见义也。坤卦不释元亨,以资始之能让于乾,代终故也。坤尚如此,群龙之见安得有首?得朋丧朋与大明终始相对,大明,日也,日之施光,终古不易,承以阴魄,乃别始终。始,朋之得,终,朋之丧也。朋,类也,相资相得之义。谓阴资阳以为明,月资日以为光。若阴与阴,阳与阳,合一不分,安可云类?月之初得日光,始见震象,必在西南,故云西南得朋。逮巽露一阴,至于艮象而几尽,必在东北,故云东北丧朋。先天图始震终艮,《说卦传》出震成艮,《杂卦》震起艮止,皆此义。但知坤之所得,必交于乾,此义自明。

《彖》曰:至哉坤元,万物资生,乃顺承天。

此与乾彖不同,乾之卦辞止有四德,故《彖辞》分释四德。坤之卦辞止三段,自至哉至行地无疆九句,是统释坤之四德及牝马字义,为一段。柔顺四句释借人事以象利,为一段。西南六句释借天道以象贞,为一段。至哉段由元说到资生,便将四德释完,为元之一字便包下三德也。坤之静元不可见,而资生皆利贞之事,利贞由坤亨而来,则亨利贞之义已全归此段。然以资生释坤元,止如以万物释乾

元耳。盖坤无别亨,交乾而始亨,其曰承天,曰德合无疆,曰含宏光大,曰行地无疆,皆谓交乾也。首段不必分元亨,盖非元不亨,非亨不知有元,本相因而见也。乾言大,坤言至。至,极也。大,言其所包不可量。至,言其所极不可量,便觉前面有个地头,便是比于乾而后见也。天包地外,天又统地,天之所至,地随而至之,故不克与天并大。乾资始,坤资生,非乾坤各一元也。天地未辟,均出①此一元而亨。乾坤阴阳耳,故乾象天而坤象地,其资始则归其能于健运之乾,资生则归其能于翕受之坤。止此一元,乾坤同有之,若元之实际,则思议不能到,语言不能宣矣。然乾坤虽同此元,而坤必得乾,始有资生,故资始资生又各不同。用九节专释元亨,用六节专言利贞,皆是此义。资始者气,资生者形。生者之所生,皆始者之所始,故同一元而又以为承天。才说元便说资生,则亨利贞皆在其中。非如乾之资始单说元字,资始字原不连亨字,故乾之四德可分释,坤之资生在利贞后,一言资生而四德已完,故不待分释。其在卦辞,坤之四德为第一段,故《彖辞》亦释为第一段。自来以至哉三句释元,坤厚四句释亨,亦如乾卦分释,而不知利贞已释在此段了,故有资生之说。顺者,无违之义;承者,受而载之。坤既不能违乾,则乾之四德,坤皆受而载之,故曰乃顺承天,不曰承乾而曰承天,即象而言理也。然曰资生,只是资之以生,不可作已生说,盖此止明一元既亨之坤德耳。

坤厚载物,德合无疆,含弘光大,品物咸亨。

此四句直说资生之义,而亨利贞皆在其中。利即亨之遍,贞即亨之成,故言亨而即言品物,品物固利贞之事,与乾亨言品物同义。坤厚载物,言德非言形也。德即载物之德,含宏光大是也。无疆者,乾也。健运不息,有何疆界?合即合而有助,全由交乾而见。下二无疆皆指地言,因其合德,故亦以地为无疆。含,包含,此交后之坤虚受之义也。宏言蕴蓄之量,所含者无物不有,其静也翕,故曰含宏。光言昭明,乾之色也。大则光之宣著,无远不届,乾之体也。交

---

① “出”,库本作“由”。

乾而乾为所含,因时呈露,其动也辟,故曰光大。不翕聚则无可发散,故光大又后于含宏,然俱本含字来,不可说已生之后。含又本合字来,天之全体既为所含,则坤之利自在其中。若竟说作光大,则是利之贞,而非亨之利,非资也。资者,有待之辞也。然资生即在其后,故下曰品物咸亨,此万物资之以亨,非坤亨也。如认作坤亨,则利贞尚在其后,何有品物?须知坤之亨只德合处便是。盖坤厚载物是总言坤德,德合句是坤与乾交,即坤之亨。含宏句是既交所蕴,即坤之利。品物句是既交以后,物得所资,以补足资生之义,即坤之贞。

牝马地类,行地无疆(此二句当为一节,不连下文)。

上段释四德已完,此补释多牝马二字之义,合上九句为一段。然止言行地无疆,上面不著利字,则利字非连牝马矣。盖利即亨之周遍处,故乾坤两卦皆释于亨中。卦辞以牝马为坤贞,此释牝马而不及贞,为言牝马即言贞也。马,乾象。地,坤象。今谓马为地类,类者,相比有助之称,是坤得交乾之象,可知马非即坤,行地者非地也。因乾故言马,因已交于坤故牝之。总是乾阳善动之性虽已交坤,不能久住坤中,发生呈露之象也。又以见坤非乾施莫由生也。上称无疆者,乾也。因方与乾交,故曰德合。此云无疆者,地也。交坤之后而生机遍布,故有行地之说。无疆谓广远也,广者,体之遍,远者,时之久。

柔顺利贞,君子攸行,先迷失道,后顺得常。

上两无疆相应,释主象四德已完,此两顺字相应为一段。释卦辞象人事以申利字之旨,其兼言利贞,以贞即在利中也。柔,坤体,顺,坤德,柔顺利贞,见非刚健之利贞也,利遂贞成也。凡人行事,其得遂志而有成者,多出于柔顺,太[①]刚则折,逆则多忤,乌能遂而有成?先迷二句本君子来,事体未成,茫昧难分,未有所得,故云失道。独物不可以言顺,阴以顺阳为常道,今既得乾为主,故云后顺得常。坤,妻道也,臣道也。三纲即五常,常即得主之谓。臣以得君为常

① “太”,库本作“大”。

道,妻以得夫为常道,故未得之先,便以为失道。先后字有二义,先迷者坤之静,后顺者坤之动,又有坤不先乾之义,故添出顺字。

西南得朋,乃与类行。东北丧朋,乃终有庆。安贞之吉,应地无疆。

得朋丧朋与先迷后得同义,乃释卦辞,取象天道,以申贞字之义。类即朋也,朋者,相资有助之称,类亦同等相似之义。西南得朋是从明之未生说到阳生,正阳方交阴,阴初得阳之候,故曰乃与类行。与者,朋之义。与行,则朋之交也。东北丧朋是从明之垂尽说入已尽,是阳既交阴而复乎其位。阴之翕受包固,归于静正,无成代终,故曰乃终有庆。明始之原未有庆,即先迷之旨。终与始对,谓资始在其先也。庆即太和之美,善嘉之德,本非坤有,乃今得而有之,故以为交乾之终。今人以怀妊为有喜,即其义也。安贞二句本乃终来,既交以后,固宜静不宜扰,亦谓安受而享其成,正见其得乾而代终。应地无疆本得丧四句来,见月与地同也。盖月与地同为阴体,月得日之明而舒光,地得天之阳而布化,故以为应地。无疆即广远之义。

《象》曰:地势(古作"埶")**坤,君子以厚德载物。**

习坎洊雷,随风兼山,皆上下两象。乾曰天行,坤曰地势。盖天之转运无间断,故言行。地之博厚无上下,故言势。行以气言,故止考之以时。地以形言,故止观于其位。命爻而分初上,逐爻俱兼时位,皆定于乾坤两象。言健不言乾,健,乾德也。言坤不言顺,坤,顺义也。此互文以见义也。地形人事,上下两象也。厚德载物只如云承受得起,有包容涵受之量。

初六,履霜,坚冰至。

图中初画之阴仪,自此爻始。六,阴象。初六,一阴象。霜,阴气凝结象。冰,阴气极盛象。在下故言履。阳以神用故舒散,阴以形用故凝聚,有形而凝聚故言坚言积。乾坤初爻象水,天一之生也。舒散,故潜渊象流动之水。凝聚,故霜冰象凝定之水。

《象》曰:履霜坚冰(王辅嗣、韩康伯注定真本云"履霜下"无"坚冰"字。《魏志》许芝引此,作"初六履霜",亦无"坚冰"二字。王昭

素、胡安定皆以为然。《易举正》本之，朱子从之)，**阴始凝也。驯至其道，至坚冰也。**

细玩辞意，止是上句全举爻辞，下则一句释履霜，两句释坚冰耳。驯，顺习也。《文言》中顺字积字皆从此出，见理势之必然。

六二，直方大，不习无不利。

方，坤之本体。直，乾之动。大，乾之体。今言于坤中，交乾得乾故也。故言于坤二，交乾则坤之动矣，故曰六二之动。此后诸爻皆指动变言，特于坤二举其例以概之。直方大皆顺德之自然，非由学习，故曰不习。习，重也，习必重复玩味也。坎有重坎，故言习。此爻变坎，非有重坎，故不习。坎为含胎之坤，故有时用之说，坤二正当其爻，故兼说坎义。利本不习来，坤之顺德也，自致用而见，非利益之利，即不思勉而中道之义。

《象》曰：六二之动，直以方也。不习无不利，地道光也。

光即含宏光大之光，乾之色也，因爻辞遗光字，故孔子补之。

六三，含章可贞，或从王事，无成有终。

下卦之终，而两卦之中，故曰含，曰成，曰终。含谓静翕，是蕴而藏之于内，即居上下卦中而虚受之象。坤德先迷，何章可言？此居内坤之外，阳德光明，文彩外焕，坤既得而含之，成笃实光辉之爻，故以为含章，明非本有也。坤德代终，故止曰含。含则必将有成，故可贞。可者，未然之辞。王，乾象。从王事，即乃顺承天。无成，不敢居成功也。有终，终其职事也。无成而有终者，代也。居下卦之末故言终，居下卦之上与外乾相接，故言从王事，王事在外者也。或字与乾四同，为人位言也。乾四与下乾接，故在渊，象其未离于地，而又以为非离群。此与外乾接，故言从王。无成即乾惕之旨，有终是尽力到底之义。

《象》曰：含章可贞，以时发也。或从王事，知光大也(旧“知”音“智”)。

可贞犹是含时，以时发说既含后事。可者，豫料之辞。盖章本得于乾阳，不能久为坤蓄，故可待时而发，即坎之时用也，时固

健行所历之候也。从者,坤顺也。王事故光大,从王事,故知光大。从者王事,则不敢自有其成,王事而仍以为成,则又曷敢无终?此即无成代终之义。非王事何云光大,不克尽其分义,何由知为光大?

六四,括囊(“括”,古文作“晬”)**,无咎无誉。**

阴虚能受,囊象。互艮手,在囊上,故曰括。括,结囊口也。坤虚象囊,四柔变刚,居囊之上,结囊口象。坤上兑爻,兑口故含。坤下巽爻,巽绳故结。尚口乃穷,口已括矣,何有咎誉?

《象》曰:括囊无咎,慎不害也。

括囊者,慎也。无咎者,不害也。

六五,黄裳元吉。

黄,土色,土居中,裳在中而顺,坤象。黄从五字出,裳从六字出。元,善也,如云有黄裳之善,故吉,是三义也。《文言》美在其中,正释元字。《左传》“黄,中之色也。裳,下之饰也。元,善之长也”,亦解为三义,如但云大吉,说向占卜便非。

《象》曰:黄裳元吉,文在中也。

此爻居天位之下,天包地外,乾为衣,覆于外,则在中者为裳,故遂以中顺为裳。文在中与含章相似,皆为中虚能受,交乾而有得也。古天子之裳皆有文饰,乾本文明外见,故在乾则言见。坤则翕受于中,故止言在中。

上六,龙战于野,其血玄黄。

龙,乾象。战,争象。野,旷远象。皆谓乾也。乾坤之交,爻爻有之,阴阳之际在于初末,至上而言战,盖阴极将反,静极复动故也。非乾与坤争也。止据阴爻之动说出道理,阳固善动,阴而动矣,有似于阴阳之争,故曰战。血,阴类也。天玄而地黄,则色之杂矣,此便从龙战见出。

《象》曰:龙战于野,其道穷也。

在爻中者,皆言既交以后翕受在中之事。此则阴之既尽,将欲改变。穷言极尽也,而将反之机在其中矣。

用六，利永贞。

用六者，六之用也。六，坤阴之数。与用九对看，天地之间止有阴阳，用九则不用六，用六则不用九，此正参伍错综之妙。参伍者，九六之合也。乾九不用，则三男无由成。坤六不用，则三女无由成。用字不言于他卦，盖谓六子悉出乾坤二用耳。乾具四德，而用九节详释元亨，乾统天而资始者也。坤亦具四德，而用六独言利永贞，坤成终而资生者也。乾彖独赞乾元，用九之上特添乾元，乾之重元可知。坤之用六独以永字加贞，坤之重贞可知，万物资生后，何有穷极，故永也。

《象》曰：用六永贞，以大终也。

乾象独大一元，此《象》不唯不著元亨字，并不著利字，则坤贞之重可知矣。然贞非自贞，正以成一元资始之功，故曰以大终。以，因也。大，乾也。可知元亨利贞之理，乾坤本非有二。特自其始而施者言，则以为健运所能。自其受而成者言，则以为顺德所能耳。乾重元故大其元，坤重贞故大其终。

《文言》曰（《释文》无此三字）**：坤至柔而动也刚，至静而德方**（《咸阳石经》“方”下有“也”字）**，后得主而有常，含万物而化光。坤道其顺乎，承天而时行。**

此重申《彖传》，释卦辞未尽之义。其柔顺静方皆坤德，动刚得主承天皆谓交乾也。柔刚，体也。动静，用也。健顺，德也。刚本乾德，动则交乾，与乾合德，故刚。动即变动之动，阴爻之动，变而为阳，即其义也。此一句总下五句之大意，至柔中包有静顺义，动刚中包有得字含字承字义。静与动对，德方言静，是未交乾时。方则居所不移，象其镇静，若圆则流行不息矣。乾施既退，浑然中居，方象，含生敷化，各正不移，方象。故谓方为坤德。得主指动刚时说，谓交乾而有得也。柔不附刚，则委靡而无以自立，坤不得乾，则孤处而无由资生，故乾为坤主。有常即释得主也，乾动直而主施，无常动之理，故以交坤附坤为常道。坤静翕而主受，无常静之理，故以交乾得乾为常道。以五常论，即臣得其君，妻得其夫之义。含万物而化光，本得主来，乾施既退，元中所亨之理气为坤所含，此时虽未有万物，

而万物之理已具,故曰含。及夫变化施生,灵蠢动植各各光明昭著,是为化光。用一化字便非静方时矣。因所含皆阳明之大用,故所化遂昭著而不可掩。此皆交乾顺承之事,故下曰坤道其顺乎,承天而时行。顺则乾之所有皆其有,承则不敢自有,故云代也。坤既顺承,故健行不息者本天道,而坤亦以为时行也。时行者,不疾不徐,即有常也。此段柔字,申牝字及柔顺之义,动刚申马字及行地之义,德方申先迷丧朋之义,有常申得常得主之义,含万物而化光申含宏光大之义,顺承二句申乃顺承天之义,而元亨利贞皆在其中。故乾坤两卦皆止发明元亨利贞之四德。

积善之家,必有馀庆。积不善之家,必有馀殃。臣弑其君,子弑其父,非一朝一夕之故。其所由来者渐矣,由辨之不早辨也。《易》曰:履霜坚冰至,盖言顺也(荀爽本:"顺"如字,臣顺君也。《本义》以为"慎"字之讹)。

此释初六爻义,《伊训》曰作善降祥,作不善降殃。其称说天人感应之机,固已较然不爽。孔子此言几若相似,而最深最密则大不相同。盖天地间固有作善而不降祥,作不善而不降殃者,是偶然之善不善,非其所积也。故下曰非朝夕之故。然亦有积善积不善,而不降祥殃者,是一人之积非一家之积也。固有一人所积之善,不敌众人所积之不善,一人所积之不善,不敌众人所积之皆善,故曰积善积不善之家。然亦有家人之积善不善大略相同,而祥殃犹未判然。语云不在其身,则在其子孙,故曰馀庆馀殃。此等道理岂不较《伊训》更深乎?下曰非一朝夕之故,便当知其有渐,又曰不早辨,便可知辨之宜早,盖言顺也。为积累之势便而易耳,而当慎之意自在其中。此象言于初爻,则后此相因之势原未可定,故以一顺字惕之。且善之难积甚于恶,用许多防微杜渐工夫,犹难到纯熟地位。恶之易积甚于善,只消几句不妨事,便不可遏矣。《春秋》防微杜渐都在最初,便是圣人遗教之本心。乾言健行,言朝夕,言始终,言时成,皆在迁流上说无形边事。坤言积累,则皆有形边事。然下曰朝夕,曰有渐,亦从时之流衍相形而见,故坤之一卦未有不对乾言义者也。

直其正也(邹志完“正也”作“敬也”)**,方其义也。君子敬以直内**(刘器之改“敬”作“正”。《礼记》曰“直其政也”,则“政”者,“敬”之讹也)**,义以方外。敬义立而德不孤**(张伦本有“易曰”二字)**,直方大,不习无不利,则不疑其所行也。**

此释六二爻义,坎得乾中,中直如矢,人之用矢,内体必正。此爻变坎,故曰直者,言其正也。方有裁割之义,在赋形有定各得其理上说,正立于此,而义加于彼,故君子法之。敬以直内,义以方外,上言正,此言敬,故刘器之改敬作正,而邹志完又以上正字改为敬字,不知正未有不敬者,不敬未有能正者也。此段少释大字,故程朱以德不孤句作大字解,然不孤即有邻之义。唯乾称大,今坤之直方上与乾配,则不孤字中便是说大字。坤既与乾元相配,则同德相助,岂不益成广大之势?不疑所行有二解,我之敬义即人心共有之敬义,人不疑我所行,正合不孤之说,疑故习而后利,不疑何假于习?总由坤德自然,不事勉强,则自不疑其所行。此不习无不利之说,前说解无不利处较多,后说解不习处较多,然当本敬义立而德不孤来。盖坤德柔顺,固出自然,亦必善可同人,故自不疑其所行。

阴虽有美,含之,以从王事,弗敢成也。地道也,妻道也,臣道也。地道无成,而代有终也。

释六三爻义,美出于乾,含在交乾后,含便是弗敢成。从,顺也,从王事便是代终。坤之所终,终乾之所始,故为代。妻与臣皆坤象,故末句止①释地道以无成代终,妻与臣莫不然也。在一卦中故言含,在三爻故言终。

天地变化,草木蕃,天地闭,贤人隐。《易》曰:括囊无咎无誉,盖言谨也。

释六四爻义。天地变化者,下卦地,上卦天,两坤相接,离下之上,正乾道乃革之爻。坤道阴浊,坤上交坤,重阴接至,故闭。蕃谓震巽之爻,亦掩蔽之义,与泰之包荒相同。变化在更易变换处说,闭

① “止”,堂本作“此”。

在重坤阴盛处说，三四人位，故曰人。乾象既伏，阳德不亨，故贤人隐。四在乾，取上进近君象。而此以为隐，重阴故也，不可概作近君说。说闭又说隐，所由宜括囊而谨守也。

君子黄中通理，正位居体，美在其中，而畅于四肢，发于事业，美之至也。

释六五爻义。黄，中德。中，五位也。通理，言充满盈溢而无所歉也。本爻未变，坤为文，理象。变坎，通象，故《小象》曰文在中也，此句释黄字。正位，正乎中之位。居体句释裳字，裳为中服，覆于衣而顺衣者也。乾阳宣著，以外见为体，坤阴静翕，以中居为体，五适处中顺之体，故以为居体。不知裳为中衣，而但曰下饰，不知五为中位，而但曰尊位，皆非。美在其中，释元也。元字在乾为善长，在亨为嘉，在利为和，后又曰乾始美利，美亦嘉也，皆嘉美此一元之善也。此之所美，由乾来也。黄有中义，裳有顺义，元有善义。《左传》之文固亦解为三义，然其所美，又即此中顺之德，故三义仍止一义。以美赞乾与以美赞坤，同此一元也。其字指五之位言，曰在其中，则非坤本有矣。非本有而有之，故指其所在也。三居卦中，五居上卦之中，三之含言蕴之于内。三，内卦也，其无成代终，皆逆计含后事也。五居外卦，是将发之中，故有色可称，有位可见，有体可言，而又说通说畅说发，此内外卦取象不同之故。畅与发皆通理之妙，畅是理之通于一身者，发是理之通于外见者，皆元善在中之妙。善固美也，畅者畅此美，发者发此美，此美无间于中外，故曰美之至。此段独不释吉字，则知《周易》所重在理而不在占。故以元吉释为大吉者，误也。是未知美在其中，止释元字也。安有美如六五，而尚有不吉者？当知裳象中德，不可言下饰，坤卦象臣，不可言尊位。元善也，故释为美，不可言大吉，则爻义自明。

阴疑于阳必战（姚信、蜀才“疑”作“凝”），**为其嫌于无阳也**（“嫌”，《释文》云郑玄作“谦”。陈士元云“郑作慊”，读如“群”，公慊之慊。古书篆作立心，与水相近，读者失之，故作溓。溓，杂也。董、虞、陆作“嗛”。荀作“兼”），**故称龙焉。犹未离其类也，故称血**

焉。夫玄黄者，天地之杂也，天玄而地黄。

释上六爻义。阴疑于阳，止据上六纯阴已到极盛无加之地，说静极而动，穷极必变之义。非至此始与乾接，非真有龙战于其野。疑，似也。阴似于阳，阴之极也。战者，动之极也。动为阳性，阴动极则似与阳争，故曰战，又曰故称龙，曰故称则非真龙矣。嫌于无阳而称龙，亦犹治乱而谓为乱也。未离其类故称血，明疑字嫌字之义。此类字与前类行之类不同，类行之类以阳为类，此类字谓血为阴类。曰未离其类，则止是纯阴极盛而动，非有真龙矣。医家有阴证类阳，即此义也。气无形故为阳类，血有形故为阴类。血之色赤；赤，阳之色也，是一血字便已具有阴盛似阳之象。玄，天色。黄，地色。一血而具此二色，故云天地之杂。

周易函书约注卷三　周易上经三

屯

䷂震下坎上

凡六爻之卦，皆在两卦相重处说道理，然后定此一卦之名，如动于险中是也，然其名义皆由动用之主爻而定。震阳动于积阴之下，故因动而名震。震，动也。坎阳陷于二阴之中，故因陷而名坎。坎，险也。动险既合，故说动险相重之义。如上下卦有两用爻，则于两用爻之来往，相得不相得处说道理。如止一用爻，则以卦中所有之爻，比量于此一用爻而说道理。为此动用之爻，实为各卦之主爻。故孔子之《象》，遂有内外来往上下进退之说，皆为主爻而言，非卦变之说也。乾坤之下首见三男，明乾阳之大用。《序卦》之首六卦皆不离坎，坎者，天一所生。六者，水之成数。坎之为象，乾初交坤，坤得含阳于中，是即含胎之坤，明此后诸卦皆坤母所生，是即坤母之万物耳。

屯，元亨利贞，勿用有攸往，利建侯。

震之德动，其象雷。坎德险陷，其象为云为雨为水。此三画卦也。动险合而为屯，屯难也。乾坤始交，动而遇险，故难。元亨利贞散见于诸卦者尽有，而四德全者绝少，是万物之大始大终也。今屯有之，万物之生由元亨利贞而始，然屯临随革无妄五卦，四德虽全，皆与乾坤不同，其元始之义亦殊。屯，立君分土之始。临，宣猷布化之始。革，鼎新革故之始。无妄，虚中应事之始。随，则为乾坤四德相随而见，故举以明随义。今四德已具，又云勿用攸往，既言利贞，又云利建侯，何居？事唯创始为难，既亨以后则成矣，故《彖传》释元，遂以难生付始交之下，既交以后，则并合亨利贞三字，而曰大亨

贞而已。因始之难,所以勿用攸往,是待时者也。建侯止一事之利,明利与乾异也。勿往,险在前,互艮止也。利建侯,五居中得正,长子主器也。震一君二民,互坤国,又为众为顺。长子主器承五,建侯象。中互坤艮,止之以地,亦建侯象。

《彖》曰:屯,刚柔始交而难生,动乎险中,大亨贞,雷雨之动满盈,天造草昧,宜建侯而不宁(郑读“而”作“能”)。

凡刚从用九来,凡柔从用六来。刚谓五初两阳,柔谓上下四阴。诸卦皆乾坤之交,此为《序卦》之始,故曰始交。始者,该六十二卦之辞,非泛言生物之始。难生者,坎阳陷于二阴,震阳又陷于坎中,勿用之爻。动则遇险所以为难,在险能动,所以有大亨贞也。未有生而始生,故以为难,又以为大亨。始者元也,始与乾同,而其难则异矣。动于险中,动于坎下者固动,陷坎中者亦动,谓二刚之用也。二刚本此卦用爻,故全向用爻说道理。诸《彖》中进退往来,指说用爻,莫不皆然。阳称大,故以为大者亨贞,非以大为元也。亨而贞,则利在其中矣。凡卦之元亨,如阴爻为用,则直曰元亨。如阳爻为用,则释为大亨,皆大阳也。此上释四德,雷震雨坎造作也。谓天所造作,亦震动象。时行物生,何非天造?风雨晦明,国家治乱皆然,故以草昧称为天造。震为蕃草,草,蒙茸翳蔚之象。昧,天未明,皆在时上见得。坎水内景,不明于外也。坎月初见震象,亦非大明时,故称草昧。雷雨交作,充塞盈满,日月晦光,岂宜有往?此上释勿用有攸往。天造草昧,纲常未定,正宜立君以治。为中之三阴,顺于上下两阳也。不宁谓不遑宁处,亦震动象。此二句释利建侯。

《象》曰:云雷屯,君子以经纶(郑、陆作“论”,荀作“伦”)。

云者,雨未下济也。变雷雨言云雷,《彖》言其动,《象》言体也。坎以下济为功,动于上而下济,则曰雷雨解。动于中而未能下,则曰云雷屯。云而又雷,是天道未雨之经纶,便觉得雨之难,故承之曰屯,此非卦名之屯也。君子之于事业,亦必先有许多经纶布置,此即天道人事两象之。如以云雷经纶便为此卦实义,则非矣。经纶借治丝字样,经理其纲,纶理其目也。

初九,磐桓(“磐”一作“盘”,马、郑作“槃”)**,利居贞,利建侯。**

磐,大石,互艮,石象。桓,大柱,檀弓桓楹是也。震木,桓象。横渠谓磐桓为柱石是也。营建本有作之事,打初立基,先正其在下之柱础,必欲其安静坚固,此营建之经纶也。震木[①],动象。初为难始,又当勿用之爻,又在险中,不宜妄动,故利居贞。盘桓,定居也。建侯,分土定居者也。皆经纶之事。凡皆即象以明卦义,非实义也。

《象》曰:虽磐桓,志行正也。以贵下贱,大得民也。

储其材,固其基,可知其志欲有所行。正谓阳下居初也。行,志也。不可行,时也。磐桓者,因行以见志也。阳贵阴贱,阳君阴民,互坤在上而顺初阳承于下,故曰贵下贱,又曰得民。阳故称大,以贵下贱而大得民,则居贞建侯皆在其中。此后《小象》有爻辞半隐者,皆此例也。

六二,屯如邅如,乘马班如(郑作“般如”,《说文》作“驙”)**,匪寇婚媾**(一作“冓”。冓,遇也)**,女子贞,不字,十年乃字**(“邅”音旃)。

屯邅皆欲进难进貌,下动而上止,故屯。下动故邅,邅,颤也。乘马者下动,震阳下动也。互坤为文,斑象,谓备办成列有待而进也。应坎,寇象。相比而非分相干,故亦目为寇。凡爻在上为承,在下为乘,初非正应,动于下而求与己合,故曰匪寇婚媾。婚媾者,相对相配之卦,与邻遇字同义。详见震上及卷首。不字者,不字于初。互艮,不字象。初非己应也。乃字者,乃字于五。坤艮土,成数十,十象。坤之乘承皆阳,一正一不正,一应一非应,故有匪寇婚媾,不字乃字之象。变节故言不字。

《象》曰:六二之难,乘刚也。十年乃字,反常也。

乘刚谓阳在下。反,复也。天道之变,十年乃复。

六三,即鹿无虞(虞、王:“鹿”作“麓”)**,惟入于林中**(朱虋仪以为“谁”讹。虞曰“惟,徒也”)**,君子几**(郑作“机”)**,不如舍,往吝。**

《本义》作逐鹿无虞,陷入林中。来氏宗虞、王,作麓,山足也。

---

① 木”,库本作“本”。

惟,虞作徒手。煦按:惟,独也。即麓非一人之事,正与无虞相合。三居互艮之足,故称麓。即,近也。虞,虞人。三四人位也。伏巽为入,入山有虞,乃可有获。无正应则无虞,故为独入林中。震之末,行之尽,故为陷入。震阳木,坎蘗木,艮木坚多节,故称林。坎伏离明,见几象。舍,艮止象。近险而前有所止,宜舍矣。若往而不舍,必致羞吝。动末止初,与险相接,故有即麓入林象。动终止始,故有几不如舍象。动之终与险相接,故有往吝象。

《象》曰:即鹿无虞,以从禽也(郭京《易举正》:"以从禽"上,今本脱"何"字)。**君子舍之,往吝,穷也。**

禽,鸟兽总名。穷,谓下卦之终,震动之尽。《史记》《汉书》:禽,获也。

六四,乘马班如,求婚媾,往吉,无不利。

屯卦三言乘马,皆为震动于下。动故曰马,在下故曰乘。求与往皆谓四,初、四阴阳相应,故亦曰婚媾。卦止二阳,各有正应,故两言之。二比于动,非应也,故寇之。四以动为应,不劳馀力,故吉利。

《象》曰:求而往,明也。

明者,坎伏离也。卦皆阳求阴,此独阴求阳,故以求而往为明。

九五,屯其膏,小贞吉,大贞凶。

六爻唯二、五言屯言贞,五陷而屯,二应五而屯,是卦名由五定也。初、五皆阳,五陷而初动,故利建侯。独归于初,然初微而五得位,故于五有激厉之辞。坎体沾濡,故象膏。坎以下济为功,今阳为二阴所陷,挟而制之,不克下究,故言膏之难。阳大阴小,二为五应,六居二,九居五,皆得其正,故皆称贞。贞,正也,静象也。女子而贞,则得其正,故曰小贞吉。九五而贞,则非其宜,故曰大贞凶。此只以应爻之德与位,形阳德之居五位者,宜振动有为,故以凶字策励之。屯卦三言乘马,皆非自动者也。屯难方殷,非动曷济?故独责备得位之阳。大贞即居中而陷也,与屯膏同义,据时位言耳。凶字由陷字推出。

《象》曰：屯其膏，施未光也。

阳德贵施，今制于二阴，所施不如人意，常觉其难，故以为未光。阳本光大，为阴所陷故也。

上六，乘马班如，泣血涟如（《说文》"涟"作"㦁"）。

下阳微，中阳陷，处穷极之地，非可坦然大作之时。乘马，震之动象。班如，不遽进之象。此据下卦言象也。凡卦至上爻，未有不兼下卦言象者。坎为加忧，为血为水。伏离目，互艮手，掩目流血，泣象。此据上坎言象也。自上动而下，故象泣。

《象》曰：泣血涟如，何可长也。

动与恒通，而言何可长者，恒伏而处穷极之位也。

蒙

䷃坎下艮上

艮止在外，坎水在内，水中通而善下，非艮以蒙之，必将一泄而尽。又内陷而外不能行，昏蒙之象，故为蒙。

蒙亨，匪我求童蒙，童蒙求我（马作"来求"。"我"，陆作"僮"）。**初筮告，再三渎**（《说文》作"黩"。崔憬曰"渎，古黩字也"），**渎则不告。利贞。**

蒙亨，见不终蒙也。蒙同萌，非亨而曷由萌乎？中爻震动，陷而能动，故亨。屯为万物始生，故得其元。蒙在既生后，故得其亨，即坎卦心亨之亨。坎水初出，艮山止之，故为蒙。凡动于内，而外蒙之，使不得达，是因欲亨而后知蒙，亦因蒙然后求亨，故为蒙亨。凡蒙未有不求通者，二刚居中，是能发蒙者。我，二也。童蒙谓五，艮为少男也。崔憬谓告者，五与二应，渎者，三四与二不应也。煦按阳明阴暗，互坤先迷，外卦艮止，迷而止，发蒙象。特不应者，难为发耳。三独乘阳，尤属不敬。凡筮未有不诚敬者，初筮止是诚敬，再三止是不诚敬，总因远近亲疏之异耳。蒙又有蒙蔽之义，阴皆蒙阳，初独在下，为阳所包，故二曰包蒙。蒙与包皆以外裹内为义。初则初筮所成，独为阳包，故初筮告。此卦二为原筮，则初筮指初可知，除二之阳爻不论，三四乃再筮

三筮所成，而皆不相应，故不告也，后说义当。

《彖》曰：蒙，山下有险，险而止，蒙。蒙亨，以亨行时中也。匪我求童蒙，童蒙求我，志应也。初筮告，以刚中也，再三渎，渎则不告，渎蒙也。蒙以养正，圣功也。

险而止，退困于险，进阻于山，蒙昧不通象。以，用也。用我之亨通，以行时中之教，即愤悱启发也。盖险中能动，则陷而能通，此蒙之所由亨也。童蒙求我，则其心志与我相应，故可教。坎曰维心亨，以刚中，此刚中便是释亨。因坎刚亨于其中，能发其蒙，故初近中刚，为刚所包，遂有发蒙之说。因众阴之蒙，顺附于阳，故坎阳亦遭其蒙蔽。止一亨字，为刚中言耳。初筮告，释曰刚中，明二为卦主，比原筮曰刚中，明五为卦主也。再三渎者，初承阳比阳，故告之。五犹与二相应，三四则乘阳不敬，又不相应，是烦琐渎乱蒙昧之人而已，故不告。互坤先迷，蒙义也。一以告为告五，一以渎蒙为教者之渎，皆非。旧说以问者之渎解再三渎，以渎蒙者作教者之渎，解渎则不告。然细玩辞旨，止是刚中之二，包初应五，与他爻无涉耳。养正二句释利贞，二中正，五亦中正故也。亦见得渎则不告之爻，均非正也。然卦取童蒙，辞取初筮告再三渎之象，亦有少成若天性，老大迄无成之义。盖《周易》止以象告，无理不可通也。据童蒙而论，所争在诚与不诚。据教者而论，所争在养之豫不豫。须兼时位说，不可专指位说。盖刚中之说，即有孚心亨之义，而赤子之孚诚，固未散而不杂也。

《象》曰：山下出泉，蒙，君子以果行育德。

山艮泉坎也。不言水言泉，泉者水所自出，据山下言也。山泉皆象也，若山下出泉，果足尽此卦真义，则爻爻皆宜明山下出泉之义矣。真义如在《象辞》外，则象义明矣。盖一阳亨于坎中为阴所蒙，亦如泉水为山所蒙，不能一泻千里，故取蒙象。然阴虽蒙阳，阴固藉阳以亨，山虽蒙泉，泉固由山而出，则出者，泉之亨机也。下蒙字是泉之蒙，非卦名之蒙。亦如地势坤之坤，止取顺义，与健字对言耳。凡《象》中之卦名，莫不皆然。自来认为卦名，

以君子为效法，皆未察象字耳，其将以山下出泉，为君子所法乎？凡《象》中上段皆即物理以象卦德，下段即人事以象卦德也。果行从阳性善动而出，育德从水之滋养万物而出。果行象阳之能亨，育德象阳之能亨而并能发蒙，以亨及群阴。屯之经纶，向谓承屯来，不知屯字止是难义，特足云雷之义耳。若经纶，则因难而求亨者也。解为效法，难固非所愿法，云雷何可法乎？此之蒙字止是不能骤达。若果育，则自修而求通之砥励也。蒙中原无此义，将何法耶？《象》中取发人之蒙，此言自修，亦不同也。屯五居天位，以天下国家为任，故象经纶。蒙二居地位，是独修为己任者，故象果育。《彖》言教人，亦学诲事也。

初六，发蒙，利用刑人，用说桎梏以往，吝（“说”，虞本读如喜悦之“悦”，初发成兑，兑为说。“吝”，《说文》作“遴”）。

此爻独用一发字，可知所发独此爻也。阴非阳不发，九二独言包，凡包皆自外包内，便可知是包初。初为二包，阳德善动，水性下流，故能发初，坎初入于坎陷者，此也。初筮之告，便是此爻之发。阴而居下，蒙之甚者。刑罚立而教化行，用刑正所以发之。变兑为刑人，坎为桎梏，刑具也。在足曰桎，在手曰梏，坎为穿木，互震足，见艮手，用桎梏象。又伏离见震，有噬嗑折狱用刑之象，故丰、旅、贲皆言狱。说即脱字，脱桎梏不用刑人也。变兑为悦，为毁折，坎象毁折，故脱桎梏。虞翻作喜悦。吝者利之反，小疵也。和悦而脱桎梏，安能发蒙？说如字读，谓言至行不至亦可。

《象》曰：利用刑人，以正法也。

坎为法律，不释脱桎梏，便知下句止是反言以足上意。

九二，包蒙吉（郑作“彪”，文也。《石经》、陆作“苞”），**纳妇吉，子克家。**

蒙卦以二爻为动用之主。包，裹也。凡包皆外包乎内，非阳包阴则阴包阳。若阴与阴、阳与阳，同性同德合一不分，皆不言包。泰、否、姤皆外包内也。包蒙，包初也。故《彖》曰初筮告，而初亦遂言发蒙，即敷教在宽意也。然二阳亦被阴蒙，如师二之在师中，以为

刚中,便兼三四蒙二,二包初两义。凡爻俱兼时位,及承乘应比看之,包蒙据承者言,吉即亨也。纳妇据应言,应五,互坤顺,应而且顺,为得妇道,故吉。克家据本位言,蒙以众阴,有担荷众事象。中男有刚中之贤,又居下位而克任上事也。

《象》曰:子克家,刚柔接也。

刚中而上下皆柔,故言接,不专指应也。刚柔接,所贵在中,不亢不抑,得调剂之宜,治家之善道也。克家纳妇皆一义,故不连释,接与际不同,际言时,适然之遭也,接言位,指我之应物说。

六三,勿用取女(虞作"娶女")**,见金夫,不有躬,无攸利。**

互坤变巽兑,皆女象。二乾爻,乾兑皆金,震长男,夫象,故称金夫,指二言也。阳性上行,三居震上,二动而干之,是夫以金赂己者。三阴柔不中,正应虽在上,性止而不能相应。三居坤顺之下,有坎水下趋之性,又变为悦动。二阳又动而相比,故有见金夫不有躬之象。屯二本应五,初阳动而干之,故亦有乘马婚媾之象。但屯二中,蒙三不中,屯震木上升,蒙坎水下注,故不字,与不有躬异也。

《象》曰:勿用取女,行不顺也。

震行坤顺,顺化而动,变兑毁折,故行不顺,此归罪于三也。

六四,困蒙,吝。

困蒙者,终于蒙昧,不开明也。四上下皆阴,居坤迷之中,远阳无助,又无应比,故可羞。通于未济故困。

《象》曰:困蒙之吝,独远实也。

阴为虚体,得阳而实,无应无比,故远实,可知《周易》贵阳。

六五,童蒙吉。

此即《彖》中童蒙,艮为少男也。柔中居尊,互坤顺,变巽以应二,是专心资刚明之贤者,故吉。

《象》曰:童蒙之吉,顺以巽也。

由坤变巽,故曰顺以巽。正远实之反,所以吉。

上九,击蒙,不利为寇,利御寇(“御”,荀作“卫”)。

凡阳皆有动义。击者,阳动于外也。二为阴所蒙,故言亨。卦

外而动,非有所蒙,故言击。治蒙贵刚,今刚上而众阴顺伏于下,故曰击蒙。应坎盗,伏离戈兵,艮手持兵,击象。互坤顺,变亦坤顺,顺手而用戈兵,则御寇之利,非寇之利矣。艮止故言御,中有师象,故言击言御。

《象》曰:利用御寇,上下顺也。

中爻坤,下顺也。变坤,上顺也。坎寇,互坤以上承,下顺也。中爻坤,上顺也。

需

☰乾下坎上

需,须也,有所待也。人之待养唯食,故又谓食为需。论卦象,水在天上,未下于地,必待阴阳酝酿,然后成雨,需象。论卦德,以健遇险而不遽进,需义也。

需(《归藏》作"溽",李阳冰作"雨天",郑玄读"秀")**有孚**(古一作"专")**,光亨贞吉,利涉大川。**

需,待也,以刚遇险而不遽进,待之义也。孚,信之在中也。五坎内实,阳刚中正,而居尊位,有孚得正之象。互离光象,坎心亨象。屯蒙以阴裹阳,而阳爻中正,所重在亨,故谓屯蒙得坎之亨。需讼皆涵天德,而阳爻中正,故谓需讼得坎之孚。贞,正也。五刚中正,为需之主,正象。大,乾象。川,坎象。坎水在前,乾健临之。乾知险,涉大川象。唯知险,所以能需。又互兑覆巽,坎水而加巽木,亦涉川象。盖有信正之坎,临以知险之乾,中互离明,所由光而能通,而获吉利也。

《彖》曰:需,须也,险在前也。刚健而不陷,其义不困穷矣。需有孚,光亨贞吉,位乎天位,以正中也(郑、虞作"莅乎")。**利涉大川,往有功也。**

险在前,不可轻进,当需时也。知险之乾临之,刚而且健,加以离之明、坎之通,则不冒险以进,而不至于困穷。位天位,释有孚光亨字。坎在乾上,阳居五位,主坎之动用也。正中释贞字,二则言

中,不言正矣。往有功即坎象之往有功,吉在其中矣。

《象》曰:云上于天(王肃作"云在天上")**,需,君子以饮食宴乐。**

阴阳和而后雨泽降,云上于天,是地气已升,将雨之候,待之可也。此本上句来,非卦名之需。饮食养气体,宴乐养心志,有待时以动意。待字却在言外,物理人情莫不如此。虞翻曰:坎水兑口,水流入口,为饮食。

初九,需于郊,利用恒,无咎。

乾为郊,广大旷远者也。健行而遇险,故宜需。郊未近险,健行处下,故曰需郊。历久不变曰恒,利用恒,安常守静,不变其素以待也。方在需初,虑其不终,故云然。需郊,从遇险来。利用恒,从需来。无咎,从用恒来。雷风为恒,初固震巽之爻也。

《象》曰:需于郊,不犯难行也。利用恒,无咎(陆无"无咎"二字)**,未失常也。**

难处不犯,即不冒险以进也。未失常,不失需之常道也。

九二,需于沙(郑作"沚",孟喜作"沙衍")**,小有言,终吉。**

沙则近水,需沙,渐近险也。渐近于险,虽无患害,已小有言矣。变阴故称小,互兑口,小言象,谓众人见讥也。化离明,变之既济,明哲保身,不为险陷,故终吉。

《象》曰:需于沙,衍在中也("衍",古作"羡",羡音衍)**,虽小有言,以吉终也。**

矣鲜谓衍即水字。《本义》①作宽字解,谓以宽居中,不急进也。谨按衍者,水溢也,多也,文之重出者称衍是也。上卦坎,中爻变坎,所变之坎在中,故曰重出之水在中也。水本险义,重出则险甚,故可畏。论全象,此为中爻,论下卦,又居卦中,故称中。重险在中,故宜需。若泥则陷矣,故象致寇。在中与在外相对,则衍字与灾字相对,便含有难犯之义。观小有言上添一虽字,便本衍在中来。以吉终,谓衍退而既济也。

---

① "本义",库本作"旧说"。

九三，需于泥，致寇至(郑“寇”作“戎”)。

泥近水，将陷之象，坎为寇，近与坎接。互离戎兵，致寇象。三居健极，才位俱刚而不中，故有此象。敬慎惕若，故不言凶。方与坎接，而以为寇至，水性下趋也。

《象》曰：需于泥，灾在外也。自我致寇，敬慎不败也。

坎在乾外，故曰灾在外。坎盗而我近之，是致寇自我也。因在外与在中不同，故象盗。敬慎者，乾之惕，离之敬也。

六四，需于血，出自穴。

坎水互离，赤色之水，又近乾之大赤，故象血。血即坎，非见伤也。坎隐伏，又当坎陷之爻，故象穴。出与入对，坎终陷之深，故入，坎初陷之浅，故出。动于爻中则必出，动于爻外则必入。言虽需血，柔得其正，需而不进，故有出穴象。坎本陷而言出，以阴爻两开本有穴象，乃承乘皆阳，又应初阳，动复变阳，故有出穴象。近坎者以为寇，出坎而三爻皆吉。四上有应，五中正也。

《象》曰：需于血，顺以听也。

承乘阳而所应又阳，阴以顺阳为义，故曰顺以听。坎为耳，听象。听者，听初也。

九五，需于酒食，贞吉。

坎水，酒象。互离，水在火上，酒食象。互兑，食象。在兑口上，未曾入口，需象。凡事容有不当需者，酒食，人待之以养，于此需之，故正而吉。向作已饮食说，亦非需义。贞乃爻德，不是戒词。

《象》曰：酒食贞吉，以正中①也。

此释贞吉字，《象》之正中，正指此爻。正中当是中正方叶。

上六，入于穴，有不速之客三人来，敬之终吉。

穴谓六，入谓上。穴，需中②之阴爻。入，需中之事。四、上皆阴爻，在内变阳，故出。在外穷极，故入。需极将不需，故有陷而入穴

① “正中”，通行本作“中正”。

② “中”，库本作“终”。

象。我为主，应为客。下应之三阳，具健行之性，故不速而来。一卦之末故言终，至健知险可以拯溺，故吉。曷由知其来也？待人而不至，犹将需之，今需之终矣，非其即来乎？因需终而知来，因乾阳性上而知来，因三阳而知为三人，因健行亲上而知为不速，此周公立象法也。敬者，阴顺阳也。终，位也，吉，健而不陷也。变巽故言入。凡卦至上爻，下卦三爻皆应，细观当自知之。

《象》曰：不速之客来，敬之终吉，虽不当位，未大失也。

不释入穴者，入穴是陷之最深，需之最久，已具上六字中，故不释。三，人位，应上六，故曰人来。五既中正，则当位矣。上不当位，止是不中正，非论阴阳也。本爻之象入穴二字尽之，不速至终吉，因入穴而推出全卦之象也。不当位释入穴。未大失，因不当位，而推出不速客来，敬而终吉之义。《焦氏易林》引不速客来，指为贼盗，然此属坎爻，下又言失，或古传指盗也。

讼

䷅坎下乾上

讼，争辨也。论象天上运，水下流，其行相违。讼则相违者也。论德上以刚凌下，下以险伺上。据一人言，内险外健。据两人言，此险彼健，险健相持，均欲求胜，必讼之道。

讼，有孚，窒惕（"窒"，马、郑作"咥"。咥，觉悔貌，马读作踬），**中吉，终凶，利见大人，不利涉大川。**

孚，诚实而无诈伪。窒，窒塞而能含忍。惕，戒惧而畏刑罚。皆一阳内陷，通中而自动之象，故下便曰中吉。得半自止，正由孚窒惕故也。得半即归逋之义，不终讼也。二中实，孚象，溺于二阴，窒象。坎加忧，惕象。刚居二，中象。刚虽沉溺有孚见窒，惧而得中象，故吉。中即中正之中，不可以惕中连读，方合卦义。终凶，乾在外之象。五称大人，互离，利见象。互巽木，见坎水，本可涉川，值三刚在上，阳实阴虚，遇巽风，舟重遇风必危，故入渊。入，巽也。渊，坎也。以刚乘险，以实履陷，故不利也。

《彖》曰:讼,上刚下险,险而健,讼。讼有孚,窒惕中吉,刚来而得中也。终凶,讼不可成也。利见大人,尚中正也。不利涉大川,入于渊也。

健而不险,必不生讼,险而不健,必不能讼。下卦称来,二居柔得中,故能有孚而窒而惕,及中而止。吉者,无讼之吉,非讼之吉也。此释下卦坎陷居中也。终则极而至于成也,此释上卦乾健不已也。乾健故有终,五之元吉,利见者也。故以五为善听之主,此释九五一爻,入巽,渊坎也。阳实而遇坎陷,舟重遇风,故危。此冒险兴讼,陷身之象,通释上下卦也。

《象》曰:天与水违行,讼,君子以作事谋始。

天上蟠,水下润,天西转,水东注,故行相违。《易溯》曰:横图乾一坎六,后天配洛,坎一乾六,故曰违行。煦按:一生六成,水数也。而先后天彼此互易,可悟天一生水之理。元公曰:洛书乾与坎连,而乾飞离不飞坎,其气不亲也,故天水为讼,天火为同人。煦按:谋始者,乾知大始,乾始美利也。讼卦得名由内险之二,然上有刚健中正之大人,不可不察。又缘中吉终凶,故欲谋始。始之谋否,终之吉凶系焉,惧其终违故也。天水违行与讼何涉?特取物理相违以象致讼之由。作事谋始与讼何涉?特取人事之不欲相违,以象无讼之由也。卦义原不在此,故曰上下辞皆象也。

初六,不永所事,小有言,终吉。

事但言初,则不永可知,如盗言初犯是也。凶事不永,则终吉可知。讼本以言争,今但小有言语辨白,则事之不永可知。讼与比初同是阴爻,讼不永而谓为终吉,比终来有他吉,终来与不永何顿殊耶?亲附者,欲其始终无异,乃由后溯前,知非半途力屈之事,故本有初,知其终来有他吉。相违者原不欲有终,故由前逆后,知但能有初者,必终吉,卦殊故义殊也。小谓六,变兑口,言象。讼六爻俱说时上道理,因卦辞有中吉终凶,故象辞亦言谋始。

《象》曰:不永所事,讼不可长也。虽小有言,其辨明也。

长即永也,兑口故辨,离明故明。

九二，不克讼，归而逋，其邑人三百户，无眚。

克，胜也。自下讼上，不克而还，故曰归。逋，逃避也。坎为隐伏，逋象。邑人，坤象，详谦卦。以坎化坤，由动反静，坤称邑，又阖户象。互离又伏离，离居三，三百象，言邑小也。二刚居柔，得下之中，未到极处，又非五敌，故有半事中止象。卦辞中吉，正指此爻。无眚即中吉，坎为眚，变坤故无眚。

《象》曰：不克讼，归逋（《杨易》谓"不克讼归逋"句）**，窜也。自下讼上，患至掇也**（郑作"惙"，谓心忧迭迭也。《杨易》谓"掇"下有阙字）。

窜谓不与之讼也。掇，拾取也。义乖势屈，祸患犹拾取也。此言不克讼之故。

六三，食旧德，贞厉终吉，或从王事，无成。

旧德，旧日之恶德。怀恨不平，思欲报复，故兴讼。食者，吞声不言之意。互巽覆兑，食象。上应刚强，终讼不回，不免常受侵扰。三阴柔自卑，故有食人旧德，含忍不报象，所由终不己害而吉也。此与坤三同辞，乾坤得类，故言其合而含章，天水相违，故言其相忤而含忍。贞厉与可贞同。贞，柔德也。厉，乾三之德。相得故止曰贞，相违故不免于厉。三故言终。无成者，阴柔也。互巽变巽，或象。互离日，应乾君，王象。王事谓忿争之事，坎终接乾应乾，故为从王事。阴柔有馀，而刚果不足，安能有成？二处中，不终其事则曰无眚。初不永，三食德，皆阴爻，所以终吉。此只在①接乾处说道理，故止曰无成，而不曰有终。

《象》曰：食旧德，从上吉也。

从上者，从上九也。阴以从阳为事，既从则虽有恶德，自必含忍矣。从上与从王事有异，从王事谓接乾也。

九四，不克讼，复即命，渝安贞，吉。

不克讼，谓居乾后而独应阴也。复，返也。命，天命。此巽

① "在"，库本作"正"。

爻，故不曰理而曰命。复与小畜同，皆为震爻。即，就也。去其忿争，返就义命也。渝，变也。四变互震，有变动象，故随初亦言渝。渝安贞，变其忿争，安于正也。四居阴变阴，虽离险即健，处乾最后，当在渊之爻，故有退象。亦如三当坤三，故从王事无成。

《象》曰：复即命，渝安贞，不失也。

不失者，本有而未失也。初下卦始，四上卦始，始事便改图，故初言不永者，谓讼也。此言不失者，常道也。

九五，讼元吉。

乾五变坤五，故同称元吉。坤化乾而有善，乾则刚健中正自有之善。阳健居尊而得中，是听讼得其平者，故善而吉。

《象》曰：讼元吉，以中正也。

中则听不偏，正则断合理。煦按上有讼字，不作听讼说亦可。

上九，或锡之鞶带（王肃作"槃"）**，终朝三褫之**（郑作"三拕"，与褫同，拽也。晁氏曰"如拕绅之拕，徒可切"）。

鞶带，大带，命服之饰。男鞶带，女鞶丝，革为之。或者，设辞也。乾为衣，又为园，带象。乾君居上，变兑口，应爻巽命，锡服象。互离，朝象。应离居下卦之终，终朝象。互巽月窟，月初见，亦朝之终也。乾三言终，谓居下卦之中。变离互巽，此之终朝居上卦之终，与离巽应也。离居三，三象。需上三人，谓下乾三爻，此正需下，转而居上，特在相违卦中，故曰三褫。褫，夺也。坎为盗，变兑毁。褫，夺象。命服岂以赏讼？特设言耳。极言讼不可终也。言设若能胜，至受命服之赏，亦必不能常保，此即终凶之意。

《象》曰：以讼受服，亦不足敬也。

纵受亦不足敬，况褫夺随至，其不可终朝明矣。

师

䷆坎下坤上

师，众也。地中有水，百川附地，众象。论德则内险外顺，险道

而顺行，师义也。论爻则阳处下中，五阴顺之，统兵象。五柔居上，顺而从阳，人君命将出师象。

师，贞丈人吉（子夏作“大人”，吴幼清从之，陆绩作“圣人”，不若“大人”为得），**无咎。**

坎险坤顺，坎水坤地，古者寓兵于农，伏至险于大顺，藏不测于至静，师象。贞者，二刚居中得正也。丈人者，老成持重，练达时务者。不得正则无名，不得将则黩而无功，今正而得人，故吉而无咎。

《彖》曰：师，众也。贞，正也。能以众正，可以王矣。刚中而应，行险而顺，以此毒天下而民从之。吉，又何咎矣（崔憬：毒，古毒字。毒，音笃，完厚也，从生母。毐音独，从草。《今考》：毒音笃。毒音育。毐，亥妹二音。毒音枚，毒音母，罪切）。

能左右之曰以。众，坤；正，坎也。众正，言为将者。王，言命将者。刚，才也。中，德也。言主爻也。应谓五信任专也。险，坎也，兵危事。顺，坤也，人心服也。才足戡乱，德足服人，故称丈人。崔憬曰亭，毒也。毒毓育通，若作毒害非。行险而顺，民众顺从，故吉。师本有咎，吉故无咎。

《象》曰：地中有水，师，君子以容民畜众。

百川之流，故有众象。一刚而顺抚众阴，故有容保象。一阳畜养众阴，与小畜一阴畜众阳同义，故有畜众象。

初六，师出以律，否臧凶（《杨易》：“否”即否卦之“否”，“臧”即“藏”字。晁氏云“否”多作“不”）。

本卦五上为君，其馀皆将。律，法也。号令严明，进退攻击，皆有法也。师初故云出，师出故须以律，若不律而不善，则凶。

《象》曰：师出以律，失律凶也。

失律，则否臧矣。

九二，在师中吉，无咎，王三锡命。

师中即刚中，六五中行皆此中也。将不刚则怯，过刚则猛，刚中则恩威并济，故吉而无咎。

《象》曰:在师中吉,承天宠也。王三锡命,怀万邦也。

师中谓二,天谓王,承天宠,委任专也。锡以物,命以温语,是宠任,非褒功。怀,怀保。怀万邦,即群阴顺服。卦伏同人,上乾王象,下伏离,三象。互巽,锡命象,皆对应爻之象。

六三,师或舆尸,凶。

或者,设辞,变巽也。坤坎皆舆象。卢氏曰坤为尸,坎为车,多眚。伏离戈兵,失位乘刚无应,尸在舆上,故凶。以阴居阳,才弱志刚,无应不中,犯非其分,必致大败,此乘刚无援之象。

《象》曰:师或舆尸,大无功也。

不唯无功,且大无功,乾称大,咎归主将也。

六四,师左次,无咎。

古人尚右,故右前左后,盖乾先坤后,故右乾而左坤。左次,谓退舍,阴居阴象也。夷四阴曰左股,丰三阳曰右股①,可知矣。四居上卦之下,故凡四皆有退象。阳动阴静,位次亦然。三居阳,四居阴,动静不同,故爻辞亦异。度不能进,完师以退,故无咎。

《象》曰:左次无咎,未失常也。

知难而退,师之常,恐人以退为怯,故云然。

六五,田有禽,利执言(《杨易》以"言"作"之",非也)**,无咎。长子帅师,弟子舆尸,贞凶。**

应在田之爻,故言田。坎中阳,上下皆阴,与小畜同,禽象。禽又取擒制之义,鸟兽寇盗,人所擒制也。坎为盗,禽害禾稼,故亦为盗。执者,执获。坤为众,互震,变艮手,众手俱动,执获象。言,声罪致讨也。长子指二,震象,又丈人也。在众尊之曰丈人,在爻象则为长子。弟子指六三,长之次也。六五用师之主,柔顺得中,不为兵端,下应坎盗,故为田有禽象。应敌兴师,利在执言,故无咎。论大象,二固吉爻,论五则二为敌应之爻,且有寇象。故利在搏执,而声其罪也。论命将则二又应五之佳爻,故又有长子帅师之说,易不可

① 股",库本作"肱"。

为典要也。舆尸，来氏崔后渠取众主之说，谓参谋者议论不一。本义①亦作参以小人之说，果尔则帅师之长子为木偶矣。须知既言无咎，又言凶，原是一爻两象。五居尊位，下爻皆其所统，除左次无咎者不论，而怀邦之吉，舆尸之凶，则判然殊矣。将固人君所命，而得人则吉，不得则凶，故于命将爻中，兼发两义。长子即丈人，能帅师，则刚中顺应之义在其中。弟子次于长子，非丈人矣，故致舆尸之凶。贞谓五中也，阳先阴后，阳刚阴柔，阳胜阴负，故凶。

《象》曰：长子帅师，以中行也，弟子舆尸，使不当也。

中行，谓二刚中而互震也。使不当，归咎于五也。

上六，大君有命，开国承家，小人勿用。

伏乾为大君，互震伏巽为命，命即开国承家之命。坤，国象。变艮有门阙，家象。功大开国，功小承家，开国原其始，承家要其终。上六师终，论功行赏时也。小人，坎盗也。勿用，震初也。是守成保邦之事，见当任贤也。

《象》曰：大君有命，以正功也。小人勿用，必乱邦也。

无私曲故曰正，乱邦与怀邦相反。

比

䷇坤下坎上

比，亲附之卦。水附地而不离，比象。五刚居尊，众阴比附，有一人统驭，万邦景从之象，故为比。

比吉，原筮（干宝本："比原筮"，原，卜也。《周礼》：三卜，一曰元兆。《杨易》："原"即原泉、原始之"原"，坎象水原也）**，元永贞，无咎，不宁方来，后夫凶。**

原，再也。《礼》曰未有原是也。比蒙皆言筮，而初与原异。蒙坎刚居内中，内则初之三筮所成。比坎刚居外中，外则再之三筮所成。蒙之包初者唯二，比之亲附者唯五。五在坤师皆称元吉，故此

① “本义”，库本作“旧说”。

亦称元。观不宁二句及《彖辞》元永贞无咎,以刚中也,则原筮二字似当指五,然此以原筮指五,而蒙之再三二字,复何所指乎?且后夫之凶亦在上卦,何以为元?一曰原筮指二,谓独与五应。蒙之初筮指初,谓独为二包。元善指五,永贞无咎与后夫之后对举,即因不失其亲之义,指应五言,故蒙与比皆以刚中释之。是皆因刚中之爻,而觉初筮再筮之爻与他爻特异耳。元,善。永,常。贞,正也。既刚而中,吉何待言?刚中之爻正蒙比动用之主爻,此卦体所由定,条教号令所自出。若与诸爻相比,则有能发与不能发,能比与不能比之异,故《彖辞》遂一一分别言之。二固独应五矣,初三与二同为顺体,四既附五,又与二互为坤顺,莫不顺而趋上,故曰不宁方来。上之一爻独在五后,又不相承,故凶。凶与元永贞无咎相反者也。

《彖》曰:比,吉也(“吉也”之“也”,王肃本谓衍文,非也)**,比,辅也,下顺从也。原筮元永贞无咎,以刚中也。不宁方来,上下应也。后夫凶,其道穷也。**

吉,比之吉也,与渐添也字同。辅谓下阴顺从,皆有辅佐之义。一说指四言,谓四独近五,下阴顺四,比于辅者以相比也。据比义而论,唯四为能比五,故文王言比吉,孔子特添辅字,明谓四也。原筮元永贞无咎,谓二也。刚中之五当权得令,四比而辅矣。从辅者又顺以相比,原筮之二又与之相应。四与二均有其吉,皆由不违乎刚中者致然,故总承之曰以刚中也。不宁方来,则初三皆在其中。上谓四居上卦,下谓下卦,后谓末后所成之爻,与原筮初筮,皆论爻也。据五而论,则上独在后,故曰后夫。当上下相应时,上亦宜在应中,不然则何云上下应也?然谓之后夫者,或亦观望而独处后耳。

《象》曰:地上有水,比,先王以建万国,亲诸侯。

水附地,地顺水,物理之相比也。建万国,九五下临坤地。亲诸侯,五阳下抚群阴,人事之相比也。《彖》则人比我,象与爻皆我比人。

初六,有孚,比之无咎,有孚盈缶,终来有他①吉。

① “他”,堂本作“它”。

有孚,诚信也。比者,比于人也。比初贵诚,斯可无咎,又必诚信充实,自初至终,乃有他吉。他吉,谓意外也。二与五应,自内而得贞吉,今初五无应,比二而得吉,故云他吉。亦如损益之五二,切近主爻,故以或益为意外之益。缶者,土器中虚。坤,土中虚象。土德诚信。坎水流坤,初动成屯。屯,盈也,故盈缶。因诚信充盈,故知有终。因在内故称来,初在比中亦亲附之爻,特远五无应,却能比二。比也者,既久而不暂离之义。若使其后有违,安得云比?乃亦有始初观望,势穷力屈,乃始相比,其心不可谓诚。唯自初已然,方知其诚信,所以无咎。若使中路改易,曷云有初?唯自初至终无异,非极诚信者不能,故象以盈缶。

《象》曰:比之初六,有他吉也。

初非五应,但以初诚极至,比二而上顺,故有意外之吉。六以顺阳为美,阴德本实,赤子之心不失最初,故云然。

六二,比之自内,贞吉。

内谓内卦,自内而比,不失己亲也。谓二五正应,二又居内,则亲象也。别于初在应外,四疏而外比者也。

《象》曰:比之自内,不自失也。

当比之时,殊方异俗,尚有盈缶之诚,故自内者为不自失,本相亲也。

六三,比之匪人(王肃本下多一"凶"字)。

三不中正,不能择人而比,与五又无联属,而乘承应皆阴,故为比之匪人。匪,非也。

《象》曰:比之匪人,不亦伤乎。

悯之而凶可知矣。

六四,外比之,贞吉。

外谓外卦,外比谓从五,柔爻居柔,比阳得正,吉道也。本卦独九五为贤,二以正应比于内,是亲而不自失者。四以相近比于外,是疏而能从贤者。故皆贞吉。

《象》曰:外比于贤,以从上也。

五阳刚中正,故贤。居尊位,故言上。从谓四之分义当然。

九五,显比,王用三驱(郑本作“敺”)**,失前禽,邑人不诫,吉。**

比之者,比人也。显比,显然光明,听人之比己也。此二字为主象,下皆显比之象。五君位,伏离日,王象。三驱,猎也。离三数,坎马驾坤车,驱象。伏离网罟,互艮手持之,又且覆师,用众逐禽之象。虞翻曰背上六,故舍逆。据三阴,故取顺。不及初,故失前禽。煦按比五即师二也。师五田有禽,谓九二在田,两阴为翼,有禽象。师五动与二应,师二不动不变,禽象不失,故有禽。比五既动,阳变为阴,禽象不见,故失禽。未变者前,已变者后,故曰前禽。三驱,三阴比五而顺也。猎必合众,故于比象之。取者取而舍者舍,得失两无容心,正无私曲而光显之义。坤为邑为众,三四为人位,不诫即顺比之义,私属亦喻上意也。

《象》曰:显比之吉,位正中也,舍逆取顺,失前禽也(《易举正》:《象》曰“失前禽,舍逆取顺也”,今本误倒其句)。**邑人不诫,上使中也。**

不中不正,安得光显?前之三阴互坤为顺,上之后夫背阳为逆。顺谓比,逆谓不比,上使中谓阴之顺,上之五阳使之也。

上六,比之无首,凶。

阳资始,故乾称首,阴处卦终,又在五阳之后,有背去之象,故曰无首。阴以阳为类,得阳而始有所资,背阳而去,不得所资,又穷极将反,故凶。乾之无首而吉者,乾元既到亨时,万物皆得所资,此亨时之事,非元中之事,故无首吉也。此后诸卦皆以得阳为幸,无首则不得阳,故凶。凡卦之气皆自下而趋上,故初比二,二比三,三比四,四比五,五下四阴又顺以比五,乃上独背五而去又无所比,故《象》称后夫,而爻称无首。首与后对,不能为首,岂不后乎?无首而亦曰比之,谓在比中,五又比于上也。

《象》曰:比之无首,无所终也。

爻曰无首,《象》曰无终者。凡物必能有始,然后能有终。无首者,无始也,其在坤卦即丧朋是也。阴不得阳,不能有始,则不得所资,而含胞孕育之无基,代终之理已绝,故曰无所终。荀慈

明曰阳欲无首，阴以大终，阴而无首，不以大终。此言深合易理。盖阳欲无首者，欲其交阴而有所施，然后物得所资，而各有其始，此即用九无首之义。然慈明不释于用九节中，此用九一节所由仅作占卜看过。阴以大终者谓其得资于元，翕而受之，然后能发阳之用，无成而代有终也。阴而无首不能得阳之施，不以大终者既不能得阳之施，则无所翕受，而不能发阳之用，安有代终之理？盖阳欲无首，欲阳之交于阴，阴以大终，欲阴之交于阳。孔子赞元以大，至于用六，曰以大终也，便可知阴之始终于乾矣。故阳欲无首，而阴则必不可以无首。《周易》未经秦火，独赖占卜得以不废，未必非前古圣人，明知后世必有焚坑之祸，故隐其事于占卜，寄其妙于蓍龟，用得传大道于不坠。学者须细心体察，其妙莫详于《函书》，兹特其约之者耳。

小畜

☰乾下巽上

小，阴也。畜，止也，养也。乾下巽上，以阴止阳，又一阴居四，五阳皆其所畜，以小畜大，故为小畜。又以阴畜阳，能系而不能固，亦为所畜者小，又畜之未极，阳犹尚往，皆小畜也。然尚往指阴不指阳也。

小畜（敕六切，古本一作“蓄”。《归藏》“小畜”作“毒畜”。陈应城引《韵注》:《归藏》作“育”。《杨易》音旭。郑本：畜，养也）**亨，密云不雨，自我西郊。**

亨者，互离伏坎，心亨象。一阴而五阳附之，阴阳相得，亦亨象。二五阳刚居中，皆亨象。密云二句正畜小之象。互离伏坎，云象。兑，西象。乾，郊象。泽气蒸天，得坎半体，阴在天上为云，阴居阴故曰密云。巽风见离日为不雨。密云，阴物。西郊，阴方，皆谓四。因畜小故不雨，象中尚往，与下降对，是阴之方行，非其既盛，故用一自字，以见尚往之为巽初。若雨则升极而降者，故上九穷极将反，乃有既雨之象。

《彖》曰:小畜,柔得位而上,下应之曰小畜。健而巽,刚中而志行,乃亨。密云不雨,尚往也。自我西郊,施未行也。

柔得位谓六居四,释小也。上下应向谓五阳应四,释畜也。煦案卦上二阳,体同一卦,不宜言应,当是巽阴得位于上,而乾初健往于上者应之也,故曰下应。因应阴者方始有初,故有密云不雨之象,云固雨之初也。内健则果决,外巽则和顺,又二五刚中可以伸必为之志,故曰志行。健巽、刚中、志行是亨之故。尚同上,天气上而地气下,无雨之时则然。雨则阴升而上交于阳,升之极盛,始降下为雨。今阴虽离地,甫至天位,犹未全交于阳,故曰尚往。上往与下降对。西郊,互兑也。兑居下卦,四阴由兑而升,未至天位,故曰自西郊。明在方升,未到下降,故曰施未行,即未下降耳。风行天上,命未下颁故也。

《象》曰:风行天上,小畜,君子以懿文德。

风行天上,命未下行也。若天下有风,则诰命四方矣。风,巽也。虞翻以乾为德,离为明,伏坤为文,初至四,体夬,为书契。乾离照坤,为懿文德。煦按坤迷非文也,乾二天下文明。文德,乾象也。又大象离,柔来文刚,与贲同故也。懿,美也。乾粹精,巽和顺,皆美德。文德,德之见诸威仪文辞者。畜,聚也,德须畜,文亦须畜。

初九,复自道,何其咎,吉。

初震爻,故言复,对巽阴言也。复有循环往来之义,故唯初爻可言,二之复,牵焉而已。复自道者,阴柔不能自主,故以比阳应阳为美,坤以交乾为得主是也,阳则可自主矣。爻独应四,嫌于徇阴,故以复之一字,离应而著循环之旨,又以为自具之道,明阳得自主耳。何其咎,阳刚独断,本无咎也。

《象》曰:复自道,其义吉也。

既复而循环不息之义,乃乾道之自然,义即道也。

九二,牵复,吉。

非震爻,何云复?因初为复爻,牵连而及故也。如云牵于初复

而升进耳，宜曰初从巽复，二从初复。巽为绳，两绳相引曰牵。

《象》曰：牵复在中，亦不自失也。

在中者兼上下爻，明牵复之义。亦者承初之辞，初阳刚正，不徇乎阴，得自具之道而不自失。此亦牵复于初，不自失也。

九三，舆说辐（古亦作“輹”）**，夫妻反目。**

辐，轮也。乾为圆，又健行，圆而健行在下，辐象。变兑毁折，脱象。舆去其辐，则不能行。此卦爻爻有行意，故卦辞言亨。乾德上升，巽性善入，曰牵复，曰以邻，曰积载，皆行象。脱辐独象不行，以能畜之四在前，又应既处之爻也。下曰夫妻反目，便知是受制于人，非阳刚本性。大畜之輹与辐不同，輹乃轮旁系木，辅车而行，脱易设亦易，是有待而行，非不行也。虞翻曰豫震为夫，巽为妻，为多白眼，离为目，离火动，上克乾金，反目象。荀爽曰妻乘夫不正。互睽，反目不相视也。三四初时，阴阳比悦，及变兑口舌，巽不果多疑，又夫内妻外，妻乘其夫，三反见制，故反目。盖阳性上进，终不可畜，故小畜止畜得九三一爻。

《象》曰：夫妻反目，不能正室也。

男外女内，位之正也。今男内女外，妻乘夫，故不能正室。

六四，有孚，血去惕出（马云：“血”当作“恤”。晁以道云：古“血”作“恤”）**，无咎。**

大象离，互离伏坎，皆孚象。坎为血，为加忧。血去谓去其体之见伤，惕出谓出其心之见惧，谓坎象隐伏，又据变爻言也。未变伏坎，有血惕，即变成乾，何有血惕？此爻独为卦主，承五应初，又乘承皆阳，协助者多，虽乾金上进克巽木，宜有血惕，然与五阳合体为巽，巽性顺入以容之，阴阳相悦，若可伤而终不至伤，若可惧而终必无惧，故有此象。观《象》曰上合志，便知与上五阳，同为巽体，得五之助，故无咎。

《象》曰：有孚惕出，上合志也。

五为坎爻，得刚中志行之亨。此伏坎有心亨之义，故曰上合志。若兼上二阳，则上爻不宜言志。且六十四卦中，不应不比者，何能为用爻之助？

九五,有孚挛如(“挛”,陆氏《释文》:力巏切。马云:连也。子夏作“恋如”,云“思”也)**,富以其邻。**

五,坎爻,大象离伏坎,皆孚象。挛,缀缉也,相连固结之义。巽为绳,五变艮手,挛象。富谓四阴,有形可积也。五与四比,挟阴而有之,五之富也。三阳同德称邻,先天图乾巽相比故称邻。富字详具谦卦。邻字详见震上。月窟一阴出于乾,而乾体遂由以终。今巽乾合体,因此一阴能止下乾,故卦名取以小止大之义。能左右之曰以。虞翻曰以,及也。因乾性上升,仰承乎四,四固得而用之,今五挟四成巽体,四固积阴富有之爻,若五资四之富,以及比邻。凡四之所用,五皆得而用之者然也,故曰富以其邻。荀爽曰,五以四阴作财,与下三阳共之,故曰不独富。观此之富以其邻,指四阴畜乾而言,故知四之合志,断指五之一爻。

《象》曰:有孚挛如,不独富也。

以此一阴与下三阳共之,故曰不独富。

上九,既雨既处,尚德载(晁氏曰:卜、京、虞皆作“尚得”)**,妇贞厉,月几望**(讹作“近望”,孟、荀、一行本作“既望”)**,君子征凶。**

畜极变坎,故雨。处,止也。巽性既进而退,巽风吹散其雨,既雨既止之象。尚同上。尚德载,三阳为德,互伏坎,下乾为舆,变坎亦为舆。上变需,与三人同义,皆指下乾。乾为德,德载谓积三阳而载以上往,故曰尚德载。大有大车以载,积中不败相同。载字便兼积义,因此卦所畜本小,故至穷极之爻,而曰德积载,言其多也。与大畜何天衢相似,亦如通卦,言密云不雨,至上而言既雨耳。天下可积而载者,唯文与德,故《象辞》遂兼言文德,便是畜义。此言德,不言文,小畜所重止在德耳。巽妇畜乾夫,以顺为正。今坎成巽坏,失巽顺而为险陷,危厉之道,故始贞而今厉。互离日变坎月,巽伏震互兑,震东兑西,日月相望。煦按望谓乾也,月必至望,始见三阳纯乾之象。几,近也。谓望前之近望者,为兑阴之终,即乾先三之始也。望后之近望者为巽阴之始,即乾后三之终也。此义自具先天图,亦犹夫德积载。三人来全为下乾立象,《易》言几望者三,皆不离兑巽,

归五下兑互巽，五又变兑，阴终而又始，故言几望。孚四上巽下兑，其阴一始一终，故言几望。阴之始终必交于乾，故此卦借月以言乾。三阳故称君子。畜至德载，则所积已重，变坎车，应兑毁，则载之者难，故征凶。亦如讼象舟重遇风之说，因此卦亦有天水之爻也，变坎为狐疑。

《象》曰：既雨既处，德积载也。君子征凶，有所疑也。

坎习积象，坎为狐疑，此是畜之极处，故添积字。当积载之后而言征，坎舆巽舟，载重而遇兑毁，安得不疑？

履

☱兑下乾上

履在下而人所践履者，又礼也。礼以下人，故以履为礼。此卦两体，一柔居下卦为用，故通卦皆取自下奉上之义，而自上乘下之义反轻，非用爻也。天尊于上，泽卑于下，履象。内和外刚，礼严而和，象伏谦。谦用爻亦在下，故曰谦以制礼。杂卦曰履不处也，故爻爻皆有行义。

履虎尾，不咥人，亨。

虎兑象，以柔下刚，则在上者蹈藉乎下，故曰履虎。兑象和悦，三乃末爻，故曰尾。伏谦，谦之下艮，亦曰尾也。所履者和悦柔顺，故不咥人。虽以自上履下为义，而和悦柔顺中便含礼意，《彖辞》所由有以柔履刚，悦应乎乾之说，此与讼初旁通。履虎即小有言，不咥即终吉，皆先后相悬，凶吉异等之象。上履下而下委婉，两无违忤，故亨。

《彖》曰：履，柔履刚也。说而应乎乾，是以履虎尾不咥人亨。刚中正，履帝位而不疚（陆绩作“疾”）**，光明也**（自“刚中正”以下，杨俱改入《文言》）。

柔履刚，即柔下刚也。履即冠履之履，与大象同，如云礼下于人耳。为用爻在下，和悦恭顺乎上也。悦而应乾，有何违忤？故《象辞》有上天下泽辨定之说，为用爻在下耳。因其悦而上应，故乾之乘

藉乎此者,自无危机所由不咥而亨也。因履刚悦应,上得安处其位,故又有刚中正,履帝位不疚之象。向来但作践履说,误也。盖履刚悦应是就兑之悦应,而见仰承之无忤,履虎不咥,是就乾之下蹈,愈见和悦之感也,皆明亨故也。刚中正指五言,五帝位也,即《彖辞》上天之义。不疚者悦而在下故也,总为用爻在下也。光明为互离也。

《象》曰:上天下泽,履,君子以辩上下,定民志。

天尊泽卑,重下泽,不重上天,为用在下卦也。泽安于下,得恭顺事上之道,故谓履即是礼。辨上下以严天泽之分,定民志使安上下之常。然但曰定民志,不及上字,则用柔益明。

初九,素履,往无咎。

素,白也,亦为平素,犹常也,即不饰不雕也。阳下居初,未为物迁,故称素履,犹云洁素平常之礼。礼贵善下,在下故往无咎。往,阳德也。此卦阴在乾下,有似乾人之足,故爻皆言行。

《象》曰:素履之往,独行愿也。

无应无比故言独,即比卦应外之说。素谓在下居初。凡物皆始微末盛,始小末大,始清末浊,非中爻,故言愿不言志。

九二,履道坦坦,幽人贞吉。

变震足,履象,又为大涂,坦坦象。道本四达,居中而可四达,故言道。居互离之下,故言幽。二,人位,故曰幽人,与归二幽人同。在下得中,故幽人贞吉。二与四同,二坦坦,四愬愬者,二中四不中也。二五皆中,二贞吉,五贞厉者,二刚居柔,五刚居刚也。阳处阴位,得谦而在下之礼,故六爻皆阳处阴位为美。

《象》曰:幽人贞吉,中不自乱也。

中德在内,则见内重而外轻,故中不自乱,谓无应而不失中也。爻变则震动于下,艮止于上,而中仍如故,故为不自乱。但曰中,则幽人贞三字,皆释之矣。

六三,眇能视,跛能履,履虎尾,咥人凶,武人为于大君。

互离,目不正,遇兑毁,眇象。伏震足,动于乾人之下,不正,遇兑毁,跛象。侯果曰三兑爻,互见离巽,离目巽股,体俱非正,虽能

视，眇目者也，虽能履，跛足者也。仲虎曰归初跛，不中也。二眇，不正也。此并书之，恶不中且不正也。三人位，正居兑口，乾人之足，动于虎口，咥人象。互离兑，水火相形，巽兑金木相克，亦咥人象。三变，六爻皆乾，以兑悦离文，变而刚猛，武象。三，人位，武人象。阳大阴小，阴变阳，大象。变乾，大君象。乾动而有为，为于大君象。《周易》无闲字，诸解竟说为君，置于字不论，非也。况五君正位于上，一卦中岂有二君，当知此即或从王事之爻，缘经文之事，非纬武者所能。今大君之事，武人竟欲为之，是即眇视跛履，妄作妄为，履虎之象也。盖阴柔之才，本宜守分，乃居刚志刚，变刚应刚，亦妄而已矣。

《象》曰：眇能视，不足以有明也。跛能履，不足以与行也。咥人之凶，位不当也。武人为于大君，志刚也。

不足者，阴人之才。不当者，柔居刚也。爻以位为志，志刚言妄而不安分也。

九四，履虎尾，愬愬（马融作"虩虩"）**终吉。**

三为用爻，四上乘之，故亦称履尾。愬愬，畏惧貌。四乘柔居柔，而上逼至尊，故以恐惧而致终吉。三才柔暗而志刚猛，故触祸，四才刚猛而志恐惧，故免祸。

《象》曰：愬愬终吉，志行也。

此震爻，变亦互震，故言行。互坎伏离，故言志。志行者，柔顺以事刚决之君，得行其志也。初独行，远君也。四志行，近君也。

九五，夬履贞厉。

夬履，皆乾兑相易，在履而当夬位，所履之卦，又见夬象，故称夬履。夬，决也。慨然以天下为任，主张太过也。《彖》言全象，见其刚中正，故善之。爻专言五，动变成离，则又明燥而愈夬矣。

《象》曰：夬履贞厉，位正当也。

位当而亦云贞厉，伤于所恃也。又下卦悦体，因悦而成夬，故兑之九五，亦云位正当。

上九，视履考祥（郑、陆、晁氏皆作"详"）**，其旋元吉。**

此与在下之用爻相应,离目当履位,故云视履,谓行路而看足下也。考,成也,作稽考亦可。祥,善也。变兑和悦,故言祥。蹶趋冥行,常多颠蹼,今视其履者,欲成其善也。乾德健行,亢当有悔,将复之爻故言旋。旋,转也,行之圆转也。视履以成其善,故行之周回处,无不善而吉也。

《象》曰:元吉在上,大有庆也。

大即元,庆即吉,乾故称大。此卦亦具天火之象,故言大有。以火照天,何所有之不见?此卦居阴者固佳,应阴者更善。

周易函书约注卷四　周易上经四

泰

䷊乾下坤上

先天，乾坤正位而始终之。后天，坎离正位而始终之。后天即先天之交，乾坤之二用也。《上经》发乾坤之用，河图先天之妙也。《下经》发坎离之用，洛书后天之旨也。天处地位，地处天位，交象。泰，通也。泰在混沌时，否则天地定位在两仪之候，故泰先而否后。

泰，小往大来，吉亨。

小，阴。大，阳。往来，以内外言。卦爻将成，来必在内而始克有初。内爻既成，往必出外而各成卦体。阴外故小往，阳内故大来。先言小往者，阴阳之理流行不息，小者不往，则其位不虚，而其来无地。刚健发越之性既来于内，则万物之资始有基，故吉而亨。亨者，健行之性，不终秘也。其不具四德者，泰在天气既施后，故不言元止言亨，仍未到资生时，故不言利贞。

《彖》曰：泰，小往大来，吉亨，则是天地交而万物通也，上下交而其志同也。内阳而外阴，内健而外顺，内君子而外小人。君子道长，小人道消也（杨自“内阳外阴”下改入《文言》，馀卦“天地日月四时，圣人万民万物”之类，杨俱改入《文言》）。

天地以气交，上下以心交，阴阳以气言，健顺以德言，此造化之小往大来。君子小人以类言，此人事之小往大来。内外释往来。阴阳健顺，君子小人，释大小，而吉亨已在其中。

《象》曰：天地交，泰。后以财成天地之道，辅相天地之宜，以左右民。

财同裁，五阴故称后，道言其用之广大，宜言其用之当然。因天

道流行，而裁为春夏秋冬，因地道广远，而裁为东西南北，皆裁成之，使不过也。春生秋敛，合天之运，高黍下稻，相地之宜，皆辅相之，赞其不及也。左右，经纬错置之义。左法天旋，右法地势，扶植以遂生，辅翼以复性，俾如天地之通泰也。乾坤之后，屯作君，蒙作师，需饮食之，讼刑政以治之，师武以戡乱，比文以附众，至富教全而文德懿，礼教行则泰运成矣。

初九，拔茅茹以其汇（郑本："茅"音苗。"汇"，古文作"胃"。董遇本作"夤"。又傅氏注云："汇"，古伟字，实当作"萆"），**征吉。**

此震爻，中互震，变巽阴木，故象茅，在下故象茹。茹，根也，下动故象拔。三阳同类，流行不息，故象拔茅茹。此与六五归妹皆兼互卦言象也。汇同蝟，以其类多，故借为类字。一曰草木萆孛貌。言拔动一茅，根茹相连，同类而起。征，震爻也，与四之行同，自下升上，四顺应而不违，进皆得志，故以其类征吉。

《象》曰：拔茅连茹①，志在外也。

志由震动而见，外由四应而见。

九二，包荒（《石经》："包荒""包承""包羞"俱作"苞"，郑本作"㠩"，水广也。虞曰大川也。郑玄读为康，云虚也），**用冯河**（冯、凭通），**不遐遗。朋亡，得尚于中行。**

来氏以包为包初，以亡为亡初。乌知两物各异，始可言包。若阴与阴、阳与阳，同体不分，何能相包？蒙与姤皆阳包阴也。又必外可包内，内不可包外。内与内何能相包？当知卦爻各有主象，其下物理人事无非释主象而已，详具原爻②。荒者，坤地旷邈之形，又草木附地芜秽之象，若八荒大荒是也。乾阳居中，坤阴外包，九二又属中爻，是生气含蕴于坤中之象，故曰包荒，如云为荒秽者所包耳。此二字主象已完，下面人事物理无非包荒之义。二坎爻，变又互坎，故

① "连茹"，通行本作"征吉"。

② "原爻"，库本作"函书"。

象河。乾健，利涉大川，故象凭。不遐遗，即不我遐弃，遐谓相隔远也。不遐遗，谓五应也。变坎尽处，方为六五，以健升之性，赴必应之爻，故为用冯河不遐遗。健行之性，不能停蓄，故有朋亡得尚之象。尚同上，中行指五，朋本相资得助之称，此则谓三阳相连也。朋亡者，绝类而行也。二变离成乾坏，故朋亡。上者，乾之升性也。通象全言应五，故包荒二字，先即据坤言主象。

《象》曰：包荒得尚于中行，以光大也。

略中三句，独以得尚句承之。可知主象之外，止是一义。上面提包荒，下独以得尚自承之，可知下段全是包荒之义。大，乾德。光，变离也。玩光大二字，可知朋亡便具中德无私之义。

九三，无平不陂，无往不复（《杨易》《古易》用“无平不陂”，《程传》从之。今《易》用“无往不复”，《本义》从之。宋衷兼用二句），**艰贞无咎勿恤，其孚，于食有福。**

陂，倾邪也。平陂以地形险易言，往复以天气往来言。爻本乾坤相际，故先列乾坤两象，以寓必合之旨。然在乾三，只以无往不复为主象，因与坤接，故先言平陂引起之。下三句皆相接之象，无平不陂，险者由易者相形而见，则地不可以一形拘矣。无往不复，乾德循环不息，则天不可以不迁论矣。乾德上升，天与地接，故云然耳。艰与屯难同义，刚柔始交也。贞，正也，阴阳合德，何邪之有？恤，忧。孚，信也。更革之际，乾惕君子，当有一番震惧，故曰艰贞无咎。然阴阳得类，自必契合，故曰勿用忧恤，其必孚也。坎离，天地中交也，此正天地中交，故皆言孚。互兑变兑，食象。食有形，坤象。饮食自外入腹，所以养内，兑口承坤，故象之。《礼》曰“饮以养阳，食以养阴”，食为阴象明矣。无坎象，故不言饮。勿恤二句即无咎也。其孚言坤之不违，于食有福言乾得坤而有助也。向作泰终否来说，竟以坤卦为不美矣。无坤何由成泰交乎？如使泰中可言否，否不可废乎？泰三便可言否，否三何不言泰乎？甚矣其误也。

《象》曰：无往不复（《古易》《释文》用“无平不陂”），**天地际也。**

不举无平句,重主象也。不举艰贞三句,义在无往句中也。诸爻《小象》皆是如此,非略也。上与坤接,故曰天地际,与坎四刚柔际同。三四为内外之交,俱从相接起义,此通例也。

六四,翩翩(古作“偏偏”,《释文》作“篇篇”)**,不富以其邻,不戒以孚。**

此与三皆天地之际,故各说相际之理。互震变震,有动象。翩翩如需之三人,谓三乾也,此二字为主象。坤有形可积故言富,《系辞》以富有言坤是也。不富者下邻三阳,为翩翩上往者所变,不成坤体。邻,比接之称。阴为阳变,阴之所挟不能自保,揆厥由来,实由邻起,故曰不富以其邻。《小象》失实,即不富也。四已变震,并上二爻皆不成坤,故曰皆失实。富字邻字,详谦卦。皆字谓三阴合德于乾之旨,但变一爻,皆不成坤,观此则阳虚阴实可知。向拘阳实阴虚之说,据此《小象》,亦可云失阳乎?不戒以孚,见不颁戒令而已孚信,明阴阳契合之妙也。

《象》曰:翩翩不富,皆失实也(郭京《举正》作“反实”,《全书》从之)。**不戒以孚,中心愿也。**

阳妙于神,阴妙于形,故系以富有称坤,今云富实殷实是也。

六五,帝乙归妹,以祉元吉。

中互震兑,归妹象。五帝位,震亦称帝,坤本纳乙,坤而下顺,故称帝乙。上柔顺而下从刚阳,所由称以祉元吉。震长兑少,故称妹。五应二,妇人谓嫁曰归,故言归妹。祉,福也。以祉,以此得福也。此全据中互以立象也。

《象》曰:以祉元吉,中以行愿也。

中,中德也。阴阳交泰,乃其所愿,故二尚五归,一往一来之义。二中行,五中以行愿,正上下交而其志同也。四与阳心相契,故曰中心愿,下嫁则见诸行事,故曰行愿。

上六,城复于隍(子夏作“堭”,姚信作“湟”)**,勿用师,自邑告命,贞吝。**

坤土变艮土,离象中虚外围,故象城隍,城下沟无水称隍,有水

称池。坤既变艮，则为径路门阙果蓏。城上有径路，于门阙又生草木，则城倾圮。复隍象也，穷极将反，故象复。复者，因其本下而言也。无平不陂是由平而陂，谓乾终而接坤。城复于隍是陂而复平，谓坤终而接乾，与无往不复之三应，故亦言复。此四字主象也，下三句则处将复之道也。坤为众，互震变离为戈兵，师象，谓兴兵动众以服之也。变艮止，故言勿用。师，险陂象。勿用，平象，仍是复隍之义。震为笑言，互兑口，告象。兑覆巽，命象。命出于天，乾在下，故言命。坤为邑，自邑告命，由近及远也。贞本坤德，厉与乾悔同义，穷极将反也。吝字不止羞义，阴道收敛，到得穷时亦愈俭啬不中礼耳。此象止是泰道将终，去阳最远，其志将有不同，惧其强合，故曰勿用师。然同体中有不戒而孚之四，有中以行愿之五，虽不克骤相孚契，犹可藉以传言，故曰自邑告命。然不能强命①，而徒以言传，虽所持甚正，啬亦甚矣，故曰贞吝。

《象》曰：城复于隍，其命乱也（《杨易》："乱"，古"治"字。）。

坤本安静，静中之动，故以为乱，与龙战相似。

否

☷☰坤下乾上

否之匪人，不利君子贞，大往小来（俞琰读"不利"句，"君子贞"句）。

否、履、同人、艮四卦之辞，皆连卦名。匪人同比，指小人说，谓非同类也。故下曰不利君子贞，对匪人言耳。匪人得志内据，持正之君子曷利乎？互巽行权，故不利贞，总由阳外而阴内，故下曰大往小来，俭德辟难正为此。

《彖》曰：否之匪人，不利君子贞，大往小来，则是天地不交而万物不通也，上下不交而天下无邦也。内阴而外阳，内柔而外刚，内小人而外君子。小人道长，君子道消也。

① "命"，库本作"合"。

阴性静而居内,有盘据象。阳性动而趋外,有散越象,故曰不交。泰言志同,此云无邦,见人志不同,必至离散乱邦也。坤邑,邦象。坤先迷,无象。阳性上达,外往而不顾其下,故无邦。据乾之违坤而立辞,《易》为君子谋也。

《象》曰:天地不交,否。君子以俭德辟难,不可荣以禄(虞作"不可营")。

圣人立辞,《彖》《象》卦爻皆是一义,自来各说道理皆非。俭德,俭约其德,敛其道德之光也。坤吝啬,俭象。辟难,辟匪人之祸也。三阳在外,乾为远,互巽而见遁,辟难象。禄谓坤阴有形,凡食货财赋皆象之。不交,从上下分处说道理。不可荣以禄,人不得以禄荣之。坤阴趋上而日进,有欲荣以禄之象。乾阳趋外而日远,有不可荣以禄象。此又兼两体说道理。

初六,拔茅茹以其汇,贞吉亨。

泰初震爻变巽,否初巽爻变震,故皆象茅茹。贞者,上有九五刚健之君,三阴牵连,志在乎君。从阳应阳,所由正而得亨。泰言征,乾阳之动用。否言贞,坤阴之静体也。

《象》曰:拔茅贞吉,志在君也。

泰否茅茹,皆从初字立象,有初则必有继,茹而有汇并及其馀也。志在君者,初在下之义也。坤体卑贱,初又居下,下之所承,故以为君。泰言外,否言君,泰五不若否五刚健中正,故泰则统论上卦而目为外,否则专论九五而称为君。

六二,包承,小人吉,大人否,亨。

包承,主象也。泰为交卦,则兼上下而言义。否不交之卦,则包承自是两义。包非亲内之辞,乃外而不内之辞。乾外坤内,乾动坤静,故象包。乾上坤下,乾尊坤卑,故象承,坤之乃顺承天是也。小人吉,大人否亨,皆包承义也。小人得志于内,君子略不之较,故小人吉。君子在外曰远,故否而亨也。

《象》曰:大人否亨,不乱群也。

不乱群是君子不乱于小人之群,可知否亨全说外乾,全是不交。

不言小人,《易》为君子谋也。不释包承,便知下二句即具包承之义。泰卦爻爻言交,否卦爻爻言不交,爻本于卦也。凡卦辞爻辞,皆有主象,如小人二句即说包承是也。

六三,包羞。

处群阴之后,与阳最近,阳外故为阳所包,阳外之而犹亲之,故可羞。此二字爻义已完,不更添一辞,所由知包承亦主象也。其小人二句,特包承中义耳。三阴皆内,三独亲阳,若小人之饰貌以匿君子,君子包之略不介意者也。又若穷凶极恶,敢于犯止,阳独外之,犯而不校者,然二者皆可羞。凡人果相契合,劝善规过,必当明正其辞,若或外之,则是之与非皆含糊混过,故以包为外之之词。

《象》曰:包羞,位不当也。

与二同包,二曰承而此曰羞,与阳近也,故以为位不当。

九四,有命无咎,畴离祉(“畴”,郑作“𠷎”。杨“离”与“罹”通)。

互巽变巽,命象。命由天出,居乾下而见巽命,若命令下沛者然,故言有命。向作济否之志得行,又以不极其刚为无咎。据此解说,上有刚健中正之五,下有奉令承顺之四,又有下沛之恩令,泰交之盛不过如此,顾犹称为不交之否,何耶?当知否是不交之义,凡阳皆具外扬之性,此爻近与阴接,全说亲比无交之义耳。俭德不荣以禄,正为三阳而言,开口先说有命,命由天定者也。便知此爻独以义命自安,故离下而上,离内而外,离坤而乾,绝非众阴混浊,随波逐流者比,故下曰畴离。畴,众也,指下三阴。离违而去之,以命自安,何咎之有?畴离从有命中出,祉从无咎出。如以离作罹字解①,则有命二字便有俭德不荣禄之意,有何咎尤?畴离祉者,听众人之安享其福而己不与也,皆违阴之义也。《小象》说志行,即畴离之义。行,震爻也。志由行见,又以爻居否中,与泰中心愿也之爻同也,愿与行,交不交分矣。又因卦有遁象,中互艮止,爻变又为重山,是真有天命俭德辟难而无咎者也。坤阴静镇,乾阳动升,故在内则趋而上交,在

① “解”,库本作“改”。

外则发而散越。

《象》曰:有命无咎,志行也。

行即辟也,在卦中故言志,唯有行所以能离,不知天命,乌能行而辟乎?凡两卦相接,皆说相接之义,爻相比皆说相比羡之义。此爻既与坤接,而却居上卦,即乾四进无咎之义,故言行。五之休便从行来,非志大行之说。唯有在先之行,所以有在中之休。休,行之既倦者也。凡爻难解者,宜证诸《小象》。《小象》难解者,宜证诸爻辞卦辞并及《大象》。又必前后互参,不相违悖,始得真解,读《易》者不可不知。

九五,休否,大人吉,其亡其亡,系于苞桑(马、荀作"包桑")。

休谓置诸度外也。安于所辟,恒若不知有否,故为休否。处乱世者患在知有乱世,尝欲拨乱反正,故不免小人之忌。休本行来,四居乾初为震爻,故言行。五居乾中,前不为行,后不为倾,故言休。此敛华就实,沉几观变,绝不介意者。因不知有否,此大人之所由得安其位而获吉,即不犯小人之忌也。因二应包承于下,故此置否于度外者,即以为大人之吉。其亡其亡者,心辞也。能休者必有其故,因常有其亡其亡之惧在其心中,故能因否而休,得安其位,而有系于苞桑之固也。人依木息为休,互巽木,五居上,休象。二居巽下,巽柔木,柔象。变离互坎为丛棘,苞象。一说言休又言系,为二应也。唯阴最易干阳,必有系累之惧,乃有危亡之戒,而获所安是惧由系生,安由惧得,盖五之休即二之承也。

《象》曰:大人之吉,位正当也。

下不为行,上犹未倾,其位中正,既安且固,故为大人之吉。正当谓得中也。然休否其亡之义皆在其中,故不另释。

上九,倾否,先否后喜。

倾,覆也。否如不终,乌云否亨?故孔子曰否终则倾。穷极必返之爻与复隍同义,向谓否终成泰,非旨也。此革故之说,非鼎新之说也。先否,本卦之体也。后喜,否倾之故也。变兑故喜。

《象》曰:否终则倾,何可长也。

此为上乾之终,故说出天运循环自然之理。

同人

☲离下乾上

乾坤初辟，有水无火，交泰之后，有火无水，至坎离而上经终。

同人于野（古作“埜”）**，亨。利涉大川，利君子贞。**

同人，与人同也。天在上，火炎上，乾为人，与天同，故曰同人。二得位得中，上应九五，其义也。又一阴而五阳皆欲同之，亦同人也。闭户隔绝，曷由能同？若涉之畛域，同亦有限。乾象广大，一阴同之，故曰于野。野则旷远，无私，无畛域，故亨。互巽伏坎，以健而行，故利涉大川。内明外健，主阴中正而有应，故利君子贞。

《彖》曰：同人，柔得位得中而应乎乾，曰同人。同人曰（虞本不作羡文，郭京删此三字）**，同人于野，亨，利涉大川，乾行也。文明以健，中正而应，君子正也。唯君子为能通天下之志。**

二柔为主爻，柔处二，故得位得中。应乾谓五，二五皆人位，相应故曰同人。乾体广大，在外故言野。以内同外，故同人于野。巽舟遇风而健行，伏坎为川为通，乾为大，大而能通，故利涉大川。乾行，谓用之健也。主离应乾，则是离体而乾用，故言乾之全体，非论一爻也。向作主乾，又作济险说，非旨。知野为乾，则同人于野，必非乾。知大为乾，则利涉大川，必非乾。文明，离也。以，用也。健虽乾德，说在文明之下，因主离而言用耳。凡卦皆内体外用者也。中正谓二，应谓五，在二故言君子，与九五异也。不先言健，不先言应，而先言文明中正，主阴之辞也。文明以健，则无暗昧柔靡之私，中正而应则无邪僻孤行之患。正，贞也。不言利者，健则能利之故，应则获利之效也。通者，乾之亨也。伏坎为通为志，离在乾下，故曰天下。居乾下而中通，故曰通天下之志。此总释亨利贞三段，以发明能通之理。下君子兼正字在内，又明亨利之故，皆得位得中所致，而归功于贞也。

《象》曰：天与火，同人。君子以类族辨物。

离本乾体,坤阴再索而成离,故后天之离位先天乾位,言不异也。乾之归游入离,离之归游入乾者,此也。火由天出,天火同为一卦,又当人位,故曰同人。辨类非同也,然类其族之异,所以致其人之同。辨其物之异,所以合其人之同。《西铭》言分殊,正要知理一耳。张子曰“不有两,则无一”,此旨也。

初九,同人于门,无咎。

变艮为门,于门谓出门外也。门外非野,然门内私而门外公,是略同而未大同者。上无应,故止曰于门。

《象》曰:出门同人,又谁咎也。

出门,明不内也。止曰出门,为在初也。谁咎者,人之同也。

六二,同人于宗,吝。

卦爻之动,阴阳互变,然阴静阳动,阴无阳有,阴暗阳明,故阴又以得阳为主,主即宗义也。离二之阴索乾而成,其体乾体,其位乾位。凡本支流衍,始克称宗。今坤索乾二,变为阴爻,逮于阴变,又复乾体,阳为阴主,故曰宗。此兼五阳而言。然乾阳开舒,坤阴俭啬,一阴同五阳,二又变阳,是得主而复乎其位,故曰同人于宗。乃应止九五,亦已狭矣,而俭啬之性又因开舒之五阳,相形而莫由自掩,故曰同人于宗,吝。

《象》曰:同人于宗,吝道也(侯果“吝”字断句)。

因同阳而啬形以著,若有所操以自致者然,非所同之过也。

九三,伏戎于莽,升其高陵,三岁不兴。

伏坎为隐伏,互巽入,伏师,离为戈兵,戎象。巽阴木,莽象。巽又为高,二阴本为坤土,三变互艮,陵象。三在二上,故为升高陵,震二亦同此义。三,离数。兴,发也。伏戎于莽,恐九五之见攻。升高陵,将敌五攘二也。对五言,三在下,故曰伏。对二言,三在上,故曰升。总因五阳皆欲同二,三亦欲同者也。三刚而不中,二本有正应。据理则三①非正应,理不直。据势则五居尊位,势不敌。所以三年之

① “三”,库本作“二”。

久，终不发也。

《象》曰：伏戎于莽，敌刚也。三岁不兴，安行也。

三与乾接，故为敌刚，恐人误为攻二也。行即兴也，安行者揆于理势，不急不暴，俟时而动也。此爻变震，有巽艮两象故也。

九四，乘其墉（郑玄作“庸”）**，弗克攻吉。**

四与下离接，在上故言乘。离中虚外围，墉象，与解上泰上同义。三四皆争夺，故不言同人。三恶五亲二，有犯上之心，四恶二比三，有凌下之志。四不中正，非应而欲同二，三为二墉，故有乘墉攻二象。然以刚居柔，去二又远，故有自反弗克攻之象。因欲攻而致困，因弗克而弗攻，所以有反则之吉。

《象》曰：乘其墉，义弗克也，其吉，则困而反则也。

义即理也，则即理之法则。困，穷也。爻变巽，为进退不果，故有攻不攻两象。乾四之进退，亦是如此。弗克何以云义？盖二内四外，三为二墉，四乘三欲同二，故曰乘墉。非本然之契合，故断以义而弗克也。弗克即不攻也。弗克而犹乘，所以致困。弗克而归于义，故为困而反则。乘谓在下卦上，反谓在上卦下。

九五，同人先号咷而后笑，大师克相遇。

火无定体，离之歌嗟，出涕沱若，中孚之泣歌，与此皆离也。先号咷者，六爻未变，离伏坎为加忧。五之同二，隔于伏戎之三，乘墉之四也。后笑者，爻变互兑，悦也。旅卦由兑悦变小过灾眚之凶，故反此。用大师者，三伏莽，四乘墉，非大师岂能克？本卦伏师，爻变离伏坎，用大师象，故先号咷。克相遇，故后笑。

《象》曰：同人之先，以中直也。大师相遇，言相克也。

中直即中正，见隔于三四而致号咷也。然以中正相与，则相同后笑之理皆具矣。克谓克三四，克而遇，故后笑。

上九，同人于郊，无悔。

国，外郊；郊，外野，皆旷远意。于野言卦之全体，无所不同，故亨。于郊止言外卦之上，谓无可与同，故止无悔。此亢悔之爻也。

《象》曰：同人于郊，志未得也。

无人可同,则无以通天下之志,故象于郊。志未得与通天下之志相反。主爻言宗,阳为阴主,最亲之辞。郊远而不内,是外而疏之之辞。

大有

☲乾下离上

大有,所有之大也。火在天上,万物毕照,所照皆其所有。众阳尊趋五柔,诸阳皆五所有,是五阴小而所有大也。

大有,元亨。

天地间所有原不可量,莫不资元之亨以有其始,故谓大有为元而亨。元亨独见此卦,正谓离五由乾五一亨而出。乾亨其五,正乾元用九之候,故为元之亨,而不及利贞。

《彖》曰:大有柔得尊位,大中而上下应之,曰大有。其德刚健而文明,应乎天而时行,是以元亨。

柔尊而上下从之。阳大阴小,所有皆阳,故大有。内体外用,释卦皆先体后用,故此卦先刚健,而同人先文明。上下应,众阳应五也。应天时行,五下应也。内健外明,动与天应,故元亨。

《象》曰:火在天上,大有。君子以遏恶扬善,顺天休命。

火在天上,善恶毕照。遏扬者,明健之用也。休,美也。天命之性有善无恶,遏扬皆顺天休命也。顺天休命即应天时行。命何云休?乾象言天命之性而归诸太和,《文言》明率性之道而始于长善,和而善,故休也。乾始之美利此休,坤五之美在其中亦此休。乌有恶之可言?故遏与扬皆所以顺之。

初九,无交害,匪咎,艰则无咎。

此即同人之上,同曰于郊,同而不同者也,有曰无交害,有而不有者也。同居乾上,故言悔。有居乾下,故言咎。害者,害我之大有也。离为戈兵在前,害象。故睽卦离在前,曰见恶人,夬二变离,亦曰莫夜有戎。今乾金遇离火,故有害。去离远,故无交害,言非应也。三与离交,则小人害矣。匪咎者,人来害我,非

我之咎。若因匪咎处以易心，受害必矣。故唯艰为可以保大有而无咎。

《象》曰：大有初九，无交害也。

无交故无害。

九二，大车以载（陆氏《释文》曰："车"，王肃"刚除切"，子夏、蜀本"车"作"舆"。《杨易》按：后汉时，"车"始有居音），**有攸往无咎。**

乾为大，为圜。乾德健行，圆转不息，故象舆。坤载物，故亦象舆。第乾舆多说行，乾健行也，此之攸往是也。坤舆多说静止，剥之得舆是也。应阴故象载物，乾上应阴，故象大车以载。

《象》曰：大车以载，积中不败也。

阳多言积，健行不息为时久也。坤之言积，亦曰非朝夕之故。畜有皆五阳，乾皆在下，故两卦皆言积载。积中者，阳中应阴中也。五之交孚，言应也。乾金离火，宜其败坏。乾而中，则积之于中，故不败。

九三，公用亨于天子（《本义》曰：古"亨""享"通），**小人弗克。**

亨，通也，不可作享字说。三与离接，以金遇火，本有通义。然大有主阴，三为四隔，故止曰用亨，犹是愿通之说。此卦诸阳皆为阴有，三独阻四，若小人持兵害之，不克遽通者然，故求通也。盖有之四即同之三。三伏戎，阻也，故皆言弗克。同①以上侵下，故曰乘墉，有②以下责四，故止曰小人。三变睽，舆掣牛曳，即小人之阻也。因阻求通，故言用。弗克者，因九四之小人，阻而害之，不克遽通，故求通是一义。三在有中，终为五有，故四之小人终不能阻，言必通也是一义。《小象》言害，不及弗克，正以明用亨之故。

《象》曰：公用亨于天子，小人害也。

因小人害，所由弗克亨而用亨也，亨则小人弗克矣。周公之无害，初远于四也。孔子之小人害，三近于四也。

---

① "同"，库本作"有"。

② "有"，库本作"同"。

九四,匪其彭(子夏作"旁",虞作"尪"。四失位尪折足,故尪),**无咎**。

彭,鼓声,又盛也,言声势之盛也。火动则有声,故象歌泣。震动亦有声,笑言哑哑是也。四变互震为鼓,彭象。大有变大畜,盛象。艮止,匪其彭象,言不极其盛也。四在同人曰伏,曰不兴,曰安行,皆不极之象。一阴而有五阳,四独比阴奉阴,而下据三阳,则五阴之有皆四之有,故盛。变艮止,不极其盛。故无咎。

《象》曰:匪其彭,无咎,明辨晰也(郑本作"明辩遰也")。

晰,明貌,离明象。明辨者,辨其所居之地,乃别嫌多惧之地。辨其所遇之时,乃盛极将衰之时,此爻似郭子仪。

六五,厥孚交如,威如吉。

孚谓中实,交言应二也。五以诚感,二以诚应,阴阳相得,自然孚契,故曰厥孚交如。若作五阳交一阴,则孚字是言五之中德,明所由成交之故耳。故《小象》谓为信以发志,威五居尊也。离多言如,亦从阴柔见出,若阳刚居五,自然尊严,何待言如?因五体文明,其德中顺,居刚而不用刚,五阳又尊而顺之,故以为威如而获吉也。

《象》曰:厥孚交如,信以发志也。威如之吉,易而无备也。

诚能动物,一人之信,足以发上下信从之志。易而无备者,凡人机心深刻,过于防闲,则易生嫌隙。又或纯用其刚,不本中诚,则亦属面从,决不能感发众志,成交如之孚。唯平易而不防备,则以我之诚信感彼之诚信,以我之和易彻彼之周防,故得上下信崇。尊于位而大其有也,此为大有主爻,不可以应二作任贤说,亦不是戒词。若作戒词,便当曰威如则吉,不当曰威如之吉。观威下用如字,岂应全说作威乎?

上九,自天佑之,吉无不利。

六五有其大有,上为五所承顺者,则五之有皆其有,五之孚皆其孚,五之顺皆其顺,自然而致,非由人力,故以为自天佑之。夫群阳孚信于五,五又承顺于上,上非贤,曷克致是?所以谓为

尚贤。以上乘五，故云履。履，行也，变震故也。信虽指五，自上而言履信，只如云行信耳。思之为言，明本非顺上者也。因所履而有，故以为思。子瞻曰信顺上贤，皆五之德，上特履之耳，是以不见致福之由。

《象》曰：大有上吉，自天佑也。

言皆天助，非人力也。居天位，故言天。又因下乾亦在顺阴之中，故云然。大畜上九，有乾在下，亦曰何天之衢。

谦

☶艮下坤上

谦者，有而不居也。山高而屈居地下，谦象。止于内而收敛不伐，顺于外而卑以下人，谦义。

谦（《归藏》作“兼”。《杨易》云：子夏作“嗛”。晁氏曰：按篆文无“嗛”字）**亨，君子有终**（《说苑》引“君子有终吉”。《韩诗》云“能以此终吉者，君子之道”。徐锴云“谦犹嗛也，引《易》之“嗛嗛”即“谦谦”也，可证《大学》“谦”“慊”声义本通”）。

君子谓三，详乾卦。艮得乾终，艮终万物，故有终。乾下交坤，天道下济，故亨。交于三爻，故有终。又山高地下，以高下下，谦象。亨者，嘉会之礼。自贬以尊人，唯艮之坚固，坤之柔顺，乃克有终，故君子之人有终也。终是送得到底之义。

《彖》曰：谦亨，天道下济而光明，地道卑而上行。天道亏盈而益谦（“亏”，马作“毁”）**，地道变盈而流谦，鬼神害盈而福谦**（“福”，京房作“富”）**，人道恶盈而好谦。谦尊而光，卑而不可逾，君子之终也。**

济，施也。下卦地位，乾三一阳居之，故云下济。三在下卦之外，阳德故光明，本笃实辉光之爻，为其生成万物，化育昭著，不可掩也。大象坎，互坎震，伏离，日月震动，故光明。下济，天亨于地也。上行，地亨于天也。卑而上行，谓以卑顺之道上行，此释谦之亨。日中则昃，月满则亏，损有馀补不足，天道也。流

谓坎象,谦三互坎润下,水流湿,故流谦。高岸为谷,深谷为陵,是谓变盈流谦,地道也。地形有险易,故曰变。东注就下,故云流,盈之自即于减。若或害之,谦之日增其美。若或福之,鬼神之道也。满招损,谦受益,人道也。亏益言气,变流言形,害福言功用,好恶言情,总言三才幽明,无不贵谦,以见谦之亨。尊光本下济来,卑不可逾本上行来,全说人事,不专指有功德说。逾,过也。尊光二句,合言谦德。尊是尊人,卑是卑己,不宜分尊卑为两人。有终奉以终身,卒获谦益也,此兼功效言。《本义》以尊卑分上下,以有终作效。

《象》曰:地中有山,谦。君子以裒多益寡,称物平施(郑、荀、董、蜀本:"裒"作"捊",取也。《字书》引《易》"掊多益寡",张揖云"掊,灭也"。"称",去声)。

裒,取也。艮手,故云裒。震伏巽,似益,故云益。乾不息而日新,故多。坤静止而无加,故寡。乾坤皆物也。乾为施,坎为平。裒益者,称物之宜而平其施,损高增卑以趋于平,皆谦意也。

初六,谦谦君子,用涉大川,吉。

凡爻前见坎象,或变而前见坎象,多象涉川。互坎见震木,顺以行之故也。互坎见离,亦或象兵戈,第相得则象涉险,不相得则象兵戈。六柔谦德,初卑位,谦德处卑位,谦而又谦。君子之行,故涉险亦可。用涉者,尚未用也,据时位言才耳。

《象》曰:谦谦君子,卑以自牧也。

牧,养也。初位下,故曰卑以自牧,说自牧便是未用时。

六二,鸣谦,贞吉。

此与小过同,有飞鸟遗音象。中孚伏小过,二曰鹤鸣,上曰翰音登天,豫同小过,故皆曰鸣。鸣者,阳唱而阴和也。鹤鸣,《小象》曰中心愿,此曰中心得,言二与三中心相得,故相唱和而鸣也。震本善鸣,六二之鸣,承阳也。上六之鸣,应阳也。郝解曰二以谷虚鸣,上以雷出地而鸣。

《象》曰:鸣谦贞吉,中心得也。

鸣字只作和字说，以阴承阳，居中而比心亨之爻，中心相得之象。相得谓阴阳相须相比也。

九三，劳谦君子有终吉。

阴静阳动，劳谓勤敏，动象也。坎阳在中，亦为劳卦，大象坎阳居中，故称劳。艮终万物，三处艮终，又为主爻，故同卦辞。先天始震终艮，月象出震终艮。东北丧朋，成终之时。《杂卦》艮止，成终义也。一阳而给五阴之求，故劳。有终谓劳谦到底也。

《象》曰：劳谦君子，万民服也。

阳君阴民，五阴，万民象。坤顺，服象。知其劳，又知其谦，故服。

六四，无不利，㧑谦（"㧑"，郑读为"宣"。荀爽曰："㧑"，举也，欲举三使居五。《说文》：裂也，从手，为声。焦弱侯曰：通作"麾"，《诗》曰"麾之以肱"，《书》"右秉白旄以麾"，亦通作"㧑"，皆谦也）。

㧑谦，本六四之谦，来氏谓开列退避而去，说成九三，《本义》①谓上承六五，均非爻义。盖爻属坤体，原有顺德，又适居坤下，顺而能卑，与初同德。地德亲下，所乘又劳谦之君子，是其为则，原自不远，因劳谦内而此爻外，内蕴藉而外发舒，故恪遵其美，常觉发挥，更自不同，《小象》故曰不违则也。不违，顺义也。则谓劳谦也。因属外卦，故以发挥说在用边。因说用边，故下三爻言吉，而此独言利。吉则未用者可逆料，利非既用不知也。主爻在三，二四一比一乘，故其辞特异。比三而居下中，故言中心相得之和。乘三而居外下，故言无不利之发挥也。

《象》曰：无不利，㧑谦，不违则也。

卦主一阳，群阴奉之，故谓劳谦之一阳为则。不违，坤顺也。

六五，不富以其邻，利用侵伐（郭京作"征伐"，王广作"寝"）**，无不利。**

阴有形可积累，故财利富实皆象之。详见小畜与泰，亦详

① "本义"，库本作"或且"。

《函书》。乾日新,坤富有,不富者,坤五上下皆阴,本宜言富,只缘五阴皆悉从阳,而其德又顺,乃乘三之四,业奉劳谦之三,益挥扩之,益宣大之。五虽不与三应,而与四同体,亦得因四之挥扩者,从而挥扩之。因四之宣大者,从而宣大之。四三邻,五四亦邻,因类而及,舍己从人,则所以不富者,由人之故,故曰不富以其邻。如云缘邻之故,而遂失本富之实也。邻字详小畜与震。二至上体师,故言侵伐,侵伐者,六五居尊以众正之义也。互坎变坎,变又互离,空围如城邑,迭见兵戈弓矢,故言侵伐。爻与涉川相同,初言间爻,此言变爻也。五柔居尊而顺,因四以纳交于三,故有上句之象。顺以用众,故又有侵伐之象。不自用而顺以用之,故无不利。

《象》曰:利用侵伐,征不服也(“服”音“迫”,《诗》《骚》皆与侧叶,此象与得则叶,豫象、观象与不忒叶)。

阴皆顺阳,何有不服?只就居尊众顺,言其可以如此,以见无不服耳。与三之服字相应,唯不服者征之,亦愈见五之顺三,而不富以邻之义皆在矣。

上六,鸣谦,利用行师,征邑国(郑、荀、马、陆无“邑”字)。

邑国,坤土也。凡《易》中或互或变,但见坤土多言邑国。此爻变上下两阳,如城郭也。体师象,互震行,谦终应三,与劳谦相和,故曰鸣谦。四近三,业已挥扩其谦,五尚因邻而及三,上处谦终,虽应而远,间于坤邑之四五两爻,志不遽得。欲伸其志,非用众行师,历邑国而征之,不可也。总因欲和于三,故不惮费此曲折。若谓与三相争,是争也,非谦也。

《象》曰:鸣谦,志未得也。可用行师,征邑国也。

来氏谓上与二皆鸣谦,二中心得,上志未得者,二贞吉,上止利用行师也。据此则比亲应疏矣,何以同为鸣谦?观上曰志未得,下即曰可用行师,则行师云者,如云用众以求得其志耳。因用众故说征,切不可作相争说。

豫

䷏坤下震上

阳潜地中，动而出地，奋发其声，通畅和乐，内顺外动，其由也。

豫（郑玄作“逸”），**利建侯行师**（《杨易》：“豫”从象从牙，南方兽名，左旁之牙垂地，爰缓步而多疑）。

郑玄曰坤顺震动，顺性而动，莫不得其所，故谓之逸。震为诸侯，长子主器，建侯象。坤为众，为邦国，互坎险，一阳统众阴，行师象。初至五象比，故利建侯。三至上象师，故利行师。屯有震无坤，止言建侯。谦有坤无震，止言行师。豫有震坤，故兼言之。

《彖》曰：豫，刚应而志行，顺以动，豫。豫顺以动，故天地如之，而况建侯行师乎？天地以顺动，故日月不过而四时不忒（京作“贷”）。**圣人以顺动，则刑罚清而民服。豫之时义大矣哉。**

四为主爻，五阴应之。刚志大行，震故言行，互坎故言志。四，心腹之爻，当心顺动，故言豫。豫顺以动，则保合之太和，发为中节之和，天地生生之理，不过如是，故曰天地如之。天之动而不息，自左而旋，顺也。地顺承天，故同天。人而顺动则无阻无拂，而建侯行师无不利矣。建侯以兴利，行师以除害，利兴害除，民所由逸乐也。天地，坤伏乾也。日月，互坎伏离也。互艮伏兑，坎离震兑，故言四时。又兑为刑，坎为法律，乾为清，坤为民为顺。天地以顺动，一元之太和流行不息也。圣人以顺动，长善之至德发为参赞也。不过者，充其分而无所溢。不忒者，循其途而无所岐。日月周天皆不过，寒暑肃温皆不忒也。不言礼乐，独言刑罚，刑罚弼教之具，惧其伤和，故以清字发顺动之妙，是刑措，非不滥不黩也。顺动说在豫中，便全是成周太和，故下云万民服。若刑驱势禁，非顺非豫矣。然未说动先说顺，便该有豫道，所由能刑清而民服，故下补说时义，便是说豫先之豫。时义者，豫时所具之义，谓顺动也。时由动见，义由顺出。时义大，欲人知义蕴之深。时用大，欲人知所用之殊也。

《象》曰:雷出地奋(郑作"需"),**豫,先王以作乐崇德,殷荐之上帝**(京:"殷"作"隐","荐"或作"廌"作"廌"),**以配祖考**("配",汉书作"享")。

雷出地奋,和之至也。先王作乐既象其声,又象其义。殷,盛。荐,进也。互坎为律,阳为德,五阴崇一阳,崇德象。震,帝象。互艮门阙,坎为隐伏,宗庙祖宗之象。德即文德武功。阳复地下,自震始。天为物始,万物本天,故有郊。祖为人始,人本祖,故有庙,冬至祀天于园丘而配以祖,季秋祀上帝于明堂,而配以考。

初六,鸣豫,凶。

爻应大得,何以致凶?正从相形见出,所由曰鸣豫凶也。鸣豫者,和其豫也。盖四尊初卑,四贵初贱,才柔而处阳应阳,是因四相形,不克自主,强欲效颦者也。无奈位卑分贱,势不相抗,力不相敌,所以志穷而凶。应震,变震决躁,善鸣象,此与谦上同鸣。鸣谦而未得者,上也。鸣豫而志穷凶者,下也。

《象》曰:初六鸣豫,志穷凶也。

应坎故言志,艮坎在前,有蹇象,故凶。中孚鹤鸣子和,曰中心愿。谦二鸣谦,曰中心得。此心相孚者,谦上鸣谦曰志未得,此鸣豫曰志穷凶,此志不相孚者。相孚曰心,不相孚曰志。

六二,介于石(古"介"作"砎",磨砎也,马融作"扴"),**不终日,贞吉。**

物分两间者曰介。二变刚,分坤为两也。互艮,石象。介于石言操守坚确,不可移易。二变互离日,不终日,不溺于豫,见几而作,不待日终也。此即谦五,隔四求合于三,不富而以其邻者。在豫则初应、三承、五乘,而此独隔三,无应与,无承乘,处互艮之下而得中,是独守中持正者,故有介石象。三居下卦之终,此犹在互离之初,故言不终日。总是众溺于豫,己独不为转移耳。道理全在中字,故《小象》有中正之说。因动互离明,故孔子有见几之说。《系传》上交不谄,言三承而此不承;下交不渎,言初应而此不应。则此爻之居中守正可知。凡守之定必由于知之明,能中则知明守定,而正且吉矣。

《象》曰：不终日贞吉，以中正也。

中正止解贞字，而全象皆在其中。

六三，盱豫（子夏作“纡”，京房作“污”，姚信作“盱”，引《诗》“盱日始旦”，震为旭也）**，悔，迟有悔。**

盱，张目上视也。互伏离，目象。三与卦主相比，幸其权势足凭，视四之豫乐而自纵所欲也。盱与介反，亲疏之别。迟与不终日反，远近之别。盱即震矍意。坤终而接豫主，变巽多白眼，故为惊顾上视之象。然震起也，又居外，无下系之意。互坎狐疑，变巽不果，故有悔象。互艮变艮，动而止，亦悔象。迟有悔者，豫易溺人，坤性迟钝，故欲速改也。爻在小过曰弗过防之，从或戕之，此曰迟有悔，皆欲其不极而知止也。此与六二并《彖辞》，及小过之三，皆取早豫之义，不专取豫乐也。因震性动而出外，此处内卦之终，坤柔而居四后。盱豫悔者，观人之先而力不赴，故悔。迟有悔者，坤性迟钝，观己之后而悔也。《象》曰位不当，则三四相接，迟速先后可知矣。

《象》曰：盱豫有悔，位不当也。

卦辞建侯行师，非有豫乐义也。《彖》之顺动，虽云豫乐，然豫备亦在其中。若事必临时手忙脚乱，曷能顺动？动言行，顺言豫也。爻处坤终，震动先出于外，故观人观我皆有悔。位不当者，初终相接，内外先后相形，震动艮止相反也。需上不当，由五之中正形出，此由二之中正及四之外动形出也。

九四，由豫（马融作“犹豫”，疑也）**，大有得，勿疑。朋盍簪**（古“簪”作“贷”，一作戠。京、蜀作“撍”，宗也。马作“臧”，荀作“宗”，虞作“戠”，陆希声作“捷”，李鼎祚曰旧读作“攒”，连聚于一也）。

四为豫主，群阴附之。卦名为豫，实由四始，故曰由豫，兼六爻言也。阳称大，五阴附阳，悉为阳得，故为大者有得，此解由豫之故。爻通小畜，以小畜大，既见卦名，以大得小，止名为豫，全说大得之效，故于当爻，特抉其由而补成卦之义。勿疑者，互坎狐疑，中爻艮止，疑而止，故勿疑。朋盍簪者，盍同合，簪有管摄之义，乾多称朋，又阴以得阳为朋，今众阴所朋之阳，合众阴而得之，如簪束发，不致

散漫,此又大有得之象。朋,阳大之象。盍簪,有得之象。爻乃坤四所变,故与坤四旁通,坤下阴虚,有似于囊,四动变阳,居囊上口,总下三阴有似于结括囊口,故曰括囊。坤亦象老妇,豫四一阳横于坤上,有似束发之簪,故曰盍簪。乃坤言结,此言簪者,坤以柔变刚,结则柔而刚者,此以刚爻自动,簪固刚物也。

《象》曰:由豫大有得,志大行也。

坎言志,即勿疑,震言行,大行即朋盍簪也。因大有得,故志大行一串说下。爻本全吉,说作戒辞者误。

六五,贞疾,恒,不死。

中故言贞。四,心腹之爻,憧憧往来者也。今震动于下,不获所安,如人有心腹之疾者,故言贞疾。震伏巽故言恒,常也。初事暂非恒,末将穷非恒,恒即贞也,由中见出也。既云贞疾,又云恒,则不死自在其中,不然,乌可言恒?总是居中之爻,无奈动爻摇撼耳。见五当豫时,以柔居尊,沉溺于豫,震刚摇于其下,众阴悉为四有,是心腹之疾,求静不能,驱除不能者也。幸处得其中,犹克虚存其位,故有恒不死之象。

《象》曰:六五贞疾,乘刚也,恒不死,中未亡也。

乘刚则为刚所逼,得中则犹有虚位。

上六,冥豫,成有渝,无咎。

阴性幽暗,又应先迷之坤,又处豫极,为昏冥于豫之象。成者,上极而卦终也。然震体善动,变刚成离,动则变易,照以离明,前之冥冥,必将昭昭,故又为其事虽成,然乐极哀生,不免悔心之萌,而改革之象,能如是则能补过,故无咎。

《象》曰:冥豫在上,何可长也。

豫极当改,言未可长溺于豫而不返,便该成有渝三字在中。

周易函书约注卷五　周易上经五

随

☱☳震下兑上

少女随长男，此动彼悦，刚而下柔，皆随义。

随，元亨利贞，无咎

随谓随时，四德所由致随之道，随人必具四德，始无咎。人随我必具四德，始足致人之随。第元亨利贞各有其时，元为资始时，亨为嘉会时，利为和义时，贞为干固时。随元而元，随亨而亨，始无咎。通指立身行己应事接物说，正孔子之时中。

《彖》曰：随刚来而下柔，动而说，随。大亨贞，无咎（陆氏、郭京谓"亨"下脱"利"字）。**而天下随时**（王肃本作"随之"，虞本"时"如字），**随时之义大矣哉**（蜀本："得时而天下随之"，故曰"随时之义"。王肃本作"随之时义"）。

乾刚坤柔，男刚女柔。内为来，外为往。内为下，外为上。震男下而兑女上，初阳下而二三两阴上，是为刚来下柔。兑主上柔，震主下刚。上穷不取，取震，故刚来下柔，动震说兑也。人能随时而动，与物无忤，方克大亨贞而无咎。刚来句，随卦之本体也。动说，随之用也。天下随时，时中之化也。动悦大亨贞无咎，言人能随时，便克具有四德，便克有时中之化，故曰随时之义大也。豫之时，先几之哲，非徒豫乐也。随之时，因应之宜，非徒人己相随也。故皆曰时义大。

《象》曰：泽中有雷，随。君子以嚮晦入宴息。

嚮同向。晦，昏暮也。宴，安。休，息也。雷二月出地，八月入地，随时潜见，故为随。泽即地也。泽中有雷，将潜矣，故云向晦宴息。互巽入，艮为止，入而止，息象。震在入止下，泽中有雷象，有昼

有夜,时也。有出有入,有作有息,随时也。雷在地上,则作乐荐帝。在地中,则闭关。泽中有雷,则宴息。皆法天以随时也。

初九,官有渝(蜀本"官"作"馆")**,贞吉,出门交,有功。**

随与比同,比论相比,此则初随二,二随三之类也。大象则震前兑后,男前女后,初阳前而末阴后,故为随。官,主也。长子主器,官象。渝,震动象,谓变随二也。讼四变互震,亦曰渝。豫外震亦曰渝。互艮,门象,节初户二门,同初言门,近也。言郊言野,远也。乾坤之上同上是也。贞吉,从正而吉也。此五字为本义。出门交,有功,则象以人事也。有功与无咎同,故交字宜绝句。初变随二,二近初,故止曰出门交。然交乃门外之事,人患孤陋寡俦,果出门交而所从又正,安得不吉?卦以初阳为主,初阳震动,曰官有渝,便不执所主,随时变易,所从得中正之二,故为得贞而吉。出门交是不私之义,即官有渝。有功,比无咎更深,即贞吉,此以人事解上段也。然但曰出门,非如郊野之远,故知为随中正之二。

《象》曰:官有渝,从正吉也。出门交,有功,不失也。

从正吉,即贞吉,谓二中正也。不失即有功,震象得朋之爻也。

六二,系小子,失丈夫。

互巽绳艮手,系象。三阴称小子,初阳称丈夫,二中正而随三,三阴不正,初阳得正,故有系小子失丈夫之象。不言凶咎者,二中正,所随之时,不能兼与也。兼言系失,正发随字之义,凡言系者,必在上者也。兼言失者,以有艮象也。震得也,艮失也。

《象》曰:系小子,弗兼与也。

弗兼与,正随义也。既有所随,安能复顾其后?

六三,系丈夫,失小子,随有求得,利居贞。

丈夫谓四,小子谓二。互巽近利市,故随有求得。艮象丧朋,故失。震象得朋,故得。利居贞,为三阴也。阴有形,故象以富实。此震兑相接之交,阴得随阳,与得朋同象,故言得。

《象》曰:系丈夫,志舍下也。

系丈夫者,随也。舍下,谓失小子。以舍下明系字,而有求之义

在其中，得失之义亦在其中。

九四，随有获，贞凶。有孚在道以明，何咎。

随有随人随己不同，诸爻皆以上系言随人，此以有获言人随己，以三四为内外相接之爻，务言相接之义。卦以雷随泽而得名，但云上随，不克及下，何云随乎？二三之失，为下言也。三阴有形，宜称富实。今四得随己，故三言得而此言获。二三有舍有失，此独有获。震性动而上趋，泽性流而下润也。贞凶者，居多惧之地而随五，挟近君之势，据厚实以自雄，故虽正亦凶。然阳性刚明，与五同德，孚以信，守以道，烛以明，有何咎哉？有字，在字，以字，皆有功夫。变坎，孚象。震大涂，道象。变坎伏离，明象。互艮光辉，亦明象。上曰凶而下曰何咎，言非其罪也。

《象》曰：随有获，其义凶也。有孚在道，明功也（《杨易》谓“明”上脱“以”字）。

义凶，谓有凶之理，此贞非谓中，谓随五也。有孚在道明功，谓有孚在道，皆明之功也。孔子归功于明，为以字也。明则知心不可欺，而内竭其诚，明则知事不可苟，而外合于道，故无咎。

九五，孚于嘉，吉。

孚嘉，五随上也。上为兑主，乃嘉遁之爻，爻之美者，故上有拘系之词。《本义》谓应二，阴阳中正是信于善也。观二五爻辞独不言随，则言应亦可。二三上三阴言系，阴附于阳之义。四五两阳言孚，阳见信于阴之义也。然卦气上升，唯上随者为随时，孚于上趋之阴，所以嘉而获吉。孚于随我之阴，所以贞而亦凶，四五变坎，故言孚。

《象》曰：孚于嘉吉，位正中也。

四下系而孚，虽阴阳相须之正义，亦凶。五上随而孚，得阳德亨嘉之正理，故吉。位正中，言不下系也。谓有上随之美，无下系之累也。若论应则以中应中。开诚布公，故孚于嘉而吉。

上六，拘系之，乃从维之，王用亨于西山（《本义》作“亨”“享”同）。

系字与二三同，维亦系也，言固结不可解也。应艮伏艮手为拘，

巽为绳。变乾,王象,指五言。兑,西象。伏艮,山象。艮非本象,故言通于西山。上见五维系之极,则必归山,故五之王通于西山以求之。《小象》曰上穷也,穷则必变,而伏者将出,故遂言蛊之伏象。随伏蛊,蛊不事王侯,原有归山之象。

《象》曰:拘系之,上穷也。

穷则必变,故言伏象。

蛊

☶☴巽下艮上

蛊物久敝坏而蛊生,《本义》曰坏极而有事。论德上止而不动,下巽而无违,彼此因循委靡,故蛊。论象上山下风,互兑从木,落实取材,有事之象,故诸爻皆言干。

蛊,元亨,利涉大川。先甲三日,后甲三日。

蛊,敝坏之名,坏则不善不通,何以谓为元亨?元,始也。亨,通也。盖当敝坏时,必须从新整顿,然后能得其通也。利涉大川即振作鼓舞,不辞艰险,是元亨之由。先甲二句,又从天道循环说必能元亨之理,欲人鼓舞奋兴以治蛊也。元亨本象也。利涉句借人事以明更始之故,先甲后甲借天道而言好还之理。阴阳二者在天道则象明暗,在国家则象治乱,在人则象君子小人,故圣人贵阳而贱阴。此卦内巽阴生,外艮阴盛,阴生则乾消,阴盛则乾尽。又艮巽两主爻,艮阳穷外而垂尽,巽阴入内而方兴。又上艮下巽,中互兑,三阴之卦全见盛阳之乾,均足相干,故圣人惧之。因取先甲后甲,明阴阳之往复,欲人无自诿也。阴阳之义配日月,悬象著明莫大于日月,乃日则常明,而月则有盈亏,阳饶阴乏故也。今月至晦后生明,三日震象出庚,八日兑象见丁,相望则乾象满甲。甲,东方。乾象至此而盛满也。今言甲不言乾,且但言甲之先后,谓阴足干阳,深惧夫始甲终甲者也。三日即三爻,借岁令而言爻理也。一卦六爻,故有先三后三。先三者,先甲三日之前。互兑,阴尽而甲成也。后三者,后甲三日之后,下巽阳尽而阴生也。先兑阴终,后

巽阴始，总征于甲方，即先天图左兑右巽是也。孔子所由曰终则有始，天行也。十七阴生，巽象见辛。廿三阴盛，艮象见丙。廿七明尽，全晦于乙。皆天行也。渐亦巽艮合体，乃巽阴退而艮阳进，又互不见兑，故不与蛊同论。巽之言庚，伏震也，故周公爻词与蛊卦相同。易卦之阴阳与天同运。日月，天地流转自然之阴阳也。欲明《周易》必须逐卦逐爻，仰观天文，俯察地理，远取诸物，近取诸身，悉无异理，然后可耳。

《彖》曰：蛊，刚上而柔下，巽而止，蛊。蛊元亨而天下治也。利涉大川，往有事也。先甲三日，后甲三日，终则有始，天行也。

外主爻，艮刚上。内主爻，巽柔下。下曰巽而止，则非言卦变，非彼此互换也。止是圣人教人观象之法，明乾坤二用，以审择主爻耳。盖诸卦皆具乾坤之体，其特异之爻，则往来动用者，故择为主爻。此卦刚穷极而上止，柔卑巽而下入，上止则傲然不屑，必至于惰，下巽则媚悦取容，必流于谄，故曰巽而止，蛊也。既蛊矣，何为元亨？何由天下治乎？盖造物之与人事，穷则必变，乱终治始，天道之常，惰极复振，人为之节，故必须往而有事，从头整顿一番，所由能得其亨而天下治也。观亨上用一元字，便知是从新振作矣。此与屯难元亨相似，故屯有经纶之说。此亦有利涉及振育之象。利涉大川，如云不可以艰险而遂阻耳。下文先甲后甲终则有始，特借天行以明之。言天而及行，便知阴阳迭运，无往而不还，终而不始之理，但须人为整顿之。正以鼓其必往之气，仍与利涉同旨，故元亨以下之辞皆所以明元亨也。大川喻蛊也，涉大川喻治蛊，天行之说，为委靡废弛者激厉之耳。

《象》曰：山下有风，蛊。君子以振民育德。

振民育德即明德新民，与屯之经纶相似，由卦象涉川出也。蛊之有事原非卦象本有，特以事当败坏，必须振作，亦如涉川，不能无事耳。山下有风与振育何涉？盖山象其止而蛊，风巽于下，象其落实取材而往有事也。此蛊字即事字。又山止于上，有育德象，风行于下，有振民象。君子观此有新民之事，则非巽之柔弱。有育德之

事,则非艮之止息矣。一曰振取风木之声,育取山土之养。

初六,干父之蛊,有子考无咎,厉,终吉。

以巽顺之阴,承艮止之阳,动变乾父,故曰干父。干,木身也。互震木,见巽木,故言干。木逢兑金,治木成材,亦干象。干父即涉川有事之说。缵绪承先,子之事也。初阴居阳,才柔志刚,故能干父之蛊,克盖前愆。考亦可以无咎,然其事已蛊,不免危厉,如不以易心处之,则终得吉矣。通卦以上为父,其下皆子也。然干裕不同,父母不同者何?二刚居柔,处内卦之中,上应六五,故称干母。四居艮①初,与巽柔相应,重阴不振,若宽缓不经意者,故曰裕。馀详《函书》。下卦为子,故处下之阴阳,皆曰干。上卦为父,上止而下顺也。处上之阴乃有干裕,若阳而处上,则为不事王侯。巽顺而入,有动作之象,艮上而止,有安静之象,故上下取象不同。

《象》曰:干父之蛊,意承考也。

在下故言承,变乾故言考。意承者,因事以察其心也。与《系辞》衰世之意同,是圣人用心如此。上爻之志,因不事言也。

九二,干母之蛊,不可贞。

二居内卦,中位而处柔,又上应五柔,故曰干母。然艮性止,五位柔。止则惰,柔则暗,当家事败坏时,乘以刚阳中直之性,直遂干之,则难入而伤恩。唯当巽顺相承,不可坚贞,故戒之。

《象》曰:干母之蛊,得中道也。

得中道谓干母之蛊。得中道是不过,不可贞亦即不过也。

九三,干父之蛊,小有悔,无大咎。

三阳居下卦,干父蛊者,然过刚不中,与艮阴相接,柔暗而惰,诚难措置,故小有悔。然巽体得位,又是为父干蛊,故无大咎。小,承阴也,大,阳也。悔者,乾上之位。无咎,乾三之德也。

《象》曰:干父之蛊,终无咎也。

阳德巽体,而上干父事,故无咎。

---

① “艮”,堂本、库本皆作“止”。

六四，裕父之蛊，往见吝。

裕，宽缓怠弛意，干之略不加意者。往谓往治其蛊，与往有事同，特往有事，是鼓舞奋兴。往见吝，是滞塞不前耳，为阴居阴也。互震，又易下而上，故言往；易顺而止，故言吝。吝，阴性也。

《象》曰：裕父之蛊，往未得也。

三刚失之过，悔者渐趋于吉，故终无咎。四柔失之不及，吝者渐趋于凶，故往未得。宽缓以作事，安冀有得？未得即见吝也。

六五，干父之蛊，用誉。

用誉者，资人之力用之也。二多誉，其德阳明，光辉外著，故以为誉。誉详旅上。卦唯二五有应，二刚明，互兑口承五故也。五居乾父正位，亦干父事者，以阴柔怠止之性，得刚明大中之德。以相资助，是能资人之德，干父蛊者也。艮止巽顺，变止为顺，故言用。

《象》曰：干父用誉，承以德也。

承以德，谓二以德承五也。

上九，不事王侯，高尚其事。

上事，奉事之事。下事，乃事体。上五两爻，论家事则上为父，五为母，馀为众子。论国事则五君，下四爻为用事之臣，上为不事之臣，上言王侯可知。上为艮主，全无子道，故云然。艮止，不事象。变坤伏乾，王侯象。巽为高，艮为山，高尚象。

《象》曰：不事王侯，志可则也。

有所作为故言事，今无事可言，故言志，可则谓起顽立懦也。

临

☱☷兑下坤上

进而凌逼于物为临。卦配十二月，二阳浸长以逼阴，故为临。天下逼近相临者，唯地与水。序卦临者大也，即浸长也。临肖震，震为侯，故以有国临民为象。观肖艮，艮为广阙，故以享神宾王为象。观临遁壮俱论阳爻，《周易》贵阳，《易》为君子谋也。

临,元亨利贞,至于八月有凶。

凡阳皆由乾元而亨,故谓用九为见群龙。顾一阳之复,四德不全,而二阳之临乃全具者。复初一阳方生,见亨则不见元,无首之旨也。又亨必由元出,正要人逆推到未亨以前,克见天心正是说元。又勿用之爻,勿用则利贞无由可见,临则阳亨而浸长矣。欲人知阳所由来,故探本而推之于元。欲人知阳德流行不息,故又究极将来,而推到利贞之后。凡欲使人知有作之阳为可贵耳。健行善动,有浸长之理。内悦外顺,有必达之势。则究竟可知,故四德全也。下言八月有凶,虽由悦顺推出,止是说循环之理,见此为流行之四德,非敦化资始之四德也。八月者,临为建丑之月,由此浸长,至于三阳四阳,相循迭运,及至建酉之月,则八越月矣。阴生至四,卦已为观,其观卦所来之阳,即临卦前往之阳。其观卦今来侵阳之阴,即临卦前往受侵之阴。而相竭相报,则各有盛衰消息存焉。故从前浸长之阳,今消而为外往之阳,从前为阳所临之阴,今生而为盛长之阴,以盛阴凌衰阳,则二阳将不能自存,故至于八月有凶,报反消息之理势然也。三建虽曰不同,而建子建丑之月,总论夏时,则不易也,观《豳风》可知。卦有兑象,兑为秋。酉,正秋也。兑口衔土,故曰有凶。天地之理止于三极,内外之卦止于六爻,天地之与卦爻均此阴阳也。郝解曰:月主阴,日主阳。《豳风》七月五月言阴也,一之日二之日言阳也。《野同录》曰:少阴数八,月西出,临主兑,故曰八月。少阳数七,日东出,复主震,故曰七日。程迥曰:阳极于九,少阴生于八,阴之义配月,阴极于六,少阳复于七,阳之义配日。

《彖》曰:临,刚浸而长,说而顺,刚中而应,大亨以正,天之道也,至于八月有凶,消不久也。

刚谓二阳,兑为泽,泽水自下而上,故其势浸长。此以卦象释卦名也。说兑顺坤也。内说则阳进不迫,外顺则阴从不逆,此以卦德释之也。刚中谓二,应谓五,五主犹应,则四阴可知。刚中则所处者当,应则有助,此以两体释之也。彼此和说而应,则非恃强暴之势矣,总言临有此善也。刚浸长而说,大亨也。刚中应柔中,以正也。

此释四德也。天道者,见天道之化育,俱由阳德发舒而出。消不久者,言阴阳报反之机也。

《象》曰:泽上有地,临。君子以教思无穷,容保民无疆。

教,劳来匡直也。思,至诚发于心也。无穷,教不倦也。容,包含遍覆。保,各得其所也。泽卑地高,相临象。震为言,兑口讲习,学聚问辨。教,思象。民,坤象。容保者,坤之含宏。无穷者,乾阳之进。无疆者,坤阴之体,刚浸长故也。无穷,与兑泽同其渊深。无疆,与坤土同其博大。是以阳临阴,不可说以上临下,亦如损是损刚益柔,不可说损民益君也。唯阴乐附阳,斯阳得而有之,故唯初二两爻曰咸,上四阴爻则曰甘,曰至,曰知,曰敦矣。

初九,咸临,贞吉。

卦虽以阳临阴,各爻皆有临义。初二,阳临阴也。上三爻,上临下也。咸,感也,以阳下阴,若男下女,又皆也同也。阴阳相须,故彼此相感皆同。初二皆阳,故称咸。以阳临阴,故正而吉。

《象》曰:咸临贞吉,志行正也。

阴阳相须而应,故曰正。此震爻中互震,故言行。变则互坎,故言志。初潜位卑,尚未大行,故言志行。五在外,则直言行矣。

九二,咸临,吉无不利。

初以阳居阳,刚而不中,故但曰贞吉。二以阳居阴,刚而得中,故无不利。利者,行无阻也。四阴唯二所适,初间二,故不言利。

《象》曰:咸临吉无不利,未顺命也(《本义》曰"未详"。胡安定、晁景迂、冯厚斋皆曰"未"字羡,未达爻义也)。

未顺命兼三五言。此卦论爻,则五为卦主,论用则三为兑主。二若承之应之,斯为顺矣。今阳强阴弱,又居初二,得浸长之势,故变主二刚。乃二刚居中,尤得其正,不似初刚,犹间于二,故独主二刚。以三五较之,因变用爻为主之例,故曰未顺命。顺谓坤,未顺命谓互震伏巽,止明刚而得中耳。师二互震,亦言命,取伏也。上临下为顺,以二阳临上阴,故未顺。以阳性上行,有侵阴之象也。若便顺命,则为相承而不得为临矣。

六三,甘临,无攸利,既忧之,无咎。

甘临者,甘心于人也。三本为卦主,今二刚浸长,得中而位正,承之于下,三德既柔,失位无应,又系悦体,阴以资阳为美,见二之承奉而心悦,不能自主,遂甘心焉,故为甘临。三之甘与二之未顺,皆为主爻言也。凡利皆无阻之说,甘心为人所临,则不利可知。利本阴象,阴变阳是不利也。乾三惕若,互震恐惧,忧象。能忧则改,所以无咎。兑口衔坤,土爰稼穑,稼穑作甘,以口而衔稼穑,甘象。节五变临,亦曰甘节。

《象》曰:甘临,位不当也。既忧之,咎不长也。

阴柔居三失位,又逼近浸长之二阳,故曰位不当,据未变言也。既忧之咎不长,惕若而无咎也,据已变言也。

六四,至临,无咎。

易兑为坤,居顺体之下,与能临之悦体相接,则临之者将至矣,故云至临,谓方至于坤也。

《象》曰:至临无咎,位当也(或作"当位实也")。

初阳居阳,此阴居阴。曰位当者,与悦体相接而临者也,是不应不比之词。

六五,知临大君之宜(徐作"智临"),**吉。**

论位则上临下,论体则阳临阴,唯知者始能通达权变,故唯居中得正有应之五可言知临,是明目达聪不自用而任人者。临有逼近义,知能应之二必将行其中以应之,此人君之大义,故曰宜,又曰行中。五君位,阳称大,变坎为通,知象。坤五黄中通理,亦变坎也。一作以阴顺阳为行中,然阴无能行之理,五亦无下行之理。

《象》曰:大君之宜,行中之谓也。

初震爻故曰行,五中二应亦中,二互震,故亦曰行中,谓二之以中道行也。在临卦中凡能行者,皆阳耳。故甘临至临知临,皆宜本二阳说。

上六,敦临吉,无咎。

敦,厚也。坤土,变艮土,厚象。上与初二虽非正应,然志在二

阳，尊而应卑，高而顺下，敦厚之至，吉而无咎者也。

《象》曰：敦临之吉，志在内也。

内指内卦，谓二阳也。曰志，明非正应也。

观

䷓坤下巽上

阴质厚于内，阳德明于外，有象以示人，而为人所观仰也。风行地上，遍触万类，周观之象。二阳居尊，为下阴所观，仰观之义。通卦卦名观，大观，中正以观，风行地上观，去声，自上观示乎下也。馀平声，自下观上也。临观或与或求，故兼上下两义。

观，盥而不荐（或作“廌”。李作“廌”。王肃作“盥而观薦”）**，有孚颙若。**

观者，有以中正示人，而为人所仰也。四阴观仰五，五以中正示之，便是两义。盥，将祭而洁手①也。荐，奉酒食以祭也。颙若，尊敬貌，一曰头端直貌。《本义》以有孚句指在上者可观仰说，来氏本马融，指人皆信之说。煦按孚字皆因人而见，须兼上下说。盥而不荐，上之诚信也。有孚颙若，下之诚信也。《彖辞》中正而示，下观而化，便是两义。卦象重艮，艮为宗庙，外明内幽者也。祀神者必先有诚敬中存，即阴实于内之象，而祭祀之诚又唯未灌为真，故遂言盥而不荐。有孚颙若虽说观者，然所孚则不荐之诚敬也。盖阴阳相得，始可言孚。此卦阴内阳外，阴下阳上，阳上则有下照之德，阴下则有上附之情，故言孚。远为童观，近为观国，观以所见为美也。王逵曰天气通于目，上动下静。地气通于口，上静下动。观，巽风动而坤土静，故曰观。颐，艮山静而震雷动，故曰颐。

《彖》曰：大观在上，顺而巽，中正以观天下。观盥而不荐，有孚颙若，下观而化也。观天之神道而四时不忒，圣人以神道设教（《释文》无“以”字）**，而天下服矣。**

---

① “手”，库本作“斋”。

阳大阴小,阴下阳上,故曰大观在上。顺则于理无乖,巽则于情无拂。五居大观之位,具顺巽之德,以所居之中正,观示天下之不中不正,然后下观而化,咸信而仰之,有孚颙若也。盥而不荐,神感也。有孚颙若,神应也。寓于目而无待于言,非神而若是乎?四时不忒,天之神于观示也。神道设教,圣人之神于观示也,此以上观下者也。天下服,则下观而化矣。

《象》曰:风行地上,观。先王以省方,观民设教。

风行地上,有历览周遍象。君子之德风,故有观示义。省方即巡狩,观民风即陈诗纳价。设教因方,即修其教不易其宜也。坤为方,阴为民,巽以申命,故省方观民设教。

初六,童观,小人无咎,君子吝。

卦以观示为义,五为主也。爻以观瞻为义,皆观五也。艮少男,童象,初阳亦童象。二居阴则象女。蛊二以阳居阴,亦为干母。阴小人,阳君子,本卦阴取小民,阳取君子。初六失位处下,去五最远,不能观五中正之德辉,犹童子识见不能及远,谓所观之不广大也,小人则宜,故无咎。君子则当上观,君子如此,故吝。吝者,阴柔俭啬之性也。卦全肖艮,人生于寅,艮寅同位,故取为人正。爻曰人,曰女,曰我,曰生,曰宾,曰君子,皆人也。

《象》曰:初六童观,小人道也。

小人之道,为居初处下,远阳无应,不能观国之光也。

六二,阙观(古亦作“窥”)**,利女贞。**

窥观,门内窃视也。曰利女贞,则丈夫非所利矣。互艮,门象。坤为万物所出,又有阖辟之义,亦门象。变坎隐伏,伏离目,目在门内隐伏处,窥观象,见所观之不光明也。

《象》曰:窥观女贞,亦可丑也。

童观不广大,窥观不光明,既云利女,又曰可丑,为丈夫言也。

六三,观我生进退。

我生,有指我之所行者,有指上爻者,有指四者,有指为平生者,有指为人之神明者,均非爻旨。盖人生于寅,此卦肖艮,故全象人。

人必有所由以生，故此卦三言生，人生于阴阳者也。阴阳之运又迭相为生，阴由阳生，阳由阴生，故两阳言生而此亦言生也。三阴所生，巽体两阳也。坤必交乾，然后资生，故谓阳为我生。阳在巽，为进退不果。五为卦主，三进则为比五之四，三退则为应五之二，是位虽不应不比，而进之退之皆可也。故论位则非进非退，有定者也。论行则可进可退，无定者也。此爻全说在行上，故象曰未失道也。果知阴阳迭生，则谓五阳为我生者亦可，为生我者亦可。总欲发以阴观阳，以阳观阴，应感相契之义耳。童观太近，窥观在门，进退在道，观国之光，则入帝阍而近君矣。

《象》曰：观我生进退，未失道也。

道犹路也，在进退上见出，即阴阳相生之正道。进则比，退则应，故曰未失。

六四，观国之光，利用宾于王。

五以中正为观，六四最近，则大君之道德，达为邦国之辉光，咸得目击其盛，故为观光。阳德大明，艮有辉光，光象。坤，国象。五，王象。以四承五，宾王象。离暗而明，离家而国，故利用仕进以行道，而为王者所宾礼也。宾主宾兴皆宾也。观卦利近，二应中正，止曰窥观，不利远可知。

《象》曰：观国之光，尚宾也。

尚同上，坤国，五王艮光。尚则离内之外，宾则阴阳接也。

九五，观我生，君子无咎。

阳称君子，言当观我之所生，则上之所示者何如，下之所化者又何如？果无愧君子，始可无咎。三之我生，是我资以生者。此之我生，是我所生者，谓众阴也。盖立君以养民，故以坤众为我所生，君子二字便包有中正观示之义。

《象》曰：观我生，观民也。

以上临下，以阳照阴，故有观民之象。民，坤象。观其下观而化，则上之观示可知，故曰观民。三之进退，五之观民，皆以自考也。四阴皆民，姤四与初远亦曰远民。

上九,观其生,君子无咎。

凡阴皆阳所生,与五同德,故亦同占。五曰我生,近也,亲之也。上曰其生,远也,疏之也,俨若旁观云耳。其字即我字。

《象》曰:观其生,志未平也。

变坎水持平,故言平。平,均也。未平,言与五均有其生,不与五同可观之位,故虽有志下同于五,终不克与五齐量而观,故五据为我生,而上则外之以为其生。但曰志,则非有观示之行可知矣。

噬嗑

☲☳震下离上

噬,啮也。嗑,合也。颐中有物间之,啮而后合也。上下两阳而中虚,颐口象。九四一阳间于其中,必啮而后合,噬嗑象。

噬嗑亨,利用狱。

事不亨通,以有间也,去其间则亨通矣,故噬而后嗑,此概言也。用狱则噬嗑之一事,互坎法律,又为刑狱,狱象。互艮手,用狱象。治狱之道唯威与明,又柔而得中乃可贵。卦见震威离明,下动上明,虽不当位,利用狱也。

《彖》曰:颐中有物,曰噬嗑。噬嗑而亨,刚柔分,动而明,雷电合而章,柔得中而上行,虽不当位,利用狱也。

颐中有物,三阴也。阴有形而无成,得阳而始有,照以阳明之色也。故颐不言有物,而此卦言有物,中阳故也。巽象之有无亦此义。物在颐中,隔其上下,因噬而合,乃得其亨,为阳以神用,能入阴中而浑合之也。阳动阴静,阳无形阴有形,故上下阳象颐。阴有形象物,阳动其中则象齿。有谓阳为物,三阴为齿者,非也。谓震动为齿,则又止以上阳为颐,而下阳非颐矣。亦未明中字之义,如以中阳为阻隔之物,则又不知上阴下阴之分,始云间。中有阳以动之,始云合也。并不解阳德善动,非贵阳之义也。如以三阴为齿,是在颐卦止有空齿,何得释为养义?阴阳各有其德,故详辨于此。震刚离柔分居内外,通卦三刚俱为柔分,故曰刚柔分。雷动象,电

明象，雷威动于下，电明照于上，合以成文，故曰章。雷震电耀，威明相济，故利用狱。动不如雷，乌能断？明不如电，乌能察？得中谓上，谓外卦，行谓往也。凡卦之气皆自下上行，周流不息，故言行。来氏之综则倒也，而非行也。此卦内主初而外主五，初勿用之爻，外五当权得令，故专主五。柔而居五，故位不当。折狱之道威明并用，要在得中，亦莫妙于分合。盖辞异则难合，必取其同者以察其异，将必有异中之同。辞同则难分，必取其异者以察其同，将必有同中之异。不分不可知，不合亦不可知也。唯阴象物，故二象肤，三五象肉，皆所噬之物也。四刚象齿，则象金胏之刚物矣。象物故不言利，象齿故言利。

《象》曰：雷电（蔡邕、《石经》及李鼎祚本皆作“电雷”，程朱从之）**，噬嗑。先王以明罚敕法。**

雷电不必倒用，如雷在地中，泽上有地，天在山中，皆先说下卦也。如谓明先敕后，然蛊之振育，固先巽后艮，临之教思容保，固先兑后坤也。大约先说之卦必阳卦，不然则阳爻所在也。临之阳在泽，先说泽是也。此卦震主阳而离主阴，故先说雷。人之目上动以合下，人之颐下动以合上，此为噬嗑，故先说动卦。本文先说雷，后说电，成卦之序原是如此。下文先说明，后说敕者，因说君子在行事一边，此先知后行之义也。罚者，一时所用之法。法者，平日所定之罚。辨轻重，象离明。正国法，象雷威。总期得中，不流于姑息，不伤于苛刻也。噬嗑丰皆火雷，大象皆言狱，重明断也。其悔贲无敢折狱，旅无留狱，皆反贞卦。贲离藏则不明，旅内止则无断也。

初九，屦校灭趾（陆作“止”）**，无咎。**

校，足械。屦者，以校加足，如纳屦也。互坎为桎梏，校象。震为足，趾象。变坤不见，震足，减趾象。无咎，因刑而惩创之也。不行有三象，灭趾自不得行，是一象。制之以校，使不得行，是一象。由震变坤，改而不行，是一象。皆无咎之义。无咎，为在初也。初则未至于再，故知能改。上之恶积罪大，穷极之爻也，子言不行不明者。震行而艮止之，离明而坎陷之，所以异也。

《象》曰：屦校，灭趾，不行也。

不行之义为震言也，已详爻中。

六二，噬肤灭鼻，无咎。

来氏曰肤者，肉外皮也，凡卦中次序相近者言肤。剥之肤，艮而易嗑，爻变兑口，噬象。二居中乃治狱之人。初在二外为肤，故《杂卦》曰噬嗑食也，为噬言也。互艮为鼻，变则互离，不见艮鼻，故灭鼻。煦按此据听讼者论，则灭鼻为易嗑象，二中正故无咎。然谓听讼而至灭鼻，当亦牵强，据所听者论，则灭鼻与灭趾灭耳相同，皆获罪之象。乘刚故灭鼻，中正故无咎，作两象亦可。上下两爻，噬物者也。中四爻，所噬之物也。作所听者说为当。九四独刚，故以肉之连骨者象之。三五附骨，故象肉。此在肉外，故象肤。肤字亦出先天八卦，详《函书》①。

《象》曰：噬肤灭鼻，乘刚也。

刚谓初，人刚则性直无隐。听断乘刚，则据中正之理而断之也易。受断乘刚，则中正直遂，亦易获罪，直遂非恶也，故无咎。

六三，噬腊肉，遇毒，小吝，无咎。

腊音昔，腊肉与干肉皆谓火干之肉。离火在前，三又变离，上火下火，安得不干？来氏曰《易》中言遇者，皆雷与火也。煦按来氏真好学深思者矣，然夬同人亦言遇矣，独置而不论，谓非雷火也，岂通论乎？遇也者，先天八卦，缝中所成流行之十六卦也。以在先天图本来相比，今复得会为一卦，如远客他乡，忽遇故乡之戚友，故得言遇。因在八卦缝中，顺之逆之，得十六卦，故予遂命为缝卦，如噬嗑离震遇也。三变离互兑，则离震遇，兑离遇，丰震离遇也。四变坤则震坤遇，夬兑乾遇也。三变兑互巽，则兑乾遇，乾巽遇，睽离兑遇也。二变震则震离遇，离兑遇。四变震，互艮坤，则坤艮遇，震坤遇，离兑遇。上变震则震离遇。同人本非缝卦，而中互巽，则巽乾遇。五变离，互兑巽，则兑乾遇，离兑遇。小过本非缝卦，二变互乾兑，则乾巽

① “详函书”，堂本无。

遇,兑乾遇。四化坤则震坤遇,坤艮遇,互巽化坎,则巽坎遇,坎艮遇。上化离互兑,则震离遇,离兑遇。困本非缝卦,孔子曰井通而困相遇也,盖下坎水,上互巽,则巽坎遇,上兑金,中互离,则离兑遇。此言遇之概也。邵子乾遇巽,孔子姤遇,皆谓缝卦,非直雷火两卦得言遇也。毒,厚也。师古曰久也。腊,肉之陈久味厚者也,言噬干肉而遇陈久厚味之肉也。互坎曰毒,故师亦言毒。三阴柔不中正,居刚比刚应刚,是治狱而遇多年陈久深厚之事难于断理,故小吝,然于义固无咎也。《本义》①谓治人而人不服,如作所听者论,则遇毒当与灭趾同类,亦是两象。

《象》曰:遇毒,位不当也。

位不当,居刚承刚应刚,又雷火相接也。作听讼说,则遇毒为噬者言,难噬也。作所听者说,噬则难于陈词,遇毒则获罪也。

九四,噬干胏(子夏传作"脯",荀、董同)**,得金矢,利艰贞,吉。**

胏,干肉之有骨者。离为乾卦,六五亦同此象。三四居卦中,乃狱情之难服者,故皆象以坚物。此正颐中之刚,象齿之爻也。乾为金,金象。互坎中阳直,矢象。若六五变乾有金象,无矢象,故止曰得黄金。得金矢,本爻之刚直。得黄金,以柔变刚也。四刚居柔,故以艰贞之利归之,而谓为吉。五柔变刚,故以贞厉归之,而止称无咎。两得字皆由坤卦得朋而出,四阳而上下皆坤,五柔而变纯乾故也。利艰贞与贞厉,方始有戒之之意。艰谓坎陷,贞谓以阳居阴不正也。艰以心言,正以事言。陆绩曰失位用刚,物亦不服。然噬胏虽复艰难,终得伸其刚直,此以艰字承噬胏,而以贞字承得金,其解最确,特少利字耳。据听讼论,则治狱而遇刚直之人,利于艰而正始吉。据所听者论,则是以阳居阴,位不中正又属坎爻,外若明顺而心实阴险,刚直不回者也。要必利于艰贞,乃始吉耳。得金矢得黄金,皆当与遇毒灭趾同看,若专说听讼,当如金刚矢直,则下文利艰贞岂不重说戒辞?

① "本义",库本作"旧说"。

且四本刚直,又何待重说乎?

《象》曰:利艰贞吉(《石经》作"大吉"),**未光也。**

离本光明,互艮亦光,互坎掩离,变坤迷,皆未光,处非位也。

六五,噬干肉,得黄金,贞厉,无咎。

黄,中也。金,刚也。坤五,黄象。变乾,金象。噬干肉亦非易,特易于干胏。得黄金,犹云治不服而能用中用刚以胜之也,方有得字义。此贞字与四不同,四贞字说在艰下,欲其艰而贞,始利也。五位居中,贞其自有,故言厉始无咎,谓其居刚乘刚变刚也。若以所听者论,则亦果于用刚者,故唯贞厉始无咎也。

《象》曰:贞厉无咎,得当也。

以阴处阳,乘刚变刚,凡事或有不当,故必如此,乃得当也。

上九,何校灭耳("何",古作"荷"),**凶。**

何,负也,谓在颈也。互坎为桎梏,初曰屦,足爻也。上曰负,角爻也。坎为耳痛,灭耳象。离为戈兵,中爻艮手,手持戈兵加耳,亦灭耳象。上处卦终,是恶极罪大,怙终①不悛者,故凶。《易荃》曰六爻皆治狱者,若谓初上受刑,则以灭趾为无咎,不通矣。

《象》曰:何校灭耳,聪不明也(《杨易》以"聪"即古"听"字)。

聪听也,上九未变,离上坎下,故听之明。变则有坎无离,故听之不明。坎为耳,故言听。困坎有言不信,夬四变坎,闻言不信,皆同。听之不明故凶,此为好察而自用者戒。

贲

䷕离下艮上

贲,饰也,山者百物草木所聚,下有火,则其草木皆被光彩也。又内离外艮,有文明而各得其分之象,故为贲。

贲亨,小利有攸往(郭京作"不利",今本误作"小")。

乾坤相交,阴间阳,阳包阴,故亨。又艮山地文在上,离日天文

---

① "怙终",库本作"忙然"。

在下，二文相饰以成贲，犹人君以刚柔仁义之道饰成其德也。刚柔杂，仁义合，然后嘉会礼通，故亨。卦互震坎，艮止于上，坎险于下，虽欲震动，不利大行，小有所之则可矣。

《彖》曰：贲亨，柔来而文刚，故亨。分刚上而文柔，故小利有攸往（王加"刚柔交错"四字，《易举正》同），**天文也。文明以止，人文也。观乎天文以察时变，观乎人文以化成天下**（《易举正》："刚柔交错"，天文也。"文明以止"，人文也。注云：刚柔交错而成文焉，天之文也。今本脱"刚柔交错"一句）。

柔来文刚，谓离二之柔自外来，分乾体为二也。刚上之刚谓上九，文柔之柔谓四五，分刚上而文柔，谓艮上一阳自乾用分出，饰坤迷之体，使光明也，此谓下主柔上主刚耳。凡卦皆以乾坤为体，及二用往来上下，始论动用之刚柔，故言分也。内而离明烛物，动罔①不臧，故亨。外而艮止，则内能知，外不能行，故止小利有攸往。互震，往象。动而陷，陷而止，乌能大遂？下离互震坎，离日坎月，震动于上，错行代明，故曰天文。此上宜添刚柔交错四字，盖日月运转，即天行之不息也。文明谓离，止谓艮，在人者灿然有礼以相接，截然有分以相守，故曰人文。互震春，伏兑秋，坎冬离夏，时之变也，故观天文以察时变。化者变而为新，成者久而成俗，重明丽止故化成，离火故化，艮止故成。

《象》曰：山下有火，贲。君子以明庶政，无敢折狱。

火欝于山下，明于内而不克外焕，故为贲。贲非文也，即闭塞之意，是能知不能行，小利有攸往之义也。凡文皆炳然外焕者，今内之明止于照山，而外艮又止之，使不克外焕，故外三爻因火而见者，一曰贲如皤如，白马翰如，皤亦白也。一曰束帛戋戋吝，一曰白贲，皆非光彩外焕，五色陆离也。下照以火，白焉而已，孔子得贲，愀然有忧色，诚惧文欝于内而莫克大通也。明庶政即小利有攸往，内明之用也。折狱斩然独断，非大明不可。无敢者，艮止也，仍是小利之旨。

① "罔"，库本作"往"。

初九,贲其趾(古一作"止"),**舍车而徒**(郑、张本作"舍舆")。

初足爻,互震坎,震趾坎车,变艮,止而又止,舍象。贲,饰也,因文欝于内,故须饰也。初在下,故曰贲趾。初比二应四,比二则从乎坎车,应四则从乎震足,是舍比从应之象。乘车者,车在下,今在上,不可乘,故贲趾而舍车。

《象》曰:舍车而徒,义弗乘也。

车在上,初在下,本无可乘,故归之于义。

六二,贲其须。

侯果曰:三至上象颐,二在颐下,须象,二与三皆无应,若能承三,与之同德,必可相与而兴起也。来氏本之,谓二变互兑口,口旁之文唯须,故象须。煦按:须,待也,又相得之谓,离为附丽也。火用薪传,中薪而火始四达,因火之丽于薪,遂觉薪之丽于火,此火薪之相须也。同二言宗,与此同义。离以一阴丽于两刚,非相得而成文乎?阳性上升,三互震动,今既与阳相须,故遂得与阳俱兴,主阴资阳之义也。

《象》曰:贲其须,与上兴也。

与从兴,起也,震动故兴,若以为艮,则止而不能兴矣。

九三,贲如濡如,永贞吉。

离文外焕,故贲。坎水滋润,故濡。离之外阳,居二阴之间,左右先后,比己皆阴,盖得其贲而润泽者也。附己之二,在下而须之固。遏己之艮,在上而止之坚。又当坎陷之爻,故欲长贞其位,而不及行象,得位故吉也。

《象》曰:永贞之吉,终莫之陵也。

陵即丘陵之陵,艮象也。之,往也。三应艮止,不往而之于邱陵,得位故可长贞。陵又侮也,既不妄行,孰得而侮之?

六四,贲如皤如(郑、陆作"蹯",荀作"波",董音"槃"),**白马翰如**("翰"一作"寒"),**匪寇婚媾。**

皤,白也,又年老白首之称。四变互巽,白象。贲而又皤,是贲而白质多者。贲以文饰为义,今白质多,是抱文德而终老不试者。

白马翰如，则栖栖皇皇之心也。互震为马足，为的颡。马白足，颡白巅，皆白文也。翰如，如飞翰之疾也。互坎为亟心之马，为寇盗，为狐疑。婚媾谓初，寇盗谓坎，言非寇盗，则婚媾可成，皆不试用之象。凡婚媾皆先天相对，相配者也。四变则先天艮兑相配，后天震兑相配，详见震卦。此与屯二同，其马皆指震，屯二应五，此应初，皆婚媾也。屯二为震之初阳所干，无坎象，故止言不字，此亦为互震之初阳所干，而三又互坎，故遂言寇，此皆逼于位也，故《小象》曰当位疑也。

《象》曰：六四，当位疑也。匪寇婚媾，终无尤也。

以阴居阴而应阳，故当位。逼于震坎之阳，亦位也。坎盗震动故疑，居阴守正，故终无过尤。

六五，贲于丘园（陆德明引黄颖作"世于邱园"）**，束帛戋戋**（子夏作"残残"）**，吝，终吉。**

艮为山，山下为陵，半山为邱。五，半山，故称邱。颐二应五，故曰邱。颐涣互艮，故曰有邱。艮震两阳含二阴，园象。艮果蓏，震林木，亦园象。震木山邱，则园之饰也。贲卦六爻皆文，而不甚大文之象。虞翻曰六五失正，动而成巽，巽为帛为绳，故束帛。以艮手断巽，故戋戋。失位无应，故吝。变而得正，故终吉。荀爽曰艮山震林，失其正位，在山林之间。贲饰邱林，为园圃，隐士象。五王位，履中蹈和，尊道之君也。故曰贲于邱园。束帛戋戋，君臣失正，故吝。能以中和饰上成功，故终吉而有喜。此以贲邱园指隐士，束帛指君，吝兼君臣，终吉又指臣，亦是一爻两象，与噬嗑两象同。《本义》谓敦本尚实得贲之道，故象贲于邱园。阴性吝啬，故象戋戋。戋戋，浅小也。人而如此，虽可羞吝，然礼奢宁俭，故得终吉。此以柔中立象，为市朝繁华，邱园朴素，亦不贲之贲。来氏以隐士指上九，引蛊随为说，则邱而不园矣。郝解曰贲五象邱园，谦五象侵伐，未尝定以五为君也。泰二象君，谦三为主，未尝定以君居五也。煦按凡卦先论主爻，然后兼及馀爻，凡爻先论本位，然后兼及应比。此之邱园，震艮中虚也。爻变互离有光彩，故言贲。饰于邱园，谓隐士也。一束之

帛而戋戋,阴爻吝啬象。终吉者,隐士遂其志而有喜,人君用得其地而有喜也。坤阴两拆,束象。戋同残,伤也。艮伏兑为毁折,戋戋象。

《象》曰:六五之吉,有喜也。

伏兑悦,故有喜,凡言喜庆,皆阳爻,此爻犹在贲中,说不得贲道将终,变离光明,说不得文反于质,戋戋只文之俭啬者耳。

上九,白贲,无咎。

贲,文也。白,质也。上居贲极,物极则反,有色复于无色,故有白贲之象。文胜而反于质,无咎之道。

《象》曰:白贲无咎,上得志也。

上居贲极,处无位之地,可以得行其志。正如山林隐逸,理乱不闻,而守贞抱素,唯志所欲。来氏指为受聘之贤,非也。贲之为贲,由艮起也。上三爻唯四有应,故虽婚媾而仍有皤白之象,五则有戋戋之吝,上则直以为白贲,皆不文之文。

周易函书约注卷六　周易上经六

剥

䷖坤下艮上

剥，落也。九月，万物剥落时也。一阳覆五阴，阴盛阳孤，势将剥落而尽。郝解曰剥者，杀牲解体之名，故爻象为床。床，几案也，因有肤鱼果核陈设之象。

剥，不利有攸往。

阴盛阳衰，小人壮而君子伏。又内坤外艮，有顺时而止义，故不可有所往。易言不利往，皆东北艮象，万物成终之地，正丧朋时。故蹇有艮象，曰不利东北，其曰利西南，与艮反也。解有震无艮，则止言利西南，西南得朋故利。今剥有艮，故不利往。若复初见震，则朋来矣。易中阴阳来往止是一义。

《象》曰：剥，剥也（郭京作“剥”。剥，落也）**，柔变刚也。不利有攸往，小人长也。顺而止之，观象也。君子尚消息盈虚，天行也。**

此卦诸解俱以五阴剥阳为说，皆未明剥义也。不知剥字止说在上一阳耳，若谓以阴剥阳，五阴之力何怯于垂尽之一阳？今固堂堂正位于上，果何爻之剥乎？剥之最近莫如五，犹曰贯鱼以宫人宠。近犹如此，疏远可知。当知剥之为义，从阴阳之隐显而见也。阴阳之理流行于天地之间，往复不穷，此盛则彼衰，此显则彼隐，故前曰阴变阳，而后曰消息盈虚，天行也。阴变阳者，阴阳原有迭见之理。今五阴既盛，则是初之阴变去初阳而为姤，二之阴变去二阳而为遁，以次渐长，变去五阳，仅存一阳孤立于上，几几垂尽，有似果熟枝头，将次剥落，故以剥落象之。从阳之自剥为言，见非无为之阴所能，因溯其前而以为阴变阳，不以为阴剥阳也。小人浸长，其势方张，自不

宜往。内顺外止,顺时而止,而谓为观象,即观此小人浸长之象,所以不利有攸往。消者方亏,虚则消之尽,息者方生,盈则息之盛,四字虽兼阴阳往复说,却全为阳谋,复,阳息。姤,阳消。乾,阳盛。坤,阳虚是也。此正阳消将虚之候,故遂说天行,因此卦自乾变来故也。观象云者,卦自观来,有观之象。又物当九月,阳德收功,落实取材,必有可观。又当知观象之后,说出天行,明指得朋丧朋,阴阳往复而言。《周易》之理无非发明阴阳消息微盛盈虚,天行垂象,在人观之而已。蛊之终始亦曰天行,巽之初终,恒之终始,莫非往复之旨,而初终尤不可不察,凡皆观象之说也。宜曰顺止显于外曰观象,顺动涵于中曰见心。煦按以顺动说见心,最合易理,即率性之谓道也。

《象》曰:山附于地,剥。上以厚下安宅。

春夏百昌蕃茂,见物不见山。九月万物剥落,止见山附于地,故云剥。高附于卑,贵附于贱,下不厚则不安,故厚其下,始安其宅也,然指在下说亦可。厚下,坤也。艮为门阙,覆于上有似于宅。此卦主阳,在上而不得位,故称上,若泰五称后者然。

初六,剥床以足,蔑贞凶(荀爽"蔑"作"灭"。无"凶"字)。

剥由乾来,今以阴爻逐位变之,初之阴变去初阳者也。其象剥床者,震巽为木,主皆在下,木而在下,故象床。初足爻,故象床足。二在初上,则以辨象床面矣。坤以载物,床以安人,其义同也。一阳覆五阴,有宅象,庐象,床象。蔑,灭也。阳而居初,本为正位,今为阴所变而蔑之,故以为灭贞,阴而灭阳,不得所资,故凶。

《象》曰:剥床以足,以灭下也。

灭下即蔑贞,指乾之初阳也。

六二,剥床以辨(古作"分"),**蔑贞凶。**

二之阴,变去乾二者也。乾二中正,故亦曰蔑贞。孔仲达曰辨谓床之下,足之上,分辨处也。郑玄曰足上称辨。辨,分也,谓可屈伸处也。崔憬曰在第足之间,是床梐也。程子曰床之干。煦按足在床下,辨,床之面也,即平也。《尚书》平章平秩,《史记》作便,《索隐》曰《今文尚书》作辨,可知平辨通声,古原通用。

《象》曰：剥床以辨，未有与也。

阴阳比应通称为与，与则其情相亲，故三以应上而无咎。二之无与，则直肆其凶暴，故蔑贞凶也。

六三，剥之，无咎（陆无“之”字）。

三阴乃变三阳者，故亦言剥。然初二凶，四近灾，而此独无咎。三有应与，得阳援故也。故《小象》曰失上下也。

《象》曰：剥之无咎，失上下也。

失上下谓不与初二四相同，即得阳有应之说。阴以得阳为资。初二四比阴应阴，若小人之朋党既固，剥阳而据其位，全无阳助，故凶而近灾。今应爻得阳，故以为失上下之阴。

六四，剥床以肤（京房本作“簠”，谓祭器）**，凶。**

此爻变去乾四。初，足。二，辨。三，床之上。四居上体，乃床上人之肤。王肃曰：坤象床，艮象人，剥床而及人肤，为害滋深，故凶。

《象》曰：剥床以肤，切近灾也。

言祸及其身而不可免。坤为灾，与下卦接也。肤字详噬嗑。

六五，贯鱼以宫人宠，无不利。

以阴变去阳爻，将必有报反之虞，唯有应有比，得阳之助者不然，故一无咎一无不利，且此爻又有承阳之义。变巽象鱼，详见中孚。巽绳艮手，故贯鱼。鱼之联贯相次以序，五阴分列象之。五，君位，阴故象后。上承孤阳，故象君。以，后以之也。艮为宫室，鱼阴物，宫人众妾，乃阴之美而承顺于阳者。伏兑少女，变巽长女，下坤互坤皆老妇宫人象。宠者，阴阳相得之义。顺而止之，正在此爻。以顺而止，则必无违忤，故无不利。利，阴象，得阳始有之，故观四近阳，亦言利。

《象》曰：以宫人宠，终无尤也。

以阴变阳，宜乎有尤。今顺而止，以阴承阳，得阳之助，故无尤。

上九，硕果不食，君子得舆（京作“德”，董作“德车”）**，小人剥庐。**

乾阳悉为阴变,此爻独存于上,故有硕果不食象,不食即谓不变不剥也。艮为果蓏。硕,大也,阳称大,又为圜,大而圆,果象。伏兑为口,本能食,兑伏,不食象。乾为君子,上阳是也。下坤,上变亦坤。坤为民,为小人,又为大舆。坤为舆,皆载物者也。据君子而论,则下承以坤舆,故曰君子得舆,是据阳之视阴而为象也。又曰小人剥庐者,艮阳上覆,下阴旁列,有似于庐,庐为人所覆庇,坤阴之赖以覆者,独此一阳。今上变为坤,灭却艮象,不成为庐,则下坤何所覆乎?是据阴之视阳而为象也。上句就未变说,下句就已变说,故不同。硕果即上九二字,爻之主象也,为阳言也,下二句即在硕果二字中。

《象》曰:君子得舆,民所载也。小人剥庐,终不可用也。

民与舆皆谓坤,指下卦也。庐谓艮阳也。得舆则承之者顺,故为民所载。剥庐则失所覆,故终不可用。

复

䷗震下坤上

《周易》贵阳。复,阳之复也。古文从[illegible],天与日月同度也,变楷而失其义矣。自五月阴生,其阳就消直至十月,六阴盛而乾阳尽矣。然乾道健行不息,穷上返下,故十一月一阳来复于内,故名复。剥复皆不离坤者,以先天图乾阳终始于坤也。剥丧朋,复得朋,故卦辞曰朋来无咎。

复亨,出入无疾,朋来无咎(京房作"崩来")。**反复其道**(古一作"反覆"),**七日来复,利有攸往。**

复亨,阳之通也。阴静阳动,阴无为,阳有为,以静正闭塞之阴,而阳复其下,其势难遏,故曰亨。内动外顺,亨义也。复也者,未尝竟绝之称,言往来也,故曰出入无疾。复亨已了卦义,其下皆在复亨字中。出入指阳,言其长而盈,盈而消,皆已过者也。入谓阳复,指见在也。无疾,循序有渐也。又阳生阴杀,疾谓坤也。阳来则阴去,故无疾。美在其中而畅于四肢,是其义也。无疾即亨字,朋来即得

朋，震象西南得朋，据坤之视阳而言。自内出外为往，自外入内为来，谓坤体而乾来者，此言交也。谓本无而今有，若自内生出者然，此言生也。《彖辞》见天地之心是也，皆来字义也。无咎亦亨也，生生之机从阳复而始，有何咎？反复即出入也，言阳之循环而未尝绝也。道犹径路，大化之舒敛，外出而复归于中，天地之心即径路也。又阳德健运，既出而返，迁转不息，道如是也。七日来复者，阳之出，自姤至坤，凡六日，至复则七日矣。阳德故言日，蛊言阴终阴始则象月矣。临言八月，亦谓所历之阴也。七少阳数，八少阴数也。此上皆复亨之理，利有攸往，始言人事，皆谓亨也。

《彖》曰：复亨，刚反，动而以顺行，是以出入无疾，朋来无咎。反复其道，七日来复，天行也。利有攸往，刚长也。复，其见天地之心乎？

刚反言成卦之体，刚长言复卦之用。自五月阴生成姤，初位亦已无阳，直至子月，阳刚复来其下，故云刚反。若从震阳，更历临兑而至乾，便为刚长，自下而上为往，故曰利有攸往，反溯于复前，长推于复后也。动震顺坤，行亦震也。动而以顺行，发无疾无咎之旨，明刚反之亨。反而复者，阳也，故云朋来。阴阳相得，故动而顺。此上释动顺之理，以见刚反之亨。天行释反复二句，又以循环不息，释必反之故。天地之心即未发之大中，若由此而发，则渐远矣。唯一阳初生于太极，始克见之，故云然也。邵子目为天根，第心言肆应不穷，根言生生不息耳。天根之说独不及地，以阳复地中。贵阳，故独言阳也。又因先天图象天之纯乾，由此而生，故以为天之根。此兼地言之，雷复地中也。动，震性。雷，震声。见，阳之明也。

《象》曰：雷在地中，复，先王以至日闭关，商旅不行，后不省方。

雷在地中，一阳初复，万物含生未发，当上下安静以养微阳，即潜龙勿用也。闭关即安静意。不行句，下安静也。不省句，上安静也。震大涂，坤为众，民众行于大涂，商旅象。初为来处，阴爻两列，有阳横亘于大涂之来处，闭关象。阖户为坤，亦闭关象。阳君不居五居初，潜龙爻也。巽后伏初，故曰后。今隐而伏，故不省方。上曰

先王,下曰后者,凡阳皆乾之用九,震为初用,故溯成震之始,称乾为先王,见震初之微也,称后谓震由伏巽来也。不知阳用于乾,见本于伏,均非爻旨。虞翻多论伏象,非无据也。或曰至日谓巡狩而反,今考史书,先王至日亦曾有不行不省之事乎?故知此皆圣人身心中事,于此特露一斑。故《彖》言见天地之心,而此云不行不省,学者当细心讨论。

初九,不远复,无祇悔(“祇”音“支”,适也。王肃作“禔”,云“安也”。《九家易》作“多”,音“支”。又作“敍”,与“多”同)**,元吉。**

祇,至也,抵也。一阳初生为复主,居事初,其失不远,故有不远于善,无至于悔象,元吉之道也。元,始也。此为见心之初爻,故云始吉。元字诸卦不轻言,非其始之者也,作大善解亦可。在卦言亨,是正复之时。在当爻言元,溯见心之事也。不远据中言也,由此外出,则渐推渐远,故因不远而溯其元也。此圣人传心传道之爻,故《小象》以为修身,而《系辞》又复提之。盖生人之性本有未发之中,立天下之大本,无亏损,无去来,凡有差别皆动后之事,愈动愈远,愈远愈纷,终至差别,不可究极,所由曰习相远也。震本动爻,动又在初,因其出于天心,故称不远,若人之方离而即回转者然。圣人与天为一,有何远近,学者不然,故孔子曰回也三月不违,又曰其庶乎,皆不远之义。日月至焉,则屡动屡违,远可知矣。其以仁教颜子,亦曰复礼。大抵人非圣贤,悉具食色嗜欲之性,逐渐支离远去,皆未能向立命之初留心打点,使于方动欲动时,一触便转,几于不远之复,亦有何难。盖势已极盛,皆难猝然消灭,唯初起未盛,一排拨之,便已复旧。若远而始悔,无能为矣。

《象》曰:不远之复,以修身也。

性为身主,情动则远,敛情归性,大本立而达道行,故曰修身。

六二,休复,吉

休,息也。居中而不前不后,故称休,是休息以待复者。又因初动于下,此适居中,故相形而见为休。初为不远,二较初已远矣。然天运无往而不复之理,二虽远初,才位皆柔,而所处中正,故于此休

以俟之,虽远而亦复也。譬若两人同行,一出门即返,是不远复也。一已出门,待后者不至而亦返也。初阳有升性,初既不远而即复,二乘初之动,因其复而始复,如有待者然耳。故曰以下仁也,是仍未大远也,特比初稍后耳。休否亦取中立之义。

《象》曰:休复之吉,以下仁也。

仁为长善,谓初之见心元吉者也。二爻中居,本有静象,因不远复之仁人动于下而上撼之,因亦翻然而复,如有待而复者然也,故云以下仁也。下以位言,非亲下之说。不远者,最速者也。休复者,稍缓者也。

六三,频复(古作"路面噘复",郑玄作"卑",当是"颦蹙"之"颦"),**厉无咎。**

频,数也。三处两卦间,以阴居阳,不中不正,又处动极,上接静坤,载动载静,复而又复,频复象,与频巽同,频复则频失矣。厉,危也。频失故危,频复则能改过,故无咎。乾惕之位,故厉。

《象》曰:频复之厉,义无咎也。

虽频而能改过,揆之于义,故无咎。

六四,中行独复。

初居内卦,出于天心,故曰中。四变震,故言行。独应初,故言独。初之复在心,故曰悔。四之复在事,故曰行,此内上之分也。又四居三极中,位在五阴中,皆中也。初不远,颜子也。休则稍远而有待,曾子也。频复,日月至焉者,游夏也。四则行之既远,毅然独复,孔子之门人皆是也,故《象》曰以从道也。道则在外而见诸行者也。

《象》曰:中行独复,以从道也。

初曰修身,二曰仁,四曰道,仁与道皆修身之事,特仁在心而道在事耳。比者内而近,故曰下仁。应者外而远,故曰从道。

六五,敦复,无悔。

外坤又互坤,坤厚载物,故曰敦复。执德坚,信道笃,不辞难,不以久暂而加厌,故曰无悔,全在行事上说。无祗悔者,未到悔时。无悔者,不以繁难而加厌耳。中德居尊,故有此象。

《象》曰:敦复无悔,中以自考也。

考,证也。不远之天心,是自然之中德。五处外中,是亦有中德者。特其中在外,较诸不远之天心,只是能以中德自相考鉴耳。初为复主,下仁而成休,比也。从道而成独,应也,皆资初也。五以中德自考,无资于初,故曰自。

上六,迷复凶,有灾眚(郑"灾"作"裁")**,用行师,终有大败,以其国君凶,至于十年不克征。**

迷复,迷而不知复也。坤本先迷,今居上极,则迷甚矣。灾眚即凶也,凶犹有遭际,灾眚则自身之凶也。用师以下,灾眚之甚,凶之大者也。以,及也。师败及其君,有倾危之忧也。坤为众,变艮大象离,为戈兵。众动兵戈,又龙战之爻,行师象。变艮无坤,失众象。坤为国,伏乾君,坤阴灭之,国君凶象。十,土之成数。不克征,不能雪耻也。初不远,上十年,言远也。阳刚善动而复,故止于七日。坤阴性静而止,故十年不克征也。以临八月较之,则本卦五爻,变卦五爻,言至剥也。

《象》曰:迷复之凶,反君道也。

反亦复也,复所当复,则曰复。复非所复则曰反复,至上极不成为复,故言反。坤之反为乾君,又当龙战之爻,故曰反君道。将使坤变为乾,指夬言也。至夬之无号,则以其国及十年不克,皆在中矣。初不远是念之方萌,最速者也。休复稍远,然犹近初,故仁字亦说心内。频复亦在心上打点,皆内卦也。四外则曰行,敦则行之厚者也。上用师则大有所为,全不自反,贸然以行者也。

无妄

☳☰震下乾上

元子曰:剥复,艮震交地,无妄大畜交天。复,贤学。无妄,圣学。《易溯》曰无妄诚也,大畜诚而明也。性以动显,学以止畜。《史记》作无所期望。盖主震木而遇乾金,天命不佑,不吉之占也。

无妄(《史记》作"无望",康成、子雍皆云"妄"犹"望")**,元亨利**

贞。其匪正有眚，不利有攸往。

无妄，至诚也。动而健行，唯动以天，始能有此四德。匪正，妄动者也。有眚则无四德。程子曰“动以天为无妄，动以人欲则妄”。《周易》立教，性与天道俱在其中，仅作占卜论，非矣。震木乾金，妄动而上行，必受其克，故不利有攸往。凡言利者，皆得朋之震。言不利者，皆丧朋之艮。此卦有震而互艮，故前曰利贞，而后曰不利。

《彖》曰：无妄，刚自外来而为主于内，动而健（《举正》作“愈健”）**，刚中而应，大亨以正，天之命也。其匪正有眚，不利有攸往，无妄之往，何之矣。天命不佑**（《释文》作“佑”，马作“右”）**，行矣哉。**

刚谓震阳，来谓居初。自外来者，二三两阴本坤之静体居内，乾用其九一交于初，则为自外来矣。外来者对居内之静坤言也。卦以震刚为主，圣人教人观象以择主爻，故有为主于内之说。凡一卦三画，其两画相同者皆静体也。其往来上下之爻称为主爻，动用故也。诸《彖》之往来上下皆言动用之主爻，不可不察，详具首卷。先曰动，后曰健，从主爻说起，故先内后外。动谓震，健谓乾，便是主内之辞。刚中而应，又若主外者，凡纯乾纯坤之在外卦，虽内有动用之爻，亦多主五，君主之位也，详见《函书》。应也者，谓健动之震往而应也。刚中而应，则中无阻挠，故能大亨以正，而有乾之四德。天之命，指应五者而言，然不归诸刚中之五而归之于天，谓全乾也。乾为天，互巽为命，上见纯乾，又系初动而应天，故言天命，此上释元亨利贞之故。匪正有眚，又是不利攸往之故。卦由巽变，至乾四而尽灭巽木，为主之震又动遇乾金，往则不利，自然之理。此卦之成性者，内震也。本出各正之天命，至诚无妄，故以四德归之。至发而为情，则千差百错，已非无妄之真，故有匪正不利之说。此卦止二五有应，而为主之初。与所应之四，均非正故也。人生所行，千差百错，俱由情发，已非保合之真，故曰无妄之往何之矣。盖往则非其中存者也。来震往乾，故曰天命不佑。复曰行矣哉，归咎于往也。威行之卦，故占者不吉。

《象》曰：天下雷行，物与无妄，先王以茂对时，育万物。

万物之生，在天之下，故曰天下。又皆天命所赋，故曰天下雷

行。行,震德,雷,震声。雷行者,动机之遍著也。天德本至诚无妄,其赋物亦然,故曰物与无妄。震阳得诸最初,故称先王。先王谓乾,与复豫噬嗑同义,溯阳之所自来也。茂,盛也,谓所育极盛也。天随时而生物,先王亦对时而育物也。育者,教养是也。

初九,无妄,往吉。

初无系应,震动之性上往,阴必不拒,又况动之以天,故往吉。

《象》曰:无妄之往,得志也。

阴不我拒,往则成坎,故曰得志。得,震象。志,坎象。

六二,不耕获(陆云:或依注作“不耕而获”,下亦然)**,不菑畬**(《礼记》此下有“凶”字)**,则利有攸往。**

二在地上为田,震位东,春耕时也。震为木,二三阴土,以木临土,上入下动,有益之耒耨,耕象。震反生为禾稼,互艮手,获象。有益耕象,而无坤田,故不耕不菑。肖离,火焚牛耕,故为菑畬。菑,一岁田,畬,三岁田。古之言富者皆取必于农田,孔子之言富非如后世,以金宝异物之积为富也。农田之利,必耕而始有获,必菑而始有畬,不耕则不获,不菑则不畬,自然之势也。然蓄积既厚,则系累必深,故农田之子无远志。今既无系累,则必利有攸往。上下象原是一义,故用则字一转,阴爻原无动象,因震中初阳撼之于下,故为丧其所有,趋前而进之象。若将上下分为二义,并说作戒辞皆非。《本义》作无所为于前,无所冀于后。来氏谓不方耕而即望其获,不方菑而即望其畬,均非爻旨。

《象》曰:不耕获,未富也(《举正》作“求富也”,《杨易》以为未然)。

《易》中言富皆阴爻,阴有形可积累,坤之言积是也。如小畜、泰、谦、无妄、家人皆言富,唯家人四阴得位,本可言富,乃乘承皆阳,而所应又阳,又无动爻撼之,故得自有其富,而曰富家大吉。其馀皆言不富者,非在震中,则必互震,震之二阴合体为震,皆因初阳动于下以撼之,已之所有无能自固,故震卦有于邻之说,而泰四谦五畜五皆曰以其邻也。泰四本可言富,因系阴阳相

接之际,阳性上行,四爻有比有应,而互见震象,有动而撼之者,则不能有其所有,而变易其性,故曰不富以其邻,为比故也。谦五阴爻,本可言富,乃谦之诸阴皆欲附阳,四先得而据之,又以㧑谦大辟其路。坤五以顺德附四而互震,因四而纳交于阳,而震阳撼之于下,故曰不富以其邻也,亦比故也。畜五非阴爻,则本爻不可言富,然畜卦诸阳皆欲附阴,五独据而有之,又无撼动之者,则四之有皆五之有,故曰富以其邻,亦比故也。然小畜之阳皆欲附阴,而五上与四同成巽体,故《小象》曰不独富,则并上阳亦得而有其阴矣。无妄二阴本可言富,乃比阳应阳,震爻动撼于下,不克自有其有,故曰未富。仍与谦泰同义,皆因阳而震动者也。未富二字,不耕二句在中,利有攸往亦在其中。

六三,无妄之灾,或系之牛,行人之得,邑人之灾。

变离为牛,坤阴亦为牛,互巽为桑为绳,艮为鼻,绳在牛鼻,止桑下,系牛象。震,行象。三,人位,在大涂,行人象。坤为邑,邑人象。震得朋,故言得。处动极,互艮丧朋,又伏坎盗,故言失。邑人指六三也。无妄之灾四字,为此爻主象,此妄字作望字解,灾即无所望之祸也。盖系牛于桑,为行人得去,邑人乃受其灾祸。行人之得与未富同义,盖谓震撼于下,而丧其自有者耳。灾即不利之说,既丧而不可复得,复何望乎?爻处动极,又与外乾相接,当变革之际。金来害木,故有此象。

《象》曰:行人得牛,邑人灾也。

解见爻中。

九四,可贞,无咎。

天德本自无妄,而此居乾初,则无妄可知,故可居贞而无咎。二之言利,虽不能自持,而有比有应,故言利。此则无应,可自主而无咎者。二不言无妄,失其自有者,别无可望,故唯行之利。此则纯真自主而无望者,故皆不言无妄。

《象》曰:可贞无咎,固有之也。

下三爻或象往,或丧其所持,皆动也。此在乾初,故云固有。

九五,无妄之疾,勿药有喜。

变互坎,为心病,疾象。巽草震木,艮石,药象。覆兑,悦象。刚中有应之爻,故云有喜。其曰无妄之疾,盖以妄为疾也。若有妄疾,非药何治?居天德之中,纯动以天而不杂以人,是无此妄疾,故不烦用药。有应故有喜也,若更用药反杂以妄,故曰不可试。妄之为言,皆发而后见,天德居中,故有无妄勿药之象。试字在用边说,与赤子爱敬相同,正圣人传心之法。

《象》曰:无妄之药,不可试也。

凡妄皆自外得,故克己之教,说在视听言动边,即此试字。

上九,无妄,行有眚,无攸利。

应震行象,九非妄也。时位穷极,不可行耳。崔憬曰居无妄之终,有妄者也。妄而应之,上下非正,穷而反妄,故为灾。

《象》曰:无妄之行,穷之灾也。

此爻妄字又作望字解。居外而处穷极,虽行亦何望乎?与亢龙同,故《小象》亦同。初为卦主,以阳居阳,得正者也,故吉。二以柔居中,有应有比,得正者也,故利。五以阳居中而有应,天德纯全,得正者也,故有喜。四居乾初,是未雕未凿者,故可贞无咎。三以阴处阳,居动极丧朋之位,故为邑人之灾。上处卦终以阳居阴,故直言眚。匪正有眚,即指此爻。

大畜

☶乾下艮上

大,阳也。乾下艮上,所畜力大,非如巽阴之小,止众阳之多也,有畜止畜养畜聚三义。畜聚,蕴蓄也,即在养字义中。取止义,则谓阴止阳,故曰小。取养义,则谓阳养阴,故曰大。

大畜(《归藏》作“大毒”,古一作“蓄”)**,利贞,不家食吉,利涉大川。**

乾至利贞而四德终,艮得乾终,故艮乾合体,止曰利贞。互兑口,外近五君,不家食象。大象离伏坎,水火之合,故象饮食。乾知

险,互震木,涉川象。贞正道,即多识前言往行以畜德也。道大行,故吉。利涉大川,大有所为以济险也。坤国变艮家,以国从家,故有不食于家而食于国之象。

《彖》曰:大畜,刚健笃实辉光,日新其德(康成、公明以"其德"属下句,元子从之)**,刚上而尚贤。能止健,大正也。不家食吉,养贤也。利涉大川,应乎天也。**

刚健,乾象。笃实,艮象。大象离,又艮阳外焕,故言辉光。日新,日者,天之运;新者,外焕之光也。笃实谓两阴也,刚健内之存主,笃实外之践履,辉光则德之发越。日新又新,所由积小高大以成其德也。刚上谓艮刚在上,尚则尊奉之,言主爻也。五君乾亦君,有六五尊上阳之说,有下乾尊艮阳之说,皆可。贤指内刚健而外文明,又有辉光日新者也,上,进也,此自下奉上言也。止健与养贤同义,健即贤,止即畜,此自上视下言也。特止健言德,养贤言卦象耳。尚贤则用人以正,止健则禁暴以正,故曰大正,此释利贞之义。《集解》谓乾为贤,艮为宫阙,贤人居于阙下,为不家食。由以下奉上,则有尚贤不家食象。由自上及下,则有止健养贤象。乾德易以知险,抱蕴蓄之美,有乾健之力,故能应天而济天下之险。兑口上含六五,不家食象。六五承以兑口,养贤象。四至上,象颐,故曰养。

《象》曰:天在山中,大畜。君子以多识前言往行,以畜其德。

天,无物不包,今在山中,则山之蕴蓄大矣。向秀曰天为大器,山则极止,能止大器,故为大畜。君子谓乾。震足,行象。兑口,言象。多识,即大畜也,有颐养象,故以畜其德。乾在万物先,故前。震行故往。此畜取畜聚义。

初九,有厉,利已。

乾三阳为艮所畜,内卦受畜,以自止为义。论阴阳则若君子受畜于小人。外卦能畜,以止人为义。论上下则若在位之禁止强暴。厉谓不相援而反相挤①也。已,止也。初刚则志在必进,然为四所

① "挤",堂本作"济"。

畜，故往则有危，止则不取祸也。

《象》曰：有厉利已，不犯灾也。

灾即厉也，止而不行，何灾可犯？

九二，舆说輹（古作“轝说辐”，“说”音“脱”）。

乾运转不息，又为圜，舆象。坤为舆，乾之伏也。第乾舆言行与不行，坤舆止言载耳。輹与辐异。辐，车轮之辏，三十条也。輹，车上伏兔，以承轮者。舆行赖輹，脱则止而不行。互兑毁，脱輹象。小畜脱辐，车轮散，不堪行也。盖为阴所止，所脱者重，久住之计。大畜脱輹，盖暂脱其輹，所脱者微，暂止而旋起也。二为五畜，以有中德，能自止而不进之象。

《象》曰：舆说輹，中无尤也。

唯有中德，则识时势，不躁进，自无妄动之尤。

九三，良马逐（郑玄、姚信作“逐之”），**利艰贞，曰闲舆卫**（郑玄作“日闲”），**利有攸往。**

震马前，乾马后，逐象。两马相逐，遇艮止，不得驰上，利艰贞象。乾舆象，大象离，中虚外围，卫象。闲舆卫，又利艰贞之象。曰闲舆卫，俟之也。初二皆为阴畜，观童牛豮豕可知。唯三无应，故不受止，又互震行，故利往。然犹利艰贞者，惕若之爻也。《考工》车六等，戈人殳戟矛轸，皆卫也。天子十二闲，邦国六闲，卿大夫四闲，闲以序辨，亦以习名也。

《象》曰：利有攸往，上合志也。

与阳同德故合志，见非阴爻，故不为所畜。然止言志合，谓非应也。故有利艰贞俟之之象。

六四，童牛之牿（《广仓》作“犝”，《说文》作“僮牛之告”，九家亦作“告”，陆绩云“牿”当作“角”），**元吉。**

童，未角之称。牿者，横木置角端以防触，楅衡是也。爻变离为牛，伏坤亦牛，乾为首。角者，二阴在乾上也。大壮互乾，见二阴，亦象角。艮手互震木，手持木而施之角，牿象。艮体居上，四当外初。畜，初者也。艮少男，初应初，童牛象。初刚势微，止于未角，如止恶

未形,用力少而成功多,大善而吉之道也。

《象》曰:六四元吉,有喜也。

四当兑口,喜象。上不劳于禁制,下不伤于刑诛,故可喜。

六五,豶豕之牙(郑读为"互"),**吉**("豶"音"焚")。

大象离,变互离伏坎,豕象。豶,犗(音介)也,腾也,乃走豕也。互震性动,豕象。牙者,《埤雅》云以杙系豕也,与牿同例。变巽绳,系象。震巽木,杙象。牛马豕,皆人所畜,故大畜并言之。煦按牙,齿也,止物以自养者也。凡二五中阴皆取静象,五为辅颊舌口之爻,今在于中,故象牙。与牙相应之二,则所养之物也,此爻取养义,故《小象》曰有庆。若系豕于杙,何庆可言?四取《彖》中止健之义,五取《彖》中养贤之义。

《象》曰:六五之吉,有庆也。

喜庆皆谓乾,四五能止之,则四五能有之矣。五君位,畜者大,故曰庆。凡言庆者皆有位,一人有庆是也。喜止一身,庆及天下。四具养贤之善,贤才德成,故有喜。五兼止健之能,小人安分,故有庆。

上九,何天之衢(梁武帝作"荷",《灵光赋》亦用"荷",盖古"何"即"荷"),**亨。**

畜阳者,阴也。上亦阳爻,在阴外不为阴畜,故有何天衢之象。上天位,四达为衢,互震大涂,在震上,天衢象。乾天艮终,终在天上矣。以为天衢,何行不可?通达无滞,道大行之象。此正不家食,涉大川之义。来氏一担挑起天衢之说,未当。

《象》曰:何天之衢,道大行也。

不家食,涉大川,无往而非亨,故道大行。道字即衢字。四五就应爻上见,故有止义。上就蕴蓄上见,故有畜极而通之义。此处方曰行,则前五爻之不行可知。贲须之待也,阴也。前五爻之不行,亦阴也。则阴之为体可知。

颐

䷚震下艮上

颐,口旁也。上下二阳,中含四阴,外实内虚,上止下动,口象。口食物以自养,故取养义。潜老曰四偏卦而肖坎离,中互乾坤,则二老六子俱用之卦,中孚小过肖坎离而用六子。不具二老,故收下经。

颐,贞吉,观颐,自求口实。

震,动象。伏兑,口象。人之颐下动上止,胎生者,目上皆动,卵生者,目下皆动,皆物性也。此卦内二阴同初阳成动体,外二阴同上阳成止体。止卦无动,动卦无止。故二三之阴养于初阳,与动合体也。四五之阴养于上阳,与止合体也。故止动合卦,而不取应爻,各得其正,斯吉。止动既不同德,又不相应,而合体为颐,故彼此相观。初之观朵颐,四之虎视,皆观也。因两不相资,故但有观义。止体观动体之所养,动体观止体之所养,此观人之所养,其正不正可知也。大象离明,故言观。自求口实,谓人之观我。其自求以养者,贤愚贪廉皆可辨也,故贵正乃吉也。阴阳之义,阳无阴有,阳虚阴实,阳动阴静,阳气阴形。坤以形用,静止有常,阳以神用,周流不息。口实者,口谓外阳之包括,实谓四阴之充斥,故言口实。不言口虚,若口果虚,奚所凭而谓为养,奚所凭以观养乎?不知从前何故执阳实阴虚之说,内太实而不虚,则无运动之能,故止象颐而称口实。噬嗑中多一阳则有运动之能,故象齿而又以为有也。

《彖》曰:颐贞吉,养正则吉也。观颐,观其所养也。自求口实,观其自养也。天地养万物,圣人养贤以及万民,颐之时大矣哉。

来氏曰观其所养,观其所以养人之道,正不正指上下二阳。观其自养,观其求口实以自养之,正不正指中间四阴。天地圣人皆推广养义,故曰养之时大矣哉。见得天地圣人所养,公而不私,则天地圣人所养之正也。不及自养者,公而不私,即天地圣人之自养也。郑玄曰观其养贤与不肖也。颐中有物曰口实,中互二坤,坤载万物,人所食之物皆存焉。观其求可食之物,则贪廉之情可别。《程传》固

有所本，来氏亦出于此。

《象》曰：山下有雷，颐。君子以慎言语节饮食。

帝出乎震，万物得养而生。成言乎艮，万物得养而成。慎言语，养德也。节饮食，养体也。言语饮食，动象。慎节，止象。又慎由动出，节由止出。言语饮食，伏兑也。兑为艮止所掩，故曰慎节。亦犹复卦伏姤，巽为震掩，便曰后不省方。

初九，舍尔灵龟，观我朵颐（京房作"揣颐"）**，凶。**

此卦唯初四三上有应，而体性各殊，故彼此互观也。四本应初，其体则止，故虽有逐逐之欲而但为眈眈之视。初告之曰，尔何勿舍尔灵龟之静而养息，观二三之养于我而一朵其颐，盖动者之矜辞也。灵龟以食息为养，常静者也。动而好矜，全无涵养，在下位卑，宜静不静，彼虎视者在上，故凶。人之颐皆下动，故称朵，肖离目，观象。离象龟，故损益皆言龟。郝解以灵龟指上九，教四舍灵龟，观我朵颐，最合爻义。盖阴阳本自相须，而阳体善动，故能养阴。止体之二阴资于上，动体之二阴资于初，正也。然阴阳不必同体，亦各有应与存焉。止缘动止殊德，故不贵应。今教之舍同体而从应，则妄动而有矜情矣。《本义》谓我四而尔初，未察朵颐唯动体在下，始可言耳。当知舍尔八字只是在下之动象耳。在下宜静，又当养时，尤宜主静故也。今必以我为四，然则凶亦为四之凶乎？

《象》曰：观我朵颐，亦不足贵也。

初教四舍止而学动，四之不舍，固不足贵。初但自矜朵颐之养，亦不足贵。阳贵阴贱，今动而变阴，饮食人贱故也。

六二，颠颐，拂经于丘颐（子夏作"弗经"）**，征凶。**

颠，倒也，谓宜求养于在下之初。经，常也。拂经，谓不可拘应与之常也。艮，邱象，谓应五也。于邱征凶，往应五则凶也。爻有颠经拂颐四字，诸解均未得旨。凡颠皆指初阳，二比四应，故皆曰颠。二之征凶，经而不颠也。四之颠吉，止者不能养而动者能养也。卦以应与为经，爻以各养于同体为颐。养于同体，正也。故六三拂颐而致凶，是但知求应，不知养于同体也。因有应与之常经，故六五拂

经而获吉，是资养道于同类，而不拘应与也。不求养而求应以为养，则直以为拂颐，不知应而得类以为养，则不妨于拂经。三合乎经而拂乎颐，故曰拂颐。四合乎颐而拂乎经，故不曰拂颐。二曰征凶，三曰贞凶，皆不贵应也。二之拂经与五无应而比初也。若之邱颐，则从应而凶。邱，艮象，亦积坤之象。三之贞凶，既不比初，应爻异体，不能相养也。五之拂经贞吉，与二无应，与上比也。总皆言卦体之成，非二三之阴比于初阳，则不成动体。非四五之阴比于上阳，则不成止体也。动者不止，止者不动，故爻各异象。

《象》曰：六二征凶，行失类也。

行，震象。类谓同体之阳。行失类，谓求应不求同体也。

六三，拂颐，贞凶，十年勿用，无攸利。

拂颐者，违拂同体相养之道，谓与初无比与，而与艮阳为正应也。贞，正也。即经字上虽正应，非其同体，不能相养，则拂乎养道，故致凶。十年，坤之成数。勿用，不得用其养也。养义贵静，口容止，故下三爻养于动者皆凶。动则爻虽不应，亦从应以起义。上三爻养于止者皆吉，止则养于比者固吉，养于应者亦无咎。动则有似于饕飧，止则有似于灵龟也。钱国端曰，颐以两实经四虚，大过以两虚辅四实，颐二以颠初为颐，大过之二以得初为生稊，为女妻，以俱与五无应而去上为远。颐五以从上为吉，大过之五以得上为生华，为士夫，以俱与二无应而去初为远。颐过之三皆凶，颐三动极，上无以止。过三躁极，上无以辅。颐过之四皆吉，颐四止体，为能制初之动。过四悦体，为能行初之巽。

《象》曰：十年勿用，道大悖也。

震大涂，道象。大悖，即拂颐。

六四，颠颐吉，虎视眈眈，其欲逐逐（子夏作“攸攸”，苏林音“迪”，《汉书》作“浟”，荀爽作“悠”，刘瓛作“跾”，云远也，说云：跾，音式六切）**，无咎。**

颠颐，与上同体而下应初也，为求初以自养也。颠字有倒义，亦有不安义。二处初上，此处震上，故皆云颠。此如屯卦，二在初上，

四上居震上,故皆言乘。凡养贵静,故下卦凶而上卦吉,动静殊也。颠既有动义,何以为吉?盖人之食物,其颐上止下动,此得食之象,故吉。兑为虎,艮伏兑,虎伏于山者也。大象伏坎,初当潜位,故象龟。龟水物,虎之欲食,必不轻动,故言视。龟自养于内者,四不养于上而养于初。虎求养于外者,与上不应不比也。三与初无应比,故亦言贞凶。四变离,视象。四应初,故初亦有观我之说。眈眈,视近志远貌。虎行垂首下视地。初,地位也。逐逐,欲之继也。逐逐之义即在眈眈内,皆颠颐象也。无咎即吉也。一曰卦辞本有自养养贤二义,今《象》曰上施光,若人君求贤以养德,岂惮烦哉?虎下视则其光自上而施,此正合颠颐之旨。

《象》曰:颠颐之吉,上施光也。

视物者必目光所注,今自上视下,故曰上施光,艮有光辉也。

六五,拂经,居贞吉,不可涉大川。

二本五应,今不相应,故皆言拂经。言非相应之常,则二取比初,五取比上矣。居谓静守也,贞谓居中求养于同体之上也。吉者,恩自己出,又可养人也。居,艮象。涉,震象。伏大过之坎,大川象。利涉必乾刚,而五体阴柔,又以互①卦之坤掩伏卦之坎,故不可涉,不可涉即居贞。三之贞往以求应,在动处说。此之贞近而比上,在静处说,故特添居字。

《象》曰:居贞之吉,顺以从上也。

互坤顺,变巽亦顺,言顺从上以养人也。正曰饮食言语不可益,颐之损益皆为拂经。

上九,由颐,厉吉,利涉大川。

由与由豫同,豫四一阳而众阴附之,阳大故云大有得。颐上一阳,众阴赖之以养,此名颐之由也。《小象》曰大有庆,贵上阳之有为也。阳刚覆冒于上,天下之养皆从此出,故必厉而后吉。厉者,惕若亢悔之爻也。颐之两阳皆可养人,而初不言由,无位在下,勿用之爻

---

① “互”,库本作“正”。

也。上则下五爻皆所统矣,知此可分两主而择一主。

《象》曰:由颐厉吉,大有庆也。

天下被泽而各得其养,故大有庆。盖所养者之庆,皆君上之庆,故以其有归诸阳爻,即取由之义。

大过

䷛巽下兑上

大者,阳也,阳过乎阴也。泽本润木,今泽上于巽,灭没其木,则大过矣。四阳之卦亦多,由其居中相聚而盛,故名然。

大过,栋桡,利有攸往,亨(“挠”,乃教切)。

屋脊木曰栋,以承椽瓦者。木曲曰桡,本末弱而栋不正,故挠。大象坎中直,栋象。椽垂躲而下曰宇。两阴上下,象坎陷。及矫輮,桡象,兑毁亦桡象。本弱则无所承,末弱则无所附,而所过者大,故为栋桡。然阳虽过而二五得中,内巽外悦,有可行之道,故利往而得亨。桡者卦象,利往而亨者卦德。

《彖》曰:大过,大者过也。栋桡,本末弱也(“弱”一作“溺”)。**刚过而中,巽而说行,利有攸往,乃亨。大过之时,大矣哉。**

大者过,阳多于阴也。本,初。末,上。弱,阴柔也。本末皆从木,下加一画阳,根株回暖,故为本,上加一画阳,枝叶向荣,故为末。刚过,四阳也。中,二五内外之中,三四卦体之中也。巽而悦行,内巽而外行以悦也。体质本刚毅,足以奋发有为,乃又用中而不过乎刚,德性本巽顺,足以深入义理,乃又行之以和,不拂乎人情,故利有攸往,乃亨。大过之时,见人于大过之时,行大过之事,无其时不可过,有其时无其才德,亦不可过也。

《象》曰:泽灭木,大过。君子以独立不惧,遁世无闷。

兑上巽下,大象坎,故泽灭木。木近水者唯杨,水盛则木灭,二五枯杨是也。不惧兼穷达言,天下非之而不顾。无闷,举世不见知而不悔。中互乾也。此非有大过人学问,义理见得明,大过人操守,脚跟立得定者不能。巽则能遁,悦则无闷。

初六，藉用白茅，无咎。

藉，承也，四刚在上也。巽，柔木，又为白。白，茅象。无咎者，敬慎不败也。柔居巽下，上承乎刚，而此又居初，虽当大过之时，是慎而又慎，未至大过者。亦如物不错诸地而有所藉，可谓慎矣。乃又藉之以茅，且用夫白，则至洁者也。慎之大过，故无咎。

《象》曰：藉用白茅，柔在下也。

阴柔居巽下也。

九二，枯杨生稊（郑作"荑"，荑木更生，谓山榆之实。虞氏曰：稊，稚也），**老夫得其女妻，无不利。**

二五近本末之弱。杨，弱木也。枯，老也。大过，时者也。三四乾刚，则象栋矣。杨无根而反生，喜植泽边。稊，蘖也，下之根生也。二得阴在下，故言稊。华，上之枝生也。五得阴在上，故言华。根生则生生不息，故止曰过以相与。枝生则无生意，故曰何可久。下巽伏长男，故象老夫，再娶之夫也。应兑少女，故象女妻，未嫁之女也。上兑伏少男，故象士夫，未娶之男也。应巽长女，故称老妇，已嫁之妇也。因二五变咸恒，故象夫妇，乾为老阳，比柔而见，故二五皆象枯。

《象》曰：老夫女妻，过以相与也。

阳方大过，得少阴以相与，则刚柔相济，过而不过，可以成生育之功，故无不利。

九三，栋桡凶。

中直者栋，因变坎，三四皆言栋。因巽二五皆言杨，文王栋桡本末之弱，周公栋桡，上应之弱，栋本在上，茅虽可藉，三无比与，上应既弱，必将下倾，故栋桡。巽木上极，兑泽淹之，一变而巽隐，止见坎水，故凶。司马光曰，大过刚已过矣，止可济之以柔，不可济之以刚，故大过之阳以居阴为吉，得位非美也。

《象》曰：栋桡之凶，不可以有辅也。

应爻得助，斯为有辅，今在下虽有所承，却不相应。辅者在上而弱，故不可为有辅，若四之隆，则曰不桡乎下，应初也。

九四,栋隆,吉,有它吝。

隆,高起也。栋本在上,下藉有力,方为有辅。上应弱,则无以立于上,故三凶。下应稳,则有以隆于上,故四吉。乾健而有藉,故隆。兑毁故有它,因此悦彼巽,又见兑毁,故以有它之吝戒之,与孚初同义。有它吝者,见当倚初为重,欲其舍己从人也。既得初藉之力,又岂可以应柔为有它乎?

《象》曰:栋隆之吉,不桡乎下也。

不桡即隆也,初藉为应,故不桡乎下,即有辅之说。

九五,枯杨生华,老妇得其士夫(《举正》作"夕夫")**,无咎无誉。**

应巽而居上,故象华,应泽而居下,故象稊。老夫士夫,诸解未确。来氏取伏象固佳,不知皆互乾也。乾上称老夫,乾下称老妇,上下,阴阳之位,夫妇,阴阳之象也。得者,巽伏震也。女妻谓应兑,士夫亦谓乾也。二五不言栋而言杨,健于中故象栋。杨而枯,非栋之任也。

《象》曰:枯杨生华,何可久也。老妇士夫,亦可丑也。

何可久言终散漫,亦可丑即无誉,非配合也,体姤淫女故也。

上六,过涉灭顶,凶,无咎。

变乾在上,故言顶。兑泽而至极处,过涉象。又适在首,灭顶象。初过乎慎,故不凶而无咎,上过乎济,故有凶而无咎。冒险而过涉,又当变革之位,故凶。过涉只勇于有为,非恶也,故无咎。

《象》曰:过涉之凶,不可咎也。

欲济非不美之心,故不可咎。

坎

䷜坎下坎上

《全书》曰:坎离,乾坤之交。既未,坎离之交。乾坤未交前,坎离为日月之体,乾坤既交后,坎离为男女之用,故以终上经而开下经。左忠毅曰:坎先天居西,后天居北,水外阴中阳,乾根也。离先天居东,后天居南,火外阳中阴,坤根也。日月者,先天之水火。水

火者，后天之日月。李子思曰：坎中实为诚，离中虚为明，离阴中含明为日，日阳而阴神也。坎阳中受明为月，月阴而阳神也。郝解曰：颐大过坎离，生死昼夜之象也。颐似离，离中互大过，大过似坎，坎中互颐，流下则平，故坎五不盈，炎上则忧，故离五嗟若。坎初上凶，水外暗也。离初上吉，火外明也。阳敛则阴在外，阳开则阴在内，阖辟而已矣。《淇澳》曰：鲲鹏表坎离也。孙巨源曰：北鱼南鸟，即是水火，鹏运而鲲不运，用阳而不用阴也。鲲化鹏而不复者，变至阴为纯阳也。总是以坎填离。煦按坎离，乾坤之交也。坎含胎之坤，离既虚之乾也。万物俱生于乾坤之交，故后天大用全归坎离。二用之后，坎所由独言时用也。坎言用，离不言用，离特已虚之乾耳，故其大用全归于坎。谓鲲鹏为坎离，亦未当。北溟，坎也。鲲，水中之动机，即中阳也。其鹏则一阳之大用，即根阴之说，因其用全归坎，故坎独言用。习，重也，非一之称也。坎即坑坎，四阴之土在外。坑，坎象。束一阳于中，而阳虚善动，坎中之水也。上坎下坎，故称重险。邓绮曰：习从二月加日，讹为羽耳。煦按习从二月即重坎也，又二月即坎外二阴，日则中阳，即月上所得之阳光也。又日则终古如一，而升阳之月，与升阴之月，如两月然，故二之。又坎象阳奇故日一，阴偶故月二，因月与地同为一偶之阴，同受日光故也。坎既两形，上坎之流注如是，下坎之流注亦复如是，有似于学习上坎者然，故特加习字，为两形可辨耳，不言习离者，二火相合，止为一光。两灯同室，亦无二照。坎阴以形用，故形可形见。离阳以神用，故神与神合也。

习坎（《归藏》作“箪”，刘瓛作“欿”，本或作“埳”，郭京加“坎”于“习”上）**有孚，维心亨，行有尚。**

中实，孚象。维，系也，即陷义。阳为阴裹而不可动，阴附于阳而不可离也。心，中也，谓中阳也，人之虚灵惟心。善动之阳陷入阴中，至虚至灵，故亦曰心。其亨则虚灵也。坎离之爻，言心言志言孚，以乾坤中交，一中实一中虚也。中虚则具肆应不穷之妙，中实则有生生不息之机，故言孚。互震故言行，善动之阳在中也。尚同上，因人知水性就下，而不知能上，故指其可上言之。曰有上，则有不上

者矣。不上者,坎之恒体。有上者,刚中之性也。坎卦全言水性,阳性趋上,不能久为阴蓄,故有能上之理。《彖》曰刚中,孟子曰搏而跃之,可使过颡,激而行之,可使在山,皆能上之义。水之能行能流能注,能穿地而为泉,能出山巅而为瀑,能蒸为云而凝为雨,皆此阳也。山巅不为上乎?云雨不为上乎?人之生也,心阳肾阴,阴不得阳,则无以发水之用,故曰有孚维心亨也。烹饪之水,非由火气,何以成功?功成而用著,故既曰有功,又曰时用。坎阳由乾来,月光因日见,故坎又象月,水之为性,消息盈虚,均无迹可求,无自性也。故分一为万而无分迹,合万为一而无合迹,达人观之,可以悟性,此心学之的旨,天人合一之真机,子在川上,自当别有妙会。

《彖》曰:习坎,重险也,水流而不盈,行险而不失其信,维心亨,乃以刚中也,行有尚,往有功也。天险不可升也(虞作"天岩")**,地险山川丘陵也。王公设险以守其国,险之时用大矣哉。**

习重,坎险也,两坎故云重险。凡《彖》俱系解释卦辞,此处直提水字,则释卦辞为人事谬矣。信,孚也,水流二句释有孚,不失谓固有,即有字也。水流、不盈、行险分三段看,不失其信总承之。流,善动之阳性也。不盈,流而未充一坎也。行险,则已充一坎,再至一坎也。未有水而不流者,则流之不失信也。未有一流而即盈者,则不盈之不失信也。未有既盈此坎,而不前赴者,则行险之不失信也。因互震艮两象,故有止而复行之义,此三者皆本重险说。水流自出泉时说,不盈自未平一坎说,行险自既平一坎说,以刚中释维心亨三字。心即天地之心,谓二五也。刚即所陷之阳,阳性开舒发散,无间断,无屈挠。今刚而在中,故心亨。卦辞言心,即人心以象水,非言人事也。人心虚灵不昧,虚,体也,灵,用也。灵而不虚,碍于实也,终必不灵。虚而不灵,遁于无也,究亦非虚。坎阳得于乾中,虚而善动,是虚灵之合,故象心。此句言本,行有尚言用也。观后《文言》时用,则大本具而达道行也。唯刚中故行有尚,唯行有尚故往有功。阳性刚中不屈,必无久陷之理,行即往,尚即上也。趋下之水赴海止矣。乃土脉贯注,流而为泉,高而为瀑,蒸而为云,澍而为雨,万物之

生藉以滋润,故以有上为有功。天地王公是尽推三极之理,以见其时用大也。坎本乾坤合体,坤孕乾胎,上二爻天位,九五陷之,天险也。下二爻地位,九二陷之,地险也。中二爻人位,二五周于上下,为防卫之城郭,故象王公设险。坤含乾胎,此后资生,悉由坎始,故二用之后,坎言时用,仍是乾坤之用也。天一生水,讵不然乎?时即不失信也,海之潮汐应月亏盈可见矣。四阴,坤土,地象。坤中虚,国象。中乾,天象。坎,川象。互震,设象。互艮,邱陵象。艮止,守象。

《象》曰:水洊至(京作"臻",于作"荐",《尔雅》作"薦"),**习坎,君子以常德行,习教事。**

洊,再至也,与两作。洊雷、兼山、随风、丽泽,皆取重义,洊至则恒久而不已。常德行,习教事,即学不厌诲不倦也。阴而得阳,互见震象,故言德行。因上下有相习之体,故言教。常、习皆洊象。常,恒也。恒卦大象坎,故言恒。卦象蒙,蒙以养正,故曰教事。盖阴阳之初气,即为水火,火或有时而潜,水则常流,故曰常。坎卦,心学也,不常习而求心亨,未之有也。

初六,习坎,入于坎窞,凶。

窞者,坎中之坎,深入者也。水本下,而又居卦下,坎本陷而又入于窞,陷中之陷,不可复出,故凶。

《象》曰:习坎入坎,失道凶也。

阳刚心亨,有出险之道,阴柔居重险之下,失出险之道矣。道在用边说,行尚斯有功,就下之性又复居下,无功故失道。

九二,坎有险,求小得。

止于有险,非如入坎陷之甚,动于险中,故有险。中互得朋之爻,阳大阴小,又无应而但比两阴,故小得。

《象》曰:求小得,未出中也。

正当险中,故未出。求小得,而云未出中者,盖小得之说谓二阴附阳之固,即有险之说,故爻辞上下句止一义。

六三,来之坎坎,险且枕(古文作"检且沈",九家"枕"作"沾"),

入于坎窞，勿用。

之，往也。内外两坎，此爻相接，则来往皆坎矣。互震，木横于内，而艮止不动，枕象。险且枕，言往则前遇乎险，来则后枕乎坎也。此如负且乘，皆说两卦相接之理。初居二坎最下，此居上坎最下，故皆言坎窞。初言凶，此但言勿用，终无所用也。凡上坎流入下坎，必越束水之堤，故有枕象。既越其堤，而下注必深，故亦有窞象。

《象》曰：来之坎坎，终无功也。

行有尚，乃有功，此下注之水，而又入坎陷，故终无功。

六四，樽酒，簋贰，用缶，纳约自牖（陆绩作“诱”）**，终无咎。**

变互离巽，巽木离中虚，樽象。坎水在离上，酒象。震，竹。簋，竹器，簋象。缶，瓦器，土成于火，乐器之最质素者，艮土变离，故象之。在墙曰牖，在屋曰囱，所以通室之明者。坎水内景，变离则明，今自内而明于外，故借牖，言通明也。樽酒，酒约也。贰同二，簋二，肴约也。用缶，所乐之具约也。故承之曰纳约，象所用者无多耳。牖为通明之地，刚中之亨象也。言人情相契，但有可藉之具，原不在多，皆能自达其情，故曰自牖。如云礼薄而情自可通，观一自字便是不劳馀力，此因两坎相接，此坎既流入彼坎，则两坎通矣。水性刚中，何资人力。求其相通之由，原不在大，水刚土柔，渐引渐阔，故蚁穴可溃堤也。因借人之无藉于盛礼，而情自可通者象之。《象》故曰刚柔际也。柔即易溃之阴土，刚则心亨之水性，际谓相通，从相接见出也。因可通而通之，非穿凿非勉强，何咎之有？互艮故言终。

《象》曰：樽酒簋贰，刚柔际也。

刚谓阳，柔谓阴，刚者水，柔者土也。既以樽酒簋贰为句，则必非樽酒簋句，曾有摘下句之首一字，入上句之末而成句者乎？

九五，坎不盈，祇既平（“祇”，《说文》、京房作“禔”，郑玄云“当作坻”，小邱也）**，无咎。**

祇依郑注，小渚也。不盈，尚有坎也，既平则将盈而出险矣。不盈现在之辞，既平逆料之辞。煦按无咎紧跟既平来，既平紧跟不盈来，爻辞原是一义，安可逆料其无咎？盖水从无能盈之理，平焉止

矣，今曰不盈，又曰既平，象五刚可以出险，而犹未出险，指其刚而中正者言也。此在习坎卦中，居上坎而得中，阳具有为之才，五当有为之位，乃适值其平，则可以行上有功，今犹在中，未能大有所为，故曰中未大，与求小得同义。

《象》曰：坎不盈，中未大也（虞本作“中未光大也”）。

中即刚中之中，阳本称大，未大者，未出险也。

上六，系用徽纆，寘于丛棘（子夏“寘”作“湜”，刘瓛作“示”，姚信作“实”，郑玄作“置用”），**三岁不得，凶。**

系，缚也，陷象也。三股曰徽，二股曰纆，皆索名。变巽为绳，为长也。寘，置也，囚禁之意。巽入，坎狱也。坎为丛棘，狱以棘刺围墙也。徽纆缚之，囚于丛棘，至三岁之久而不得出。阴柔无位无才，当重险相继，穷极难反，何能出险，故凶。

《象》曰：上六失道，凶三岁也。

道者，四通八达，即用以济险之具，有孚心亨而刚中是也。然唯在中者可言，故二曰得中道，而初与上皆失道。

离

☲离下离上

离，丽也，明也。丽者一阴而附于上下两阳，明者中虚而外阳附之也。坎水内景，内可鉴物，阳内也。外形浊，阴外也。离火外景，外可照物，阳外也。体内暗，阴内也。《集解》曰：奇离成偶，偶丽成离，火无自性，虚乃生明，故火一星，离为千炬，遇物皆焚，人一心，离为万应，随感皆通。虚能离也，离者两之分，丽者两之合，火息于空，光丽于薪，神潜于寂，知寓乎物。离薪为火，妖火也。离物为明，邪慧也。

離（古一作“离”）**利贞亨，畜牝牛吉。**

乾元既亨，虚而成离，已无元矣，故止言利贞之亨。其加利贞于亨上，言亨之成也。牝牛指中阴，即中正之义，畜则上下两阳也。坤为牛为牝，二五坤阴，各畜于上下之阳，故曰畜牝牛。凡阳包阴者，

皆称畜。大畜小畜颐取畜义,皆是也。利贞谓二五阴正也,畜牝牛吉犹云守中正而不失,斯吉耳。即上利贞亨之旨。

《彖》曰:离,丽也。日月丽乎天,百谷草木丽乎土(《说文》、王肃作"地"),**重明以丽乎正,乃化成天下,柔丽乎中正,故亨**(古本作"明以丽乎中正故亨,重明以丽乎正,乃利贞")。**是以畜牝牛吉也**(《杨易》以《离·彖》为《文言》错简,而改云"离,丽也",接"重明以丽乎正",添"乃利贞"三字,又以"日月"十二字入《文言》)。

丽,附丽也。上下两阳出于乾,故谓日月丽天。中阴出于坤,故谓百谷草木丽土。此上泛释离义。重明者,上明下明,四阳也。丽正谓二五中阴,此方言人事。重明丽正,谓阳之丽阴,柔丽中正,谓阴之丽阳,利贞即在亨中,故言亨不及利贞也。阴阳相须,故亨。上以明而正者为照,下以明而正者为继,故可以化成天下。是以二字即承利贞亨说,可知上下文是一义。因利正而后亨,故宜守此中正而不失也。离为日,伏坎月,故言日月。互巽故言百谷草木。离火巽木兑金,故言化成。

《象》曰:明两作,离,大人以继明照于四方。

水性流下,难乎上也,故言出险。出险者,上行之功也。火性炎上,难乎下也,故言继明照于四方。继明,下施之妙也。明照者,大人之德。继明照者,大人之化。离南坎北,巽东兑西,故言四方。潜老曰六十四唯离称大人,与乾二五相应。煦按离出于乾,故同称大人,作与息对,全说在用边。

初九,履错然,敬之无咎。

履,行也,亦取下义,震爻故象行。错,交错,言杂也。变艮路,交错象。然者,火之始也。凡火初然,必措材于下而杂陈之。火性炎上,曰履错然者,象在下而见纷扰之象,唯敬斯可无咎。万物不逾五行,惟火之一行能与四行相入,故可熯水,可焚木,可镕金,可合土,始不能慎,则星星之火便可焚山,能慎则烹饪镕铸陶埴之功,皆资于火,故曰无咎。《周易》本格物之书,坎言水德,离言火德,非人事也。若论人事,则人之所行,岂能一致?

《象》曰：履错之敬，以辟咎也。

所行纷错，则易于致咎，敬以辟之，何咎之有？

六二，黄离，元吉。

坤为黄中，离二，坤用也。黄离言黄丽于中，即柔丽乎中正也。乾坤之交得中为贵，今善动之乾体，得静正者主之于中，而外用其明，故元字不称于诸卦，而说于离中，元固乾德静含敦化时也。

《象》曰：黄离元吉，得中道也。

大化之元，实由中出，而此爻得之，道谓乾元之大用也。

九三，日昃之离（《说文》作"日厢"，《释文》作"吴"），**不鼓缶而歌**（郑作"击缶"），**则大耋之嗟**（京作"大绖"，蜀才作"咥"），**凶**（古文及郑、薛、晁氏无"凶"字）。

荀爽曰，初日出，二日中，三日昃。变震声，鼓象。离中虚为大腹，缶象。缶烧土之器，坤离合也。互兑歌嗟象。火必有声，得巽风，开兑口故也。八十曰耋，卦画奇偶合八也。鼓歌，乐也，嗟忧也。忧乐相反，不能同见，故芝兰无臭，鲍魏无馨。然乐可常，忧不可常，不乐而忧，故凶而不可久也。三处重离之间，前明尽而后明继，乾三终日之爻，故言日昃。初火始，二火盛，三火终矣。火终将无所丽，故系以大耋之嗟。上终而有获者，是烹饪镕铸之功成也。丽之为义，自来未甚分晰，今观火用薪传之说，无薪则必无火，奚所丽乎？一火之终，必已无薪。

《象》曰：日昃之离，何可久也？

如云火光既微，则薪将垂尽，鼓缶而歌，达人所以齐化也。

九四，突如其来如，焚如，死如，弃如。

突，灶突，离中虚，突象。突如其来如者，突有中虚之义，又有忽然之义，以火继火也。薪本无火，今忽有之，故为突。来如者，火性善动而无定体，故拟议其象，非如两坎有形可指也。坎性润下，三位下坎之上，与上坎相接，故曰来，自上来也。火性炎上，四位上离之下，与下离相接，故曰来，自下来也。来而下，则坎必有陷，来而上，则必有死弃者矣。下火既尽，上火嗣兴。《象辞》继字，正谓此爻。

盖后火既然,则前火必成灰而死弃也。死灰不除,则灶突不灵,故言弃。离之三四,刚居阴内,与坎初上柔居刚外同凶。内景外景异也。朱启昆曰,突字从穴从犬,穴离象,变艮为犬,犬从穴出,突然象。

《象》曰:突如其来如,无所容也。

下火继以上火,何所容乎?以离入坎,故死如。灰捐故弃如。

六五,出涕沱若(古一作"沲若",荀作"池若",古作"𣳚",当是"𤃬"字)**,戚嗟若**(子夏"戚"作"嘁",《集韵》作"慽",荀"嗟"作"差")**,吉。**

沱,涕貌。离目伏坎水,涕沱象,加忧戚象。互兑口,嗟象。出涕沱若,忧惧之征于色也。戚嗟若,忧惧之发于声也。阳附阴而为丽,火之光明以薪为体,二五之阴皆薪体也,竹木得火必有汁液,金铁悉可成汁,水亦蒸而成气,沱若象。竹木得火,亦或有声,要唯在上者有之,戚嗟若象。其吉则火用大行也,比之于人,则处大中之位,而能忧惧者,故曰离王公也。

《象》曰:六五之吉,离王公也(郑作"丽王公")。

此象全由位出,盖王公之位,非骄豫纵逸者所能。今忧惧如此,恍若不有王公者然,故遂以离王公为六五之吉,总是中阴丽于两阳,非以上九为王之公也。或因沱若有忧惧之形,遂谓二正故吉,五不正故忧,非柔丽中正之旨。

上九,王用出征,有嘉,折首,获匪其丑(元子"匪"作"报")**,无咎。**

离日,王象,指五也。用者,王用,上九也。离以二五为主爻,而火之光华皆薪之大用所行。此居上离之外,当一卦之终,正火功之成,故言王用,主五言也。离变震,戈兵震动,出征象。五中虚似邦,故曰正邦。有嘉与有庆有喜有得同,唯阳爻可言,阳有阴无也。有嘉之下皆可嘉之事,谓大功成也。兑毁故折,首谓上爻,折首即屈服之义,歼厥渠魁,威之震也。丑,类也。获匪其丑,获不及丑类,即胁从罔治,刑不滥也。据象而论,火性最烈,土金水木无不可入,无有不屈服者,故称折首。至易生而熟,易分而合,易方而圆,易柔而刚,

皆与始性不同，故曰获匪其丑也。火功既成，此后不复用火，故言获。无咎者，火以外用为功，而功之有也惟薪是丽，殆于功成，火仍无迹，是其所有皆在中之有，故无咎。

《象》曰：王用出征，以正邦也。

离有城郭象，重离，众邦象。正唯中爻可言，今归于上九者，为王之用而言也。

周易函书约注卷七 周易下经一

咸

䷞艮下兑上

咸，感也，不曰感者，咸有皆义，男女皆感也。相感最深莫若少男少女，又悦极而止，皆感义也。上经首乾坤，天地定位也。下经首咸恒，山泽通气，雷风相薄也。故山泽雷风合，其既未则水火不相射也。元公曰：乾咸宁，坤咸亨，乾恒易，坤恒简，乾坤之咸恒也。咸化生，恒化成，咸恒之乾坤也。蔡伯静曰：乾坤气化，咸恒形化，形化即气化也。卦辞系女者四见，咸家姤渐，而咸居其首。女不壮，男不躁，阴阳和平，山泽关雎，可以和风气矣。煦按《上经》首乾坤，天地絪缊，故气化。《下经》首咸，山泽有形故形化，咸家姤渐，皆在《下经》，言男女构精故也。位出于坤，咸全论位，时出于乾，恒全论时。《上经》乾前坤后，溯始于元，言定位也。《下经》位前时后，藏乾于坤，盖言交也。定位，体也。交，其用也。八卦之理无过阴阳形气，《上经》言天道，天地之道气先而形后，故始乾坤之气，而终坎离之形。《下经》言人事，人物之理形存而气运其中，故始山泽之形，而终既未之气。论序则山泽形而雷风气，论象则以坤包乾，亦形包气也。

咸，亨利贞，取女(古“取”亦作“娶”)**吉。**

嘉会礼通，和顺于义，干事能正，有此三德，止而相悦，娶之则吉，又三艮主，六兑主，男女皆正，故亨利贞吉。山泽形也，而始于气。气之元，则乾坤所有，故不称元。又感则情之已动，故止言亨，其利贞则亨中事也。感，人也。六爻皆应，故象人身。

《彖》曰：咸，感也，柔上而刚下，二气感应以相与，止而说，男下

女，是以亨利贞，取女吉也。天地感而万物化生，圣人感人心而天下和平，观其所感，而天地万物之情可见矣。

感必有应，无应何由称感，内外阴阳相应故也。诸卦之成皆乾刚用九，坤柔用六，故皆以往来上下者为动用之主爻。今兑柔上而艮刚下，故云柔上刚下。二气，山泽也。唯其感而应，故能相与，谓山泽通气也。止而说，其情专，男下女，其礼恭，故得亨而利而贞，而取女吉也。天地以交感而化生，则天地之情可见。圣人以感人心而致和平，则天下之情可见。天下者，圣人之万物也，故下遂言万物。天在地中，阳在阴中，感人心之象也。坎言心而此亦言心，大象坎也。寂然不动者性，感而遂通者情。《上经》乾坤具敦化之元，故全言性命之事，《下经》咸恒为乾元既亨，故止由亨说出利贞，而孔子遂以为见情。

《象》曰：山上有泽，咸，君子以虚受人。

阴虚在外，天在地中，虚之能受可知。又阳神而阴质，阳虚而阴实，论形则惟能受者为虚耳。坤位六虚，正是此义。

初六，咸其拇（子夏作"蹈"，荀作"母"，晁氏曰"母，古文也"）。

《蒙引》曰：是感物，不是为物所感，因九五不能感物，上六感人以言而知之。煦按感应相与之辞，则感字便兼有感应两义。若但说感物，不是为物所感，倘感而不应，安云咸乎？当知拇只云感之最浅耳，人我皆有之，拇岂人之所感？只以人身上下之位，以象所感之浅深耳。

《象》曰：咸其拇，志在外也。

谓应四也，初位在下，四亦下也。

六二，咸其腓（荀作"肥"，郑注"膊，肠也"），**凶，居吉。**

腓，足肚也。离拇升腓，渐进于上，感已不浅。然腓之位，上系股而下从足，从股则静，从足则动，妄动则必致凶。若居则不妄动，故吉凶异也。互巽变巽为进退，且性入，上体兑悦，情悦性入，易致妄动。而阴爻适中居则尚为艮止，故吉。初二皆阴，阴皆从阳，故有不能自主之象。盖拇与腓，皆从足而动者，故一为志在外，一以为居

吉。卦既名咸,当以九四心位为主,其动其静皆从心而感也,故四有憧憧往来之系。九三犹止曰随,而孔子《系辞》特摘九四而发屈伸之义,屈伸即动静也。

《象》曰:虽凶居吉,顺不害也。

阴爻见巽,故言顺。不害者,不害其感也。

九三,咸其股,执其随,往吝。

互巽变巽为股,股本静体,今以为感,则动矣。见艮手,故称执。三本阳爻,宜有上往之性,今处艮之终,为艮之主,与二阴合而成止。体居兑下,又处互乾下,乾为人,以艮止之性,当乾初勿用之位,处止极悦来之时,又下比柔静之两阴,彼皆应阳,而此独应阴,是不欲奋往,而但执随人之见以往者,故吝。观《小象》以执随为所执下,而不更释往吝,则可知下之为言,谓二阴在下,艮在兑下,初居乾下矣。《本义》以为随二。崔憬谓二随于己,执意向之。虞翻以股随二字皆指二。此皆人随于己,非《小象》随人之说,均非感义。须知随之为言,只是以先者让人,而己宁后耳。故《象》既曰不处,而又曰所执下,皆是因往而见,往字连执随说,吝字即独后之故,谓与阳德不称也。

《象》曰:咸其股,亦不处也。志在随人,所执下也。

咸股二字为主象,执随往吝皆在其中。不释往吝者,不处即往也。大象坎,故言志。随人者,艮随兑。三随二阳,皆往也。艮阳在兑下,三处二阳下,故曰所执下。因艮故言居言处,不处蒙二之辞,故二曰居,而此曰亦不处。见二之阴固宜居,而三之阳德刚明,便宜奋往,不宜执在随人,而自处卑下也。咸有速义,便从此爻见出。谦三阳处地下,故名谦。遁三阳处天下,故名遁。艮止之性然也,故释于主爻。

九四,贞吉悔亡,憧憧往来(京房作"憧",云迟也。陆作"憧憧"),**朋从尔思。**

此为心爻,诸感皆由此起,故不言咸。互虚灵善动之乾,爻适居中,又得其应,故正而吉。以阳居阴,离止而互健,宜悔。乾德居

中，不厉不亢，故悔亡。憧憧，往来貌，四变互见坎离，来之坎坎，突如来如，又居相接之位，故言往来，象心之不宁也。阳性善动，又居悦体，故必贞，然后能吉而悔亡。与蹇旁通，故亦言往来。三阳牵连，故曰朋，与泰豫复同。朋亡朋盍朋来，皆自阴视阳而言，此爻应阴故也。损五益二则据应阳而言，皆自西南得朋来。本爻应初，所思宜止于初，然往则比五，来则比三，既互三五而成乾，则五所思之二，三所思之上，皆在四往来中，是五之与三皆因能思之心，以有其感应，故以为朋从尔思。凡三阳相比，多以牵连为义，健行不息之义也。尔者自初视四之称。思者四位股上脢下，乃心也。心之官则思，而百体从令，故四兼三五而称朋，而三五亦兼四而言思。观此爻之朋，则三为随四可知。三止体，有委靡之意，故曰执。此悦体，又当心爻，故曰思。三之随，不自奋发也。此之从，务私而不公也。

《象》曰：贞吉悔亡，未感害也。憧憧往来，未光大也。

不正而感则有害，正则光明正大，无有感之害也。害即悔而不吉，未即无也。若往来憧扰于心，则所感不专，又岂能光大？变坎故言心，变离言光，乾故言大。未光大者，论比则牵于同类，论应则牵于阴私。不释朋从句，即在憧憧中也。此卦全说心之大用，全是省察之说，故《彖辞》曰见情。凡心之用贵能正，又贵专一，故《系辞》曰何思何虑，利用安身，精义入神，皆善藏而不妄者也。

九五，咸其脢，无悔。

脢音梅，背肉，在心后，与心相背者也。心贵定静，不贵纷扰。卦既名咸，爻爻皆有感义，因二五居中镇静，又为悦体，与上阴比而相得，所应又是止体，感与不感若相背然，故曰咸脢，是比亲应缓之象。然感于无用之地，故但止于悔亡。而《小象》亦以为志末，末指上六，谓上在五后，犹脢在心后也。

《象》曰：咸其脢，志末也。

末谓上，大过之本末是也。二乃艮体，止而不动。上乃悦体，又处悦极，则九五之心志，唯在此末而不在二矣。

上六,咸其辅颊舌(孟喜作“侠舌”,虞、荀“辅”作“酺”)。

辅,口辅,近牙之皮肤,与牙相依,所以辅相颊舌,故曰辅。颊,面旁也。辅内颊外,舌动则辅应而颊从之,三者相须,皆用以言者,见感人以言而实不至也。兑为口,故象之。

《象》曰:咸其辅颊舌,滕口说也(“滕”,《九家》作“乘”,郑、虞作“媵,送也,谓从嫁之女”。兑为“媵”,徐作“腾”,古“腾”本文)。

滕,张口骋辞貌。口说岂能感人?

恒

䷟巽下震上

恒,久也,常也。男动于外,女顺于内,人理之常,故曰恒。

恒亨,无咎,利贞,利有攸往。

阴阳之理循环不息,常道也。今叠见两始,则不息可知,故名恒。阴阳阻塞如不相通,则不可常,必有咎病。今恒矣,故知其亨而无咎。叠运者,阴阳之正。今亨矣,故以为利而贞,利则无阻之说,得正而无阻,故利有攸往,而恒久不息也。两利字皆亨义,贞常义,攸往,久义,皆恒之妙也。在人事则利贞,谓利静,攸往谓利动也。阴女在内,阳男在外,皆为正。女静于内,男动于外,恒也。今女静于内,故利正。男动于外,故利往。

《彖》曰:恒,久也。刚上而柔下,雷风相与,巽而动,刚柔皆应,恒。恒亨无咎利贞(荀谓下“恒”字衍)**,久于其道也。天地之道恒久而不已也。利有攸往,终则有始也**(荀移“天地之道”二句于此)。**日月得天而能久照,四时变化而能久成,圣人久于其道而天下化成,观其所恒,而天地万物之情可见矣。**

始而又始,其久可知,恒字从心从日,立心如一日,其久可知。刚上谓震阳往外,柔下谓巽阴居初。自始之摩荡论,则言二气之交。自卦之成体论,则言动用之主爻,非卦变卦综也。诸卦之往来上下,内外进退,皆是如此,详具二用图解。雷风相薄乃阴阳之始气,而上下阴阳莫不相应,故曰相与,此即天气以释恒义。巽顺震

动，刚柔又皆相应，则诸事无忤，悉见亨通，此就人事以释恒义，不必指定男女。刚上柔下，内巽外动，刚柔又皆相应，此便是可恒之道。恒亨无咎利贞，又是全举卦辞，下恒字非衍也，其恒道之可亨而无咎病，能利而有成者，久于其道故也。若非久于其道，必有阻塞间断，咎且不免，何能利而有成？此亦以人事释卦辞，非论男女也，岂有不贞则不利之说？以下总承道来，分天道人道而推广言之，见恒道之妙也。道以不竭为体，不息为用，天道人道皆然。卦象乾在坤中，有交泰象，阴阳上下迭运，故能恒久不已。利有攸往释为终则有始，兼天人之理言也。卦止震巽两始，兹添出终字，非阴终则阳无由始，非阳终则阴无由始，故补说终字，见得卦具两始，有阴阳循环贞下起元之义，故能恒久不已，与蛊之终始同。蛊则专言阴，与巽之初终同，巽则专言阳，此则兼言阴阳之迭运为两始也。大象坎月，伏离日，中互乾，天也，阳也，明也。乾又健运不息，日月得天之阳明，自能贞明而不息，故得天以久照。坎冬离夏震春，中互兑秋，故言四时。变化指四时之万物，故言久成。万物之生非久不成，非四时之变不久故也。四时自为变化，止是春秋迭运，四时变化万物，则自无而有为变，自有而无为化也。久成者，成不一成，若曰久而后成，则止一成矣，不可谓之久其成。盖无物不成，无时不成，恒久如斯也。总见日月四时天地，皆具此恒道。久于其道，仁渐义摩也。化成，风行俗美也。要见得化成，必资久道，照者万物，成者万物，天下即圣人之万物，故曰观其所恒而天地万物之情可见。不曰观其恒观其感，而曰观其所恒所感，是推进源头一层。故此二卦独重亨字，以阴阳之亨悉出乾元，故推亨前之由来。恒卦又补说道字者情者，性之发也，发则为达道，故遂曰道。四书中道字，莫不说在用边。

《象》曰：雷风恒，君子以立不易方。

雷风交相为用，万古不易之理，恒象也。巽性入而在内，震性动而出外，各得其位，不易方之象。不易，然后能久于其道。

初六，浚恒（郑作“濬恒”），贞凶，无攸利。

浚,深也,即浚井之浚。生于巽性之入,初与四应,而所居卑下,有刻入深求之象。凡事各得其分位,不亢不抑,乃始帖然。今刻意求深,既属不可,况在始事之初乎。贞者,四为正应,所求非不正也。凶者,一静入,一动往,骤而求深,必不相契,何所利乎。《周易》之理包罗万象,来氏全论夫妇,谓下三爻言妻,上三爻言夫,未当。

《象》曰:浚恒之凶,始求深也。

始,初也。深者,初之位,阴之性,巽之入也。求者,有应之词。

九二,悔亡。

互乾而居初,非三上之亢悔,且又能久于其中,故悔亡。

《象》曰:九二,悔亡,能久中也。

可久之事,中焉止矣。悔在有作有为上见,刚而失位乃始有之,要必历久始见。今曰悔亡,则以其久于中也。

九三,不恒其德,或承之羞(郑作"咸承",非)**,贞吝。**

阳德正位,又居乾中,故称德。不恒者,内外相接之际,事将改革也,亦犹恒极称振恒耳,与咸四憧憧之义同。来氏因羞字与吝字同义,故说作其妇改节,致有羞馔之馈,以避其义之重耳。不知吝字止是窒塞之义,还作羞辱为是。第承羞二字亦由爻出,三本性刚,承我之二既刚,我承之四又刚,振恒之六又以动体应之于外,则是前后左右之不正者。不一其人,与咸四之朋同义,故或之。乃已处内卦之极,当变革之地,健性善动,不能如二之久中,则不恒而致羞,虽居位得正,然亦吝矣。益上亦言勿恒,亦风雷合卦也。

《象》曰:不恒其德,无所容也。

承者阳,而承我者又阳,三又具巽入之性,健而善动,不能如二之久中,故上下均致其羞,无所容也。

九四,田无禽。

震为大涂,此为震主,动而应于地下,故象田,与师解同。师五应二亦地位也,解二之阳则本为地位。本卦与师,其大象皆同小过,

故皆曰禽。师卦应阳，阳动故有，本卦应阴，阴静故无，皆阳有阴无之义，况巽阴本为伏象乎。应巽而动，是不安其位者，故虽为时既久，终以非位而无禽也。田无禽如云田猎于无禽之地耳。应爻巽阴，伏而深入，与井初同，故皆曰无禽。三处频复之位，以阳居阳，是得其位不得其时者，故曰不恒。四当变革之交，则历久可知，然应巽而动，以阳处阴①，是得其时不得其位者，故曰久非其位。恒卦全说时义，故特揭位字补之。

《象》曰：久非其位，安得禽也。

猎于无禽之地，非其位矣，虽久何益。

六五，恒其德，贞（《史记》作“侦”）**妇人吉，夫子凶。**

五恒于其中，其德正矣。但妇人柔顺守正，顺从于夫，是其所宜。夫子制义，用刚用柔，各适其宜，若止以柔顺为常，因人成事，岂所宜哉？变兑少女，妇人象。他爻柔中变刚中者皆美，而此不美者被恒字累也。

《象》曰：妇人贞吉，从一而终也。夫子制义，从妇凶也。

从一，从夫也，而终言恒道也。从妇者，从妇人柔顺之道也。此因居中镇静，故以刚断之义提醒之。

上六，振恒（虞、张本皆作“震恒”，《说文》作“揗恒”）**，凶。**

振，奋也，举也，谓振动其恒，既久纷更之象也。恒本常道，岂宜振动。凶者，不唯不能成事，反足偾事也。阴柔不能固守，恒极则反常，震终则过动，故凶。浚恒者，入而在下，巽性也。振恒者，动而在上，震性也。

《象》曰：振恒在上，大无功也。

在上谓恒极必变，既为振恒，适足败事，不唯无功，而且大无功，为有位得为者儆也。

---

① “阴”，库本作“阳”。

遁

䷠艮下乾上

遁，退避也。六月之卦，二阴生于下，小人渐盛，君子退而避之，故名遁。不曰退而曰遁，退止退后，遁则兼避祸之义也。山虽高，其性止。乾德健往而上升，俨若避去者也。

遯（一作“逯”，又作“遁”）**亨，小利贞。**

其祸既避，故亨。是阳德上趋，得遂其志之象。小谓阴也，阴生至二，其势浸长故小者利而有成，不可大有为也。

《彖》曰：遁亨，遁而亨也。刚当位而应，与时行也。小利贞，浸而长也。遁之时义大矣哉。

遁而亨，言遁然后可得亨也。五刚中正，应二柔之中正，故可因时而有行。有艮象，故言时行，艮彖时止时行是也。诸卦有艮象者，亦多言时行，盖既见止象，当亦必有行时。然既曰时行，便有许多谨慎之心，便包得小利贞在内。盖二阴浸长，将必害正，若昧于时势，则不能远引，唯有明哲保身，又能见机，始能避患，故叹其时义之大。《易》中大矣哉有二义，有赞美其所系之大者，革豫是也；有称叹其所处之难者，大过遁是也。将来必至于否，故犹可遁，而系以小利贞。

《象》曰：天下有山，遁，君子以远小人，不恶而严。

天喻君子，山比小人，遁虽逃隐，有远去之义。凡爻皆内近而外远，故初二多言门户，而上言郊野。内亲外疏，观泰否可知。恶谓声色俱厉，绝之已甚也。严谓以礼律身，凛然不可犯也。不恶者待彼之礼，严者守己之节。远小人，艮止象。不恶而严，乾刚象。

初六，遁尾厉，勿用有攸往。

艮阳在后，故象尾。避难当在前，今在后，故厉。往与灾难会，故勿用有攸往，如云不必有所作为耳。处下非可为之时，五爻在前而初独后，有似迟钝不欲遁去者，故云然。既在遁中，诸爻皆有遁义，不必曰阴柔小人，不用有攸往也。

《象》曰：遁尾之厉，不往何灾也。

晦迹韬光，有何灾咎？阴爻而居潜位故也。

六二，执之用黄牛之革，莫之胜说（音升脱）。

黄与牛，坤爻居中之象，半离亦牛象。莫之胜说，言不能解脱也，与坚刚之乾相应。巽绳，艮为手，为止，故有此象，是必遁之心极坚者也。革者，互见乾巽也，详噬嗑肤字下。遁卦诸爻皆有遁义，故初阴亦称遁尾，此爻独不言遁，盖遁心极坚而未有遁迹者也。二应嘉遁之五，则遁心可知，然阴柔居中，得位而比三，三艮止之主爻，居中静象也。柔则无断，止则未行，故三言系，谓与二阴合体为止耳。二言执，谓与上阳合体为止也。系与执皆阴阳相资之义，因在止卦中，故遂有固结不解之象。应五则有必遁之志，比三则有羁留之情。向谓阴爻未遁者，非也。又或以干阳为说，干阳宜莫如二，何无一言及之？故谓阴为小人亦非，剥五亦同此义。

《象》曰：执用黄牛，固志也。

坚固其必遁之志也。言志者，在中坎离之爻也。

九三，系遁（《订诂》作"繫"）**，有疾厉，畜臣妾吉。**

巽绳艮手，系象。畜亦艮象，艮为阍寺臣象。巽长女，妾象。系者与二阴合体成止，阴阳相依，上下各成一卦，颐之颠拂可知矣。阳爻在外，皆有远飏之义。此犹在内，又属止爻，虽居阴外，实则比阴，不免眷恋之私，故为系遁。疾谓为阴所累。厉，危也，蒙疾而言，隐忍狥私故危。畜，养也，止也。山天而曰大畜，四阳畜中阴也。天山而亦称畜，四阳外而二阴内，内亦中也。畜臣妾谓下覆二阴，疾与畜皆系字中义，疾自阴之侵阳而言，畜自阳之覆阴而言。盖非有容忍之德，易至贾祸，又以阴柔尚无能为故也。钱国端曰：姤二包有鱼，遁三畜臣妾，否四畴离祉，观五观我生，剥上得舆，皆明待小人之道。煦按：泰否蒙姤皆言包，与畜同义。

《象》曰：系遁之厉，有疾惫也。畜臣妾吉，不可大事也。

惫者，为疾所劳也。乾称大，不可大事系累于阴，不能如乾之有为也。畜臣妾对下二阴言，不可大事对上乾言。

九四，好遁，君子吉，小人否（“好”，去声。“否”，方有切）。

好，爱也。离，止而健。离内而外，阳性上升，飘然远引，有似于好。心爻故言好，君子得遂其志，故吉。小人之心不然，指应爻遁尾之厉也。

《象》曰：君子好遁，小人否也。

阳德在外，故好遁。阴柔在内，故不然。

九五，嘉遁，贞吉。

嘉，美也。居中得正，无过不及。不前不后，是遁得其正而安于所寓，可嘉之遁也。好者犹未得位，此得其位，故吉。

《象》曰：嘉遁贞吉，以正志也。

志谓坎离之中爻，正谓中也。唯得正，故其遁可嘉，而因以获吉。既得其正，则无所容其好矣。不可因二之固志，遂以为嘉二，亦不得概以九五为君，剥五夷五可以观矣。

上九，肥遁（用修云：古“肥”作“蜚”，或作“蜚”。《九师道训》：遁而能飞，吉孰大焉。张方平赋：欲飞遁以保名。曹子建：七启飞遁离俗。金陵摄山碑：缅怀飞遁，证知古通），**无不利。**

肥者，疾惫之反。遯字从豚，故初言尾，上言肥。肥者，志得意满，即晬①面盎背，心广体胖也。遁为淑身之事，故象止言肥。无不利言身事，非言用世也。通卦四阳，三系而有疾厉，四好五嘉，皆属有心，皆有应也。上无系应，安之若素，无所疑，正谓心上不费打点也。

《象》曰：肥遁无不利，无所疑也。

三疑于比，四五疑于应，安得不费心斟酌。上刚果阳明，则自无所疑，居外而去阴远，又无所用其疑，今无应无系，故得逍遥物外，安之若素。王弼曰小人浸长，难在于内，亨在于外，与临相对者也。临刚长则柔危，遁柔长则刚遁也。遁以远时为吉，不系为美，故上则肥遁，初则有厉，初近而上远也。

① “晬”，堂本作“粹”。

大壮

䷡乾下震上

大谓阳，四阳盛长，故谓大者壮，二月之卦也。

大壮，利贞。

阳德有作有为，今进而无阻，自应利而有所成，然才力时势，既已进而盛大，又必利于正乃可也。阴之进不正，则小人必凌君子，故遁言小者利正。阳之进不正，则君子不胜小人，故大壮言大者利正。与遁相覆，故辞同而小大分。阳生子而盛午，故天下治。地气自北而南，阴生午而盛子，故天下乱。天气自南而北，陈抟见太祖，而知天下自此太平。邵子闻鹃，而曰南人将入相，皆考验于天地之气也。元同曰：壮阳至四始壮，道心微也。姤阴方初已壮，人心危也。煦按凡阳皆由乾元用九而出，其用也则其亨也。亨而达外乃克有成，始属利贞一边，故复临泰阳长于内皆言亨，大壮始达于外则言利贞。

《彖》曰：大壮，大者壮也。刚以动，故壮。大壮利贞（《杨易》以"大壮"二字衍文，下疑有阙文）。**大者正也，正大而天地之情可见矣。**

大者壮，阳长过中也。泰阳长而未盛，夬已盛而将衰，皆非壮也。人三十称壮可知矣。乾刚震动，刚则不屈，动则有为，故名壮。大者正，大谓阳。正者，乾之动直。不释利字，即在壮字中也。阳明则正，阴浊则邪，故以为大者正。大者壮，以气言壮之体也。大者正，以理言运壮之道也。大谓覆载之量不狭小，正谓造化之公无私曲，故谓为见天地之情。凡卦爻皆不离阴阳，故直言天地。复之见心言于内初，壮之见情言于外初。内为敦化之体，外为川流之用，故复但言亨，壮但言利贞，而皆不及元。乾坤言未发之中，是赋畀之事，故实疏元之亨。咸恒言已发之和，是所性之动，故止言利之贞。咸恒大壮皆曰可见者，此也。

《象》曰：雷在天上，大壮，君子以非礼弗履。

震足，履象，今在天上，而履正大之乾，故为非礼弗履。雷在天上大壮，此因生物之德，外舒极盛而见其壮也。君子非礼弗履，此因

刚健正大之德，光明昭著而见其壮也。

初九，壮于趾（古作“止”）**，征凶有孚。**

肖兑为羊，羊喜触斗，震足在下，趾象，趾因羊而言也。初阳具刚健之性，应震动之爻，故象壮趾，是乘时妄作，恃势妄为而壮进者也，故往而获凶。乃征凶而又以为有孚，《小象》且以为孚穷。征者，阳德之善动也。凶者，健动而无应也。孚者，乾德之纯粹也。有孚者，是自信所孚之多也。孚穷者，我以为孚而人不之信也。因所孚之多，故壮趾。因孚穷，故征凶。壮趾有孚，即东奔西投之说。诸解皆未得旨。夫在大壮卦中，何爻可无壮义？此与泰之连茹相同，彼有应，故连茹而征吉，此无应，故有孚而征凶。

《象》曰：壮于趾，其孚穷也。

果其能孚，一往而获吉，何须壮趾？唯自信所孚之多，故不止于一往，而至于壮趾。孚穷者，无应之象。故知有孚为自信所孚之多。

九二，贞吉。

阳刚具能为之才，中则无过不及，故得正而吉。大壮过刚，二四皆以柔济，故贞吉。此等爻象，皆不宜说不正则不吉。

《象》曰：九二贞吉，以中也。

以中谓居中也。上经贞吉十三，下经贞吉十二，宜参看。

九三，小人用壮，君子用罔，贞厉。羝羊触藩，羸其角（“羸”，王肃作“缧”，郑、虞作纍，蜀才作“累”，张作“虆”）。

羸，力为切。罔，无也，言不用也。唯小人则用壮，君子以义理为勇，以非礼勿履为大壮，故不用壮。苟其用壮，虽正亦厉。阳居阳位故曰贞。厉者，乾惕之爻也。触藩，用壮象。羸角，厉象。全作两可之辞，《易》为君子谋也。因此在健动相接之际，爻将变革，故欲其善动耳。大象兑，互兑变兑皆羊象。乾壮兑羊，故称羝。羝，牡羊。羸，病也。震为竹苇，爻变离目，织竹苇成离目，藩象。五阴两开，羊角也。阳以资阴为美，今隔四阳，故为触藩羸角，易去难返之象。

《象》曰：小人用壮，君子罔也。

《易》为君子谋，今为两端之说，教君子之非礼弗履也。

九四,贞吉悔亡,藩决不羸,壮于大舆之輹(一作“辐”)。

正吉而悔亡,全吉象也。决,破也。藩决不羸,承三而言。盖三兼四为象,四亦兼三为象,相接之爻也。三前有四,犹有藩焉。四前二阴,则藩决而可前进。震大涂,兑附决,藩决象。輹,车轮之中干。车之败常在折輹,輹壮则车强。乾为舆,故壮。壮于大舆之輹,言尚往而可前进,即藩决不羸也,全在行处说。乾为舆,震所承载也。藩决下皆贞吉悔亡之象。《易溯》曰:大壮之四为輹,輹在轮舆中,故壮。大畜初上为輹,輹在轮舆外,故脱。他爻言壮不言大,此独言之,成卦主也。

《象》曰:藩决不羸,尚往也。

尚同上,谓外卦也。藩决,见阴也。不羸,壮也。往,震也,尚,乾也。此为主爻,壮进之义正在于此,止是健遇阴柔,无所阻滞耳。

六五,丧羊于易(《举正》作“丧牛”,陆绩作“场”,郑为“佼易”)**,无悔。**

易即场,田畔地也。震大涂,易①象。羊性外柔内刚,卦象重兑。今象场之震一变,而重兑之象不见,故丧羊于易。此卦之壮全在阳爻,五上皆柔,则不壮矣。故五不言壮,而以为丧羊。五当尚往之爻,阴柔居中,故仅得无悔。

《象》曰:丧羊于易,位不当也。

柔而居中,位宜当矣。乃尚往之阳在下,而五当其冲,故不当。

上六,羝羊触藩,不能退,不能遂,无攸利,艰则吉。

遂,进也,伏巽,故言进退。触者,中互兑羊,震动于下也。不能遂,卦终动极也。不能退,壮往者在下,而承壮往之势也。艰对应言,乾三之惕也,谓处之艰难而不忽慢也。无攸利者,无可庸其壮动也。艰则吉,教以处壮吉之道也。五已丧羊,此为全卦之终,故爻止应三,亦兼言全卦。而复言羊,三刚极,上动极,故触藩同象。此爻之病全在动极,凡用刚过甚者,每困于柔,禽之制在气,此阴阳相制

---

① “易”,库本作“场”。

之理也。凡设机以陷禽兽者,一蹈其机,愈动则愈困,唯不动则庶或免耳,故曰艰则吉。

《象》曰:不能退,不能遂,不详也(王肃作"祥",《杨易》宗之)。**艰则吉,咎不长也**。

详谓慎密而详审也。壮终动极,不能审德度势,而详审以处也。详则能艰,艰则能详,而不能退遂之咎,自不长矣。《卦略》曰:未有违谦越礼,能全其壮者,故阳爻皆以处阴位为美。用壮处谦,壮乃全也。用壮处壮,则触藩矣。

周易函书约注卷八 周易下经二

晋

䷢坤下离上

晋明夷,《易溯》分治乱,《象正》分仁智。方智曰:晋昼则明夷为夜,人因地而有昼夜也,天岂有昼夜乎?晋古作晉,子生日益不同,故从二子日长。《说文》作簮,日出万物进。徐锴曰:臸,到也。日以二至而用明之度,地上见矣。二陆二至也。昼夜卯酉之明晦,亦二至也。晋,进也,以日出地上,前进而明也。不言进而言晋者,进止有前进之义,晋则有进而光明之义。

晋(本作"簮",孟喜作"齐",用修作"跻",亦进也。王弼、《举正》此下皆有"亨"字),**康侯用锡马蕃庶,昼日三接**(郑本"接"读作"捷",胜也。"蕃庶"作"蕃",遮禽也)。

康侯,安国之侯,坤德顺静之象。锡,赐也。伏乾互坎,马象。互艮覆震,蕃象。坤,众庶象。昼日,离象,离数三,互艮手,接象。坤爻皆所礼接,三接象。日,君象。坤,臣象,坤为国。坤瞻离日,日照坤土,有诸侯朝享,天子礼接象。蕃庶,见其恩之隆。三接,见其礼之频。《易溯》曰:屯豫之侯取震,晋取坤,有土有民也。

《彖》曰:晋,进也。明出地上。顺而丽乎大明,柔进而上行,是以(此下《杨易》亦依郭京、俞琰,谓宜有"亨"字)**康侯用锡马蕃庶,昼日三接也。**

明离,顺坤也。离在乾上下,皆言火,至阳非离所能敌也。夜之分,非无日光,而天暗如故,则是日之明止能及地,不能及天。离在坤上下,皆曰明,由先迷之体而形见也。然地之丽乎大明,亦可见矣。柔进而上行,谓五柔上行得位,为动用之主也。六子之用皆

出乾坤,乾体静镇于此,坤用其六,来一交之,则主柔。坤体静镇于此,乾用其九,来一交之,则主刚。主其所少也,若两爻相抗,乌能为主? 主爻者,动用之一爻也。凡《象》中内外往来,上下进退,皆言动用之主爻。此卦下坤,三阴相抗,上离二阳相抗,皆莫适为主,故独主上卦之一柔。柔本位下,刚本位上,晋柔居天位之正中,故曰柔进而上行。明出句自上卦论也,顺丽句自下卦论也,柔进句自主爻论也。

《象》曰:明出地上,晋,君子以自昭明德。

明出地上,何物不被其照临。自昭明德,何物不被其休光。

初六,晋如,摧如(郑作"南山崔崔"之"崔"),**贞吉,罔孚,裕无咎。**

全从初而位下立象,顺丽大明,与四为应,有晋象矣。乃仍处卑下,故言晋如。上虽有援,此独在下,有摧象矣。然实居晋初,故言摧如。如也者,未晋未摧之象也。若以崔巍为说,亦是因己之卑下,而益觉四之崇高,其义原不相悖。贞吉者,柔而处下,顺以待时,承上晋如言也。罔孚者,卑而处下,犹未能进,若不见信者然,承上摧如言也。裕无咎又本上文,言所以处贞吉罔孚之道,谓居下而未进,则宜宽裕以处之,始无咎。凡咎皆业经任事,有作有为上见出,故《小象》曰未受命。

《象》曰:晋如摧如,独行正也。裕无咎,未受命也。

足爻故言行,未进未摧故曰独行正,正即贞。地德含宏,而更处其后,故裕而无咎。未受命,潜也。艮手,故言受。

六二,晋如愁如("愁",郑作子小切,变色貌),**贞吉,受兹介福,于其王母。**

互坎加忧,为心病愁象。上进涉险,故愁如。二虽中正,五阴柔,二愁其不断,四邪僻,二愁其见阻,故愁。贞吉者,中正之德,上与五同,久必获进也。受福以下则言吉也。介,大也。王母,六五

也。离日，王象。五亦王象。离中女，母象。应六五大明之君①，因其顺丽而任之，加以宠禄，锡马蕃庶正谓此也。

《象》曰：受兹介福，以中正也。

坤德居二，故曰中正。

六三，众允，悔亡。

上比于阳，下阴顺以从己。顺而丽乎大明，正在此爻，故曰众允。坤为众，信属土，故称允。初罔孚，未允也。二愁如，犹恐未允也。三顺而丽之，则允矣。处下卦之末，伏乾而当亢厉之位，宜若有悔，然上丽乎阳，而下阴皆顺，故以为众允悔亡。集曰初二贞，反之身也。三众允，征之民也。

《象》曰：众允之志，上行也。

有坎象，故言志。上卦大明②，上行者，上顺丽乎大明也。

九四，晋如鼫鼠（子夏作"硕鼠"）**，贞厉。**

鼫同硕，大也。阳大阴小，此阳爻，故为大鼠。诗硕鼠刺贪也。互艮变艮，鼠象。鼠昼伏夜行，盖不敢见日而畏人者。离为日，晋昼也。今坤土而见坎穴，坎为隐伏，又在日下，不中不正，下据三阴，故有贪而畏人之象，虽贞亦危厉矣。

《象》曰：鼫鼠贞厉，位不当也。

不中不正，近君而下阻三阴也。

六五，悔亡，失得勿恤（孟、马、郑、虞、王皆作"矢得"，王、马曰"离为矢"，荀谓"离者，射也"，虞谓"矢，古誓字"，《注疏》以为笔误，《杨易》皆不然）**，往吉，无不利。**

悔亡者，中以行正也，此二字为主象。失得即悔亡，悔亡故勿忧。互坎加忧，恤象。变不成坎，故勿忧。凡人有失则悔，失而得故悔亡而勿忧。来氏曰失得二字皆出于离，谓火无定体，倏然而活，倏然而灭，得失其常也。因举诸卦以为证。言之原原委委，可谓好学

---

① "之君"，库本无。

② "上卦大明"，库本作"大明外卦"。

深思者矣。然剥卦亦言得舆，何离之有？不知失得之义悉出于坤，即得朋丧朋之故。以坤之动必见震艮两象，震得也，艮失也，详具原卦。易卦与天运同体，率言阴阳往来，既有往来，何无得失？往吉无不利，著顺丽之美也。

《象》曰：失得勿恤，往有庆也。

阴变阳，乾为庆，有庆即吉无不利。

上九，晋其角，维用伐邑，厉吉，无咎贞吝。

角，刚而在上者。晋角，谓欲进而前无地也。即上九二字，此主象也。维，系也。比阴应阴变阴，系恋阴私，皆不光明之事。故孔子《小象》，凡阳比于阴，皆以为未光。又离火外光，今不成离，故未光。离为戈兵，坤为众，变震。众动戈兵，伐邑象。坤故称邑，离火外围亦邑象。今离象变去，不成外围，故曰伐邑，伐邑即同人伏戎于莽也。上爻言一卦之全体，此正动而顺之象也。唯动而顺，故征伐虽危事，亦可吉而无咎。第邑虽可伐，威行而明失，虽贞亦吝矣。

《象》曰：维用伐邑，道未光也。

道未光者，由离变震也。顺而丽明者，今顺而丽动，故维用伐邑，而未光也。阳称道，震大涂，亦道也。道者在外之作用，与乾道变化说在亨后相似。此句止释维用伐邑者，全从变震立象也。不释厉吉无咎贞吝者，征伐本危事，伐私邑虽吉无咎，而亦厉且吝也。荀爽曰：阳虽在上，动入冥豫，故道未光。《时论》曰：火归天，水归地者也。上经五卦为水天需，先天所起也。下经五卦为火地晋，后天所继也。故坤游需，乾游晋，伏对轮也。火天大有，火地晋，归转轮也。火地晋，地火明夷，旋转轮也。离曰继明，乾曰大明，乾离同位也。乾曰大明，晋亦曰大明，天地同继此日也。

明夷

䷣离下坤上

夷，伤也，日出上则明，日入地中，斯明伤矣。

明夷，利艰贞。

明为阳德，今入地中，坤迷故明伤。他卦言利贞，此独利艰贞，盖圣人君子虽不可不正，却费许多艰难委曲也。

《彖》曰：明入地中，明夷。内文明而外柔顺，以蒙大难，文王以之，利艰贞，晦其明也。内难而能正其志，箕子以之(《杨易》以“内文明”十五字，移入“晦其明也”之下。“箕子”，蜀才作“其子”。俞氏以“其子”即“箕子”，周公不敢显言。岂知“其”古作“亓”，后人加“竹”耳。郑、荀、向“以”俱作“似”)。

乾为大明，离出于乾，故为继明。离代乾而宣化，日代天而为明，故离象日。日明于昼，暗于夜，是日入地中，阳为阴掩也。离文明在内，坤柔顺在外，此卦德也。蒙，被也。大难谓坤，坤体先迷，伤明者也。言具此卦德，被此大难也。《易》象包括最广，以卦德言，则文明柔顺一象也。以人所处之时言，则内明外暗为明伤，一象也。以致用言，有此卦德，故内不失已，外得免祸，又一象也。三象固不相妨。晦其明，自人之用《易》言，即藏而不露也。正志者，不失其正，五为坎离之爻也。正志即晦明中事，内难释艰，正志释贞，大难关天下之难，内难一家之难也。明伤于下卦，故称内难，而遂以五为箕子。艰贞独系箕子者，内难更亲切，其晦明之心更难于文王也。《野同录》曰，初见几，伯夷太公也。二离主承坤，文王也。三明极当暗交，与上敌，武王也。四居暗下承明之际，应初比三，归周之微子也。五居坤中，承暗主，箕子之艰贞也。上位尊而暗极，纣也。

《象》曰：明入地中，明夷。君子以莅众，用晦而明。

坤为众，众字指得广，若文王箕子之于纣，皆在其内。用晦而明，即晦其明之说。晦者，欲人终不知其明也，而明者自心则不可晦也，晦明便是自心之明。晋明著于外，故自昭明德，此修己之道也。明夷明伤于内，故用晦而明，此治人之道也。

初九，明夷于飞，垂其翼，君子于行，三日不食，有攸往，主人有言。

离为雉，鸟象。中阴身，两阳翼，变艮，与小过同象，亦翼也。明

夷于飞,伤于其飞也。鸟飞,以翼上升者也。伤则必垂,今在下而变动,故以为伤而垂。然此在夷初,但曰垂翼,犹非伤之重者。此二句为主象,下则释以人事也。行与往,飞象。不食有言,垂翼象,此足爻,变则互震涂艮径,故曰行曰往。三日不食,离数三,又为日,三日象。离中虚为大腹,变艮则兑口伏,不食象。于行,本爻之动也。攸往连下,指所适之主人,言应也。因互见艮之止,坤之晦,坎之险也。变艮伏兑口,不食有言象。互震声,亦言象。

《象》曰:君子于行,义不食也。

时当明夷,义合如此,与攸往有言,皆主象之象,故不另释。

六二,明夷,夷于左股(子夏作"睇于左股"。"睇",旁视貌。京作"眱",马、王作"左般",姚作"右槃"),**用拯,马壮吉**(《说文》、子夏"拯"作"抍")。

夷左股,虽伤而未切,未至上体也。去暗君,虽不如初之远,可以言行,然与上无应,亦不为近,故象足上之股。互震伏巽,股象。爻变互兑覆巽,亦股象。明夷象人身,足股腹首是也。股居下而在后,故曰左。《易》中言左皆后字,详师卦。左取相背义,今言相左是也。相背则幽暗不明,二为阴爻,又处下中,故取后而相背之义。拯,救也。变乾,健则壮矣,乾为良马,故曰马壮。言用健壮之马,速以拯之,斯吉。宜曰坎马曰壮,非老非少则壮矣。二外臣曰左股,四内臣曰左腹,夷股犹浅,故用拯救。羑里,夷左股也。用泰颠闳夭,拯马也。得专征伐,则吉矣。

《象》曰:六二之吉,顺以则也。

顺谓外柔顺。则,法则也。言外虽柔顺,而内实文明,有法则也。故用拯马壮,因二中正故也。一说当救不救,非顺也。救而不速,失其机会,便不得法,非有则也。救之且速,是见机明决,顺而有则,故吉。顺谓阴爻在内,与上坤同体,故言则。

九三,明夷于南狩,得其大首,不可疾贞。

离居南,南狩,狩于南也。南者,乾阳之君位,而暗阴居之。三与之应,故称南狩,谓此阳上往摧阴也。晋成公伐郑,楚子救郑,晋

占遇复,曰南国蹙,解为南行摧阴。先天图北内而南外,卦象法之,亦下内而上外,与此南狩同义。此为坎爻,坎爻动变,并离象亦不见,故也。离互震,戈兵,震动,故言狩。又互坎,离南坎北,坎主冬。狩者,岁终田猎之名,故称南狩。不言征言狩,讳之也。大首,元恶也。上爻称首,言应也。伏乾故言大首,谓在上居天位也。获者,震爻也,一阳而上下之阴附之也。疾贞连看,与复之无疾同义,有复象也。自暗复明,当以渐次,不可猝然取正也。二阴爻虑其过柔,故策之,曰用拯马壮。三阳爻虑其过刚,故抑之,曰不可疾贞。

《象》曰:南狩之志,乃大得也。

初说行,故言义。二居中,故言则,即天则之则,变乾而见复象也。凡人处事,心中先有准则,乃始无误。三互坎,故言志。志者,心之所之。三居下卦之外,其明外见,故心可众著也。

六四,入于左腹,获明夷之心,于出门庭。

爻象微子,乃纣同姓,是腹心之臣。坤为腹,与上同体,而在卦中,故言腹,变互巽,入象。左腹者,古人尚右,故右前而左后。师四左次,今言左迁,天之左旋,皆谓向者前,背者后也。四五与上同体,皆属亲臣。五近则前,四远则后,故言左。坤先迷,腹中乃黑暗之地,处坤最下故也。四当心位,获者震象,明夷之心,纣之心也。坤为户,门庭象。震动,出门庭象,谓遁去也。初异姓,故言行,四亲臣,故不曰行曰出。于者,于于安行貌。坤顺而足动,故安行。

《象》曰:入于左腹,获心意也。

此由明入暗之象,人之心意最不易知,入腹而后得之。入者巽,获者震也。

六五,箕子之明夷(蜀才作“其子”,“其”即“箕”,赵宾作“荄滋”)**,利贞。**

五近暗君,居至暗之地,有柔中之德。晦其明而正其志,所以佯狂受辱。凡五皆君位,此特加箕子,明非君也。上曰登天,明上为君也。三上相应,三曰得大首,指君言也。君能覆冒天下,下五爻皆所统也。三明极,武王也。上暗极,纣也。五柔中,箕子也。故君之一

位,论位亦论德。

《象》曰:箕子之贞,明不可息也。

明不可息,言明可晦,不可息,以其在内不露,故为箕子之贞。

上六,不明晦(《举正》作"至晦")**,初登于天,后入于地。**

不明指伤人言,晦指自伤言。最远于阳故不明,处坤阴先迷之极故晦,此主象也。他爻皆受伤者,故皆言夷。此则暗所自出,匪特伤人,并且自伤,故但言不明晦而不及夷也。登天,日出地上也。入地,日在地下也。登天者,上之位。入地者,六之阴。穷上而暗极,与日俱伤矣。

《象》曰:初登于天,照四国也。后入于地,失则也。

照四国以位言,日出地上,能照四国,亦如人君居高位,得伤人之势也。失则以德言,见君当视民如伤,乃今伤人,失君之则矣。失则即晦也。明见于外而失本于中,二之顺则为外明虽伤,而中德自若,则明之本原如故。今坤阴居上,外本无明而又鲜中德,是明之本原全无,故以为晦而失则。凡言则皆在中之事也。故爻辞不明指外著者言,晦主内藏者言,是内外俱伤也。

家人

☲离下巽上

一家之人,巽以长女处四,离以中女处二,二四皆得八卦正位。又五阳二阴,内外各得其正,皆家人之义也。订曰外疏之也,故二女有二心。内戚之也,故一家如一心。

家人,利女贞。

马融曰:家人以女为奥主,长中二女,二四各得其正,故特曰利女贞。来氏曰:言占者,利于先正其内,以占者言,非女之自贞也。盖女贞乃家人之本,女正则外无不正矣。

《彖》曰:家人,女正位乎内,男正位乎外。男女正,天地之大义也。家人有严君焉,父母之谓也。父父子子,兄兄弟弟,夫夫妇妇,而家道正。正家而天下定矣。

圣人观卦象以立名，则卦中实义即名而具。如卦名家人，则全言家人之事。然家人亦象也，故诸卦皆无第一层实义，所可言者第二层象义耳。物理人事皆象也，此卦既名家人，专言人事可矣。若误认为占卜，而概言人事则非。男女正位，谓阴女得二之正位，阳男得五之正位也。二五相应，凡卦中阴阳皆分之卑而听命于二五者，故称严君。严非严厉，乃尊无二上之意。父母者，二五也。父子兄弟夫妇，诸解各异其说。煦按《周易》止言阴阳，阴阳皆以得位为正。《彖辞》止言男女正耳，原不必穿凿分疏。初上两阳，家也。五正位于外，即严君，父也。女正位于内，内主亦严君，即母也。以次相承，凡阳爻皆子也，上者兄而下者弟也。初三五，夫之位正也，二四，妇之位正也，故曰父父云云也。天下定，无过凡事各得其理，凡物各安其位，与家无异也。此即亲亲长长而天下平之义。

《象》曰：风自火出，家人。君子以言有物，而行有恒。

火炽则炎上而风生，是自内达外之义。风化之本自家始，家之本又自身始。言行，一身之事，正家之本，风化之原也。有物则言不虚，有常则行不怠。巽覆兑口，而照以离火，巽伏震行，而照以离火，故既象言行，又皆言有也。言行，君子之枢机。有物有恒，则其自也。火丽木而外著，其光之象也。

初九，闲有家，悔亡。

闲，防也，阑也，从门从木，木设于门，所以防闲也。初为门庭之爻，应以巽木，故取防义。变艮为门为止，亦门阑止防义。闲谓上下二刚，域中爻于内，闲家之道唯在始初。谚云教子婴孩，教妇初来是也。离明阳刚，处有家之始。离明则有先见豫防之明，阳刚则有整肃威如之吉，故能防闲家人，各得其正而有家。有家者，有物有恒之妙有也。

《象》曰：闲有家，志未变也。

志未变谓初也。初而闲之，其后可无悔矣。有家者，初有家也。

六二，无攸遂（杨震传作“由遂”）**，在中馈，贞吉。**

遂，专成也。阃外之事，无所专成，阴爻顺静之象，乘承应皆阳

故也。中即内卦之中。馈,饷也。互坎,饮食象。馈食,内事,故曰中馈。有顺静之德,而事不专成,所职唯在中馈,故正而吉。宜曰鼎火烹饪于外,曰享帝养贤。家人火烹饪于内,曰在中馈。《彖》利女贞唯六二之中正当之。蒙五变巽,事师之道。渐四体巽,事君之道。家人应巽,事夫之道。

《象》曰:六二之吉,顺以巽也。

顺从而卑巽乎五也。《小象》言顺巽者三,蒙五互坤为顺,变爻为巽。渐四变乾,伏坤为顺,未变为巽。家人亦变乾伏坤为顺,应爻为巽。然皆阴爻,故皆自具顺义。

九三,家人嗃嗃(荀爽作"确确",刘向作"熇熇",如火之严炽也)**,悔厉吉,妇子嘻嘻**(张揖作"嬉嬉",陆绩作"喜喜")**,终吝。**

此爻独称家人,三当一卦之中,介于二阴,有夫道焉。盖一卦之主,故嗃嗃而有严厉之声。《本义》以刚处刚而不中,过刚者也,故有嗃嗃严厉之象。如此则虽有悔厉而吉矣,嘻嘻,嗃嗃之反,吝道也。谓一于慈惠,笑乐无节,此反言以见意也。来氏以嘻嘻为妇子欢声,作过严之弊,故解《小象》之节为竹节,欲威爱兼济,不使过也。此解虽切九字,未当。一说以嗃嗃作所治之人说,谓众口嗷嗷也。此以家人与妇子同类亦可。严厉者,阳刚之本德,嘻嘻者,承乘之阴爻也。观吝字指阴爻可知,悔厉与终皆乾三惕若之象。三当变革之际,故两发其象,听人自择。

《象》曰:家人嗃嗃,未失也。妇子嘻嘻,失家节也。

过严虽或伤恩,然未失治家之道,故吉。若妇子嘻嘻,是无礼法而失治家之节,故吝。观失与不失,则本爻作反正说为当。

六四,富家大吉。

阳主义,阴主利。义具于心,无形可执,其象阳虚。利聚于财,有厚实可据,其象阴凝。故《易》言富言实言财言积,皆阴也。小畜之富,承乘皆阴也,故说出邻字。阴爻而言不富,为本可言富,或承乘有阳而为阳所凌,如泰四妄二是也。此四本阴,而上下阴阳皆顺,无有相干。变易其性者,安得不富?爻为巽主,必不可变,巽近利市

三倍，富象，变又互巽亦富象。《礼运》曰：父子笃，兄弟睦，夫妇和，家之肥也。肥即富也，因本卦六爻皆得位而吉也。若使孝悌不立，仁义不修，金玉满堂亦何益哉？观《小象》顺在位可知，不专指财利言也。一曰巽入而阴畜，故言富。

《象》曰：富家大吉，顺在位也。

以柔顺之德居四之位，为上卦主爻，故曰顺在位。位即《彖》正位之位。二之贞吉曰顺，四之大吉曰顺，妇道尽矣。

九五，王假有家（“假”音格），勿恤吉。

假同格，正也。即正家而天下定之爻也。阳夫居阳，正也。其下阴阳各安其位，家之正也。阳君居五，正也。其阴阳各安其位，则天下之定也。天下者，王者之家，唯正而后能有之，故曰王假有家。内而型寡妻，外而卿大夫，罔不率俾，有家象也。王而假正以有其家，何忧恤之有？互坎，忧象。出坎外，故勿恤。初有家，家道之始。五有家，家道之成。故初曰闲，及五则直曰假而有矣。假字，陆绩作大字解犹可。子瞻作至字解，则虚矣。

《象》曰：王假有家，交相爱也。

五二刚柔相应，四五刚柔相比，以下阴阳，无不相比。五爱二之柔顺中正，不亢而有以及下，二爱五之刚健中正，不悖而有以承上。其馀阴阳无不相顺相比，故交相爱。全是至性流通，所谓太和元气在成周宇宙间也。

上九，有孚威如，终吉。

有孚，变坎也。威如，阳刚居上也。中四爻为家，初上闲家者也。有孚非一人之孚也。礼胜则离，故须诚信，乐胜则流，故须严威。终吉，久长获吉也。居上则为家主，在卦终则有家也久。故特言久长获吉之道。论位则初为近而上为远，论时则初为暂而上为久。

《象》曰：威如之吉，反身之谓也。

反身之谓指有孚，见非徒威也。盖必有物有恒，正伦理，笃恩义，悉本于诚信，俨然人望而畏之，自具不威之威。

睽

☲☱兑下离上

睽从目,目少睛也。目主见,故爻辞见恶人,见舆曳,见豕,皆言见。睽,乖异也。火炎上,泽润下,二体相违,睽义也。中少二女同居,其志不同,睽义也。

睽,小事吉。

五柔为卦主,故称小。主柔而应刚,故不可大事,而小事犹有吉道也。元公曰二女同居,二阴合卦皆然。然巽兑合为孚过,离巽合为家人鼎,离兑合为睽革,木乐火而金畏火也。煦按睽字,原从合字形出,不合不知睽也。然天下无终睽之理,故睽终必合,艮之言行亦此义。

《彖》曰:睽,火动而上,泽动而下,二女同居,其志不同行。说而丽乎明,柔进而上行,得中而应乎刚,是以小事吉。天地睽而其事同也,男女睽而其志通也,万物睽而其事类也。睽之时用大矣哉。

论物理则火上泽下,其性睽矣。论人事则二女同居,皆欲各有所行,其志睽矣。既睽而小事犹吉者,盖因内有和说之德,外又察乎事理,有其德矣。柔进而上行,以居于五有其位矣。居上中而下应二刚,是己既有德而辅相有人,有其辅矣。故虽不可大事,而小事犹吉,此与家人二柔皆为主爻。家人二柔得位,故二四同取之。此卦二柔皆不得位,故取得中之五,以为柔进而上行,与晋同也。然三柔居内卦之上,亦应刚者也。阴阳相资,始为得类。二女同阴,所以为睽。既睽矣,又以为其事同,其志通,其事类者,专论二五相应之爻,即小事吉之义也。天地异形而交感则同,男女异体而志气则通,万物异质而类聚群分,则无不各得其类,此皆自睽中言合义也。睽卦本无合象,止有二五相应之象,因天下极和同之事,必由睽来。而极睽隔之事,又必由合来。今睽而有应,故遂于《彖辞》发睽而能同之用。乾坤二用后,坎言时用者,坎为用九之中交,坤含乾胎,万物之生由此托始,则用归于坎,是后天代先天之义。睽

蹇亦言时用,是先天八卦流行之气,前后相续,缝中所成十六卦中之二卦,流行则其用见矣,故亦言用。流行便具不息之体,故亦得考之以时而言时,流行则睽与合见矣,故又能总上三句之义。以五行论,金畏火克,其先岂不相睽?然金得火而镕,终必有合,而大用出焉,故言时用。

《象》曰:上火下泽,睽,君子以同而异。

来氏曰同者理,异者事,天下无不同之理,而有不同之事。异其事而同其理,所以同其异。如禹稷颜回同道,而出处异是也,此本同末异之说。宜曰《彖传》睽中之合,化睽之方也。《象传》同中之异,不苟同之学也。郝解曰乐同而八音异,乃叶。食同而五味异,乃调。煦按凡卦莫不有自具之德,睽之为异,非不美也,故君子法其异,而不苟同。

初九,悔亡,丧马勿逐,自复,见恶人无咎。

上无应与,宜其有悔,阳刚得正,故悔亡。虞翻曰应爻坎马,无应故丧马。一说坎为亟心之马,马亟心,丧去象。煦按震本为马,动而化坎,故丧马。逐亦震行之象,勿逐谓化去也。自复,复初之本象。勿逐自复,不追逐而自还也。兑为悦体,震二变兑,既二变兑,皆言勿逐。七日得,与此同义。但此为初爻,故不言得言复。小畜初阳亦震爻,故言复自道,盖马所以行也。睽独无应,则不能行,是丧其马矣,勿逐亦不行也。自复,初阳之动,坎阻于前也,悔亡二字为主象。下分二段,一以物理象爻德,一以人事象爻德。丧马言未化之前,睽而无应。勿逐自复,言化去之后,睽而合也。恶人亦言未化之前,见之无咎亦言既化能合之故也。坎为盗,恶人象。离持戈兵,亦恶人象。离为目,见象。大有初九曰无交害,二曰小人害,小人指离也。一曰不以恶人而拒绝之,作接见之见说。

《象》曰:见恶人,以辟咎也。

《象辞》专释见恶人,则知丧马自复之物理,与见恶人之人事,非有两义,皆先睽后合之旨。辟咎即无咎,无咎故悔亡。

九二,遇主于巷,无咎。

遇字详噬嗑。兑离,先天图中亲比之卦也。《周易》卦爻无非发

先天图中流行之妙,主谓五为正应,离为日,主象。离中虚,两阳在外,巷象。变艮伏艮为径路,变震为大涂,大涂而藏径路,亦巷象。见当睽时,君臣相求,不必拘堂庑①之常分,必委曲相求,始得会通,乃为无咎。于门于庭于野犹有避也,巷则无所避矣,此必遇必合之象,为正应言也。若非正应,不以乖离为嫌,亦不必委曲求合矣,总因所应柔弱故耳。睽卦中水火相避,爻爻皆自具睽义,故诸爻皆言睽而复合之象,不然不名睽矣。亦如复卦,爻爻皆言复也。来氏以诸臣遇光武为象。

《象》曰:遇主于巷,未失道也。

来氏曰离为戈兵,互离亦戈兵,兑毁折,互坎陷,见君臣相遇于巷,岂不失道?然当睽时,前后俱有戈兵,中原坎陷,主又柔弱,中原坎陷,国势毁折,正危迫之秋,非但君择臣,臣亦择君,既为正应,委曲相求,故周公许其无咎,孔子以为未失道。

六三,见舆曳,其牛掣(子夏作"契",《说文》作"觢",牛角仰也。郑玄作"犎",牛角皆踊曰犎。荀爽作"觭"。徐铉曰"当从契省乃得"。音尺制切)**,其人天且劓**("天",杨桓作"耏",古文"罚"字,夹物而去之也。即音髡。"劓",《说文》作"臲",王肃作"臲",胡安定谓当作"而",《纂言》从之,非也)**,无初有终。**

离目,见象,又牛象。变乾,舆象。互坎,亦舆象,曳象。兑伏艮手,挽象。曳,拖引也。掣,挽也。阴居两阳之中,与介石负乘相似。时际睽违,虽有正应,前遇险阻,不能骤合,不免前引后拖,盖有应则前为之引,有累则后为之拖也。其人天谓三上也。三阴,人位。上阳,天位也。三、上本为正应,天且劓者,天居最上,物所仰承者也。自三视上故曰天,口上为鼻,伏艮亦为鼻,居口上,见干戈遇兑毁,故曰劓。天且劓,犹云其人仰承于上,遭此险阻而致此伤也。一说居兑上口,不足于阳,以天相形,若其固有者然也。煦按舆曳牛掣,主象也,其下又即人事以象之。天者,有应之象。劓者,伤而见阻之

① "庑",堂本、库本俱作"廉"。

象。无初，初之睽。有终，终之合也。金火相接，前后两阳比之极固，而中多险阻，故为此象。动化成乾，故言有终，与巽之言有相似，皆谓阳明可见也。

《象》曰：见舆曳，位不当也。无初有终，遇刚也。

比阳而值坎险，故位不当。始难骤合，故曰无初。阴阳相须又为正应，故以有终为刚之遇也。

九四，睽孤，遇元夫，交孚，厉无咎（煦曰："孤"当为"狐"）。

睽孤，《本义》①谓无应，然上九有应而亦曰孤矣。来氏谓左右皆阴柔之小人，故孤立而无助，此说近之。盖上亦乘阴应阴者也。谨按孤当作狐，盖狐性善疑，此为坎爻上九阻于坎，亦曰孤，坎为狐疑故也。故既未济遂称狐，今观既遇而孚，则先之狐疑可知。元，大也，善也。夫，人也。谓大善之人，非谓初也。交孚句谓与初同德相信，然阳无应阳之理，盖谓乘承皆阴，阴阳相资得助也，凡孚皆说入坎爻是也。况五为离主，而当尊位，三为兑主，此爻一乘一承，故以为遇元夫。况既曰睽孤，又以为孚，岂论应哉？厉者，危心以处之，在坎故也。宜曰合言两爻曰睽，单论一爻曰孤。因睽卦全说相违，故不必有应，但获同德，亦遂目为元夫，而谓为交孚，求不孤而已矣，两阳故危厉。

《象》曰：交孚无咎，志行也。

坎志震行，二阳同德，相与济睽之志行也。盖济睽本为四志，今两阴主顺于上下，其交既孚，则睽可合而疑可释，故无咎。煦按得两主之助，阴阳合德而相信，又与五比合，又是坎震之爻，故曰志行。行谓比于五，志行者，犹未行也。

六五，悔亡，厥宗噬肤，往何咎。

王弼曰：非位，悔也，有应故悔亡，厥宗谓二。虞翻曰：动而之乾，乾为主，主，宗也。来氏宗字详同人六二，噬肤详噬嗑六二。二兑为口，五阴应之，噬肤象，言易合也。九二遇主，主，尊之也。六五

① "本义"，库本作"旧说"。

厥宗,宗,亲之也。臣尊其君,君亲其臣,自足济天下之睽。往何咎,快词也。

《象》曰:厥宗噬肤,往有庆也。

庆,吉善也。得正变乾,故往无咎而有庆。王弼以易合为有庆,来氏以济睽为有庆。一曰君臣合德有为,乃有福庆于天下。

上九,睽孤,见豕负涂,载鬼一车,先张之弧,后说之弧(马、郑、王、翟皆作“壶”。离,大腹曰壶,矢韇也。虞曰:兑口离腹,坎酒在中之应,历险以与兑,故后脱之壶,一作壶)**,匪寇婚媾,往遇雨则吉。**

孤当作狐,狐疑,坎象。睽而求应,中阻于坎,不免先疑。来氏谓四左右皆阴,以人而孤也。上多猜疑,自孤也。见者,上自见也。负,背也。涂,泥也。离目,见象。坎,豕象,水象。豕背有水,负涂象。坎为车,为隐伏,载鬼象。坎为弓,中直为矢,又为狐疑,张弓说弓,狐疑不定象。坎为寇,阴阳相应,变震归妹,婚媾象。婚媾者,先后天图相配之卦也。未变则互坎离,先后天图皆相配。上变则后天震兑相配,详具震卦。坎,雨象。雨则阴阳和,坎泽解也。吉者,睽而合也。三与上为正应,制于乘承二阳,上以阳刚处明终睽极之地,往与应合,而中爻阻坎,不免狐疑。始疑为豕,又疑为鬼,方张弓射之,又疑非鬼而脱其弓,既乃知为六三之应,非寇也。藉睽极而反①,与三成婚媾矣。遇雨,坎体解散,疑亡。睽而合矣,故吉。此逢卦②之一,故爻多言遇。

《象》曰:遇雨之吉,群疑亡也。

人情有疑则睽,疑释则睽而得合,故吉。卦名睽而诸爻言合,天下无终睽之事。阴阳往复,物极必反,自然之理。元同曰:初四睽于品,二五睽于地,三上睽于意见。元公曰:疑情之积,常起于情之相悦,而好用其明。

---

① “睽极而反”,库本作“正应而上”。

② “合矣,故吉。此逢卦”,库本作“得合由不一而致”。

蹇

䷦艮下坎上

蹇，难也。坎险艮止，见险而止，足不能进，行之难也，故为蹇难。方智曰文序屯蒙至蹇解，中隔三十六卦，蹇解环至屯蒙，中隔二十四卦，此阳四九阴四六也。老阴老阳之策主变，故相沿以阳九阴六为难限。

蹇，利西南，不利东北，利见大人，贞吉。

王弼据后天图，谓艮山险而坤地顺，后儒从之。来氏亦据后天图，谓坎险艮止皆在东北，故不利。西南无之，故利。虞翻曰坤西南卦，五在坤中，坎为月，月生西南，故利西南。往得中，谓西南得朋也。不利东北，其道穷者，谓三也。艮，东北之卦，月消于艮，丧乙灭癸，故不利东北。其道穷者，则是东北丧朋矣。又曰坎月生西南而终东北，震象出庚，兑象见丁，乾象盈甲，巽象退辛，艮象消丙，坤象穷乙，丧灭于癸，终则复始，以生万物，其用大矣。离为见，大人谓五，二得位应五。五多功，故利见大人往有功也。五当位正邦，故贞吉。唯虞说为能发明卦旨，字字切当，独惜虞翻所著不见《全书》耳。须知爻中阴阳与天同运，原是活的。阴阳之体，阴静而阳动，然阳气往来阴中，有初有终，有深有浅，而月受日光亦有初有终，有深有浅，此其象也，而实非象也。日月即天地间来往运动，可见之阴阳，代天而宣化者，故后天之坎离遂代先天之乾坤，坎月离日也。乾彖之大明言日，坤彖之得丧言月也。坎艮合蹇，坎得乾中而正位于五，是坤之西南得朋也。故利西南本非坤有，而今在其中，故为得，得故利。东北艮也，月之阳明至此而尽，故以为道穷，即丧朋也。丧则有何利乎？此卦上坎得阳于中，与西南得朋之震同义，故利西南得朋矣。而复见丧朋之艮，故不利东北。卦本无震而亦曰西南，止取坎象得阳之义，又因东北之艮而反之，非取坤顺也。《易》爻凡言利言得者皆震，凡言不利言失者皆艮，皆本坤象来。既曰不利东北，又曰利见大人贞吉者，卦气之行先内而后外，

先艮而后坎,故既因艮之道穷而言不利,又以利见大人特著往而得中之理,为上坎言也。贞谓居中得正也,五刚健中正,有大人象,故既称利见,又言贞吉,以艮遇坎。东北丧朋,故蹇。自下而往,出艮则见九五之大人,故利。亦犹丧朋一转,便为得朋,故大人之利见,仍是西南之利耳。

《彖》曰:蹇,难也,险在前也。见险而能止,知矣哉(《杨易》以上七字移入《文言》)。**蹇利西南,往得中也。不利东北,其道穷也。利见大人,往有功也。当位贞吉,以正邦也**(荀、陆作“正国”)。**蹇之时用大矣哉。**

卦中前后有二义,论时则下卦在前,上卦在后,比之后夫凶是也。论位则向者在前,背者在后,此之险在前是也。坎险艮止,坎在艮前故也。此据象言名蹇之故,见险能止,以人事言也。中互离坎,离为见,坎为知,凡卦中言止必兼言行,止由行见也,故既以能止为知。又以为往得中、往有功也,往有二义,往得中谓一刚往而居五,此自下而上往,观象而择主爻者也。往有功谓由此而前往,据人事言也。此卦据下象论,则有见险能止之象,据上象论,则有得中有功之象。人在蹇中若止而不动,何由得出?若不顾其险不险,率情以往,亦终无由济。故止而后往,往而得中,然后能有功,即定静安虑而后能得之义。得中,坎五也。往得中,则离乎艮矣。离东北则必往西南,故以利西南为往得中。东北则阳尽而丧朋,故为道穷,此上据象言也。利见大人,据人而言所往之事也。大人,五也,见离也。利即西南之利。人在蹇中,利动不利静,故以利见大人为往有功。卦辞贞指五中言,故以为当位贞吉。卦中阴阳皆当其位,邦所由正,不过事事得其条理,故曰正邦。渐卦阴阳当位,故《彖辞》亦同。阴阳之理终始相循,险可使平,丧可使得,故曰时用大也。此为先天缝卦,全说流行之义,故与睽坎同言用也。意曰屯动于险,每利居贞蹇止于险,每言利往动以贞止,止以善动,岂二道乎?宜曰蒙贞坎,则中晦昧而蒙。蹇贞艮,则中光明而知。需险在前,乾恒易知,故不陷。蹇险在前,艮笃实光辉,故能止。

《象》曰：山上有水，蹇，君子以反身修德。

山上有水，必反而就下，反身之象。不盈之性上居于山，有馀则去之，修德象。艮其背，故言反身。坎常德行，故言修。

初六，往蹇来誉。

往来，进退也。蹇字从足，此为足爻。艮覆震，亦为足。因足象为止象所覆，故既言往又言来。往谓坎上，来谓艮下也。五爻独不言往，盖诸爻所往即五爻所来，非来于下卦之来也。初既无位，六又阴柔，故有往则冒蹇，来则有誉之象。誉详旅上，即见险而止，知哉之誉，变离故也。与遁初不往何灾，皆艮也。《彖》以得中有功归之于往，而爻皆往蹇。《彖》言通卦，爻论一爻。《象》曰宜待，非终不往矣。

《象》曰：往蹇来誉，宜待也(郑本"待"下有"时"字)。

待者，待时之可进也。

六二，王臣蹇蹇，匪躬之故。

王，五。臣，二也。外坎王蹇，互坎臣蹇，因两坎，故言两蹇。人臣有代终之责，则王蹇皆臣蹇矣。两蹇交集，鞠躬尽瘁，自其常分，有何过尤？六二艮体，不获其身，故言匪躬，不有其身也。

《象》曰：王臣蹇蹇，终无尤也。

但知致身，成败利钝，俱非所论，有何过尤？初以不往为有誉，二以匪躬为无尤，有位无位之别也。

九三，往蹇来反(郭京据王弼本作"来正")。

艮其背，不获其身，故云来反，即反身修德之反。因其附阴成止，故以比二为就二。三资二之中顺，二资三之刚健，可成济蹇之功矣。往蹇，接四也。来反，艮止也。

《象》曰：往蹇来反，内喜之也。

内谓内卦之二，阴乐从阳，故喜之。《本义》谓反就二阴，谓与初二成止也。

六四，往蹇来连。

连于艮阳也。三之喜，内之兄弟，喜其己之有助。四之连，外之

朋友,资其人之有才。来反,退也。来连,将以进也。变咸故咸亦言往来,三四相接之义也。

《象》曰:往蹇来连,当位实也。

凡言阳实阴虚,即乾连坤断之义,以《象》言也。论理则阳以气用,周流不息故虚。阴以质用,块然不灵故实。凡爻兼言应比,毕竟先主本爻,六四以阴居阴,故称当位。比三而顺以承五,人臣之义。实谓阴,明当位之为六耳。阴体过实,无拨乱之才,故必有资于人,此正来连之义。此爻只言比阳,故全举阴柔之象,不可以实字说作九三,然以解卦负乘考之,即谓两阳亦可。

九五,大蹇朋来。

大蹇谓九五所陷之阳。此阳由乾而来,入于坤中,乃西南得朋之爻,故云朋来,据坤之视乾而言也。此卦阴阳各当其位,九而居五,有位有德,可以济蹇。凡爻或比或应,无不仰赖之。匪躬之二应而来,来反之三亦与俱来,来连之四比而来,所连之三亦与俱来,同德之三既来,而应三之上亦与俱来,故为大蹇朋来。来指众人之趋附言,与下卦之来不同。自本爻言则当位贞吉,以正邦也。自诸爻言则利见大人,往有功也。

《象》曰:大蹇朋来,以中节也。

中兼九五两义,位居上卦之中,德备刚健中正之美也。节,制也。言此德此位足以联属也。人心唯中,故能肆应不穷。

上六,往蹇来硕,吉,利见大人。

硕,大也,阳称大。来硕指应,谓就三也。不言大言硕,避之也。亦如观卦以其字易我字耳。卦以坎陷为蹇,此爻独在坎外,所应者,审时能止之三亦在坎外,资其阳之力,故此独能与三共济而获吉也。利见大人,五比于下而无所逆也。五在蹇中,思来济蹇之朋。今上与之比,又得来硕之三,具阳刚济蹇之才,资其协力,故克有见大人之利而往有功也。

《象》曰:往蹇来硕,志在内也。利见大人,以从贵也。

内对外卦而言,谓三也,非谓五也。贵对下贱而言,谓五也。

解

☳☵坎下震上

蹇之济蹇，慎动审时之三。解之能解，动而有行之四。皆此一阳，圣人连覆卦而序之，非无故也。解从刀判牛角，会意。

解，利西南，无所往，其来复吉，有攸往，夙吉。

蹇有艮无震，不利东北，所以为蹇。若使震见艮隐，是西南得朋时，故利西南，此指将来说。往得中，往有功，皆谓震行也。解卦有震无艮，故止曰利西南，指现在言也。震象在外，更无外之可往，其震行唯来复耳，故既曰利西南，而又曰来复吉。盖蹇之得中在外，须往而后得。此之得中在内，是来而得中，故《彖》曰其来复吉，乃得中也。来字亦震动之义。蹇卦内存欲尽之微阳，其去震稍远，故必往而后吉。解卦外见初长之阳，后来进盛，尚未可量，故利西南。然曰无所往，其来复吉，有攸往夙吉者，谓动静皆吉，见与蹇之动吉而静不吉者殊也。外震何云无往？谓震虽在外，毕竟非止，故既曰无所往，而又曰其来复，言不已之动耳。震主亦复初之爻，故遂言来复。攸往者，动也。夙吉者，中离为日，先天居东，日出东方，故云早也。夙字与复卦七日字相对，复震方内来，解震已外往，故不待七日，唯早为吉也。《周易》之坎离皆言阴阳，不可不察。

《彖》曰：解，险以动，动而免乎险，解。解（《杨易》以下"解"为衍文）**利西南，往得众也。其来复吉，乃得中也。有攸往夙吉，往有功也。天地解而雷雨作，雷雨作而百果草木皆甲坼**（马、郑、陆作"甲宅"。"皮"曰"甲"，"根"曰"宅"。宅，居也。《音谱》作"乇"）。**解之时大矣哉。**

坎险震动，坎内震外，动而出居险外，得免于险，故名解。震本坤体，乾来交坤，利西南而释为得众者。坤得乾则得朋，乾得坤则得众，此为主阳言也。震动于外故称往，非如蹇卦之往，因艮而言将来也。得中虽坎象，却本来复说，为震性善动，今已在外，则前无可往，故先说无所往，后说来复，皆行象也。来复而曰得中，因下卦是坎非

震，所以别于复初也。夙也者，震得乾初，在万物之最先也。天地解者，阴阳和而后雨泽降也。凡亢旸皆阳之偏结，阴不得入而和之。阴霾皆阴之偏结，阳不得入而和之。此外或阴多阳少，或阳多阴少，均不雨。若使阳之偏结，和之以阴，阴之偏结，和之以阳，则结斯解矣。故曰天地解而雷雨作。此卦上雷下雨，中互离日，雷动雨润日暄，而百果草木皆甲坼矣。百果草木，震象。震甲巽乙，震故言甲。甲，萌甲。坼，开坼也。五上两开，故言坼。解之时将至，天地发生长养，由此而始，故曰大。解言时不言用者，乾坤二用，元之方亨也。坎之重险，睽之乖违，蹇之出险，皆言时用，皆说将然，须用而后见也。其难已解，用已外见，非解难之时，故不言用。义尽于解之名，更无幽隐，故亦不言义。

《象》曰：雷雨作，解，君子以赦过宥罪（京作“尤罪”）。

坎为罪，为狱，震动而出，故曰赦宥。无心失理为过，有心作恶为罪。赦宥者，解万民之难也，解缓即此义。

初六，无咎。

难既解矣，柔而居下，得刚明者为之应比，无咎之道。

《象》曰：刚柔之际，义无咎也。

六柔而应阳比阳，故为刚柔之际。坎四刚柔之际，亦此义。阴阳相资，原天地间不易之理，故论其义而以为无咎。

九二，田获三狐，得黄矢，贞吉。

在田之爻故曰田，坎为狐，又为弓矢。互离伏离，其数三，又为戈兵。戈兵震动，田象。坎二本黄中通理之位，变坤故称黄。狐，媚物，阴柔附阳之象。故未济亦称狐。坎得乾中，乾动而直，故象矢。狐媚，小人象。中直，君子象。与六五同也。获三狐，象应比之三阴。得黄矢，中直也。贞吉者，中而得正，有应，故吉。

《象》曰：九二贞吉，得中道也。

居中而得正，故曰得中道。

六三，负且乘，致寇至，贞吝（《杨易》谓“贞吝”下当有“无咎”字）。

坎为舆，三在上，乘象。又为盗，寇象。负者，小人之事。舆者，君子之器。盖三负四乘二，四不中正而居外下，故象小人，凡民卑贱之称也。二得中，故称君子。论位非论德也。解卦得名，为有二四两阳，三乃一负一乘，故有此象。《周易》贵阳，担负非乘舆者所宜，乘舆而为凡民卑贱之事，故于三遂目为小人。震动于上，故言上慢。坎险于下，故言下暴。又因盗与所乘者同爻，若盗据之者然，故取象为夺。贞谓坎阳，如云所乘者虽得正，亦吝也。吝，本爻之阴也。噬嗑以耳上有物为荷，此以耳上有物为负。贲初以坎下为徒，此以坎上为乘。家人嗃嘻，两象也。此亦两象也。

《象》曰：负且乘，亦可丑也。自我致戎（本文作“寇”），**又谁咎也。**

但曰可丑，则知小人止贱称耳。谁咎言非人之咎，即致字也。同人谁咎，言人谁有咎我者。节又谁咎，言无能归咎于人也。

九四，解而拇（荀作“母”），**朋至斯孚。**

震为足，拇在足下，三居震下，故象拇，《本义》①以为解初。刚柔之际，义无咎者，本为正应，岂所宜解？若负乘之小人，则宜解矣。拇在足下，亦不宜远，言初爻。夫初以比二为无咎，三以乘二为君子之器，二四两阳，又且同德，则朋指二可知矣。然为负乘之小人所隔，故必解去其拇，始见同德相济之美。他爻不言朋，此独言朋，西南得朋之爻也。卦辞西南之利正在此爻，因其处柔非位，故须得朋斯济。凡合体之卦，上卦亦具下卦之性，下卦亦具上卦之情，故坎在诸卦皆言陷，而在解则不言陷，震动故也。诸卦类然，不可不知。夫卦既名解，二阳各为卦主，则能解者端在二阳，然阴以资阳为美，故其附阳也甚固。初曰刚柔之际，固于二矣。三曰负乘，固于二四矣。四欲与二同德相济，非解去三阴，曷由使朋至而孚也？孚者，坎德。阴虽附阳为美，阳必解阴，始能有为。

《象》曰：解而拇，未当位也。

---

① “本义”，库本作“旧说”。

以阳居阴,虑其才柔,下有负我之小人,其位不当,故须解也。

六五,君子维,有解吉,有孚于小人。

维,系也。坎卦言维言孚,此卦有坎,故亦言维言孚。《本义》①谓解去三阴,以小人之退为验,夫孚字从无作验字之解。来氏以阴指宦官宫妾外戚,谓五比四应二,皆阳刚之君子,若使此心能维系之,则同类之阴,自能孚信,故有解而吉。煦按:二说均非爻旨,且三阴与五非应非比,有何关切?观随之系小子,系丈夫,皆自下而系于上之称,上六乃从维之。维则自上而系于下之称。坎之言维,亦谓中阳陷于阴,若系于上阴者然也。此之维于君子,当专指九四一爻,五既比四,如云九四阳刚之君子,维系于我者。资其才可以解难,故吉。虽在小人,亦当信之,以下与坎相应,故言孚。孚,信也。坎虽正应,可言寇盗,独不可言小人乎?有孚于小人,如云正应亦当见谅,是从比不从应之象耳。君子专指九四,正与利西南之旨相合。予前解引复见天心,诚谓此卦二四两爻,虽各为主于卦中,观利西南一语,则通卦当专主九四一爻,盖二陷而四动,解之为义专由动见故也。震之动爻在下,故遂以九四为君子,又况雷奋而上,坎润而下,几同离兑之睽,则但资亲比之力,无所望于正应,止求见信于正应,亦其宜也。

《象》曰:君子有解,小人退也。

君子有解,震之主爻,小人退,坎水就下也,若震动则上往矣。

上六,公用射隼于高墉之上(“墉”,徐作“城”)**,获之,无不利。**

上,高而无位,公也。隼,祝鸠,鹞属,鸷鸟,害物者也。震为鹄,变离为雉,鸟象。坎为弓,居下,自下射上之象。震伏巽,高象。高墉者,王宫之墙。变离,外围中空,近于五君,高墉象,故泰上亦曰城。二地位,故曰田。狐则地之走者。上,天位,故曰高,隼则天之飞者。害物之隼栖于王宫高墉之上,则如城狐社鼠,有所凭依,不敢轻射矣。本卦四阴,其下三阴或应阳比阳,而上阴独后,不系于阳,

① “本义”,库本作“旧说”。

又处最上，故象隼。坤，土也。五六皆坤，而上特最高，故称高墉。今曰高墉之上，则隼指上六无疑。观解悖之说，岂不为上之无应无比乎？坎虽象矢，与上无应。四，公位，又互坎，故曰公用射，则射者四也，正是主四之义。况阳性善动，由四而进，亦如不速之客三人来耳。若依《蒙引》指三，则是公立于高墉之上而射隼，非射隼于高墉之上矣。止是四阳善动，由此而进，则上阴终为所变耳，非有隐深之旨。又上六本迷复之爻，故言悖。阳来于四，一变而成震，则悖解矣，故以射隼归之于公。

《象》曰：公用射隼，以解悖也。

此卦主阳，上与阳无比无应，宁非悖逆？卦气自下而上，在中者皆有乘承。上爻如无应比，则唯有离背而已。穷极将反，亦背象。悖而射之，所以解也。《系辞》之藏即坎险也。器指坎之中阳，形如矢直者，待时而动谓震也。下坎有藏器之象，上震有动象，人不可以妄动，故曰待时。此亦上爻总论全象，一变震而迷复之爻亦变，故为解悖。

周易函书约注卷九 周易下经三

损

☶☱兑下艮上

损，减也，非伤也。损去下卦上画之阳，益上卦上画之阴。损乾之君，益坤之民也。又泽深山高，深则有损象，高则有益象。

损有孚，元吉，无咎，可贞，利有攸往。曷之用，二簋可用享（蜀才作“二轨可用享”，《说文》作“𣍘”）。

艮山兑泽互坤，泽深而在地下，有损象。山高而在地上，有益象。坤实于中，故言孚。大象离伏坎，亦孚也。互震故利往。兑口震足，互坤腹而实，簋象。簋从竹，震象。艮为门阙，帝出乎震，门阙而帝出，用享象。旧解但作戒辞，以为剥民奉君，非也。凡爻辞皆直言爻德，如使有孚元吉，可说不孚则不吉，然则辞之凶者，亦可云不如此则不凶乎？易卦全吉者唯谦损家人耳，损以俭取俭用获吉者也。若认作剥民奉君，不知为俭取于下，损乾君而益坤民①，则必与二簋用享之旨相悖，亦并未解《彖辞》言时之义矣。有孚十二字皆正言减省取下之吉，有孚二字为主象，下文皆有孚之吉耳。有孚者深信其薄取之意，为爱我也。维正之供，万世常经，今减于常时，人君而自爱其民，故获有元吉无咎可贞之美。而利有攸往二簋以下，即祀神以验之，亦即上文之象。二簋，损象，言薄也。可用享，有孚之象，而元吉等义皆在可字中。见薄取于民者，即薄用于神，神必见信，神且见信而况民乎？国之大事唯祀与戎，举其大者而小者可知。据理而论，即宽一分，民受一分之赐，故人皆信之，而君德之崇高亦

① “乾君而益坤民”，库本作“国用以益下民”。

由此增益矣。若果剥民，必致厚取，厚取必当厚用，顾以为薄于祀神，亦云可也，不自相戾乎？

《彖》曰：损，损下益上，其道上行，损而有孚，元吉，无咎可贞，利有攸往，曷之用，二簋可用享，二簋应有时，损刚益柔有时，损益盈虚，与时偕行。

损下益上谓损乾益坤，即下文损刚益柔也。乾损一以上行，乃忽添其道二字，盖谓损益乃人君乘时大经济，不可无道以处之。此道非下所能有，必得权乘势，然后可行，故曰其道上行。正以卦象，损在下之乾阳，上行而益在上之坤，故曰上行，全是乾君用事，君在上者也。乾阳故称道，损字之下有孚之上，特加而字，便知下十二字皆由损来，明谓人君用此薄取之道，自能见信云云也。其下总叙全辞，更连曷之用为一段，不另分别注疏，则曷之用二句应与上文同是一义。盖上言薄取，自能信诸人而获吉，下言薄用亦当信诸神耳。时兼常变言，常时祀神原非二簋可享。在损卦而言时，则必万不得已非常时也。若在常时以下奉上，亦万古之常经，名分之当然，何待损乎？今特言有时，则必非常行之事，必非平常之时可知，《周礼》荒政当由此象出也。二簋应有时，见最不宜减之事，值此宜减之时，自不得不因时减损。损刚益柔即损下益上，惧人不知损下为损乾君，故曰其道上行，则非在下者所能。观其特标刚柔二字，刚乾柔坤，乾君坤民也，是即损君益民之说。可知损益二卦所言上下，不分君民者，所损皆乾刚，所益皆坤柔也。乃益不言损刚，而损言损刚，为人知益之损上为损君，而不知损之损下亦为损君，故特标出刚字。刚阳施而坤阴受，阴阳之大义也。论位则上君下民，论理则阳君阴民。刚而在下，本非君位，故不曰损君，而曰损刚。损益盈虚，与时偕行，是统论其理。见人君奉道治民，必当因时。观《大象》说出惩窒，岂不说减损一边道理，顾谓为剥民乎？虞翻曰中互震春兑秋，故言时。

《象》曰：山下有泽，损，君子以惩忿窒欲（“惩”，郑、陆作“徵”，音止，清也。蜀本作“证”。“窒”，郑、刘作“愤”，止也，孟作“恎”，陆作“瘠”。“欲”，孟作“浴”，一作“慾”）。

不曰泽上有山，而曰山下有泽，山有俯临之义，泽无反润之理，明指恩泽下降而言。若非俭取于民，何由泽之下乎？既曰惩窒，则必非重征暴敛，穷奢极欲而剥民者矣。来氏谓损泽益山，是未察损刚与有时之义也。且山已高矣，何待益？泽已深矣，何待损？如但执上下而言，不察刚柔君民之义，则兑柔矣，何为损刚？山刚矣，何为益柔？今曰惩窒，则非自奉之私。中爻坤土，下据乾为兑悦，故惩忿。悦，忿之反也。乾三上据坤，成艮止，故窒欲。窒，止之义也。

初九，已事，遄往（“已”，一作“以”。虞作“祀事”，坤为事。“祀”，旧作“已”也。荀作“颛往”）**，无咎，酌损之。**

下三爻皆自损者，上二爻皆受益者。本卦损刚益柔，则初当益四。已事，把当自己事做也。旧说已音以，止也，谓自辍所为而速往，皆损己以益人也。然损刚益柔有时，不可贸然以往，必斟酌以损之乃可。悦动，遄象。变坎，酌象。此居损初，即首事者为之既豫，惧其过当，故曰酌损之。

《象》曰：已事遄往，尚合志也（马作“上合”）。

尚同上，指四也。变坎故言志，阴阳正应故易合。四欲损疾，而初遄往，合其志矣。

九二，利贞，征凶，弗损益之。

震为征，兑毁折，征而毁折，上应止爻，故征凶。象离伏坎故言志。九二刚中，志在自守，不肯妄进，故利在贞。不守刚中之德而有所往，则凶。凶者由兑悦变震动，以悦而动，以容悦其上，流为不中不正，故凶。弗损者，弗损其刚中之德，即贞也，即不往也。益即利也。

《象》曰：九二利贞，中以为志也。

德以中为美，志定则守定，守定故以不损为益。

六三，三人行，则损一人。一人行，则得其友。

行，震象。坤，众象，故称友。乾为人，三即卦之三爻，得友即得朋。三人行而损一人，谓一阳既上，下止二阳，其一阳损而为阴也。一人行而得其友，谓一阳上而一阴下，兑爻虽阴，却得阳以为应也。

此爻与上，乃损卦中往来动用之主爻，损卦得名，正在此爻。三人行则损一人，是说方成卦时，乾坤相合摩荡之妙。一人行则得其友，是已成损卦时，说相应之妙。卦见震艮两象，损益即得丧，人与友即朋也。此之言行，即如诸《彖》言往来上下，为动用之主爻言耳。盖谓即下乾而论，止九三变去一爻，而馀爻不变，故曰损一人。《周易》贵阳之有为，故止论阳爻。若兼论动用之两主，不独阳上得阴以为友，即阴下亦得阳以为友，故曰得其友。旧因两而致一，遂谓初二两阳相与，四五两阴相与，不知两之一字原兼阴阳，故有天地男女之说，其细缊构精，则皆谓阴阳两而致一也。张子曰"不有两，则无一"是也。观损益二卦所损所益，全说阳爻，则《周易》贵阳可知。

《象》曰：一人行，三则疑也。

一人行，得友而成两，则阴阳配合而专一，若三则杂乱而疑矣。《易》之言应，两而止矣。绎曰目两以视一而明，足两以布一而行。

六四，损其疾，使遄有喜，无咎。

离伏坎，四变互坎，坎为心病，疾象。四初相应，四赖初刚，益己而损疾，则初之应乎四也。四既获初遄往之益，亦能使遄往者有喜，此四之应乎初也，皆《系传》两而致一之妙也。兑为悦体，故有喜。阴阳相得，何咎之有？一曰有喜，即谓损疾。盖应四而使疾损，故初之遄往者有喜。

《象》曰：损其疾，亦可喜也。

四得初以损疾，故可喜。初能损己益四，亦可喜也。

六五，或益之十朋之龟，弗克违，元吉。

大象离，龟象。坤土，故言十。爻比上阳，坤以阳为朋也。两龟为一朋，十朋之龟，大宝也。或者，不期而至也。此爻柔顺中正，得二阳以为应，虽可得益，然用一或字，则不专指应也。本卦原以损三益上得名，而此爻最与上近，是得益最亲最多者，故曰或益之。龟固外阳者也，观《小象》自上佑也可知矣。因在应外，更逾于两而致一之说。故用一或字，益四往益初六，则亲被其益，唯二最多，故其辞同。弗违者，盖言比也。

《象》曰：六五元吉，自上祐也（徐作“佑”）。

卦本坤体，得益以阳而成艮，然得益者止四五，而五更比上，故曰自上祐。与大有天祐，旅上逮同，皆以中阴而乘阳也。

上九，弗损益之，无咎，贞吉，利有攸往，得臣无家。

二弗损益之，益上也。上弗损益之，自益也。居损之极，独受其益，又损极将反，不待损而自益也。不待损而自益，无伤于人，何咎之有？正而吉之道也。利有攸往，与悦应而见震也。五止益以十朋，此曰得臣无家，明此为主爻，即君爻也。益初亦为益主，得告公从者为应，即此得臣也。艮象庐，故曰家。艮家变坤臣，故曰得臣无家。师上由坤变艮，曰承家，家象见也。此由艮变坤曰无家，家象隐也。无家即公尔忘私，谓应之损也。

《象》曰：弗损益之，大得志也。

不待损而自益，其志大得可知。大谓阳，得志谓三阴，顺承而有应，与比五泰三同，皆谓阴顺阳也。

益

䷩震下巽上

以上卦乾初之阳，益下卦坤初之阴，故名益。损益之上下皆论阳爻，阳动而有为也。益从水，在器皿而益，后加水作溢耳。

益，利有攸往，利涉大川。

下动而上巽，雷动风行，有何阻滞？故利往。震巽皆木，大象离中虚，木而中虚，舟象，故利涉大川。利往，处常。利涉，济变也。观于损下为损，益下为益，则下之不宜损可知，谓剥民者当乎？

《彖》曰：益，损上益下，民说无疆。自上下下，其道大光。利有攸往，中正有庆。利涉大川，木道乃行。益动而巽，日进无疆。天施地生，其益无方。凡益之道，与时偕行。

损上乾而为巽，益下坤而为震。民，坤象，无疆亦坤象。艮伏兑，悦象。阴以得阳为说，此益在民也。自上下下，由朝廷遍及之象

也。乾为大明，以乾照坤，其道大光。乾称大，大象。离互艮①，故光。道者，君所奉以损益者也，此言益在君也。损之损刚，谓为益上，亦此义也。损益皆损乾益坤，特益处常而损处变，故损曰有时，则有时不然矣。益曰日进无疆，则不可以时限矣。益本损上，而君仍获益，所以名益。五本中正，二又应以中正，是君得其臣，故利有攸往。大象离伏坎，大川象。行，震象。震巽，木也。上风下木而中虚，仗水而行，故云木道乃行。动则奋往，巽则顺入，故日进而不可以时限，无疆而不可以地限也。日谓离，进谓巽，无疆谓坤，学问如是，君之恩泽亦如是，此二句言人事之益。天施者，乾阳来初而为震。地生者，坤阴上四而为巽。乾施则天道下济而资始，坤升则地道上行而资生。所以品物咸亨，而其益无方。此二句言天道之益，宜损宜益各有时，故与时偕行。

《象》曰：风雷益，君子以见善则迁，有过则改。

风雷之势交相助益，风雷阴阳之始，见善有过皆自初几言也。善迁者，复初之几。改过者，巽入之能。皆益道也。

初九，利用为大作，元吉无咎（侯果曰“大作，谓耕植也”）。

大作，厚事也，如迁国之类是也。阳称大，震为作。元吉无咎者，复初之爻，美辞非戒辞也。若云其所大作，必至大善，乃始无咎，则大吉之吉究何所指，又必何如之吉乃始无咎也。正因此为初六，是下民卑贱之象。今得上乾益而为震，实为震主。阳刚震动，大作之利何待言乎？《象》曰下不厚事，特添下字于上，止②因位卑，本非厚事之位，而震动有为，却由益下而来，实为震主。益卦之益全在此爻，恐其不知大作之利，故策之。况与坤之初阴相比，已不若四之近君可以有为，故特以下字明之。虞翻以耕播取诸益者为大作。集曰下民愚贱，彼不能自厚于所事，非阳刚自上来，大作而为之所，下何赖焉？此解亦得益下之义。

① “艮”，库本作“根”。

② “止”，库本作“正”。

《象》曰:元吉无咎,下不厚事也。

下谓坤初,位卑柔顺,何能厚事?益以刚明震动之阳,又为益主,正宜有为,不可安于常分,此与损三益上同义。但彼为损卦,则说在阴爻。此为益卦,则说在阳爻。皆损益之主爻也。

六二,或益之十朋之龟,弗克违,永贞吉,王用亨(一曰"亨"即"享"字)①**于帝,吉。**

二本应五,然益之得名,实因初阳由乾益坤。因为益主,乃二独乘而比之,故曰或益之,谓出应外也。初坤获乾阳之益,此独比而最亲,故弗克违。永贞吉者,阴居阴位而得中也。王谓五,以阴应阳,得中而顺以承之,故为王用。帝谓震初,亨通也。既顺承而应五,又得益于初阳,若王用之以通于帝者然也。王用者,有应也。亨帝者,或益之也。前三句以物理言爻德,亨帝句以人事言,为前三句之象也。

《象》曰:或益之,自外来也。

自外来谓所乘之阳来自外乾,下益坤初,二独得而比之,见出于正应之外也,即爻②辞王用之义。诸卦皆以乾坤为体,其动用为主之爻,莫非自外来者。

六三,益之,用凶事,无咎。有孚中行,告公用圭(王肃作"用桓圭")。

凶事与损四之疾同,互坤变坎也,复得初阳则无疾矣。此爻变坎,动极而陷,又处穷极多凶之地,与损上之阴相比,故称凶事,谓艰难险阻利害忧患之所聚也。人当此时,困心衡虑,可以动心忍性,增益不能,则虽凶事,实所以益之,故既以为益矣,而又以为无咎。有孚中行者,言当诚信为主,以行其中道,此教以处凶事之道也。告公者,不敢自专,坤顺故也。此卦下主初阳,上主四阴,三去初远,而比近四阴。四,公位也。用圭,即诚也,有孚之象也。见得资六四之自

① "一曰"亨"即"享"字",库本无。

② "爻",库本作"卦"。

损，亦因以获初阳之益也。圭，合信者也。

《象》曰：益用凶事，固有之也。

单释凶事一句，可知下文皆一义矣。固有，明与或益者殊也。二有外来之益，故曰或益之。三守固有之益，故曰益之。

六四，中行告公从，利用为依迁国。

行即损三之行，中行谓自初而上于四，与三人行损一人同义。告公从，即得友之义。初阳本居四之公位，今为益下而之初，俨若商于四而四告之者，故曰公从。因益之主爻实在初四，故为此象。迁国即在公从二字中，与损卦得友之行同义，非有他义也。三四在一卦之中，故曰中。三之行，震也。四之行，应震也。从者，巽坤之顺也。中行告公从，若四以中行之道告乾四，而乾四遂从之也。可知益卦专主初四，而四又主初也。互坤，国象。四当内外往来之交，又得乾四下益之位，故有迁象。五六皆阳而坤阴顺比，故又有从象依象。此正损三，与得臣无家相应之爻，故有告公从象。告公则不自用不自专矣。

《象》曰：告公从，以益志也。

坤巽皆顺，阴柔非有为之才，故但曰志，告公义自在其中。

九五，有孚惠心，勿问元吉，有孚惠我德。

坎离中正之爻，故曰孚曰心。以乾益坤天道无妄，五适居中，则惠心之诚可知。巽为命，艮伏兑为口，皆告问象，故三四五皆言告。艮止掩兑，勿问象。豫四之勿疑，互坎逢艮也。三之告，坤顺也。四之告，下益之乾初为卦主也。五之勿问，君之中德，出于诚然也。今益下而下顺承之，是下民诚信，皆以我德为之惠矣，所以元吉。然曰我德，则非止财利之益矣。

《象》曰：有孚惠心，勿问之矣。惠我德，大得志也。

阴爻不克自主，皆曰告公。四巽主而亦曰告，为卦重益下，而四居震初下益之位，故告而曰公。又以为从，重阳之有为也。九居五则有益下之权，居中则怀益下之心。此心诚然，何待问乎？乃震四下益为初，实行也，故曰行。九五居中，无迹可见，故既曰惠心，又以

为所惠者我德,又以为大得志,若公之能益,为五所驱使耳。四益志而此大得志者,四之益下是告公从,犹然资人以益也。曰益志,则非我之行矣。五大得志是益下之志,出于自心,故以为我德,又以为大得志,见顺而承者悉被其惠,匪他人之德也。

上九,莫益之,或击之,立心勿恒,凶。

穷极将反,又系上损之爻,故曰莫益。盖益下之乾为初,故利用大作。五居尊位,凡有所益,皆其驱使,故曰惠心,又曰得志。上亦乾爻,既不下益,则无能益之行。又不居中,则无益人之心,故莫益。互艮手,变坎盗,大象离,为戈兵,盗持戈兵,与动极之爻相应,击象。蒙上之击亦艮爻而大象离也。击者,德不下益,而人多侮耳。或者,外来之词,作求益不已说,与勿恒左矣。勿恒,即穷极将反也。来氏谓损之言时,非常道也。益之日进无疆,所贵在恒,不恒则不能益而不已,故凶。勿恒者,巽进退不果也。

《象》曰:莫益之,偏辞也(虞、卢、孟、侯俱作“遍辞”,周布也)。**或击之,自外来也。**

益下者乾,上无益下之行,又鲜居中之志,故曰偏辞,见未得益人之正道也。或者谓出意外,与六二同,但分吉凶耳。偏作周布说,亦属①有理。

夬

䷪乾下兑上

夬,决也,阳决阴也。三月之卦,五阳盛长,一阴将消,决象。水在天上,势必及下,亦决象。

夬,扬于王庭,孚号有厉。告自邑,不利即戎,利有攸往。

阴居上极,王象。伏艮门阙,庭象。乾实称孚,兑为口,号象。阴居亢悔之位,厉象。乾伏坤邑,兑口,告象。利有攸往,壮阳升进之象。扬于王庭,阴爻居上,志得意满象。旧说以孚号为正名其罪,

① “属”,库本作“似”。

与即戎何异？来氏以孚号为呼三而与之孚。众阳同志决阴，安得止谓呼三？当知孚者，乾阳自具之德。一阴据势崇高，扬扬王庭，众阳在下而上奉一阴，故宜志得意满也。《彖》曰柔乘五刚，不曰刚承一柔，则向解作号而扬于王庭，期与众君子同力合德，未尽厥旨，观夬而和可知矣。夬，乾德，和，兑也。利有攸往，乾德也。煦按此与剥上同主上爻，剥之硕果得舆，为一阳临下众阴，即此之扬庭孚号也。此谓一阴骄下众阳，即剥之硕果得舆也。孚者，阴阳相契之理也。剥之剥庐谓处穷极之位，将变去而为阴。此之有厉谓处穷极之位，将决去而为阳。告自邑，不利即戎者，乾阳上升有至健之性，阴爻俭啬无远大之器，唯与同体之二阳悦而受之。同体故曰自邑，兑故曰告，悦故曰不利即戎也。利有攸往，乾德也。当与剥卦参看，详具《函书》。然细玩《周易》卦爻，全以贵阳为义，则夬与剥不必同论，亦其义分当尔。且所贵在阳，贵其有为者耳。故剥上之阳则以仅存为义，而非诸阴之所能剥，阴柔静而无为者也。夬上之阴则群阳上进而夬之，阳流行不息，升进不已而有为者也。故诸阳之在爻，无论应与不应皆以决阴为义，此又不可不知者也。

《彖》曰：夬，决也，刚决柔也。健而说，决而和。扬于王庭，柔乘五刚也。孚号有厉，其危乃光也。告自邑，不利即戎，所尚乃穷也。利有攸往，刚长乃终也。

乾刚进，兑柔退，故曰刚决柔。乾健兑说，德也。决，健之用。和，说之用也。在事上见，卦止一阴，本宜主阴，因处穷极将返之地，故言决柔，俨若主阳者。亦如益五，得中得位，因以德惠归之者然也。阳德动而有为，故《周易》贵阳。论位则居上者胜，论理则壮进者强。《易》不书刚承柔，而书柔乘刚，志变也。以下决上，厉矣。号而孚，其危乃光，乾德大明也。告自邑，不利即戎，内结诸同人，不待外用其威武，盖阳性健行而上往，则孤阴自然退去，何待攻发哉？故曰所尚乃穷。尚谓阳，穷谓阴也。刚长乃终，即所尚乃穷。复曰刚长，夬彖刚长乃终，爻曰终有凶，为阴言也。煦按有厉而其危乃光，皆取兑象，上爻说和是也。告自邑不利即戎，为兑上言也，故曰所尚

乃穷。利有攸往，为乾言也，故曰刚长乃终。

《象》曰：泽上于天，夬。君子以施禄及下，居德则忌。

水泽高出天上，必将下究。夬当三月，正季春布德行惠时。天君象，禄泽象，德则泽之施也。居，施之反也，艮伏故也。

初九，壮于前趾（荀作“止”）**，往不胜，为咎。**

卦由大壮升至五阳，故与九三皆言壮。初震爻，足象。阳前阴后，阳故言前，谓往决也。初，始事之爻，故曰前。变巽决躁，故曰壮于前趾，又曰往也。前趾只言始事，往则究其终也，非重也。居下无应，恃强躁进，故有此象。不胜者，未与阴遇，与应阳均力故也。凡咎皆背理者也，以阳决阴，非背于理，但不量力，不能胜耳，故止以不胜为咎。毛伯玉曰：胜在往前，兵法也，必往之道也。往不胜为咎，远虑也，所以戒其善往也。

《象》曰：不胜而往，咎也。

不胜则不必往，往斯为咎。往者震，不胜者与应同刚，与上无涉也。

九二，惕号（翟元、荀爽作“锡号”）**，莫夜有戎**（郑本：“莫”如字，无也。无夜，非一夜也）**，勿恤。**

变离伏坎加忧，惕象。上见兑口，变巽为命，皆号象。变离日，在泽下，莫夜象。离戈兵，伏坎盗，莫夜有戎象。二不言夬，且有外侵之虞，居中故也。中居则无前往之义。复休复，否休否，皆中居也。二唯一号字，有决阴之意，然亦徒存其志耳。莫夜，幽暗象。有戎，患害象，即隐忧之说。言惕又言勿恤者，惕号为本爻主象，下象以人事，皆惕号所寓之义。言能忧惕呼号以自戒备，则思虑周，而党与众虽有隐微不测之祸，亦可无患。

《象》曰：有戎勿恤，得中道也。

得中则不恃其刚，而能惕号。不忘戒备，故有戎勿恤。

九三，壮于頄（音逵，郑作“頯”，夹面也。蜀才作“仇”）**，有凶。君子夬夬，独行遇雨，若濡有愠，无咎。**

頄，面颧。三居下乾之末，上应兑口，颧近口，口柔而颧刚，故象颧。壮于頄，言应阴也。剥三以阴应阳则善，此以阳应阴故凶。君

子，乾三也。夬夬，决之又决，去夫情累，决之不疑也。与乾乾坎坎同，皆上下相接之际也。壮頄有凶，据应而言。君子夬夬，乾阳本德也。此上为主象，下则象以人事。独行遇雨若濡，六字一义，谓应阴也。他爻不与阴应，而此爻应之，故云独行。兑为泽，雨象。遇言应也。乾阳应兑，则为雨所濡矣，此即壮頄之凶象。愠者，乾三之惕厉也。见君子偶与小人相值，毕竟自心有许多不快。比诸乾德粹精，常若濡者，故云然也。无咎亦乾三所本有，此又君子夬夬之象，此与壮三皆有不中之失，又有乾刚得正之美，故兼二义。

《象》曰：君子夬夬，终无咎也。

以终无咎释夬夬，便可知有愠无咎，即君子夬夬之义。遗却有愠者，凡人之行于外而有失者为过，自人责之则为尤，自心觉之斯为咎，故无咎二字即从有愠出也，夬夬即有愠之事。

九四，臀无肤，其行次且（古一作“趑趄”。马、郑同。古又作“趀雎”，或作“欧跙”），**牵羊悔亡，闻言不信**（“臀”，徒登切。“次”，七私切。“且”，七馀切）。

人腹中之物皆出于臀。变坎为沟渎，臀象。《易》中言臀皆坎也，观姤三困初可知。乾与兑先天相比，故称肤。变坎不比，故无肤，说详噬嗑。坎臀兑毁，亦无肤。次且，与趑趄同，行不进也。唯臀无肤，故行不进。足爻而当兑毁坎陷也。兑覆巽伏艮，巽绳艮手，牵象。壮三之羊，中爻兑也。六五丧羊，兑变乾也。夬羊亦谓兑。兑主阴，谓上六也。卦以决阴为义，只因此爻已离下乾，而与兑主会为一卦。壮阳本有决阴之势，却成悦体，又在兑后，犹未至于用决，故为牵羊之象。牵者，羊性护前，让而先之，而牵制其后。往逸则绳约之，欲止则鞭策之。阳顺之而阴制之，此驾驭之法也。悔亡者，无逸去之悔也。兑口为言，变坎为耳痛，变坎则情险性健，乃傲物也。故闻言不信，是则无肤次且者。变坎而值兑毁，离健阳而当说体，本爻之时位也。牵羊悔亡对主爻而言，与壮三触藩同义。牵之虽可制羊，已亦因有所牵，而不得自遂，其行次且之义亦在其中。悔亡云者，离乾而为悦，惧其和于阴，今既牵矣，故悔可亡也。闻言不信与

上两象同义,为变坎而当兑毁耳,全是决而不决之象。

《象》曰:其行次且,位不当也。闻言不信,聪不明也(《杨易》谓"聪,古听字")。

震足而值兑毁坎陷,故位不当。聪,听也,谓听之不能明其理也。爻变坎离,离在坎下,变坎,聪象。坎水淹离火,不明象。

九五,苋陆夬夬(古一作"莞"),**中行无咎。**

荀作两物,曰苋菜,曰商陆。孟喜,苋,山羊。《说文》山羊细角。项氏谓陆为羊行之路。集曰苋,藜也,即今灰苋。按苋陆,今马齿苋也。质柔而曝之难干,是感阴气多者。苋生于三月,故三月之卦象之。亦如姤取瓜象,五月所生也。地之高平曰陆。上六阴柔,乃在九五之上,非所宜生而生,故取高平之陆而生苋者以象之。全是位尊比阴,而又居中之象。诸爻皆远阴,此独同体而近,则染阴深矣。比近则惧其夬之不勇,故以夬夬励之,亦如三之应阴而励以君子也。凡中皆不前不后,静而居处之象。居中则惧其不勇,故策之,而又以为行无咎也。夬阴在上,则夬者不可不和,故又曰中行无咎。

《象》曰:中行无咎,中未光也。

夬阴则宜前进,所贵在行。今犹中处,上为一阴所蒙,故未光,若行则无咎矣。

上六,无号,终有凶。

夬终穷极,三应夬夬,则应我者不可号。五比夬夬,则扬于王庭不可号。党类既尽,孤立无与,故终必有凶。

《象》曰:无号之凶,终不可长也。

终必为阳所决,不可长居其位也。

煦《函书》既成后,屡经更定,而剥夬两卦,终疑非《周易》本旨。盖缘先儒解释剥卦,咸谓众阴剥上一阳,果尔则五之一爻比阳而近,宜剥莫如此爻,何为有贯鱼以宫人宠之词也?其不剥上也明矣。六三有应,而曰失上下,见此爻得上阳之助,深资其力,则与二四之不应不比者绝不相侔,故爻词以为无咎,仍是止剥三阳,非剥上也。其它爻与上无比无应,而皆言剥者,止是各剥本位之伏阳,非剥上也。

若非上阳独存，竟成纯坤，安得云剥？当知天地之理，无过阴阳动静升降消长而已。《易卦》与天地合德，其阴阳之升降莫不如是。剥由乾来，阴长之卦也。夬由坤来，阳升之卦也。阴阳之理，阳刚而阴柔，其定体也。阳君而阴民，其定分也。阳外而阴内，其定位也。阳上而阴下，其定性也。阳动而阴静，阳明而阴暗，阳升而阴降，阳贵而阴贱，其定理也。剥之为剥，初剥初阳，二剥二阳者也。故初二四与上无比无应，而皆得言剥，各剥其本位之阳也。与上相应者，偏得其助，故以为失上下。五与上比，则阴阳得类。故词系以宫人宠，明阴之承顺乎阳，而阳之不我拒也。上阳而五阴，阳君也。阴而居五，故象之为后。阴静而中处，上见庐舍之艮，故象之为宫。夬之为夬，亦初夬初阴，二夬二阴者也。阳德彰明，本宜外见，故剥于初二四皆言剥，而夬不言夬者，阳得其位也。其剥之三五皆能得阳以为助，故其词若有幸焉。至夬之三五，而皆云夬夬，何也？其一夬，则各夬本位之阴也。三之重夬与上应而夬上也，五之重夬与上比而夬上也。剥之三五不剥上，而夬之三五偏欲夬上者，阴顺而止者也，阳健行而不止者也。又以见贵阳贱阴之义也。剥取杀牲解体之名，三言剥床，即杀牲之器也。剥也者，自外而揭去之称也。阳本宜外，今揭而去之，若杀牲者揭去皮肤，而止存脂肉者然也，故名剥。夬，决也。决也者，向下而深入之词也。夬由坤来，阴本宜在下，今阳复其位而据之，若决阴而深入之者然也，故名夬。剥之五，夬之上，皆阴也。剥五中而不外，故象宫。上本尊位，一阴蹲踞于众君子之上，故象王庭。明此为阳君之位，非阴所宜有，不主阴之义也。阴宜静伏，今居上而显，故以为扬。上居穷极将返之地，众阳之升性必不能止，所以有无号之凶。夬之上阴终必为阳所夬，故其词危。剥之上阳必不为阴所剥，故曰硕果不食。硕大果实皆言阳，不食则言存也。其曰君子得舆，谓上阳据下五阴，坤为舆也。上处穷极将返之地，而阳之进退实得自由，故下曰小人剥庐，虽指变后说，若阳之自退云耳。予于《函书》，盖五十馀年于兹矣。其《约注》，雍正七年八月亦已刊成，至

冬月①对正讹字,始悟夬剥两卦其所以相同,与所以不相同之故,乃始释然。圣人韦编三绝,厥有由哉。②

姤

☴☰巽下乾上

姤,遇也,五月之卦,阴与阳遇也。此缝卦之一,故孔子亦言遇。

姤(古作"遘",郑玄同。冯椅、王洙改作"姤"),**女壮,勿用取女**(《释文》作"娶",无"女"字,《象》同)。

女,巽。壮,乾也。一阴而遇五阳,勿用取女,以其德不贞,决不能从一而终。夫一阴亦微矣,而圣人云然,防其渐也。然阳至四乃壮,理念微也。阴初即壮,欲念危也。壮,长也。六子莫长于震巽,乃雷必壮于天上,风必壮于天下。盖雷愈高则愈威,风愈低则愈猛,故冬风必低。

《彖》曰:姤,遇也,柔遇刚也。勿用取女(郭京作"女壮,勿用取女",谓脱"女壮"字),**不可与长也。天地相遇,品物咸章也。刚遇中正,天下大行也。姤之时义大矣哉。**

巽遇乾刚,一阴而遇五刚,皆遇也。取妻非朝夕之事,故曰夫妇之道,不可以不久。不可与长,言以柔遇刚,必不能自主,而其德不贞,不能从一而终也。卦辞女壮,在乾巽合体上取义。不可与长,在以柔遇刚上取义。刚阳柔阴,刚天柔地,品物二句即天地而说相遇之理,中正二句即人事而说相遇之理,皆即象而推广之也。天地交泰有时,而品物咸章,则遇后之妙也。刚不尽遇中正,而天下大行,则遇中正之妙也。咸章与坤之咸亨同义,第亨字说方生,章字说既生而盛耳。九五中正,九二得中,以五遇二,君臣各正其位,同心一德,故能使其道大行,而化行俗美也。天时人事遇之各有其时,故曰时之义大也。此姤字只作遇字说。

---

① "冬月",库本作"十二月十三日"。

② 此节位置两本略有不同,此据堂本。

一说以时命之适然为时义之大，则是以遇为无可奈何之事，岂圣人立教之旨？

《象》曰：天下有风，姤。后以施命诰四方（“命”，鲁恭传作“令”。“诰”，郑、王作“诘”，正也）。

女壮一象，遇一象，施命一象，皆主巽阴，兼上卦而言。巽主阴，故称后。乾为君，又主施。巽为命，诰象。命，令也。诰，告也。风行天下，无物不遇，姤象。后施命于天下，与民亦相遇也。

初六，系于金柅（子夏作“鈮”，苍颉作“檷”，晁以道曰：苍颉作“柎”，王肃作“柅”，蜀才作“尼”，《杨易》作“秾”），**贞吉。有攸往，见凶。羸豕孚蹢躅**（古作“蹢躅”，一作“掷躅”，一作“躝”，李茂卿作“彳亍”，“柅”音“拟”。“蹢”音“的”。“躅”，直六切）。

此爻皆阴系于阳，相得之象。凡在下而附于上则为系，随之二三是也。凡阴附于阳者必固，故此曰系，而遁二曰执。马季常谓柅在车，以金为之，所以止轮，后人从之。谓一阴始生，静正则吉，往进则凶，故以二义戒小人。因以羸豕句作不能系说。谓蹢躅为进，此主教君子言也。荀爽曰柅，络丝籆之柄也。来氏从之，谓籆孔用金，巽为木，柅象。又为绳，系象。变乾，金象，言系之固也。贞吉者，言系于金柅，前无所往，则正而吉。若前有所往，必至他姤，则见凶矣。因巽进退而躁，故且系且往。又以蹢躅为不肯前进，则非贞吉之旨。宋衷曰，羸大索，所以系豕也。巽为股，又为进退，股而进退，则蹢躅也。初本应四，为二所据，不得从应，故不安。体巽为风，动摇之貌，此以羸豕句作虽系而不安之象。三说当以宋衷为正。凡阴皆有资于阳，其有善不善，则因卦而异，不可概以君子小人言也。此爻应四比二，四为正应，宜其系之极固，今既为二所据，故四曰无鱼。阴柔无为，适比于二，为二所据，故二遂有鱼。然四正二不正，故教之以系于四，如金柅之固，乃正而吉。若往而之二，则立见其凶。蹢躅者，往来不安之象。此句见阴之无为，虽系而不能自主，兼贞与往之两义而象之。见小豕之与大豕，虽相孚信，不能暂离，却常跳跃而不安，此与屯初同义。屯二与五为正应，屯二之婚媾，即此之系也。屯

二比初,其寇盗不字,即此之往见凶也。然屯初比阳,阳具有为之才,故十年乃字,终必合也。姤二以阳据阴,阴实无为,又居初不正,虽系正应而为二所据,将必摇动,不能自固,故有有鱼无鱼之分。《小象》所由曰柔道牵也,则唯以系而不往为正耳,若往则凶矣。巽木遇乾金,亦往而见凶象。

《象》曰:系于金柅,柔道牵也。

不曰为刚所牵,而曰柔道牵,病在柔也。故教之以守正,而又戒之以勿往,孚字便是牵字之故,总为阴柔不能自主耳。但释金柅句,不释羸豕句,可知上下文原是一义。

九二,包有鱼(“包”,古作“庖”,荀作“胞”,虞作“苞”)**,无咎,不利宾。**

物在内而外裹之为包。初为内,上为外,蒙泰皆然。鱼阴物又美,巽象,剥变巽曰鱼,井巽曰鲋,皆以巽为少女,取象于阴物之美者,言二缠绵包裹初阴,犹包鱼也。自二阳以后,诸阳皆以得阴为美,特亲则有而疏则无耳。阴阳相遇,刚柔相得,何咎之有?有也者,阴之实也。宾谓众人,自主人身外,皆宾也,诸阳之概辞也。不利宾即下有鱼之说。

《象》曰:包有鱼,义不及宾也。

初为二包,则二为主。他阳安得而有之,定分故言义。

九三,臀无肤,其行次且,厉,无大咎。

变坎故言臀,乾与兑巽皆相亲,故夬姤皆言肤。夬兑变坎,姤巽变坎,皆不亲,故皆无肤。次且者,巽伏震足而逢坎陷也。卦止一阴,唯二得而有之,故此言无肤。肤在外者也,与无鱼同,皆不与阴接之象。次且,亦阴柔在下之象,既无所遇,则无阴邪之伤,故虽危厉而无大咎。厉者,乾三之位也。筌曰坐则臀在下,故困系初,行则臀在中,故夬姤系三四。

《象》曰:其行次且,行未牵也。

阴以附阳为美,当遇之时,初与四应,二实比之,虽有系应之诚,而不克自由,皆阴柔之故,故曰柔道牵。三与初,不应不比,阴之孚

信，不为我牵，故不免于其行次且也。

九四，包无鱼（王弼、郭京作“失鱼”）**，起凶。**

三不言包而四言包，四为正应，本宜有鱼者。二既有之，三且未牵，四虽宜有而亦无矣。若据正应之理，起与二争，则必凶。起凶犹起衅，乾之初也。

《象》曰：无鱼之凶，远民也。

以阴为民，对乾君言也。远民即无鱼，中隔二三，故曰远。

九五，以杞包瓜（子夏作“匏瓜”）**，含章，有陨自天。**

杞，枸杞，杞与瓜皆五月所有。乾为圆，瓜果象。此爻之包，外卦包内卦也。瓜之美在中，而外为肤。初在内卦之中，为巽二所包，二阳圆于外，故象瓜之肤。然五阳又包于巽外，故象包瓜。杞者，应巽木也。以杞包瓜，言虽包而仍不与瓜实近也，是尚隔一层之说。含章者藏其章美，即以杞包瓜之义。爻变离，有文明之象，故言章。巽为命，乾为天，有陨自天，谓此爻居天之尊位，其下皆其所包，故虽与初不应不比，若巽命自天降下者也。自天对初之极下而言，言远而疏，大而普耳，故以杞包瓜，与含章之义皆在其中。

《象》曰：九五含章，中正也。有陨自天，志不舍命也。

专释含章，不释包瓜，则含章以下皆与包瓜同象可知。中则无所不包，中正见二五之相应，而二中所包之美皆不能与五无涉，虽释含章而包瓜在其中矣。巽为命，阴为民，不舍命即念念不忘斯民。见五与初阴非无涉耳，只因五贵而初贱，阳尊而阴卑，乃上阳系念于下阴，故有有陨自天之象。命字本天字来，在天则为天命，在人则为命令。复初曰天心，言其肆应不穷，是阳之用也。姤初曰命，言其变化各正，是阴之用也。志由中发者也，姤卦主阴，五阳皆欲包之，然为二所据，正应犹且无鱼。故五之陨自天，志不舍，皆自阳之包阴而言，未有初阴应五之旨。

上九，姤其角，吝，无咎。

刚而在上故象角，刚上无位，不遇乎初，故有此象，吝道也。然

无阴邪之伤,亦无咎。

《象》曰:姤其角,上穷吝也。

高亢在上而绝物无与,穷于所遇,宜有吝也。夬之趾角,兑羊也。此之臀肤角,虽自夬来,亦变兑也。

萃

☷☱坤下兑上

萃,聚也。水润其地,万物群聚而生也。又上悦下顺,五刚中应二柔中,萃之由也。萃古作䒸,米古卒字,小篆改米作萃。《说文》:从草,卒声。卒,衣之成也。《子虚赋》:翕呷萃蔡。《吴都赋》:棣轟森萃。

萃亨(马、郑、陆无“亨”字)**,王假有庙,利见大人,亨利贞,用大牲吉,利有攸往。**

互见巽艮,木在宫阙上,庙象。大象坎为隐伏,鬼神象。坎豕兑羊坤牛,大牲象。巽木克坤牛,兑毁折,杀牲象。卦有观象,故盥荐同义。萃则必亨,不亨何由得萃?亨非衍也。萃亨即卦德,以其义尽于此也。假同格,人必凝聚精神,然后可昭格鬼神,此验于幽,为萃亨之象。利见大人,享利贞,此验于明,为萃享之象。大人指中正之五,总由内顺而外悦,则人心极和,故获有亨利贞也。上亨字,卦德之亨。下亨字,见大人之亨。利贞,因正而利也。以上皆萃亨之事。大牲因精诚之聚①而有,此本假庙句来。利有攸往,本大人句来,皆推原未萃之先,以发萃亨之义。盖假庙见大人,止释亨义,而用牲利往,补释萃义也。

《彖》曰:萃,聚也,顺以说,刚中而应,故聚也(古作“故亨也”)。**王假有庙,致孝享也。利见大人亨**(郭京有“利贞”字)**,聚以正也**(荀“聚”作“取”)。**用大牲吉**(荀作“利贞,用大牲吉”,五以正聚阳,故曰“利贞”)**,利有攸往,顺天命也。观其所聚,而天地万物之情可见矣。**

① “聚”,库本作“象”。

地上有泽，水得所聚矣。坤顺兑说，内顺乎外，外悦乎内，彼此之情，聚而通也。五以刚中下交，二以柔中上应，上下之情聚而通也。故聚之聚，当依古作亨字。盖聚字之义，解见卦名。顺悦二句正说亨义耳。致孝享者，尽志以致孝，尽物以致享也。尽志尽物，聚义也。致孝致享，斯感通矣。利见大人单提亨字，而释曰聚以正，可知聚正便是利贞。利贞全是说亨矣。天命者，人物之大始，赋性之本体，发而为情之根柢也。因上文顺说刚中，事神感人，全在性情凝聚流通上说，故此遂从源头说出天命，又特加一顺字，与《中庸》率字同义，全是推所性之真，故下遂说出见情。因性发为情，千岐百径，总属支流，唯到所性之真，是人物从出源头，能于此处凝而聚之，方能致一，孔子所由曰性相近也。不知《周易》为言性之书，然则用牲利往，亦寻常事耳，何遂有天命可言？若但作时命之说，则下文见情岂非无根。用牲，物也。而所以用牲，有聚而通者，不可不察。此即问禘不知，本天本祖之道。利往，事也。而所以利往，有聚而通者，不可不察。此即塞吾体，帅吾性，物与民胞之妙也，皆聚亨奥义也。故下疏之曰顺天命，而又以为见天地万物之情。所聚本天命说，即由用牲利往而推上一层也。坤为顺，巽为命，阳居天位，得中而坤顺于下，故曰顺天命。天地万物之情本同一原，特含而未发，则不可见，若或发而为妄为邪，则又从欲而靡，非顺天命而出也。唯顺天命而出，凝聚于至诚无妄之中，则鬼神同此天命。人同此心，心同此理，故大而天地。阳施阴受，乾始坤生，亦此聚，亦此情也。散为万物，形交气感，声应气求，亦此聚，亦此情也。讵不昭然可见哉？徐子与曰天地万物，高下散殊，咸①则见其情之通，恒则见其情之久，壮则见其情之正，萃则见其情之同。

《象》曰：泽上于地，萃。君子以除戎器，戒不虞（“除”，一作“错”，又作“治”，荀作“虑”）。

① “咸”，库本作“感”。

泽在天上，恩泽也，故以施禄及下。泽在地上，川泽也，水之所聚，故象萃。除者，修治备具也。戒，备也。虞，度也。谓备之以防不可虞度也。水洁清之物，原具涤除之义，水聚则随水而聚者，不尽洁清，亦当涤除也。卦辞彖辞是说能聚之故，在源头上说。此说既聚以后，在人事上说。源头则说性说情，此时无甚差别，故曰聚而亨，人事则在发而为情之后，不无差别，故曰戒备。众聚必争，故君子除而备之。大象坎，伏离，坎为寇盗，为弓弧，离为弓矢甲胄，巽绳艮手，有除治戎器之象。戒备，隐存养省察之旨。

初六，有孚不终，乃乱乃萃。若号一握（传民作“渥”，郑、陆、蜀本作“屋”）**，为笑，勿恤，往无咎。**

大象坎称孚，与四正应，相孚信也。不终者，初也。但云初，故知不终，比初有孚盈缶，由后而溯前，故知始终之不二。萃初不终，由前而逆后，若初犯之说。讼初之不永，亦同此义。下曰若号一握，皆未然之计耳。互巽进退，坤为终，变震不成为坤，有孚不终之象。坤为迷，乱象。为众，萃象。与坤阴迷乱者丛聚，故曰乃乱乃萃。兑口，号象。初为一数，与互艮相应，握象。兑为说，变震笑言，笑象。大象坎，为加忧，恤象。初变不成坎，又互艮止，忧止，勿恤象。不终而乱，是与群阴萃聚时，爻未变也。若号以下是与正应相聚时，爻已变也。若，如也，言必须如此。先号后笑，谓由坤变震，故下曰往也。正应相萃，阴阳相得，何咎之有？

《象》曰：乃乱乃萃，其志乱也。

志者，心之所之，即情也。凡人之行皆由心之动始，其萃于此而始，其乱于此而始，皆定于初几，故于初爻发之。《彖辞》说天命，又说顺，止是动之初几。此与坤迷同体，故言志乱。

六二，引吉无咎，孚乃利用禴（蜀才作“跃”，刘瓛作“爚”）。

引，开弓也。大象坎，又变坎，坎为弓，引象。凡人射物必专心于物，当物之中，不左不右，方得命中。二中应五中，故取此象。中爻艮手，故初曰握，二曰引。此爻下乘初而上系三，牵引上下以萃于五，故言引则吉无咎也。吉谓得萃于五，无咎谓阴阳得类，此上

为主象。孚谓孚五。利用禴,言薄祭亦可交神,此与五相聚,吉而无咎之象。特补出孚字,以明吉无咎之故耳。坎隐伏,又见艮阙,与观之盥荐同义,故言用禴,此孚五之象也。禴,薄也,夏祭名,爻变成离也。

《象》曰:引吉无咎,中未变也。

孚用之妙全在引吉无咎中,故不释用禴,初曰志乱,中之已变者也。二曰未变,志之不乱者也。未变即孚也。从中字看出,萃卦全在念头方动时说道理,故《象》言顺天命。初言志而此言未变。

六三,萃如嗟如,无攸利。往无咎,小吝。

爻变成咸,咸三亦往吝也。但咸以君子随小人,故可羞。此以阴随阳,故仅小吝。坎加忧,应赍咨之兑口,嗟象。萃如嗟如者,未萃之先,与群阴聚也,亦如初之不终乃乱,二之引然也。萃非所萃,何利之有?往无咎,谓比四顺阳,故象言上巽。阴阳得类,何咎之有?然非正应,故小吝。

《象》曰:往无咎,上巽也。

兑阳在上,故曰上巽。无应故取比。

九四,大吉,无咎。

与随四随有获同。就时位上说,不就理上说。六爻初乱,二引,三嗟,五有悔,六涕洟,惟四不中不正,居多惧之地,独与阴接,三阴顺之,自然相萃,不劳心力,故大吉。说体而众顺,则自心无咎,人亦必无咎之者矣。

《象》曰:大吉无咎,位不当也。

既曰大吉,又曰无咎者,以此居多惧之位,而九阳居之,本应有咎。今位之不当,而获此大吉,故特以无咎明之。

九五,萃有位,无咎,匪孚。元永贞,悔亡。

三阴顺而萃四,五虽居尊不与阴接,是萃而但有其位者。阳刚中正,无愧大君之宜,故可无咎。然阴与四接,而此实隔四,故又有匪孚未能即萃之象。又言若未见信于人,必至有悔,又当修其元善永长贞固之德,不可徒恃有位之权势,而使匪孚者终至于孚,则既有

其位,又感以德,匪孚之悔庶可亡也。萃之为义,阳爻皆可言之,只为远阴,故有匪孚以下之象不可以为分萃。《小象》曰志未光,岂不为徒有位而无德乎?

象曰:萃有位,志未光也。

坎故言志,伏离,明德幽坎中,故未光。与屯五夬五同义,皆兑变震也。盖阴阳相说相比,此未光也。又变震为情动性顺,此未光也。变豫和乐,此未光也。阳与阴聚又说又动,又顺又和乐,安得志之光明?如此则有位无德,言此欲其修德免悔也。观上亦欲下阴之顺,而独据于五,故《小象》以为志未平,与此同义。

上六,赍咨涕洟(虞、李"咨"作"资"),**无咎**("赍"音"咨",又将啼切。"洟"音"夷",又音剃)。

赍,持也,遗也,持以遗之也。坤为财,巽为进,互艮手,持遗象。谓因财物而致孝享也。爻谓以忧愁涕泪之状,赍之以告于神明也。兑口,咨象。又为泽,涕洟象。自鼻出曰涕,自口出曰洟。艮鼻离目,体大过,死象,故云然。阴处萃终,无位无德无应,求萃不得,可惧甚矣。诚能忧危之甚,深惧以图存。至于赍咨涕洟,则危者可平,得安位而免祸,可无咎矣。水润泽其地,万物群聚而生,乃天地生物不测之道,故六爻皆无咎。

《象》曰:赍咨涕洟,未安上也。

不安上者,不以在上之位为安。因顺而萃者,皆在下也。

升

䷭巽下坤上

木生土中,长而益高,升象。巽进坤顺而无阻,升义也。

升(郑玄作"昇")**元亨,用见大人**(古或作"利"),**勿恤,南征吉。**

升,进而上也。此进彼顺,德之升也。木生地中,势之升也,故大亨。见大人南征,即升也。勿恤与吉,即元亨也,通主仕进说。用见者,因六五之用而见之,与六四用字同。大象坎,恤象。入而顺,故勿恤。南征者,来氏、《易溯》《野同录》俱以由巽转坤为南

行，谓后天图二卦皆南也。然有升义，无吉义矣。须知吉字即在南征字中。阴阳之理无过进退，卦爻之气又皆自下而上，凡卦下内而上外，内北而外南，今内巽进而外坤顺，故南征吉。《左传》论复卦以为南行摧阴，是其义也。巽阴始，坤阴盛，阴位定于北，其征也。必南行就阳，阴质本降，既已南征，故谓为升。何况中互震兑，震一阳出庚，兑二阳见丁，再转则为南乾盛满之候，阳气进盛，故吉。用者因阳而见，阳有为也，见大人即人事以释之，南征则论理也。《易》中据互卦而论爻者，睽蹇互坎言时用，泰五互雷泽言归妹，萃三互巽言上巽也。

《彖》曰：柔以时升，巽而顺，刚中而应，是以大亨。用见大人勿恤，有庆也。南征吉，志行也。

柔以时升三句，皆升而元亨之义。巽卦主柔故为柔卦，以时升谓巽之上也。在下则未升之时，故曰以时升。指为综卦则是降而非升，谓自解三升四，亦非主柔之义。或指六五，则六五已上，非以时之谓也。巽而顺据二体言，刚中而应据二五言，皆所以大亨者也。有庆即勿恤也。志行者，大象坎，中爻震也。谓九二之志大行，皆升义也。南征即上进也，故释为志行。筌曰萃刚中在上，其势必萃，升刚中在下，其势必升，故萃以五为大人，升以二为大人。用见者，六五也。上见下，非虚心下士不能，故曰用见。揆曰勿恤者，虑巽柔不果，故掖而进之，即三之无疑也。庆即二之喜，志行即六五①大得志也。

《象》曰：地中生木，升。君子以顺德，积小以高大（王肃作“慎德”，姚作“得”，徐作“以成高大”）。

坤为顺，为积，为小。巽为高。坤，顺之德，即含宏光大，品物咸亨也。坤土生物，积渐而升，由小而大，故君子法其顺德。

初六，允升（《说文》作“𠃬升”）**，大吉。**

允，信也，土德也。初与上卦皆阴土故也。与二阳同德而进，其升进之志合矣。与坤阴同德，亦与顺受之志合，故大吉。

---

① “六五”，库本作“五六”。

《象》曰:允升大吉,上合志也。

虽与四无应,而却与坤顺同德,大畜之三与上同阳,故曰上合志。此与四同阴,故亦曰上合志。

九二,孚乃利用禴,无咎。

与萃二同辞,皆刚中有应也。以诚实感,则应以虚中。以虚中感,则应以诚实故也。变坎故言孚,变见坎艮故言祭祀。有应而升故无咎。不言升者,刚中而应,不待言升也。

《象》曰:九二之孚,有喜也。

有喜者,喜其得升也。诚信之至,君必信任之。中爻兑悦,喜象。

九三,升虚邑。

坤为邑,四邑为邱,四邱为虚,绿荷包饭趁虚人,即此虚也。邑则无所不纳,故言虚。阴爻两开亦虚象。坤具含宏之德,顺受之能,阳性上行,由三而升,如虚邑然,故有此象。

《象》曰:升虚邑,无所疑也。

阳虽升性,前有所阻,则不能无疑。爻变坎,疑象。然却在其后,故曰无疑,坤顺于上,虚以受之故也。

六四,王用亨于岐山(一曰"亨"即"享"字)**,吉,无咎。**

伏乾为王,变震帝,亦王象。王谓五,物两为岐。坤土两拆象,随兑为西,故曰西山。此两拆故曰岐山。亨,通也,与公用亨于天子,王用亨于西山二亨字同,即用见大人之用。言王欲用九二,乃用四通岐山以求之。盖下三爻皆升进之贤,上三爻皆用贤之人,非此一用则初无由允,二无由孚,三无由升矣。四居内外相接之间,动与三接。三艮爻,而比三之二,与三同德,俨若承五之四,通于岐山,故归功于王用,人臣无专主之义也。若但目为亨祀,与升卦何涉?四爻皆言升,而二五独言用,五君二臣,升之最切者也。上顺以求之,下巽而进之,相应如此,故吉而无咎。四为顺体,上奉五而下比三,故为此象。贤非王所尽知,得虚公之臣,用之以通于不一之山,求贤之道自合如是。

《象》曰:王用亨于岐山,顺事也。

如云顺以求贤之事。下比巽人之贤,上藉王之我用①,则顺以求贤之事也。因此辞说在用边,故孔子说出事字。

六五,贞吉,升阶。

五正虚公用贤之王,刚中而应者也。贞者,位之正也。吉者求贤得贤,国之大庆也。升阶指诸贤得所升也。论应虽专指九二,论大公之心,则巽体皆升进之贤。阶,阶级。巽为高,坤为积土,震为升,五位非臣所宜升,故但曰升阶,如言陛下也。

《象》曰:贞吉升阶,大得志也。

大得志即彖辞有庆志行也。

上六,冥升,利于不息之贞。

冥同冥豫,谓升而不知止也。坤为迷,迷极,冥象。不息之贞,天理也。言此不已之心,但可施之于不息之正理则利,他非所利也。冥豫动体,故教之以渝。冥升顺体,故教之以贞。揆曰乾坤至萃、升而终,后此乾坤不复见经矣。

《象》曰:冥升在上,消不富也。

富有之谓大业,谓坤也。坤阴有形可积,故言富。此爻穷极将反,变而从乾,故添在上二字,而以为消不富也。有形者,消而不富。无形者,原无可消,不息之利自不待言。

---

① “我用”,库本作“用我”。

周易函书约注卷十 周易下经四

困

䷮坎下兑上

困，穷也。泽水下漏，枯竭无水，困义也。订曰杂传以通与遇对举，则遇为相抵之象。煦按通亦是着力字，犹去滞去壅之说，非如亨通之通，无阻者也。

困亨，贞大人吉，无咎，有言不信。

困亨二字旧合解，谓身虽困而道亨。夫身之困矣，道乌能亨？亨贞旧亦连解，谓处困能亨，则得其正。说作戒词，皆于理解未透。夫元亨利贞，固一字一义也。观《彖辞》困而不失其所，亨，则亨字一义矣。又曰贞大人吉，则贞字又一义矣。夫唯不亨，然后名困。今日困亨，谓困而求亨也。阴阳迭运，循环不息，若使天人气数镇常滞塞不通，何由名《易》？睽之言同言通，艮之言行，皆此义也。此卦坎陷于内，其困可知。而兑说于外，其中不至大伤，则犹有可亨之理。今困而求亨，其唯守正，又是大人，乃为吉耳。贞谓二五得中，大人阳德，谓二五刚也，故下曰以刚中也。上言不失其所，便指刚中之二五，下言君子，便指阳刚之大人，可知亨非自然之亨，乃言处困之道，合如此耳。无咎即刚中，盖身既困矣，宜为咎之所集，今刚而中，故无咎。兑口言象，坎水而塞其下流，坎为耳痛，有言不信之象，见处坎之险，不可尚兑之口也。盖兑口在外，处穷极之地，非困时所宜，故曰尚口乃穷也。

《彖》曰：困，刚掩也（马作"掩"，虞作"弇"）。**险以说，困而不失其所，亨**（郎顗传引此无"亨"字）。**其唯君子乎**（《杨易》改此句入《文言》，难免割裂矣）？**贞大人吉，以刚中也。有言不信，尚口乃穷也。**

此卦二主，内刚中正而外柔穷亢，故并主刚爻。然坎刚为兑柔所掩，得中之刚俱为柔掩，故名困。险内而说外，险性说情，故云险以说。困，则险之故。不失其所，则说之能，此其所以亨也。所字指刚中。贞，正也，中也。大人有阳德者，刚之谓也。刚而中则能不失其所，故亨。困则宜乎有咎，刚中而不失其所，自无咎。兑口，言也。不信，坎之耳痛也。兑口在上，处穷极之地，故曰尚口乃穷，此明不主兑柔之义。

《象》曰：泽无水，困，君子以致命遂志。

泽水下漏而上枯，故困。致命遂志，皆不失其所之事。命者，志之原。志者，命之发。致命者，穷理尽性，推至于极而达天也。虽有杀身成仁之义，然尽有不必杀身而仁可成者矣。遂志者，孔颜之乐，为不厌诲不倦也。身之困矣，天下事皆无能为。可为者，身心性命中事耳。致命者，坎阳之陷于中。遂志者，兑说之见于外也。

初六，臀困于株木（陆德明作“朱木”）**，入于幽谷，三岁不觌。**

臀，坎象。人之体行则趾在下，坐则臀在下，今在困初，故象臀。困本滞塞不通，故不象行而象坐。株，根株，上互巽也。初在坎下，故象木根。柔则无才，时地皆不可为，故其困如此。卦辞本以柔掩刚，至逐爻而论，则皆有困义。坎隐伏，谷象。初阴在下，尤暗之甚者，故象幽。不觌本幽谷来，言至三岁，目无所见，象幽甚也。互离掩于坎水，离数三也。首句言困，下二句言暗。

《象》曰：入于幽谷，幽不明也（郭京无下“幽”字）。

言幽又言不明，幽暗之甚，无复通明振拔之期也。

九二，困于酒食，朱绂方来（郑作“朱韨”）**，利用亨祀，征凶无咎**（《本义》“亨”作“享”）。

《易》中言酒者皆坎，言食者皆兑，故震互坎，言酒食。未济与坎皆言酒，需互兑兼言酒食。困于酒食，厌饫苦恼之意。泽水下漏，爻没坎中，是为酒食所苦而受其困者。凡人不遇，愤懑难舒，多纵恣于酒食。东坡谪黄州称为酒食地狱，即其象也。既不克有为，则征凶可知。不可作艰于酒食，如颜子箪瓢之说。君子之志仅在温饱乎？

酒食之困在人心腹,阳陷阴中之象。亦不可作得所欲之多。盖醉饱失宜,乃困后之病。此为贞大人吉,刚中之爻,下言朱绂方来,将可有为,自不应作如此解。互离,朱象。巽绳,绂象。坎北离南,离在二前,泽水方漏,故曰方来。盖向明垂裳之爻也。朱绂者,组绶用朱也。《本义》作蔽膝,谓取行来之义。方来者,其德升闻,上所举用也。坎隐伏有人鬼象,故言享祀。利用享祀,诚而有应,即坎之有孚心亨也。征凶见所处之时位,不宜妄动,然刚而得中,故于义为无咎。首句言现在之位,方来言向后之时,用享祀,勉以输诚征凶,勉以守静,与五同德。曰有庆,曰受福,正所云贞大人吉,以刚中也。朱绂,君绂也,指五言。赤绂,臣绂也,指二言。

《象》曰:困于酒食,中有庆也。

爻之时位,止困于酒食一句。方来句,未然之事。享祀征凶,皆因现在之时而言,故止释首句。中即刚中,有庆即朱绂方来。

六三,困于石,据于蒺藜,入于其宫,不见其妻,凶。

兑刚卤,伏艮石在前,坚而不纳,困石象。坎为丛棘,蒺藜有刺,同体在后,不可依倚,据蒺藜象。坎为宫,巽为入,离目变乾,入宫不见象。中男少女,夫妻之义,乃坎中兑中,是阳非阴,入宫不见妻象。虞以应上为妻,三柔不中不正,与应同阴,欲推四以上进,而坚不可动,则前困者无情。欲倚二以为安,而锐不可依,则后据者有刺。上柔不能相应,如入宫不见其妻者然也。是则室家且不能保,将丧亡矣,其凶可知。三变大过,棺椁具焉,故《大传》言死亡。

《象》曰:据于蒺藜,乘刚也。入于其宫,不见其妻,不祥也。

二刚在下,故曰乘。不祥者,死期将至也。

九四,来徐徐(子夏作"荼荼",翟子、元同、王肃作"余余")**,困于金车**(古作"舆")**,吝有终。**

徐徐言来之缓也。四刚初柔,四本足以拯初,而其来甚缓,以四困于金车也。兑金变坎车,金车象。坎险故困,往而取应,复历坎险,亦困也。凡困皆本爻,谓初困于下非也。观《小象》曰志在下,则徐徐之来,指四可知。徐徐,巽进退不果象。四刚不能援贤拔滞,徒

为人困,岂不为吝?然邪不胜正,得相与之阳,合力以济,徐不终徐,困不终困,与正应合而有终矣,言终变艮也。

《象》曰:来徐徐,志在下也。虽不当位,有与也。

谓之徐徐,初困而望拯之迫也。四既来矣,故以为其志在下。不当位对刚中之五言也。志既在初,故虽处不当位,不能速济,然得刚中之大人,同德相比,两刚合力冒难涉之险,用以拯初,则邪不胜正,故能拯困而有终也。

九五,劓刖(荀、王、陆作"臲卼",郑玄云当作"倪仉"。《说文》"刖"作"刽",晁氏作"梲杌",即"臲卼"。《考异》曰应作"臲卼"),**困于赤绂**(郑本:朱深为赤),**乃徐有说,利用祭祀**(一作"享祀","说"音悦)。

兑伏艮,鼻象。截鼻曰劓,去足曰刖。兑为毁折,伏艮为阍寺刑人。互离戈兵,变震动,上下体俱刑伤,劓刖象。赤绂,臣绂也。互离巽与二同。二为五之远臣,困而待拯,而三掩之。四为五之近臣,不当位而待拯,而三比之。是五所应比,皆为三困,而五亦因以困矣,故曰困于赤绂。劓刖,困象。然五实刚中贞吉,故又有徐有说。利用,祭祀之象。兑为说,见久必有说,不终困也。五四皆阳,而皆曰徐。解难贵速,兑为说体,必至迂缓也。利用祭祀,又徐有说之由,盖谓诚信孚于近臣,久必藉其力以获福。五为君爻,劓刖则上下交责之象。困赤绂,则劓刖之故,求贤难也。徐有说,久而获助也。利用祭祀,徐说之由,诚求之象也,即《彖》所谓亨,故《小象》曰受福。

《象》曰:劓刖,志未得也。乃徐有说,以中直也。利用祭祀,受福也。

上下受伤,故志未得。坎爻应坎,故言志。中直即刚中贞吉也。

上六,困于葛藟(古作"虆"),**于臲卼**(《说文》作"剌魁"),**曰动悔**(晁氏云"曰"字疑衍,或错简也),**有悔征吉**("臲"音臬。"卼",五骨切)。

艮为山,为径路,为果蓏,蔓生曰蓏。应坎陷,为丛棘,为蒺藜,

皆葛藟象。第蒺藜伏于地下,故坎在下者象之。葛藟缘木而上,故在上应坎者象之。且巽柔木,应巽而高出其上,故象葛藟。葛藟,缠束之物,是静时不得动之象。臲卼,危动不安也,是动时不得少定之象。曰者,兑口也,心语也。曰动悔,是静时之悬揣,觉动则必有悔也。有悔者是动后之悔,悔从前之不动也。观下紧接征吉二字,《小象》曰吉行,可知贵动矣。此为困极将变之爻,故为此两象。

《象》曰:困于葛藟,未当也。动悔有悔,吉行也。

柔处困极,才弱时穷,不若五之刚中,故曰未当,指位言也。明知动则必悔,乃宁有其悔,不甘穆处,斯能获行之吉。因其以柔应柔,居位不当,故策之。

井

䷯巽下坎上

坎上巽下,巽木也,入也。木入于下,而水出于上,故为井。伯益始作井,一曰黄帝创百物始作井。立邑相泉,市井①乡井,皆取象焉。田取四分之象,井取八一之象,四井为邑。煦按兑巽,皆具半坎之形,兑阳动于下故漏,巽阳动于上故上,升卦亦此义。升上无阳则以二阳之升为义,此上有坎,则以上水为义,可以观阳德矣。

井,改邑不改井,无丧无得,往来井井。汔至,亦未繘井,羸其瓶(郑玄作"蘽",蜀作"累"),**凶**("汔",许讫切。"繘"音橘。"羸",律悲切)。

来矣鲜曰井综困,改邑不改井者,巽为市邑,在困为兑,在井为巽,则改为邑矣。若井则无丧无得,上下皆井而不改也。在井坎往于上,在困坎来于下,刚居于中,往来不改,故曰往来井井。来氏言综,唯此卦最当,然止是一覆之义,固不必巧立综名。《易溯》曰改邑不改井,乃以刚中也。刚指五,由全震四变得升,五变得井。升之坤爻原称虚邑,升变井而坤邑改,故曰改邑。此后大过随再变,而井之

① "井",库本无。

中爻不变。中阳为井泉,故曰不改。一说井体有常而不迁,邑可改而之他,而井不可改。可迁改则有丧得,无迁改则无丧得。而往者来者皆井其井,井之用也。煦按无丧无得,即随汲随盈,不少欠缺不见增长之义。因艮为丧朋,震为得朋,今中爻有兑而无艮,故无丧。下卦有巽而无震,故无得。卦见坎月而震艮俱伏,故云然耳。希夷有索之义最妙,唯坤始有得朋丧朋两象。试观坤上乾下,则互见得朋之震,故为泰。乾上坤下,则互见丧朋之艮,故为否。自坤以下,凡言利言得者皆震,言不利言丧失者皆艮,悉由坤象出也。若坎则上往下来皆坎,故无丧得。此上发明利养刚中之义已完。往来以下俱本无丧得来,见利养之功。羸瓶之凶,皆人之用于井,非井德之本然,亦愈见井之无丧得也。往来井井,往来者人也。利养之功唯人得之,而井则何得?故孔子释为利养。井又随取随盈,繘井羸瓶,人不得其利养耳,而井则何丧?故孔子释为不穷。繘,井索,巽为绳,繘象。离中虚,瓶象。羸,弱也。力弱不胜其瓶,坠落于井也。虞翻曰汔几也,巽繘,离瓶,互兑毁折,故羸其瓶。一曰羸,败也,巽木见兑毁也。

《彖》曰:巽乎水而上水,井(下当接“改邑不改井”二句)。**井养而不穷也。改邑不改井,乃以刚中也**(虞本补“无丧无得”三句)。**汔至,亦未繘井,未有功也。羸其瓶,是以凶也**(古文作“巽乎水而上水,井,改邑不改井,乃以刚中也,无丧无得,往来井井,井养而不穷也”。郭京、徐氏、王昭素“改邑不改井”下,有“无丧无得,往来井井”八字)。

此当依古为正。孔子《小象》每有省文,至于《彖传》从未轻删文王卦辞也。巽水谓阴下为巽,上水谓阳上为坎。木入水出,井象。因巽有木入二义,所以有辘轳桔槔之说。然观羸瓶三字,则古者取水不尽用木,盖取木义少,入义多也。以刚中,在困既兼五而言刚中,在井亦宜兼二以言刚中。谓刚则不懦,为能坚久,中则不过,为得可久之道,故能卓然自立,终不改易,此正发利养不穷之源头。无丧无得,往来井井,井养而不穷也三句,应补入刚中之上,盖必往来

井井,方始见得利养不穷,而利养不穷又即寓有无丧无得之义。夫利养之功归于人,则井无得,其出不穷,未有欠缺,则井无丧,所由曰往来井井,井养而不穷也。汔至而未有功,见功之有无归于人,则井之利养而无得可知。羸瓶而致凶,见所丧亦归于人,则井之无丧可知。羸瓶之凶即本未有功而言,孔子三句虽分释,仍一义也。集曰先天巽即后天坤方,后天坎即先天坤方,环为四时。劳齐役,三合也。穿土中而得水上木,皆天一阳之用也。煦按先后天说最合易理,因坎巽在先后天俱与坤易,故穿地可以得井。因坤有得丧之分,故坎巽相合之卦,遂言得丧。因后天一图灭坤而为坎,故曰改邑不改井。三合之说亦极自然,看卦爻者不可拘执一义。

《象》曰:木上有水,井,君子以劳民劝相。

木上有水,浸润上行,木得所养矣。木之枝叶花实,皆缘水气上行而生,每朝花叶皆见垂珠,水气随阳上升可知,劳民劝相,全是养民之事。劳民以君养民,又劝之使自相周恤,彼此互养也。坎为劳卦,巽以申命,有劝义焉。元公曰:风行水上为涣,风行水下为井。则井泉之逆上,亦地风所吹乎?五德用事,水木相通,故当闭藏时,则木气入于水下而井为温。及发生时,木气出于井上而水为溢。木气出入,唯井可见。

初六,井泥不食,旧井无禽。

坤居井下,阴浊近水之土,故象泥。兑口故言食。今覆巽而在兑口之下,兑口同阴,不应不食象。坎象小过,故言禽。师五有禽,坤①变坎也。比五失禽,坎变坤也。上坎下巽,巽深入,禽高飞远翥,安能深入?故恒井二卦皆无禽。食,用也。井以得水易汲为善,以上出为功,故初则不食,二则漏,三则求王明,四则修井,唯五六则易于汲取,故五六独善。初居下,则水不上出而无功,故为不食。不食则无井旁汲水之馀沥,禽亦莫之顾矣。崔憬曰:禽,古擒字,获也,无禽言无获也。辅嗣以最下无应为无禽,又曰井虚而泉实。则未知坎

① “坤”,库本作“坎”。

以中阳为泉,阳虚乃克流通善运也。

《象》曰:井泥不食,下也。旧井无禽,时舍也。

居下则无上出之功,为时所弃,所以禽莫之顾。

九二,井谷射鲋(荀作"取鲋"),**瓮敝漏**(郑作"瓮敝")。

此爻象泉,下阴两开,谷象。变艮,二在艮下,亦谷象。坎弓在上,射象。巽为鱼,鲋象。鲋小鱼,鱼阴物,初阴在下,故象鱼。井道上出,今上无应而下比初,则是谷水下注,唯及于鱼。故曰井谷射鲋,言止能下及小物耳。瓮敝漏,取水下注不汲之义,言无与于人也。互离瓮象,兑毁敝象,下阴有坼,漏象,上水下入,亦漏象。上句谓仅能浸润于小物,下句谓功不上行。

《象》曰:井谷射鲋,无与也(《释文》作"无与之也",徐作"则莫之与也")。

二虽刚中象泉,然上无应与为之汲引,所以仅能下及。

九三,井渫不食(《史记》"渫"作"泄",今《石经》作"泲"),**为我心恻,可用汲。王明,并受其福。**

卦中三阳为泉,三阴为井。渫者,治井而清洁,亦有泉者也。爻变震,灭兑口,不食象。我,三自谓也。变坎加忧,恻象。互离,明象。王指五,三五互离,王明象。以阳居阳,本可济物,奈未离乎下,虽与上为应,上柔不能汲引。无以成利物之功,故有井渫不食。见者为我心恻之象,然三阳清洁,固可用汲之泉,幸与用汲之五,互为离明,果得明于知人之王,举而用之,则上有功于王,下有功于民,而施者受者并受其福矣。淘而清之曰渫。巽白,洁象。

《象》曰:井渫不食,行恻也。求王明,受福也。

行恻,行道之人亦恻也。由兑变震,故因不食而言行。五非正应,因互离而及,故言求。求者,非应而别于应也。

六四,井甃,无咎("甃",侧救切)。

甃,砌井也。坤阴为土,互离,离火烧土为瓦,故曰井甃。初为泥,三之渫,渫其泥也。二射鲋,四之甃,甃其谷也。既渫且修,井日新矣。寒泉之来,井养其有穷乎。井道以阳为泉,阴虽得正,终无及

物之功,故言井甃。井甃则可以蓄泉而待汲,何咎之有?

《象》曰:井甃无咎,修井也。

修井,蓄泉以待用,故无咎。三渫四甃,皆人事,故言于人位。

九五,井冽,寒泉食。

冽,甘美也。变坤为甘,以阳居阳,下应巽白为洁。寒泉,泉之美者。食对下不食言,即井养不穷也。盖泉以寒冽为美,井以得食为功。五在兑口上,食象。乾为寒。

《象》曰:寒泉之食,中正也。

阳刚而得中正,下应巽木,功足以及人,故曰食。

上六,井收(荀作"井甃",俞琰作"汲"),**勿幕**(干宝作"罔幕"),**有孚,元吉**("幕"音莫)。

虞翻曰偶画在上,有辘轳双柱对立之象。旋坎轮以收巽绳,故为井收。来矣鲜曰,收,成也。物成于秋,故曰秋收。井收者,井已成矣,即《小象》大成之成。幕,覆井具,坎阴在上,偶画开而不掩,勿幕象。孚,信也,习坎有孚。《彖》曰水流而不盈,行险而不失其信,皆自不穷处见其信也。取之不穷,给之亦不穷,若要结而出于至诚者然。元吉即从勿幕有孚见其泽及人,井养不穷之功也。集曰井鼎四以下不言吉,五上吉,易贵用也。他卦上为穷极,井鼎大成,故元吉在上。

象曰:元吉在上,大成也。

大成,井养之功大成也。盖寒泉虽可食,使掩其口,则人不得食。或不孚信,有时而竭,则泽不及人,何能大成?元吉以泽所及言,大成以功所就言。始末揭上下字,见井之用在上,以上出为功者也。

革

䷰离下兑上

革,变也。泽上火下,火燃则水涸,水决则火灭。又中少二女同居,少上中下,志不相得,故其卦为革。

革，己①日乃孚，元亨利贞，悔亡。

此卦两阴为主，上阴穷亢，故专主离阴。全言火土之用，己日乃孚，言至成土之日，始孚契也。据事而论，则是到安静无为时，乃始有成。矣鲜曰己音纪，十干之名，信也。五性，仁义礼智信，唯信属土，不言戊而言己。离兑皆阴卦，故言阴土。日，离也。泽火相聚，彼此相克，必至成土，乃始孚合。亦如人之相忌相克者，其始岂能遽合？必至彼此相信，然后合志同心，变易其相忌相克之旧。其中全是太和，故克如乾而有其四德不至有悔也。乾卦美利天下，乃成始之妙，革卦尽易故常，是成终之事，亦将有其始矣。故能含有四德，与乾之蕴蓄相同。《易卦》止据象言理，在人之旁通四达耳。此卦止论金火之义，五行唯火最烈，故于四行皆能相入，其于水木皆能化之使无，故无革旧可言。唯至于金，止能合散而为聚，毁方而为圆，镕刚而为柔，是金之体质虽在，而从前之形貌已更，故云革。所以然者，以金火皆怀土性②也。万物生于土死于土，此河图之五十所由归中，而艮卦之所由成终而成始也。死于土则革矣，生于土所以有元亨利贞悔亡之美。洛书金火易位，以其中有坤土也。月令于金火之间置中央土，十干于丙丁庚辛之间置戊己土。以金火之性，唯土始合，离火烧兑金断烈，续之以土，是其义也。乃孚与坎孚相对，坎之中阳得于乾，其最灵最妙唯此一阳，故称有孚，而又曰心亨。此阳自乾九用来，后此无穷之用皆由此始，故曰革时大。离之中阴得于坤土，坤静而无为，以成终为德，故革不言用而止言有孚，是作事之既成也。既成则归于镇静，而更新之机已含于中，因其尚非鼎新时，故不言用。此坎与革所由同言时也。悔亡即从乃字见出，因革故之难，费过许多攻苦，宜若有悔，今既孚而成终，故悔可亡。是悔者未到己日之事。悔亡即乃孚之日，故曰革之时大也。

---

① “己”，通行本作“巳”。

② “性”，库本作“信”。

《象》曰:革,水火相息(《说文》作“熄”)**,二女同居,其志不相得,曰革。己日乃孚,革而信之。文明以说,大亨以正,革而当,其悔乃亡。天地革而四时成,汤武革命顺乎天而应乎人**(《白虎通》作“民”)**,革之时大矣哉。**

火燃则水干,水决则火灭,相灭则非故,而革义存矣。然息亦有生息之义,为其中有土,故有已日乃孚之说。离兑之阴皆土也,兑得土以御火,则火不灭金,而兑得所生。火得土以御水,则泽不灭火,而火遂所生。相生则非故,而革义又存矣,此即物理以为革象。革卦伏蒙。蒙,生之始。革,旧之终也。蒙艮为居,坎为志,二女虽同居,而离火志上,兑水志下,故不相得,此即人事以为革象。己有音以者,谓已革之日,人乃孚信,亦与成土之后乃始孚合。同是一义,第作已成后说,则据理遗象而未有实据,作成土说,则据象言理而确有可证,孚字不落空耳。信字虽释孚字,而己字亦在其中。文明,离也。说,兑也。大亨以正,即元亨利贞。文明则能审乎革之理,和说则能顺乎革之情,此据二体释元亨利贞也。革而不当,虽革必悔,今大亨以正则革而当矣,故悔可亡。天地以下又推广言之,以见革之时大也。互乾伏坤地,四时之季,皆以土终,故曰天地革而四时成。此言造化也,汤武句言人事也。卦互乾巽,乾天巽顺,故曰顺乎天。爻别阴阳,始为相应,初四俱阳非应矣。五上天位,而二三应之,故曰顺天。三人位,二内卦之人位而五上应之,故曰应人。顺与应皆从方革时说孚信之义,造化与人事皆待孚而革,故曰革之时大。睽革二卦皆属离兑,睽违则辞著相同相通之义。革坚固附着,则辞著相息不相得之义。《周易》之所由为变易也。

《象》曰:泽中有火,革,君子以治历明时。

泽中有火谓火在泽中,譬如以火镕金,逮于火入金中,而金形已非其故。又如以火热水,火气入水而水性已非其故。所以为革。又泽本注水,今其中有火,则非注水之旧,所以为革。治历明时,重明时边,治历正所以明时也。离为日,伏坎为月,蒙艮为星,故言历言

时。治者，革中之经纶。四时变易乃革之大者，时即赞大之时，故革之一卦全说时上道理。

初九，巩用黄牛之革。

坤为牛。黄，中也。离得坤黄中之爻，故曰黄牛，指二言。卦以离火革兑金，下三爻主革者，故初二三皆言革，上三爻受革，故四言改，五六言变。离之主爻，而乾阳上下附之，所以有火用薪传之说。离薪则火无自立之理，因其附于六二，故遂以为巩于六二。巩，固也。非两阳附于六二，安得成离？位卑无应，则无能为矣，故《小象》明不可有为之说。变艮止，故不言革。

《象》曰：巩用黄牛，不可以有为也。

不曰无为，但曰不可为。阳刚之爻无位无应，又艮止也。

六二，己日乃革之，征吉，无咎。

离为日，阴土，己象。二为卦主，故辞与卦同。此爻变夬，性健情悦，故易革。己日即孚字，论时则必孚而后成革，论卦主则必先孚乃能有所革。阴土在中，其孚可知，正与不可有为相反。故下遂言征吉无咎，谓孚而有应也。己日句仍是即物理以明之，教之以不可骤。征吉无咎方言人事，为阴爻居中，惧其中懈，教之以不可怠。

《象》曰：己日革之，行有嘉也。

行即征，嘉即吉也，变乾故言嘉。

九三，征凶，贞厉，革言三就，有孚。

比近泽水，动则相息，故征凶。贞即不征，然犹以为厉者，乾三惕若之爻也。革言，革之议论也。应兑口，言象。就，成也。商度其革之利害可否，至再至三，而议论始定也。因上文征凶贞厉，故慎重之。三就，离居三也。因在二卦往来之交，上与阴应，互巽进退不果故也。有孚即就也，不孚不可为就。仲翔曰将革而谋为言，革而行则为命。三议革而后孚，四既孚而后革。

象曰：革言三就，又何之矣。

何之云者，谓有孚而就也。然止是逆料之辞，本革言说。

九四，悔亡，有孚，改命吉。

改命者,到此已革也。离交于兑,改夏之命令于秋,故不言革而言改。革去故时,改新命时也。四当往来变易之际,此正革而当者,故悔亡。盖此是改时,非革时,所以止言悔亡而不言革。有孚,变离而见坎象也。论人事则上孚五,下孚民也,然止是离兑相契耳。互巽变坎,故言改命。

《象》曰:改命之吉,信志也。

变坎故言志,谓九四之志,见信于人也。

九五,大人虎变(“变”或作“辨”,云别也,非也)**,未占有孚。**

阳刚中正而居尊位,互乾爻,故称大人。兑伏艮为虎,兑位西方,亦为白虎。五变互兑,又为虎,故曰大人虎变。变者仲夏希革,仲秋毛毨,非旧观之谓也。在大人则自新新民,移风易俗,改朔易服,顺天应人也。乾革之五皆称大人,揖让者见其德,故称龙。征诛者见其威,故称虎。三四之孚,水火相交之际,必因孚而成革,五之有孚在未革之先。四海徯后之心,未占而已有孚也。盖下三爻皆方革之事,上三爻说改命之事,故云然。溯曰革伏蒙,蒙初筮,革未占,人情贤梦卜之意。

《象》曰:大人虎变,其文炳也。

易俗移风,改朔易服,焕乎有文,顿改旧观也。应离故文明。

上六,君子豹变,小人革面,征凶,居贞吉。

革命之时,鼓刀之叟佐命兴周,屠狗贩缯皆开国承家,列土封爵,此豹变也。盖九五既虎变而为天子,上六即豹变而为公侯。豹亦虎类,特虎大豹小,此阳大阴小之故。阴爻亦象小人,小人指百姓。兑为口,乾为首,口在首上,故象面。革面言旧日之面从乎君者,亦革也。盖以力服人者,面从者也。以德服人者,中心悦而诚服也。征凶者,圣作物睹,别有所往,则为梗化之顽民,而凶矣。必能守改革之命,斯正而吉。乘阳失正故征凶,得位有应故居贞吉。一说君子亦指在下者,一说征凶指革命者。谓革命之事原非得已,不可过为纷更,即既安之,勿扰之也。盖爻之吉凶,皆论本爻,不可推开与本爻无干。后说稍胜。

《象》曰：君子豹变，其文蔚也。小人革面，顺以从君也。

炳则昭若日星，蔚则止言其盛，冠裳文物，气象一新是也。应离故文炳，应巽故文蔚。君谓五，以阴变乾，故曰顺以从君。兑悦则顺，应巽亦顺，即中心悦而诚服也。

鼎

☲☴巽下离上

鼎者，烹饪之器，其卦初偶下峙为足，二三四阳为腹，五偶中虚为耳，上阳横亘为铉。中互乾兑，以乾金承兑泽，有似鼎实。足以承，腹以实，耳以行，铉以举，鼎象。又巽木入离火而致烹饪，鼎之用也。

鼎，元吉亨。

《本义》曰吉衍文，谓彖传中是以元亨，不言吉也。然革言元亨利贞，彖止曰大亨以正，萃言亨利贞，彖止曰利见大人亨，聚以正也，皆无利字。盖元亨四者，卦德也，则不可略。吉利字占也，则不妨于略。吉非衍也，占也。有变化万物之能，故称元。有利养万物之德，故称吉。达诸天下而必不可无，故言亨。

《彖》曰：鼎，象也，以木巽火，亨饪也（“亨”，普庚切。“饪”，入甚切。《说文》作“孰饪”，马作“亨饪”）。**圣人亨以享上帝，而大亨以养圣贤**（郭京《易举正》无“而大亨”三字），**巽而耳目聪明，柔进而上行，得中而应乎刚，是以元亨**（杨谓中脱“吉”字，或有然也，谓“圣人亨”下是《文言》，则非）。

下木上火，互见兑乾。乾金兑泽，金而含水，爨以木火，烹饪象。巽入，烹煮也。饪，熟食。象者，鼎之体，烹饪鼎之用。烹饪之用无过祭祀宾客。祭祀之大者，无过上帝。宾客之重者，无过圣贤。享上帝贵诚，用犊而已，故止曰亨。享圣贤贵丰，饔飧牢醴，皆须极盛，故曰大亨。离为目，伏坎为耳，故兼言耳目。坎爻曰聪不明也，明亦兼言目也。柔进者离为柔卦，为主中柔也。巽顺者木火相依，聪明者火得水之生气也。上行得中而应刚，言主爻也。卦主二柔，而巽

柔不主者,初微也。内巽外明有其德,上行得中有其位,应乎刚有其辅,是以元亨。

《象》曰:木上有火,鼎,君子以正位凝命。

火生于木,却在木上而不能离木。在木上则位正于上,此上行得中有应之义,故曰正位。火不能离木而别为火,有似凝成坚定于木,此火以木为命之义,故曰凝命。曰上便具正位之义,曰上有便具凝命之义。若论人事,正凝二字仍有工夫。矣鲜曰正对偏倚言,凝对散漫言。命,天命。凝命者,天命凝承坚固,国家安于磐石,所谓协于上下以承天休也。鼎譬之位,命譬之实。鼎之器正,然后可凝其所受之实。君之位正,然后可凝其所受之命。鼎综革,故革亦言命。煦按言命者皆巽,革互巽故也。《野同录》曰:井鼎皆以生气为命,井木上有水,津液自木出,鼎木上有火,英华自木生也。

初六,鼎颠趾,利出否(或以"否"作"杏",音透,非也)**,得妾以其子,无咎。**

在下伏震足,趾象。长女位卑居下,妾象。震长子,子象。凡言伏象者皆本象所无,以其子非已有子,豫透之词也。鼎为宝器,主器莫若长子,故言子。颠趾,倒其趾也。凡洗鼎出垢,必倒其趾,以足加于上,因足动,故象颠。否者,鼎中之污秽,当卦之初,鼎尚未实,其旧有否恶之积,颠而出之,斯为利矣。得妾,颠趾出否,犹言颠趾,为出否也。得妾,为子也,妾卑于妻,得妾而以其子,是因败以为功,因秽以致洁,因贱以致贵之义,是则否之出也。虽若鄙亵,然利在其后,有何咎?集曰初弱巽跛,颠趾象。初应鼎口,出否象。互大过,颠象。颐之颠与大过反对也。白沙曰爻见二阴,五贵初贱,妾象。

《象》曰:鼎颠趾,未悖也。利出否,以从贵也。

未悖,未悖于理也。言颠趾于鼎上,虽若上下倒置,然初未有实而洗之,岂为悖理?贵对贱言,否则贱矣。以从贵者,言欲以贵重之物相从而实诸鼎,不得不出其否贱以致洁,从贵即利字之义。

九二，鼎有实，我仇有疾，不我能即，吉。

鼎既洗矣，乃实物于中。实，五之阴也。鼎口之上，五阴应之，如实物于鼎，故曰有实。从前俱曰阳实阴虚，至当位实也，则说不去矣。来矣鲜与本义①俱以初之阴柔为疾，初与二比，则非不我能即之义，二五阴阳相得，亦不可以仇雠言之。仇，匹也，全由火能焚木起义。盖离火为用，原属外阳，应五则在中之阴质，是火之所以为命者。鼎实初具，火用方兴，生火之物，方自顾不暇，故曰匹我者有疾也。是应则为匹，克则为仇耳。火之炊物，必无一蹴遽熟之理，驯而致之，乃可有成。故以不我能即为吉，又因此爻与离火相去尚隔九三故也。

《象》曰：鼎有实，慎所之也。我仇有疾，终无尤也。

慎所之，往应五也。颠趾者，动也。此爻居中安静，故但欲其我即，则二之慎往可知。见曰仇，五也。中互兑金，金为木仇。

九三，鼎耳革，其行塞，雉膏不食，方雨亏悔，终吉。

三变离坎，坎为耳，革，变也。中互兑离，正当相交之爻，故言革坎为耳痛。耳，革象。三未变，伏震行，变坎陷，则不能行，行塞象。离文明为雉，坎为膏，中互兑，三变不成兑口，不食象。变则内外皆坎，方雨象。鼎以耳行，三以木极，上应火极，又当变革之位，则鼎中腾沸，并耳亦炽热变革，不可举移，故其行塞。雨，水也。亏，损也。悔者，鼎不可举，则雉膏之美不得食，不免于悔。方雨亏悔者，言耳革不食，唯救以水耳。方雨则亏损其腾沸炽热之势，而不至悔也，化重坎故也。终吉者，鼎可移，美可食也。筌曰下体有足无耳，故耳革。上体有耳无足，故足折。

《象》曰：鼎耳革，失其义也。

木火烹饪，适中方为得宜。太过故失宜，爻无应，不必言应。

九四，鼎折足，覆公𫗧（马作“粥”）**，其形渥**（郑、虞作“刑剭”，元载传引之），**凶。**

---

① “与本义”，库本作“本旧注”。

四变互震足,遇兑毁,故折足。鼎实近耳,满矣。今震动,覆象。餗,美糁,鼎实也。鼎以享帝养贤,非自私也,故曰公餗,又四亦公侯之位。渥,沾濡也,言鼎覆而沾濡美糁,故为形渥。晁氏引《周礼》剭诛之说,作形剭,谓重刑不必也。居大臣之位其任重矣。不中正而下应阴柔,则委任非人,不胜其任,卒至覆败也。

《象》曰:覆公餗,信如何也。

信,信任也。大臣见用于君,率以康事宁人自期许,今乃用人不当,至败乃公事,则向日之期许为何如也?见失信于君,必至形渥也。此以信为大臣之自相期许,以四应初阴,为用人不当,此解为正。一曰所用之人,将餗覆之,则所信任者为如何也?一曰向决必覆之理,而人不信,今如何也?二说姑存之。

六五,鼎黄耳金铉,利贞。

五阴两坼,又伏坎,故为耳。黄中,坤色。五坤阴得中,黄耳象。铉,贯耳之物。未变为坤,故曰黄。既变为乾,故曰金。耳受铉以举鼎,铉贯耳以行鼎,原不相离,故并言之。动而得正故曰利贞。五有中德故其色黄,比刚应刚变刚,故其质金。是执中居尊,已足凝命,而又能任贤,有鼎黄耳贯以金铉之象,此所由利而贞也。利言其及物,贞言中德也。然享帝养贤,皆在此爻。

《象》曰:鼎黄耳,中以为实也。

二曰有实,外之也。见非其有而有之,言应也。此曰中以为实,中五之位,阴实之质,此亦以实字说在阴爻。

上九,鼎玉铉,大吉无不利。

铉在鼎上,上居鼎极,故象铉。荀以变震为玉,不知金玉皆乾也。特自阴而变,则象金质之重浊,本为阳爻,则象玉光之外焕。《参同契》谓阴金阳玉,亦本于此。玉本不可为铉,与金车同义,言象而已。鼎之为器,承鼎在足,实鼎在腹,行鼎在耳,举鼎在铉,鼎至于用铉,则厥功成矣。功成可以养人,故大吉无不利。子瞻曰在炎不灼者,玉也。

《象》曰:玉铉在上,刚柔节也。

刚柔节谓与五阴相接,此刚五柔即贯耳举鼎之说。若论全象,

即水火均调，变生为熟也。五之金铉藉上力也，此之刚柔节即下比五阴。水火既济，不烦再用火，言功之成也。耳革者比刚乘刚，故革。此比阴故节。

震

䷲震下震上

震，动也。坤本静体，一阳始生于下，则不静而动矣。因动故象雷。雷者，阳气之动也。因其始生，故象长子。

震（《归藏》作“釐”），**亨，震来虩虩**（音赏，荀作“愬愬”），**笑言哑哑**（音厄，以恶亚。厄、軛，古同转也。《全书》从古文，无此二句），**震惊百里，不丧匕鬯。**

乾动坤静，一阳来于坤中，此正乾元方动之机，故元后曰亨。亨与塞反。塞者，静体。亨者，动机。果能变动，自当易塞而亨，故震自有亨理。亨不言于他卦，而言于震，震初得乾亨也。虩虩，惊动貌。虩本壁虎，其捕蝇，恒惊顾而不安，故象之。哑哑，笑声也。虩虩，初动之形。哑哑，初动之声。凡静皆寂，物静则声随之而寂。笑言者，伏互兑口，有喜悦言语之象。虩虩震也，哑哑亨也，此常也。震惊百里，不丧匕鬯，变也。然止实上二句，以见震之亨耳。坤为邑，阳自外来为主于坤，君主百里之象。出帝之长子，故为君。有谓一阳二阴之策数为百里，不知艮坎皆一阳二阴也。西南得朋故不丧，互艮手执之，亦不丧。互艮为宫阙，坎为隐伏，为丛棘，故象匕。匕以棘为之，长三尺。未祭则烹牢于镬，将祭则以匕出之。升于俎上，坎为水，故象鬯。鬯以秬黍酒和鬱鬯，以灌地降神也。匕鬯，亨具也。不丧从震而又震见出，到得不丧匕鬯，方见得震之亨。

《彖》曰：震亨，震来虩虩，恐致福也。笑言哑哑，后有则也（《全书》亦略此四句，煦按此初象之错简也）。**震惊百里，惊远而惧迩也**（《举正》有“不丧匕鬯”，《程传》宗之，范谔昌坠简亦同）。**出**（古文无此字），**可以守宗庙社稷，以为祭主也。**

当如《举正》补不丧匕鬯四字。震本惊动，乃曰亨者。凡人寂无

所感,则此心潜匿,莫由自达。故蒙昧之人忽然触之而动,则达者机也,故为震亨。亨字即震字。天下事唯心无所惧,故不免多惧。今既震惧,便是转移之机,那得不亨?恐者,惧也。生全出于忧患,自足以致福也。凡福庆之来,多见震惧之形。盖大反其故常,必先见异耳。笑言,动象也。后者,震得初阳,正克见天心时,由此而进,则后矣,谓震惊恐惧后也。论象则九四当之。坎为法则,即乾之天则,为克见天心也。在人事则中节之和,率性之真,由太和各正而来,故云天则。论理则震之初阳当之。惊者,卒然遇之而动于外。惧者,惕然畏之而变其中。远外卦,迩内卦。惧者,己之独知。惊者,连类而及,皆动象。出者,长子继世而出也。坤本无阳而最初见此,若打初出现者然。艮宫阙,坎隐伏,故言宗庙社稷。言事几来于仓卒,如雷之震,远迩惊惧,人易失其常度。乃能处之从容,诚敬自守,不丧匕鬯,则是不惧由于能惧,岂不可以负荷天下重器而为祭主乎?此震之所由亨也。《周易》本言性之书,泛解何当?

《象》曰:洊雷震,君子以恐惧修省。

洊,再也。凡人之心偶然一动,终复何益。唯动而又动,故恐惧修省。卦主两阳,而初为内主。惧者,在中之事,故但言恐惧而不及震惊,细玩象辞,则震之一卦岂不全是身心性命中事。

初九,震来虩虩,后笑言哑哑(古作"笑语")**,吉。**

卦有两阳,而初为最先,是在中之爻,故与卦同辞,明卦主也。加一后字,则四阳亦止是亨中事矣。论象则内惧而外惊,论爻则初四皆阳,乃震之所以为震者。二三五上,阴也,乃为阳所震者。初乃成卦之主,又处震初,故其占如此。

《象》曰:震来虩虩,恐致福也。笑言哑哑,后有则也。

解见卦辞。若非前后相形,必无则之可言。

六二,震来厉,亿,丧贝(古"亿"作"噫")**,跻于九陵**(古"跻"作"隮")**,勿逐,七日得。**

当震动时,比初九之刚,故震来猛厉也。亿,虞翻作惜词。程子曰度也,谓度不能当也。矣鲜曰大也,引六五《小象》大无丧为证。

煦按当从古作噫，叹词也，惊词也。此震惊之声，正《彖辞》笑言之义。盖卦主二阳，阳，动爻也，惧爻也，其馀惊爻也。二比初之动，五比四之动，是动之最先觉者，故皆有此惊叹之声。若上隔五，则以为邻矣。贝，介虫，变离龟蚌，刚物也。初阳象震足，跻象。艮山，陵象。阳，九象，离，日象，二阴本与初阳相得，今动而相失，故叹其丧贝。盖二阴中而初阳外，自阴自阳故曰贝。中互艮，二坤土，在艮山之下，故象陵。居阳九之上，故象跻。跻于九陵，九者，老阳之动，正丧贝之象。七日者，卦止六位，相循不息，所以为易。终而始，始而终，上而下，下而上，中而外，外而中，皆不息也。穷上返下，至于初阳，其数七，故复称七日。七日得，不言于初而言于二。初为七日来复得朋之爻，故不得重言得也。此爻乘初，阴而不阳，阳动于下，故先言丧。爻居初上，一变又复为阳，故云七日得，言同初耳。七日，正跻九陵之故。震行故言逐，艮止故勿逐，爻变不成艮，亦勿逐。人心方动，必先有所丧，然后有所得。如丧妄则得诚，丧戾则得和是也。譬彼愚人，才动于一隙之明，则从前之蒙昧者丧，而明者得矣。爻见艮震，故言丧得。丧，陵之义。得，跻之义也。

《象》曰：震来厉，乘刚也。

唯其乘刚，所以猛厉。其丧其得，皆在厉字中。

六三，震苏苏，震行无眚。

苏者，动而明也。即《礼记》蛰虫昭苏之苏。盖由静方动，由昧方觉之象。变离故明，止是不自觉而惊惧之意。又上下震相接之爻，故连用两苏字。初阳动于积阴之下，三为人爻，位在地上，故与蛰虫相似。互坎多眚，三变不成坎，故无眚。行是震之本象，觉之又觉，如此而行，何至有眚？此爻止说明而后行之义。震者，明德之初几。艮者，反身而诚之妙用。震动之初，何明可见？故初止言恐惧而不及明。三到动极，乃始以苏苏言微明。明而后行，故其下方说出行字。

《象》曰：震苏苏，位不当也。

不中不正，故不当。此只解苏苏二字，苏苏故行无眚。

九四，震遂泥（荀作“隊泥”）。

遂者，顺而不返之意。泥者，溺于险陷而不能奋发也。坤土得坎水，泥象。初四皆震主，初阳得正，故动而获吉。四处柔而刚不足，不中正而德不足，陷于二阴，是无能为之才，而又溺于晏安之私者。遂泥则难为动矣，宜曰再动其气亏。

《象》曰：震遂泥，未光也。

坎阳既陷，无复光明正大之事，与屯萃未光同。

六五，震往来厉，亿，无丧有事。

内为来，外为往。初震于中，来之厉也。四震于下，往之厉也。往来皆厉，故惊叹也。无丧即得也。二五皆因初四而动，然二五在中，故皆无丧。二之得丧，此之无丧，皆从不丧匕鬯来。盖动则必有得丧。二之丧得，乘刚而居柔，是不能有行者，故言勿逐。此乘阳居刚，是必能有行者，故无丧有事也。且内体而外用，故有事。凡事行于外则不无得丧，若于几之将动，全未有丧之时，即有事以收摄之，此即不远之复，何至丧失？《周易》全言性中之事，故《小象》曰其事在中。

《象》曰：震往来厉，危行也。其事在中，大无丧也。

危行者，一往一来皆危也。中虽指外卦之中，却是说未发之中。颜子之复即无丧，因其固①然，非可言得，故止言无丧。

上六，震索索，视矍矍，征凶。震不于其躬，于其邻，无咎，婚媾有言。

索，求取也。震而又震，不安甚矣。然处穷极将反之地，故索而又索以求宁也。矍，瞻视彷徨也。震动之极却非身之自动，故视之审以求宁。视，变离明也。然皆因邻而及，往以求人，则必致凶。故求宁虽切，而必视之审也。索索矍矍与苏苏同，皆谓重震。然实非自身之咎，乃邻之贻。自身之事则恐惧修省可矣，因邻而及，故于自身无咎，知其因邻而备之，迟将婚媾有言矣。婚媾者，与邻相契之象。离震相邻，火不离木，亦相邻之义。有言者，木上生火，木固有声，火甚亦有声也，是

① “固”，库本作“故”。

爻变之象。明夷之言，中孚之泣歌，离之歌嗟，皆离震也。凡言邻者，皆先天图中相比之卦，或见于本卦，或见于变卦，如小畜五泰四谦五，既济五皆是也，言遇亦同此义。凡言婚媾皆先天图相对之卦，相对则有相配之义。故或见于本卦，或见于变卦，多言婚媾。虽多见于震坎相遇，然屯之二四两变，则先天之艮兑，后天之震兑，皆具也。贲互震坎，四变则先天艮兑，后天震兑，皆具也。睽上变震互坎，中爻坎离，先后天皆相对。此爻互坎变离，故言婚媾。

《象》曰：震索索，中未得也。虽凶无咎，畏邻戒也。

中，中心也。未得，方寸乱而不得宁也。初四得阳，二五得中，此处穷极故未得。畏邻戒者，畏祸己及邻而先自戒备，故无咎。

艮

䷳艮下艮上

艮，止也。阳自下升，极上而止。合溪从反见为目，止庵从目下几。《精蕴》曰目乃漏泄之总，人心缘感出入，非目则感不成。注云敛目无所见，即反见之义。煦按圣人立卦皆据阳而论，如震起艮止是也。其中实中虚下断下缺，莫不据乾而言，贵阳也。震者，克己复礼之心法，所谓几者动之微也。艮者反身而诚之妙谛，所谓行其庭不见其人也。

艮其背，不获其身，行其庭，不见其人，无咎。

来矣鲜面背上下之说，据震而言综卦，此似是之理，却非实义。观《彖辞》艮其止另释，下三句用是以字贯之，则不应如此分释。爻辞四句止是一义，坤土静，故止于其所。一阳高出于地上，山象。阴静而阳动，动而至于其极，止象。万物负阳而抱阴，人身亦如之，故遂以阳为背。艮阳，后成之爻也。脊骨屹然直立，如山之有石，故艮之象为山。艮卦全象人身，故《彖辞》遂举人身心之内外言之。《大象》云思不出位，是言心也。周子一部《楞严》不如艮卦，所以有守静之学。《连山》首艮，亦是此旨。盖天下绝大经纶，俱从静定后做出来。人之一身呼吸回旋，百脉流注，何有

止息？唯背则屹然不动，故于背而象止。心有所止则内不见己，外不见人，若使内犹见己，外犹见人，非止矣。庭者，心之舍也。艮为门阙，纯艮则重其门阙。两门之间，庭象。下阴两分而中虚，上覆以阳，与剥庐同象故也。互震为行，坎为隐伏，故曰行其庭不见其人。此正艮背不获之义。阴阳之道，阳无阴有，阳虚阴实，阳动阴静，唯动则有行象，唯无与虚则有不获不见象。象山曰不获其身，无我。不见其人，无物。观象山此解最为真切，今之伪道便薄为空宗矣。试观子思未发之中，是何如景象？今之不获不见，又是何如景象？特无我而我未尝不在，无人而人未尝不存耳。释氏老氏不闻薄儒，儒者偏薄释老，亦见其量之狭矣。夫蛟龙之习于水也，不闻谓飞空者之非也，禽鸟之飞于空也，不闻谓行地习水者之非也。各学其学，则亦各有至耳。

《彖》曰：艮，止也。时止则止，时行则行，动静不失其时，其道光明。艮其止（晁氏及《纂言》作“艮其背”），**止其所也。上下敌应，不相与也。是以不获其身，行其庭不见其人，无咎也。**

观动静不失其时，则知行有止时，止亦有止时。凡止皆由行看出，止者行之终也。行而不行斯止矣，故曰静。止其所止斯行矣，故曰动。因前止后止，知其中必有一行，故兼言行，不然则无以显后之一行。然其行在两止中，非如震动之行在外可见，故但曰行庭。互坎故言时，即不失其信时用之义。光明者，艮阳在外，笃实辉光也。此上专释艮字之义，不相与者，谓阴阳不相应也。相应则相契，故有往来。同德而相敌，则无相契之义，故各止其所。艮为独知之事，则我原不能同人，我方不获其身，则人又焉能同我？故不相与也。此上释背字之义，然下三句已在其中，故但用是以字贯之。张子曰静而无静，动而无动。阳明曰恶动之心非静，求静之心亦动。艮为止卦，顾乃言行，由相形而见也。《周易》之妙，到不可言说处，必取切近者形之。如中不可言，则于两头言之。内不可言，则于外面旋绕者言之。元不可言，则言资始。乾不可言，则言先甲后甲。震不可言，则言先庚后庚。皆此类。

《象》曰：兼山艮，君子以思不出其位。

重山，则内外前后皆止矣。止必有位，故言位，天下之理即位而存。不出云者，所以止乎其理也。《彖》言时，此言位，对举也。

初六，艮其趾（荀作“止”）**，无咎，利永贞。**

初在下为足爻，故象趾。震下阳动故行，艮下阴静故止。才柔居下，能自止而不行，故无妄动之咎。止所当止，故言利贞，方在初爻，故欲其永，初阴静止，故与坤之用六同辞。

《象》曰：艮其趾，未失正也。

谓止所当止，初卑在下而才柔故也。

六二，艮其腓（古一作“肥”）**，不拯其随**（《释文》作“不丞”，一行作“不抍”）**，其心不快。**

腓，足肚，在趾上。艮象人身，以次而上，故趾与腓亦以次进而上。拯，救。随，从也。二之所随为三，卦以三阳为主也。因三阳刚躁进，已到极处，又为列夤薰心之爻，必所当拯。二则阴柔居中，三又傲然上进，故不能拯三，所以象曰未退听。未退便是说三之已进，因坎象，故言听。在三下故言退，未退，象三之躁进而傲也。互坎为心病，不快象。不快者，未遂拯心也。

《象》曰：不拯其随，未退听也。

三上而二下，故曰退。阴以比阳为善，乃阳性上进，不复下降，安能退听。此因二之中正，觉三之上进而不得所安，故欲拯之使如已也。乃所拯不遂者，以三之未能退听也。周公不快，主坎之心病言①。孔子未听，主坎之耳痛言。

九三，艮其限，列其夤（郑作“膑”，《说文》作“胂”，荀作“肾”，孟喜“列”作“裂”）**，厉**（韩婴作“危”）**，薰心**（公羊及虞氏作“阍心”。艮为阍，守门人，坎盗动门，故厉阍心，古“阍”作“熏”字）。

限，界限。上身下身之界，即腰也。两卦相接故象限。夤，连也，腰之连属处也。一曰脊骨能屈能伸者，凡柔不能自转，人身上下

① “言”，库本作“焉”。

皆转于骨。此为刚爻，刚而止，则不能屈伸。今艮其限，则上下不相连属，故为列夤。列者裂绝而不连属，判然两分，故危。薰同熏，火烟上也。薰心，心不安也。二曰未退，见阳之不能下。此曰薰心，见阳之上也。然止曰薰，三固止爻也。坎伏离火，烟象。自其止于下，故曰列夤。自其连于上，故曰薰心。

《象》曰：艮其限，危薰心也。

与下成止，则艮其限。与上成震，则危薰心，薰字从限字出。

六四，艮其身，无咎。

心爻也。心之所止，身自随之，心不可见，故言艮身。身既艮矣，则无所作为，故无咎。揆曰以心治身，即以身治心。

《象》曰：艮其身，止诸躬也。

不能治人，不能成物，唯止诸躬而已，与坤四无咎，咸四无悔同类。揆曰二三身位而曰心，四心位而曰身，可悟身心合一。

六五，艮其辅，言有序（虞、李作“孚”）**，悔亡。**

辅见咸注。艮伏兑为口舌，辅象，言象，论位亦当口舌之位也。艮为止，在坎车上，故言辅，辅车相依是也。艮辅者，言不妄发，发必当理也。悔者，易则诞，烦则支，肆则忤，悖则违，皆悔也。咸卦多象人面，故并见颊舌。艮卦全象人背，故独言辅。艮在言行上见，趾腓象其行，辅象其言。五以阴居阳不正，惧有失言之悔，以其得中，故有艮辅有序悔亡之象。

《象》曰：艮其辅，以中正也（古作“以正中”）。

当依古作正中，或谓正字羡，或谓正当作止，皆不必。

上九，敦艮吉。

敦，笃也。止而又止则厚矣，故敦临敦复皆以土取象。刚而居上，止有其终，则俯仰皆安，何吉如之？羽南曰爻象人身，上独不言，而曰敦艮。所谓不获其身，不见其人者欤？艮居上，八体皆吉。煦按知止贵其有终，故三凶而上吉。

《象》曰：敦艮之吉，以厚终也。

敦厚于终，无间于始，故吉。坤为厚，阳上据坤，故曰厚终。

周易函书约注卷十一　周易下经五

渐

䷴艮下巽上

渐，进也。止于下而巽于上，不遽进也，故曰渐。木在山上，以渐而高，其象也。正曰随蛊渐归妹，《易》之大际也。随以教弟，蛊以教孝①，渐以教顺，归妹以教慎，四者仁让所由兴也。

渐，女归吉，利贞。

女之归也，纳采，问名，纳吉，纳征，请期，亲迎，六礼备而后成婚。卦不遽进而阴爻得位，故名渐。女，阴也。利，渐进也。贞，得正也。非戒词也。

《彖》曰：渐之进也（“之”字，古文如字）。**女归吉也**（王肃作“利贞也”）。**进得位，往有功也。进以正，可以正邦也。其位刚得中也。止而巽，动不穷也。**

之字作渐字，女归以渐，自无躁进之失，故吉。进得位以下皆利贞之义。煦按得位止言一爻，谓巽阴也，卦变卦综皆误。虞翻作否卦说，于理犹近。盖泰否两象，而天地阴阳往来升降皆在其中。此卦坤阴上而居四，乾阳下而居三，然阳之下交不难，阴之上行匪易，故不曰男婚而曰女嫁。然不远而进五，不远而进上，以阴之末交阳之初，是方交时，未能遽竟其终，故曰渐。进得位，虽兼三四言，然上用一进字却是专说巽阴，盖惟巽阴既进，然后三阳下也。与损卦得友同义。往有功，天地不交，何有化育？今交矣，由此而进，生生化化，安有穷极？故知往有功。如使阴进居阳，则必志刚而不免妄作，

---

① “孝”，库本作“弟”。

何能有功?坤故言邦,坤未进而得正,故曰正邦。其位刚得中,专指五言,兼三亦可,三亦一卦之中也。卦主四阴,又曰刚得中者,盖卦爻之升降皆有为之乾阳使然。此卦四进得位,皆三五之升降得位,故以其位刚得中,归功于阳。止而巽,动不穷者。又以卦德发渐进之义,盖妄动者多悔,躁进者多阻,皆非不穷之道。止则不妄,巽则不躁,故能其动不穷。互坎为通,故曰不穷。卦为渐进,非利则阻,曷由能进?二三四五各正其位,非正曷贞?家人亦二三四五各正其位也。故彼曰正家,而此曰正邦。

《象》曰:山上有木,渐,君子以居贤德善俗(郭京作"善风俗")。

山上有木,以渐而高。居贤德,修身也,艮象。善风俗,齐治均平也,巽象。

初六,鸿渐于干,小子厉,有言,无咎。

鸿,水鸟。卦互离坎,离为飞鸟,在水上,鸿象。鸿秋南春北,其至有时,其群有序,于渐义为切。婚礼用雁,取不再偶,于女归义为切,故六爻皆言鸿。鸿水鸟而乘风以飞,下卦艮止见坎水。干、磐、陆,皆鸿渐进而止于水际也。上卦巽为风,为高。木、陵、逵,皆鸿渐进而飞于风中也。干,水旁。中互坎流于山,故象干。进以高飞远翥为极,干则将进而尚未离水之象。内伏兑,外覆兑,兑为口舌,言象。厉,危厉,以在我而言。言,谤言,以在人而言。然在初而有渐,非躐等以强进,故于义无咎。此皆阴柔居下,上无应与,初进而未得所安也。煦按厉当作磨砺,渐而犹止,是尚未有进,而磨砺以须者也。

《象》曰:小子之厉,义无咎也。

位卑无应,不免危厉而有言语之伤,以义揆之则无咎。

六二,鸿渐于磐(《汉武纪》引作"般",裴龙驹注云"水涯堆也",杨用修取之)**,饮食衎衎,吉。**

磐,大石,艮石也。自干而磐,则远于水而渐进,然犹在磐,则皆有止义焉。互坎,饮食象。衎,和乐也。伏兑,乐象。言鸿渐于磐,而饮食自适,中心和乐,是德称其位,与上有应之象。吉即不素饱,本德称其位来,用修训堆为是,鸿固不栖石也。

《象》曰：饮食衎衎，不素饱也。

德中正而进有渐，上应中正之君，故不空饱而处之安也。

九三，鸿渐于陆（"陆"如字，三坎称平，变坤称陆，胡翼之、陆作逵、程子然之，谓云路也。《杨易》"天路亦曰陆，南陆北陆"），**夫征不复，妇孕不育**（荀作"妇乘"，一作"娠"），**凶，利御寇。**

此为止极，有滞塞不通象，御亦阻象，止合坎陷也。高平曰陆，坎水变坤地，本属高山，故象高平之陆。夫指三，艮少男，互坎中男，阳爻故称夫。妇指四，巽长女①，互大腹之离，阴爻故称妇。卦象女归，故言夫妇。征、往、复，反也。既止而遇坎陷，又当下卦之终，进而至于其极，一变则艮坎之夫象不见，故曰不反。中满大腹皆孕象，阳生阴死，坎阳死坤中，一变则大腹中满之象不见，故曰不育。坎为盗，为戈兵，坎盗变坤顺，故曰顺相保。三刚不中，又无应与，又当艮止，中互坎陷，是质性刚忿，行事乖方，莫有救正者。故径趋冥行而陷于非地，其占男女皆不利。然变坎成坤，顺以相保，故御寇为利。《易溯》曰三夫四妇，三互离见坎，火上炎则征，见水则不复，四互坎见离，坎血则孕，离虚则不育。

《象》曰：夫征不复，离群丑也。妇孕不育，失其道也。利用御寇，顺相保也。

丑，类也。少男互中男，又覆长男，爻变成坤，不见三男，故为离别群类。失道者，坤以得阳为得常，因以丧阳为失道。艮上互坎，又与上巽合离，逮艮阳动而化去。论艮坎之阳，则为离群丑而不复，论巽离之女，则阳爻化去便为失阳。失阳则复为先迷之坤，故失道。阴不得阳，失其常道，何有生育？御寇之道在于行险而顺，今坎变成坤，则险而顺矣，故为顺相保。

六四，鸿渐于木，或得其桷，无咎。

鸿栖在水，卦名渐进，取其飞扬而远也。干犹近水，由磐而陆则渐远矣。至木与陵则更远，此卦序也。卦中互坎，初在坎外，故为干。二

---

① "女"，库本作"男"。

三四皆能变坎,故磐陆木,皆取远水象,而木则尤高。二爻居中而变泽,故象磐,而取饮食之义。至三变坤,全无水象,故象陆,而取不复不育之义。四巽,互又变巽,故象木,而取得桷之义。桷,方椽。艮阳横列于上,桷象。桷以承瓦,巽主下阴,两开象足,今承以艮阳,故取此象。又坎为宫,四在坎上,亦桷象,桷则横而宽平矣。鸿趾不能握枝,故不栖木,若枝横而且平,其栖可安矣。或得者,意外之词,巽不果也。无咎者,木非鸿之所栖,宜若有咎,若得宽平者栖之,故无咎。得即得朋之义。三爻阳化阴,故失。四爻承阳化阳,故得。

《象》曰:或得其桷,顺以巽也。

取重巽之义,巽主爻,变又互巽也。

九五,鸿渐于陵,妇三岁不孕,终莫之胜,吉。

高阜为陵,爻变重艮,故象陵。陵又高于木矣。三岁不孕,与三同,皆指大腹虚中之离。离下变去,则为不育,离上变去,则为不孕。又二三四成坎中满,故孕。三四五中虚,故不孕。不孕非妇所宜,终莫之胜而吉,得所愿而孕也。谓二五中正有应也。

《象》曰:终莫之胜吉,得所愿也。

愿者,正应相合之愿也。据象而言,则为孕。

上九,鸿渐于陆(胡、程皆云作"逵")**,其羽可用为仪,吉。**

陆与三同,互坎化坤,故自干而陆。此则木在山之极上,故亦言陆,乃三凶上吉者。三陆坎险,且又在下,虽云渐陆,言栖止也。栖陆则不得其所,非能进矣,故凶。鸿以高飞远翥为善,此居上卦已在山木之极上,是鸿飞也。又当极处,是高飞远翥而得其地者,观其羽之言可知。仪,羽旄旌节之饰,谓言坊行表,为邦家光也。所处既高而光辉远布,故吉。学者熟看此卦,方知《周易》取象之义。

《象》曰:其羽可用为仪吉,不可乱也。

可用为仪,谓足以致用也,即大象善俗之义。不可乱,在鸿则为列阵有序,与凡鸟不同。在人则为学足应世,非势利可得摇也。又即以渐之义。

归妹

☳☱兑下震上

女谓嫁为归，长为姊，幼为妹，因震长男，兑少女，故称妹。卦以少女从长男，其情因悦而动，所谓饮食男女，人之大欲存焉，故曰归妹。《京传》曰：渐为艮归魂，乾终也。归妹为兑归魂，坤终也。故曰天地大义，人之终始。八卦之变，归妹为终。邓绮曰：万物出乎震，悦乎兑，故坎离南北，阴阳之消长也。震东兑西，万物之生成也。

归妹，征凶，无攸利。

渐曰女归，自彼归我，娶妇者也。此曰归妹，自我归彼，嫁女者也。一娶一嫁，覆卦之义，故相反。旧注曰诸爻自二至五皆不得正，又以柔乘刚，故征凶而无所利。煦按三阴三阳之卦皆具天地相交之象，其阴阳相交之二爻，当与不当而吉凶判矣。渐卦上阳为天，初阴为地，中互离坎，日在月上，是合朔时，阳进而就盈，故取渐进之义。归妹上阴为地，下阳为天，中互坎离，月在日上，是望满之期，阴进而就盈，故取归妹之义。上下逆顺，吉凶所以判也。渐象否，阳初下交，有似于娶，故吉。归妹象泰，阴初复位，似乎女嫁，故凶。观此则《周易》贵交贵阳，亦愈了然。《彖传》所由曰天地交也。宜曰《彖》唯临井言凶，否剥言不利，归妹兼之，妇居阳位，夫居阴位也。

《彖》曰：归妹，天地之大义也。天地不交而万物不兴，归妹人之终始也（《杨易》上二十四字俱改入《文言》）。**说以动，所归妹也**（马作“所以归妹”）。**征凶，位不当也。无攸利，柔乘刚也。**

阴阳交而万物始生，男女亦阴阳也。归妹虽女道之终，而生育之事于此造端，故为天地之大义。震东兑西，离南坎北，四时之象，此卦独全故也。又人生始于乾而终于坤，杂卦曰归妹女之终也。妇人从一而终，故言终。有夫妇然后有父子，故言始。悦而动是牵于情欲之私，而乖于义理之常者，故曰所归者妹。此只泛论卦象，不必

拘定嫁娶。征凶者，阴退居阳位，阳进居阴位也。又自二至五皆不得正。无攸利，三乘二刚，五乘四刚，是夫屈于妇，何所利也？位不当则紊男女内外之正，柔乘刚则悖夫妇唱随之理，故征凶无攸利。《易意》曰：三性媚而成躁，四情动而易溺，故征凶。爻于三，训其须，于四勉其迟，亦戒征也。此全论主爻极是。

《象》曰：泽上有雷，归妹，君子以永终知敝。

兑女悦动，以从长男，合之不正者也。泽上有雷，水气随之而升，故象归妹。男女之交始以正合，乃可善终。若合之不正，久必乖违，故须谨始。永对暂，终对始。永终，久后之说。兑毁折，敝象。互见坎通离明，知象。谓兑阴终居前，震阳始在后，阳既始，亦愈见阴之终，故主兑而专言永终之敝。敝坏即终也，若阳始先，阴终后，则所包无限，故为随。随谓相随，亦渐义也。然蛊随渐归，皆阴阳始终上下者也。随蛊得元亨者，随之阳始阴终，蛊之阴始阳终，皆包罗无尽也。渐阳终阴始，归阴终阳始，主爻皆紧紧相接，止见相交之义，故皆取象夫妇，此即先后天图相交之妙。四隅之卦阳始阴终交，阴始阳终交，皆各换二爻。阴始不克与阳始交，阴终不克与阳终交之义也。

初九，归妹以娣，跛能履，征吉。

长曰姒，幼曰娣，妯娌之称。《曲礼》世妇姪娣为媵。即幼妇从嫁以适人，而非正室也。兑为妾，初在下，娣象。兑毁折，变坎为曳，跛象。初足爻，履象。二互离目，见毁折，则言目眇矣。居下无应，娣妾之贱者也。然阳刚得正，是有贤德，可成内助之功者，故有能履之说。履，礼也。礼以下人，是能顺从乎上，维持调护承助正室者，亦犹跛虽踦侧而犹能行也。征吉，见位贱而能曲从也。此与履之跛眇不同，彼谓不能而强为能，此言宜若不能而曲为能也。

《象》曰：归妹以娣，以恒也。跛能履吉，相承也。

变坎故曰恒，恒，天地之常道，坎之常德行是也。有嫡有妾，人道之常。初在下，无正应，其分为娣，是乃常道，即九二之常字。跛能履吉句，相承，与以恒叶，不及征字者，征为占言，此就娣言也。相

承指二,谓初能承二,即娣字之故。恒以分言,初下之位也。承以德言,与二比也。

九二,眇能视,利幽人之贞。

眇,偏盲,一目明也。或目邪,皆为眇。互离,视象。离目淹于坎水,爻变不成离,眇象。兑覆巽白眼,亦眇象。幽人之贞,遭时不偶,抱道自守者也。二阳刚中有应,与初之无应异矣。但所配阴柔,是女贤而无贤夫,不能成内助之功者。眇也者,在下居中,宜若不能远视。能视者,知之极明也。但曰知之明,非如初之有行可知。诸爻言归妹,而此独不言,居兑中而有应,是嫡而非娣也。

《象》曰:利幽人之贞,未变常也。

一与之齐,终身不改,妇道之常。居中守正,故未变常。煦按阴终与阳始,会为一卦,乃循环不息之常道也。

六三,归妹以须(幼清云荀、陆作“嬬”,《考异》云作“醹”)**,反归以娣。**

郑本须有才知之称。来矣鲜引须女贱妾之称。又引古人以婢妾为馀须,与下娣字犯重,非也。程传本、虞翻作待字解,极是。爻为兑主,正所归之妹,因处卦终而亢极,其为时必久,故云须。卦取长男嫁妹,此爻适与震接,故因其久而未嫁,授其权于震,而曰反归以娣。娣即妹也,由长男称也。不及父母之命,而嫁由长男,故曰反归以娣。反者,颠倒之义。震为反生故曰反,是即震性下连之义。

《象》曰:归妹以须,未当也。

阴柔居阳,过中不正,故曰未当。虞翻曰初至五,体需象,故曰须。须即媵妾待年之义。

九四,归妹愆期,迟归有时。

此为上卦主爻。三之须指所归之妹,此之迟指归妹者言。三曰反归以娣,资兄力也。此曰归妹,长男嫁三阴也。卦唯二五有应,两主爻皆无应,无应则无配合,故一须一迟。三之归娣,四之有时,皆非终不归也。互坎月,离日,期象。变坤而日月不见,故愆期。坎曳

震行,亦迟象。坎离震兑,四时象备,故言时。四时运转不息,故必有时。

《象》曰:愆期之志,有待而行也。

坎志,震行也。用一志字则知愆期者,无应也,故须待。

六五,帝乙归妹,其君之袂,不如其娣之袂良。月几望(荀作“既望”)**,吉。**

帝乙归妹者,坤纳乙,五称帝。泰之归妹,坤五下交乾二也。此之归妹,明三自坤爻分出,五上三下,故娣之。坤主二,坤二当五位,故称帝乙。袂,袖之下垂者。良,美也。乾为衣为美,内外之阳皆在下,上得一,下得二,良不良分矣,变兑毁亦不良也。袂又礼容之外著者。论上坤,则中具而外缺。论兑主,则在外而昭著,故君不如娣良。若以理论,三不中正,居内卦之外,有尚容饰之象。五柔在中,有不尚容饰之象,故不如。坎月离日,震东兑西相望,故曰望。由震趋兑,是自朔而至于上弦,将与望近,故曰几望。月象女主,帝乙故象月,月本应日生明。几望者,柔中而下应以阳,与小畜中孚几望同义。

《象》曰:帝乙归妹,不如其娣之袂良也(《举正》无“也”字)。**其位在中,以贵行也。**

所归之妹自五而出,故以为其位在中,以五而下应二,故曰贵行。贵则非妾媵可比,故不烦过饰。震动故言行。

上六,女承筐无实(郑作“匡”)**,士刲羊无血,无攸利**(“刲”,若圭切)。

矣鲜兑为女,震为士,筐乃竹所成,震为竹,变离中虚,无实象。兑为羊,互坎,血象。自下受上为承,离为戈兵,刲象。刲,屠也。羊在下,血在上,无血象。煦按此皆无应之象,据三应震,则为承筐,变离则无实矣。据上应兑,变离则屠羊矣。两火灼水而不应,则无血矣。既不相应,亦何所利? 非夫妇,故言士女。

《象》曰:上六无实,承虚筐也。

虚筐,震变离也。

丰

䷶离下震上

丰，盛大也。以明而动，盛大之由。又雷电交作，其势盛大，故曰丰。明于内而动于外，则多故。止于内则吝，明于外则好察，宜乎其亲寡也。订曰噬贲丰旅，皆明慎之用也。《易》言刑狱，皆取离，唯明克允也。煦按明与动合，则折狱明罚，动故也。明与止合，则无敢不留，止故也。

丰亨，王假之，勿忧，宜日中。

丰自有亨道，非丰后方亨也。假，至也。王者车书一统，然后可至也。离日在下，日已昃矣，故爻言见斗见沬。离日王象，坎忧象。坎伏，勿忧象。明而动于上者，无如日月，故通卦多言日月。煦按丰亨即富有天下，故曰王至之。王至之则必无敢戏渝，不敢以天命为可恃，犹曰勿忧宜日中者。丰则事烦，宜乎多忧，今之富财翁往往如此。宜日中者谓若皎日中天，烛之以明，无微不照，何忧之有？谓若明目达聪，普被于天下也。观《彖辞》宜照天下可知矣。凡卦爻之气皆迁流不息，与天运之阴阳合德，故丰卦有日出日中日昃之象。

《彖》曰：丰，大也。明以动，故丰（林栗、蔡杭作“故亨”，《杨易》从之）。**王假之，尚大也。勿忧宜日中，宜照天下也。日中则昃**（孟作“稷”），**月盈则食**（一作“蚀”）。**天地盈虚，与时消息，而况于人乎？况于鬼神乎？**

大谓不狭小，故丰之丰，宜作亨。明以动，则无可阻之势，故亨。然唯王克至之，以其上进而至于大也。非明则动无所之，而不可以大，非动则明无所用，而不可以大。唯明动相资，则王道由此恢扩，故又以为进而大。至，言动也。王，言明也。震故言进。离为明为王，震亦为帝，富有四海，不免兢兢业业。勿忧宜日中，谓当普明照于天下，故曰宜照天下，谓烛之以大明也。所以然者，则以天地间盈虚消息，往来递嬗，自然之运所必有也。坎伏故勿忧，四时象备故言时。体噬嗑，食象，故言食。子瞻曰离日见兑西，昃象。坎月见兑

毁，食象。煦按大腹中虚而兑口动，食象。明中言动，故曰勿忧宜日中。动中言明，故举昃食盈虚之理以言之，欲其明耳。辅嗣言大阍曰蔀，小阍曰沛，沫即昧。阍盛则明尽而见斗，未甚则明微而见沬。来矣鲜谓沛则雨作而沛然，沬则雨集而流沬也。诸爻二体暗，而四蔽于重阴，虽阳亦暗，故见斗之系同。三重阳比阳则不暗，故第曰沛曰沬。初上在外，初向晨，上昧爽，暗不在翳，故一以蔀沬系。上当暮夜时，屋即是丰，家即是蔀，雷电愈高翔而屋愈暗，向晦故耳。与日中之暗异，故无见斗之文。五当阳之主，故不言暗。煦按明可以盛大，故宜日中。暗不可以盛大，故向晨向晦。为沛为沬，皆各有忧焉。六二正处离中，其丰蔀见斗也，是日中而昏暗之甚也。九三唯来氏得解。九四之丰蔀见斗，变夷而日入地之昏暗也。上六之丰屋蔀家，则昏夜之时与日最远，故不言日中。通卦皆从下离起义，为日当在上也。明夷日在地下，故为明之伤。此离在下而动，非将入之日则将出之日，将入则爻有见斗昏暗之说，将出则象有日中之说。

《象》曰：雷电皆至，丰，君子以折狱致刑。

雷火与噬嗑同，入大过死象，故折狱致刑。兑折为刑，威照并行，丰象。始而问狱，法电明以折之。既得其情，终而定刑，法雷威以断之，始当其罪。蔡介夫曰明勅以立法曰先王，折致以用法曰君子。折，象电照。致，象雷威。

初九，遇其配主（郑作“妃主”）**，虽旬**（“虽”，《杨易》作“唯”，“旬”作“匀”，误也。《笔乘》引荀爽作“均”，刘昞作“钧”）**无咎，往有尚。**

遇字详噬嗑。配主谓初自下视上，故称四为配主。四震主，配言应也。若四自上视下，则目初为等彝矣。卦辞象以一日，故曰宜日中，爻辞象以一月，故曰虽旬无咎。旬，十日也。下卦三爻皆日也。论一月则初为一旬，是正丰之时，明动相资，故曰遇其配主。能相资以济丰，则虽丰已一旬，亦无灾咎。尚，进也，初与动应，故言往，往有尚，即遇配主也。荀、刘作均，谓皆阳，言彼此不相下也。

《本义》从之①，然《小象》明曰过旬灾也，岂不回顾小象乎？

《象》曰：虽旬无咎，过旬灾也。

离爻初三明而二暗，故二有丰蔀见斗得疾之系。论一月三旬，初当一旬，过此则为六二暗昧之地。故云过旬灾，即象辞盈虚消息之义。

六二，丰其蔀（郑、薛作"菩"，云小席），**日中见斗**（孟喜作"主"），**往得疑疾，有孚发若，吉。**

蔀蔀，草名。互巽，草象。巽，柔木，言茅言草昧，皆取巽也。斗乃夜中所见，日中而见，暗昧极矣。中阴乃先迷之爻，犹云不见日耳。本卦离日在下，震蕃草，在日上，故象丰蔀。言若丛草之覆蔽也。坎为狐疑，又为疾，伏坎故言疑疾。自心猜疑之病，暗蔽极盛之象也。离中虚，故言孚。发，开导也。伏坎为通，故取有孚发若之象。言往必见信，昏昧可开也。孚发皆自本爻说，非指应爻。

《象》曰：有孚发若，信以发志也。

坎离得乾坤中爻，故言志。信以发志，先蔽后明之象。

九三，丰其沛（古或作"旆"，子夏、郑本作"芾"，祭祀之蔽膝。杨作"市"，谓诸儒改"市"为"沛"，为水之滔然，非也），**日中见沬**（子夏、郑、马皆作"昧"）。**折其右肱**（姚作"股"），**无咎。**

矣鲜曰沛，泽也。沬，水源也。涎沬濡沬乃霡霂小雨，不成水者。互兑泽，沛象，变坎，沬象。二巽主，故象蔀。三泽水，故象沬。王弼以蔀为覆暧，以沛为旆，以沬为斗旁小星。不知雷象在上，中爻有泽有风，方取沛沬之象，有何旆象哉？肱，手臂，变互艮手，肱象。兑毁，折象。古人尚右，故阳右而阴左。阳爻阳位为右，阴爻阴位为左，《易》爻左右莫不如是。此阳爻阳位故言右，右肱便用，折则无用矣。处明极而上应柔暗，则明有所蔽，故为丰沛见沬之象。明蔽则有用之材归诸无用，故为折肱之象。虽不见用乃上之咎，于三何尤？故无咎。

---

① "本义从之"，库本作"义似可从"。

《象》曰：丰其沛，不可大事也。折其右肱，终不可用也。

不可大事与遁同，皆艮止也。盖立大事以保丰，必明动相资，今变艮土，其明既废，不明而又止，安能大事？爻辞言未变时，《象辞》说既变也。右肱既折，自不可用，不必言应。

九四，丰其蔀，日中见斗，遇其夷主，吉。

变明夷，故称夷。夷主详涣四，明伤故见斗。夷等夷，谓初也。初四同德也。二之丰蔀见斗，离之中阴互巽也。四之丰蔀见斗，比于五上之阴。震蕃草而互巽，离日又在其下，化明夷而伤明也。吉谓明动相资，离为日为见，变坎云而值巽入，日入云中，故见斗。

《象》曰：丰其蔀，位不当也。日中见斗，幽不明也。遇其夷主吉（郭京以"吉"字连上句，下作"志行也"）**，行也。**

离明而动，以阳居阴，震动而互巽变坎，故位不当。变坤互坎而明伤，故幽不明，应初明故吉。震故言行。

六五，来章，有庆誉吉。

应爻离明，故章。二与五同德，故来章。庆，福也。变乾故称庆誉，二多誉也，又详旅上。兑口乘五而变乾，乘之者明以动，故庆誉吉。集曰阴之美曰章，臣有其美曰含，王受其美曰来。

《象》曰：六五之吉，有庆也。

兼明动二爻以变乾，唯五有之。

上六，丰其屋（《说文》作"寷"）**，蔀其家，阒其户**（《说文》作"窥"）**，阒其无人**（孟"阒"作"室"，姚作"阅"）**，三岁不觌，凶**（"阒"，倾入声）。

此与明夷登天入地相同。丰屋者，丰亨富贵必润屋也。丰屋，初登天也，故《小象》以为天际翔。蔀家以下，后入地也。谓草生于屋，非复前者之炫耀也。丰蔀分为二句，可知丰屋乃丰盛之丰。煦按卦有风火之象，故称家。震覆艮，兑伏艮，重门迭户，故丰家。蔽于二阴，又见震巽，故蔀。应三互巽离，巽眼离目。目而近户，故窥。阒，寂静也，谓无人也。三离数，觌亦离象，泰上复隍，丰上阒寂，处

承平岂易哉。上六柔暗,处明动丰亨之极,奢侈日甚,故有丰屋之象。然势极则反,离明反暗,故有蔀家之象。动极反静,故有阒寂之象。至于三岁不觌,凶可知矣。

《象》曰:丰其屋,天际翔也(郑本"际"作"瘵"。瘵,病也。孟喜"翔"作"祥")。**窥其户,阒其无人,自藏也**(郑本"藏"作"戕",伤也)。

上天位,屋形穹窿而上覆,故曰天际翔,象上之崇高也。言势位执手可热,及其败坏,光彩气焰不期掩藏而自藏矣。

旅

☶艮下离上

旅,羁旅。羁,寄也。上从四,山止于下,火炎于外,内为主,外为客。山止而不动,犹舍馆。火动而不止,犹行人。全曰篆旅作㫃,从人行而止也。旧以军旅,从众人在旗下。

旅,小亨,旅(《杨易》:"旅"字衍)**贞吉。**

小亨贞,皆主离阴,是阴亨于阳中而得正者也。旅去其所止而不居,旅途亲寡,势涣情疏,纵有亨通,亦必微小。以五阴得中而顺乎上下,艮止而丽乎离明故也。

《彖》曰:旅,小亨(《杨易》:"小亨"衍文)**,柔得中乎外而顺乎刚,止而丽乎明,是以小亨,旅贞吉也。旅之时义大矣哉。**

柔中顺刚,主五也。柔得中不取辱,顺乎刚不招祸,止则不妄动,明则识时宜,此处旅之正道,故小亨贞吉也。下赞时义之大,明小亨之说非谓小事,与豫随姤同。

《象》曰:山上有火,旅,君子以明慎用刑而不留狱。

狱不可误,故贵明。明,离也。慎,艮止也。不留者,明而能止也。坎为狱,不见故不留。集曰恃明则不能慎,过慎则迟疑而易留。慎在明先,所以善其明。明在慎先,所以精其慎。

初六,旅琐琐,斯其所取灾("斯",郭京作"㱇")。

琐,细屑猥鄙意,又小也。艮为小石,初变两离,故琐而又琐。

谓羁旅中,计财利得失之毫末也。斯,此也。见招人轻侮,非自外来。一曰斯,贱也,即厮养之称,柔而位下故也。

《象》曰:旅琐琐,志穷灾也。

初由中出,变离伏坎,故言志。本丰之穷大失居,覆而成旅,在初而与丰反,故言穷。穷通之反,坎伏故也。凡阴阳相应皆善,而外明内止则否,外明则琐琐之态不能匿,内止又不能有所受,故以为志穷。志穷者,内止而未能有行也。离坎故言灾,灾从火,天火谓之灾。揆曰丰上远二,明穷于外动,旅初远五,明穷于内止,故为自取之灾。

六二,旅即次,怀其资(《笔乘》:"资,一作齐。"应邵曰"齐,利也"。《庄子》:"磨齐斧以伐朝困。"齐、资古通。古一作"资斧"),**得童仆贞**(九家"童"作"僮")。

二在中,方称即次,则初之穷在道者也。初,足爻也。即,就。次,舍也。艮为门,为庐舍。二处止中,即次,得安之象。资,赍也,谓财也,旅中之用也。互巽近市利,怀资象。小曰童,长曰仆,艮少男也。贞者,良善不欺也。阴实居中有孚,贞信象。无应而比于主艮之阳,得阳故象怀资,即得朋也。艮阳附以二阴,故象童仆。即遁三畜臣妾之义。在遁言于三,故以为畜,畜初二也。在旅二比于三而资其力,故言得,得阳也。《易》言得失,皆本坤来。贞者,二柔依止而得正,三亦得正者也。

《象》曰:得童仆贞,终无尤也。

尤者,人过我之言也。在二言终,谓三也。故知童仆指三,三阳居阳位,故言贞。得童仆而贞,故无外咎之尤。

九三,旅焚其次,丧其童仆,贞厉。

艮为庐舍,与火相逼,互见巽风,三动艮坏,焚次象。二以得三为得童仆,今艮动变坤,非复艮男,故丧其童仆。坤故言丧,贞言未变,阳居阳也。不能即次,而又丧童仆,虽正亦危。程传贞字连上,谓失其心也。矣鲜宗之。《本义》贞字连下,谓丧童仆则不止失其心。

《象》曰：旅焚其次，亦以伤矣。以旅与下，其义丧也。

焚次谓与上离相接，下谓二阴，自二之中正视三，则三为童仆。自三之阳刚视二，则二又为下。以旅与下，犹言以刚接下，阳居阳位也。化阴，成失朋之坤①，故丧。

九四，旅于处，得其资斧（子夏诸家作"齐斧"，虞喜《志林》曰"齐当作斋"，后遂讹定为斋戒，受黄钺之典故），**我心不快。**

处，居也，息也。即次则就其旅舍，已得所安，为在艮庐中也。处者，行而暂就栖息，在艮庐外也。艮土性止，离火性动，故次与处不同。资，助也，财货之类。斧所以防身，资所以自利，皆旅之不可无者。离戈兵，斧象。二之得，以阴而得三阳。四之得，以阳而得五阴，皆阴阳相资之义。二阴爻，故于资但曰怀，本有者也。于童仆始曰得，比三也。四之承应皆阴，故直曰得。资斧皆取阴爻，阴有形也。旅处则非三之焚次，得资斧则非三之丧矣。伏坎变互坎，皆不快象。四为心爻，变坎，水淹离火也。山上本不平之地，以阳居阴，又在庐外，故《象》曰未得位。爻变重艮，以兑金凿巽木，再辟庐舍，资于斧者良多。将必有勤劳待之于后，所由曰其心不快。然旅处而不得位，皆不快之故也。

《象》曰：旅于处，未得位也。得其资斧，心未快也。

以未得位释处字，知非即次者比。以得资斧为未快，知必有勤劳在后矣。此爻当宗王弼，然全爻皆未得位之象。

六五，射雉，一矢亡，终以誉命。

离为雉，伏坎，矢象。未变则有雉矢两象，变乾则有雉飞矢亡象。兑为口，又悦体，以口悦人，誉象。《易》中言誉者皆兑，蛊用誉，蹇来誉，丰庆誉，皆兑也。来则自外而至，命则自内而出，皆由离象也。丰应离，蹇互离，蛊变离也。以，用也。言用此誉以命于所应之二也，互巽故言命。《易简录》曰解二坎中阳，故曰得矢。旅五离中虚，故云失矢。

---

① "坤"，库本作"阴"。

《象》曰:终以誉命,上逮也。

上,五对二之词也。逮,及也。自上命之而二得之,故曰上逮。二[1]之终无尤,五之终以誉命,两终字相应。

上九,旅[2]焚其巢,旅人先笑后号咷,丧牛于易(《释文》作"丧牛之凶"),**凶。**

离木科上槁,巢象。上位极高,下巽。上变震木,在木上,故象巢。震木遇极高之火,鼓以巽风,焚巢象。是亢高而不获安处,旅人穷极之象。三为人位,艮又为人,应三故言旅人。先笑者,上九未变,互兑悦,笑象。一变而震动焚巢,成小过灾眚之凶,岂不号咷?无资可怀,且无守卫,欲止无地,欲行无资,何凶如之。虞翻曰离为牛,与大壮羊同,易即场,田畔地也。震大涂,故有此象。煦按笑与号咷,皆取兑口,以兑承离,水火烹饪有声,则先笑以兑承震来虩虩之爻,故号咷。

《象》曰:以旅在上,其义焚也(一作"宜其焚也")。**丧牛于易,终莫之闻也。**

在上者,孤高尊大之意,宜其不得所安也。妄自尊大者,人必不肯规谏,故终莫之闻。丧牛于易,离为牛,变震大涂,故象易。震动故丧牛,伏坎耳痛,故莫之闻。

巽

☴巽下巽上

巽入也,顺也。阴入于阳,下而顺阳也,风亦取入义。兑口向下,故言命令。朱子外见巽伏之说良是。因巽有伏义,故周公九五爻直言所伏之震,孔子《杂卦》亦以为巽伏也。一阳一阴之卦皆主一阳一阴,谓二阳一阴,阴非为主,特为阳用者非也。巽从二弜从丌,弓即节也,古文作顨。

---

① "二",堂本作"三"。
② "旅",通行本作"鸟"。

巽(古文作“𢁉”),**小亨,利有攸往,利见大人。**

阴爻卑而处下,上比于阳,故言小者亨。阴称小也,非小事之亨,利有攸往即亨也。利见大人谓上比二五中正之刚,比刚故利往,比中正之刚故利见。凡由下而上皆称往,互离故言见。震亨亨于得,故复曰来复,坤体故也。巽亨亨于施,故《彖辞》曰命,乾体故也。观刚巽乎中正,则施可知矣。

《彖》曰:重巽以申命(《杨易》以此句入《文言》,又曰当添“巽入也”三字,非也。晁、徐、郭、王、何、《举正》下有“命乃行也”),**刚巽乎中正而志行,柔皆顺乎刚,是以小亨,利有攸往,利见大人。**

孔子全举卦辞,可知下文皆小亨之事,主阴故也。重巽,上巽下巽也。申命,丁宁重复也。兑口向下,巽由乾变,若天之命自上而赋物者然,故曰命,重命故曰申。刚巽乎中正之刚,指二五,即卦辞之大人。柔指初四,顺刚之刚指二三五上,志由中出者也。凡卦初为内,三为外,若使志由中出,外仍有阻,乌可言亨?今二五比于初四,以中正之刚与初四两阴相得,则是二五之刚能巽顺乎初四,故初四之在内者,其志得行而利往也。大人,二五居人位也。二五有逆,初四安所得利?今既利见,则二五之刚巽乎中正,而初四之利往可知。柔皆顺刚,又见阴必附阳,以明阴阳相倚之义,因以明利往利见之故。

《象》曰:随风巽,君子以申命行事。

随,相继之义。申,重义也。申命,随风象。随言委曲入物,无所不顺,命虚故曰申,事实故曰行。行者,巽主足爻也。《隅通》曰惊蛰之节,以雷得名出乎震也。清明之节以风得名,齐乎巽也。

初六,进退,利武人之贞。

巽为进退,阴柔居下,卑巽象。变乾纯刚与履三同义,故皆曰武人。盖阴居阳位则不正,变乾则贞矣。

《象》曰:进退,志疑也。利武人之贞,志治也。

志者,心之所出,在中者也。初则由中方出,故为一卦之中,而爻多言志。此卦主初,故象言志行,而当爻则两言志也。治与疑反,疑则乱,治则不疑。人之行止视乎志。初曰进退,方寸已乱,故疑。

若济以刚果,则心有定见,疑惧消而不乱,故利。凡爻之才,阴则柔而阳则刚。凡爻之志,位奇则志刚,位偶则志柔。变乾故治,阳治而阴乱,所谓乾元用九,天下治也。

九二,巽在床下,用史巫纷若,吉无咎。

初阴在下,二阳在上,床象,故剥亦象床,又与藉用白茅同义。宋衷曰巽性伏,二无应而比初,心在于下,故曰床下。此正《彖辞》刚巽之刚,故曰巽在[1]床下。史掌卜筮,史巫者,善卜筮之巫也。男曰觋,女曰巫,巽长女,故象巫。互兑为巫,为口舌,为毁,为附,纷若象。纷者,缤纷杂乱貌,若语辞。巫者,击鼓,击缶,婆娑其舞,不安宁之事也。煦按巫者求神于阴,即二巽床下之象。初阴居阳,二阳居阴,均过于卑巽者。阴居阳,故教以男子之武,欲其勇往直前。阳居阴,故教以女人之纷,欲其抖擞奋发,均为卑巽勖也。两巽于床下,皆过于巽。史巫纷若,则过而不过。丧其资斧,则柔懦不振,失阳刚之德,过而过矣。宜曰床,巽画象。反睽,鬼象。见兑为史巫,见三女为纷若。古礼尊者在床,卑者拜于床下。

《象》曰:纷若之吉,得中也。

和中则能酌浅深之宜,不至过于卑巽,故吉。

九三,频巽,吝。

两巽之间故曰频巽,曰频则其中有不巽矣,是频失即在其中,故吝。王伯厚曰柔而刚则能迁善,刚而柔则能顺理。复三柔而不中,勉为初刚而屡失。巽三刚而不中,勉为初柔亦屡失。

《象》曰:频巽之吝,志穷也。

三刚而处刚乘刚,安能巽?志穷谓心虽欲巽而不得巽也。变坎故言志,下卦之终故曰穷。频巽即进退之象。人心之穷促者,必进退不果也。

六四,悔亡,田获三品。

此正刚巽乎中正而志行,柔皆顺刚之爻,承乘皆阳,则无所逆。

---

① “在”,库本作“于”。

三品谓巽鸡,兑羊,离雉也。一曰祭祀,宾客,充君之庖也。有悔,阴柔无应也。变乾而上下应之,悔亡而田获三品也。获,得也。说在阴爻,得朋之爻,又坤统三女也。

《象》曰:田获三品,有功也。

地道无成,顺阳斯有功。

九五,贞吉悔亡,无不利,无初有终,先庚三日,后庚三日,吉。

巽为阴凝之始,五阳居中得正,故悔亡而无不利。日月之见巽象。乃十六平明,微阴见辛时。庚则月朔,明生震象时。巽阴初见之辛,顾言震象初见之庚,巽之伏也,故《杂卦》亦言巽伏。九五正巽阴之刚,阳巽巽乎阴,阴顺顺乎阳。《易》中阴阳迁转,变动不居,故卦位虽论一爻,而乘承变动,每随时变易,但恒在事前耳。故爻辞或因终而言始,或因始而言终,或因睽而言合,或因止而言行,变动不拘,所由能知来也。爻变为蛊,故与蛊卦同辞,蛊言终则有始,指阴终阴始而言,危之也。巽为阴生之始,举震阳之生而盛者为言,幸之也。无初者,坤也,即先庚也。有终者,震兑也,即后庚也。盖阴象先迷,先迷则无,逮于生明,其象始见,见斯有矣。若蛊卦全言阴象,阴无可见,故但考之以时,谓为终始。蛊以先甲后甲言阴之终始,是究极将然。此卦互兑,爻变互震,故以先庚后庚特言阳始,亦是究极将然。初之无由巽阴托始而来,则终之有由坤阴既盛而往矣,迁转之义合如是也。阴始而言阳始,贵阳也。爻义止贞吉悔亡,无不利尽之。下举天象,明获吉之由耳。详具《函书》首传①月窟条中。得位故贞,无应宜悔,比阴故悔亡也。

《象》曰:九五之吉,位正中也。

正中即无初有终,盖巽体本阴初而阳终,乃此爻适当位中。震之为象,坤无在前,兑有在后,震象适当其中故也。《周易》卦爻止言阴阳,离阴阳而言卦爻,未见为当矣。

上九,巽在床下,丧其资斧(“资”见旅卦),贞凶。

① “首传”,库本作“又见首卷”。

离戈兵，互兑斧象。上处亢极，穷而返下，故亦有巽在床下之象。二上两言巽在床下，与屯之二上两言乘马相同，论爻非有异旨也。阳变阴故丧，变坎盗亦丧也。三五不言巽床下，三过刚，五中正也。卦至上爻，每兼下卦而言，通例也。贞者，巽本美德也。在阴言获，在阳言丧，得朋丧朋故也。煦按《京传》，丧资斧为失断之象，为居重巽之极也。

《象》曰：巽在床下，上穷也。丧其资斧，正乎凶也。

上穷指时位而言，井而巽，则上出不穷。巽而井，则床掩其幕，故穷。

兑

☱兑下兑上

阴口向外，喜悦之外见也。口柔向外，亦媚悦象。阴性降而悦物，恩泽润物象。其口外张亦讲说象。坎水而塞其下流，故象泽。

兑，亨利贞。

刚中故亨，柔外故利贞，坤德也。盖悦有亨道，而妄悦则不可不戒。订曰巽内柔外刚，其质柔也，故止小亨。兑内刚外柔，其用柔也，故亨。曰利贞，犹主内刚也。煦按柔言利贞，是用六之爻，由坤之利永贞而出。三男之卦言亨，是用九之爻从元出也。凡三阴之卦皆主阴，此利贞字为主阴也。至元字唯乾有之，自乾而外皆乾所亨，故诸卦止得其利贞。

《彖》曰：兑，说也。刚中而柔外，说以利贞，是以顺乎天而应乎人。说以先民，民忘其劳。说以犯难，民忘其死。说之大民劝矣哉。

兑说与咸感同。咸，无心之感。兑，无言之说也。初二四五皆刚之在中者，专指二五亦可。刚中字不重，非主爻也。特为柔外而言，柔外三上也。刚中则其心诚实，柔外则接物温和。说与利贞皆是主阴一边道理，内刚健而外和柔，则必顺利。外柔顺而内刚介，则必正大。顺天者，兑本乾体，坤有顺德，坤柔而附刚上，故顺天。应人者，二五人爻，而附以坤阴。阳为感而坤为应，故应人。顺与应即

亨而利贞之妙，以下则推广言之。阳君阴民，说主在上，则必下及于民，故遂言民。说口在上，则必说及其君，故遂以为忘劳忘死。凡皆刚中柔外之妙，利贞之实也。劝民与民自劝远矣，故圣人大之。

《象》曰：丽泽兑（郑作“离泽”）**，君子以朋友讲习。**

此以说作论说，两口相对也。两泽交相浸润，互有滋益，亦如朋友讲习，亦两益也。朋非一人，习非一事，皆丽字之义。

初九，和兑，吉。

卦名兑悦，诸爻皆有和义，特看所处之正不正耳。此爻位下而居初，由是在中之爻，上又无应，故止以自心在中之和悦为言，犹未施之于用，故《象辞》以行未疑言之。阳刚则不失于柔媚，处下则不出于躁动，无应则不暱于私系，自悦其志而发无暴戾，安得不吉？

《象》曰：和兑之吉，行未疑也。

行未疑在未行时说，故知和兑止说在中者也。变坎为狐疑，此亦未变之象。上六引兑，阴阳相比，则未光。初爻无应无比，故无所疑。

九二，孚兑吉，悔亡。

卦无应与，专论阴阳相比，刚中居二为孚，承比阴柔，有所私系宜悔。刚中而孚信内充，虽比而仍不失正，故吉而悔亡。

《象》曰：孚兑之吉，信志也。

志出于心，在中者也。信即孚也，与革四辞同义别。革人信，此己信也。初远阴，二近阴①，故不免于疑，而志则可信。

六三，来兑，凶。

来者，自外之称，不由中出也。初一卦之中，二下卦之中，故一系未疑，一系信志，皆说自心。兑本乾体，坤阴自外来交于乾，不由中出，故凶。又爻与上兑相接，承之以阴，故来兑凶也。

《象》曰：来兑之凶，位不当也。

居刚不中与上兑接，又承之以阴也。

---

① “二近阴”，堂本无。

九四,商兑未宁,介疾有喜(“介”,徐作“戒”)。

商,度也。互巽不果,商象。位当心腹之爻,居上下往来之交,故象商。又象未宁,又象介。介即界限,阳又有刚介之义。商者四,介者九,变坎为疾,疾即不宁之象。比于中正之五,则不能舍公理。比于来兑之三,则不能割私情。故商度未宁而有介疾也。然阳刚居悦体,巽而在下,故有喜。一作介然守正,疾恶柔邪,而相喜于同体之五,则有喜。

《象》曰:九四之喜,有庆也。

乾称庆,四为阳爻也。

九五,孚于剥,有厉。

二五皆中,二之孚,在中之孚,信志者也。五之孚,说人之孚,与上比也。剥谓阴能剥阳,指上六也。兑五正当剥五,故言剥。上阴柔而亢极,九五比之,故有厉。

《象》曰:孚于剥,位正当也。

居五比阴故为阴所剥,与履五夬履相同,彼夬此剥,皆兑也。媚悦之误人,虽居正位,亦难言矣。

上六,引兑。

矣鲜曰:引,开弓也,心志专一之意。与萃二引吉同。互离,伏坎,弓也,萃亦变坎也。又以专于悦五为引兑。《本义》以为引下二阳。虞翻曰无应乘阳,动应巽为绳,伏艮为手,应在三,故引兑。煦按引三为是,卦至上爻,乃一卦之归结,穷极将反之爻,故多举全卦之义,不在应不应也。与三无应,两悦同德,故引之。三互离,本宜言光,然离之明在上下二阳,其阴则质也。应离阴,故小象曰未光。

《象》曰:上六引兑,未光也。

未光者,私而不公也,以阴引阴故未光。观三之来,则上之引乃穷极而返矣。引者,牵连之义,谓不应也。应离阴,故未光。

周易函书约注卷十二 周易下经六

涣

☵☴坎下巽上

涣,离散也。风行水上,离披解散也。《杂卦》离与止对。离,解散之义。止,凝聚之义。风能鼓水而不留,离象。安于所处而不迁,节象。项平甫曰涣节伏叠井困,以木出水,井塞能通,以水浮木,涣通而散,泽上之水居通能塞,泽下之水塞极至困。煦按风皆动象,兑皆塞象。

涣亨,王假有庙,利涉大川,利贞。

伏离日,王象。互艮门阙,坎为宫,庙象。又坎隐伏,人鬼象。先言亨,后言假,因涣而聚,坎阳凝聚于中之象也。巽舟坎水,风以动之,利涉大川象。利贞,卦德也。聚所当聚,行所当行,故利而贞。《易溯》曰:水,秋涸冬冰,仲春东南风至,始解而流,故风水谓之涣。风过不留,水浮不溺,遇风木而忘其险矣。故涣有二义,有民涣散而萃之义,假庙是也。有涣天下患难之义,涉川是也。一说假庙为聚人心以聚魂魄,涉川为冒险以济艰。利贞作戒辞。

《彖》曰:涣亨,刚来而不穷,柔得位乎外而上同,王假有庙,王乃在中也。利涉大川(《举正》此下有"利贞"),**乘木有功也。**

刚来,谓坎阳居下中而为卦主也。不穷者,坎为通,即心亨之说。刚来不穷,阳动而通,假庙之象所由出也。柔得位乎外,柔居四而为外卦主也。上同五刚以为用,则不陷而可以及远,利涉之象所由出也。五虽正位,而今曰上同,主阴也。下卦九用,上卦六用也。予于兑卦,不重刚中,谓说与利贞,及顺天应人皆说柔爻,即用六主柔之义。互艮门阙,坎幽隐,门阙而幽隐,庙象。九二居门阙幽隐之

内,故曰王乃在中。在中,萃聚之义也。谓王为五,则未知用九之说。乘木有功方说上卦之用爻。乘木者,互巽伏震,木在水上也,有功即利涉也。动于下而风以散之,故卦取涣义,而即以为有功。

《象》曰:风行水上,涣,先王以享于帝立庙。

风之体虚,一日而遍天下,与天合德者也。先王之诚充乎太虚,与神合德,唯神无乎不在,故祭有求阴求阳之义。此全本涣字来,先儒作聚精以合之,非涣义矣。

初六,用拯马壮(子夏作"抍马",唐杨於陵《传》"抍赡贫民"),**吉。**

坎为亟心之马,壮象。坎阳居中,非少非老,故壮。初当涣初,未至离披之甚,犹为易拯,但阴柔之才不足以济,幸比二刚,有能济之具。初能顺之,托以济难,是犹拯急难而得马壮也,故吉。与巽风无应,故不言涣。凡卦不用之爻,皆合用爻而言义。

《象》曰:初六之吉,顺也。

顺者柔之性,初附于二,阴阳相得也。

九二,涣奔其机(音机,用以凭者。震为奔为足,艮肱据之,凭几之象,作机者误),**悔亡。**

马与奔,皆坎象,互震足亦奔象。机凭以为安者,互震木,应巽木,机象。奔机者,言行而处中得所安也。坎陷故有悔,动而得所安,故悔亡。

《象》曰:涣奔其机,得愿也。

阳以得阴为美,上下皆阴而此独处中,故为奔机。得所安,故得愿。

六三,涣其躬,无悔。

爻与巽主相接,风之荡水,唯水上为最亲。涣躬者,亲切之象。三居坎而不陷,且有应援,故有此象。坎本为通,节上言穷,便是不陷之义,论人事止是不私己耳。涣所当涣,故悔亡。

《象》曰:涣其躬,志在外也。

坎故言志,曰在外,便是兼外卦取象,论位亦在坎陷之外。

六四,涣其群,元吉,涣有丘(姚信作"近"),**匪夷所思**(荀作"匪第")。

风水合卦故名涣,三四正风水相接之爻,水受涣者也。三之涣躬自受者言,故取切身之象,风,涣物者也。四之涣群自施者言,故取涣人之象。涣躬,不私己也。涣群,使人皆不私己,大公之象,故元吉。元吉与坤五同,变乾也。《小象》曰光大,变乾而互离也。艮为山,丘象。有丘云者,人散则土皆所有,即封建之义。阳虚阴实,阳有阴无,爻与五阳合而为艮,故言有言丘。论象则与五合艮,论位则与上合德,与上合德故成风以散之也。爻之主象止涣群元吉四字,其下皆在涣群中,故《小象》止释涣群元吉四字。元吉,大善也。群而涣之,必不美者。不美者既涣,故元吉。夷,平常也。言非平常人思虑所及,谓无应也。无应则无私系,故其象如此。初在下,自四视初则夷之。丰遇其夷主,阳为阴应,有得主之义,故称主。此两阴无应,故不言主,言未来于四,犹与下阴为等夷。今合五而有丘,岂等夷之所及料耶?言思者,坎离之爻也。

《象》曰:涣其群元吉,光大也。

止释涣群元吉,可知有丘以下与主象同义。凡树私党,皆心之暗昧狭小者也。无私则光明正大,自能涣群有丘而匪夷所思矣。光,离。大,乾也。

九五,涣汗其大号,涣王居,无咎。

坎水,汗象。巽覆兑口向下,互艮伏兑,号象。阳称大,大号象。五君位,称王。应坎伏离日,亦王象。散人之疾而使之愈者,汗也。解天下之难而使之安者,号令也。互艮为居,爻变因巽而成艮,故涣王居。爻变成坤,利用为依迁国,故曰涣王居。煦按居者,积也。凡爻之二五皆中居,故静而不动,况互艮止亦静象。然在涣卦中爻爻皆有散义,止是散其居积耳。若王都有何散法,必作居积,方与涣大号相合。故《小象》止释涣王居,而不释涣号,谓涣居即涣号也,涣居乃布德行惠之说。

《象》曰:王居无咎,正位也。

《小象》不释上句,则知上句即在涣王居三字中。此句并不释涣字,则知涣之为言止是发扬舒散之义。

上九,涣其血,去逖出,无咎。

依《小象》涣其血句,应坎变坎,坎为血。涣血者,涣散其伤害也。逖,远也。上位郊爻,郊言远也。涣有离义,离则去而远矣。坎本陷卦,难乎为出,既去而远,则离乎伤害,故以为涣其血。观《小象》不释去逖出三字,则知去逖出即在涣血中矣。此爻去下坎既远,爻虽变坎,却当穷极变革之位,故云然也。需上阴爻而当陷极,故入。此阳爻远坎而当穷极,故出。

《象》曰:涣其血,远害也。

害,坎血也。远者,上之位也。

节

䷻兑下坎上

节者,有限而止也。泽上有水,满则必溢,今止在泽上,故为节。外陷内悦,中互震艮,震行而艮止,故为节。

节亨,苦节不可贞。

以泽受水,平受满溢,泽之节水也。叠困伏旅,互见震艮,行止之节也。互颐以节饮食,养生之节也。阴阳各半而五阳得中,故亨。然至于太甚则苦,故不可贞。不可贞,不可以为常也。坎伏离,火炎上作苦。

《彖》曰:节亨,刚柔分而刚得中。苦节不可贞,其道穷也。说以行险,当位以节,中正以通(《举正》下有"然后乃亨也")。**天地节而四时成,节以制度,不伤财,不害民。**

坎用刚,兑用柔,刚外柔内,故刚柔分。三柔不中,五刚得中,故刚柔分而刚得中。唯刚得中,故亨,即坎卦心亨之义。此就上下卦主爻而论,非分三阴三阳论也。穷,亨之反。水上于泽,过之必溢,故穷而不可贞。兑悦坎险震行,故云悦以行险。凡卦皆内性外情,内体外用,情由性发,用自体见。故诸卦之德必先言在内者,后言在

外者,此通例也,此之说以行险是也。险指外坎,遇险则当止矣。当位方指五,坎阳正位,得中而为卦主,且互艮止,说而行,又遇险,故当位以节也。中正谓居中得正,凡中皆言位,正皆言用也。本上当位以节来,通即不穷,坎之心亨是也。说行三句释刚柔分而刚得中,即亨义也。道穷以下旋释为通,正见苦节不可贞,此穷变通久之义也,止而通即其义也,要皆五刚中正之妙。故周公释爻,上在五刚之外,便直著为苦节矣。天地以下又推广言之,以见节而能通之义。天地以阴阳刚柔为节,则分至启闭,晦朔弦望,四时不忒而岁功成。制,法制。度,则也。分寸尺丈引,为五度,皆有所限制而不过。五度皆节以十,坤土数十也。坤又为财为民,不节则有伤有害,节则不伤不害矣。

《象》曰:泽上有水(“上”一作“中”)**,节,君子以制数度,议德行。**

器用宫室衣服,有多寡之数,隆杀之等,贵贱上下各殊,是为制。得于中为德,发于外为行。议者商度其无过不及,而求归于中,议与制皆节也。坎矫揉,制象。兑口舌,议象。

初九,不出户庭,无咎。

中互艮门,门在外,户在内,故二象门。初象户,门内户外曰庭。艮门在三,故初与二皆不出。兑初固坎水,塞其下流也。坎险在前,又变坎,又互坎,艮见险而止,皆不出象。卦唯初有应,故兼外卦以立象。不出,不妄动也,故无咎。云峰谓初兑始,兑时酉将阖户。二震始,震时卯将辟户,以此辨不出之吉凶。

《象》曰:不出户庭,知通塞也。

时塞则不妄求通,是为知通塞。坎通兑塞,知则坎之通象,又变坎伏离明也。

九二,不出门庭,凶。

阳德居阴,在中无应,其门庭象,止象,皆在前故不出。初之无咎,教以静也。二之凶,教以动也,此震爻故也,是知节而不知通者,故《小象》曰失时。汝光曰变屯以经纶,可勿出乎。

《象》曰:不出门庭凶,失时极也。

言失时之甚,惜之也。时字指坎,即时用大矣之时。有坎之通而二不能应,故失时。

六三,不节若,则嗟若,无咎。

爻处兑极,又互震动,说而动,故曰不节。兑为口,坎为加忧,兑说之极则生悲欢,皆嗟象。又震为音声,为出。三动体离坎,涕泪出目,故嗟若。财不节则伤费,情不节则败度,自作之孽,何所归咎。王弼曰或有罪,自己招,无所怨咎。亦曰无咎,节之六三是也。

《象》曰:不节之嗟,又谁咎也。

此与解卦小异,详见解卦。订曰同人解节,皆曰又何咎。程可久、王介甫皆云此与同人同,犹云不节而能嗟,则可无咎也。

六四,安节亨。

水居泽上,泛则不节。以坎化兑,塞其下流,又与兑之塞其下流者相应。以阴居阴,与五又互艮止,故为安节。五本当位以节,中正以通,极美之爻。四近五,顺而承之,故安节。亨谓上坎之阳,因承五而见也。

《象》曰:安节之亨,承上道也。

承即顺也安也。承五中正以通之道,故亨。

九五,甘节吉,往有尚。

爻变坤土,其数五,其味甘,下有悦体,兑为口,坤土象。稼穑,稼穑作甘,在口上而人说之,甘象。此又心亨之爻,甘则自心之恬适也。吉则节之尽善尽美者。往有尚,即坎之行有尚往有功也。盖水性就下,此阳居上卦之中,故逆计其往而为之说,《小象》但释位中可知矣。盖往有尚,止是心亨中通之义。

《象》曰:甘节之吉,居位中也。

言位在上体之中,而往有尚之义可见矣。

上六,苦节,贞凶悔亡。

居节之极,伏离作苦,故曰苦节。爻变大象离,而居其最上,亦炎上作苦也。贞凶即不可贞,谓节极宜知变通也。一说以事言,无

甘节之吉，故贞凶。以理言，无不节之嗟，故悔亡。此直以凶字作凶字看，不知贞凶悔亡止是一义，唯贞则凶，谓不必贞耳。穷变通久者，易也。坎本能通，而此居最上，当穷极之位，故《小象》曰道穷。言当变通，不宜守故，故既曰贞凶，旋曰悔亡。

《象》曰：苦节贞凶，其道穷也。

卦主坎阳，皆有通义。然卦以节名，而爻爻皆有节义者，惧其通而溢也，至于上则节之穷矣。穷，通之反也，故又贵通。卦辞曰苦节不可贞，此爻又在中正以通之外，故曰贞凶，见不可贞也。不贞则悔亡，其妙全在道穷二字中。

中孚

䷼兑下巽上

孚，信也。二阴内而四阳外，二五之阳皆得中，以六爻言为中虚，以二体言为中实，皆孚象。又说以应上，巽以顺下，亦孚义也。订曰小过，过也，中孚，信也。盖谓大过小，常也。小者过，斯乃谓过。外相孚，貌也。中心孚，斯乃谓信。周省贞云，中孚象鸟未离彀，天真未散，小过反之，则孚亡矣。《溯》曰中孚肖离，内阴外阳，象中柔外刚之卵，时则卵孚而雏始出。小过肖坎，二阳体而四阴翼，时则雏出而飞矣。元公曰颐大过，二阴二阳在外，气分也。中孚小过，二阴二阳在内，气合也。以应乾坤坎离之分，咸恒既未之合。潜老曰上以颐大过坎离终，每卦合七卦，少阳数也。下以中孚小过既未终，每卦合八卦，少阴数也。

中孚，豚鱼吉（虞、黄作“遯鱼”，谓有遁象也）**，利涉大川，利贞。**

巽为风，为鱼。兑为泽，豚鱼生于泽中，遇风则拜，最不失信。鹤知秋，鸡知旦，三物皆信，故卦爻象之。木在泽上，外实内虚，舟涉川象。二阴中虚，二阳中实，故利而贞。程子曰存于中为孚，见于事为信。郝解曰中庸诚明，诚实明虚也。

《彖》曰：中孚，柔在内而刚得中。说而巽，孚乃化邦也（古无“乃化邦也”）。**豚鱼吉，信及豚鱼也**（《举正》作“信及也”，少“豚鱼”二

字)。**利涉大川,乘木舟虚也。中孚以利贞,乃应乎天也。**

二柔在内而中虚,二刚居中而中实。虚则内欲不萌,实则外诱不入,此中孚体象也。说而巽一串说,下说乎上,则下信上矣。上巽乎下,则上信下矣。上下交孚,举天下而信之,则化及万邦矣。孚本说巽来,化邦本孚来。及,至也。豚鱼吉谓信至于豚鱼,则信出自然,故吉。非谓见信于豚鱼,亦非谓信可感豚鱼也。外实内虚,有舟虚之象。至诚以涉险,如乘巽木之虚舟,以行乎兑泽,岂有沉溺之患,故利涉大川。乾之利贞,一元之亨也。中孚以利贞,则与天应矣。为其由中而出,与一元之妙相合,非由行上见得,故曰与天应。盖兑巽二主皆由乾之既亨而成也。程子曰才不诚,犹不才也。才诚本一,天道自不容伪,故必中孚以利贞乃应之。天机之动,如豚鱼虚舟之行于风泽矣。煦按卦名中孚,而末曰应天,全是说一诚感通之妙。

《象》曰:泽上有风,中孚,君子以议狱缓死。

矣鲜曰《大象》言用刑者五,皆取雷火。火明雷威也,噬嗑火雷也,丰雷火也。旅与贲,艮综震亦雷火也。解则上雷而中爻火也,此则大象火而中爻雷也。徐子与曰:离明照得情实,则刑不滥。噬嗑去间,丰当多故,非动无以致其决,故兼取震,贲过于义,旅不留狱,非艮以止之,则轻于用刑,故取艮。中孚肖离而互震艮,兑议巽缓,象教深矣。崔憬曰:流风令于上,布惠泽于下,中孚之象也。兑悦震喜,坎狱不见,故议狱缓死,则至诚恻怛之意,溢于用刑之间矣。

初九,虞吉,有他(陆、苏作“佗”)**不燕**(“燕”字,郑东乡作“变”,非也)。

一说虞,乐也,安也。燕,喜也,安也。谓中孚之初,其志未变,故有与六四相信而安乐之象,所以吉。若不信六四而别信于他,则不能安乐其中孚矣,故戒之。《本义》:虞,度也。谓四阴得正,是可信之人。初能于未有所主之时,度其可信而信之,则得所安而吉。然人情审于其始,而多变于其后,若复有他而失其所度之正,则彼此

必不相信，而不得所安矣。此二说皆言应爻，《本义》较胜。煦按：此当为虞祭之虞。虞，思也。盖虞则葬后之祭，祭之最初者也。祭固贵诚，虞则思之极切。祭之最诚，是信发于中，最初之感通也，故言于初爻。见当如虞祭之信，自初而已然，乃吉也。因变坎互艮，有人鬼隐伏之象故也。若或有他，不能自尽其诚信于最初，则后此之追悔何及，乌能燕然哉？通爻止象最初之诚，出于自然，如孺慕之说耳。虞祭始于虞，故周公引之，观志未变可知矣。

《象》曰：初九虞吉，志未变也。

变坎故言志，志未变谓初也。凡事之始，未有不至真无伪者，以其诚信之志未变，若孺慕是也。若至再至三，则利害纷然，乌能燕哉？故曰有他不燕。孔子不敢文子之三思，正此义。

九二，鸣鹤在阴，其子和之（《笔乘》"鹤"作"鶴"，鶴喜阴恶阳，上从雨，古"鹤"作"隺"）。**我有好爵，吾与尔靡之**（子夏作"縻之"，京房作"劘"，陆绩作"𦅗"。一曰"卜"，陆作"縻"，古音通也）。

大象离，雉象。变震，鹄象。不言雉鹄而言鹤，信故也。鹤八月霜降则鸣，兑乃正秋，故象鹤。中孚伏小过之遗音，兑为口，鸣象。故谦豫象小过，皆言鸣，又震之笑言哑哑也。故三卦有震，皆言鸣。在阴者，鹤行依洲渚，不集林木。今九居阴，位在阴象。巽长女，兑少女，子母象。好爵，懿德也，阳德居中故象之。子尔皆指五，因中孚感应极至，故不论君臣皆呼子尔。凡爻之象皆先本爻，后及应比，故鸣鹤好爵皆指二。吾与尔靡之者，谓吾予尔以系恋之具也。物相爱莫如子母，人所慕莫如王爵。鹤鸣子和，天机之自动也。好爵尔靡，天理之自孚也。靡同縻，系恋也。巽为绳，系象。兑口相向，母子和鸣象。

《象》曰：其子和之，中心愿也。

二五同阳，坎为心，动得正应五，故曰中心愿也。

六三，得敌，或鼓或罢（升庵"音𧺆，与歌叶"，《易林》"罢"音"他"为证），**或泣或歌。**

一说得敌，谓上九信之穷者。六三阴柔不中正，居悦极而与之

应,故不能自主,其象如此。不知三四两爻皆言上下爻相比之义,乾卦进退无恒,坎卦来之坎坎,皆是也。必谓阴阳相应,始为得类,尽有相应而不美者矣。必谓不相应为不得类,鹤鸣子和固两阳矣。此爻当风泽之交,故兼巽而言象。敌谓同为卦主也。巽进退不果,作止象。互震为声,鼓象。艮止,罢象。大象离,变互离目,伏坎,皆泣象。兑为口,为巫,歌象。震悦而动,鼓矣。遇巽不果,则鼓而罢也。离目伏坎水,泣矣。乃不果泣,而遇兑口之震动,则歌也,皆中心摇摇不能自信之象。凡言得者,皆阴爻,得主得朋是也。王弼曰三四俱阴,金木异性,敌之谓也。以阴居阳,自强而进,进而碍敌,故或鼓。四履正位,非三敌所克,故或罢。不胜而退,惧见侵凌,故或泣。四履谦巽,不报仇敌,故或歌。歌泣无恒,位不当也。宜曰三以震鼓,四以艮罢,巽入而伏者泣,兑见而悦者歌。

《象》曰:或鼓或罢,位不当也。

居三接巽,故位不当。集曰四之《小象》绝类上,可知三四为兑巽之敌。

六四,月几望(京作"近望",荀作"既望")**,马匹亡,无咎。**

卦具巽兑震艮四象,一变而巽震艮三象不见,止有兑象。兑则趋望之候,故曰几望。几,近也。震为马,爻变互成离牛,不见震马,马亡象。匹,配也。未变,巽兑两阴配为震马,是为有配。既变,则震马之相配者不见,是马之匹者亡也。坎之象月,阴得阳也。此外则巽兑多言月,如小畜之上,蛊之先甲后甲,巽之先庚后庚,归妹之五,以震伏巽,兑覆巽,故皆言月。盖月本阴体,其上面阳光见于朔而象震,见于望而象乾者,非月体也,皆所受之日光也。故邵子于巽阴初萌,指为月窟,谓阴体方露耳。日之阳光出入于月,有进有退,有微有盛,亦如卦爻之阴阳,有初有中有上,有微有半有盛也。初阴,巽也。观月窟,见初阴也。盖巽本乾体,而微阴初来于下,故曰乾遇巽。此卦有震有兑,正阳光趋而就盈之时,爻变纯乾,成望时之月象。由震兑而见乾,故曰几望。又兑为阴终,巽为阴始,其中正见乾象。巽兑皆与乾近,故曰几望。若论阴阳之理,止

是微阴垂尽，变为纯阳之乾，故曰月几望，马匹亡也。月几望与马匹亡同义，月几望指未来者言，马匹亡指已过者言。犹云兑象已见，去乾不远，而前之震象已没耳。《易》之卦爻，总明阴阳进退之几也。

《象》曰：马匹亡，绝类上也。

巽阴卦，兑亦阴卦，类也。四柔三亦柔，类也。未变则与兑合震，同类之相倚也。既变则震象不见，故曰绝类，而与五上合乾。乾上卦也，故曰绝类上也，言不复与下卦配也。

九五，有孚挛如，无咎。

挛如即鹤鸣子和，我爵尔靡也。挛，牵连也，即系恋之义，言固结不解也。巽手艮绳，故象挛。无咎者，上下交而德业成也。

《象》曰：有孚挛如，位正当也。

刚健中正，中孚之实，位之正也。又居尊位，为孚之主，位之当也。与履不同，履爻贞厉，此爻无咎也。

上九，翰音登于天，贞凶。

巽为鸡，《礼记》：鸡曰翰音。翰，羽也，鸡鸣则振拍其羽也。因与震应，又伏遗音之小过，故二曰鹤鸣，而此曰翰音。鸡信物，天将晓则鸣，有中孚之义。巽为高，又居天位。巽高上极，风体飞扬，登天象。王注曰音飞而实不从之谓也。凡言登者皆实象也，今以音声登之，即声闻过情之说。中孚一卦爻爻皆有孚义，二阴中虚，二阳中实，皆孚也。上在其外，穷而不中，故象无实之声。登天本言位，何可长则言时，言天明不久，将不鸣也。

《象》曰：翰音登于天，何可长也。

不过天明一时而已。

小过

䷽艮下震上

四阴在外，二阳在内，阴多于阳，小者过也。阳主发散，大过四阳在中，故以为过。阴主收敛，小过四阴在外，故以为过。

小过亨利贞,可小事,不可大事。飞鸟遗之音,不宜上宜下,大吉。

矣鲜曰:中孚象离为雉,飞鸟也。伏而变为小过,则象坎。见坎不见离,则鸟已飞过,微有遗音也。卦二阳象鸟身,四阴象鸟翼,中互兑口,遗音象。遗音人得而听之,则鸟低飞在下不在上,与上六飞鸟离之者不同矣。煦按阳之亨,亨于阴,今阳在阴中,故亨。坎之行有尚,心亨而以时用,阳为阴陷也。今阴包阳而过阳,犹之乎陷耳。二阳陷盛阴之中,又不得位,故但曰小者亨,即小过之义。亨者盛阴在外,又得中也。小者何过?过乎阳耳。其病乎阴者,仍主乎阳也。阴过故可小事,刚不中故不可大事。此卦之德只亨利贞三字尽之,利贞即在亨中,谓二五得中也。若初上不得其贞,则不利而凶矣。可小事不可大事,即人事以明之,飞鸟以下即物理以象之。过有两义,有过甚之过,有过去之过。今动于上,故取过去之过。鸣而动于上而又过矣,故取飞鸟遗音。卦体上动下止,震阳失位于上,而二阴违而去之。艮阳得位于下,而二阴趋而承之。从动用之爻论,故以为上逆下顺,又五之阴居非其位,二之阴居得其位,此一逆一顺之故也。故不宜上宜下,亦即可小事不可大事之义。虞翻曰上阴乘阳,故不宜上,下阴顺阳,故宜下大吉。

《象》曰:小过,小者过而亨也。过以利贞,与时行也。柔得中,是以小事吉也(《易举正》作"可小事",无"吉"字)。**刚失位而不中,是以不可大事也。有飞鸟之象焉**(一无此句)。**飞鸟遗之音,不宜上,宜下大吉,上逆而下顺也。**

阳为卦主,阴过于阳,阴又在外而得可为之位,故小者亨。此据动用之爻,相形而见也。过而犹然利贞,非与时行者不能。谓小过似不宜利贞,而兹得利贞,以其与时行也。柔谓二五得中,故小事吉。刚谓三四不得中,故不可大事。卦体内实外虚,有飞鸟之象,故卦辞曰飞鸟遗之音。不宜上者,上卦阴乘阳,而四五失位,逆也。宜下大吉者,下卦阴承阳,而二三得正,顺也。阳尊阴卑,礼也。煦按遗音既过,而兑口在上,巽风在下,故其音下闻。重巽之申命,亦自

上布下也，此逆顺之辨也。

《象》曰：山上有雷，小过，君子以行过乎恭，丧过乎哀，用过乎俭。

雷在山上，其声下闻，故取飞鸟遗音。当小过之时，小事可过，又不可甚过。三者皆小者之过，过之善者也。过其当过，则与时行矣。行丧用，皆见于动，象震。恭哀俭，皆止于节，象艮。

初六，飞鸟以凶。

在过初，应震动之阳，故象飞鸟。应动阳而未及兑口，故不及遗音。是初过而尚非已过也。在止初而应动，初位下而应上，失宜下之义，故凶。以者，因飞而致凶也。

《象》曰：飞鸟以凶，不可如何也。

自取之灾，莫能解救之意。《野同录》曰：飞鸟之凶，凶有以也。

六二，过其祖，遇其妣，不及其君，遇其臣，无咎。

通爻皆当位之象，故《小象》曰臣不可过也。因下卦主三阳，故兼主爻而设过不及之言。阳祖阴妣，阳君阴民，震艮皆一君二民。三阳居二上而为卦主，故称祖称君。过祖遇妣，据应言也。遇妣遇臣谓二五皆阴，遇而非正，故宜应而不应也。三阳为君而二适处下，故曰不及。五君二臣，今二适得乎臣位，故曰遇其臣。兼过不及言者，为爻在中也。本卦初四三上皆应，而二五不应故也。卦象本阴过乎阳，故六爻以阳应阴，皆曰弗过，大者本不及也。以阴应阳，则曰过之，小者本过也。遇者，大象坎伏离，离与震遇，坎与艮遇，故言遇。爻变巽，中互乾，乾与巽遇，四以震变坤，震与坤遇，上以震变离，震与离遇，义详噬嗑六三及原卦。订曰二唯承阳故无咎，此即下顺之义。订又以三为父，四为祖，又以三四为臣，其妣与君皆以应五为说，此亦近理之论。盖据三四以观二，则二为过，时势不同，又处得中用事之地也。据五以观二，则二为不及，尊卑之分也。祖妣以三四之阳，与五阴对看也。君臣，二五对看也。

《象》曰：不及其君，臣不可过也。

臣谓二，四阴皆有过阳之意。二阴柔顺，独处下之臣位，而得其中正，则必无过君之理。臣不可过，以臣之道原不可过，全是当位之

说,而不及其君之义在言外。

九三,弗过防之,从或戕之,凶。

三四皆阳不能过阴,故皆曰弗过。阴势盛而阳势微,阴邪僻而阳正大。此爻应阴比阴,故宜防之。若不防而反从之,则必被戕害而凶。集曰阳亘阴前,艮门止防之象。巽入从象,兑毁戕象。

《象》曰:从或戕之,凶如何也。

如何者,言凶之甚也。大象坎伏离,爻又变坎,又见兑毁,戕象。

九四,无咎,弗过遇之,往厉必戒,勿用永贞。

三四同一弗过,三止而动,故有从之之凶。四动而止,故有往厉之戒。弗过而动,位又不当,宜乎有咎。以刚居柔故无咎。过与遇皆指阴,三之阴在下,其性止,故须防。四之阴在上,阳性上行,震又善动,故遇。往者,往从阴也。永贞者,贞固之心,长不违也。四与五比,正阴阳交接之会,而震性善动。若往而从阴,必至危厉,所以当戒。勿以阴阳相得为长久贞固之道,斯可矣。此爻之遇以震变坤,震与坤遇。集曰三凶而四无咎,刚居柔也。弗过遇之,与弗遇过之相反,俱对六五言。盖四与五相遇,上与五则已过而不遇。同为震体,而凶与无咎天壤矣。

《象》曰:弗过遇之,位不当也。往厉必戒,终不可长也。

位不当者,刚居柔位,与过阳之阴接也。终不可长,即勿用永贞,所以宜戒也。

六五,密云不雨,自我西郊,公弋取彼在穴。

大象坎,云象。互兑,雨象。兑为西,五动变乾为郊。又兑西巽东,今主兑而应巽,自西向东之象。以丝系矢而射曰弋。坎为弓,巽绳坎弓,弋象。坎为隐伏,坎以窞陷,穴象。需之出穴入穴,皆坎也。本卦象飞鸟,鸟之巢多在高处,巽为高,今至五则高而在上,又应巽居中,故不言飞而言穴。五变成兑,不为飞鸟,不为震动,在穴象,艮为手,五与二应,手入穴中,故公弋取彼在穴。阴居五,故变文称公。鸟既在穴,则有遮避,非弋所能取。云自西而东,则不能成雨,皆小过而犹未甚过,以其居中故也。雨以下降为功,今密云不雨是阴已

小过而未甚,故象曰已上也。本卦宜下,不宜上。弋之为道所以上取飞鸟,今弋取于穴。穴,阴类,指二也。以弋取穴,阴固秘而不发,是亦小过之象。不能取者,阴与阴无应也。煦按小过而未甚之说未当。卦因小者过而得名,是阴过于阳,故不雨。《礼记》曰:阴阳和而雨泽降,可知矣。小畜以小畜大,小过以小过大,皆阴爻得志。故周公之爻辞同文王小畜之卦辞,先儒有曰小畜不雨者,阳胜阴也。小过不雨者,阴胜阳也。此说是也。

《象》曰:密云不雨,已上也(《举正》作"已止也",郑作"已尚")。

本卦上逆下顺,宜下不宜上,今高而在上,故曰已上。五阴已上,便不与震阳同,乃变而为兑,则成西郊之密云矣。雨本降下之物,今已上,安得雨乎?然弋取之义,亦在其中。盖弋取在穴,是在下不应之象。自五而论,仍是已上之义,故孔子止释密云一句。集曰小畜既雨,以有二阳畜之于上,故畜极成雨。今五之上又有上六,阴盛阳不交,岂能成雨?《象》曰不雨,归咎上六也。

上六,弗遇过之,飞鸟离之,凶,是谓灾眚。

四曰弗过遇之,言阳不能过阴,而与五相比,是弗过乎阴而适遇阴也。此曰弗遇过之,言上六隔五,不能遇阳而居于上位,反过乎阳也,爻与四相反故也。离之者,高飞远举,不闻声音,正与飞鸟遗音相反。坎为灾眚,灾,天灾,眚,人眚。凡阴多于阳者,圣人皆曰有灾眚,故复卦之上亦言之。煦按此爻之遇,变离与震遇也。

《象》曰:弗遇过之,已亢也。

亢则更上矣。

既济

䷾离下坎上

既济,事之已成也。为卦火在下而炎上,得水则不泛散而有其用。水在上而润下,得火则行有尚而有其用。又六爻之位各得其正,故为既济。李子思曰,坎离以阴阳之中救大过,二济以交中救小过。《隅通》曰上经纯坎离,日月满也,望象。下经既未济,日月合

也,朔象。始乾坤,天地开也。终既未,日月合也。望为月之半,经亦半也。朔为月之全,经亦全也。故曰日穷于纪,月穷于次,星回于天,岁将更始,而贞下起元矣。以一月言之,坎离为望,既未为朔。以一岁言之,坎离为夏,既未为冬。当夏则井泉冷而日光烈,是水甚寒火甚热也。岂非坎离之两分乎?两分则为纯坎纯离之卦。冬则①日可爱而井泉温,是火反不热,水反不寒也。岂非坎离之相合乎?相合则为既济未济之卦。煦按日月者,天地轮转之阴阳,故言日月,皆言阴阳也。

既济亨,小利贞,初吉终乱。

矣鲜作亨小句,旧注作小亨句,皆缘看利贞二字,不知为自具之卦德,必欲作不贞则不利之说耳。观既济之下,即系以亨,非亨而曷由济乎?非既济而何由见亨乎?盖亨即既济之注脚也。今欲连小字作解,则《彖》中既以为亨小矣,何以又复言亨也?如以此作小亨,则《彖》中自应以小者亨也为句,而既济亨之亨不为赘疣乎?凡卦内性外情,内体外用,情由性具,用以体全,此卦两主皆得正位,而阴独正位于内,故曰小利贞,言阴之得中而正位于内耳。卦本水火相济,然烹饪之事,火之功居多,水则安受其成,故以利贞归之于小。且水性润下,今火在其下,非安置有道,则水必灭火,故曰小者利贞。《彖》中利贞虽不连小字,然柔正而位当,则谓小矣。其兼刚而言者,明上下两主也。因上卦主水,其位得中,与火相应,其性实能灭火,则小者之利贞亦愈可知。下曰初吉,即小利贞也。指内阴得位而言,故《彖辞》以为柔得中。终乱,陷于外也,故《彖辞》以为其道穷。初终者,内卦先而外卦后也。盖火之为用,易于泛散,得水则有以约之,而可以相济。水之得火,始有烹饪之功,若煎熬不已,必有沸腾之患,故终乱,此水火相须之化也。

《彖》曰:既济(《杨易》谓既济下脱“小”字)**亨,小者亨也**(郭京作“亨小,小者亨也”)。**利贞**(《杨易》谓脱“也”字)**,刚柔正而位当**

① “则”,堂本作“时”。

也。初吉，柔得中也。终止则乱，其道穷也。

凡卦必有动用之主爻，凡小皆指阴，大皆指阳，柔皆指阴，刚皆指阳，例也。此曰既济亨，又释之曰小者亨也，明所亨之故在六二，二阴故称小。六十二卦皆有上下两象，而上下两象莫不各具乾坤之体，莫不各有九六之二用行于其中。然阳德有为而阴体静镇，故乾之用九节发明元亨，至坤之用六节则不复言亨，但曰利永贞而已。卦名既济，非亨而曷由济乎？亨非乾九之用，而曷由知为亨乎？此卦下本乾体，九二既亨于坤，实而成坎，则二之一位，小阴乃得而据之，故指其位而证之曰。此居阴之二位，能亨之妙在其中，故曰小者亨也。其下释利贞，便遂以为刚柔正而位当矣。亨义既释于小字中，利贞即亨后之事，故下文但释利贞，不释小字，盖在卦辞小利贞本为一句，此则释为两义耳。刚柔正而位当，非指六爻，盖乾中亨居五刚之位，则坤中乃居二柔之位，阳刚阴柔，阳尊阴卑，故曰刚柔位当，乃特添出正字，明贞之义耳，凡此皆亨后事也。初吉，柔得中也，仍是小利贞之说。柔即小，中即当位，吉即利贞之说。终止则乱，谓上六也。内卦先成故曰初，外卦后成故曰终。至上又一卦之所止，故孔子以为道穷。

《象》曰：水在火上，既济，君子以思患而豫防之。

水本克火，今在火上，此异不害同之象。自乾坤开辟至此，万物芸芸并育不害，止成得一个天地。此为《易》终，故为此合异为同之象，若未济则同而异矣。因合异为同，其中不无相害，故又有思患豫防之象。水在火上，天地阴阳，际会之极功。思患豫防，君子经纶，济事之妙旨。然而参赞位育，裁成辅相，在其中矣。患者，坎险也。防者，见几之事。离，明也。思者，坎离之中爻也。豫者，水火居五行最初，形之未成而先以气见者也。

初九，曳其轮，濡其尾，无咎。

此爻居方济之始，方济从未济来，故未上濡首，而此则濡尾。尾而濡，则已济而犹未甚离，故象于初。曳轮者，所负之重，未甚脱离也。然既曰曳，是已将置之于后矣。凡皆初济之象，作未涉解者甚

非。只是功已垂成,犹有些须未甚了当耳。然轮虽曳而终不我累,尾虽濡而必非濡首,故无咎。曳轮濡尾,皆坎在其后之象,舆以轮行,此为足爻,故象轮。

《象》曰:曳其轮,义无咎也。

理势之当然,揆于义固无咎也。

六二,妇丧其茀(虞作"髮",《诗》曰"鬒髮如云"。离为妇,坤为髮,坎为盗也。子夏作"髴",荀爽作"绂",董遇作"笄")**,勿逐,七日得。**

《易》言得丧,俱在坤爻,盖阴以阳为主,得阳则得,失阳则丧矣。《易》之卦爻皆自乾坤二用来,此正《周易》之终。乾坤二用相济而有成,故上下卦各举乾坤之动用者言之。然乾坤二体又乾动而坤静,即如此卦,非乾二之动则二位不虚,安得成离?非乾二之动则五位不实,安得成坎?故《彖辞》小者亨也。虽指位而证之,实主离也。亦非主离谓乾二之既亨,故此虚彼实也。若使乾二不亨,阳居二,阴居五,中则中矣,安得为正?安云当位?今虚二实五,则柔正而刚亦正,故以为贞。位当则不偏不倚,利之妙也。此爻与彖同义,其丧谓九二之上也。其得谓变阳,若复初然也,故云七日。以卦有六爻,兼本位则七也。二阴爻,离中女,妇象。九二动而上往,致六二虚而成离,故象丧。坎为舆,茀所以蔽车,阳外往而覆物,故象茀。坎盗离弋兵,故丧茀。妇人丧茀,则无所遮蔽,坎水内明,离火外明,无遮蔽之象。阴静而中居,故言勿逐。阴与阳相倚而相资,爻又变阳,故言得。阴阳之流行无逾六位,故言七日。火之入水,无骤热之理,故七日得。

《象》曰:七日得,以中道也。

丧茀,乃成爻成卦之故,故不释。七日得,本爻之用也,故释之。二阴既来得其中正,故克与五阳应而七日得也。

九三,高宗伐鬼方,三年克之,小人勿用。

离戈兵变震动,伐象。鬼方,北方国也。三应上,坎居北,故曰鬼方。坎隐伏,鬼象。变坤邑,国象。离三,三年象。阳变坤阴,小

象。居三人位,小人象。一曰比人位之阴,小人象。变坤互艮止,勿用象。离坎本相克,而三四实相接之爻。若火不足以胜水,则必为水所克,安得有离在坎下乎?今离在坎下,与坎相接,故取高宗伐鬼方之象。高宗国势微弱,象火之本不胜水。鬼,幽暗象。坎隐伏,坎离先后天图皆相对待,义本相射,今比邻而居必致相击,故取伐象。以火胜坎,故取鬼方。水之灭火原不待时,火之热水必须时既久,故象三年。水与火邻,而火无伤,则火气必能入水,故以为克。三居离终,实为阳爻,离又以外阳用事,故曰小人勿用。《潜草》曰:《竹书纪年》武丁三十五年,周王季伐西洛鬼戎。《皇极经世》高宗戊子己丑,既济值运,预司契耶。《溯》曰既三未四,爻同系同,未四自内而外,奉君命以出,征则曰伐。三年之赏,要既济之终也。既三自外而入,报成功以振旅,则曰克。三年之惫,原未济之始也。煦按既三未四皆水火相接之爻,故皆言伐。未之离上而既之离下,故既独言克,火以在下为功也。凡爻皆趋上,而未五为阴,故言赏。赏以物,阴类也。

《象》曰:三年克之,惫也。

为时既久,用力必多,而卒以求胜,故惫。淇澳曰一伐鬼方也。在未济之四,方励精有为,三年不厌其久。在既济之三,欲安静无为,即三年已觉其惫。煦按既济之克,未济之赏,皆待三年。如是之难,何也?既济则偷安而忘乱,三年者,委靡之象。未济则势隔而时艰,三年者,艰阻之象。久逸者不能习劳,故尝觉其惫,值艰者尝自幸其功,故不能无赏。

六四,繻有衣袽(子夏作"襦有衣袽",《说文》作"需有衣絮",《周礼》注作"襦有衣絮",京作"繻有衣絮",《杨易》"繻"作"濡",与濡尾之濡同)**,终日戒。**

四变互乾,衣象。伏坤为帛,繻象。互兑毁折,敝衣象。爻居离日之上,已进于坎,离日已尽之象。《本义》宗《程传》,谓繻当作濡,衣袽所备以塞舟者。谓时虽无患,而水性多濡,亦当豫防,虽终日而戒惧之心不忘。此以豫防说戒惧,疑水性下润,丝路可通,深合爻旨。卢氏本虞说,繻者,布帛端末之织。袽者,残幣帛可拂拭器物

者。繻有为衣为袽之道,见贵贱无恒,犹或为衣或为袽也。虞翻曰繻者帛之末,事之末路,不可不知。繻有幸而补缀为衣,有不幸而拭器为袽,处多凶之地,贵贱无恒,不可不戒。此象水火相接,水性可下而火性可上,疑水不戒必至灭火,火不戒必至熯水。盖新者不能保其不故,整者不能保其不敝,故须戒也。缘此爻当坎离相接之际,坎之刚柔际也,亦是此爻。坎虽尚往有功,而炎上之离,熏蒸于下,渐而温渐而热,旋且沸而不可濯矣。此正贵贱无恒之势,故宜戒。且水性润下,如不豫防其罅隙,水一泄而火旋灭矣。何能成为既济乎? 此两说皆思患豫防之义。

《象》曰:终日戒,有所疑也。

疑水润下,必将灭火,是一义,疑贵贱无恒是一义。当心腹之爻,处多惧之地,故爻说戒而象说疑,坎为狐疑故也。

九五,东邻杀牛,不如西邻之禴祭(《汉郊祀志》作"瀹",《论衡》作"礿")**,实受其福。**

《周易》卦爻皆据先天图而言,其邻字遇字详具噬嗑睽姤诸卦。此爻变坤互震,则坤震邻也,震离亦邻也。坎位图西,而震离皆在图东,故有东邻西邻之象。来氏拟象虽当,至以东西为水火之邻,谓此为既济之终,当戒其侈盛,皆未得旨。《本义》[①]以西邻指二,谓为得时,说本虞翻,不过谓禴祭二字非离不可言也。然爻之美恶,唯本爻之时位当之,从无专美应爻者,况与吉大来之旨不合。一说五与四邻,亦未明邻字之义。崔憬曰五坎为月,月出西方,西邻也。二应在离为日,日出东方,东邻也。离又为牛,今与坎邻,受水之克,东邻杀牛象。禴,殷之春祭。下引克商之年月,谓周为西邻,则不必。当知二五两爻为上下之主,今五之一爻正由乾二一亨而出。乾既施矣,则虚其体,居东而为离,自对坎而论,则离牛上应坎水,故以为东邻杀牛。坤中既交于乾二,则坤实其体,居西而为坎,此爻正是坎之中爻。前离已过,后阴未来,故《小象》以为当时。坎本具有孚心亨之

① "本义",库本作"旧注"。

义,与祭祀之诚相似,且陈牛于互坎隐伏之下,故遂言祭。禴,薄也,对离而论,杀牛者厚,则无牛者薄,故遂言禴祭。正坎五得时之地,故言不如。离虚坎实,虚者不如实者之美,故曰东邻杀牛。不如西邻而实者,受其福也。福谓承乘应皆得阴也。实由一阳来于坎中之故,故《小象》以为吉大来。吉即福也。大谓阳,即实也,来即受也,在本爻言本爻而已。一曰坤本为牛,乾中来五,灭坤牛而成坎之隐伏,故曰杀牛。

《象》曰:东邻杀牛,不如西邻之时也。实受其福,吉大来也。

时字指当权得令而言,正发明不如之理。乾称庆称美,称吉称大,皆福之谓也。吉大来,吉即庆美大善之说,唯乾始足以当之,谓中五自乾来耳。非所本有,而来之自外,则以为来,即受字之义。

上六,濡其首,厉。

初在卦始,则言濡尾,是涉而已济,未尽脱离者也。上在卦终,是溺而不知返者也。如人出离乱而置太平,必不至于盈满,故有曳轮濡尾之象。若太平久而倏当离乱,则必茫乎无措,故有濡首之象。此正终乱之爻,故有濡首之危象。若当四五两爻,便以为济道将革者,非也。此爻指乘刚而言,乾阳为首,今没于坎中,故濡首而有厉。

《象》曰:濡其首厉,何可久也?

何可久方说既济之后,即终止则乱之义。

未济

䷿坎下离上

火炎而上,水润而下,不相为用,六爻皆失位,曷由能济?

未济亨,小狐汔济(古本"亨小"句,"狐汔济"句)**,濡其尾,无攸利。**

亨,动也。未济而亦曰亨者,如言未济之所动,在此二五两爻,故《彖》释曰柔得中也。盖亨有通义,有动义,此则言动义耳。若以时至则济为亨,便看作通义,便是说既济了。坎为水,为隐伏,穴处而隐伏,又且近水,狐象。坎又为心病,故狐多疑。小狐者,阳为阴陷伏于阴

下,而上与阴应,故小之。汔,几也,谓将济也。既济之濡尾,已济而未甚离也。此之濡尾,将济而微有所染也。未济则险难在前,何所利哉?小狐汔济,《象》曰未出中,指刚之陷者而言。濡其尾无攸利,《象》曰不续终也,正指未济而言。孔子以为男穷,谓阳皆在上而失位也。

《象》曰:未济亨,柔得中也。小狐汔济,未出中也。濡其尾,无攸利。不续终也。虽不当位,刚柔应也。

卦辞未济亨三字作纲,下三句皆未济亨之象。《象辞》柔得中作纲,未出中,不续终,则释卦辞下三句。刚柔应则补说亨字也,柔不宜在上而得中,今在上得中,则未济可知。既得其中,则其亨可知。然柔既在上得中,刚必屈伏其下,而陷者不能上往有功。下曰未出中,便指二言矣。不续终者,阴阳之理如循连环,终而又始,则终之续矣。今润下者下而不上,炎上者一发而趋于尽,则终而不能复始,故孔子以为男穷,亦即柔中主离之旨。虽不当位,明指爻言,然火不宜上,水不宜下,亦在其中。刚柔应只说亨义,却重柔边,与柔得中相应。

《象》曰:火在水上,未济,君子以慎辨物居方。

炎上润下,物不同也。火南水北,方不同也。济者,同象。未济,异象也。君子慎以辨其物,使各居其方,辨其异也。

初六,濡其尾,吝。

既为已渡之濡,此则方渡之濡也。以无能济之才,处无可济之势,而思欲有济,故周公以为吝,孔子以为不知极。煦按曳轮濡尾,言于既初,是微有未尽脱离者。濡曳原是一义,在未则分言于初二者。狐之尾拖而在下,济水则先受之,况坎为狐,初尤在下,故既未之初皆言尾。既初曳轮,离在先,坎轮在后也。未二言轮,坎为舆,轮在舆中,二在坎中,故孔子释以中正。是亦不轻进而曳之者也。郝解曰爻辞于初曰不知极,愚者不及也。于上曰不知节,知者过之也。煦按尾止是在下之义,凡兽之尾皆可上,而狐尾决不能上,故既未之初皆象之。谓狐济揭尾者,亦非。果能揭尾,则未济者不濡矣。

《象》曰:濡其尾,亦不知极也(朱子疑"极"作"敬"字,或云是"拯",《纂言》音"竞",皆不若如字)。

不度其才，不量其时位，未济而思济，故以为不知极。极字对初言也。

九二，曳其轮，贞吉。

凡人之行，无所系累，则脱然长往。既方济而未甚离，故象曳轮。此思济而不能遽进，故亦象曳轮，言若有所累于后者然也。此在未中，又是陷体，欲进而为阴所累，故周公以为贞，孔子以为中以行正。凡事如未济，此后之险阻未可量，则不宜躁进，故居贞为吉。止是度德量力，不躁进耳。

《象》曰：九二贞吉，中以行正也。

九居二，本非正，然犹得中，故能因中以行正。

六三，未济征凶，利涉大川（《正疏》作"不利涉大川"，非）。

此坎险最深处，又互重险，故有未济征凶之象。然变为巽舟，而两坎不见，故又有利涉大川象。因险之尽处上与离接，故宜不为坎陷也。要皆悬揣之辞，是未济，非既济之利也。然涉川之说仍是冒险，与征凶同义。特商酌征中之一事耳。荀爽曰征上从四则凶，利下从坎，故利涉大川。此作退而不济说，与上未济二字之旨相合。然独表未济者，三将出险，前犹互坎也。

《象》曰：未济征凶，位不当也。

未济之爻皆不当位，此爻独甚。为处坎险之极，当上下变易之际，前又互坎而乘承皆刚，故独言未济，且曰征凶。

九四，征①吉悔亡，震用伐鬼方，三年有赏于大国。

去坎入离，故征吉。征者，变互震也。三陷之极，故凶。四出险，故吉。当心腹之爻，而水火相接，故悔。去水适火，水不得而侮之，故悔亡。此与既三皆水火相接之爻，水如不能灭火，则火必熯水，故有伐鬼方之象。鬼方，下坎也。由离互震，兵戈震动，伐象。水之灭火必骤，火之入水必迟，故既未以火接水，皆言三年，谓不骤也，离数三也。《易筌》曰三出坎而求离，故以涉为利，四居离而履坎，故以伐国为功。

---

① "征"，通行本作"贞"。

煦按既未征伐,离变震也。既言克而未言赏,未有艮象也。伐而行赏,则伐止矣。既中亦有艮象,因犹在坎中,故止言克。

《象》曰:征[1]吉悔亡,志行也。

坎志震行,心腹之爻,而见动象,故曰志行。又缘此爻仍是未济,故但言志。

六五,贞吉无悔,君子之光,有孚吉。

贞谓居中得正,乃六五之所自有,故吉。无悔者,自无悔也。悔亡者,有悔而亡也。四居无恒之际,多疑之地,故有志可见。五自得中,故无悔。离光外焕,光由中出,故曰君子之光,即贞吉无悔也。唯贞,故克与九二相应,故有有孚之吉。贞自其居中言,悔自其存心言,光自发诸身者言,孚自征诸人者言。

《象》曰:君子之光,其晖吉也(一作"辉")。

贞本言德,离则以辉光外焕为德。故上曰贞吉,下曰孚吉,而此止以为晖吉也。

上九,有孚于酒食[2],无咎。濡其首,有孚失是。

坎故言酒,在上故言首,居上而应坎,故孚于酒食,而又以为濡。孚于酒食,据应而言,饮食人所资以养者,故无咎。濡首以下,占也。饮食而节,何害于饮食。若至濡首而溺于其中,则虽有孚而失其所是。盖离明之德,本能辨别是非,今处离之极,而与外暗之坎相应,故失是。《象》言不知,是不明也。饮酒句,爻中本言无咎,《象》兼饮酒濡首,以为不知节。盖无咎以上,止据位言相应之理,濡首以下,始据时势而言其才也。

《象》曰:饮酒濡首,亦不知节也。

节者,事之界也。爻辞无咎失是本两义,孔子略去无咎,合而释之,可知爻辞止是一义。盖无咎以上止言位之相应,濡首以下则不审乎时势,而至于溺也。

---

① "征",通行本作"贞"。

② "酒食",通行本作"饮酒"。

周易函书约注卷十三　系辞上传一

《系传》作于孔子，中或夹以子曰，盖孔子固述而不作者也。由文周至孔子历有年所，其间先儒表彰《周易》，不止一家。孔子纂集而杂取为传，间或附以己意，则门人加子曰以别之。亦如删定之诗，尽有不知何人所作者矣。

《本义》曰《系辞》本谓文王周公所作之辞，系于卦爻之下者，即今经文。此篇乃孔子所述系辞之传也，以其通论一经之大体凡例，故无经可附而分上下。煦按此当是孔子系辞因累为传耳，若作文周系辞，然《说卦》之传亦文周说卦乎？

天尊地卑（一作“埤”）**，乾坤定矣。卑高以陈**（“以陈”，郑玄作“已陈”）**，贵贱位矣。动静有常，刚柔断矣。方以类聚，物以群分，吉凶生矣。在天成象，在地成形，变化见矣。**

此总推卦爻、卦位、卦象、卦占、卦变之所由起。上截皆天地生物可见之象，下载皆言卦爻所自出。无形者藉有形而显，故曰定。卑高在天地中，止言位也。贵贱者，潜见飞跃也。常动则行而不屈，故刚。常静则止而无为，故柔。判然有别故曰断。方谓东西南北各居，类谓方中所聚各有其类，物谓飞潜动植，群分则并育不害也。类聚者，分中之合。群分者，合中之分。非所聚而聚，宜分而不分，则生息克害之情见焉。此吉凶所由生也。吉谓比与应感相得，凶谓比与应感不相得。自无而之有，故曰生。在天有日月风雷，因有弦望晦朔，以时出入之象。在地有山泽水火，因有高卑炎润，生长收藏之象。此皆变化可睹者，故曰见。易之元不可见，其定、位、断、生、见，皆亨中事也。先说乾坤定位，犹是阴阳之分。动静吉凶变化，则阴阳之交也。始于乾坤，体之立也。终于变化，用之行也。

是故刚柔相摩(“摩”,一作“磨”)**,八卦相盪**(“盪”,一作“荡”)。**鼓之以雷霆,润之以风雨**(《乐记》“润”作“奋”)。**日月运行,一寒一暑**(姚信本“运”作“违”)。**乾道成男,坤道成女。乾知大始**(“大”,王肃作“泰”)**,坤作成物**(“作”,卢、姚作“化”)。

本上变化来,全说亨中事。《周易》卦爻悉由亨出,故周公于乾坤两卦特标二用。唯用然后有水火山泽风雷,而对待之体相为流通,故能成男成女以生万物。然上言八卦而下独缺艮,艮成终之卦,此方说摩荡之始,未及成终也。要皆行施边事,与乾彖云行雨施相似。但就摩荡鼓润言之,至成男成女之下,乃始言大始与成物也。刚柔即乾坤,论两体则曰乾坤,论动用则曰刚柔。摩者,初相切而比乎其体,即交也。交则参错其体,有上下多寡之分,故有风雷等八象。与八卦相似,非真八卦也。荡者,渐侵入而溢乎其量。摩则刚柔交,是八卦所自出。荡又八卦之交,鼓润运行是也。观成男成女后,方说大始,则摩荡鼓润皆天地絪缊,万物化醇时事。故止言风雷日月,不言坎离震兑。盖刚柔者,生天生地之阴阳。男女,生人生物之阴阳也。然曰成男成女尚非构精之时,因男女之刚柔各异,故曰此乾道之成,此坤道之成耳。雷霆震也,风巽雨兑,日离月坎,寒坤暑乾也。刚柔无象可睹,以理推之而知,至男女则有象可睹矣。然成男虽属乾道,成女虽属坤道,只是得乾坤分数多耳,总皆刚柔之摩荡。知谓知此,作谓能此,知者阳之明也,如知府知县,无事不归其明察也。成者,阴之定也。未成之始,非有造作,故言知。已成之后,有形可见,故言作。万物莫不由之,故言大。万物生养赖之,故言成。此二句本男女来,而始之成之,男女皆在其中。

乾以易知,坤以简能(姚云“能”当作“从”)。**易则易知,简则易从。易知则有亲,易从则有功。有亲则可久,有功则可大。可久则贤人之德,可大则贤人之业。易简而天下之理得矣,天下之理得而成位乎其中矣。**

《周易》所阐皆天人合一之旨,此上从天尊地卑说到成男成女,知始作成,便是从一元之亨说到各正性命,此即天命之谓性,乾彖所

发明者也。此下从知能说起,说到易简成能,便是从长善之德说到事干,此即率性之谓道,文言所发明者也。须知体立用行,天道如是,人事如是。子思指明大本达道,旋即以位育许之,皆深契《周易》之旨也。乾之知始,大明所烛,彻始彻终,非有作为,故易。坤之成能,承天代终,资始于乾,云行雨施,不劳馀力,故简。此二句将欲说在人之知能,故逆推知能所由来,而从乾坤说起。易则易知二句兼天人说,易简犹是说乾坤,而易知易从则已说到人上。唯其知之也易,故其赋于人也。以其所得于乾之知,返而知乾之知,仍然乾之自知,安得不易知?以其所得于坤之能,返而从坤之能,仍然坤之自能,安得不易从?盖人之于事,若无奇僻险阻之见,何不知之易也。若无艰难烦苦之行,何不从之易也。有亲有功,玩二有字是说所具之天德,原自足以致之,非谓人能应我也。亲者,一知之所融,非有亲疏离异之见也。有亲言所具之乾德,无所不纳。有功言所具之坤德,动有成效。此段句句相承,至易简理得,犹是说性中之妙。岂有亲二句方从易知易从来,便说向人之应感乎?有亲者,合始终而无间,故可久。有功者,兼钜细而靡遗,故可大。贤人对庸众暴弃者言。德谓得于己,有日新之盛。业谓成于事,有富有之基。以上皆发明性量,至此方说到事功。圣人惧人不知参赞位育皆性分中事,故于天下理得之上,补出易简二字,以见各正保合之性量,与天地同大,此正天下归仁之旨。易简即仁也,天下之理得于易简,即天下归仁也,此处原参不得应感之说。理得,包亲、功、久、大、德、业俱在其中。

右第一章。天尊地卑段言对待之体,刚柔相摩段言流行之用,俱是说乾坤,不是说天地。故处处标乾坤在上,其后说到成男成女,便是说天命之性。易知以下言经纶参赞成位之事,见人之命赋有自来,而因可以合德于天,便是说率性之道,全是从源头说起,发明天性道流通之故。煦所由谓《周易》为天人合一之书。

圣人设卦,观象系辞焉而明吉凶,刚柔相推而生变化(虞本"变化"下有"悔吝"二字)。

设卦者,伏羲也,原《易》所由起也。观象系辞,文周也,言作

《易》也。象谓奇偶纯杂,上下多寡也。上章是天地自然之易,其日月风雷,皆刚柔之摩荡,而卦图之八象,已尽昭著于天地之间。此章从设卦起,是圣人所作之《易》非别有卦爻也。其变化之妙亦不越此刚柔,而摩荡鼓润之机已尽情摄入《周易》中矣。观象者,在卦则观纯驳奇偶内外多寡之象,在爻则观初末上下承乘应比之象。元亨利贞,潜龙勿用,此系辞也,明吉凶言作《易》之故也。刚柔单说卦爻,相推谓上下迭运无定在也。变言从无入有,化言从有入无。变犹有迹可寻,化则无形可睹。变者,坤之能。化者,乾之用也。相摩者,方交也。相推,不已之交也。前刚柔指天地,此刚柔指卦爻。

是故吉凶者,失得之象也。悔吝者,忧虞之象也。变化者,进退之象也。刚柔者,昼夜之象也(虞作"昼夜者,刚柔之象也")。**六爻之动,三极之道也。**

吉凶悔吝,变化刚柔,皆《彖辞》所著,故下总之曰六爻之动。失得忧虞,进退昼夜,皆天时人事所形见,故下总之曰三极之道。总皆观象系辞,刚柔生变化之事。上章摩荡节言天道中即具有易卦,此本上节来言易卦具有天道,人事亦天道也。下虽单著象字,而吉凶等则指所系之辞说。象以辞征,情由象显。失者,冀其有助,乃相违而去。得者,幸其有助,即相附而来。此谓相得不相得也。天时人事皆有之,顾失得之情征于事,圣人以吉凶之辞宣之,是吉凶之辞即失得之象。故观吉凶之象,而失得之情可知。郁而不能自展,则虞。往而不能自返,则忧。天时人事皆有之,顾忧虞之情寓于中,圣人以悔吝之辞宣之,是悔吝者忧虞之象,故观悔吝之象而忧虞之情可知。悔自忧生,吝由虞起也。上二段据位而言,天道人事皆有进退,圣人寓其义于卦辞变化之中。然进退无象,而变化则进退之象,故观变化之辞,而进退之象可知。天道人事皆有昼夜,明暗是也。圣人寓其义于卦辞刚柔之内,是昼夜无象,而刚之阳明柔之阴暗,则昼夜之象。故观刚柔之辞,而昼夜之象可知。上二段据时而言,《易》中之辞率以天时人事为象,故下总承之曰六爻之动,三极之道也。不言象而言道,便可知《周易》中皆天人合一之道矣。三极者,初二为地,

有刚柔二性。三四为人，有仁义二行。五上为天，有阴阳二气。此自其相偶而言，若使无偶，何有变化。如自相应而言，则初四下极，二五中极，三上上极，皆是也。动，变也，极，至也。天地人之至理，三才各一太极也。爻不极不变，此自动变处说，故云极也。圣人观象无出时位，位出于坤体之静镇，时出于健运之迁流。六爻之动兼动静言，有六爻则有位，有动则有时，而三极皆不能外矣。

是故君子所居而安者，《易》之序也。所乐而玩者（郑本"玩"作"翫"）**，爻之辞也**（虞本"序"作"象"，谓旧误作"厚"，或作"序"，非也。又以"乐"作"变"，《杨易》从之，亦非也）。

设卦观象二节言圣人作《易》，具天人合一之妙。下二节言人之学易，动静皆不可离。此虽说不可离于静，却止说《易》之有裨于人。居谓平居，居必有位，故言序。如初三五上，仕农工商是也。安者，坦然适乎其途。序谓不躐等也。乐者，油然悦于其心。玩者，熟察而详味之也。序非辞不达，辞非乐而玩之不安。乐玩亦本居来，总见《易》中之妙，非人所能违。

是故君子居则观其象而玩其辞（郑"玩"作"翫"）**，动则观其变而玩其占，是以自天佑之，吉无不利。**

观象玩辞本上节来，上节提出安乐二字，见《易》之有裨于人。此节方言人之不违乎《易》，分动静言之。静有一卦之大象，因有辞以明象。动有一爻之变化，因有占以明变。要皆天道流衍①其中，而人事不能违者。辞因象系，占以变决，观而玩之，则日用动静，胥与天符，冥冥之中，若或助之矣。

右第二章。上言圣人作《易》，寓天人合一之妙。下言君子学《易》，有尽人合天之功。

《彖》者，言乎象者也。爻者，言乎变者也。吉凶者，言乎其失得也。悔吝者，言乎其小疵也。无咎者，善补过也。

《彖》谓《彖传》，孔子释文王卦辞者也。向以文王之卦辞为

① "衍"，库本作"行"。

《彖》,孔子之辞为《传》,不知卦辞原出卦象,故曰《彖》者,言乎象者也。如以卦辞为《彖》,然则《象传》亦可云文王有象辞乎? 周公因卦象而设之爻辞,明六爻之变有始终上下内外之异也。《彖辞》如大哉乾元以下,言纯阳至健之象,爻辞如潜见言初二之变,飞亢言五上之变也。凡动静语默,尽善之谓得,不尽善之谓失。小不善之谓疵,不明于善而误于不善之谓过,觉有小不善,欲改而未及,于是乎有悔,觉有小不善,犹及于改而不能改,或不肯改,于是乎有吝。悔未至于吝[①],而犹有小疵。吝未至于凶,而已有小疵。善,嘉也,与言字同类。嘉其能补过,谓《易》爻变动,所标显者如此,非嘉人之能也。本有过而能改之谓补。吉凶失得之大,不如悔吝之小,悔吝疵病之小,又不如无咎之善,故特添一善字,吉凶悔吝无咎,皆本卦爻来。

是故列贵贱者存乎位,齐小大者存乎卦,辩吉凶者存乎辞,忧悔吝者存乎介(陈云"介,徐作价")**,震无咎者存乎悔。是故卦有小大,辞有险易。辞也者,各指其所之。**

上文既释名义,此则著其义蕴,欲人体之也。五存字与上四言一善相应。列贵贱句,应爻者言乎其变。齐小大句,应《彖》者言乎其象。卦有定体,逐爻之变,则因位而异,凡爻皆上贵下贱,乘者贵而承者贱,列言其分而异也。凡卦皆阳大阴小,如大过小过大畜小畜之类。小大在爻,虽有所分,至于卦而齐矣。又如临观之大,鼎井之小,虽分量各殊,比而齐之皆卦也。齐言其合而同也。吉凶在辞则有定,此指卦爻说。忧与震皆指学易者说。忧而震之则可转移吉凶,更易得失,而渐至无咎。盖《周易》固趋吉避凶,寡过之书也。悔吝者,吉凶得失之未形。介,又几微之间,将欲两分者也。盖悔吝未萌,固无所容其忧,悔吝已著,忧亦何益? 唯将形未形,乃圣学紧关处,孔子假年,颜子克复,子思戒惧,皆是如此。若过之已形,猛然修者,则换了种子,亦可转祸为福。震,动也。欲动补过之心,必自愧悔中来。介字犹在善恶两岐处说,震则单说向吉边。盖惊天动地事

① "吝",库本作"吉"。

业骇人耳目者,不足为震。唯于猛然触悟,攸尔幡悔,方是天地一大转机,与来复同几,与天根同德,将来为圣为贤经天纬地,皆由此始,故谓为震。虩虩苏苏,其来厉亿,皆其义也。故《周易》屡提悔字,而孔子遂以为震无咎者在此。此无咎字从有咎来,是大改过的学问,是转移之关键,奋发之初几,故以为震。忧在思虑上见,震在动作有为上见。人若无此转机,则必无入圣之路。末三句总承一节,然仅及卦爻与辞,而不及悔吝无咎。欲人审察乎辞中之情,忧而震之,以施其转移之术,则悔吝与咎可使悉归于无。然非卦爻与辞,莫克有是,故特总而言之,可知《周易》真寡过之书矣。险即凶悔吝,易即吉无咎也。

右第三章。此教人观玩之法。先释名义而后释义蕴,欲人之省身寡过,无非尽人合天之意。

《易》与天地准,故能弥纶天地之道。

准谓等量,言天覆地载,气化流行,充周洋溢,无可等量。唯《周易》卦爻广大悉备,周流无滞,与天地同道,而克与之齐。弥者,弥缝,包括联络,合万为一而混然无欠,即下范围之说。纶者,丝纶,条理分明,析一为万而灿然有伦,即下曲成之说。元公曰万物在天地之包,天地在《易》之包,《易》在神之包,故结以神无方而《易》无体。煦按神即《易》之灵妙不测处,非在《易》外也。

仰以观于天文,俯以察于地理(“察”,古作“观”)**,是故知幽明之故。原始反终**(“反”,虞、郑作“及”)**,故知死生之说。精气为物,游魂为变,是故知鬼神之情状。**

此下三节皆本弥纶来,见圣人参赞位育之妙,舍《易》无由也。此节见卦爻之灵妙,其知无所不通,即圣人亦不能外《易》而自有其知。每上截皆就《易》言,便是所以能知之故。盖知字虽由圣人见,而所以能知,则全资于《易》。《易》不外阴阳,而幽明生死鬼神,皆阴阳之变,天地之用也。故者,所以然之理也。日月照临,天之明也。《易》仰而观之,而乾阳之德,大明终始,是明之故,《易》有以知之。博厚不测,地之幽也。《易》俯而察之,而坤阴之体静镇先迷,是幽之

故,《易》有以知之。圣人仰而观,俯而察,则藉《易》以知幽明之故者,有由然矣。原者,推之于前而溯其本。反者,推之于后而要其终。卦有由始,故乾坤溯之于元。卦有由终,故既未推之于后。爻有由始,故方成之九六为初。爻有由终,故最后之九六为上。盖始而曰原,则天心月窟之几。终而曰反,则贞下起元之秘。盖言终则尽矣,言反则必有归着处,此尽而不尽者也。始者,物之方来而有其生,《易》既有以原之,是生之说《易》知之。终者,物之既穷而归于尽,《易》既有以反之,是死之说《易》知之。而圣人藉《易》以知生死之故者,有由然矣。精气凝聚而为物,如动植之类,皆自无而向有,此神之伸也。魂与魄对,即神也。神魂游衍而无定,如阴阳交变之类。此自有而向无,鬼之归也。情言其中之所寓,状言其外之所形。为物故言状,为变故言情,物与变皆鬼神之情状所在。《易》皆有以知之,则圣人藉《易》以知鬼神之情状者,有由然矣。始终句说得阔大,精气二句说得精微。始终说两头,精气二句说中间。始终征于时,精气二句征于物,始终包得精气二句。精气游魂,在始终之内,小始小终而已。俯仰在位上说,始终在时上说,精气二句在其中生息变动处说。又俯仰纵说,始终横说,精气二句是聚散说。上下六合唯此数语为能尽,故曰天地之道。《本义》曰此圣人穷理之事。

与天地相似,故不违。知周乎万物而道济天下,故不过。旁行而不流(“流”,京作“留”。朱子曰“突然一句难晓”。《纂言》曰“下阙一字”。未知孰是)**,乐天知命故不忧**(虞本“乐”作“变”,《象旨》从之)。**安土敦乎仁,故能爱。**

此节言《易卦》之能,即圣人亦不能外《易》而自有其能,故从天地说起,而历言其故,皆弥纶事也。《易》之弥纶不可见,从圣人之用《易》而见,故知周以下四段本说圣人,却是赞美《周易》。盖作《易》之圣人体《易》而作《易》,用《易》之圣人体《易》而用《易》,皆与《易》同体者也。然此节止说《易》之能,至范围节方说功效,以及参赞位育之事。相似言其理,不违言其用。知周道济旁行,乐天敦仁,皆相似之故。不过不流,不忧能爱,皆不违之事,《易》与圣人皆有

之。不过者，万物虽多，天下虽大，不得而过之也。周者本也，济者用也，旁行者济之遍也。不流当如京本作不留，言其出不穷，洋溢鼓舞之妙也。此句是道济未尽之义，道济说其直遂，此言曲致耳。如作不流说，谓不至于淫溢放荡亦可。知周以下虽分两段，却是不过与不忧相对。旁行补道济未尽之义，敦仁补乐天未尽之义。不过不流，动时充塞之能，不忧能爱，静时含蕴之能也。子曰知者动，仁者静，虽以知仁分贴，固自无妨。然此处只是赞《易》，毕竟动用充周之意多，乐天敦仁虽皆静中事，而乐天句又稍近里。安者，处之而安。敦者，积之而厚，又稍在动用边。所敦之仁，即所乐之天，特自其具于己心，则止谓为天。但见其乐而不忧，自其可以及人，则谓为仁之敦，而见以为爱。一元之亨，各正性命，自人受之，即为保合之太和，纯是生机，毫无戾气，故不忧而能爱。《本义》曰此言圣人尽性之事。

范围天地之化而不过（马融、王肃作“犯违”）**，曲成万物而不遗，通乎昼夜之道而知，故神无方而《易》无体。**

上言《易》之知能，此则知能之功。参赞位育之事，弥纶之妙也。《本义》曰此圣人至命之事。范如铸金之模范，围，匡郭也。范围在时行上见，曲成在物生上见。范围者，气在外而包括之。曲成者，形在内而周匝之。范围不过即乾德资始之元亨，曲成不遗即坤德资生之利贞。乾德变化以时成，而四序屡迁，化非有过也。坤德含宏以光大，而品物殊质，物非有遗也。不过者，相循则续续而不已，相代则油油而各适其分也。不遗者，大之则山川之流峙，小之则动植之几微也。天地中间无过时物，《周易》卦爻悉兼时位，有位则必有居位者存矣。此二句发能中之功用。通与知不同，通，贯也，兼彼此彻上下之称，知则达于事物之称。知犹与不知对，通而知则无乎不知。昼夜之道即阴阳也，故曰一阴一阳之谓道。幽明生死鬼神，皆此昼夜之道。此知字与二节有别，二节专说知边事，此兼能字在内。凡说圣人皆是说《易》，盖《易》之知能因体《易》者而见，故前曰《易》能弥纶，而后曰《易》无体。神以妙于不测言，即《易》中所寓之道。《易》以作书之名义言，即神之寓也。无方者，灵而善运，无所滞也。无体

者,存而无迹,不滞于形也。此一句极赞《易》之知能,以终弥纶之义。

右第四章。此章以弥纶为主,前后提明易字,皆是说《易》。见圣人之参赞位育,皆《易》也。《易》唯准天地,故可弥纶天地。二节言《易》之知准天地,三节言《易》之能准天地,四节则言《易》之知能可以弥纶天地,神无方句总其义而赞之。

一阴一阳之谓道。

阴阳者,太极之动,神化之妙用也。道者,大用之充周各得也。因在方动时,非形气可执,故但言阴阳,此元之亨也。乃利贞之大用,悉出其中,故谓为道。未亨之元即太极,是不可思议不可言说者也。图自两仪加至六画,而万事万物之理悉备,皆此阴阳之叠运所为。故圣人举天下有作有为充周四达之道,悉归诸阴阳。夫《易》冒天下之道,大而经纶参赞,小而夫妇居室,语默动静皆道也,皆此阴阳之充周布濩,故曰一阴一阳之谓道。如将阴阳说作形器,则滞而不灵,而有形无形之地,必非阴阳之所能到矣。是使阴阳竟成形下之器,而形下之谓器,非孔子之误乎?如将道字说作阴阳之所以然,是又将道字看作太极,翻说入大本一边,是不知子思达道之说,止谓道为充周之大用也。今四子书中所有道字,曾不向用边说乎?然此节道字却只言阴阳之用,只是说天命之谓性,尚未说到人上。

继之者善也,成之者性也。

此本道字说来,盖阴阳既形而道始可见。善与性皆乾元,已亨阴阳之既形,故以为道。性则保合太和之事,故说在阴阳之后。盖一元之理乃太极之蕴含,非可言说,其有可言皆亨而利贞之事。继兼赋者受者而言,明成性之有自来,见天人之致一也。善即长善之善,从保合太和来,全无戾气,浑是生机。乾彖说各正性命,便是赋畀之事,便是天命之谓性。此义已具前节道字中。然自人受之,则为继矣,继则有顺受无违之义。乾之《文言》本元亨利贞,说出长善嘉会和义事干,便是受者之事,便是率性之谓道。然必提元亨利贞四字于上,见太和之保合出于乾元,明善之所继,性之所成,有自来耳。既有所本而适出其后,是之谓继。四德俱全,无少缺欠,是之谓

成。成字与各正相似，利之贞也。继兼所赋而言，成自所受而言。继也者，此赋而彼受，相续而不绝也。

仁者见之谓之仁，知者见之谓之知，百姓日用而不知，故君子之道鲜矣（“鲜”，郑作“尟”）。

此言道用之充周，悉性量之流通，故见道皆见性也。此一阴一阳之道，在人者也，与《中庸》鲜能同义。一元之妙，亨为太和，性则太和之各正者也。故继而为善，道则太和之洋溢者也，故无往而非性中之善。仁知，性中之善也。所见无非仁知，所见无非善，所见无非道，所见无非性也。性中本具四德，仁元而知贞，仁体而知用。仁以始之，知以成之，故仁知可兼四德。仁厚于内而知明于外，赋性有刚柔厚薄不同，故有厚于仁而为仁者，有厚于知而为知者，莫非继善所成。及观天地之化，悉与吾性相同，故仁者见之谓之仁，知者见之谓之知。此言性道流通之妙，达之者即一贯之旨。百姓日用而不知，非不知仁知，不知此道也。此处亦不得以阴阳分贴。

显诸仁，藏诸用（“藏”，郑作“臧”，善也），**鼓万物而不与圣人同忧，盛德大业至矣哉。富有之谓大业，日新之谓盛德。**

皆本性道来说内外流通，无心敦化之妙，此一阴一阳之道在物者也。仁谓各正之太和，一元之妙蕴。显者由内达外，彰往之义是盛德之著见，照下大业而言。用谓造化之充周，即发育峻极之事。藏者由发征存，察来之义，照下盛德而言。此二句总言内外贯通体用一如也。鼓万物兼始与生言，曲成之妙，难可形容，故但曰鼓。不忧者，易知简能自然之妙，即乾坤之利字。天地无为而成化，虽鼓万物出入之机，而不与圣人同忧，此盛德大业所由不可复加也。盖天地无心而有为，无心故无忧，圣人有心而有为，有心故有忧。富有者，无物不有而无欠缺。日新者，无时不然而无间断。盛德本仁与藏来，大业本显与用来，至哉与赞坤同。盖此章全说性道，全是利贞边事，此与上仁字同义，特上言人此言物耳。如以上仁字为阳之事，此仁字为造化功业之发，是将仁字说在事为边，其如体仁长人之说何？

生生之谓易，成象之谓乾(“成”蜀本作“盛”)**，效法之谓坤**(“效”，蜀本作“効”，黄氏《韵会》作“爻”)**，极数知来之谓占，通变之谓事，阴阳不测之谓神。**

上二节言道之充周于人物，此言《易》之变化流通，象数不遗，形神毕达，皆道中作用也。道者在天之易，易者在人之道。生生者，非阴生阳，阳生阴也，乃消息盈虚相续不穷之义。如四象由阴阳而生，却已易为四象，八卦由四象而生，却已易为八卦。又如祖父之生子孙，而代已易矣。时之与物莫不有然，易者变易不居，相循不息，故曰生生之谓易。此下皆本易说，易之生生者乾坤而已。乾阳也，坤阴也，在道则言阴阳，在易故言乾坤。易始于乾所以成象也。诸卦无乾何能成此卦象，故曰成象之谓乾，此即六位时成之义。盖阳明则有形可睹，亦如在天成象也。易必有坤，所以顺承也。若不顺乎乾，则亦无能成此卦象，故曰效法之谓坤。盖阴柔则无成代终，坤顺故也。二语相资，方见生生之易，非分释乾坤也。生生言变易之妙，乾坤即变易之二物。极数者谓卜筮时，究极阴阳七八九六之数，观其动变，以前知未来之吉凶，故谓之占。既占矣，通其阴阳老少之变，察其吉凶得失之情，以裁成辅相之，而范围曲成之事业以起，故曰事。此皆生生变易之理，托于阴阳而呈露者也。至阴阳何以变易而不测，何以充周而不测，各著而仍有互根之妙，互根而仍有各著之能，如此不测，则神之为也。

右第五章。此章说一元之亨，著太极之大用。前四节说天命之性，却是全说天道，见道之周于天壤，兼人物，贯始终，彻微显，日新而不穷，富有而各足，莫非阴阳之变动。因在既形以后，是布濩之大用，故言道。末节言易中阴阳，成能而不测，莫非此道之用，与率性之谓道相同。特中庸言人，此言易耳。道者在天之易，易者在人之道也。

夫《易》广矣大矣，以言乎远则不御，以言乎迩则静而正，以言乎天地之间则备矣。

上章从天道说出盛德大业，至末方始说《易》，原《易》之始也。

此章极赞《易》妙，末说出配天地四时日月，以及配至德，与上章德业相同。见《易》之效法有由，故精蕴不可量，而成能亦不殊也。广者由内观外，谓四方无边际。大者由外观内，谓包括难量。广即博厚载物，大即高明覆物。远以时言，乾道健行不息，孰得而御之？迩以位言，坤德安贞，高卑一定而有常，乌得不静正？静谓安，正谓贞也。广大虽言体段，亦兼大用在内。远莫御，见大用之充周。迩静正，见大本之安贞。天上地下，何所不有，而《易》皆备之，《易》所由广大也。

夫乾其静也专（“专”，陆作“颛”），**其动也直，是以大生焉。夫坤其静也翕，其动也辟，是以广生焉。**

上节言《易》之体用，广大如此，此言广大所由生也，俱是言易，非言天道。大生广生是广其生，大其生，不是生广生大，亦不是生天生地。天地自在其中，即语大莫载之说，莫大于乾，莫广于坤，而易中有之，故归其能于易中之乾坤。乾坤之动，方能有生，然动由静来，故兼静而言之。专者专一不分，乾之元也。直者直遂不挠，乾之利也，乾之动在交坤上见。翕言收敛，坤之含宏也。辟言发越，坤之品物咸亨也。坤之翕未与乾交，即安贞之候。坤之辟在翕后，即交后之利贞也。乾坤各有动静，静体而动用，静别而动交，乾资万物以始而不可限量，故大。坤之行地无疆而非有边际，故广。赞其德，则乾大而坤至。言其生，则乾大而坤广。乾本资始，坤本资生，而兹皆言生，盖资生之所生，皆资始之所始也。

广大配天地，变通配四时，阴阳之义配日月，易简之善配至德。

易与天地同出一原，故所寓之妙悉与天地相配。配谓等量，非相似也。广大莫如天地，易之生生不息，其广大配之。变通莫如四时，易之穷变通久配之。日月者，天地之阴阳，故南极而寒，北极而暑，易中阴阳之义配之。阳爻舒光布景，则配日。阴爻先迷后得，则配月，月之明随日光为进退也。日月而言义，见不可以形迹拘也。健顺者，天地之至德，而易简之知能有以配之，此《易》所以广大也。至德要说得与知能相似，不可说向事为边，仁义礼知是也。

右第六章。上章从阴阳之道说起①,末说到易,推易之源头也。此从易之广大说起,末说配天地,探《易》之精蕴也,而参赞位育之大用,在其中矣。

子曰:《易》其至矣乎!夫《易》,圣人所以崇德而广业也。知崇礼卑(“礼”蜀本作“体”。“卑”,徐作“埤”)**,崇效天,卑法地,天地设位,而《易》行乎其中矣。成性存存,道义之门。**

其特加子曰,当即论语分章之义,另是一种道理。又或援引先儒,加子曰以别之也。观第八章先引易辞,后加子曰可知。上章言天道即易道,此言生人之性禀于天道,莫非禀于易道。见天地间气化流行,皆易道所充周,则圣人之易简知能,皆易道所命赋也。全就圣人说,不兼物说。至,极至也。德言本体。崇者,日进而高明,业言作用。广者,日积而加厚。谓圣人之德非《易》莫崇,圣人之业非《易》莫广,故用所以字推其由也。知与礼照下性字,著其所由之能也。谓知礼虽曰命赋于天,实皆命赋于《易》。乾知大始,知得于大明之乾阳,故无高不及而日见其崇。坤作成物,礼定于安静之坤阴,故无成代终而自处于卑。此二句说圣人之知礼本于《易》,原自崇自卑,以见效法之有由。崇效卑法,又指出天地,以见崇广之有本,说效法之事也。天字便含知字,与首章易知同义。地字便含礼字,易广而言卑者,谦而处下,上始可积而益加广也。大明终始,天阳之以知崇也。含宏光大,地阴之以卑牧也。盖自天地设位,原自具有崇广之妙,莫非此《易》之充周。存存即保合也,而存养亦在其中。言各正之性,四德浑全,遂为道义所从出,是性之成。《易》成之,可知崇德广业非《易》莫与此矣。门者,谁能出不由户之义。道者,充周之大用。义者,条理之精微。上曰广生大生,是语大天下莫载,此曰《易》行其中,是语小天下莫破,故以成性言之。

右第七章。言《易》之德业本于②性,而得于天地。自其精微密

① “起”,库本作“来”。
② “于”,库本作“乎”。

致者言，与继善成性相似。但前说命赋于天地，此言命赋于易道，以见天地间流动充满之妙，无非易妙。

圣人有以见天下之赜(《九家》作“册”，京作“啧”)**，而拟诸其形容，象其物宜，是故谓之象。**

此二段言象爻之包括无穷，总见易道之妙。赜，繁杂也。见者，圣人之独知，会博于约，通微察隐之妙也。拟诸形容谓会其神妙，而想象之。象其物宜谓取相似之物，与事之相宜者而象之。形容如乾圆坤方之类，物宜如乾龙坤马之类。

圣人有以见天下之动，而观其会通，以行其典礼(“典”，京作“算”，姚作“曲”)**，系辞焉以断其吉凶，是故谓之爻。**

会通谓动而相值。会者，合万于一，异而同也。通者，贯一于万，同而异也。会如爻中之阴阳会合，通如爻动而变，又如十二辟卦之递变。此句言时，典礼句言位。礼有尊卑上下，而卦爻之尊卑上下同之，此常法也，故以为典礼之行。行谓爻之轮转，原无滞义。断吉凶如宜上宜下，宜刚宜柔，当位不当位，而吉凶之辞断然矣。凡皆因六爻相会，有可通不可通之处，而行其尊卑上下之礼以考定之，其相得不相得，乃始较然，故系辞而吉凶可断也。

言天下之至赜而不可恶也(荀爽本作“亚”，按家、麻、鱼、谟古通，亚夫印作“恶”可证)。**言天下之至动而不可乱也**(郑玄“动”作“赜”，九家作“册”，讹也。虞本作“动”，今从之)。**拟之而后言，议之而后动**(诸家及郑本“议”作“仪”)**，拟议以成其变化。**

赜动二句言《易》可以立教，拟议二句示人学《易》之道也，本上系辞来。象爻皆有辞，两言字谓辞也。繁杂则易至厌恶，然形容物宜之象，皆有以统括其大意，自使人嗜而不厌。变动则易至紊乱，然会通而行典礼，则皆有定体可依，自使人循而不乱。是故学《易》者拟诸象以出言，则浅深离合，自合诸物宜而当其理。商酌其变以制动，则仕止久速，自合诸典礼而当其位，此谓言行准《易》也。然言而曰拟，动而曰议，即言行相顾之义。变化本在易道，今言行准《易》，则动静语默皆

道,而成变化于吾身者,与《易》同矣。下举鸣鹤①七章,皆拟议之事。

鸣鹤在阴,其子和之。我有好爵,吾与尔靡之(古本又作"縻",京房本作"劘")。**子曰:君子居其室,出其言,善则千里之外应之,况其迩者乎?居其室,出其言,不善则千里之外违之,况其迩者乎?言出乎身,加乎民。行**(下孟切,下同)**发乎迩,见乎远**(贤遍切)。**言行,君子之枢机。枢机之发,荣辱之主也。言行,君子之所以动天地也,可不慎乎?**

以下皆承拟议,此释中孚九二,以拟议于言行之感。《周易》本天人合一之书,乃人之视天,恒目为幽隐悬绝,故于此发之。使知感通之故,即在言行切近中,见人之当拟议也。夫人无时不有言行,即无时不有感通,乌可不慎。艮为居,为庐,二在艮下,故言居室。居室在阴象,兑为言,变震为出,出言,鸣鹤象。二变成坤,坤数十,震惊百里,十之千里。外谓巽与震同声相应,千里之外应之,子和象。又坤为不善,为身,为迩,为民。大象离为见,乾为远,坤伏乾,故见乎远。言为心声,出乎身,加乎民。行为心迹,发乎迩,见乎远。此四句,好爵尔靡象,凡皆象外之象。艮为门,故曰枢。枢主开闭,震为动,故曰机。机主发动,以兑金凿震巽,故曰枢机。户之开闭则有明有暗,机之发动则或中或否,亦如言之出,行之发,有荣有辱也。然应虽在人,而感唯在我,彼为实,我为主,故曰荣辱之主。千里之外说一外字,则不可限矣。故遂说到天地,以见语默动静无一不与天通,可不拟而后言,议而后动乎?故特提出慎字以警戒之。

同人先号(石羔切)**咷而后笑。子曰:君子之道,或出或处,或默或语**("默",古本或作"嘿")。**二人同心,其利断金。同心之言,其臭如兰。**

释同人九五爻义,以证上文言行之可以感人者,以人同此心也。其先言出处语默,总见无时无处不可同耳。凡皆言行之当拟议者,盖能拟议,则为同人之后笑,不能拟议,则为同人之先号矣。本言五

① "鸣鹤",库本作"鹤鸣"。

与二，初未好合，故先号咷，后得同心故笑。孔子引此以见人之出处语默，虽时位不同，而人心苟同，则无往不利。然添出默字，比上言行之感更深一层。向以出处语默作迹之异，其下作心之同，说得与易辞全没交涉，且将先后之旨说开了，非《易》旨也。在爻则五与二应，而中为三四强暴所阻，故有先号咷，大师克之象。然五阳二阴本为正应，又皆中心之爻，故有后笑相遇之象。笑，兑也。乾金被离克，而变兑悦，故先号咷后笑。旅以兑悦，变小过灾眚之凶，故先笑后号咷。夫心之所牵，契于神明，非迹所间，故孔子既有中直相克之说，至此又发同心之义。心即中，中直即同心，若非心所系念，有所向而不回，安云直乎。断金即火金相克之义。断金者，物不能间，言如利刃断物，虽坚金可断，不能阻隔。利即乾五利见大人之利，明五之动而健耳。巽为同，为利，为臭，为草。兰，香草也。如兰者，气味相投，言出无间也。

初六，藉用白茅，无咎。子曰：苟错诸地而可矣（古本亦作"措"）**，藉之用茅，何咎之有？慎之至也。夫茅之为物薄，而用可重也。慎斯术也以往**（古一作"顺"，马作"慎斯道也"）**，其无所失矣。**

引大过初六爻，以拟议于敬慎。错，置也。伏颐之震坤，故错诸地。由震坤变乾巽，本非有错地之象，故拟议未变之前，以为苟可也。巽茅象，初地位，巽柔在下，故曰藉之用茅，阴柔贱故薄。

劳谦，君子有终吉。子曰：劳而不伐（《说苑》作"不怨"）**，有功而不德**（郑蜀本作"置"，云当作"志"）**，厚之至也。语以其功下人者也。德言盛，礼言恭。谦也者，致恭以存其位者也。**

引谦九三爻义，拟议人之处功名亦敬慎之义。坎为劳，乾为德，乾伏故不德。阳贵而下居三贱，故劳而不伐，有功而不德。艮为厚，坤为至，震为语。五多功，下居三，故以其功下人。谦伏履，履礼也。乾为盛德，兑为言，三得位，故存其位。劳者，功之未成。功者，劳之已著。不德，不以功为德也。下人即不伐不德。言厚之至，不过以功下人。此论理，非论九三。德即功劳，礼即不伐不德。言本于德则盛，言出于礼则恭。若三之劳谦，则恭之极至，故能存位而有终，

存位即有终也。

亢龙有悔。子曰:贵而无位,高而无民,贤人在下位而无辅,是以动而有悔也。

引乾上九爻,拟议不慎之感。贵高在上,便与有功下人者不同。此章以言行为本,以感人为用,引中孚说感人感天地,便见言行不可妄发。引同人,见人心本同,无不可感。引大过,见感之当慎。引谦三见人心恶盈好谦,唯德与礼始可感人而存位,以见当慎之义。若高亢自居,则人不之与,而位不能存,故引乾上。末二节,见言行不慎,则害成招盗,皆感非其具也。天尊故贵,以阳居阴不得中,故无位。在上故高,无阴故无民无辅。乾称贤,乾盈动倾,故有悔。黄疏曰,此后言悔言乱言盗,反言以见意也。煦按君子立身首重言行,与人交欲其至诚而无妄,持己莫若慎,保位莫若谦,而言为尤易,故屡以言示之。

不出户庭,无咎。子曰:乱之所生也,则言语以为阶(姚信本作"机")。**君不密则失臣,臣不密则失身,几事不密则害成,是以君子慎密而不出也。**

引节初九,以拟议言不慎之感。与人相接,无过言行,故言行尤所当节。不出户庭本说行,孔子释之却说言,言行一致而言为尤易。足爻居初而动,乃行之至近者,故为不出户庭。凡远大之行,不无差错,故易招咎。今不出户庭,安有咎。言,兑象。变坎隐伏,密象。乱即下失臣失身害成也。阶言始基,谓初也。几,事始。成,事终。见行之成败,由于言语,故言尤当慎。

子曰:作《易》者其知盗乎(《释文》作"为易者")?**《易》曰负且乘,致寇至**("寇",徐作"戎")。**负也者,小人之事也。乘也者,君子之器也。小人而乘君子之器,盗思夺之矣。上慢下暴,盗思伐之矣。慢藏诲盗**(虞作"悔"),**冶容诲淫**(郑玄及诸家本作"野",谓"妖野仪容",杨用修云"销也",《太平广记》作"蛊")。**《易》曰负且乘,致寇至,盗之招也。**

引解六三爻,以拟议行不慎之感。阴故称小,卦中人位,故称

人。阴有形故称器,阳称君子。坎为舆,为隐伏。伏离兵戈,故称盗。上下两阳为主于内外,此爻一负一乘,负犹不失承阳之义。乘阳非阴所宜,故有此象。坎水克离火,故言伐。负乘相形,不能自掩,若教之使然,故言诲。变承言负,有亵狎之意,故言慢。上谓四,下谓二,乘而且负,便与藉白茅者不同,故以为慢。阴乘阳,故为暴。慢上则不礼于上,暴下则不亲于下。众叛亲离,故致盗伐。诲盗诲淫,言盗之伐,皆自己所致,非人所为,故曰盗之招。藏宜深密,既欲藏又似不欲藏,则怠缓其事,故为诲盗。冶所以陶铸方员,容而冶,则饰之过盛,故诲淫。淫,坎象。

右第八章。首言拟议之由,始于象爻,欲言行之准易。下七节皆拟议之事,而中孚为主,见言行足以感人感天地,不可不慎。同人说到同心,见能感之由。大过谦言慎感之术,在自卑而尊人。乾上则尊贵而不能慎者,节初则言之不慎,解三则行之不慎,皆感非所感者。

周易函书约注卷十四　系辞上传二

天一地二，天三地四，天五地六，天七地八，天九地十（古本在十一章首，班固、卫元嵩引合天数五之上，程子并以此二节移在“大衍”一节之前，煦按天数五节不言旧在何处）。

前八章言《易》准天地之道，发天人合一之旨已详。此下明先天河图之数及揲蓍之法，言卦爻所由成，因推以致用也。一二三四五，五行之生数，在内者也。六七八九十，五行之成数，在外者也。内，体也，成数由之而生，故为生数。外，用也，生数由之而成，故为成数。生者，气之始。成者，形之始。阴阳之理肇于奇偶，始于奇终于偶，此乾始美利，地道无成代终之义，故阴无首，阳无尾。无首者以阳为首，无尾者不可穷极也。孔子以天地二字间之，据人之易见者，明此为阴阳二气之流运耳，故予作循环图以明之。万物之生悉由水始，天之生物莫不先气后形。水火以气用，木则半气半形，金土则形之成矣，其妙悉具首卷河图中。自此以下方言占。

天数五，地数五，五位相得而各有合。天数二十有五，地数三十（今《石经》作“卅”）**，凡天地之数五十有五，此所以成变化而行鬼神也。**

天数五，五奇，象阳之健也。地数五，五偶，象阴之顺也。五位谓四方并中央。相得如一与二，三与四，相因而序。又如一与二，三与四相对，谓时与位皆不相背也。有合者一六居北，二七居南，如夫妇阴阳配合也。二十有五，五奇之积。三十，五偶之积。变自无而之有，化自有而之无，生成二数皆有之。此章发明河图，言数之所由来，而因及其积，是要说大衍明河图之大用也。河图为万物之大本，原无变化可言，其云然者，见得其中所具大难量耳，故下遂添说成行二字。鬼神即变化灵妙处，行字本变化来，变化不居便是行。神则

阳之行于无形而成变化者，鬼则阴之行于有象而成变化者，皆指揲蓍言。

大衍之数五十，其用四十有九。分而为二以象两，挂一以象三，揲之以四，以象四时，归奇于扐以象闰。五岁再闰，故再扐而后挂（京作“卦”）。

河图之数本五十有五，今止曰五十，盖取河图之中数相乘而得之。又以五为生数，十为成数，相乘而得之也。其用四十有九，诸家纷纷其说，唯荀爽曰卦各六爻，六八四十八加乾坤二用，凡有五十。乾初九潜龙勿用，故用四十九也。煦按加乾坤二用，其说最当。孔子初说河图，特标天地二字，便是指说乾坤。据形神有无而论，则形有而神无，故可见者止于四十九。而无形之神不可见也，故返于椟以象之。又卦爻之设不离阴阳，阴阳有老少，少静而老动，静者不用，故返于椟。其动而用者，与爻偕行，亦四十九也。先儒谓除一以象太极，果有太极可象，孔子既有象二象四之说，顾独遗太极一象何欤？当知此句独提用字，便是太极以后事，故从分二象两说起，亦如伏羲之图全说阴阳既形之事，故从两仪起。文王之卦从乾坤起，周公之爻从九六起。其在先者，皆不能明言其所以然，此圣圣相传至微极妙者也。太极何形而固有象乎？盖揲蓍乃用时之事，故唯用九用六，一动一静与一用一不用之说为至当。荀爽此论唯潜龙之说未合，他皆不可易也。盖既已有蓍，便已有象，太极非象也。既云五十，便已有数，太极非数也。其数既分便属阴阳，便是乾坤二用，安得取数中之半，指为太极之象乎？分而为二，谓分此四十九也。如以返一为象太极，则此四十九数又何所象乎？可象而无象，非缺乎？分而为二者，分此四十九策，以半置左，以半置右，此则如两仪之对待，故曰象两。挂一以象三者，次以左手取左大刻之策执之，而以右手取右大刻之一策挂于左手之小指间。三者，三才也。左为天，右为地，所挂之策象人，故曰象三。揲之以四，间数之也。谓先置右手之策于一处，而以右手，用四四为数以除左手之策。又置左手之策于一处，而以左手，用四四为数以除右手之策。用左右交数其策者，

象阴阳往和之义。其必四数之者,天有四时,地有四方,人有四德,阴阳之动则有刚柔太少之四象也。奇,零也,所揲四数之馀也。扐,勒也,左右四揲必有零数,或一或二或三或四。左手先数,归于第三第四指之间。右手后数,归于第三第二指之间,而扐之也。象闰者,以两手所归之馀策,象天道归残聚馀分成闰也。五岁再闰者,再积日而再成月,故五岁之中必有再闰,然后别起积分,如一挂之后,左右各一揲一扐。故五者之中,凡有再扐,然后别起一挂,再扐而后挂者,再扐后,合左手一挂二扐之策,置于格上第一小格,是为一变。所馀之策左一则右必三,左二则右必二,左三则右必一,左四则右亦四,通挂一之策,不五则九。五以一其四而为奇,九以两其四而为偶,奇者三而偶者一也。然后以两手复取左右所馀之策,合而为一,再分再扐再揲,为第二变。独言挂者,分二揲四皆在其中,三变既毕,所得挂扐过揲之策,五四为奇,八九为偶,挂扐三奇,合十三策,则过揲三十六策而为老阳,其画○所谓重也。挂扐两奇一偶,合十七策,则过揲三十二策而为少阴,其画 -- 所谓拆也。挂扐两偶一奇,合二十一策,则过揲二十八策而为少阳,其画—,所谓单也。挂扐三偶,合二十五策,则过揲二十四策而为老阴,其画 × 所谓交也。× 者, -- 之动而交也。○者,—之动而终始相循也。二变三变,其妙在挂,非挂则纯而不入矣。每三变成爻,十有八变成卦。凡爻变之阴阳,皆以所少者为主,如震男巽女之类是也。老阳,阳之动,资始而不息,故以数少者象之。老阴,阴之动,资生而不穷,故以数多者象之。

乾之策(马作“筴”)**,二百一十有六。坤之策,百四十有四,凡三百有六十,当期之日**(徐作“朞”)**。二篇之策,万有一千五百二十,当万物之数也。**

二百一十有六,老阳六爻之策数。百四十有四,老阴六爻之策数。万有一千五百二十,乃一百九十二阳、一百九十二阴之总策数,三百八十四爻而万物之数尽矣,故以策数当万物之数。不及少阴少阳,静阴静阳,盈虚未极也。然少阴少阳之策数,亦是此数。期,一岁也,凡三百六十五日四分日之一。此举成数,概言之耳。当,适相

当也,非以彼准此也。二篇谓上下经,该六十四卦言也。

是故四营而成《易》,十有八变而成卦,八卦而小成,引而伸之(古作“信”),**触类而长之**(长,上声),**天下之能事毕矣。显道神德行**(去声),**是故可与酬酢**(京作“醋”,《说文》作“畴醋”。按《国策》作“雠柞”,《周礼》注作“训”,借声也),**可与祐神矣**(荀爽“祐”作“佑”)。**子曰:**(吴幼清以后人分此节属下章而增也,程朱俱属上章)**知变化之道者,其知神之所为乎**(《举正》作“不为”)?

《易》变易也,四营成《易》,谓分二挂一揲四归奇,四变营求,方成此一变而为一爻。十有八变而成卦者,三变成一爻,十八变成六爻也。八卦而小成,谓九变成三画得内卦也。此八卦未尽万物情理,故曰小成。若引此八卦而伸之,至于六爻以成六十四卦。触类而长之,谓视其阴阳老少,征其动静,则一卦可触其类而长之,而为六十四变,如此则成四千九十六卦。吉凶趋避悉具于中,天下之能事毕矣。能事即下显道神德行,酬酢佑神所能之事。道大用也,大用出于大本,其初甚微,至彰为参赞位育,皆能事有以显之。德行者,躬行实践,本有迹可观,乃蓍策则探微索隐于各正保合之初,是能事有以神之。显谓筮象之昭示,不隐于茫昧。神谓卦爻之探索,深极其精微,交互见意,与显仁藏用同义。唯其显道神德行,则受命如向,故可酬酢万变。如宾主之相接,言亲切也。神不能以吉凶告,人唯有筮策之象,则可代鬼神而佑助其不及,故可与佑神。见为功于幽也,与神明相接,而佑助其不及,天下之能事岂不毕哉。变化者即上数法之变化,两在不测,人莫得而知之,故曰神,言蓍策精知变化之妙。故两在不测之所为,皆能妙契隐深,而有以精知之也。

右第九章。言天地大衍之数,揲蓍求卦之法,而因推究其大用以赞其神也。自天一以下,河图之数,揲蓍之法,必古有其文,故末加子曰以别之。可知凡加子曰,其前文必先儒已有者也。

《易》有圣人之道四焉(明僧绍作“君子之道”),**以言者尚其辞,以动者尚其变**(古本此下三句或无“以”字),**以制器者尚其象,以卜筮者尚其占。**

《易》之为书,无过辞变象占四者,而皆有圣人之道。四字指辞变象占,道一而已,非谓圣人之道见于《易》中者仅此四种,谓其该括于此四种也。以,用也。尚,取也。辞,卦辞,乾元亨利贞是也。动者,动作营为也。变,爻变也。制器者,结绳网罟之类。尚象者,离与鼎井之类。占谓周公爻辞,如乾初[1]勿用之类。辞变象占皆具圣人之道,故用者取而尚之。辞有圣人之道,用以言,则取其辞而尚之。变有圣人之道,用以动,则取其变而尚之。象有圣人之道,用以制器,则取其象而尚之。占有圣人之道,用以卜筮,则取其占而尚之。以字指人之所用,辞变象占皆指《易》。辞象指卦言,变占指爻言。

是以君子将有为也,将有行也,问焉而以言,其受命也如向(古作"响")**,无有远近幽深,遂知来物。非天下之至精,其孰能与于此**("与",去声)?

矣鲜以至精为尚辞之事,至变为尚变尚象之事,至神为尚占之事。旧注谓此节指尚辞尚占而言。今观以言二字,则专承尚辞可知。至变节言变言象,则承尚变尚象可知。至神节言感通,则承尚占可知。问者,将筮而告蓍之辞。以言二字虽与上以言相应,然在问焉之下,受命之上,当是筮卦时,非发言处事时也。盖此节只说辞之可尚,不必较量言字,故下曰受命如向,见其象如聆其言矣。向谓如相向之近,言亲切也。《本义》作向之应声亦可。来物,未来之吉凶也。远近幽深,无不周悉,蓍之至精如此。非圣人至精之道,其孰能与于此乎?故以言者尚其辞。

参伍以变,错综其数。通其变,遂成天地之文。极其数,逐定天下之象。非天下之至变,其孰能与于此?

来矣鲜曰此尚象尚变之事,参伍错综皆古语。三人相杂曰参,五人相杂曰伍。参伍以变是借字以言蓍变,乃分揲挂扐之形容也。三变成爻,兼以分揲挂扐再扐五事,而奇偶殊矣,故曰参伍以变。盖十八变中或多或寡,或前或后,彼此相杂有参伍之形容,故言参伍。

---

① "初",库本作"九"。

错综谓参伍之数杂乱颠倒之妙。错谓相并而交错，如乾坤坎离也。综谓上下往复，如屯蒙需讼也。通之而成文谓爻也，极之而成象谓卦也。如此则奇偶老少不滞于一端，内外贞悔不胶于一定，而变化无穷矣。蓍之至变如此，非圣人至变之道，其能与于此乎。故以动者尚其变，以制器者尚其象。煦按参伍非借字也。九六阴阳之动也。参伍，九六之合，即十五之数也。阴阳各居，则九自九，六自六，不成参伍。九六既合而参伍之象成，故参伍者九六之变动也。变而通之，以此之有馀补彼之不足，而卦爻之象殊矣，故曰参伍以变。参伍在多寡不齐处求之，错在比并相借处求之，综在颠倒上下处求之，皆九六之交，皆揲蓍时，变化以求数之妙。参者，一二之合，三才之义也。一奇阳而二偶阴也。伍，五行也。参共伍为十五，伍其参亦十五。十五者，河图之中土，生成之全数也。洛书一图左右前后上之下之中之交互之，兼三而论，皆参也，皆不离河图中数。则其伍也，皆此参伍也。十五日而圆，十五日而亏，月之参伍也。一月三十日，参伍之再合，重卦之义也。又挂一以象三者，参也。而分揲挂扐再扐共五事，故曰伍。天地，阴阳也。成文，成阴阳老少之文也，盖奇偶中有阴阳，纯杂中有老少，阳之老少即天文，阴之老少即地文，物相杂始成文也。初言参伍，犹是九六相交，未始有分。参伍变而阴阳老少之文成，成在变后者也，故下遂说出定字，非有象莫能定也。文言爻，象言卦，如乾马坤牛，震雷艮山是也。变者，象之未定，象者，变之已成。

《易》无思也，无为也。寂然不动，感而遂通天下之故（“故”，戴侗作“故”，从夂，古为“故”）。**非天下之至神，其孰能与于此？**

此尚占之事。蓍卦本无心情，故曰无思无为，无思无为则寂然不动矣。感者，人问卜筮。通天下之故者，知吉凶祸福也。寂，体也。感，用也。蓍之至神如此，非圣人至神之道，其孰能与于此，故以卜筮者尚其占也。煦按此章从圣人之道说起，末复结以圣人之道四，其中虽说辞变象占，皆当知有圣道在也。今观至精三节，用一样结语，盖此字皆指筮卦言，即本节之上文，而蓍卦之精变神，亦即在

此字中。其非至精至变至神，而莫克与者，则圣人之道也，故曰《易》有之也，见非平常之道所能与耳。

夫《易》，圣人之所以极深而研几也（蜀才作“挈”，郑玄作“机”）。**唯深也，故能通天下之志。唯几也，故能成天下之务。唯神也，故不疾而速，不行而至。子曰：《易》有圣人之道四焉者，此之谓也。**

极深，究极其精深也。探赜索隐，钩深致远，通神明之德，类万物之情，知幽明生死鬼神之情状是也。研几，研审其几微也。履霜而知坚冰，剥足而知蔑贞是也。唯精故极深，唯变故研几。深通天下之志者，人之深隐莫如志。而《易》之极深有以通之，即发言处事，受命如向也。几成天下之务者，几能择所向而定其趋，故其务可成，即举动制器成文成象也。不疾不行即寂然不动，而速而至即感而遂通天下之故也，旧注以极深承至精，研几承至变，所以通志而成务，则神之所为。此以神字总承极深研几，盖因有为节说尚辞尚占，参伍节说尚变尚象，而无思节止言体用，不曰象占，便是承上二节。故此处神字遂以为承极深研几而言，要当分承三段为是。

右第十章。承上章揲蓍求卦来，见得至精至变至神，皆圣人之道，而《易》皆有之。盖据圣人作《易》言，则《易》非寻常小道，而圣人之道即有于《易》中。据《易》之大用言，则至精至变至神之圣人，始克有此至精至变至神之道。

子曰：夫《易》何为者也？夫《易》（古一本无此二字）**开物成务**（王肃本作“闿务”），**冒天下之道，如斯而已者也。是故圣人以通天下之志，以定天下之业，以断天下之疑。**

何为，问辞也，如斯而已，答辞也。物即吉凶之实理。开物者，人未知开发之也。务者，趋避之事，人所欲为者也。成，成就也。开以知言，即上深通之义，故下文遂言通志。成以能言，即上章几成之义，故下文遂言定业。冒道者，谓天下之道，悉覆冒包括于卦爻中。虽不专指占，而占亦在中也。以者，以易也。《易》开物，故物理未明，《易》则明之，以通天下之志。《易》成务，故事业未起，《易》则成之，以定天下之业。《易》冒道，故志通而心之疑决，业定而事之疑

决。以断天下之疑，吉凶定而趋避之疑决也。

是故蓍之德圆而神，卦之德方以知（去声）**，六爻之义易以贡**（京房、陆绩、虞翻本作"工"，荀爽本作"功"）。**圣人以此洗心**（《石经》、京、荀、虞、董、张、蜀才作"先心"）**，退藏于密，吉凶与民同患，神以知来，知以藏往**（刘瓛本作"臧往"）**，其孰能与于此哉？古之聪明睿知，神武而不杀者夫。**

圆者，蓍数七七四十九，象阳动而圆，变化无方，肇形未卦之先，而通于卦所由来，故圆而神，即上文开物通志之义。方者，卦数八八六十四，象阴静而方，爻位各居，定于有象之后，而通于卦所由往，故方以知，即上文开务定业之义，蓍动卦静故也。易者一阴一阳，交易变易，变迁不常也。贡，献也，以吉凶献诸人也，即上文断疑之义。洗心谓洁净精微之心，非心有私而洗之也。退藏于密，此心未发也。同患谓与民同吉凶之患也。凡吉凶肇端之地，是所由来，故谓为来，非以未至之地说将来。凡吉凶趋避之宜，皆后此所往，故谓为往，非以过去之时说已往。在前者，肇于未形，通于极隐极微之地，故唯蓍之神，为能上溯而知之，而显之于象。在后者，必待由此而往，始彰吉凶趋避之宜，故唯卦之知，为能豫见而藏之，而兆其将然。然此二句在圣人分上即彻始彻终，有始有卒之说。此圣人之神与知，又非有待于蓍卦也。孰能句，问辞也。古之二句，答辞也。蓍圆而神，圆则变动不居，神则妙用不测，故能于未始有物而开物。卦方以知，方则有定，知则洞明朗照，故能于未始有务而成务。六爻易以贡，易则不烦思维经画。贡则自然显露，故能不执一道，而冒天下之道。圣人以此洁净精微之心，退藏于秘密之地，寂然不动，而圆神方知之妙，亦偕以俱藏。此时虽未有吉凶之形，而吉凶之情，民所患者，圣人亦同患之。迨于既感，而圆神方知之妙，偕以俱发，正以吉凶与民同患故也，神密而不测者也。故凡由来之地，极精极深之秘，皆有以知之，而为肇见之几，知周于事者也。故凡将有所往，无穷无尽之变，皆有以藏之，而为豫照之事。此显微无间体用一如之妙，其孰能与此？则唯聪明睿知，神武而不杀者。盖聪明睿知，则坐照无遗，故

能察幽而知来。神武不杀则生机内含，故能发育而藏往有具也。一曰神武不杀，得其理而不假其物之谓，一曰洗心以下全说圣人。

是以明于天之道，而察于民之故，是兴神物，以前民用。圣人以此斋戒，以神明其德夫（古一本无“夫”字）。

天道者，阴阳刚柔，盈虚消长，原具有吉凶之道。民故者，爱恶情伪，相攻相感，此所由以致吉凶之故。神物，蓍龟也。明天道，故知神物之可兴。察民故，又知神物不可不兴。是字顶上二句，缘是之故，故兴也。前民用即通志成务断疑也，卜筮在前，民用在后，故曰前。斋戒者，敬也。圣人敬之，则蓍龟之德本神明，是亦圣人有以神明其德矣。一说圣人聪明睿知明而察之者，恐人不知天道民故，实相感通，吉可趋而凶可避，于是兴神物以前民用，使之趋吉避凶。又恐民不知通于天道而或亵也，圣人乃先敬而信之，以神明蓍龟之德，则民亦敬信而神明之，以前民用，而民用不穷矣。

是故阖户谓之坤，辟户谓之乾。一阖一辟谓之变，往来不穷谓之通。见乃谓之象（“见”音“现”，下“见吉凶”同），**形乃谓之器，制而用之谓之法，利用出入，民咸用之谓之神。**

此即一户，以明物物各具阴阳动静之理，其妙正在阖辟。盖阖阴而辟阳，阴静而阳动，无一物无动静，则无一物无乾坤。先言坤者，由静而动也。乾坤变通者，化育之功。见形象器者，生物之序。法者，圣人修道之为。神者，百姓自然之日用也，此本兴神物前民用来。变通以上泛就造化流行上说道理，是圆神边事。象器法神方就物说，亦是就户推开说，是方知边事。意则专主蓍龟，物却不止蓍龟。出入皆用，则无往不利，民咸用之，则无人不利，至不知其所以然，则神也。是故《易》有乾坤，有变通，有象器，有法神，即今取户譬之。户一也。阖则谓坤，辟则谓乾。又能阖又能辟，一动一静，不胶固于一定，则为变。阖矣而复辟，辟矣而复阖，往来相续不穷，则为通。得见其阖辟非无声无臭可比，则为象。既有形体必有规矩方圆，则为器。古圣人定其方圆，酌其长短，制为阖辟之机，则为法度。利此户之用，一出一入，百姓日用而不知，则谓之神。即一户而全

《易》之理已该,《易》虽神明,岂深远难知哉?象器以下是由户之阖辟不穷推开说,不可以制用句,方作圣人制户说。阖户谓坤者,纯坤从艮象来,艮为门阙,坤为敛也。辟户谓乾者,纯乾从兑来,兑伏艮,乾有开舒之义也。

是故《易》有太极,是生两仪,两仪生四象,四象生八卦,八卦定吉凶,吉凶生大业。

《周易》卦爻,开伏羲大圆而得之,乃伏羲圆图,但从两仪始,今孔子添太极于两仪之上,后儒因两仪四象以后。伏羲即画而成图,则孔子太极之说必当言图也审矣。不知太极不可图也,太极二字是孔子言理最精最密之妙旨。太者,尊上之称。极者,至极无加之谓。言两仪肇生之始,本有此至尊至贵,极至无加之道理,原在两仪之先。此时理数未起,是万物之大原,立于无思无为之先,周通于有作有为之后,不容思议,难可名言,故特以太极二字赞之。赞两仪肇生之由也,非谓两仪之上又有此图也。亦如乾元无可称说,特赞以大。坤元无可称说,特赞以至耳。后人但目为图,与言有言无,皆偏执而未达其妙也。徒索诸空杳者,既全无着落,而指为实有,与云理在其中,皆不免为实理所滞。毕竟太极本体非有无可言,不得已姑就流行之太极解之。此极字即阳极生阴,阴极生阳之极,盖阴阳二者原属两仪肇生之名,然阳所由生必从阴极来,今既有阳仪之生,则其先必具有阴极之妙,不然则何能生阳?阴所由生必从阳极来,今既有阴仪之生,则其先必具有阳极之妙,不然则何能生阴?夫阴极生阳,阳极生阴,此流行之阴阳,即太极之循环不息者也。然敦化之太极在阴阳未生以前,本非有阴极阳极之事,且阴阳之生一时俱有,故其上不得便称阴阳,而但谓为极。以阴阳所从生,原有大中至正而建之极者,然后两仪由此肇也。是由阴极阳极之理,从其后而溯之,遂目为极也。然极则极矣,又非阴极阳极流行迁转者可比,故直称之为太。太者,尊而无上之称,若子孙尊称祖父以上者然也。至周子加以无极,则是无可复加者,而竟可加矣,非极之义也。且极而又极,不两极乎?共位而两极必有一焉,不得称极。就令无极而太极

原具有无浑合之妙,然无之一字毕竟著相,终不若以太之一字赞之,为浑沦该贯也。《周易》本传道之书,但能领会太极,则圣人之道思过半矣。既有阴阳,始可形见,故谓为仪。仪,形也,即乾彖流形之形。中庸形则著之形,故《系传》有形上形下之说。有形则可图矣,然阴阳一生俱生,实无先后,故曰太极生两仪,非如动生阳而静生阴说作两载,如流行之太极也。至于无极二字虽能矫实理在中之弊,要亦不能无误,此何等处所而竟可言无,谓无极在太极上乎?谓无极与太极并乎?有层累之见乎?有同位之见乎?太极而谓为无也,则后此之两仪四象八卦,何自生乎?是未察孔子说有字之义也。生也者,即邵子加一倍之说,仪犹在恍惚之际,象则确有可见,卦则象之既定矣。八卦定吉凶,该六十四卦而言,定者定天下之志,生者成天下之务。既有八卦,则刚柔迭运,时位错陈,故吉凶定,吉凶定则趋避可施,故大业生。

是故法象莫大乎天地,变通莫大乎四时,悬象著明莫大乎日月,崇高莫大乎富贵。备物制用,立成器以为天下利(荀悦《汉纪》作"立象成器"),**莫大乎圣人。探赜索隐**(《九家》作"探册"),**钩深致远,以定天下之吉凶,成天下之亹亹者,莫大乎蓍龟**(《说文》"亹",字书所无,不知所从,或当作"娓",《杨易》以为不然)。

法象者,有象而可法也。天地即《周易》首列之乾坤,二用相交,六十四卦之象悉由此生,故法象莫大于此。万物之生,各有终始,至于四时,未尝无终始,却未尝有终始,故曰变通莫大于此。悬象句,虞翻以出震见兑为言,其理最当。盖法象句言两仪,变通句言四象,悬象句言八卦,与上节《易》有太极三句正相发明,而崇高句则卦中之爻也。富言爻之备,贵言爻之尊,九五及主爻是也。崇高及备物二句说到天下利,正所谓八卦定吉凶,探赜以下正所谓吉凶生大业也。定吉凶而属之圣人,吉凶由圣人显也。成大业而属之蓍龟,吉凶既定而后成也。备物即山泽水火金玉牛马之类,成器即耒耜网罟之类,此皆卦象中事。不曰卦象而曰圣人,卦象由圣人作也。事为之多者曰赜,事机之幽者曰隐,理之不能尽测者曰深,事之不可骤至

者曰远。探者，精入而试之。索者，逼近而求之。钩者，委曲而取之。致者，推至而极之。索谓入其中以相求，钩谓曲其节以相取。亹亹，勉勉不已也。盖人之情疑故怠，决故勉也。

是故天生神物，圣人则之。天地变化，圣人效之。天垂象，见吉凶，圣人象之。河出图，洛出书（王肃作“雒”）**，圣人则之。《易》有四象，所以示也。系辞焉，所以告也。定之以吉凶，所以断也。**

神物，蓍龟也，谓具前知之妙，故神之，法则之，以为卜筮也。天变化，日月寒暑往来相推也。地变化，山峙川流万物生长收藏也。四时百物终古无一相同，故为变化。河出图，生成之数，合处而不分，数之体也。洛出书，分奇于四正，分偶于四隅，数之用也。则奇偶而别阴阳，则四方而分四象，则四方皆有生合及四正四隅而为八卦。其阴阳老少之称乃则之之时，蓍卦所呈之象其在图中，止有四方及分合全缺之象耳。非图书中便有阴阳太少也，小圆大圆是取则图书，一加再加画成者耳。其中原无八卦之象，汉儒未加考正，谓伏羲时龙马负图出于河，则以作《易》，大禹时神龟负书出于洛，禹则以作《范》，而图书遂分，不知二图皆出伏羲。无洛书之分必无以显河图浑沦之体，无河图之合必无以显洛书四达之用，故孔子并说归《易》中。果属作《范》之具，孔子犹缀言于《易》，非误乎？且周公固父子相师者也，文王即准洛书，画出后天一图，武亦文子，顾从箕子而访洛书乎？今观《洪范》亦止是天人合一之理，与《周易》相同。天下无二道，非《周易》一道，《洪范》又一道也。则之之说详具原图①。上三段圣人法天地以作《易》，下三段圣人作《易》以教人。四象即阴阳老少，是作《易》时事。

右第十一章。专言蓍卦既成，圣人作《易》之事。

《易》曰自天佑之，吉无不利。子曰：佑者助也。天之所助者，顺也。人之所助者，信也。履信思乎顺，又以尚贤也（“又”，郑玄作“有”）。**是以自天佑之，吉无不利也。**

---

① “原图”，库本作“函书”。

释大有上九爻义，天人一理，故言天即言人。顺则不悖于理，是以天佑之。信则不欺于人，是以人助之。顺信本五之中德，上既履顺，则行顺矣。比五而不离，则心专属乎信矣。尚贤言圣人在上也。上履信思顺，而六五又尚贤，所以有天佑之吉。上居天位，天象。应居人位，人象。离中虚，信象。中坤，顺象。变震动，思象。变震为足，上乘五，履象。

子曰：书不尽言，言不尽意。然则圣人之意其不可见乎？子曰：圣人立象以尽意，设卦以尽情伪，系辞焉以尽其言，变而通之以尽利，鼓之舞之以尽神。

书不尽言二句，当是先儒之言，孔子引而释之。书本所以载言，然书有限，不足以尽无穷之言。言本所以尽意，然言有限，不足以尽无穷之意。古言如此，然则圣人之意其在不可见之中乎？此乃直决之词，非疑问也。盖因极深极隐而不可见，自非言所可尽，故于此甚费踌躇。其下复加子曰，则后时之言也。夫言可尽意，言之而已，何待立象？其必立象而意始可尽，正以其隐深不可见，又以见其非言可尽也。谓之为象，正以不可见者在其中也。盖象有阴阳老少，包含变化无有穷尽。蓍中象二象三象四象闰皆象也，而精粗大小有形无形无不悉包其中。其意既尽，而其中不可见者，当亦无勿尽矣。情，实也。伪，不实也。设卦句即在上句中抽出言之，特更显露耳。盖象则犹包仪象，而卦则有定矣。意犹浑沦，而情伪则更切当矣。人心有情有伪，圣人设为八卦，又设为重卦。卦中各有性情，性情又各有美恶，观其爱恶相攻，远近相取，卦之情伪得，而人之情伪亦因以尽矣。情伪既尽，而其中之不可见者何勿尽也。文王周公又虑言之不尽，则立象设卦之意仍然未尽。故又随其卦之大小，象之得失忧虞，系之辞以尽其言，使夫观象玩占，咸可因言得意，而前圣不可见之精蕴益阐矣。夫《易》辞最简，何能尽言。盖事物之理求尽于一爻，虽连篇累牍，其爻旨必不能尽，唯该之以象，而不见之隐悉传。此上言《易》体所由立，下尽利尽神则言《易》用所由行也。变通鼓舞皆是补说尽意尽言之妙，不是说人。变通云者，如阳变之阴，阴变之

阳,如两仪变通为四象,四象变通为八卦之例。不变则不通,不通则其利不尽,因其可通而通之,而莫予云阻,故曰尽利。鼓舞即在变通中,如六爻之变通于六十四卦,而又有刚来柔来,刚上柔上之机,又有《序卦》之序,《杂卦》之覆,中爻之互,皆所以动荡机缄,曲畅其至神之妙,而意与言于此乎尽。彼不可见者,当愈昭然显露矣。

乾坤其《易》之缊耶?乾坤成列,而《易》立乎其中矣。乾坤毁则无以见《易》,《易》不可见,则乾坤或几乎息矣。

易变易,言易理非言易书。乾坤即生天生地之阴阳,在《周易》则首易之二卦,易即乾坤之二用也。总言乾坤自具变易之理,而变易莫非乾坤之用。乾坤无一时不用,亦无一时一物之用不是乾坤。缊者,衣中所着之絮。此句言乾坤二体充牣于变易之中。乾坤成列,易立其中,见有乾坤二体,即具有此变易之二用。乾坤毁,无以见易,见无乾坤则无变易。易不可见,则乾坤息,见无变易,则是无乾坤,总见易中卦爻皆乾坤二用之充周。古今六合,无时无物,不有变易,则乾坤安有息时。向谓乾坤不宜说向有形天地上去,然有形无形安有二理,故天地亦在其中。乾坤非妙入无间,安能偕有形无形而使之变易哉?当知全部《周易》皆是先天,无一卦一爻可以形器相拘,故无形有形皆能毕达。张子曰两不立则一无可见,正缊中之妙也。今观揲蓍中,所得两仪四象八卦,而有形无形可知矣。

是故形而上者谓之道,形而下者谓之器,化而裁之谓之变,推而行之谓之通,举而措之(古作"醋")**天下之民谓之事业。**

上节乾坤易缊,便是说一阴一阳之谓道,盖乾坤即阴阳,易即道也。此节形上形下皆本乾坤说,仍是一阴一阳之道,此形字即乾象流形之形,《中庸》形著之形,非如形体可言器也。必待形下,乃始言器耳。形下句轻,止是衬贴上句。盖太极初动原不可以体论,阴阳既判,乃始有形可肇,如风云雷电水火之类是也。太极,体也。阴阳,用也。天地间发挥太极之能,斡旋太极之用,使之弥纶充周,若甚藏密,若可显露,全赖阴阳之运。精入乎无声无臭之表,故曰形而上者谓之道。道也者,太极之大用行也。散布于有体有质之中,故

曰形而下者谓之器。二形字皆作用边事,若使阴阳滞于形器,则滞于有体,止能形下而不能形上矣。谓阴阳为形器,谓道为所以然,则侵入太极之体而未解道在用边,皆非圣言之旨。子静固知言者哉。此二句说乾坤之大用,化裁以下方言圣人体易之大用,然虽说圣人,却本形上二句来。化也者,流通浑融之妙。裁也者,分际各得之宜。其分际各得必从流通浑融来,故曰化而裁之。化而裁则其理不可执,故曰变。其化,若涂埴者,合青黎白壤黑坟赤埴而搀和之。其裁,若成而为瓦为甓为瓶为缶也。又若镕金银铜铁于釜,而或裁为方,或裁为圆也。如一年裁为四时,一月裁为六候,一日裁为十二时是也。前后不同,故以为变,俱说人事不可搀入卦爻。下二节方说卦爻中道理。推而行之,向作以卦爻之理推行于事为之间,竟与举措句犯重。当知变通二句只就人事泛说道理,举措句说到事业,方是圣人经纶参赞之实。变自其同中有异截然可分者言,通自其异中有同引伸无滞处言。化不必其皆一,裁而制之,则不必其皆同,故曰变。推行不必其皆同,然其流通无滞,则彼此又不必其互异,故曰通。事者,业之方行。业者,事之已著。事业是圣人之举措,不指民言。化裁三句所明皆圣人形上之道,若器则拘于有形,何能变通?

是故夫象,圣人有以见天下之赜,而拟诸其形容,象其物宜,是故谓之象。圣人有以见天下之动,而观其会通,以行其典礼,系辞焉以断其吉凶,是故谓之爻。

按此非重出也。因上节全本易缊来,说形上为道之事,则变通举措皆圣人形上之道为之。此节说观其会通,行其典礼,皆圣人变通举措以尽道之事,然会通典礼非象无由以见,非爻莫与察也,故遂举象爻而言之,见圣人之变通举措与爻象非有殊耳。《周易》乃天人合一之书,言天道当知有人道,言人道当知有天道。然观此二节,上用是故起之,或系古语,孔子引之也。观下节以赜动二字承之,可知必非重出。

极天下之赜者存乎卦,鼓天下之动者存乎辞,化而裁之存乎变(“裁”,古一作“财”)**,推而行之存乎通,神而明之存乎其人,默而成**

之，不言而信，存乎德行（"行"，去声）。

上四存言《周易》卦爻之事，即前节形上之道所蕴者也。下二存说前节变通举措之事，见非圣人之德莫克与此。前三句本象爻来，上句言象，次句言爻，化裁句又言爻。极，究也，赜，多也。夫唯象因天下之赜而立，故天地万物之数虽多，而卦象则穷极而形容之。唯爻因天下之动而立，故天地万物之事理变动无恒，吉凶靡定，而爻辞则鼓舞其动而决断之。卦辞俱本易说，即上节形上之妙。五谓六存，语意虽同，而大旨则异。煦谨按《周易》两系不尽孔子之言，多杂记先儒之说，故语意不无重复，五谓六存可以观矣，其加以子曰则孔子之言也。化裁推行本卦辞说，与上节属人者不同。化而裁之存乎变，如大衍五十而裁为分二挂一揲四归奇，又因蓍数多寡而裁为阴阳老少，皆变动不居之妙也。推而行之存乎通，如一卦而通于六十四卦，一爻而通于三百八十四爻，皆其推行而无滞者也。此上本卦辞说，神而明之以下方始属人，以发五谓中变通举措之妙。神而明之言无所执也，存乎其人谓圣人也。默而成之三句见有圣人之盛德，斯有圣人之大业。到得默而成之，不言而信，便与易理浑同而无间矣，此即在神明句中，德行即在其人二字中。神者，运用之莫测，即默与不言也。明者，坐照之无遗，即信也。无所作为之谓默，默则无事极天下之赜之卦矣。见诸辞说之谓言，不言则无事，鼓天下之动之辞矣，此言字分明对上辞字说。成者，我自成其变通之事，即前节举措之事业。信者，人自信之如蓍龟，如将神明以下就常人说，则神而明之便是要不凝滞于卦辞，默成而信便是要不扰不杂，且不疑贰，即所谓疑而筮之，则必信之也。

右第十二章。全说形上之道，见圣人之经纶参赞与易为体也。

周易函书约注卷十五 系辞下传一

八卦成列，象在其中矣。因而重（平声）**之，爻在其中矣。刚柔相推，变在其中矣。系辞焉而命之，动在其中矣。吉凶悔吝者，生乎动者也。**

成列言三画之卦，象谓阴阳之或多或寡，或上或下也。重之言六画之卦。刚柔相推本爻言，如一卦而变六十四，六十四而变四千九十六是也。系三百八十四爻之辞，皆因其动而命之。命者，命其吉凶悔吝也。动即变也，据象而观则为变，指所之言也。据辞而言则为动，指能变之本爻言也。盖圣人所命之辞，皆指当动之爻言也。

刚柔者，立本者也。变通者，趋时者也。吉凶者，贞胜者也（姚信本"胜"作"称"）。**天地之道，贞观**（去声）**者也。日月之道，贞明者也。天下之动，贞夫一者也。**

爻在卦中，故此节言爻而不及卦。立本二句申上文刚柔相推二句，贞胜二句申上文系辞而命之四句。然从刚柔说起，则三画六画之卦皆在其中。上节刚柔本卦爻来，而此不及卦爻，以刚柔句该之也。上节吉凶本系辞来，而此不及系辞，以吉凶句该之也。上以刚柔相推为变通，此又曰趋时，即变通之时也。上言系辞而命吉凶，此又言贞胜，谓吉凶相胜也。非刚柔则变化无自而出，故曰立本。逮于相推而有变化，如初中末，时也，动始变终皆时也。贞，成也，正也，定也。正而定则既成矣，凡卦言贞，正定之义居多，然必既成，始能正定。三义原不相离，然一成字又实能该正定两义，盖天地之大化由一元之亨而起，至利而贞则万物之既成矣，故此处之贞皆言成也。如吉象成于此卦此爻中，则凶者不得而争之，而吉遂成其胜。凶象成于此卦此爻中，则吉者不得而争之，而凶遂成其胜。爻象既定，阴阳既殊，若刚柔之不同质，香臭之不同气，故能各成其胜。然

吉凶之理生于阴阳,乾坤之德比象天地,天地成位于上下,而升降往来各有定理,是即成此观示之理,以昭示于人。故阴阳往复亦遂若此相胜之理,而一清一宁,一升一降,何非以相胜之理相观示也。日月代天宣化,其昼夜明昧,晦朔弦望,既各成其明,亦遂各有相胜之理。日阳而月阴,而阴必资阳,故日以自明而成其明,月以借明而成其明,终古不易,故为贞明。盖易之为道,不外阴阳,天地日月皆阴阳,则皆乾元所统,故易中之刚柔变通,吉凶悔吝,此道也。天地亦此道,日月亦此道,其由亨而利,既有所成,而正定于此。虽不尽同,然同此一元,则亦同此一贞。盖据不齐者而论,则吉凶有相胜之理,天地有上下之分,日月有明晦之别,而莫不各贞其贞。要其所由然者,莫非太极之所分,一气之斡运,盖天下之动皆成于此一者也,是《周易》从出之大原也。

夫乾确然示人易矣(“确”,《说文》作“寉”),**夫坤隤然示人简矣**(“隤”,孟作“退”。陆,董、姚作“妥”)。**爻也者,效此者也。象也者,像此者也。爻象动乎内,吉凶见乎外,功业见乎变,圣人之情见乎辞。**

本上贞胜来,言吉凶之所以贞胜者。以乾刚坤柔,其理原不相侔。乾元至尊,健运不息,宜若不易,然其体流行无滞,变化各正,万物资之则至易。坤道资生,万物杂然并见,宜若最繁,然顺承天德,无成代终则至简。盖唯健则难者不难,唯顺则繁者不繁。确然者,理定而不移,隤然者,体定而不费。圣人效法乾坤,作为易象,非能有外于易简也。法乾道之不息而征时,法坤体之镇静而定位。爻之有时位,效此易简之理也。乾德运行而无阻,故健。健则刚,坤道承天而代终,故顺。顺则柔,象之有刚柔,像此易简之理也。至爻象动于内,而吉凶遂见于外,莫非易简之呈露,而吉凶安得不贞胜乎。吉凶既定,则趋避有几,故圣人参赞位育之功业,遂因其变而可见。至于因爻象而系之辞,又所以审吉凶而定功业者,故圣人之情遂见乎辞,而乾坤易简之蕴,亦遂不能掩矣。盖《易》书未作,爻象之理具于乾坤。《易》书既作,易简之理备于爻象,则圣人之以吉凶事业显于

辞者,皆显此易简之精蕴而已。

天地之大德曰生,圣人之大宝曰位(孟喜“宝”作“保”)。**何以守位,曰仁**(朱子曰“今本作仁,吕氏从古作人。”今按陆德明作“人”,王肃、王伯玉、桓元、明僧绍本皆作“仁”)。**何以聚人,曰财。理财正辞,禁民为非曰义。**

本上功业来,遂言圣人之功业,圣人功业本乎易简,故遂从天地说起。大德者,易简之著见,无物不资也。生者,天资生物之始,地资生物之成也。位,天位,资之以参赞位育,故称大宝。仁字,《本义》从古作人,谓非众罔与守邦。来氏从王肃作仁,即保合之太和,元善之长也。然无人不可以言位,故位字中便已兼有人字。非有仁以得其心,则众非其众,而位不可守,还当作仁字为正。况下言聚人之财,禁民之义,则此仁字自当与下文一例。财者,仁民之具。理财者,富之也,九赋九式是也。义者,辅仁之术。正辞与正名相似,即所以禁民为非也,教之也。一说理财正辞禁非,作三项。煦按财有宜有不宜,故须理。辞欲其正,欲其合于宜也。非欲其禁,防其不合于宜也。故皆曰义。凡仁之与义要皆功业所在,所以守位,而与生生之造化同德者也。

右第一章。《上系》首章由天地阴阳说出易简知能,而继之以圣人之成位,见圣人之克配天地,此作《易》之源,《易》之体也。《下系》首章从卦中之爻象说出天地易简贞一之德,而因及圣人之功业,见圣人之参赞位育同符于天地,是易道之大用,《周易》之究竟也。

古者包牺氏之王天下也(“包”,聚也。《鸟兽全具》曰“牺”。包本“宓”字读作“庖”,古作“庖牺”,孟京作“伏戏”。云伏服也,戏化也。马作“虙羲”。或云“庖牺”以网兽为食名,古呼“包”如“孚”,故孚、俯、付、伏通),**仰则观象于天,俯则观法于地**(《汉书》作“察法,睹鸟兽之文”),**观鸟兽之文与地之宜**(《乾凿度》引孔子曰“中观万物之宜”,王昭素谓“是与天地之宜”,司马贞《史记补》引此无“天”字)。**近取诸身,远取诸物。于是始作八卦,以通神明之德,以类万物之情。**

上文说到功业，便是参赞边事，便具类情通德之义。此言圣人之易，所以能参赞位育者，因易卦之作非意为之也。其始观而取之，务期与天地人物不违，于以类情通德，故能建功立业而参赞位育也。观者，理蕴于中，则观之而玩其理。取者，象著于外，则取之而合其象。观象于天，如日月有升沉，星辰有显晦，又如日月有出庚见丁满甲之异，皆阴阳之消息也。又震巽象风雷，坎离象日月，皆象也。法，法象，山陵为阳，川泽为阴，艮山兑泽，坎水离火，五行八卦，一阴阳之消息也。象之法之，如三画之卦上天下地中人。六画之卦五上象天之阴阳，初二象地之刚柔。又如初中末之相循，准乎天而征时，上中下之不移，准乎地而定位。又如静爻明位，动爻征时，皆是也。鸟兽之文，如禽飞兽走，马健牛顺是也。又如林栖者羽如叶，地行者毛如草，水游者鳞如波涛，及希革毛毨之类，皆阴阳之消息也。又如凤启文明，龙图龟书，皆是也。地之宜，来氏以为兖漆。徐桐谓伏羲犹尚鲜食，非有高黍下稻。《九家易》曰四方四维八卦之位，山泽高卑五土之宜，谓地之南北阴阳寒暑各有所宜，皆阴阳之消息也。橘不逾淮，鸜鹆不逾济，天津闻鹃皆是也。近取诸身，如首圆象天，足方象地，外而五形，内而五性，又如乾首坤腹，皆阴阳之消息也。远取诸物，如动有飞潜，植有夭乔，又如乾为金玉，坤为布帛，又如龙鳞八十一，鲤鳞三十六，龟板中直分阴阳，左右各五纹，分五行，其中十二空象十二支，十二月，皆阴阳之消息也。凡此皆卦画未起，观之取之以为画卦之资，不得将观取之后画成之卦配言，明矣。上画天文，下画地理，中画人物，见夫一阴一阳者，对待之体，交易之义所由生。或消或息者，流行之用，变易之义所由著。于是据其阳息而阴消，则画一奇以象阳，而乾兑离震从阳而生者，因以次而列左。据其阴息而阳消，则画一偶以象阴，而巽坎艮坤从阴而生者，因以次而列右。又阳动阴静，阳神阴形，阳明阴暗，阳有阴无，皆于观取中得之。神明之德即观取中所得阴阳之理，精微而不测者也。八卦成列，器具而道存。健顺之德，乾坤通之，动止之德，震艮通之。悦丽险入之德，兑离坎巽通之。万物之情即观取中所得阴阳之迹，散殊而不一

者也。八卦成列则爻成而象备，天地之情，乾坤类之，雷风之情，震巽类之，山泽水火之情，艮兑坎离类之。德者，阴阳之含蕴。情者，阴阳之形见。德潜而难见，故曰通。情显而易见，故曰类。煦按神明之德即太极之妙，隐寓于天文地理，鸟兽人物中者。今观而取之，故可通万物之情。即吉凶悔吝得失忧虞，卦皆有以象之，故可类。

作结绳而为网罟（今《石经》作"罔"），**以佃**（古作"田"）**以渔**（古作"鱼戏"），**盖取诸离。**

上文通德类情，皆说卦所由起，然观而取之，则通德之义已明。此后说制器尚象，全是类情之事，兼说通德亦可。上取字是取之以画卦，此取字则卦画既成，通德而类情，准之以合于物理，达于人事者也。离为目，互巽为绳，重目而系以绳，网罟之目目相承者似之。《易溯》曰二巽颠倒为结绳，两目相丽为网罟。兑兔巽鱼，为网罟中物，以之取兽曰佃，取鱼曰渔。云峰胡氏以为非取于离，盖似离耳。果然则取字说不去矣。上文既曰类情，则圣人卦画一成，而制器尚象由此以兴，有何不可，何必曰非取离也。

包牺氏没，神农氏作（"农"，虞本作"辳"，盖古文），**斫木为耜，揉木为耒**（"揉"，《食货志》作"煣"），**耒耨之利，以教天下，盖取诸益。**

耒耜，今之犁也。耜者，耒之首，斫木使锐而为之。今加铁铧谓之耒头。耒者，耜之柄，揉木使曲而为之。其动也，在下之耜。能入者，在上之耒。以象言，则二体皆木。以德言，则上入下动。天下之利莫大于耕耨。于益之名义亦有合矣。艮为手，互坤土，木入土而动，耒耜象。又艮手揉木故曲。

日中为市，致天下之民，聚天下之货，交易而退，各得其所，盖取诸噬嗑。

离日在上，日中象。互艮径路，震大涂，又为足，致民象。互见坎水艮山，群珍所出，又伏巽市利三倍，聚货象。巽为进退，退象。艮止，各得其所之象。货合于市，以所有易所无，各得其所，亦犹物

之有间者，噬而嗑之也。合沙郑氏曰，始离次益，次噬嗑，所取者食货而已。食货，生民之本也。

神农氏没，黄帝尧舜氏作。通其变，使民不倦。神而化之，使民宜之。《易》，穷则变，变则通（古一本无此三字）**，通则久。是以自天祐之**（古作"佑"）**，吉无不利。黄帝尧舜垂衣裳而天下治，盖取诸乾坤。**

通谓行而无阻，变谓阴阳互易。阴阳相循无端，所以能久。凡事执持太坚，既久而不安必倦，圣人利导而通之，使不安于故常，变易新机，故民鼓舞而不倦。由之而莫知其所以然，神也。以渐而相忘于不言，化也。凡事用功既久，多不相宜。予之以不可知，从之以无所事，所以致宜也。宜字便含可久意，下文穷变通久，泛论其理，正发此四句之旨。盖使民不倦，是方为时，使民宜之，便说久远后矣。《周易》之理，事势穷极，必当更变，然后流通，既流通然后安而可久。夫穷变通久乃理之循环，而根极天命者，惟能奉若天道，当其时而通变宜民，则与天合德。是以自天佑之，不倦于始，宜民于终，而吉无不利矣。然其通变宜民，非圣人创为之。洪荒之世，草衣鲜食，风气未开，人文未著，礼义未兴，故黄帝尧舜因其变而通之，唯垂上衣下裳之制，以明尊卑贵贱之分，而天下自治者。盖取诸乾坤，为乾坤本循环而不已，实上下定位而不紊也。乾坤易蕴在上而覆故象衣，在下而顺故象裳。垂衣以下正通变宜民之事。《本义》曰乾坤变化而无为，变化指前段，无为指后段。朱子发曰二老合者，无为也，六子自用也。十三卦独乾坤合为一卦。按上衣下裳止具尊卑之义，而天下治三字中含有变通宜民在内。

刳木为舟（陆德明作"桍"）**，剡木为楫**（陆作"掞"，古"楫"作"檝"）**，舟楫之利以济不通，致远，以利天下**（古一本无此一句）**，盖取诸涣**（"刳"，口姑切。"剡"，以冉切）。

《本义》致远以利天下疑衍。来氏以济不通句绝，致远句绝。刳，剜也。刳木中虚，可以载物。剡，斩削也。剡木末锐，可以进舟。济不通者，横渡水，谓东西南北之阻绝者也。致远者，或放而下，或逆而上，谓千里百里之远道也。济不通与下文引重同，致远与下文

致远同。下致远本引重来，此致远本济不通来。取诸涣者，艮手，乾金入木，刳剡象。坎水巽木，互震动，而流行若风，舟楫象。又艮手震楫，亦舟行象。

服牛乘马（《说文》作"犕马"，一作"备"），**引重致远，以利天下**（古一本无此四字），**盖取诸随。**

上古牛未穿鼻，因性顺而穿其鼻，驯而服之。上古马未络首，因性健而络其首，驾而乘之。虞翻曰否坤为牛，艮为鼻，中互巽绳，缚而牵于前，服象。巽绳缚物，在牛背，上入而下动，服牛引致象。震为马，为道路，否乾为远，艮为手为背，震为足为动，巽股在马上，而行于道路，乘马引重象。震由坤变，坤为牛，一奇在后，阳实而大，引重象。兑由乾来，乾为马。一偶在前，大道开张，致远象。牛非不可致远，引重者，为其力也。马非不可引重，致远者，为其捷也。此分承也，引致相连说亦可。取诸随者，下动而上悦也。牛马随人而动，则可谓悦矣。《隅通》曰牛生望前则子行母前，望后则子行母后，随其天也。马劣喜前，驽者喜后，随其性也。

重门击柝（说文作"欜"，又作"榛"），**以待暴客**（郑本作"虣"，干宝作"暴"，古文），**盖取诸豫。**

互艮门，震覆艮亦门，重门象。豫一阳界五阴间，关象。震动善鸣，有声之木，柝象。艮为手，手动而鸣，击象。坎为盗，暴客象。艮为守门阍人，坤为阖，待暴客象。豫，逸也，备也。谦轻豫怠，逸也。恐逸豫，故豫备。待也者，豫备也。

断木为杵，掘地为臼，臼杵之利，万民以济，盖取诸小过。

互兑毁折，震木遇兑金，艮手震动，断木象。艮手持木入坤土，掘地象。艮止于下，象臼。震动于上，象杵。震出巽入，艮手持杵，出入臼中，舂象。美利天下者，乾也。本无乾，故不言利天下。

弦木为弧，剡木为矢，弧矢之利，以威天下，盖取诸睽。

弦木使曲，剡木使锐，互坎木坚，离木稿，坎弓矢，离戈兵，兑毁折，木直而柔以水火则曲，木坚而削以金加以镞则利。水火相息皆有征伐义，故既未济皆伐鬼方。所以威天下者，为其睽乖不服也。

黄疏曰兑金离火相见,杀机也。兑金射离甲而穿其中心,故睽有弦弧象。

上古穴居而野处,后世圣人易之以宫室(“世”,《说文》作“代”),**上栋下宇以待风雨,盖取诸大壮。**

栋,屋脊木。宇,椽也。一曰宇,屋边也。栋直承而上,故言上。宇两垂而下,故言下。震木削以乾金,栋象。阳尊阴卑,两阴在上而卑,宇象。重阴在天上,雷以动之,互兑雨泽,覆巽为风,风雨象。四阳相比,上承而健,栋宇象。大过四阳相比,故亦称栋。大壮,壮固之义也。虞翻曰无妄两象易也。无妄乾在上,故称上古。艮为穴居,乾为野,巽为处,乾为圣人,后世圣人谓黄帝也。艮为宫室,变成大壮,乾人入宫,故易以宫室。

古之葬者,厚衣之以薪(“衣”,去声),**葬之中野**(《汉书》作“藏之”),**不封不树,丧期无数,后世圣人易之以棺椁,盖取诸大过。**

衣薪谓覆以薪也,不封无土堆而人不识也。大象坎隐伏,葬象。乾为衣,中互两乾,厚衣象。巽木薪象,乾凿巽木而人在其中,棺椁象。乾为郊,中野象。巽为入,兑为口,伏艮为手,乾为人,木上有口,以手入乾人,入棺象。大过,过于厚也。小过养生,大过送死。唯送死可以当大事,故取大过。虞翻曰中孚两象易也。本无乾,故不言上古。互乾故但言古者。穿土称封,封,古窆字也。

上古结绳而治,后世圣人易之以书契,百官以治(《白虎通》作“理”),**万民以察,盖取诸夬。**

上古事简民淳,已事结绳以记之。关人者,结绳以验之。上无私而下无伪,天下若是其治也。《九家易》曰古者约誓之事,事大大其绳,事小小其绳,结之多少随物众寡,执以相考,亦足以相治也。夬本坤来,世下伏坤,书象。上又见乾,契象。以乾照坤,察象。夬,决也。乾兑皆金,兑为毁折,有刻划之义。大壮进而成夬,易震而兑,若刻划竹木者然。兑覆巽绳,使巽隐而兑现,故易结绳而为书契。古简策用竹木,以铅刀刻划之也。以此书契治百官,则功罪不敢欺,以此书契察万民,则诚伪无所隐。盖夬有明决之义,书契正所

以明决天下之事情，此皆圣人制器，尚象而类情之事。通德即在类情中，盖唯德通，然后情可类也。虞翻曰履两象易也。乾象在上，故复言上古，后世圣人指黄帝尧舜。大壮大过夬此三盖取，直两象上下相易，故俱言易之。大壮本无妄，夬本履，乾象俱在上，故言上古。中孚无乾，大过乾不在上，故但言古者。

右第二章。言制器尚象，类情通德之事。网罟耒耜所以足民食，交易舟车所以通民财，弦弓门柝所以防民患。杵臼以利其用，衣服以华其身，宫室以安其居，棺椁以送其死，所以为民利用安身，养生送死无遗憾矣。然百官以治，万民以察，卒归于夬之书契。盖器利用便，则巧伪生，圣人忧之，故以书契终之。特举十三卦制器之象，以为诸象通例，故下章遂有象像之说。

是故《易》者象也，象也者像也（孟、京、虞、董、姚“像”亦作“象”），**彖者材也，爻也者，效天下之动者也，是故吉凶生而悔吝著也。**

上言制器有取于卦象，故此即象释之，以为形像之像。象，似也。像则指形言。虞翻谓日月在天，成八卦之象，盖谓易字即日月合形也。若但如此言象，则象像不分矣。须知易中实理原无可言，因据相似者证之，故曰易者象也。所谓相似者，即有形之物证之，故曰象者像也。象字虚，像字实，如天与龙，牝马冰霜，皆像也。木挺曰材，材干也，谓卦之能也。如元亨利贞，言纯阳至健之能，元亨利牝马之贞，言纯阴至顺之能也。凡夫德、体、象、变、卦义，皆其能也。效，法也，献也。发露之义，言爻效天下之动，即所云易以贡也。象也二句指卦言，是说伏羲之《易》。彖者句指《彖传》，是说文王之《易》。爻也三句指爻辞，是说周公之《易》。天下之动，如婚媾祭祀，建侯行师，不可枚举。爻辞之易者，效乎动之顺理者焉。爻辞之险者，效乎动之逆理者焉。生者从此而生，著者自微而著。吉凶在事本显，故曰生。悔吝在心尚微，故曰著。悔有改过之意，至于吉则悔之著。吝有文过之意，至于凶则吝之著也。彖者象之材，天下之动，象之变，吉凶悔吝则据象以生，因象而著也。

右第三章。此因制器尚象，而遂释象字之义，恐拘天德者忘人

事，拘人事者忘天德也。

阳卦多阴，阴卦多阳，其故何也？阳卦奇，阴卦偶，其德行(去声)**何也？阳一君而二民**(《仲长统传》引“民”作“臣”)**，君子之道也。阴二君而一民，小人之道也。**

亦本象字来，阴阳奇偶皆象也。其多少君民君子小人之说，则贵阳之义也。此言已成之卦，阴阳有多寡。奇者，阳之独。偶者，阳之重也。《本义》谓阳卦皆五画，阴卦皆四画，其象亦是如此。第此节说君子小人及君民之分全是贵阳，专论阳爻矣。盖阳动阴静，阳有为阴无为，故论阳不论阴，所由谓一阳为奇，重阳为偶也。下文以君民别尊卑，以君子小人别邪正，则贵贱可知。上何也，论六子之纯杂，自形下者言。下何也，论六子之德行自形上者言。德行兼善恶，与上故字相对。阳尊统阴有君道焉，阴贱承阳有民道焉。阳以不息为用，阳不资始则阴无以资生，故因统天而谓之君。阴静而无为，以承受为用，使阳德不施，阴必无以自资其生，故阴以无成代终而谓之民。

右第四章。本上章象字，因发贵阳之义。

《易》曰憧憧往来(京作“憧”，古“重”“童”通用)**，朋从尔思。子曰：天下何思何虑？天下同归而殊涂，一致而百虑，天下何思何虑？**

释咸九四爻，亦如上传拟议之事。爻言人不能守正，相忘于感应之自然，唯是憧憧忙乱于尔所往来，则亦唯所感之朋，应尔之思而已。盖所思者既私，则所从者亦狭，因把一个往来在心上，不少放下，这便是思虑。思者心之用，虑者，思之深。致，极也，使之至也。煦按爻辞既以纷扰为非，孔子又云何思何虑，则当重同归一致四字，是探本穷原，去繁就约之旨。中节日月寒暑虽兼言往来屈伸，似若相循不息者然。言往兼言来，言伸兼言屈，毕竟所重在来屈边。观后言屈以求伸，蛰以存身，及入神安身之说，则注意可知。殊涂同归在行事上说，言所行之道虽异，而要归之地则同。一致百虑在用心时说，言设想之地不在多，而百务纷纭皆可虑也。可知天下之理，至简而可以御繁，至约而可以该博，何思何虑为哉。思虑上安天下字

便是逐逐于外,便非同归一致之理,可知孔子非禁人以思,但不必驰逐于外耳。

日往则月来,月往则日来,日月相推而明生焉。寒往则暑来,暑往则寒来,寒暑相推而岁成焉。往者屈也,来者信也(姚作“伸”,古“伸”“信”同音。淇澳公曰“信者,时至而应也,竟作信字解”。朱子从韦昭说)**,屈信相感而利生焉。**

上文憧憧,往来纷扰者也。此言一往一来,往来齐一者也。变坎故言月,互离故言日,坎冬离夏,下艮东北春也。覆震亦春,兑秋也。四时象备故言岁,然寒暑之说止为坎离言耳。成功者退谓之屈,方来者进谓之信。一往一来,一屈一信,循环不已,谓之相感。利者,功也。日月有照临之功,岁序有始终生成之功。有往则有来,有屈则有信,原非溺于一偏也。在造化者,何有于思虑而憧憧往来乎。煦按变感言往来,而蹇卦全言往来,卦变所通,莫明于此。此见伏动变四通之说,所由与康节之天四卦含地四卦,同一义也。

尺蠖之屈,以求信也。龙蛇之蛰(“蛇”,陆、虞作“虵”)**,以存身也**(陆、董、姚作“全身”)。**精义,入神以致用也。利用,安身以崇德也。**

上节言造化之屈信往来,感应自然之常理。此节即物理圣学言屈信往来之理,亦莫非自然之机。蠖,屈行虫。观此节重屈蛰二字,则知首节重同归一致四字。盖屈蛰即静专之义,正与憧憧往来相反。上节往来屈信虽对举,其意谓往必有来,信必有屈,未尝一味走入往边信边,以见感应有本,无事纷驰外骛耳。屈信止如动静,凡动皆由静起,此即同归之知所归,一致之致于一也。精义利用当绝句,入神连致用句,安身连崇德句。精有秘密之义,自其蕴蓄言,所谓屈也。神者两在不测,兼内外合始终而贯之,所谓信也。不可专说在内,谓精密其义蕴正所以入神而妙于其用也。此句从静说向动,即从屈说向信也。利用之用即致用之用,致用自其发迹见远者言,利用自其处置停当时言,所谓信也。安如安土敦仁之安,论效虽在用后,论位却在用前,正是静时,正是屈字之义。德谓得于已,不曰立

而曰崇，自其已得后，言在内之积累也。利用便是信了，安崇皆屈边事？犹云欲利其用者，正求安身以崇德也。此从动说向静，即从信说向屈也。总见动静相循，仍是次节屈信往来之义，正欲明首节殊涂同归百虑一致之义。此与显仁藏用相似，旧以入神连精义，夫神独在内者乎？以安身连利用，夫既在用边，则不免经营动作，而身能安乎？尺蠖龙蛇忽然插此二语，诚乃大奇。尝观《宋史》言希夷善睡，说者以为得龙蛰之法。孔子《系传》已先言之，或别有妙旨也。及观下文藏器待时与见几之说，及絪缊化醇构精化生之说，或其中另有秘旨乎？圣门极聪明者无过颜子，止曰其殆庶乎？或者，颜子可至而犹未至也。及观子贡反，筑室独居，其后始皇掘墓，乃有七壁之谶。意者，子贡之藏欤？则子贡之深契秘旨盖可想矣，特不可向痴人说梦。

过此以往，未之或知也。穷神知化，德之盛也。

上精义四句皆用功之事，故用两以字便是有所冀于其后。过此以往，未之或知，便见得精进不已，后必难量。只须到穷神知化，方为德盛，德盛则不止于崇矣。穷神说在用边，极神之妙而无勿用也。知化说在体边，达化之原而无勿悉也。到此则内外浑融，故为德盛。总缘憧憧者逐外而忘本，故为探本穷源之论，使纷驰者有以自返，又以见本原之大用。如此难量，彼憧憧往来者，何为也哉？

《易》曰困于石，据于蒺藜。入于其宫，不见其妻，凶。子曰：非所困而困焉，名必辱。非所据而据焉，身必危。既辱且危，死期将至（陆德明"期"作"其"）**，妻其可得见耶？**

释困六三爻义，此屈非所屈，而身不能安之象。石指四，四刚在前，则必为所困。蒺藜指二，二刚在后，则非所宜据。妻指上六，上柔应而不应，其病固以二四刚强，实在阴柔不中正上。谓非所宜困，乃被困而不前，则招尤贻讥，名为①辱矣。非所宜据，乃据而失所依，则适以取祸，身必危矣。名辱身危，死期将至，应既不能相援，身又

① "为"，库本作"必"。

不能之应,妻能见乎?陆绩曰三从困辱之家,走之大过,为棺椁死丧,故曰死期将至。元公曰困爻反明利用安身,解爻正明利用安身,噬嗑反言见身不能安,否爻言身安以保国家,鼎爻则身不安之象也。豫复提几,以应精入,致一应一致,恒应咸,天下无深浅,总以明心学耳。此爻前后皆失所依,正与憧憧相似。

《易》曰公用射隼于高墉之上,获之,无不利。子曰:隼者,禽也。弓矢者,器也。射之者,人也。君子藏器于身,待时而动,何不利之有?动而不括,是以出而有获,语成器而动者也。

释解上六爻义,在解以解悖为义,所以发上爻之用,此及解悖之具,则致用之本也。鸷禽害物,所当去也。弓矢射隼之器,所当备也。执以射隼,又非人莫与也。除害既必须人,则人所以致用之具,必待取给临时,不已晚乎?盖君子有为于天下,常至括碍者,唯无其器,无其时耳。既有其器,又乘其时,是以一出而有获。虞翻曰离为隼,故称禽。离为矢,坎为弓,坤为器为身为藏,艮为待为时,震为动,乾三伏阳,出而成乾,为君子,称人。上称公,三应上,故上令三出而射隼,此谓伏阳出而成乾,令三射隼与象旨不符。煦按藏器由信说向屈,是安身崇德之事,由藏而动是从屈说向信,是入神致用之事,皆安身也。

子曰:小人不耻不仁,不畏不义,不见利不劝(《举正》作“动”)**,不威不惩**(《说苑》作“不威小,不惩大”)**,小惩而大诫,此小人之福也。《易》曰屦校灭趾,无咎**(“趾”,一作“止”)**,此之谓也。**

释噬嗑初九爻义,欲人之能改以求安身,无逐逐于憧憧往来也。可耻者莫如不仁,小人则甘心不仁。可畏者莫如不义,小人则甘心不义。其所劝唯利,不见利则不劝而勇于趋。其所惩唯威,不威则不惩而果于避,今所惩虽甚小,然可以止恶于初,则所诫甚大,此正小人之福也。小惩谓初阴卑下,大诫谓阳爻也。一说不劝本不耻来,不惩本不见义来,作分承说。一说以劝兼仁义,惩兼不仁不义,小惩大诫贴屦校灭趾,小人之福贴无咎。按此当与颜子之复同看,复为不远之复,此为违之既久而始改者

也。以在方改之初，故说入初爻，灭趾之惩未至于身，大诫之福则身之既安矣。

善不积不足以成名，恶不积不足以灭身。小人以小善为无益而弗为也，以小恶为无伤而弗去也。故恶积而不可掩（《今石经》作“揜”）**，罪大而不可解。《易》曰何校灭耳**（“何”，去声）**，凶。**

释噬嗑上九爻，引此正见初爻之善。初为事始，上为事终，当初而惩，则后之改革可知，故其身可安。何校乃积恶负罪之象，灭耳为罪大不可解之象。始而不善，一改便尽。终而不善，则从前之积累必非朝夕之故，故曰积。凡事创始必微，逮于渐积，必非其故，故曰大。恶极罪大必至灭耳，身何由安？改过莫如初几，动以静为初，信以屈为初。春秋谨始慎微，天道也。

子曰：危者，安其位者也。亡者，保其存者也。乱者，有其治者也。是故君子安而不忘危，存而不忘亡，治而不忘乱，是以身安而国家可保也。《易》曰其亡其亡，系于苞桑。

释否九五爻义，此言祸福之倚伏，以见屈伸相循之妙。存与治皆图安之事。来氏以安位贴身，保存贴家，有治贴国。须知安危存亡治乱，身与家国皆有之，合三者而言则始于治乱，驯而至于安危，究竟底于存亡，故家国可保，便兼治存在内。

子曰：德薄而位尊，知小而谋大（陈曰：“知”，徐作“智”）**，力小而任重，鲜不及矣**（“鲜”，陆作“尠”）。**《易》曰鼎折足，覆公𫗧**（马作“粥”）**，其形渥，凶。言不胜其任也**（“胜”音“升”）。

释鼎九四爻，上言烛始见终，转危为安者，便含有智字义。此反言德知力之不足，见其不胜任也，故下节言知几之知，见其知之早。不俟终日，见其力之断，以九居四故德薄，四在乾上又近君，故位尊。乾为知为大，四互乾体，故谋大。五至初，体大过本末弱，故力小。过四应阴，此亦应阴，故不胜同义。鲜不及谓鲜不及祸也。

子曰：知几其神乎？君子上交不谄，下交不渎，其知几乎？几者动之微，吉之先见者也（《汉书》引此有“凶”字）。**君子见几而作，不俟终日。《易》曰介于石**（诸家作“砎”）**，不终日，贞吉。介如石焉，**

宁用终日,断可识矣。君子知微知彰,知柔知刚,万夫之望。

释豫六二爻,豫九四大有得,盖四阳为卦主,得其时矣。初以应交,三以比交,皆谄四者也。二隔三不与四交,不谄矣。初鸣豫凶,不正者也。初虽比二,二中正不渎慢,下交不渎也。上交宜恭顺,而或失之谄,下交宜和易,而或失之渎,不谄不渎,其具有先见之明乎?故曰知几。未动则吉凶无形,已动则吉凶有象,非几也。几则方动,至微而未显者也。此则长善之仁,由保合之太和从①初肇见,故为吉之先见,而未始有凶也。爻变离为日,几则未变时,故曰不俟终日。盖生人之性资始于乾元之亨,乃有保合之太和,既曰太和,必非戾气可得而杂,故《文言》发明率性之道,便曰善长,又曰体仁长人,而子思遂以为发皆中节。孟子遂确乎谓为性善,其邪妄之生皆由外面缘感而入,畜于心地,渐次发生,渐次长养,要非本性所有。故孔子以克己教颜回,首曰勿视勿听,禁其外之杂,所以养其中之纯也。知性中原无不善,则性之方动全是吉征可知,此中安有不善可言凶咎乎?自汉儒添入凶字,宋儒言性,遂有义理气质之分,要亦本于几善恶之一言。夫不唯几在微杳之际,必无善恶可以形见,即以几为两岐之名,便非动微之旨,恐于孔子《易传》亦不相合。不谄不渎何云知几,盖谄渎皆染于习俗,原非本性。不谄不渎则本于天命,发于自然,故说出动之微,见得性之方动,本无所杂,故确乎以为不谄不渎,而又以为吉之先见也。若至著见而杂,则吉不吉,未可知矣。坤土在山下,故言石。断,决也,断可识者言决断可知也。按介字即界限之界,因上下两刚如石,三处其中,前后俱坚,故须察几,所以详说几字。姚信曰二下交初,故曰知微。上交于三,故曰知彰。体坤处中,故曰知柔。与四同功,故曰知刚。煦按此四语当重微刚二字,知刚故不谄,知微故不渎,彰与柔特相形以见耳。不谄不渎即不上不下,不亢不抑之义,谓居中而柔顺也。元公曰豫复坤震之际,动静之交也,故皆言几。豫二贞吉,坤道也。复初元吉,乾道也。二节总言贞

---

① “从”,堂本作“打”。

吉悔亡，与咸四爻辞相应。煦按屈信往来动静，天地之几也。进退，人身之几也。其妙全在知字，与精义相照。

子曰：颜氏之子，其殆庶几乎？有不善未尝不知，知之未尝复行也。《易》曰不远复，无祗悔，元吉。

释复初九爻义。虞翻侯果皆曰，此明知微之难。殆，将也。庶，近也。几者，动之微，吉之先见。此正克己之学，所称四勿者也。周子因此处有不善二字，遂有几善恶之说。不知不善二字为颜子言也，非言几也。生人之性全是太和，浑然至善，圣人全体无亏，至真无妄。常人牵于外缘，则杂之杂矣。颜子去圣人一间，故不能无不善之几，所以有不贰过之说。却将到圣人地①位，所以有不远之复，是不善二字即颜子之过，故曰庶于几。非谓几中兼有不善。因其尚未纯全，故有克己之训。己即不善也，所以有四勿之说，孩提知爱知敬，大人不失赤子，有何不善可言。虞翻曰几者阳也，阳在复初称几。煦按阳动者也，复动之始也，故曰几。此正精义入神之妙，所云知至至之之事也。

天地絪缊（虞、姚作"氤氲"，《说文》作"壹壸"，班固《典引》作"烟熅"，戴侗曰：昷当从日，"缊"一作"纭"）**，万物化醇。男女构精**（郑作"觏"，合也。徐作"媾"）**，万物化生。《易》曰三人行则损一人，一人行则得其友，言致一也。**

释损六三爻。絪，麻线。缊，绵絮。借字以喻天地之气缠绵交固之义。醇本醇酒，谓凝厚也，亦借字。男女谓万物之男女，即阴阳也。论卦象，坤在中爻，上下皆天，有天将地缠绵之象。论两体，少男上而少女下，男止女悦，有男女构精之象。故以天地男女并言，四句连看，则天地为万物之大父母。天地，两物也。絪缊化醇，则天地之气交，专而致一者也。男女即天地化醇后，形上之阴阳，亦两物也。构精化生，则男女之气交，专而致一者也。致，专一也。阴阳相交则专一，凡一皆从两字形出。张子曰两不立，则一无可见是也。

① "地"，堂本作"他"。

本卦应爻,皆阴阳相配,故曰致一。干宝曰不言阴阳而言男女,三人位,为言人事也。损反成益,万物出震,故曰万物化生。煦按天地男女,两也。细缊,气交也。专一不二故化醇。构精,形交也。专一不二故化生。《易》曰云云者,正以损一人者,两也。得其友者亦两也,两相与则专一,若三则杂乱矣,岂能成功。损三应上,此往彼来却又相应,原无杂揉,故曰致一。《周易》唯主宰之太极,难可名言,孔子于此发致一之理,即流行之太极也。首节言一致,而下言往来屈信,动藏安危,存亡治乱,其后又说知几,皆在两处说。而内外浑一之妙犹未见出,故特引此,从阴阳中寻出太极,以见两之致一,而发太极之理。至损一得友之辨,详具损卦。

子曰:君子安其身而后动,易其心而后语(“易”,去声)**,定其交而后求,君子修此三者,故全也。危以动,则民不与也**(“与”,《举正》作“辅”)**。惧以语,则民不应也。无交而求,则民不与也。莫之与,则伤之者至矣。《易》曰莫益之,或击之,立心勿恒,凶。**

释益上九爻。上由安身说出知几致一,是已索搜到源头精微处,以明精义崇德之事。此说向动作有为边,是安身以后之作用,见得身安心定,然后可肆应不穷,总为憧憧者言持己接物之道。安、易、定非一日之积,是立心之恒者,故引勿恒者反证之,正与憧憧往来者相对。安其身者,平日使内无愧怍,外无倾险,不亢不抑而身安,如是既久,然后出而动作,何往不宜?若取给偶然,行险以动,是危其身矣。失道者寡助,故民不与。易其心者,平日心平气和,然后出而相语,则民必应之。若取给临时,使势利阻于外,危亡惑于内,有所恐惧而语,则民不应。定其交者,平日志同道合,结契既久,其交定矣,然后出而相求,则民必与之。若骤而相值,声气未通,遽欲有求,己无所施,犹望其报,则民不与矣?向作临民说。来氏民兼上下,易作平易,则惧非自惧,恐之使畏也。上与字,党与也。下与字,取与也。莫之与即莫益之。伤之者,即击之也,皆立心勿恒之凶也。安、易、定,皆心上持久工夫,是得一之事,便与憧憧者不蒙。能安能易能定,则所挟者始终如一,常伸而不屈矣。黄元公曰,此章发明心

学，以见下经首咸恒之义。

右第五章。此十一卦非徒发《小象》未尽之义，与七章九卦相似，皆所以标圣学也。第九卦各开言之，此当联贯看耳。通章虽说持己接物之道，约其大旨无非心学。《上传》第八章所引七卦皆在言行交际上说，此章言天道之屈信，以穷神知化，审时慎微，图存于亡，量力而进，见几而作，所以见天地之心，体得一之妙，而常惧以危亡之戒，皆心学之最精最切者也。

周易函书约注卷十六　系辞下传二

子曰：乾坤，其《易》之门邪(桓、虞“门”下有“户”字)? **乾阳物也。坤阴物也。阴阳合德而刚柔有体，以体天地之撰，以通神明之德。**

此章向来作泛说卦爻，未会立言之旨，今更正之。先言乾坤所自始，以见图与《易》之所自合。又原名称所由定，以见图与《易》之所由分。此节言羲图所具之蕴，观后开卦称名之说可知。门者从出之地，乾坤两象乃六十四卦所从出，故谓为门。《上传》言缊，自其在中者，言无物不包。此言门，自其在外者，言无物不由乾坤两象，即羲图初画之两仪，故下遂以阴阳解之。有形质曰物，因后此生生不穷之物皆生于乾坤，故遂以能生物者，而亦称为阴物阳物，天地男女皆有形质者也。论二物之德则阴与阳合，阳与阴合而其情相得。论二物之体则刚自刚，柔自柔，而其质不同。阴阳，两仪也。合德，四象也。刚柔有体，八卦也。体天地之撰指八卦，通神明之德指八卦所由来，谓太极也，皆言图也。以，用也。撰，结撰也。今人称文之结构者为撰，雷风山泽水火有形有气，皆其结撰于天地者也。一曰撰犹事也，此解亦当。盖八卦之象既成，事物皆在其中矣。一曰述也，数也。体者与天地之所结撰同体而不二也。德者，理也。神明之德，太极阴阳，健顺动止，不可测者是也。可见者，《易》以二物体之，比合而无可分。不可测者，《易》以二物通之，精入而发其妙。刚交于柔而成三男之体，柔交于刚而成三女之体。又男女自交，而成六十四卦刚柔杂撰之体。天地之撰即刚柔之体，神明之德即所合之德，体中潜蕴者也。赓之曰无形之《易》，括于两画中，谓之缊，故兼形上之称。有象之《易》辟于两画后，谓之门，故及合德之事。前以神明之德先万物，明作《易》之兼该。此以神明之德承天地，明作《易》之断报。煦按乾坤说作两画是自图中看出，最为得解。神明之

德先万物，是自隐说到显。神明之德先天地，是自有形说入无形。

其称名也，杂而不越（《说文》作“逑”），**于稽其类，其衰世之意邪？**

伏羲初画止有四图，便足传先天之道。其时未开为卦，安得遽有卦名？今欲知其称名之时，便当观其称名之义。夫六十四卦其体各殊，其名亦异，亦云杂矣。而要皆得于伏羲之先天，未有能逾者也。而要皆定于本卦之体象，未有能逾者也。故云不越，乃即其命名之义。参诸其时而考之，知非伏羲时便有此名。今观师讼鼎井，宫室衣裳，杵臼耒耜，皆非嗜欲未开，人情浑噩时所有。可知此等皆后世圣人深惧世道衰微，藉以挽回气运，其用意如此，因称如此之名。称名之名，指卦不指爻，盖此是开卦时，非开爻时也。衰世不指文王，《连山》《归藏》早已开图为卦矣。又不可以《连山》《归藏》为衰世，观一意字，便知作《易》圣人寄维持世道之心于卦爻，亦非谓正当衰世，乃始开卦命名而维持之，此即孟子尚论之法。

夫《易》彰往而察来，而微显（《本义》：“而微显”当作“显微而”）**阐幽，开而**（《本义》“开而”之“而”，亦疑有误。虞本“开而当名”句）**当名辨物，正言断辞，则备矣。**

节中用开字一转，正图与卦之攸分，见羲图文卦，意各有在，各擅其妙也。然图与卦皆《易》也，故上以《易》字统之。往谓由今而往，来谓由前而来。来言源头，往言究竟。《易》中往来原无二理，非谓往为已往，来为将来也。《彖》于内卦称来，与周公之称初，即察来之意。于外卦称往，则据已有内卦而言，指外卦也。彰，显著也。谓由四至上，卦体已成，其两仪四象八卦之往于外者，有体可见，故甚彰也。来谓由来，察精详也，谓卦有由成，初必在内，其两仪四象八卦之所以有初，必有从来之处，故须察也。《周易》本传道之书，太极不容言说，故伏羲寄其义于圆图之虚中，是即两仪之来处。孔子《彖传》内卦悉称来矣，而此又欲其察来，察其所由来者耳。彰往察来是分图之内外而言，下用而字一转，又另是一义。言四象八卦之体既成于外，显然可见矣，乃必推极于两仪未起由来之地，是彰往之显于

外者有以微之。万物资始之元本极幽深,最难察识,乃必由两仪四象八卦究极于亨而利贞之后,是来处之幽潜于内而难察者,又有以阐之。微显是引外而入内,阐幽是引内而出外,此四字合图之内外而言。此上说伏羲未开之图,内外相倚之蕴也。开者,后世圣人作《易》必须开图,始成六十四卦。《本义》谓而微显之而当在下,又谓微显宜倒,又谓开而之而疑有误。今观上文以称名稽类为衰世之意,则可知开而当名,为作《易》时矣。必开而后当名,则未开之时必未有名可知。开字既在彰往八字之下,则彰往八字必是说未开之图可知。然未开之图却加易字于上,以羲图为作《易》原本,故遂谓图为《易》也。又谓羲图原具变易之理,文王遂取其义而命为《周易》耳。当名者,圆图初开,其象六十有四,非名以命之,则杂而无纪,于是因卦画之阴阳,多寡上下,与其中之义蕴,而当其体以命之名。如乾健坤顺,坎险离丽是也。前云杂而不越,不越即当也。辨物者,辨其象而拟之以物,如天地山泽,乾马坤牛,乾首坤腹是也。正言以标其德,如元亨利贞,利牝马之贞是也。断辞以决其吉凶,如利建侯,利有攸往,利涉大川,与不利之说是也。当矣,辨矣,正矣,断矣,而《周易》之妙足以发羲图之蕴者,于是乎全备,而《易》书于是乎起矣,此文王之《易》之妙也。

其称名也小,其取类也大,其旨远,其辞文,其言曲而中,其事肆而隐,因贰以济民行(去声,郑云或当作“式”)**,以明失得之报。**

上节当名八字言方作《易》,此又本当、辨、正、断而推广言之。称名本当名来,取类本辨物来,小大之说是合当名辨物为一义,与微显阐幽说往来者相似。旨远辞文本正言来,曲中肆隐本断辞来,然吉凶之断即在正言中,是正与断亦一义也。称名小,如鼎井一物而名卦,讼噬一事而名卦,不在大也。取类大,如乾坤之天地父母,金玉布帛,广其象而不能尽也,此当名辨物之妙也。远言其深幽,文言其光采,此正言之微显俱到者也。直而可中,其稍委曲者不中矣。有不中则不可以言中,此正言之妙也。辞虽备而鲜不测之神,亦无取于肆陈。言曲而中,则必无不中。事肆而隐,则无事不通神明之

德。故可因民心之疑贰，以决断其吉凶悔吝。此断辞之妙也。中谓悔吝忧虞之不爽。肆，备也，陈也。济行者，吉知所趋，凶知所避也。要之明逆理而失，顺理而得之报以示人，使不迷于所从耳。此文周之《易》所以发羲图之蕴，而为开物成务，维持世道，挽回气化之书也。

右第六章。言文周之《易》本于羲图，而图之与《易》又各具一义，不可不分，故中用一开字。因以见时为中古，嗜欲未开，诸务未起，卦爻不必拆，名称不必有，而先天四图已足传先天之道，为心学之始。因卦之有名，而知名卦者为衰世，则可知伏羲之时必非衰世，伏羲之图必未尝开。而图与《易》分，皆后世圣人之事。然《周易》实非有外于羲图，故用一开字以别之，当知全部《周易》皆是先天。今试观揲蓍求卦，每三变而成爻，不过蓍数之多寡而已，即别为阴阳太少，有何形象而不谓为先天乎？文周卦爻既是先天，则文周之《易》皆伏羲之图可知，安得不明图《易》之所由分，安得不明图《易》之所由合乎？

《易》之兴也，其于中古乎？作《易》者，其有忧患乎？

本上章衰世之意而言，有忧患即衰世之意。兴者，溯其始也。上以命名为衰世，系以庖牺为中古，则有忧患而作易，必非中古。今曰兴于中古，谓作《易》之原，从伏羲先天图中出也，与上章彰往之上便添易字相似，故谓中古即有忧患固非，谓三《易》之作仍为中古亦非。

是故履，德之基也。谦，德之柄也。复，德之本也。恒，德之固也。损，德之修也（马融“修”作“循”）。**益，德之裕也。困，德之辩也。井，德之地也。巽，德之制也。**

此见卦德之有关于人，九卦俱依经为序。履，礼也。上天下泽，定分不移，修德以礼，则躬行实践有所依据，亦犹根基既立，然后可渐进崇高。柄所以持物，谦所以持礼，自卑而尊人，又为礼者所当执持勿失也。复乃天心呈露，天则将见之候，善端之生悉由此始，犹木有根株，枝叶自然畅茂。善端既生，不能保其无失，非所守恒久而坚

固不可。然善端虽守而勿失,未必人欲尽去。又当于忿欲之萌,损之又损,以至于无,是进修之道也。然又不可以小善自足,必迁善改过,日益加增而德始充裕。然德虽裕于常时,至于处困,尤足验生平得力,困而亨则君子,穷斯滥则小人,故须辨。井有常而不动者也,人能德性坚定,不变所守,故为德之地。然德成于己,未必应用皆善,巽者顺乎其理而深入之,始可以制事也。煦按《上经》三卦与《下经》六卦相配,前后皆依经序。上三卦至复言本,大体也。下六卦至巽言制,大用也。来氏以履下七卦皆言持己,井作施泽于人说。煦按基谓后有可增,柄谓心有所持,本谓大体已具,固谓杂感不摇,修谓去其有馀,裕谓充其不足,辨谓智生,地谓体安,制谓用行也。龚括苍曰三陈初德也,次体也,次用也。胡云峰曰夫子偶即九卦言之,然《上经》自乾至履九卦,《下经》首恒至损益亦九卦。上经履至谦五卦,《下经》益至困井亦五卦。《上经》谦至复又九卦,《下经》井至巽亦九卦。《上经》自复而八卦为下经之恒,《下经》自巽而未济,亦八卦,转为《上经》之乾。非偶然者,于此见文王之心焉。凡十卦置乾不言,乾为君也,无离而互离,用晦而明也。

履和而至,谦尊而光,复小而辨于物,恒杂而不厌,损先难而后易,益长裕而不设,困穷而通,井居其所而迁,巽称而隐。

此言卦德之妙,履为德基,固顺人情而无拂,和矣。然一皆天理之节文,人事之仪则,却是极至的道理。谦为德柄,宜若自卑,且自晦矣。然人益敬服,终必显著,则尊而光也。复为德本,是一念善端之发,宜若甚微,然阳明之用无有小大,既见天心,则阴邪皆所烛照,而能辨别众欲矣。事之杂乘者必至于厌,恒为德固,虽处横逆杂乘之地,而所守益坚,自不厌恶。凡事之难者则必不易,损为德修,其先惩忿窒欲,克己最难,习之既久,渐就平易矣。凡事之充长者,不能无所施为,益为德裕,迁善则善日长,改过则过日寡。既充长矣,不待更有所作为以求其长也。谓天施地生,其益无方,凡益之道与时偕行,故不设也。煦按凡充裕者,取之各足,何待于设,迁善之道裕,则迁者不劳于设,改过之道裕,则改者不劳于设,穷者多阻滞不

通，人穷则不通，困为德辨，身虽穷困，而乐天知命，道未尝不通也。煦按此当是困心衡虑，而知识日开。居其所者，恒不能迁，动静殊也。井为德地，其体镇静，而功用所及，泛应不穷，是体虽静而用未尝不动也。按此说到功用，则地字之解当如来氏，轻重适均之谓称，称则人所可见者也。然巽为德制，能顺其理，则因时以称其宜，性入而伏，则又形迹之不露而隐矣。此九卦之才德不同，皆能各尽其善，所以能为修德之助。

履以和行，谦以制礼，复以自知，恒以一德，损以远害，益以兴利，困以寡怨，井以辨义，巽以行权。

此言卦德足以适用，人有礼则安，无礼则危。履和而至，故人可用之以和其行。兑悦故言和，礼以恭敬逊让为本，故谦可用之以制礼。震为行也，阴道柔暗，善端之复则阳明，故曰自知，谓见天地之心也，即颜子知几之义。德不恒则二三，常则始终如一，故可以一德。损能惩忿，则不激烈而致亡身，损能窒欲，则不因利而招祸患。迁善改过，日进高明，驯至美大圣神，何利如之。困为德辨，宁于己薄而于人厚，故寡怨于人。井为德地，而居所能迁，则体立而用行，身安而利溥，故有以辨义。巽为德制，乃称而能隐，则不失乎轻重之宜，不滞于一定之理，故可以行权。此九卦之所以处忧患而克当也。

右第七章。前章言图，释伏羲之《易》也。此章言卦，释文王之《易》也。八章以下详言爻，释周公之《易》也。

《易》之为书也，不可远，为道也屡迁。变动不居，周流六虚，上下无常，刚柔相易，不可为典要，唯变所适。

自此至十章皆释周公之爻，十一章专说卦之大用，十二章兼说卦爻之大用。不可远即不可离，周于天下古今之变，切于人生日用之常，以之修德广业，以之安居乐玩，皆不可离也。道即一阴一阳之谓，屡迁者不执一也。此下则言屡迁而不可远之事。阴阳变动初无定居，六爻虚位任其周流，阴阳往来如寄，皆非实有。盖九为乾，六为坤，乾动坤静，乾有为坤无为。乾以神用故可征时，坤以形用故可定位。是位者，坤之有也。乾阳游历其中，或上或下，始成卦体，故

以为周流于六之虚位。阳之称实,非果实也。正如果核,仁之在中者为实,以物贮器中亦曰实。坤之六位非阳莫实,则坤犹虚位耳,故谓六位为六虚。刚柔相易,谓刚之位柔亦居之,柔之位刚亦居之。又如刚变为柔,柔变为刚,皆是也。典要谓不可以定法绳也,亦唯变之所趋而已。

其出入以度,外内使知惧,又明于忧患与故,无有师保,如临父母(旧本无"无"字)。

此节言卦爻之适用,自来皆就人说。玩一使字知字明字,则出入以度及外内字,断当在卦爻上说。盖知之明之者人,而使之然者,则卦爻也。出入自交易变易处言,如自下而往上为出,穷上而返下为入。又如阳变阴,则阳入而阴出。阴变阳,则阴入而阳出。由复至乾,由姤至坤,皆有程度。以度者,不遗漏不凌越也。外内以定位言,谓入而来居于内,出而往居于外。一出一入,一内一外,其当位不当位,有多少变态使人知之,那得不惧。韩康伯曰明出入之度,使人知外内之戒也。出入犹行藏,外内犹隐显。遯以远时为吉,丰以幽隐致凶,渐以高显为美,明夷以处暗利贞,此外内之戒也。按明字与知字同,亦本使字说,谓吉凶祸福见于卦爻者,昭然明白,故即所以致忧患之故。无有师保二句,亦是使人如此。如云不待教诲,自然亲爱之无已也。观一又字,上下两段自是两义。来氏以上段作畏,下段作爱良是。又一说下段承上段来,明于忧患正使字中的道理。无有师保二句,正知惧之实。

初率其辞而揆其方,既有典常,苟非其人,道不虚行。

此为用《易》者言,谓人于观象之初,率其卦爻之辞而揆度其事理之所向,则卦爻出入之度忧患之故,自能确然见其定理。不可为典要者,而亦有典常矣。既字对初字,言究竟也。苟非其人,道不虚行,神而明之,存乎其人也。

右第八章。《易》至于审爻,则动变相循,出入进退,通于人事,故此章遂以人事言之。

《易》之为书也,原始要终,以为质也。六爻相杂,唯其时物也。

此言圣人始初作《易》，观象定辞之法，故用《易》书领起，言所由成书之道也。质谓卦体，初卦之始，上卦之终，由初至上，始成卦体，然后内外备而贞悔全。六爻相杂谓体中所具之爻，有刚柔上下多寡变动之殊。刚柔不必皆同，始终不必一致，盖刚柔之成质者，物也。始终之无定者，时也。时如复夬之为复夬，姤剥之为姤剥是也。位之象物，虽有定体，然既以为时物，则在变动不居上说。如乾龙物也，而始终内外不同，因有潜见飞跃之殊也。渐鸿物也，而始终内外不同，因有磐陆木之殊也。盖卦为爻体，爻为卦用，体有定而用无定也。

其初难知，其上易知，本末也。初辞拟之，卒成之终。

本上《易》书说原始要终为质之义。初上即始终，卦之初爻端倪方露，多幽隐难知。卦之上爻体段已成，则显明易见。以初方出于太极，其几方动，其体未全，故曰难知，孔子所由谓为察来。上为卦末，象显于有形，其卦已成，其质已著，故曰易知，孔子所由谓为彰往。盖卦至五爻，其一未成，后尚有阴阳动静之分，及上爻既成，始有定体，显然昭著于外，故易知。本谓初，末谓上，据上而论初固为本，然初所由来必有大本存焉，此圣人传心之秘也。唯难知，故圣人作《易》于初爻之辞，亦必商量拟议，观其隐深之妙，不敢轻易措辞。唯易知，故上爻不烦更拟，不过因初之象占而成其终，如乾初曰潜，便不可知矣，上九曰亢便显然矣。复初之几，迷复之凶，亦同。侯果举噬嗑初上就人事言，亦有理。

若夫杂物撰德（郑玄“撰”作“算”，数也）**，辩是与非，则非其中爻不备。**

本《易》书来，发六爻相杂唯其时物之义。初上之义既已阐矣，若夫散见于爻而有形可象者，物也。杂著于爻中，而万物之情已类，隐秘于爻而有能可效者，德也。结撰于爻中，而神明之德已通，即物与德之善者而辨其为是，即物与德之恶者而辨其为非。非合中四爻以求之，则物虽杂而未尽，德虽撰而未该，是非虽辨而无以相发明，安云备哉？中爻谓在中之四爻，对初上言也。一曰杂者两物相杂而

互之也，指互卦说，如乾马坤牛各有定象，非杂也。如泰卦乾马坤牛，是其物也。乾健坤顺，是其德也。及中互为震龙兑羊，则非牛马之物，是杂物也。震动兑悦，则非健顺之德，是撰德也。鲁岳公曰，汉儒论互体，邵子亦有用四之说。王弼辟互，正见其碍。下文二四相得，正成下互之功，三五相得，正成上互之功。三四为一卦全体之中，二五为上下二体之中，故称中爻。煦按泰本坤乾，中互震兑，故至五爻遂有帝乙归妹之辞，此即互卦之例。

噫，亦要存亡吉凶，则居可知矣（《杨易》"居"音基，谓此节当在章末，遂改入"刚胜邪"之下）。**知者**（徐作"智"）**观其《彖辞》，则思过半矣。**

此统论一卦之体，合六爻言也。要，归也，约也。有初上以该本末，有中爻以辨是非，非有繁重难胜之道也。噫，亦得其要归可耳。约诸物理之存亡，而穷其消息之机，约诸人事之吉凶，而究其得失之报，则始终无隐，是非不紊，君子之所以居身，断可识矣。居非居然，存亡亦说人事，特就物理明之。然始终是非之辨，虽征于爻，而各卦之《彖传》诠解卦辞者已备悉言之。盖六爻皆一卦所分，而《彖传》则一卦之纲领也。

二与四同功而异位，其善不同，二多誉，四多惧，近也（《举正》无"近也"二字，谓是古注，误作正文）。**柔之为道不利远者，其要无咎，其用柔中也。三与五同功而异位，三多凶，五多功，贵贱之等也。其柔危，其刚胜邪。**

此本中爻言，二四本阴位，德性相似，率其所性，皆能为柔顺之事业，是谓同功。然二居下体，四居上体，则异位矣。唯异位，故圣人《系辞》之善，亦有不同。二之善虽不尽皆①誉而誉多，四之善虽不尽皆惧而惧多。夫二四同阴，而誉惧不同，为四近五君，则其任重，而凌逼之嫌覆餗之虑，所自有也，故惧。四之多惧以其近君，则二之多誉以其远矣。然阴柔之性依刚以立，本不利于远君，顾二乃

① "皆"，库本作"多"。

无咎而多誉者,柔而得中故也。夫二之多誉固为其远而亦为柔中,则多惧者固为其近,而亦为柔不中可知也。三五本阳位,率其所性,皆能为刚健之事业,是谓同功。然三居下体之上,五居上体之中,则异位矣。故三之辞未必无功,而凶居多。五之辞未必无凶,而功居多。盖君位为贵,有独运之权,臣下之功皆其功,故曰功。臣位为贱,无专成之责,一作威福,而凶害随之。一不胜任,而覆餗遗患,故多凶。顾三五虽凶功不同,其位皆任大责重。若以六柔居之,三贱固多凶,五贵亦不能多功,何其危。若以九刚居之,五贵固多功,三贱亦不至多凶。然则五之多功固以其贵,而亦以其刚。三之多凶固以其贱,而亦非以其刚也。合二四三五观之,则知远近贵贱不同,均物也。远则多誉,近则多惧,贵则多功,贱则多凶,则物以杂而物之是非辨矣。柔刚虽不同,均德也。柔中则多誉,柔不中则多惧,柔则危,刚则胜,则德以撰而德之是非辨矣。此固杂物撰德辨是非之一端,由此推之,则凡飞潜动植之物有不杂,而是非有不辨者乎?凡健顺邪正之德有不撰,而是非有不辨者乎?

右第九章。总论六爻,分初上与中爻以发作《易》之旨。

《易》之为书也,广大悉备,有天道焉,有人道焉,有地道焉。兼三才而两之(“才”,《石经》作“材”,下仿此)**,故六。六者非他也,三才之道也。**

上章《易》书是方去作《易》,此章《易》书是作成之《易》,通就爻说,明天人合一之旨。广指坤,大指乾,悉备指乾坤中所有,暗含人道说。一曰广大者体统浑沦,悉备者条理详密。太极之理际于天,蟠于地,体于人。五阳上阴,天以两而成象,三仁四义,人以两而成德。初刚二柔,地以两而成质。内外卦各有三极,二中函三。三极中各有阴阳,三中函二。

道有变动故曰爻,爻有等故曰物,物相杂故曰文,文不当,故吉凶生焉。

上节言六爻之体段,此节发明杂物撰德之义。道谓易道变动,指二老,谓阳动变阴,阴动变阳也。陆绩曰天道有昼夜日月之变,

地道有刚柔燥湿之变,人道有行止动静吉凶善恶之变。圣人设阴阳老少之爻以效法其变动,故称爻。等谓上中下之位也。有质之物则有刚柔大小远近贵贱之异,故可以别其等者谓之物。爻不可以言物,有可等始言物。相杂者,相间也。一不独显,相间成文犹青黄之相兼也。如初三五,二四六,刚柔相间是也。不当者非特阳居阴位,阴居阳位也。刚居乎柔,有是亦有非。柔居乎刚,有善亦有恶。而吉凶即于是生焉。故一变动之间,即有物有文有吉凶,非有先后也。

右第十章言《易》书已成,卦爻之包括如此。

《易》之兴也,其当殷之末世,周之盛德邪?当文王与纣之事邪?是故其辞危。危者使平,易者使倾,其道甚大。百物不废,惧以终始,其要无咎。此之谓《易》之道也。

此下皆本《易》书,而明趋避之旨,正前所云衰世之意也。盛德即就作《易》见出,非专谓殷为衰世,观下危平易倾,转移甚神,则文王作《易》宁独意在殷世乎?非末世则情伪不若是之甚,非盛德则无以深知其情伪。上危字,惧也。文王身经忧患,故多危惧。下危字与安对,危平易倾,正辞危之用。其易卦中有战兢惕厉而危者,辞则使之平焉。敬慎足以不败,而吉无咎之属归之,有骄矜慢怠而易者,辞则使之倾焉。怠荒每以致祸,而凶悔吝之属归之,此皆理势自然,一若辞有以使之也。不废者,不废此危平易倾之理也。惧以终始,危惧自始至终也。谓圣人系辞不敢始危终易,大约欲人恐惧修省,至于无咎而已。煦按此章宜主盛德,文王当殷之末世,以其盛德著见于《易》,故能扶危定倾,使人知惧。德属体,作《易》之本也。道属用,使平使倾是也。前后言道,中言盛德,见使平使倾非徒然者也。危平道大就君子言,易倾与惧就小人言,要归无咎兼君子小人言。总言吉可趋,凶可避,其要在于戒惧以修身而已。

右第十一章。言《易》书之灵妙,以发趋避之旨。

夫乾天下之至健也,德行恒易以知险。夫坤天下之至顺也,德行恒简以知阻。

因上章说出危平易倾，则《易》之神妙可知。故此遂说乾坤健顺之德，因及知险知阻，以见危平易倾，皆健顺所转移。不言诸卦，止言乾坤，诸卦之阴阳，皆九六之二用也。健顺者，乾坤之性。德者，乾坤在中之蕴蓄，即日新之盛德也。行者，乾坤众著之生成，即富有之大业也。易简者，乾坤无私之理，全在用上见出。险阻者，天地间至动至赜高卑杂陈之事，皆从亨而利中见出。险难者，易直之反。阻塞者，简顺之反。至健则所行无难，故易。至顺则所行无滞，故简。易直平坦，自无险陷之情，盖险难不易者，由易者相形而见，有险则不得为恒易。简顺无滞，自无繁壅之弊。盖阻塞不顺者，由顺者相形而见，有阻则不得为恒简。乾之知险，岂唯知之，且能使险者而悉归于易，是至健之德行然也。坤之知阻，岂唯知之，且能使阻者而悉归于简，是至顺之德行然也。险阻虽止说知，而无险无阻即在其中，此所由危平而易倾也。

能说诸心，能研诸侯之虑（虞本："坎为心虑，乾一之坤，为震为诸侯，故云然。"王《略例》曰"侯之"二字衍文。《杨易》云"侯"当作"民"），**定天下之吉凶，成天下之亹亹者。是故变化云为，吉事有祥，象事知器，占事知来。**

侯之二字，王以为衍文，然《周易》未经秦火，当如《杨易》作民字或传写之讹。如论流行变易之理，作时候之候亦可。能字就易说，本上乾坤来。上言知，此言能耳，说、研、定、成虽说人，实本健顺易简，说易之能也。说心者契于心而无拂，研虑者深致其思而微显洞然。是故以下方说功用，虽属人事，而能如此者，莫非健顺之为。向以能作圣人之能，以定吉凶承说心，以成亹亹承研虑，皆未当。定言不可移易，亹亹虽有勉强之义，却是说作用不穷。成字说在定后，却是说吉凶既定，则趋避有基，故能成就无穷功业。此上皆易卦之能。前曰危易皆转移于易，此又曰定，正为危易者言。唯能转移，然后能定也。云为，即言行，变化应用无方也。此又本说研及成亹亹来，皆易之能也。思虑熟于内，事功见于外，故能变化云为而无所执也。以之趋吉，则必有可征之祥。因在变化云为之后，故凶者可转而为

吉,向兼凶说未是。来氏本刘绩以吉作言,亦未当。象其事则知其器量之所受,占其事则知其吉凶之究竟。器之所受,如长短大小广狭之类,有象则有定故也。知来即成亹亹之妙也。变化二句相连说,象事句研说于卦也,占事句研说于爻也。下曰八卦以象告,爻彖以情言是也。止说易简之妙,不分卦爻亦可。

天地设位,圣人成能。人谋鬼谋,百姓与能。八卦以象告,爻彖以情言。刚柔杂居而吉凶可见矣。

本上变化云为成亹亹来,设位句承首节知字,却兼能字在内。成能句承次节能字,却兼知字在内。成能与能皆成亹亹之事,至于成能则易简之知能,尽归圣人矣。八卦以象告,故象事知器。爻彖以情言,故占事知来。上段本说成亹亹之事,然上节定字本在成先,定而后可成也。此节上段说成亹亹,下乃曰吉凶可见者。事功既成,乃始有吉凶也。人谋鬼谋说在占上,言显微无间也。百姓与能,见百姓得与其中,便是智愚不遗了。又以见圣人所成,参赞位育,非如百姓所能,止此筮占中吉趋而凶避也。象,像也。八卦成列,象在其中,若天地风雷乾马坤牛是也。爻者,效天下之动者也。爻下始言彖,兼指文王卦辞,谓卦爻之能也。情即卦爻中动变之情,由卦爻之时位见也。刚柔即九六,指爻而言。相杂谓阴阳来往上下承乘应比之殊也。由其承乘应比而吉凶之情判然可见。告者告此险阻,言者言此险阻,见者见此险阴。吉凶既定,故能变化云为,而亹亹可成也。八卦以象告之下,单承百姓与能,非圣人成能之事。

变动以利言,吉凶以情迁,是故爱恶相攻而吉凶生,远近相取而悔吝生,情伪相感而利害生。凡《易》之情近而不相得则凶,或害之,悔且吝。

此明刚柔杂居,吉凶可见之故,皆与能之事。凡爻之变必有所通,煦所以有四通之说。若滞于一所则不灵,不灵则不顺利,故曰变通以利言。利即亨利之利,言无阻也。《彖》曰乾道变化,言利而已。以情迁者,因本爻各具之情,遂改易其吉凶也。爱恶,情也。是故

下，皆吉凶情迁之故。盖吉凶在爻，每因刚柔往来，初终内外之情而迁变，承乘应比各有爱恶。爱则吉，恶则凶，然爱而亦相攻者，胶漆之投，入之唯恐不深也。爱相攻，家人九五。恶相攻，同人九三是也。远相取，应外是也。近相取，承乘是也。情，实也，对伪而言。情相感中孚九二，伪相感渐之九五是也。近而不相得，困三豫二是也。相攻相取，情也。感者，情之始动，利害之开端也。取则情之方露，而悔吝之初著矣。攻则情之极至，而吉凶分矣。因远近生情伪，因情伪生爱恶，皆蒙情迁句推本言之。远近情伪，亦姑自其浅深而分耳。当知卦爻中其居皆有远近，其心皆有情伪，其情皆有爱恶，远者止于应不应耳。既不相值，其情犹缓，若近而不相得，则凶，或害之，悔且吝。凶本爱恶句，害本情伪句，悔吝本远近句，此处三者相连，故知上三句相连说。立爻之法无过时位，变通二句言时，爱恶以下言位。

将叛者其辞惭，中心疑者其辞枝，吉人之辞寡，躁人之辞多，诬善之人其辞游，失其守者其辞屈（《杨易》“屈”作“诎”）。

此与上节虽若不类，言外见卦爻之辞，包罗含蓄，中正和平，知众辞之各异，各有其情，则卦爻之迁转变易，当亦各有其情，欲人因卦辞而推求卦爻之情伪也。试即辞之在人以情迁者观之，有将叛乎正理者，中心不安，发而为辞，必惭愧回互而无所舒展。人有昧乎是非莫知适从者，内无主见，辞必枝离两端，无定执焉。去欲循理，吉人也，心敬慎而言有节，辞不期寡而自寡。欲动情胜者，躁人也，内无养而心易纵，辞不期多而自多。诬善为恶之人，无实迹可据，必迁就以快其私，其辞游移而无根。委靡退怯而失其职守者，心志卑陋，其辞屈抑而不伸。人情险阻不同，而辞以情迁如此。则卦爻既殊，当亦各一其情，而系爻之辞安得不因情而迁，致有爱恶攻取，吉凶悔吝之殊哉。虞翻曰辞惭者，坎人之辞也，近而不相得故叛。坎为隐伏，为兵戎，故叛。坎为心，故惭。辞枝者，离人之辞也，火性枝分，故枝疑也。辞寡者，艮人之辞，言有序也。辞多者，震人之辞，震为决躁，恐惧虩虩，笑言哑哑，故多辞。辞游，兑人之

辞也,兑为口舌,诬乾,乾为善人也。辞屈,巽人之辞也。巽诘屈,震初阳入伏巽阴下,故其辞屈。此六子也,离上坎下,震起艮止,兑见巽伏,《上经》终坎离,则《下经》终既未,《上系》终乾坤,则《下系》终六子,此《易》之大义也。

右第十二章。此章以乾坤易简,知险阻为主。首节言易简之知,次节言易简之能。设位成能总上二节,言圣人作《易》,使人知险阻。变动节言《易》书能知险阻,因示人以险阻之可知。将叛节言圣人不假《易》书,自知险阻,示人以险阻可知之理,以为能知之例。险阻情也,故末止言情字。

上传首篇言圣人以易简之德,成位乎天地,见圣人作《易》之原。此章言圣人以易简之德,知险知阻,作《易》而使百姓与能,见圣人作《易》之大用。

周易函书约注卷十七 说卦传

《隋志》:秦后《易》失《说卦》三篇,宣帝时河内女子发老屋得之。今《说卦》止一篇,而别出《序卦》《杂卦》二篇,盖《隋志》混言之。《潜录》曰吕东莱定为十二篇时也。

昔者圣人之作《易》也,幽赞于神明而生蓍(徐、陆作"幽讚"),**参天两地而倚数**("两",《说文》作"㒳"。"倚",蜀本作"奇",《周礼》注同),**观变于阴阳而立卦**(马作"观变化"),**发挥于刚柔而生爻**(《释文》作"发辉"),**和顺于道德而理于义,穷理尽性以至于命。**

幽赞于神明,龚深甫曰宾主之仪,赞者通之。神明之德,圣人通之。此言赞化育也。来氏作神明幽赞而生蓍。参两言揲蓍求卦之事,然止言奇偶所始,故止及于参两,非有分揲挂扐之事也。向谓数始方员,方员出于天地,因有阳全阴半之说,若然则是数由天地而始,非参天两地而倚数矣。当知倚者依也,数即河图之数,天之参依数而参,谓参由奇出也。地之两依数而两,谓两由偶出也。盖河图数十,实由五数而生,成数则生数之所生也。顾此生数中,奇数有三,一三五是也。偶数有二,二四是也。奇阳象天,偶阴象地,三奇故参天,二偶故两地。然皆比拟河图之数,分别出来,故曰倚数。其必依数而参之两之,为揲蓍求卦无出奇偶,四象则奇偶再加,八卦则奇偶三加也。蓍中初变则阴阳之位,再变则四象之位,三变则八卦之位。而三变中,单者参三而为奇,双者并两而为偶。奇天数,偶地数。天非数也,依数之参而知之。地非数也,依数之两而知之。下文阴阳刚柔皆此参两,皆此天地也。孔仲[1]达曰两,偶之始;参,奇之始。煦按三奇得九,是亦老阳之天数,而六包其

---

① "仲",库本作"颖"。

中,即天包乎地也。两偶得六,是亦老阴之地数,乃分为两参,是以地承天也。比于天数则不足,阴乏之义也,故九之与六莫非参两。观变即三变十八变之变,阴阳即三变十八变所得之象。既有阴阳,复有老少,又有上下多寡纯杂不同,而六十四卦由以立矣。刚柔即阴阳,发挥于刚柔而生爻者,谓此六爻之中,或为少刚少柔之静而不变,或为太刚太柔之动而必变,又或乾体而坤用其六来交,坤体而乾用其九来交,则以所用之刚柔为主,故曰发挥而生爻。观变以下皆主蓍言,一是统观全体看是何卦,一是细观一节看是何爻为主,何爻当动也。和顺二①句总言卦爻之功用,见圣人筮卦之设,非徒趋避已也。原欲人和顺于共由之道,俾蕴之为德,悉无乖戾阻塞之嫌。因致条理不紊,均协乎当然之义也。此句在行事上说,又欲人穷究万事万物之理,因得自尽其各正保合之性,以达夫一元统天之命。此句在知上说,却总承上句来。道德义散见于事物,其中之所以然谓之理,理所秉受谓之性,性所从出谓之命。道德义理性命皆属人,和顺理,穷尽至,则蓍卦也。学人之事先知后行,圣人达天之学则先行后知。一说全就蓍卦言,如乾有刚道,坤有柔道,刚有健德,柔有顺德,潜有潜义,见有见义是也。和顺者与之浑②融而无所拂,理者分其条段而无所紊,穷者推致其极而无所遗,尽者全体备具而无所歉,至者探其大原而与之合。道德,义之所以然,散见于事物者,蓍卦皆有以穷之。道德,义之秉受于人物者,蓍卦皆有以尽之。道德,义之原头出于天命者,蓍卦皆有以至之。易数功用之妙有如此。煦观穷尽二字还就人说为当。一说观变句立天道也,发挥句立地道也,和顺句立人道也,穷理句即顺性命之理也。《系传》言卦爻多接言占,此止以和顺二语承之,可知《周易》非卜筮之书。

右第一章。言筮数之设本于河图,即具天人合一之旨。

---

① “二”,库本作“三”。
② “浑”,库本作“混”。

昔者圣人之作《易》也，将以顺性命之理，是以立天之道曰阴与阳，立地之道曰柔与刚，立人之道曰仁与义，兼三才而两之，故《易》六画而成卦。分阴分阳，迭用柔刚，故《易》六位而成章（马作"六画"）。

首二句见圣人作《易》教人，其道甚大，非第占卜也。故下言天地以发性命之原，言仁义以著性命之理。两故字分两段，上言三才之各有两，故以兼三才二句承之，说成卦之体统。下言分而迭用，故以六位承之，言卦中之爻位在卦故言画，在爻故言位。性自所受而言，保合之太和也。命自所赋而言，变化之各正也。圣人之卦爻有初末隐见，内外始终，皆依附于一元之亨而利贞者也，故曰顺性命之理。下文阴阳刚柔仁义，皆性命之理也。兼之以画卦而分之，而迭用之，所谓顺也。阴阳以气言，刚柔以质言，仁义以德言。天无阴阳则气机息，地无刚柔则地维坠，人无仁义则禽兽矣，故曰立天立地立人。天地人，三才也。阴阳刚柔仁义，则各两其道矣。易卦兼之，性命之理在易卦中矣。六画成卦者，五上一阴阳之在天，初二一柔刚之在地，三四一仁义之在人也，而性命之理合之，尽其大而无馀矣。此统以言其体也。分阴分阳从天道来，极其精而不乱矣，此析以言其用也。

右第二章。上章言圣人因蓍而作《易》，有益于人道，此则言易卦之作，原具有人道。

天地定位，山泽通气，雷风相薄，水火不相射（音石，虞本音亦厌也）。**八卦相错，数往者顺，知来者逆，是故《易》逆数也。**

此解先天圆图，全是流行之妙，非言对待也。直须以乾坤两象比之，而通气相薄之义自见。定位与不相射，虽若自其各居，渺不相通者言，然相通之故自在其中。盖此节非有天地定位一句，则六子之流通不可得而考矣。今观山泽相对，具一乾一坤之象，而流通者乃在末爻。雷风相对具一乾一坤之象，而流通者乃在初爻。水火相对具一乾一坤之象，而流通者乃在中爻。是天地定位不过说位之一定，其下三句则全说天地之气流通不滞，而成为六子也。六子之两爻相同者，则乾坤之二体也。其特异之一爻，则乾坤之二用，故以为

天地之流通。今山泽雷风水火,其在图中两两相对,宜若渺不相及,而不知气实流通,故有通气相薄不相射之说。盖伏羲特画此图,非有形质,原以象太极两仪回旋运转之气,故特命为先天。若以为确有其位,则失之远矣。相薄者,天之气薄于地下,则奋迅而为雷。地之气薄于天下,则舒散而为风。天之气发露于积阴之上,则高出而为山。地之气凝聚于重阳之上,则下沛而为泽。天之气入于阴中而为其所涵,则融而为水。地之气涵于阳中而为其所化,则发而为火。通气者,山上而泽下,而阴阳之气则轮转而通矣。相薄者,雷震而风散,而阴阳之气则鼓舞而奋矣。不相射宜若说两不相关之事,若果两不相关,则亦如泰越人之各不相知,其不相射又何待言乎。盖不相射者自其性本相违,而适然相值,宜若不可共处而为之说也,此亦阴阳相资相益之词也。故山泽通气言天地之末交,雷风相薄言天地之初交,水火不相射言天地之中交,故不可以其位既定,遂忘气机之流通也。若止言对待不移,则先天图亦死物耳,何能化生万物哉?山泽独言气者,山泽本以形成,无气则必无可通。观下相错之说,岂其独立,两不相及,顾可以错言乎?则全说八卦之交易,全发阴阳之大用,亦断可识矣。八卦之体虽曰一阴对一阳,二阴对二阳,三阴对三阳,然所对之阴阳皆彼此互易者也,故云错也。往顺来逆,向本邵子作已往方来说。然先天一图,八卦一时俱备,乃固曰此为已生之卦,此为未生之卦,夫卦亦有生法乎?亦有先生后生者乎?伏羲初画先天,固一成俱成者也。筮中十八卦变所成止于一卦,有何卦先生,何卦有待而生乎?当知往来顺逆止据图言,乾与坤皆有之。来谓由太极而来,其在《象传》唯内卦称来,未有外卦已往称来者也。《系传》察来即此来也。唯外卦称往,谓由此而往,如两仪往为四象,四象往为八卦是也,未有初爻方来称往者也。《系传》之彰往即此往也,盖内卦先成者也。先成者本无而忽有,故必有所自来。圣圣传心正在此处,为其先有太极存也。逆而难知正在于此,所以当察。外卦,后成者也。后成者由内而出外,故以为往。渐进而往,则昭然可见,非如来处之杳冥。顺而易知正在于此,所以为彰。盖据理而

论则太极为两仪来处，四象八卦则两仪往处也，此由大本而推为大用，一定不易者也。若但据图而论，此节开口便说天地定位，其下皆言气之流通，则乾南坤北自应各有往来，不宜专说天根，指乾阳一边。夫乾之位上，则以下际为顺。坤之位下，则以上交为顺。下际顺，则上行为逆。上交顺，则下行为逆。且阳根阴，阴根阳，原在杳冥恍惚之际，由其后而溯之，难可臆度，所谓逆也。今就乾而论，象天之乾位乎南，实由震象一阳初萌而来，故震遂谓为天根。天根者，象天之乾以此为根也。特自既已成乾，逆溯乎天根所由来，则渺然难知，斯谓为逆。如由乾象观其所往，实由一阴之巽就消而始，渐往成艮，而微阳始尽，是由此而顺推于后，适符乎天道左旋，阳德下施之义，故谓为顺。此乾道之来逆往顺者也。今就坤而论，象地之坤位乎北，实由巽象一阴初萌而来，故巽遂称为月窟。月之明得于日，体全属阴窟也者，明阴之所自来也。特自既已成坤，逆溯乎此阴所由来，则渺然难知，所以为逆。如由坤象观其所往，实由一阳之震就消而始，渐往成兑，而微阴始尽，是由此而顺推于后，适符乎地顺承天阴道上行之义，故谓为顺。此坤道之来逆往顺者也。若但执已过者为往，逆我而来者之为来，是徒执向背论往来，可以言时而不可言位，可以言占而不可言图，岂知时之与位莫不各有流通之妙，图之与卦莫不各有来往之秘。如但知迎我而来者之为逆，而不知返而回溯于从前者之为逆，图卦之来往未能大明于世亦已久矣。夫已往方来之说，《易》中亦有之，如神以知来，智以藏往，无有远近幽深，遂知来物，此为占筮而言，为人之用《易》者说也。断不可误解于卦图，但知发迹之地为来，前有所往为往，则《易》明矣。譬若有人行于中途，或问之曰何来何往，则必曰某从何所来，今往何所。譬如有人问春从何来，又复何往，则必曰由冬而来，以夏为往，此方是流通不滞之体。凡人之行未有不以前往为顺，却后为逆者也。四时之序由冬而春顺也，由春而溯冬则逆矣。夫天根月窟由来之地，微妙隐深难可言说，圣人指出来字，又提明个逆字，止欲人推原于太极之中，观大化所由起，故曰夫《易》逆数也。至此又特提易字，见得来往逆顺，固《易》之

所以为《易》而逆来之当察,尤圣人作《易》之本心也。

右第三章。全说先天一图流行之气。

雷以动之(《汉书》作“靁”),**风以散之,雨以润之,日以晅之**(徐、虞作“晅”,荀作“烜”,《韵注》云“古文又作晕”),**艮以止之,兑以说之,乾以君之**(《举正》作“居之”),**坤以藏之。**

上章对待而观,言配合流行之妙,是先天圆图中义。此章亦对待而举,言功用各效之能,是先天方图中义。大小圆图象天之浑融圆转而无著,故以为立其体。方圆,坤上乾下,而六子自交于中,故以为致其用。上章言八卦之体出于乾坤之交,故自天地始。此章言生物之能全藉六子,故以乾坤终。先儒以此节全解方图,谓乾下坤上而六子包中,然横图亦乾右坤左而六子包中者也。顾置方图于圆图中,又复坤上而乾下,明圆图中原具相交之义。万物俱由乾坤相交而始,故谓此为天地之用。方图气内而形外,与河图生内而成外,小圆气始而形终相同。但犹在天地相交之始,是胚胎方具之象,故入于先天圆图中,而亦以为先天。然方其形者,是即天包乎地,将有定体之象。横图则明始终之义,标从一至八之数,亦有定而不移者也。天向一中生造化,故二图始生之卦皆在图中。乾坤始交而为震巽,雷风相薄,动则物萌,散则物解,此言生物之功。中交而为坎离,水火不相射故能各效其能,润则物滋,晅则物舒,此言养物之功。晅,明也。终交而为艮兑,山泽通气,止则物成,说则物遂,此言成物之功。若乾则首出庶物,敷理阳德,出震成艮,而于物无所不统。坤则含宏光大,为长养之府,而于物无所不容矣。项平甫曰,乾坤六子初为气,末为形,中为精。雷风气也,山泽形也,水火精也。蒙引曰,自动至晅,物之出机。自止至藏,物之入机。出有于无,气之行也,故以象言。入有于无,质之具也,故以卦言。

右第四章。言先天八卦之功用,以释方图之义。

帝出乎震,齐乎巽,相见乎离,致役乎坤,说言乎兑,战乎乾,劳乎坎,成言乎艮(李巽岩云“成”当作“诚”)。

此释文王后天圆图。后天布散本有定位可指,乃以出齐见役,

相连而及,仍与先天流行之气不殊,何也?阳无形而有为,阴有形而无为,有形无为故有定位可指,要其运行之妙,全赖无形之气有为之用。自舒自敛于其间,是后天图亦具流行之用也。上曰乾君,此则归功于帝,皆谓阳也。阳运而不止者也。先天图始于震,一阳之气生乎内,终于艮,一阳之气尽乎外,此阳始阳终之象也。后天图始于一阳初萌之震,帝出乎东,终于一阳外尽之艮,成能于东北,此亦阳始阳终之象。坤之得阳称为得主,主也,君也,帝也,皆以其权予阳也。且作《易》大旨全言天地变动不居之妙,所由称之为《易》。若阴体静镇无为,无成代终有何易之可见?《杂卦传》曰,震起也,艮止也,皆先后图中贵阳之义。地支首子,则后天图坎一之义。天干首甲,则后天图出震之义。然阳气之行必有所历而后可征,故其得阳而化生者必皆形质有定,是以有方位而不移,各司其职而不易也。是则先天图对待之象,虽明相交错综之妙,莫非圆转活泼之机。后天图流行之义,特为帝之运量而言,至其方位不移则阳气化生之万物,有形有质,可因时而考证者也。向以先天为对待不移,后天为流行不息,均未得解。出齐见役八者皆帝所为,下节不言帝而言万物,则帝之指挥号令而万物率从者也。二言字,语助辞。帝出乎震者,阳气方萌,自隐而显,如可形见,故曰出,春令是也。齐乎巽者,帝之旁通周遍,无物不到,无处不被,故曰齐,春末夏初之令也。相见乎离者。光辉明盛而成嘉美之会,彼此灿然无隐,故曰相见,夏令是也。地道无为。今生长功成必有使之,然者故曰致役,此夏末秋初之令也。土旺四季,尤旺于夏秋之交,故能生秋金,又能养万物。致役者,帝役之也。说言乎兑者,充足盈①溢,而舒畅之至,故言说,秋令也。战乎乾者,从前阳之气通,阴得而承之,始有生长成熟,至于秋冬之交,阳帝之令将敛,阴肃之气将盛,阴疑于阳必战,非与乾战也,阴与阳战于乾方也。此乾字即归休之老阳,非象天之乾。劳乎坎者,穷冬闭藏,收敛于斯,休息于斯,舍劳就逸,有慰劳安存之义,

① “盈”,库本作“为”。

故曰劳，冬令也。成言乎艮者，出帝之令，至此而功成也。此以帝字领起，为阳气之流行言也。乃阳必交阴，故历巽离兑之阴卦，而其功始见。其由生而长而成，虽属阴卦却皆二阳，又以明阳之盛也。至于敛藏非一阳潜于其中，则一阳尽于外矣，此皆于有形有象中察流行之阳气，非如立卦之法。阳少主阳，阴少主阴也。是则由出而齐而相见者，帝之鼓乎出机而致役，则由出以向夫入焉。由说而战而劳者，帝之鼓夫入机，而成则由入以向夫出焉。以方言之则有周游之意，以时言之则有迭旺之理，以五行言之则有相生之次。梁氏谓邵子以此为文王八卦，盖因坤蹇解三卦《彖辞》而推之也。煦按此三卦有西南得朋，东北丧朋之语，正谓月之生明由一阳之震象而来，月之丧明由一阳之艮象而尽，凡皆先后二图始震终艮之秘旨。先天图本说流行之气，而却有定位可指，无定者以有定者考之而见也。后天图本属对待之形，而却说阳气之周通，有定者以无定者考之而知也。此阴阳两不相离，彼此互根之妙，然而阳德有为，阴道无为，于此二图亦概可见矣。

万物出乎震，震东方也，齐乎巽，巽东南也。齐也者，言万物之洁齐也（今《石经》作“絜”）。**离也者，明也。万物皆相见，南方之卦也。圣人南面而听天下，向明而治，盖取诸此也。坤也者，地也。万物皆致养焉，故曰致役乎坤。兑正秋也，万物之所说也，故曰说言乎兑。战乎乾，乾西北之卦也，言阴阳相薄也。坎者水也，正北方之卦也，劳卦也，万物之所归也，故曰劳乎坎。艮，东北之卦也，万物之所成终而所成始也，故曰成言乎艮。**

上节就阳气之游历而言，此节就万物之生息而言。帝之出入因物而见，故遂言万物。出震者，阳气发散，木德用事，是物之出也。洁齐即姑洗之意，谓鲜洁整齐而无参差也。春三月，物尚有不出土者，或有未开花叶者，彼此犹不相见。至五月物皆畅茂，无有不生长者，故彼此皆相见。夏秋之交土德正旺，土膏之滋润，万物赖是以养。今但称地，明坤之养万物皆顺承乎天，故曰役，为帝役也。阳德之生，收敛而向实，皆欣欣各遂其愿欲，故说。秋冬之交，戌亥之月，

阳剥矣,故与阴相战于西北乾方。论气则为阴阳之交,阴疑于阳必战。论物则阳之功已成,初与阴接,亦必战也。水归冬旺,万物赖其滋养,故为慰劳安存之卦。北方与离明相对,乃万物藏匿之地,得所安故曰安。虞翻曰,成始者乾甲,成终者坤癸。艮东北是甲癸之间,故云成终成始,自万物之出,至成终成始,凡皆帝使之也。七者皆言万物,至乾则言阴阳,不言万物。盖万物之生至于兑秋,已成而就藏,故无物可言。唯生长万物之阳气流行而不息,至此亦必有含蕴归宿之地。又因秋冬之交阴气当权而盛,其将反之阳与之相值,故不免于剥。然阳道不息,终无歇灭时。至于坎则阳德归宿于中,得所安矣,故以为慰劳之也。向作慰劳万物,而不知万物之成皆帝之使也。阳德善动,不能久住阴中,必将出乎其外。阳而出乎阴外,则成终成始莫不由之,故归其功于艮。离明言德,馀德可推。坤地坎水言象,馀象可推。兑秋言时,馀时可推。春木夏火秋金,火克金者也。火金之交有坤土,克者又顺以相生。秋金冬水春木,水生木者也。水木之交有艮土,生者又逆以相克,土金顺以相生,所以为秋之克。木土逆以相克,所以为春之生。生生克克,变化无穷,孰主宰之,帝是也。

右第五章。言后天卦位之功用。

神也者,妙万物而为言者也(王肃"妙"作"眇",董云"眇,成也")。**动万物者莫疾乎雷,挠万物者莫疾乎风,燥万物者莫熯乎火**(徐"熯"作"暵",《说文》作"莫暵乎离",呼但切),**说万物者莫说乎泽,润万物者莫润乎水,终万物始万物者莫盛乎艮**(郑本"盛"音"成",裹也)。**故水火相逮**(陆本作"不相逮"),**雷风不相悖,山泽通气,然后能变化,既成万物也。**

郑康成曰共成万物,不可得而分,故合而谓之神。张子曰一故神,两故化。又曰合一不测之谓神。自动万物,至莫盛乎艮。分言万物之用,自相逮至既成,正所以发大用流行合一不测之神,盖雷动风挠等皆六子之所能,而相逮至既成等则非六子所能也。全从相字通字内见出,故上用一故字,下又曰然后能云云也。相逮等与定位

节不同,定位节是从对待中看出流通成卦之妙,故下即以往来逆顺言之。若卦之有应爻,自其两而对待者,言其体之立也。此自阴阳相亲流通无滞处,看出合同而化之妙,故下即以能成变化言之。若卦之有比爻,自其阴阳两不相违,言其用之行也。盖定位节是方始成卦之义,故为先天。此则既已成卦之功用,故为后天。后天图以坎离代乾坤,其馀六卦皆水火之用,故此节言后天之用,遂从水火说起。逮,及也。因前言不相射,若似渺不相值者然,故此遂以相及言之。因前言相薄,若似于相悖者然,故此遂以不相悖言之。然此是说后天,却不可混入先天,先天是上下往来说其流通,后天是左右旋转说其流行。若以理论,先天之流通无方可执,后天之流行有方可指,则是先天为流行而后天犹有定位矣。朱子谓此节前段为文王八卦之序,后段为伏羲八卦之序。煦按后四句对待则有之,原未有序也。据朱子此论是谓相逮以下仍说先天,不知相逮既成等,既说在用边,必非先天立体之事。只要见阴阳两相背者,皆同时各效其能,以见妙物之神耳。又曰雷风水火山泽,自不可唤作神。神者乃其所以动,所以挠者是也。煦按动挠中虽有神字,必至相逮中方始见出,譬如徒动而不挠,徒熯而不润,万物能成乎?如此看来,可知神字便在后四句中。《蒙引》曰动物固以雷,而所以运雷之动者,神也。雷只说得动万物,说不得妙万物。神妙万物不必兼先天,盖先天只是六子各得其偶,以立其体而未见于用。见于用便是雷风动挠,而神不外是矣。此以先后天分体用最当,又曰先天言六子之交合,后天言六子之分治,此语亦当。又曰先天之六子各得其偶者两也,两者体之立。后天之变化成物者,即所谓两者之化也,两者之化,用之行也。就此两化之合一不测者,即所谓神也。煦按先天以一乾坤而分为六子,合而分也。后天以六子而共成万物,分而合也。建安邱氏曰,动者,鼓其生意也,挠者,散其郁结也。熯,干也,熯之而使坚刚也。火指日,言天地阳明之精也。泽何以说,土膏之润流于燥烈之馀也。水,雨露之属也。万物之生由艮气初萌而始,至于其功既成,则其事止矣,故曰终始万物者莫盛乎艮。水与泽不同,雨露之属,自

天而下为水之润，凡地中水气不流者皆泽也。煦按在天为泽，故一阴蓄于天上。在地为水，故一阳含于坤中，观夬师两卦可知。此段虽序六子而不及乾坤，然神之一字便见乾坤之大用。上段提出神字，皆是言变化而成万物。下段则言阴阳流行而合德，正神妙万物之原，而所以成能者也。前后相追之谓及，若日方燥而水忽润，水方濡而日忽燥是也。雷藏于冬，及春而出，风至冬而栗冽，至春而发生，二者同时而各致其用，皆能生物，故曰不相悖。又动者若益，而挠者若损，亦不相悖也。泽非土不停畜，而土石之间皆润，又能出云而为雨，皆气之通也。全要见出阴阳合德之妙，此皆大用之流行而莫知其所以然者，故曰然后能成也。

右第六章。言后天八卦合一之功用。

乾健也，坤顺也，震动也，巽入也，坎陷也，离丽也，艮止也，兑说也。

此言八卦之性情，谓三画之卦也。刚柔纯杂多寡上下不同，故性情亦异，其下六章皆本此言之。性情，其真也。象，其似也。性情之真非可意测，故下举象之似者，逐卦而细分之，无非欲人识性情之真而已。乾纯阳不息，故健。坤纯阴翕受，故顺。上行之性反而居下，健行之性为阴所镇，故但曰动。阴性重浊，来而就下，故入。一阳陷于二阴，刚为柔掩，故陷。一阴丽于二阳，柔而附刚，故丽。又健遇上下皆顺，则必溺阳而陷之，顺遇上下皆健，则必附阳而丽之。健极于上，前无可往必止。顺见于外，情有所发必说。俱兼静之性、动之情说。煦按据成卦之由而论，阴来交阳而遂丽于阳，比诸结网是禽丽于网目，非网目丽于禽也，故以阴附于阳为丽。然《周易》贵阳，故有一君二君之说。且阳无而阴有，阳神而阴形，神丽于形，非形丽于神也。火之焰光附薪而有，其理自合是阳丽于阴。今曰阴丽于阳，言动用之主也。曰阳丽于阴，则全离之用也。《全诂》曰，自此以下，皆以阴阳纯卦及初中终为序，又非上先后天之序矣。动陷止，皆属健。入丽说，皆属顺。凡物健则能动，顺则能入，健顺其体，动入其用也。健遇顺则陷，顺遇健则丽，陷内健而善藏，丽内顺而尽

物。陷丽者,其势也。健者始于动而终于止,顺者始于入而终于说。阳之动志于得所止,阴之入志于得所说。此就物情言之,而至健至顺摄此八者,终不变也。薛敬轩曰先天左半,健说明动,属阳。右半入陷止顺①,属阴。

右第七章。言八卦命名之义,因乎性情。

乾为马,坤为牛,震为龙(虞翻作"駹",引《尔雅》"蘱皆白駹"),**巽为鸡,坎为豕**(京房作"彘"),**离为雉,艮为狗,兑为羊。**

此远取诸物也,本上性情来。马性健致远,其蹄圆。牛性顺任重,其蹄拆。《造化权舆》曰,马阳,起先前足,卧先后足。牛阴,起先后足,卧先前足。阳病则阴,马疾则卧。阴病则阳,牛疾则立。又马饮清而便浊,牛饮浊而便清,皆阴阳之义也。蛰藏于地势重阴之下,而遇阳则奋,龙也,龙潜渊而善动者也。出声于天地重阳之候,而遇阴则入,鸡也,鸡下伏而善入者也。临川吴氏曰,阳生于子,自子而丑,故为重阳。鸡不能飞,为入为伏。前后皆阴之污浊,而中心刚躁者,豕也。前后皆阳之文明,而中心柔怯者,雉也。雉见人则缩头,是内怯也。《象旨》曰,雉化蜃,内外壳为离。外刚能止物而内柔媚者,狗也。狗见人则搏,见熟人则摇尾乞怜。项氏《玩辞》曰,狗直戌而艮在寅,火墓戌而生寅也。煦按戌为火墓故畏水,饮则以舌舐之,犬斗灌水则解。外柔悦而内刚狠者,羊也。羊说群,又善斗。项氏曰羊值未而主兑,金生于土也。羊属土,土生金,故角触。羊属土,故土怪为羵羊。左子厚曰,今以未为白羊宫。双湖曰,大畜乾爻称马,大壮以兑为羊,中孚巽爻称鸡,睽称豕,而馀唯说卦始见,即前圣未言,要无非象也。

右第八章。言远取诸物。

乾为首,坤为腹,震为足,巽为股,坎为耳,离为目,艮为手,兑为口。

此近取诸身也,亦本性情来。首会诸阳,尊而在上,乾则积阳在

---

① "顺",库本作"说"。

上而覆物者也。腹纳诸阴，广而有容，坤则积阴在下而载物者也。足在下而能行，象震阳之动于下。股在下而两垂，象巽阴之偶于下。耳轮内陷，阳在内而聪，坎阳陷阴中似之。目睛外附，阳在外而明，离阳丽于阴似之。动而在上者，手也。手能止物，使不动者也。拆而在上者，口也，口能说人者也。麻衣图南皆以艮为鼻，面之山也。管辂语何晏亦以鼻为面山。乾首坤腹，天地定位也。坎耳离目，水火相逮也。艮鼻兑口，山泽通气也。巽手震足，雷风相搏也。王太古曰，震在下三卦而向右，故足力在左，巽在上三卦而向左，故手力在右。以易证之，观盥者手，从巽也。丰九三折其右肱，岂非二三四互巽乎？艮在下二卦之后而为股，在艮初六曰趾，二曰腓，咸三曰股，而不以为手，此明证也。朱子发曰，经脉十二，手足各六。动于足者，震阳自上而升，动于手者，艮阳自上而止。震艮相反，疾走者掉臂，束手者反行。幼清曰，坎耳，水内景，阳在内。离目，火外景，阳在外，耳外内皆凹，阴也，中凸而实者，阳也。目上下皆白，阳也。中黑而虚者，阴也。肾开窍于耳，心开窍于目。《神易》曰，耳听以窍，空属阳，坎也。目视以珠，黑属阴，离也。阳气无尽，故听可穿墙，阴形有尽，故视不洞垣。

右第九章。言近取诸身。

乾天也，故称乎父。坤地也，故称乎母。震一索而得男，故谓之长男。巽一索而得女，故谓之长女。坎再索而得男，故谓之中男。离再索而得女，故谓之中女。艮三索而得男，故谓之少男。兑三索而得女，故谓之少女。

此章取诸人伦，以明纯杂始终之义，亦本性情来。六子皆出乾坤二用，故称父母，天资始地资生也。索字向作求字解，止说得一半道理。不知此字本具两义，是有求于彼，欲其获助于己之称，故下遂接言得字，盖兼取与两端，合交字生字而言也。譬诸索债，必先有以与之，然后取之而归之于己，即其取而往，亦期其得而来。无与而取，彼必不应。无交而欲其生，将何以为生也？如夫妇然，阳先施谓之交，阴翕受然后生也。及其既生，仍从男姓，如索债者取己之所有

而仍归于己也。今立坤阴之体于此,乾往而索于初,及坤纳乾初则为震之长男,是长男虽有坤生,因乾之索而遂从乾以为男,坤直借体耳。立乾阳之体如此,坤往而索于初,及乾纳坤初,则为巽之长女。是长女虽由乾生,因坤之索而遂从坤以为女,乾直借体耳,所由谓为索也。索即二用之用,凡乾坤所用皆止一爻,其两相同者则其体也。凡《易》中言交言生言往来言上下,皆此索字之义,即皆二用之旨。因在初位故长之,若居二位则为中矣,若居末位则为少矣。是皆往而求,求而得,始谓为索也。其能生者,体之不动者也。故兼一往一来,而索字之义始备。圣人之论卦爻,皆以动用者为主,故从二用之阴阳,而遂别为男女。如不解索字之义,则《彖辞》中往来上下之说,遂指为卦变卦综矣。柴氏曰,往不以此章并诸象,是但知男女为人,而不知物物皆男女也。

右第十章。此因天地定位节先说定位矣,其下又有相薄通气之说,故此遂以父母男女言之,明男女之胥生于父母也。

乾为天,为圜,为君,为父,为玉,为金,为寒,为冰,为大赤,为良马,为老马,为瘠马(京、荀作"柴马"),**为驳马**(《释文》作"駮",通作"驳"),**为木果。**

此下皆因各卦之性情而推广言之。夫子赞《易》,以文王卦辞之象有所未尽,故推而广之。然亦观于已成之卦爻及辞中之象,偶自彷佛者,错而取焉。非徒欲人推类以尽其馀也,欲人由此等之象反求此卦性情之真而已。总因卦中实理难于推测,故指其象而证之,天地雷风是也。又惧一象不足以尽其蕴,于是远取物近取身,又取诸人伦,犹虑此卦之性情不能毕契其真。又即八卦而推广之,欲人每读一象,须将本卦回顾一番。又合此众象频频将此卦回顾一番,但知无有一象不具此卦之性情。又合此众象方始完得此卦之性情,则此卦之性情其真自定。故知圣人立象,非欲人推广其象,但为占卜之用也。夫天地间所有之象,岂能尽为广象所摄?若使诸卦之性情既定,则象外之象皆可因卦而推。试观乾言圜而坤不言方,乾言君而坤不言臣,坎言血而离不言气,离言干而坎不言湿,无非欲人识

其真而推其类耳。纯阳而至,健为天,天为乾之总象,以后诸象皆有天德焉。体圆而运转不息,故为圜,此象其体也。首出万物高而在上,故为君,此象人之至尊。知大始而生六子,故为父,此象人之至亲。性纯粹故为玉,德坚刚故为金,此象物之至贵。天地严凝之气盛于西北,故寒生焉。寒极则水坚而成冰,乾于后天卦在西北,于时为冬,故为寒而又为冰,是有象于时也。煦按乾象寒冰,阴言龙战,阴阳之际不可不察,然非真寒真冰也,象焉而已。亦如坤上之龙,非真龙也,莫非象也。阳之色赤,大赤,盛阳之色,寒冰在子,以阳之始言之,在内而凝蓄者也。大赤在午,以阳之终言之,在外而著见者也。坎之中阳为赤,乾加大字,别于坎也。乾健行故象马,自其健而最善则为调良之马,自其健而最久则为垂老之马,自其健而最坚强则为多骨少肉之瘠马,自其健而最威猛则为锯牙食虎豹之驳马,煦按驳取其文也。乾德大明而显著,故有文采可观,威猛之义于乾不合。虞翻曰乾善故良。崔憬曰骨阳肉阴,乾纯阳骨多,故为瘠马。来氏曰良马,马之健而纯,健之不变者也。老马,健之时变者也。瘠马,健之身变者也。驳马,健之色变者也。乾道变化,故又以变言之。此有象于动物也。木果体圆而在上,纯阳故象木果。艮少阳在二阴之上,故兼木之果,草之蓏。煦按乾无其于之辞,无物不资以始,而究无一物可以拟其元。乾无其究之辞,健行不息,非有究竟也。周公爻辞俱向动变处说道理,故所立之象皆因动变而言,孔子广象亦莫非言动变也。如大有之二言车,大畜之二言舆,变离也。讼四否四言命,变巽也。剥上之硕果,艮也。凡八卦皆有本象,天地雷风是也,其下则因本象之变动而广之。天,乾之本象也。为圜,变坎离也。圜,天之体也。君父,变震也。寒冰,变坤坎也。金玉变艮也。变兑亦为金,马变震坎也。良马变震也。瘠马老马变坎也。驳马大赤,变离也。又瘠马老马,变艮也。如变坤,则为牝马。木果变震艮也。汉淮南王安聘九人明《易》者,撰道训二十篇,号《九师易》。荀爽集《九家易解》十卷,有为龙,为直,为衣,为言。龙,阳物。直,动直也。衣有覆物之象,言之声出于气,气阳也。此皆已见于爻象

中,故爽采补而入之。来矣鲜又将《易辞》中乾象之所有者,一一采补之,有为郊,为带,为旋,为知,为富,为大,为顶,为戎,为武。元同《补象》:有为元,为永贞,为光,为终日,为三人,为大首,为颙,为鸠,为福祉庆祥,为道,为德,为惠心,为诚,为习,为载,为大车,为金车金柅,为辐,为轮,为战,为行师,为遄,为飞,为行,亦为石,为重象,以其体圆为旋为瓮,为鼎腹,此皆兼变象互象采补者也。

坤为地,为母,为布,为釜,为吝啬(京作"遴啬")**,为均**(《礼记》注作"旬")**,为子母牛,为大舆,为文,为众,为柄,其于地也为黑。**

积阴在下,至顺而极厚为地。作成物,能致养者母。柔而广平者布,一作泉布说。釜虚而有容,一作熟物以养人。项氏曰六十四升曰釜,坤容六十四卦也。俭于用而能守,阴静翕而不施,故吝啬,阴性然也。动辟而舒,生万物而无所择,故均。项氏曰均,旋瓦者也。牛性本顺,子母相随不离,则尤顺。纯阴至顺故为子母牛。煦按母即牝马之义,凡阴皆顺于阳,子其所生也,坤德顺而生物故也。厚而载物故为大舆,称舆本剥之上九。《尔雅》:权舆,始也。权,天之始;舆,地之始。一曰古人造衡自权始,造车自舆始。物相杂为文,三画皆偶,条理焕然故文。物三称群,阴为民,三阴相随故为众。称众本晋之六二,在下而承物于上,故为柄。于地为黑土,黑,极阴之色。煦按地与母,本象也,吝啬,其性也,均变乾也。大舆变乾与坎离也。釜变兑也。子母牛,文,变离也。黑变坎艮也。柄变震巽也。《九家易》有为牝,为迷,为方,为囊,为裳,为黄,为帛,为浆。牝取翕受资生之义。迷者,阴暗也。地方故方。囊虚而有容也。裳居下体而顺。黄,土正色也。帛,质柔而广平。浆者,太阴为水,所谓味甘淡而顺也。来矣鲜有为末,为能,为小,为朋,为户,为敦,此皆已见爻象而采补者也。《补象》有为霜,为西南,为野,为国,为邑,为阶,为城,为墉,为丘,为次,为荒,为虞,为户,为地南北之径,为十年十朋,为臣,为有土之公,为女子,为小人,为匪人,为畴,为亿,为师,为群,为夷。夷者,众也,平也。于德为安,为宁,为燕,为承,为智,为允,为敦,为章,为含括,为裕,为迟,为冥。于物为汇,为大牲,为

蕃庶。于器为舆,为缶,为匕鬯。于味为甘。此据变象互象而采补者也。

震为雷(古文作“为长子,为元黄,为旉,为大涂,为驻,为决躁”,下同)**,为龙**(虞、干作“驻”,谓驻苍色,震东方故也。李鼎祚作“駹”,乃“驻”讹)**,为玄黄,为旉**(虞、姚、李作“専”,《纂言》作“为敷”,与华通。専,阳在初,隐未出,触坤故専)**,为大涂,为长子,为决躁,为苍筤竹**(徐“筤”作“埌”)**,为萑苇**(荀“萑”作“荻”,《石经》作“藿”)。**其于马也,为善鸣,为馵足**(京、荀作“朱足”)**,为作足,为的颡**(《说文》作“旳”,《尔雅》作“驺”,吴幼清训如射的之“的”,额有旋毛,中虚如的,古皆训白,《杨易》谓巽为白,若震色不白,盖《尔雅》“的颡白巅”之误也)。**其于稼也,为反生**(虞作“坂生”,陆云作“阪”)。**其究为健,为蕃鲜**(“旉”音孚。馵,主树切)。

震一阳动于二阴之下,雷则阳气之奋于地中者。张子曰阴气凝聚,阳在内者不得出,则奋击而为雷。煦按雷者气之始出,奋而有声者也。称雷本《彖辞》,震惊百里,龙则以动奋之身,而静息于地势重阴之下者。玄黄,天地之杂,乾坤始交而成震,故其色兼之,旉之言施也。阳主舒,阴主翕,震一阳始生于下,阳气始施故为旉。杨慎曰旉,草木始蒙也,古作旉。今作华,盖花之蒂也。毛诗凡华字皆叶音旉,花之总名也。花则阳气之初舒者,故乾之纯阳则为木果,剥之上阳则为硕果,是阳气之结实者也。或为花蒂,亦承受花瓣者。来氏曰震,动也。车,动物也,旉当作车。且从大涂从作足,马则车之误明矣。一奇动于内而二偶开张,四通八达故为大涂。《蒙引》:大涂,大壮九四所取也。乾一索而得男,故为长子。决者阳之力,躁者阳之性。震一阳生于下,而上进以决阴,其动也躁,故为决躁。《蒙引》谓震为决躁,巽为进退不果,刚柔之性也。苍色深青,东方之色也。筤,竹筠,即竹肤也,竹之色在于筤,竹与萑苇皆下本实而上干虚也。煦按阳,虚也,阴,实也,阳在内,故竹中虚,阴在外,故色苍。正阳之色非大明则大赤,东方乃日初出之地,将明未明,其色青黑,故震初阳象之。萑,荻。苇,芦竹也。震亦阳

卦,乾属也,故亦象马。凡声,阳也,阳动于内,上口开张,故为善鸣。称善鸣本《彖辞》之笑言,马悬一足而立谓之异足,震一阳下动似之。《尔雅》:马后右足白,骧。左足白,异。震为左为足,初阳白也。马之腾跃而超起者为作足,震阳动于下似之。的,白。颡,额也。煦按马颡在首,阴无白色,下照之以阳故也。谓白在首而不纯,如云阳在初而微耳。二阴有似于口,初为首爻。阳为白色,首之近口而有白色,故白额。善鸣以全体取,异足,以下一阳取,的颡以上二阴取。称马本屯卦诸爻。稼,诸谷之属,萌芽自下而生反向上,是谓反生,谓阳在下也。凡诸种初生,根先下着地,然后种中萌芽乃上生。阳刚震动,势必前进,故究其极而言之。乾健,阳性之纯也。一阳初长而为临为泰,必终于乾,故其究为健。至于乾则三阳开泰,阳之盛矣,故又为草木蕃庶而鲜美。云峰曰震巽独以其究言,刚柔之始也。存疑其于稼也三句,上是刚反取,下是因刚长取,其究贯下蕃鲜联说。陆佃曰,究为纯阳之健,究其前之进也。蕃鲜,究其后之所变也。三变为巽,继震为木,故云。震花变巽为草,震龙变巽为鱼。一曰鲜为鱼,究健究蕃者,究阳之前进也。究鲜者,究一阳之对待也。煦按雷,本象也。为龙,为马,为健,变乾也。为玄黄,为大涂,为反生,变坤也。变艮亦为大涂,为异,为苍筤竹,为萑苇,为反生,为蕃鲜,变巽也。变巽亦为龙化鱼,马谓变坎也。为善鸣变兑也。决躁、旉、马足、的颡,变离也。又为健变艮也。《九家易》有为玉,为鹄,为鼓。为玉者,乾坤始交,刚柔合德也。鹄,海鸟,其飞最快,故射者画以为的,亦震动决躁之象。为鼓者,阳动而有声也。幼清云,玉当作圭,鹄当作鹤。来矣鲜有为青,为升,为奋,为官,为圆,为春耕,为东,为老,为筐。《国语》震为车,左氏亦云震为土车。元同《补象》:震为斗,为陵,为九陵,为高陵,为易,即场也,为百里,为侯,为官,为好爵,为中行,为言,为笑言,为大作,为耕获菑畬,为风,为假,为至,为往,为升,为跻,为舆,为击,为撝,为荐,为灾眚,为震惊,为失丧,为渝,为虩,为机。于物为车,为柝,为簋,为筐,为茅,为朵,为鸟隼,为鸿,为翩,为翰音,为鸣,在上为藩蔀,合巽则为帝,此皆据爻

象变互而采补者也。

巽为木，为风，为长女，为绳直，为工，为白，为长，为高，为进退，为不果，为臭（王肃作为“香臭”，玄、子云、虞翻作“嗅”，李鼎祚本同。今按李本作“臭”），**其于人也为寡发**（虞、郑本作“宣”，云黑白杂为“宣”。郑谓“四月靡草死，发犹靡草”。虞谓“巽为白，故宣。”《释文》作“蒜”。升庵引《考工记》“半矩谓之宣”，注“头发颢落曰宣”），**为广颡**（郑作“黄颡”），**为多白眼，为近利市三倍，其究为躁卦。**

巽德为入，物之善入者莫如木，无土不穿，又根阴伏于地下，而枝叶之阳上盛也。称木，本之渐六四。气之善入者莫如风，无物不被。张子曰阴气凝聚，阳在外者不得入，则周旋不舍而为风。煦按风者，气之始出，附地而布散者也。坤始交乾，而成初画之阴，故为长女。木曰曲直，则制木之曲而取直，故曰绳直。工则引绳之直，以制木之曲者。巽德之制，故能制器为工。一曰工不专指木工。胡云峰曰一卦之中，有相因取象者，巽为绳直，因而为工，坎为隐伏，因而为盗。艮为门阕，因而为阍寺。太阴，北方之色黑。少阴，西方之色白。巽为少阴，故于色为白。此谓坤为太阴，巽视坤则为少阴。煦按此谓东少阳，南太阳，西少阴，北太阴也。来氏谓震居东方，故青。巽居西南，故白。虞翻曰乾阳在上故白。孔颖达曰取其风吹去尘，故洁白。《集诂》曰居纯阳之已位，故白。煦按《周易》之卦悉属先天，而广八卦之象，则因后天而取。此因震居东方，其色苍。至巽则与离相近，故色白。术家以为四碧，碧固白色之带青者，以其犹未离于东也。且先天图巽坎为少阳，震离为少阴，巽亦非少阴也。风行地上，无远不至，巽风也，故为长。木下入而升上，积小以高大，巽为木，故为高。虞翻曰，乾阳上长故高。来矣鲜曰阳高阴卑。阳居其上故高。人秉阴性则多疑而懦，为进退而不决于行，为不果而不决于为。荀爽曰风行无常，故进退，风或东或西故不果，臭以风而传，阴伏于重阳之下，郁积不散故为臭。包鱼不利宾，臭故也。虞翻曰臭，气也。风至知气，巽二入艮鼻，故为臭。《系》曰其臭如兰，发属

阴,为血之馀。巽一阴在下而不上升,是阳气上盛,阴血不升,故为寡发。虞翻曰,为白故宣发。煦按震巽之初皆在下者也。而的颡寡发皆取象于首,谓初当始出之位,事物之始即其首也。眼之白者为阳,黑者为阴,离目上下白,而黑者居中,黑白相间而停匀,巽目上中白,而黑者在下,是白多于黑也。阳主义,阴主利,巽阴在内而善入物,故为近利,而其市得三倍之息。《蒙引》曰阴主于内,而善巽以入之,最能得利。又义理阳也,震一阳为主于内之卦,为无咎。利欲,阴也。巽一阳为主于内,故近利。曰市三倍者,近利之甚者也。震为决躁之卦,巽三画皆变则成震,故其究极为躁卦焉。煦按风本象也。为白,为长,为高,变乾也。广颡,近利市三倍,变坤也。进退,不果,究为躁,变震也,变震亦为鱼化龙。为白,多白眼,变离也。为工,为绳直,变坎也。为臭,为寡发,变艮也。《九家易》有为杨,为鹳。幼清曰当为鸿,杨上茂而下虚,鹳身高而瘦足,皆二奇上盛一偶下植之象。来知德有为进,为鱼,为草茅,为官人,为老妇。《补象》曰巽为月几望,为庙,为处,为居,为命,为戒,为大号,为富,为富以其邻,为盥,为浚,为深,为牵,为系,为挛,为縻,为繘,为绂,于体为肱,亦为泣,于器为舟,为床,为资斧,于物为莽,为茅,为杞,为桑,为爪,为鱼,为鲋,为豚鱼,为羸豕,其德入故为损,为摧,为不荐,巽臭也,故为否,此皆据变象互象采补者也。

坎为水(简轮本"为月"在此下)**,为沟渎,为隐伏,为矫輮**(古"矫"一作"桥",宋衷、王庆"輮"作"揉",京作"柔",荀作"桡")**,为弓轮**(姚信本作"伦")**,其于人也为加忧,为心病**(古文"为多眚"在此下)**,为耳痛,为血卦,为赤,其于马也为美脊,为亟心**(荀作"极心",云"中"也)**,为下首**(荀作"呰",古文也)**,为薄蹄,为曳,其于舆也为多眚,为通,为月,为盗,其于木也,为坚多心。**

阳陷阴中,内明外暗,天下之至险故为水。存疑水内照见人物,而外不能见,是内明外暗也。关尹曰水可拆可合,精无人也。火因膏因薪,神无我也。阳画为水,二阴夹之,故为沟渎。煦按一阳象水,上下二阴,故为沟渎,隐则不见,伏则不出,阳在阴中,为其所掩,

故为隐伏，巽亦隐亦伏者，得坎下半体也，直而使曲为矫，曲而使直为鞣。坎阳陷阴中，抑而能制，故为矫鞣。宋衷曰水流有曲直，故为矫鞣。木性直，弓体弯，轮体圆，皆矫鞣所成，故为弓轮。虞翻曰坎为月，月在于庚象弓，在甲象轮，故为弓轮。为弓本睽上爻，为轮本既未爻。情滞于中而不能自伸，为忧，坎阳陷阴中，阳失其所，心危虑险，故为加忧。心以虚而灵，实则病矣。坎阳实于内，心失其灵而不免于病也。煦按阳德至灵，特为阴所困故病，岂可曰心失其灵？且心为火，肾为水，水既当权，火安得不病？为心本坎象，耳以虚而聪，实则病矣。坎阳实于内，耳失其聪而不免于病也。煦按此亦是中阳为外阴所困。一曰肾窍耳，肾伤则耳痛。血之周流于人身，犹水之流行于天地。郑氏曰气为阳，血为阴。吴氏曰离火在人身为气，坎水在人身为血。为血本需四爻，阳之色赤，乾卦纯阳为大赤，坎得乾中爻，故亦为赤，特不大耳。乾马也，坎得乾中者也。马有脊美而可观者，脊为外体之中，坎刚在中似之。马有心亟而难驭者，心乃内体之中，坎刚在中似之。马有首垂而不昂者，首在上，坎上柔，故为下首。荀爽曰水之流，首卑下也。马有薄蹄而不厚者，蹄在下，坎下柔，故为薄蹄。荀爽曰蹄在下，水又趋下，趋下则流散，流散则薄也。曳者马之无力，曳而不速进也。坎下柔，故又为曳。盖陷则失健，故足行无力。宋衷曰水摩地而行，故曳。孔颖达曰乾震坎皆以马喻，乾至健，震至行也。若坤顺，艮止，巽顺，离文明而柔顺，兑柔悦，皆无健故不以马喻。唯坤利牝马，取其合德于乾，不取其健，故曰牝也。坎取行，不取健，故曰下首薄蹄。为马本屯爻，坎为轮，有舆象，阳陷阴中，坎坷阻滞而不得进，故于舆为多眚。来矣鲜曰险陷而多阻，因柔在下，不能任重也。为舆本睽爻。一曰心病则目伤，古本故在心病之下，一阳在中，上下皆虚，水流而不盈，故通。煦按阴体静而实，上下两阴是也。阳体善动于中，故通。向拘阳实阴虚之说，果中实矣，何以能通？月者水之精，月本坤体，阳光照之而成象，今一阳正在其中，故为月。一曰月水同德，方诸取水于月。煦按潮汐应月以为盛衰，同体故也。盗隐伏而害人者，今一阳隐伏于坤

中,故为盗。盗本蒙贲等爻,坚多心,棘,枣属,刚中也。煦按水本象也。为赤为美脊,为通,变乾也。又美脊变艮也。弓轮为舆,变坤也。为舆亦变震也。沟渎变兑也。心病耳痛,亟心,坚多心,为月,为血卦,变离也。隐伏矫輮,弓轮下首,薄蹄,为曳,为盗,变巽也。下首,变震也。九家易有为宫为律,为可为栋,为丛棘,为狐为蒺藜,为桎梏。曰宫者,阳居阴中,阴虚阳实,宫室中虚,人则实其中也。煦按此当曰阳虚于中,有似于宫。盖此止言宫,不言人也。为律以葭灰实管,上下阴虚为言。煦按飞灰之说,古人信耳之误也。此律字当是法律,盖古人以坎为刑罚,见于师蒙可考矣。可者,上下皆通也。栋者阳壮居中,以承二阴也。为丛棘者,刺,坎之木也。为孤,昼伏而内险也。蒺藜亦丛棘之义。桎梏人所难,用以陷人之手足也,此注不本卦爻,未当。来知德有为沫,为泥涂,为孕,为酒,为臀,为淫,为北,为幽,为孚,为河。《补象》曰,坎为云雨,为膏,为沛,为沫,为井,为川,为涉,为濡,为拯,为戎,为鬼,为鬼方,于体为心,为中,为心不快,为有言不信,为臀,为肱,为孕,为血,血即孕也,于德为归,为反,为敬,为劳恻,为疑,为得获,为纳约,为险,为乱,为毒,为眚,为疾,为乐,为忧,为涟沱,为惕恤涕洟泣血,于食为酒,于事为簋,为原筮,为包,为结绳,为拘系,为狐,为弋,为引,引,弓也,为田,为即鹿,为三驱,为狩,为刑为狱,于物为乘马,壮马,其中阳为金,为水泉,为不盈之平流,为不通之室,其阴为巷,为栋,为穴,为陷,为幽谷,为泥涂。

离为火,为日,为电,为中女,为甲胄,为戈兵,其于人也为大腹,为乾卦(乾音干,古作“乾挂”,董作“幹卦”)**,为鳖,为蟹,为赢**(京作“螺”,姚作“蠡”。按东方以蠡测海,原读此。螺,古通也)**,为蚌**(古作“蜯”)**,为龟,其于木也为科上槁**(虞作“析”,郑作“稾”,于作“熇”)。

内暗外明,体阴用阳,故为火。日为火精而明无不照,电为火光而明出阴中,离文明故象之。煦按电出阴中,而明见于外者,胡双湖曰为日,本离晋革丰《彖辞》,集曰火丽木,日丽天,电丽云,大明者

日,而暂明者电也。坤再索于乾而成其中画之阴,故为中女。甲以蔽身,胄以蔽首,象离之刚于外。胄,兜鍪也。上刚胄,下刚甲,中人也。戈以击刺,兵以斩伐,象离之刚锐于上。上刚刃,下刚镈镦,中柔其柲也。张南轩曰甲胄外坚,象离之画,戈兵上锐,象离之性,腹体中虚,外阳实大,离中虚而外阳,故为大腹。荃曰,坎离得乾坤中气,乾为首,坎为下首,坤为腹,离为大腹,火熯日躁也。火性燥,故为乾卦。外刚内柔故为介物。鳖蟹蚌龟,二刚象前后介,中柔肉也,皆滋生之物,而中涵火性,故入水不寒。其灵智蕴珠者,则离之明德也。《潜录》曰,介虫之伏,随日光而以影加其上。蟹蠃蚌龟与月盛衰,离南朱雀,而小过肖坎,亦取飞鸟,坎位龟,统介虫,而离取之,坎离为偶,无相离者因其丽而名之曰离。日中三足鸟,射取酉鸡,月中兔,射取卯象,皆离而丽也。为龟,本颐损益爻。科者,木枝内空也,木枝内空则上必枯槁,又炎上则上槁也。煦照按离卦下二象,震而上独为阳,故云木上槁也。火本象也,为日为电为乾卦,变乾也,大腹变坤也。甲胄,戈兵,变坎艮也。科上槁变震巽也。蟹蠃蚌龟变艮也。《九家易》有为牝牛,牝牛柔顺之物,以中虚之阴为主,是内顺之至者。来矣鲜有为苦,为朱,为三,为焚,为泣,为歌,为号,为墉,为城,为南,为不育,为害。《补象》曰离为昼日,为日中,为巳日,为旬,为南,为牖,为明,为光,为见,为觌。为窥,为朋,为嗃嗃,为灾,为焚,于人为恶,为戚,为不孕,为血去惕出。于德为蓄,为言亦为敬,为失得,为愠,为恤惕号咷涕嗟。于事为食,为餗,为禴,为征伐。于物为马,为鸟,为雉,为飞,为贝,为灵龟朋龟。于器为轮,为茀,为矢,为弦,为瓶。其中阴为馈,为黄为舆,为牛,其不正为眇。此皆据变互采补者也。

艮为山,为径路,为小石,为门阙,为果蓏(京作“堕”)**,为阍寺**(徐作“阇”)**,为指,为狗**(虞作“拘”,指屈伸指物为“拘”,“狗”字之误)**,为鼠,为黔喙之属**(“黔”,郑作“黚”,云虎豹贪冒之类)**,其于木也,为坚多节**(陈氏《考异》云:古一本无“多”字,玄、子云无“坚”字。“蓏”,力果切。“喙”音诲)。

山取坤地而隆其上,止于极而不进者也。荃曰大而山,微而小石,皆坚而止者也。二阴下开,一阳塞于外,不通大涂,与震相反,故为径路。刚在坤土之上,一阳上峙而未盛大,犹卷石之小,而非矻然特立者也,故为小石,径与小石俱本山言之。为石,本之豫爻,两扉相对曰门,阙在门两旁,中央缺然为道,人臣至此必思其阙失,故为阙。上画相联,下画双峙而虚,有似于门阙。煦按山不可越,故艮有止义。物之阙而可通者,唯山有之。门阙其象也。木实之在上者为果,草实之在末者为蓏。艮一刚在上,圆而实,故似之。为果本之剥卦,阍人掌王宫之禁,无足而御人于外,止物之不应入者,寺人掌王宫之内人,及宫女之戒,无阳而给使于内,止物之不应入者,艮止故为阍寺。人之刚于外,而能止物者,莫如指。艮为手,所用以止物者,又在于指。煦按人之动于下者唯足,故震象之。人之动于上者唯手,故艮象之。其馀皆不得为动,谓手能指物未当,麻衣谓艮为鼻,亦未当。然阳之动而不息,唯纯乾有然,震初阳方来于二阴之下,故彖辞曰可守宗庙是兼静而言也。艮之末阳,垂尽于二阴之上,故艮遂以止为义,而《彖辞》则兼行而言之。阳之动也,一以为守,一以为止,皆非纯乎不息者也,要皆从动处见得,不可不知。外刚而止物者狗,艮外刚而止,故为狗。鼠刚在齿,善能啮物,艮阳在上而前刚,故为鼠。为鼠本晋之九四。煦按狗唯亲内,却御暴于外,故艮似之。又狗鼠之刚,皆在口,凡在首者,皆取象于上爻,故艮象狗鼠。郭子和曰,坎在君子为隐,在小人为盗,艮之利在狗,害在鼠,皆一义而二象者也。禽鸟之喙,其色多黔,而能止物,以其刚也,艮前刚故为黔喙。黔,黑色也。曰属者不可枚举也。坚指全体言,艮阳在上,故木坚多节。节见于外者也,巽曲直,干阳根阴,为木全材,坎内阳为坚多心,离中阴虚,为科上槁。艮阳在外为坚多节,木枝在上方有节。煦按山本象也,径路门阙阍寺,变坤也。变震亦径路门阙。黔喙变乾也。鼠,黔喙,变坎也。果蓏,变震巽也。狗坚多节,变巽也。门阙,小石,变兑也。《九家易》有为鼻,为虎,为狼。鼻,面之山也。虎齿牙猛利,刚在前也。狼与虎同。来矣鲜有为床为握,为终为宅,

为庐为邱为笃为童,为尾。《补象》曰艮为东北,为磬,为庐,为家,为舍,为阙廷,为邱园高上。于人为君子,为童蒙臣仆,为子,为琐琐,为躬,为背为生,为不死,为执为握,为御为罢,为已事,为损疾,为有终。于物为豕,其上阳为白,为革,下阴为肤,皆据变互采补者也。

兑为泽,为少女,为巫,为口舌,为毁折,为附决。其于地也,为刚卤,为妾,为羊(郑玄作"阳阳",养无家女任炊爨,贱于妾者。郭璞引《鲁诗》"阳如之何",又曰"巴濮自称阿㛅"。升庵引《后汉》"西南夷女为㛅徒"。季氏曰古文作"为少女,为妾为㛅为巫"。虞作"为羔"。《考异》载"郑、鲁作为养者误",又云"前称郑少梅,不知何郑也")。

水流为川,潴为泽。泽者水之聚,所以悦万物者。兑德为悦,又坎水而塞其下流,潴水之泽也。煦按泽为一阴在天上,还以沾濡下润而取者为当。《凿度》曰,泽金兑,日月往来门。月出泽,日入泽,万物燥,泽可润,天地怒,泽能悦,万物恶,泽能美。泽者,天地之和气也。朱子取仲朔川壅成泽,泽决成川之说,谓坎下画闭合也。坤三索于乾而成上画之阴,故为少女,巫,口舌之官,通乎幽而以言悦神者,巫也。交乎显而以言悦人者,口舌也。皆上拆象。正秋金气肃杀,条枯实落,故为毁折。谓全者毁,刚者折也,此以时言也。柔附于刚,刚乃决柔,震阳动故决躁,乃兑阴一柔,附决躁之二刚,是兑非能自决,乃附于刚而决也,此以势言也。毁折平说,附决直说。张子曰物成,则上柔者必折也。是仲达所谓槁秆则毁折,果蓏则附决也。地积盐水为卤,卤必土坚硬,方不渗漏。兑二阳在下为刚,一阴在上为卤,又兑金乃坚刚之物。《说文》卤,西方盐池,东方曰斥,西方曰卤,卤在躁地则刚。煦按卤生于地上,下刚而上柔者也。少女从姊为娣,故为妾,外能悦草而内刚狠者,羊也。煦按羊外柔故乐群,内刚故善斗。泽,本象也。口舌变乾震也。附决,变震也。巫,妾,刚卤,变坤也。毁折变巽离也。泽变坎也。诸卦不动,则但取本象,故广八卦者皆兼动变之爻而象之也。《九家易》有为常,为辅颊。人情惟其所悦,则自不能已,故常,厌则不能常矣。辅颊亦口舌之

类，皆取上柔之象。陆德明常，西方之神。草庐曰，九旗之一。来矣鲜有为笑，为五，为食，为跛，为眇，为西。《补象》曰兑为雨为阴。阴，秋也，为西山，岐山，为武人，幽人，祝史，为面，为言，为誉，为拘，为跛，为劓刖，为羸，为虞，为素，素，常也。得所则为悦，为笑，为利，为和，失所则为号，为咨嗟。于事为酒食，于物为虎豹，阴居上为苋，为葛藟，为臲卼，两兑为鸣，为和为商。

右第十一章。程沙随曰，《说卦》之象有与卦爻相符者，如乾天坤地是也。有不与卦爻相符者，如乾坤称龙而不必在震，坤地称马而不必在乾是也。有见于卦爻而《说卦》不载者，如渐之鸿，中孚之豚鱼是也。有见于《说卦》而卦无之者，如布釜羸蚌是也。仲虎曰广八卦之象，百十有二，有相对取象者，乾天坤地，震决躁巽进退，艮指兑舌是也。有相因取象者，震坎得乾马，坎得二坤为舆是也。一卦自因者，隐伏为盗，绳直为工是也。有不言互见者，言君见臣，言圆见方，坎血见离气，离干见坎湿，巽臭见震声，二长为究，见艮兑之穷是也。

周易函书约注卷十八 序卦传、杂卦传

序卦传上篇

先儒多以卦画中阴阳之多少，算前后之序，全无补于易理，今概不取。《易意》曰，令升言有先天地者矣，今正取始于天地，此黄帝所云太古断元也。《穀梁传》曰人人知天地，可不言乾坤矣。申言天地表人伦，则人道即天道矣。煦按文王之序原与羲轩同旨，《道藏》所云《火记》六百篇，今失而无传者是也。孔子之《序传》虽不违羲文之心，然已全说人道，是圣人教人本意，故但就卦画为解者未当。

有天地，然后万物生焉。盈天地之间者唯万物，故受之以屯。屯者，盈也。屯者，物之始生也。物生必蒙（郭京作“始生”），**故受之以蒙。蒙者，蒙也**（郭京作“蒙昧也”），**物之稚也**（古或作“稚”）。**物稚不可不养也，故受之以需。需者，饮食之道也。饮食必有讼，故受之以讼**（僧一行《易纂》引孟喜《序卦》曰“阴阳养万物，必讼而成之，君臣养万民，亦必讼而成之”）。**讼必有众起，故受之以师。师者，众也。众必有所比，故受之以比。比者，比也**（郭京作“亲比也”）。**比必有所畜**（徐作“蓄”），**故受之以小畜。物畜然后有礼，故受之以履**（幼清曰：韩注有“履者，礼也”四字，今按王弼《略例》引此，盖是后人误以正文书作注字。煦按此四字不可不添入）。**履而泰**（朱子引晁氏曰：郑无“而泰”二字），**然后安，故受之以泰**（羽南氏曰：朱子于《序卦》分三节，有寓旨焉，天地二而一于人也。煦按朱子于上篇“泰者以下”分为一节，以备三才，岂知上篇言天道，下篇言人伦，则人道已在其中，故不必分）。**泰者，通也。物不可以终通，故受之以否。物不可以终否，故受之以同人。与同人者，物必归焉，故受之以大**

有。有大者,不可以盈,故受之以谦。有大而能谦必豫,故受之以豫。豫必有随,故受之以随。以喜随人者必有事,故受之以蛊。蛊者,事也。有事而后可大,故受之以临。临者,大也。物大然后可观(《说文》引"地可观者,莫可观于木"),**故受之以观。可观而后有所合,故受之以噬嗑**(李大疊"噬嗑者,合也")。**嗑者,合也。物不可以苟合而已,故受之以贲。贲者,饰也。致饰然后亨则尽矣**(李作"而后"),**故受之以剥。剥者,剥也。物不可以终尽,剥穷上反下,故受之以复**(《淮南子》引云"剥之不可遂尽也")。**复则不妄矣,故受之以无妄。有无妄然后可畜,故受之以大畜。物畜然后可养,故受之以颐。颐者,养也。不养则不可动**(李作"以动"),**故受之以大过。物不可以终过,故受之以坎。坎者,陷也。陷必有所丽,故受之以离。离者,丽也**(郑本引《凿度》云"乾起于子,阴起于午,天数天分,以阳出离,以阴入坎,坎为中男,离为中女,太乙之行,出从中男,入从中女,因阴阳男女之偶为终始也"。王昭素谓"丽必有所感,故受之以咸。咸者,感也"。晁以正古本取之)。

煦按《序卦》体也,《杂卦》用也。其体浑沦而周匝,流通而无间者也。其用则正位各居,对待而不移者也。太极中本涵两仪,故序分上下,两仪之象也。两仪既肇,万物用生,何物不在天地中,故不必三分之以象人也。总缘《周易》所有卦爻,团拢上来皆不出先天大圆图,而大圆一图当未分时,固《周易》之太极也。可知《周易》中所有之卦悉是先天,必无一卦一爻可以形体拘者,但当领略连而不断相依无间之妙,此《序卦》之所由设也。如止向前后次第中,数阴阳卦画之多少,究于卦义何补?非圣人立卦之旨矣。又当知《周易》卦爻俱从分合二字生出道理,合为体而分为用,合而分,分而合,类聚群分,相得相害之故,俱由此生。《蒙引》:《序卦》所云流行之《易》,《杂卦》所云对待之《易》也。《序卦》所云不以相因为序,则以相反为序,相反者极而变者也,上篇如否泰,下篇如损益之类。相因者未至于极也,此屯蒙姤萃之类也。其言不可有二例,一言不能,如不可苟合,不可终离之类,以势之必然者言也。一言不当,如有大不可以

盈，不可久居其所之类，以理之当然者言也。所取名义不尽同伏羲，如大畜取聚，井取下义是也。有一名二说者，如泰继履则取安字义，自受否言则取通字义。如震继鼎则取长子义，自受艮言则取动义。有一义而二说者，如师自继讼言则曰争讼，牵连者众。自受比言，则又泛言人民之众，而取众之义一也。晋继大壮，则曰进而建立，自受明夷言，则曰进而贪位慕禄，而取进之义一也。有不取卦名而取卦象者，乾坤以天地言，咸恒以夫妇言是也。有卦名二字而取一字者，如噬嗑明夷，特借嗑字夷字以明其次是也。其释卦名义有三例，如屯者盈也，蒙者蒙也之类，则申上文之意。如泰者通也，解者缓也之类，则起下文之意。如师者众也，恒者久也之类，则申上文而起下文之意。来矣鲜曰物不可以终通终否，终尽终过，以理之自然言也，造化也。有大者不可以盈，不养则不可动，以理之当然言也，人事也。

有天地然后万物生焉。煦按序中诸卦俱仍本名，乾坤独言天地，正以诸卦俱由乾坤而生。然乾坤之理隐而难明，天地之象显而易见，凡所生之物无不在天地覆载中，故言天地即言乾坤也。又可知屯蒙以下六十二卦，皆乾坤之万物也。又以见《周易》之作，与《连山》首艮《归藏》首坤者殊也。

万物即指乾坤所生之诸卦，兼动植而言。盈者气充于内，生意之不可遏也。动物不盈不可以出胞胎，植物不盈不可以破核实。

蒙昧之时向来专说动物，谓成形成性而聪明未发，不知动物有胞胎卵彀，植物亦有膜皮，当其勾①萌将启，仍然戴膜而出，若豆之外肤是也。特盈字自受气已足时说，蒙字自将生欲生时说。

饮食虽指人说，然水在天上为需，则万物之滋养润泽胥赖之矣。屯蒙需诸卦在《周易》中俱兼人物言，至于孔子《序卦》独主人说，可知《周易》之设皆所以教人者也。《潜录》曰上第四节曰稚，下第四节曰壮，示物候也。

乾馔以愆，豕酒生祸故有讼，此穷理势之必然也。

① “勾”，堂本作“句”。

争起则党类必众,众起只是争,师卦是兵众,此不必带兵字,党众则必有亲附。

众比则有畜养之者,田里树畜是也。《程传》物相比附则为聚,聚畜也。又相比附则志①相畜,小畜所以次比也。《蒙引》谓比吾者,与吾为聚,比彼者与比为聚,此主程传。然畜即聚意,而养意即在畜中,非以畜即为养。煦按但作聚字解则与比意犯重,还作养字解为当。然比者身之切近也,畜者志之浑同也。比自人亲我言,畜自我及人言。

礼义生于富足,故物畜然后有礼。

人有礼则各得其分而和,故安。安字兼情与分言,存疑谓泰宽舒也。安,平安也。必宽舒然后平安,此盖不以为衍文。

否泰相仍,如环无端,故受之以否(朱子此下另为一节)。

世之方否,与人同力,乃克有济,且同否者必相依,故人可同。好恶同人而与人无拂,则近悦远来,而所有者大矣。

所有既大则骄侈易生,故不可以盈,而谦则持盈之道也。

有大不盈而能谦,则永保其所有之大,而中心和乐,故豫。

人能豫乐,则心孚志契者有人,必有随之者矣。

以喜随人则志同谋协,必有所事,蛊者,饬治振起而有事者也。事因坏而起,故以蛊为事。

可大之业必由有事而生,临者二阳进逼四阴,骎骎乎向于大矣。盖以上临下,以尊临卑,皆大者之事也。

物小不足以动人之观,必大而后可观。盖德大而光辉耸人之视听,业大而勋庸新天下之耳目也。

可观而众心景从,自必相合。

物有所合,无以饰之,直情迳行,苟而相渎矣。贲者,文饰之义也。煦按独物不可以为文,凡文之成皆由相合起也。

贲饰则贵于文,而可以得亨矣。然或太过而极致其饰,则文灭

① "志",堂本作"至"。

其质，于行必有所不通，故曰亨尽。致饰而亨尽，故不免于剥。致，推极也。

然极则必反，复道存焉。复者，复于道也。

善端既萌，则妄念不生，故次之以无妄。

妄未去则心不虚，而善无由积，既无伪妄，则念念循理，事事循理，然后其德可积，充实而有光辉之谓大矣。煦按小畜之饮食，财之类也。食饱则伤，故止宜于小。大畜之畜，畜德也。畜德则不厌其多，故称大焉。

德既畜聚于己，则可以优游涵泳，充养之以俟其自化。颐者，养之义也。

养所以立体，动所以达用，大过即动也。有大涵养而后有大抱负，有大抱负而后有大设施，盖当大过之时，为大过之事，非有养者不能。

天下之事中焉而已，大可过而不可以终过。恃才过动，则轻躁拂戾而陷于祸矣。

既陷于险，非依赖才德之人不能出险，故必有所丽，然后可以扶危拯溺。来矣鲜曰物不可以终通终否终尽终过，以理之自然言也，造化乃如此也。

序卦传下篇

有天地然后有万物，有万物然后有男女，有男女然后有夫妇，有夫妇然后有父子，有父子然后有君臣，有君臣然后有上下，有上下然后礼义有所错（《荀爽传》引易云“礼义备则人知所厝”）。**夫妇之道不可以不久也，故受之以恒。恒者，久也。物不可以久居其所，故受之以遁。遁者，退也。物不可以终遁，故受之以大壮。物不可以终壮，故受之以晋。晋者，进也。进必有所伤，故受之以明夷。夷者，伤也。伤于外者必反其家，故受之以家人。家道穷必乖，故受之以睽。睽者，乖也。乖必有难，故受之以蹇。蹇者，难也。物不可以终**

难,故受之以解。解者,缓也。缓必有所失,故受之以损。损而不已必益,故受之以益(《说苑》孔子告子路,则此语而不同。盖自周末引语,尝引其意而自为词。南沙遂谓《序卦》有经师之说,亦肤末矣)。**益而不已必决,故受之以夬。夬者,决也。决必有所遇**(李本无"所"字)**,故受之以姤。姤者,遇也。物相遇而后聚,故受之以萃。萃者,聚也。聚而上者谓之升,故受之以升。升而不已必困,故受之以困。困乎上者必反下,故受之以井。井道不可不革**(虞无"道"字)**,故受之以革。革物者莫若鼎,故受之以鼎。主器者莫若长子,故受之以震。震者,动也。物不可以终动**(李本下有"动必"二字)**,止之,故受之以艮。艮者,止也。物不可以终止,故受之以渐。渐者,进也。进必有所归,故受之以归妹。得其所归者必大,故受之以丰。丰者,大也。穷大者必失其居,故受之以旅。旅而无所容,故受之以巽。巽者,入也。入而后说之,故受之以兑。兑者,说也。说而后散之,故受之以涣。涣者,离也。物不可以终离,故受之以节。节而信之,故受之以中孚。有其信者必行之,故受之以小过。有过物者必济,故受之以既济。物不可穷也,故受之以未济终焉。**

太极判为两仪而有天地,气化形化而有万物,分阴分阳而有男女,男室女家而有夫妇,是夫妇非自夫妇始也。有夫妇则生育功成而有父子,有父子则尊卑分起而有君臣,有君臣则贵贱等列而有上下,有上下则有拜趋坐立之节,宫室车旗之等。行之必有文,所谓礼也。处之必得宜,所谓义也。礼义有所措施,是夫妇非自夫妇止也。然则夫妇之道大矣,此咸卦所由居下经之首也。煦按此又从天地说起者,构精之男女本由化醇之天地而来。《周易》首乾坤,职是故也。

夫妇之道托以终身,故不可以不久。

物而久居其所,则固而不迁,盛满必溢,崇高必危,故当退遁。然屈伸相倚,盛衰相循,遁极则必大壮。煦按此理最难解会,若发矢者引之极满,则发之极远,引之未满,则虽进而不远矣,此屈极而伸以退为进之义也。投壶之矢已入壶中,或反跃而出也。今人以火罐治病,火本外发,及其凑合于肤,乃反翕而受也。皆此义也。

遁而壮，犹是反求之至，则将日进而盛也。壮而晋，则是蓄之极盛，乃可以出而有为矣。

进极必止，理所当然，知进而不知退，必有所伤害。明夷者，明而见伤也。

伤于外而不得安者，必自外而返于家以求安，故受之以家人。

然有孚威如终吉，正家久远之道也。不幸家道困穷，则人情不和，必有乖异之事。

夫人情和则相安，乖则戕贼之祸起。蹇者，险难之义也。

然物无终难之理，乱极则治，屯极则亨，故有解散之时。

解缓则怠惰偷安，失时废事，是损之招也。

损而不已以至于极，谦降之至必受其益，循环之理原是如此，然损而不已四句通造化人事言。或主学问言，谓惩忿窒欲不已，则进德无疆，迁善改过不已，则体立用行也。

益而不已，以至于盈，当极盛之时，必至越分妄为，出于礼制禁防之外。欲堤防之不溃决，能乎？来矣鲜曰盛衰损益，如循连环，故曰损益盛衰之始也。损者，盛之始，益者，衰之始，此以决字作损字看。

不合则去，合则就之。决去于此，必有所遇合于彼，故受之以姤。《蒙引》决裂而去之，势必有所遇而后止，又或主小人决去君子，必有所遇说。来矣鲜谓决去小人，必遇君子。程子曰姤，遇也。决，判也。物之决判则有遇合，不决则何遇。

相遇则合志同方而无违心，聚之道也。

物必能聚，积小以高大，然后升而上之，学业治道，立身成家，莫不有然，故聚而上者谓之升。《蒙引》、来氏皆主连茹而进说，人苟升而不已，知进而不知止，其究必为人所困。程子曰自下而上，以力进也，不已必困矣。煦按《周易》之卦止据象以说道理，故兼人与己，义理方备。

前既不得遂其进，则前无所往，势必退而返下，井在下之物也。来氏谓井养而不穷，可以舒困，另是一义。

立法制以惠下者,井道也。然法久弊生,必更化乃可善治。一曰改邑不改井,井常道也。常道久则不能无弊,故当革。《存疑》:井道久则秽浊不可食,故当革。煦按此一主治道说,一主泛说。

革物之器,去故取新者莫若鼎,谓变腥为熟,变坚为柔,以为饮食也,此主《程传》。一曰革法善治,非操天下之重权,无以致下人之信从,此以长子主器说。

鼎宗庙之重器,庙祭用之,而震为长子,则继父而主祭者也,故受之以震。

震者动奋之谓,动极则当止矣,所以次艮。

物不可以终止,止极则进,故受之以渐。渐,进之义也。

循序渐进,深造不已,必将底于圣贤之域,是有所归也。流之进也归于海,行之进也必有归著之地,故受之以归妹。

既得夫义理之归,则蕴之为盛德,必发之为盛业,自不安于小成,故受之以丰,丰者盛大之谓。《蒙引》曰得其所归者必大,中道而废,其能大乎?程子曰物所聚归,必成其大。来矣鲜曰,细流归于江海,则江海大。万民归于帝王,则帝王大。至善归于圣贤,则圣贤大。《存疑》谓得人之归则大业可集,皆可也。

大可也,大而穷不可也。苟穷其大焉,富贵之极而骄奢生,必至丧其所居之位。旅者,在外而不得所居者也。煦按穷大而泛涉,则无一定之趋向,自必致失其所居,旅即失其所居者也。

旅途亲寡,非巽顺无以取容。

人于理不深入,则无会心怡悦之致。唯深造有得,自然喜见于外。来氏曰人情相拒则怒,相入则悦,入而后悦,故继之以兑。

理既悦心,然后畅于四肢,发于事业,而散于外矣。《存疑》:人必和说,然后胸中郁结由之而散。

离者,离披解散之义,终离则散漫而不止矣。程子曰:人之气忧则结聚,悦则舒散。节者为之制节,使不得过越也。

节道既立,而数度之所制,德行之所议,诚信守之,以为不易之典,故受之以中孚。煦按信即诚也,若非诚信,必踰节矣,此顺而相

因者也。凡事有所节制于外,不违其限,则心不外驰,而中之诚信固矣。若兵有节制,则将军之号令皆诚信于中。固结而不可解也,然只就在中者说,不可说到行上,此圣贤自修最切当处。

凡事当随时制宜,若自心深信,不加详审,果决而行,则动越乎中,多与时违,而过不免矣。

天下之事非小有才者所能济,有过人之才者,必有过人之事,而事无不济矣,故受之以既济。

夫物至于既济,物之穷矣。然物无终尽之时,尽则复生,天运之所以流行,物理之所以代谢者,此也,故受之以未济,而易于是乎终焉。易者,变易而不穷也。物不可以终济者,循环之理,天地人物俱不能违也,故终以未济。此动静之所以相生,阴阳之所以交变,而万事万化之所以无穷也。煦按伏羲六十四卦止有始乾终坤之序,横图所列是也。连山首艮,归藏首坤,当另为一序,今不可考矣。《周易》之序则文王所定,首乾坤而终既未,或以魏伯阳之《参同契》准《连山》而作,今考《参同》仍主文王《序卦》,或自黄帝所传,修身养性之道便是如此,亦未可知。至《元包》所序则全本《京房》,分天地人鬼四易用以为序,特以坤宫八卦居首,遂谓为准归藏耳。其连山以艮居首者,人身之妙用,皆由静出,所谓定静安虑而后能得也。其归藏以坤居首者,万物莫不始于土,终于土,所谓归根复命,生意由此而始。至哉坤元,万物资生是也。然坤之获有此生意,非交乾而有得不能,则是万物之生实由乾始,且坤无为而乾有为,故《周易》遂首乾坤,此一阴一阳之谓道,实大化大用之所由行也。或以文王所序为行火合符之事,其说详于《火记》,今不可考。至孔子之为《序传》,则全以盛衰进退之理,通之于物理人情,以发挥时中之道,用以立教而已。其中有随时之义,不可胶于一定而不通也。其中有大中之道,不可以执守一偏而或过也,故曰不可。不可云者,所以化其执也。曰必有必有云者,所以究其极也。有相反而致者,循环之理也。有相因而致者,自然之情也。势有必至,道与时迁,时中之理,其在是乎?韦编三绝,孔子至圣哉。至于文王

《序卦》本义,非必尽如传中所说,孔子特合前后相因之两卦另说道理,无非发明圣道,教学者以格物穷理之法而已。此读易看象之妙,于此旁通曲会而深领其趣,斯为得之。后人学易先从《序卦》入手,知前后两卦绝不相侔,其理皆可相因而起,彼卦爻中迥然殊异之象,安有不可以会通者乎?是物之格,可由此而格。理之穷,可由此而穷矣。今处诗书大备圣学大明之日,顾或置《周易》于高阁,将以何者为学人本领乎?志圣人之学者,尚其有志于斯。

杂卦传

煦按《序卦》一传,孔子惧人杂乱文王之序,乃复杂而传之,仍取文王序卦中两两相比者,从一正一覆说出相反的道理而已。来矣鲜谓非有《杂卦》,则象必失传。夫来氏于《易》好学深思,见正卦之象有复见于覆卦之爻者。覆卦之象有复见于正卦之爻者。如损之六五,益之六二,夬之九三,姤之九四,既济之九三,未济之九四,颠倒二卦,往来之象亦复相同。先儒即或能言其象,而上下往来内外相同之故,则未有能言其义者。来氏以综卦解之,谓若机之有综,一上一下,是即《杂卦》传中一正一覆之义。其以综卦说卦变固不可,而以综卦释杂卦则允当矣。盖阴阳顺逆迭换原有相反之理,故后天之《易》一一反对,上经三十卦覆成十八卦,下经三十四卦亦止覆成十八卦者。上经颠倒不易者六,乾坤颐大过坎离是也。乾坤坎离颠倒不易,艮震合而为颐,兑巽合而为大过,亦颠倒不易,上下不易则不可综,故来氏以为错卦。错卦者谓卦爻尽变,迥与本卦异也。其可反易者二十四卦,颠倒观之,止成十二卦,盖体犹是也。上下相综而卦因以易,故十二卦遂兼有二十四卦。下经颠倒不易者二,中孚小过是也。巽兑合为中孚,震艮合为小过,亦颠倒不易也。上下不易则不可综,故来氏以为错卦。错卦者谓卦爻尽变,迥与本卦异也。其可反易者三十二卦,颠倒观之止成十六卦,盖体犹是也。上下相综而卦因以异,故十六卦遂兼有三十二卦也。上经本三十卦,今六

与十二合得十八卦，下经本三十四卦，今二与十六合得十八卦，共成三十六卦，适合乾策四九之用数，又合先天八卦阴阳爻之画数，又合先天横圆自一至八之总数，邵子所由谓三十六宫都是春也。然皆颠倒两卦，合二为一而成，是即杂卦传中一正一覆之卦也。如以三十六卦一正一覆分别观之，则成七十二卦矣。夫卦止于六十四，今顾有七十二卦者何也？盖反易者，上下经止五十六卦，而乾坤坎离等八卦，每以一卦而兼反易之一卦，故其位数有三十六，而重之则为七十二也。然此八卦虽曰不易，其一见一伏亦反易也。如乾尽变为坤，坤尽变为乾，推之六卦，莫不有伏卦存焉。是不必反易，亦未尝不变易也。故此八卦在《杂卦传》中，其义亦莫不相反，至于反对相综之卦，如师反为比，临反为观，则其画之反对也。如乐反为忧，与反为求，则其义之反对也。故夫子已立《序卦传》，又复传杂卦以明之，见得文王序卦，师必受之比者，固已发众必有比之义，亦以卦画与卦义，其反对又如此也。临必受之以观者，固以见物大然后可观之义，亦以卦画与卦义其反对又如此也。以至前后诸卦，莫不有然，无非发明序卦中未尽之馀义，盖《序卦传》言合而相因之义，《杂卦传》言分而各异之义。其分而各异者，即在合而相因中，又以见序不可紊有如此也。然《杂卦传》中自乾坤至井困亦三十卦，适符上经之数，自咸恒至姤夬亦三十四卦，适符下经之数，是孔子之为此传也，原未尝与文王之序卦殊也。第以震艮损益萃升兑巽晋夷井困十二卦入《上经》之传，却以《上经》之否泰有同离坎畜履需讼过颐十二卦入《下经》之传，是《上经》之不易者止得二卦，而《下经》乃得六卦，在《上经》止合得十六卦，而《下经》乃合得二十卦，在圣人或别有深旨乎？

乾刚坤柔，比乐师忧。

此下皆因反对之卦言反对之义也。乾坤指伏言，以绝不相同为反对，刚柔言性情之反对也。比一阳在上而五阴从之，为人亲辅，其志得行，故乐。师一阳在下，而统乎众阴，帅师行险，兵凶战危，故忧。顺在内故乐，险在内故忧。余氏曰：在上而得众故乐，在下而任重故忧。

临观之义,或与或求。

临以二阳临四阴,临人必有以惠人,故为与。观二阳为众阴所观,观人必望于人,故为求。《本义》曰以我临物曰与,物来观我曰求。或曰二卦互有求与之义。谓临亦可言求,观亦可言与。煦按宗后解,始有或字之义。

屯见而不失其居,蒙杂而著(《易举正》作"稚而著")。

《本义》曰屯震遇坎,震动故见,谓震动而著见,将以有行也。遇坎险则不能行,故不失其居。蒙坎遇艮,坎幽昧,艮光明,谓坎阳陷阴中,不免于杂乱。遇艮则笃实而有辉光,故著明也。一则进而不遂其进,一则昧而不终于昧。吴氏曰见者阳在上卦之天位而显,杂者阳在下卦之地位而幽,初动于险内而固守,曰不失其居,上止于险外而光明,曰著。来矣鲜以坎之上下分论。煦按上解均未有反对之义,当知见与著皆在发露一边,此二卦相同者也。而不失居则未离其位,此静象也。杂则众之扰也,此动象也。动于内而仍在初,故不失居。止于外而至于极,故杂。因一班皆是发露,而居扰之动静不同,所由为义之反对也。屯阳在初,复见天心,故曰见,是自心之明也。蒙之艮阳外现,是辉光之不可掩,从人见出者,故不曰见而曰著,屯本震爻,原有动象,顾曰不失其居,外坎互艮,遇险而止也。蒙本艮爻,原有静象,乃顾曰杂。内坎互震,将出险也。见与著谓震艮,不失与杂,皆谓坎也。此与丰之穷大失居正相反,此外险而动于内,故不失。丰而大则必溢乎其外矣,旅亦在外者也,故曰失其居。

震起也,艮止也。损益,盛衰之始也。

震一阳动于二阴之下,阳气自下而起,艮一阳止于二阴之上,阳气极上而止,是一起一止之反也。煦按震阳初来于内,故曰起。艮阳终尽于外,故曰止。先天图始一阳之震,历二阳之兑,三阳之乾然后反而就消,又历二阳之巽,一阳之艮而终尽于外。《说卦》之释后天图,亦谓帝出乎震,成言乎艮,是皆震起艮止之义,虞翻曰损泰三益上,衰之始也。损否四益初盛之始也。损虽未衰,损而不已则衰,故为衰始,益虽未盛,益而不已则盛,故为盛始。此以损为衰始,益

为盛始。来矣鲜谓帝出乎震，故为盛始，说言乎兑，故为衰始。彼以综卦释象，至此等处所则全无道理。夫兑何由便为衰始乎？煦按损益二卦虽从一正一覆说道理，而道理仍在本卦中，非专指覆中之义也。一震象见于内，是春气生长之始，故为盛之始，一兑象见于内，是秋气收敛之始，故为衰之始，此义之相反者也。至于所以损之益之之义，二卦皆有之。盖损为损下益上，益为损上益下。顾一名为损，一名为益，为上可损下不可损故也。又以二卦原具有泰否二象，从泰而损之，不至于成否不已，故曰衰之始。从否而益之，不至于成泰不已，故曰盛之始。本因二卦原具此象，故因此而立名。上说俱以损为衰始，益为盛始，然在《序卦》则固以损为盛始，益为衰始，何前后不同如此？须知谦损之至将必有益，是盛始也。日取而益之，将必有损，是衰始也。盛衰二字还宜如《序卦》之说为当。

大畜时也，无妄灾也。

《本义》曰止健者，时有适然，无妄而灾自外至亦谓适然也。一说乾非可止而能止之者，适然之时，福之生于偶然者也。不宜有祸而有祸者，意外之致，祸之生于偶然者也。来矣鲜谓止其所不当止，非理之常。得其所不当得，亦非理之常。煦按此不当以止健说大畜，非反对之义也。无妄二字亦当作无所冀望说，盖健而能止，则必有所畜，畜非一日之积也，故曰时。动而遇健则必有所伤，伤则偶然之眚也，故曰灾。大畜则有所蕴于已，无望则无所冀于人，畜因时而加积，灾偶然之遭逢，此皆在时上分久暂言之，犹屯蒙皆在著见上分一杂一不失耳，此其义之反对者也。凡卦皆先内而后外，故诸卦皆以内而遇外，非以外遇内也。皆内卦在先，前进而有所遇，非后成者乃遇乎先成者也。孔子之《象》必先言内卦，后言外卦，已详辨于各卦中。此云健而止可也，谓止健不可也。谓动而遇健可也，谓健而动不可也。故此两卦不宜以止健说，亦不宜以时字止作适然说，若灾则适然之事也，如前说何反对之有乎？

萃聚而升不来也，谦轻而豫怠也（“怠”，京作“治”，虞作“怡”）。

萃有聚意，聚则来而不往。升有进义，进则往而不来。谦者不

自尊大而轻身下人,豫者厚自尊大而怠慢于人。一止一往,一敬一肆,相反也。来氏曰三阴同聚故曰聚,三阴齐升故曰升。煦按轻于己怠于人,此其相反者也。

噬嗑食也,贲无色也。

噬嗑之义,颐中有物,乃人之饮食也。贲本无色,白受采而有色也,是一食一色之反也。或曰贲本有色,而曰无色,取上六之义。煦按贲实无色,若有色何待饰乎?食自外而养于内,色自内而发于外,故相反。颐中有物,明而动于内,有齿牙咀嚼之象,内明而外有光辉,有颜色发越之象,故以食色为反对。来矣鲜曰颐中有物,食所本有而厚其生。白贲无色,文所本无而饰其治。煦按来氏以柔上柔来,为离上离来,唯杂卦则可。盖《杂卦》是论卦之全体,而言其反对者也,若在本卦则断指中柔之一爻为说。颐中有物本言上下二阳象颐,中三阴象物,四阳之动象齿,今在《杂卦》言反对之义,则谓离之上下两阳,中含有物,有似于食,而震动于下,似颐齿之相切也。凡人之食皆在下之颐齿动也,亦犹胎生者目上眦动,卵生者目下眦动,皆阴阳主之也(煦按人之面唯中段静,故鼻独不动①)。

兑见而巽伏也。

兑阴居上为外见,巽阴处下为内伏,一见一伏之反也。此只取阴爻之隐显而言,盖阴体重浊,其质先迷,故以内外分见伏。若阳德虚而象神,本自光明,虽在震初,亦止曰见天心矣,来矣鲜曰与震艮同,震艮以阳起止于上下,此则以阴见伏于上下。煦按起止见伏四字,便见圣人斟酌之妙,盖阳德光明,动而有为,而却无形可见,故有起止可言。阴质先迷,静而翕受,而却有形可考,故在外见而在内伏也。然此一伏字却又谓阴来而阳伏,盖阴之柔暗能掩阳也。周公系巽九五,曰先庚后庚。庚本西南出震之象,而今言于巽卦。巽伏震,故遂言震也。阳德有为,暂时虽伏,终有出见之时。盖震象方成,由阴而来,所以有先庚之说,震象已过,亦必由巽之初阴而伏,所以有

① "煦按人之面唯中段静,故鼻独不动",堂本无。

后庚之说。是先庚后庚全说伏象,故孔子之《杂卦》遂以为巽伏。虞翻曰兑阳居二故见,则见龙在田也。巽乾初入阴,故伏也。煦按乾初入阴,即谓巽初伏阳也。

随无故也,蛊则饬也(王肃本“饬”作“节”,一云郑本“饬”作“饰”)。

随前无故,上下偷安而不饬也。蛊后当饬,饬则不复依随,而改前之失也。项平甫曰:随以无故而偷安,蛊以有故而修饬,故圣人不畏多难而畏无难。煦按刚来下柔,刚上柔下,来氏据综卦言,非也。此等语句皆止据本卦之一爻,言成卦之由,发二用往来之妙,将以定此卦之主爻耳。随之刚来谓震初也,非谓自蛊之上阳来也。在内故称来,阳爻故称刚,震本坤体,因乾象自外来交,用其一刚于初,初故为长,刚故为男,彼二阴爻静而相抗,不能有为,是震之主事在此一刚,故遂曰刚来。其下柔虽指兑说,却为初刚在两柔下也。盖上下二卦既分刚柔二体,却又以初刚之来于内者为主,故曰下柔。谓下于兑,亦谓在两阴下也。蛊之刚上谓艮末也,非谓自随之初阳上也。阳爻故曰刚,外卦之上故曰上。艮亦坤体,因乾象来交,用其一刚于末,刚故称男,最后之爻故称少,彼二阴爻静而相抗,不能有为,则艮之主事在此一刚,故遂曰刚上。其柔下虽指全巽说,却为巽之初柔在两刚下也。盖蛊之柔下与随之刚来相似,皆谓主爻。缘上下二体虽各有主爻,而内外不同。又当以主于内者为重,至随之上阴,蛊之上阳,乃穷则必变之爻,故不能为之主也。

剥烂也,复反也。

剥则生意溃烂而归于无,复则生意复萌而反于有。

晋昼也,明夷诛也(“诛”,荀云“灭也”,虞、陆、韩云“伤也”。孙奕以“诛”当作“昧”。叶当如暮,叶下韵。升庵云“诛有之由切,昼亦音周”)。

晋明出地上,昼之明也。明夷,明入地中,明之伤也。

井通而困相遇也。

井道上行故通,困刚遇柔而为所掩,故不通。通遇相反,遇谓相

抵而不相通。张子曰泽无水，理势适然，故曰相遇。煦按通是著力字，井无自成之理，井水无自上之理也。悠悠独行，安所得困？相遇即相抵之义，作塞字看，与通字相反，非姤遇之遇。

咸速也，恒久也。

感应以神不以迹，故无有速于感应者，是感有速义也。久道化成，恒有久义也，是久速反对也。虞翻曰相感者不行而至，故速。日月久照，四时久成，故久。

涣离也，节止也，解缓也，蹇难也，睽外也，家人内也，否泰反其类也。

涣则外去而不止，节则内止而不去，故反对。解则其难既解，故不急而缓，蹇则在险难中，而事方急也。睽则人情乖离，外而疏也。此只以不亲言，非内外之外。家人则一家之人，内而亲也。否大往小来，泰小往大来，天地交而万物通，与天地不交而万物不通，故为反对。

大壮则止（熊氏作“上”）**，遁则退也。**

大壮四阳，盛长，阳壮惧于锐进，则当止。遁二阴方生，宜于退避，则当退也。《蒙引》虑阳之恃其壮，而失防阴之道，故欲其止。虑阴之遂其进，而肆害阳之心，故又欲阳之退，两则字俱含当字意，盖易为君子谋也，不然岂有大壮而能止者哉？煦按此解止是目阳为君子，目阴为小人，故看来亦极有理。然君子小人之说，予已于前注辨之，且亦无止退反对之义。来矣鲜本于熊氏谓止字乃上字之讹。遁之三爻即大壮之四爻，上字指大壮之四爻而言，退字指遁之三爻而言，皆比阴之爻也。遁三犹在下卦，故言退。壮四已进上卦，故言上也。《杂卦》一传皆言反对之义，若止与退有何分别乎？且既云大壮，安有能止者乎？所云当止当退，亦止是教人之意，何云卦象之反对乎？熊氏之说是也。盖上则进而退则反，此其反对者也。来氏指出遁三壮四，其旨尤当。盖每有一卦，必有动用为主之一爻也。

大有众也（荀作“终也”）**，同人亲也，革去故也，鼎取新也，小过过也，中孚信也，丰多故也**（《石经》有“也”字①）**，亲寡旅也。**

---

① “石经有也字”，堂本无。

大有六五一阴居尊，而上下皆为所有，是归附者众也。同人六二居下而上同九五，又五阳同与之，彼此相亲厚也。众则爱博，亲则情专，是反对也。革当积习之后，更革变通，有去故之义。鼎当变更之后，文明成化，有取新之象。小过是有过，中孚则信实无过也。丰明动相资，既明且动，必大振作，故多故。旅羁客于外，寡徒无侣，故亲寡。是一去一取，一过一信，一多一寡，为反对也。煦按明动相资即知行兼到，故能大有振作。然观反对之义，毕竟是人既[①]丰盛，则故旧亲之，故曰多故，如此看方与亲寡相对。来氏曰过者逾其常，信者存其诚，人处丰盛，故多故旧，人在穷途，故寡亲识。

离上而坎下也。

火炎上，水润下。

小畜寡也，履不处也。

小畜以一阴当众阳之冲，欲止之而不能止，势小则不进也。履和悦以蹑刚强之后，欲自进而遂其进，不肯处也，此以进不进反对也。煦按一阴巽入而上行，不敌众阳之盛，故退而处乎其后，所以曰寡。一阴兑悦而上承，且有众阳之附，尝往来周旋于其间，所以曰不处。四爻每兼言进退者，进居上卦，是其进也。退而处下，是其退也，乾之进退无恒是也。履，礼也，即礼下于人之义也。今曰和悦而蹑刚强之后，仍是以兑履乾看作践履之履，安有在下而上履者乎？故于卦义爻义皆未贯通，岂知孔子《大象》明曰上天下泽，便是正名定分之义。以兑下乾谓谦而处下，以致恭于乾耳。不处者，不居于尊也。礼下于人，安有傲然穆处之事？其义亦不处也。宁上承而不处乎上，与小畜之宁处下而自止者不同，所以谓为反对，来氏曰二卦皆以柔为主。

需不进也，讼不亲也，大过颠也，姤遇也，柔遇刚也。渐女归（古“归”作“妇”）**，待男行也，颐养正也，既济定也，归妹女之终也，未济男之穷也。夬决也，刚决柔也。君子道长，小人道忧也。**

---

① “既”，库本作“而”。

需以刚遇险,而不遽进以陷于险,是不进也。讼彼此争辨,其情不亲,方进讼而不可已也。来氏曰安分待时,故不进。越礼求胜,故不亲。此进不进反对也。煦按需有相须之义,亲之也。讼有相违之义,违,据其既进而见也。大过中强而本末弱,不胜其重,此过乎中而颠于正也,与养正反对者也。姤有遇之义也,卦以一柔而遇五刚,遇之不善者也。小人渐有犯君子之势,与刚决柔反对者也。未嫁为女,渐为女子之归,必待男之礼备而后行,是归以渐而不遽归也,此为女道之始,与女道之终反对者也。颐之义养也,养必以正,养德养身,贞则吉也。与颠者反对,既济六位皆当,事既济则无复事矣,是之谓定。定则无穷阨之险,与男穷反对。归妹则女道终,妇道于是乎始矣。此以女之终与女之始反对。未济三阳失位,故为男穷,穷则不能定矣。夬有决之义也,其卦以五刚决一柔,决之甚易者也,则正道伸而邪道屈矣,故为小人之忧。

项平甫曰大过以下,原其乱之始生于姤,极其势之上穷于夬,自夬而乾,有终而复始之义。胡氏曰上三十卦终之以困,柔掩刚也。下三十四卦终之以夬,刚决柔也。柔掩刚,君子不失其所亨。刚决柔,君子道长小人道忧矣。然则天地间刚柔每每相杂,至若君子之为刚,小人之为柔,决不可使之相杂,故于《杂卦》之末,特分别君子小人之道言之,圣人赞化育扶世变之意微矣。

节斋蔡氏所序:大过颠也,颐养正也,渐女归待男行也,归妹女之终也,既济定也,未济男之穷也,姤遇也,柔遇刚也,夬决也,刚决柔也,君子道长,小人道忧也。

来矣鲜依蔡氏改本而另叙以韵:需不进也,讼不亲也,大过颠也,颐养正也,既济定也,未济男之穷也,归妹女之终也,渐女归待男行也,姤遇也,柔遇刚也,夬决也,刚决柔也,君子道长,小人道忧也。

煦按此段既以韵叶,则当移未济于既济之上,移渐于归妹之上,以定终二字叶前韵更妥,如或换韵,亦当移渐于归妹之上,以穷终另为一韵亦妥。

又按《上经》言天道,《下经》言人道,而《序卦传》因之,至《杂卦

传》则全言交际之道矣。故其所言亲疏内外，众寡上下，聚散进退，多言遇合之事。至以夬姤终之者，《易》为趋吉避凶，防危虑险之书。若使交际往来悉为全吉，则亦无所容其防与避矣。然凶咎之宜访，悉皆阴之所主，故于《杂卦》之末，而以阴始阴终之卦终之，使人慎以察之于其始，而力以克之于其终。亦犹蛊卦终则有始之说，盖皆指阴而言也。虽阴阳迭胜固造化之自然，乃知其将至也而谨之，察其将衰也而决之，则存乎其人，此所以谓《易》为君子谋也。

易学典籍选刊

周易函書

附卜法详考等四种

[清] 胡煦 著
程林 点校

第四册

卜法详考四卷
葆璞堂诗集四卷
葆璞堂文集四卷
召对录二篇
附录

中华书局

附编一

卜法详考

卜法详考序[1]

圣人之用蓍龟,用其灵也。灵非蓍龟所能有也,是五行之端倪,阴阳之呈露,太极之大用也。太极者,元化之宰,至虚极灵,善应而不以言说,藏之渊渊而不知其极也,出之浩浩而未见其穷也。充诸两间,形为万物,莫之盈,莫之歉也。

故天地者,大化之灵府也。资元以生,何物不载此灵府?圣人,其灵之特异者耳。飞潜动植,则灵之分布者也。其自无而有也,是此灵之出也,是开舒布散而显诸仁也。其自有而化也,是此灵之入也,是收敛翕聚而藏诸用也。圣人居其所居,应其所应,潜则灵隐,而敦化之本偕天以贞。用则灵显,而位育之理与化同运,是与灵俱灵而浑一不分者也。谓动物灵而植物不灵,生物灵而死物不灵者,非也。无有灵蠢动植,无有精粗巨细,而不毓灵于大化之元宰,取灵于不竭之府藏者也。据人而论,物宜不灵于人,乃皮狐之与狐狸且有前知,捷若影响者矣,然犹具能知之性也。以生人之知而求知于无灵之死龟、不灵之腐草,何居乎?为所资之灵,固大化之分给,而兹其反也。有灵以摄之,而使之反,则反者载灵以入,安谓死之而死、腐之而腐乎?

夫人之耳聪目明,足行手握,心知意识,亦极灵妙矣。上通浩渺,下彻穷泉,前极往古,后尽来祀,藏天下之万有而不见其盈,应天下之万变而莫穷其始,隆诸参赞而莫穷其际,皆一灵之运量而已。逮于生子,而其灵复然。逮于生孙,而其灵复然。即由孙子而至于无穷,亦莫不有然。则一灵之派衍,如此其无尽也。乃由此而上溯之,其父母之灵与我不殊也,其祖宗之灵与父母不殊也。由祖宗而

---

① "序",库本作"原序"。

溯诸无始之始,谅必有资灵以分给者矣,则灵府不匮之藏也。夫万物之灵,何勿取给于灵府?一源之水,何有清浊?一元之化,何有灵蠢?则不得谓植物之无灵矣。或曰形不灵而神灵,气不灵而性灵。其生也,神与形具;其死也,神与形离。安得以枯朽之骨,比灵于运动之宰?曰非也。谓神与形异,此犹有对峙之见存也。对峙之见存,则灵蠢之说异。

夫万物靡不资灵于灵府。灵府者,性命形气之大聚,资生之大始也。既同资灵于灵府矣,一范之模,此圆而彼方乎?一源之水,此清而彼浊乎?一本之灵,谓此灵而彼蠢乎?夫远祖之骨,可以福至远之孙,灵乎不灵乎?故夫形气,皆至灵之聚也。且夫自古及今,其形气之资生,盖不知几千万年矣。藉形气而非灵,则天地间不皆形气之充牣乎?乃卒未见夫形气之塞也,则一灵之摄而反也。是既开而复合,既聚而复散,既辟而复翕之义也。故遗神之气皆灵气,遗性之形皆灵形也。或以朽株枯骨为圣人假之以通神明之具,非也。夫朽株亦灵也,不待寄灵于朽株也;枯骨亦灵也,不待寄灵于枯骨也。

盖圣人之有取于蓍龟,是精微①之寓,妙道之存也。第其灵妙幽潜,冥漠之中,不有以启其机、发其秘,则蚩蚩之氓将不知有神明,故曰“几者,动之微也”。何物不具此灵几?何物不有此动静?彼蓍与龟,特圣人实指之以显神明之用耳。夫蓍龟②较然无伪,犹尚若此之显且著也。则夫资始之元,所各正而保合者,含灵秘妙宜也③,不啻百千万倍于兹,当益愈较然其显且著矣。故圣人之立教也,和顺于道德而理于义,穷理尽性以至于命,君子之奉若而省修也,如临深渊,如履薄冰。

雍正六年八月中秋后二日,光山胡煦沧晓氏自序。

---

① “微”,堂本作“缺”。

② “龟”,库本作“之”。

③ “也”,堂本无。

卜法详考卷一 经史考证[①]

选龟

《周礼》:龟人掌六龟之属,各有名物,天龟曰灵属,地龟曰绎属,东龟曰果属,西龟曰雷属,南龟曰猎属,北龟曰若属,各以其方之色与其体辨之。

注:龟人主治龟,以待卜者。属,言非一也。天龟元,俯者,灵也。地龟黄,仰者,绎也。东龟青,前弇,果也。西龟白,左倪,雷也。南龟赤,后弇,猎也。北龟黑,右倪,若也。元、黄、青、白、赤,是其色也。俯、仰、前弇、后弇、左倪、右倪,是其体也。

郑氏曰:属,言非一也。色,谓天龟元,地龟黄,东龟青,西龟白,南龟赤,北龟黑。龟,俯者灵,仰者绎,前弇果,后弇猎,左倪雷,右倪若,是其体也。东龟南龟长前后,在阳,象经也。西龟北龟长左右,在阴,象纬也。天龟俯,地龟仰,东龟前,南龟却,西龟左,北龟右,各从其偶也。杜子春读“果”为“裸”。

全氏曰:盖天龟首俯,地龟首仰,《尔雅》谓之谢龟。甲前长者谓之“果”,甲后长者谓之“猎”。首左倪,甲亦偏左者,谓之“不类”。首右倪,甲亦偏右者,谓之“不若”。色有五色,方有五方,各有所宜用,故各以其室藏之,使可辨也。此所谓体也,非兆之体色也。

又曰:龟腹有十类。一曰神龟,言通于神明也。二曰灵龟,言可以卜也。三曰摄龟,言善开张也(今名夹蛇龟)。四曰宝龟,言大也。五曰文龟,言文彩也。六曰蓍龟,言伏于丛蓍也。七曰山龟,言居于

---

① 《卜法详考》每卷标题为点校者所加。

陆也。八曰泽龟，言产于泽也。九曰水龟，言能伏于水也。十曰火龟，言能伏于火也。物含异气，有不可以常理推也。

取龟攻龟

凡取龟用秋时，攻龟用春时，各以其物入于龟室。

注：龟至秋而坚成，可以取之。至春而干实，可以涂治。物，色也。龟色不同，故所藏之室亦异也。

秋，物成之时，故秋取之。历冬至春而干，故春攻之。攻，治也。物，色也。六龟各入于一室。

煦按：物者，兼体色而言也。此云攻龟用春时，又云历冬至春而干，可知取龟之时即杀龟之时也。若是生龟历冬至春，何干之可言？取之在秋，攻之在春，攻龟为衅龟而言，非谓至春始杀之也。

衅龟

上春衅龟，祭祀先卜。若有祭祀，则奉龟以往，旅亦如之，丧亦如之。（此云上春衅龟，即所云开龟用春时也）

上春，夏正建寅之月。衅者，杀牲取血以涂龟甲，神之也。先卜，始为卜筮者也。天曰祀，地曰祭，先卜是人，合曰享。下祭祀泛言。奉，犹送也，送之于所当卜。奉龟以往，所以待卜，以祈福于天地山川也。旅，诸小祀也。

开龟四兆

卜师掌开龟之四兆，一曰方兆，二曰功兆，三曰义兆，四曰弓兆。凡卜事，视高扬火，以作龟致其墨。凡卜随龟之上下左右阴阳，以授命龟者而诏相之。

注：卜师，佐太卜者。开龟者，开龟之下体，去其外甲而存其

下甲中有横直之文者，以卜也。下甲中有直文者，所以分左右阴阳也。横有五文以分十二位者，象五行也。去其上下不可以为兆，可开凿而燋以为兆者。上下各四，故曰四兆。或曰：方是卜其行事之方，功是卜其可成之功，义是卜其当为之宜，弓乃取诸张弛之象。大事太卜，视高，则此卜事乃小事也。扬，发也，炽其火以灼龟也。致其墨，明其兆广之大小也。上，仰也。下，俯也。左，左倪也。右，右倪也。阴，后弇也。阳，前弇也。卜师辨之以授太卜焉。

煦按：此云致其墨，则是令墨之自来，非涂之以墨可知也。又按：去外甲，存下甲，乃藏龟时事。此在临用时，当是取下甲而开为方形以便灼也。观此曰有横直之文，便是审视下甲而取为正方耳。

凡卜视高，谓太卜不视高者，皆卜师视高以示莅卜。扬犹炽也，炽火以灼之，而作其兆。致其墨者，卜必先墨画龟，定其疆界（俗下之卜，刻为方形，即定其疆界也，但云墨画未是），然后灼之而以所拆之兆，正食其处为吉。《洛诰》所云唯洛食是也（此云正食其处吉，以所食有上下左右内外故也）。

郑氏曰：所卜者，皆各用其龟。大祭祀丧事，太卜命龟则大贞，小宗伯命龟，其他卜师命龟，卜人作龟。卜人作龟则亦辨龟，以授卜师。上，仰者也。下，俯者也。左，左倪也。右，右倪也。阴，后弇也。阳，前弇也。诏相告以辞及威仪（其形既异，故亦异词）。

全氏曰：春开功兆。功，积累之象也。木从土渐，故其体直。夏开义兆。义，利之和，火从土蓄，其体锐。秋开弓兆。其体为半规者，金从革之象也。冬开方兆。其体半矩，水土之分方为曲也。

煦按：方者土，曲者水，一体具此二形，故曰方为曲，半矩是也。

又曰：冬令水专气，比水而和，滋木从义，生于金从仁，土贼之其势崩（言囚也），火敌之其光冥（言死也）。春令木专气，比木而和，滋土而荣，生火从义，生于水从仁，金制之则木不材，其斧斤无锋（言囚也）。夏令火专气，比火而和，生土从义，生于木从仁，水制之罔济

（言囚也），金铄①之而流（言死也）。秋令金专气，比金而和，趋火而存（言火之囚而无用），生水从义，生于土从仁，木既坚矣，断之用辛（木被克也）。

截录②广信杨时乔《全书》本序云③：考之六经，唯言龟卜，不言卜理卜法，《洪范》言之，特举其端。《史记·龟策传》褚氏补传，皆食墨钻灼，观拆衅龟，又皆败龟之事。窃意神龟至灵，知天道，出即为瑞，圣人重其灵瑞，敬为居室藏之，建官守之，继世遗之。凡占必以圭璧盛礼求之，至重至慎，而圣德好生，凡物爱之，各尽其性，安得剥杀之？且灵龟食息，能先知，亦安能致其剥杀之者？唐李氏华作《卜论》，曾疑及此。近日季氏本作《卜筮论》，谓杀龟钻灼，衅牲禳不祥，乃后世术家小法，行于鸡卜等物者（煦按④：鸡卜用鸡骨以卜，若杀羊而骨卜，皆此类也）。周末秦汉时，君恶龟卜言吉凶，害其所为，遂以杀龟为古制。《史记》两传首引宋元王事为征，注《周礼》者误信以为然，至今以妄传妄，令龟卜古道不明于世，可慨矣。余令次子任中习《周礼》《戴记》诸书，乃令本此考之六经诸史，以复古之道。如焌契定墨，辨位蒸气，食坼辨兆，始卜则出龟，卜毕则藏龟，一如蓍仪。至三兆四兆五兆，皆据郑氏王氏所注《周礼》及全氏本，参酌诸家言，合者并存之。

煦按：汉去古未远，当宗《史记》。唐李氏、季氏皆后儒也，必谓生龟始为至灵，则未知圣人用败龟之道矣。

又⑤按：卜蓍非小道也，皆圣人假物之微，而用以探造化之精蕴，发天地之灵府者也。由其小推其大，由其动推其静，由其显推其隐。一坼之微，有首足中外之辨，有俯仰开合舒敛之分，而无穷之妙义具焉。是天人合一之机缄，隐显流通之妙谛也。达其微者，即此是道。

---

① “铄”，库本作“烁”。

② “截录”，堂本无。

③ “云”，库本无。

④ “煦按”，堂本作“按”，以下同，不再出校记。

⑤ “又”，库本作“煦”。

然古者圣人之制，极有关系，而今绝不复得者，已有三焉。《韶武》《夏濩》之乐，三代犹存，逮至汉初，仅存《鹿鸣》《驺虞》《伐檀》《文王》四篇，未久而尽失之，今其声容不复睹矣。古者琴瑟并传，而今则云和之雅，渺无征矣。古者龟蓍并重，而今则灼龟之法，迄不复闻矣。夫瑟犹一器之微也，昭德象功之理不传，则无以见圣人之至治。吉凶同患之理不著，则无以前民用辨吉凶，而达性命精微之故矣。兹幸得杨氏《全书》龟卜一考，急登而录之，俟诸博雅君子考订云耳。但谓卜用生龟，则非也。圣人之以筮卜教也，非直前知之具为占而已也，将直以此为道之寓也。其用败龟与蓍草也，使知朽骨腐草无不含天地之至灵。此正天地一元之布濩，阴阳造化之灵机，即物而存显而易见者也。《史记》之文出于司马，其时去古未远，因仍遗文，节而为传，所言皆败龟之事。郑王二氏注释《周礼》，悉以败龟为言，非其传流有据，能臆为之解乎？唐之李氏、明之季氏、杨氏去古既遥，乃为翻新出奇之论，何见之陋也？以最远最陋之渺知，议圣人最尊最贵之大道，使夫好奇者习而传焉，皆足以紊经制而乱大常，何未闻纪伯夏五之义也？如谓圣人爱物必无剥杀之事，然则三牲五鼎，独非可爱之物乎？且龟之为典既重，不过天子藏之，诸侯藏之而已，宁至滥觞乎？况国之大贞、大兵、大典于是乎系，必非小故。至于蒸气之说，特为生龟而言，经之与典悉无此文，是因焌契而妄自揣度者耳。又谓始卜则出龟，卜毕则藏龟。不知①藏龟在未卜之先，所以备将卜之用，所谓宁王遗我大宝龟，此即藏之以待用者也。今将藏龟说作既卜后事，亦非也。卜法莫备于《周礼》，既卜之后，无藏龟之文，可知藏龟非卜后事矣。《曲礼》云龟策敝则埋之，此则真卜后事也。

全氏曰：夫凿龟用契，何也？《诗》曰：爰契我龟。夫契，荆之为也。取锐首以灼龟，犹木凿也。荆为楚物，故《仪礼》谓之楚焞。置于燋炬，以存火致焌，谓之墨，故曰扬火以作龟致其墨。火之所灼，

① “不知”，库本作“谨按”。

则墨因而形之。拆之所裂，则墨因而食之。

煦按：此墨之为言，是燋灼时烟煤之色也。第以燋契二事合而为一，则未当。盖契所以刻画其方，燋则灼之以火，以致其墨，以求其坼者也。

又曰：四兆者，开方之四象也。以四象而兼五行之十干。四体静，逢日之干为动。经兆百有二十者何？曰：四体各具其五兆，五兆之开方，各当乎六十（按：此十字当羡）。五其六为三十，故合之为百有二十。颂辞千有二百者何？曰：经兆之遇日，各当乎十干，三乘其十为三百，故合之为千有二百。四体开兆为四方，以五兆应三兆而六分之。五六乘为三十，合四方乘之，故百有二十，此经兆也。其颂千有二百，以四方各三十兆，各直其日之六十，合为三百。又四乘其三百，则千有二百之颂数也。

煦按：四体静，逢日之干为动，此亦兼日干而论，如卦爻暗动之说。特卦爻论支，此论干耳。然既曰经兆之遇日，各当乎十干。又曰各直其日之六十，或亦兼干支而论也。

季氏曰：龟有十二兆，又乘之以十干，如甲乙丙丁之属。又乘之以十事，如君臣父子夫妇昆弟朋友之属。则为千二百，未知然否？

郑氏曰：开，开出其占书也。经兆百二十体，今言四兆者，分之为四部，若《易》之二篇。其云方功义弓之名未闻（方功义弓，见后图，分四季），又曰开龟之兆，兆谓灼而得之也。

刘氏曰：开龟者，将卜则开龟。此谓开龟笥也，非谓其开龟之下体，去其外甲，然后燋之。其下甲中有直文者，所以分左右阴阳也。横有五文以分十二位，去其上下不可以为兆。可开而燋者，左右各四，故曰四兆。

煦按：既云可开而燋者，左右各四，则是临燋时，于直文之左右，审其甲乙丙丁腰金兜财四季之位，刻为方形，然后置燋耳。今吴下俗卜犹然。乃又以开为开龟笥，非自背乎？至云非开下体，则信然矣。盖开下体，乃春时攻龟之事，非及临燋而始开之也。

燋契（燋契，爵二音，契音楔）

菙（时随切，音槃）氏掌共燋契，以待卜事。凡卜以明火爇燋，遂龡其焌（音俊）契，以授卜师，遂役之。

注：菙，荆木也。灼龟用之，因名其官曰菙氏。燋即灼龟之木也。契，开龟之凿也。卜则爇燋以灼龟，用凿以开龟，菙人共之，以待卜师用之也。明火以阳燧取火于日，明之至也。焌者，契之锐头者。以此焌契，炷于燋火，吹之使炽，以授卜师，遂听其役也。郑氏读焌如戈镈之镈，谓以契炷于爝火而吹之也。契既燃，以授卜师，用凿龟也，役之使助之也。

煦按：契者，刻划之称。古者书契用铅刀，刻划其简策，持以为约信之具。夬决，即刻划之义也。契字，《周礼》音楔，朱子音器。要之①，此即书契之契，宗朱子为是。谓刻划其龟板之下方，以定其上下内外之限，《周礼》所云开龟是也。此犹在未灼时，契而后燋，必于所契之地，故曰焌契。火非吹不燃，故曰龡其焌契（龡即吹字）。

全氏曰：凡灼龟以四时分四体。《三礼图》曰春灼后左，夏灼前左，秋灼前右，冬灼后右。

煦按：开龟之法，因四时而分。至于灼龟，则所开之方全在灼中，无所分也。此云分四时而灼之，或另一法，不与《龟经》《史记》同也。

《大雅·绵》第三章：周原朊朊，堇荼如饴。爰始爰谋，爰契我（龡即吹字）龟。曰止曰时，筑室于兹。

注：契所以燃火而灼龟者也，《仪礼》所谓楚焞是也。或曰以刀刻龟甲欲钻之处也。

煦按：今之龟卜，以刀刻龟下为方形，当即其遗法。

① “要之”，库本作“按”

定墨

《玉藻》:卜人定龟,史定墨,君定体。

注:《周礼》,龟人所掌,有天地四方六者之异,各以方色与体辨之,随所卜之事各有宜用,所谓卜人定龟也。史定墨者,凡卜必以墨画龟,以求吉兆,乃钻之以观其所拆。若从墨而拆大,谓之兆广。若裂其旁岐细出,则谓之璺拆,亦谓之兆璺。《韵书》:璺音问,器破而未离之名也。体者,兆象之形体,谓决定其吉凶也。疏曰:尊者视大,卑者视小。

煦按:此云以墨画龟,与作烟煤之色者不同。然《周礼》明曰致其墨矣,有因而致之者,其非画也可知。盖火之所灼,必将有黑色形焉,故曰致其墨。黑色既形,其拆必著,逮于拆之所至,有及墨之分,有不及墨之分,有溢墨之分,因有食墨不食墨之异。此既拆而占之之时,所谓兆广兆璺是也。然既曰凡卜必以墨画龟,以求吉兆。或刻划方形之时,先以墨画其方形,亦未可定。

食墨

《洛诰》:予惟乙卯,朝至于洛师,我卜河朔黎水,我乃卜涧水东、瀍水西,唯洛食。我又卜瀍水东,亦唯洛食。伻来以图及献卜。

注:乙卯,即召诰之乙卯也。洛师,犹言京师也。河朔、黎水,河北黎水交流之内也。涧水东、瀍水西,王城也,朝会之地。瀍水东,下都也,处商民之地。王城在涧瀍之间,下都在瀍水之外,其地皆近洛水,故两云惟洛食也。食者,史先定墨,而灼龟之兆,正食其墨也。伻,使也。图,洛之地图也。献卜,献其卜之兆辞也。

煦按:经文但有洛食,而不云食墨。蔡氏注乃始有食墨之说,非食墨也。盖龟甲所开之方,虽不及一寸,必将有东西存焉。涧瀍与洛,既有东西,则所云食洛者可知矣。

王拜手稽首曰,公不敢不敬天之休,来相宅,其作周匹休。公既定宅,伻来,视予卜休恒吉。我二人共贞,公其以予万亿年,敬天之休,拜手稽首诲言。

注:此王授使者复公之辞也。王拜手稽首者,成王尊异周公而重其礼也。匹,配也。公不敢不敬天之休命,来相宅,为周匹休之地,言卜洛以配周命于无穷也。视,示也,示我以卜之休美而常吉者也。二人,成王、周公也。贞,犹当也。十万曰亿,言周公宅洛,规模宏远,以我万亿年,敬天休命,故又拜手稽首,以谢周公告卜之诲言。

煦按:《周易》贞字在体上言,皆正固之义,故止谓之为干。在用上言,皆成也定也之义。此则二人之所成定者也,解为当字未确。观二人共贞之言,可知定都非细故,此即《周礼》所云大贞者也。

三兆

太卜掌三兆之法,一曰玉兆,二曰瓦兆,三曰原兆。其经兆之体皆百有二十,其颂皆千有二百。掌三易之法,一曰《连山》,二曰《归藏》,三曰《周易》。其经卦皆八,其别皆六十有四。掌三梦之法,一曰致梦,二曰觭梦,三曰咸陟。其经运十,其别九十。

注:太卜,卜官之长。问龟曰卜。兆,灼龟而占之象也。玉兆,璺罅如玉,属阳。瓦兆,暴裂如瓦,属阴。原兆,拆裂如原田,阴阳杂也。经,常也。三兆之法,其常体各有一百二十也。颂,占兆之繇辞也。每体一繇,则得千有二百也。三易,伏羲曰《连山》,黄帝曰《归藏》,文王曰《周易》。梦者,精神所感,亦知吉凶。致梦,出于思虑,有因而致者。觭梦,奇怪之梦。无心感物曰咸。陟,升也,进也。谓无所思虑而自有其梦也。占梦以岁时日月星辰为运梦之吉凶,每运九变,故其别九十。郑兴曰经运是视祲所掌十辉也。王者于天,日也。夜有梦,则昼视日旁之气,以占其吉凶。凡所占者十辉,每辉九变,其术今亡也。

疏曰:太卜所掌,先三兆,后三易,次三梦者,梦蓍并重。梦以叶卜筮，故以先后为次。

王氏曰：以龟占象之谓卜，以火灼龟，其象可占之谓兆。三兆之法专掌于太卜，而兼及于三易三梦者，《易》与梦亦占也。其属有簭人占梦，而太卜为之长。三兆，郑氏以为其象似玉瓦原之舋罅，上古以来，作其法可用者有三。原，原田也。颂谓繇（直又切）也。三法体繇之数同，其名异占耳。百二十，每体十繇，体有五色，又重之以墨拆也。五色者，《洪范》所谓曰雨、曰济、曰圛、曰蟊、曰克。

煦按：三兆者，坼之所形，其大小有此三等也。玉无坼而有舋，故谓舋为瑕。舋字从玉，释为器破未离，即瑕之象也。有似于坼而非坼，故以无形之坼为玉兆。瓦以覆屋，不可有坼，陶冶之时，务期密致。或其水土未和，经火而坼出，其坼亦小，特比于舋，有形可见耳，故以小拆为瓦兆。原谓田原，土当冬令，燥而枯裂，必有大拆形焉，故谓之原兆，即兆广者也。是则玉兆者，坼而未形者也。瓦兆者，小拆也。原兆者，大拆也。此三兆也。

全氏曰：原者，田原也。亢旸为旱，则田龟拆。瓦者，瓦分也。毁瓦为块，以观其拆（此又另一卜法）。玉兆者，玉裂则纹微也。又曰玉兆者，金兆，金不裂而玉裂，故言为玉。瓦兆者，土兆，土不裂而瓦裂，故言为瓦。原兆者，水兆，水不裂而原裂，故言为原。三兆者，异代之别名。五兆者，三兆之各具也。颛顼曰玉兆，夏人修之，取玉之拆。帝尧曰瓦兆，殷人修之，取瓦之拆。黄帝曰原兆，周人修之，取原之拆。未知然否？

五兆

《洪范》：七，稽疑。择建立卜筮人，乃命卜筮，曰雨，曰霁，曰蒙，曰驿，曰克。

注：此卜兆也。雨者如雨，其兆为水。霁者开霁，其兆为火。蒙者蒙昧，其兆为木。驿者络绎不属，其兆为金。克者交错，有相胜之意，其兆为土。

煦按：蒙即蒙卦之蒙，取将欲开明之义，非蒙昧也。东方将明之色，明而未明，故其色苍是也。

全氏曰：五兆见于《洪范》“七稽疑”，“曰雨，曰霁，曰蒙，曰绎，曰克”。夫雨，水也。霁，火也。蒙，木也。绎，金也。克，土也。五行各有其体，故以其体求之。三兆者，墨拆。墨之兆广，拆之兆微，广则吉，微则晦也。五兆，五行之体。五行之体色，曲为水，锐为火，直为木，圆为金，横为土，是谓五体。谓之色者，不可以五体求也。如雨者为水，如霁者为火，如蒙者为木，如绎者为金，如克者为土。雨、霁，易知也。蒙者，如明而不昧。绎者，联属而不断。克者，小大相伐。绎霁为吉，蒙为不显，雨为不舒，克为不胜，然事相宜者，有吉道存焉。

《左传》：哀公九年夏，宋公伐郑。秋，晋鞅卜救郑，遇水适火。服虔注：卜法，横者为土，立者为木，斜向经者为金，背经者为火，因兆而细者为水。今水兆南行适火方，故可伐姜。

曰贞，曰悔。

注：此占卦也。内卦为贞，外卦为悔。《左传》蛊之贞风，其悔山是也。又有以本卦为贞，之卦为悔。《国语》贞屯悔豫皆八是也。

凡七，卜五，占用二，衍忒。

注：衍，推。忒，过也。所以推人事之过差也。

立时人作卜筮，三人占，则从二人之言。

注：凡卜筮必立三人，以相参考。旧说卜有玉兆、瓦兆、原兆，筮有《连山》《归藏》《周易》者，非是。谓之三人，非三卜筮也。

八命

以邦事作龟之八命，一曰征，二曰象，三曰与，四曰谋，五曰果，六曰至，七曰雨，八曰瘳。

注：国有大事，则作龟而命之，有此八者。征，行讨征役也。象，天象变动也。与，与人共事也。谋，图事于人也。果，事成与否也。

至,人至与否也。雨,祷雨也。瘳,疗疾也。

郑氏曰:国之大事,待蓍龟而决者有八,定作其辞于将卜,以命龟也。郑司农云征谓征伐,象谓灾变云物。传曰天事恒象是也。与谓锡与人物也,谋谓谋议也,果谓事成与否也,至谓至否也,雨谓雨否也,瘳谓疾瘳否也。玄①谓征亦云行,巡狩也,与谓所与共事也,果谓以勇决为之。

以八命者,赞三兆三易三梦之占,以观国家之吉凶,以诏救政。

注:以八命作龟,则以龟筮梦三者合聚而占之,而国家之灾祥皆可以前知者,乃诏告于王,俾修政而救之。

赞,佐也。以此八事赞王命卜筮,参之以梦,非徒占其事之可为与否。又佐明其繇之占,演其意,示国家馀事之吉凶,使王修政以救之也。

凡国大贞卜,立君卜,大封则视高作龟,大祭祀则视高命龟。凡小事莅卜,国大迁大师,则贞龟。凡旅陈龟,凡丧事命龟。

注:大贞,大事求正于龟卜也。卜立君,无嫡冢,卜可立者。卜大封,封建诸侯也。视高,视龟骨高可灼之处。作龟,以火灼之而作其兆也。命龟,命龟以所卜之事也。莅,临也。大事,宗伯莅卜,小事则太卜自莅之。贞龟,正之于卜位而不命也。陈龟,陈之于祭所而不卜也。丧事命龟,卜葬兆也。

煦按:旧本大贞句、立君句、大封句、作龟句,非也。果如此成句,则大贞句无所著,而作龟句亦无所承矣。此当为大贞卜句,谓大有所成则卜之。立君卜句,重其事则卜之。大封则视高作龟句,与大祭祀则视高命龟相对,始为宜耳。贞者,正而成终,故有定义存焉。如成邑定都,我二人共贞是也。

又按:贞字乃成定之义,程子于《周易》乾卦中亦作成字解。盖元之所亨,至于贞而始成故也。朱子曰正而固,正即成字之义,固即定字之义,特正乃成之馀义,固即定中之义耳。缘物必既成,然后能

---

① “玄”,库本作“郑”。

正位于此,从未有不固而可以为定者也,是成定二字乃实义也。我二人共贞,便是说我二人成定此邑,不可以正固言也。

注:国有大疑,则愿得正有终,旧谓问非也。国有大疑,则以正终卜于蓍龟,谓之大贞。卜立君,国无冢嫡,卜可立者也。大封,封建诸侯,《易》所谓利建侯,朱子以为皆卜立君之占是也。视可灼处,亦宗伯也。大事宗伯莅卜,卜用龟之腹骨,骨近足者其部高。作龟,谓以火灼之,以作兆也。命龟,告龟以所卜之事。不视作者,大祭祀轻于大贞也。凡小事,谓太卜事中差小者,非筮人之小事也(大事卜,小事筮,若事小当入九筮不合入此)。莅卜,代宗伯也。贞龟,正龟于卜位也。大迁大师,又轻于大祭祀,故不亲命龟。陈龟,陈于馔处而不亲正龟亦以卜。旅又轻于大迁大师,以旅祭非常故也。凡丧事筮宅卜日,天子卜葬兆。太卜命龟者,重丧礼,次大祭祀也。凡云命龟者,命之而不作,作者其属也。凡云作者,作之而不命,则命者小宗伯也。

煦按:大贞即成事有终之义,如周公营洛,此大事也,谓为我二人共贞是也。

全氏曰:凡卜大贞,太卜则视高作龟,大祭祀则视高命龟,大迁大师则贞龟,旅则陈龟,丧事则命龟。夫大贞者,大疑事而求正也。卜视高者,视龟背之高者而凿之,故曰作龟。

煦按:疑事求正,此解亦当。

八颂

占人掌占龟,以八筮占八颂,以八卦占筮之八故,以视吉凶。凡卜筮君占体,大夫占色,史占墨,卜人占拆。凡卜筮既事,则系币以比其命,岁终则计其占之中否。

注:占人,主占蓍龟之卦兆吉凶者。占人亦占筮以龟为主,将占八命之事,先以蓍筮之,而以八颂占之。八卦即三易之经卦也。八故,八事之故也。龟有颂,颂者,占兆之辞。筮有故,故者,合筮之

辞，以筮占兆之颂，以卦占筮之故，然后两观其从违，而断其吉凶也。凡卜筮，龟为卜，蓍为筮也。体，兆之象也。色，兆之气也。墨，兆之广也。坼，兆之璺也。体有吉凶，色有善恶，墨有大小，坼有微明。尊者，视兆象而已。卑者，以次详其馀焉。体色墨坼皆龟卜，而曰凡卜筮者，国之大事，既筮后卜，以卜为主也。既占则书命卜之辞，与礼神之币，而系之于龟。比，协也，计占之中否，用以进退，占人之能否也。

煦按：计其占之中否，注谓进退占人之能否，恐未必然。盖占以八颂，则其中与否，颂得而主之，非占人得而主之也。故知计其占之中否，当是验其颂之当与不当耳。圣人大经大制，当别有妙处也。八故，即征象与谋之八事，皆有其故，故占之。

郑氏曰：凡大事皆先筮而后卜，筮短龟长，主其长者，占人兼掌之，八筮八颂八故，即太卜邦事作龟之八命也。谓将卜八事，先以蓍筮之，是曰八筮。凡筮之占用卦爻，龟之占用颂辞，今言八筮占八颂者，以筮之吉凶同乎龟占，故占筮之辞亦名颂也。以八卦占筮之八故者，谓八事不卜而徒筮之，八卦即八筮之卦也。君意专欲从筮，不假更卜，则以八筮之卦占其吉凶，以告王也。

全氏曰：既灼得坼，则君占其体，大夫占色，史占墨，卜人占坼。夫四体，犹筮之四象也。色，雨霁蒙绎克也。墨，坼之大。坼，支兆也。龟有体色，兆亦有体色。龟之体色，卜师龟人辨之。兆之体色，君大夫定之。墨者，火灼之墨。既灼而覆视之，拆大者谓之食，墨小者谓之不食。拆取其大，故以食墨者为吉。拆，支兆也。细微之事，委于卜人，其义则断于君子也。

煦按：体即俯仰倪弇之类，君所定也。色即青黄赤白之类，大夫所定也。墨即所刻之方，将以容火而致墨，此史所定也。坼即玉瓦原之类，卜人所占也。而皆谓为占者，皆占中之事也。《玉藻》卜人定龟，或止因事之大小，而定其龟之大小耳。

又曰：夫神物之知，人宜莫爽也。而有中否者，神之格思不可度也。卜主五行之相生，凡克伐者为杂乱，故谓之违。既卜论占墨者本也。凡食无不吉，体次之，贵专一也。五行随所见，各审所宜，一拆一璺得其配，皆吉兆也。

祝辞

命龟曰：假尔太龟有常，假尔太龟有常，兹年月日，卜者某，为某卜某事，敢告先卜之神，太龟之灵，吉凶臧否罔不周知，得则告吉，失则告凶，唯神灵是从。告毕藏龟，皆如筮仪。

《曲礼》曰：龟甲敝则埋之。《白虎通》曰：筮龟败则埋之。

煦按：此辞恐后人补作者也，观藏龟在既卜之后可知矣。以上自伏羲而来，至周末所传龟策如此，乃蓍策之说，《易学启蒙》考正已详，而龟卜独无传焉。今据经传及前儒所注释考订于此，悉仍旧注，是者存之，否者辨之，盖欲存十一①于千百云尔。然龟卜虽则失传，而理或可据。所谓乐其可知者在此，我爱其礼者亦在此也，安得尽谓不传哉？

总论：古者龟卜之法，先须选龟，逮及春日，衅而攻之，然后藏以待用。卜时先用契刀开龟腰金之上，而为方形。其开也，必分春夏秋冬，按四兆而开之，是为开龟之四兆。既开矣，乃灼之以火，其灼处必在契刻之上，故曰焌契。既灼矣，必将有火迹出焉，故曰定墨。火迹既入于龟板，则其拆必见，拆见于方形之中，与出于方形之外，乃始有食墨不食墨之分，故有食墨之说。拆之所见，其中为身，逼近千里者为首，舒而向于外者为足。或直或斜，或粗或细，或高或下，或仰或覆，乃始用《史记》及《龟经》之诸占，以分别之，此龟卜之大约也。

此上历考诸书，存其大概，以俟博雅君子考订焉。至《玉灵秘本》，乃时下所习，亦采而附之者，所谓礼失而求诸野也。然其形像断法，尽有与《史记》所征默相符契，幸无以鄙俚而忽之。

① “十一”，库本作“一二”。

龟策传

（司马《索隐》曰：《龟策传》有录无书，褚少孙之所补也）

太史公曰：自古圣王将建国受命，兴动事业，何尝不宝卜筮以助善？唐虞以上，不可记矣①。自三代之兴，各据祯②祥。涂山之兆从而夏启世，飞燕之卜顺故殷兴，百穀之筮吉故周王。王者决定诸疑，参以卜筮，断以蓍龟，不易之道也。蛮夷氐羌虽无君臣之序，亦有决疑之卜，或以金石，或以草木。国不同俗，然皆可以战伐攻击，推兵求胜，各信其神以知来事（今之西羌，闻有以羊肋骨卜者，与龟卜相似，皆其遗制也）。略闻夏殷，欲卜者乃取蓍龟，已则弃去之，以为龟藏则不灵，蓍久则不神。至周室之卜官，常宝藏蓍龟，又其大小先后，各有所尚，要其归等耳。或以为圣王遭事无不定，决疑无不见，其设稽神求问之道者，以为后世衰微，愚不师智，人各自安，化分为百室，道散而无垠，故推归之至微，要洁于精神也。或以为昆虫之所长，圣人不能与争，其处吉凶，别然否，多中于人。至高祖时，因秦太卜官，天下始定，兵革未息。及孝惠享国日少，吕后女主。孝文孝景因袭掌故，未遑讲试。虽父子畴官世世相传，其精微深妙多所遗失。至今上即位，博闻艺能之路，悉延百端之学，通一技之士咸得自效，绝伦超奇者为右，无所阿私。数年之间，太卜大集，会上欲击匈奴，西攘大宛，南收百越。卜筮至预见表象，先图其利，及猛将推锋执节，获胜于彼，而蓍龟时日亦有力于此。上尤加意赏赐，至或数千万，如邱子明之属，富溢贵宠倾于朝廷。至以卜筮射左道巫蛊，时或颇中，素有眦睚不快，因公行诛，恣意所伤，以破族灭门者不可胜数。百僚荡恐，皆曰龟策能言，后事觉奸穷（煦按：此当是究字之讹），亦诛三族。夫揲策定数（徐广曰：揲音逢，一作达。《索隐》曰：揲谓两

---

① “矣”，堂本作“已”。

② “祯”，库本作“正”。

手执蓍，分而扐之，故云揲策。煦按：揲即捧字也），灼龟观兆，变化无穷，是以择贤而用占焉，可谓圣人重事者乎？周公卜三龟而武王有瘳，纣为暴虐，而元龟不占。晋文将定襄王之位，卜得黄帝之兆（《左传》曰：遇黄帝，战于阪泉之兆），卒受彤弓之命。献公贪骊姬之色，而兆有口象，其祸竟流五世。楚灵将背周室，卜而龟逆（《左传》曰：灵王卜曰，余尚得天下，不吉。投龟诟天而呼，曰是区区者而不予畀，余必自取之。《索隐》曰：诟，必侯切），终被乾溪之败。兆应信诚于内，而时人明察见之于外，可不谓两合者哉？君子谓夫轻卜筮无神明者，悖逆人道。信祯祥者，鬼神不得其正。故书建稽疑，五谋而卜筮居其二，五占从其多，明有而不专之道也。余至江南，观其行事，问其长老，云龟千岁乃游莲叶之上，蓍百茎共一根，又其所生，兽无虎狼，草无毒螫。江旁家人常畜龟饮食之，以为能导引致气，有益于助衰养老，岂不信哉？

按：太史公多闻，时去古未远，宜其得实，乃犹为此疑信之①语，俾龟不传者，盖有由焉。一则春秋战国之君悉好争斗，必于取胜，当时纵横策士之邪说，阴中时君，必欲自遂其私。若主龟蓍，将卜筮吉则为，不吉则不为，此周秦之时势然也。一则因高祖吕氏孝惠文景因袭掌故，不知龟蓍为重，失于考求，致令精微深妙多所遗失。一因汉武博求，太卜大集之后，发巫蛊之事，咸以为龟能言。又当汉武诛夷太重，百僚伤恐，惧龟筮言其事，乃遂不传，此固汉武时然也。然今之知有龟卜，犹赖太史公《龟策》一传耳。

褚先生（名少孙）《补传节略》曰：臣以通经术，受业博士，治春秋，以高第为郎，幸得宿卫，出入宫殿中，十有馀年，窃好太史公传。太史公之传曰："三王不同龟，四夷各异卜，然各以决吉凶，略窥其要，故作《龟策列传》。"臣往来长安中，求《龟策列传》不能得，故之太卜官，闻掌故文学，长老习事者，写取龟策卜事，编于下方。闻古五帝三王，发动举事，必先决蓍龟。传曰（《索隐》曰：此传即太卜所

① "之"，库本作"之之"。

得古龟之说也)“下有伏灵,上有兔丝。上有捣蓍(《索隐》曰:捣,音逐留反,捣蓍即蘩蓍。捣,古稠字),下有神龟。所谓伏灵者,在兎丝之下,状似飞鸟之形。新雨已,天清静无风,以夜捎兎丝去之,即以篝烛此地(徐广曰:篝,笼也,盖然火而笼罩其上也,音沟),烛之火灭,即记其处,以新布四丈环置之。明即掘取之,入四尺至七尺得矣,过七尺不可得。伏灵者,千岁松根也,食之不死。闻蓍生满百茎者,其下必有神龟守之,其上常有青云覆之。传曰:天下和平,王道得而蓍茎长丈,其丛生满百茎。方今世取蓍者,不能中古法度,不能得满百茎长丈者,取八十茎以上,蓍长八尺,即难得也。人民好用卦者,取满六十茎以上,长满六尺者,即可用矣。记曰:能得名龟者,财物归之,家必大富至千万。一曰北斗龟,二曰南辰龟,三曰五星龟,四曰八风龟,五曰二十八宿龟,六曰日月龟,七曰九洲龟,八曰玉龟。凡八名龟,龟图各有文在腹下。文云云者,此某之龟也。略记其大指,不写其图。取此龟不必满尺二寸,民人得长七八寸,可宝矣。今夫珠玉宝器,虽有所深藏,必见其光,必出其神明,其此之谓乎?故玉出于山而木润,渊生珠而岸不枯者(徐广曰:一无不字。许氏说:淮南以为滋润钟于明珠,致令岸枯也),润泽之所加也。明月之珠出于江海,藏于蚌中,蚗蠬伏之(徐广曰:许氏说淮南云,蚗蠬,龙属也,音决。《索隐》曰:蚗当为蛟,蠬音龙,注音决,误也),王者得之,长有天下,四夷宾服。能得百茎蓍,并得其下龟以卜者,百言百当,足以决吉凶。

神龟出于江水中,庐江郡常岁时贡生龟,长尺二寸者二十枚,输太卜官,因以吉日剔取其腹下甲。龟千岁乃满尺二寸。王者发军行将,必钻龟庙堂之上以决吉凶。今高庙中有龟室,藏内以为神宝。传曰取前足臑骨穿佩之(徐广曰:臑,音乃毛切。臑,臂。《索隐》曰:臑,音乃高切,一音乃导切),取龟置室西北隅悬之,以入深山大林中不惑。臣为郎时,见《万毕》石朱方传曰:“有神龟在江南嘉林中(《索隐》曰:《万毕》术中,有石朱方,方中说嘉林中,故云传曰)。嘉林者,兽无虎狼,鸟无鸱枭,草无毒螫,野火不及,斧斤不至,是为嘉林。龟在其中，常巢于芳莲之上。”左胁书又曰“甲子重光（徐广曰：子一作于），得我者，匹夫为人君。有土正（徐广曰：正，长也，为有土之官长）诸侯，得我为帝王。求之于白蛇蟠杅（徐广曰：一孤切）林中者，斋戒以待，譺然（《索隐》曰：林名曰白蛇，蟠杅林，龟藏其中。杅音乌，谓白蛇常蟠杅此林中也。譺音嶷，言求龟者斋戒以待，恒譺然也），状如有人来告之。因以醮酒佗发（徐广曰：佗一作被。《索隐》曰：佗，音徒我切，谓被发也）求之，三宿而得。由是观之，岂不伟哉？故龟可不敬欤？南方老人用龟支床足，行二十馀岁，老人死，移床龟尚生不死。龟能行气导引，问者曰龟至神若此。然太卜官得龟，何为辄杀取其甲乎？近世江上人有得名龟，畜置之，家因大富，与人议，欲遣去，人教杀之勿遣，遣之破人家。龟见梦曰“送我水中，无杀吾也。”其家终杀之，杀之后，身死家不利。人民与君王者异道，人民得名龟，其状类不宜杀也。以往古故事言之，古明王圣主皆杀而用之。宋元王时得龟亦杀而用之，谨连其事于左方，令好事者观择其中焉。

宋元王二年，江使神龟使于河，至于泉阳，渔者豫且举网得而囚之（且，子馀切），置之笼中。夜半龟见梦于宋元王，曰“我为江使于河，而幕网当吾路，泉阳豫且得我，我不能去，身在患中，莫可告语，王有德义，故来告诉”（以上御暮韵通用）。元王惕然而悟，乃召博士卫平而问之，曰“今寡人梦见一丈夫，延颈而长头，衣玄绣之衣而乘辎车，来见梦于寡人，曰‘我为江使于河，而幕网当吾路，泉阳豫且得我，我不能去，身在患中，莫可告语，王有德义，故来告诉。’是何物也？”卫平乃援式而起（徐广曰：式，音勅），仰天而视月之光，观斗所指，定日处乡，规矩为辅，副以权衡，四维已定，八卦相望，视其吉凶，介虫先见（衡，寒刚切，阳韵。煦按：此亦一术也，而后世无知之者，何也），乃对元王曰“今昔壬子（《索隐》曰：今昔，犹昨夜也。以今日言之，谓昨夜为今昔），宿在牵牛，河水大会，鬼神相谋，汉正南北，江河固期，南风新至，江使先来，白云壅汉，万物尽留，斗柄指日，使者当囚，玄服而乘辎车，其名为龟，王急使人问而求之”（期，渠尤切。

龟,居尤切。尤韵)。王曰:“善。”王乃使人驰而往,问泉阳令曰:“渔者几何家?名谁为豫且?豫且得龟,且梦于王,王故使我求之。”泉阳令乃使吏按籍视图,水上渔者五十五家,上流之庐名曰豫且(龟,斤于切。求,疆于切。鱼韵)。泉阳令曰:“诺。”乃与使者驰而问豫且,曰:“今昔汝渔何得?”曰:“夜半时,举网得龟。”使者曰:“今龟安在?”曰:“在笼中。”使者曰:“王知子得龟,故使我求之。”豫且曰:“诺。”即系龟而出之笼中,献使者。使者载行,出于泉阳之门,正昼无见风雨晦冥,云盖其上,五彩青黄,云雨并起,风将而行。入于端门,见于东箱,身如流水,润泽有光。望见元王,延颈而前,三步而止,缩颈而却,复其故处。元王见而怪之,问卫平曰:“龟见寡人,延颈而前,以何望也?缩颈而复,是何当也?”(冥,漠阳切。行,寒刚切,阳韵)卫平对曰:“龟在患中,而终昔囚,王有德义,使人活之,今延颈而前,以当谢也,缩颈而却,欲亟去也。”(谢,祥豫切,御韵)元王曰:“善哉,神至如此乎?不可久留,趣驾送龟,勿令失期。”(龟,居尤切,见前尤韵)卫平对曰:“龟者,是天下之宝也。先得此龟者,为天子。且十言十当,十战十胜,生于深渊,长于黄土,知天之道,明于上古(虞韵),游三千岁,不出其域。安平静正,动不用力。寿蔽天地,莫知其极。与物变化,四时变色。居而自匿,伏而不食。春苍夏黄,秋白冬黑。明于阴阳,审于刑德(职韵)。先知利害,察于祸福。以言而当,以战而胜。王能宝之,诸侯尽服。王勿遣也,以安社稷(屋韵)。”元王曰:“龟甚神灵,降于上天,陷于深渊,在患难中,以我为贤,德厚而忠信,故来告寡人(人,如延切,先韵)。寡人若不遣也,是渔者也。渔者利其肉,寡人贪其力。下为不仁,上为不德,君臣无礼,何从有福?寡人不忍,奈何勿遣(职韵)?”卫平对曰:“不然,臣闻盛德不报,重寄不归。天与不受,天夺之宝。令龟周流天下,还复其所。上至苍天,下薄泥途(宝,彼五切。途,动五切。语韵)。还遍九州,未尝愧辱,无所稽留。今至泉阳,渔者辱而囚之,王虽遣之,江河必怒,务求报仇,自以为侵,因神与谋(尤韵)。淫雨不霁,水不可治。若为枯旱,风而扬埃,蝗虫暴生,百姓失时,王行仁义,其罚必来。此无他故,其崇在龟,后悔之岂有及哉? 王勿遣也。”(埃,于希切。来,陵之切。哉,笺西切。支韵)元王慨然而叹,曰:“夫逆人之使,绝人之谋,是不暴乎? 取人之有,以自为宝,是不强乎? 寡人闻之,暴得者必暴亡,强取者必后无功。桀纣暴强,身死国亡(功,姑黄切,阳韵)。今我听子,是无仁义之名,而有暴强之道。江河为汤武,我为桀纣,未见其利,恐离其咎。寡人狐疑,安事此宝(道,他口切。宝,补苟切。有韵)? 趣驾送龟,勿令久留。”卫平对曰:“不然,王其无患。天地之间,累石为山,高而不坏,地得为安。故云物或危而顾安,或轻而不可迁,或忠信而不如诞谩(徐广曰:诞,一作訑,音土和切。《索隐》曰:诞,音由烂切。谩,音漫,又并如字),或丑恶而宜火官,或美好佳丽而为众人患,非神圣人莫能尽言。春秋冬夏,或暑或寒,寒暑不和,贼气相奸,同岁异节,其时使然。”元王大悦而喜。于是元王向日而谢,再拜而受,择日斋戒,甲乙最良。乃刑白雉,及与骊羊,以血灌龟于坛中央,以刀剥之,身全不伤,脯酒礼之,横其腹肠,荆支卜之,必制其创,理达于理,文相错迎,使工占之,所言尽当,邦福重宝(徐广曰:福,音副,藏也),闻于旁乡,杀牛取革,被郑之桐(徐广曰:牛革、桐为鼓也),草木毕分,化为甲兵,战胜攻取,莫如元王。元王之时,卫平相宋,宋国最强,龟之力也(迎,语亹切。桐,徒黄切。兵,逋旁切。阳韵)。故云神至能见梦于元王,而不能自出渔者之笼。身能十言尽当,不能通使于河,还报于江。贤能令人战胜攻取,不能自解于刀锋(江,姑红切,东韵),免剥刺之患。圣能先知亟见,而不能令卫平无言。言事百全,至身而挛。当时不利,又焉事贤? 贤者有恒常,士有适然,是故明有所不见,听有所不闻。人虽贤,不能左画方,右画圆。日月之明,而时蔽于浮云。羿名善射,不如雄渠蜂门(《新序》曰:楚雄渠子夜行,见伏石当道,必为虎而射之,应弦没羽。《淮南子》曰:射者重以逢蒙门子之巧。刘歆①《七略》有蜂蒙射法也)。禹名为辨智,而不能胜鬼神。地柱折,天故无椽,又

① “歆”,堂本、库本皆作“韵”。

奈何责人于全(闻,无沿切。云,于元切。门,民坚切。神,时连切。先韵)?孔子闻之,曰神龟知吉凶,而骨直空枯(《正义》曰:凡龟,其骨空中而枯也。直,语发声也,今河东亦然)。日为德而君于天下,辱于三足之乌;月为刑而相佐,见食于虾蟆。猬辱于鹊(郭璞曰:猬能制虎,见鹊仰地。《淮南万毕》曰:鹊令猬反腹者,猬憎其意而心恶之也),腾蛇之神而殆于即且(郭璞曰:腾蛇,龙属也。蝍蛆似蝗,大腹,食蛇脑也。《正义》曰:即,津日切。且,则馀切,即吴公也,状如蚰蜒而大,黑色)。竹外有节理,中直空虚。松柏为百木长,而守门闾。日辰不全,故有孤虚(甲乙谓之日,子丑为之辰,孤虚即空亡也。空者为孤,对空为虚。煦按:孤虚之法,当云空者为虚,对空者为孤。刘歆①《七略》有风后孤虚二十卷。《正义》曰:按岁月日时,孤虚并得上法也)。黄金有疵,白玉有瑕。事有所疾,亦有所徐。物有所拘,亦有所据。罔有所数,亦有所疏。人有所贵,亦有所不如(蟆,蒙晡切。虾,洪孤切。据,斤于切,鱼韵)。何可而适乎?物安可全乎?天尚不全,故世为屋,不成三瓦而陈之(徐广曰:一云为屋成,欠三瓦而栋之也。《索隐》曰:刘氏云,陈,犹居也。注作栋,音都贡切。《正义》曰:言为屋不成,欠三瓦以应天,犹陈列而居之),以应之天。天下有阶物不全(《正义》曰:言万物及日月天地皆不能全,喻龟之不全也),乃生也(生,松宣切,先韵。吴棫曰:《龟策传》全篇皆韵,韩文公《元和圣德诗》《此日足可惜诗》亦止用一韵,拟《史记·龟策传》,则能读此诗,能读此诗,则能读张籍《祭退之诗》)。

褚少孙曰:渔者举网而得神龟,龟自见梦宋元王,元王召博士卫平,告以梦龟状。平运式定日月,分衡度定吉凶。占龟与物色同。平谏王留神龟,以为国重宝,美矣。古者筮必称龟者,以其令名所从来久矣。余述而为传。

三月、二月、正月(《正义》曰:言正月二月三月,右转周环,终十二月者,日月之龟,腹下十二黑点为十二月者,二十八宿龟也)、十二

① “歆”,堂本、库本皆作“韵”。

月、十一月，中关，内高外下（《正义》曰：此等下至首俛大者，皆卜兆之状也）。四月，首仰（《索隐》曰：音鱼两切，谓兆首仰起），足开，肣开（《索隐》曰：音琴，肣谓兆足敛也），首俛大（《索隐》曰：俛，音免，兆首伏也）。五月，横吉，首俛大（《正义》曰：俛，音免，谓兆首伏而大）。六月、七月、八月、九月、十月。

煦按：此必古之圆图，以子午巳亥分别阴阳，故一顺一逆如此。司马氏省之，仅录其文耳。一岁之阴阳，自四月五月而分，故四月五月之下，各著其象以总之，大要属阳则开而仰，属阴则横而俛也。

一卜禁日，子亥戌不可以卜及杀龟，日中如食已卜，暮昏，龟之徼也（《索隐》曰：徼，音叫，谓徼绕不明也），不可以卜。庚辛可以杀，及以钻之，常以①日旦祓龟（《索隐》曰：祓，音废，又音拂）。先以清水澡之，以卵祓之（《正义》曰：以鸡卵摩而祝之），乃持龟而遂之，若尝以为祖（徐广曰：一作视。《索隐》曰：祖，法也，言以为常法）。人若已卜不中，皆祓之以卵，东向立，灼以荆若刚木（《索隐》曰：按古之灼龟，取生荆枝及生坚木烧之，斩断以灼龟）。土卵指之者三（徐广曰：土一作十一。《正义》曰：言卜不中，以土为卵，三度指之，三周绕之，周厌不祥也），持龟以卵周环之。祝曰：今日吉，谨以粱卵焍黄（《索隐》曰：粱，米也。卵，鸡子也。焍，灼②龟木也，音次第之第。言烧荆枝，更递而灼，故有焍名。一音梯，言灼之以渐，如有阶梯也。黄者，以黄绢裹粱卵以祓龟也。必以黄者，中之色，主土而信，故用鸡也。《正义》曰：焍，音题。焍，樵也。言以粱米鸡卵祓去龟之不祥，令灼之不焦不黄，若色焦及黄，卜之不中也），祓去玉灵之不祥。玉灵必信以诚，如万事之情，辩兆皆可占。不信不诚，则烧玉灵，扬其灰，以征（当是惩字）后龟。其卜必北向，龟甲必尺二寸。

卜先以造（音灶）灼钻（《索隐》曰：造，谓烧荆之处，物若木也），钻中已，又灼龟首各三，又复灼所钻中，曰正身。灼首，曰正足（徐广

① “以”，库本无。
② “灼”，堂本无。

曰:一作止)。各三,即以造三周龟。祝曰:假之玉灵夫子(《索隐》曰:尊神龟而为之作号),夫子玉灵荆灼而心,令而先知,而上行于天,下行于渊,诸灵数箣(徐广曰:音策。《索隐》曰:数,音所具切。箣,音近策或刺,是策之别名),莫知汝信,今日良日行一良贞(徐广曰:行一作身),其欲卜某,即得而喜,不得而悔,即得,发乡我,身长大,手足收,人皆上偶。不得,发乡我,身挫折,中外不相应,手足灭去(按:挫折者,短小不得舒展也)。

灵龟卜祝曰:假之灵龟,五筮五灵,不如神龟之灵,知人死,知人生。某身良,某欲求某物,即得也,头见足发,内外相应;即不得也,头仰足肣,内外自随。可得占(按:此三字羡)。

卜占病者,祝曰:今某病困,死,首上开,内外交骇,身节折(按:身节折,当是两断之折);不死,身仰足肣(肣,谓兆足敛也)。卜病者祟,曰今病有祟,无呈(按:当落兆字);无祟,有呈兆。有中祟有内,外祟有外。

卜系者出不出。不出,横吉安;若出,足开首仰有外(按:横形属土,横吉安,即横折而平者也,静象也。外者,有馀于所刻之分也)。

卜求财物,其所当得。得,首仰足开,内外相应;即不得,呈兆首仰足肣(按:下仰字,或当为俛字。肣也者,俛而微缩者也。《史记》止言足肣,而《吴中卜法》低伏管落垂尖,皆肣之类也。《史记》止言足开,而《吴中卜法》高仰发豁飘扬,皆开之类也)。

卜有卖若①买臣妾牛马。得之,首仰足开,内外相应(相应者,或内外均也);不得,首仰足肣,呈兆若横吉安(按:下仰字,或当为俯字。《史记》止言首仰,而《吴卜》中高大,皆仰之类也。《史记》止言首俛,而《吴卜》中低伏,皆俛之类也)。

卜击盗聚,若干人在某所,今某将卒若干人,往击之。当胜,首仰足开,身正,内自桥,外下;不胜,足肣首仰,身首(徐广曰:一作简),内下外高(按:内为己,外为人。桥也者,内高外下之象。内桥

---

① “若”,库本作“有”。

外下，我高而人卑也，故胜。内下外高者反是，故不胜）。

卜求当行、不行。行，首（或落仰字）足开；不行，足胗首仰，若横吉安，安不行（横安，静象也。横之为象，以方圆平直论则为土）。

卜往击盗，当见不见。见，首仰足胗有外；不见，足开首仰（按：有外者，拆过其墨也）。

卜往候盗，见不见。见，首仰足胗，胗胜有外；不见，足开首仰（下胗字羡，此当是上文重出，或司马杂集诸书之文，故一二字微有不同）。

卜闻盗，来不来。来，外高内下，足胗首仰；不来，足开首仰，若横吉安，期之自次（末句不可解）。

卜迁徙去官（此字当羡）不去。去，足开有胗，外首仰；不去自去（自去二字当羡），即足胗，呈兆若横吉安（外首仰，或大者向外也。首向外，则足向内，故为去象）。

卜居官尚吉不吉。（当少吉字）呈兆身正，若横吉安；不吉，身节折（若木枝之折两开也），首仰足开（横，静吉之象。节，两开之象。开，行象也。按：此止以静正为吉也）。

卜居室家吉不吉。吉，呈兆身正，若横吉安；不吉，身节折，首仰足开（此以静正为吉，故不欲开）。

卜岁中禾稼熟不熟。熟，首仰足开，内外自桥，外自垂（颖实之象也）。不熟，足胗，首仰，有外。

卜岁中民疫不疫。疫，首仰足胗，身节有强外（有字，或折字之讹。强外者，外强则内弱也）；不疫，身正首仰足开（此舒泰之象也）。

卜岁中有兵无兵。无兵，呈兆若横吉安；有兵，首仰足开，身作外强（此下或落有字）情（身作者，惊动之象。外强者，兵寇之象。情字或讹，或有缺文。《外兆图》云：有情者，回头也）。

卜见贵人吉不吉。吉，足开首仰，身正内自桥（皆舒泰之象）；不吉，首仰身节折，足胗有外，若无渔（皆挫折别图之象，下占同。吴卜有钓竿形及罗网形，恐即渔也，当更详之）。

卜请谒于人得不得。得，首仰足开，内自桥；不得，首仰足胗有外。

卜追亡人当得不得。得，首仰足肣，内外相应；不得，首仰足开，若横吉安（足肣，不能行之象。内外相应，得遇之象。足开，行象。横，阻象）。

卜渔猎得不得。得，首仰足开，内外相应；不得，足肣首仰，若横吉安（与上占同，但上以得为足肣，不得为足开。此以得为足开，不得为足肣耳）。

卜行遇盗不遇。遇，首仰足开，身节折，外高内下；不遇，呈兆。

卜天雨不雨。雨，首仰有外，外高内下；不雨，首仰足开，若横吉安。

卜天雨霁不霁。霁，呈兆足开首仰（舒展者属阳）；不霁，横吉（收敛安静者属阴，此卜乃古者分类占拆之法）。

命曰横吉安，以占病，病甚者一日不死；不甚者，卜曰（此当是日字）瘳，不死。系者，重罪不出，轻罪环出，过一日不出，久毋伤也。求财物，买臣妾马牛，一日环得，过一日不得。不得（此二字衍），行者不行。来者环至，过食时不至，不来。击盗不行，行不遇，闻盗不来。徙官不徙（皆静象也）。居官家室皆吉（宜静也）。岁稼不熟。民疾疫无疫。岁中无兵。见人行不行，不喜请谒人，不行不得（此上三句当有讹误）。追亡人，渔猎，不得。行不遇盗。雨不雨。霁不霁（按：此横吉安，一象之总占。横吉安者，首身足皆无开仰之形，故其象为静。其应在一日之内，过一日不应矣。环，旋也。命曰之上，古当有图，或作史时已失之）。

命曰呈兆。病者不死。系者出。行者行（此欲出行也）。来者来。市买得。追亡人得。过一日不得。问行者不到（此占来人也，呈兆之象无明文。前曰来者来，此曰问行者不到，不可解）。

命曰柱彻（柱者，立木也）。卜病不死。系者出。行者行。来者来。而市买不得。忧者毋忧。追亡人不得（此象或直出而食墨者也）。

命曰首仰足肣，有内无外。占病，病甚不死（内强也）。系者解。

求财物、买臣妾马牛不得（外不应也）。行者闻言不行。来者不来。闻盗不来。闻言不至。徙官闻言不徙（外不应也）。居官有忧。居家多灾。岁稼中熟。民疾疫多病。岁中有兵，闻言不开。见贵人吉。请谒不行，行不得善言。追亡人不得。渔猎不得。行不遇盗。雨不雨，甚霁不霁。故其莫字，皆为首备。问之曰备者，仰也，故定以为仰。此私记也（按：故其莫字之下，当是古注未删而误存其半也。莫字亦误。中熟者，半熟也。雨不雨，霁不霁，或兆之朦昧不分者也）。

命曰首仰足肣，有内无外。占病，病甚不死。系者不出（与上文不同）。求财买臣妾不得。行者不行。来者不来（与上段同）。击盗不见（比上段多此句）。闻盗来，内自惊，不来（比上段少一句）。徙官不徙。居官家室吉（与上文不同）。岁稼不熟（与上文不同）。民疾疫者病甚。岁中无兵（与上文不同）。见贵人吉。请谒追亡人不得。亡财物，财物不出。得渔猎不得。行不遇盗。雨不雨。霁不霁。凶（此与上文似重出，而中略参差，或《史记》杂取两书而并存之也）。

命曰呈兆，首仰足肣（后有呈兆首仰足开二①象）。以占病，不死。系者未出。求财物，买臣妾马牛，不得。行不行。来不来。击盗不相见。闻盗来不来。徙官不徙。居官久多忧。居家室不吉。岁稼不熟。民病疫。岁中无兵。见贵人不吉。请谒不行。渔猎得少。行不遇盗。雨不雨。霁不霁。不吉。

命曰呈兆首仰足开（此动象也）。以占病，病笃死。系囚出。求财物，买臣妾马牛，不得。行者行。来者来。击盗不见盗。闻盗来不来。徙官徙。居官不久。居家室不吉。岁稼不熟。民疾疫有而少。岁中无兵。见贵人不见，吉。请谒追亡人渔猎，不得。行遇盗。雨不雨。霁。小吉（据后文，小字或是不字）。

命曰首仰足肣。以占病，不死。系者久无伤也。求财物、买臣妾马牛不得。行者不行。击盗不得。来者来。闻盗来。徙官闻言不徙。居家室不吉。岁稼不熟。民疾疫少。岁中无兵。见贵人得

① “之”，堂本作“二”。

见。请谒追亡人渔猎不得。行遇盗。雨不雨。霁不霁。吉。

命曰首仰足开有内。以占病者死。系者出。求财物、买臣妾马牛不得。行者行。来者来。击盗,行不见盗。闻盗来不来。徙官徙。居官不久。居家室不吉。岁熟。民疾疫有而少。岁中无兵。见贵人不吉。请谒追亡人渔猎不得。行不遇盗。雨霁。霁小吉,不霁吉。

命曰横吉,内外自桥。以占病,卜曰(当是日字)毋瘳死。系者无罪,出。求财物,买臣妾马牛,得。行者行。来者来。击盗合交等。闻盗来,来。徙官徙。居家室吉。岁熟。民疫无疾。岁中无兵。见贵人请谒追亡人渔猎,得。行遇盗。雨霁。雨霁,大吉。

命曰横吉,内外自吉(此吉字当误,其象当与桥反)。以占病,病者死。系不出。求财物买臣妾马牛,追亡人,渔猎,不得。行者不来。击盗不相见。闻盗不来。徙官徙。居官有忧。居家室见贵人请谒,不吉。岁稼不熟。民疾疫。岁中无兵。行不遇盗。雨不雨。霁不霁。不吉(此凶象也)。

命曰渔人。以占病者,病者甚,不死。系者出。求财物买臣妾马牛,击盗请谒追亡人渔猎,得。行者行,来(此字衍文,不然则其下当有者来二字)。闻盗来不来。徙官不徙。居家室吉。岁稼不熟。民疾疫。岁中无兵。见贵人吉。行不遇盗。雨不雨。霁不霁。吉(渔也者,或钓丝罾网之形也。又或枝上出,乃俯而下屈如渔人,亦未可知也)。

命曰首仰足肣,内高外下。以占病,病者甚,不死。系者不出。求财物买臣妾马牛,追亡人,渔猎,得。行不行。来者来。击盗胜。徙官不徙。居官有忧,无伤也。居家室多忧病。岁大熟。民疾疫。岁中有兵不至。见贵人请谒不吉。行遇盗。雨不雨。霁不霁。吉。

命曰横吉,上有仰,下有柱。病久不死。系者不出。求财物买臣妾马牛,追亡人,渔猎,不得。行不行。来不来。击盗不行,行不见。闻盗来不来。徙官不徙。居家室见贵人,吉。岁大熟。民疾疫。岁中无兵。行不遇盗。雨不雨。霁不霁。大吉。

命曰横吉揄仰。以占病不死。系者不出。求财物买臣妾马牛,至(此字当羡)不得。行不行。来不来。击盗不行,行不见。闻盗来,不来。徙官不徙。居官家室,见贵人,吉。岁熟。岁中有疾疫,无兵。请谒,追亡人,不得。渔猎至不得。行不得行,不遇盗。雨霁不霁。小吉(揄与桥反,上弓也)。

命曰横吉下有柱。以占病,病甚不(此字当羡)环有瘳,无死。系者出。求财物买臣妾马牛,请谒,追亡人,渔猎,不得。行(此字或当属上句,不然则羡)来不来。击盗不合。闻盗来,来。徙官居官,吉不久。居家室不吉。岁不熟。民无疾疫。岁中无兵。见贵人吉。行不遇盗。雨不雨。霁。小吉。

命曰载所(当有讹误,或落正字)。以占病,环有瘳,无死。系者出。求财物买臣妾马牛,请谒追亡人渔猎,得。行者行。来者来。击盗相见不相合。闻盗来,来。徙官徙。居家室忧。见贵人吉。岁熟。民无疾疫。岁中无兵。行不遇盗。雨不雨。霁霁。吉(载者,仰而有所受也)。

命曰根格。以占病者,不死。系久无伤。求财物买臣妾马牛,请谒,追亡人,渔猎,不得。行不行。来不来。击盗,盗行不合。闻盗不来。徙官不徙。居家室吉。岁稼中。民疾疫无死。见贵人不得见。行不遇盗。雨不雨。大吉(此或静象也)。

命曰首仰足肣,外高内下。卜有忧,毋伤也。行者不来。病久死。求财物不得。见贵人者吉。

命曰外高内下。卜病不死。有祟。而市买不得。居官家室,不吉。行者不行。来者不来。系者无伤。吉。

命曰头见足发,有内外相应。以占病者起。系者出。行者行。来者来。求财物得。吉(头见者,或由千里而外出也。此当为全吉之占)。

命曰呈兆(呈兆或在所刻之上,外出而仰者也),首仰足开(前有呈兆首仰足开一象)。以占病,病甚死。系者出,有忧。求财物,买臣妾马牛,请谒,追亡人,渔猎,不得。行不行(与前文不同)。来不来(与前文不同)。击盗不合。闻盗来,来(与前文不同)。徙官居官家室不吉。岁恶。民疾疫,无死。岁中无兵。见贵人不吉。行不遇盗(与前文不同)。雨不雨。霁。不(据前文当是小字)吉。

命曰呈兆,首仰足开,外高内下。以占病不死,有外祟。系者出,有忧。求财物,买臣妾马牛,相见,不会。行行。来,闻言不来。击盗胜。闻盗来不来。徙官居官,家室,见贵人,不吉。岁中民疾疫,有兵。请谒追亡人,渔猎,不得。闻盗遇盗。雨不雨。霁。凶(霁字当是大晴之义,凶字当是释总象)。

命曰首仰足肣,身折,内外相应(内外相应,或内与外长短小大同也,或内外相向也)。以占病,病甚不死。系者久不出。求财物买臣妾马牛,渔猎,不得。行不行。来不来。击盗有用胜。闻盗来,来。徙官不徙。居官家室,不吉。岁不熟。民疾疫。岁中有兵不至。见贵人喜。请谒追亡人,不得。遇盗凶。

命曰内格外垂。行者不行。来者不来。病者死。系者不出。求财物不得。见人不见。大吉(此凶象也,何云大吉?大字或是不字)。

命曰横吉,内外相应,自桥,揄仰。上柱,上柱足,足肣。以占病,病甚不死。系不抵罪。求财物买臣妾马牛,请谒,追亡人,渔猎,不得。行不行。来不来。居官家室,见贵人,吉。徙官不徙。岁不大熟。民疾疫有兵,有兵不会。行遇盗。闻言不见。雨不雨。霁霁。大吉。

命曰头仰足肣,内外自随。卜忧病者,甚不死。居官不得居。行者行。来者不来。求财物不得。求人不得。吉。

命曰横吉,下有柱。卜来者来。卜曰(当是日字)即不至,未来。卜病者过一日毋瘳死。行者不行。求财物不得。系走(走字或是者字)出。

命曰横吉,内外自举。以占病者久不死。系者久不出。求财物,得而少。行者不行。来者不来。见贵人,见。吉。

命曰内高外下,疾轻足发(疾字当误)。求财物,不得。行者行。病者有瘳。系者不出。来者来。见贵人不见。吉。

命曰外格。求财物,不得。行者不行。来者不来。系者不出。

不吉。病者死。求财物，不得。见贵人，见。吉（格者，或阻隔不通之象也）。

命曰内自举，外来正，足发。（当落行字）者行。来者来。求财物得。病者久不死。系者不出。见贵人见。吉。

按：命曰之上，必当有象，下文称此，亦当有象。然而称命称此不同者，或当时所传之书不同，司马氏并存之，故其文法亦异。

此横吉上柱，外内内（此字当羡）自举，足肣。以卜有求得。病不死。系者无伤，未出。行不行。来不来。见人不见。百事尽吉（按：凡言此者，必当时有象而系之以词，今无象，特存其占耳）。

此横吉上柱，外内自举，柱足以作。以卜有求得。病死环起。系留，无伤，环出。行不行。来不来。见人不见。百事吉。可以举兵。

此挺诈有外。以卜有求不得。病不死，数起。系祸罪。闻言无伤。行不行。来不来（挺诈者，中有馀也）。

此挺诈有内。以卜有求不得。病不死，数起。留祸罪无伤，系出。行不行。来者不来。见人不见。

此挺诈内外自举。以卜有求得。病不死。系无罪。行行。来来。田贾市渔猎尽喜。

此狐狢。以卜有求不得。病死难起。系留，无罪难出。可居宅。可娶妇嫁女。行不行。来不来。见人不见。有忧不忧（外兆图作狐络，谓厚而不辨也）。

此狐彻（《龟经》作狐徼）。以卜有求不得。病者死。系留，有抵罪。行不行。来不来。见人不见。言语定。百事尽不吉（外兆图作狐徼，厚而中通也）。

此首俯足肣，身节折。以卜有求不得。病者死。留系有罪。望行者不来。行行。来不来。见人不见（凡足肣而云首仰者，或当皆为首俯）。

此挺（或落诈字）内外自垂。以卜有求不晦（此字当讹）。病不死，难起。系留，无罪，难出。行不行。来不来。见人不见。不吉。

此横吉榆仰首俯。以卜有求难得。病难起,不死。系难出,无伤也。可居家室,以娶妇嫁女(《外兆图》曰:揄者,上弓也)。

此横吉上柱,载正,身节折,内外自举。以卜病者,卜日不死,其一日乃死。

此横吉上柱,足肣,内自举,外自垂。以卜病者,卜日不死,其一日乃死。

为人病,首俯足诈,有外无内。病者占龟未已,急死。卜轻失大,一日不死。

首仰足肣。以卜有求不得。以系有罪人,言语恐之,无伤。行不行。见人不见。

大论曰:外者人也,内者自我也。外者女也,内者男也。首俛者忧。大者身也,小者枝也。大法,病者足肣者生,足开者死。行者足开至,足肣者不至。行者足肣不行,足开行。有求足开得,足肣者不得。系者足肣不出,开出。其卜病也,足开而死者,内高而外下也。

归有光云:此虽褚先生所补,存之可以见太卜之旧,但似秦汉间书,非三代书也。

煦曰:自"三月"以下至此,皆《史记》之全文,古占法也。《龟卜考》删去,今补录之,间释一二义,以备参考焉。

龟经

甲乙(金兆)正形云:甲乙象一,头高身旺足管,是为正当依乡之兆。否则拗乡,其拗处是动,详其爻占,断以吉凶(甲乙者,内之右,外之左也)。

丙丁(火兆)正形云:丙丁象丁,头足齐平,是为正当依乡之兆。否则为拗乡,其拗处是动,详以爻占,断以吉凶(丙丁者,内之左,外之右也)。

腰金甲乙(水兆)正形云:头平身直旺足管,如鹅眉覆月之状,是为正当依乡之兆。否则拗乡,其拗处是动,详以断之(内之后右,外之后左）。

腰金丙丁（木兆）正形，亦如腰金甲乙同（内之后左，外之后右）。

上乡木兆（一名坐脉）正形云：宜如木形而活；根柱坚牢而粗，是为正当依乡。或头野，或头回，或头就，或身靠，或身空，看所占事情如何祷祝（龟占之法，先当以祝请者为准）。否则为拗乡，其拗处动也。

下乡倒龙（木兆名悬针）正形云：如上木兆同。倒龙者，如倒挂龙也，其形要活。又名悬针者，如倒挂针也，其形要直。二名总言直而活也。有云下木兆者，盖二兆者俱属木，其形无二也。否则拗乡，其拗处便是动，看其动而断之（按：此皆以拗者为动）。

兜才（二边俱是火兆）正形云：此卦乃水乡发火，故要头起身重足发，如仰月形，又如船载物形，故名兜才也。详其爻占，断以吉凶。

春灼后左，夏灼前左，秋灼前右，冬灼后右。其后左者，乃下丙丁也（即腰金丙丁），是寅卯之位，故为木兆。前左者，乃上丙丁也，是巳午之位，故为火兆。前右者，乃上甲乙也，是申酉之位，故为金兆。后右者，乃下甲乙也，是亥子之位，故为水兆。

轻清者，细（或落而字）身静秀丽也（轻清，宜占脱事，宜求晴，不宜求雨。外兆图作身静而细）。

平者，头足无高下也（即《史记》横吉安）。

直者，不曲也，不斜也（平直，事须逢吉，平安无咎）。

伏者，头足垂下也（伏，凡事见迟难脱，亦难成，病难痊）。

高者，头易起也（高头小见，成，宜进身无咎。足高，宜财价高）。

低者，头之垂也（低头无气，身主迟滞，足无气价廉）。

野者，头向外，不回顾也（野难成，好脱，宜出，占吉不吉，凶不凶）。

就者，向内不背也（就，易成难脱，宜入）。

回者，头高而再转也（回，易成难脱，宜进）。

临者，头低也（低同占）。

戴白，头之白也（戴白，主体废，主孝服）。

垂者,伏也低也(低同占)。

纤活,反足而回换也(纤活,凡事皆吉)。

有情,回顾和顺也(有情,凡事吉)。

昂者,起仰也,高也。

漤,如水滴下也,浑蒙也(漤虽迟滞,宜占财田,占病主重)。

休囚者,蒙昧也(休囚,凡事不利)。

生我者吉,克我者凶(暗,作事暗损。按:此上或落暗之一解)。

旺相者,洪润明静也(洪,谋事有气。明,作事皆利)。

拗者,不依乡也(拗,凡事皆不利)。

乖违者,拗乡也(乖违,主事皆不利也。按:此上皆言首也)。

静者,六爻不动也(静,不宜求动,宜求静,只守旧)。

摺者,四叠也(摺,凡事转折,进退迂回)。

折者,断也(折,凡事不利,旺中有损)。

颠狂者,起伏大也。

枯朽者,休囚也(枯朽,凡事暴凶)。

衰者,无力细微也。

震者,大动也(震,有吉有凶,不能静)。

驿者,微动也(驿与健同,不宜守旧。按:此上皆言身也)。

豁者,喜也召也(豁,宜脱事,不宜成事,防走不宜止。外兆图作开发也)。

发者,大起也(豁同用)。

落者,足垂垂也(垂同用)。

滞者,足下重也(滞,凡事迟滞,不宜脱事。按此上言足)。

蕾者,如叠蕾也。绵,续也(蕾,下凶上吉。绵当另为一象)。

蛀者,如虫生木。昂者,欲上也(蛀,凡事不利。昂当另为一象)。

促者,摺折也(促与折同,凡事不长)。

纵横者,枝利也(纵横,驳杂不顺阻碍。兆颂图利作乱,当从兆颂图)。

窈窕者,进退之形也(窈窕进退,凡事未有一定)。

枝者,生枝也(枝,有吉有凶。按:此皆言足上之枝)。

浮者,微起也(发同占)。

脱者,发不管也(与落稍同,兆颂图作落也,枝下垂漏亦落也)。

钤者,平伏清欹而管也(钤,难脱宜成也。按:此当是肣字)。

管者,钤也(钤同占。此上皆言足,矜当作肣。兆颂图作矜者,管也,平伏而清也)。

漏者,落也,枝下垂也(落同占)。

刚者,坚也。齐者,平也(刚齐,无咎有吉。齐当另为一象)。

夹丝者,中破也(夹丝,凡事不利)。

拖者,枝生外也。

坠者,枝生内也(拖坠,能凶能吉,此上总言首身足三处之枝)。

推六神行法配入五乡飞换例

凡此法,阳月从甲乙数至壬癸,阴月从下壬癸至甲乙为例。

阳月,寅辰午申戌子。阴月,卯巳未酉亥丑。阳月,六神横看。阴月,六神横看。

甲乙(木)、丙丁(火)、戊己(土)、庚辛(金)、壬癸(水)。

甲乙青龙用事,雀勾蛇虎武。丙丁朱雀用事,勾蛇虎武龙。戊日勾陈用事,蛇虎武龙雀。己日螣蛇用事,虎武龙雀勾。庚辛日白虎用事,武龙雀勾蛇。壬癸日元武用事,龙雀勾蛇虎。

甲乙(木)、丙丁(火)、戊己(土)、庚辛(金)、壬癸(水)。

甲乙青龙用事,武虎蛇勾雀。丙丁朱雀用事,龙武虎蛇勾。戊日勾陈用事,雀龙武虎蛇。已日螣蛇用事,勾雀龙武虎。庚辛日白虎用事,蛇勾雀龙武。壬癸日元武用事,虎蛇勾雀龙。

煦按:此法逢阳月之甲乙,则甲乙为青龙,丙丁为朱雀,此顺行者也。如逢阴月之甲乙,则甲乙为青龙,丙丁为元武,此逆行者也。其甲乙丙丁俱于一折分之,如吴中卜法,腰金兜财所分者是也。

总论:古传《龟经》,不知谁氏所作,与《史记》大同小异,更若简便。又与外兆图相类,然亦互有出入。至所列腰金兜财,又与吴中之卜分子父财官者相同,俱兼日月而论。可知吴中之卜自古流传,亦必各有所据,非泛然者也。三书之中,皆分首身足而论。大约身者,事之干也,贵平直而刚健,洪润明净者,吉也。或摺折乖违,衰拗枯朽,及夹丝拖坠,纵横促漏,皆凶也。首者,事之始也。首平直高昂,回就有情者吉也。忌浑蒙沥漤,低伏临野,及俛垂戴白者,凶也。足者,事之终也。开豁发扬浮脱,阳之类也,动象也。肣管落滞,阴之类也,静象也。宜动宜静,各有所喜,故吉凶亦异。枝生于上下者也,首身足皆有之,然亦有宜有不宜,因事而论可也。又有内已外人,内男外女之分,《史记》多言之。

卜法详考卷二 前人例辨

全氏三图

（《龟卜辨》曰：此出全氏赐，未知其所从来，亦未知是否。依所撰具此）

方位图一

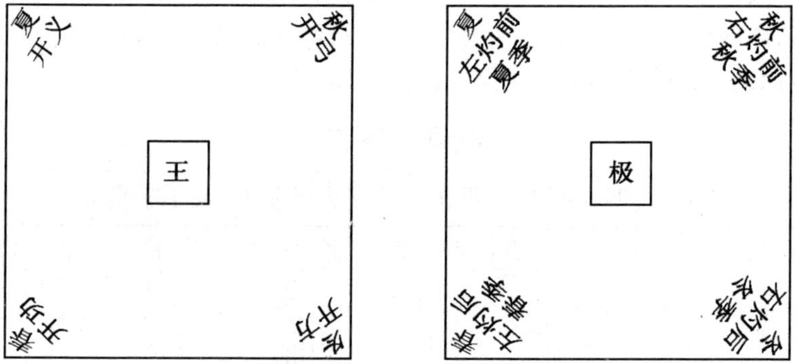

《周礼》：卜师掌开龟之四兆，一曰方兆，二曰功兆，三曰义兆，四曰弓兆。

全氏曰：开龟者，开龟之下体，去其外甲而存其下甲，中有横直之文者，以卜也。下甲中有直文者，所以分左右阴阳也。横有五文，以分十二位者，象五行也。去其上下不可以为兆，可开凿而焦以为兆者，上下各四也，故曰四兆。

又曰：凡灼龟，以四时分四体。《三礼图》曰：春灼后左，夏灼前左，秋灼前右，冬灼后右。

又曰：四兆者，开方之四象也。以四象而兼五行之十干，四体静，逢日之干为动。

又曰:四体十干,西北为首(此处少“先灼后右为冬位,十干壬癸”十一字)。亥月开壬,子月开癸,丑月朔后开壬,望后开癸。次灼后左①为春位,居东北。十干甲乙,寅月开甲,卯月开乙,辰月朔后开甲,望后开乙。次灼前左为夏位,居东南。十干丙丁,巳月开丙,午月开丁,未月朔后开丙,望后开丁。次灼前右为秋位,居西南。十干庚辛,申月开庚,酉月开辛,戌月朔后开庚,望后开辛。

煦按:此即开龟之四兆也。盖龟之下甲,其上下直文名曰千里路。其横出者,共有五文。上一文斜出而抱首,下一文斜出而抱尾。此二文不可开,所可开者,其中三文所夹之二平处耳。翻转下甲,向上而视之,其在左者皆移而右,故为丙丁之火位。其在右者皆移而左,故为甲乙之金位。若正其龟形而论,则丙丁者,寅卯也。甲乙者,申酉也。内除正中之一画为腰金,则可刻而占者,腰金之上方下方而已。此两方以中直文界之,故有四象。

兆颂象图二

冬灼后右,四兆开方于西北。地支亥子兼丑,天干壬癸兼已。

三兆	玉	食	玉	不食	瓦	食	瓦	不食	原	食	原	不食
		从		违		从		违		从		违
五兆	雨	之雨	雨	之雨	雨	之雨	雨	之雨	雨	之雨	雨	之雨
	∧	∧	∧	∧	∧	∧	∧	∧	∧	∧	∧	∧
	雨	之霁	雨	之霁	雨	之霁	雨	之霁	雨	之霁	雨	之霁
	∧	ʃ	∧	ʃ	∧	ʃ	∧	ʃ	∧	ʃ	∧	ʃ
	雨	之蒙	雨	之蒙	雨	之蒙	雨	之蒙	雨	之蒙	雨	之蒙
	∧	一	∧	一	∧	一	∧	一	∧	一	∧	一
	雨	之驿	雨	之驿	雨	之驿	雨	之驿	雨	之驿	雨	之驿
	∧	∩	∧	∩	∧	∩	∧	∩	∧	∩	∧	∩

① “左”,库本作“右”。

	雨	之克	雨	之克	雨	之克	雨	之克	雨	之克	雨	之克
	∧	丨	∧	丨	∧	丨	∧	丨	∧	丨	∧	丨
四兆	壬		壬		壬		壬		壬		壬	
逢日	壬		壬		壬		壬		壬		壬	
	癸		癸		癸		癸		癸		癸	
	甲		甲		甲		甲		甲		甲	
	乙		乙		乙		乙		乙		乙	
	丙		丙		丙		丙		丙		丙	
	丁		丁		丁		丁		丁		丁	
	戊		戊		戊		戊		戊		戊	
	己		己		己		己		己		己	
	庚		庚		庚		庚		庚		庚	
	辛		辛		辛		辛		辛		辛	

春灼后左，四兆开功于东北。地支寅卯兼辰，天干甲乙兼戊。

三兆	玉食		玉不食		瓦食		瓦不食		原食		原不食	
		从		违		从		违		从		违
五兆	蒙	之蒙	蒙	之蒙	蒙	之蒙	蒙	之蒙	蒙	之蒙	蒙	之蒙
	—	—	—	—	—	—	—	—	—	—	—	—
	蒙	之驿	蒙	之驿	蒙	之驿	蒙	之驿	蒙	之驿	蒙	之驿
	—	∩	—	∩	—	∩	—	∩	—	∩	—	∩
	蒙	之克	蒙	之克	蒙	之克	蒙	之克	蒙	之克	蒙	之克
	—	丨	—	丨	—	丨	—	丨	—	丨	—	丨

	蒙	之雨	蒙	之雨	蒙	之雨	蒙	之雨	蒙	之雨	蒙	之雨
	一	∧	一	∧	一	∧	一	∧	一	∧	一	∧
	蒙	之霁	蒙	之霁	蒙	之霁	蒙	之霁	蒙	之霁	蒙	之霁
	一	ʃ	一	ʃ	一	ʃ	一	ʃ	一	ʃ	一	ʃ
四兆	甲		甲		甲		甲		甲		甲	
逢日	甲		甲		甲		甲		甲		甲	
	乙		乙		乙		乙		乙		乙	
	丙		丙		丙		丙		丙		丙	
	丁		丁		丁		丁		丁		丁	
	戊		戊		戊		戊		戊		戊	
	己		己		己		己		己		己	
	庚		庚		庚		庚		庚		庚	
	辛		辛		辛		辛		辛		辛	
	壬		壬		壬		壬		壬		壬	
	癸		癸		癸		癸		癸		癸	

夏灼前左，四兆开义于东南。地支巳午兼未，天干丙丁兼己。

三兆	玉食		玉不食		瓦食		瓦不食		原食		原不食	
		从		违		从		违		从		违
五兆	霁	之霁	霁	之霁	霁	之霁	霁	之霁	霁	之霁	霁	之霁
	ʃ	ʃ	ʃ	ʃ	ʃ	ʃ	ʃ	ʃ	ʃ	ʃ	ʃ	ʃ
	霁	之蒙	霁	之蒙	霁	之蒙	霁	之蒙	霁	之蒙	霁	之蒙
	ʃ	一	ʃ	一	ʃ	一	ʃ	一	ʃ	一	ʃ	一

	霁	之驿	霁	之驿	霁	之驿	霁	之驿	霁	之驿	霁	之驿
	_|¯	∩	_|¯	∩	_|¯	∩	_|¯	∩	_|¯	∩	_|¯	∩
	霁	之克	霁	之克	霁	之克	霁	之克	霁	之克	霁	之克
	_|¯	—	_|¯	—	_|¯	|	_|¯	|	_|¯	|	_|¯	|
	霁	之雨	霁	之雨	霁	之雨	霁	之雨	霁	之雨	霁	之雨
	_|¯	∧	_|¯	∧	_|¯	∧	_|¯	∧	_|¯	∧	_|¯	∧
四兆	丙		丙		丙		丙		丙		丙	
逢日	丙		丙		丙		丙		丙		丙	
	丁		丁		丁		丁		丁		丁	
	戊		戊		戊		戊		戊		戊	
	己		己		己		己		己		己	
	庚		庚		庚		庚		庚		庚	
	辛		辛		辛		辛		辛		辛	
	壬		壬		壬		壬		壬		壬	
	癸		癸		癸		癸		癸		癸	
	甲		甲		甲		甲		甲		甲	
	乙		乙		乙		乙		乙		乙	

秋灼前右，四兆开弓于西南。地支申酉兼戌，天干庚辛兼戌。

三兆	玉食		玉不食		瓦食		瓦不食		原食		原不食	
		从		违		从		违		从		违
五兆	驿	之驿	驿	之驿	驿	之驿	驿	之驿	驿	之驿	驿	之驿

	∩	∩		∩	∩		∩	∩		∩	∩		∩	∩		∩	∩	
	驿	之克		驿	之克		驿	之克		驿	之克		驿	之克		驿	之克	
	∩	|		∩	|		∩	|		∩	|		∩	|		∩	|	
	驿	之雨		驿	之雨		驿	之雨		驿	之雨		驿	之雨		驿	之雨	
	∩	∧		∩	∧		∩	∧		∩	∧		∩	∧		∩	∧	
	驿	之霁		驿	之霁		驿	之霁		驿	之霁		驿	之霁		驿	之霁	
	∩	┘		∩	┘		∩	┘		∩	┘		∩	┘		∩	┘	
	驿	之蒙		驿	之蒙		驿	之蒙		驿	之蒙		驿	之蒙		驿	之蒙	
	∩	—		∩	—		∩	—		∩	—		∩	—		∩	—	
四兆	庚			庚			庚			庚			庚			庚		
逢日	庚			庚			庚			庚			庚			庚		
	辛			辛			辛			辛			辛			辛		
	壬			壬			壬			壬			壬			壬		
	癸			癸			癸			癸			癸			癸		
	甲			甲			甲			甲			甲			甲		
	乙			乙			乙			乙			乙			乙		
	丙			丙			丙			丙			丙			丙		
	丁			丁			丁			丁			丁			丁		
	戊			戊			戊			戊			戊			戊		
	己			己			己			己			己			己		

《周礼》：太卜掌三兆之法，一曰玉兆，二曰瓦兆，三曰原兆。注：玉兆，璺罅如玉，属阳。瓦兆，暴裂如瓦，属阴。原兆，拆裂如原田，阴阳杂也。

郑氏曰：其象似玉、瓦、原之璺罅。

全氏曰：原者，田原也。亢旸为旱，则田龟拆。瓦者，瓦分也。毁瓦为块，以观其拆。玉兆者，玉裂则文微也。

又曰：玉兆者，金兆，金不裂而玉裂，故言为玉。瓦兆者，土兆，土不裂而瓦裂，故言为瓦。原兆者，水兆，水不裂而原裂，故言为原。

《玉藻》：卜人定龟，史定墨，君定体。注：钻之以观其所拆，若从墨而拆大，谓之兆广。若裂其旁岐细出，则谓之璺拆，亦谓之兆璺。璺也者，器破而未离之名也。

煦按：《玉藻》，则玉兆者，有璺而未拆者也，玉之拆然也。瓦兆者，小拆也，大拆则开矣。原兆者，若田原之拆，拆之大者也。此三兆者，止分拆之大小微盛耳。

《洪范》：七稽疑，择建立卜筮人，乃命卜筮。曰雨曰霁曰蒙曰驿曰克。注：此卜兆也。雨者如雨，其兆为水。霁者开霁，其兆为火。蒙者蒙昧，其兆为木。驿者络绎不属，其兆为金。克者交错有相胜之意，其兆为土。

《左传》：哀公九年夏，宋公伐郑。秋，晋鞅卜救郑，遇水适火。服虔注：卜法横者为土，立者为木，斜向经者为金，背经者为火，因兆而细曲者为水。

全氏曰：五兆，五行之体色。曲为水，锐为火，直为木，圆为金，横为土，是谓五体。

又曰：如雨者为水，如霁者为火，如蒙者为木，如驿者为金，如克者为土。雨霁，易知也。蒙者，如明而不昧。绎者，联属而不断。克者，小大相攻伐。绎霁为吉，蒙为不显，雨为不舒，克为不胜。然事相宜者，有吉道存焉。

又曰：春开功兆。功，积累之象也。木从土渐，故其体直。夏开义兆，义利之和。火从土蓄，其体锐。秋开金兆，其体为半规者，金从革之象也。冬开方兆,其体半矩,水土之分,方为曲也。煦①按:半规,圆而不周者也。方为土,曲为水,方为曲,即谓半矩也。此又合四兆五兆而言之,藏土于中而论之也。雨之霁,则一曲一尖者是也。雨之蒙,则一曲一直者是也。此合象也。

外兆图三

(其上皆当有图象,故谓为图)

轻清者,言身静而细也。曰平者,无高下也。曰直者,不斜曲也。曰伏者,首足垂下也。曰重者,亦低伏也。曰高者,首起也。曰低者,首垂也。临者,首亦低也。曰野者,首外向而不顾也。曰就者,首内向而不背也。曰回者,首高而再转也。曰戴白者,首之白也。曰纤活者,动而健也。曰有情者,回头也。曰昂者,首起也,仰也。曰沥溇者,水下渗也。曰休囚者,枯朽也。曰蒙昧者,暗不明也。曰洪润者,明静而泽也。曰拗者,乖违也。曰摺者,叠也。曰折者,断也。曰颠狂者,起伏之甚骤也。曰衰者,细微也。曰震者,大动也。曰豁者,开发也。曰发者,大起也。曰落者,足垂也。曰滞者,足重也。曰蕾者,如叠蕾也。曰蛀者,昂上也。曰促者,摺折也。曰纵横者,枝乱也。曰窈窕者,进退也。曰枝者,生枝也。曰浮者,微起也。曰脱者,落也,枝下垂漏亦落也(漏当为一象)。曰矜(当作肣)者,管也,平伏而清也。曰夹丝者,中夹也。曰拖坠者,枝生于内外也。曰桥者,下弓也(自此以下,《龟经》无,《史记》有)。曰榆者,上弓也。曰横者,平也。曰柱者,平(此字当讹)也。曰挺诈者,中有馀也。曰狐络者,厚而不辨也。曰狐微者,厚而中通也。

凡兆言吉者,高仰旺相,洪润明健,纤活有情,矜管平直,圆实刚震,轻清浮发,豁静回就,皆是也。凡兆言凶者,低伏临垂,脱落而漏,蒙昧而暗,沥溇窈窕,纵横摺折,夹丝拖坠,休囚乖拗,枯朽颠狂,衰野滞蛀,戴白而出,皆是也。

① “煦”,库本作“谨”。

以上《史记》司马褚氏传，又全氏方位兆颂外兆图说，所传皆败龟之事。以下则悉录全书本文。全用生龟，与《史记》《龟经》异。

杨时乔全书新定《龟卜辨》

（此皆出于六经《周礼》，汉《龟策传》及近日季氏、全氏所言者，而为之辨，诚知臆度，然亦不相远也）

杨时乔曰：龟蓍千载神灵，圣人重龟蓍，致龟蓍之道。或传自古得之，儒生有可征。及谓卜官，以吉日刿，取其腹。又嘉林左胁书文，江人得龟见梦，杀之家不利。宋元王卫平梦龟杀龟事，可谓道听不经者也。且不指《易》中神物，与定吉凶、成亹亹者，可见古道不传，六经不明。即作史传，号博闻者如此，其它可知。此世衰道微故也，所以详辨于后。①

龟策自伏羲神农黄帝，唐虞夏商周并重。

昔者圣人龟蓍并重，或谓龟蓍之法，不知起于何时。观舜言龟蓍协从，唐虞之前皆有之矣。又谓伏羲始造龟卜，神农始以蓍筮，亦臆说也。观《说卦》定吉凶，成亹亹，探赜索隐，钩深致远，莫大乎蓍龟之说，则卜筮之法，已备于伏羲之世，神农唐虞夏商周皆尊重矣。

生龟

季氏曰：龟，天下神物也。龟龙麟凤，谓之四灵。满尺二者，能知天道，故王者得之，以为大宝。观《大诰》言宁王遗我大宝龟，则一龟世世以遗子孙，何如其重也？圣人好生之德，洽于人心，庸忍杀至灵之物乎？唐李华作《卜论》，盖已有疑于此矣。况龟世所难得，必皆杀之，将何以待后卜乎？又曰诸侯之国，犹有守龟，大夫之家亦或居蔡，未闻其以死龟卜也。况孔子之序《易》，咸称蓍龟之德是也。此一说也。又有曰龟本至灵，能自咽息不食，最寿，出即世瑞，岂有

① 此节文字，库本移在卷二之首。

剥杀而贡之理？亦岂有龟之灵明而可以剥杀之者？是一说也。又曰龟灵物也，以其神灵，以告人事体。三正曰天子龟一尺二寸，诸侯一尺，大夫八寸，士六寸。夫龟重其大者，取其久而善知也。龟千岁尺有二寸，故禹贡九江纳锡大龟。锡者，得上命而后进之，不敢轻也，故曰纳锡。传曰龟千岁，巢芳莲，旋卷耳，处嘉林，伏丛蓍，三千六百岁而终。盖极其六六之数也。此一说也。即此三者，圣人尊重生龟，可见非败龟，断也。

煦按：季氏、杨氏据为生龟，不过据《大诰》中宁王遗我大宝龟一语耳，不知尺二之龟最不易得。宁王时，九江之贡幸而有此，故以为大宝龟也。国家之事，如丧祭之类，岁时皆有龟卜，然皆用小龟。至于大贞，乃国家不轻有之事，故宁王时，藏此大龟，未有用处。至于武庚既叛，国之安危系焉，事孰大于此者？故以宁王所藏之龟取而用之，而谓为宁王遗我也。今必谓所遗者为生龟，然则《周礼》所云取龟用秋时，攻龟用春时。攻也者，剥杀而治之也。若龟而生矣，何攻治之有乎？《周礼》龟蓍二事，礼官详备如此，亦岂后人之伪作乎？至于居蔡之说，亦因其物至灵，物死而灵存，悦其灵，非悦其生也。若生而画藻于棁，画山于节，龟遂以为真山真藻乎哉？夫九江之龟既为贡赋，则岁岁必进可知，岂须之旷代得大宝龟，然后贡乎？将国家岁时之卜，复何所须用乎？至龟千岁巢芳莲，旋卷耳，处嘉林，与元王龟梦之说，皆信耳而不经者也。夫人之生也，谓之为人，其死谓为鬼神，亦重其灵而已矣。

开龟

《周礼》：卜师掌开龟之四兆。开即分明之谓，卜师明辨乎四兆。郑氏谓开其占书亦可。若刘氏谓将卜则开龟之下体，去其外甲也（按：杀而藏之，上下甲犹全也，临用始去其外甲耳）。龟有外甲，乃以物为甲，所以护龟而藏之也（按：若是护龟之物，又何必以甲名乎）。故卜时即开其外甲，非谓龟之甲也（按：此说以刘氏开龟之下体为正）。

视高（视即眂字）

刘氏曰：视龟之高者而凿之。高即中心之直文，即洛书中五之一，所谓太极者是也。即所谓中央土者也。又曰中有直文，所以分左右阴阳也。其左右阴阳，所谓四象阴阳太少也，即所谓水火木金者也。又曰横有五文，以分十二位，去其上下不可以为兆可开而燋者，左右各四（按：此即龟身自具之四象也），故曰四兆。此即中五太极为主，而以左右阴阳太少水火木金者。太极主中即土，以四象即水火木金，皆为占，即《易》四揲之义也。故国大贞卜，立君则视高作龟，大祭祀则视高命龟者，盖作命皆重中直文，所谓太极为主者。非君国大祭祀，不作不命者此也。

定墨

古者卜龟，史先定墨，以其墨定于龟甲，龟甲直文即是也。各有位，凡占即以所占事定之于位，上下左右阴阳，即╱╲○是也。所谓坼也。郑氏谓上仰下俯，左倪右倪，阴后弇，阳前弇，凡十二位。刘氏又曰分十二位，去其上下不可以为兆可开为燋者，左右各四，故曰四兆。

窃谓直文即太极，在其上下，亦本为兆，未尝不用。特以大贞卜，立君卜，大祭祀，则于此定墨。其左右各四兆则以四时分配，凡小贞小事皆用之也。此必古有法，今不可详，权依诸儒之说如此。

焌契

《诗》曰：爰契我龟。又曰契者，木凿也，即今匠家木契是也。焌者，契之锐头也，又曰契，荆为之也，取锐头以灼龟，犹木凿也。季氏谓爇荆吹炽成之。郑氏谓荆为楚物，故《礼》谓之楚焞，置于燋炬以存火致焌，谓之墨。故曰扬火以致其墨。合此数说，则墨即木契锐头，灼火以致之于墨之上。自有灼败龟之说，而灼火扬火谓之燃龟，加龟墨之上，则大非矣。

灼气

既以所占之事以墨定之于位,即以木契稍薰龟以蒸其气(按:卜法相传,从无蒸气之文),然后视兆焉。故灼即蒸也。岂以火钻及龟骸而使坼哉(是未知龟甲逢火而自坼也)?盖惟生龟蒸气故灵,若钻龟骸使坼,此死龟也。死龟何灵之有哉(按:信如若言,则气之所蒸,亦何处得坼乎?无坼有何兆之可征乎)?盖灼龟即焌契①,致墨即火也。若曰另有燋炬灼龟,则非矣。盖燋炬即灼荆契薰气,非别有火也(按:木契凿之而加之以火,恐龟之杀也更甚,此但执已见而不深思者也)。生龟以火蒸气(按六经《周礼》并无蒸气②之说,此不信古而信臆说者也),犹之人久藏于室,出外则必以手磨,或用汤用火薰蒸其面容之气,乃可以占其气色,休祥灾咎。况龟久在龠(音药,龠,下牡也),含咽养息,非假契以火气蒸之,何以见其为雨霁蒙驿克哉(不有坼,何从见此五象?若火灼而致有坼,其龟尚能生乎?宁王所遗,尚能及后世乎)?此如灼艾,用火汤熨物之类是也。《洪范》言卜五,曰雨霁蒙驿克,此五气也,取五行之义。龟以气占,以灵以明,自有异常者。惟生龟为可见,即如先祖巽斋府君,言常见人家败龟,悬之壁间,每遇天气阴晴风雨寒暑,其气随四时,与方向方位有别,人常见之,而不知其异如此也(按:此则是败龟之果灵矣)。即药肆败龟板,亦或时有燥湿不同,即此言龟以气占可知也。若生龟则有灵气,乃所谓雨霁蒙驿克者,自润泽光活非常,可以为占兆者,死龟岂其能哉(信如此言,易坼字而为气字,皆执已见者也)?

观兆

郑氏曰:卜必先墨画龟,然后灼之,而以所坼之兆,正食其处为吉。此数言者明已,而蒸气之说则未及之。今合季氏蒸气之说言之

---

① “契”,库本作“气”。
② “气”,库本作“龟”。

(季氏之说有何所本?不信经而信后儒之说,圣经之失传厥有由也),盖既以所占之事,以墨定之于位,即以其所占用焌契蒸其气,致于墨之上。以气所食之坼观其兆(气蒸矣,何从得坼乎?坼矣而龟不杀乎),所谓我卜河朔黎水,我卜涧水东瀍水西,唯洛食。我又卜瀍水东,亦唯洛食。河朔黎水,不食则不吉。涧水东,瀍水西,瀍水东,两处皆是洛地,则食者则吉也。食者,如口之食,即雨霁蒙驿克五气受蒸而入于内也(按:食者,侵入其分,与食之入口相似,非此之谓也)。季氏谓食与蚀同,谓可拂拭而去之,有似于蚀,未然也。全氏曰火之所灼,则墨因而形之,指木契言可也。至于形之所裂,则墨因而食者,其所谓形之裂,非龟形分裂也。乃其所定为薰蒸之气,从甲形而入之,有似于裂亦可也(按:形之裂,本言坼也。如此而言裂,安得有坼?若但云有似于坼,则古之圣人何乃谆谆言坼哉)。注:象谓史定墨者,凡卜以墨画龟,以求吉兆,乃钻之以观其所坼。若从墨而坼大,谓之兆广。若裂其旁岐细出,则谓之璺拆。璺音问,器破而未离之名也。夫蓍龟至公无私,故能绍天之明。卜筮者亦至公无私,故能传蓍龟之意。占兆以画先定于龟,则非虚心以待命者矣。而况雨霁蒙驿克之兆,不系于坼之巨细,而坼之巨细①亦不遂为吉兆也,则定墨观兆之法是矣。而谓墨专吉兆,岂其可乎(按墨虽定之于此,而坼之食与不食则听之于龟,上论未当也)?

衅龟,乃慎重养龟。禳却不祥,乃去其不祥以护龟,非谓衅龟却龟之不祥。

季氏谓《周礼·龟人》,《礼记·月令》,俱有衅龟之文。注以为禳却不祥,此礼诚不可晓。《龟策传》曰天下和平,王道得而蓍茎长丈,其丛生百茎,下有神龟守之。龟千岁乃满尺二寸,故蓍取六十茎以上,长满六尺即可用,龟得长七八寸即可宝矣。天生神物,永世常灵,岂有不祥?特其间有天时地利人事,气数不齐,所谓寒暑灾祥,不得其正,谓之不祥者有之。此固有待于禳却之,禳却

① “而坼之巨细”,库本无。

之所以护龟，非谓龟有不祥也。至于衅龟之说，尤为不经（将欲非圣乎）。龟本神物，岂牲血所能衅之？观古者衅钟之说，乃衅其藏龟之物与其居龟之室尔，非所谓衅龟以求灵者也。季氏之说似明矣（按：衅钟岂以其灵乎？重其大物而已。衅龟之说当亦重其大物也，不可因禳却不祥之说，而遂谓龟亦有不祥也）。

体色灵兆

前《周礼》注郑氏之说，可以参考，未知然否？

千年神龟，或谓龟久不灵，弃去，乃小龟，而非古所谓龟。季氏曰意者世衰道微，地常爱宝，蓍生既微，龟亦远行，取者不能中古法度，则蓍龟多有不灵者矣。因是杀牲取血以衅之，取以假灵于血气耳（按：植物不假灵于动物，动物不假灵于植物，是体之定，性之正也。灵龟之性本具至灵，何待假灵于他物）。至《龟策传》则言用粱卵祓龟而灼，亦此意也。其曰夏殷欲卜者，乃取蓍龟，已则弃去也。以为龟藏则不灵，蓍久则不祥，是当时未有衅也。然而卜已，皆弃去之，则待蓍龟何如是之轻哉（《曲礼》曰：龟策敝则埋之，何尝有弃去之说）？又曰神龟出于江水中，庐江郡常岁时贡生龟，长尺二，诸侯犹有守龟，大夫亦或居蔡，未闻其以死龟卜也。况经孔子序《易》，盛称蓍龟之德，而其法岂尽废乎？然则钻骸观坼之说起于何时，世当极否，人不畏天，暴君盖有恶卜不中，而烧龟扬灰者。圣人既不复兴，神龟亦遂不出。龟不易得，法遂不传。民间或钻小龟，自为一术，以诚推测，亦能前知，故遂相仍以为古法耳。《周礼》注所解，卜师掌开龟致墨，菙氏掌爇燋吹契，占人掌占墨占坼，是皆钻灼败龟之法也（既知《周礼》所言皆属死龟，何得又言生龟）。而命龟作兆，则掌于太卜。其所掌经兆之体百有二十，其颂千有二百，其书虽不传，而其意可想也。盖龟有十二月之兆，又乘之十干，如甲乙丙丁之属，则为百二十。又乘之以十事，如君臣父子夫妇昆弟朋友之属，则为千二百。后世所传龟经，尚皆本此，虽兆或异名，而龟皆用败，所未得者，《周礼》之所谓颂耳。然其见鄙猥，出于衰世（按：卜筮所传，皆上古常然之事，至鄙极亵，不足异也。拘儒以文墨衡之，误矣。《周易》为圣人之经，尽有极鄙亵之事。《诗经》所载，尽有古人之常语，特自后世传之，遂以为文耳），就使果得《周礼》之颂，亦不过陈懿氏晋献公之繇而已。观汉时犹有大横庚庚之说，亦全无意义也（按：大横也者，当即是坼之横而大者，如横吉之象是也。汉文帝之卜原有大横庚庚之说），皆何足以语占哉？

《周礼》之言本明，《史记》褚氏《龟策传》不足尽信，后注《周礼》者遂以此为注则非。

《周礼》之说本明，特后世注解者以衰世杀小龟之事，借以注释，乃太史公《龟策传》亦信而谬传（太史公所传乃秦汉以上之书，谅非唐宋以下信耳之臆说也），褚氏传指宋元王，亦借道听妄证，其中所证，如视首之俛仰，足之开肣，身节之疆坼，内外之桥垂，则固观其所灼之坼也。而不复言史之定墨矣。以后世龟法，与《易》大相戾，故著其说以俟知者讲求云。

《大禹谟》《洪范》所言龟筮，乃以筮公己，公人、公天下之意。

龟筮大事并用，大事用龟，小事用蓍，卜以决疑，不疑不卜。《大禹谟》《洪范》谋诸志与心，参之佥谋，又稽之卜筮者，此见圣人之心至虚，无物不明。既不执一己之见，又不以人谋自私，而一听命于天，所以示天下之公。若谓卜以决疑，不疑何卜？正谓己疑卜之，已不能尽信，人之不疑亦卜之，所以示天下之公也。

卜三龟，乃三人占三龟。

《大禹谟》龟筮协从，卜不习吉。《金滕》乃卜三龟，一习吉。又曰卜筮不相袭。夫谓之习者，重复之意。舜以龟蓍协从，则卜吉矣。又何待于重复哉？故曰不习吉。《金滕》卜三龟，一习吉。其谓三龟者，非谓三个龟，三次龟，乃立三人以相参考。三人中一人言吉，二人三人皆重复言吉，是为习吉，不必再疑，重求其为吉也。至于《洛诰》所谓我卜河朔黎水，我乃卜涧水东，瀍水西，惟洛食。我又卜瀍水东，亦惟洛食。此岂习之谓哉？盖即一事，二地各分卜，不可以习言也。在舜卜禹而得吉，则不必重吉。此则卜涧水东瀍水西之外，又卜瀍水东，皆在洛地为皆吉，则不嫌于相袭也。故《曲礼》曰卜筮不过三，谓卜筮皆可以三为节，亦岂谓必期于三哉？然又曰卜筮不相袭者，盖以卜人筮人各有专职，故惟卜与卜袭，筮与筮袭，而以卜袭筮，以筮袭卜，则其法不相通焉。若卜筮互相为占，此则礼之所有，即龟从筮从之说也。

古者龟蓍并用，先蓍后龟则有之，至于大事卜，小事筮，非其义。

《礼》先蓍而后卜，《洪范》亦有龟从筮从。不言筮从龟逆者，盖互举而见也。至于大事决于卜，故曰大事卜。小事筮者，特龟则难而蓍则便，故有大小之辨。非谓大必于龟，小必于蓍也。以二者并占，则从龟从蓍，或卜筮互相推决，故各立官，《洪范》已明。或曰蓍为枯株，不若龟有灵性，故尤以龟为长，而小事则止以筮，殊未然者。何者？《易》以蓍龟并称，其德本无高下，大小长短，盖自俗传，而蓍龟遂分，岂惟以龟有血气之灵，蓍为枯槁之物哉？夫龟蓍皆取于占，其为吉凶一也。特以圣人不生，龟亦不出，而龟难蓍易，业亦异传。或必当时卜师之术远而深，筮师之术近而浅，推测各穷其术，而事之大小固亦殊焉。故大事卜，小事筮，礼家遂著为两用。若蓍龟之德，岂有大小之二哉？

《左传》以蓍数龟策，又以其词长短，初无龟长蓍短之说。

杜预注曰蓍数龟象，象长数短。孔颖达曰神以知来，智以藏往，虽龟之长无以加兹。以至理言，卜筮实无长短。今按献公卜骊姬，卜吉而筮凶①。卜人曰筮之词所言理短，龟之词所言理长。故下文遂引龟词，盖取立骊姬一事，而非谓蓍龟有长短也。杜之纰缪可知矣。

龟卜蓍筮，皆示人以明心理，明事理并同。

余注《启蒙》，备言蓍虚一分二，挂一扐四，即明心理。有事稽疑，即明事理。蓍理蓍法备矣，特占断不传，难以稽考。乃若龟理龟法不传，尤无所考。今以坼之中，直文为太极，上下十二位分四象，

① “卜吉而筮凶”，库本作“卜凶而筮吉”。

为四兆五行,亦备太极四象五行之理。示人以龟卜,明心理于静于常,稽疑明事理于变于动。明心理,即执中建极之旨。明事理,即稽疑,当为即为,不当为即不为,用静用作之旨,非独取事应一节而已也。圣人示人之意,微且详矣。此蓍龟所以并重也。惜乎蓍龟断法皆不传,而令天下后世贸贸,无以成亹亹开物成务冒道也。

占观国家之吉凶,以诏救政。

诸儒谓占主事之可为与否,即此则示人以当为与不当为者,当为即为之,不当为即不为,非独取必应验一节已也。注又曰以佐明其繇之占,演其意以示国家馀事之吉凶,使王修政以救之,则是以占教人。又欲王修政以救之,此皆卜筮开迷之意。迷开则知当为即为,不当为即不为。其于政事皆修,无阙失,无遗漏,其为教也大矣。此即开物成务冒道,成天下亹亹意也。故曰莫大乎蓍龟。

占主卜筮,后世分龟于卜,蓍于筮。

《洪范》卜五指龟,占用二指蓍,不当以龟蓍皆有五有二,又皆为《易》者。或曰《易》以占,筮尚占,故龟蓍并言。又据《祭义》曰圣人建阴阳天地之情,立以为《易》,《易》抱龟南面诸言,据此遂谓龟蓍皆《易》也。诸儒以《祭义》乃后儒所记,非圣人之言,亦或一说。而况首言建天地阴阳立为《易》,指蓍言,抱龟南面指龟言,各为说者也,未尝指抱龟为《易》也。又况龟占用《易》,卦爻何以起例?尤有难通者在也。又如贞悔本指易卦,不指龟,若全氏指龟中亦有贞悔,则又何以辨贞为正,悔为变动,尤有难通者在也。此其不可信也。

煦按:《洪范》卜五指龟,占用二指蓍,此确不可易者也。至谓《祭义》中抱龟亦以《易》言,其说似矣。未知圣人之用蓍龟,正以探讨太极中所含之几,有阴阳五行之妙耳。有阴阳五行,则流通变易之道具焉。宁龟而不具是理乎?龟中而不具变易之理,又何能有前知之妙乎?至谓龟占用《易》,卦爻何以起例,是欲于龟占推出卦爻,则泥而不可为也。夫贞悔者,主客应感之称,非正变之说也。宁谓龟之所卜,而遂无主客应感乎?此皆其泥而不通者也。

后世以小术代龟蓍,亦有验者,出于精诚所至,而实非至理(按:

出于精诚,便是至理。岂知龟筮之灵,皆天地至诚无妄之理所蕴蓄乎?其具灵之妙见下总论①)。

末世卜筮多用小术,或以鸡卜,或以虎卜,或以碁卜,或以紫姑卜,或以牛蹄卜,或以灼骨卜。其它掷钱听镜,相字观梅,望气闻声,求签问筊,多因推测而知,然往往有灵验,此其故何哉?陆龟蒙曰季札以乐卜,赵孟以诗卜,襄仲归父以言卜,子游子夏以威仪卜,沈尹氏以政卜,孔成子以礼卜,其应也如响,无他,惟在精诚而已。精诚则能先知,诚则明也,因所感而触耳。故虽不法蓍龟,而神谋亦自相协,但非所以开物成务冒道也,故圣人重龟。

煦按:谓小术之验出于精诚,其说是也。精诚者,圣人之所以通于神明,契于元化者也。圣人之占卜,虽曰取灵于蓍龟,实取灵于精诚而已。盖龟蓍,皆天地至诚无妄之理所蕴蓄而生者,精诚不至,有用龟蓍而不验者矣。故夫龟蓍者,圣人假之,以积精致诚,而通于神明者也。何云非至理也?如谓不待精诚,全靠蓍龟,则未知圣人用蓍龟之妙矣,得是道也。如上所卜,奚往而不验哉?至云精诚用于小术,非所以开物成务而冒道,将谓开物成务冒道者,全属之蓍龟乎?亦别有道存乎?如尚有道存焉,则舍精诚而言道,其又何以达天而尽性乎?甚矣,其未讲于圣人用龟蓍之义也。详具总论。

先王重龟蓍本于开物成务冒道,示人以洗此心,神明其德,穷理尽性至命。自龟蓍失传,所以上无善治,下无明德,为古今一大界限。

古圣人谓莫大乎龟蓍者,又以己志定,人谋同,稽疑于龟蓍者,盖于稽疑中即明心理事理修政,故曰前民用,察民故,以此洗心,退藏于密,斋戒神明其德,穷理尽性至于命,所谓开物成务冒道,神道设教明民者,此也。盖圣人以明道为学,行道为治,故重此。如得传,则理明学成,治行绩成,所以君能善世,士能善身,民受善泽。自此不传,愿治之君,志学之士,待治之民,所以不能此也。只取必于事为应验,何益于占也?故曰此古今一大界限,余不能不感慨。

① "其具灵之妙见下总论",堂本无。

以上二十条内,谓生龟者,取神龟灵龟之义,盖古道实定论也。即龟卜占法不传,天下后世不知有此,亦无言此。然以此上明先王之道,为龟蓍明其神灵之德,辨后世剥剔久则弃去之诬,则亦至理赖之以存,天地间不可少者,特未成全书为可歉耳。将俟圣人在天子之位,制作礼乐者兴此焉(此上皆杨时乔《全书》所录①)。

龟卜繇

《路史》:女娲乘雷车,鞲六蜚以御天,申祝词而牧,占之曰吉。词曰昭昭九州,日月代极。平均土地,和合万国。乃设云幄而致神明(此古龟卜之词也)。

《宋志》云:黄帝五十年秋,大雾三日,昼昏,黄帝以问天老,乃召史卜之,龟燋,史曰臣不能占也,其问之圣人。帝曰已问天老力牧容成矣②。史再拜,曰龟不违圣智,故燋。

禹平水土,龟书出洛,乃叙九畴,建立卜筮人。夏启既征西河,敬承继禹之道,乃立五庙。筮迁鼎,命大廉祭鼎昆吾之溪。《归藏》云,启筮徙九鼎,启果徙之,是也。而筮享于大陵之上,是为钧台之享。《连山》阳文,启筮享神于大陵之上是也。又筮于晋之墟,作旋台于水之阳,是以卜迁鼎,以筮占祭也。

张衡《灵宪》谓:仲康之世,姮娥窃药奔月。将往,枚卜之于有黄,有黄筮之曰吉。翩翩归妹,独将西行。逢天晦芒,毋惊毋恐。后其大昌,姮娥遂托身于月,是为蟾蜍。则事属渺茫,而辞涉傅会矣。杨用修曰盖尚仪占月之误,古尚音常,仪音俄也。

《路史》:桀时,褒人参耦,忠臣折口,磬龟无腹,蓍策日施,太史终古负其图,哭而去之,是卜筮之废由世衰也(施当为弛)。

《六韬》:文王问散宜生,卜伐纣吉乎?曰不吉。钻龟,龟不兆。

① “所录”,堂本无。

② “矣”,库本无。

数蓍不交而折。将行之日，雨辎车至轸，行之日帜折为三。此卜四不祥，不可举事。太公进曰雨辎重车，是雨洗甲兵也。按文王无伐纣之事，六韬非太公之笔，此后人之妄作也。

《史记》：西伯将出猎，卜之曰所获非熊非彨，非虎非罴，所获霸王之辅，果遇太公于渭之阳，与语大悦。曰吾太公望子久矣，故号之曰太公望。载与俱归，立为师。

《竹书》：厉王奔彘，诸侯奉共和行天子事。十四年大旱，庐舍俱焚。卜于太阳，兆曰厉王为祟，共伯使诸侯求王子靖为宣王，共伯复归国于卫，逍遥得志于共山之首。按天下不可一日无君，共伯以臣摄君，不求其嗣，天以旱警，不亦宜乎？太阳托言于厉，其旨深矣。

《论衡》：子路问曰猪肩羊膊，可以得兆。萑苇藁芼，可以得数。何必以蓍龟？孔子曰不然，盖取其名。夫蓍之为言，耆也。龟之为言，旧也。明狐疑之事，当问耆旧也。

《白虎通考》：天子下至士皆有蓍龟者，重事决疑，示不自专，诸侯龟一尺，大夫八寸，士六寸，龟阴故数偶也。天子蓍长九尺，诸侯七尺，大夫五尺，士三尺，蓍阳故数奇也。龟之为言久也，蓍之为言耆也，久长意也。龟曰卜，蓍曰筮何？卜，赴也，爆见兆。筮也者，信也，见其卦也。筮画卦所以必于庙何？托义归智于先祖至尊，故因先祖而问之也。卜时西向，已卜退东向，问蓍于东方，面以少问长①之义。皮弁素绩，求之于质也。礼曰皮弁素绩，筮于庙门之外。或曰天子占卜九人，诸侯七人，大夫五人，士三人，不见吉凶于蓍②，复以卜何？蓍阳道多变，变乃成。龟以荆火灼之何？礼杂记曰龟，阴之老也。蓍，阳之老也。龙非水不处，龟非火不兆，以阳动阴也。必以荆者，取其究阴也。礼三正记曰灼龟以荆，以火动龟，不以水动蓍何？以为呕则是也。蓍龟败则埋之何？重之不欲人袭尊者也。

三国管辂公明，少神颖，从利人郭恩学《周易》，意开发，论难逾

---

① “长”，堂本作“老”。

② “蓍”，库本作“筮”。

于师,分蓍布卦,言辄奇中,曰占卜非至精不能研其数,非至妙不能通其道。灵蓍者,二仪之明数,阴阳之幽契也。

晋郭璞景纯,好经术,博学有高才,少从涿河东郭公受《易》,得青囊书九卷,遂洞五行卜筮之术,京房管辂不能过也。然璞尚筮有卦名,而详卦与《春秋》异。辂无卦名,亦曰《易》占。顾称善《易》者不言《易》,是遵何法欤?

陆龟蒙曰:季札以乐卜,赵孟以诗卜,襄仲归父以言卜,子游子夏以威仪卜,沈尹氏以政卜,孔成子以礼卜,其应也如响,无他,固在精诚而已。

蠡卜,《春秋》又有杂卜,苏秦事鬼谷子,学终辞归,道乏用,行以燕人蠡卜传说自给。杂卜,《北户录》,卜之流杂书,传虎卜、紫姑卜、牛蹄卜、灼骨卜、鸟卜,虽不法于蓍龟,亦有可以称者。邕州南有鸡卵卜,番禺杂编岭表凡小事必卜,名鸡卜、鼠卜、米卜、蓍卜、牛骨卜、鸡卵卜、田螺卜、篾竹卜、鸡卜。史记灭南越时,越人勇之,言越俗信鬼,东瓯王敬鬼,寿百六十岁,乃令越巫立越视祠(视当为祝),而以鸡卜,上信之。

《博物志》:虎知冲破,又能画地卜,今人有画物上下者,推其奇偶,谓之虎卜。狼卜,狼将远逐食,必先倒立,以卜所向。故今猎师遇狼辄喜,盖狼所在,兽之所在也。故古之造式者,木用槐瘿枣瘤,而以狼牙为柱,取其灵知也。

《玉策记》称鼠寿三百岁,满一百岁者则色白,善凭人而卜,名曰仲。能知一年中吉凶,及千里外事。诸卜不同,虽或有中,非正道也。若赵卜之祭地为祟,邹忌之千里诈卜,陈胜之卜而狐鸣,莽女之兆遇金水,郭璞之散豆取婢,乾夫之阳金诱聘,亦奸雄之诡计耳,何足道哉?

《墨子》言夏后开命大廉,折金作鼎,以祭昆吾之墟,使翁鸡乙灼于白君之龟,其兆曰蓬蓬白云,一南一北,一东一西,九鼎成,迁三国焉。夏人失之,商人受之。

史汤有膻行,天下之效之者,且百国矣。桀欲伐有汤而枚卜,筮于《归藏》,得其荧惑,曰不吉,不利出征,唯利安处。彼为狸,我为鼠,勿用作事,恐伤其父。

《左》庄公二十二年,齐侯使敬仲为卿,辞,使为工正。初,懿氏卜妻敬仲,其妻占之曰吉,是谓凤凰于飞,和鸣锵锵。有妫之后,将育于姜。五世其昌,并于正卿。八世之后,莫之与京。陈厉公,蔡出也,故蔡人杀五父而立之,生敬仲,下详观卦。

闵公二年秋八月,共仲使卜齮贼公于武闱,成季以僖公适邾,共仲奔莒,乃入立之。成季之将生也,桓公使卜,楚邱①之父卜之,曰男也,其名曰友,在公之右,间于两社,为公室辅,季氏亡则鲁不昌。下详大有。

《国语》晋公卜伐骊戎,史苏占之曰,胜而不吉。公曰何谓也?对曰遇兆挟以衔骨,齿牙为猾(注:骨所以鲠刺人。猾,弄也。齿牙谓兆端,左右舋拆有似齿牙,中有纵画,故衔骨在口中。齿牙,弄之象,谗口也),戎夏交捽(外内会,齿牙交,有似捽。捽,交对也),交捽是交胜也,臣故云。且惧有口,㩦民,国移心焉。公不听,遂伐骊戎。克之获骊姬以归,有宠,立以为夫人。史苏告大夫曰夫有男戎,必有女戎。若晋以男戎胜戎,而戎亦必以女戎胜晋,其若之何?我卜伐骊,龟往离散以应我,夫若是贼之兆也,非吾宅也。离则有之,不跨其国,可谓挟乎?不得其君,能衔骨乎?若跨其国而得其君,虽逢齿牙,以猾其中,其谁云弗从?诸夏从戎,非败而何?既骊姬不克,晋正于秦,五立而后平。

初晋献公欲以骊姬为夫人,卜之不吉,筮之吉。公曰从筮,卜人曰筮短龟长,不如从长。且其繇曰专之渝,攘公之羭。一薰一莸,十年犹尚有臭,必不可。弗听,立之。生奚齐,其娣生卓子。及将立奚齐,既与中大夫成谋,姬谓太子曰吾梦齐姜,必速祭之。太子祭于曲沃,归胙于公。公田,姬置诸宫,六日公至,毒而献之。公祭之地,地坟。与犬,犬毙。与小臣,小臣亦毙。姬泣曰贼由太子。太子奔新城。

① "邱",库本无。

僖公二十五年，春正月丙子，秦伯师于河上，将纳王，狐偃言于晋侯，曰求诸侯，莫如勤王。使卜偃卜之，曰吉，遇黄帝战于阪①泉之兆。公曰吾不堪也。下详大有。

十年，卫侯救郑②，师于襄牛。郑子展曰必伐卫，故郑皇耳。帅师侵卫，楚令也。楚③文子卜追之，献兆于定姜。姜氏问繇，曰兆如山陵，有夫出征而丧其雄。姜氏曰征者丧雄，御寇之利也。大夫图之，卫人追之，孙蒯获郑皇耳于犬④丘。按敌之丧雄，我之利也。定姜之断卓矣。《易》曰夫征不复，利御寇，是其义也。

哀公九年夏，宋公伐郑。秋，晋鞅卜救郑，遇水适火，占诸史赵、史墨、史龟。史龟曰是谓沈阳，可以兴兵，利以伐姜，不利子商。伐齐则可，敌宋不吉。史墨曰盈，水名也。子，水位也。名数敌，不可干也。炎帝为火师，姜姓其后也。水胜火，伐姜则可。史赵曰是谓如川之满，不可游也。郑方有罪，不可救也。救郑则不吉。不知其他，下详泰。服虔曰卜法，横者为土，立者为木，斜向经者为金，背经者为火，因兆而细曲者为水。今水兆南行适火方，故可伐姜。盈赵姓，姜齐姓，子宋出于商，故曰子商。宋，微子后。宋吉，故不可与战也。

卫侯梦于北宫，见人登昆吾之观，被发北面而噪曰：登此昆吾之墟，绵绵生之瓜，余为浑良夫，叫天无辜。公亲筮之，胥弥赦占之曰不害，与之邑，置之而逃，奔宋。卫侯贞卜，其繇曰如鱼窥尾，衡流而方羊，裔焉大国，灭之将亡。阖门塞窦，乃自后逾。夫繇辞之占，托物以兴，其近忧也。卫公石圃⑤之难，坠而折股，其如卜言何哉？

《史记》：高后崩，大臣遂使人迎代王，张武等皆疑之，愿称疾无往，中尉宋昌请大王勿疑。代王报太后，计犹豫未定。卜之，兆得大

---

① “阪”，库本作“版”。
② “郑”，库本作“宋”。
③ “楚”，库本作“孙”。
④ “犬”，库本作“太”。
⑤ “圃”，库本作“图”。

横,占曰大横庚庚,余为天王,夏启以光。代王曰寡人固已为王矣,又何王?卜人曰所谓天王者,天子也。代王乃遣太后弟薄昭见勃,勃等具言所以迎立王者。昭还报曰无可疑者,代王乃哭,谓宋昌曰果如公言。于是入未央宫,即天子位。按观此则太卜之繇颂,汉初犹存,后竟无传焉,何哉?

赵矜历襄城,客死邓州,官为敛葬。后十七年,子夹章始壮,自襄阳往求其丧,不得,野哭。再越旬,卜人秦诩为卜曰,金食其墨而火以贵,其墓值丑,在道之右,南有贵神,冢士是守,宜遇西人,深目而髯,乃得其实。明日老人过其所,问之得矜墓,直社北,遂归葬。按此兆繇最明,岂纯孝之感,神或告之欤?

卜法详考卷三 吴下卜书

吴中卜法①

（此下诸说皆传②于吴中卜者）

古史之卜，久已失传。一因周末秦汉时，游谈策士恶龟卜言吉凶，害其所为。一因高惠文景时，未暇稽考。一因武帝博求艺能之士，而邱子明之属射事颇中，后因巫蛊事发，或挟其龟卜以报其素所眦睚，百僚皆曰龟策能言，此龟卜之所以失也。自是以后，民家虽有传者，乃地不产龟，徒存其术。不数传后，古之繇颂渺无存矣。顾山龟不若水龟之多，而吴下产龟最盛，故其术犹有传者。三兆四兆五兆，虽或与《洪范》《龟策传》微有不同，而体色之辨，观拆之法，或亦犹存古之道也。礼失而求诸野，聊以景存羊之意云尔。

选龟

龟以大者为佳，小者不用。色以黄白明润者为佳，黑者昏暗者不用，藏久而枯朽者亦不用。龟之上者，有王相将判四种。板下近首，有二文抱首而斜出，若或二文直出，名曰冲天，是之谓王，其上也。其左右墙中各有一眼，名之为将，其次也。左有眼而右无之者，曰判。右有眼而左无之者，曰相。又其次也。此四种，皆龟之最贵者也。

攻龟

攻龟之法，去其甲，存其墙。

---

① “吴中卜法”，库本作“吴中卜法玉灵秘本”。

② “传”，库本作“得”。

刻龟之刀,制长四五寸,宽二三分,其厚分许,正中如斧形,而方其刃。

龟板之部位,正中一线自下而上直出者,名曰千里路。其横出者五文,上一文斜出而抱首,即前所云冲天而为王者。下一文斜出而抱尾,其中之直者仅三文耳。三文之中有二方,皆可刻划。东曰甲乙,西曰丙丁,正中一方旁连两墙,名曰腰金第一。直文之下,腰金之上,其横而方平者,名曰冲天。凡占惟此方为验。如止一事,则刻甲乙之左方而占之。二事,则并刻丙丁之右方①而占之。三事,则占腰金之甲乙。四事,则占腰金之丙丁。皆刻之。五事六事,则并腰金下之横方,名曰兜财者而皆刻之矣。其刻也,必方之,故谓之方。

灼契

以炭屑一两,用铅粉三钱拌匀,以枣肉和而成锭,其粗如箸,其长三四分,如其方而止,名三一丸。每当灼时,既刻其方,乃以刻方之板向下,近肉处向上,视其已刻而透明者,用三一丸炙于火中,俟其通明,乃以三一丸置于刻划方形透明之上,横安而灼之。凡横文既刻之后,尚有六处亦须用刀刻之。前近上首之一乂,其一也。后近下尾之一乂,其一也。此外则近四足之四乂,皆须以刀刻之,然后灼之。

选龟之法,先辨雌雄,从近尾之一乂南②旁,以二指平掇之掇而起者为雄,掇而不起者为雌。

其横文以甲乙略高于丙丁者为妙,丙丁高于甲乙者为劣。

灼龟之法,必五行全具焉。以碗盛水,置钱于中,用二木界尺架于其上,然后置龟板焉。刻者向下,而近肉者向上,以三一丸灼之。水为水,火为火,钱为金,界尺为木,碗为土。煦按当以火化者为土,此灼龟之五行也。

占龟

既灼之后,其龟板炸然有声,是云龟语。然后覆板而视之,即以所

---

① “方”,库本作“旁”。

② “南”,库本作“两”。

盛之水以指濯其刻处，必有坼焉。然后审其直横诸象，以占其吉凶。

既占其坼矣，乃以绳约其坼处，以香火供之，必待三日而坼始复合。或有一日二日，而龟板仍复作声者，是犹有未尽之言也，须复占之。

又谓左右俱分子父才官，皆自千里路而分之。自内而外，或止有横文，亦未可知。因拟龟板画图于下。

其中方形皆刀刻之形也。盖龟板下原有黑膜一层，去其黑膜，始见黄白之板骨。

欲卜之时，先以刀刻方形于甲乙丙丁之上，去其外膜，然后覆转对真所刻之方，灼之以火，以观其坼。

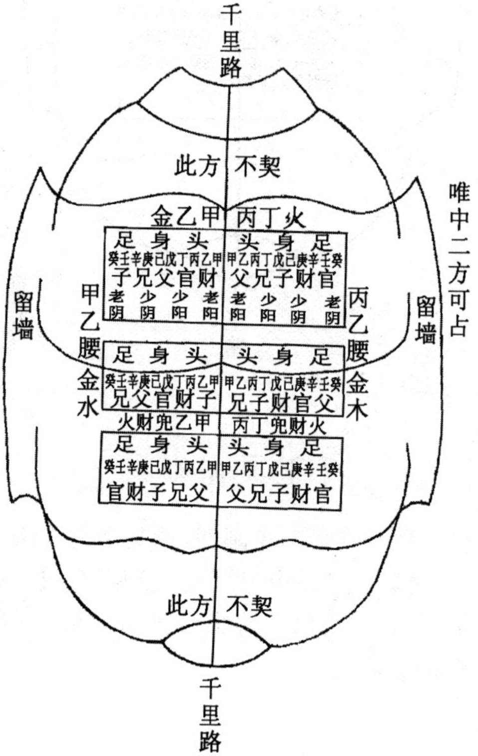

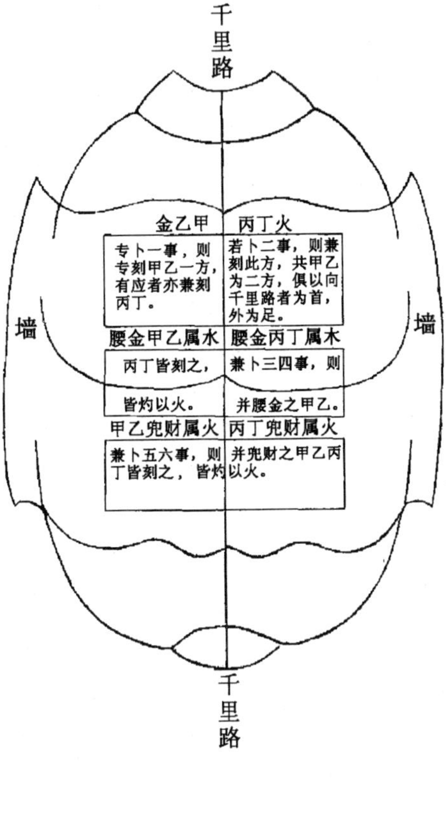

玉灵秘本

（此吴中俗卜也。其书不免鄙俚，然其观兆之法，与三兆略同。其上下俯仰首尾之象，亦与《史记》《龟经》相似，或者先圣所传之遗制，犹未尽失也。姑存之，以俟博雅君子，亦爱礼存羊之意云尔①。其鄙俚淆讹，亦颇多改定）

---

① “亦爱礼存羊之意云尔”，堂本无。

六神休囚吉凶论

青龙休囚宅虚喜，勾陈休囚田土失，螣蛇休囚不惹殃，朱雀休囚官事息，元武休囚益财谷，白虎休囚免哭泣。

五换观形势诀

诸形不可拘于位，众兆移来互①换看。但要存心高着眼，其中祸福一般般。

其二

金木水火一般同，北可为南西可东。心变吉凶皆可变，理通祸福自然通。

详龟字样吉凶

龟中字样少人知，丝忽全凭眼力推。着意搜寻明祸福，纤毫不得有差违。

详网字样歌诀

轻清平直伏高低，野就回临戴白垂。纤活有情昂沥溇，休囚旺相拗乖违。静明洪润健蒙昧，摺折颠狂枯朽衰。震驿夹丝蕾豁发，纵横蛀足窈窕枝。浮暗脱矜拖管漏，实圆落滞坠刚齐。详龟字样君须记，凶吉凭斯仔细推。

煦按：此上诸形皆见《史记》。

甲乙腰金兜财

上甲乙属为金兆形，头高足管，旺相精明，正形卦，诸事吉。或若休囚蒙促折，化为破败，问何事断之（千里路中，共有三画。其中

---

① “互”，库本作“五”。

画为腰金,腰金之上即甲乙丙丁,腰金之下为兜财。然腰金兜财,甲乙丙丁皆有之)。

腰金甲乙属水,头平身直足管,如蛾眉覆月正形,否则抝乡,其抝处详而断之。

兜财甲乙属火,要头起身重足发,如仰月形,若头足不过拗乡,其拗处看兆详断之(按:龟甲五文,去其上下二文,则宽平者有四处,而可刻者止腰金上下二处耳。上甲乙右上,即方兆图前左之位也。若覆龟板而视之,则在申酉之位,故曰金兆。腰金甲乙,中格如带者也。兜财甲乙,则在下如仰月者也)。

甲乙金兆章

(甲乙者,千里之左方也。在龟则前右申酉之位,故以为金兆。后诗中凡言金兆金位,皆指甲乙而言也)

夫甲乙丙丁者,乃天神之名也,故借其名。甲乙者,本属木,申酉位西金宫,取金之义。其象悦静,洪大精明,是为正形。欲得兆形头高足管,身乡旺相,但以动处配其去就为用。观其形势,善恶缓急,休囚旺相,枝兆动静,断其吉凶,妙在心目之巧。

初爻甲乙为头(其子父财官,皆从金论),一名青龙,一名财神(申酉之位,以甲乙为财),若洪润诸事相宜,谒贵人吉,求财吉,其兆轻清,每事减力,设或高蒙,则前程有阻。倘或低蒙,则始终晦滞,常有逃(当作迷)闷。或低洪驿急,去求置货物,价廉,不宜脱货,则无价也。枝从此生,名曰坐头枝,不利也(谓打头便生枝也。初爻头为甲乙,六爻足为壬癸。其丙丁庚辛,以次安排,唯三为戊,四为己,此一坼而分之者也)。

二爻丙丁,一名朱雀,一名官鬼。若动主,文书口舌,官事相系。有枝,内外公私,各有阻隔。若平静轻清,则有拦截之患。科举功名,健旺生枝,必有大贵。若有蕾,有贵人扶持(蕾如花蕾,结于边旁者也)。

三爻为戊,属螣蛇,一名祖父。大畏蒙滞,则诸事不吉。洪润清健，生气颇佳，得贵人之力。田蚕旺，坟宅兴。

四爻为己，属勾陈，一为祖母。其色宜驿，带轻则诸事速。或坚直稳中吉，不宜蒙昧，昏沉不明之象。凡戊己两爻，号为父母宫（在中者也）。大利洪大旺相，育物无穷，生气不绝，不宜枯朽蒙昧促折。如衰处生枝，化为破败五鬼，凶害非常。

五爻庚辛，名曰白虎，一名兄弟。此神未尝有吉，不宜动，主比肩不和。若动旺生枝，则奸邪盗气，刀兵相击。又不宜蒙昧，蒙昧则疾病相攻。或休囚则阴少不安，驿则破财。只宜平静清秀，自然贞吉。

六爻壬癸，名曰元武，一名子孙，一以为足。大畏蒙，蒙则盗贼奸气相凌。脱则不宜，成则有碍（谓占成事也），终不利。发动如幡脚者，失脱非轻，常主小人嫉妬，有忧不成也。只喜平伏清秀，谓之足肸，上吉。倘或头足落，凡事始勤终怠，占病应迟（后无力也），老阴大凶（足落也），少阴血气不和（与足近也），无咎。或食积疽痍，少阳防惊（与头近也），再①看身分如何。且要本音纯美，身宫窈窕，进退欲速，未达之化②（据老阴少阴少阳之说，此又当分为四段。以头为老阳，足为老阴，近头之丙丁戊为少阳，近足之己庚辛为少阴。观本文足落，则曰老阴大凶。下文云头伏足起，老阳病者亡，为头伏也。老阴患者忧气未苏，无咎，为足起也。下又云头直足直身直，朱雀白虎大动，此中段近头足之二处动也。下便曰少阴遇之，脓血之灾。少阳值之，疮痍之悔。可知近头足二处为少阴少阳。按全氏《开龟四兆》注谓：十干四体，静逢日之干为动）。

头直足直，戊己震动（此则当中而动者，若人心然，故曰邪气相干），更带蒙昧，则邪气相干（中心动也）。

头伏足伏，多生忧愁，诸事不和，疾病者亡，行人不至，论诉失理（此头伏足伏而中直者，若中起则为桥矣）。

头伏足起，行人速至，老阳病者亡（头伏也），长男在外得病（与

---

① “再”，库本作“更”。
② “化”，库本作“兆”。

头近也),或食气所伤,老阴患者忧气未苏,无咎(足起也)。暴病者身旺吉(足起也),促动凶(头伏也)。如停货物,得遇大利(先衰后盛也)便脱(谓货易脱也),无气价钱不平,有忧不成,先凶后吉。

头直足直身直,朱雀白虎大动(为日干支所冲也。然既曰头直足直身直,而下云朱雀白虎大动,或此二处独起,故以为动,亦未可知。盖以戊己为身,其在中者亦直也),则有官事户役相牵(朱雀所主也)。少阴遇之,脓血之灾(白虎动也)。少阳值之(皆指动处言也),疮痍之悔(朱雀动也)。以此为例,当自胸中有见,一一难尽言也。

形像字样

甲乙(上)腰金(中)兜财(下,甲乙丙丁皆有之。甲乙以平直为佳,腰金如覆月为佳,丙丁如仰月为佳)。

甲乙

(按此言甲乙金兆之一方,故其首皆向千里路,上面所画之形,未能尽合,存之以为触类之一端可耳①)

甲乙身平万事宜,六爻平静任施为。前程稳许凶成吉,一路滔滔福自随(此当为平直之象,如上形则为足管矣)。

又:甲乙身乡一字形,头高足管事皆成。身乡更若无摺折,稳许超名达帝京(《史记·龟经》所谓头高足管也)。

又:甲乙头高足又低,前荣后辱岂相宜? 有头无尾皆因此,求福求财初限宜(头为始,足为终也)。

又:甲乙头低足又豁(谓开去也),病人占此必凶危。纵然得命家财破,鬼录抄名信有之(上象不似,是为足管矣)。

又:甲乙身乡旺中低,谁知吉处便逢危(以逢日之支干论,

① “可耳”,库本无。

谓正值支干,是之为旺,而此处反低也)。虽然得运成家计,终有无穷横事随。

 又:甲乙头中下累彰,虽居旺地亦非祥(此下累当在甲乙之下)。六爻下累多非吉,此卦名凶可细详(凡枝皆宜上不宜下)。

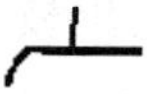 又:甲乙身中上累生,头垂足落岂相应。须将前后相兼看,旺相生枝事有成(短而圆者为累)。

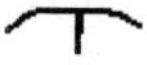 又:甲乙身中下累生,漏财破产患相临(此累当在中)。更兼首尾无旺气,名利难成祸患侵。

 又:甲乙足上乱枝生,或上生兮或下生(斜出为枝,直生为木)。皆非喜兆须深记,上者为灾下者迍(此上皆言累也)。

 又:甲乙丙丁俱发动,文书官印正高强(财官两动)。更兼后段如前段,不用狐疑总吉祥。

 又:甲乙戊己庚辛动,求财则吉病人凶(父兄两动)。积久成灾连讼滞,占财得此必盈丰。

 又:甲乙壬癸爻中动,名为破财风吹柳。须知作事多迁变,一事无成万事忧。

 甲乙诗断:甲乙身平占岁稔,头高足管事皆成。脉穿问病因神庙,三起枝侵主斗争。

 头高足落:甲乙头高兼足落,始勤终懒事难谐。更若身宫多窈窕(细微也),难成易退细推排。

 头伏足起:头直足直身震动,更带昏蒙邪气干(此二句当另为一形)。头伏足起人来速,老阳主哭老阴安(与前戊己震动同义)。

 头伏足伏:头伏足伏多忧滞,久病须亡人不至。三直白虎朱雀摇(雀克虎),有忧不成终得利。

 头直身直足发:金形带火不须疑(火克金),行人即日便须归。占病定然胸膈满,婚姻二姓不相宜。

坐头枝:金兆生枝头上摇(金兆即甲乙也),北阴有欠及天曹。痰精壅盛疽疮疖,发热身疼似火烧(此头上出枝者)。

漏身枝:金兆生枝来漏身,怪梦相侵绾系亲。腰疼腿痛连绵发,交关托事更无情(此中出下垂者)。

足发枝:甲乙古来忌足发,足漏终身财难获(足出枝下垂者)。假饶脱货也财轻,久病迁延难保活。

朱雀枝:金兆生枝朱雀位,旺神见责并土地(六神分阴阳之月轮转)。先亡遗下口愿多,赛酬灶君未为喜。

两枝上下相夹:甲乙穹穹生两枝,经求名利百般迟。四通八达方为吉,服讼连绵病不宜。

枝纵横身拗乡:金兆纵横拗为滞,公私进用皆不利。堕胎毒药病难医,贿赂比肩多妒忌(此上言枝)。

头无气头低:甲乙头无气,求谋难进身。失脱难寻觅,亲姻未许成。

头有气:卦象龙头旺,须观本体情。若还前后应,用事贵人钦。

兄弟旺子孙衰:后应兄弟漏,身伴当变动(上曰兄弟旺,旺字当讹)。福德不加临,凡事须郑重。

头动足迁:头动足还浮,求谋急不周。须防时有变,失脱总难求。

身旺足垂:身旺足稍垂,急事也须迟。图谋多进退,散了又还疑。

箭发:箭发离弓,病者危凶。行人便至,大利从公。私商防损,营运难通。家宅不利,见贵差容。

离弓:最宜武帅,求官兴隆。打围防塞,决定收功。邪谋妄想,破败不中(同后)。

巨龙游海(后同):巨龙游海宜诏制,最喜求名无不利。

君子道长可求谋,小人道消难进遂。

猛虎伏岗(后同):猛虎伏岗公干宜,君子求谋自有威(此形不可解,或有伏藏漏枝也)。若是小人多脱漏,暴灾久病定难医。

龙口蛇口(后同):大为龙口小蛇唇,龙主升腾蛇主嗔。上短有财多吉庆,下唇若短定忧惊。

坐头枝三起三伏:头上生枝名坐头,枝生在下漏财偷(三起三伏者,头身足三处也,不然则三起必有三伏)。三起为连事皆吉,三伏迟疑事必休。

化龙形(后同):化龙金兆利朝京,作大功缘必主成(此形或所生之枝屈曲如龙也)。此象升腾多变化,邪谋妄想定遭刑。

华盖形(后同):华盖形宜起造求,囚人遇赦罪原宥。百①事遇之皆大利,病人得此定难瘳。

金上立木(后同):金上立木土盖头,出郊必定遇蛇虬。谨防墙井桥梁险,行者难求病者忧。

金中化水(后同):金中化水不宜婚,占者为当作后成(此圆中带曲形也)。公事假情终走泄,家中怪异伏尸存。

金中变火(后同):金中变火不须疑,行人即日便回归(此图中带尖形也,有操持克去兄弟故也)。暴病变凶久病死,求谋用事有操持。

居处作墙:甲乙作墙掩,问病必须难(此象恐讹,后有掩墙金、掩墙木。掩墙金,掩而圆也。掩墙木,掩而直也)。求财无气象,见鬼路中攀。

金兆化水(后同):金兆化水身无力,举用求名财亦空。官事行人未发动,生产占之定有凶(泄气也)。

仙人上马:仙人上马过桥形,宜占墓冢及邱陵(后有仙人

① “百”,库本作“诸”。

上马并过桥)。此卦求谋诸事吉,如占病者断非轻。

双鱼形(后同):大鱼捉小鱼,作事首搀持(此当为两形,方有大小之分)。占身神愿大,急去问良医(同后诗十四句)。

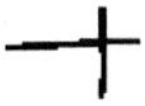穿心六害(后同):穿心六害祸非轻,家中家鬼取家人。罪业牵缠多蹭蹬,求财只听一虚声。

仰月形(后同):仰月大利上半年,望月求事亦新鲜(《史记》以为榆象)。下弦占此渐消灭,上弦遇此转团圆(上弦下弦则因所占之时而论)。

覆月形(后同):覆月之形头足伏,凡事难成多反覆(《史记》以为桥象)。病人久者必须凶,小儿惊搐难为哭。

金中火:金中带火,含笑端坐。官事无凶,病轻无祸(朱克虎也)。

沥水金:沥水之金,口里吟吟。但闻见说,不曾见成(泄气也)。

掩墙金:掩墙之金,系马之柱(此便是直形)。诸事急迟,缓则有误(前有甲乙作掩墙,当参看)。

金中木:金中变木,钱财满屋(金以木为财)。官事虚惊,病人便哭(此因死之象)。

挂龙金形:挂龙之金,求财亦轻。切莫用事,枉费劳心(此与沥水相似,但多曲屈耳)。

头高足管:甲乙头高曲,足管便是福。进用身勇猛,身乡切忌促。

煦按:此上甲乙金兆,皆见于千里之左,前虽有腰金兜财,止两段耳。其下少腰金兜财,或与丙丁同占也。

丙丁腰金兜财

上丙丁属火,丙丁像丁,头足齐平,是为正当依乡之兆。否则拗乡，其拗处详其祸福，断其吉凶（与下丙丁木兆，皆见于千里路之右）。

腰金丙丁属木，要头深足旺，蛾眉正形，否则拗乡，其拗处看动静，依经断之。

兜财丙丁属火，头起身重足发，如仰月正形，如拗乡，其拗处看兆象断之，论其吉凶。

丙丁火兆章

初爻甲乙乡，一名父母，属青龙木。须是旺相无动，洪大为佳。动者必致叨叠，文书更变。凡事见速，或带休囚，诸事艰辛，不宜蒙昧，蒙昧①则贵人隐而不见。如轻细，停塌不利。病者受气于食，得凶。

二爻丙丁乡，名朱雀火，一名兄弟。不宜大动，旺相反吉成凶，故曰火炎而无水涛溶。总发而中间有折，凡事宜速，速中防损，得壬癸相应，则凶中化吉也。若得庚辛旺相，谓曰金中有水，亦谓庚辛化财，财旺不动，则兄弟和睦，动必有争夺。

三爻戊乡，螣蛇火，一为长男。刚明洪润吉，不宜折动，动则损财，失业亡家，用事欲速未达。平直吉，蒙昧凶。

四爻己乡，属勾陈土，一为长女，亦要明静坚直，不宜蒙昧，蒙昧则阴小不安。折动惊恐失财，休囚则子孙暴卒，凶。外事勾留，如有夹丝，则是伏尸乖气相搏，及官事鬼贼加侵，官讼失理，终讼不善。病者乃是气也，血气阴魂求解脱。驿者行人至，公私不利。

五爻庚辛乡，属白虎，金精也，一为妻财。此神虽凶，在火位不能兴祸。如若旺相洪润，则经求有利，公私两谐，谒贵吉，出入利，进用和平，更得壬癸相兼，旺相洪润大吉。不宜枯燥发动，若动则金火相形，其害必深。

六爻壬癸乡，在末足，属元武水，一为官鬼。须是圆实刚齐，如

---

① “蒙昧”，堂本无。

此者用谋望吉。如利如名，前程何忧不显。或带休囚，则是美中不美。若蒙昧，则官事户役相连。若发动，则盗贼奸邪所害，亦有非常不测之祸。出入防水厄，陆防盗贼，人灾岁歉。

忽生木支，截足在上，大利交关，更加父母妻财爻。洪润大益，见景而货之。或带休囚，如蝌蚪相似。占患者久病而死，亦防中风，痫疾则迟。凶中隐吉，或吉内藏凶。

水火支生于庚辛壬癸乡，与①柳穿相似。夏秋卜之，大利求财。非求财者，防家鬼相侵。春冬得之，则有水火盗贼之灾，更防失脱。头旺足直，身洪大轻动者，成脱尽吉（如脱货之类）。或带休囚，只有所失，不能用也。头旺直，身衰足发，更带轻脱则可也。成财不能，有始无终之象。常占有大难，主人口分散。先喜而后忧，先易而后难也。病者久而至死。暴病者有自缢伤亡为怪。常占口舌相形，讼失理，囚者出，行人在路有惊。涉江渡海，有风涛之患。陆行防贼伴交游。占宅是伏尸，占病要保重可也。

丙丁

（按：此言丙丁火兆之一方，故其首皆向千里路）

足头 丙丁有气象如丁，滞折休囚定主惊。雀武两爻如震动，官灾盗贼事非轻。

足无力形：丙丁足无力（足轻伏也），谋为不称情。散事多滞迟，求望莫殷勤。

足行卦断：丙丁气象要如丁，事业功名总可成（凡钉皆直，须头足小为宜）。若是足爻俱有气，清虚高步遂前程。

行断卦象：丙丁火象要分明，若不分明凶祸侵。且看足乡无累促，旺财旺宅旺功名（既要明，又要足好）。

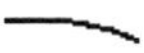断行六卦：丙丁甲乙头宜旺，势象丁形尾略微。尾若粗而头又细（尾但取有气），求名求利尽非宜。

① “与”，库本作“似”。

 初断另行:丙丁如丁抛烂地,全无摇动稳如山。求名求利般般吉,前去浑无一步难。

 另行:丙丁戊己当爻动(子孙也),正是狐疑进退关。却有贵人来作主,自家心地似波澜。

 名利:丙丁若直庚辛旺(财也),财禄功名尽可求。自然富贵家丰足,平地公卿到五侯(财旺生官)。

 另此行:丙丁壬癸爻中动,进步初安后必轻。若得头高前似秤,资财还许十分盈(水生木也)。

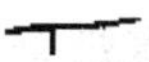 丁形卦:丙丁切忌下枝长,生得虽奇亦不祥。不是漏财并散事,唯生甲下破为强。

 卦断正:丙丁六位要相宜,六位相宜始是奇。爻若盛时凡事吉,稍无旺气必灾危。

 卦形正洁:丙丁甲乙爻上累(上枝),文书有气贵人扶(上洁字讹)。占病天曹并善愿,后乡旺相尽无虞。

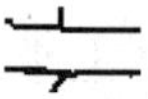 洁断形:丙丁象丁爻上累,犹有人扶事可通。若生下累阴人阻,事事无成枉有功。

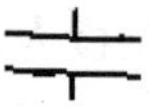 另兆卦正:丙丁戊己上累吉,下累非祥切莫为。不是破财还败事,病人带血女伤随。

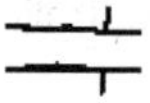 正兆另洁:丙丁庚辛上累祥,财谷丰盈百事昌。下累若生君莫用,用时还更有灾殃(以上皆喜上累,不喜下累)。

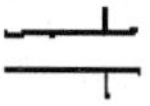 洁断通变:丙丁壬癸上累生,有力之人亦无用。下累生灾亦破财,卜之不走看休动(上下累皆不宜)。

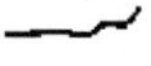 身动足发:身动足还浮,营求急不周。须防头上变,失脱总难求。

 丙丁自然形:丙丁洪润象如丁,头足皆直总举形。求官商利皆通泰,家宅丰盈人口宁。

 平静形体:丙丁象丁,头足齐平。五乡洪润,万事称情。

木枝截足：木枝截足并坐上，交关大利看妻财。休囚或带如蝌蚪（生枝而屈曲也），吉内藏凶更莫猜。

水火枝：水火生枝官鬼乡，似穿上下两乖张。夏秋占此多财气，若在春冬火盗殃。

头高足直身大：头旺足直身洪大（以高为旺），更加轻重皆通泰。亦堪脱事亦堪成，若有休囚多滞晦。

重丁卦（后同）：丙丁旺相喜重重，若带休囚定两凶。求得一双真罕见，不宜占病主丧重（此双钉也，后有父子两背）。

金水形（后同）：金水形为伤本元，行人未至事难全。只宜迟滞不宜速，有始无终定可怜（旺水克火）。

金火形（后同）：金火形为三起伏，前疑后缓令人怕。行人未至病人凶，公私双脱多虚诈。

螣蛇形（后同）：螣蛇进退有交加，事胜之时枝扇牙。病有血腥多怪梦，官灾口舌乱如麻。

四通卦（后同）：四通枝出弟兄才，只喜生枝辛上求。在下漏财无可用，弟兄生上定多灾。

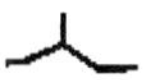金上立木：头伏足伏坐身枝，反覆难成事必疑。行人未至病人哭，孕妇虽惊产贵儿。

纯金卦（后同）：纯金卦在丙丁乡，火克为财岂不强。行人未至佳音至，时遇秋间大吉昌。

失字形（后同）：丙丁最忌失字形，百事求谋无一成。枝上阳魂阴下鬼，多修荐祷病安宁。

其二：丙丁最忌失字形，夫妻反目便无情。父子不和兄弟闹，一悲一喜两无成（此形或当有两穿）。

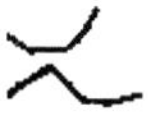金火形：父子两背金火形，夫妻反目事事缪。兄弟不和父子闹，悲喜忧愁两无就。

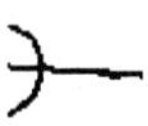箭不离弓（后同）：箭不离弓时势凶，不宜私事只宜公。

讼者须当防暗箭，功名大易小成空。

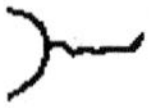扬旗形（后同）：金中变火似扬旗，事为应速不应迟。脱货公行皆得利，不宜占病更防危。

困鳅形（后同）：六爻不动困鳅形，凡事宜迟速不成。头直足直兼沥溇（溇如滴水），久而变卖有升腾（此形或短而蠢也）。

重金形（后同）：两金重叠号重金，不利于公君子心。破屋坏墙兼伐木，贩金买铁利源深。

猛虎伏岗（四见）：猛虎伏岗，论诉有妨。提防险毒，旺处遭伤。最宜停塌，不利私商。行人未至，病者颠狂。

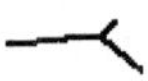鹁鸽驼铃（后同）：鹁鸽驼铃庚发枝，行船坐贾尽相宜。祸消行人音信至，婚姻妻子带儿归。

头高卦：丙丁头高，宜见英豪。梢如鹤尾，卷螯好澡（鹤无尾）。

叠丁卦：重叠丙丁，头足齐平。五乡洪润，家宅丰盈（前有重丁卦）。

身起卦：丙丁身宫跌，作事多欠缺。仔细卦中详，黄金化为铁。

乌鹊带箭：乌鹊带箭势终凶。见官求谒事难通。占病不久身还损，问利求名财货空。

罗网形（后同）：天罗地网卦乖张，囚系难离瘟疫殃。若得两头难控阌，喜而不喜害非伤（两头有缺则无害）。

腰金

（按：丙丁腰金在丙丁之下，即后左之位。覆视之为右，全以木论）

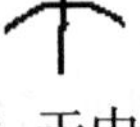腰金论：正形洪润皆为吉，爻象不从总是闲。枝若飞来察动静，于中元妙出离乡。

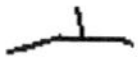木兆诗数：木兆身空不见财（戊己空也），行人未至干多乖。若还身靠头回转（原本落一句）。

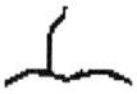匙挑形：木兆象匙挑，举用多有忧。

身空形：木兆若身空，失物求无踪。

无根形：木兆若无根，秀而真不实。

足虚头回：足虚头回，空失空回。

风吹烛：风吹烛台形，无事也虚惊。

义天义地：义天由自可，义地怕杀我。

风摆荷、水漾荷、弄珠荷：风摆荷同水漾荷，弄珠三卦皆无准。向里向外细消详，干事托人终有损。

腾上木：木兆腾腾，朝露泠泠。虽闻其声，不见其形。

两鬼扶身：两鬼扶身，所求不成。提防抢夺，久病羸形（金乃木之鬼）。

软桥若柱：软桥若柱，凶中有助。本体终衰，多凶少吉。

黄兰形：木兆象黄兰，凡事但好看。春来方是吉，背冷秀而难。

牛头火形：牛头火形甚凶危，行人被阻未归时（当是上乂如两角而尖）。占病旺神岳庙愿，公私不久有伤悲。

天井水：天井水兆最难论，水卦之中几不明。火候重铢以如此，交加紊乱莫经营（有讹字）。

插花枝：插花枝兆喜中求，嫁娶阴人体态修。求利求名皆可

遂,身枯体弱自淹留。

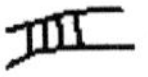云梯独步:云梯独步绣墩同,利见英豪喜气浓。不利婚姻私与病,旺神吉急祸财空。

杖鼓形:木兆化为杖鼓形,花酒丛中大事成。占病阴司有囚系,保禳土宫祠阴神。

扫脚枝:木兆生枝来扫脚,望利求名有争夺。转肩借使快殷勤,婚姻不久生离别。

帆篯形:木兆变形如帆篯,求利求名喜悦闲。两头着脉方为吉,若还控蛀喜难攀。

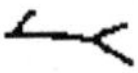梨生枝(措足):浮木生枝难秀发,所为进退多阻隔(原失象,今补象)。更因摺折一般能,事事相从无一达(利字当是倒字之讹)。

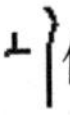倒木无根(当是浮木生枝):木兆已倒,足大无好。倘或无根,凡事难保。

头回身空足轻(当是倒木无根):头回身空足又轻,求谋相许未为真。成事求财空费力,立身见贵总虚名。

木兆金形

木兆化金(当是回头足轻):任人不着,所干不成。求财无财,行人未临。

木横倒形(当是上化金):木兆身横倒,无事生烦恼。占病十分凶,行人在路扰。

此当是风摇正形。

风摇形(当是上横倒):木兆如风摇,枝兆内外交。用财防损失,求望只虚劳。

倚壁形:此是倚壁卦,内外真可怕。

独土:独土形如一,黄金土里出(土形当平直)。不问公与私,凡事皆可吉。

三安:三安之形吉,田蚕大有成。

三合:三合形,婚姻荣。开库店,事业成。

乱丝形:乱丝形,无事也有惊。

成林木:成林木,求财足。更进步,事反覆。

倒龙身直形:倒龙身形,寻物自出。

毛叶诗数并正形:毛叶因何为吉兆,象如平地插鸡毛。上丰下细头纤活,若卜功名定得高。

兜财

(按:腰金之下曰兜财,以上仰者为佳。左甲乙右丙丁,皆以火论)

顺风船形:顺风船像利经商,病者占之久后亡。赴任官婚皆大吉,富而且贵寿而康。

担肩诗断并正形:担肩头似画眉啼,足似鹌鹑尾带垂。雁阵排空如缩脚,身肥旺相事皆宜。

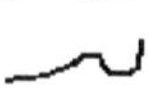缩脚诗断并正形:缩脚形如女画眉,鲫鱼上水要身肥。蚕头蟹足多如意,足发身衰大不宜。

变形总断

(按:甲乙丙丁,腰金兜财皆有之)

死鳅,困鳅(见前),鲫鱼戏藻,卧蚕食叶(见后),仰月(见前),顺风船(见前),覆月(见前),分头(或是龙口),分足(或是鱼尾),帆簇(见前)飞鸟(后有飞鸟入林),蛛丝坠网,绞车,四通(见前),凡字,寿龟,鳖儿。

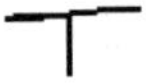漏身漏才:缩脚变形多不一,百般万状尽能为。其中妙在人心别,凶吉详形仔细推。

卧蚕食叶:卧蚕食叶最稀奇,缓缓求财事必宜。但得身肥并足管,莫教空断一场悲。

撑门诗断并正形:撑门如棒要兴隆,似笋如针万事通(既曰撑门,或邪倚千里也)。屈曲短肥非吉兆,乱枝摧折货财空。

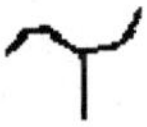金鸡独立:金鸡独立事难谐,占病原因上气灾。所干有忧眉上阻,罪因图圄定难开。

杂断诗:子克母,下陵上。成难成,散难散。

公孙同数:公孙同数,吉中有助。公讼被亏,最宜求利。

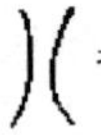背靠木:背靠木,徒碌碌。更进步,事反覆(此形当两直,或相倚也)。

父子相负(火中莲):父子相负必参商,困处为亏旺处强。火中莲兆皆如此,内勾外连为祸殃。

飞鸟入林:飞鸟入林午后占,行人速至即欣欢。倘若失时蒙昧损,事皆没兴有勾连。

揍须出洞:揍须出洞卦所稀,最利头高戏小鱼。屈曲短肥非吉兆,纵横枝兆祸相随。

新卦连旧卦:新卦连旧卦,未必是欢悦。

凡卦兆头仰为吉,头伏终须忧滞凶。静者应迟动者速,将成须看六爻中。

乖异违形：头足乖违名拗乡，身中摧折不为良。夹丝破器皆凶兆，头足带白亦非祥。

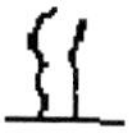枝动形：有枝不若自无枝，有动不如无动时。凶变吉时由自可，吉变凶时莫去为。

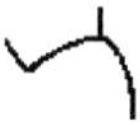聚吉卦：健旺生枝犹吉利，精明洪润事多祥。青龙有气何忧鬼，假使身衰亦吉昌。

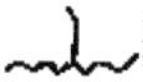聚凶卦：枝兆纵横身忌枯，弟兄独发诈虚无。最嫌足发无收拾，长被头低事必非。

钓竿形

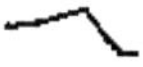甲乙丙丁两相同，婚姻刑克病人凶。官讼牵缠防盗贼，家中无事也惊忡。

金形化水

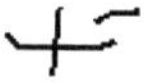甲乙丙丁两相同，成合婚姻无始终（占婚则甲乙丙丁同开，以甲乙为我，丙丁为彼）。家宅田蚕防水盗，官刑积杖病人凶。

金火纯金

甲乙丙丁两相同，婚姻不吉病人凶。老阳病凶子孙比，行人信至利名空。

两乖形

甲乙丙丁两同形，婚姻上吉怕难成。官讼他胜病阳鬼，火盗家中要禳星。

鱼尾形

甲乙丙丁一样形，生产双生婿两成。阳不脱灾阴病死，功名不美水盗灵。

沥水金

甲乙丙丁两相同，婚姻不久内房空（两相同者，谓千里左

右皆相似也）。阳宅阴人小口病，阴宅殡地水藏凶。

联占式

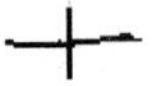 甲乙丙丁两相同，成合婚姻有始终。家宅田蚕多得利，迁官居葬永兴隆（此一卦对，洪润绵绵，上吉不搀之喜，或带休囚，美中不美。联占谓并占二事，故甲乙丙丁皆开之）。

欺祖卦

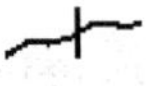 丙丁欺住甲乙头，求名求利事不同①。停塌婚姻虚费力，如占疾病必多忧。

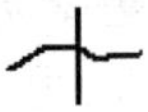 此卦宾来欺主，客窃主权，悖逆②之卦，凡事叨叠。

自然形

 合婚两兆宜精巧，阳旺阴衰妻克早（甲乙丙丁同开）。阴旺阳衰定损失，两卦一样同偕老。

甲乙丙丁有情，鱼水相依，心齐福至，儿孙孝义，世代无危，人物不俗，上吉夫妻（两兆谓甲乙丙丁，凡用应爻者，则两兆同开，故言及婚姻）。

功名定位

 赴诏求官验正形，怪奇异路得功名。龙虎凤鹤侯王相，杂类兴隆郡县荣。

科举功名，加官进职，皆取官爻旺相第一（左官在丙丁之位，右官在壬癸之位）。功名卦，官鬼旺相，父母洪润，子孙休囚，上上（旺相休囚，以日月论）。

腰金正形

 金兆蛾眉掩月形，中低后起怪忧惊。狂枝坐首财多损，旺相依乡事事成（头足相似，六神不动，六亲不移，兆交杂依乡而断，多有变形，皆从此出，随形而断之。正形洪润皆为吉，爻象不从总是

---

① “求名求利事不同”，库本作“求利求名事不周”。

② “悖逆”，库本作“逆上反乱”。

闲,枝若飞来察动静,胸中有见实为堪)。

兜财正形

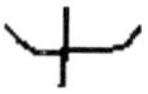水乡发火号兜财,仰月身沉喜事来。上面生枝重见吉,头低下漏定凶灾。兜财(二边皆火之兆)正形云,此卦乃水乡发火,要头起身重足发,如仰月形,又如船载物形,故名兜财也。

箭发离弓(同前)

箭发离弓,病者危凶,行人便至,大利于公,私商防损,营运难通,家宅不利,见贵差容,最宜武帅,求官兴隆,打围出猎,边塞防攻,旺活兴隆胜也。上至公卿,中至刺史,下至有德大福之人,可以当之。妄想邪谋,其凶立至。

巨海游龙(同前)

巨海游龙,宜占制诏文书,大利求名,吉无不利,君子道长,小人道消,反此有凶横。病者危,有北阴愿,宜保守。过旬日方苏,讼中凶,行人到,停塌有财,出卖无气,捕捉提防走透消息(恐有血光之灾。此象如龙威德,利见大人。向上来望秋夏升腾,变异春冬,欲速未达)。

猛虎伏岗(此象不可知,同前)

猛虎伏岗,公干宜艮方,宜山场古墓,察之可获。经商利往坤位,窑灶高原处,运用得利。其间防有比肩不足,小人脱漏,所干难成,暴病变凶,久病难治,停塌迟中获利,失时失本,散事宜向委曲则可,迟则终凶之兆也。

龙口卦形(同前)

大为龙口卦,小为蛇口卦。下唇短有财,上唇若短有口舌。直下生枝,主漏财。坐头枝亦不利。三起者速为事吉,三伏者为事迟疑。谨防鬼贼交加,不许托人干事。占病者有愿非常。家宅啾唧,停塌失本,利见大人。

化龙形(此象不可知,同前)

化龙金兆(谓甲乙也),利见大人,宜占朝京赴任,大官受

爵,拜将受封。祈祷天地,成大名利。救大苦难,立大事业。如龙威德,普济群生。如妄想邪谋,重重祸害。私者被获,公者得胜。经商得利,防有搀夺,保重可也。此象多有变异。

华盖形(同前)

华盖形阴阳交媾,道合人和,贫人致富,富者必贵,文当拜相,武必封侯,女为妃后,罪遇恩赦,宜盖造屋宅,游古洞必遇神仙,诸事利。如捕捉盗贼,阴覆于阴,覆去处。商贾获利,水陆防危,保守可也。

金上立木(同前)

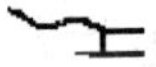金上立木,被土盖头,出郊恐遭蛇虎之伤,入室谨防墙栅之难。入船不可住于桥下,风雷不许饮醉于高楼。财防盗贼,穿井上倾。远处捕人,近处捉获。冤家债主,狭路相逢。病主死,行人未至,暗昧不明之象,宜谨守。

金中化水(此象亦不可知,同前)

金中化水,则是水兆水支,不利姻亲,不宜占病,凶。经商有险,行人有病,公事走泄事情,官讼宜托重,家宅伏尸为怪。

掩墙木兆

甲乙作掩墙,问病必须难(此或逼近千里而立也,前有居处作墙,前掩墙金)。求财无气象,见贵路中攀。

此卦行事主有阻隔,甚不可求名,举用出入并凶,不宜动土。经商路中有阻,病者大神太岁神煞,宜保。行人立至,不至则虚惊信至。凡事宜速,不可托人。产难有忧,却生贵子。保重可守。

金中变火(同前)

金中变火不须疑,行人即日便回归。占病祸因胸膈满,求谋用事有搀持。

仙人过桥

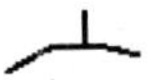仙人过桥,寿山基地,必有左抱右转,形势微起,改变门风,一纪后必出神童异子。掘金井时,见异物古器,恐秽物见之,走

了秀气。得此卦者，六畜奴仆成行，亡灵超升，生人安泰，占病者凶。

仙人上马（同前）

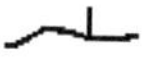仙人上马，柳氏龟经曰上马卦形，凡占诸事吉，占病者凶。

双鱼形（同前）

大鱼及小鱼，用事有搀持。占身神愿大，急去问良医。行人在路滞，求财宜谨之。提防比肩托，公私未可为。捕逃亡盗贼，有人报说知。占产生双子，婚姻大不宜。大鱼逐有力，小逐大力微（此当为两形，方有大小之分）。

穿心六害（同前）

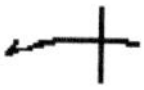穿心六害形，占讼者有家鬼取家人，乡党唆揙，病者夜梦不祥，财物相系，罪业牵缠，不能解脱。功名蹭蹬，官长作威。经商水陆有阻，财事有虚华，家宅讼服不免，提防失脱，小口灾悔，岁占此象，四季之中，祸事重重，保守可也。

金兆化水（同前）

金兆化水身无力，举用求名财亦空。官事行人未发动，如占病产十分凶。

仰月形

仰月火，干事利上半年上半月，卦浑多晦滞，如在上弦得之，则所用日日圆成。下弦得之，日日消亡。散事应迟，成事欲速未遂。不宜占病，下弦得之，十死一生（消亡之象也）。

覆月形

覆月形势，头伏足伏，事多反复，功名难成，病者阴气入腹，久病者凶，小儿得之，提防惊搐，急惊应迟，慢者必哭。

重丁形（同前）

重丁形主父子兄弟同登妙境，功名双胜，求一得二。若纹爻旺活，则主重重之喜。或带休囚，则有两重所失，必有重事，不然有旧事相缠。又主比肩不足，更宜仔细推之。占病主有重丧，或病牵缠，保禳可也。

猛虎伏岗(三见)

猛虎伏岗，论有所防，提防阴毒，旺处遭伤，最宜停塌，不利私商，行人未至，病者颠狂，大利出师，提防兵卒，应举成名，只宜守分安然，不利施为作法，谨之慎之，如行狼虎之境也。

鹁鸽驼铃(同前)

鹁鸽驼铃，在庚辛爻发出支来，是财爻发支，财气旺相，大利商贾。停塌得财两倍，公干者主有人拦阻，占病有金神七杀为祸。安葬在水石之间，行人信至，公论有主张。婚姻，妻带子息来也。

金中有水

金中有水，生于火位，伤害本元，弃旧营新之象。宜西南方求利见贵吉，散事迟滞中方散，成事不成，行人至，宜缓而不宜急，有始无终之象也(泄气也)。

金火形

丙丁化金火，先迟后速之象，宜于西方。销铸打造金铁处求干，必有人转肩，借便得喜，占病卯日必死，行人至，公讼变脱。

四通卦(同前)

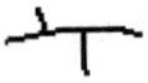四通卦，兄弟爻中发，主有虚诈，如妻财漏枝，主有漏失财物。占病有神庙中阴魂为怪，须是兄弟爻生下枝，财爻发上枝，互换为佳。方许四方，通达经营获利，官讼有鬼贼，亦主多事。求功名蹭蹬，有同辈搀持。行人惊险，凡事保守。

螣蛇形(同前)

螣蛇卦，诸事进退，事胜处被人唆搧。老病者有血腥，阴魂怪，有梦为妖，经营冬宜北地，夏利西南，秋则向西，春归东路，仍防旺处遭伤，口舌如麻，谨慎为妙。

坐身卦(即坐身枝)

金上立木，头伏足伏，事多反覆，行人未临，病者必哭，占孕是男，临产有惊，求名不遂，停塌无利，提防仁中不仁，美中不美。

纯金卦(同前)

纯金卦,六神一同,六亲齐配,大利于秋,求名求利,施恩作福,婚姻和美,讼中得理,家宅清平,行人未至,自有佳音,吉无不利。

失字形(同前)

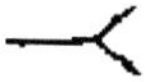失字形,必有散失,谋事不成,病者冤牵,枝在上是阳魂,枝在下是阴魂,有财物相系,作善荐悼,免致恓惶。凡事谨慎,仔细消详。

金火形(同前)

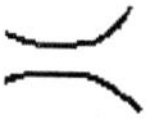金火相烘,火为赢,主父子不和,夫妻反目,兄弟争财,逆上反理之象。占财一得二失,问名无。占宅二三人病。

箭不离弓(同前)

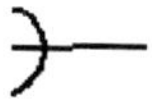箭不离弓,乘凶恃势之象也。占讼有暗弓,病者有财物相系,夜梦不祥,求名只可以大易小,尚防搀越之难,利公不利私,行人未至。

扬旗形(同前)

金中发火,似化为扬旗,家宅防水火盗贼之灾,最利于公,必有喜信,不利于私,性命相连,应速不应迟,脱货快利,占病不利,见凶。

困鳅形(同前)

困鳅形只是本情,六爻不动,更兼溇沥,头伏足直,占市邑,目下无价,久远后才利。动必有变异升腾之象。凡事宜迟不宜速也。占病者必死。

重金形(同前)

重金卦,宜破屋坏垣伐木,甚利小人,不宜君子所为,此阴毒之象也。过了艰难,方可遂意。却利兴贩金银铜锡等货,亦主凡事重重叠叠。

罗网形(同前)

天罗地网，不宜占岁，年内必有瘟疫相缠。内防阴人妬忌，外有小人侵欺，占盗必来，囚系难出，两头略有空缺走透，问凶不凶，问喜不喜，问盗来不来，公讼理不理。

伤残形

枝兆交杂为带疾，卦形凶势必形伤。枯朽定遭痨瘵病，两边无力不为祥。

三 正 卦

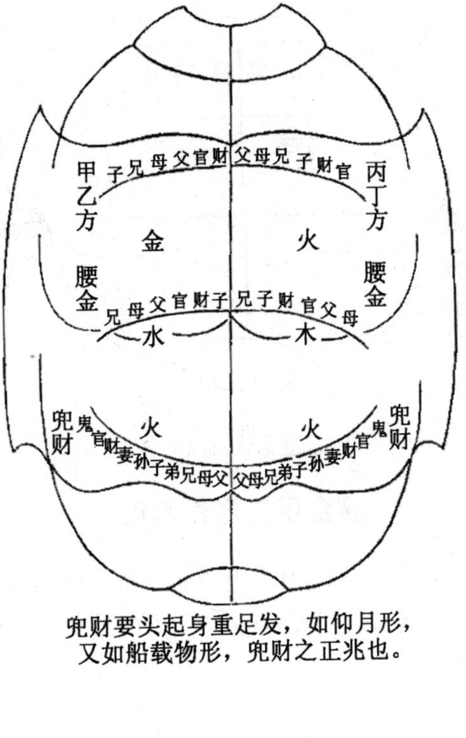

兜财要头起身重足发，如仰月形，又如船载物形，兜财之正兆也。

谨案①:上左甲乙金兆也,上右丙丁火兆也,中左腰金水兆也,中右腰金木兆也,其下则兜财之火位,亦左甲乙而右丙丁,俱以向千里者为头。其论十干,俱自甲乙头数至壬癸足。

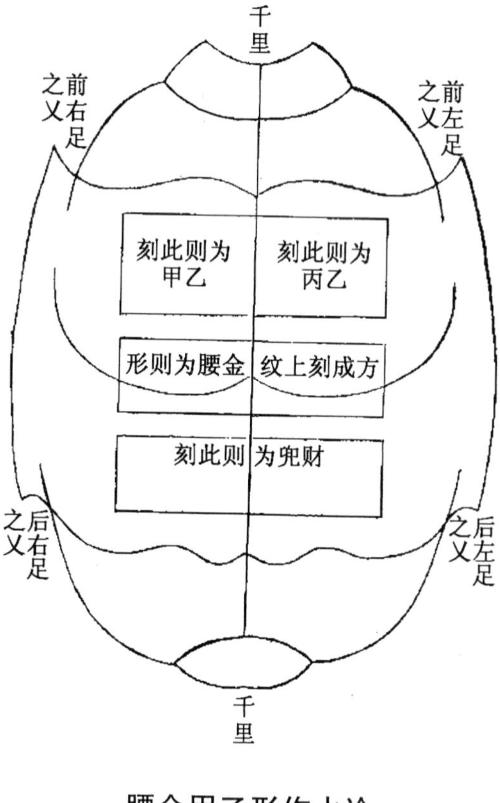

腰金甲乙形作水论

 头高足低,事事不宜。 头高足直,诸事利益。

 头高足伏,人情和睦。 头高足垂,莫信是非。

① “谨案”,堂本无。

 头高足管，求财必满。 头低足低，好事成非。
 头低足直，求谋可息。 头低足伏，小病便哭。
 头低足泛，丧事速办。 头低足落，诸事莫作。
 头细足垂，闲是闲非。 头低身仰，是非日长。
 头高足高，谋望虚劳。 头直足高，宜寻结交。
 头直足低，事不废机。 头直足直，求财利益。
 头直足管，财利货缓。 头直足摇，虚诈动飘。
 头低足管，正好忧疑。 头曲足曲，事多反复。
 头伏身高足后垂，官讼不可托相知。
 头伏身低足又低，病人官讼必迟迟。
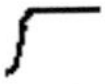 头直身滞足还落，官病无凶朋友托。
 头高身旺足又发，所谋行用皆脱滑。
 头高身滞足高飘，行藏必定见蹊跷。
 头直身伏足又伏，即利求财俱不足。
 头伏身起卦高稍，病者惊狂讼得招。
 头仰身高足又发，见贵求官必通达。

腰金丙丁形作木论①

 头高足高，口舌多招。 头高足低，阴人是非。
 头高足起，诸事莫理。 头高足直，多施见识。
 头高足伏，官灾不速。 头高足滞，莫争闲气。
 头高足飘，诸事蹊跷。 头低足高，举用自劳。
 头低足低，无是无非。 头低足管，忧疑伤感。
 头低足扬，老病堪伤。  头直足直，官讼有力。
 头直足低，闲事莫携。 头直足仰，莫听水响。

① "腰金丙丁形作木论"，库本作"此后当为腰金丙丁形"。

 头细足细，求财莫去。 头大足大，家财破败。

 头直足发，显利屋宅。 头直足飘，信息劳叨。

 头伏身平足更平，求财求利可经营。

 头高身低足后垂，利见官豪绝是非。

 头低身旺足后发，脱事除忧讼无责。

 头直身高足又湾，求官求事后艰难。

兜财甲乙形作火论

 头直足仰，诸事吉祥，财货有利，官事无伤。

 头高足高，官事多招，求财有利，病者俱消。

 头直足直，占病不利，官事口息，求财少遂。

 头直足伏，女病则哭，财货无利，官事全无。

 头低足低，好事成非，病人见凶，财无官息。

 头低足豁，财货利活。

 头曲足曲，诸事不足。

 头低足直，老病危哭。

 头高足直，诸事利益。

 头直身直足仰，功名利，求财有，官事不宜。

 头低足飘，诸事蹊跷，求官杖责，老病难逃。

 头高足仰上生枝，名成利就病者危。

 头直足高下漏枝，件件多不宜。

 头大足尖，求财莫贪，婚姻难就，功名未全。

 头高身重足起，洪润旺相第一，休囚摺折，诸事不宜。

 头直身直足尖，休囚破败病，洪润旺相吉。

兜财丙丁形作火论

 头直足仰，婚姻吉祥，功名大利，占病无妨。

 头高足高，官事多招，功名大贵，老病阳凶。

 头直身足又直，无是无非，财官俱无，占病凶危。

 头直足伏，财官皆无，功名不利，女病皆哭。

 头低足低，好事成非，病者灾凶，名利不宜。

 头高足豁，财利不活，功名大利，病者求药。

 头高足曲，病人便哭，官事牵缠，功名不足。

 头低身直足飘，诸事莫理。

 头高足直，诸事利益。

 头直身直足仰，官事刑伤，功名大利，财利平常。

 头低足飘，诸事蹊跷。

 头高足起上生枝，诸般皆吉病非宜。

 头直足高下生枝，诸事不宜仔细推。

 头大足尖，功名不全，求财莫去，占病迟延。

 头高身重足起，旺相件件吉。

 头直身沉足尖，财利不全。

分类诗断①

晴雨（诗断身沉头重等歌②）

身沉头重多飞雪，摺折交加雷电风。晴霁轻清蒙则雾，纷纷大雨出龙宫。

其二

洪大精明天必晴，交加枝兆定风生。昏蒙沥溇应多雨，目巧心通龟显灵。

阳宅

若卜迁移新旧基，最利头高戏水鱼。但恐枝生兼鬼动，身宫窈窕莫迁居。

---

① “分类诗断”，库本作“以下分类总断”。

② “诗断身沉头重等歌”，堂本无。

其二

若卜基地看身乡，身稳财丰有剩粮。足管才兴添十倍，蛇头开口主争嚷。

其三

宅逢头白及昏蒙，此有邪神占地宫。人若居之家道废，自然金宝渐消镕。

其四

甲乙为门首，丙丁是神堂，戊己中庭位，庚辛厨灶方。壬癸为沟壑，上下看低昂。洪润皆为吉，不动鬼神乡。枯燥枝交集，丙丁独发张。亲朋无阻碍，必定火为殃。

其五

甲乙坐头枝，门庭多是非。鬼魂财作怪，三代恐无儿。桥势来东畔，新旧两家基。外道有神祸，禳之方始宜。

其六

占宅音兆要相生，相克之时主斗争。来人与日皆如此，仔细推排此五行。

羽音不宜土形，征音不宜水形之类是也。大凡以光为宅，日辰为人，人克宅为吉，宅克人凶(光字误)。

其七

甲乙为林木，丙丁道路乡。戊己邱陵位，庚辛窑灶方。壬癸为池井，次第看兴亡。更与六神诀，内外两参详。

阴宅

健活生枝向阳利，身沉不动宜阴地。肥主豪强怪主淫，秀主才子多清义。

其二

安葬卜兆大元微，凶吉凭龟仔细推。一切皆由心目巧，时人熟读玉灵书。

其三

六神配入五乡中，阳月从头数至终。阴身之边逆如上，看何祸位断其凶（此即前卷论六神之法）。

其四

卦兆来人与日辰，三边各属细推论。其中无土难为家，匹配阴阳不可纯。

婚姻

占婚两卦要丰隆，头足相齐喜气融。两卦相悬并足断，孤儿寡女望门凶。

其二

合婚两卦宜精巧，阳旺阴衰妻克早。阴旺阳衰还损夫，两卦一样同偕老。

其三

两卦有情，鱼水相依。心齐福至，夫妇齐眉。子孙孝义，世代无危。人物不俗，上吉夫妻。

其四

占婚最紧问三堂，父子财官不可伤。父母公姑才是妇，官为夫主子为郎。

其五

枝兆交杂为带疾，卦形凶势必伤身。枯朽定招劳瘵病，两边无力不为真。

其六

甲乙洪润怕足豁，语言伶利多聪达。相里无残成后生，分明好顶青丝发。

其七

若卜丙丁嫌足软，二边生疑有转变。官鬼生枝是病人，喉中有疾多哮喘。

其八

若卜木兆怕身空，更加蒙折在其中。媳妇虽然容貌好，娘家切忌有私通。

其九

卦变木兆怕头缩，胆气雄豪心性恶。劈面生枝宜急用，最有心机难测度。

其十

上脉边占对倒龙，二边低足更堪言。再观上下无长短，琴瑟和谐至老全。

其十一

卦形有气怕足漏，伯母姑姨有般斗。不敬亲夫有外情，血气不和少清秀。

其十二

偷年改日头足起，身分清明无变异。面赤纷纷带紫堂，头男养得多欣喜。

其十三

问身最怕漏身枝，男女各宜腋气随。面带芙蓉身窈窕，房帏事紧亦多儿。

其十四

卦形相称足以直，势带发而主变更。婚后须当人口散，男行俱在别营生。

其十五

头高有气伏多滞，溇而无智酒才多。蹙断震动貌奇古，齿损带破面皮麻。

其十六

丙丁旺促主腹病，齿疏发黄多气性。不然目大色赤红，气疾时时有发定。

其十七

戊己洪润身广大，巧眉仁慈多体态。促动之时起血灾，脾气不和黄病疥。

其十八

庚辛洪润面方圆，色白多威快语言。久足相当多富足，相违血气脉疮联。

其十九

壬癸爻动女多淫，貌恶面乌有配音。若更暗蒙须再嫁，清明不动洁贞心。

其二十

元武发动,其人黑色。多淫貌丑①,立性不定。喜怒不常,有外情。其爻常在足,若低动,多泛滥少子,更蒙昧如遍野桃花,必非贞女。或再嫁者亦然。如足洪润清明不动者,是贞洁之女也。

论曰②:古者男子二十而冠,三十而娶,女子十四岁而笄,二十而嫁。盖取男女全体之象,合婚之法,审二姓之无伤,论五行之有气,其理一也。上可以继祖宗,下可以续后嗣,夫妻久远。卦形无异,然后乃灼,候其形彰,观其形势强弱何如。贵乎两兆丰隆,头足两称,乃大义也。必推三堂为要,上要推父母爻为公姑,中推财官爻为夫妇,下验子孙爻为嗣续。如妨公姑,无公姑者,女子必有疾,财官斗叠,是乃官鬼。夫妻琴瑟欠和,子孙蒙折,女多产厄,子孙落空,必无后嗣。枝兆纵横,必生异疾,或来历不明者有之。两卦相悬促断,男孤女寡,或有望门之愆,破财狼籍之患。其寿夭贤愚,貌颜善恶,百般情状,皆可推之。妙在心目之巧欤?经曰财爻为妇鬼为夫,不犯空亡终是吉也。盖合婚之法,理无十全,但得七八分为上吉,五六分为中平。妨公姑,无公姑者,则不妨。所忌媒妁饰言,本主偷年改月,不通女氏之名,以致卦形乖张,枯朽暗昧。贮处推之,初以观头为面部,丙丁为眼部,戊己为胸腹,庚辛为血,壬癸为手足,看何处动者(按:开龟四兆注四体静逢日之干为动)。辨验有无疾病,相貌妍丑,断其吉凶。两卦相似,洪润兴隆,上吉夫妻,则进选③而不废。或有相亏,则斟酌而用之,不可一途而取,不可一例而推,略举数端,宜推识之。

求财

返上如烟凶祸至,三低胖换休临水。跷踦无象必遭殃,健旺生

---

① “丑”,库本作“配”。

② “论曰”,库本无。但库本有“人元婚姻章”作标题。

③ “选”,库本作“进”。

枝财倍喜。

其二

公干之财旺鬼爻，头平足管论多招。精明有气皆平稳，财位丰隆禄自超。

其三

公干之财鬼若衰，昏蒙静折事多乖。头伏身空财损折，白虎爻兴争讼来。

其四

求财切忌本身空，足起头低事不中。又怕枝兆相克战，千回见贵不相逢。

其五

一切求财财要旺，子孙爻旺十分财。弟兄官鬼不须动，白虎爻惊口舌来。元武动时防盗贼，休囚蛀折定生灾。清明旺相兼洪润，旺处生枝是福财。

其六

给赃索逋财二样，给赃须仗鬼旺相。索逋反此细推详，其馀断法皆同上。

其七

开张店库事不同，足发头昂道路通。头直足落虽安稳，买卖迟延反不中。

其八

财爻为本身为地，兄弟爻为掌事人。白虎发兮多口舌，元武动兮生贼情。

其九（金枝克木）

欲问神龟求一财，身宫洪润十分媒。金枝便是刀砧动，身洪空亡惹祸胎。

其十

赌采斗胜，卦形稳震。头足乖违，疑狂蒙静。头旺身空，百无一称。三空震动，定中未胜。

其十一

占财须要探其情，恐有穿窬歹意人。贩卖公私并作伪，其中断法放图明。

田财

甲乙为种丙丁秧，戊己田邱是本乡。庚辛禾稼秋收位，壬癸冬藏仓库强。

其二

种田须看头身足，惟怕休囚兼折足。若然健旺及精明，管取一年多五谷。

其三

元武昏蒙兼沥溇，断定年中有水灾。丙丁乱动兼枯燥，大旱焦干从此来。

其四

朱雀白虎两爻动，其年可断有蝗虫。兄弟爻发斗坌者，因事交加到讼宫。

春蚕

占蚕健旺有春才，足大头尖是福媒。问祸皆依占病诀，庚辛发动主僵灾。

其二

一种二室并蚕妇，三是蚕身四筐足。五为茧子及抽丝，若问食叶木爻主。

龙为一眠，为种，雀为二眠，勾为三眠，蛇为四眠，虎为茧，武为丝。

出行

头野身空出外优，头回身就主归求。润荣象正多财宝，碎杂形乖定不周。甲己申酉最为头，乙庚午未不须求。丙辛辰巳何劳问，丁壬寅卯一场忧。戊癸不须逢子丑，时值空亡万事休。

其二

出行最忌往空方，身促枝横主路伤。甲己申酉来截路，日辰扶克始相当。

其三

欲问行商何日归，须于干上察时期。心中明朗卦形震，陇头频听马跻嘶。

其四

头纤足动身宫靠，行客思归可应期。头野身空足摺折，变迁他处未回归。

求官

进士求官及问名，卦爻健旺润洪情。头足相当官鬼旺，足开应变矜而成。

其二

健旺生枝就任升，休囚有患在中庭。子孙若动官难显，父母爻空职不成。

其三①

卦讼求官验正形，怪奇异路得功名（皆取官爻旺相第一）。龙虎凤鹤侯王相，杂类兴隆孙子荣。

其四

灵芝木兆君臣会，异路功名封相位。举子黄甲有升除，三人同步丹墀贵。

胎孕

父母爻为孕妇人，子孙爻是小儿身。父母旺相孕妇吉，子孙旺相小儿荣。

其二

孕产成娩两不同，孕妇安而产室空。成卦只宜占孕事，娩爻可待产时通。

其三

休囚为阴旺属阳，胞中男女可分张。子落空房小儿死，父母空

① “其三”，库本作“其三科举功名”。

兮孕妇亡。父母子孙俱旺相，小儿孕妇尽无妨。静则应迟动则速，限期祷祝日推详。

其四

巨龙游海凶中吉，猛虎伏岗吉内凶。头尖足映无殃祸，福德交加子必重。

其五

胎孕大利撺火枪，身光体滑无凶祸。财爻乱动促断凶，依法推之随处可。

词讼

我讼他人曰兴讼，他人讼我曰被讼。兴讼喜要官鬼旺，被讼却喜官衰用。彼此须观两卦中，两卦相似事和同。左边动旺吾先胜，右起丰隆他有功。

其二

讼言胜负分尔我，我讼他人官旺可。他人讼我官鬼平，若旺生枝定招祸。

其三

头旺身滞并足落，蒙昧之时囹圄恶。两形相似一般般，必定迁延难解脱（凡词讼皆占二方）。

其四

身蛀虎动有虚惊，三乡皆损祸非轻。六爻不动足平直，公讼无兴门户清。

其五

偶然斗殴恶兴公，足起头低事不中。三形动旺防斗敌，两边无力总成空。

其六

见官不用插花枝，才插花枝被勘追。身复有枝生白虎，血光缠染带忧悲。

其七

木兆生枝来盖头，三邻门户有冤仇。暗中带箭交加发，进退缠绵难罢休。

其八

身下生枝来漏身，留连牵惹别途侵。若还足管终难了，头抱官乡案吏嗔。

捕盗

捕盗须观官鬼乡，两边衰旺要分张。我衰他旺应难得，我旺他衰定是强。

其二

问赃必要看财乡，财动之时迁变赃。旺动必然当发露，休囚财气落空亡。

其三

旺处生枝并有蕾，定知报信有人来。休囚蛀折生枝起，走透难寻更莫猜。

其四

白虎旺动防抵敌，血光之患定无疑。若问其方看动位，甲乙居东依例推。

其五

前爻发动利于公，后象高强私却通。上下俱兴防斗敌，两边无力总成空。

其六

若问神财有走失，财安足管未能出。戊己生枝贼走亲，五乡精细谈虚实。

其七

头伏足伏贼埋赃，似有不发欲变赃。枝头高昂不能出，枝若低头在近旁。

其八

若问贼徒人物样，便把六神为貌相。推详木火水土金，便识住居并所向。

其九

大凡走失不宜占，诚恐宫司有滞粘。何故吉凶明不得，一人欢喜一人嫌。

疾病

甲乙枝爻若发动，忧疑误食兼头疼。惊恐怪异从外来，寺观看花东方从。

其二

丙丁枝爻若发起，口疮赤眼并促气。若不失饥并食伤，咽喉有疾难医治。

其三

戊衰生枝兼有曲，脾家受喜防惊搐（其下当有己庚辛壬癸或遗亡也）。

卜法详考卷四 古法汇选

龟卜

古者龟卜之法，先须选龟。盖其体有俯有仰，有前弇有后弇，有左倪有右倪之别，其色有玄黄青白赤黑之别。盖俯者天龟，其色玄（《周礼》名灵属）。仰者地龟，其色黄（《周礼》名绎属）。前弇者东龟，其色青（《周礼》名果属）。左倪者南龟，其色赤（《周礼》名猎属）。后弇者西龟①，其色白（《周礼》名雷属）。右倪者北龟，其色黑（《周礼》名若属）。

及秋取而杀之，至春而干，乃衅而藏之。卜时乃去其上甲，存其下甲。其下甲之外，有黑膜一层，临卜乃用契刀，于腰金之上一方中，刻为方形，去其黑膜。此外尚有六处，近上首之一乂，近下尾之一乂，并近四足之四乂，皆须用刀刻之。盖龟板之下，皆有横直之文，其正中直文通于上下，名曰千里。有此一文，然后有左阳右阴之别，横文约有五道，五行之象也。左右各五，天干之十数也。五文之空，左右约十二方，十二支之象也。上一文斜出而抱首，若或直出，名曰冲天，是之谓王，此最贵者也。其左右墙中有二眼者，其次贵者也。或左有右无，左无右有者，曰相曰将，皆贵也。下一文斜出而抱尾，其中平直止有三文，三文之中止有两大方，以中文界之，上下各四，以应四时。其中文为腰金，腰金之下为兜财。凡卜必在腰金之上一方，分为左右二方，左名甲乙，右名丙丁，其甲乙以金论，丙丁以

① “其色青（《周礼》名果属）。左倪者南龟，其色赤（《周礼》名猎属）。后弇者西龟”，库本无。

火论，何也？盖覆龟而视之，甲乙虽属左方，以龟之正形论，则原在龟右。右，金方也，故左之甲乙为金。丙丁在右，而以火论者，南方故也。盖腰金上下之四方，分主四行。左之下，水也。左之上，金也。右之上，火也。右之下，木也。如以五行之理论，则各就本行而分子父财官。如照《史记》《龟经》所卜，则但论首身足三处而已。古者开龟之法必分四时，冬开后右，春开后左，夏开前左，秋开前右。今不论四时，皆开前之二方，然所开之一方亦必有上下左右，亦当因所开之时，而先开其方。《吴中卜法》，卜一事则开甲乙一方，二事则兼开丙丁。如两人共谋之事，或以己求人之事，则兼甲乙丙丁二方皆开之矣。三事则并开腰金之甲乙，四事则并开腰金之丙丁，五事六事则并腰金之下横，名为兜财者，亦开之。古法如止占一事，则视四方之略高者而占之，尤属极验。《周礼》所以有视高之说。将卜之时，又必五行全具，以碗盛水，置钱于中，用木界尺二，架于其上，然后置龟板焉。刻者向下，而近肉者向上，以三一丸灼之，钱为金，界尺为木，碗盛者为水，炙者为火，成灰则土也，而五行全矣。火力既至，必有烟煤黑色形焉。忽觉咋然有声，其板拆矣。拆之所见，其中为身，逼近千里者为首，舒而向外者为足。然后观其身首足之俯仰平直，并其方位之五行，以卜其吉凶焉。又一法，专论五行，以别财官父子，而以旺相冲动论之。又一法，分为四象，而以衰旺论之。又或观其尖圆直曲平，而以五行论之（皆古法也），不可执一。

既占其拆矣，乃以绳约其拆处，以香火供之，必待三日而拆始复合，然后埋之。如不及三日，龟板仍复有声，是犹有未尽之言也，当再卜之。

三一丸，炭屑一两，铅粉三钱，拌匀用枣肉和而成锭，其粗如箸，其长三四分，晒干藏以待用。用时以火烧之，待其透明，然后置于龟板之上，以灼之。

刻龟之刀形扁而方，约长五寸，厚二三分，正中如斧形，磨为刃。其拆分身首足三处而论。身者，事之干也。贵乎平直刚健，洪润明净者，吉也，或摺折乖违，衰拗枯朽，及夹丝拖坠，纵横促漏，皆不宜也。首者,事之始也。其平直高昂,回就有情者,吉也。忌浑蒙沥溇,低伏临野,及俛垂戴白者,不宜也。足者,事之终也。其开豁飘扬浮脱,阳之类也,动象也。肹管落滞,阴之类也,静象也。宜动宜静,宜发宜收,各有所宜,故吉凶亦异。枝,生于上下者也,首身足皆有之,然亦各有所宜。蕾,则枝之短而微圆者也,若化龙,若华盖,若仙人上马,仙人过桥,鹁鸽驼铃之类,皆吉也。否则为上累,上累则非宜矣。又有内己外人,内男外女之说。女本内也,而谓为外,婚姻之女自外而入也。又有交易图谋,征战约请,婚姻来往,彼此相接之事,则甲乙丙丁二方皆开之,以甲乙为我,丙丁为人,停匀则两吉,一高一低,一强一弱,则一吉一否。

总断

甲乙(金兆),其形象一,以头高身旺足管为正形。倘有不然者,是之谓拗,斯为动矣。拗者,身首足不相应也。

丙丁(火兆),其形象丁,头足齐平,头大尾小,是为正形。有不然者,是之谓拗,斯为动矣。又头足乖亦为拗,又卦体静逢日之干为动。

腰金甲乙(水兆),头平身直足管,如蛾眉覆月,始为正形。有不然者,是之谓拗,斯为动矣。

腰金丙丁(木兆),宜头深足旺,蛾眉正形。有不然者,是之谓拗,斯为动矣。

上乡木兆(一名坐脉),宜如木形而活,根柱坚牢而粗,始为正形。有不然者,是之谓拗,斯为动矣(此枝之下大上小者也)。

下乡倒龙(木兆,一名悬针),如倒挂龙,如悬针,其正形宜直而活。有不然者,是之谓拗,斯为动矣(此枝之上大下小者)。

兜财(二边俱是火兆),要头起身重足发,如仰月,又如船载物,是为正形。详其爻占,断其吉凶。

金以甲乙为财,丙丁为官,戊为父,己为母,庚为兄,辛为弟,壬为子,癸为孙。又甲为妻,乙为妾,皆自首至足,分别论之。如不与正形同,是为拗动。

火以甲为父,乙为母,丙为兄,丁为弟,戊为子,己为孙,庚为妻,辛为妾,壬癸为官,皆自首至足,分别论之。如不与正形同,是为拗动。

水以甲为子,乙为孙,丙为妻,丁为妾,戊己为官,庚为父,辛为母,壬为兄,癸为弟,皆自首至足分别论之。如不与正形同,是为拗动。

木以甲为兄,乙为弟,丙为子,丁为孙,戊为妻,己为妾,庚辛为官,壬为父,癸为母,皆自首至足分别论之。如不与正形同,是为拗动。

分断

甲乙金兆

凡占首为事始,首若高昂仰起,则作事有势。身为事干,身若平直厚重,则作事有力。足为事成,足若振起高昂,则末后有势,然亦有宜有不宜。盖事至成终,乃收敛之地,则又以肹管低垂,伏临平直为妙。盖高昂仰起者,动象也。肹管低垂伏临平直者,静象也。宜动宜静,各有所宜。如占病,足肹者生,足开者危。行者,足开至,足肹不至。占出行,足开行,足肹不行。有求,足开得,足肹不得。系者,足开出,足肹不出。占病,足开而危者,内高外下也。

头仰吉,头伏凶。静应迟,动应速。外者,人也。内者,我也。外者,女也。内者,男也。凡头足乖违,身中摧折,及夹丝或如破器,并头足带白,皆非吉也。

头高足低,主前荣后辱。占财福,只初限为佳。

头低足豁,占病凶,又主破财。若身旺而低,则吉处藏凶。

头高足管身平,占岁大稔,诸事皆成。

头高足管,身乡勇猛,利于进用,最忌身促。

头高足落，主始勤终怠，更若身空窈窕，诸事难成（窈窕细也，身空即是旬空）。

头直足直而身动，更带昏蒙，占病主邪气相干。

头伏足起，占行人来速。占病，利女不利男。

头伏足伏，事多忧滞。占行人不至，占病凶。

头直足直身直，白虎朱雀皆动，诸事利，有忧不成（火克金也）。

头直身直足发，金形带火，行人至，婚姻不谐，占病胸膈满。

头若无气，求谋难于进身，失脱难寻，婚姻不谐。

头若有气，更得前后相应，主贵人扶持。

头动足浮，求谋不遂，失脱难寻。

身旺足垂，主事迟多，反复进退。

甲乙枝兆

《龟策传》曰大者身也，小者枝也。枝，旁出者也。又旁出而如花萼者，为蕾（所以有上累下累之说）。凡有枝不若无枝，动不如静。若自凶变吉犹可，自吉变凶则不宜矣。

首上生枝。高昂生枝则吉，诸事有成。垂伏生枝则凶，主有欠愿，多疮疖，发热身疼。凡健旺生枝，精明洪润，青龙有气，诸事皆吉。占讼盖头枝，邻人硬证。若横而生枝，大为龙口，主升腾。小为蛇口，主口舌。下短有财多吉，上短有口舌多忧。腰金而狂枝坐首，主损财。唯旺相可以成事。兜财有枝吉，头高足仰上生枝，名利成就，唯不宜占病。占婚枝兆交杂，女必带疾。健旺生枝，求财倍利。三起枝，诸事吉。三伏枝，事必迟疑。

首下生枝。六爻下累多凶，旺相亦不为祥，主漏财破产有忧，凶。兜财下漏，多灾。头直足高下漏枝，件件不宜。

身上生枝。高昂生枝则吉，头垂足伏生枝则凶。旺相生枝，多有财福。问功名，健旺生枝即升。占讼，官鬼生枝，必定有祸。健旺更不宜。占婚，枝兆交杂，女必带疾。官鬼生枝，亦多病。占讼，插花枝，被勘。若身上白虎生枝，主有血光之灾。丙丁上生枝，主有欠愿。上下两枝参差，名利迟滞，多病讼，有孝服。四通八达如十字，乃吉。有枝，内外公私，多有阻隔。唯问名者必主大贵。若有蕾，主贵人扶持。枝兆纵横，诸事迟滞，公私皆不利。同人妬忌，病难医。若身爻枯朽，兄弟独发，主虚诈，不利求人。占天时，交加枝兆，主风。见贵，枝兆克战，难见。出行，身促枝横，途中有险。三起枝，主斗争。身上所生之枝，反大于身。为子克母，主下凌上，成亦难成，散亦难散。

身下生枝。下累多凶，主漏财破产，旺亦不吉。若首尾无旺气，名利无成，祸患相侵。漏身枝，多怪梦，腰腿疼，交关必遇无情。占讼，漏身主迟延，别有勾连。

足上生枝。乱枝，主凶祸灾迍。庚辛生枝，则奸邪盗气，刀兵相击。木枝截足，大利交关，得父母妻财洪润，大益。枝生于庚辛壬癸，似柳穿者，夏秋卜，最利求财。非求财，则家鬼相侵。春冬卜，有水火盗贼之忧，更防失脱。

足下生枝。下累多凶，旺亦不吉。乱枝，主凶祸灾迍。足漏为漏财，亦不宜脱货，久病迁延难治。

揍须出洞，乃身折之形。唯头高及后若戏水鱼者，始利。屈曲短肥非吉，枝兆纵横则有祸。

甲乙变形

箭发离弓。利求名，最利武帅，大利公事，行人至，见贵亦宜。病凶，家宅不利。

巨海游龙。君子道长之卦，宜占制诏文书，大利求名，病危宜保守，过旬日方苏。讼凶，行人至。停塌利，出卖无气，捕捉提防走透消息，恐有血光之灾。秋夏升腾变易，春冬欲速未达。

猛虎离①岗。唯利君子求谋。若公干，宜艮方，捕捉宜山场古墓，察之可获。经商利往坤方，窑灶高原处，运用得利。防有比肩不

① “离”，库本作“伏”。

足，小人脱漏，所干难成，暴病变凶，久病难治。停塌迟中得利。

化龙形。主升腾变化。大利求名。宜立大功，普济群生，利公不利私，经商得利，有搀夺。此象多有变异。

头上开口。大为龙口，小为蛇口。下唇短有财，上唇短有口舌。下枝主漏财，坐头枝亦不利。三起者吉，三伏为事迟疑。谨防鬼贼，不可托人干事。家宅啾唧，停塌失本。

华盖形。阴阳交媾，道合人和。贫者必富，富者必贵。最宜建造，诸事利益。罪囚遇赦，占病不宜。捕捉难获，商贾水陆防危。

金上立木。土又盖头，行人未至。病人有忧，财防盗贼。穿井土倾，远处捕人，近处捉获。冤家债主，狭路相逢。谨防墙井桥梁之险。出郊必遇蛇虬。

金中化水。占事迟当有成，不宜占婚，占病危，经商有险，行人有病，公事走泄事情。占家宅，有怪异伏尸。

金中变火。行人即归，暴病有变，久病必危，求谋用事，中有搀夺。甲乙掩墙，主有阻隔。不可求名，出入并凶，不宜动土，不宜占病，求财无，见贵逢于道路，经商途中有阻，行人立至，不至则虚惊信至，凡事宜速，不可托人，产难有忧，却生贵子。

金兆化水。身又无力，名利皆空，行人未动，生产大凶。

仙人过桥。占阴宅大利后嗣，唯占病凶。

仙人上马。诸事吉，更宜占坟墓，不宜占病。

大鱼捉小鱼。占事恐有搀夺，占病有神愿，行人在路有阻，求财宜慎，捕捉有人报说。占产，主双生，占婚不宜。大鱼逐小鱼，则有力。小鱼逐大鱼，则力微。

穿心六害。主有祸，家宅讼服不免，提防失脱，小口灾晦，有怪异，占讼有亲邻唆煽，罪业牵缠，不能解脱，功名蹭蹬，经商水陆有阻，求财虚华，岁占得之，四时祸事重重。

仰月形。上半月得之大利，乃进盛之象。下半月得之不利，乃消灭之象。亦利上半年，不利下半年。散事应速，成事欲速未遂，亦不宜占病。

覆月形。头伏足伏身桥，凡事反复，功名难成，占病阴气入腹，久病凶，小儿多惊搐之灾。

金中带火，有喜。讼无凶，病轻无祸。

沥水金。有说无成。

掩墙金。若系金于柱，诸事宜急速，若缓则有误。

金中变木。主大富，讼有虚惊，病凶。

挂龙金。求财薄得。

甲乙腰金水兆

金兆如蛾眉掩月，乃为正形。若得头足相似，六神不动，六亲不移，又得洪润旺相依乡，斯为上吉。若中低后起，主怪异忧惊。然多有变形，皆从此出，俱宜随形而断，若狂枝坐首，主破财，枝若飞来，须察动静言之。

头高足低，事事不宜。

头高足直，诸事利益。

头高足伏，人情和睦。

头高足垂，莫信是非。

头高足管，求财必满。

头高足高，谋望虚劳。

头高身旺足又发，一应图谋皆脱洒。

头高身滞足高飘，行藏必定见蹊跷。

头仰身高足又发，见贵求官必通达。

头直足高，宜寻结交。

头直足低，事不发机。

头直足直，求财利益。

头直足管，财利皆缓。

头直足摇，虚诈动飘。

头直身滞足还落，官病无凶朋友托。

头直身伏足又伏，即利求财俱不足。

头低足低，好事成非。

头低足直，求谋可息。

头低足伏，小病便哭。

头低足泛，丧事速办。

头低足落，诸事莫作。

头低身仰，是非日长。

头伏身高足后垂，官讼不可托相知。

头伏身低足又低，病人官讼必迟迟。

头伏身起挂高梢，病者惊狂讼得招。

头曲足曲，事多反覆。

头细足垂，闲是闲非。

甲乙兜财火兆

头高身重足起，洪润旺相第一。休囚摺折，诸事不宜。

头高足直，诸事利益。

头高足高，诸事多招。求财有利，病患俱消。

头高足仰上生枝，名成利就病凶危。

头直身直足尖，休囚破败多病，洪润旺相大吉。

头直身直足仰，功名利，求财有，官事不宜。

头直足高，枝又下漏，事事不宜。

头直足仰，诸事吉祥，财货有利，官事无伤。

头直足直，占病不利，官事自息，求财少遂。

头直足直，不利占女病，求财无，官事息。

头低足低，好事成非，病凶，求财无，官事息。

头低足飘，诸事蹊跷，官事多杖责，老病更不宜。

头低足豁，大利求财。

头低足直，老病危哭。

头大足尖，求财莫贪，婚姻难，功名未全。

头曲足曲，诸事不足。

丙丁火兆[1]

丙丁象丁，头足齐平，五乡洪润，又带旺气，凡事皆吉。其形象丁，若滞折休囚定，主惊恐。若雀武皆动，主官灾盗贼，宜头旺尾微。若尾粗头细，名利皆不宜也。

丙丁如丁，头大尾细，又不动摇，名利皆吉，利于进取。

足无力，谋望不遂，求财无，他事亦多迟滞。

足爻有气，最利功名，馀事皆可成就。若不累促，求财家宅皆吉。身动足浮，主有失脱。

丙丁象丁，头直足直而洪润，名利皆吉，家宅安，人口顺。

头高足直身洪大，诸事通泰，成脱皆宜，若或休囚，定主滞晦。头高宜见贵。

身宫差跌，诸事不宜，主折财。

头回身空足轻，求谋虽许，不可全信，求财见贵，空费力，总虚名。

丙丁枝兆

首上生枝。甲乙上累，主文书有气，得贵人扶持。丙丁上累，犹可得他人扶持，占病有欠愿。头高足起上生枝，诸般皆吉，唯不宜占病。

首下生枝。主漏财败事。丙丁下累，主阴人阻滞。凡事皆无成。兄弟生枝，主有虚诈。兄弟爻，最利生下枝。头直足高下生枝，诸事不宜。

身上生枝。戊己上累，吉。坐身枝，首伏足伏，亦名金上立木。唯孕妇临产有惊，主生贵子，求名不成，停塌无利，提防仁中不仁，诸事反复难成。行人未至，占病必哭。插花枝。生于木，名利皆吉。婚姻得美妇。若身枯体弱，则主淹留。浮木生枝，进退多阻。更若

---

① “丙丁火兆”，库本作“分断丙丁火兆”。

摺折，诸事难成。木兆如风摇，枝生内外，财防损失，谋望皆虚。占天时，交加枝兆主风。

身下生枝。戊己下累，破财破事，病有血光之灾，女子不利。

足上生枝。庚辛上累，财谷丰，百事昌。壬癸上累，不得人力。木枝坐上截足，交关大利，求财利。若休囚，或如蝌蚪，则吉内藏凶。占讼，盖头枝，邻人硬证。官鬼生枝，占讼有祸，健旺更不宜。辛上生枝吉。问功名，健旺生枝即升。财上发枝为鹁鸽拖铃，行商坐贾皆利。若健旺，其利加倍，行人信至，婚姻妻带子来，唯公干有人拦阻。占捕捉，旺处生枝，有人报信。若休囚，生枝蛀折，定走脱。乌鸦带箭，名利皆空，病危身损。财爻宜生上枝。占婚姻，枝兆交杂，女必带疾。若枯朽，定主痨疾。若官鬼生枝，亦多病。

足下生枝。庚辛下累，有灾。壬癸下累，破财。水火枝生于官鬼，上下相穿，夏秋卜多财，春冬卜多火盗。庚辛下生枝，为漏财。木兆生枝扫脚，名利有人搀夺，婚成亦主生离。占婚，足漏枝，主好争斗。

公孙同数，乃上出之枝，当生于腰金之木，枝与木①身齐等也。主吉中有助，最宜求利，唯公讼不宜。

父子相负，乃上出之枝而斜背者，亦名火中莲。主父子参商，与人谋事，则内勾外连为祸。

飞鸟入林，乃上下生枝若翼，而头伏尾高者也。行人速至，主有喜庆。若或蒙昧损折，诸事没兴，且有勾连。

丙丁变形

金水形，在丙丁为伤元气，诸事难全，宜西南方求利，见贵吉，行人未至，散事宜迟，成事不成，宜缓而不宜急，有始无终之象。

丙丁化金火，为三起伏，先迟后速之象。宜西南方，打造金铁处求干，有借肩得力处，病凶，行人至。凡公私及脱货，皆多虚诈。公

① “木”，库本作“本”。

讼辩①脱。

四通卦，兄弟爻中发，主有虚诈，财爻漏枝，主漏失财物，占病主阴神为怪，若财发上枝，兄弟漏枝，方许四方通达，经营获利，官讼有鬼贼，亦主多事，功名蹭蹬，同辈搀持，行人惊险，凡事保守。

纯金卦，在丙丁之乡，六神一同，六亲齐配，是为财旺，秋占更吉。求名求利，施恩作福，婚姻和美，官讼得理，行人未至，有信来。

螣蛇卦，诸事进退，事胜处有人唆煽，老病有血腥，经营冬宜北，春宜东，夏宜南，仍防旺处遭伤，口舌如麻。

丙丁失字形，主有散失，诸事无成，主夫妻反目，父子不和，兄弟争闹，病者冤牵，枝在上是阳魂，枝在下是阴魂。

金火形，父子两背，谓大小相背也。金火相烘则火胜，主夫妻反目，父子不和，兄弟争闹，逆上反理之象。占财得一失二，问名无，占宅二三人病。

箭不离弓，乘凶恃势之象。唯利占公事，官讼须防暗箭，功名只可以大易小，尚防搀越，行人未至。

扬旗形，金中发火，有似扬旗，诸事宜速不宜迟，家宅防水火盗贼之灾，最利于公，必有喜信，不利于私，脱货利，占病不利。

困鳅形，短而蠢，六爻不动，凡事宜迟不宜速，若头低足直，六爻不动，更兼沥溇，买卖久后得利，有变易升腾之象。占病危。

两金重叠，金形生金枝也。不利于公，唯宜破屋坏垣伐木，及买卖铜铁，利小人，不利君子，此阴毒之象。主事重叠，过涉艰难，方可遂意。

猛虎伏岗，不宜公讼，提防阴毒，恐旺处有伤，停塌大利，不利私商，行人未至，病者颠狂，大利出师。

鹁鸽驼铃，庚辛上发枝，行商坐贾皆吉。凶祸消灭，行人信至，婚姻妻带子来，公干主有人拦阻，占病有鬼祟，安葬在水石之间。

重叠丙丁，谓二钉也。主父子兄弟同登妙境，功名双胜，求一得

① "辩"，库本作"辨"。

二。若头足齐平，五乡洪润，家宅丰盈。若纹爻旺活，则有重喜。若带休囚，则有两失，或有旧事相缠。又主比肩不足，占病或有牵缠，或有重丧。

乌鹊带箭，见官求谒皆不通，名利俱空，占病久后危。

天罗地网，囚系难出，瘟疫缠绕，内防阴人妒忌，外有小人侵欺。若得两头有空，谓之破罗破网。问凶不凶，问喜不喜，问盗来不来，公讼理不理（与鹑鸽驼铃不同，驼铃在上，带箭在下）。

牛头火，甚凶。

天井水，交加紊乱，不利经营。

云梯独步，利谒贵求名，不利婚姻，及占病求财。

丙丁腰金木兆

头高足高，口舌多招。

头高足低，阴人是非。

头高足起，诸事莫理。

头高足直，多施见识。

头高足伏，官灾不速。

头高足滞，莫争闲气。

头高足飘，诸事蹊跷。

头高身低足后垂，利见官豪绝是非。

头直足直，官事有力。

头直足低，闲事莫携。

头直足仰，莫听水响。

头直足发，显利虚宅。

头直足飘，信息劳叨。

头直身高足又弯，求官求事后艰难。

头低足高，举用自劳。

头低足低，无是无非。

头低足管，忧疑伤感。

头低足扬，老病堪伤。

头低身旺足后发，脱事无忧讼无责。

头伏身平足更平，求财求利可经营。

头大足大，家财破败。

头细足细，求财莫去。

丙丁腰金变形

形如覆月，洪润为吉，拗则不宜，更若有枝，须察动静。

木兆不宜身空，求财无，诸事乖违，行人未至，失物不得。

形如匙挑，举用有忧。

木兆无根，秀而不实。

足虚头回，空实空回。

木兆如风吹烛台，主虚惊。

乂天乂地皆不利，而乂地更凶。

风摆荷，水漾荷，弄珠荷，不宜托人干事，皆无准的，终有损失，又宜分向内向外。

腾上木，事多虚声。

两鬼扶身，所求不成，凡事有人搀夺，久病不利。

软桥若柱，主凶中有助，若或体衰，则凶中有吉。

木兆象黄兰，利春不利冬。

牛头火甚凶，公私皆不利，行人被阻。

天井水，诸事交加紊乱。

插花枝，名利皆吉，婚姻和美，唯不宜身枯体弱。

木兆化为杖鼓，花酒丛中最利，不利占病，讼有囚系。

扫脚枝，问利求名，有人搀夺，婚姻不久主离。

浮木生枝，不利占名，谋为进退多阻，若带摺折，诸事无成。

倒木无根，诸事不利。

头回身空足轻，求谋虽许，不可全信。凡百成事，名利两途，总属虚名。

木兆化金，求财无，行人未归，任人不著，所干不成。

木横倒影，无事亦生烦恼，占病凶，行人在路，亦有他事缠扰。

风摇木，枝兆内外相交，财防损失，求望虚劳。

倚壁卦，内外皆可怕。

独土形如一字，公私皆吉，更利农耕。

三合形，诸事可成，求财婚姻皆吉。

乱丝形，无事也虚惊。

成林木，大利求财。

倒龙形，失脱易寻。

毛叶形，上丰下细，头又纤活，如平地插鸡毛，大吉，更利求名。

背靠木，徒劳碌耳。有相背之形，故事多反复。

丙丁兜财火兆

头高身重足起，旺相，诸事皆吉。

头高足起上生枝，诸事皆吉，唯不宜占病。

头高足高，多招官事，占名大贵，占病则男子凶。

头高足豁，求财少利，占名大吉，病者用药而愈。

头高足直，诸事利益。

头高足曲，病人便哭，官事牵缠，功名不足。

头直身直足直，无是无非，财官俱无，占病危。

头直足高下生枝，诸事不宜。

头直身沉足尖，财利不全。

头直身直足仰，官事刑伤，功名大利，财货平常。

头直足仰，婚姻吉，功名利，病无妨。

头直足伏，名利俱无，占女子病不利。

头低足飘，诸事蹊跷。

头低足低，好事成非，病凶，名利皆不宜。

头低身重足飘，诸事莫理。

头大足尖，功名不全，求财无利，占病迟延。

甲乙丙丁兜财火兆

此兆名水乡发火,头起身重足发,如仰月形,则诸事有喜。上面生枝吉。头低下漏,定主凶灾。

顺风船,最利经商,求官赴任,婚姻皆吉。病则久后危。

担肩形,头似画眉,又如雁阵排空而缩脚,若得身肥旺相,诸事皆吉。

鲫鱼上水,其形缩脚,若得身肥,诸事如意,足发身衰,则不宜也。

蚕头蟹足,诸事如意。

缩脚变形,又有漏身漏财之别,枝生于下,若鸟之飞,其脚缩也,诸事可为。

变形(甲乙丙丁腰金兜财皆有之)

死鳅困鳅,见于火兆,短而蠢。六爻不动,凡事宜迟不宜速。若头直足直,更兼沥漤,买卖久后得利。

鲫鱼戏藻,即上水也。见兜财,身肥者吉。足发身衰不宜。

卧蚕食叶,宜身肥足管,求财宜缓,若空断则主悲。

仰月见金兆,上半月得之大利,乃进盛之象,不利下半月。亦利上半年,不利下半年。

覆月见金兆,头伏足伏身桥,凡事反复难成,占病久凶,小儿多惊搐之灾。

顺风船,见兜财,经商最利,求官赴任,婚姻皆吉,病则久后危。

分头,头上分开,若龙口蛇口之类。

分足,足上分开,若大鱼捉小鱼,鹁鸽驼铃之类。

帆篾,此木兆变形,两头著脉方吉,蛀折则不宜也。

飞鸟,即兜财中缩脚形,诸事可为。若得形如凤鹤,占功名,定至侯王。

蛛丝坠网,与绞车同。

绞车，此与寿龟鳖儿，其形皆圆，此不常有者也。绞车特多乱丝耳。

四通，上下生枝，文如十字，乃吉。若两枝参差，名利迟滞，多病讼，有孝服。

凡字，与火兆中失字形相似，头合而尾分，主父子兄弟夫妇不和。

寿龟，与蛛丝绞车相似。

鳖儿，与蛛丝绞车相似。

漏身漏财，缩脚变形，如鸟之飞，其脚缩也，诸事可为。

撑门形，或如棒，或如笋，或如针，则万事亨通，屈曲短肥者不吉。若生乱枝，或见摧折，则求财不利。

金鸡独立，诸事难谐，有忧多阻，囚系不出，占病亦宜。

联占（甲乙丙丁二方兼占之）

身折两头低，甲乙丙丁相同，病凶，婚姻刑克，官讼牵缠，且防盗贼，居家常有惊忧。

金形化水，甲乙丙丁相同，婚姻有始无终，家宅田园，谨防水盗，官讼遭刑，病危。

金火纯金，甲乙丙丁相同，婚姻不吉，名利皆空，老阳病危，行人信至。

两乖形，其形直而足开，上有缠丝，甲乙丙丁相同，婚姻上吉而难成，官讼他胜，病阳鬼为祟，家宅防火盗。

鱼尾形，甲乙丙丁相同，占婚则两婿，占产则双生，病则阴人危，阳人难愈，功名不美，家宅防水盗。

沥水金，两头低也。甲乙丙丁相同，占婚不久房空，占家宅，阴人小口多病。占阴宅，主有水藏。

一字形，甲乙丙丁相同，夫妇齐眉，家宅田蚕大利，官升，阴宅大吉。若得洪润，其吉绵长。如带休囚，美中不足。

丙丁头高，甲乙头低，是为宾来欺主，下逆上之象。名利难成，停塌无利，婚姻不成，病多忧。

阳旺阴衰，主克妻。阴旺阳衰，主克夫。唯两边相同，占婚偕老。

凡占功名，官鬼旺相，父母洪润，子孙休囚，上吉。若其形怪异，或见龙虎凤鹤，定为将相侯王。若杂类兴隆，止郡县之荣耳。

分爻①

甲乙金兆分爻

初爻甲乙为首，一名青龙，又为财神，又甲为妻，乙为妾。若洪润，则诸事相宜，谒贵求财皆吉。若轻清，则诸事减力。若高蒙，则主前程有阻。若低蒙，则始终滞晦，常多迷闷。若低洪驿急，不利求财(洪驿急皆为兄弟旺也)。枝从此生，名坐头枝。

二爻丙丁，一名朱雀，又为官鬼。若动，主文书口舌，官事相系。若有枝，内外公私，各有阻隔。若平静轻清，必主有拦截之患。唯科举功名，健旺生枝，必主大贵。若有蕾，则主贵人扶持。

三爻为戊，一名螣蛇，又为祖父。若洪润清健，生气颇佳，得贵人之力，田蚕坟宅兴隆，大畏蒙滞，则诸事不吉(蒙属木，为克土也)。

四爻为己，一名勾陈，又为祖母，其色宜驿(驿者，金也。金之色白)。若带轻清，则诸事速。若坚直稳平，则诸事大吉。不宜蒙昧昏沉。戊己二爻为父母宫，大宜洪大旺相，育物无穷，生气不绝，不宜枯朽蒙昧促折。如衰处生枝，化为破财五鬼，凶害非常。

五爻庚辛，一名白虎，又庚为兄，辛为弟。此神未尝有吉，故不宜动。唯宜平静清秀，自然贞吉。若动主比肩不和，不利求财。若动旺生枝，则奸邪盗气，刀兵相击。亦不宜蒙昧，蒙昧则疾病相攻。

---

① “分爻”，库本无。

若休囚，则阴少不安。若驿，则主破财（驿如半环，金之本形也，其色白。在此宫，则为兄弟）。

六爻壬癸，为足，一名玄武。又壬为子，癸为孙。喜平伏清秀，谓之足肸。上吉。大畏蒙，蒙则盗贼奸气相凌。成脱二途皆不宜，终亦不利。若发动如幡脚，失脱非轻。常主小人有忧害不成也。

首高足落，凡事始勤终怠，占病迟滞（后无力也），老阴大凶（足落也），少阴血气不和（与足近也），无咎。或食积痁痍之疾，少阳防惊（与首近也），再①看身分如何，且要本音纯美。

首直足直，戊己震动，更带蒙昧，则邪气相干（中心动也）。

首伏足伏，多生忧愁，诸事不和，疾病危亡，行人不至，论诉失理（此首伏足伏而中直者，若中起则为桥矣）。

首伏足起，行人速至，老阳病者凶（首伏也）。长男在外得病（与首近也），或因食气所伤。老阴伤②者忧气未苏，无咎（足起也）。暴病者身旺吉（足起也），促动凶（首伏也）。如停货物，得此大利（先衰后盛也），速脱无气，不得价（首伏也），有忧不成，先凶后吉。

首直足直身直，朱雀白虎大动，则有官事户役相牵。少阴遇之，脓血之灾（白虎动也）。少阳值之，疮痍之悔。

丙丁火兆分爻

初爻甲乙，为首，一名青龙。又甲为父，乙为母。以旺相无动，洪大者为佳。若动，则必致叨迭，文书更变，凡事见速。如带休囚，诸事艰辛。亦不宜蒙昧，蒙昧则贵人隐而不见。若轻细，则停塌不利，病者受气于食，得凶。

二爻丙丁，一名朱雀。又丙为兄，丁为弟，不宜大动。若大动旺相，则反吉成凶，故曰火炎而无水涛溶。纵发而中间有折，

① “再”，库本作“更”。
② “伤”，库本作“患”。

凡事宜速，速中防损，得壬癸相应，则凶中化吉。若得庚辛旺相，谓曰金中有水，亦谓庚辛化财，财旺不动，则兄弟和睦，动则必有争夺。

三爻为戊，一名螣蛇，又为长男，又为子。唯刚明洪润为吉。不宜折动，动则损财，失业亡家，用事欲速未达，平直吉，蒙昧凶。

四爻为己，一名勾陈，又为长女，又为孙。唯宜明静坚直，不宜蒙昧，蒙昧则阴小不安。折动则惊恐失财。休囚则子孙不利，外事勾连。如有夹丝，则主伏尸。乖气相搏，及官事鬼贼加侵，官讼失理，终讼不善，病多气疾，驿者行人至，公私不利。

五爻庚辛，一名白虎，又为妻财，庚为妻，辛为妾。此神虽凶，在火位不能兴祸，若旺相洪润，则经求有利，公私两谐，谒贵出入皆利，进用和平，更得壬癸相兼，旺相洪润大吉。不宜枯燥发动，若动则金火相刑，其害必深。

六爻壬癸为足，一名玄武，又为官鬼。唯得圆实刚齐，谋望利名皆吉，前程何忧不显。若带休囚，则是美中不美。若蒙昧，则官事户役相连。若发动，则盗贼奸邪为害，有非常不测之祸，谨防水厄，陆防盗贼，人灾岁歉。如生木枝，截足在上，大利交关，更加父母妻财，洪润大吉。若带休囚，如蝌蚪相似，则病久而危，亦防中风，瘸疾则迟。或凶中隐吉，或吉内藏凶。水火枝，生于庚辛壬癸，与柳穿相似。夏秋卜之，大利求财。如非求财，则防家鬼相侵。春冬得之，则有水火盗贼之灾，更防失脱。

首旺足直，身洪大轻动者，成脱尽吉。或带休囚，必有所失，不能用也。

首旺直，身衰足发，更带轻脱则可也。求财不得，有始无终之象。常占有大难，主人口分散，先喜后忧，先易后难。病久而危，暴病有自缢伤亡为怪。常占则口舌相形，讼失理，囚者出，行人在路有惊，涉江渡海，有风涛之患，陆行防贼伴交游，占宅有伏尸古穴，须保重可也。

五行占

甲乙属金,以甲乙为财,若首起高昂,旺相洪润,求财大利,占名亦为有助,占文书则不利。若低伏衰朽,则利文而不利财。以丙丁为官,若平直洪润,动而旺相,求官大利,占文书亦为有助,占兄弟则不利。若低伏衰朽,则利兄弟而不利官。以戊为父,己为母,若平直洪润,动而旺相,大利文书,父母之占,占兄弟亦为有助,占子孙则不利。若低伏衰朽,则利子孙而不利父母。

以庚为兄,辛为弟,此爻动而旺相,则事多虚诈,或有耗财比劫之患,唯平静衰朽为吉。若动旺,占子孙兄弟为宜。若低伏休囚,则利占财,而不利兄弟。

以壬癸为子孙,又为归著之爻。若足起高昂,洪润旺相,诸事有喜。凡占皆可成终,唯不利占官,占子孙最利,占财亦为有助。若休囚枯朽,则子孙老阴不利。

丙丁属火,以甲乙为父母。若首高而昂起,或旺相洪润,文书父母之占,斯为大利,占兄弟亦为有助,占子孙则不利。若低伏衰朽,则利子孙,而不利父母。

以丙为兄,丁为弟,此爻动而旺相,则事多虚诈,或有耗财比劫之患,唯平静衰朽为吉。若动旺,则占子孙兄弟为宜。若低伏休囚,则利占财,而不利兄弟。

以戊为男,己为女,若平直洪润,动而旺相,占子孙大利,占财亦为有助。若休囚枯朽,则利功名,而不利子孙。

以庚辛为财,若平直洪润,动而旺相,求财大利,占名亦为有助,占文书则不利。若休囚枯朽,则利文而不利财。

以壬癸为官,若足起高昂,洪润旺相,占名大利,诸事皆可有成,占文书亦为有助,占兄弟则不利。若低伏衰朽,则利兄弟而不利官。

凡财官旺动,大利求官,占财虽得,微有损耗,占兄弟则不利也。凡官文动旺,大利文书制诏之占。占官必有迁转,占子孙则不利也。

凡父兄动旺，大利兄弟，恐多虚诈，家宅定有迁移，占财则不利也。

凡兄弟子孙动旺，利占子孙，恐有口舌争夺，占官则不利也。

凡子财动旺，大利占财，凡事有喜，文书父母之占，则不利也。

凡腰金兜财之五行，悉如此占，皆以向千里者为甲乙，向外者为壬癸，中间以次排列。

洪范五行占

《洪范》五行，先儒止传其图，未有占法。今采诸占之论五行者，附于其后。

古法，直者，木也。锐者，火也。横者，土也。圆者，金也。曲者，水也。而直锐横圆曲五者，亦各各具有兼形。如曲而又曲，锐而又锐，或直而圆，或横而曲，秘本所云金形带火，金中变木之类是也。又有因所见之宫位而定者，如甲乙金兆而上见木形，则为金中之木。丙丁火兆而上见土形，则为火中之土是也。

甲乙五行

箭发离弓，金形也，旺于甲乙之宫，故求名利，求财不利。

巨龙游海，与化龙形，皆尾上带火，在金乡为官，故皆利求名。

华盖，土形也。在金乡为文书，故宜建造，又镇静安逸之象，故占囚则遇赦，占捕捉则难获。

金上立木，土又盖头，皆生所克者也。行人未至，病人有忧，防盗贼，捕捉，远捕近获，商贾水陆防危。

金中带水，迟当有成，婚病不宜，经商有险，行人有病，泄气也。

金中变火，行人即归，暴病有变，久病危，谋事有阻，婚姻不谐。回头克也。

掩墙，直木也。主有阻隔，诸事不宜，经商途中有阻，见贵逢于道路,产难有忧,却生贵子,行人立至,不至有虚惊信至,为所克者,回头逼也。

金兆化水,身又无力,名利皆空,行人未动,生产大凶,泄气也。

仙人过桥,唯占病凶,占阴宅,大利后嗣。

仙人上马,诸事吉,宜占阴宅,不宜占病。

穿心六害,家宅主讼服不宁,防失脱,有唆讼,名利皆空,经商有阻,岁占则一年不利。

仰月形,利上半月,不利下半月,亦不利占病。

覆月形,凡事多反复,功名难成,久病凶,在甲乙为兄弟。

金中带火有喜,讼无凶,病轻,无祸,以五行论,则兄弟无能,以六神论,则白虎被克。

沥水金,有说无成。

掩墙金,诸事宜速不宜缓。

金中变木,主大富,讼有虚惊。

挂龙金,求财薄得。

丙丁五行

金水形,在丙丁为伤元气,诸事难全,名利西南吉,行人未至,宜缓而不宜急,有始无终之象。

丙丁化金火,为三起伏,先迟后速之象。有人借肩得力,病凶,行人至,脱货防虚诈,公讼辩脱。

纯金,在丙丁之乡为财,名利皆吉,婚姻和美,官讼得理,行人未至,有信来。

螣蛇卦,诸事进退,有人唆煽,病凶,经营四时,宜往旺方,仍防口舌。

金火形,左火右金相背,皆主六亲不和,多争斗,逆上返理。

箭不离弓,金土合形也,持势之象也。须防暗箭,行人未至。

扬旗形,宜速不宜迟,利公不利私,防水火盗贼,脱货利,占病不利。

困鳅带沥漤，买卖久后得利，官升，病危。

两金重迭，利私不利公，利小人，不利君子，阴毒之象。主事重迭艰难，方可遂意。

猛虎伏岗，形类重金，微带火也。不利公，防阴毒，停塌利，私商不利，利出师，病颠狂，行人未至。

鹁鸽驼铃，火形带火，旺于本宫，商贾皆吉，凶祸消，行人信至，公干有阻，病有祟。

重迭丙丁，谓二钉也。主父子兄弟同登，功名双胜，求一得二，家宅丰盈，事多重喜。若带休囚，则有两失，或旧事相缠，比肩不足，占病有重犯①。

乌鹊带箭，名利俱空，求谒不通，病久危。

天罗地网，系难出，病缠绕，防阴小欺妒。若两头有空，吉凶皆不成。

牛头火，行人阻，病凶。

天井水，交加紊乱，不利经营。

云梯独步，利谒贵求名，不利婚姻及占病求财。

丙丁腰金五行

匙挑形，土不成土，木不成木者也。主有忧。

木兆身空，失物难寻，足虚头回，求无所得。

风吹烛台，主虚惊。

乂天乂地，凶。

风摆荷，水漾荷，弄珠荷，托人干事，防有损失。

腾上木，作事但有虚声。

两鬼扶身，不利求谋，有人中阻。

软桥若柱，主得人扶助，若或木弱，必至终衰。

黄兰形，利春夏，不利秋冬。

---

① “犯”，库本作“厄”。

牛头火,甚凶,公私皆不利,行人被阻。

天井水,主交加紊乱。

插花枝,名利皆吉,婚姻和美,唯不宜身枯体弱。

杖鼓形,不宜占病。

扫脚枝,名利皆有阻,婚主生离,唯托人可成事。

帆篯形,名利皆吉。

浮木生枝,事事多阻。

倒木无根,诸事不利。

木兆化金,求财无,行人未归,所谋不成。

木横倒形,主多烦恼,病凶,行人不来。

风摇木,财防损失,求望虚劳。

倚壁卦,内外皆可怕。

独土,公私皆吉,更利农桑。

三安三合,公私皆吉,更利农桑。

乱丝形,多虚惊。

成林木,大利求财。

倒龙形,失脱易寻。

毛叶形,诸事吉,更利求名。

分类总占

天时

凡占晴雨,洪大精明轻清明净者,主晴。昏蒙沥溇者,主雨。身沉头重者,主雪。摺折交加,则主雷及风。交加生枝,亦主风。

占晴,则足开首仰者晴,横吉安者不晴,横吉内外自横者不晴,横吉下有柱晴。载晴,横吉,内外相应,自桥,揄仰,上柱足,足肸者,晴(载字或当是戴)。

占雨则首仰有外,外高内下者,雨。横吉俯仰者,雨。首仰足开横吉安者，不雨。又首仰足肣，有内无外，及内高外下者，不雨，亦不甚霁。横吉上有仰，下有柱者，不雨不霁。根格，不雨。

年岁

占丰俭。首仰足开有内，内外自桥外自垂者，熟。又横吉内外自桥者，熟。首仰足肣内高外下者，大熟。横吉上有仰，下有柱，大熟。横吉揄仰，熟。横吉内外相应，自桥揄仰，上柱足，足肣，不大熟。载，熟。根格，中熟。首仰足肣，有内无外者，不熟。足肣首仰有外，横吉安者，不熟。横吉下有柱，不熟。首仰足肣身折，内外相应，不熟。

占灾疫。身正首仰足开，与横吉安者，无疫。横吉内外自桥者，无疫。首仰足开有内者，有小疫。横吉揄仰，有疫。首仰足肣身折，内外相应者，有疫。若首仰足肣，有内无外，身节折有疆外者，疫。首仰足肣，内高外下者，疫。横吉上有仰，下有柱者，吉。横吉，下有柱，无疫。根格，有疫无伤。横吉，内外相应，自桥揄仰，上柱足，足肣，有疫。

占有兵。首仰足肣，有内无外，及横吉安者，无兵。首仰足开，有内者，无兵。横吉，内外自桥者，无兵。横吉，上有仰，下有柱者，无兵。横吉，下有柱，无兵。载，无兵。首仰足开，身作外疆者，有兵。首仰足肣，内高外下，岁中有兵不至。首仰足肣，身折，内外相应，有兵不至。横吉，内外相应，自桥揄仰，上柱足，足肣，有兵不会。

蚕桑

最喜健旺，及头尖足大，不宜庚辛发动，主有僵灾。

木为食叶，宜旺相，不宜休囚。

一为种子，二为蚕室蚕妇，三为蚕身，四为筐，五为茧子及丝，皆以旺衰占其凶吉。

龙为一眠为种，雀为二眠，勾为三眠，虎为茧，武为丝。

家宅

身乡平直,洪润稳重,头高足管,并横吉安者,大吉。横吉,上有仰,下有柱者,吉。横吉,揄仰,吉。首仰足开有内,居家室不吉。首仰足肹有内无外,居家多灾。首仰足肹,内高外下,居家室多忧病。载,有忧。外高内下,不吉。首仰足肹身折,内外相应,不吉。

枝生枯躁,或兼鬼动,或蛇头开口,或头白昏蒙,皆不宜也。又枝生于首,主多是非,且恐乏嗣。

凡占家宅,以身为基,身稳财丰,大吉。足管多财,蛇头开口,则主交争。

凡占家宅,以戊己为中庭,甲乙为门,丙丁为神堂,庚辛为厨灶,壬癸为沟渎为井。远则以甲乙为林木,丙丁为道路,戊己为丘陵,庚辛为窑灶,壬癸为池井。

又以五行论生克,羽音不宜土形,征音不宜水形,宫音不宜木[1]形,商音不宜火形,角音不宜金形。

又有人宅相克之说,以日辰为人,人克宅吉,宅克人凶。

居家

卜居家吉否。身正横吉安者,吉。横吉,内外自桥者,吉。横吉,下有柱,吉。根格,吉。横吉,内外相应自桥,揄仰,上柱足,足肹,吉。身节折,首仰足开,有内者,不吉。狐狢,宜居宅,宜娶妇嫁女。横吉,揄仰首俯,可居家,娶妇嫁女。

迁移

卜迁移能否。最利头高,不宜枝生,亦不宜鬼动,亦不宜身宫窈窕。足开有肹首仰者,必迁。足肹横吉安者,不迁。

---

① “木”,库本作“金”。

婚姻

婚姻皆占二方,宜头足俱齐。二边停匀相配者,成。两边无力或参差者,不成。阳旺阴衰则克妻,阴旺阳衰则克夫。两卦相悬,又兼促断,则男孤女寡,或有望门之愆,或主破财。

财为妇,官为夫,财官斗迭,主琴瑟不和。父主公姑,子主嗣息,皆不可有伤。子孙蒙折,女多产厄,子孙落空,主乏嗣。

枝兆交杂,则女带疾,其形枯朽。官鬼生枝,则男主痨疾,或喉中有疾。足漏枝,主不敬亲夫,伯母姑姨有争斗。漏身枝,主有腋气,头足俱起,主女家改换年庚,身分清明,则无变异。足直而发,主人口散。

甲乙洪润,主语言伶利,并发美。甲乙高则有气,伏则多滞,沥淒则无智而好酒。促断震动,非齿损带破,则面麻也。丙丁旺而促,主腹病,齿疏发黄,或有气性,或目大色赤,有气疾。戊己洪润,身形广大,主仁慈多态。若促动,主血灾,或脾气不和,或黄病,有疥癞。庚辛洪润,主面圆色白多威,或多语言。

壬癸不宜动,乃水性也。唯清明不动,主贞洁。动主貌丑而黑,立性不定,喜怒不常。若暗昧,主再嫁。若低动,主泛滥少子。

胎产

占胎孕,以父母为孕妇,以子孙为小儿,宜身光体润,父母旺相,孕妇大利,子孙旺相,小儿大吉。亦不宜空亡,父母空,伤孕妇,子孙空,伤小儿。

财爻亦不宜旺动。若旺动,或促断,则孕妇不利。

凡占产期,静则应迟,动则应速。

凡占男女,以旺相为男,休囚为女(宜以阳干为男,阴干为女)。

仕宦科名

凡占仕宦科名,皆宜健旺洪润。若头足相当,官爻旺相者,大吉。若健旺生枝,即主升擢。唯不宜子孙发动,亦不宜官鬼休囚,亦不宜父母空亡。若得龙虎凤鹤之形,定主侯王将相。若得灵芝木兆,亦主君臣会合。

占升迁,横吉安者,不迁。首仰足开有内,虽升迁,居官不久。首仰足肣,徙官。闻言不徙。横吉,内外自桥,官升。首仰足开,内高外下,官不徙,居官有忧,无伤也。横吉,上有仰,下有柱,不徙。横吉,揄仰,不徙。横吉,下有柱,吉。载,徙官,吉。根格,不徙。首仰足肣身折,内外相应,不徙。

居官

卜居官吉否。身正横吉安者,大吉。横吉,下有柱,吉不久。外高内下,不吉。首仰足肣身折,内外相应,不吉。横吉,内外相应,自桥揄仰,上柱足,足肣,吉。身节折,首仰足开者,不吉。首仰足肣,有内无外,闻言不徙,居官有忧。首仰足肣,内外自随,不安。

求财

凡占求财,或买卖物件及渔猎,宜健旺生枝,洪润精明有气,又宜财位丰隆,头见足发,或首足开,内自桥,内外相应者,必得。横吉,内外自桥者,得。载,得。首仰足肣,内外自随,或足肣有外,或首仰足肣,外高内下,或首仰足肣,有内无外者,不得。首仰足开有内者,不得。首仰足肣,内外自随者,不得。横吉,内外自举,求财物,得而少。又足肣横吉安者,一日得,过一日即不得。横吉,上有仰,下有柱,不得。横吉,揄仰,不得。横吉,下有柱,不得。横吉,内外相应,自桥揄仰,上柱足,足肣,不得。根格,不得。首仰足肣身折,内外相应,不得。首俯足肣,身节折,不得。内格外垂,不得。内高外下,疾轻足发,不得。内自举,外来正,足发,得。横吉,上柱,内外自举,足肣,得。横吉,上柱,外内自举,柱足以作,有求,得。挺诈有外,不得。挺诈有内,不得。挺诈内外自举,得。狐狢,不得。狐彻,不得。挺诈内外自垂,不得。横吉,揄仰首俯,不得。头平足管,招人谈论，柱御，亦不得。又不宜头伏身空，及财爻带折，亦不宜足起头低，及休囚蛀折。

白虎爻兴，必主口舌争讼。玄武爻动，防盗贼。

弟兄爻动，主耗折。官鬼爻动，主有官非。唯占贵财及追赃，始利。

请谒

请谒人，横吉内外自桥者，得。载，得。横吉，揄仰，不得。横吉，下有柱，不得。根格，不得。首仰足肣身折，内外相应，不得。内格外垂，见人不见，横吉，内外相应，自桥揄仰，上柱足，足肣，不得。横吉安，不得。首仰足肣，有内无外，请谒人不行，行亦不得善言。首仰足肣，内高外下，不吉。首仰足肣，内外自随，不得。

见贵

卜见贵吉否，不宜官空。若足开首仰身正，内自桥者，吉。横吉，内外自桥者，吉。横吉，上有仰，下有柱，吉。横吉，揄仰，吉。横吉，下有柱，吉。载，吉。横吉，内外相应自桥，揄仰，上柱足，足肣，吉。横吉，内外自举，见吉。内高外下，疾轻足发，不见吉。外格，见吉。内自举，外来正，足发，见吉。首仰身节折，足肣有外者，不吉。首仰足肣，内高外下，不吉。根格，不遇。首仰足肣身折，内外相应，有喜。首仰足肣，外高内下，吉。横吉，上柱，内外自举，足肣，不见。横吉，上柱，内外自举，柱足以作，不见。挺诈有内，不见。狐狢，不见。狐彻，不见。首仰足肣，身节折，不见。挺诈内外自垂，不见。

店肆

店肆之财，头昂足发，大利。如头直足落，财虽安稳，主买卖游①延。

---

① “游”，库本作“迟”。

投行

凡占投行，以财爻为本，以身为地头，以弟兄为牙行。白虎动，主口舌。玄武动，主盗贼。唯合伙，宜兄弟旺相而发动。

田财

田土之财，以甲乙为种，丙丁为秧，戊己为田，庚辛为禾稼收成，壬癸为仓库积聚。头足身三处，宜健旺精明，不宜休囚折促。横吉安，岁稼不熟。

玄武昏蒙沥溇，定主有水。丙丁乱动枯燥，定主有旱。朱雀白虎两动，主有蝗虫。兄弟发动及斗垒，主有官讼。

出行

凡占出行，喜正直洪润，不宜碎杂形乖①，亦不宜身促枝横，主途中不吉。

所往之方，不宜空亡。如往南不宜火空，往东不宜木空之类。又如求财不宜财空，见贵求官不宜官空之类。若时值空亡，万事无成。

问行不行。首仰足开者，行。柱辙，行。首仰足肣，有内无外者，不行。横吉安，亦不行。横吉，上柱，内外自举，足肣，不行。横吉，上柱，外内自举，足肣，不行。横吉，上柱，外内自举，柱足以作，不行。挺诈有外，不行。挺诈有内，不行。挺诈内外自举，行。横吉，下有柱，不行。首仰足开，有内者，行。横吉，内外自桥者，行。载，行。头见足发，内外相应，行。首仰足肣，内外自随，行。内高外下，疾轻足发，行。内自举，外来正，足发，行。首仰足肣，内高外下者，不行。横吉，上有仰，下有柱，不行。横吉揄仰，不行。根格，不行。外高内下者，不行。首仰足肣身折，内外相应，不行。内格外

---

① “乖”，库本作“垂”。

垂,不行。横吉,内外相应自桥,揄仰,上柱足,足胕,不行。横吉,内外自举,不行。外格,不行。狐狢,不行。狐彻,不行。首仰足胕,身节折,不行。挺诈,内外自垂,不行。

头野身空者,宜出外。头回身就者,宜归家。

卜行遇盗否。首仰足高,身节折,外高内下者,遇。横吉,内外自桥者,遇。首仰足胕,内高外下者,遇。横吉,内外相应,自桥揄仰,上柱足,足胕,遇。足胕,横吉安,内高外下者,不遇。首仰足开有内者,不遇。横吉,上有仰,下有柱者,不遇。横吉,下有柱,不遇。载,不遇。根格,不遇。首仰足胕身折,内外相应,凶。

行人

凡卜行人,首仰足开有内者,来。柱辙,来。横吉,内外自桥者,来。内高外下,疾轻足发者,来。首仰足胕,内高外下者,来。载,来。头见足发,内外相应者,来。首仰足胕,内外自随,不来。横吉,上柱,外内自举,足胕,不来。首仰足胕,身节折,不来。横吉安者,过食时不至,则不来。横吉,上有仰,下有柱,不来。横吉,揄仰,不来。横吉,下有柱,不来。根格,不来。横吉,内外相应,自桥揄仰,上柱足,足胕,不来。首仰足胕,有内无外者,不来。首仰足胕,外高内下,不来。首仰足胕身折,内外相应,不来。内格外垂,不来。横吉,内外自举,不来。外格,不来。内自举,外来正,足发,来。横吉,上柱,外内自举,柱足以作,不来。挺诈有外,不来。挺诈有内,不来。挺诈内外自举,来。狐狢,不来。狐彻,不来。挺诈内外自垂,不来。

用爻发动,干合日至。若头尖足动,主行客思归。若头野身空,足爻摺折,主迁转他处。

疾病

凡占疾病,首仰足胕者,愈。横吉安者,即愈。柱辙,亦愈。首仰足胕,内高外下者,愈。首仰足胕,有内无外,病甚亦愈。横吉,上有仰,下有柱,病久而愈。横吉揄仰,愈。横吉,下有柱,愈。又曰过一日无瘳,危。横吉,内外相应,自桥揄仰,上柱足,足肣,愈。横吉,内外自举,久而愈。载,愈。根格,不死。头见足发,内外相应,愈。首上开,内外交骇,身节折者,不吉。首仰足开有内,病笃而危。横吉,内外自横者,危。首仰足肣,外高内下,病久危。狐彻,危。内格外垂,危。狐狢,危。外格,危。内自举,外来正,久而愈。横吉,上柱,内外①自举,柱足以作,危而愈。挺诈有外,病数起。挺诈有内,病数起。挺诈内外自举,愈。首仰足肣身折,内外相应,病甚亦愈。首仰足肣,内外自随,愈。内高外下,疾轻足发,愈。首俯足肣,身节折,危。挺诈,内外自垂,久而难起。横吉,揄仰首俯,难起不危。横吉上柱,载正,身节折,内外自举,阅一日危。横吉,上柱足肣,内自举,外自垂,阅一日危。首俯足诈,有外无内,即危。

凡甲乙发枝,主头痛,或肝气病,或脾胃饮食不进。惊恐怪异,俱从外来,或由寺观而得,或由东方而得。丙丁发枝,或口疮,或咽喉肿痛,或赤眼,或促气咳嗽。

戊己发枝,或主脾家受病,或惊搐,或肾水受伤。庚辛发枝,或多咳嗽,或肝气不足,或多血症。壬癸发枝,或心虚胆怯,或泄泻,或肾水不足。

占病四象

占老阳病,喜首平直高昂,不宜首衰伏低垂。占老阴病,喜足平直高昂,不宜足拖伏低垂。占少阳病,喜丙丁平直洪润,不宜轻微摺折生枝。占少阴病,喜庚辛平直洪润,不宜轻微摺折生枝。

词讼

凡占词讼,六爻不动,足爻平直,主无讼。足起头低,亦主无讼。若足管,其事难了。

---

① “内外”,库本作“外内”。

我讼彼，喜官鬼旺。彼讼我，喜子孙旺，官鬼衰。

凡词讼，皆占二方。若头足齐平，两卦相似，主和解。两边无力，其讼不成。若左边旺相，高起强壮者，我胜。右边旺相，高起强壮者，彼胜。若两边动旺，防有殴斗。若一边生枝者，其祸莫测。

若身爻逢蛀，白虎又动，三乡皆损，其祸莫测。若逢插花枝，必主被勘。若身上生枝，且逢白虎，主有血光之灾。

木兆生盖头枝，主邻人硬证。若带箭者，亦不利。

若坐漏身枝，更主牵连多人。

系禁

卜系者求出，足开首仰有外者，出。有内者，亦出。柱彻，出。横吉安者，不出，轻者可出，过一日不出，久无伤也。首仰足肣，有内无外者，不出，久亦无伤。首仰足肣，内高外下者，不出。横吉，上有仰，下有柱，不出。横吉揄仰，不出。横吉，内外自桥者，无罪。横吉，下有柱，出。横吉，内外相应，自桥揄仰，上柱足，足肣，系不抵罪。横吉，上柱，内自举，足肣，不出，无伤。横吉，上柱，外内自举，柱足以作，系留无伤，旋出。载，出。根格，系久无伤。外高内下，无伤。头见足发，内外相应，出。首仰足肣身折，内外相应，久不出。内格外垂，不出。横吉，内外自举，久不出。内高外下，疾轻足发者，不出。外格，不出，不吉。内自举，外来正，足发，不出。挺诈有外，系有罪。挺诈有内，罪无伤，系出。挺诈内外自举，系无罪。狐狢，系留无罪，难出。狐彻，系留有抵罪。首俯足肣，身节折，系留有罪。挺诈，内外自垂，无罪难出。横吉揄仰，首俯，难出。

捕盗

凡占捕盗，宜官衰，不宜官旺。我旺他衰，则盗可得。我衰他旺，则盗不得。两边无力，贼亦不得。柱彻，亦不得。

头伏足伏，贼必埋藏。

白虎旺兴,防斗敌,有血光之灾。上下俱兴,亦防斗敌。

若休囚蛀折生枝,贼必走脱。若旺相生枝,并上下有蕾,定有报信人。

问赃

问赃以财为主,若财气旺相,必当发露,或主财有变迁。财气休囚,必落空亡。

察贼

问贼所在之方,官属甲乙,必在东方。官属丙丁,必在南方。

问贼徒何状,青龙直而长,朱雀赤而尖之类。又以五行辨之,木直金圆之类。

逃亡

凡捕逃亡,首仰足肣,内外相应者,得。横吉,内外自桥者,得。载,得。首仰足开,横吉安者,不得。首仰足肣,有内无外者,不得。失财物,亦不出。横吉,上有仰,下有柱,不得。横吉揄仰,不得。横吉,下有柱,不得。横吉,内外相应,自桥,揄仰,上柱足,足肣,不得。根格,不得。首仰足肣身折,内外相应,不得。

征伐

凡征伐,以内为我,外为人,亦开两方占之。宜首仰足开,身正,内自桥,外下者,胜。首仰足肣,内高外下者,胜,首仰足肣身折,内外相应者,胜。横吉,上柱,外内自举,柱足以作,可以举兵。若足肣首仰身折,内下外高者,不胜。横吉,内外自桥,则合交相等。横吉,上有仰,下有柱,击伐不行,行亦不见。横吉,揄仰,不行,行不见。横吉,下有柱,不合。根格,不合。

击盗

卜击盗见不见。首仰足肣，有外者，见。足开有仰有内者，不见。横吉安，击盗不行，行亦不遇。载，相见不相合。首仰足肣，有内无外，行不遇盗，闻盗来，内自惊，不来。

防盗

卜盗来不来。若外高内下，足肣首仰者，来。横吉，内外自桥者，来。横吉，下有柱，来。载，来。首仰足肣身折，内外相应，来。足开首仰有内，来。若横吉安者，不来。横吉，上有仰，下有柱者，不来。横吉，揄仰不来，首仰足肣，有内无外者，不来。根格，闻盗不来。

忧疑

卜忧疑，柱彻无忧。首仰足肣，外高内下，有忧无伤。狐狢，有忧不忧。

阴宅

凡占阴宅，宜健活沉重而肥秀，又宜安吉，又宜土位无伤，馀皆不吉。

释象

轻清者，身静而细也（宜占脱事，宜求晴，不宜求雨）。平者，头足无高下也。

直者，不曲不斜也。伏者，首足垂下也。

重者，身低伏也。

高者，首起也。

低者，首垂也。

垂者，伏也低也。

临者，亦首低也。

野者，首向外不回顾也。

就者，首向内而不背也。

回者，首高而再转也。

戴白者，首之白也。

纤活者，动而健也。

有情者，回顾而和顺也。

昂者，身起也仰也。

沥溇者，如水下渗也（主事迟滞，宜占田财，占病主重）。

浑者，蒙也。

蒙昧者，暗不明也（暗，主作事暗损）。

休囚者，枯朽也。

旺相者，洪润也。

洪润者，明静而泽也。

拗者，乖违也。

乖违者，不依乡也（或首不向千里也）。

静者，六爻不动也。

摺者，回迭也（摺，多进退迂回）。

折者，断也（折，则旺中有损）。

颠狂者，起伏之甚骤也，又起伏大也。

衰者，细微而无力也。

震者，大动也。

驿者，微动也（一云与健同）。

豁者，开发也（宜脱事，宜走不宜止）。

发者，大起也。

落者，足垂垂也。

滞者，足下重也（凡事迟滞，不宜脱事）。

蕾者，如迭蕾也。

绵者，续也。

蛀者，如虫蛀木也。

昂者，欲上也。

促者，摺折也。

纵横者，枝乱也。

窈窕者，进退之形也。

枝者，生枝也。

浮者，微起也（与发同占）。

脱者，落也，又发不管也。

漏亦落也，枝下垂也。

管者，朎也。

朎者，管也，平伏而清也（难脱易成）。

刚者，坚也。

齐者，平也。

夹丝者，中破也。

拖者，枝生外也。

坠者，枝生内也。

桥者，下弓也。

揄者，上弓也。

横者，平也。

柱者，上直也。

挺诈者，中有馀也。

狐狢者，厚而不辨也。

狐彻者，厚而中通也。

凡言吉者，高仰旺相，洪润明健，纤活有情，钤管平直，圆实刚震，轻清浮发，豁落回就，皆是也。

凡言凶者，低伏临垂，脱落而漏，蒙昧而暗，沥溇窕窈，纵横摺折，夹丝拖坠，休囚拗折，枯朽颠狂，衰野滞蛀，戴白而出，皆是也。

补释象

补甲乙释象

纯金者,身圆枝亦圆也。

旺相者,高仰振起也。

落者,低下也。

窕窈者,细微也。

有气者,高昂振起也。

无气者,休囚枯朽也。

三起者,首身足皆高起也。

三伏者,首身足皆低垂也。

箭发离弓者,有弓而无箭也。

箭不离弓者,有弓有箭,金土之合也。

巨龙游海者,金水带火而动荡也。

龙口者,双火带金水也。

华盖者,土上立木,又盖之以土也。

金上立木,乃土上立双木,又盖之以土也。

金中带水,既圆而微曲也。

金中变火,首圆而尾尖也。

掩墙者,立木而逼千里也。

金兆化水,圆少而曲多也。

仙人过桥,中隆起而上立木也。

仙人上马,中稍凹而上立木也。

穿心六害者,木土交加也。

仰月形,首起足起之金也。

覆月形,首伏足伏之金也。

金中带火,体圆而尾微尖也。

沥水金，掩月而边高边低，足微曲也。

掩墙金，体圆而逼近千里，若系马于柱也。

金中变木，体圆而足直立也。

挂龙金，首挂于上，屈曲如龙也。

补丙丁释象

金水形，圆而尖也。

丙丁化金火，既圆而尖，三起伏也。

纯金，体圆也。

螣蛇，夹丝缠绵，水土之杂也。

金火形，此左火而右金，异体之金火也。

箭不离弓，金土合形也。

扬旗形，金中发火，似扬旗也。

困鳅带沥溇，土兼水也。

两金重迭，金形生金枝也。

猛虎伏岗，与重金略同，微带火也。

鹁鸽驼铃，金形带火也。

重迭丙丁，谓二钉也。

乌鹊带箭，重金而枝大于身，自下斜生也。

天罗地网，金木合形也。

牛头火，两火上出如牛角也。

天井水，土木交加，如井字也。

云梯独步，其形如梯，土木之杂也。

补丙丁腰金释象

匙挑形，土不成土，木不成木也。

木兆身空，木火土，杂乱而无序也。

无根木，木之截足者也。

足虚头回，火之强，土之弱也。

风吹烛台，木火土金之杂也。

义天义地，木之岐头带火者也。

风摆荷，水漾荷，弄珠荷，弱木而上摇也。

腾上木，直木而上带火也。

两鬼扶身，竖立若合，而两相背也。

软桥若柱，桥金而柱木也。

黄兰形，木柔而上，覆以金也。

牛头火，木上岐而锐，如牛角也。

天井水，土木交加，如井字也。

杖鼓者，双木而一起一落也。

扫脚枝，斜生于足者也。

帆篾者，火枝上生而测注也。

浮木生枝，木横而枝生也。

倒木无根，木横而截足也。

木兆化金，下直而上圆也。

木横倒者，无根而斜也。

风摇者，木交加而杂乱也。

倚壁者，靠墙双木也。

独土者，横吉之象也。

三合者，上木斜，而下形如口也，与三安同。

乱丝者，交加烦杂，如乱丝然也。

成林者，木直立而不一也。

倒龙者，木上挂如倒龙也。

毛叶者，如鸡毛之插于地也。

补甲乙丙丁兜财释象

仰月形，金中发火也。

顺风船，仰月生枝，如船载物也。

担肩者，仰月而两头略垂，金中带水也。

缩脚者，如鸟飞而缩脚，金中带水火，亦名鲫鱼戏藻。

漏身漏财，枝之下漏也。

卧蚕食叶，身如蚕，枝如叶也。

撑门，如棒或如针也。

金鸡独立，如鸡立木上，金木火之杂也。

子克母，枝大如身也。

公孙同数，枝与身大小均也。

背靠木，木立而金背也。

父子相背，所生之枝外向也。

飞鸟入林，翅尾首全具，如飞鸟之投林也。

揍①须出洞，如钥之能出锁须也。

枝动者，木上生枝而摇摇不定也。

补联占释象

钓竿者，木斜而带水也。

金形化水者，首圆而足曲也。

金火纯金，金形而首尾皆火也。

两乖形，左右夹丝，而足又开张也。

鱼尾者，足开如鱼尾也。

沥水者，水形如覆月也。

丙丁甲乙相停，则人我皆吉也。

丙丁欺甲乙，则人胜而我负也。

甲乙高于丙丁，则我胜而人负也。

蛛丝形，如蛛网也。

绞车，寿龟鳖儿，与蛛丝略同，皆不常有者也。

龙虎凤鹤，其形与生物相肖，皆不常有者也。

① “揍”，库本作“捧”。

附编二

葆璞堂诗集

葆璞堂诗集序一

扶舆清淑之气，磅礴蜿蜒，涣而为人文，萃而为理学。间尝窃论我朝文治蔚兴，名公卿比肩林立，求其有体有用，本末可观，出处一揆，则于中州得数人焉。汤文正、张清恪其选也，继之者厥惟宗伯胡紫弦先生。

先生幼即有志圣贤之学，乡荐后浮湛公车几三十年，洎登第入词林，回翔禁近，洊涉清班，未尝一日废学。诸经中尤研精于《易》，语云韦编三绝，铁镝三折，漆书三灭，殆不虚也。盖其深嗜笃好，有寤寐羲文于千载之上者，故持论不主一家，而出其自得，往往不惜与先儒辩难。尝曰："吾背传也，而不敢背经。"

圣祖朝数数召对宫廷，命之讲《易》，亘时逾晷，前后数千百言，屡蒙俞旨，有苦心读书之褒。余少游京辇，与先生为忘年友，后为馆后进。每过从考评，得读先生著作，虽一脔半豹，皆深味义根，足启蒙稚。至论诗文门仞，则与予有苔岑之契。世宗初年，先生进《耕耤诗》《河清赋》，甚邀激赏，寻跻卿贰，数年罢归。上御极，入觐京师，特复原官，未几卒。先生生平可考者如此。

予悬车二十馀年，先生季子季堂秉臬江左，裒举其所为《葆璞堂诗文集》，寄予校订，且请予序。予顾何能为先生元晏哉？虽然，昔东坡序范希文遗稿，有不及见之恨，而深以得识其子仲叔季为幸。予于先生虽年辈少后，而亲炙其言论风旨。又五十馀年，亲见其季幼孤自立，荷圣主恩深念旧，由倅守拔至大僚，将缵先生未竟之业，以副九重毗倚。复能继承家学，表彰先生之遗言，不亦较东坡有馀快乎？

先生诗、文各四卷，诗则自抒胸臆，质直而指深，和平而趣博，若无意于求工者，而绳之法律，不爽铢黍。文则根极理要，宣德达情之作，致为剀切；而因物明道，从身心体认得来，于宋元前哲中，差近屏山、草庐诸家，洵布帛菽粟之文也。因并次其出处崖略，以复司臬，以告天下之能读父书者，即以备他日续洛学一编者之采择，吾知其非溢美也已。

嘉禾馆侍钱陈群撰，时年八十有七手录。

葆璞堂诗集序二

司空表圣论诗云:“俯仰即是,不取诸邻,与道俱往,著手成春。”盖言左右逢原之乐,而无事乎穿穴险固也。张无垢读杜诗至“野色更无山间断,天光直与水相通”,以为悟理者触境皆如此,此可以破章句之习矣。

吾师胡沧晓先生精研《周易》,学者莫能寻其际。其于雕鎜藻帨之学不屑屑也,然和顺之积,亦时发为诗歌,理趣高远,自然成体。间或比次经训,联之以韵语,亦源渊乎?有邵子《击壤》之风焉。所谓著手成春者,往往而是。非先生心平志愉,动息于道,观理熟而资之深,未易袭取也。古之人不下带而道存,目之所遇,化机流衍,神明不囿,有默识而心融者。《诗》曰:“鸢飞戾天,鱼跃于渊。”其诸表圣“俯仰即是”之谓欤?《记》曰:“天高地下,万物散殊,而礼制行焉;流而不息,合同而化,而乐兴焉。”其杜诗“野色山光”之谓欤?

读先生诗者,其尚以此意求之。至先生服躬经世之略,启丰序先生文既详著之矣,兹不复论云。

乾隆三十七年夏六月,受业门人彭启丰拜撰。

葆璞堂诗集序三

予少侍先大夫，即闻光山有胡少宗伯沧晓先生研精易理，弁冕经师，虽不能至，心向往之。比游燕，而先生下世已久，访其遗书，猝不可得，深为怅然。

丁亥冬，予奉命监郡陇西，以综理新疆局务，留寓省垣。越一载，而先生哲嗣云坡五兄亦以陈臬来甘肃，且同理局事。暇时因出先生所著《周易函书》见视，荟萃甚博，折衷甚精，言理不失之晦，言数不失之凿。予寻绎观玩，服先生之学之奥且深，而予二十年之私愿始得大偿也。然犹未见其诗。

庚寅春，云坡又以《葆璞堂诗》属予论次，予受而读之，其骨凝然，其气蔼然，古体朴雅而有神，今体生新而远俗。至于穷经有得，抒写性灵，则又素所蓄积，如数家珍，迥异于寻常隔膜语。夫《诗》为六经之一，言志章教，本非可苟焉而已。顾自汉魏以还，能诗者鲜穷经，穷经者鲜能诗，鸿沟一画，莫或两兼。至宋儒始欲兼之，而程邵诸公又以理胜，惟朱子诗冲和温雅，德人之言，有三百篇遗意。盖通才若斯之难也。今观先生此集，奇而法，正而葩，以易学之旨蕴写诗人之性情，不诡于理，而又不滞于理，次其风格，可以上追考亭。苟非涵养深醇，功夫精粹，其孰能与于斯耶？

抑又有感者，古人以有文为不朽，有子为不死。今云坡功名事业克绍前徽，而又能保护遗文，以光梨枣，即扣槃扪烛如予者，尚不惜殷勤下问，于以叹明德之后必有达人。而区区梧棬衣裳之慕，尚不足以尽之也，更用以念当世之读斯集者。

时乾隆重光单阏之履端月，东吴馆后学愚侄毕沅拜撰。

葆璞堂诗集卷一

励志篇

几案盛书帙,探阅渺无极。荆榛迷道路,俯仰增叹息。佁儗及行踪,志气转皇惑。关楗在何许,端委不可得。虔修一瓣香,质之贤圣侧。神若綦之言,在昔有仪式。大禹惜寸阴,皇皇于日昃。孔子拔其萃,发愤且忘食。自顾何如者,乃不自整饬。恭为德之基,惰者德之贼。志懈宜自毖,意驰宜自力。不毖与不力,因循蠹嫩德。勿谓天听遥,感通难遽测。见闻不可欺,爱憎生淑慝。惠迪吉之阶,妄动增差忒。果能钦此言,本茁末以植。恪哉慎所修,将以铭胸臆。

寿天一梁夫子

美人曾已赋山榛,近许程门得渐亲。名向天池挥风藻,才从藜阁漱华津。驺虞化雨沾南国,桃李春风湛颍滨。自有文章关性命,不随风会漫逡巡。

碧沼

碧沼涵光静,朱霞度影深。浮天映星月,川上古人心。

月

玉轮展空碧,金蟆耀海滨。天光浑似水,曾照古今人。

赠曹受可

截竹诛茅三四间,多人称是地行仙。文章古剑藏牛斗,意气雄风薄赵燕。自蓄郫筒供莞尔,手营陶菊总萧然。多情鸥鸟缘何事,栖在窗西绿水边。

乙丑冬,晤天植于西江,索诗归,祝仲复年伯

灵苞毓天地,摩荡以尽神。造化信难秘,蔚然储席珍。或在廊庙间,探指挥鸿钧。或故老其才,迟迟羁海滨。苍溟有乘除,达士葆其真。西江晤何子,素心为之伸。以彼落落志,抒予款款忱。明月满屋梁,剪灯未觉频。挹君湖海气,初非游浪人。我行亦已远,鲤庭疏夕晨。君将莱子意,持娱高堂椿。搦管徒赠言,结念愧敷陈。相期鼓长风,努力向秋旻。

忆书五首

前年绿绮赋离居,近复搜寻二酉书。抛掷短檠停夜火,安排长钟课春蔬。青萍负气羞弹铗,子石多情恋敝庐。也觉小窗太岑寂,教人容易过三馀。

舶棹翻风透晓檐,黄梅过雨湿疏帘。谁教阳魄收霉醭,孰挽书魔到黑甜。海岳画图辜玉案,长源青白负牙签。更虞脉望犹餐字,未必芸香取次添。

缃帙缥囊久未亲,封橱开见隔年尘。蟢蛛经界都成国,馋蠹休粮也怪人。藜火漫吹天禄杖,壁灯慵凿稚圭邻。常如身属无怀氏,鸟纪龙文尚未真。

益友开缄晤所思,书笼比似药笼宜。海鲲藉汝搏羊角,荆玉凭君荐鹿皮。签上朱红今错落,卷中甲乙更参差。有谁秘阁储经笥,与较青箱夜分藜。

邺架函封竟欲疏,相思何地不踌躇。薰风梦觉清凉候,篝火更深寂寞初。栝棬似忘先世泽,雁鸿鲜报故人书。南宫生性由来癖,或恐前身是蠹鱼。

黄鹤楼

岑楼绣栱手亲扪,崔颢题名迹尚存。仰摘星辰天宇阔,俯临江汉峡门喧。旧时鹤化元裳影,今日云笼白浪翻。安得仙翁把长笛,

随风高动岳阳尊。

华岩洞

（洞有弥勒大士二像，皆积年石乳所成）

斫削费天巧，宁知造化新。广空如冻溜，珠动若悬津。悟我法非法，得他身外身。蓬莱在何许，长此几千春。

凭虚洞

不须鸡犬入云中，陡觉桃源路可通。尚有潭容金鲫鲤，从无人把钓丝风。掩唇燕子巢成窟，悬乳阇黎敲作钟。更说谽谺最深处，石田修竹一丛丛。

金达泛滩作

万顷波光涌碧湍，水关添棹上来难。于今得借轻风便，稳泛中流自在船。

庚午十一月廿九日先大人讳辰作

望极穷霄不惮频，天涯路杳隔云津。经年无字书华表，结梦沉思想旧身。

房栊深处掩黄昏，病眼看天未觉繁。悔怕无端惊瘦骨，不多添语问遗言。

记得依依在膝前，去年今日始凄然。室庐如故缑山远，冷向西风泣杜鹃。

先王母入邑志恭赋

曾闻俭素礼栴檀，纺绩功多母教端。赤火有灵销剩骨，青山无地葬馀棺。生前抗节贤名久，死后流芳好字难。落得口碑传万载，高风留待后人看。

同祛侯、次公、颙若、秉哲、攻玉登大观楼小饮

平添洲渚色，尔我共周旋。绉縠平拖练，回澜巧折笺。小言穿石水，微偻拜人仙。星触明珠动，杯倾绿玉溅。画沙书大篆，破浪策雄鞭。鸥鹭呼之语，鱼龙惊不眠。苏门鼓长颊，馀醉笑青天。

重阳登紫水塔

便是龙山会，无如此会强。行行历石级，步步拜灵光。遍酌贤人酒，分簪隐者香。科头无帽落，俯首看云翔。枚子输先道，莼羹许后尝。鹤林花解语，催得满庭芳。

阳武杨孺人节烈诗

惟天有正气，中闺毓令仪。前哲讵足芳，矫节匪所思。尝闻义姑事，亦读柏舟诗。面或为之毁，耳或为之夷。十八为君妇，频为后嗣期。孺子才数月，弃之何如遗。鹤发堂前姑，穷途将倚谁。茹蘖六七年，心期梁屋知。弱子与嗣子，胡为两俱隳。老姑悲不胜，感此泰山颓。忆昔初嫁君，遗言那可违。所志讫不就，苟生良可悲。延颈窃自经，九原成追随。嗟哉孱弱质，纲常凛若兹。黄金为志气，金亏志不亏。白石作心肠，石移心不移。如霜复如雪，如水复如葵。霜比烈烈操，雪比皎皎姿。水流无断绝，葵向匪参差。日月照贞珉，纪此黄绢词。

送唐明府

暮四朝三术异同，诳愚何但一狙公。绨袍觉后惭须贾，绵蕞从前误叔通。磊落岂无经世业，推移应号信天翁。中心最恨弹棋局，赖得均调有化工。

赠田肤功

谪仙丰韵杜陵诗，邂逅相逢尽一卮。不信马周长逆旅，何当李

广独羁迟。挥鞭先已乘风去,学圃终惭落第时。我亦欧阳门下士,瓣香浮动海云知。

张黄授馆于邑之长潭,得八景,各系以诗,步韵和之

孟公耸翠

雾幛云屏也自雄,巧眉新样颇相同。诸峰罗列真儿子,一柱当空是孟公。蛾绿偶然添画笔,鸦青毕竟费神工。年来好眼偏私我,豁向寒暄静对中。

羚羊秀屏

翠屏高耸太希奇,树绕烟村竹作篱。天路两边分碧落,人家一带入晨炊。虽无永叔山中记,赖有王维画里诗。白石苍藤藏太古,渔樵能到不能知。

鼓峰爽气

绝巘都卢不可跻,欃枪曾此伐征鼙。云旗自展凌霄路,雨阵分排探月梯。刁斗声残天已老,鼋鼍雄压水犹低。于今村落无桴鼓,朝爽频教两袖携。

龙沟瀑布

谽谺曾与石泉通,一径穿山注此中。自有声歌饶鼓吹,不劳裁剪置帡幪。槎浮云汉天无极,机绕流黄照未穷。尽好题诗无巧手,天孙端的费神工。

桃源石洞

洞里人家道是秦,花时从不染风尘。逢人不信乾坤大,过眼全疑岁月新。佳处偶然成捷径,穷源到底属迷津。分明记得渔郎说,鸡犬桑麻即隐沦。

石潭夜月

清华一向石潭生，风掣波回触水晶。宝镜两盘秋隐隐，明珠双动夜盈盈。分将玉兔中间魄，添得银河分外明。庚兴自来差不浅，况增沉碧起幽情。

东河宿雾

谁将烟景望中开，没石藏霞作一堆。直去似云探木末，横拖如带束山隈。都疑曙色河间少，不见人踪岭上来。只待氛氲消散后，好从天际认蓬莱。

三际晓钟

月影空蒙夜气清，尝从枕畔得钟鸣。南门消息金鸡动，北阙班联彩仗迎。晏岁我犹躭苦读，有年谁不称勤耕。大音欲作频频叩，净洗胸中百不平。

己亥元日步玉友李明府韵

南枝才放暖，又见物华新。觅坐求高士，敲诗报故人。粉窝初试水，腊燕已宜春。不待邹阳律，和风渐觉亲。

静籁生天籥，晨曦当暑新。梅风香处士，蕨露浣诗人。赋拟椒花颂，杯传竹叶青。琴书如可共，徙倚自相亲。

元夜李玉友署中看砖花

不独东皇擅化工，祝融也解铸春红。既添繁蕊垂垂朵，复茁灵芽密密丛。金谷多年培地力，隋廷几日费人功。只愁蛱蝶无凭据，未敢寻芳趁晚风。

春宵点染出天工，一抹虬梢掣晓红。琼圃裁成仙桂种，上林植得锦香丛。谁将炎帝经纶手，换出勾芒造化功。几度唤醒蝴蝶梦，教伊栩栩漫从风。

山行

行行穿过竹篱笆,萝薜蒙茸磴道斜。风窍洞岩天自语,水凌盘瀑石能花。松头放鹤遗仙居,树杪栖鸡学暮鸦。莫道武陵深不到,乱云左侧是桑麻。

即事

颇觉芸树兴味长,那能诡遇学王良。竟忘荜户蓬茅隘,赖有奎文翰墨香。不饮也常擎酒盏,无钱时复探空囊。山林何必皆名士,为恼烦名筑屏墙。

见新历同理仲舅祖翁作

一年才过小阳春,又见初颁凤纪新。人与梅花同格韵,庭馀雪影倍精神。庄生志拙甘呼马,原宪才疏愧结鹑。书卷肯将奢俭论,料人端不笑予贫。

书王体仁壁

谬向疏慵索一笺,自忘词客久登坛。诗豪笔醮蔷薇露,文将旗摩杏子天。尾附信然司马论,先驱难得祖生鞭。他年倘定文章价,谁与龙门太史贤。

嫠妇行

(为玉友李明府作)

翔风吹裳声恻恻,嫠妇偕夫走江北。道路遥遥春水深,连天蔓草非乡国。夫病膏肓忽丧亡,幼子嗷嗷空断肠。衷情哽咽谁能会,背面偷垂泪两行。往来观者咸叹息,无人解措移山力。哀情苦意徒自知,逢人不道饥无食。尔时李公初下车,目击此妇心踌躇。宁无亲知与戚里,茕茕守此欲何如。妇言家在湖南住,生来不识天涯路。儿妇薄命轻远游,千里移家等闲度。寻常挥泪湿南云,渺渺家山劳梦魂。伶仃稚子无知识，啼向秋天泣暮飧。公闻此言殊感叹，旋输囊橐给缗贯。仁人利济逮穷黎，指画须臾拯急难。嫠妇感兹意气真，欲言不言难自陈。舆前跪拜深深语，愿公长作生民主。

山行

清泉随处濯衣裾，砍得柴根照夜书。酒熟稻香人事好，爱山真欲买山居。

竹梢摇影入云丛，松韵离披轧晓风。万物自闲天籁合，道人心与碧山同。

试把高山当子期，清琴对汝一弹之。忽然触动涓涓水，流到人间知未知。

草庐围绕竹篱笆，藉步春生满径花。只有野人无个事，常容日夕醉邻家。

松菌当岩滴溜圆，蕨芽初放未舒拳。山僧也解闲滋味，好与同参玉版禅。

芹芽新茁胜桃花，牵惹东风几片斜。自是渔翁来去便，不曾迷路问桑麻。

野花绣作锦郎裆，名药吹风分外香。寻得天台黄独种，不将栽法教渔郎。

藤蔓垂垂覆苑墙，绿阴摇影入书堂。忽然嗅得幽兰气，添我蓬门荜户香。

日午阴森夏木稠，荫林清露未全收。几回欲把松风卖，只恐人间无价酬。

野花娇艳参差出，百鸟清音唱和浓。石径草封人迹少，丹书持向最高峰。

稻颖风摇秠秬香，几家春酿急秋尝。蹇驴也自知行径，乘醉扶人到草堂。

几峰雪色醺天白，一路松枝照眼青。樵子频来无礼数，瓦盆煨酒读骚经。

赠潘鸿儒

寻常藻思漫离披,霁月光风许独知。对境乐偕仁智趣,承颜色动桂兰枝。种花不羡河阳好,掷果偏怜玉树奇。每向商山新雨后,乱峰深处采灵芝。

寿姚明府太君

玉扃晨启黄金殿,云开碧落朱霞旋。结璘宫阙空嵯峨,人间始有真闺范。坤灵育德属名门,曰嫔归来见典型。四德克全称内助,嗣徽争说太夫人。司寇堂前侍巾帚,西清署里称慈母。恩勤抚育百斯男,教养仪型昌厥后。父道师道两俱全,母仪家国诚独贤。戴高履厚被恩泽,大化不言何择焉。感君之德何所祝,万井偕声歌百禄。丙方星瑞孟秋高,莱衣满庭红扑簌。

戊寅偶成

冠年名已到南宫,强仕身犹滞桂丛。偏是青山能恋我,枉教白发渐成翁。未完雪案平生债,虚驾云衢万里风。难道榜花真分定,教人惭愧说冬烘。

丛台

寂寞荒台古殿馀,水风吹柳绿徐徐。旧阶草色青无际,新月眉湾画不如(下有照眉池)。残照往来成邃古,遗民颠倒说当初。武宁雄度今何似,野杏飘香入废墟。

初出都门见新柳

才睹杨枝觉眼明,两行金缕拂行旌。前途渐入邯郸去,喜与家山算到程。

卧龙冈

命世经纶抱膝初，层冈环绕近荒墟。劈分川蜀兴炎汉，想象云龙卧草庐。全鼎未完心有憾，壮猷虽茂志难舒。生平尽瘁归遗表，多少名臣愧不如。

又成断句三首

云幔垂垂覆草庐，幽岑荒径漫踟蹰。乾坤未老经纶在，此后人还领得无。

几尺枯茅天地宽，就中陶铸汉江山。请观初出茅庐日，割据公然鼎足看。

得意高歌梁甫吟，南阳城畔结庐深。自从白水真人后，剩有茅亭说到今。

园居杂咏八首

深深藏过旧青萍，短钟长镵贮一庭。炉冶典司金作用，镳铲发动水精灵。恪遵先啬春秋令，自著农夫稼穑经。龙铗久韬光焰寂，不教容易逼寒星。

学书学剑两无成，收拾犁锄且学耕。入垄稻风香耙桠，聒人檐铎响锹铮。是谁戴笠锄新月，独我焚膏爇短檠。料得鸡肥禾熟后，也胜年少请长缨。

十亩田园五亩池，绿阴深处听黄鹂。黑甜性僻机心少，白版檐高午梦迟。鸡肋弃之殊可惜，猪肝遗我竟何裨。自甘粗粝清闲甚，一任饥肠饱藿藜。

吝鬼悭魔苦见侵，驱他特特费搜寻。文公搦管亲书檄，季子磨锥痛下针。伏枥尚嘶千里足，执鞭虚耐十年心。高山流水如知我，交付幽怀语素琴。

偏于险处巧撑持，始信天工妙绝奇。哲士每先留藻鉴，憨生到底得便宜。不因曾母曾投杼，那许匡衡便解颐。已省桃僵非李代，窝营安乐傍东篱。

看得蝇头太认真，腥膻队里转情亲。炎炎面目新来势，扑扑须眉旧日尘。舌尚存乎宁学我，臣之壮也不如人。峥嵘傲骨磨砻就，肯为醯盐漫乞邻。

久捹春早入皇州，冬杪徘徊尚此留。榾柮火高裘解印，端溪砚老石封侯。不随俯仰宁株守，长抱坚贞耻暗投。指点云山孤绝处，大书居士号休休。

沾泥短翮拨云难，谁与扶摇借一抟。囊里锐锥难自脱，匣中长剑不轻弹。情知拙喙疑陶犬，未信芳言比臭兰。毛羽离披绵力少，小山那得便如岠。

美中袁明府画梓潼帝君像，为蔡仁趾预贺

道水春浮七曲山，引流何地不潺潺。红绫欲倩朱衣抱，黄箓先教墨绶颁。旋拟东坡留玉砚，更从西舍探金环。麒麟种岂人间得，桂蘂高期第一攀。

贺蔡仁趾

桂有子兮兰有荪，玉田渍种培仙源。流光集庆入庭轩，高君之户大君门。承承衎衎固灵根，佑我后人联玉昆。绳其祖武无比伦，大椿岁月枝叶繁。使君世德久长存。①

纸钱

何年作俑赞幽元，楮锭装金待火燃。明教沉灰埋浩劫，暗疑夜市有铜钱。人间未必皆贪鬼，世上何曾有吝仙。争似升香无体质，等闲缥缈达寥天。

---

① 此诗或有阙句。

壬午十二月，有猾吏伪造邑尊过款八条，邑尊疑余所为，作此寄之

人情雨覆云翻似，壮志天青日白同。薏苡谅难诬马援，蛰龙端不碍苏公。徒然画虎能添翼，毕竟弓蛇误捉风。稍待氛氲消散后，苍苍依旧是晴空。

荧荧灯影障浮纱，载鬼虚生两眼花。信耳误投曾氏杼，当机谁领赵州茶。岂真市虎传来谬，毕竟心猿会处差。索性划开清浊水，等闲莫漫着泥沙。

步葵园周明府退食韵

平生风雨惜交游，自爱薪樵五月裘。伯乐不来甘伏枥，渊明归去苦吟秋。空疑陶犬无长技，自信匏瓜肯浪求。倏见西京词赋手，输君拟作十年酬。

铅椠焚膏经几年，短檠风雨夜钻研。那容计较量才斗，早已安排造命天。尺蠖欲伸宁自屈，青蝇无附待谁传。新来得御龙门李，敢乞先鞭与后贤。

震起雷霆百里声，口碑啧啧耳盈盈。共言铁面心如水，谁信黄河笑拟清。书卷当前皆实学，邱园随分惜虚名。已拚麦饭齑盐里，拙笨疏慵老一生。

寻常捉笔太矜持，却费涂铅更抹脂。名士声华高邃古，大家文字重清时。乱飘郢客歌中雪，挥洒陈芳国里诗。自有鸡林声价在，那能消受俗人知。

官臣哉游邯郸卢生祠，有断句云"点缀乾坤任有无，炊粱何必谓全诬。人人都向邯郸醒，宇宙撑持付梦乎？"步韵和之

曾向蓬莱问径无，随声敢道古人诬。且须破格高抬眼，能向痴人说梦乎？

才说丹成尽道无，哓哓聒聒自还诬。宁知劳攘浮生事，不及炊

梁一瞬乎?

去后行踪渺若无,口碑谁是复谁诬。即今倘到邯郸市,枕子容余一睡乎?

肯许憨生同梦无,就中消息谅非诬。洞庭铁笛秋横水,世上阿谁领会乎?

觉非乌有梦非无,学得惺惺也是诬。推却枕头睁眼看,几人称是独醒乎?

梦里勋名孰解无,贪他枕子受他诬。往来尽向邯郸宿,难道黄梁未熟乎?

慎莫随波问有无,豁开双眼便知诬。如何一霎黄粱饭,偏觉从容耐熟乎?

醒梦凭人说有无,谁甘逐浪受他诬。行藏总付天为主,不亦中流自在乎?

癸未初改授广文咏怀

麈尾雄谈向冷毡,久无心计说先鞭。怡情秋水庄生剑,得意春风茂叔莲。生趣发扬窗外草,道心安顿坐中禅。华胥国里闲来往,长喜图书手自编。

记得遗经在过庭,书灯入夜惜流萤。盐车竭蹶悲长阪,羊角艰难守北溟。投笔憾无飞虎相,学农惭愧丈人星。幸留闲署安排我,凭仗金声作典型。

阔落帡幪万里遥,羁栖无乃似鹪鹩。韦编信手成三绝,蕉叶随时挂一瓢。静爱黑甜容懒癖,醒依白醉代炎飙。山阴有客乘舟到,也作平原十日邀。

但识随宜任自然,刻舟谁待拟前贤。梅花和靖多真趣,蝴蝶庄周有夙缘。三跃纵馀烧尾火,六经不是打门砖。芳腴漱得津津味,抱月横琴笑向天。

和阚子履韵

组袍无计敌霜寒，毕竟谁怜范子单。酒尽渐愁囊橐减，客疏新觉室庐宽。不思狡兔萦三窟，却恨封泥少一丸。奢念等闲驱遣尽，解颐聊共说微官。

都门行乐词

娇红嫩蕊开春帐，桃花李花艳相向。京都年少恣游嬉，踏青赛庙纷游漾。百戏攒成锦簇围，朱轮翠幰生光辉。初见长绳胸高架，腾身欲学乌鹊飞。别有高橇支两竹，不践泥涂践平陆。亭亭孤鹤出鸡群，风回电掣无停轴。凝眸倏觉尘如霰，云是娇娃推宝辇。摇鞭横搅彩云斜，据鞍回趁参差燕。六街鼓吹忽然喧，竞拥妆台毂转旋。攒来百宝浑无价，惊起嫦娥那得眠。结璘宫里霓裳烂，瞥向平台露娇面。空际飞盘弄小珠，掌中跳跃摇金钿。三刀陡向青天起，百万苍龙齐掉尾。拦空碎远搅银河，白猿袖弄双丸子。又有青狮斗彩球，秧歌动地曼声收。春台烟景繁华梦，烁电凌霞夹路稠。升平游乐情无既，凤凰城畔人如蝟。归来襟袖细摩挲，犹带青郊草花气。

酬彭修子

镂月镌霞海上归，等闲百斛卖珠玑。风飘玉垒随云转，手挽银涛作雨飞。芸气出奁清到榻，柳丝萦槛绿侵衣。瓶中剩贮蔷薇露，班管终期借一挥。

璩受兹寓中与高荆襄谈诗

曾读荆襄律一篇，最难开口是天然。麒麟篆爇新诗伯，弧昴星占旧谪仙。璞玉浑金长落落，风樯阵马独翩翩。寻常那辨丰城气，遥夜寒芒牛斗边。

蓬蒿匝地水东流，人事低昂可自由。乌豆力强参术弱，鼎彝色暗碱砆优。步兵难得惟青眼，毛颖封公是黑头。几度临渊徒自羡，纶竿无计独夷犹。

食爱琅玕栖爱梧，雝雝原不似乌乌。域中制诰归清署，海上文章属大吴。碍眼浮云飘野马，误人残牍滥吹竽。只须收拾高山曲，肯以春秋问蟪蛄。

送萧在丰南归

闻说归航楚泽深，天涯羁客思难禁。扁舟一叶杳然去，秋水长空何处寻。北极影寒知己梦，南云泪湿故园心。梅花正向江南盛，莫吝繁枝惜好音。

石天一癸未登第后以忧归，作诗贻之

紫禁衔恩射策回，亲挥彩笔动三台。遗经学自传家得，问字人尝逐队来。读礼胡为居北牖，诵诗悔不补南陔。遥知竹径斑斑泪，堂上看云剧可哀。

咏月

万籁向晦寂，清辉独高洁。何当半生心，对此一轮月。

闻汪丈讣音，诗以挽之

闻说乔柯逐逝川，不禁清泪湿南天。来时就我叮咛送，眷恋春风执马鞭。

曾订花开绿荫繁，薰风相会在都门。如何露白蒹葭老，秋水寒烟冷故原。

寥寥云树隔长天，草蔓山荒总可怜。父执故人看欲尽，后生那得不凄然。

秋夜闻笛

拥被怯霜闻塞雁，解衣偎枕坐寒更。是谁夜半吹横笛，搅乱西风梦不成。

秋怀

秋气悲如此，嗟予独久淹。吟无知己共，贫有客愁兼。支枕听孤雁，当门掩破帘。划除心上事，落叶满虚檐。

得韩输雪手书

露重霜寒苦皱眉，南云何处慰相思。只从锦鲤裁成后，想及宾鸿寄到时。后劲不须羞款段，前程竟懒着鞭箠。何如半璧黉宫好，老大疏慵两得宜。

生辰

满眼羔羊缺五缝，他乡愁绝是寒冬。荆榛道路羁酸伯，尘土衣冠愧老农。书卷渐抛犹缱绻，乡心极盛反从容。谁云四九知非早，头白甘为待叩钟。

葆璞堂诗集卷二

赵州道中

征鞍日日畏尘嚣，据马挥鞭颇自劳。来往不知缘底事，春风七度赵州桥。

汤阴谒岳忠武王庙

南渡烟霾草树昏，岳王故里峙中原。早倾玉垒仇难复，亲捧金牌声暗吞。恨血已沉留碧草，忠肝不朽贯天门。权奸铸像看长跽，遗臭何曾荫子孙。

过陶城经元亮先生隐居

三径何年便寂寥，东篱残菊影萧萧。督邮满眼无回避，独自先生愧折腰。

将抵家望朴公山

萧萧疲马又空回，拂拂征衫着土灰。却爱朴公眉眼好，最先迎我过淮来。

园居

抱瓮携锄种野蔬，菜根滋味寄蜗庐。省言自觉心无事，契理深知乐有馀。得意何时无妙解，忘机随便只摊书。尝将蠹喙消残纸，闲叩希夷语太虚。

小园芟草

可怜嘉植没蒿蓬，不及荆榛畅晓风。入手怕沾苍耳子，凝眸旋注白头翁。肯容野卉闲滋蔓，正要庭柯渐郁葱。芜秽芟除桢干茁，干霄从此入云中。

山行

远岫如堪挹，登临渐觉赊。老松无俗韵，香药有灵葩。雨卜山腰雾，晴占石岭霞。隔篱闻犬吠，始得见桑麻。

曲折遂穷搜，林深气象幽。嚼花虫凿字，卧岭石呼牛。夜怪金星逼，朝疑木客愁。忘机到麋鹿，天地信虚舟。

乙酉元日迟春漫兴四首

东陆韶光得得来，银幡彩胜几徘徊。勾芒已领催花檄，葭莩犹疑候琯灰。顾影有时成独往，看云无绪转相猜。几番欲怪东风懒，识面先倾蓝尾杯。

曲径离披草蔓荒，晓烟东望树苍苍。暗香入夜无滋味，眠柳终朝是睡乡。彭泽酒疏春寂寞，孤山月淡路昏黄。谁从门户祠膏粥，引得条风到草堂。

霜威雪态老寒冬，屈曲泉根守蛰龙。频到窗前看草色，更从池畔探春融。空粘献岁桃符换，未办堆盘菜甲供。欲向东君问消息，凭添绣线学从容。

茫茫春事杳无边，几处亭台冷曙烟。参觜未中星黯淡，衡阳将到雁翩跹。祈来富贵非常策，乞与聪明懒着鞭。坐待吹来邹律暖，斗杓将转玉衡旋。

立春

阳春有脚几时归，岭畔梅枝寄不违。鞭得土牛行绣陇，戴来彩燕照琼帏。南溟计日看鱼跃，北塞当天有雁飞。最爱青青河畔草，铺英满地是生机。

平声诗

梅风生东园,池篁薰西坪。幽芳将贻谁,孤怀难为情。

小游仙诗

泠泠风御渺长清,九万抟来一羽轻。谁信云苍高绝处,嘐天犹有鹤长生。

劈破洪濛辨劫尘,杳冥何处觅元真。金乌推动朝霞色,唤起神州梦里人。

碧落遥空信所行,朱幡前导未分明。石鲸月下三山路,卷起秋云听海声。

松醪一泛紫霞杯,玉管金璈彻晓开。袖出小龙吟向月,宿云娇凤一双来。

紫霞沉醉蔚蓝天,枕月看云自在眠。碧宇竟将椽笔署,乾坤容我作诗仙。

炎汉何人辨劫年,冷灰埋尽旧时田。海尘扬后麻姑到,初教龙耕水外烟。

皓白横秋曳冷光,素娥偷便试霓裳。云璈欲作钧天奏,仪舞新来教凤凰。

洞天萧散已多时,琼圃瑶台任所之。忽听火铃宣诰敕,一齐回首肃朝仪。

步王卓崖老懒韵

眼中曾不着纤尘,陆海中间方外民。石火浮空原幻幻,衣珠入手自真真。青莲居士生前舌,金粟如来觉后身。已放乾坤容巨眼,经天纬地是何人。

世网牢笼隔几尘,和光犹且混斯民。情知即幻原非幻,那识求真已不真。五叶花中参觉路,三生石上说前身。筌蹄忘了无多子,未信从来肯负人。

即事

谁谓桃源道路赊，绕溪深处尽桑麻。莫言方凿投时谬，甘学匏瓜守亦差。信耳何人非市虎，疑心到底属弓蛇。情知久被微名误，便可持竿上海槎。

仪少尹张公筑草堂于署中，和吕皆实韵

浚水中间作草堂，周遭间值小垂杨。药栏乘兴都镌檄，棋阵分标自辟疆。椽笔拨开金薤倒，羽觞推动墨花香。葛洪更乞仙居令，愿与溪山共夕阳。

题柏山文倚剑白云天图

注目烟岚独往还，截云吴铁啸秋山。探珠只待骊龙睡，摘羽凭将彩凤删。似雪肝肠浑浩浩，如兰气味自闲闲。何人月旦推高品，应在朱霞白鹤间。

赠樾阡廖明府

谪仙与坡仙，并妙入君笔。远踪希殷徐，近代固无匹。所赏在寥阔，抉理竟微密。上齐铸黄金，殊光露真质。揩之彝鼎色，叶之钟吕律。鞭翮却凤鸾，先驾逾绳尺。方当陟天衢，胡为就散佚。伊余昔仰止，恍焉如有失。佳辰获良晤，大叩无全匿。愿舒径寸辉，浮景出深室。

赠王绳晋

穷达固有命，志士贵藏辉。蛮氏自营触，壮心殊不违。道存意想阔，境闲视听非。游览涉书史，落笔无停机。清歌激遥天，浊酒浇素徽。洹水足蟠屈，水清波浪微。谁能生羽翰，万里遂搏飞。

赠束良友

相彼天下士，如君良独希。选言居体要，契理得精微。白璧无前侣，黄钟点化机。对花疗静癖，将鹤报晨晞。金薤琅玕倒，清词日月辉。马图纷邺架，流水出桐徽。涉趣既未远，赏心殊不违。

瀚如座中读田太夫子壁间诗，步韵和之

摩挲书箧解行縢，多恐绵才力不胜。村落校年搜石墨，古碑磨字读韩陵。庭虚雪作纷纷态，砚涸池封的的冰。情好倍于春酒味，高春酌到夜张灯。

彰德太守郭公重修万金渠书于碑阴

洹水分流绕郡城，夜春都向桔槔生。只须太守如椽笔，洒作黄金次第行。

圣泽原来在此中，阿谁穿径许流通。情知万载歌神牧，戽引瓢倾入化工。

万金渠

未遣黄熊入羽渊，劈分河水润原田。平铺月鉴无遗照，遍洒商霖纪有年。胜算已知侔郑国，素心端不负廉泉。汪洋千顷知谁是，雅量春收小百川。

重修万金渠为郡伯郭公颂

洹水出行山，洹流赴东极。谁肇遏其流，而以便种植。魏渠创厥始，万金续前德。畎亩屈曲通，渐与城隍逼。辘轳夕不闲，盆盂数环息。竭来郭细侯，疏浚迈恒识。牐石开水关，引流注沟洫。资其浥注功，遂兹灌溉力。未须绠汲劳，冯夷殚厥职。庶几亿万载，利济垂典则。

玉簪花和刘荻江韵

谁把连城璧一丸，凿成钗向鬓头安。当风旋觉香生髻，错与金钿作对看。

蓝田旧种并珊瑚，雪色殊光艳五都。浮渲未撩仙子鬓，名园亲犯小蜂须。

凤仙

风前瞥见斗婵娟，一掐嫣红滴滴鲜。嫁与吹笙王子晋，碧霞遥起海南天。

刘荻江以诗见贻却赠

洹湄冷署凄凉久，笔砚生疏闭窗牖。入门长揖是阿谁，剑铗书縢不离手。状貌苍黧骨格奇，短袖单衣露两肘。相看年齿廿馀龄，自言频向江湖走。生来惯食武昌鱼，也曾亲折章台柳。芜城豪客尽知名，琼花观里推诗友。采石闲吟李白诗，夷门许步侯嬴后。踪迹由梁历燕赵，更欲入秦击秦缶。几回推倒座上僧，踢翻葫芦弄筋斗。云胡不归值数奇，跌宕诗篇挂人口。宁使貂狐老敝裘，肯逐萤光同腐朽。自笑自吟还自斟，醉后宁辞一千首。旁有见者人未知，荻江知之云是某。

昼锦堂

定策勋庸在两朝，老依乡郡极风标。文章定许欧阳最，俎豆难同世代祧。挥手拂云开日月，洁身辟路出烟霄。锦衣绝艳无前侣，醉白襟情远俗嚣。

叠浪冲开万里长，风云际后见明良。胸襟蘸洗秋江水，怀袖招携烈日光。已有鼎铭悬白昼，不劳高炬照昏黄。何当更锡麒麟篆，搢笏垂绅领庙堂。

张慧中携女史作游漫赋

玉钿金铺绣帐开,扫眉阁下探春来。招携明月穿湘水,收拾银笺上镜台。箧贮大家修史笔,胸罗文苑出群才。奚囊满贮新来咏,不遣莺花负酒杯。

赠胡临川

四月青门别,行装驾紫驼。即今新作郡,何日共鸣珂。桐谷松浮翠,岚光月映波。多君荣族谱,把酒意如何。

赠袁美中

神君为政自忘机,叶县中牟总不违。无事低昂调玉轸,有时颠倒着缁衣。米家画舫常时具,杜子诗囊信手挥。莫讶薰风生几席,瑶琴一曲鹤翻飞。

葆璞堂拟古

小斋不数椽,聊以葆天璞。宁无殊色光,蕴真自含蓄。所贵在不雕,完神秘深谷。吁嗟流俗人,徒作顽石目。

亲识浑沌面,欲与浑沌说。澹尔忘语言,契合扃深阒。众有归本根,渺如洪炉雪。天尚无朕兆,含生安足列。羲皇固未忘,一画天机泄。

高鸟自在飞,与吾同意趣。古人既已遥,疲神劳远溯。道胜非语言,理精越章句。吾自适其适,安用逐健步。

颗粒渺太仓,一苇轻云涛。不自觉琐屑,安知天地高。缅古亦已往,下瞩徒为劳。虚将一寸心,远视极秋毫。愈远愈无际,郁郁何处搔。

虞泉濯寒魄,洗出白玉盘。照耀历今古,推上青云端。明暗变晦朔,相循如转丸。浮翳庶敛戢,皓白岂所殚。

天地无弃材,榆栎岂沦落。尺寸苟有资,徙之就绳削。搜括至梁栋,匠氏数骇愕。安知有灵椿,春秋八千各。度量不可测,所须非斧凿。树之无何乡,因天寄真托。

圣学在畴昔,抉理尽深锢。六经竟实用,艺事悉该措。岂有文字科,衡材较名数。制义一以崇,帖括相驰骛。兀兀事空文,白首死章句。所学非所宜,徒为古人误。

拳石生泰山,坚贞自结构。未逢米海岳,谁令入怀袖。真赏出真鉴,不在透绉瘦。唇吻徒开张,笃嗜亦已谬。明珠滞五都,何心自求售。

度量各殊轨,相去岂寻倍。升斗耻斛石,江河愧沧海。何况于人心,高厚比覆载。谁令束缚之,狭隘失真宰。虚受信有基,过则勿惮改。

兰茝生幽谷,本无殊色光。藤蔓恣芜没,乔林竞高张。葆真固独知,从风扬远芳。樵牧无深识,众草以为常。不逢尼山叟,安识王者香。

挽何倬云

八斗才华一担收,捡书烧烛最风流。胸襟竟与天争阔,文字真同峡倒流。高掇酒杯增意气,广收名笔肆穷搜。迩来频梦章江水,不似滕王阁上游。

记得西江手一编,短檠风雨共周旋。高情跌宕希三古,雅量汪洋贮百川。锦羽摘残双凤翼,博山焚出老龙涎。于今纵有登楼兴,风雅何人说仲宣。

彰德郡治后老槐一株,云系宋植,郡守郭公作堂于其侧,向未有名。一日乩仙降笔有跨鹤槐堂之句,公遂取槐以名其堂,诗以纪之

闾山崔嵬高绵延,灵根秘固周劫年。申甫笃生宁妄传,乃有郭公继孤骞。琼姿玉质浩无前,等闲泼墨挥霞笺。寸纸触手龙蜿蜒,娓娓鸿词著大篇。高携曜灵濯虞渊,天柱补缀周八埏。为怜苍赤多蒙颛,开豁径路除颠连。湛恩雱霈如涌泉,穷岩幽谷蒙陶甄。乃复捡校搜内篇,道心微密神完坚。灵芽默孕回丹田,垂帘密密契真诠。皇人心怡无弃捐,偶然凭乩一至焉。弥空唳鹤飞翩跹,欲下不

下相回旋。中有真人即广筵,授以方药希神仙。更披金薤额堂颜,谓槐托根与堂联。孤干挺直撑云烟,不朽之姿堪比肩。魏公勋名在彝鼎,归来置堂名昼锦。兹之槐堂亦大奇,额颜乃属仙人题。柯叶有如松柏实,萌芽便具干霄质。尺匣光芒径寸珠,鸿才勃窣奋天衢。仙机深隐渺不测,凭槐传与时人说。槐宸自昔对三公,天池岂许常人同。

槐堂又得二十韵

虚宿储英久,高堂历晦暝。不知年近远,偏爱气芳馨。日丽婆娑影,天垂覆盖形。雨丝频滴沥,风韵响伶仃。恰与高轩逼,尝从静夜听。声音出金石,柯干养精灵。萦碧堆书案,牵青入画屏。夜星添缀实,朝旭幌流萤。叶带莓苔色,枝撑鸟雀铃。胸云留去迹,垂蔓扫闲庭。逸趣凭栏茂,幽情与道冥。揩之心愈渺,对此眼弥青。讵但酬初志,兼堪对大廷。元和滋孕育,胞与辟仪型。布德风行草,征材药备苓。蒲鞭存薄罚,犴狴释严扃。聪达思悬铎,恩深拟建瓴。冰心时盥濯,玉色转辉莹。尽识淳风茂,咸言妇子宁。老槐如解事,缄此诏千龄。

槐堂又得七律二首

堂下阴森植古槐,轩屏撑起拂云栽。欲将广厦师函盖,肯以坚贞愧美材。元气内涵真脉固,生机遍覆颂声来。曾闻面与枫宸对,故遣仙乩作巧媒。

退食从容有所思,每依柯干鉴须眉。贞心故与高槐似,清影先教素槛知。敞豁胸襟凭月色,扫除尘闷有风枝。最宜庭院宽如许,却被繁阴总受持。

邺署牡丹盛开,郭太守招,同陶临漳、李浴日、高逸千小饮即事

簿领乘闲幽兴催,探春随便到亭台。招携百叶仙人下,更约青

州从事来。

酒涵花影溜红光，花带微醺满面香。正是华清新浴后，起来频啜紫霞觞。

又似霓裳下蕊宫，舞多春重眼朦胧。曾叨敕给松龄酒，脸晕潮生一捻红。

已知国色无双白，更喜天香分外清。却是丰标带真率，翻嫌脂粉太粗生。

与月平分一段清，将风引出小吟声。夜来仔细笼灯看，解语分明别有情。

座有三贤广宴开，惭予醉后与趋陪。不应独许腰金紫，等待明朝太傅来。（以余后至，故末章云然。）

和樾阡廖明府不染庵之作

黄华岩高历巉崄，端拱森严望之俨。中有真人襟带敛，乃营书屋贮金检。别构小楹称不染，敝衣蔬食从吾俭。孤情未怕时人厌，扫除秽浊栖玉簟。朝曦高眠到日晻，无馀无剩何所歉。据案有时搜琬琰，毫端飞作虬龙闪。千丈虹霓掣芒焰，户外林邱自夷险。帘垂兑塞门常掩，天心日倩丹元捡。洗濯灵珠摄魔魇，蘸水娇荷青冉冉。植根原不同菱芡，白璧未受青瑕玷。无欺此之谓自慊，比于古人谅不忝。

不染庵

一椽编入最高岑，坐拥黄华敞素襟。澡雪满消江汉水，浑泥故出芰荷心。闲云过后山无迹，林鸟飞来树有音。总与灵台空障碍，道人久已息深深。

珍珠泉

寻到源头活处行，无边造化此中生。涓流已具朝宗势，颗粒都含太极精。一串牟尼呈滴沥，满盘玓瓅吐虚明。等闲洒作商霖去，能使沾濡满郡城。

登凌虚阁

高阁凌虚颇自豪,当天辟路见鸿毛。引来曲沼教通海,移得蓬山许戴鳌。莫怪尘埃干不到,都缘身分坐来高。等闲眺望青天近,堪与云霞竞彩毫。

观周汉公画山水歌

东绢展开冰雪冷,搦管当胸数研审。神工鬼斧暗驱驰,欲割峨嵋千尺岭。三笔两笔浓淡墨,大山小山随手得。奥林不受暑寒侵,山精魑魅藏幽深。我欲从之恣探历,未定穷搜消几日。

题画五首

放生

慎莫贪图颗粒肥,樊笼深处是危机。眼前天地宽如此,任尔逍遥得便飞。

常向林园忆旧游,禽飞翻翻语啾啾。阿谁解放闲缰锁,提到云山最上头。

传杯

凭将心事付新笋,狭小乾坤是酒瓯。馀沥不教存一滴,也须秩赠醉乡侯。

洗儿

袙袯常教海水湔,紫泥归去独飘然。三千年外无人见,不用明皇赐洗钱。

磨镜

铜晕多年杂点尘,等闲蒙蔽旧来身。拨开云雾依稀看,还是从前清白人。

秧歌

太平时节省催科，鼓腹熙然乐事多。莫道康衢今罕有，竟须逐队听秧歌。

题周汉公画人物歌

汉公妙趣非常得，横皴竖拂都奇绝。目中尝自无古人，比于平山更孤洁。渺无尘滓入胸怀，手腕传成生活力。山僧童子貌依稀，发现天光形影彻。就中一人如有言，挥尘犹疑霏玉屑。

杂题周汉公画册十首

卖药翁

肘后有方无处舍，蹇驴安稳胜骑马。成都市上不逢人，又向山中归去也。

寒山九老图

点缀遥空雪一堆，冻云栖老树崔嵬。不知年岁经多少，曾到香山社里来。

策蹇寻山

万木笼葱秀作行，近含宿雾远含苍。闲来结伴寻山去，小蹇挥鞭过草堂。

芭蕉梧桐

佳植由来待凤攀，绿阴斜倚欲歌鬟。倘容怀素舒椽笔，不放芭蕉一叶闲。

蓉桂

丹桂连云透碧霄，芙蓉含露晚来娇。一从写入鹅溪绢，纵得秋霜也不凋。

牡丹

浅碧娇红玉几堆,槛前新见数枝开。赏筵若肯当风设,定有天香入酒杯。

画虎

牙爪虽成眼未明,虎文从教犬羊轻。旁人不信丹青妙,看取先生一点睛。

梅花双雀

尝与幽人伴索居,暗香浮动月明初。门前双雀喧呼甚,知是林逋处士庐。

鹰

草枯风劲露痕干,健翮摩云破晓烟。自占繁枝最高顶,一群凡羽下寥天。

鹭鸶

露顶风飘一足伸,莼乡秋老待潜鳞。前身定是投竿叟,常在芦花浅水滨。

题缪州守乐只编

未省经纶果若何,讴声偏向汝南多。共言异政今无匹,定是长才可不磨。郁郁荀香通雅座,融融赵日逗春和。却惭搦笔非斑管,也向邻封放浪歌。

见说神君惠泽长,威名原不逊龚黄。平悬玉镜高千尺,坐拥冰壶静一方。大业总成今卓异,高操全是汉循良。莫愁待诏依龙衮,赖有恩贻召伯棠。

赠陈明府踽翁

帝简鸿才置良牧，外为股肱内心腹。惟牧亲民民戴之，绣错河山照幽独。淮水潆纡迭作澜，环此弦山恰一丸。民疲地瘠流离久，荒落零星良可叹。山左陈公莅兹土，春风风人春雨雨。天乔凝露尽蕃滋，惠政缤纷不能数。清如玉壶置寒冰，澄彻晶莹应独胜。高如浮光插天表，泰山一登天下小。明如赤日丽秋空，野马尘埃还皎皎。卓鲁已往孰绍之，濯江暴阳道在兹。等闲一焕宫墙色，还与桥门垂准则。师法治法俱不朽，深夜谈经忘夜久。鸣琴邀月洽幽情，鹤睡风摇总不惊。情知待诏朝天去，只有清风傍马生。

赠陈愧辅

薰风上下来，诚和生衣裾。时雨茁庶品，孚甲勃然舒。沐兹神君化，亿兆何蘧蘧。斯民三代直，无毁亦无誉。淳薄视转移，妍媸与之俱。既使枯者良，还如无怀初。亦令顽者更，坦怡安田庐。道在政刑外，礼乐兼诗书。观化得其理，临民常晏如。

题愧辅陈中尊攀辕录

论石长才自有真，不缘制锦学经纶。清晨据案诹民事，白昼摊书问古人。桃李芬披花作县，冰霜凛冽玉为神。循声珥笔书难尽，载听舆歌动紫宸。

今古循良孰与俦，果然名誉满中州。一天清露苏枯槁，万户欢心起颂讴。卖剑买牛龚渤海，驱蝗驯雉鲁中牟。徒劳借寇烦人思，名已书屏在上头。

又赠陈愧辅

东国家声旧，南淮事业新。聊将真学问，做出大经纶。万户恩波远，千家惠泽匀。试从陇亩看，鼓腹是何人。

雄文藏二酉，汉法约三章。道抉程朱秘，身依邹鲁乡。弦山偕德峻,涑水共恩长。兆姓商霖望,还期遍八方。

小试调羹手,平分造化工。但怜苍赤瘦,不惜橐囊空。犴狴闲生草,琴堂静有风。高门真可俟,差足绍于公。

维彼乔松四章,章四句,颂陈愧辅

维彼乔松,枝若云垂,郁郁葱葱,百族是依。
维彼乔松,荫兹嘉谷,既裕且丰,兆人之欲。
维彼乔松,矫兮参天,亦集鸾凤,狸鼠斯迁。
维彼乔松,厥干虬然,庇我弦城,亿万斯年。

赠李明府玉友

斗山望重与云连,渥泽今闻遍古弦。百里琴堂时解愠,万家篝火待炊烟。田中鼓腹耕时雨,城上栽花了俸钱。宦况自来清似水,久应达向五云边。

榷啸轩

榷啸竟如何,藏真得琢磨。奇情知我独,妙解向谁多。凿井探坤德,吟风领巽和。有时凝望眼,自顾未蹉跎。

未识拈花旨,焉知啸里心。野藤乔木峻,洼泽海洋深。斥鷃修鹏羽,瑶笙学凤音。竟须亲捧腹,回面看墙阴。

呈汤学使

直挂悬瓴走迅湍,凭移嵩岳障狂澜。拨云扶出千寻日,探海高擎百尺竿。方折旋波求蕴玉,锦文青羽识雏鸾。席珍尽属笼中有,天汉从教刷羽翰。

毓得青芬傲骨香,肯随时态作商量。手挥障海弥天翳,眼破当空烈日光。放倒盐车寻小骥,屏开鹏翮出秋洋。他年肆入康庄路,记取持衡是九方。

黯黯尘封架上芸,阿谁抬眼别莸薰。独凭鉴彻秋江水,直欲抽空冀北群。已有士先推贡禹，料无人更愧刘蕡。昏衢尽扫朦胧色，泥浊莲清那不分。

并生原不愧天工，雨露栽培大化同。臃肿曲成劳凿削，枯良收拾入帡幪。孤灯暗室通宵白，一鹤青天万古空。玉尺调停春浩荡，斗山从此挹高风。

葆璞堂诗集卷三

戊子山东闱中作

东国人文着意搜，罗才奢望在竿头。不辞骏骨千金售，定要珊瑚一网收。远望蓬瀛连紫气，近探济泺酌清流。圭璋已向宾筵贡，只待连城作价酬。

好向天衢快着鞭，诸贤从此遂陶甄。持衡东阁今名士，佐试西曹旧谪仙。双映碧纱笼上座，高悬明镜照深渊。秋清夜听梧桐落，月旦评量践宿缘。

静翻文字苦追求，阁笔沉吟想未休。也解终童能豹变，更疑梁灏属龙头。藏阄知己谁烧尾，探策同人各运筹。料得马群空冀北，康庄行处识骅骝。

和吴萃老闱中偶成原韵

堆案图书与栋连，纸窗风雨隔同年（萃老亦甲子科）。壮心已逐冯唐老，白首长怀永叔贤。独赖酒浇清夜月，不妨秋共薄云天。惭予顾影非良马，愁绝看人早着鞭。

一上贤书便作宾，干霄豪气未全伸。扪心卷牍今三食，义手庭除日数巡。笔砚有情甘守拙，风云得意便通神。凉风卧榻清如水，不肯从人巧问津。

趵突泉

谁决银河走天水，倾入昆仑行地底。涌轮泺口听雷轰，壮观城限激弦矢。仙翁点汞熟釜焦，海客熬波初上潮。大如盆盂小如线，争雄渍沫相腾超。有时声自地中吼，阿香推车弄筋斗。霏霏玉屑肆纷披，明珠百串喷高柳。尚疑蛰龙久沉没，角触地肤旋突兀。不然伸颈聊喘吁，鼻息高吹倏骞越。未闻何代锁支祈，簸弄漩涡生涟漪。区区罔象有何伎，导引海水来于兹。首阳亦有巨灵掌，劈破坤舆流漾漭。掘凿无劳一指穿，透露清泉恣延赏。沾濡润泽遍东方，岱泰云兴卜岁康。天吴飞空下龙敕，册功十赉封泉王。我初久闻趵突矣，未知趵突真如此。此泉奇妙天下无，七十二泉奴隶耳。

海丰吴母高孺人贞节诗

谁知闺阁彦，道与父师兼。学秉儒修懋，箴求女诫砭。松筠传苦节，江汉濯香奁。赖有三迁教，褒封谅未淹。

东省撤棘后，闻三弟讣音，拈平声三十韵哭之

代畊聊与上农通（时余以中书告降），讵料微官印雪鸿。悔不紫荆花下坐，百年忧乐与君同。

常从片石韩陵下，注想东南第一峰（邑朴公山，前人署曰东南第一峰）。晨起踏残三径草，梦回敲碎五更钟。

书债频年困小窗，壮心寥落为君降。鹡鸰有难思长保，风雨无情不得双。

搔首看天转自疑，草荒云暗路迷离。诗成独下潇潇泪，洒遍遥空有雁知。

忆汝能来我可归，他时不致久相违。我今欲往迷蝴蝶，错忆城头丁令威。

堂上看云怅索居，离情何计可捐除。思君独赖诗消遣，吟罢翻教泪墨书。

囊空常愧少青蚨，薄宦羁縻眼欲枯。昨日岱宗驱马过，教人惭愧对文无。

羽翼分飞两不齐，出门迷失路东西。梦馀姜被闲无那，黑月寒霜冷曙鸡。

与君生小共书斋，鼓箧横经事事偕。不信楼头花萼坠，转将昆友羡朋侪。

前岁洹阳浊酒杯（丙戌年送长男至安阳，此后不复再晤），分襟执手两徘徊。宁知缑岭吹笙去，徒想辽阳化鹤来。

黄梁滋味向谁论，鸡肋微名缚此身。独对西风无限感，雨铃风铁未归人。

渺渺家山隔暮云，依依魂梦惨离群。路迷不辨朦胧色，何处重寻李少君。

竟忘六代明禋重（余家已六代单传），空有冠裳故物存。少妇伶俜孱女小，除兄担负更谁言。

藜藿期余共饱餐，还将韦布代缃纨。即今欲学陶元亮，谁与经营考一槃。

悔不当时即买山，远寻桑田学闲闲。连床夜雨无人共，拍破秋声碧玉环。

忽因南岳思中岳（三弟乳名衡山，二弟乳名嵩山，二弟戊辰年早逝），谁遣今年异昔年。记得雁行翻竹马，教人从此说生前。

别后思君道路遥，许多离憾渺难消。谁怜漠北平沙冷，折翼鸣鸿夜寂寥。

几度思将别憾抛，愁心蓦地上眉梢。有情未到能忘处，泪滴浑如幻水泡。

蓬海支撑赖巨鳌，等闲倾倒似鸿毛。思量欲共青天说，徒羡云间雁字高。

病骨呻吟惹憾多，荆枝摧折奈愁何。便令重到三生石，得似今生手足么。

荆棘当途宿莽赊，梦馀常自忆还家。岂贪张翰鲈鱼脍，说到秋风两鬓华。

倒拖乌脚上穹苍，竟欲挥戈借鲁阳。更系长绳留白石，莫令西下怨沧桑。

枕前清泪滴秋声，渺渺离魂黯自惊。剩有短檠遗语在，草堂春梦隔平生。

向日音容隔杳冥，皇华羁我出邮亭。道逢棠棣挥鞭过，不忍翻经读鹡鸰。

我于汝侄今三育，次堂（次男名）君闻面未能。中垒（三男名）新生无信使，料应闻也未曾闻①。

书馆垂髫共去留，与余同食更同裯。从今无复埙篪奏，倡矣谁将和曲酬。

月黯星沉枕上心，游魂不定夜泉深。野风吹梦天涯黑，枫树青青落远林。

仅留传业中郎女，竟少持家伯道男。裕后承先多少事，一肩全付与兄担。

臭拟芳兰两未厌，雁行中断惜鹣鹣。月明谁伴芦花宿，怅望灵旛恨转添。

橡栗居常忆故岩，不甘投老弃长镵。宁知别后成千古，孤负双鱼少一缄。

梅花

一枝绛雪向人亲，移自孤山烟景新。东阁仙郎聊遣兴，广平才子更传神。暗香疏影图中句，却月临风梦里身。安得虎头传素影，长将老干伴松筠。

读倚云阁诗赋，呈汪大中丞

图书邃密颇难殚，刻意修词定不刊。推倒古人天宇阔，洗空尘界海洋宽。文章李杜光芒在，政绩伊周伯仲看。登在泰山凌绝顶，指挥云雨出层峦。

力排卑靡擅名场，诗律何曾必盛唐。星斗摘残珠颗颗，凤凰生就锦堂堂。鼎彝色岂寻常有，柱石材难尺寸量。纵使凡流能测蠡，未容数仞见宫墙。

---

① “闻”，原本作“曾”。

又拟古呈汪大中丞

达人通古今,三才俱在宥。既绝所依傍,从心自结构。我爱倚云阁,深愧前贤陋。卷帙随昏朝,涉历遍文囿。兴比极天巧,风雅非人授。縠纹江水阔,锦羽鸾翼厚。力追杜韩新,句拟韦柳秀。握管窥豹斑,那识渺见谬。鱼目缀珠林,洪钟期一扣。

转车须炙毂,破浪藉风樯。伐柯匪斧斤,徒手空彷徨。徐吾处暗室,东壁分馀光。孔铎倘不振,颜闵无远芳。前资失模楷,举步迷趋跄。愿得附骐骥,千里随飞扬。

石城狄烈女诗

弱草委长风,劲松矫寒岁。所秉既悬绝,资材谅殊器。石城狄氏女,订盟在髫稚。讵意萧史遐,孤凤垂两翅。空闻百两御,辜负平生志。睠兹摧衷肠,匪敢惜憔悴。舅姑夫所礼,卑幼夫所治。丧祭夫所营,嗣息夫所冀。夫行既未遑,夫情谅难继。愿履夫子堂,缟衣竟夫事。是曰未亡人,庶了夫妇义。嗟嗟闺阁中,亮节渺难嗣。浩气亘长古,精光抉遐眦。石烂江海枯,转徙良不易。贤石凿贞珉,斯人信余企。安得如椽笔,彤史阐精粹。

赠襄阳王进士姚锡

三楚雄材不可当,许多名士住襄阳。浩然诗就梅花韵,海岳书成薤叶香。笔阵埽空云荡漾,墨痕摇动水苍茫。箧中久贮麒麟篆,岂独驰声翰墨场。

己丑出都见新燕

出蛰翻飞振羽毛,上林曾选一枝高。无边桃柳娇新眼,独自春风垒旧巢。

题汪明府茜老西湖卧游卷

诗与境同趣，人将山不孤。肯教林处士，独自占西湖。

仲秋月下有感

闲庭步月往来行，检点从前暗自惊。白眼看天羞短鬓，青灯窥我笑平生。难将学步偷时样，悔不浮舟作远征。傲骨肯如风絮转，免教惆怅苦寒更。

细听吟蛩有所思，况兼砧杵暗相随。神京北望常依斗，夜雀南飞未选枝。韵逼雨丝飘冷瓦，风移蟾影上书帷。何人寓直挥吴綷，春殿高吟唱和诗。

和李仲多韵

君家尽室贮芝兰，明闪朱霞眼界宽。邺架书翻虫蠹老，砚池水注墨花残。卷空银海千层雪，拍破秋声几曲栏。今古共谁争坐席，短檠清耐夜灯寒。

赠李仲多

一抹晨霞漾晓晖，清芬斗觉向来希。砚蟾不动骊龙卧，毫免轻摇彩凤飞。劈破鸿蒙搜月窟，拓开光霁出风帷。有时领略羲皇趣，尘尾从教玉屑挥。

九日委祭西史二公有作二首

西门大夫豹

三老频将娶妇诬，鬼神何事有登徒。檄文几度箴河伯，祀典千秋报大夫。别具胸襟开障翳，高提手眼出规模。若言守墨皆循吏，只好从容听女巫。

史大夫起

渡头古庙柏森森，想见当年惠爱深。川岳效灵分绿水，郊原辟路走黄金（渠名万金）。平教膏雨生春脚，无复云霓有戒心。留得故渠遗迹在，野藤荒草占秋阴。

李韩右邀赏牡丹

偏是名花特有心，几枝低亚向筵深。主人解作怜香客，藤架支撑满地阴。

答张汝元

旧德铭勋鼎，新声御李车。宁知薄宦劣，翻与故人疏。藤附思乔木，鸿来得尺书。何时将别恨，共话季鹰鲈。

赠长沙薛太守

漫言五马家声旧，会见三湘惠爱同。万户蒸黎瞻露冕，好将姓字注屏风。

别后相思有几多，南云频望晓嵯峨。应将解泽和春雨，洒作湘江水上波。

宋公南溪步祷得雨有赠

旱魃将为虐，严威及稿禾。不缘诚恳至，那得雨滂沱。自枉西郊步，频添东逝波。民知秋可冀，锡自宰官么。

雨露皆天泽，神君祷亦奇。但看徒步往，如与作霖期。云气随行迹，灵膏溢地维。分明将万宝，持以赠郊圻。

洹河柳枝词八首

曾陪歌管拂青霄，也逐旌旗荡漾飘。今日洹河临水望，云痕丝缕一条条。

着得春风尽底吹，青青无故旧阴移。朱明门外清泠海，折尽长条是别离。

戏马烟消旧日台，尚留青眼向人开。晋阳万骑凭凌日，应借春阴系马来。

晓光浮绿影鬖鬖，驻跸传呼解右骖。骲箭一枝穿细柳，万骑黑鞘渡漳南。

曲镜高张户不扃，夜陪银烛晃天星。柳枝未省兴亡事，宁为高斋眼故青。

鼓吹八队柳廊宽，驰道中间玉勒寒。铜凤不来羁铁烂，柔枝从教路人攀。

营得新宫胜洛阳，金铃翠羽绣鸳鸯。当年挂饭添愁思，步步回头望绿杨。

钗股摇金漾月梭，鬓丝堆绿占云窝。含情常自无言说，无那春风逗露何。

题平沙落雁图

声断衡阳日未徂，稻梁觅处任衔芦。浮云不障看山眼，玩取平沙落雁图。

题晚景寒鸦图

选得高枝趁晚晴，鹎鶋初听往来声。上林不许凡翎入，莫漫南飞怅月明。

观瀑

万斛明珠下碧湍，一泓清吹轧雏鸾。抛书略展看山眼，犹似云璈曲未阑。

赠黄武安

鸿才方始发于硎，仙吏从容卧一庭。睡鹤正酣人已醒，丹经方展户犹扃。暂劳枳棘栖雏凤,旧说郎官准列星。怪道光芒干气象,淬来肝胆已通灵。

题周阆客小影

游遍湖山着意寻,老来归卧碧云岑。人言只爱风和月,未省男儿四海心。

赠徐师鲁

银汉飞扬万里涛,彭山秃后海云高。联辉玉友参鳌极,五色奎文选凤毛。讲幄静听司寇履,黄扉特赐上公袍。更绵世泽周洹水,甘雨从容下九皋。

汪茜老祷雨汤阴,得八景诗,依韵和之

柏尖山

笔峰高与阵云旋,拔向晴空挺不偏。硃抹晚霞飞作篆,雾含苍柏涌为烟。平撑柱脚天维壮,远绰秋眉黛影鲜。直性自来枝叶少,伴松筠待岁寒传。

曲水

不将渥泽起来牟,澹尔优游出陇头。巴字往来书白练,团瓢高下酌清流。石淙摇曳鱼龙尾,玉带回环海岳秋。拟学兰亭修禊事,酒杯春浪剧行舟。

龙潭

溅得明珠雪样霏,一泓清冷涨鱼矶。阿香不动骊龙卧,少女无声膏泽微。湖上驱羊行也未,殿中分柳滴还非。休嫌病雨沾腥气,常有横空马鬣飞。

石阁

峭壁何年建石墉,紫霞高掇锦芙蓉。层檐迭架螭头暗,复殿平开雉尾重。天禄夜星光的皪,龙头晨鼓曙春容。何曾独许青城客,芒笠萧萧曳短筇。

云坞

团团粉絮障河滨,重迭鱼鳞矗一屯。三素凝来成幻相,五云直上几由旬。与霞协助生花笔,伴雨惊回把钓人。解识山中无限乐,好从宏景结芳邻。

炉峰

突出炉峰渺接天,晨霞吹焰兽煤然。龙涎宝雾千条直,鹤影青痕一缕悬。炷火寻常凭日驭,添香端的属飞仙。素心与结匡庐约,不肯寒盟等弃捐。

瀑布

溅玉抛珠喷雨华,多人疑此是仙家。风翻细沫飞成雪,日照红光射作霞。探本极知元化永,归墟应共海洋赊。何当独展为霖手,遍洒郊原润黍麻。

断桥

行行穿过水西头,片石横斜卧碧流。几处柳塘围曲岸,数竿蓑笠近沙洲。双桥彩断残虹夕,一涧光分匹练秋。却喜野鸥闲不去,依人时傍淡烟浮。

祝汪茜老

朱霞高举锦翩翩,吏隐中间有谪仙。茧纸论函书漫兴,露珠偷便注灵篇。穷经索象怀文德,投檄征龙润禹田。却笑金闺贤曼倩,风流徒作滑稽传。

壬辰放榜后恭纪

芸案鸡窗鬓已皤,老偕髦士一登科。太和元气周天壤,沧海明珠入网罗。万国衣冠瞻黼座,三千礼乐动鸣珂。君王从此知名姓,赖有丹衷可不磨。

西苑覆试恭纪

一水潆纡绕苑流,高楼尊峙压鳌头。瞻云已近登瀛侣,橐笔欣依在藻舟。黄鹄歌翻天籁合,绿杨影暗彩霞浮。槛前几簇鸳和鹭,尽识韶光遍十洲。巍峨圣主正当阳,盛典新增榜后场。绕苑荣光生试草,极天青霭入宸章(是日有御制西苑诗)。大官遍赐皆琼屑,中使频倾等蔗浆(是日赐茶饭)。甲乙尽由亲检阅,更沾清閟御炉香。幸共英贤近紫宸,复叨恩宠赐来频。上方分给团圆果,下士均沾浩荡春(是日赐梨)。色比黄柑金粒粒,爽如琼液玉津津。久甘藜藿齑盐味,饱德居然胜饮醇。书罢恭将试牍呈,忽聆清问及平生。章缝自昔怀忠信,垂拱于今是郅平。圣德布昭春发育,霁容舒展日晶莹。从来仰沐君恩重,今日亲闻语笑声。

传胪日恭纪

甫随鹓鹭立朝班,渐进尧阶咫尺颜。日丽广庭金翡翠,风摇大旆锦斑斓。希声九奏箫韶乐,列拜群依品级山。莫讶卿云呈五色,君王端拱殿中间。

恩荣宴恭纪

才出蓬茅蹑玉京,盛朝珍重赐恩荣。趋陪扬拜劳公辅,揖让雍容接上卿。无数金花添彩胜,两行银瓮泻琼英。小臣亲识天颜霁,曾向鸣珂队里行。

馆选日恭纪

英才鱼贯待谘诹,列侍随班次第搜。鸾凤有毛终见赏,骊黄出色便殊尤。圣神久识钟灵异,睿智兼闻敏学优。却愧小臣知解陋,一承清问一绸缪(是日蒙恩三次,召对讲《易》,事具《澹宁居三接始末》)。

赠高公仪明府

淮流濯濯亘长虹,细注甘霖渥泽丰。寿国有丹藏箧笥,保民随处置帡幪。时闻令誉驰都下,常有仙凫入禁中。谁识金台新太史,清风略与使君同。

答黄涪叔南旋留别韵

几年牛耳擅文坛，五色虬龙走笔端。行迹宦途成逸客，交情粉署得寒官。心违众指宁呼鹿，手展云笺每吐鸾。收得新诗悬素壁，对渠留待剪灯看。

赠王际恒

向来忧乐总关情，兰气薰心协旧盟。记得邺城风雨夜，剪灯相对说平生。

赠阳高郑守府

建节司专阃，徽声壮大猷。月随弓影满，风入马蹄秋。气肃鲸鲵静，韬娴虎豹优。功成报天子，麟阁说封侯。

嘉谷合颖

嘉禾当景运，双穗兆时康。重叠婆娑影，参差秠秬香。连枝空有树，并蒂岂云芳。料得仓箱庆，盈宁被八方。

树兰

枝柯分桂种，香气洽兰心。纳佩怀佳士，援琴惠好音。当门惜锄种，入室盍朋簪。却为栽培久，含荪绕膝深。

浑天仪

璇玑肇辟自唐虞，更有浑天契典谟。常使星辰奔的历，不教日月故萦纡。包含造化乾坤细，轮转扶舆体制殊。岁令欲和民事正，灵台端可试规模。

赋得三十六宫都是春

羲皇三画最分明，收摄刚柔造化精。月窟转来棱角露，天心动处卦爻生。始终数具阴阳足,上下经分序杂成。品物得资乾用九,太和元气各充盈。

八卦分宫可细评,先天精蕴洞幽冥。六三细按阴阳画(阳画十二,阴画二十四),四九平分上下经(上经十八卦,下经十八卦)。纪数尚须征一八(自乾一至坤八,共得三十六数),穷源端不属奇零。极知造化同天地,易简长标座右铭。

赋得中峰绕瑞烟

晨星方起曙氤氲,遥见中峰回出群。浓似庆云还郁郁,淡如薄雾更纷纷。远依金阙深还密,细注炉香晓不分。况有尧樽倾北斗,故添新霭奉仁君。

南郊瑞雪

极目遥空景色赊,龙鳞随地灿奇葩。频添玉色寰中粒,细剪银星苑里花。苍璧有诚通帝座,青郊留瑞兆年华。江南漫说深三尺,预喜盈宁卜万家。

万寿九如歌

如山高耸郁嵯峨,峻德怀思叶雅歌。天表崇隆乔岳似,云行霧霈海洋多。精涵造化凝承久,道协乾坤气象和。乐此独称仁者寿,频将天保细吟哦。

如阜嶙峋尽仰瞻,高平大陆独尊严。寻常拔出坤舆广,肤寸兴时雨泽沾。奠定以来成博厚,陶钧无际备洪纤。寰中百族叨培植,山斗情深捻未厌。

如冈岳岳更绵绵,蕴蓄灵膏普大千。万汇极知高莫并,群情唯觉亘无边。仰承帱覆储瑰质,陟彼崔嵬挂瀑泉。华岳封人知识少,千秋犹作颂声传。

如陵更觉渺难并,帝德高深那可名。仰岳有情徒想象,学山无术愧陶成。唐虞道德逾隆古,泰华辉光秉至精。却是康衢耕凿者,解将鼓腹颂升平。

如川渺渺赴归墟，方至新看润物初。喜有渊泉通浩淼，常因倾注转优馀。千年渤澥天潢汇，五色荣光瑞应舒。试看朝宗来万国，恩霖久已遍华胥。

如日东生海上霞，景云拥护道途赊。重轮递转扶桑驭，两珥遥吞若木华。离旭瞻时明炳耀，阳光到处彻幽遐。知临原自空今古，普照无私谅未涯。

如月清辉皓满空，优游天路往来通。初从震象窥乾象，直过弦中入望中。三五明生光的历，十分阳满色曈昽。升恒同入仙璈奏，一曲霓裳听未终。

如松挺植泰衡巅，甘露津津养岁年。遍体龙鳞经雨洗，几枝凤吹有风传。柯条上与苍旻合，根脉全将陆地连。好借花香称上寿，玉皇端拱五云边。

如柏森森挺异姿，乾坤灵秀集繁枝。椒浆并祝贞元会，春酒同登介寿卮。柯干每随阳德茂，精神却赖岁寒知。谁能独羡梧桐树，早听雝喈振凤池。

红苗归化恭赋十八韵

圣帝方垂拱，苗蛮谨率从。夜郎通汉译，罗甸尽尧封。螳臂愁车辙，鸱音乐泮雍。盛威陈虎旅，裒众立金墉。爨合东西寨，蛮分乌白踪。三年无薄伐，千嶂自销锋。獠猪怀王化，提陀（苗呼百姓曰提陀）仰帝庸。两阶干羽合，百粤享王恭。不待擒过七，能令译已重。麻栏（苗人苫茅为两重棚，谓之麻栏）含气淑，蕉纻被春浓。橙洞无朝警，羊肠息夜烽。铸铜留柱表，劈竹作衣缝。南诏皆笼雉，朱兰悉献赍。鲸波天外静，珍贝越南供。背负先驱弩，身安薄暮舂。威应难胜德，抚已过于攻。聚米方前略，持筹蹑后踪。大勋麟阁茂，珍重列钟镛。

恭祝万寿诗

亟夏同风久,千椿衍庆长。龙飞当午运,风纪萃嘉祥。历数原无极,恩膏岂有央。艳阳逢圣节,持献万年觞。寿域乾坤永,皇图日月高。霓旌摇御柳,玉案拱仙桃。圣德周山岳,洪恩极海涛。康衢歌化日,丹陛奏云璈。无逸承乾德,鸿庥壮帝猷。回环推甲子,来往算春秋。天保冈陵永,嵩呼岁月悠。愿因鼓腹者,击壤听衢讴。疆域周荒徼,精神并泰衡。五云常捧日,三素更流英。星象方悬丙,舆情乐献觥。渺焉忘帝力,巍荡见无名。

和柯橿龄丁香原韵

玲珑花影傍阶生,才着春风便向荣。月殿移来光的烁,雪峰飘就玉晶莹。虽无琼海相思结,却有金闺解语情。莫诩朱明红药丽,淡然粉素有谁京。

赋得清风与簟随

朱炎当夜直,华幔觉风吹。起见凉飙动,偏宜夏簟随。帘栊增气象,冰雪透心脾。溽暑威方敛,烦衷快可知。自天挥爽籁,著体适微肌。骤减鸣条怒,轻弹解愠丝。草怀君子德,雄忆大夫辞。领略堪高枕,优游渐触帷。篆烟看欲散,纨扇把何为。似有人舒卷,兼疑月委蛇。穆如欣作颂,美矣听歌诗。不羡幽窗卧,羲皇正及时。

赋得今月曾经照古人

碾空瀛海出冰轮,皎洁光华历汉津。自辟洪蒙开朗照,高悬碧落彻秋旻。熟谙怀葛从前事,习见羲皇以上人。今日清辉如邃古,酒杯且莫负佳辰。

赋得清如玉壶冰

皓质谁堪比,丹忱谅独清。宁云秋水净,不让夜光明。皓魄形难似，澄溪鉴有情。算唯冰玉合，差与雪霜并。习坎中留质，辉山外作营。即看圭角露，要见琢磨精。琥珀纯无玷，琉璃澈更莹。对来捐俗障，看去豁尘睛。表里深凝碧，心神湛若晶。濯应浇汉渎，宝可胜琼瑛。乍喜寒威透，旋惊爽气迎。涉焉钦志节，珍重说平生。

禁中闻莺

上林深处曙光融，睍睆清音晓禁通。俗耳针砭谐律吕，诗肠鼓吹杂丝桐。玉楼柳暗千声细，金谷花繁百啭同。盛世禽鱼沾化普，都忘身在五云中。

赋得御制林风吹送枣花香

玉露遵华渚，琼株拥帝航。凉飔依袖细，高树搅风长。静籁悠悠动，繁英篡篡香。薄馨时馥郁，丛影入苍茫。聚绿藏鹦鹉，含丹引凤凰。琼英犹未结，火齐已多芒。镂藻梨同贵，充盘栗可方。蜂须初胸蕊，蝶翅远舒黄。喜与臣衷肖，欣逢圣寿长。离离堪把摘，秋实佐饫馆。

马缨花

朝气初荣渐吐华，夜来含萼一丛遮。合欢久应通连理，蠲忿终当惜锦葩。珍重繁英萦上驷，剖开丝缕绣晨霞。韩琦自合留真赏，不羡娇春烂熳花。

五穗瑞麦应制

令德宜天眷，明昭与降康。来麰欣率育，颖栗肇嘉祥。五穗居然秀，双岐固自常。黄云堆曲陇，绿浪泛方塘。聚类梧桐实，攒知秠秬香。薪薪含露润，拂拂散风凉。秉气阴阳足，经时岁月长。形羞连理茂，实胜并头芳。合宇观中极，环枢辅四旁。食和兼质味，运德总皇王。粒我蒸民喜，宁人景物昌。自今歌大有，万禩乐仓箱。

荷珠

菡萏临池顿改观,夜光堆拥尚凝寒。浓沾晓露添新粒,乱飐微风走玉盘。暗想鲛人挥点点,错疑龙女弄丸丸。隋家漫自夸明月,正共连城作队看。

瓶荷

最爱蕖英洁,移芳就玉瓶。采茎香在手,出水叶黏萍。镂篆烟相和,凌波势乍停。隔帘红晕细,绕室曙霞青。几案延君子,裳衣制楚灵。六郎羞竞色,并蒂喜同形。蓄意偏多态,含芳独宁馨。镇常薰宝帙,何待护金铃。馥郁过湘茝,光辉澈画屏。岂容窥瓦雀,那许戏晴蜓。妙语居然解,微酲固可醒。若耶殊未远,藉有碧亭亭。

恭和御制温泉应候诗原韵

天地钟灵毓宝泉,谽谺分水出灵田。温和适与炎蒸协,浩渺旋看渗漉连。浴德固能亲圣体,澡身兼可息劳肩。阳春久已周华夏,宜与宸章共沛然。

赋得御制一水涵天象

圣道乾坤合,怡情恰在川。眼前皆绿水,波面出青天。碧落开明镜,丹霞拥画船。舟随银汉转,槎向斗牛迁。嫩藻牵晴旭,新荷晃瑞烟。虹桥朝影阔,珠颗夜星连。溟海鲲初化,扶摇翅已佥。鸢鱼同浩渺,飞跃两便娟。既会高深趣,兼忘上下筌。居崇卑可济,出坎泽方绵。妙解如斯矣,含虚正复然。临流无限意,尼父有心传。

赋得雨歇南山积翠来

宿雨初收薄障开,林峦含霁向楼台。洗空雾脚容朝爽,推出峰头染翠堆。佳气郁葱当面起,瑞光摇曳破云来。只教色与青天似,肯受人间半点埃。

赋得风含翠篠娟娟净

万竿烟霭晓氛氲，绿展虬梢欲化云。淇水浪花摇瘦影，渭川晴色动朝曛。层峦邃谷谁知已，劲节虚心独此君。莫讶凤凰呈五色，琅玕佳实久纷纷。

潇湘弥望绿云横，摆宕龙孙作吼声。日色乍摇清影细，露稍频展曙霞轻。柯亭韵协龙吟笛，嶰谷音调凤学笙。不羡会稽修禊事，此君青翠有谁争。

题邵甘来小照

读破人间万卷书，尚湖深处寄蜗庐。浓阴坐老悠悠水，别有闲情不在鱼。

密竹穿林接藕塘，柳丝风带艳花香。桑麻就熟鸡豚好，闲看羊牛下夕阳。

题王子搢崇祀乡贤录

太璞储英久，雕几发宝光。含精通海岳，荐币启圭璋。松柏无柔干，芝兰有异香。千秋芳轨在，山水共悠长。

赋得江亭晚色静年芳

江上亭台落照间，縠纹春水共湾环。鸢鱼浩淼云容淡，人物嬉游景色闲。藻影乍摇天象碧，花光欲染晚霞殷。传神不待丹青手，解使升平露一班。

恭和御制孝经衍义诗

圣德光天地，宸章焕古今。穷神兼达化，戛玉更敲金。继述归宗子，陶成识匠心。斗枢灵爽合，经义感孚深。养志推绳武，承欢启智临。以兹天下治，用作后来箴。圣意方周览，高情寄朗吟。瑶函辉宝帙，珍重遍鸡林。明发家同俗，升香帝有歆。穆然钦大顺，频颂太和音。

赋得冬日可爱

曦旸仙旭晓曈昽,水德当阳迥不同。几为负暄频徙倚,比于秋曝转冲融。温和有象春常在,照耀无心化自工。莫作寻常羲驭看,普天均在智临中。

御试冬至

子半贞元会,天心肇见时。葭灰初验气,宫绣始添丝。管籥黄钟律,郊坛赤羽旗。音希滋味淡,阳德是亨期。

送孟伯霖

极知民牧重,帝简出中朝。绣虎彤庭壮,仙凫紫气遥。钟镛无细响,云汉有重霄。圣代须材亟,和羹代一调。

寄贵阳杨太守文铎

皂盖风清万里扬,黔南卉服习耕桑。蛮分乌白山增润,爨合东西路未荒。著籍流民随马足,镌碑德政峙羊肠。谁云借寇筹边计,翙羽高翔待凤凰。

与宋子春

秘阁分班典校雠,勉从锦制赴南州。欲教文德光天下,且要恩霖及海陬。去日身依书画舫,归时人在凤凰楼。乘闲料理升平事,待进康衢鼓腹讴。

与仪封张孝先中丞

峻极崧高未易攀,得民誉望震吴阛。经纶自许师伊旦,学术还期慕孔颜。

圣主褒扬恩似海,孤臣直谅节如山。著书欲挽狂澜倒,传习何当一例删。

葆璞堂诗集卷四

御试赋得为有源头活水来

含天一鉴此中开，寻到源头颇异哉。为有无多藏浩渺，从教不舍任潆洄。本源养就蒙泉合，作用功成解泽来。浸灌久叨书卷力，心亨全赖旧栽培。

送张良御南旋即用留别韵

声华久已遍神京，宝璞谁怜价值轻。郭隗固能充骏骨，刘蕡何尚困经生。大吴无计通春梦，小谢多情减盛名。好注砚蟾添墨沉，更驱毫兔事犁耕。

咏史

乔柯荫长亩，巨源赴归墟。取精既已多，所资谅有馀。至道在六经，体用悉以俱。内窥达天德，扩之周坤舆。精粗两不遗，宁有剩义与。子房王佐才，固宜所学殊。胡焉师黄石，坐此消居诸。

送刘予修旋里

灵气秘幽谷，猗兰发奇香。顾言赠佳人，约之以为裳。大椿无小年，丈尺讵所量。宏才不自试，郁郁高穹苍。所贵保天和，樗栎空自芳。去去勿复道，仰止徒彷徨。

题温相国遗像

尧舜方垂拱，皋夔与赞襄。太和生宇宙，霖雨溢穹苍。补衮无惭德，调羹剩远芳。望因台鼎重，恩共地天长。燮理功殊伟，钧衡道可方。匪躬参密勿，拜手继明良。大业光图史，勋名过汉唐。方兴东阁业,旋闭北山堂。遽尔乘箕尾,悠然起圣怆。睿情怜故老,隆礼命天潢。赐谥崇文简,遗休振纪纲。丰碑留大节,懿范肃官常。百代勋猷茂,千秋礼乐光。不烦图画色,奕叶有馀庆。

祝冉永光先生二首

有美含章肯浪沽,掖垣归后著潜夫。绛帷坐稔庭中雪,鸿宝搜穷马上图。化雨有春周海岳,秋风无恙饱莼鲈。帘前风月饶光霁,不待从君乞鉴湖。

悠悠杖履卧林泉,搜剔遗经手自笺。道在何妨颜氏巷,诗豪时泛米家船。池鱼得趣真容与,庭草含生更豁然。尝有门生问奇字,不缘种放似神仙。

甘忠果公殉节诗

吴逆猖獗最先尽节者,云贵制军甘公也。事闻恩加兵部尚书,谥忠果,百姓为立祠,爰纪其事。

见说风霾掩百蛮,制军临阵夜弓弯。城孤尸积盘龙渡,力屈魂归金马山。震鼓尚堪摧六诏,飞书常憾阻重关。妖氛已作青磷散,钟鼎铭勋起懦顽。

浙西周匡邻为唐山幕客,值赞皇积寇夜劫其署,周子率役拒之,获其渠魁,遂入山捣其穴,寇皆就擒

甲兵久已贮胸中,御寇雄才等击蒙。稍觉丙奇荧入白,不辞乙夜马追风。临晨竟与鸮巢逼,薄暮全令虎穴空。如此壮猷殊赫赫,何须十乘启元戎。

送彭阁学给假旋里

紫禁含香三十年,锦衣什袭许归田。干云藻翰辉金马,问字生徒把玉鞭。晓殿暂虚新讲席,彤庭剩积旧吟笺。臣心似水君恩重,去就翩然素履全。

丁酉元日

万国朝元庆履端，钧天乐奏集衣冠。无为盛世平为福，居易清襟乐易安。节在年前知岁早，令逢雪后觉春寒。彤墀晏罢归来后，积素西山静里看。

典试湖广道中作

白首鸡窗学未疏，冲寒八度入公车。骤膺丹诏驰新驿，渐引皇华认故庐。圣主久怜臣老矣，路人争道鬓皤如。童观莫羡光荣盛，多读通经几卷书。

楚闱漫兴六首

旧是淮南一腐儒，手携冰鉴出皇都。凿开荆璞搜文玉，洗净深渊摘宝珠。要向灵台磨宝镜，肯教沧海失珊瑚。选材识得梗楠质，不向中林独守株。

乘风鼓楫驾洪涛，紧擢纶竿为钓鳌。掣动锦霞天汉晓，搅翻银汉海云高。砚蟾尽吸三湘水，毫颖凭添五色毛。只要马群空冀北，不图人羡九方皋。

黄卷频年手自携，砚田膏火足耕犁。平修月磴安梯上，广植高梧待凤栖。几载虹霓秘长剑，五更风雨听鸣鸡。打头屋里三条烛，芒焰光生太乙藜。

长阪无媒久叹嗟，每缘伏枥感年华。朱衣未便头轻点，白日徒然手自义。愁见嘉禾没稊稗，忍教良骥老盐车。殷勤捡取真金屑，不使尘埃向眼遮。

闲来据案独支颐，注想焚膏继晷时。甘苦我曾绵岁月，较量要更辨公私。山樗欲弃犹斟酌，蜀锦无多也护持。真鉴总归先正格，肯从诡道论雄雌。

多年磨琢不寻常，大器宁能久晦藏。钟鼎奇文留古色，圭璋美制灿殊光。湘灵鼓瑟人何在，郢匠挥斤鼻不伤。付与锦囊收拾起，只凭忧悃报君王。

楚闱事竣归里之作

席帽何年去旧毡，故园不到十三年。焚黄总教贻孙代，垂白偏艰省墓缘。玉尺校文临上楚，简书衔命过新阡。亲朋迎候家门久，却喜乡音到耳边。

薄宦羁縻可奈何，梦魂常忆旧岩阿。池鱼落网园蔬嫩，新谷登场酒味和。识面儿童今老大，关心亲故总销磨。归来熟看江山好，始觉年华在外多。

望祭先王母并序

先王母喻太夫人守节抚孤，遭明末张献忠之乱，挟子偕老仆胡义逃难出城，途中相失。先王母避至母家楼中，又遭土贼剽掠，与嫂妹邻妇数十人同日被焚。老仆胡义访知之，即总瘗楼后隙地。迨先父寻归，经义告知，而义旋病故，无凭省识，饮恨终天，春秋望祭而已。嗣后，喻氏将此庄出鬻，余得售而有之，终以未能封树为憾也。

风霾倏起太阳昏，母子牵衣走北门。碧瓦危楼销赤火，白杨高冢失青原。思亲频滴生前泪，追往难召死后魂。省记先人留恨处，故庐端拜是诒孙。

忆弟妹

天涯弟妹隔形声，待我归来隐憾生。伯道何缘艰嗣子，班昭无疏请难兄。清宵梦惹思乡泪，白发愁添感旧情。那更抚灵才一奠，萧萧鸣马又长征。

送友

万里挥鞭兴未央，马蹄行踏海天长。江南村舍离亭酒，风雨潇潇望帝乡。

寿李晴崖夫子

明良谁谓逊前贤，出入勋名三十年。绕座芝兰垂远荫，盈阶桃李集芳筵。龙章久锡彤庭宇，御馔时分紫禁鲜。自合盐梅调鼎鼐，料胜瀛海问神仙。

送蓼伊邓同年出使安南

紫诰金泥出太清，皇华娇艳拂行旌。身随风诏披云下，队引龙标傍马行。夏至表南看晷影，秋深天末席花英。为言白雉须频进，鲸海风波久不惊。

和许元声思亲之作

晨起披风对晓霞，思亲常自忆还家。旧山椿树寻常茂，上苑莺声逐渐加。膝下久疏春酿酒，客中时忆旧栽花。却怜游子天涯意，回首看云道路赊。

万年凤纪诗并序

重光赤奋若之岁，乃我皇上御极之六十年。道协圣躬，庆绵宝祚。上稽往古，既落落其无俦。俯念来兹，尚悠悠其未艾。下土之庶绩康哉，上帝之鉴观皇矣。百神効劻勷之力，万物集佑助之躬。祥开玉粒，茂嘉穗于平畴。巩若金瓯，通法琅于异域。舒庙堂之硕画，边塞风清。献嵩岳之石芝，臣民雀跃。涂歌巷舞，讫海隅之辽远，不异衢谣。近悦远来，合殿陛之欢呼，尽如嵩祝。臣煦幸际昌时，恭逢嘉会，敬赋六律，少布丹衷，谨序。

熙朝岁月独悠然，凤纪洪开六十年。凿井耕田民朴茂，经文纬武士陶甄。车书大地尊三重，贡赋殊方集八埏。渐引渐多殊未艾，山河长久戴尧天。

唐虞以后漫思维，绵渺昌期讵可窥。辛丑回旋周甲子，壬寅重复数干支。皇图广大天同阔，海宇清宁古莫追。九土兆人忘帝力，含哺鼓腹太平时。

景福由来不易荷,凝承独向圣躬多。道宣河洛传真谛,乐继咸韶衍太和。声教覃敷无远近,恩膏普霈似江河。小臣几度承明训,才短无能扬古歌。

绵绵帝眷浑难量,臣庶偕欣玉祚长。彩幄锦亭迎翠辇,宝幢华盖肃朝常。山灵拥护多呈瑞,海若怀柔久不扬。共向兴朝呈物色,拟将泰华颂无疆。

时逢泰运自然亨,物阜民安总向荣。岳渎有灵皆効顺,苍黎无地不输诚。俗同怀葛真淳古,化拟唐虞久郅平。会见彤庭增喜色,祥云当殿霭然生。

曜灵春旭晓曈昽,万国趋陪拜舞同。五老箓图呈瑞应,三农旸雨兆年丰。海疆祝颂多于华,殿陛欢呼尽若嵩。会见升恒无尽极,曙霞方注海洋东。

祝华亭王夫子寿

斗杓灼灼辉明堂,九峰间气流清光。笃生硕辅翊陶唐,王质金相孰可量。宏文逸翰倬天章,驱使风云给大荒。手携结璘浴扶桑,天吴飞空奔渺茫。霖膏挥洒霈穹苍,幽谷穷岩协所望。森森兰桂郁芬芳,门生端笏分班行。松龄斟酌紫霞觞,云韶仙曲按宫商。彩衣逐队舞霓裳,宾朋晏会乐未央。愿拾瑶草晋琼浆,天家十赉称华阳。蓬壶岁月应更长,遍与锡福黎民康。

赋得人安为国瑞

圣德勤宵旰,皇衷属兆人。咸宁时永泰,丰乐物皆春。上瑞惟诚应,天休致化淳。万方清晏甚,符牒未为珍。

赋得奥旨微言开画前

浑沌前边渺若虚,当机推解问华胥。探幽静玩先天易,据理穷搜未见书。但说卦爻犹显易,只凭仪象亦生疏。精微妙达羲皇旨,更向图前讲太初。

为永城蒋贞媛作

婺星傍中天，孤光有时坠。松柏挺高岩，劲节复谁媚。禀赋在性真，挠之曷可易。烈烈蒋贞媛，纲常自扶植。当在订盟初，早矢同穴志。愿为连理枝，更作双飞翅。胡然失所天，一洒杞妇泪。鸳侣虽未偕，泉壤同寤寐。幽明洵无忝，生死真如寄。所宜膺宠褒，不使贞魂悲。江河渺未已，草木亦殊类。作歌告彤史，芬芳报纯懿。

壬寅正月初三日，赐燕老臣于乾清宫，臣煦时年六十八，得与恭纪

羲轩道德渺无疆，泰华精神宝祚长。兆姓久沾深雨露，老臣何幸锡华觞。殊恩逾分骤升迁，白发重叨锡御筵。景运既容舆马过，细旃还许老臣便（是日命老臣皆肩舆入景运门）。盛朝优老及词臣，扶杖衔杯傍紫宸。十载木天沾异数，君恩常与岁华新。《易》蕴精微那易寻，圣人久已契高深。老臣积岁承明训，始学尧夫自在吟。中秘旋归卿贰班，天恩迥出五云间。复沾湛露零丰草，授几深宫拜赐还。携得蟠桃一颗来，妻孥含笑下庭阶。为言玉粒非常有，个是彤庭赐晏回（恩赐面蒸蟠桃一枚，大九寸）。

雍正宝座铭

天眷有德，大宝用昌。首出庶物，万汇观光。绍承大统，仰答穹苍。夙兴夜寐，时若雨旸。心法治法，游衍旁皇。宵衣旰食，纲纪弛张。未能求莫，黎庶何康。端拱淑慎，正衣垂裳。齐庄中正，所以答阳。恭俭惟德，含宏莫量。知人则哲，振肃朝常。聪明四达，烛照遐荒。允厘百工，浊激清扬。慎刑节用，无怠无荒。仁育万物，义正万方。内安外宁，亿载永庆。

怀上官臣哉

为贪薄糈到天池,头白终年忆故知。鸿雁差池怜远道,茝兰憔悴阔幽期。云窗雨榻酬诗少,社酒村鸡入梦迟。不及石桥明月夜,长歌短咏却追随。

读白乐天诗

拣得头陀不肯先,为人先愿扫天坛。谁云白傅专心处,不爱金丹只爱禅。

题东坡屐笠图

止疑戴笠同工部,况复寻常蜡屐多。澹荡风流谁得似,此翁人道是东坡。

盛京道中

金陛衔恩出紫微,霞光云彩上征衣。此行竟是辽阳鹤,可有人知丁令威。

御试新进士赋得讲易见天心

(二十六韵,限阳字)

龙龟承运出羲皇,具体鸿文辟混茫。十数浑沦藏太始,四隅周匝起中央。德兼小大源流贯,象列圜方体用臧。消息图书观内外,比量奇耦别柔刚。统天变化功难测,配地含宏道自彰。自去自来皆独往,时潜时见不终藏。经疏卦理形而上,位序爻情直以方。未用群龙原有首,资朋牝马信无疆。表章太极乾坤合,透漏先天日月忙。冥色乍融犹黯淡,亨机才转便辉煌。声希味淡名言绝,雷动风行品物昌。就里含容诚浩博,斯须光景异寻常。白生虚室通三极,元起悬关肇一阳。黑魄到庚分晦朔,黄钟从子立宫商。太和保合真纯粹,名理逢源总吉祥。幽境洞明神豁豁,静机翘动景堂堂。欲探最上穷真谛，便合从头细度量。七日既周终会合，两仪迭运始舒张。极知已往彰如此，索向初来察不妨。巧历上推精不逮，井干深汲味殊长。泉源沛发应难遏，颗粒埋根讵易量。此后流波或浩荡，即看芽蘖渐芬芳。尧夫得意称安乐，颜子知几久坐忘。易道包罗洵广大，儒宗剔抉岂荒唐。韦编自昔频翻阅，玉案何辞细审详。尺宅果能同造化，竟排十翼入宫墙。

与天足雪夜围炉作

不识生前事若何，多年疑杀老头陀。昨宵亲共梅花语，香所从来着意么。

偶仿长吉体

北溟泼刺鲲鱼尾，羊角吹风九万里。健翮鞭云云不知，等闲一跃天池水。手携结璘浴扶桑，天骥飞空奔渺茫。风姨月姊解环佩，云璈萧萧荐玉浆。

遣祭尧陵

玉陛承恩赋载驰，羹墙如见古型仪。土阶遍德皆良弼，黄屋垂裳尚屡咨。文命再逢䥫铎设（时求言甚切），放勋重见鼓歌时。独惭稷契陈谟在，常景休明结梦思。

遣祭阙里道中咏

搜罗经传费居诸，难道斯文独弃予。葆璞镇年参太极，濬宁三接进函书。若知坎习离非习，自解乾虚坤不虚。六位俱资元德始，群龙方克肇权舆。

抵曲阜

少年曾见说心斋，久向尼山近到来。敞尽胸襟无一事，春风吹上舞雩台。

祭阙里得近宫墙作

列圣初将道脉宣,大成收摄在遗编。诗书日月通三极,礼乐山河定八埏。辟地开天垂朗照,倾江注海发蒙泉。即今美富周穹壤,宏启宫墙尚惘然。

天下诸儒景素王,都云美富秘宫墙。峥嵘道德窥无极,竭蹶追趋渺未遑。彩凤高翔禽鸟拙,祥麟逸步駃騠忙。从来观海难为水,斥鷃飞鸣可自量。

明窗尽日检诗书,梦里尼山久企予。山水乍依犹可爱,宫墙得近更何如。衣冠肃穆仪容古,殿宇堂皇鸟雀疏。化雨一挥洙泗水,普天终古被沾濡。

天运宏开至圣生,尽收文献启贞明。月无纤翳通宵白,泉有真源彻底清。多少典章归笔削,古今人士仰裁成。不须更待叮咛说,木铎长鸣止一声。

皇帝躬耕藉田颂并序

臣煦躬际昌期,欣逢盛世。心传偕治法兼隆,正德与厚生并茂。乃耕藉礼成,而时雨大沛,深符降鉴之天心。成均典备,而小丑适夷,群仰敷文之武烈。寮采庆舞于彤庭,苍赤欢呼于绣野。臣皇华于役,未获亲睹隆仪,学术空疏,不克铺扬盛美,谨抒丹悰,敬阐宏休。

本富农田重,南郊帝藉申。体天尊首令,稽典择元辰。千亩来东作,三推及早春。协风欣洊至,阳德喜骈臻。大化和同日,皇恩湛沃旬。先农敦享祀,后稷起明禋。太簇鸣钧叶,匏樽酌酒醇。朱纮荣畎亩,青旆耀城闉。气象班仪肃,规模彩仗新。旒翻云灿灿,耒动土畇畇。葱犗金为络,丝鞭玉作纫。绿芽方雾茁,绀耦若云屯。勷事公卿肃,参舆保介驯。韬封十五具,欢动万千人。祇事期遵古,承流悉悚神。班行排雁齿,畎亩辟鱼鳞。种稑随宜布,栽培与化均。细观耕泽泽,旋觉润津津。钱镈声相应,蓐锄渐可循。岂惟滋渗漉,正欲识艰辛。平秩何殊典，观风谅胜豳。庆云先已兆，时雨复相因。尧甸分崇礼，斯民早遂仁。盈宁知有庆，从此岁陈陈。

皇帝亲诣太学礼成恭纪

英贤济济四门开，圣主崇儒法驾来。玉辂宝光辉四极，文昌高景烛三台。联班俊乂瞻风采，随侍生徒领化裁。已见欢呼盈禹甸，式觇殿陛咏康哉。讲筵新御万人欢，黼座端严壮伟观。明阐六经昭典训，广开三舍肃衣冠。钟镛戛击敦和乐，庠序趋陪盛礼官。文命四敷模楷远，满庭薰习过芝兰。銮辂初停紫盖飞，讲堂云日烂生辉。春融黄幄瞻经席，香拂青衫拜衮衣。圣学渊深宣妙蕴，心传昭朗契精微。圜桥冠带皆欢忭，咫尺天颜得共依。西雝钟鼓迈周京，圣世敷文化雨清。乐育英才先首善，栽培雅教遍诸生。璧池水暖春风细，槐市阴疏旭日明。紫极荣光昭海甸，共瞻华盖听銮声。成均教育广搜罗，鼓箧横经岁月多。膏火然藜资诵读，赐书盈几助编摩。楩楠培植资梁栋，金锡陶镕待琢磨。圣德广宣膏泽还，普天濡润长乔柯。礼毕回銮满路春，群儒班列仰陶钧。共看芹藻沾天泽，更许蓬茅识圣人。巨典辉煌隆邃古，殊恩重叠降丝纶。从今化叶菁莪颂，的皪文星耀紫宸。

青海大捷凯歌十一首

来享多年万国通，氐羌何忽梗皇风。天威甫振欃枪尽，从此西陲化日同。

蠢尔丹津不自量，辜恩肆毒任鸱张。特颁虎旅伸攻讨，枭獍何能窟穴藏。

巨刃摩空淬鹏鹈，欲封京观筑鲸鲵。坚冰未泮俘囚获，壮卒无忧面冻梨。

赫赫旌旗出晓关，纷纷露布便驰还。王师不待金戈展，青海澄波万里闲。

出塞无劳半月程，凯歌随处动欢声。倒戈已自摧坚甲，执讯何尝仰利兵。

庙堂胜算握神机，旋喜征人解铁衣。三捷勋庸推将略，万方臣附凛皇威。

天兵到处望云霓，顿息狼烟静鼓鼙。嘶马不闻榆塞北，春风早度玉关西。

蚁聚云屯扫一空，封碑勒石到崆峒。旬宣纵赖群臣力，久塞还推天子功。

细柳高悬玉帐旗，龙骧虎旅振王师。从教恙管歌春色，朱鹭吟成绝妙词。

诏使营前布德音，策勋同日拜恩深。将军佩印加封爵，士卒韬戈有赐金。

凯旋会见戢干戈，胥庆君王燕喜多。适届临雍荐嘉卣，飞鸮不向泮林过。

恭和御制三月三日得雨

春资雨露润根荄，虔祷甘霖万里皆。绣野禾乔随畅茂，蓬门妇子总欢谐。华林适届芳菲满，禊节咸占气候佳。圣德感通天泽普，屡丰从此慰民怀。

赴圆明园奏事

晨星晃漾正霏微，旋觉霞明乌鹊飞。水引玉泉萦作带，山临瓮岫翠沾衣。广楠香散龙蛇影，锦绮光生日月辉。奏罢臣心方耿耿，早聆纶綍出黄帏。

早朝

天晴云淡露华稠，北斗高临五凤楼。华盖展风飘雉尾，霓旌含月拂龙头。炉香细注黄金鼎，霞彩明联紫翠裘。双展金铺启阊阖，九成清乐韵悠悠。

圆明园泛舟赐克食

仙苑乘舟泛碧湍，苹洲花港久盘桓。御厨敕赐金盘馔，鼎味充供玉粒餐。山径周遮探不到，水光潋滟画应难。自惭素食叨殊遇，游泳卷阿礼数宽。

赠漆馥来

鸿文光艺苑，白简避华骢。煮海鹾源裕，持筹国计丰。破云开健翮，冲浪驾长风。尚有盐梅在，调和待伟功。

哭三男仲垒

笋芽方解箨，苦遭劲风折。今晨是何晨，汝生事已毕。空抱凌云心，未展干霄翼。弱龄在怀抱，相看等珠粒。五龄就外傅，背颂多默识。七龄方握管，出语便明晰。鼓励既逾分，少壮殊努力。量景积晨课，迟更耽夜籍。十六登乙科，拣选入仕籍。讵知心神疲，感此成痼疾。药饵既无效，肌肤日羸瘠。二九遽遐逝，挥戈不可及。永诀伤予心，天阔何终极。

悼长男长堂四首

百代蒸尝信有源，拟将禋祀付诒孙。入门陡觉心情苦，据案徒看手迹存。华表何年观化鹤，楚江无地可招魂。寥天怅望愁无那，不择朝昏总未谖。

花枝逗影未全真，恍惚犹疑旧日身。霜白露清辜负我，灯昏月暗总愁人。征鞍属架留长策，小桁悬冠集暗尘。就令鹤归巢可眷，玉环探得是何晨。

得如太上便忘情，何乃瞻天百感生。业已幻成蝴蝶梦，不堪重听杜鹃声。霜威酷烈梧枝瘦，灯烬消残夜漏清。最恨汲深泉可冀，井干舒绠便羸瓶。

膝下平常展笑眉，经旬不见复何之。天空海阔兜离恨，月影灯光搅梦思。夜怪哀蛩吟响细,秋怜落叶引风迟。西河泪尽丹枫赤,白发愁心那易知。

送两男灵柩旋里

两盂清饭荐灵车,断割离肠憾有加。泪洒秋空云影湿,感深更鼓月光斜。生来膝下浑如梦,送去山头即是家。留得遗书盛箱帙,总教蛛网被尘遮。

寄上官臣哉

别后南云阔,相思梦易迷。往来成白首,行坐仗青藜。诗兴追元白,交情溯阮嵇。含饴真可喜,捧砚莫增凄。

静坐

风帘卷庭翠,月华逗窗碧。共此千古心,悠然悟太极。

寄王枢要炼士

寥落晨星总可怜,旧交逐渐减于前。极知枢要常相忆,重写归心寄短篇。

刘含万孝廉母田太孺人及曾祖母齐、伯祖母赵三世节孝颂

桃李竞时艳,松筠挺劲节。春荣谢芳菲,岁晚冒霜雪。正气良笃生,贞心焉可灭。田母嫔于刘,孝行无刓缺。所天失依庇,感此心肠裂。眷言及遗腹,襁褓屡提挈。母道既已殷,师教遂谆设。用使骐骥子,康庄忽腾越。曾闻曾祖姑,及彼祖姑烈。忠孝两不亏,高踪茂芳辙。星陨缀连珠,乌啼染成血。丹诏既褒嘉,人心胥敬悦。明月皎天中,冰心倍凛冽。谁将银管书,片石留芳碣。

丁未夏杨太守自圆明园辞归粤东,予向伊索端石,率成绝句

端州瑞石比瑶琨,山骨崚嶒失旧痕。不向罗浮寻蝶茧,且从古

洞凿云根。

晶莹石质本殊观,青紫微茫待细看。枯润好分鸜鹆眼,浅深平割老龙肝。

题李渐盘小照

拓落襟期自在身,林泉高致远红尘。图从翠柏苍松见,妙写光风霁月真。

祝李太夫子

同列推元辅,殊猷并昔贤。道将邹鲁贯,理自洛闽传。静对书千卷,行持手一编。词章飞彩凤,奏对陋寒蝉。化雨因时遍,光风逐景鲜。玉衡平选叙,班笥遂陶甄。气象凌高岳,胸期等纳川。只缘艰步履,予告憩林泉。圣眷殊难已,皇恩故屡宣。优容归里井,顾问及农田。内府分宸馔,华章赐御笺。久沾高厚泽,渐值耋期年。亮节涵终始,洪施益渺绵。人皆沾泰华,志向拟冰渊。寿国诚无既,千秋德望全。

题扇头云山仙女

泠泠仙佩六铢衣,静对溪山揽翠微。唤得彩云随步履,漫空散作锦霞飞。

哭二男次堂

廿年晨夕与相依,劝课虽勤总不违。只雁影孤怜折翼,哀鸿声苦惜分飞。去时缑岭笙无恙,别后辽阳鹤不归。岂料前春成永诀,南云一望一沾衣。

题范一揆小照

弱柳吹风金动摇,云晴天阔蹇驴骄。玉鞭挥过长安道,莫认襄阳作灞桥。

得旨还乡，感荷之馀，信笔作此

投老终年忆故园，止因恩重恋丹阍。于今得遂悬车愿，喜极翻教声泪吞。

温饱久沾天泽厚，生全偏觉主恩多。江湖满地渔翁小，一棹翩然出迅波。

途中漫兴

宦途匏系已多年，此日逍遥别一天。信步优游皆坦道，随时晦息得安眠。渐教国事非身事，始觉游仙类散仙。旧侣弹冠知有庆，好从枚卜数除迁。

家在廉泉让水间，微躯深喜得生还。密栽梧竹留丹凤，疏植园林看碧山。钓雨锄云新事业，侍香簪笔旧容颜。绵才知未酬高厚，饱食虚惭养拙闲。

抵家后口占

五十登途别旧邻，广文寒署涉通津。归来七十还加七，多见人间五辈人。

向日亲知少送迎，不堪回首问平生。儿童老大髭须白，强半登堂说小名。

解绶归来一月过，渐抛冠履学衣蓑。宁知雨露沾濡后，犹遂康衢鼓腹歌。

家居漫兴六首

才拙延绵愧女萝，官清囊橐似泥河。宦情旧有诗书在，事业新添板刻多。农政有心恒检校，家规不替肯蹉跎。匡床尚有吟哦稿，每岁昏晨细揣摩。

书卷同参更有谁，高山流水苦相思。蜀桐未抚音长在，古调临徽手自知。白雪终非巴里曲，清秋常忆杜陵诗。幽兰原不争繁艳，一任群芳自主持。

课雨占晴卜岁丰，寻常无事便扶筇。鱼池蔬圃闲观览，笋竹芽松补化工。密树向晨听鸟语，小园垂露摘花虫。身心以外浑无染，才称清闲老懒翁。

髦年何事可相宜，步到林园拄杖随。小树移栽恒带土，好花分种但求枝。难容野卉闲滋蔓，却爱幽兰谨护持。生计已拚同老圃，夭乔扶植任施为。

山水游观乐有馀，土垣棘卫称贫居。绕畦丛植渊明菊，据案时临逸少书。为爱凤栖多种竹，因图鹏化数观鱼。闲来入室翻《周易》，同志寥寥孰起予。

科第惟闻帖括香，尼山真脉久微茫。江湖泛滥涛无极，星月孤高夜未央。泉可汲深谁用绠，骥堪驰道倦施缰。朝阳蔼吉多佳士，华采终须属凤凰。

送杨晚涛

当日追随浃素襟，桃花潭水未为深。高情指屈金兰谱，雅调心仪玉轸琴。白鹤云中推妙品，高山曲里得知音。江南怅望还相忆，不碍乘舟冒雪寻。

向友人索墨

珍重曹家紫玉光，松花赐砚恰相当。徽州贤守知同赏，可许分遗葆璞堂。

望月

千月印千江，含照混天辟。举眼看碧霄，一轮更无别。

题王枢要炼士小像

镜里圆明幻作身，摩尼宝色拥金轮。多年不向蒲团坐，烟水云山识道人。

葆璞堂四时吟

嫩绿苔痕细草生，夭桃绰约李花明。阳和吹豁朦胧眼，拄杖循溪傍水行。

低檐桑葚初含紫，适口樱桃已报红。最喜黄鹂声睍睆，恰随蝴蝶过花丛。

桂萼舒金试小黄，菊英含玉待重阳。疏帘不碍清风过，特与幽人送晚香。

腊梅花绽雪花稠，细细敲窗韵亦幽。围著地炉添榾柮，细倾老瓦试新笋。

立春

斗柄寅初指，冰池冻未开。暖风吹细柳，香雪绽寒梅。春帖桃符换，华灯竹马来。扶藜天外看，雾卷碧山苔。

锄菊

疏篱相对惬幽盟，培植经年渐有成。乘露摘芽频检点，当风扶干费支撑。尝因蝶乱怜金粉，更恼蛛丝胸玉英。晚节已殊春烂熳，岂将三径学渊明。

极目

极目瞩遐旷，渺然天宇宽。远山凝黛碧，深树映霞丹。已觉披襟爽，无须拄笏看。嚣尘都净尽，逸兴任凭栏。

静坐

十翼搜穷天地精，焚香默坐有馀清。昨宵妙契先天旨，白月澄江彻晓明。

葆璞堂诗集跋

有韵之言不自三百篇始也，其始本于《易》，《易》如《彖》《爻》《象》《系》《文言》《说卦》，皆比音协义，若《书》若《礼》若《春秋传》，其有韵者多矣。自汉魏而降，以迄三唐，其间祖风骚，审声律，析华藻，非不尽变极妍，而论天然旨蕴，必滥觞六经焉。宋儒如邵尧夫“梧桐月上，杨柳风来”，昔人推为风流人豪。石曼卿“乐意相关，生香不断”，昔人谓形容得浩然气象。至朱子“青山绿树，云影天光”之作，更无非见道之言，无理障，得理趣。有韵之篇不专从六经入，可以从六经出也。此诗之至，而非务采色夸声音者之所能为也。

光山胡少宗伯沧晓先生，精探《周易》，其学浩博无涯涘。夫《易》俯仰天地，远取近取，卦象之中即通比兴之义。先生于学《易》之暇，时时发为诗歌，涵畅道德，吟咏性情。息于理者深，故得于心者妙；得于心者妙，故抒于言者远。不袭汉唐面貌，而于宋人理趣，不绳削而自合，故无论少壮行藏，林泉朝庙，而悠然写襟，期近风雅，有以造乎诗之至境也。不务采色夸声音，而务焉夸焉者之万莫能逮也。昔程子不云乎，“兴于诗者，有吾与点也之意”，然则欲知先生之《易》，当读先生之诗；欲知先生之诗，其亦于春风沂水间求之可矣。

乾隆壬辰年嘉平既望，门下晚学顾宗泰谨识。

附编三

葆璞堂文集

葆璞堂文集序

《葆璞堂文集》者，吾师光山胡沧晓先生所著也。先生当圣祖仁皇帝时，官翰林，数召见，尝画图讲《易》，圣祖善之，曰“苦心读书人也”。雍正初，晋位卿贰，直上书房，以经术辅导。在职有所论奏，不为虚美避就之，言大要主于达民隐，广帝德，敦厉风俗，慎刑谳，救水旱。勤勤恳恳，若惟恐不得施于事者，诚仁人之用心也。

夫《易》之为道深远矣，而乾之四德其统也，元又为四德之统，故曰“元者，善之长也”。君子之学《易》也，曰体仁足以长人，一言长人，而合礼和义干事皆举之矣。观于先生之文，因窃窥先生之修于隐、达于事者，一本诸仁。故能总揽国家万年长治之规，揭其体要，而求仁之功，一本之于《易》。于以上感特达之知，又可想见昭代主臣一德，兴道劝学之美，其所谓天地交而万物通，上下交而其志同者欤？

先生论《易》，有《函书》九十九卷，博综象数，辨析异同，一本其所自得。而斯集则服躬经世之言为多，要皆原本于道，平正通达，可以见之行事。其与张孝先、冉永光论《易》书，阐图书之蕴，昭晰无疑，后之学者尤宜究心焉。循是得窥先生学《易》之门户，以推先生立言之本，然后知经术之被于民生日用至广以切。而徒穿穴训诂者，亦未必能发抒圣学，宣究朝廷仁恩，勤施下土，如先生之明且昌也。

启丰昔以廷对受知先生，继入翰林，而先生奉诏为教习师，因得请业门墙，被服绪论。先生之殁三十馀年矣，今天子笃念旧臣，特简令子升夫为江东按察使，继美前武，推广仁治，以佐成协中之化者，将于是乎在。逾年，辑先生文为一集，以授启丰，俾为之序。启丰既喜先生之泽被于后者无穷，读其书又因以窥见先生所以为文之旨，谨论著之，庶后之人知先生用心之仁，没世而未有艾也。

乾隆三十六年十二月，受业门人彭启丰谨序。

葆璞堂文集卷一

赋

圣治光昭河清献瑞赋(有序)

钦惟皇帝陛下,道协中和,德同覆载。洒域中之甘露,振徼外之明威。激扬举而吏治以清,教化倡而民风以厚。太和之气翔洽九州,柔远之恩渐溢八表。犹且勤求不倦,盛德若虚;所由上格苍穹,休征叠见。在天则兆连珠合璧之祥,在地则表瑞麦嘉禾之异。又且宝玉舒光于沧海,花木标异于上林。种种嘉祥,诚难笔述。兹复于雍正四年十二月初七日,河伯效灵,澄清有象,上自陕州以西,下讫桃源以东,遥遥二千里,直至雍正五年新正,其清尚然。为道既长,为时又永,讵非旷古希逢,人生罕觏者乎?考之《乾凿度》云:"天降嘉应,河水先清。"《拾遗记》云:"黄河千年一清。"在廷诸臣幸瑞应之频臻,知天心之笃眷,恭请庆贺,至再至三。我皇上德盛礼恭,频宣圣谕,谦让不遑,止以敬天尊祖为训,群情益加欢豫,乃作为诗歌赋颂,导扬休懿。臣生逢盛世,躬际丕休,不禁舞蹈欢忭之至,爰踵诸臣颂扬之后,敬作律赋一篇,谨述其实德、实心、实政及休祥之实,表章而扬厉之,故有取于敷陈直言之体。诚惧其识短才疏,非渺言可罄也,谨弁序于首。

赋曰:盖闻地莫尊于赤县,水莫渺于黄河。绵中原之玉带,亘陆海之金波。瞻形色则灿如琮璧,聆声响则锵若鸣珂。郁雨兴云,而上行利溥;沾枯润槁,而下济功多。固尝见龙马之迹,亦曾泛牛斗之槎。诚舟楫所永赖,谅润泽之无过。溯夫星宿肇基,源泉不匮。涵天柱之元苞,毓地维之精气。载历蒲昌,则渺尔潜踪;既逾墩煌,乃浩然无际。跨积石，迈龙门，原非一苇可航；超砥柱，下孟津，遂成建瓴之势。爰历巩城而会洛，旋走成皋而合济。循广武以遐注，既迁徙而不恒。当碣石之未疏，实泛滥而难治。滢纡浩瀚固其常，奔腾超忽抑何恣？直虽极乎千里之迢遥，曲已蹈乎九折之重累。寻源天上，率百川而朝宗于归墟；走险地中，等万国之率从乎王会。当其既奠清宁，肇开征应。图书显象于羲皇，芝泥征符于帝舜。黄龙呈白玉之文，翠妫致绿图之问。开八卦以肇文明，先六书而宣义蕴。渡河感白鱼以凝休，卜洛浮青云而启运。临河授图，姒氏之胼胝殊殷；握河有纪，伊祁之祗钦亦信。登祀典则视侯之礼崇，谨职守则承流之功峻。乃自唐虞而后，何由解包拯之颐；迄乎商周以还，奚自睹伯夷之圣。亦越于今，皇恩遐沛，帝德孔昭。至诚奉若以格天，大孝善述以承祧。耕籍重而农勤于野，经筵御而士奋于胶。甘雨和风，遍洒九天之恺泽；蠲租减赋，频兴匝地之恩膏。激浊扬清，庸愚胥知奋勉；达聪明目，咨询下逮刍荛。顺动而获见心之益，虚受而成涵海之高。讫声教以绍王谟，茂德远超乎文命。澶河渠而开水利，丰功直并于神尧。既偕中外而咸登衽席，且合臣庶而共叶钧韶。仁义中正，特见笃修之宥密；都俞喜起，遂成盛世之泰交。人人各得其欲，官守法廉，而民安耕凿；物物咸若其性，动资乐利，而植遂夭乔。犹且勤益加勤，冬不辞寒而夏不辞暑；圣不自圣，食常在旰而衣常在宵。凡兹太和之浃洽，何非至化所薰陶。所由朝野胥归于化育，梯航不惮夫股遥也。因致有识舒忱，含灵效瑞。天不爱道，特见连珠之五星；地不爱宝，屡产嘉禾之九穗。宝玉腾沧海以扬辉，花木毓上林而表异。征莱菔之九乳，彰九宇来服之休；睹荷实之同房，兆八方诚和之义。睹兹灵异之频臻，益信屯膏之广被。尔乃河渎呈祥，湛清可鉴。冯夷宣其德辉，阳侯戢其潋滟。倏易黄赤之旧容，旋觉须眉之毕现。既皎如之异常，实湛然之可玩。渺矣渣滓之销镕，朗哉琉璃之璀璨。丽色映崇堤之逶迤，层波涌玉龙之琬琰。似银河晃漾于坤舆，俨碧月昭回于天汉。星辰闪烁，簸扬万斛明珠；乌兔回环，洞彻两轮金鉴。晶光烛地，涵虚碧而照金堤；翠影浮天，亘长虹而拖玉练。喜纤鳞寸尾之优游，恍贝阙珠宫之灿烂。蛟龙隐窟以深藏，卢鱼泝溜而可见。幸获睹佳景于河壖，固宜羡同休于海宴。凝神静听，鲛人想杼织之声。注目深观，龙女忆宝珠之献。爰自甲子之芳辰，渐逾嘉平之大建。稽道里则二千而遥，语日月则三旬殆遍。宁非身世奇逢，古今竞羡者乎？爰有男女杂还，远近趋跄。幸千秋之罕睹，欣九曲之殊祥。羡此盈河之休气，陶然水上之荣光。或停车而跪拜，或连袂以徜徉。怡怡自得，喜太平之呈象；欣欣相告，庆运命之无疆。爰有词人墨客，高咏宏章。或美深仁之普济，或咏湛露之周翔。或庆沃泽流通于区夏，或喜恩霖洋溢于遐方。识流谦之非可言述，知持准之未易名扬。或溯感通于苍旻，或钦媲美于圣皇。或上原乎历朝之世德，或归休于上帝之笃庆。莫不丽词焜耀于日月，抑且音韵谐畅于宫商。恒自觉名言之莫罄，亦殊惭长歌之未遑。此人臣之欣悦，所由度越于寻常也。因知祥非幸致，瑞不虚生。昭一诚之感格，显百物之精英。兹岂人力之所能矫饰，谅非渺思之所可权衡。信柔怀之所及，宜允翕之有征。既获观目前之瑞应，亦愈知此后之嘉亨。故其特见于冬也，兆皇躬之宁谧与国脉之坚凝；其特出于水也，兆霖膏之浸渐与治化之流行。其特现乎清也，兆皇衷之澄澈与海宇之升平。其为时之久也，则兆绵长之历数；其为道之远也，则垂遐迩之归诚。唯兹河之恬静，协上帝之昭明，固宜其亘千秋与万岁，永绵福庆于大清。

序

《乐善堂文集》序

文何昉乎？自羲皇肇起卦图，《虞书》首陈谟典，文明之运实由此开。然《尚书》之文简而该，《周易》之文奇而法，知非后人摹拟仿佛所可貌为形似者也。至尼山辑为六经，天下文章莫大于是，郁郁之叹厥有由然。此后踵事增华，分门别派，日易月迁，而岁不同矣。

若夫风云月露，草木禽鱼，触境书怀，因时寄兴，此逸士之文也；镕经铸史，含英咀华，绣口锦心，敲金戛玉，此学士之文也；割裂经传，摘取雅驯，帖括自珍，科名是竞，此举子之文也；远追洙泗，近师濂洛，进德修业，修辞立诚，此理学之文也；至于经国理民，布纲陈纪，誉隆国乘，德遍寰区，此士君子得志于时，大有为之文也。然文虽不同，莫不理以主之，识以运之，气以充之，藻采以华之。故文之有理，即太和之保合，运量各正，而肆应不穷者也。其识见之周详贯注，则血脉之流通也。其格局之一成不易，则肢体之上下有定，行止有节也。其经营组织，光芒外焕，则盛德之符，睟面而盎背也。故思欲深不欲浅，识欲精不欲粗，格调欲高不欲卑，包涵欲大不欲小。至于事本浅也，而文特深之；事本粗也，而文特精之；物本卑也，而文特高之；物本小也，而文特大之。则其取精绘神，超然远寄，不屑屑于目前腐近文人墨士之习径，实寓笼络一切，函盖万有之光华，则煦于乐善堂之文钞独有深契焉。

盖乐善堂，皇四子馆课文也。皇四子无日不酌古准今，朝吟慕诵，无日不殚思抽秘，据案舒毫。如是久久，所作不啻千馀，爰叙次甲乙，聚而成帙。煦于雍正八年六月内，奉命在皇子书房行走，因得日亲仪表，细领嘉文。总由积学广博，寄兴宏敞，高步远追，扩然无垠，用能漱六经之芳润，根柢道要，增益光芒，挥洒于片楮尺幅中。俾读之者志翔神豁，应接不暇，如登大雅之堂，而天球河图之萃然灿陈也；如聆韶濩之音，而金石丝竹之翕然竞奏也；如观多宝之藏，而奇珍异品之骇目惊心，其出不穷也。故可以振颓懦，可以维风俗，可以绍前圣，可以诏来兹，将于斯文乎是赖。又奚必韩潮苏海，始克愉心志，称观止哉？胡煦谨序。

冯昌临《易学参说》序

后世言五行者，实繁有徒，其原皆起于《火珠林》。至五行肇原于《周易》，则未有得其解者。夫先庚先甲、帝乙巳日之说，非《周易》之明文乎？时在商季，《火珠林》尚未有专家，文、周何据而为之说乎？不知五行者，阴阳之奥义，刚柔之秘旨，太极以后不息之灵机也。文明将启之会，肇见于图书；伏羲观象之时，效能于卦画。大挠体其义而作为干支，容成会其原而推为历法，皆其仰而观，俯而法。知夫流动充满于天地之间，莫非阴阳流转，四象推迁，由微而盛而衰，终而复始，往而复来，如是而已矣。

其在《周易》，以乾坤为阴阳，二用相循，迭为宾主。当其离阳而未即于阴，离阴而未即于阳，不无先刚后柔之辨，而四象于是乎分矣。此如一岁之变化，原不过一气流行，而盛暑之与盛寒绝然相反，此阴阳之义也。然而盛寒不即交盛暑，其中衍而为春。盛暑不即交盛寒，其中衍而为秋，是一气而四象之义存矣。乃四气之来，由中而来，四气之返，归中而返，则四而五矣。要其精蕴，皆本于图书。四方各列而殊其数，四象之义也。五十居中而总其要，化起由中之义也。四象而起化于中，故以为五。五者而相因为用，故以为行。其在天也，日月之交光，寒暑之易候，胥此道也。其在地也，高下之异宜，燥湿之异性，胥此道也。

《周易》之废也，或止言人事，而未察阴阳从出之原；或止言卜筮，而未察俯仰所观之象。皆得其半而失其半也。冯子深究旨归，作为《易学参说》一书，分内外二编。先列图书，言五行之原所由起，外编推入干支，究五行之用所由行。所言五行，悉本《周易》，言精理邃，旨远思幽，是真能学《易》者矣。予于《周易》四十馀年，未获同志，观其书，如见其人焉，故详序而识之。

包羽修《易原就正稿》序

图书以数显者也，《周易》以象告者也。象由数出，则数之理通于象。《易》缘象设，则象之理寓于《易》。今试合《周易》中三百八十四爻，而总归于六十四卦则未有置卦而拟爻辞者也。又试合《周易》中六十四卦而规为伏羲大圆图，而减为八卦小圆图，则未有离先天八卦而能成大圆图者也。又试以圆图而比量于河图洛书，则《周易》之六十四卦莫非图书之秘。先天之秘，流行之理，此三百八十四爻箝摠而会聚之，所由总成为一太极者，此也。象设而数存，数存而理具。其小无内，其大无外，微哉微哉。

方今圣天子聪明睿知，好古敏求，深极乎羲文周孔之精微，默契乎濂洛关闽之秘密。道统日益昌明，文治日益广大，而又勤搜典籍，博采遗文，其继往圣而开来学，岂浅知渺见所能窥测万一哉？煦于壬辰馆选庶常时，三接澹宁居，深荷顾问。又于甲午人日，上御乾清宫，两经召对，前后五睹圣容。其所问答，几数千言，获蒙俞旨，有苦心学者之目。独念煦学《易》四十年，其于《易》原微有所窥。乃皇上以万几馀闲，而广大精深若此，信天授，非人力也。

夫卦画之设，肇于图书，则是图书中象数之妙，无义而不与《周易》通矣。乃伏羲则而画之，是遵何道哉？盖必有至理存焉。观东西奇偶以列阴阳，法上下左右而呈四象，归五十于中以该括终始，于是有太极之名矣。合生成于内以包涵八极，于是有八卦之图矣。自内而外，莫不加五而成，于是有加一倍之法矣。四象之在外者，皆十之所合，于是有阴阳太少之形；四象之在内者，皆五之所合，于是有三五九六之法矣。其自北而东而南，奇之升也有三候；其自南而西而北，偶之降也有三候，于是有卦画三爻重为六爻之设矣。其生在内，其成在外，于是而有来往上下之分。其内皆微，其外皆盛，于是而有始终形气之别矣。其奇之生也，必在偶中；偶之生也，必在奇中，于是而得根阴根阳之妙。其微阳必交至于盛阴，微阴必交至于盛阳，于是而得阴阳相须之旨矣。于是有横列之而观终始之象，别多寡之数者。有规圆之而寓流行之几，辨内外之等，定天地之位，正六子之形者。又有重之而至于六十四，拆之而至于三百八十有四，推之而至于万有一千五百二十，以备万物之数者。又有方之而寓阴阳始交之象，气内而形外之秘者。凡此皆自一至十之数，其中所藏莫罄莫殚，有若此也。

自汉以来，图书失传而易道遂晦，逮及有宋，先天诸图传于邵子，河图洛书始得辅《易》以行，邵子之功伟矣哉。包羽修惮易道之久淹，采康节之秘奥，作为《易原就正稿》。夫《易》而既探其原矣，其以之翼传而垂训也固宜。是为序。

《诗经尊卜》叙

《诗》之象物最繁，而寄兴最远。象物繁则多出于寓言，寄兴远则苟可以达意而止。至伊人勤勤恳恳之诚，但寓于若近若远，若有若无之际。后人吟咏篇什，如不解所作者何人，所指者何事，此与夫昏衢迷道者何以异哉？夫《诗》不可以无序，而序不能不溯源于最初。是删定之始，口传心授，非如后人不得其指，但执私心悬揣妄度者比也。乃传之既久，喜新好异之士，人持一说，而《诗》乃渐汩其真矣。

逮及考亭为之集注，取郑卫诸作概目为淫风，遂有与卜序大相悖戾者。原其立意，不过有鉴于郑声淫之一语云耳。噫，亦甚矣。夫子此言，谓声之淫而非谓其词之淫也，盖谓其声浸淫荡佚，不轨于正，因失和平中正之理。岂谓删定所取，率皆男女相悦，逾墙钻穴事哉？人虽至愚，谁不愿暴其长而护其短，乃以不可告人之行，极力铺扬，形诸歌咏而漫不知愧，安有是理？即使旁观者深恶其行，代为扬厉，俾人诵之可以为戒。然孔子以《诗》教，固曰思无邪矣，间取一二篇抑亦可矣，岂谓郑卫诸作悉如是耶？夫春秋时列国大夫或值盟会，多赋诗以见志，使皆淫词，宁引以自况耶？即如宣子赋《木瓜》，六卿赋《蔓草》，子太叔赋《褰裳》，子游赋《风雨》，子旗赋《同车》，子柳赋《箨号》，使皆淫词，宣子奚为拜而受之乎？季子观乐，而邶鄘郑卫皆有美词，为其淫而美之乎？今取卜序考之，《风雨》《鸡鸣》之类，序以为思贤，《木瓜》以为报功，《采葛》以为惧谗，《青青子衿》以为刺学校废，作诗之本意，自非序莫与传也。因思卜子亲炙圣门，躬承遗教，其序之当遵有较然不欺者矣。

宫闻蔡先生确见于此，爰取六义之旨，裁定于卜序，作为《尊卜》一书。俾尼山传授之旨灿然昭明，如太阳临空，普照万汇，其有裨经教，讵浅鲜哉？夫《周易》之没其真也，与六义等而殆又甚焉。要皆喜尚新奇，拘执己见，而不知衡以翼传，已不啻毫厘千里之差。读

《尊卜》一书,喜其与予有同志焉,故序之。

《孝经疑问》序

孝之时用大矣哉。探其本,扩其量,致其用,神其感,不可以知知,不可以识识者也。夫天地之大德曰生,各正性命,保合太和,此孝之所从出也,本之渊泉也如此。仁者仁此者也,义者宜此者也,礼者履此者也,智者知此者也,勇者强此者也,量之涵蕴也如此。置之而塞乎天地,溥之而横乎四海,施之后世而无朝夕,用之周遍也如此。夫孚于众而无所疑,达于幽而无所滞,格于上下而无所不通,感之神妙也如此。

夫造化流行,不私于物,不遗于物,举全理而赋之,且并其肃乂哲谋,斡旋经理之材而悉赋之,是造物之以家政授也。其无违,其克肖也。其无忝,其象贤也。其内省不疚,其视无形、听无声也。其夙夜匪懈,其冬温夏凊,昏定而晨省也。其钦承奉若,则其省于静,察于动。其范围曲成,经纶参赞,则其尊老慈幼恭兄而友弟也。故夫子有言"吾志在《春秋》,行在《孝经》",孝之时用大矣哉。

宫闻蔡先生为西山先生之裔,蹈道履信,员规而方矩。其所注释《孝经疑问》,悉遵古文,虽与今文间有出入,然皆本于朱子刊误,至其后以《西铭》续解附之,是诚知孝量之恢乎其扩,渊乎其莫与京也。要其生平嗜学,笃行于此,亦可得其概矣。故乐述其志行,以为后学者基圣之一助云。

《周易函书》序

方今诗书大备,圣道昭明,汉唐宋明诸儒蔚起,宜无复有遗文胜义,俟诸后学考稽诠释矣。然日新而不已者,文之运;日出而不穷者,道之理。一狐之腋不以成裘,南山竹箭加之以镞,入且更深也。安见刍荛工瞽千虑之一得,不足供采择益高深乎?譬彼古鉴,虽复沾尘,揩磨之以沔锡之矾;譬彼干将,虽复埋狱,淬砺之以华阴之土。彼其质于古无加,而光彩锐利焕乎维新矣。古圣人遗六经教后世,固欲学者继起，有以抉其蕴、发其光，使无至如古鉴干将尘埋韬晦已耳。

然六经皆载道之书，而《周易》实具天人性命之理。《周易》止卦爻之设，而图象实括始终本末之全。会图征象而至理斯存，未有弃图置象而孤标至理者也。夫图象犹形也，理犹影也，影即形而存，无形而影于何起？图象犹日月也，理犹光明也，光明即日月而具，无日月而光明何生？乃自王弼扫象，一归诸理，宋儒因之，象失其传，由来久矣。来矣鲜生诸儒之后，独能上追虞、荀，广搜博览，益其未备，订其舛讹，务使理由象出，亦可谓好学深思、不为理障者矣。第于本源有所未探，则顾小而遗大，拘末而弃本者，犹不免焉。煦复从而斟之酌之，损之益之，其有未备未当者，又复合诸卦《象》，揆诸《小象》，证以先天诸图，及《系》《说》《杂》《序》诸传，总折衷经文以求至当，断不敢徇传而弃经，溺理而遗象。故于其中谬误渗漏者，又复得十之二三，以此征象，庶云备乎？

独思来氏错综之说，本欲矫卦变之非，而不知其愈离而愈远也。今执所综之两卦，以一覆而为往来，是未知往来之的旨也。夫来则必出于内，而往则必行于外者也。故卦称内为来，而外为往。谓内为来，是原其所生之有自；谓外为往，是究其发舒之有渐也。如谓上之覆也即为初，二之往也即为五，不唯垂尽之末，不可称为方生之初，即二覆为五，越三四而超然以往，亦未知卦气之升，逐爻渐进之旨矣。即谓阴阳互根皆由穷极而返，亦是阳极生阴，阴极生阳，安有阳之尽也复生阳，阴之尽也复生阴乎？夫剥之与复理应相综，来氏于此，何不云剥之上九为复初九之往，复之初九为剥上九之来乎？明知其中尚隔纯坤一卦故也。若由复而剥，彼其所隔尚有十卦，安在其一覆而即至乎？夫彼所谓错，即古所谓伏也。彼所谓综，即古所谓覆也。伏有伏象，覆有覆象，缘有是象，乃为是辞，故欲达辞必先明象。《易》中之象错互皆有之，伊综独无，安有是理？第以综论象可也，以综论往来则不可也。

夫来往之理莫备于先天四图，故煦更订为循环太极图，又复变化卦象等七图，以发明先天之义，非臆之也。亦即先天四图探玩既久，而有以得其旨趣，知夫太极一图即先天圆图之变化，而先天圆图又即河图之变化。凡夫《周易·象传》中上下始终、内外往来之妙用，靡不于此凝聚而会归焉。今观此图，乾南坤北，天地之所以定位也，而乾坤之首易者拟之。离东坎西，天地往来之交也，而水火之始终于易者拟之。三男附坤而成形，三女附乾而成象，天气所由下交，地气所由上跻也，而泰、否、复、姤之交不交者拟之。附坤者，首一阳之震，上行而为二阳之离兑，又上行而为三阳之乾，而阳始极。附乾者，首一阴之巽，下行而为二阴之坎艮，又下行而为三阴之坤，而阴始极。而复、临、泰、姤、遁、否之由微而盛，由盛而衰者拟之。其阴阳之生也，皆由于内，迨夫盛而极也，始往于外而就消。而先三爻之来于下，而称内卦。后三爻之往于上，而称外卦者拟之。东南为阳，而离之中虚者居焉，则阳中有阴也。西北为阴，而坎之中实者居焉，则阴中有阳也。艮震之阳夹坤而居，则大明终始、得朋丧朋之义也。巽兑之阴夹乾而居，则先甲后甲、终则有始之义也。卦有内外，则先三后三所由分；卦历六爻，则七日来复所自起也。其在乾而言坤，在坤而言乾，所以有卦之伏。其二之辞同于五，三之辞同于四，所以有卦之覆。其非水而言水，非火而言火，所以有卦之互也。推之而为卦象，则由初至上，由上返初，莫非此圆转不息之机，而往来之说定矣。衍之而为岁令，则阴极而阳，阳极而阴，莫非此上下流通之故，而升降之机寓矣。循之而为月窟，而出震之三候见于昏，出巽之三候见于晨，莫非此阴阳更迭之运，而坎离之用行矣。返之而为天根，而先庚之先奚自来，后庚之后何所往，莫非此由中之妙、无极之理，而大化之肆应不穷者出矣。凡皆先天一图之妙也。第以阴阳二气环而抱之，则为太极图，以八卦之象分而布之，则为先天图耳。其实，太极图止是先天图规而圆之、联而属之而成者；先天图止是太极图三分内外，截为八段而成者；而循环太极与先天八卦，又止是河图中奇偶之数联属而成者。是三图之设，非有殊旨也。夫邵子所得先天四图，其横图圆图，总以明小圆一图之妙耳，特鲜有沉潜玩索，识其旨归者。宜乎来氏止认为对待不移，而未知其为流行不息者也。

煦自髫龄，笃嗜《周易》，研精四十馀年。近缘安学清闲，毡寒况冷，益得肆志于兹。订讹辨误，别异剖纷，宁谓洁净精微之蕴遂尽是乎？然而酱翁篾叟，率尔纵谈，皆能洞达阃奥，固不必专一经。以名家守羲经而世业者，为能发四圣之心于微言不绝后也。夫子云之《太玄》，刘歆訾其覆瓿，而桓谭、侯芭谓其必传。尧夫先天之学见疾于秦玠、郑夬，而司马君实且以兄事之于洛也。六宇之广，容有起而质证是非，指瑕摘谬，号称同嗜者乎？至其诠释，或于传义不必尽合，亦祈据经引传，无悖经旨。所拟诸图另载，不敢遽附入《约注》卷内，总求其于经义有所发明而已。观于主司命题，百人百致，安必文字之悉相仿，乃矩度而绳纠之，而所以主是文字者，固无勿同也。观于生人之面，万形万貌，安必耳目之悉相肖，乃约求而精察之，而所以运是形貌者，固无弗类也。四圣之《易》或以象告，或以辞显，岂有殊致哉！亦要诸理之一耳。规规焉文字形貌之合，无当也。

《于忠肃公文集》序

世之治乱迭相寻，而扶危定倾之才不数见。有明中叶，当乜先土木之变，此国家艰危疑难之秋也。其时内外臣工靡不仓皇失措，乃猝然临之而不惊，无故加之而不惧，从容暇裕不动声色，卒能拨乱世而反之正，是何等担荷哉？而忠肃于公优为之。独念当斯际也，势不可以苟安，功不可以幸成，裁度酬应又不可以智取术驭，匪忠与才曷由能济？夫苟利国家，不惜身命，忠臣以之。见可而进，知难而退，才臣以之。然忠而不才，名节全矣，何补于国家？才而不忠，身家保矣，奚有于君父？至忠而济之以才，才而本之以忠，方可揭天日，动鬼神，正君臣，定上下，虽身挫于一时，而功垂于百世。呜呼，岂不伟哉？今考公之事，读公之文，因以窥公之学术，匪特有明一代人材不公若也，即汉唐以来，武侯信公而外，亦宁有其俦欤？至公生平行业之详，则有前史在，予无容赘云。

《赵恭毅公自治官书》序

儒者入而考稽,出而致用,将以敷政宣猷,宜民善俗而已。而贪利者渎于贿,矫世者渎于苛,因俗者渎于蛊,泥古者渎于滞。事干不立则伤于迎合,主见不定则隳于牵制,此非裕之以识,充之以才,而又参之以学力,未有不委靡因循,鲜克自振者也。夫积爱蓄惠,使民弗疑,莫大于信;布公止僻,使民弗咈,莫大于直;定法一听,使民弗易,莫大于果。信以主之,直以断之,果以成之,三者既备,政无不美者矣。信贵能明,执偏废全,其失也塞;直贵能容,任情御物,其失也矫;果贵能详,疾行寡顾,其失也率。塞则民惑,矫则民遁,率则民易,三者不去,政无不疚者矣。是故明以立信,诚之通也;容以翼直,谊之大也;详以出果,智之周也。才丰而德茂,识广而虑周,学优而用裕,非政之极量乎?恭毅公赵夫子登仕数十年,扬历内外,每治官书,不藉助于幕客,而贞心亮节,天下仰之,圣主嘉之。匪惟汉唐以下,殊难其选,三代之隆,恐未易一二比数也。读其书者,内当观其用心,外当观其措行,慎勿以文字目之。

《孝子录》序

天下之至庸,天下之至奇也。家庭之内亦有何奇,往往能格鬼神,动天地。何欤?其元天极,其灵天觉,其达天行也。形体化天数而成,精神率天志而行。圣人推原大始,本天而立之郊,本祖而立之禘,此天祖所为同原,而仁孝所由合德也。孝哉!许子何其事死如生,事亡如存乎?同体之爱,推乎伯父,讫乎族党,达乎乡邻。藐焉中处之身,而长其长,幼其幼,胞吾民者由之,与吾物者由之,真至庸而至奇者也。不然许子一布衣耳,顾生而致敬于守令,迓之以为宾,没而见重于宪司,祀之以为神。所谓置之而塞天地,放之而准六合者,我于许子有笃契焉。

《小儿语》序

良弓之子必学为箕，良冶之子必学为裘。少成若天性，习惯若自然也。执牧竖担夫，而使讲诗书，执笔墨，手与心违，心与事忤矣。夫不学操缦，不能安弦；不学博依，不能安诗；不学杂服，不能安礼。藏焉备焉，欲久而便于习也。赤子之心，易真难伪，后生之日愈引愈长，不废日则久而渐返其真，此幼仪小学有功于世道人心，非浅鲜也。新吾吕先生作为《小儿语》，以韵语谐其声，以俚词达其情，不事讲说，而愚夫愚妇及诸孩提，咸畅然得解焉。是固入孝出弟、馀力学文之先资，而士君子端身轨，宜民物，胥不外是，勿以其俚也而忽之。

三角形序

自数学传于西极，西人守之，日新月异，而三角之术遂穷微而尽变矣。凡诸形之始，以点为端点也者，日月五星，所在之地也。由点而引长之则为线，由线而交互参差之则为面。有面而或大或小，或尖或邪，则三角之形成焉。有面而又有可见之面、不可见之面，而方圆三角堑堵之体成焉。故点线体面者，三角形之所必稽也。乃方圆有大小，皆可以象限准之，而三角之制有直有钝有锐，其势不能以相通，于是乎有八线之设，所谓弦矢割切各有正馀者是也。

又以黄赤二道既皆圆体，而日月五星循是以出入，莫不皆圆形焉。此又弧三角之所自起也。其推算之术与正三角略同，而细微曲折则不能以无异。故施之于算，先以面线之长短为衡，有乘除加减之法，有折半之法，有倍加之法，有合两求一之法，馀分奇零之法，有异乘同除同乘异除之法。又有以正线而推馀线之法，有以馀线而推正线之法。又有即一角而推馀角之法，有容方容圆之法，有开平方开平圆廉隅面幂之法，至其合上下四旁而成体矣。又有立方立圆堑堵之法。通其用可以测高测深测广，而罔有丝忽之差；精其道可以知未交方交已交，而逆定七纬之所在。此三角形之大略也。

黄羽南祠堂义田序

自仁率亲,等而上之为祖;自义率祖,顺而下之为亲。仁言其亲,义言其尊也。亲斯近,尊斯远矣。夫近莫近于父母,而世之为子者,或貌亲而神疏,况远不可知之祖乎?况自祖而下支分派别者乎?又何况天地之所生,其类聚而群分者乎?然《礼记》固曰:“万物本天,人本祖矣。”张子发其旨,乃有乾父坤母,胞民与物之说。盖浑沌初辟,天以气煦,地以形妪,其间山泽风雷,飞潜动植,莫非一苞之所孕。逮于其形既肇,以形育形,而人物之繁昌遂由以始。故由其后而观之,万汇之不齐,灵蠢之殊质,虽欲同之,安见其为同也?由其始而溯之,一元之含蕴,太和之保合,虽欲异之,安见其为异也?无他,其分殊,其本一也。故圣人之制禘也,由祖而溯之于天。祖,人之本。天,又人物之大本也。

江夏黄氏自文疆公以孝著,历汉迄今,千有馀年皆有祠,以隆报本追远之礼。而又设之义田,以为敬宗合族之资。第世代既遥,或废或兴。今黄子重建之,既置之田,且立之碑,非探本穷源,能继志述事者哉?夫既明于乾始坤成之故,而无薄于一本之亲,则他日之胞与民物,取诸其怀而裕如矣。黄子行且仕矣,吾将于黄子观政焉。

重修本邑文庙序

古帝王抚绥斯民,无逾教养,而教为尤难。盖农田种植,因时劝勉,犹必待三十年之通,以制国用。至于学校,常迂其科条,缓诸时日,涵泳以养之,优游以俟之。故比年入学,中年考校,逮及九年,乃可以强立而不返。而又慎选师儒,使之言规行矩,声律身度之可式也。而又时隆祀典,使之周旋折旋,尽志尽物之可观也。夫入庙思敬,人之恒情,诵读学习,触目而儆心,则殿庑之崇隆,亦教育之先资也。

吾乡邑令比年频易,最后得山东牟公。莅任之初,除蠹弊,捐浮耗,崇俭约,省繁费,而又慨然以作养人材为己任。睹兹文庙垣柱倾圯,意图维新,非直巍观已也。将期为观感振作之一助,谋于两学官李君、文君,且及于煦。煦谓光邑之事,是光邑士民之责也。人之好善,谁不如我,将必有相助为理者。请以牟公修复之盛心,与邑士民共酌之。积檐溜而穿石,聚众腋以成裘,其庶有济乎?第其功集于专一,而蠹于分张。其道期于永久,而伤于苟且。起废兴衰之理,进德修业之程,亦复如是。牟公此举,诚不欲膜视斯民,视朝廷选贤与能之所,徒为安富尊荣之计也。至于敦厥始,观厥成,则两学官之责夫。

《龚生赓扬文集》序

文非偶然者也。学务博则材具,识务精则见确,思务巧则结构完。兼是三者而实之以理,然后旨融词达,阐六经之妙,发至圣之心,而畅然其无忝于先轨也。匠氏之储材也,株桑栢梓,磐磴瓦甓,木屑竹头,罔不备具,故随所用而皆足。守已成之间架,移梁换柱,欲阔一尺不能,广一丈不能矣,故学贵博。入五都之市,明月火齐,碔砆鱼目,恣所拣择,而珍重者少,庸贱者多。不有真美,观无益也,故识贵精。天孙之织与拙妇何异?而龙凤龟麟,山川花木,随手形见,若天施地生然。飞者飞,走者走,流者流,峙者峙,则经纬组织者殊也,故思贵巧。然非稽之六籍,取精于圣贤之论断,徒饰组绘以为工,竞华藻以为美,务怪诞以为僻,则如衣犬羊以文绣,外美虽具而中干支离者也。不则画山魈图鬼魅,欺人于不见者也。文之过盛,圣人伤之,欲其行远也难矣。

丁酉岁,予奉命司三楚之文,深惧文之或乖于理,而不达圣贤之心也。非言有本源,方矩而员规者不录。闱中得竞二十号,见其学博识精,思巧而理达也,即以第一流人目之。榜发后知为景陵龚子,闻彼乙酉、壬午、癸巳、甲午,其文皆已中式,而皆以他故见斥。今幸获售矣,又缘一字之眚,至干罚科之禁。天于龚子若故迟其遇者,何也?予自年三十已获试南宫,又二十九年而不获甲科。然每经一科,则学识亦每有增益。古圣贤遗经学以教后世,固非徒为登进之阶而已,其可不尽心乎?士固有不华衮而荣,不轩冕而贵者,我将于龚子有厚望焉。

《李曲江尊翁先生诗集》序

戊子季夏,曲江先生以其先尊人之遗稿示予。予读之,始焉骇,中焉疑,读竟不禁抚案叫绝,有是哉?诗之瑰奇诞放,豪迈不羁,如是哉?不屑屑于古,不碌碌于今,倒海排山,绝无依傍,止写其胸中之奇秘,岂其与天为徒,游方之外者欤?古云诗本性情,有真性情,乃有真诗。如先生者,殆其人矣。闻先生之尊人当流氛肆虐时,输忱尽节,先生匍匐数千里,出万死之中为之叩九阍,请恤典。语忠则豪忠,语孝则侠孝,岂寻常以下人所能仿佛者哉?夫沧海不择细流,泰山不让土壤,《小弁》之怨,《板》《荡》之忠,不妨与《鹿鸣》《文王》并归风雅,唯其性情之真而已。予非知诗者也,谨弁数言,以俟知音。

阴骘文印章序

君子之语默动静,发之于不及觉,莫不有本量存焉。艺,道之寓也。言,心之声也。故观其艺知其道,聆其言知其心,非偶然者也。同年高先生固彬彬乎有道之士,居恒不轻出一言,乃独于阴骘文深有契焉。爰句分而事别之,用小篆为印章,谓此可以正心,可以修身,可以训人,故不今之趋而古之依也。如但以篆刻目之,曰某也周秦,某也汉魏,则亦浅之乎观物者矣。

葆璞堂文集卷二

论

黄钟为万事根本论

黄钟者，君道也，其极君极，其统君统，其范围则君之参赞，其曲成则君之造就也。语其端，则蕴涵潜伏于渺不可知之中，而细若气，微若声。语其用，则展转布散于敻不可测之际。而大若覆载，循若连环，顾不尊且贵哉？先圣王积黍以求其数，吹管以候其气，而又制器以准之，设象以通之，不惮委曲周详，期于至当不易而止。诚以天下之声无出于清浊高下尊卑升降之等，天下之物无出于多寡小大长短轻重之伦。即其旋出旋盛，渐推渐远，皆所以周给庶类，相衍于不匮者也。非其始也，其始则必有由然者矣。譬诸草木枝茎，虽极茂郁，而必有根柢以固其基；譬诸江汉，膏润虽极优渥，而必有泉源以端其本。此其道莫著于黄钟。

黄钟者，中声也。中声由中数而起，故音则五之，以象天之中数；律则六之，以象地之中数。而又偶地之阴而为重六，而又五其六而为六十，而又六其六而为三百六十，以行天地之中气，凡皆由黄钟出也。中声既定，而最清最浊次清次浊之理可审也；中声既定，而变宫变徵旋相为宫之道可知也。迨于三损之而下生，四益之而上生，亦即上升下际，而用以合撰天地，协德阴阳者也。至于截管以吹，而或取于九寸，或取于八寸一分，或取于三寸九分，无非求协于一中而已。若其五进五减，而高转而下，下转而高，清转而浊，浊转而清。而彼此互易者，则中声之拨换，而通其说于半声焉耳。故自黄钟大吕，循及于执始南事，可以千万变而不穷，而清浊高下终莫能易。盖律可易,而音不可易也。若黄钟之宫则固协极于元音,而本一中以导扬厥始,所由曰宫为君也。以候而论,则乾德之方亨而物资以始,物资以生者,取诸此也。以位而论,则首出之至尊,而会其有极,归其有极者,统诸此也。挟转移万物之权,扩弥纶充周之用,此臣民事物所由各尽其职司,各得其经理者,胥由此出也。岂非一中允执之道得,而万邦协和黎民于变之象乎?

夫天下之物,数以纪之,音以宣之,度量以平之,权衡以酌之,无非受制于黄钟而已。乃黄钟之所起,则固稽于数,协于音,正诸度量,考诸权衡而因之,还定一尊以宣猷布化者也。故本其所稽所协所正所考,而转以酌物,而持平所由,能稽天下之所未稽,协天下之所未协,正天下之所未正,考天下之所未考也。谓为君道,不信然哉?抑又闻正声感人而顺气应之,顺气成象而和乐兴焉。则是雅乐之兴,未有不由于人心之至和,天地之大顺,而遽能写丰亨豫大之休于鸣球戛击之中者也。

今海宇之广,荒服之遐,沐圣人之深仁,享太平之盛治,不辞辽远,奔赴阙廷,期于亲睹圣容,称祝万寿,非人心之至和而能然欤?又且时若征于雨旸,四序均其寒燠,大有不绝于史书,非天心之大顺而然欤?以人心之至和,感天心之大顺,则其本之性情,发诸声音,自必有以奋至德之光,动四气之和,以著万物之理,安见英茎韶濩之不再见于今日哉?

教所以导民俗论

品物之生成不自遂,而天道有因物之曲成;愚贱之性情不自达,而圣人有因材之造就。急相需亦急相成也。如曰任之,将知无由以自启,行无由以自翼。敦庞浑朴之旧,缘习而迁,后此之沿流,曷其有极?夫天之于物,生之不已,而复栽培之;栽培之不已,而复长养之。犹且润之暄之,鼓之动之,其日出不穷,而莫或有艾者,皆循其势之甚便,而徐以引之伸之耳,非作而致其情也。

彼圣人者,愚贱之天;愚贱者,圣人之万物也。善哉,教所以导民之说,其亦修其教不易其俗,齐其政不易其宜之谓乎?夫知能行习,生人自具之性,孝弟忠信,生人自有之德,奚俟纳诸轨物,引诸中和,而强以率吾教哉?且生人之情好逸而恶劳,乐近功而畏远效,喜于观成而难于图始,倏而闻所未闻,见所未见,习所未习,而曰是教之存也。耳目感而心志疑,矫揉焉而已矣,戕贼焉而已矣,而不知非也。性中之条理谓之礼,性中之和顺谓之乐,初非取假于外也,谁无此秉彝?谁无此懿德?而志不自道,声不自和,卒致行之不一,奸之不防,何欤?则未有以导之故也。是则本明也,而故蒙之;本通也,而故塞之。如勾萌之欲启,而遏绝之使不得舒;流水之欲达,而壅抑之使不获行也。欲人皆有以自全,道德一而风俗同,乌可得哉?

圣人曰是非教不为功矣。故夫入学释菜,以端教之原;大昕鼓征,以儆教之惰;肄雅鼓箧,以正教之志;乐正胥徒,以谨教之人。而又六礼八政,入孝出弟,以严教之事;尚贤崇德,移遂移郊,以崇教之术。如发蒙然,而蔽有与释矣;如启钥然,而滞有与宣矣。是则引欲出之勾萌,而俾之参天;疏就下之习坎,而从其奔注也。逮于礼乐政刑,旁通四达,各亲其亲,各长其长,而俗由以易,风由以移,雍然太和充塞宇宙,然后知教之功化,诚微而导扬善意,洵非无本致然也。夫天不能沛无云之甘霖,出积阴之暴日,有所以障之故耳。风霆流行,庶物露生,何莫非教?惟其顺而已矣。故曰圣人者,愚贱之天。愚贱者,圣人之万物也。

神一天下之动论

天下者,天地化育之象也。其声可得而闻,形可得而睹,体可得而转移者,至纷且赜,极动难量矣。不有以藏天下之至纷,则无以给天下之至纷;不有以敛天下之至赜,则无以遍天下之至赜;不有以辑天下之至动,则无以鼓天下之至动。盖其混阖辟为一机,融显藏为一致,通体用为一原,诚有见其然,莫知其所以然者。自非两而致一,孰能与于斯乎?《正蒙》有云:"惟神为能变化,以其一天下之动也。”是诚有见乎？该虚实，妙有无，通寂感，极显晦，皆此一神之布濩而范围之者也。

尝试论之，天下之至不可知者，动而已矣。乾坤运，而六十四卦之纷纭曷之有极？高下位，而百昌万汇之化育莫之能穷。日月运，而晦朔弦望岁月日时之绵亘，孰窥其终？四时序，而春夏秋冬生长收藏之化机，孰均其数？是天下之至不一者，胥由天下之至动出也。剖其仪而为二，均其象而为四，指其行而谓之五，号其物而归诸万，以万育万，代谢代生，其动日出而不穷，则其数方兴而未已，孰总持之？使纷者之归于一而不虞，其纷孰弥纶之？使繁者之归于一而不虞，其繁乎？凡皆见其动，未见其所以动；知其动，未知其仍有不动者存也。夫固有形形者，而非其所形者也；有生生者，而非其所生者也。立乎形气之先而周乎形气之后，出乎万化之表而运乎万化之中，其得不谓之神乎？神妙于虚而天下之至实，非虚曷启？神妙于无，而天下之至有，非无曷宣？神妙于寂，而天下之至感归于寂，而受其裁成。神妙于隐，而天下之至显归于隐，而受其范围。可以生天下之动，而莫知其动之由。可以辑天下之动，而不必更存一动之迹。是知万有一千五百二十之数，至纤而不可纪者，虽皆天下之物，而其统于一元，建于一中，则仍归于一而已矣。一之者，何也？曰神也。系词曰“阴阳不测之为神”，周子曰“神应故妙”，张子曰“一故神，两故化”，神之时用大矣哉。

辨

河图洛书异同辨

闻之天不爱道，地不爱宝，而河有图，洛有书矣。上以发乾坤混沌之藏，下以启圣贤精一之学，此固太极之所由肇，而《连山》《归藏》《周易》之所自始与？第其为象，方圆异形，九十异数，分合异制，而二七四九又复异位。兼以流传既久，隐显殊途，因致旋毛龟折，异议纷纷，虽有邵子传图南之学，朱子发康节之旨，收二图以归《周易》，而后之学士犹将不能无疑。盖理藏于数，则探索为难。道寓于文，则研穷不易故也。

汉开天禄石渠，购经书秘籍而校雠之，而安国、向、歆、班固之徒，乃有拟图作《易》、拟书作《范》之说。岂伏羲画卦之初，竟不知洛书，而《洪范》锡禹乃顾上弃河图，而独宗龟负乎？伏羲之卦原于太极，每加一倍而成。而元定之《皇极洪范》仅有自一至九之数，揆于易卦，绝不相类，岂书自书而图自图乎？且康成之疏明堂图也，固有二九四、七三五、六一八之说，先儒以为洛书之数。而孔子之系易，天地之数五十有五，则固指河洛言也。奚为乎刘牧之言，且以为河图九数洛书十数也，何所据而然耶？康成有言，河图九篇洛书六篇，是图书未启，先有文字之传矣，不且与书契取夬之说戾乎？王子充不然其说，曰洛书非《洪范》也。因摘其不可信者，盖有六焉。彼固谓河出图，洛出书，圣人则之，则伏羲之卦固已兼仿书图。若《洪范》九畴固禹之自叙，而非图书矣，安在五行五事，孰能确指以为奇，孰能确指以为偶乎？安在庶征八政者之确乎？位置于东五极六极者之确乎？位置于西乎？由是言之，则河图授羲，洛书锡禹，其然乎，其不然乎？

不知图书之所以异者，九与十之数，方与圆之形，分与合之辨耳，非其理也。据理而论，则一体一用，相资而成，一动一静，互为其根，一流行一对待，相依而立也。故图之数十，合始终而计之，皆成九数，是十中含九也；书之数九，合始终而计之，皆成十数，是九中含十也。图者，未发之中，故流行而不息；书者，已发之和，故对待而不移也。无图则洛书之数无所本，无书则河图之数无所行。观于乾坤交而为坎离，坎离交而为震兑，是洛书之位犹然河图之位也。观于河图左转而相生，洛书右转而相克，是洛书之数仍然河图之数也。观于河图之奇阳左旋而偶数从之，洛书之奇阳居正而偶数翼之，是图之与书，其尊阳同也。观于西南之金火相易，东北之水木不易，是数之与位，其老少亦无勿同也。

盖河图者，未交之洛书；洛书者，已交之河图也。未交则生成之数合而不分,已交则奇偶之行各安其位而不乱也。以阳为主,故极盛之阴皆随阳而自定。阳通则复,故极盛之阳能挟阴而俱还也。知图书之旨原自不殊,则体用一原,方圆一致,动静一理,而《易》之与《范》自同轨而合辙,安见河图之不可作《范》,而洛书之不可作《易》哉?

说

大衍之数五十其用四十有九说

圣人之立筮法也,将以抉天苞地符之原,穷絪缊化醇之理。其数不克与先天后天之秘密相符,其理不克与无极太极之精蕴相契,则至隐极深之妙无由而显,亦必无由通天地之德,类万物之情矣。故设之为大衍之法,而定之以五十之数。盖兼河图洛书而一以贯之者也。

河图先天也,洛书后天也。河图之数五十有五,洛书之数四十有五,兼之而为百,半之而为五十。故大衍之数兼河洛之全,而折半用之,以体其撰,以经其变,欲其与崇效卑法之义无违焉耳。不若是则隐者终隐,其机曷达?秘者终秘,其缄曷启乎?然而用之止于四十有九者,何也?先儒曰除一以象太极故也。太极,体也。其分而揲之,则体之舒也,元之亨也,无极之动也,故以为其用,亦犹两仪四象之出于太极者然也。世未有有用而无体者也,故返其一于椟以象之。若其所用之四十有九,先儒之说或兼星宿支干而求以强合其数,人各异辞,辞各异旨,盖纷而无据矣。

惟荀慈明有云,先后天图各具八卦,卦各六爻,六八共得四十八爻,故特设为四十八数以象之。至所用之数尚馀其一,又得置而不论。某窃思之,四十八者固以拟八卦之爻数,而此外所馀,则藉以象阴阳者也。阴阳之理,一动一静,故一用一不用也。一形一神,故形妙于有,神妙于无。神也者,潜通于四十八爻之中。形也者,即四十八爻之体而全具者也。所由用一于四十八数之中,以象其阴形之存;潜一于四十八数之外,以象阳神之流通而无迹也。

今观揲筮之法,挂一以拟太极,分二以拟阴阳,揲四以拟四象,归奇以拟闰馀,则圣人之动作经营,无一不与天地合德,日月合明,四时合序,亦以明矣。况筮为幽赞之具,且将藉此以探乾元之妙谛,契不息之真机,自非其数之多寡盈虚,无一不与之悉协,遽有以契体用形神之妙,发有无动静之机,知必不能矣,乌所云参天两地而倚数哉!

性说

道始于尧舜执中之训,言心而已,初无所谓性也。自孔子有相近相远之说,子贡以为性与天道不可得闻,性岂易言者乎?子思亲承曾子,乃上推其本原而溯始于天,下著其发舒而归极于道,呜呼至矣!此千古言性之所自始与?孟子私淑诸人,其于杞柳湍水诸说,率厘正其是非,辨定于疑似混淆之际者。又以恻隐羞恶辞让是非证其皆有,而又以孺子入井证其善,而言性之旨乃益大著。后之儒者宜无有逾此者也。乃自荀氏性恶礼伪,扬子善恶混之说出,而性之真乃益乱,而莫得其旨。善哉,董子之言曰:“性,天成之者也。”兹两言者,固与道之大原出于天,同为暗室之明灯,昏衢之皎日也。

三角形说

新法三角形与《周髀》勾股法同,而穷微尽变,则殆有甚焉。勾股止于直角,而新法则有钝角锐角,不尽直角也。《周髀》谓勾三股四弦五,而角者锐钝则大小不齐,又非三四五之可得而定也。勾股出于方,而新法正三角之外,又有弧三角,则出于圆,不尽出于方也。方之所裁,惟一直角而止;圆之与圆错综相遇,千奇百变出焉。用之于历法,则黄赤二道,或相遇或不相遇,既皆以圆为体,而月星之或外或内,或上或下,莫不因圆形焉。当其月与日行相遇,或月与星遇,或五行自相遇,悉成弧三角。故弧三角者,历法之所必须也。

弧三角之用有六法焉,三角三边是也。施之于算,又有八线。八线者,正弦正矢,馀弦馀矢,正割正切,馀割馀切是也。言弦矢而不言弧,以八线皆出于圆中,矢之所止即弧之最长处也。至以八线之正馀,因其成角以求容方容圆之度,则莫不有定法存焉。凡此皆《周髀》之所略,勾股之所少也。《周髀》之论圆也,但以为径一围三,逮元赵友钦精求其数,其实径一则围三一四一五九二。先儒之定黄钟也,亦曰内周一寸一分一厘一毫,内径则三分五厘三毫;外周一寸五分七厘一毫,外径则五分。是径一不特围三也,而新法与此略同。由此言之,则《周髀》之与新法,其孰精孰粗,孰得孰失,必有不可以一概论者也。

奏折

请建设农官折

臣恭逢圣帝,幸际隆平,伏见我皇上爱民之深,忧民之切,特降敕谕,俾直省督抚咸各督率下寮,尽心农务,其于农民之利弊,谆谆训诫,业已无微不烛矣。诚使亲民之官,人人钦遵训旨,实心办理,臣知数年之间,必将户庆盈宁,仓饶储蓄矣。

然据臣愚昧之见揆之,督抚之责任繁剧,势不能亲履陇亩,则不得不严督府道。府道之地方辽阔,势不能遍履陇亩,则不得不严督州县。夫州县为亲民之官,怀保斯民,既有专任,所当仰体我皇上爱养斯民惓惓无已之心,自应悉心奉行,身历田亩,勤加劝课。然势有所不能遍,心有所不暇殚,力有所不暇及者。臣请以管窥之见,略陈梗概。

今之州县,古诸侯之国也。古者建国之制,大则百里,小则五十里止耳。至各国所设之官,不下数十员,而学校农田二事亦十馀员不止,周官王制可考而知也。今观春秋二百四十二年之间,虽水旱蝗螟不绝于书,其民究鲜流移之患,则农官备设,农政修举,劝课有方,蓄积有素,而藏富于民之效也。汉之兴也,阡陌开而井田废,其时百官之禄犹以石计,是公田之遗意未泯也。迨及于唐,刑名则司于县丞,捕盗则司于县尉,知县之职止司钱粮劝课二端。今考其政约十二条,一曰敦本业,二曰兴地利,三曰戒游手,四曰谨时候,五曰戒苟简，六曰厚蓄积，七曰备水旱，八曰戒宰牛，九曰置农器，十曰广栽植，十一曰恤田户，十二曰无妄讼。其见于载籍者历历可数，无非农务，是农官之遗意犹未泯也。逮后以银钱给官俸，又兼丞尉所司悉兼摄于州县一人，故每一州县既各有刑名钱谷词讼之繁扰，而又有漕务仓粮驿传盐法河务之纷琐。若或钱粮难于征比，则终岁之间求一刻之暇晷而不能矣。今尚欲其并营农务，躬亲履亩，勤督而劝导，家喻而户晓，正恐殚心竭力，其势必有所弗遍。今邑之小者，亦在六十里之外，大则百里不止矣。若责之以难尽之力，督之以难周之势，欲不负我皇上爱养斯民，谆谆诰诫之训旨，亦何可得也？

夫天时之不可违也，时雨之沛，土膏之润，才半月事耳，而不及时者失之。粪壤厚而收入有加矣，耘锄数而收入有加矣，而怠惰者失之。此非劝不为功也。臣请每一州县各设农丞一员，其职比于县丞，专司耕耘劝课，土田词讼仓庾蓄积之事。即于各省举人改授教职，壅滞而不及选者，俾为农丞，总理农政。令在本省巡抚处，公同掣签，分发地方，亦如教官仕不逾省之法。至于俸公，亦与教谕训导相等。

盖其人久居本省，则土地之情形，风俗之趋尚，大都不甚相远，故经理易也。然一邑之地，村庄聚落，户口散居，必非一人之身，一时之内所能遍历。臣请以每州每县俱分为四乡，如邑止六十里，则每乡之地东西南北当各三十里；如邑为百里，则每乡之地东西南北当各五十里。臣请于此四乡之中，各设农尉一人，以农丞统之。顾此三十里五十里之地，其中村庄聚落，亦必非农尉一人三二日间所能遍及也。今以三十里之地四分之，则每乡之地东西南北当各十五里；以五十里之地四分之，则每乡之地东西南北当各二十五里。臣请于四乡再分之四区，各设农师一人，以农尉统之。其有巡省劝课之事，即使庄村聚落零星散处，当可一旬而遍，庶无或失时之事也。

至于农尉农师，亦必非他乡外选者所能任也。臣请于本乡之中，择其家世业农，从无外务，而勤谨长厚，公正廉平，家有次丁，自身不烦力作者，令本乡农民合词公举。选择既定，由县申府，由府申院，巡抚汇题，仰达睿览，然后付部注册。其农尉之接见州县，使得如吏目典史之体；农师之接见州县，使得如生员之体。农尉员缺则择农师而补之，农师员缺则合词公举，申文达部，悉如前式。盖其人既为土著，又属老农，则此乡中道里之远近，风俗之奢俭，人情之勤惰，水泉之通塞，树植之宜否，罔不熟悉。俾与农丞讲劝课之法，分巡省之劳，知必非不勤四体，不分五谷者可比，故便而易也。夫此农尉农师既属土著之老农，乃忽邀此隆名，此固不烦各给俸公，自当竭诚殚力，协赞农丞，共襄厥事。此农官初设之大概也。

至于劝课，自春徂冬，必无一时可以稍懈。时而冬也，则修整农器，索绹于茅，储备粪壤，讲明树艺，皆乘暇之急务也。时而春也，则有省耕之政，有田之民悉从力作，固所当省。如或饭食不足，牛种缺乏，酌彼所耕之地若干亩，从而借贷之，无歉无滥。历夏则为之省耘，水泉之宜疏者疏之，宜泄者泄之。休于田息于室者，从而惩之，其刑以二指之竹篦，长及四尺，而止聊以示辱而已。至秋而省敛，则视其所入以为敛数。彼田土不多，所收在二十石以下者不敛，其自三十石以上至百石以外者，每及十石敛二斗，每及百石敛二石，以增社仓之岁入。而春时所借之谷，亦于此时敛之，每石以一斗为息，以一斗为鼠耗，在官止算一斗。其夏时之敛麦也亦然。凡若此者，倘非亲历畎亩，审知人工之勤惰，户口之盈虚，未易办也。

此农政修举之大概也。如此则劝课谨而巡省密，粪壤厚而民力勤，可使人无遗力，地无遗利，收加于昔而富藏于民，则百室之盈宁可庆，国家之仓庾自丰，于以仰副我皇上爱养生民谆谆诫谕之训旨庶有成也。臣一得之见，未知可否，恭请睿鉴酌夺施行。谨奏。

条陈督抚事宜折

臣窃惟国家大政，莫亟于教育，莫大于举措，莫重于刑宪。我皇上谆谆诫谕，固悉尽善尽美，乃督抚奉行，尚有未尽允协者。略举数端，请得敬陈其概。

一、教官之黜陟，宜全归学臣也。人材蔚兴，端由学校，教育有道，专责师儒。当教官初选时，各赴本省领凭，巡抚先加校试，叙其等第，然后俾之赴任。自此以后，教官既无由至省与巡抚接见，而巡抚亦遂置教官于度外矣。逮至三年大计，教官之贤否，惟凭府州县爱憎之口，或毁或誉，抚臣依之，以为确据，如此而欲其举劾悉当，盖亦鲜矣。臣观三年之间，科岁两考，每经一考，学臣与教官接见，动至两月有馀，则教官之贤否，悉在学臣意中。臣请此后各省教官，专责学臣管理。一遇大计，举劾悉听学臣裁定，知必用舍允当，克副我皇上养育英才，振兴学校之盛心矣。

一、劝课农桑，宜责成州县，列诸考成也。臣思亿兆众多，贫富各殊，勤惰不一，果皆上乘天时而不致时有乖违，下尽地利而不致地多闲旷，中竭人力而不致力有废弃乎？一同之地，适均之亩，丰啬多寡，常不能齐，非其贫窭谋生不克及时，则怠惰驰骛而不力者也。若得官长督责而鼓励之，俾无废天时，无旷地利，无荒人力。但使一户所收岁增三石，则三千馀户之邑，当岁增万石矣，积至十年便可多致十万石。况一州一县之户口，八九千户万户不止乎？况勤农之倍入岁不止三石乎？诚使百室养赡绰有馀裕，而水旱蝗螟藉以无恐，则皇上忧民之心，当亦可以渐释矣。

一、调繁之设，不必概施诸不繁之地也。凡属州县，原有大小繁简不同。凡属人材，必有能否长短各异。果其邑大事繁，酌其材能从之调遣，用人之法洵称至善。若邑非繁剧，而骤然更易，其间送往迎来，有衙役接官之帮贴，桌椅床幛之铺陈，途间接待之中伙，衙中预备之食用。万一书吏作奸，肆行加派，非徒扰民，适为民累矣。若令督抚狥私，或致美恶相易，正恐启觊觎之心，长奔竞之渐，未必不由此调繁之一法起也。臣请自兹以后，凡钱粮不易征收，命盗时常叠见，刑名堆案难于清理，及边海之邑洋盗出没无恒者，始称繁剧，乃择其人而调用之。如在内地方，官民相安，穆然无事者，皆不得借繁难之说更张改易。庶州县各专其职，可绝无希幸之心，而庶民供应无烦，当不致有纷扰之累矣。

一、刑名之案，宜以证据确切者为正犯也。近见督抚于命盗两案隐伏难明者,止用自行招认四字,援以定罪。夫自行招认,岂易言哉?奸黠之徒本为正犯,而诈伪百出,有宁甘目前之刑宪,希图日后之生全,而终于不认者矣。愚懦之夫本非正犯,而难胜痛楚,有苟图姑缓于一时,不计抵偿于异日,因受枉而心甘者矣。夫失出则狡猾者因之漏网,犹可言也;失入则良善者必致覆盆,不可言矣。承审之官岂尽人人称明允乎哉?我皇上慎恤民命,岁有三回复奏。臣请嗣后命盗两案,务令督抚于题奏本章内,声明证据确切之由,然后付刑部三法司,较其是非,一有不实,旋即驳正,庶克副我皇上至公至当,爱惜民命之谕旨矣。臣识见愚钝,如上四事,未审当否,伏候睿鉴酌夺。谨奏。

请刨参人犯就近审理折

臣闻刨参之禁,原因穷民入山,伤残甚多。圣祖仁皇帝垂怜此辈,因而严禁,著为律令。自此以后,已得未得之犯一并解送刑部,已得之犯既膺重律,而未得之犯往返拖累。圣祖仁皇帝因复垂怜,但禁于盛京刑部,每岁差部堂一员前赴审理。臣奉命之后,随至盛京,同刑部侍郎臣马晋泰尽心详察。伏见此辈多系逃荒穷民,自春夏间即经拿获,候至九月十月始得审理,因有拘禁七八月五六月不等者。为时既久,寒暑风雨,不得其所,饮食饥饱,不当其时,致有或病或亡之患。即如今岁,经臣所审一百五十八人内,病而垂危者五十有馀人。臣同侍郎臣马晋泰一一面验,皆鹄面鸠形,不堪刑责,况亡过者已有二人。又拿获时当春夏间,天气和暖,悉著单夹之衣,及至临审,适值严寒之候,冻馁情状深可悯恻。臣思宁古塔既有将军,又有值年御史,奉天府既有府尹,又有刑部将军,倘可随拿随审随结,每逢冬末,仍令经审各官,将一岁审结案件汇成一本,进呈睿览,庶拘禁之伤残与饥寒之失所者皆可免矣。臣伏见我皇上于地方之疾苦,刑罚之轸恤,无事不大沛皇仁,故敢以刍荛之见,仰渎圣聪,至可行与否,唯俟圣裁定夺。谨奏。

请厘定制度折

伏见我皇上自御极以来，凡一切利民之事，罔不兴举，一切病民之事，罔不剔除，业已周详尽善，毫无渗漏。臣蓬蓽庸才，学识短浅，乌能仰佐高深？第念古之帝王，称盛治致隆理者，莫不奉道以为枢衡，故其创制立法，亦皆有深意存乎其中。今观三重之道，以考礼制度为先，而万国遵行，惟一道同风为盛。故成周初政，遂有谨权量审法度之文。而月令所颁，亦明著角斗甬正斛概之事。盖法度不一，则商贾或迷于所往，而奸人罔法，皆得显然各遂其私，恐非使之必尊必信必从之深意也。

臣谨按各省之斗斛，有以十二筒为一斗者，有以十三四筒十七八筒及三十六筒而始为一斗者，是多寡之在各省，原不一其量也。又按各省之戥秤，有苏法广法之不同。其秤亦有十四两十六两十八两二十四两之不同，是轻重之在各省，原不一其衡也。又按各省之尺度，有以两手为一尺者，有以三手为一尺者，又有以一庹为一尺者，又有直立于此，伸手挈布疋而上之，俟其下垂至地始为一尺者，是长短之在各省，原不一其制也。且非特省殊制异也，即在一省已先不能齐而一之。

臣思法制不彰，恐非所以立无外之模，示建中之极，将愚贱之信从，亦无自而定矣。请敕下该部酌量多寡、轻重、长短、大小之宜，定为一成不易之制，颁发直省，务使家守其程，户遵其度，薄海内外罔不倾心慑志于国家之盛制，于以鼓守典奉法之心，启道一同风之盛，将遵王之道，顺帝之则，未必不由制器尚象中振兴而激劝之也。刍荛之言，未知当否，伏乞睿鉴。谨奏。

请博举孝弟折

伏见我皇上洪启文运，广宣教化，其于各府州县教士养士之法，业已屡申明谕。又于首善之地，躬诣太学，亲御讲筵，宣明经旨，且颁诸诏诰，令天下抚臣公举孝廉方正，给以六品服色，以示奖励。其于劝学兴贤之道，亦已极尽而无加矣。

今观抚臣所举各省之中，三五人不等，要皆读书知礼义之士，亦足以风示流品，振其愚顽。第念一省之中地千里不止，尝有此邑之士已蒙荐擢，而彼邑之士犹瞢然无闻者矣；文墨之士已叨宠锡，而愚贱之民犹惘然莫觉者矣，何也？以非其势之必将遍及，非其分之徐可缓收者也。今一邑之地，少者七八千户，多者则万户不止矣。学校教养之士不及百分之二三，此外如农圃工商樵渔负贩之俦，目未睹文字之书，耳不闻圣贤之训，虽至愚极贱之士，岂遂无天性诚悫者乎？

夫圣王之教化，原不择人而授，而颛蒙之至性，亦不因地而拘。况爱亲敬长，谁则无情？而十室之邑必有忠信。彼生贡举监之外，有能竭力奉养，菽水承欢，无忤于二亲者乎？称为孝子宜也。有能公于财，和于室，兄弟有序，三五代不析居者乎？称为悌弟宜也。臣请每一州县于每岁中，各举孝子一人，悌弟一人，令合乡具词公举，由县申府，由府申司院，俟其通省汇题，悉达圣聪，然后敕下督抚，各给匾额，并免本身一家之徭役，以荣其人，使得见官长悉如生员之体貌，此固不待建坊之琐琐，而其人光宠实甚。

臣知此例一倡，必有心知其荣，守礼奉法，观感而继起者矣。夫愚贱有何知识，不信耳而信目，不唯其传言之可听，而惟其前事之可师，当亦情势之必然者也。昔舜举皋陶，汤举伊尹，而不仁者远，为圣人造就曲成之心，亲切著明，实足以见谅于愚贱已耳。此外如畸行之义士，或笃尚友谊，或敦崇慈惠，或特著廉行，又或仆婢之贱行义可称，皆系创见之事，亦令州县随时申请，不必在岁举之例。如是久久，臣知化行风美，人人皆知自爱，必能仰副我皇上广教化，厚风俗之盛心矣。愚昧之见倘可采择，伏候圣鉴酌夺施行。谨奏。

奏闻户部积欠折

伏见我皇上于雍正二三年，于江宁等五省民欠钱粮，自康熙十八年起至康熙五十年止，尽行豁免。又见苏松南昌等府加增浮粮，民力难支,因致积年逋欠,爰降谕旨,将各府所有浮粮减去数十万。一时蔀屋穷檐,欢声雷动,罔不感戴,恭祝圣寿无疆,咸愿子子孙孙世沐洪恩,固知我皇上深仁厚泽,与天同运,莫罄名言。臣昨奉谕旨,命在户部料理,标判事件,不必管事。然臣于标判之时,亦有所见,不敢不为皇上陈之。

臣见漕项行追案内,有购米一项,有少折玉米一项,又有饭米解费之项。又见留漕漕项钱粮案内,应追兵粮水脚漕折各仓侵缺等项。此外又有米麦挂欠之项,无有一项不关国帑,即无有一项不宜行追者也。及臣考其数目,有数百两者,有千馀两者,更有万馀两者。查对年限,乃自康熙十六七年为始,或有康熙二十年至三十年者,是远者五十年,近亦三十四五年矣。臣思为时既久,其人尚存,亦必家业荡然,所以迁延至此。若使人非赤贫,安有一二十年之内,不能依数全完者乎?若或人已不存,犹复积岁行追,未必不系累其妻孥,使并不得脱然自为谋生之计。恐官迁吏改,历有年所,徒有行追之虚名,究鲜国家之实用,此臣标判时所见如此。至若未经目睹,尚有类此者,亦未可定。诚知我皇上爱民之深,忧民之切,唯恐一夫不获其所,故敢恭录所见,仰达圣聪。谨奏。

葆璞堂文集卷三

书

与冉永光先生书

六经为圣人传道之书,而《周易》则圣道之大本所系。不识从前,但以为卜筮之书何也?执卜筮一见以解《周易》,为当也否耶?夫洛书与河图,孔子谓为作《易》之具,而先儒以为作《范》之具。先天四图既则图书,而先儒无一相通之语。河图既为先天,而先儒硬欲拆而为卦。《易》冒天下之道,而《太玄》《洞极》《潜虚》《洪范》,竟似《易》外别有一道。元亨利贞本乾之四德,而先儒说作两件,且硬欲说成人事。用九用六本皆言理,而先儒以为说占。大明首出二节本言乾德,而先儒以为圣人。《周易》之卦悉属先天,而先儒俱执为有形有体之物。孔子《彖》词来往内外字面,本皆说图,本是一个道理,而先儒释为数种。坤之卦词,《文言》中"得主"连读,而先儒以"后得"为句,"主利"为句。周公爻词悉本文王之卦,而先儒皆另为一说,不顾卦德。如此之类,自始至终,悉成讹误,总由以韦编三绝之书,直欲为朝树暮阴之计耳。

某于壬辰、甲午、乙未、丁酉,七经召对,今圣人深契道妙,知煦不徒执儒者之说,而兢兢奉经文以为之主也。是以屡蒙俞旨,且有苦心读书之目。煦于《周易》四十馀年,成书三千馀页,名曰《函书》,约字一百八九十万。第以力微不能刊刻,今约首之五十卷为三卷,以檃括大意,刻成当另期请教。

又与冉永光先生书①

滑州馆中别后,今已十有馀年。比岁以来,有疑莫质,虽研穷书卷,道理信得几分,而切磋琢磨,终鲜师友之力,居常耿耿。

煦窃以为《周易》者,圣人传道之书也。自图书及于卦爻,皆是一个道理,所谓一以贯之者也。河图先天,洛书后天,故河图合而洛书分。分者必不可合,合者必不可分。故伏羲则以画图,亦内合而外分。内则河图,而外则洛书也。因外分之象便是则书,故有先天而无后天。文王未尝画卦,《周易》所有之卦,开大圆图而有之者也。故孔子《彖》词遂有内外往来、上下进退之说,盖言图也。煦谓《周易》全部皆属先天,此之故也。周公之爻,拆卦而释之者也。既拆卦而有爻,则其释爻宜本卦德。乃先儒释爻尽有另说一义,不复回顾卦德者矣。卦开于图,则释卦者宜本于图。乃先儒释卦竟将往来字面认作卦变,而不知有图矣。图因于河洛,则必图书中便具有画卦之理,则必先天四图便具有图画之妙,乃先儒释图,绝不言则之之故。于是乎取河图之必不可分,称为未发之中者,而亦强拆而补之矣。于是乎先天四图,不能解圆转不息、相依互根之理矣,不能明内外分合、初末往来之义矣。遂使图书至卦爻一脉相通者,处处打断,得为知《周易》者乎?

煦于《周易》四十馀年,成《函书》九十九卷,皆自心之独得。特限于资力,不能剞劂就正高明,徒藏箧笥耳。向欲请教,因往来无人,不便携带。近将《函书约》三卷付之梓人,刻成之后,另寄请教。寿诗前后约三十首,并拙诗二章,乞先生正之。

与张仪封先生书

弟耳先生名久矣,功业炳耀不足为先生重,声誉赫奕不足为先生多。独此肩荷圣道,搜剔逸书,表章贤圣,不啻续欲灭之灯,揭日

① “与冉永光先生书”,原本无。

月而丽诸天,浇欲断之流,倾江海以沃其源也。此岂一手一足之烈耶?第念圣人之道尽在《周易》,从而学之,盖四十年矣。

然自孔子迄今二千年间,而易道终晦者,盖亦有故。一晦于制义者徼幸功名,独奉一家之言以为蓍龟。又晦于注《易》者独持己见,而不能窥立言之本意原极广大。高也而卑视之,则止以为卜筮之书。深也而浅视之,则止以为趋避之事。又其本原之地不明,竟将本原《周易》看作极零星极琐碎的物事。不知《周易》六十四卦均属先天,则此后无有一卦一爻能得其解者也。不知《周易》六十四卦悉出于元亨利贞,则此后无有一卦一爻能知其来历者也。不知《彖》词独赞乾元,则不知《周易》贵阳之义。不知爻词特标初字,则不知原本太极之机。不知天道人事止是卦象,则滞而不灵。不知乾坤两卦为大父母,则零星无统。不知先天出于河图,则不知十数必全之故。不知文王之卦出于先天,则不知八字立爻之旨。须知《周易》中有六要,皆于《易》大有关系,若能箝拢将来,方是一个活《周易》。合其一二,犹可渐次相通。若六要俱违,则无一字为真《易》矣。夫原泉之既浊矣,而欲清其流;尘鉴之既昏矣,而欲用其照也,乌可得哉?

煦观《周易》止是太极中事,原是个活的,无有一卦一爻不可以相通者也。或精或粗,随人用之,无不灵妙。后人极力阐发,尚惧不明,岂能如子云《太玄》绝无领会,徒作奥词,为《易》外之《易》,自饰固陋,欺天下误后世,而漫无所可否哉?此后伪《易》颇多,皆《太玄》为之倡始。兹之所述,虽不免有异前人,然异于儒而不敢违圣,异于传而不敢背经。天壤之大,得一人焉为知己,圣道亦可以不孤。

煦自壬辰迄于甲午,澹宁乾清五经召对,荷蒙谕旨,有苦心读书之目。而又得葑菲不弃如先生者,非煦之幸,此书之幸,圣道之幸也?若以为无当而覆之瓿,任焉而已。外有与先生论《周易》书一篇,公馀详细阅之,则不才注《易》之心,或亦可以微见一班也。

与张仪封先生论《周易》书

易道之晦也,皆制艺取功名之念误之。不守一家言,则以为背注而无由获隽，故义传而外，不肯开拓一步，虽有真《易》至论合乎四圣之心，悉在所屏，是《易》之晦也，学《易》者晦之也。程子曰“某于《易》只解得七分”，朱子晚年亦自悔《本义》之作。何尝谓有此义传，而他书可尽废乎？

今试略而论之，《易》中最有关系无若“往来”二字，此二字不明，则爻中初字之义必不得其解。初字不得其解，则内外上下不得其解。内外上下不得其解，则卦中之彖辞爻辞无一字能得其解者矣。何也？《周易》团拢得来，只是浑沦一个太极。其三百八十四爻，则文王之六十四卦，而周公拆之者也。其文王之六十四卦，则伏羲之大圆图，而文王拆之者也。其伏羲大圆图，则先天八卦图，三加而成之者也。其先天八卦图，则伏羲拟议于图书，则而画之者也。河图者，卦画未成，是太极之所寓，而先天之呈露者也。以三百八十四爻回视河图，终若绝不相类，然《系传》有云“易有太极，是生两仪，两仪生四象，四象生八卦，八卦定吉凶。”则固融会四圣之《易》，而上通于未有卦画以前，下通于既有卦爻以后，一以贯之，而莫之有违焉者矣。

今试以周公之三百八十四爻攒拢而会聚之，自初至上连为一处，知未有外于六十四卦者也。故其拟爻而为之辞，亦必推本于各卦之性情而出。若使可以离卦而为之说，则初九之三十二爻止一潜龙可以尽之，而屯需畜复之初，奚为而异其象也？夫周公拟爻而惟卦之从也。予故曰：周公之爻，即文王之卦而拆之者也。

今试以文王之六十四卦攒拢而会聚之，其初向内以观其来，其末向外以观其往，知未有外于伏羲大圆图者也。故其拟卦之辞，亦必推本于内外往来上下始终，以为之据。如所谓大明终始，得朋丧朋，甲庚先后，皆其义也。若使文王可以自为《周易》，而不必推准于先天诸图，则伏羲之《易》久为文王之所弃，而先天诸图当不至今日而久废矣。因文王之卦，孔子之《彖》，莫不本之以论往来内外上下始终。予故曰：文王之卦，即伏羲之大圆图而拆之者也。

今试以伏羲大圆图揭去外之三画，止存内之三画，又将内之三画一加再加，各各拆之，观其所虚之中，而知太极寓焉矣。观其初加之东阳西阴,而知两仪寓焉矣。观其再加之南阳北阴,而知四象存焉矣。又加而至于三爻,而合以观其一阳二阳三阳,一阴二阴三阴相连之妙,则阴阳互根,初末微盛,上下内外,凡《周易》卦辞象辞爻辞所有之妙,无义而不具于其中。予故曰:大圆图,即先天八卦三加而成之者也。

又试以先天八卦而比量于河图,知未有天地以前,其浑合之机难可名状,则合生成而浑为一处,使人知生之之理虽其朕兆未形,而成之之理已即此在矣。伏羲深知其妙,因奇偶浑合回旋交互之机与五十居中之旨,而定为太极。又因奇偶之异,画阴阳而定为两仪。又因上下左右已具四达之理,而定为四象。又因五十居中,四方止得八数,而定为八卦。又观盛阴盛阳之极于外者,而定天地之位。又观微阴微阳之生于中者,而定根阴根阳之理。率皆本奇偶联贯处熟玩而得之,故河图有连法无拆法也。

先儒不知河图原是浑沦之物,因将伏羲观象画成之卦比合其数,强以拆之。夫河图而既已拆矣,不且为后天乎?若是则洛之为后天者,亦尽可以不必出矣。姑无论图之初出于河也,其时必未有卦象,乃顾以则图所画之卦附于其数而配之,则伏羲先天八卦竟可以不必立图矣。是先天八卦之妙反缘此一拆而俱晦矣,何怪乎后人之解先天者少也。是皆未知伏羲八卦即是河图,而先天之妙悉在其中故也。何谓先天,其在于人即未发之中是也。夫人当寂然不动之时,固未发时也。既云未发,其于喜怒哀乐究何所有?设于未发时,强以拆之,曰何者为喜,何者为怒,知必不能。夫未发之中不可拆,而独以先天之河图为可拆,犹得为知先天者乎?既未知河图即为太极,原属先天,本是无偏无倚,流行而不息的物事,则伏羲先天八卦,安得不执为对待不移,而并没其圆通之妙也?因不知先天八卦自具圆转流通之妙,则文王拆之而作《易》,周公拆之而作爻,其中之圆转流通,如往来内外上下终始之说,抹索不着的,那得不执为卦变卦综,纷纷其说耶?夫学者之注《易》也,欲其适足以发明易卦易爻之理耳,即令人人皆知此卦之变,此卦之综,从某卦来矣,而究于本卦无所发挥。若是则即并卦变卦综而去之,而《周易》之理未尝不自在也。

自来注《易》者,皆以五行纳甲及《火珠林》之说,咸以其近于术也而略之,顾又以《周易》为止是占卜之书,此皆非知《周易》者也。夫《易》之广大如天地,然其中精粗美恶何所不有,岂以其为精也美也而存之,粗也恶也而胥去之?且如见豕负涂,载鬼一车,跛眇臀趾诸象,圣人之不择言固如是乎?不知《周易》之理,精而求之,则穷理尽性知命达天出乎其中。浅而求之,则夫妇居室吉凶趋避之理亦出其中。初不得谓此精而彼恶也。即如纳甲之说,亦是圣人知《周易》之不可易学,故即日月交光之旨,以发明阴阳进退之象,此非精以审之,以观其所生之位,所居之方,而得其进退盈亏,始终微盛之妙,岂易得其旨也?天地阴阳往复,最灵最妙无过于此。后世之术家用之而有验,则遂流而为术耳。五行之说,其初出于《易》之四象,其中灵妙实难尽述。自阴阳家资其生克之说,每有奇验,后遂流而为术。又如《火珠林》所立世爻八纯之卦,定于宗庙,必不可变,其后则以卦气自下而升,至五则转为归游,此皆易卦以下为初,以末为上之旨。皆本于天地自然之气化,而伏羲大圆图所寓之妙旨。

予会河图及先天八卦相通之旨,又观《易象》往来上下内外终始之妙,而作为循环太极图,既与河图先天八卦未有殊旨,而又下通于各卦各爻,以达于生卦生爻之故。盖知圆转不息绝无停机,一部《周易》其中卦爻莫不如是,所以说《周易》是个活的。至其卦象岁令月窟天根,皆此一图之妙所该括者也。又玩先天之妙,更立缝卦,皆先天八卦中流行不息之义也。又作为四通之十六阳卦,所以发明交字生字之义,使人不迷于内外之说,而又以考一爻之旁通,有见有伏,有动有变,达于四卦,均无异旨,亦莫非流行不息之理也。圣人之道尽在《易象》《春秋》。《易象》其大本也,所寓者天人合一之机。《春秋》其大用也,所寓者天人感格之理。不知《易象》,则学圣者无本领;不知《春秋》,则学圣者无作用。然则易学之晦明,岂浅鲜事哉?

煦之愚鲁亦已甚矣,第以学《易》四十年,似亦微有所窥,故敢僭为之注。即其所释,亦皆考证于四圣之经,即经以解经,断不敢执传而弃经也。即如“先迷后得主”，本为一句，考之《彖辞》“先迷失道，后顺得常”，是以得主为常道也。圣人惧人不知得常即为得主，故于《文言》又曰“后得主而有常”，是以得主即为得常，则得主二字相连也明甚。乃顾曰主利为句，是徒在占卜上着眼，不惟小视圣人之经，是明与圣人之经文悖矣。又如坎之六四“樽酒，簋贰，用缶”，本为三句，乃顾曰“樽酒簋”句，“贰用缶”句，因引《周礼》以为二字之证。然而孔子小象固曰“樽酒簋贰，刚柔际也”，如使樽簋可自为句，岂有截下句一个贰字连上句之三字，遂硬成一句，圣人之经有如是之文法乎？又如大明终始节本言乾之亨由于元，首出庶物节言乾之利贞由于元，顾独摘此两节以为指圣人，圣人之言如是之杂乱乎？又如坤卦积善之家节，盖言顺也，顺本坤德，故于坤卦言之，顾以为慎字之误。予皆就经而正之，而断不敢有违于四圣之旨。至后讹误甚多，不能悉录，皆详辨于各卦各爻之下。亦欲使天地间尚存真《易》云耳。至以予为不合传义为背时宜，予固非藉以为名也。若其博采先儒之书，不徒以为一家之说所浸没，当必有以谅予之苦衷矣。此外有缝卦之说，详见天根图。有八字之说，详见乾卦初九爻下。《周易》之中最有关系之十二卦，乾坤泰否坎离复姤损益夬剥，其所注释皆与他经迥别。

上隆太宰书

自皇上始登大位，老先生叠膺宠眷，以亲则元舅，以贵则三公，以委任之重，则总百揆而摄太宰。入告嘉谟，出施伟绩，中外推戴，谓皋夔再见于今矣。煦忝与老先生有数年之旧日者，曾涓诚请谒，既以贺晋秩之荣，兼抱区区之私，欲敬陈于左右，未得赐见，以毕愚忠。谨率其胸中之所欲言，缮书呈进，惟老先生一寓览焉。

从来民为邦本，食乃民天，周官八政必详食货，非细务也。皇上登极之始，即以平米价为首务，出仓粟二百万石，减价贱卖，米价大平，六街九陌欢呼载道，此真二帝三王之所用心，治天下之大本。以此光大先皇帝之遗业，圣圣相承，重光复旦矣。夫自内可以达外，由迩可以迄远。

目下外省之荒，山西为最，其次则山东，其次则陕西。煦居河南，其荒亦与山东陕西相等。顾此四省，绵延绣错，环卫神京，一省被灾，邻省可以转馈，四省全荒，北地之民重受其困。比闻山西小米每石价卖七两八两不等，一人所食日以升计，妇子数口便日以斗计，斗米千钱，欲饱食无忧难矣。比闻乏食穷民所在，剥树皮掘草根以为粮。又其甚者，黄河以北有土一种名曰交泥，其味颇甘，入口能化，饥不择食，用以充肠。然五谷之资可以养人，未闻有食草树土块而能生者。继闻孩提幼子贪食甘土，止图果腹，不数日僵而死耳。

今岁春间，饥民南逃者众，河南巡抚曾下禁河之令，不许妄渡一人。三两日内，蚁聚河干，哀号遍野，有夫妇二人临河无渡，计无复之，其妇抱子投河而死，夫痛其妻若子之死于河也，旋即跳梁大叫，触树而死。河抚闻之，禁河之令始开，于是江淮豫楚间流民载道，累累不绝矣。夫千里就食糊口四方，强壮之人能之，其老幼之疲于道路者，虽欲逃生，岂可得哉？煦有亲识自南来，见有五六岁之童足蹑一朱履，身披绿袄，载奔载蹶，悲啼于路口，呼父母不置，问之则父母舍之而去，不知所往。凡父母之于幼子，未必遽能恝然，逮迫于无食，忍而去之，赤子何辜？出之怀中而弃之道旁，莫保躯命，真可伤矣。凡四省之民，居者填沟壑，行者毙道路，所见所闻，类多如此。

夫天灾流行，诚古之常事，而救荒奇策，莫如皇上平米价之一法，推广行之，何不可者？煦以为京师重地，仓粟虽盈，不可再动，江河以南诸省未尝无丰熟之地，米价必贱，诚令被荒之省该巡抚移咨外省巡抚，详核米粮定价，具题请旨，竟动本省正项帑银，或十万或二十万，择本省极有才干官员，或十人或二十人，持银出境，分途采买，水陆舟车运回本处，即以所买之贱价卖之，所卖银钱即时还帑。约所折耗不过往来盘费，计此折耗亦有补法，去岁河南运送仓粮十万于陕，而其折耗十万馀两之脚价，但于本省开一贡监之例，未及一月而十万有馀，亦已补足。如此则上不取费于朝廷，而米价自平，米价平而亿万生灵之命俱可济矣。

煦惟念皇上好生之德既已覃敷于畿内，岂独遗于外省哉？而所谓救荒之政,岂更有外于皇上平米价之一法哉?老先生当得为之时,际得为之势,一言九鼎,捷于转圜,岂惟四省之民戴德感恩,将上天实眷佑于无穷已。煦不胜观化之诚,用敢越分陈情,绘图请命,临启无任惶悚之至。

墓志铭

赵星南先生墓志铭

永城赵氏,原籍山左,洪武初有伯嘉公者,自齐徙居,遂家于古城乡。传至讳义者,有隐德。义生尧民,为诸生,笃学砥行。尧民生国光,亦诸生。国光生秉谦,以贡生仕郾城训导,配梁氏。秉谦孝友仁让,重义轻财,尤乐作养人材。其居永与仕郾也,服其教者,多发名成业,相国李文定公天馥,其最著也。既没,永人祀之文庙之右。子四,长士骐,次士骥,三士琏,四士升。

士骐字星南,生而颖异,才五龄,口受小学,即能记诵,读书一再过,不忘。十七补博士弟子员,益发愤向学,玩索五经,旁及秦汉唐宋诸大家,并诸儒子书训诂笺注,靡不涉猎。当文定客寓西窗时,与之磨砻笔研,赏奇晰疑,称至契。文定公既入仕,而先生数困场屋。又缘家务烦难,不欲以劳诸弟,乃弃举子业,以家务自任,俾士骥等得尽心呫哔,而士骥果得成进士,膺专城之寄云。

先生事亲孝,每先意愉志,父母有疾,调视汤药,吁天愿以身代。居丧擗踊,勺水不入口,至柴毁骨立,呕血数升。其友爱诸弟,惟以至性相感通。训诫诸子,俾克励于学,督责不少贷。抚养诸侄,惠爱不异己子。汲引后进无倦容,与人交际至诚坦率,不设城府,而廉隅亦复凛然。至通邑利弊,当兴除者必直言赞劝,见诸施行。如请赈请蠲,邑人至今赖之。性疏财仗义,里党贫乏,多资给之。里人王姓,负债将鬻女以偿,急焚其券。道遇饥人垂毙,乃停车,命仆灌以汤,继以饼粥,计程授之粮而去。有非辜系狱者,为申诉于官得释,酬以庄地,却弗受。其行事多类此。配张孺人治家明大体,先生既好赒济，间有不给，孺人脱簪珥以佐之，无吝色。

先生生于崇祯丁丑年五月二十七日，卒于康熙乙酉年正月二十九日。元配张氏生于崇祯戊寅年六月初五日，卒于康熙癸未年十二月初三日。子三人，长作鼎，次作鼐，官中书舍人，赠先生文林郎，次作霖，候选知县。煦与作鼐甲子同年友也，因得备悉颠末，为之志而系之铭曰：箕尾之精，下为宰臣。忠贞之气，上干列星。维岳降神，而生甫及申。钟奇毓灵，胡不云云。哲人之生，虹启麟征。哲人之死，山童水浑。怀高山与景行兮，孰永此不敝之芳型。庶千秋与万载兮，常凭此郁郁之佳城。

王畇田舍人墓志铭

恂谨敛敕，自淑有馀，而善世则未。施张恢豁，悦众有馀，而律身则否。余同年友畇田，事必师古，动与道偕，心坦气清，志高行恪，盖忠信诚笃人也。

畇田讳甸，号畹斋，世为某县人，考讳某。少负奇志，偕季弟句登甲子贤书，丙戌成进士。初不以得失介意，惟日求所为养志者，与子弟讲明之。又构别墅，艺花竹，置杂剧戏具实其中以自乐，而畇田则广集书卷，手批不辍，未尝一窥园也。家课则先四子书，曰此非功名事也。一切家务酬应躬自领之，不以干两弟，曰毋俾业荒耳。闻嘉言懿行，思所以则效之，表章之。与宾客相对，极端重而光风蔼然。值艰巨，众畏其难，畇田以身为众先，期于必济。尤爱培植人材，能者鼓之，不能者教之，贫不能给者资助之。所著文有《畹斋旧集》，诗有《畹斋近集》。知与不知，咸乐奉为模楷，称畹斋先生云。

畇田生于顺治五年十二月，卒于康熙五十一年八月初六日。子四，长兰昌，庠生，次邦新，三兰赞，四邦宪，俱太学生。女一，适禀生伏壮蕴。孙七：浍、渥、汴、洛、江、淮、汉。于某年某月某日葬于某地。铭曰：书蕴色而含香，德适体而永光。垂奕叶而弥芳，山高水长而曷其有疆。

沈备五暨配张孺人合葬墓志铭

沈君讳锡胙，字莲室，号备五。其先晋人，徙陈留，凡九世。至五世祖讳彪，彪生冬，冬生二子，长纪，次绎。绎号芳竹，生二子，长长庚，次斗庚，斗庚号永芳。芳竹，君之祖，永芳，其父也。芳竹轻财好施，乐善不倦，永芳继之。值崇祯庚辰，岁大俭，乡邻待以举火者六十三家。继而大疫，尸填沟壑，悉置义冢收藏之。

及顺治乙酉而君生，绝聪慧，口授经传，咸背诵无遗，就外傅，为文章，援笔立就。十四补弟子员，品端行著，文采益茂。甲戌司训于光，丁母夫人忧，服阕补商邱。以端方豁达，受知于学使者。尝亲注圣训以授诸生，诸生中有饥寒者，咸倚以为活。商邑旧有学田，久为豪强所并，君至悉复之。庚寅岁饥，君以赈济自任，事无巨细，躬亲之，因感疫而卒。

元配张孺人，十四于归，性温和，娴内则，事姑定省必勤，饮食药饵，非亲尝不以进，病则寝不解衣，食不甘味，吁天请代，姑寻愈。岁饥买吴氏为婢，初未知其字人，廉得还之，身价毫无所较。佃户贫不能偿，悉捐之，且予之粟。遇伯叔娣姒①如同气，抚他子女如己出。君谢世六阅月，孺人亦卒。

君生于顺治乙酉，卒于康熙庚寅。孺人生于顺治丙戌，卒于康熙庚寅。子二，长望龄，增广生，次乔龄。女五，孙男二，孙女三。合窆之岁，望龄请所以铭其墓者，铭曰：同室其常，同德维芳，日星争光，泉壤用康，诒燕无疆，子孙永昌。

传

东园公家传

东园公姓许，讳三谟，字献三，郧之望族也。先生居北直膏城，

---

① “姒”，原本作“似”。

七世祖讳彪，始迁于郧。彪二子，次曰文深。文深生宗禹，宗禹生绪二，三谟父也。

谟七龄而父亡，呼号擗踊，异常儿，邻里戚友见之，皆感泣。稍长就学，得父行实，咸默识焉。一言一行，拟议而后动。后虽析产，于伯叔父父事之，伯叔母母事之，有事则资助之，有缺则周给之，不偿勿计，偿亦勿取，曰父志则然。有丧祭大典，均财竭力以治之，与己事无异。事寡嫂如母，叩拜馈送加于兄在时一等。宗族中贫不能婚者，捐资为置室，曰吾祖若父之同体也。尝高范文正公义田之举，曰宗族在我有亲疏，在祖父视之无亲疏也。又其性乐善好施，即素不相知者有急需，皆得以情告，无挠阻，亦无矜情。闻利益人事，务必行而后已。子侄仆僮与乡邻相竞，但责子侄仆僮，曲直是非置不问。未尝与人争产地，有言者，即以与之。有两姓争坟旁地不决，即出己地解之。又嗜学好礼，晚得孙钟元先生《年谱》及《理学宗传》，心仪而步趋焉。遇尊长悉恭敬有加礼，即同辈无敢戏豫，生平鲜愠色怒色惰色。既老，作耆英亭三楹于室东，日偕耆硕长者笑谈其中，故人称东园公云。

公生于某年月日，卒于某年月日。子二，长某，次某。孙，长某，次某。史氏曰：庸行之难也。疥癣在足而手为爬搔，至伯叔兄弟而岐视之矣。金珠玉帛何关痛痒，而吝惜保爱之，如剐肉如剜心，何颠倒悖谬若此？得东园公者，可以风矣。

吕九斗传

吕九斗，临漳人。以善磨为人佣，日可下九斗，故以名焉。人也而驴其业，又或以吕驴称之。驴之技三斗五斗止耳，而吕特倍焉，故人乐佣之。美其事，授以串铃，亦复欣然自得。至力作时，辄施于项，行粼粼然，或藉是以忘倦，而竟忘其身之俨然人也。所得钱悉以供母，年及壮，无蓄储，亦无室家，曾不以此介意。又善为驴鸣，主人乐之，则复抑扬其声以媚之。牝者牝其声，牡者牡其声，驹者驹其声，牝牡相悦则嗷号淫泆，其声罔不曲肖。又或杂以犬犊声，犬啮犊,犬嚎犊咤,钞母嘤嘤,犬声犊声钞母声交乱,亦交相肖也。又或为鸦声鸟声群鹊声,啁啁嘶嘶,闻者莫不解颐。此岂天之生是使独哉?要亦旋转无聊偶或为之,愈久而其习愈精,遂不觉其真之似耳。夫人之于学也,而习之,而深之,而熟之,当必有赏心自得者俟乎其后。若饱食鲜衣,悠悠岁月,无所用心,无亦九斗之不若乎?

碑

普济堂碑文(代)

闻之天无私覆,地无私载,日月无私照。无私故无拣择,无渗漏,无罅隙。然无为之化,普则普矣,至暑雨祁寒,尝不能尽弭生物之憾。而补偏救弊不能无待于先天弗违、后天奉若之圣人,知周万物曲成而不遗也,则有为之与无为殊也。我皇上道隆德博,化洽恩流,爰致天不爱道而休征频告,地不爱宝而嘉谷屡丰,人不爱情而熙皞遍野,宜乎宵旰之殷忧可以渐释。乃犹念贫而无业,老而无依,病而无告,如鳏寡孤独疲癃残疾者流。一夫不获其所,皆不禁已溺已饥之想,爰于京师普济堂岁出库帑千金,以周其不继。又虞其狭而未普,不足以周海岳也。爰命天下督抚,各率府州县,胥建普济堂,以安集其人,周给其衰老,抚育其幼少,用得咸养其欲,而给其求也。

时余督理河东两省,不克躬历而明告之,爰谕职司民牧者咸得广宣德意。于时光邑常令首以经始落成告,观其输已俸,劝捐输,置义田,谨盖藏,时敛散。而又增置庐舍,缭以围墙。而又分别男女,殊其苑落。而又招致乳妇,抚恤孩幼。而又广植药饵,以充治疗。而又设之蔬圃鱼池,使得各有遗利。不动声色,不事惊扰,而百凡就绪,用得老有归,少有依,病有养也。是天心之不能遍给者,而亦既遍矣。圣泽之必欲周致者,而亦既周矣。规画详则莫之有遗,经理当则莫之或易,志虑远则历久而无敝也。何非圣惠之遐被而普给者耶?

夫上宣德化,而下尽人利,在职司之得其人,而实有千百世无穷之心，亿万年不更之法，然后可耳。至安民而适获所安，养民而适获所养，繄汝功。若安之而适以扰之，养之而适以病之，繄汝过。奉法循令可勿慎乎？其亟铭诸石以诏方来，俾踵其事者率而行之，庶几永年，无改兹度矣。

长麓魏公遗爱碑

魏公讳锡祚，号长麓，山东莱芜人。由庚辰进士授林县知县，于康熙四十七年抵任，至五十一年。陆大中丞察其廉能，疏荐之。次年陛见，又次年升授江南泰州州牧。将去，童叟攀辕，男女遮泄，思控于宪，请于朝，以保留之。解者曰廉能故升，升而留，是勿升也，如崇奖何？百姓遮泄如故，解者又曰以公之德晋重秩历崇阶，区区林邑当在霖雨中矣。民咸鼓舞，喜褒德之典，公将屡受之，而膏泽之溥将不下遗林邑，用得马首前驱，抵维扬之任。

既去数越月，邑民思不能置，谋所以永公之德，录公之爱实诸碩砥，朝斯夕斯，常目在之，如公之未尝去斯土也。乃咨于张万六胡缉山两学师，走力丐序于余。余闻之，曰有是哉？民之不能忘也，非甚盛德，曷克臻此？夫今之歌德政列条项几如兰亭赝本，人得而有之，居尊挟势，常及其事权未去而力致之，逮不旋踵而唾之骂之，或勒碑而仆之。向倚口为碑者，且转而为訾詈。公独胡能得此于民心乎哉？总由为民牧者，徒知位莫予尊，势莫予重，用得好恶，惟予行止，惟予如是而已耳。乌知恺悌君子，有父之尊，有母之亲，其必有保赤诚求性命，与共之要道存焉，非苟焉已也。夫豺狼虎豹与人无涉，驱除之惟恐不速也。龙凤之属，饮食招之，而不我蓄也。芝秀之茎，艺晦而俟之，而不一产也。神君慈父，久食其德，如家人父子而欲听，其悠然去也，欲不惓惓能遽适然乎？

夫石碑之不若口碑，口碑之不若心碑也，亦明甚矣。故吾于林人之爱公，略其迹不录，而谨录斯人无已之心以传之，其将有目此为心碑者乎？

葆璞堂文集卷四

杂著

策问二道

问：六经皆载道之书，而《周易》其大本也。《周易》止卦爻之设，而图书其大原也。顾图出于河，其数①自一至十。书出于洛，其数自一至九。或全或不全之故，其亦有可言者欤？朱子曰“河图对待而不移，洛书流行而不息”，其亦必有确乎可征者欤？《系传》曰“河出图，洛出书，圣人则之”，则其数欤？则其理欤？乃先儒之说，至有析河图之数以比量先天八卦而配之者，是尚得为则图画卦欤？否欤？孔安国、刘歆咸谓伏羲时龙马负图，因则其文以画卦，大禹时神龟出洛，因叙之而作《范》。蔡元定爰有《洪范》之作，朱子亦深然之，而王之充独以为洛书非《洪范》，因摘其不可信者有六，伊何说之从乎？孔子之翼《易》也，明谓伏羲兼则图书，是图书并出于伏羲也审矣。岂《周易》传于孔子，而考核犹有未当者乎？如使《周易》之外不能无《范》，则是圣人犹有《易》外之道，而伏羲所画亦不足以该圣道之全矣，其必然欤？其不尽然欤？方今圣天子聪明天纵，好古敏求，上契危微精一之传，中符博文约礼之要，下该濂洛关闽之秘，而犹且旁搜子史，兼综理数。尔多士幸当文明大启，圣道日昌之会，其必有究心经学，留意图书，惟圣道之为兢兢者矣，尚其悉言无隐。

问：帝王敬天勤民莫重于授时，易俗移风莫先于知乐。声音之道通于性情，象纬之垂极于昭格，则律历之见重于天下，自古维昭

---

① “数”，原本作“书”。

矣。顾律之与历，异用亦异学也。汉书以下，乃取律历合为一志，其必有相同者存矣。理欤？数欤？果何所据而云然欤？论乐律者，五音六律之损益，相循无端，而必托始于黄钟。论历元者，二曜五星之经纬，迟疾异候，而必建元于冬至。岂以子半之令为健行者之所不能违，而度数声音遂莫之有外乎？抑以宫吕之变极于三百六十，而遂与周天之三百六十合一而不分乎？梁沈重《钟律议》曰："《易》以三百六十策当期之日，此历律之数也。"《淮南子》云："一律而生五音，十二律而为六十音，因而六之，故三百六十音以当一岁之日。"则是其数之相符也审矣。而数中之理亦有可言者欤？之二道者，托始于子半固矣，乃律之衍也。黄钟之数究无定衡，历之衍也。相沿之久，每有岁差，其故何欤？班固以为九寸，史迁以为八寸七分一，《吕览》以为三寸九分，果何适之从欤？上古悉求积年，大衍更用易数授时，至今更用日晷，其疏密亦有可言者欤？我皇上盛德崇巍，大化覃敷，既已天下和平，日星顺轨，唐虞至今，宜未有若斯之盛矣。犹且广集英才，宏开乐局，又本钦若之心制为量天尺，使永久遵行，胥无讹舛。则所以衍升平于有永，垂圣道于无疆者，于律历二端已足见规模之宏远矣。尔多士学古有年，其有能言其所以然者，何勿摅忱以献？

西园记

彰郡之署有槐堂焉，郡守郭公放衙后休憩其中。园之西也，据堂而西之也。自堂右折，三曲其径，有室数椽，内宽裕而外闳敞。户外有池，其鳞可俯而窥也。池上有山，其阜可仰而陟也。平者其麓，卓者其峰，微偃微偻，则其培塿也。回旋者，道路之曲折。突兀者，石蹬之参差也。亭台之制或方或圆，因地形而俯仰之，或丹碧之四映，或节茨之不剪，则又华与实各臻妙，文与质各异趣也。繁荫密蕊，夕露晨霞，万卉争芳，四时异气，各不相同，而幽襟逸兴，则罔勿同也。又或有时启北窗度南薰，一目了然。唯亭与山妙极自然，绝不类人工所布置，此又我公之目营心画，隐然呈露一斑者也。

西园距槐堂两界相属，则柿叶斋属焉。斋制狭小，务极精密极谨严,盖将以供几案储笔墨,为濡毫染翰之地,知非微妙固密,则与专精致柔之心不合,故阔不如隘,放不如敛,亢不如抑也。轩前不数武,旋置短垣,中设月窗,以通出入。又前有花台,形方正而高平,端拱其外,有若案然,内莳牡丹数本。春花烂熳时,由月窗睨视之,如艺丹葩月桂于广寒之宫,芳香馥郁,不嗅自至。轩后有檐,宛若岭岈,又或有似于厂,因厂之而颜以也足。厂言其形,足言其志也,知止之义于兹见矣。与厂相对,又复垒石为山。正视之如壁,仰视之如岩,而穷幽极奥。旁视之,亦复如洞。由洞而入,盘行委折,旋转而上,则又俨然台也。蹑台之巅,周遭四望,若前所历亭阁之轩轾,池沼之深浚,山石之崒嵂,峰峦之秀拔,以及堂之壶奥,园之幽邃,花木藤蔓之芳馨蓊翳,靡不为台所有。乃复上临翘然拔出之槐,若抚厥台而有之,故凡为园之所植,上者槐揖之,下者槐履之,远者槐瞰之,近者槐抚之,即或渺不相及,亦莫不有槐影流布,随日月朝暮倾侧而扫之拂之。夫西园之嘉植,未始不繁园,不与堂争槐,而槐固与园争台池亭沼,则广狭大小高卑之体绝而势殊也。卑匪高不覆,小匪大不容,举首所戴,无疆之覆,不愈渺乎?不可极乎?

夫人之俯仰一世,胸罗万有,前挹往古,后接来今。至于德被生民,庆流穷谷,此岂狭小浅近之规模也?我公遇事能断,识见极高明,经猷极阔大,而纤悉微渺之境,悉恢恢乎在所该括,则胸次之阔落灏瀚,豁达潇洒,亦断可识矣。如或以为不然,请即以予言告诸石,其必有点头而会意者乎?盍记之。

重修太平桥记①

人之情,莫不恶艰阻而趋平易。然地势有险夷燥湿、山泽高卑之不同,故水陆舟车异用,亦各与地利相准。光山冈阜多而平陆少,山高水迅,由高山而注溪壑,故其暴涨也易盈,而骤退也易涸。而沟

① 此文原未收入《葆璞堂文集》,是一篇佚文。今据清乾隆五十一年《光山县志》点校补入。

狭岸陡，又挟易盈易涸之势，桥梁之设，诚不可以已乎。邑西南距城三十里，有文殊一镇，亦邑中四达之衢也。镇北有渠，即岸狭沟深，水涨则盈，水消则涸者也。前此有石梁三空，空各三板，下虽去水稍远，而上不至岸。今夏暴涨，其梁为水所摧，往来者忧之。镇人魏风与黄朱私计曰："岸高沟狭，而桥卑且小，宜非水之御也，盍新之？且得五梁五空，升与路平，庶免水患乎？"其时，同志者咸愿合力成之。自七月始，至十二月而工毕，爰请记于余。余谓是举也，合于君子之道三焉。君子之图工也，贵在乘时，急则伤迫，而渗漏或不能无；缓则近迂，而怠废在所不免，故功不可图。君子之任财也，贵在分任，专则易竭，而常有所伤；散则难聚，而常有所缺，故财不敷用。君子之任事也，贵在一志；徇众则常隳于道谋，信独则常碍于胶执。去兹三蠹，斯成三美矣。今观数子之经营计画，诚可以延百祀，使相循于永久矣。合志襄事者，咸得列名焉，因刻诸别石，以为将来之劝。时雍正十年十二月初七日。

槐堂序

彰城府治后老槐一株，大可数围，黄花满地，虬干苍皮，宛如偃盖。值晴明则日月助其光华，历晦冥则风雨增其嗷号。枝梢四荫，屈曲纠盘，首丰而尾瘠。如群龙争食，有自上而下者，有自下而上者，有自左右四旁而趋赴者，两首相聚则如斗，两身相缪则如嬉，摆荡其尾，飕飗有声，则如怒如吼。夜静籁息，天高气清，疑有鬼神凭附其间，令人森悚。孔子云物老则精，依之理或然也。一日乩仙降笔，乃有跨鹤槐堂之句，意若槐之灵爽然乎？既以槐属之堂，则是以堂予槐也。

抑吾观古之名堂者，必将于义乎有取焉，非直以为名也。如魏公诸堂现存府治，非乐其事业之有成，志愿之已遂，而为是名乎？此外有即其事而为之名者，如世采含盖景韩遂初之类是也。又有即其志而为之名者，如勉耘戏采之类是也。若槐者，奚所事而奚所志乎？《易》曰远取诸物，即槐而论，干挺而枝荣，可以达本，花繁而实茂,可以遂仁,垂荫有广厦之覆,乔柯储栋梁之材。贤太守晨夕周旋,抚摩其下,而志可知矣,而事可想矣。察槐之理,体槐之德,所以保合太和,希贤敬学勤民立政者,胥在此焉。其可以无述,遂为之序,以质之贤太守云。

曹履灿寿序

兰生幽谷而目为国香,珠蕴广渊而出为照乘,名与实称,曷可诬也?风俗之敝,士不古处。其始歆于所艳,则浮饰虚张,巧趋而捷赴,久假而不归,而幽植者鲜芳,暗藏者无色矣。不能恢扩眼界,旷览古今,将以登匠氏者悉楩楠,而植诸岩谷者悉樗散乎?移鲍鱼于芝室,而谬袭其馨。混碔砆于赵璧,而以为光彩殊绝。真赝固自判如也。

煦于酉岁,秉铎于彰,心仪笃行砥德之士,得数君子,而曹先生履灿其最也。少习举子业,嫌于近名,弃去。筑书室于洹湄,卷帖炉香外,别无长物。倦馀则较晴雨,课农桑。惟是崇先祀,敦友谊。又能恤孤独,赈乏绝,同里乐道而亟称之,骎骎乎古修士之行哉。其教子也,以静镇入理,以谨信敦行,以恬淡遂志。君令嗣领乡荐,视之曾无喜愠,惟勉其逊志时敏而已。夫不矜于世,则世莫之残。不眩于物,则物莫之侮。其得诸天而保其朴穆者,有由然矣。

今兹某月日,先生年八秩生辰,戚里思得一言以侑觞,走价乞序于予。予曰允哉,予固乐得其人,以为奔趋浮饰者树之坊也,因援笔而为之序。

邓鼎新寿叙

客有问于予曰:仁者寿,信乎?曰信。奚信?信之于道。何谓也?曰天地之德,动静而已矣。动辟而静翕,动见而静隐,动周溥而静专一。静者其体,动者其用。其用至变,而其体不变也,其于物也亦然。动者易敝,而静者不敝,此其征也。夫山石之崒嵂,亘万古而确然镇定者,静焉而已。仁智不相袭,故人之所以立体,亦各有本事存焉。不劳其体,可以养形。不役其志,可以颐神。不纷于事,可以一志。贞于形,则物莫之伤也。凝于神,则物莫之荡也。定于志,则物莫之撼也。端然宁谧,本固而藩密,是不拔之基也。

鼎新邓君,抱大有用之材,而沉潜恬适,静气迎人,绝去圭角,故人亦适然安之。至其措而为用,莫不有浑厚敦笃之气行乎其中,盖静之至矣。夫资始之德,蕴于元而通于亨,静以蓄之,动以散之,而生生不息之机,太和保合之妙,由此肇焉,故圣人赞乾而谓为资始。彼资之者,皆后焉者也。不知其先,安穷其后?不测其量,安究其涯?道挈乎莫罄莫殚之原,神周乎有象有形之后。以之立身,则静而正。以之作事,则缮以宁。以之交人,则平而恕。以之寿国,以之寿民,奚往而不可哉?予与邓君共事久,因同志之请,而漫为之序。

寿徐师鲁文

今天下之所谓寿者,将归诸饵术采芝飞升而遐举者乎?是寿其所寿,而其实非也。庸人好诞而贵耳,衡以所见,则惝恍无凭,臆焉而已。独是羲皇尧舜之道至今未泯,禹汤文武之德历千百禩而莫之或艾也。兹其绵历,岂緊可以久暂衡修短论乎?故自开辟迄今,其能为寿者不一而足。敦伦者以孝弟寿,笃修者以德行寿,曲学者以技艺寿,至于博涉经史服古明义者以学术寿,以文藻寿,以著作寿。又或达而在上,兵刑礼乐,古创而今,仍法度纪纲,上行而下效,则以典章寿,以制作寿。虽出处贵贱小大偏全不等,等寿也。

其有擅体用之全,兼文章政事之美,炳耀今昔,垂光奕叶者,其惟我师鲁徐公乎?公起家昆山,尊先生昆季,文学冠天下,以雄才亮节致身公辅。公幼循家学,凡一切讦谟硕画,赞助之力居多。及成进士,人以为史垣清秩非公莫任。公曰否否,不亲民社无以宏德而广惠,士固有志,未可以恒例拘也。识者于此,有以知公伟负矣。

夫县令之难也,君责其忠,长责其敬,同僚责其谅,百姓责其仁。又况安邑当往来要冲,驿递之烦,交接之数,日不暇给,求胜任愉快且难,谓能宣上德达下情,垂芳永誉,讵有当乎?乃我观于公,而知王道之易易也。公谓帝王之治,端由教化,风俗之美,始自学宫。爰是谨庠序,申礼义,建义学,时课程规模既定,而士奋于学矣。征输之令,与时消息,事不烦而民不扰。至于私派火耗之禁严,隐瞒偏累之害除,勒索留难之奸去,销镕扣刻之弊绝,而农恬于野矣。工役驱使不忘作劳,行户价值以时给发,而工休于肆,商悦于市矣。他如不苟听断,不略细故,不私请谒,悉其聪明,致其爱敬,而讼庭清矣。莅任未半载,利兴弊除,不可殚究。非本之学问,征为政教,章宪考度,垂来型而永无疆者哉?

汉士之言曰:文章缘饰吏治。夫文者,言乎其著也;治者,言乎其加诸人也;德,言乎其蕴也。文以德而久其光,治以德而久其惠,程子以济民为金丹,其若之谓乎?夫有基者无坏,源远者流长,本在故耳。语曰"闭门造车,出门合辙",盖本之操也。松柏之性,贯四时而不改柯易叶,其精固,其质坚也。君子观于松柏,而知日新富有之业,不徒取偿于外也。是能操寿之基,握寿之柄,而山阜冈陵日升月恒之并茂者也。彼飞升而遐举者,怪矣诞矣,奚寿之足云?

寿熊母魏节妇文

或曰天道远,人道近。或曰天高听卑。远乎近乎?高乎卑乎?何适之从乎?曰此易辨也,辨之于人可耳。夫人之心思智虑,亦极灵妙矣。耳以之聪,目以之明,手以之持,足以之履,犹粗也。可以缩远而使近,而千里万里之无所隔也。可以展促而使舒,而千岁万岁之靡有极也。求其所以致此之故,则天实畀之。性,天和也。能,天才也。耳聪目明,手持足履,皆天之鼓舞动荡,而使之有作有为,以发扬于穆流行之蕴者也。故天无所靳于人,人无所隔于天。违而逆之,则天若制之矣。顺而承之,则天若导之矣。《易》曰积善之家必有馀庆,《书》曰惠迪吉,《诗》曰自求多福,是皆顺而承之之义也。此其说,吾征之于熊母魏节妇矣。

节妇之以节著,盖三十馀年矣。方节妇之归于熊也,以妇道为子道,妇道子道皆顺道,皆人道也,常然耳,乌足异?而其得于天也,有异焉。夫火之烈也，燎原而焚山，城鱼之殃，玉石之碎，奚择乎？康熙三十七年值祝融肆虐于楚，高垣巨室罔不灰烬，及草庐而止，察之则节妇之居也。夫贞静之德不逾户庭，乃天若故扬之，使知节妇之为顺德也。又使知天道之彰瘅赏罚，适如其顺之逆之者以报，而的然其不爽也。夫天之为道，健行不息，贞元迭运，极终古而不敝者也。人必有千百年不移之远志，而后有千百年不敝之伟功。然必有千百年不迁之定守，而后有千百年不移之远志。节妇之志不远乎？节妇之守不定乎？重于乡，达于朝，型于奕禩，皆天之所以笃之而不倦者也。其为寿岂有量耶？楚人士以节妇之寿索序于予，且告予以其得天之实，予职太史氏，阐幽光发潜德，固其所也，用撮其实而序之。

侯母太夫人寿文

世皆归其福于命，而不知征于德。故其视福，常在可得不可得之间，而其视德，亦在可然不必然之际，是皆未达于天人之故也。夫命，天之制也。德，天之充也。人性其天性，德其天德，亦遂能其天能，非取假于外而借资者也。率其各正之秉彝，而自封植之，自恢扩之，自招致之，非天而天德之流莫之禁，非天而天才之塞莫之遏也。善承天者，莫如地顺而已矣，简而已矣，贞而已矣。顺则无戾，简则不扰，贞则常安。闺门之德肖之，肖其无戾不扰常安者而已。

侯母太夫人派出名家，少娴姆训，先曾祖以部属起家，勋庸炳若，人臣大节，于兹为盛。夫妇人之道，固无成代终，得主有常者也。太夫人习聆家训，守厥典常，非朝夕之故矣。又其禀性明达而慈仁，勤慎而宽裕，于归之后，凡承先德，相夫子，裕后昆，协和妯娌，交接亲邻，罔不各协于极。二十孀居，抚其幼孤，综其家政，历五十三年，而今且七十有三矣。令子学成名立，取高科抚专城，何莫非太夫人之教哉？

夫声色不动，而条理井然，坤之顺也。巨细毕该，小大咸贯，坤之简也。定诸一时，而千世莫之能外，坤之贞也。纲张目举，无侮无拂，惟顺之能也。百凡就理，不渎不烦，惟简之能也。安定干固，敬直内而义方外，惟贞之能也。以此为德，是为天德。以此名才，是为天才。人但以为福之命于天者然也，未知福，未知天也。夫桴落而响应，形立而影随，准于自然之符也。水将至而气寒，火将然而气暖，通于性命之故也。故人以为福，而予直以为德。人以为人，而予直以为天也。盖征诸侯太夫人也益信。

祭李琦生先生文

呜呼！以圣贤有用之学，而检束性情，宜身之无弗修也；以国家有用之才，而经纪家政，宜事之无弗治也。身修而事治，虽巨细异情，广狭异量，远近异规，出处异势，而探本穷源，归于至一，惟其所操之具为不可诬耳。

琦生先生少任侠负气，不循轨度，识者观之，恒谓动多而静少，武有馀而文不足也。迨长，娴习于父兄之教，强悍之性易而循柔，浮动之情易而镇静，高亢之气易而卑牧。学所以变化气质，不信然乎？夫人莫不有希圣希贤之具，如淘金然，去其沙土而真纯者露矣；如治玉然，须其琢磨而温良者出矣。

夫宽以居之，学以辨之，智以察之，恕以行之，可以持大纲而综览无遗也，可以周细目而纤微悉备也。以之事上，则尊长之情怡。以之率下，则卑幼之惠浃。以之敬宗，则亲姻之率服者广。以之睦邻，则乡里之被泽者长。故可以理烦，可以肩巨，可以治国，可以齐家，率无有逾此者也。所宜天假以年，得志而大有为，准此而推行之，夫复何难？胡天不吊，而遽致典型之既远耶？

煦等忝居渭南夫子之门，固常接先生之休光，被先生之徽懿，叹逝悼亡，情不自禁，敬致清酌以代生刍，惟神有灵，庶其尚飨。

祭高菉园文

呜呼，世间魁伟非常之士，其居恒，深沉静穆，了不与俗人异。及其乘云气，摩青天，如海鲲健鹘，不可正视。亦复如震霆，如迅风，如皎日，使人森然动容，悠然起敬，雍然乐与之亲也。凛凛生气，昭灼万古,垂照将来,此何如之显赫乎?

菉园高先生以卓绝之姿,学圣贤之道,文章见赏于当事诸名公,取科名,拾青紫,自旁人视之极眩赫,而先生曾不介意。先生立身和毅,事亲恭顺,处下宽仁,临民则慈而严,事上则恪而义。其任龙阳也,黎庶视之如获慈父。其去龙阳也,黎庶挽之如失慈母。即均屯赋一节,咸欲攀辕卧辙,夺情留任也宜矣。逮于再补东莞,上官廉其才守,调繁茂名,莞人留之与龙阳等。既署信宜,又护理高郡,兼绾三符,非素重于中丞,乌克有是?迨于内召,始授西曹,继晋户垣,旋升兵科都谏。不受请托,不畏强御,弹章初上,朝士为之缩舌,而先生泊如也。管理街道一年,以才能受知圣上,因有再管二年之命。旋因窒误,致陷西曹,其卒蒙原宥者,是平日之忠诚谅直见原于圣主故也。

呜呼,先生逝矣。迹其立心制行,有若泰山乔岳,屹峙千古,彼萤光电影,又乌克竞修短于尺寸也。煦等佩先生之德辉,敬摅一言,以告诸灵輀,先生有知,其来格乎。

公祭李澄园先生文(讳暄亨)

道在天地间,与时消息者也。然而人存与存,人亡与亡,邃古以来,莫之或易。犹忆弱冠,耳征君、逸庵、潜庵先生之名,心窃向往之。嗣闻司冠敏果先生复于北地倡明正学,其所推重则李澄园先生,实唯首称。

盖由先生之学,以格致诚正为宗,早能湛精理窟,根极道要,厥后驰声翰苑,秉笔西清,海内之士翕然望风采,而先生曾不介意,唯日与父子兄弟探索程朱,研精孔孟,则先生之心目中,岂尝一日忘斯道哉。煦等闻先生之风,嘉先生之志,恒愿仰瞻道范,跻觐无阶,今春始受知于老师之门,老师固先生之兄子也。函丈追随之暇,庶得请业先生之侧,疑与析而惑与解乎。乃以先生方请告在里,未由亲炙,及岁行将尽,而先生溘然长逝矣。

夫人之于物,未有无所缘而感兴者也。磁针芥珀,以气类相征引,犹且不爽毫发,况诸有情有所触而念为之生,有所感而神为之系,人孰无情,能遣此乎?独念先生之行脍炙人口,如躬明发笃友于睦族恤邻,微显阐幽,诸大事所在,多有乡里感激,皆能称道其所以然。至其所著,若率言《图南航趋庭日记》《槐省杂记》诸篇,皆大有裨于世道人心,而与斯道相始终,是则哲人之所由以不萎,而老成典型之藉以俱永者乎?先生有知,其庶歆此一奠。

祭宫定山先生文

呜呼!祥麟威凤,孰耀其光。浑金璞玉,孰抉其藏。灵精秘固,扃钥焉起。英华外茂,机缄曷徙。山川出云,有开必先。贤杰挺生,何独不然?嗟嗟夫子,德比甫申。大宝不琢,希世所珍。饮以沆瀣,濯以江汉。奉道秉志,端古立干。炜炜明霞,昭昭朗月。光霁四达,讵口所说。艺苑蜚声,文章华国。谏垣著美,邦之司直。惠流全豫,恩施三楚。玉尺平挥,曲成齐鲁。巍巍建节,闽峤风生。民怀吏畏,激浊扬清。好古敏求,博综坟典。穷幽极深,靡所不阐。博学鸿文,生花妙笔。目已空前,世安有匹。文坛树帜,锦夺龙标。循良茂绩,功奠神鳌。声华滂沛,远届鸡林。雷轰电掣,罔不倾心。厚德深仁,沦肌浃髓。仰戴帡幪,莫知其委。泰山北斗,白鹤朱霞。光霁肆布,函盖无涯。物无全用,太璞斯坚。卷舒潜见,取法于天。功成名遂,矢志岩阿。亦已有年,乐也如何。春暮赴都,登朝称祝。甫及夏仲,归神返朴。嗟嗟夫子,所留实多。瞻之仰之,其奈思何。云谁之思,思寄岳渎。峻德深情,山高水绿。云谁之思,思寄星文。含芒蔽斗,出匣干云。云谁之思,思寄草木。矫节松贞,芳心兰馥。云谁之思,思寄庙廊。夐乎鸾鹤,炳矣圭璋。哲人之萎,人孰无情。生刍一束,尚鉴微诚。

释弹

射义之论射也,曰持弓矢审固。审固者,射之义也,而审为尤难。孟子之所谓巧智,盖言审也。审非目不为功,人之视物,两目出光,及物而一。夫世之偏盲者,未有不以为一物者也。两目而一目之用，则未知分光之法矣。又其视物，目之精神，悉于物注，光之所起，与其所历，虽有蚊虻横过其中，皆不能察，以其专注在此物耳。如人之凝视，而他物若弗睹，专听而疾呼，若罔闻者然也。然飞卫之教射，令其悬虱于窗，视之三年，大如车轮，是遵何道欤？

盖人具两目，其光无所不照，但知一视而不知分视，但知凝注而不知神留，皆非能善用其光者也。今竖一指，离鼻数寸，各以左右目轮视之，闭右开左，指必在右，闭左开右，指必在左。夫物非有两，而左右各殊者，在左者，右目之偏视，在右者，左目之偏视也。夫二目之各视其物，必有所偏，则二目之分视其物，亦必有两。一物而两形，则神之合也。在右者，左光之神照。在左者，右光之神照。二照悉空其中，有交义之神影存焉，审之审之，的将在是矣。然而留光之法，亦即在是，不着于物，斯能不滞于物，而物有神照，各用其光，斯能浑同其光，而光有神影，不一之用而两之用，所以尽其才也。不目之用而神之用，所以充其量也。如是以为审，则惟有坚定凝确，使无摇撼而已，所由谓为审而固也。

夫道之为用，屡迁而不恒，而人固滞之。心之为用，善变而不居，而人固执之。如目之一视而不分，亦其概矣。君子善变，必先审几，孔子所由称时中哉。中之为义，出于《周易》二五之爻，吉多而凶少，中故也。初三四上，凶多而吉少，不中故也。今挂直线于壁，不左不右，知必有中道在也。而目之视弓擎也，亦必有不左不右之中也。

代彰德郡守祈雨文

时康熙四十九年之秋，亢旸不雨，春种未布，百姓惴惴焉。惧麦秋之无冀，岁歉民贫，流离困苦，将在其后，太守忧之，斋心涤虑三昼夜，祷于神勿应意者，太守之匆虔耶？同寅罔或协恭耶？百执事玩愒废弃习为，故常不谨饬，不勤敏耶？冤抑未尽伸，过误罪戾未尽释耶？抑亦有宜沛之膏，中阻而未下耶？

夫神与太守共理此土，一民饥孰饥之，一民寒孰寒之，必有执其咎者。太守皇然不敢自安，谓神安之耶？生民之命悬于食，仲夏之敛始于秋,及此不种,将无以食,谅神亦心伤之矣。即曰阴阳异途,职司殊轨,太守独任其责,万不敢辞。但与人共居此土,共治此人,而神之力又可以上达天帝,下及穷泉。太守惓惓之心,藉手而为百姓请命,当亦神之鼓舞奋迅,乐于从事相与有成者也。

闻宋高南祷雨于奉新,有愿减十年寿,乞为三日霖之句,太守深然之。期与神共明此意,敬修其衣冠,斋其心志,益省其愆,益明其德,倘克有济,蠢蠢百族,恃以无恐,即明缯暗夺,唯神左右之,太守将俯以听命。

月璐轩词小引

逸者不豪,不免穷酸气;豪者不逸,不免富贵气。兼是二者,渺无尘滓入其胸臆,乃能出脱卑庸,别具手眼。古惟麻鞋见天子,歌姬院乞食者,其旷怀高致,差可仿佛,非寻常蹊径所能束缚范围者也。夫胸无函盖一切之见,目无空阔一切之光,手无扫除一切之力,欲不戚戚于境遇,不役役于泥涂,而能免左顾右盼,滞后瞻前,盖亦鲜矣。

余来博平,初晤渭公先生,磊落亢爽之致,勃勃袭人眉宇。及聆其言论,瞻其丰采,逸致豪情,吞云梦八九于胸中,而曾不芥蒂也。观所撰《月璐轩词》近若干首,大率皆其本领抱负之所发舒,忽而骚,忽而雅,忽而秋蛩吟砌,忽而孤鹤唳天,忽而冷若寒冰,俏如深夜,忽而疾如奔马,响若轩车,忽而缠联万缕,语嫩歌轻,忽而号令千军,矛横槊转。想其纵笔所如,固将回山岳如弹丸,走烟云于笔阵,岂复有洼泽行潦,培塿邱陵之在意中哉?

我欲持此卷向万仞峰头,当云散天高风清月朗时,以铜琵琶铁绰板按节而歌之,使我胸中块垒随风飘堕,未必不化为玉屑,洒作甘霖,杳然飞去也。先生倘韪予言,应作苏门一啸。

凝翠轩跋

翠非天不明,非山不征,非林不合,非露不滴,非水不浮,而明之，而征之，而合之，而滴之，而浮之，而翠于是乎凝。凝也者，无上下，无远近，亦无古今，以碧落为色而浩乎？其与目接也，以太虚为体，而混乎其与身适也。以不息为用，而恬乎其与心游也。故可觞也，而翠为之流。可吟也，而翠为之韵。可琴也，而翠为之音。可铲也，而翠为之馨。与翠狎者，翠亦朝斯夕斯无之而不与俱也。故往来于翠中者，翠若迎之逆之。坐卧于翠中者，翠若茵之褥之。讽诵于翠中者，翠若唱之和之。

某子有得于此，亦遂楹之轩之，偃仰之，进退之。又宁独江上清风，山间明月，为能取不禁而用不竭哉。

柴愚山尊人《望韩居诗集》跋

南华曰孙子非汝有，是天地之委蜕也。夫委之蜕之，必有能委能蜕者在焉，然后可委其所委，蜕其所蜕也。是殆与天地同其根蒂，先天地而莫知其始，后天地而莫究其终者也。其在人也，目得之而为明，耳得之而为聪，心得之而为思，何委何蜕之有乎？藏天下之万有而未见其盈也，应天下之万有而出之不穷也。萃诗书六籍之繁纳而融之，若五金之销铄，而未始有凝合之迹也。出之为语言，韵之为声歌，陶铸之为文章，为篇什，条分缕晰，星罗棋布，而未始有判别之形也。其原于不睹不闻之中也，其取资于不匮不竭之府也，是灵源之呈露也。其覆焉载焉者，若有大小而非有大小也。其继之承之者，若有先后而非有先后也。无适而不然，无物而不然也。故从乎其委之蜕之者，则皆其委之蜕之者也。从乎其不委不蜕者，则皆其不委不蜕者也。而卒何委也？而卒何蜕也？

柴子愚山以其尊人《望韩居诗》，索序于予，此非已委已蜕者之能也。不委不蜕者倡之，而不得竟谓之倡也。不委不蜕者承之，而不得竟谓之承也。何有始终？何有小大？何有先后也？是灵源之苞孕，而非第一气之凝承也。柴子知之否？是则非其已委者也，非其已蜕者也。

公举安阳李生妻刘氏节孝呈

为孝节可风人情,允协恳乞详请表扬,以阐幽芳事。闻之立德显亲者,男子之心。守贞不移者,妇人之节。在天下固教化之大端,而门内亦家人之至瑞。乃有已故生员李某妻刘氏,至性凛若冰霜,谅节坚如金石。论处常,则相夫子,宜室家,事长上,抚卑幼,曲致周详。语处变,则事病姑,移翁柩,抚妾子,继后嗣,备尝艰苦。乃于归未久,遽丧所天。奉药饵于八载之遥,形神尽瘁。逆灵輀于万里之外,簪珥皆空。且为翁置妾,妇道兼子道之全。又继事承先,事亡如事存,之慕孑身,而忧劳百出,在烈丈夫犹且难言。暮年而志节弥芳,即贤闺阁讵易臻此。他如恤邻以仁,睦族以义,或亦人情所能至。其匪转如石,百炼如金,真成妇德之无忝。秉彝之好,常在人心。贤淑之称,协于舆论。

箴

性箴

人所禀受,真淳静一。太和内涵,四达无极。天视天听,总在人心。触者天动,觉者天明。孔子系象,乾元用九。子思继之,中和纠缪。孟子私淑,一丝不走。后世杂糅,各私其有。太和宁谧,端然正定。悦以视听,遂失其正。树不自摇,水不自波。风力所感,非外而何。视听外援,言动内宣。妄根掘除,复其故然。维真与妄,势不两立。妄来真隐,真存妄灭。真妄之心,尚不两存。奚有一性,善恶可分。气须有形,质须有体。上拟虚灵,安有是理。义理气质,原自相违。质之思孟,孰是孰非。

习箴

习以性成,亦以习差。正如百工,各成专家。初执绳墨,手生腕涩。习久入神,变化莫测。公输临炉,欧冶操斤。非其所习,各不相能。百工技艺,愈习愈精。何况人心,至虚至灵。

改过箴

圣贤之学,最重改过。畏怯不前,急流反舵。惮于改过,积顺成恶。奔流灏瀚,孰堪止遏。积恶虽盈,一改便尽。青黄赤白,各归其分。譬若行路,一向差误。才觉回头,便非故步。美玉纯粹,瑚琏斯贵。星星瑕玷,全璧之累。防微杜渐,莫如初念。积累之势,顺而且便。松柏初芽,一指可摘。百尺干霄,撼摇不得。凡百伪妄,爱伏而生。爱种不尽,到底留根。闻见内伏,结固成已。种子不换,见猎心喜。嗜欲内起,纷华外污。旋拔旋生,滋蔓难图。耳目所经,因时加励。将兴省志,将寐省事。

本箴

江海浩博,始于泉源。厥本不裕,厥流不绵。善恶应感,各归其类。莸不薰香,薰无莸味。善积福臻,恶盈祸至。水寒火煊,自然之势。富贵福泽,天命自然。谓我能为,早已违天。无基结构,常至速败。福泽之膺,基隆乃大。花枝插瓶,暂可美观。毕竟无根,逾时不鲜。

虚受箴

人而自用,其愚实甚。众口铄金,独力不胜。人而自是,必无精进。先有止心,安云后劲。广狭浅深,随器任受。君子之学,宜知所就。浅狭之器,量止所受。稍溢一分,便成渗漏。久而弥鲜,暗藏者多。常时暴露,光彩消磨。

三益箴

观人则明,观己则暗。借人自观,善否立辨。勿矜己长,勿揭人短。自家有病,护惜过半。言以通志,不能无异。巧伪邪正,各归其类。昧者逐言,易为所炫。明者定志,当几立判。贤与不肖,均有得失。从违既别,皆能获益。蛇虎有毒,不可抵触。避勿与较,自全之术。是非有定,不可偏执。慎择厥中,无逾正直。

葆璞堂文集跋一

古之六经,古之文章也。《易》曰“观乎天文以察时变,观乎人文以化成天下”,故通经则未有不文者。舍经而言文,书仓说铃耳矣。自分经与文为二,治经者或不工文;工于文矣,词又或诡于经。汉儒补缀六艺,建元元狩间,文章烂然,而马迁相如、扬雄之徒,或病其驰骋有馀,而不足于道。至唐韩愈氏始能因文以见道,宋古文盛行,乃刘子澄谓宋朝只有四篇文字,而欧苏不及。虽亦言者之过,要之作文之旨归,从可识矣。

光山胡少宗伯沧晓先生,湛深经学,尤邃于《易》,晚岁受知圣祖朝,三接澹宁居,继绘循环太极诸图进说御前,上有“真苦心读书人”之目。自后历跻卿贰,侍读青宫,未尝一日废学。所著有《周易函书》《韵玉函书》《文集》《诗集》,不下数百卷。今皇上右文稽古,特旨征取先生遗书,且谓“究心理学,素所深知”,眷顾之重不隔三朝。海内震其荣遇,而不知先生之深于经,用功深者,收名远也。

廉使云坡先生追绍先绪,重辑遗编,《函书》已有成刻,兹将刊《葆璞堂文集》,命泰校阅。泰谨奉全集读之,根极理要,涵泳圣涯,玉洁而珠光,云飞而川泳。其大篇则伦物象数礼乐幽明之故,罔不旁推交通而一准于理之至当。其集著亦咸抒写性情,自胸中流出,渊然粹然,渟泓演迤,大远于玩物丧志者之所为。盖经与文之同原,自汉以后,离而为二者,得先生而合而一之。读先生之文者,当从布帛菽粟中知先农先蚕之辛苦,而有以窥其所自来也。

昔李汉序《昌黎集》,谓“文者,贯道之器”。夫文何为贯道?不知道者,则因文以求道;而深于道者,其文自道中传出。先生邃于《易》,又旁通推步五行家言,其真观天文以为人文,洋洋洒洒,独有心得,而无愧古人者乎。

乾隆壬辰嘉平既望,门下晚学顾宗泰谨识。

葆璞堂文集跋二

先宗伯潜心经学，尤精于《易》。康熙壬辰年馆选时，蒙圣祖仁皇帝三接澹宁居，讲问《周易》，又于乾清宫画图呈览，仰荷玉音，有“苦心读书”之目。后益编摩，自少至老，十数易稿，纂成《周易函书》，分刊行世，海内穷经之士莫不仰而宗之。近复蒙我皇上特旨征取，许以究心理学。是先宗伯之著述已足羽翼圣经，津梁后学，原不在诗文之有无，与文学士较富丽争工拙也。

夫诗以道性情，文以载道。在剽窃陈言徒矜藻采者，虽珠零锦粲，无裨实用，曷贵焉？若根柢六经，弸中彪外，风雅所遗，得温厚和平之旨，仁义之言，阐道德性命之原，是所关者甚巨，而为教甚远也。先宗伯学《易》馀暇，间或形诸歌咏，发为文章，悉本经术之腴，而得之易理者尤多。通德类情，语语见道，独标心得，不尚词华，实有不敢以轻心掉之，怠心易之者。惟是一生专精于《易》，无暇汇集。

捐馆时，堂方童稚，未足仰承严命，而家世单传，又无期功近亲可以委托，残编剩简几至散轶。堂自服官后，留心搜辑，或从先世故交得见手泽，或于名贤文集获有馀篇。随时录存，汇成草册，特以校订未遑，时为惴惴。往岁在甘肃，曾与秋帆毕修撰序次其诗，未竟，适调江苏，公馀出草册与顾孝廉星桥编次其目。时大司马彭芝庭先生悬车里门，与先宗伯有师生之谊。嘉兴宫傅钱香树先生予告在籍，与先宗伯乃同馆之交。因录呈鉴定，两先生俱乐为之序，星桥孝廉亦跋其后。

噫，堂少失庭训，未尝学问，兹幸蒙恩，陈臬三吴，得近两先生之里居，就而请序。俾先宗伯遗集与《周易函书》并传不朽，是则堂之厚幸也。因集成而述其颠末云。

时乾隆三十七年冬十二月，男季堂谨识。

附编四

召对录

澹宁三接始末[①]

翰林院庶吉士臣胡煦恭纪。煦草茅贱臣，一旦谬膺圣主之知，三接澹宁居，召问《周易》原委。圣学高深，上传尧舜羲文之道，下悉孔孟程朱之理，深极图书未启之先，妙契天地有形之外。臣煦愚昧，何能殚究精微？伏承明问，十不悉一。但以遇非恒有，谨将问对之辞，恭纪其实云尔。

壬辰会试三月十五日，礼部放榜后五日，至二十日，皇上覆试诸进士于西苑，有御制西苑试士诗。其日一赐坡梨，两赐饭，五赐茶。四月初二日，殿试，一赐梨，一赐饭。初五日，御太和殿传胪。传胪之后八日，至四月十三，引见于澹宁居，诸进士以次奏对。

至臣煦奏曰："臣胡煦，河南汝宁府光山县人，年五十八岁，见任彰德府安阳县儒学教谕，乡试第二名，会试第五名，殿试第三甲二十五名。臣有《周易函书》注释二十卷，内有说图一卷，发明伏羲先天八卦圆图之理，未蒙圣训，不敢自信。"

皇上问曰："你知《周易》么？"

臣对曰："圣人之道尽在《周易》，臣学之四十年，每以易理深奥，不能殚究精微，但于伏羲先天八卦圆图，似微有一隙之明，因体立图之意，改为循环太极图。"

上又问："河图洛书中一、三、五、七、九，二、四、六、八、十，是何道理？"

臣对曰："一、二、三、四、五，生数也。六、七、八、九、十，成数也。一、三、五、七、九，奇数也。二、四、六、八、十，偶数也。"

---

① 据清道光二十八年周荫甫抄本点校。

又问:“河图洛书如何作《易》?”

臣对曰:“河图洛书中,无过奇阳而偶阴,圣人究奇偶之妙,明连断之理,得加一倍之法,因则之以作《易》。《系辞》曰‘河出图,洛出书,圣人则之’是也。”

又问:“二、四、六、八是如何?”

臣对曰:“河图以相生为序,洛书以相克为序。洛书之金火易位,与河图不同者,盖因金火虽有相克之义,而金实生于火,故金从所畏而易其位,火以大亨过于分而易其位。”

上顾左班曰:“他解相生相克五行之理。”又问:“河图之数十,洛书之数九,何也?”

臣对曰:“河图者,先天也。此时有五性之理,而无五性之质,所以生成之数合一而不分。比之人心,正是未发之中。故喜怒哀乐全具而无缺,不倚于一偏。今河图生以始之,成以终之,浑然会于一处,故全也。全,故其数十。洛书者,后天也。此时五行各有其质,而理寓其中,故各居其方,守于一隅而不动。比之人心,正是已发之和。当其为喜,则不能兼怒。此所以各一其性,而不能全也。不能全,故其数九也。且洛书虽止九数,而十数亦在其中,特分而不合耳。如北一南九而为十,东三西七而为十是也。河图五十有五者,自一至十之积数也。洛书四十有五者,自一至九之积数也。《周易》三百八十四爻,即河图之数,一而一之,二而二之,以至十而十之,既乘之,复积之者也。河图五十居中者,五中之一点,则太极也,是万化之本也。其外四点指正四行,即肆应不穷之象也。其十之为数,一五在北、一五在南者,是水火之位,明水火代阴阳而宣化,故各具五者之德也。此所以不别立太极,而但以水一火二,相衍而及也。”

又问一、三、五、七,二、四、六、八之说。

臣愚不能对。

又问:“大衍之数五十,你知道么?”

臣对曰:“五十者,河图之中数也。万物皆生于土,成于土。五,土之生数也。十,土之成数也。以生数乘成数,故得五十。”

又问五十之说。

臣对曰："大衍止于五十，而其用四十有九者，盖因每卦六爻，八卦共得四十八爻，而此外所馀之二爻，则一阴一阳也。阴静而止，故返之于椟①，以象其不动。阳动而有为，故随四十八爻而行于八卦之中，此所以一用一不用也。"

上曰："这等道理，人皆知之，毕竟如何？"

臣对曰："河图之数由一至十，积之而得五十有五。洛书之数由一至九，积之而得四十有五。并两数而损益之，便成五十。"

又问："五十之说，毕竟如何？"

臣对曰："义理精深，非臣所能知。"

问："邵子你学过来么？"

臣对曰："邵子先天四图，臣熟玩之，略知其意。"

问："你知邵子之数么？"

臣对曰："臣学理不学数。邵子之数，臣不能知。"

又问："《皇极经世》数，你知道么？"

臣对曰："《皇极经世》数，邵子准一岁之节令而扩之，为一元之气候者也。元，拟岁者也。会，拟月者也。运，拟日者也。世，拟时者也。一元十二会，即一岁十二月也。一会三十运，即一月三十日也。一运十二世，即一日十二时也。至一世三十年，则又以准时中之刻也。至其所以行数之妙，唯邵子自作之，唯邵子自知之。后世失其传，故臣不能知。"

又问："邵子之数学于何人？"

臣对曰："邵子先天之学，学于李之才挺之，李之才挺之学于穆修伯长，穆修伯长学于华山陈希夷。朱子又言周子太极之学，亦是学于希夷。是《周易》中一理一数，皆由希夷出也。但先天八卦一图，从无人讲说。臣熟玩之，知其中具有无穷之妙，因将此图初爻拆作初爻，二爻拆作二爻，而得加一倍之法。又将一阳二阳三阳，一阴

① "椟"，原本作"柜"。

二阴三阴之卦，皆连属之。去连断之文，而别为黑白二象，改为循环太极图，以发明先天圆图之理。”

又问先天之说。

臣对曰：“邵子先天四图，唯圆图为最妙，横图止以列始终之象，辨多寡之数耳。《易》曰‘乾始能以美利利天下’，‘地道无成而代有终’，是始终之义也。数也者，乾一兑二离三者是也。其在《周易》，有离者多言三，临卦有坤而言八，可以见矣。又六十四卦圆图，纯乾之卦便居第一，纯兑之卦便居第二，纯离之卦便居第三，所以谓之乾一兑二离三云云也，是多寡之义也。然横图之设，实为圆图而起。盖因横图虽有加一倍之象，而无太极之象。若圆图之虚中便是太极，其初加之爻，东阳而西阴，则两仪也。再加之爻，南阳而北阴，则四象也。三加之爻，亦是南阳北阴，只因一阳之上各加一阳一阴，一阴之上各加一阳一阴，遂成八卦耳。”

上色喜，命翰林臣掖臣入右班。有间，上命掌院学士召臣出，跪丹墀下。上曰：“叫他上来。”乃跪于阶上，复命还上来，遂跪近御座前槛外。上曰：“《连山》《归藏》，你知道么？”

臣对曰：“《连山》，夏易。《归藏》，商易。连山者，艮也。夏易首艮，故曰《连山》。归藏者，坤也。商易首坤，故曰《归藏》。夏易何以首艮？盖因天下万事万物皆由静中而起，比之人身，先有未发之中，而后有已发之和。艮卦‘思不出位’，若‘艮其背，不获其身，行其庭，不见其人’，皆静中之象也。此正由定、静、安、虑，而后至于能得之意也，故夏易首之。商易如何首坤？盖因坤为万物之大母，万物之生，其气虽赋于天，其质则具于地。顾气不可见，而露质成形，莫非坤德之胞孕。即其可见者而归其功于坤，所以谓之归藏，故商易首之。若《周易》首乾坤，便以两卦居首，诚以乾坤为万物之大父母，成始成终，皆其所统。又一阴一阳之谓道，此所以与《连山》《归藏》止用一卦居首者不同也。”

又问：“《连山》《归藏》，你见书么？”

臣对曰：“不曾见书，曾闻古人有言《参同契》准《连山》而作。

卫氏《元包》首坤，或以为准《归藏》而作，然无实据。《连山》《归藏》当是另为一书。"

又问："杨子之书，你见么？"

臣对曰："杨子云之书，臣虽见过，但其为数由三而九，由九而二十七，由二十七而八十一，纯以奇数起卦。若《周易》生生化化、无有穷极者，实由阴阳配合而然。今子云之书纯用奇数，则是纯阳。纯阳则动而不息，行而不止，全无驻足托迹之地，故不能如《周易》之生生化化、无有穷极也。但子云书中之辞全拟周公之爻辞而作，后世传之，徒以其文似《易》耳。天下无二道，谅不能有两《周易》也。"

又问："六十四卦，三百八十四爻，你去了那四卦？"

臣对曰："古人之说不一，有去坎离震兑者，有去乾坤坎离者。盖以坎离震兑分主四时，故不与。其馀六十卦分配日月。然即先天六十四卦圆图看来，彼震离兑俱在东，其卦在冬至之后。独坎在西，其卦在夏至之后。如以六十卦分配一年，是冬至之后少两卦，而夏至之后多两卦矣。所配不均，故去坎离震兑者不可宗。至于去乾坤坎离者，盖以乾坤为万物之大父母，定位于上下，静镇而无为①，故不与六子分配日月。至于坎离，乃乾坤之即交，含胞孕育，代乾坤而宣化。此乾坤二用之外，唯坎得独言时用，而他卦不与者，盖以坎之一卦即乾坤二卦之交，而天地间生生不息之理，莫不由水火而起，此河图所以谓为天一生水，地二生火也。今观乾坤之初爻皆由水始，而况于他乎？《上经》始于水而终于水火，《下经》始于水而终于水火，则是六十卦皆水火之拨换，故坎离虽不分配，而坎离之用已自行于六十卦中。所以除去乾坤坎离四卦者，为当也。"

又问河图之数十，洛书之数九。

臣对曰："伏羲先天即河图也，文王后天即洛书也。"

又问九、十之义。

臣对曰："皇上圣学高深，臣愚不能尽知。"

---

① "无为"，原本作"为无"。

又问《繁露》。

臣对曰:“《繁露》乃董子之书,所言皆《春秋》中天人合一之机,感应之理。”

上又命掖入右班,钦点庶吉士毕,鱼贯而出。澹宁居之左掖门有掌院学士揆叙于众中,宣上谕曰皇上复召臣煦,因再至澹宁居,仍命臣跪于槛外。时阁臣李光地后至,上命李曰:“你试问他。”李若有所思。上曰:“你问他读何书?”

臣对曰:“自汉魏晋以下诸儒之书所见甚少,然于其中有能解者,略知大意。其不能解者,亦复不少。”

李问曰:“你于先儒,独取何人?”

对曰:“各有所长,不专一家。若明之来知德,其言象者,亦颇有可观。”

李又问曰:“你说来知德何如?”

对曰:“其言象当理者尽好,然悖谬者亦多。”

李唯唯点首。

上曰:“元人书你见么?”

臣对曰:“元人之书,臣一种也未曾见。不独元人,便是宋儒之书,臣所见亦甚少。臣本草茅贱士,家贫无力买书,故所见甚少。臣见河图洛书,先儒穷究者甚多。而先天八卦,先儒独未有解说。臣将此图悬之于壁,玩之多年,见其图虽列八卦,而其中由一阳二阳以至于三阳,由一阴二阴以至于三阴,其气本相连属,不当徒作八卦看。又见其中有天位乎上,地位乎下,天地定位之理。有天气下交,地气上跻,两相交通之理。有东阳西阴,南阳北阴之理。有初微中盛末衰之理。有阴阳之生皆在于内,及其既盛,乃始出外之理。有阴附于阳,阳附于阴,两不相离之理。有阳根于阴,阴根于阳,自相依附之理。有三男附坤而始有其象,三女附乾而始有其象之理。又有阳进则阴退,阴进则阳退之理。又有阳有进退,阴无进退,以阳之进为退,以阳之退为进,地道无成代终之理。又有阳之初末皆交至于坤,阴之初末皆交至于乾之理。”

又问河图洛书。

臣对曰:“河图洛书是《周易》之大原本,精微奥妙,莫过于此,臣愚不敢妄对。圣人观河图洛书而画先天八卦,是臣所言先天八卦已在图书之后。”

上顾左班曰:“河图洛书果是《周易》大本原。”又问:“你的声音不似河南。”

臣对曰:“臣居光山县,与湖广紧相接壤。”

上左顾阁臣学彭曰:“彼居光山县,与湖广江南皆相近。”上又顾阁臣李曰:“你问他知卦变么?”

臣对曰:“卦变之说,先儒言之,不止一家,亦互有出入。唯朱子之《启蒙》究极精微,无以复加。盖一阴一阳之卦从一阴一阳之卦变来,二阴二阳之卦从二阴二阳之卦变来,故能独领其妙。”

上欣然顾谓李曰:“朕先问他一、三、五、七,二、四、六、八之说,他竟不知道。”

少间,命掌院学士导之出。

乾清宫召对始末[1]

翰林院检讨臣胡煦恭纪。康熙五十三年正月初六日奉旨，召原任翰林院侍讲臣杨名时同翰林院检讨臣煦入南书房，赐克食并鹿尾。即日引见于乾清宫，皇上问杨名时："你学过《周易》么？"其问答之词，名时另有序记。

次问臣煦曰："你还学《周易》么？"

臣煦对曰："臣自蒙我皇上教训，逐日学习，并不敢忘。"

上问曰："坎之一卦如何独曰习坎？"

臣对曰："习坎者，重坎也。盖因水之为性，有一上坎，其流也如是，其注也如是。又有一下坎，其流也亦复如是，其注也亦复如是，有似于学习上坎者然也。所以孔子《彖》曰：'水流而不盈，行险而不失其信。'以此谓之习坎。"

又问曰："离卦何以不曰习离？"

臣对曰："盖因二火相合并为一光，二火同室，亦无异照，所以不曰习离。"

又问曰："坎何以谓之陷也？"

臣对曰："此坎之德也，与乾健坤顺之德相同。"

又问曰："乾卦用九见群龙无首吉，何以用九独曰无首？"

臣对曰："盖因乾元一亨，便为万物之所资始，所以乾彖独云首出庶物。然而健行之德日出不穷，于穆之理流行不已，如循连环，莫能指定一处为首，此所以谓之无首。又以乾元既具首出庶物之理，今用九一变而为坤，则向之首出者，必将退处无为之地，故曰无首。"

又问曰："既已无首，何以曰吉？"

---

① 据清道光二十八年周荫甫抄本点校。

臣对曰：“正惟无首，乃是乾元之日亨而不息，此正普美利于不言，万物咸得而资之，所以曰吉。”

上顾名时，曰：“《周易》中还有一个无首。”

名时对曰：“还有比之无首。”

上因与名时问答。

次又问臣煦曰：“乾之无首何以独吉，比之无首何以独凶？”

臣对曰：“盖因乾道首出庶物，故为万物之所资，唯其无首，乃是乾道之日亨，而品物之所以流行，性命之所以各正，皆赖如此，故吉。乾坤而外六十二卦莫非乾坤之所生，若比之为卦，已在有象之后，是资乾以生者，安得上比于乾德？所以比之无首则凶也。”

又问曰：“你学的是何人？”

臣对曰：“臣处僻陋，自来未得师友，唯求得古之易书，断不敢轻易放过。”

又问曰：“你在先儒中，学的是何人？”

臣对曰：“臣学的是程朱道理。”

又问曰：“《周易》道理还有出于程朱之外者否？”

臣对曰：“亦或有之。盖缘道理虽不外程朱，而先儒议论亦间有不同处。”

又问曰：“《周易》中哪几卦是出于程朱的道理？”

臣对曰：“即如坤之一卦，朱子以先迷后得为句，主利为句，先儒有先迷后得主为句者。又如西南得朋，东北丧朋，虞仲翔之说指月而言。”

又问曰：“坤卦如何言月？”

臣对曰：“《易》皆以象告者也。盖因月之生明，初见一阳之震象，必在西南坤位，由此而历二阳之兑象，三阳之乾象，乃转而就消。又为二阳之巽象，一阳之艮象，而阳光始尽。后天之艮居于东北，所以曰西南得朋，东北丧朋也。不曰明而曰朋，明止言其光辉之著，朋则兼言其气类之合也。”

又问曰：“何以不言坤而言月？”

臣对曰："日为太阳，至尊而无对，故阳之数奇。若月与地同为一隅之阴，故阴之数偶。月既与地同为一偶，是言月即是言坤。又以人处地上，阳光之出入于地面，人不得而见之。其阳光之隐显进退、多寡微盛，见于月轮中者，固皆有象可指，所以言月即言地也。又以先天八卦图纯坤之后，一阳初生谓之震，是即西南得朋时也。由此而二阳三阳，至于艮之末爻，外阳始尽，而复为纯坤，此正东北丧朋之时。一得一丧，总以明阳之始终皆必交至于坤耳，故其中间所拱者恰是纯坤之象。盖因朋之不丧，则后不成其为坤体。朋之不得，则前此亦不知其为坤体也。"

又问曰："比朱子何如？"

臣对曰："道理与朱子大概相同，只是所见有不同耳。"

又问曰："你所看何书？"

臣对曰："臣未得师友，凡所见先儒之言，有与《周易》道理相发明者，皆抄而集之，成《周易函书》五十卷，其首十卷有循环太极图，是臣体贴河图并伏羲先天八卦图所成，正所以发明此二图者也。臣见八卦图，一阳初生于内，二阳盛于内，三阳极盛而始出于外，然后二阳消于外，一阳尽于外。其阴之生于内也亦然。又见河图，一奇始于北之内，三奇在东之内，七奇始出于外，然后九奇尽于外。其偶之生于南内也亦然。是先天八卦实所以比象河图，而发此流行不息之理也。臣因仿之作为循环太极图，以发明此二图之妙。"

又问曰："你所看者究竟是何书？"

臣对曰："如唐人李鼎祚《周易集解》所集有荀爽《九家易》，侯果、何晏、王弼、郑康成之言皆在其内。又如明人来知德，其言象者亦尽有可采。"

又问曰："《周易》道理，朱子亦有不解者否？"

臣对曰："有之。"

又问曰："何处见得？"

臣对曰："即如需之上六，象曰'虽不当位，未大失也'，朱子注云'以阴居上，本为当位，今曰不当位，未详'。"

又问曰："你知道么？"

臣对曰："据臣看来，古者四圣之《易》各自为书，非如后来之《易》一卦一爻，而四圣之《易》皆备也。只缘孔子十翼另为一书，故《小象》皆连类而及今。观需之九五，《象》曰'酒食贞吉，以中正也'，这个中正便是当位了。至于上六则不能如九五之中正，所以曰'虽不当位，未大失也'。"

又问："河图洛书，朱子如何说？"

臣对曰："朱子云河图对待而不移者也，洛书流行而不息者也。"

又问："河图为先天，洛书为后天，是何道理？"

臣对曰："河图生成之数，合一而不分，正如《中庸》所谓'喜怒哀乐之未发，谓之中'，盖因此时，原无喜怒哀乐可言，而喜怒衰乐之理则已全具而无缺。今河图中虽有自一至十之数，然毕竟在合而未分之际，故生成之数各不相离。若洛书，则离南坎北，震东兑西，各有其方，各司其事，不能强同矣。此正如已发之后，当其为喜，必不能兼怒；当其为怒，必不能兼喜。所以一为先天，一为后天也。"

又问曰："如何震必在东，巽必在东南，离必在正南，与河图不同何也？"

臣对曰："此正所谓各有其方，各司其事也。然臣观伏羲先天图，阳之生也，始于震而终于艮。文王后天图虽以乾坎艮震为序，而孔子《说卦传》则始之以帝出乎震，而终之以成言乎艮，仍是以震始以艮终，可见《周易》之旨全是贵阳，而先后天之理未尝不合也。"

又问："理象数分与不分？"

臣对曰："圣人画卦原不过即象以明理耳，初未尝分也。又况伏羲未画之前，河图初出之际，止有自一至十之数，而伏羲衍之，全部《周易》即出于此，可知无理则象数无所与立，无象数则理亦无所与寄也。安得谓理象数有殊旨哉？"

又问曰："你知揲筮么？"

臣对曰："臣见朱子筮仪，因学朱子揲筮之法。"

又问："你知数么？"

臣对曰:“臣学理不学数,故不知数。”

又问曰:“大衍之数五十者,何也?”

臣对曰:“河图之数五十有五,洛书之数四十有五,合先后天之数共成一百,兼河图之数折半而用之,所以只用五十。”

又问曰:“河图之数五十有五,何以止用五十?”

臣对曰:“先儒亦有专以河图之总数言者。盖以五数为五行之生数,比象于太极,故除去不用,而止用成数之五十也。”

又问曰:“五行生数如何比得太极?”

臣对曰:“非谓五数即太极也。盖因万物之生,先有其气,而后始成形。一二三四五,固气之生焉者也,所以曰生数。六七八九十,形之成焉者也,所以曰成数。则是生数固成数之所由起也。试观卦画未起,先有河图,亦不过自一至十之数耳,所以五行生数可以比象太极。”

又问曰:“五十之中,除一以象太极,其用四十有九者,何也?”

臣对曰:“盖因八卦每卦六爻,六八共得四十八爻。顾此四十八爻,莫非阴阳之所成。是所馀之二数,一阴一阳,故一动一静,一用一不用也。”

上回顾跪班者曰:“他竟暗合了。”

因曰:“他真是苦心读书人。”

又顾跪班者曰:“你们说他如何?”

跪班者对曰:“好。”

上乃命导之出,谕曰:“明日复来。”

初七日复进南书房,时阁臣李光地先已在座,禀揖之后,因问煦曰:“皇上命我问你易学。”因问曰:“你所读何书?”

煦对曰:“煦本荒僻固陋,又不曾得师友,唯见先儒之论可采者,从而集为《易注》,成书四十卷,其首十卷,有原图、原卦、原爻、原古四种,其原图五卷则煦所作循环太极图,非煦之意为之也。因见河图之数一奇生于北方之内,而三而七而九,其自内而外,气之相联也如是。二偶生于南方之内,而四而六而八,其自内而外,气之相联也如是。又见先天八卦,自一阳生于纯坤之内,而二阳而三阳而始出外,然后由三阳二阳一阳而尽于外。自一阴生于纯乾之内,而二阴而三阴而始出外,然后由三阴二阴一阴而尽于外。是先天一图所以发河图之秘,而煦此一图又所以发先天之秘也。”

阁臣李光地曰:“甚好。”又问河图洛书。

煦对曰:“先天一图,阳之生也,震始而艮终。后天八卦次序,疑若与之绝不相类,然观孔子《说卦》亦是‘帝出乎震’而终于‘成言乎艮’,仍与震始艮终无异,可知先后二天非有殊旨,都在阳气之始终上发挥。又可知《周易》一书,虽列阴阳两象,而所贵者唯阳,若阴不过借器而已。”

阁臣李光地曰:“甚好。”

午刻,阁臣李奏对罢,复召臣名时、臣煦至乾清宫,先问臣杨名时,其所问对,名时另有序记。

次问臣煦曰:“你实在多大年纪?”

臣煦对曰:“臣年纪实是六十岁。皇上之前,臣不敢欺。臣须虽白,亦不敢乌。”

又问:“你眼花么?”

臣对曰:“臣已用眼镜。”

又问曰:“你离江南远近?”

臣对曰:“臣离交界地方不过百有馀里。”

又问:“离江南何处最近?”

臣对曰:“离六安州最近。”

又问曰:“还离何处近?”

臣对曰:“臣汝宁府与江南凤阳府接壤。”

上曰:“朕御极五十馀年,逐日引见天下官员,故十六省乡语,朕皆知之。这个地方做官的人甚少,故声音略觉不同,且河南省往西一带系古者建都之地,所以说话甚官。”

因又问曰:“你河南亦有乡语否?”

臣煦对曰:“土音字或亦有之。”

又见臣跪久，因命跪班者曰："你叫他蹲一蹲。"

又问曰："闻你画有太极图很好，你画与朕看。"

臣对曰："臣恐其对御草率，不敢轻易进呈。"

上曰："不妨，你只管画来，给笔砚与他。"

臣因画循环太极图，上书六卦，恭呈御览。

上曰："这是个甚么道理？"

臣对曰："臣见河图中奇偶之象，及先天图中阴阳之象，全在气之流行联贯处，自具无穷妙理。其中有初末微盛之旨，有内外出入之几，有根阴根阳之妙，有终始相循之秘，有天地定位之奇，非联而属之，图中之蕴蓄不可得而知也，臣因画循环太极图以发明之。"

上问曰："先天圆图本系八卦，如何少了两卦？"

臣对曰："臣之此图若内外以三分为率，则可以配三画之六卦，亦可以配三画之八卦。若内外以六分为率，则可以配升阳升阴之十二卦，亦可以配先天之六十四卦。"

又问曰："你这图中只有六卦，为何去了坎离两卦？"

臣对曰："盖因十二辟卦，其升阳之六卦，内三卦止有震兑乾，外三卦亦止有震兑乾，是内外六卦俱无离也。其升阴之六卦，内三卦止有巽艮坤，外三卦亦止有巽艮坤，是内外六卦俱无坎也。又因先儒以六十四卦分配三百六十日，除去乾坤坎离二十四爻，则是坎离原在除去之中。"

上曰："此是杨子云《太玄经》分配一岁之法，朱子曾说不宜除去此四卦。"

因取《本义》中六十四卦横图，为臣指示加一倍之法，并生阴生阳之法。

又曰："《周易》之道唯阴阳相配，始有生化之理。如两偶之合固为偶数，即两奇之合亦为偶数，唯一奇一偶始成奇数。可知一阴一阳之谓道，而参天两地亦是此旨。"

又曰："《周易》之数无往不合，风水家取之，便合乎风水之数，律吕家取之，便合乎律吕之数，可知数之为用至广。"

臣既恭聆圣训毕，乃令跪班者导之出。至初九日奉旨：臣名时、臣煦俱留职南书房。

后附图

循环太极配河图之图

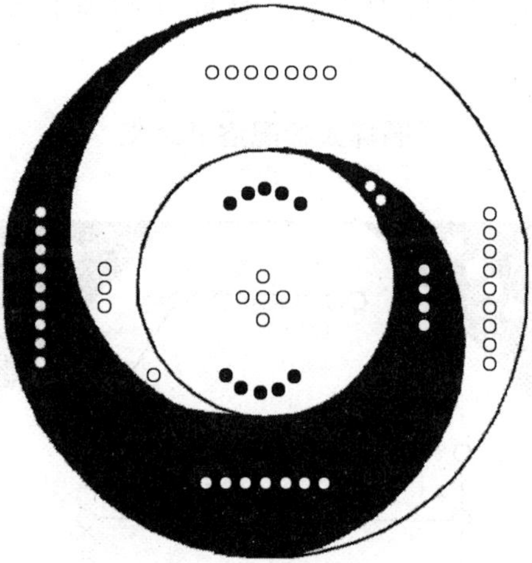

一三五七九，阳奇之数也。二四六八十，阴偶之数也。《系传》曰“河出图，洛出书，圣人则之”，故河洛二图即画卦作《易》之本。二图同出伏羲时，断不可谓洛书出禹，用为作《范》之具也。只因河洛相倚之妙，未有的解，遂谓洛书肇起《洪范》，而易旨乃大晦矣。今作循环太极以释之。何尝非一三七九相连而及也，何尝非二四六八相连而及也，何尝非一内而六外，三内而八外，二内而七外，四内而九外也。何尝非生者内而成者外也，何尝非盛阳盛阴各正其位，初生者微而极盛者终也。止缘河图奇偶，其气本相连属，后人未得其解，遂各纷纷其说。又或配以卦爻，终与实义无当也。

其奇偶环抱，即循环图阴阳纠缪，太极未分之象也。至与洛书相倚而出，则一体一用，两不相离也。故体中有用，用中有体。生，体也。成,用也。其成数附①于生数,则即体含用之义也。又初微者,体之立也。极盛而就衰者,用之行也。河图即体而含用,正如太极无体而即含阴阳是也。洛书既为用数,故止于九而缺其十,体全而用偏也。故书之成数散布四方四隅,明既用而已。然河图中一九六四成十于西北,三七二八成十于东南,皆斜倚而居,明此非既成之时,与散布对待者不同。所由阳为阴间,阴为阳间也。然而相交之用,已于此见矣。

循环太极配洛书之义

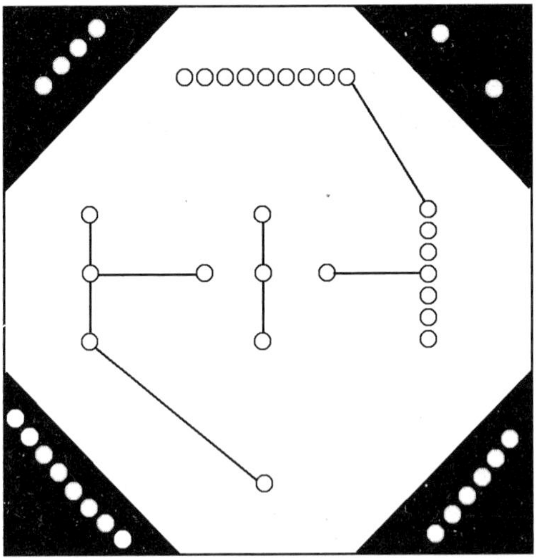

其阳奇之数浑沦于中,以次相连,其阴偶之数分布四隅,为阳所间,各不相通,阴阳之分义然也。盖健阳之性,自乾元一亨而始,回环往复,如循连环,终无间断。而阴之为德,止以形受,阳德一施,则开张而纳之处而为二。殆于生生化化,千千万万,各不同形,故其体分不相连贯,非如阳体混合无间,此循环图中阴阳各居,原不相混之义也。

① "附",原本作"付"。

文王开图作《易》，其阳连阴断，即由此图阳合阴分之义而起。伏羲则河洛画出先天四图，其横图方图率是以气用者居内，以形用者居外，此阳气阴形之义，皆由洛书出也。风雷以气用，山泽以形用，水火半气半形之用也。万物之有体者，莫不形外而气内，此之故也。

其循环太极与洛书同义何也？阳南阴北，阳东阴西，天地不易之定分。洛书既为用数，天地之用原无间断，则循环不息之义存焉。阳位居左，自左而迁，则必向右，所以谓为天道左旋。左旋云者，自左而旋，非向左而旋也。今洛书中奇阳初起，自北一而趋东三，非左旋乎？至于七九易位，此正与河图合德，莫非循环太极之义也。

盖七数之在河图，本为极盛之阳数，阳数既盛，则趋右而下降。降，阴性也。右，阴位也。阴道尚逆，故盛阳至此将复就衰，亦随阴趋下而从逆，此七九之数既盛而就衰，所由从阴趋下而逆，因各易其位，非复从前升阳之顺矣。然阳德既盛，必怀初微之阴，故七九之数亦含初阴之二数于中，仍与河图同旨。此即循环图中阳德既盛，必趋而逆降，与二四之阴居右而逆行者同也。阴本居右，自右而迁，则必向左，所以谓为地道右转。右转云者，自右而转，非向右而转也。左旋者为升，则右转者自为降。左旋者为顺，则右转者自为逆。此阴阳升降顺逆之定则也。天地之气止有升降，特以阴阳分左右耳。今洛书中偶阴初起，自南二而走西四，非右转乎？至于六八易位，此正与河图合德，莫非循环太极之义也。

盖六数之在河图，本为极盛之阴数，阴数既盛，则趋左而上升。升，阳性也。左，阳位也。阳道尚顺，故盛阴至此将复就衰，亦随阳趋上而从顺，此六八之既盛而就衰，所由从阳趋上而顺，因各易其位，非复从前降阴之逆也。然阴德既盛，必怀初微之阳，故六八之数亦含初阳之一数于中，仍与河图同旨，此即循环图中阴德既盛必趋而顺升，与一三之阳居左而顺行者同也。先儒于七九易位之说哓哓不休，至六八易位之故，均未之察。所由于《周易》中往顺来逆之故，卒未得其解也。然必极盛乃始变易其性，而盛阳又复含阴，盛阴又复含阳者，此阴阳循环不息，生生不已之故也。河图如是，洛书如是，先天四图亦复如是，故煦作循环太极以拟之。

阴阳之义两相倚，亦两资。阴不得阳，则蠢而不灵，而无由生化。阳不得阴，则终归散逸，而无可效灵万物之体。阳内而阴外，气内而形外。阳乐阴之镇静甘为所箝，因得成保合之功。洛书者，天地之用数也，其在《系辞》"参伍以变，错综其数"，盖言用也。参伍者，十五也。十五者，九六之合也。九，老阳。六，老阴也。阴阳合而大用以行，故曰参伍以变。因九六之合，参差不齐，故既以为变，而又以为错综也。今观洛书纵之横之，何非参伍，何非九六之合乎？即如东列三奇内矣，而四八之阴合之于外，非一九六乎？不错综乎？然阳内而阴外矣。又如南列九奇内矣，而二四之阴合之于外，非一九六乎？不错综乎？然阳内而阴外矣。以至东西之错，上下之综，更及斜交，莫不皆然，此天地之大用，自然之参伍，自然之错综也。伏羲本以画卦，其气内而形外，莫不由是。

太极

此八卦圆图，所处之中，在《系传》则为太极，在乾卦则为乾元，在复卦则为天心，在《彖辞》则为来处。孔孟之所谓性，周子之无极，邵子之天根，《中庸》未发之中，皆谓此也。此元而未亨，阴阳未肇之域也。

万物之理莫不由中而出外，殆其返也，复归于中，亦莫不自无而趋有。殆其返也，究归于无，《系传》所谓"寂然不动，感而遂通"，朱子所云"放之则弥六合，卷之则退藏于密"，邵子"人从心上起经纶"，皆谓此也。伏羲创画此图，正圣人传授心法之始。

伏羲初画之两仪

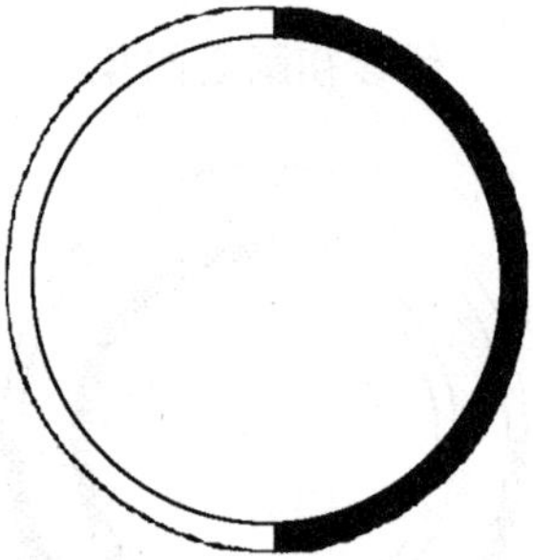

伏羲初画卦时，东置一阳，西置一阴，处其中以象太极，明阴阳未起之先，必有所自来也。自两仪兆形以至化生万物，莫非阴阳二气之转运，故孔子以为形上之道。既名两仪，其画数应止于两画，如以卦爻连断而论，则当为十二画，非两仪之义矣。且伏羲初画时，但命为图，何得以卦画之连断论哉？故煦补立伏羲之图，以别于文王开卦作《易》之图。

文王开伏羲之两仪

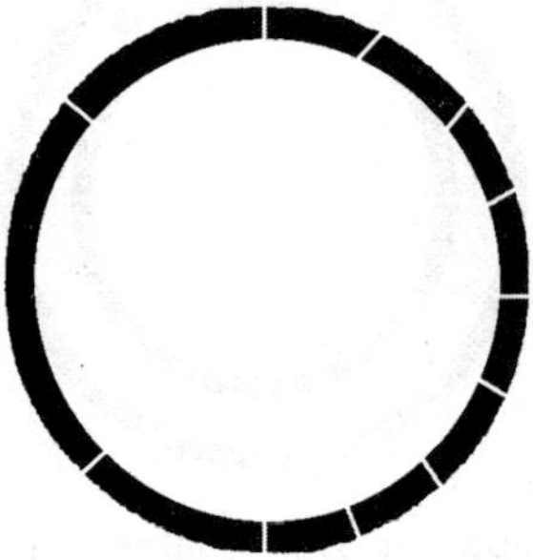

《下系》第六章夫易彰往一段，所以分别羲图文卦者也。其彰往八字全言图也，彰往察来分图之内外而言，微显阐幽合内于外、合外于内而言。其当名八字则全言易也，当名辨物即卦象而言，正言决辞指经文而言。然于其中独用一开字，则可知伏羲之图，虽经《连山》《归藏》作《易》后，而本图固未开也。文王开之，乃始有八卦十六卦之分。故煦谓文王既开之图，必不同于伏羲未开之图，而因补伏羲初画之本图。

伏羲初画之四象

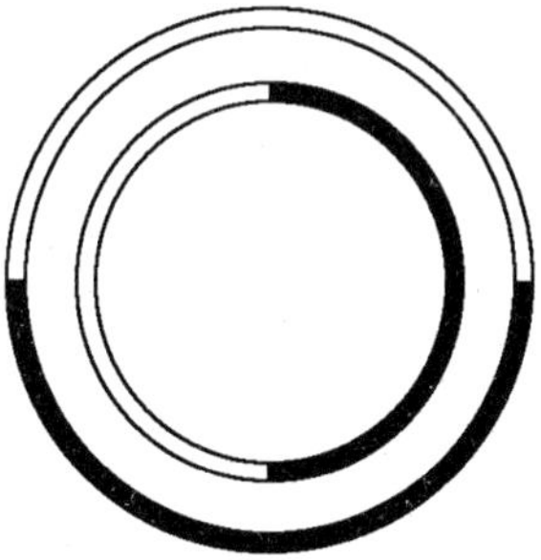

此阴阳之上又复各加一阴一阳，遂称四象，而与两仪迥然各别。自此叠加，莫非一阴一阳，所由称一阴一阳之谓道也。总缘阴阳由太极而出，从此相衍至于无穷，莫非此阴阳之交，故伏羲遂以叠加而不已者象之。

文王开伏羲之四象

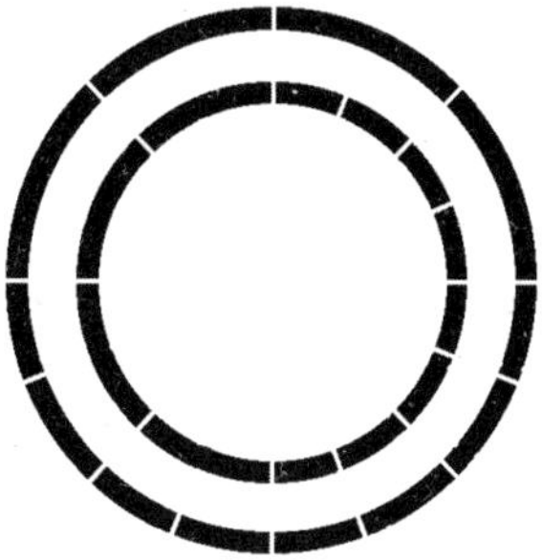

此文王举伏羲之四象，开为初二两爻，阴阳之爻既有定体，而其中联贯之气，则当于右图观之。故欲实明《周易》正理，非先知有伏羲本图不可。今人但知《周易》一书为文王疏明卦理，而不知皆文王称说羲图之妙耳。

伏羲初画之八卦

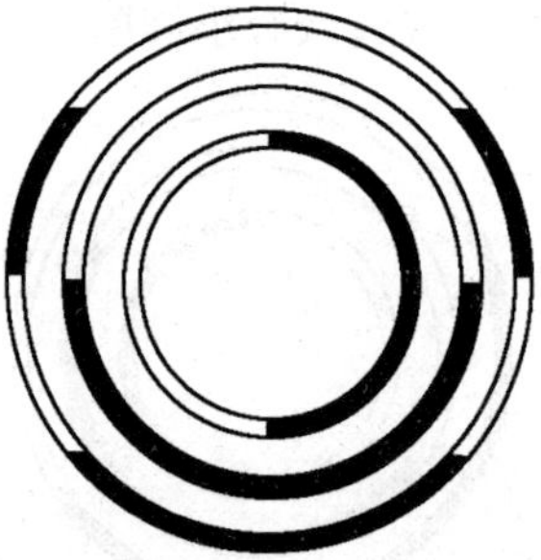

伏羲初画时，不过阴阳两象，由此递加，遂有两仪四象八卦，重仪重象重卦之殊。原其本始，止是阴阳相交而已。故孤阴不生，独阳不长者，未之交也。今两仪之形，首尾相接而不断，象其交而已矣。即至四象以后，凡有所加，莫非两仪之交。故阴阳在两仪后者，亦皆悉无断续，此伏羲未开之图所由必连而不断者，此也。后世圣人合三画以观，觉有八卦，乃始以八卦名图，非伏羲本图便可以八卦论也。论伏羲之图，当止说图中之奥耳。

文王开为八卦小圆图

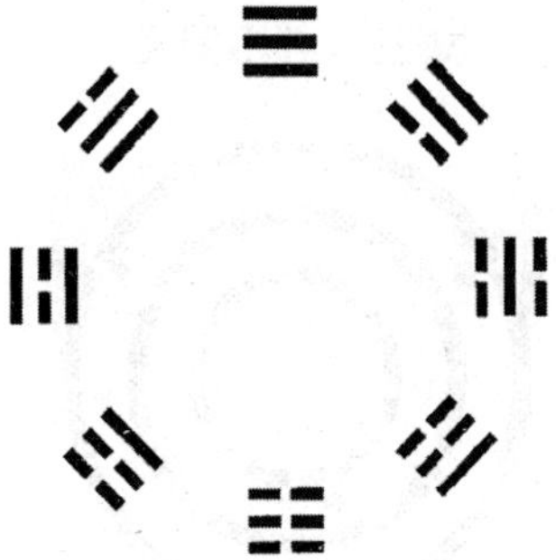

伏羲初画，既欲以两画为两仪，四画为四象，则不得不以二色各别阴阳者，势也。文王开图作卦，既欲以一色分别卦爻，则不得不以连断别阴阳者，亦势也。总欲以明阴阳各得之分义，与交易变易之妙耳,不可遂执卦象以观,而竟忘图象也。

伏羲六卦小圆图

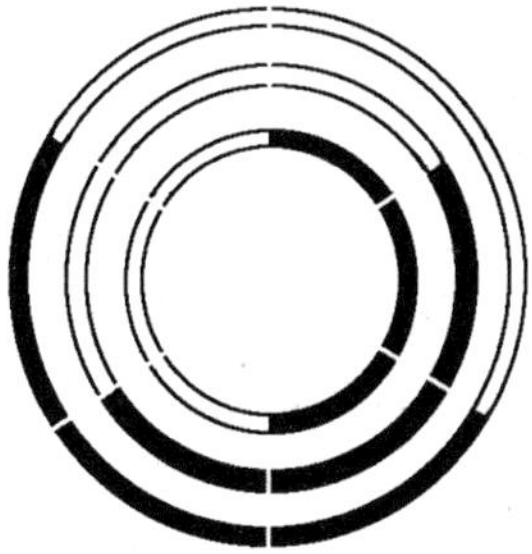

伏羲八卦共为小图,兹减去坎离二象,止存六象者,盖图非图也,所寓皆阴阳升降往来循环不息之妙用也。今观岁令共十二月,阴阳之升降各六。其升阳也,在内则有震兑乾而无离,在外亦震兑乾而无离。其降阴也,在内则有巽艮坤而无坎,在外亦巽艮坤而无坎。盖坎离即寒暑,而十二辟卦则寒暑之进退,往来始终微盛之旨也。又观月令,其升阳之三象,有震①兑乾而无离,其降阴之三象,有巽艮坤而无坎。盖坎离即日月,其震兑乾巽艮坤,则日月之进退往来始终微盛之象也。

文王六卦小圆图

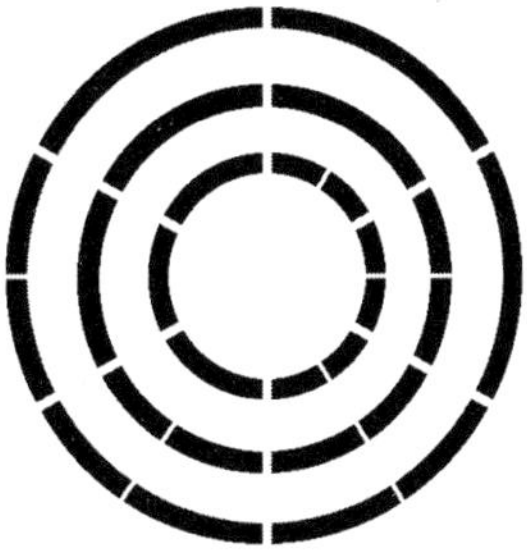

① “震”,原本作“震震”。

自有伏羲初画之小图，而文王八卦图中一阳二阳三阳之进，一阴二阴三阴之退，乃始可得而观矣。因文王开图为卦，其中相连之气未易窥测，故于右方先列先天六卦之图援为证据，而上面循环一图乃知非臆为者矣。后人因不知伏羲初画之图虽有八卦之象，实无八卦之名，未开故也。缘其本意，一加则两之，再加则四之，三加则八之，又重之而至于六加，总欲由造化开辟之始，推求出絪緼化醇，构精化生之妙谛而已。故当图作图观，卦作卦论也。

新拟循环太极图配先天八卦之图

此即先天八卦小图，观其流行不息之气，比拟其妙，联而属之，以象其立图之妙也。此图之妙，以阴阳分奇偶，则可配河图。以逆顺观升降，则可配洛书。内外以六分为率，则可配六十四卦大圆图。内外以三分为率，则可配八卦小圆图。今试以三分分之，其东北之内一阳、外二阴者，震也。东南之内二阴、外一阴者，兑也。正南之内外三阳者，乾也。西南之内一阴、外二阳者，巽也。西北之内二阴、外一阳者，艮也。正北之内外三阴者，坤也。然止六卦而不及坎离者，何也？圣人设为卦象，非止作卦象看也。不过借其形象，以拟议天地间运转交会之阴阳，内外出入上下往来之妙义而已。盖天地自太极资始以来，凡无形有形之生化，莫非阴阳之运，而阴阳之所居各有定位，南北是也。其升降亦有定位，东阳升、西阴降是也。其初生也，阳露形于至阴而升，阴露形于至阳而降，明互根而不相离也。外阳尽于极阴而内阳旋生，外阴尽于极阳而内阴旋生，明循转而不相竭也。阳以升为进而降为退，阴以降为进而升为退，其分然也。今六卦而即具八卦之义者，东为阳升之位，而阴升其中，则离之义存矣。西为阴降之位，而阳降其中，则坎之义存矣。故善观图者，必不执有形有象以论图也。

澹宁三接、乾清宫召对跋[1]

《澹宁居三接》，先大人壬辰馆选时，于圣祖御前，亲承顾问讲《易》，纪知遇之恩也。先大人积学嗜古，生平著述不下数百卷，而《周易》一书尤一生心力所萃。纪内所载《函书注释》，久已刊刻行世。是纪与《纪恩诗》《乾清官召对》二②书汇为③一编，阅今六十年矣。板久漫漶，而季堂④又宦游四方，奔走无少暇，思重新之未遑也。辛卯春，由甘肃陈臬调任江苏。越明年，公事少就理，乃翻阅旧编⑤，摘《纪恩诗》归诸《葆璞堂诗集》，从其类也，方《乾清宫召对》也。圣祖学贯天人，举《周易》中寓⑥义逐条垂问，自朝⑦至昃，先大人原原本本从容口对，悉当圣意。玉音有"真苦心读书人"之目，并特赐笔札，于御前画⑧循环太极等⑨图，遂留直南书房。先大人恭纪其实，故言皆质而无文。季堂⑩伏思循环太极图，当日曾经绘呈御览。先大人因另刻各图四大幅，与《函书》并行，故《召对》编中不复载人。览是编者，左图右书，苦一时无所考证。爰取大幅易图如式摹绘，缩

---

① 据清乾隆五十一年《光山县志》（县志本）、胡季堂《培荫轩文集》（简称培本）点校。

② "二"，培本作"三"。

③ "汇为"，培本作"另汇"。

④ "季堂"，培本作"堂"。

⑤ "编"，培本作"编中"。

⑥ "寓"，培本作"奥"。

⑦ "朝"，培本作"辰"。

⑧ "画"，县志作"书"。

⑨ "等"，培本无。

⑩ "季堂"，培本无。

为小页，附于卷尾，命梓人①重刻之。既以见圣祖优礼文学之臣，堂廉浃洽，为臣子希有之遇；又以见先大人一生穷经析理，所以上契主知者，其荣宠有自来也。刻既成，敬备书之，用垂后人相传勿替云。

① “人”，培本无。

附　　录

胡煦传①

清·李桓

胡煦，河南光山人，初任安阳县教谕。康熙五十一年进士，改庶吉士。五十二年授检讨。五十三年正月召见于乾清宫，画图讲《易》，奏对称旨，命直南书房，同大学士李光地分纂《周易折中》。五十四年正月在蒙养斋行走。五十六年正月与修《卜筮精蕴》，六月充湖北乡试正考官。五十七年三月迁司经局洗马，八月与修《卜筮汇义》，十二月迁鸿胪寺少卿。六十一年三月迁光禄寺少卿，十二月迁鸿胪寺卿。

雍正元年正月擢内阁学士，八月命前往盛京审理私刨人参各案，同刑部侍郎马晋泰录囚百五十八人，论罪如律。谕曰："刑部禁止私刨人参，旧例不论已得未得，俱送刑部，往返拖累，故于盛京刑部监禁，每年差官前往审理。朕思伊等俱系图利穷民，春夏被获，监至九月十月方得审结，延挨日月，身受寒暑，甚属可怜。宁古塔有将军办事御史，盛京有将军刑部并副都御史永福，嗣后各地方所获者即审理速结，年底汇奏，将审理偷刨人参之部院堂官停其遣往。"二年正月命祭告少昊等陵，四月充顺天武乡试副考官。五年三月擢兵部右侍郎，九月充武会试知贡举，十月兼署户部侍郎。六年协理副都御史事，二月教习庶吉士，十月协办礼部侍郎事。七年九月充顺天武乡试正考官。八年六月上书房行走，充《明史》总裁官，会试知贡举。九年正月授礼部左②侍郎，六月以年老衰庸革职。

---

① 据清国史馆编《汉名臣传》卷三十二、清李桓辑《国朝耆献类征初编》卷七十一点校。

② "左"，原本作"右"。

十年六月河东总督田文镜劾煦长子孟基本邱姓子,冒胡姓,中式举人,部议斥革。

乾隆元年八月,煦诣阙召见,谕曰:“原任侍郎胡煦,年逾八旬,服官年久,着赏给原衔回籍,其继子胡孟基复还举人,幼子胡季堂赏给荫生入监读书,以示朕眷念旧臣至意。”九月卒。谕曰:“胡煦在京病故,赏给银五百两经理丧事,其应得恤典,察例具奏。”赐祭葬如例。二十五年河南巡抚胡宝瑔疏请入祀乡贤祠。三十七年诏征天下遗书,河南巡抚何煟以所购书目进呈。谕曰:“何煟奏覆购访遗书一折,并将购得书籍目录开单进呈,因忆籍隶该省原任侍郎胡煦平素究心理学,曾有著述,朕所深知,今单内并不见其姓名,传谕何煟再悉心搜求,汇单具奏。”季堂时官江苏按察使,奏请以其父所著《周易函书》约存十八卷,约注十八卷,别集十六卷,卜法详考四卷,校定由原籍汇奏。季堂见官刑部尚书。

右国史馆本传。

胡文良公事略①（附子庄敏公季堂传）

清·李元度

乾隆三十八年，上下诏求遗书。依古暨今，耆硕撰著，后先并出。更谕河南抚臣，以故礼部侍郎胡煦究心理学，所著《周易函书》独不在列，命续举以进。五十九年十一月，复下诏曰："礼部侍郎胡煦苦心读书，为绩学之臣，所著《周易函书》已收入四库，从前因其官止侍郎，例不予谥。第念曾在上书房行走，今其子季堂官刑部尚书，煦已得尚书封，可加恩补谥，以示眷念耆旧至意。"赐谥曰文良。于是海内之士咸颂圣天子褒崇古学，发微阐幽，光昭文治于无穷也。

公字沧晓，号紫弦，河南光山人。祖母喻，殉流寇之难，焚楼以死。父之杞，敦尚节行，多隐德。公少学能文章，康熙二十三年举于乡，官教谕。五十一年成进士，年五十八矣。居常究心《周易》，得图书一贯之旨。胪传后，引见澹宁居，即自陈所学，圣祖叩以河洛理数，公条对甚悉，选庶吉士。自后屡召见，问卦爻中疑义，命画图以讲，圣祖曰："真苦心读书人也。"旋以检讨直南书房。五十四年，分校会试，又明年典湖广乡试，迁洗马，再迁鸿胪少卿，擢本寺卿。雍正元年，授内阁学士。五年授兵部侍郎，调户部，充殿试读卷官，教习庶吉士。明年协理左副都御史，摄刑部右侍郎。八年充《明史》总裁，入直上书房，以兵部侍郎知贡举。九年转礼部左侍郎，六月罢职归。

公为人正直忠厚，所建白必以教化为先务，尤愿朝廷重农桑，缓刑罚，先仁义而后功利。其请博举孝弟也，曰"十室之邑，必有忠信。爱亲敬长，不虑而知。彼生员举监外，其有能竭力奉养，无忤于二亲

---

① 据清李元度撰《清朝先正事略》卷十五点校。

者,称为孝子宜也。有能公于财,和于室,累世不析居者,称为悌弟宜也。臣请每州县岁举孝子悌弟各一人,敕下督抚,额其门闾,免其徭役,见长官如生员礼。如此则化行俗美,人知自爱。”又请责成州县,劝课农桑,或别设农官,专司劝课之任。又言:“近见督抚于命盗狱隐伏难明者,止用自行招认四字援以定谳。夫奸黠之徒有抵死而不伏者,愚懦之夫有畏刑而自诬者,然则有罪者幸免,而无辜者受祸矣。臣请凡于命盗案,必证据确然,然后付法司阅实,有弗当,旋即驳正,庶得慎刑之意。”

时方严刨参之禁,故事每岁秋遣廷臣一人,往讯于盛京。自春徂冬,羁候日久,瘐死者多。公至,录囚百五十人,其疾病者至五十馀人,毙者三人。乃请继自今刨参之狱,专归盛京刑部及将军府尹,随时定谳,俾情轻者得早予末减,以广好生之德。得旨俞行,著为例。摄户部时,阅漕项行追案自数百两至万馀两不等,公言:“所追之案远者五十年,近者三十四五年,使其人尚存,必已家业荡然,或既亡,独复行追,必且系累其妻孥,遏绝其生计,徒有行追之名,无补实用,臣愚以为免之便。”

其它请广言路,裕积储,汰浮粮,省冗官,平权量,多切于时务。人以是觇公之实用也。会河南荒,公据实以奏,时上已别有所闻,特遣侍郎王国栋往赈,切责总督田文镜。文镜衔公甚,旋奏公嗣子孟基本异姓,不当冒官卷中选,公至是罢归。乾隆元年,公入觐,高宗命复原官,荫子入监读书。会疾作,卒于京师,年八十有二。赐金五百两治丧,赐祭葬如典礼。

公所为《周易函书》,列四总例,曰《原图》,曰《原卦》,曰《原爻》,曰《原占》,凡五十卷。又释经文四十九卷,为《正集》。外有《约图》三卷、《孔朱辨异》三卷、《易学须知》三卷、《篝灯约旨》十卷、《续约旨》二卷、《卜法详考》四卷为《别集》。又《约注》十八卷,《续集》十六卷,总一百五十八卷。自昔言象数者,未能若是其详也。又著有《葆璞堂文集》。

子四,其三皆早卒。次季堂,生七岁而孤,抚于长嫂甘氏。其后季堂贵，疏请貤封兄嫂，天下称美谈焉。

季堂，字升夫，号云坡。由荫生补顺天府通判，调刑部员外郎，迁郎中。乾隆三十一年，知庆阳府，擢冀宁道，迁甘肃按察使。三十六年，调江苏，署按察使①。奏定罪犯闻孥投首之例。又奏凡继嗣者，应专定一人，以息讼端。均得旨优奖。三十九年，擢刑部右侍郎，兼管顺天府尹。四十二年，命往兴化，会同江督高晋谳漕书虞景山之狱，究出唆讼之钟至刚治之。复命往山东勘章邱辛存义、诸城陈静文二狱，究出唆讼之张元璞治之。途次复命往河南勘狱，并察出苏丕显唆讼各情。四十三年，命往河南，讯山西民张九锡控河南各官派累工料一案，察其诬，治之。明年擢刑部尚书，赐紫禁城骑马。五十五年，往滨州案事，命暂署山东巡抚，奏赈恤事宜，请截存漕米十二万一千九百馀石，酌济被灾州县，上报可，还朝加太子少保，考绩优叙。五十八年，命往乐陵谳狱。明年命偕大学士福康安、侍郎松筠，往吉林察审副都统秀林劾将军恒秀等亏库苛敛一案，又命偕松筠往成安，查勘劣监胡发等抗粮殴官一案，反命皆称旨。六十年，署兵部尚书，管理户部三库事。嘉庆三年，授直隶总督，赏戴孔雀翎，疏请清查直属常平仓谷，其因公动用者，分限买补，以裕民食，从之。寻偕侍郎特克慎，往建昌朝阳二县鞫狱。四年春，晋太子太保。当是时仁宗观政，公首劾大学士和珅二十罪，寻伏诛，籍其家人呼什图，计米麦杂粮得万一千六百馀石。诏以八成拨给文安县，二成拨给大成县被水村民，从公请也。会近郊长新店被盗，有诏切责。逾月，公奏歼毙长新店首盗张标，系内黄令陶象炳之力，谕嘉公据实陈奏，不存邀功之念。是月，续获长新店盗伙，并沧州逸盗韩四等，得旨赏还翎顶。又陈川楚军务事宜，力主紧扼要隘，派兵防守，俾匪众无路可奔。又令筑堡清野，俾无可掠，然后剿抚兼施，不至东驰西突。手敕报曰："所论极是，与朕近日谕旨字字相同，总之能堵

① "按察使"，原本作"布政使"。

方能剿,能剿方能抚,大端不外此矣。”五年十月薨,年七十有二。温旨悼惜,赠太子太傅,赏陀罗经被,派御前侍卫公丰伸济伦带侍卫十人往奠,寻赐祭葬,赠谥曰庄敏。

公承文良公家学,居恒无戏豫,无疾言遽色,子弟定省或馈食,必肃衣冠,慎容止,仆隶皆敬畏。虽通下士刺无惰容,治官事纤悉皆手定。上至神明,每有所记问,公对如流。前后政令皆划一,领外台如领部务。每晨起理案牍,至日晡退食。手执卷如诸生,撰《古今任子录》以自勉。集诸史列传,各为之论赞。好杜氏《通典》,司马氏《通鉴》。故遇大事有断制,尤有知人识,不偏听,不轻任,爱人而知其所短,或试之小事,以观其所忽,以是所荐拔,皆有声于时。子钰,乾隆丁未进士,由庶常改部,累官清河道。锛由任子,官湖南监法道。

胡煦传[1]（附胡季堂传）

胡煦，字沧晓，河南光山人。初以举人官安阳教谕。治《周易》，有所撰述。康熙五十一年，成进士，散馆授检讨。圣祖闻煦通易理，召对乾清宫，问河、洛理数及卦爻中疑义。煦绘图进讲，圣祖赏之，曰："真苦心读书人也。"五十三年，命直南书房。上方纂《周易折中》，大学士李光地为总裁，命煦分纂。寻命直蒙养斋，与修《卜筮精蕴》。五十七年，迁洗马，与修《卜筮汇义》。转鸿胪寺少卿。六十一年，迁光禄寺少卿，再迁鸿胪寺卿。雍正元年，擢内阁学士，命与刑部侍郎马晋泰如盛京按鞫私刨人参，录囚百五十八人，论罪如律。煦还奏："刨参俱贫民，羁候按鞫，自春夏至九、十月，往往瘐毙。请归盛京刑部及将军、府尹，以时定谳。"上如所请，命嗣后停遣部院堂官按鞫。五年，擢兵部侍郎，兼署户部。时诸部院每于员外增置佐正员治事，煦协理副都御史，又协办礼部侍郎。八年，命直上书房，充《明史》总裁。九年，授礼部侍郎，旋以衰老夺官。十年，河东总督田文镜劾煦长子孟基本邱氏子，冒姓，以官卷得乡举，下部议黜。乾隆元年，煦诣阙召见，命还原衔，复孟基举人，赐其幼子季堂荫生。煦疾作，卒于京师，赉银五百治丧，赐祭葬。

煦正直忠厚，所建白必归本于教化。尝奏："请敕州县岁举孝子悌弟，督抚旌其门，免徭役，见长官如诸生。其有慈惠廉节，笃于交友，下逮仆婢，行有可称，皆得申请奖劝，庶化行俗美，人知自爱。"又请敕州县劝农桑，或别设农官以专其任。又言："督抚于命、盗重案，每用自行招认四字，援以定罪。夫民奸黠者抵死不服，愚懦者畏刑自诬。请嗣后必证据确然，然后付法司阅实。一有不当，旋即驳正，

---

① 据《清史稿》卷二九〇、三二四点校。

庶得慎刑之意。”他所陈奏，如广言语，裕积储，汰浮粮，省冗官，平权量，多切于世务。乾隆间，高宗诏求遗书，征煦著述。时季堂官江苏按察使，以煦著《周易函书》进。五十九年，特命追谥，谥文良。季堂自有传。

胡季堂，河南光山人，侍郎煦子。初以荫生授顺天府通判，改刑部员外郎，迁郎中。出为甘肃庆阳知府，再迁甘肃按察使，调江苏。江苏按察使移驻苏州，而狱犹在江宁，季堂请更置，报可。乾隆三十九年，擢刑部侍郎。四十四年，迁尚书。季堂屡奉使诸省谳狱，直隶、吉林、江苏皆一至，山东四至，河南再至。察得唆讼者严治之；有诬诉，论如律，不稍贷。初使河南按商丘狱，上谕之曰：“季堂河南人，按本省事尤当秉公持正。勿以事涉大吏，虑将来报复，稍为瞻顾。”商丘民汤秉五迫孀妇刘为妻，刘绝食死。其狱已题旌，刘父犹陈诉，并及顺刀神拳会民事，察得唆讼者罪之。使山东按平度狱，州民罗有良与人斗，误蹴其母死。莱州知府徐大榕原勘无误，乃坐是夺官，当平反，得旨嘉奖。再使山东，暂署巡抚。山东灾，请截本省漕米治赈。还京师，加太子少保，再兼署兵部尚书。

嘉庆三年，授直隶总督，赐孔雀翎。四年，仁宗亲政，季堂疏发和珅罪状。寻请以籍没其仆呼什图米麦万馀石，分借文安、大城被水村民。长新店盗发，上责季堂废弛，削太子太保，夺孔雀翎。下吏部议，夺官，去顶带留任。河南内黄知县陶象炳获长新店首盗，季堂奏闻。上嘉季堂不邀功，还顶带。又获从犯，还孔雀翎。是时川、楚、陕教匪为乱，五年，季堂奏：“教匪稽诛，臣闻经略额勒登保、参赞德楞泰等由川而楚而陕而甘，数千百里穷追，接战辄胜。是教匪所恃，不在势众而在得间能逃也。川、楚、陕连界，崇山峻岭，断涧深沟，在在险阻，教匪鼠匿其间，劫掠而食，不烦裹粮；迫民前驱，不烦召集。官兵至，辄翻山越涧而逃。官兵必先运粮，又须探路，诸费周章。即道路可通，馕粮可继，而日夜追蹑奔走，其势必疲。是教匪逸而兵劳也。臣愚以为当先严守要隘，俾教匪无路可奔，乃宣上德意，散其胁从,然后临之以兵,分道进剿。教匪途穷食尽,计日可平。闻陕省有团练乡勇,或一二村,或数村,联合筑堡为声援。川、楚可推而行之,令各守本境,俾自护其田庐妇子。则教匪虽多,骤难肆扰。官兵剿抚兼施,无顾此失彼之虑。”上谕曰:“所论极是。总之能堵方能剿,能剿方能抚,大端不外乎此。”

寻以病乞解任,还太子太保。卒,赠太子太傅,遣御前侍卫丰伸济伦奠醊,谥庄敏。子钰,进士,直隶清河道;镂,湖南监法道。

胡煦[1]

胡煦，字沧晓，号紫弦。其先自江西迁湖广麻城，再迁光山。五世祖靖，举乡试，为辽阳通判。祖演，诸生，早卒；妻喻氏守节鞠子，遭寇殉节。父之杞，工诗画，以节行著。

煦少笃志儒先之学，读书求经世实用。八岁见太极图有阴阳纠纽循环之势，思之寝食俱捐。比长，工诗古文辞，淹通经义，尤深于《易》。康熙二十三年举于乡，四十二年授安阳教谕，山东戊子乡试为同考官。五十一年登进士，年已五十八矣。改庶吉士，授检讨，直南书房。五十四年，充会试同考官。五十六年典湖广乡试，转司经局洗马，迁鸿胪寺少卿、光禄寺少卿，转鸿胪寺卿。雍正元年，授内阁学士兼礼部侍郎。明年，典顺天武乡试。四年，升兵部侍郎，摄户部侍郎，阅会试回避卷，充殿试读卷官，教习庶吉士。五年，协理都察院左副都御史，摄刑部右侍郎。七年，典顺天武乡试。八年，充《明史》总裁官，直上书房，以兵部侍郎知贡举，又知武贡举。九年，转礼部左侍郎。

煦清直忠厚，平生精力萃于易学。凡古人解《易》之书，纵观密览，抉其精要，以求合于四圣之旨。心所独得，多儒先所未及。胪传时即以所著《周易函书》陈奏，曰："圣人之道尽在《周易》。臣学之四十馀年，于伏羲先天圆图似有体会。"圣祖举河洛作《易》理数，反复条问，奏对甚悉。特命掖入右班，时馆选者居右也。有间复召问："卦爻分配三百六十日，去何四卦?"煦奏曰："古人之说，有去坎、离、震、兑者，有去乾、坤、坎、离者。盖以坎、离、震、兑分主四时，故不与分配日月之数。然按先天圆图，震、离、兑俱在东，其卦在冬至之后；

---

① 据清乾隆五十一年《光山县志》卷二十七点校。

坎独在西，其卦在夏至之后。如以六十卦分配一年，则多少不均；若乾父坤母，定位于上下，镇静无为，故不与分配日月。今观上下经俱始于水，而终于水火，则六十四卦皆水火之拨换。故坎离虽不分配，而其用已自行于六十四卦之中。所以除去乾、坤、坎、离为当。”煦奏毕既出左掖门，复召入，命大学士李光地问煦《易》义。光地易学，廷臣无出其右者，煦所言无以难也。后复时召见乾清宫，画图讲《易》，问答数千言。上顾侍臣曰：“真苦心读书人也。”自是深受圣眷。是时试官命九卿保举，至煦典试，圣祖问左右，知为李旭升所保。谕曰：“朕止信得此人。”由是廷议引重。六十一年赐宴老臣，年六十以上皆许乘舆至景运门，宴坐乾清宫月台，煦与焉。

雍正元年进《耕耤诗》《河清赋》，世宗亟赏之。自为教官登第跻卿贰，所历务施其素学，以厚俗敦化为先。在安阳为诸生阐明圣学，文行兼勖。俗侈丧事，辄倾其家，有停棺至十馀年未葬者。煦言于有司，察邑中士庶一千五百馀柩，限日入葬；并婚嫁毋许过费，俗因渐革。立朝未专言责，而因时陈事，多所建白。时奉天等处刨参之犯故事，岁遣廷臣一人赴讯，羁候日久，多致瘐死。煦奉使往录囚①百五十人，其病者五十馀人，毙二人。煦疏请，嗣后刨参案专归盛京刑部及将军府尹，随时定谳，俾情轻者旋予末减，以广好生之德。得谕旨，著为例。会河南北灾，煦据实陈奏。时上已别有所闻，遣侍郎王国栋往赈，责总督田文镜讳灾。煦寻以年老罢归。乾隆元年，煦入觐召见，复原衔，荫一子入监读书。是岁九月，卒于京师，年八十有二，赐赙祭有加礼。

所著《周易函书》一百十八卷，首释伏羲之《易》，为原图八卷；释文王之《易》，为原卦三卷；释周公之《易》，为原爻三卷；集先儒论说，为原占三十六卷；其诠释经文四十九卷，凡九十九卷为正集。其《函书约》三卷，《易学须知》三卷，《易解辨异》三卷，《篝灯约旨》十卷，凡十九卷为别集。又以正集帙繁，取诠释经文约为十八卷，曰《函书

① “囚”，县志作“四”。

约注》。又约《原图》《原卦》《原爻》《原占》为十六卷，附以《续约旨》二卷，曰续集。又有《卜法详考》四卷，备著古今占法，附《函书》以行。自昔解《易》，未有若是其详者。其持论，以为科举之学守一家言，《传》《义》而外，虽有真《易》至论合乎四圣之旨，悉在所屏，《易》之晦，实学《易》者晦之。故于汉宋诸儒博采其说，而参以心所独得。尚书钱陈群以谓其书博无涯涘，而深造自得不蹈先儒臼科者也。其他著撰，别有《韵玉函书》五卷，《农田要务》十卷，《葆璞堂文集》四卷，《诗集》四卷，并行于世。二十五年，豫抚胡宝瑔题请入祀乡贤祠。

按胡侍郎《周易函书》，《别集》先已刊行。《正集》原本，门人李学裕欲为校刊，携其稿去，会病卒遂散佚。后别、续集版并漫漶，其子刑部尚书季堂为江苏臬使时，重加校订，以《正集》未刊，《续集》之名无所缘起。且《续集》之《原图》《原卦》《原爻》《原占》，即删取《正集》中要语，非别有所增，而《别集》之《函书》三卷，即《正集》之《原图》《原卦》《原爻》《原占》，摄其大义，遂编《续集》为十五卷，取《函书约》三卷弁首，合十八卷名《约存》。又以《续约旨》二卷依《篝灯约旨》原目散附各篇之内，合《易学须知》《易解辨异》，仍为《别集》，合十六卷。其诠释经文十八卷仍名《约注》，共为五十二卷。

又按乾隆三十七年购访遗书，奉上谕"原任侍郎胡煦平素究心理学，曾有著述，朕所深知，钦此"，已定千古公论。《光州志》立传，于其措之事业，垂诸著撰，胥本圣贤之学者，尚未赅备。兹故合墓志、墓表及崇祀录综次成传，以俟史氏之采云。

诰授通议大夫晋赠资政大夫礼部左侍郎胡公神道碑①

清·钱陈群

光山宗伯胡紫弦先生，殁三十馀年，少子季堂以荫蒙恩，由顺天通守历剧郡，荐擢观察，秉臬江苏，遇国大庆，既已赠封其亲。念先生及德配陈②夫人合窆青龙河阡，亦已二十四年矣。臬使以孤露孱弱，克自树立，宦迹所至，以循良著。三吴道冲土沃，狱讼滋繁，而刑政端平明允，属吏承流化，亦大洽。会诏求遗书③，上习知先生为中州理学醇儒，尤邃于《易》，命豫中大吏即家录上。适臬使属序先生所著书，悉校以进，因并请予补为碑文，论撰其美而明揭诸阡，昭恩荣，教来孝，礼也。

先生讳煦，字沧晓，号紫弦，先世自豫章迁楚迁豫，占籍光山，代有闻人。父之杞，工诗画，善岐黄术，有阴德，以先生贵赠通议大夫内阁学士兼礼部侍郎。母高氏，赠淑人。先生生有异禀，知嗜学，多深沉之思。幼读太极图，见有阴阳纠纽、循环回抱之势，创为一图，与图书卦章相为经纬表里。年十八，志益奋，功益专，凡古人说《易》之书，靡不甄综以求融合乎四圣之旨，遂以易学终其身。康熙甲子登贤书，授安阳教谕。戊子分校山左，迨壬辰始成进士。馆选时自陈能通《周易》。时，大学士李文贞公易理精详，廷臣未有出其右者，圣祖命与先生讲《易》，无以难也。屡蒙召问，三接于澹宁居。甲午

---

① 据清乾隆五十一年《光山县志》（县志本）卷十九，钱陈群《香树斋文集续抄》（香本）卷五点校。两本有一些出入，可能后人有所改动。

② “陈”，香本作“张”。

③ “诏求遗书”，香本无。

同杨公名时召见乾清宫，画图讲《易》，问答数千言，有“苦心读书人”之褒，载先生所记《召对录》甚备。是岁入直南书房，命纂修《周易折中》①。乙未充会试同考官。丁酉典湖广乡试。先是试官命九卿保举，至先生，圣祖问左右，知为李旭升所保，谕曰：“朕止信得此人。”由是廷议引重。不数年，由坊局迁卿寺。壬寅赐宴老臣，奉旨年六十以上许乘舆至景运门，宴坐乾清宫月台，先生与焉。寻升内阁学士兼礼部侍郎，典甲辰顺天武乡试。丁未进《耕耤诗》《河清赋》，世宗亟赏之，升兵部侍郎，署户部侍郎，阅会试回避卷，充殿试读卷官，教习庶吉士。次年协理都察院左副都御史，又署刑部右侍郎，再典己酉顺天武乡试。庚戌命在上书房行走，两知文武贡举，充《明史》总裁官。辛亥转礼部左侍郎，罢职归。今上御极之元年，先生入觐阙廷，诏给原衔回籍。疾卒京邸，赐赙、赐祭，恩礼有加。

盖先生骑箕时年八十有二，三子俱早殁无嗣，季即臬使，才八岁，蓄无长物，亲无期功，手泽遗书未有所付托。先生之宗佑且不绝如线，卒赖先生冢子长堂妻节孝，甘茹荼集蓼，鞠之育之，楮就衰之门绪，启未坠之家声，论者谓天之所以报绩学善人者如此其不爽，於戏！② 可以为世劝矣。

先生立朝，风节俱见，所存奏疏，皆有裨国计民生。其他著述推阐易学，出其绪馀，皆卓然可传。顾治《易》尤深，博无涯涘，今所存《函书》多至百十卷，往往深造自得，不屑屑③蹈先儒臼科。我朝经学昌明，宗工辈出，一洗前代纂修大全废注疏不采，专攘宋元人成书之陋。御纂钦定诸经，以次程式艺林。而国初说经之家，如孙退谷少宰抄周藩灌甫遗籍，成《五经翼》二十卷；纳兰容若侍卫取温陵曾氏、隆山陈氏一十八家《易》义，合订成书八十卷，较之先生，其所诣浅深必有能辨之者。

---

① “命纂修《周易折中》”，香本无。

② “於戏”，香本作“呜呼”。

③ “屑屑”，县志本作“屑”。

予后先生数年入词馆，辱先生有忘年之契。又五十馀年，得见令子臬使季堂，能读父书，善承先志，将必益大其施，以仰副九重眷倚。用推原所以章显先生之学者，皆足征圣朝孝治之隆，俾其①子孙世世仰之。而系之诗曰：

伊洛渊源，苞符奥秘。经师人师，道隆圣代。维岳降神，阏父之裔。国重老成，乡称早慧。独抱韦编，敦心默识。静观象材，日思爻系。自汉以来，郑王同异。二百十三，部分宋志。其在于今，十存一二。上溯故微，下该传义。以象串理，久而融会。月窟天根，周情孔思。晋有阿蒙，形诸梦呓。唐则遁叟，恍传符契。五音九弄，六甲八节。妙悟天然，引伸触类。甲子将周，才登上第。论易殿中，画图瑶砌。圣祖颔之，相臣面试。眷注有由，向用不次。入篷月卿，出奉星使。玉尺是持，枢衡是畀。皭然生平，出处一致。卅载公车，十年卿贰。始教安阳，以经造士。晚佐秩宗，寅清著美。天咫如环，赏延于世。薪续将熸，俾尔昌炽。孝妇令子，显扬终遂。物蒙必亨，道屯必泰。我作诗辞，更申易旨。世禄之家，劝善无怠。

乾隆三十八年癸巳嘉平月②。

---

① “其”，县志本作“臬使”。

② “乾隆三十八年癸巳嘉平月”，香本无。

资政大夫礼部左侍郎胡公墓志铭①

清·彭启丰

乾隆三十八年，皇帝下诏求遗书。依古暨今，耆硕著撰，后先②并出。更谕河南抚臣，以前礼部侍郎胡煦究心理学，所著《周易函书》独不在列，命续举以进。于是海内之士，咸仰圣天子褒崇古学，发微阐幽，光昭文治于无穷也。其时胡公子季堂方官江南按察使，既辑③公之遗文行世，属启丰为之序，复以公前葬时墓志之文阙焉，更属次公之行事而为之铭。启丰故以廷试辱公知，在翰林时又隶公教习，饫公之德不忘于心，遂不敢以不文辞。

谨按公讳煦，字沧晓，号紫弦，河南光山人。其先自江西迁湖广之麻城，后由麻城迁河南之光山。五世祖讳靖，前明嘉靖乙卯科举人，官辽阳通判，笃于行谊。子敏，即公之高祖也。曾祖讳遵化，县诸生。祖讳演，亦诸生，早卒。妣喻氏抚子二，一先卒，一即公父讳之杞。崇祯十四年，遭张献忠乱，喻氏诫其子曰："五世宗传，于汝是赖。若有变，吾义不辱，汝善图之。"城陷，喻氏挈其子偕仆胡家和出走，仓卒遇贼相失。喻归依母党，居喻家园，又遇土寇劫掠，乃闭楼固守。贼焚楼，楼中人俱死，其事载《府志》中。之杞既失母，为贼所掠，已而逃归喻家园，遇仆胡，始知母遘难状。捡遗④骨弗获，哀痛泣血，饮恨终身⑤。

---

① 据清彭启丰《芝庭文稿》（芝本）卷六，乾隆五十一年《光山县志》（县志本）卷二十三点校。两本有较大出入，可能后人有所改动，其差异近百处，择善而从，故未全部出校记。

② "后先"，县志本无。

③ "辑"，芝本作"刻"。

④ "遗"，县志本无。

⑤ "饮恨终身"，芝本无。

生平敦尚节行,多阴德,赠通政大夫;妣高氏,赠淑人。

公少而好学,能文章。康熙二十三年举于乡,官安阳教渝。五十一年成进士,时年五十八矣。居常究心《周易》,得图书一贯之旨。胪传时引见澹宁居,即自陈所学。圣祖叩以河洛理数,公条对甚悉,选庶吉士。自后屡召见,问卦爻中疑义,命画图以讲,圣祖曰"真苦心读书人也。"旋以检讨直南书房。五十四年充会试同考官。五十六年典湖广乡试,寻转司经局洗马,迁鸿胪寺少卿,转光禄寺少卿,再迁鸿胪寺卿。雍正元年,授内阁学士兼礼部侍郎。明年典顺天武乡试,五年授兵部侍郎,摄户部侍郎,阅会试回避卷,充殿试读卷官,教习庶吉士。明年协理都察院左副都御史,又摄刑部右侍郎。七年典顺天武乡试。八年充《明史》总裁官,直上书房,以兵部侍郎特旨知贡举,是秋又知武贡举。九年转礼部左侍郎,六月罢职归。

公为人正直忠厚,其所建白,必以教化为先务。尤愿朝廷重农桑,缓刑罚,先仁义而后功利。其请博举孝弟也,曰:"十室之邑,必有忠信。爱亲敬长,谁则无情?彼生员举监外,其有能竭力奉养,无忤于二亲者乎?称为孝子宜也。有能公于财,和于室,五代不析居者乎?称为悌弟宜也。臣请每一州县岁举孝子、悌弟一人,敕下督抚,给之匾额,免其徭役,得见官长如生员礼。其或笃于交友,敦慈惠,厉廉节,下逮仆婢之贱,行有可称,亦令州县随时申请,量加奖励。如此则化行俗美,人知自爱矣。"又请责成州县劝课农桑,或别设农官专司劝课之任。又言:"近见督抚于命、盗两案隐伏难明者,止用自行招认四字援以定谳。夫奸黠之徒有抵死而不伏者,愚懦之夫有畏刑而自诬者,然则有罪者幸免,而无辜者受祸矣。臣请命盗两案,必证据确然,然后付法司阅实,一有不当,旋即驳正,庶得慎刑之意。"

时方严刨参之禁,故事每岁秋遣廷臣一人,往讯于盛京。自春徂冬,羁候日久,瘐死者众。公至,录囚百五十人,其疾病者至五十馀人,毙者二人。乃请继自今刨参之案,专归盛京刑部及将军府尹,随时定案,俾情轻者便予末减,以广好生之德。得旨允行,著为例。

其摄户部时,阅漕项行追案自数百两至万馀两不等,公言“所追之案远者五十年,近者三十四、五年,使其人尚存,必已家业荡然,或其人既亡,独复行追,必且系累其妻孥,使不得为谋生计,徒有行追之虚名,究鲜国家之实用,臣愚以为免之便。”

其它请广言路,裕积储,汰浮粮,省冗官,平权量,多切于世务,人以是觇公之用心也。会河南荒,公据实以奏,时上已别有所闻,特遣刑部侍郎王国栋驰往赈济,切责总督田文镜。文镜旋奏公嗣子孟基本异姓,不当冒官卷中式,公至是罢归①。上即位元年,公入觐,上怜公老,诏复原官致仕,荫一子入监读书。会疾作,卒于京师,赐金五百两,祭葬如礼。

公所为《周易函书》,列四大门,曰《原图》、曰《原卦》、曰《原爻》、曰《原占》,凡五十卷,又释经文四十九卷,为正集。外有约图三卷,《孔朱辨异》三卷,《易学须知》三卷,《篝灯约旨》十卷,《续约旨》二卷,《卜法详考》四卷为别集。又《约注》十八卷,《续集》十六卷,总一百五十八卷。自昔言象数者,未能若是其详也②。

公之善《易》,世固多知之,独其施于家国政事之大者,其言或不

① “文镜旋奏公嗣子孟基本异姓,不当冒官卷中式,公至是罢归”,县志本作“公寻以年老罢归”。

② 此节芝本如此,与县志本差异甚大,说明了《周易函书》版本的变迁。县志本作:“公所著《周易函书》,曰《原图》、曰《原卦》、曰《原爻》、曰《原占》,凡五十卷为首传,又诠释经文四十九卷,共九十九卷,为《函书》正集。外有《函书约》三卷,《易学须知》三卷,《易解辨异》三卷,《篝灯约旨》十卷,为别集。别集先已刊板。正集因卷帙浩繁,乃取诠释经文约为十八卷,名曰《约注》。又取首传内《原图》《原卦》《原爻》《原占》约为十六卷,附以《续约旨》二卷,名曰《续集》,皆公所手订也。正集原本为门人李学裕携去,会学裕病卒遂散佚。今奉旨征取遗书,公子季堂重为校订。因正集未刊,续集之名无所缘起,且续集之《原图》《原卦》《原爻》《原占》即删取正集之要语,非别有所增,未可目之以续。而别集内之《函书约》三卷,亦即正集之《原图》《原卦》《原爻》《原占》撮其大义,更不可附入别集,遂以续集编为十五卷,取《函书约》三卷弁首,共十八卷名为《约存》,盖以正集既佚,其大义仅存于是也。又以《续约旨》二卷依《篝灯约旨》,原目散附各篇之内,合《易学须知》三卷、《易解辨异》三卷,仍为别集。其诠释经文之十八卷,仍名《约注》,共为五十二卷。自昔阐易理者,未有若是其详也。”显系后人所增改。

尽闻于时,能传道之者鲜矣。启丰谨备论之,使人知公之所以为善《易》者,于是乎在,故能邀三朝圣主之知,至没身而不替,宁独以其训诂章句之业而已?

公卒以元年九月十三日,年八十有二。妻陈氏,封淑人,赠夫人,以十四年十二月二十三日合葬于清龙河之原①。子四,长②长堂,县庠生;次次堂,廪生;次仲垒,举人,俱早没。次季堂,八岁而孤③,抚于长嫂甘氏,以荫起家顺天府④通判至今官。上嘉其才,特迁刑部侍郎,是能继公之业以施于天下者,公于是可无憾矣。

铭曰:《易》有三极经中尊,乾元长善为之门。俗儒训诂滋纷纭,太清点缀滓浮云。河洛未启谁探根,时行物生天不言。惟公读书师斫轮,得心应手韦编温。立朝侃侃敷经纶,体仁合礼志所敦。地天交泰方氤氲,翩翩失实嗟其邻。王言如日昭乾坤,潜德有耀贻后昆。青山万古名弥芬,有求遗躅寻斯文。

① “原”,芝本作“源”。
② “长”。芝本无。
③ “八岁而孤”,芝本作“生七岁而公卒”。
④ “府”。芝本无。

墓补志[1]

清·彭元瑞

光山胡公之葬也，志有阙。越二十五年，其孤季堂官江苏，以长洲彭芝庭先生旧从公游，请为志。又二十六年，犹未纳诸窀，盖其慎也。彭元瑞曰："王文公为知常州李馀庆志墓，在既葬之二十三年。苏文忠之祖序葬以庆历八年，越熙宁元年，请曾南丰为之志，上距葬时二十年。况王止仲墓铭举例谓志石埋墓前数尺，固无妨幽宅也。礼有改题神主之文，神主可改题，志石亦可补纳也。"季堂曰诺，则以嘉庆二年行事。按前志公所著《周易函书》一百五十八卷，时初敕征，校刊未卒事，盖公书始以授门人李学裕，失其稿，公贫不能全镌，粗举其约，又岁久漫漶。至是季堂仍就公手定本镌为五十二卷上之，今藏七阁者是也，详见《四库全书提要》。后之读公书者，毋以志疑之。公以苦心经学，上承眷知。乾隆五十九年十一月十七日奉特旨追赐易名之典，内阁议，上予谥文良。盖溯公卒时六十年矣，圣情念旧，下及泉壤。公以正学阅久弥耀，后之人保世滋大，克承荣宠，皆宜书，而事在前志后。按《柳河东集》崔祐甫志荣泽尉周君之葬，明年祐甫卒，而河东复志其终事，谓之续志，敢用此例，以镵诸石之阴。右墓补志彭元瑞撰。

---

① 据清李桓辑《国朝耆献类征初编》卷七十一点校。

《周易函书》提要[1]

臣等谨案:《周易函书约存》十八卷[2]、《约注》十八卷、《别集》十六卷[3],国朝胡煦撰。煦,字沧晓,光山人,康熙壬辰进士,官至礼部侍郎。是书原本一百十八卷,其诠释经文者四十九卷,冠以《原图》八卷,用解伏羲之《易》,《原卦》三卷,用解文王之《易》,《原爻》三卷,用解周公之《易》。又取先儒论说,集为《原古》三十六卷,谓之《首传》,共九十九卷,为《周易函书正集》。外有《函书约》三卷,《易学须知》三卷,《易解辨异》三卷,《篝灯约旨》十卷,共十九卷,为《别集》。《别集》先已刊板,《正集》因卷帙浩繁,艰于剞劂,乃取诠释经文之四十九卷,约为十八卷,名曰《函书约注》。又取首传五十卷,约为十六卷,附以《续约旨》二卷,共十八卷,刊之名曰《续集》。皆煦所手订也。

其《正集》原本,煦门人李学裕欲为校刊,携其稿去,会学裕病卒,遂散佚。后《别集》《续集》板并漫漶,其子季堂重为校订,因《正集》未刊,《续集》之名无所缘起,且《续集》之《原图》《原卦》《原爻》《原古》,即删取《正集》之要语,非别有所增,未可目之以续。而《别集》内之《函书约》三卷,亦即《正集》之《原图》《原卦》《原爻》撮其大义,更不可附入《别集》。遂以《续集》编为十五卷,取《函书约》三卷弁首,共十八卷,名为《约存》。盖以《正集》既佚,其大义仅存于是也。又以《续约旨》二卷,依《篝灯约旨》原目,散附各篇之内,合《易学须知》三卷,《易解辨异》三卷,仍为《别集》。其释经文之十八卷,

---

① 据《四库全书》(四库本)第48册,纪昀《四库全书总目提要》(总目本)卷六点校。

② “十八卷”,总目本作“二十四卷”。

③ “十六卷”,总目本作“八卷”。

仍名《约注》。共为五十二卷,即此本也。

煦研思易理,平生精力尽在此书,其持论酌于汉学宋学之间,与朱子颇有异同。然考朱子《语录》,有曰:“某作《易本义》,欲将文王卦词大概略说,至其所以然之故,于孔《彖》词中发之,如此乃不失文王本意,但未暇整顿尔云云。”是朱子于《本义》,盖欲有所改定而未能,则后人辨订,亦未始非朱子之志也。陆游《渭南集》有朱氏《易传跋》,曰:“易道广大,非一人所能尽,坚守一家之说,未为得也。元晦尊程氏至矣,然其为说,亦已大异,读者当自知之。”斯可谓天下之通论矣。

乾隆四十六年九月恭校上。总纂官臣纪昀、臣陆锡熊、臣孙士毅,总校官臣陆费墀。

《卜法详考》提要[1]

臣等谨按:《卜法详考》四卷[2],国朝胡煦撰。煦有《周易函书》[3],已著录。考古者大事多用卜,故《尚书》言龟者居多。《汉书·艺文志》载:《龟书》五十二卷,《夏龟》二十六卷,《南龟书》二十八卷,《巨龟》三十六卷,《杂龟》十六卷。则汉时其书犹多。汉文帝"大横之兆"即其繇词,褚少孙补《龟策传》所述,即其占法也。《隋书·经籍志》仅载《龟经》一卷,注晋掌卜大夫史苏撰。又《龟卜五兆动摇诀》一卷,不注姓名,则《汉志》所录已亡矣。《旧唐书·经籍志》绝不载及龟卜,《新唐书·艺文志》乃载孙思邈《龟经》一卷,又《五兆算经》一卷,《龟卜五兆动摇经诀》一卷,已多于前。《宋史·艺文志》又顿增史苏以下十九部,其为辗转依托可以概见,今其书亦率不传。传于世者,惟元陆森《玉灵聚义》最著,然其书芜杂,殊乏雅驯。

煦辑此编[4],首列《周礼》《尚书》之文,本经训也。次列《史记·龟策传》,以其犹近古也。次列《古龟经》(按:此经不著名氏,盖亦出自后人,非史苏、孙思邈书也),次列《全赐三图》,次列杨时乔《龟卜辨》,次列《龟繇词》,皆参考以求[5]古义也。次列《玉灵秘本》,次列《古法汇选》,皆近代术士之所传,旁稽以尽其变也。盖古占法之传于今,与今占法之不悖于理者,大略已具于此。虽非《周官·太卜》

---

① 据《四库全书》(四库本)第808册,纪昀《四库全书总目提要》(总目本)卷一百零九点校。

② "四卷",四库本作"八卷"。

③ "《周易函书》",四库本、总目本皆作"《周易函书约注》"。

④ "辑此编",四库本作"集此篇"。

⑤ "求",四库本无。

之旧,然较之卜肆鄙俚之本,则具有条理。其驳唐李华、明季本、杨时乔卜用生龟之说,亦极为明析。存此一家,亦可以见古人钻灼之梗概也。旧附所纂《周易函书》中,考其所说①,与解《易》之书究为不类,今别著录于术数家焉。

乾隆四十六年十一月恭校上。总纂官臣纪昀、臣陆锡熊、臣孙士毅,总校官臣陆费墀。

① “说”,四库本作“言”。

沧晓学案[1]

清·徐世昌

沧晓覃精易学四十馀年，其持论酌于汉学宋学之间，与朱子颇有异同。然易道广大，非一人所能尽。朱子作《本义》，尝欲有所改定，而自言未暇整顿。则后人辨订，亦未始非朱子之志也。述沧晓学案。

胡先生煦

胡煦字沧晓，号紫弦，光山人。康熙壬辰进士，选庶吉士，授检讨，直南书房，尝与修《周易折中》《卜筮精蕴》诸书，官至礼部左侍郎，以事罢职。乾隆元年诣阙召见，赏给原衔，是年九月卒于京师，年八十二。三十八年，四库馆开，高宗命河南抚臣搜录遗书，续举以进。五十九年，追谥文良。先生少学能文，初官安阳县教谕，至成进士时，年已五十八矣。居常究心《周易》，得图书一贯之旨。胪传后引见，即自陈所学，圣祖叩以河洛理数，条对甚悉。自后屡召见，问卦爻疑义，命画图以讲，圣祖曰："真苦心读书人也。"

所著《周易函书》原分《正集》《续集》《别集》诸名，卷帙烦富，后手自修订，复经先生子季堂重加编校。其总论易说者为《原图约》一卷、《原卦约》一卷、《原爻约》一卷、《原图》四卷、《原卦》一卷、《原古》十卷，合成《函书约存》十八卷。其注解经文者为《上经》六卷、《下经》六卷、上下《系辞传》四卷、《说卦传》一卷、《序卦》《杂卦》一卷，合成《函书约注》十八卷。又有《易学须知》三卷、《易解辨异》三卷、《篝灯约旨》十卷，合成《函书别集》十六卷。

大旨言象则取证于虞、荀、侯、郑及来氏诸儒，言数则更附以左、

---

① 据徐世昌《清儒学案》卷四十七点校，有删节。

国、史、子诸集，至于爻象，别有会心，则详辨于各卦各爻中。言必有据，不执己见，不曲徇，不故违也。其他所著，尚有《卜法详考》四卷，《葆璞堂文集》四卷。

子季堂，字升夫，号云坡，由荫生官至刑部尚书，出为直隶总督，嘉庆五年卒，谥庄敏，克承家学，著有《读史任子自镜录》及《培荫轩诗文集》。（参史传、彭启丰撰墓志铭、《周易函书》李去侈序、《四库全书提要》）

附录（略）①

《原图》分子目，曰河洛，曰先天后天，曰拟卦图，曰配洛书，曰拟八卦，曰拟卦象，曰拟月窟，曰附论日月。《原卦》子目，曰二用图解。《原古》分子目，曰蓍法，曰变占。又分先儒易说，曰《释象》，曰《玩辞》，曰《三易考》。又分先儒易派，曰《乾凿度》，曰《易林》，曰《京房》，曰《太玄》，曰《洞极》，曰《元包》，曰《潜虚》，曰《皇极经世书》，曰《洪范》，曰《正易心法》。又分冒道分派，曰九章皆勾股，曰异乘同除三率，曰尺算，曰筹算，曰乐律，曰运气，曰等韵，曰医方，曰地理，曰纳音。又分流异派，曰卫平占法，曰六壬，曰遁甲，曰太乙，曰衡运。（本书）

沧晓交游

冉先生觐祖，别见《敬庵学案》。张先生伯行，别为《敬庵学案》。

沧晓私淑

冯先生昌临。冯昌临，字与肩，嘉兴人。尝著《易学参说》二卷，凡分内外二编。内编自先天八卦图以至八卦纳甲，为说六篇。外编自天干化气五行以至七政四馀，亦为说六篇。盖从事汉学者。沧晓序其书，谓内编言五行之原所由起，外编究五行之用所由行，言精理邃，颇引为同志云。（参《易学参说》胡序、《四库全书提要》）

---

① 《清儒学案》于此处附录了《四库全书总目提要·周易函书》，因前面已录（见本书第1477—1478页），故略去。

胡少宗伯《韵玉函书》序[1]

清·钱陈群

上古无韵书，声成文而韵生焉。不斤斤于反切通转，谓之天籁，盖本轩辕氏感凤鸣，命伶伦截取嶰谷之竹为筒，凡十二，以应雌雄各六，而阴阳律吕相生不已，为韵学鼻祖。六经中固多韵语，独《易》与《诗》纯以韵纂组成之，而《易》为尤古，其用韵多后人所不能通。唐元宗改《洪范》"无颇"为"陂"，引《易》"无平不陂"为据，不知《易·鼎》[2]象义与何叶也。自是范谔昌改陆为逵，孙奕改诛为昧，斯其人，恐未足与言《易》，又何足与论《诗》之韵乎？

光山宗伯沧晓胡先生邃于《易》，以其馀力成《韵玉函书》五卷，辨字之阴阳，即《易》之卦画奇偶也。别音之刚柔太少，即《易》之九六老少也。阴阳判而刚柔分，立天之道、立地之道备于此矣。刚柔分而太少见，两仪生四象之序有所循矣。标以三十六字母，即《易》之重为六十四卦也。分系诸一百六部，即《易》乾之策二百一十有六，坤之策百四十有四也。每部计若干字，即二篇之策万有一千五百二十，当万物之数，所谓孳生之谓字，同于生生之谓易也。腭、舌、唇、齿、喉，以配角之腭音居首，即《易》之复卦之一阳始于冬至子半，而万物棣通族出于寅，必属乾之九三也。参伍以变，错综其数，而切韵领于各标，故必依吴棫《韵补》次以字母，不嫌于更置旧文也。引而伸之，触类而长之，而所引音略字牖诸家。凡古音之通叶，更不必字标各母也。昔释处忠纽字之图，五音为圆，九弄为方，以拟《易》图

---

① 据清钱陈群《香树斋文集续抄》卷四点校。

② "鼎"，疑为"泰"，泰卦有"无平不陂"句。

之先后天。观先生所排列，善学者衍为图，即前人等韵切韵各图，皆其荟萃，洵非善《易》者不能有此会通。先生得《易》之蕴，此非其绪馀欤？

令子云坡臬使善承先志，既为刊《易学函书》，复出此编，属予发凡起例，且乞一言。予惟《韵书》行世，至赜不可偻指，大率泥古者不能越孙愐、陈彭年之臼科，徇时者又不悟神珙阳宁公之反纽。欲求审音考字，宜古宜今，邵氏韵略而外，鲜矣。顾邵氏考核精博，而于切韵之学未暇兼及。《通志》谓："韵图之类，释子多能言之，而儒者皆不识起例，以其源流出自西域耳。"又云："梵有无穷之音，华有无穷之字。梵人长于音，所得从闻入；华人长于文，所得从见入。"得先生之书，俾字与音各有统系，相为比附，州次部居而不可紊，亦绳联丝贯而不可纷。正律吕，则万宝常、李嗣真之以人声为主，而笙镛丝管可以取协也。通象数，则李之才、邵康节之以声起数，以数发占也。要皆从易理涵泳咀嚼，汩汩乎其来，琅琅然其吐。《易》之为书也，不可远，其若此哉。

我朝圣祖纂修《佩文韵府》，程式多士，复钦定《音韵阐微》一书，为律为度，度越古今。皇上圣制诗辞声谐韶濩，近复敕纂《音韵述微》，行且布为官韵，嘉惠方来。云坡持先公遗书以应，当宁旁求其于当世之和声而鸣盛者夫，岂小补也欤？

复胡云坡臬使书①

清·钱陈群

久未奉覆者，非敢稽所委也。只以先集前后寄到，须手为翻阅，而诗文序中未便遗去易学。既言易学，则必核其宗旨。序中持论不主一家，而出其自得，不惜与先儒辨难，尝自云“吾有时背传而不敢背经”，此即不刊之论。至诗文须亦从源头上说，本立而文皆枝叶矣。朱子赞伊川文曰“布帛之文，菽粟之味”，可为切要。其馀各体俱纯正，仁者之言蔼如，真不虚也。《函书》一部见委大，小儿删订，渠固不敢当然，却勉力尽心，前后费月馀工夫。据其所见拟定，尚可采取也。惟先生自为详酌，或与大小儿面析之可耳。令嫂甘夫人苦节懿行，已为德门孝妇，至抚鞠八龄幼孤之叔，顾复教诲饮食提携，视唐昌黎退之嫂郑氏驾而上之。读恳请貤封一疏，直与《陈情表》《十二郎文》《高妹妹碑》并垂不朽，弟每读必下泪，然又爱读之，读已垂涕，涕已复再读，亦不自知其情动也。因念周晬患痘不治，蒙先外王母抱归其家，百计救活，又患鼠疮者五六年，相依为命，后得成立。命名以陈，所以志母德也。官学士时，恭逢上御极之初，即具疏请封，蒙恩允准，并著为令。今读尊疏，事虽不同，而受恩思报之心则一也。且弟所沾恩典，在皇上诞登宝箓之初，去今所请相距三十六七年。弟承索诗纪事人生受恩之处，能无枨触耶？且拙诗中“雨施物滋浃族亲”一句，已将两家受恩之处对举并提，想详味之下，自能鉴作者之苦心耳。至拙书手卷，闻将合寿贞珉，俾读者起发孝弟之心，益钦服大圣人孝治之隆，沾溉不又多乎？拙书虽劣，或足医学者寒俗杜撰之病也。

---

① 据清钱陈群《香树斋文集续抄》卷四点校。

胡季堂奏折①

清·胡季堂

其一

乾隆五十九年十一月十七日内阁奉上谕："原任礼部侍郎胡煦苦志读书，究心理学，著有《周易函书》，采入《四库全书》经部，尚为绩学之臣。从前因其官止侍郎，例不予谥，第念伊曾在上书房行走，今伊子胡季堂用至刑部尚书，胡煦已得尚书封典，著加恩补行赐谥，以示眷念耆旧，奖励儒臣至意，钦此。"

奏为恭谢天恩事：乾隆五十九年十一月十七日，内阁奉上谕云云钦此，窃臣识惭梼昧，业愧箕裘，八岁而孤，曾父书之未读，三生多幸，忝臣识之恒疏。兹蒙皇上天恩，以臣父胡煦久依禁近，曾荷覃封，念殚绩学之劳，特予非常之典。伏念臣父家世寒微，遭逢隆遇，身列春卿之佐，心耽甲部之文，羲画周爻昔搜寻于退食，石渠天禄幸采摭夫遗书。复承眷旧之温言，特荷推恩之异数。太常议行亚卿，邀未有之荣。柱史垂光两字，节无穷之惠。臣跪聆天语，深切感衷数十年风木含情，乌私获慰。千百世子孙戴德清白，无忘所有。臣感激下忱，谨缮折叩谢天恩，伏祈圣鉴，谨奏。乾隆五十九年十一月十八日奏。

本日奉旨："知道了，钦此。"

礼部为知照事：祠祭司案呈准内阁，交出赠尚书原任礼部侍郎胡煦谥号，于乾隆五十九年十二月初六具奏，本日奉旨："著用文良，钦此。"钦遵到部，相应抄录清、汉字样，移咨刑部查照可也，须

---

① 据清乾隆六十年葆璞堂修补本《周易函书》扉页点校。

至咨者。

奏为恭谢天恩事：乾隆五十九年十二月初六日，内阁具奏臣父胡煦蒙恩补谥，拟字进呈，奉旨："著用文良，钦此。"窃臣咕毕传家，颛蒙秉质，龀而孤露，业未习于庭趋，冠即叙铨恩幸，承夫门荫。愧未施于驽策，获洊陟于鸾封。敢沥乌私，竟俞鸿造。臣父胡煦一生朴学，五夜苦心，仕而逢辰，备卿员之陪绂。远犹眷旧，每笃念于遗，簪问《函书》，登列库之藏。俾细行重易名之典节，以台惠久且饰终。惟儒臣之起家必有文事，若古人之立志愿为良臣，实臣子所心仪。荷圣人之论定在当年之阶级，宁望邀荣？即曩日之诗书，敢云食报？总叨逾格倍万，恒情感幸，逮于子孙，衔结矢之，生世所有。微臣感激下忱，谨缮折恭谢天恩，谨奏。乾隆五十九年十二月初八日奏。

本日奉旨："知道了，钦此。"

附诗一首①

钦承恩命巽重申，荣及先人逮后人。苦志读书邀睿鉴，究心理学荷温纶。在生已庆遭逢盛，没世犹沾化育仁。敢谓穷经今食报，仰蒙圣主念儒臣。身后易名诚令典，何缘特旨遂私情。文因著述归经部，良本醇修表壮行。两字饰终华衮重，三生多幸子孙荣。未能继志传家学，长戴隆恩感愧萦。书田绩学旧贻芳，六十年来荷宠光（先君丙辰年见背，今已届六十年）。争羡褒荣奕世美，感怀风木寸心伤。只惭固陋难称肖，惟励真诚勉继良。传语儿孙须努力，国恩家庆两毋忘。臣胡季堂恭纪。

其二

江苏按察使臣胡季堂跪奏为恭谢天恩事：窃臣接到河南抚臣何煟札，知承准廷寄乾隆三十七年十一月二十三日奉上谕："何煟奏覆购访遗书一折，并将购得书籍目录开单进呈，因忆籍隶该省之原任侍郎胡煦平素究心理学，曾有著述，朕所深知，今单内并不见其姓

---

① 此诗原无题，诗题为编者所加。

名,著传谕何煟,令其再行悉心搜採,即行汇单具奏,钦此。”钦遵录送到臣,臣跪聆之下,感激涕零。伏惟我皇上稽古右文,典籍务臻美备,广搜博采,汇集不厌精详。而臣父具有成书,仰邀特旨征取,尤属臣家逾格恩荣。虽捐糜顶踵,不足仰报高厚于万一也。臣谨虔设香案,望阙叩头,恭谢天恩。窃念臣父仰荷圣祖仁皇帝特达之知,世宗宪皇帝栽培之厚,拔置词垣,洊登卿贰,平日苦心读书,自少至老,未尝废学,曾著有《周易函书》五十二卷,《卜法详考》四卷。今春钦奉圣谕,采访遗书,臣即思汇辑遗编,由臣原籍恭呈乙览,固《周易函书》刊刻已久,板多漫漶,并有残缺,《韵玉函书》《诗文稿》均止草本,随经鸠工校缮,尚未完竣。兹蒙圣明睿照靡遗,眷念独厚书生遗籍。重叨天语之褒,先世残编荣入图书之府。臣父何修,邀兹异数?九原可作,觉生前之报效未遑;千载殊恩,在身后之子孙益励。臣自惭校订之迟,蹉跎有日。更念陈情之晚,跼蹐靡宁。除谨将各书大指目录卷数缮具清单,寄交河南抚臣何煟,先行覆奏,仍一面上紧校订成帙,一俟完竣,即赉送原籍听候汇奏外,所有现在办理缘由及微臣感激私忱,理合恭折奏谢。伏乞皇上睿鉴,谨奏。乾隆三十七年十二月二十四日奏。

三十八年二月十三四奉到,硃批:“览,钦此。”

祀乡贤疏[1]

清·胡宝瑔

为敬陈管见，仰祈睿鉴事：该臣看得光山县已故礼部侍郎胡煦，堪深经术，根本伦常，敦孝友于家庭，悉出过人至性；探精微于阃奥，共称当代纯修。是以远近从游，英才咸归乐育。用是清华特陟，论思克佐休明。十载卿班，群服儒臣之雅望；八旬耆老，更蒙圣主之隆恩。温纶既贲于生前，优赐复如于身后。荣增槐棘，允为郡国之光；慕切枌榆，永念诗书之泽。信乎躬行纯笃，一方常奉楷模。抑且著述沉潜，百世宜登俎豆。兹据布政使台柱查明，造具事实，册结详报，请祀乡贤前来。臣复核无异，所当据实，题请入祀，以光盛典者也。除册结送部外，臣谨会同学臣汤先甲合词具题，伏乞皇上睿鉴，敕部议复施行。谨题。

乾隆二十五年十月初十日奉旨：该部议奏，钦此。

礼部题：为敬陈管见仰祈睿鉴事。该臣等议得河南巡抚胡宝瑔疏，称“光山县已故礼部侍郎胡煦湛深经术，根本伦常，一方常奉楷模，百世宜登俎豆”等，因具题前来。查各省乡贤，凡有题请入祀者，奉旨著原举报之地方官，令其确查出结，保送在案。今河南举报光山县已故礼部侍郎胡煦，经该抚会同该学政查明事实，开具清册，据结保题前来。臣等查册开事实，议属公平，所举乡贤，学有本原，夙著卿班，硕望年臻耄耋，群推乡国仪型。既为彝好之同，宜附瞽宗之列，应准其入祠。俟命下之日，臣部行文该抚，照例遵行。谨题请旨。

乾隆二十五年十二月初五日奉旨：依议，钦此。

---

① 据清乾隆五十一年《光山县志》卷十九点校。

现存胡煦碑文考证

程　林

光山胡煦墓地现存墓碑一块，其碑文其它文献未载。我于2002年2月7日往胡煦墓地，见其墓碑仆倒在地，碑上文字顺序自上而下，自右而左，有阙字。今抄录如下：

第一行：府君姓胡氏，讳煦，字沧晓，号紫弦，廪膳生。康熙甲子科举人，任安阳县教谕。登壬辰科进士，授翰林院庶吉士。乙□（未）科会试房，官擢

第二行：检讨。丁酉科湖广乡试□（正）主考，升□（司）□（经）局洗马，鸿胪寺少卿，光禄寺少卿，又升鸿胪寺正卿。雍正元年，升内阁学士兼礼部侍郎，遇

第三行：覃恩，

第四行：诰□（授）通议大□（夫）。甲辰科北□（直）武乡试副主考。雍正五年升兵部右侍郎，协理都察院左副都御史，典教□（习）翰林院庶吉士，历署户部右侍

第五行：郎，刑部左右侍郎，明史馆总□（裁）。□（丁）未科会试知贡举。己□（酉）科北□（直）武乡试正主考。雍正九年升礼部左侍郎。

第六行（大字）：圣旨皇清诰授通议大夫、待赠通奉大夫、礼部左侍郎、显考沧晓府君，诰封淑人、待赠夫人、显妣陈太夫人之墓。

第七行：男甲辰科举人、候选知县孟基（系养子），荫生、候选内部主政季堂。

第八行：孙：生员镐、锟、钰、锟。曾孙：绍濂、在洲、□□。

第九行：己故二男生员长堂、三男廪膳生次堂、四男癸卯科举人仲垒。

第十行:乾隆十四年岁次己巳十二月初十□□立。

以上为碑文原貌,括号内的字和标点为我所加。除第八行、第十行外,其馀阙字皆可补出。今依次补出:第一行“未”,第二行“正、司、经”,第四行“授、夫、直、习”,第五行“裁、丁、酉、直”。据碑文记,此时胡季堂任候选内部主政。又据胡季堂《貤封兄嫂得请既恭纪七律四章紫阳书院掌教偕诸生美其事倡咏成帙又赋四十韵》谓:“己巳葬先君、先嫡母、先慈母于祖茔。”(诗载乾隆五十一年《光山县志》卷十八)可对证立碑时间为乾隆十四年(1749)。

又,2002年8月31日,我与新加坡国立大学庾潍诚博士前往河南省光山县老虎山胡煦墓地,意外发现了胡煦四世祖胡敏墓。墓碑上的文字为篆文,其照片经北京大学古文字学家裘锡圭先生辨认,他说是“□庠士胡公行方之墓”,其中第一个字不能辨认(疑为“显”)。左行为“万历辛丑十月吉旦立”,右行为“男生员遵化”。可知此碑乃胡敏之子胡遵化在明朝万历辛丑(1601)十月初一立。

此两碑遗落荒野,字并漫漶,久恐失传,故记之以存文献。

胡煦沧晓先生年谱①

庾潍诚

说明

一、本谱依人物活动时间顺序排列（人物岁数依虚龄）。事迹详略俱依文献，凡与胡煦相关之事迹一并收录。

二、本谱收录胡煦《葆璞堂诗文集》内大部分作品，因年代湮久等因素，许多作品确切著撰时间难考。据钱陈群《葆璞堂诗集序》谓“因并次其出处”，以及胡季堂《葆璞堂文集跋》亦谓“与秋帆毕修撰（毕沅）序次其诗”“与顾孝廉星桥编次其目”等记载，可知胡煦之作品似大体依年代先后排列。因而，若遇有年代不可考的作品，处理方法是，大体依据作品的“排序”年代推测，收录谱内。

三、胡煦年谱类著作，据笔者所查所知，前人无作。本编是“首始”，仅粗具规模，疏漏、错误多难免，敬请批评交流，以俟它日补正。

四、本谱引用记载胡煦活动事迹之文献，主要来源于下列文献，请读者自行参考。

作者	书名	简称	版本
胡煦	周易函书约存	约存	《中国古代易学丛书》卷四十三，中国书店，1998。
	周易函书约注	约注	
	周易函书别集	别集	
胡煦	葆璞堂文集	文集	《四库未收书辑刊》第八辑25册，北京出版社，1997。按，此据乾隆三十七年刊本影印。
	葆璞堂诗集	诗集	

---

① 本谱由新加坡国立大学庾潍诚博士撰写，编入本书时，由编者重加修订。

续表

作者	书名	简称	版本
胡煦	澹宁三接始末 乾清宫召对始末	澹宁三接 乾清宫召对	道光二十八年周荫甫抄本。
胡季堂	培荫轩文集		《续修四库全书》(集部别集类)第1447册。上海古籍出版社,1995。
	培荫轩诗集		
	培荫轩杂记		
杨殿梓	光山县志(乾隆五十一年)	县志	光山县史志委员会1986年重印本,据乾隆五十一年刊本点校重印。
彭启丰	胡煦墓志铭	墓志铭	清李桓《国朝耆献类征初编》卷七十一。台湾文友出版社,1966。
钱陈群	诰授通议大夫晋赠资政大夫礼部左侍郎胡公神道碑	神道碑	《香树斋文集续钞》卷五。乾隆二十六年刊本。
李桓	国朝耆献类征初编	国朝耆献	台湾文友出版社,1966。
李元度	国朝先正事略	先正事略	《四部备要》(史部)。中华书局,1935。

先祖

胡煦先祖自江西迁湖广麻城,复由麻城迁河南光山。胡氏在光山遂分四支:一居天塘畈,一居柴家山,一居钱胡寨,一居许家围。

五世祖

讳靖。明嘉靖乙卯(1555)举人。官辽阳通判,笃于行谊。

高祖

名敏,字行方。卒于明万历廿九年辛丑(1601)。

曾祖

讳遵化，县诸生。

祖父

名演，诸生，早卒。以曾孙胡季堂贵，晋赠光禄大夫、刑部左侍郎，加赠刑部尚书。妣喻氏，抚二子（一早卒）。喻氏守节鞠子，明崇祯十四年辛巳（1641）遭寇殉节。

父母

父讳之杞，生平敦尚节行，工诗画，善医术，多隐德。以子煦贵，赠通议大夫、内阁学士兼礼部侍郎。以孙季堂贵，晋赠光禄大夫、刑部左侍郎，加赠刑部尚书。母高氏，赠淑人。

顺治十二年乙未（1655），一岁。

胡煦生于河南光山。二弟乳名嵩山（康熙二十七年卒），三弟乳名衡山（康熙四十五年卒）。

康熙元年壬寅（1662），八岁。

见《太极图》有阴阳纠纽循环之势，思之，寝食俱捐。

康熙十一年壬子（1672），十八岁。

奋功向学，凡古人说《易》之书，靡不甄综，以求融合乎四圣之旨。

康熙二十三年甲子（1684），三十岁。

乡试中举（第二名）。

康熙二十四年乙丑（1685），三十一岁。

撰《励志篇》《寿天一梁夫子》《碧沼》《月》《赠曹受可》。

冬，撰《乙丑冬，晤天植于西江，索诗归，祝仲复年伯》《忆书五首》《黄鹤楼》《华岩洞》《凭虚洞》《金达泛滩作》。

康熙二十七年戊辰（1688），三十四岁。

二弟（乳名嵩山）卒。

康熙二十八年己巳（1689），三十五岁。

十一月二十九，父之杞卒。

康熙二十九年庚午（1690），三十六岁。

撰《维彼乔松颂陈愧辅》《赠陈愧辅》《赠陈明府踽翁》《又赠陈

愧辅》《题愧辅陈中尊攀辕录》。

十一月二十九，撰《庚午十一月廿九日先大人讳辰作》。

撰《先王母入邑志恭赋》《同祛候、次公、颙若、秉哲、攻玉登大观楼小饮》《重阳登紫水塔》《阳武杨孺人节烈诗》诸诗文。

康熙三十二年癸酉（1693），三十九岁。

撰《嫠妇行》（为玉友李明府作）、《赠李明府玉友》。

康熙三十四年乙亥（1695），四十一岁。

撰《乙亥元日步玉友李明府韵》《元夜李玉友署中看砖花》。

康熙三十五年丙子（1696），四十二岁。

以举人身份，参修《光山县志》，负责校梓工作。

康熙三十七年戊寅（1698），四十四岁。

撰《戊寅偶成》《丛台》《初出都门见新柳》《卧龙冈》《又成断句三首》《园居杂咏八首》《纸钱》诸诗。

康熙四十年辛巳（1701），四十七岁。

撰《送唐明府》《赠田肤功》《张黄授馆于邑之长潭，得八景，各系以诗，步韵和之》《见新历同理仲舅祖翁作》《书王体仁壁》《山行》《赠潘鸿儒》《寿姚明府太君》《美中袁明府画梓潼帝君像，为蔡仁趾预贺》《贺蔡仁趾》《赠袁美中》诸诗。

康熙四十一年壬午（1702），四十八岁。

十二月，撰《壬午十二月，有猾吏伪造邑尊过款八条，邑尊疑余所为，作此寄之》。

撰《步葵园周明府退食韵》《官臣哉游邯郸卢生祠，有断句云“点缀乾坤任有无，炊粱何必谓全诬。人人都向邯郸醒，宇宙撑持付梦乎？”步韵和之》。

康熙四十二年癸未（1703），四十九岁。

任河南安阳教谕。

撰《癸未初改授广文咏怀》《和阚子履韵》《都门行乐词》《酬彭修子》《璩受兹寓中与高荆襄谈诗》《送萧在丰南归》《石天一癸未登第后以忧归，作诗贻之》《咏月》《闻汪丈讣音，诗以挽之》《秋夜闻笛》《秋怀》《得韩输雪手书》《生辰》《赵州道中》《汤阴谒岳忠武王庙》《过陶城经元亮先生隐居》《将抵家望朴公山》《园居》《小园芟草》《山行》诸诗。

康熙四十四年乙酉(1705),五十一岁。

撰《赵星南先生墓志铭》《乙酉元日迟春漫兴四首》《立春》《平声诗》《小游仙诗》《步王卓崖老懒韵》《即事》《仪少尹张公筑草堂于署中,和吕皆实韵》《题柏山文倚剑白云天图》《赠樾阡廖明府》《赠王绳晋》《赠束良友》《瀚如座中读田太子夫壁间诗,步韵和之》《彰德太守郭公重修万金渠书于碑阴》《万金渠》《重修万金渠为郡伯郭公颂》《玉簪花和刘荻江韵》《凤仙》《刘荻江以诗见贻却赠》《昼锦堂》《张慧中携女史作游漫赋》《赠胡临川》《葆璞堂拟古》《挽何倬云》《彰德郡治后老槐一株,云系宋植,郡守郭公作堂于其侧,向未有名,一日乩仙降笔有跨鹤槐堂之句,公遂取槐以名其堂,诗以纪之》《槐堂又得二十韵》《槐堂又得七律二首》《高逸千小饮即事》《和樾阡廖明府不染庵之作》《不染庵》《珍珠泉》《登凌虚阁》《观周汉公画山水歌》《题画》《题周汉公画人物歌》《杂题周汉公画册》《题缪州守乐只编》诸诗文。

康熙四十五年丙戌(1706),五十二岁。

胡煦三弟(乳名衡山)送煦长子胡长堂至安阳。

康熙四十七年戊子(1708),五十四岁。

分校山左,任山东乡试同考官。

撰《戊子山东闱中作》。撰《和吴莘老闱中偶成原韵》《趵突泉》《海丰吴母高孺人贞节诗》《梅花》《读倚云阁诗赋呈汪大中丞》《又拟古呈汪大中丞》《石成狄烈女诗》《赠襄阳王进士姚锡》诸诗。

三子胡仲垒出生。

闻三弟讣音,撰《东省撤棘后,闻三弟讣音,拈平声三十韵哭之》哀之。

夏,李曲江以其先尊人遗稿示胡煦,为之序。

康熙四十八年己丑(1709),五十五岁。

撰《己丑出都见新燕》《题汪明府茜老西湖卧游卷》《仲秋月下有感》《和李仲多韵》《赠李仲多》《九日委祭西史二公有作》《李韩右邀赏牡丹》《答张汝元》《赠长沙薛太守》《宋公南溪步祷得雨有赠》《洹河柳枝词八首》《题平沙落雁图》《题晚景寒鸦图》《观瀑》《赠黄武安》《题周阆客小影》《赠徐师鲁》《汪茜老祷雨汤阴,得八景诗,依韵和之》《祝汪茜老》诸诗。

康熙四十九年庚寅(1710),五十六岁。

撰《沈备五暨张孺人合葬墓志铭》。

三月,作《循环太极图》。

八月,自序《周易函书》。

秋,撰《代彰德郡守祈雨文》《榷啸轩》《呈汤学使》诸诗。

康熙五十年辛卯(1711),五十七岁。

李去侈为《周易函书》撰序。

康熙五十一年壬辰(1712),五十八岁。

三月十五日,会试(第五名)。

三月二十日,礼部放榜。皇上覆试诸进士于西苑,有御制西苑试士诗。

四月初二日,殿试(第三甲二十五名)。

四月初五日,康熙御太和殿,传胪。

四月十三日,引见于澹宁居,诸进士以次奏对。中进士,改庶吉士。康熙帝命与大学士李光地论《易》,光地无以难之。

撰《澹宁三接始末》《壬辰放榜后恭纪》《西苑覆试恭纪》《传胪日恭纪》《恩荣宴恭纪》《馆选日恭纪》《王畇田舍人墓志铭》《赠高公仪明府》《答黄涪叔南旋留别韵》《赠王际恒》《赠阳高郑守府》《嘉谷合颖》《树兰》《浑天仪》《赋得三十六宫都是春》《赋得中峰绕瑞烟》《南郊瑞雪》《红苗归化恭赋十八韵》《恭祝万寿诗》《和柯橿龄丁香原韵》《赋得清风与篁随》《赋得今月曾经照古人》《赋得清如玉壶冰》《禁中闻莺》《马缨花》《五穗瑞麦应制》《荷珠》《瓶荷》《恭和御温泉应候诗原韵》

《赋得御制一水涵天象》《赋得雨歇南山积翠来》《赋得风含翠篠娟娟净》《题邵甘来小照》《题王子播崇祀乡贤录》《赋得江亭晚年静年芳》《恭和御制孝经衍义诗》《赋得冬日可爱》《送孟伯霖》《寄贵阳杨太守文铎》《与宋子春》《与仪封张孝先中丞》《送张良御南旋即用留别韵》《咏史》《送刘予修旋里》《题温相国遗像》《祝冉永光先生二首》《甘忠果公殉节诗》《送彭阁学给假旋里》诸诗文。

康熙五十二年癸巳(1713),五十九岁。

散馆授检讨。

康熙五十三年甲午(1714),六十岁。

正月初六日,与杨明时同召见于乾清宫,康熙帝问以河洛理数及卦爻中疑义,煦绘图进讲。圣祖赏之,曰:“真苦心读书人也”。

正月初七日,复召杨名时、胡煦至乾清宫,画图讲《易》,问答数千言,皆能奏对称旨。

正月初九日,命直南书房,同大学士李光地分纂《周易折中》。

与张伯行同任职南书房,始相识,论《周易》。撰《与张仪封先生书》《与张仪封先生论周易书》。

康熙五十四年乙未(1715),六十一岁。

正月,在蒙养斋行走。

圣祖召对《周易》。任会试同考官,分校会试。

康熙五十六年丁酉(1717),六十三岁。

圣祖召对《周易》。

与冉觐祖书,论《周易》。撰《与冉永光先生书》《又与冉永光先生书》。

正月,与修《卜筮精蕴》。撰《丁酉元日》。

六月,典湖广乡试,充湖北乡试正考官。康熙谕曰:“朕止信得此人。”由是廷议引重。撰《典试湖广道中作》《楚闱漫兴六首》。

告假归乡省墓。撰《楚闱事竣归里之作》《望祭先王母并序》《忆弟妹》。

撰《送友》《寿李晴崖夫子》《送蓼伊邓同年出使安南》《和许元

声思亲之作》诸诗。

康熙五十七年戊戌(1718),六十四岁。

三月,迁司经局洗马。

八月,与修《卜筮汇义》。

十二月,转鸿胪寺少卿。

康熙六十年辛丑(1721),六十七岁。

撰《万年凤纪诗》《祝华亭王夫子寿》《赋得人安为国瑞》《赋得奥旨微言开画前》《为永城蒋贞媛作》诸诗。

康熙六十一年壬寅(1722),六十八岁。

正月初三,康熙帝赐宴老臣,旨准胡煦等臣乘舆至景运门,燕坐乾清宫月台。撰诗贺圣祖御极六十年。撰《壬寅正月初三日,赐燕老臣于乾清宫,臣煦时年六十八,得与恭纪》。

三月,迁光禄寺少卿。

十二月,迁鸿胪寺卿。

雍正元年癸卯(1723),六十九岁。

正月,擢内阁学士,兼礼部侍郎。

八月,命前往盛京审理私刨人参各案。同刑部侍郎马晋泰录囚百五十八人,论罪如律。撰《盛京道中》《请刨参人犯就近审理疏》。

三子胡仲垒中试举人,年十六。

雍正二年甲辰(1724),七十岁。

正月,命祭告少昊等陵。撰《遣祭尧陵》《遣祭阙里道中咏》《抵曲阜》《祭阙里得近宫墙作》。

三月,撰《皇帝躬耕藉田颂并序》《青海大捷凯歌十首》《恭和御制三月三日得雨》《早期》《赠漆馥来》。

四月,充顺天武乡试副考官。

秋,蔡衍锟为胡煦《篝灯约旨》作序。

养子胡孟基中榜举人。

撰《怀上官臣哉》《读白乐天诗》《题东坡屐笠图》《与天足雪夜围炉作》《偶仿长吉体》诸诗。

雍正三年乙巳(1725),七十一岁。

长子胡长堂殁。撰《悼长男长堂四首》

三子仲垒卒,年十八。撰《哭三男仲垒》《送两男灵柩旋里》

雍正四年丙午(1726),七十二岁。

升兵部侍郎,摄户部侍郎,阅会试回避卷,充殿试读卷官,教习庶吉士。

撰《寄上官臣哉》《静坐》《寄王枢要炼士》《刘含万孝廉母田太孺人及曾祖母齐、伯祖母赵三世节孝颂》诸诗。

雍正五年丁未(1727),七十三岁。

三月,擢兵部右侍郎。

夏,撰《丁未夏杨太守自圆明园辞归粤东,予向伊索端石,率成绝句》。

九月,充武会试,知贡举。

十月,兼署户部侍郎。阅会试回避卷,充殿试读卷官。教习庶吉士。

协理都察院左副都御史,摄刑部右侍郎。

撰《圣治光昭河清献瑞赋》,雍正帝极赏之。

雍正六年戊申(1728),七十四岁。

二月,教习庶吉士。

八月,《卜法详考》撰成。

十月,协办礼部侍郎事。

撰《题李渐盘小照》《祝李太夫子》《题扇头云山仙女》《哭二男次堂》《题范一揆小照》。

雍正七年己酉(1729),七十五岁。

八月,《约注》刊成。胡煦自序。

九月,充顺天武乡试正考官。

冬,对证《约注》讹字。

儿季堂生。季堂,字升夫,号云坡,后官刑部尚书、兵部尚书、直隶总督。

雍正八年庚戌(1730),七十六岁。

奉皇子书房行走,为皇四子(乾隆帝)馆课。入侍内廷讲席,为皇子侍讲。

序皇四子《御制乐善堂文集》。

六月,官直上书房。充《明史》总裁官,以兵部侍郎知会试贡举。

秋,知武贡举。

雍正九年辛亥(1731),七十七岁。

春,顾成天序《周易函书》。

正月,授礼部左侍郎。

正月初十,校定《农田要务稿》。

六月,年老衰庸,革职。返乡。撰《得旨还乡,感荷之馀,信笔作此》《途中漫兴》。

七月,返乡。撰《抵家后口占》《家居漫兴六首》。

雍正十年壬子(1732),七十八岁。

六月十三日,河东总督田文镜劾煦子(胡)孟基,本丘姓子,冒胡姓,中试举人。部议斥革。

十二月初七,作《重修太平桥记》。

胡煦夫人陈氏、德配张淑人(季堂生母)卒。幼子季堂抚于兄嫂甘氏、庶母夏孺人。甘氏时年二十九。

撰《重修本邑文庙序》《普济堂碑文》。

乾隆元年丙辰(1736),八十二岁。

乾隆即位,公入觐。

八月,上悯公老,诏复原衔致仕,复孟基举人,赐幼子季堂荫生。

九月十三,疾作,卒于京师。乾隆命赉银五百治丧,赐祭葬,恩礼有加。

后　记

经过七年多的艰辛努力，《周易函书》终于点校整理完毕。进行这项工作，其因有三：一是著者胡煦是我同乡，他在家乡有很大的名气，有关他的传说流传甚广；二是新儒家大师牟宗三先生早年研究《周易》，对胡煦推崇备至，称胡煦为中国最伟大的哲学家，这一点更引起了我的兴趣；三是我在北京大学哲学系读中国哲学专业研究生期间，我的导师李中华先生支持我对胡煦的研究，确定以胡煦易学思想研究作为我的毕业论文选题。诸多因缘，使我决心为胡煦研究做一点基础性的工作，于是便勉为其难地开始了对这部清代易学名著的点校整理。

胡煦是清初的一位思想家，他继承了孙奇逢一派的思想体系，不仅兼综汉宋，而且折衷程朱陆王，对程朱理学、陆王心学均有所批评，又有所继承，有很多独到的创见。由于乾嘉学风的转变，以及胡煦学术上的理学渊源，更由于他对朱熹易学的激烈批评，使得胡煦的思想未能得到应有的重视。虽然他的易学著作《周易函书》体例庞大，思想精深，是清代不可多得的一部易学名著，并被收入《四库全书》中，但在其后的易学或学术史著作中很少有人提及，胡煦作为一位思想家也鲜为人知。因此，能够把他的这部距今约三百年前的著作整理出版，对于开拓清代思想研究的视野，确定胡煦在清代思想史上的地位，也许不无意义。

在从事这项工作中，先后得到了有关师友同仁的支持帮助。我的导师李中华先生自始至终关心和参与了这项工作，从查阅文献到选题规划，直至修改定稿，都是在他的全力指导下进行的。北京大学图书馆古籍部的老师提供各种善本借我参阅，服务热情周到。信阳师范学院李叔毅先生、光山县文物管理委员会李学明先生惠赠资料，使我获益良多。新加坡国立大学庾潍诚博士多次来信，与我相互切磋，共同解决了许多版本考证方面的疑难问题。中华书局冯宝志先生、贾元苏女士在出版方面给予了大力帮助，使本书得以顺利面世。在此谨致诚挚的感谢。

本书的整理出版先后被列为“国家社会科学基金项目”、“全国高校古籍整理重点科研项目”和“全国古籍整理出版规划资助项目”，获得资助，亦致感谢。

本书虽然经整理者认真检校六遍，但仍会存在一些错误，恳望读者批评指正。

程　林

二〇〇七年十月于信阳师院谭山园